A HISTORY OF AMERICAN LAW

美国法律史

〔美〕劳伦斯·弗里德曼 著 周大伟 译

LAWRENCE M. FRIEDMAN

著作权合同登记号　图字:01-2020-7067
图书在版编目(CIP)数据

美国法律史/(美)劳伦斯·弗里德曼著;周大伟译.—北京:北京大学出版社,2020.12
ISBN 978-7-301-30548-5

Ⅰ.①美… Ⅱ.①劳… ②周… Ⅲ.①法制史—美国 Ⅳ.①D971.29

中国版本图书馆 CIP 数据核字(2020)第 268371 号

A HISTORY OF AMERICAN LAW, Third Edition
by Lawrence M. Friedman
Copyright © 1973, 1985, 2005 by Lawrence M. Friedman
Originally Published in the United States in New York, NY by Touchstone
This translation published in agreement with the author, c/o GERARD MCCAULEY AGENCY, Katonah, New York, U.S.A. through Chinese Connection Agency, a Division of Beijing XinGuangCanLan ShuKan Distribution Company Ltd.
ALL RIGHTS RESERVED

书　　名	美国法律史 MEIGUO FALÜSHI
著作责任者	〔美〕劳伦斯·弗里德曼　著　周大伟　译
责任编辑	柯　恒　陈晓洁
标准书号	ISBN 978-7-301-30548-5
出版发行	北京大学出版社
地　　址	北京市海淀区成府路 205 号　100871
网　　址	http://www.pup.cn　http://www.yandayuanzhao.com
电子邮箱	编辑部 yandayuanzhao@pup.cn　总编室 zpup@pup.cn
新浪微博	@北京大学出版社　@北大出版社燕大元照法律图书
电　　话	邮购部 010-62752015　发行部 010-62750672 编辑部 010-62117788
印刷者	北京中科印刷有限公司
经销者	新华书店
	880 毫米×1230 毫米　A5　32.5 印张　784 千字 2020 年 12 月第 1 版　2023 年 10 月第 3 次印刷
定　　价	168.00 元

未经许可,不得以任何方式复制或抄袭本书之部分或全部内容。
版权所有,侵权必究
举报电话:010-62752024　电子邮箱:fd@pup.cn
图书如有印装质量问题,请与出版部联系,电话:010-62756370

目 录

译者导言　　001
中文版序言　　001
第三版序言　　001
前　言　　003

第一部分　起点：殖民地时期的美国法

殖民地法的架构：法院　　009
18世纪的殖民地司法制度　　021
民事程序　　029
土地法　　031
继承法　　039
刑法　　042
政府、法律和经济　　051
商业和劳工　　055
奴隶　　061
救济穷人的法律　　066
殖民地时期的成文法和普通法　　067

法律职业	071
法律文献	079

第二部分　从独立革命到19世纪中叶：1776年至1850年

第一章　蜜蜂共和国	101
革命的热情	101
联邦宪法和州宪法	110
法官	121
法院的组织	137
民事诉讼程序	142
证据法	152
第二章　法律的前哨地段：新开发的疆域和大陆法的边缘化	166
被边缘化了的大陆法	177
第三章　法律与经济：1776年至1850年	191
自由放任及其限制	191
商业公司	202
第四章　有关个人身份地位的法律：妻子、穷人和奴隶	223
婚姻与离婚	223
家庭财产	231
收养	235
贫民救济法和社会福利	236
奴隶制和非裔美国人	242
第五章　美国的财产法	268
土地：国家的财富	268

私有土地法 273
　　繁荣与萧条：抵押权法 284
　　继承：遗嘱和信托 287
　　知识产权：专利和版权 295

第六章　商业和贸易法：1776年至1850年 304
　　联邦问题：海商和普通商业 304
　　商品买卖 308
　　破产和无力清偿 315
　　契约 322

第七章　犯罪和惩罚，以及关于侵权行为的一个补充阐述 331
　　刑法与刑法改革 331
　　街头巡逻的警察们 338
　　刑事实体法 343
　　惩罚犯罪：美国的监狱 346
　　关于侵权行为的一个补充阐述 351

第八章　律师业及其运营 361
　　律师业 361
　　律师业的组织 374
　　法律教育 377
　　法律文献 382

第三部分　19世纪末的美国法律

第一章　血与金：19世纪下半叶的美国法律主题 403
　　新时代 403
　　基本法 409

美国各州宪法　　　　　　　　　　　　　412

　　美国西部各州的宪法　　　　　　　　429

第二章　法官与法院：1850 年至 1900 年　　444

　　法官　　　　　　　　　　　　　　　444

　　法院的组织　　　　　　　　　　　　457

第三章　程序和实践：一个变革的时代　　468

　　菲尔德先生的法典　　　　　　　　　468

　　上诉法院　　　　　　　　　　　　　476

　　法典化和改革　　　　　　　　　　　480

第四章　土地和其他财产　　　　　　　　494

　　土地法的转变　　　　　　　　　　　494

　　公有土地　　　　　　　　　　　　　496

　　财产法和世袭制　　　　　　　　　　503

　　不动产所有人和承租人　　　　　　　509

　　抵押制度　　　　　　　　　　　　　511

　　寡妇地产制度的没落　　　　　　　　512

　　产权的纷扰　　　　　　　　　　　　514

　　知识产权：专利、版权和商标　　　　517

第五章　行政法与商业法规　　　　　　　526

　　官僚的到来　　　　　　　　　　　　526

　　管理基础设施：银行、保险和铁路　　528

　　职业许可：公共健康的拉动　　　　　540

　　重要的反托拉斯法案　　　　　　　　548

第六章　侵权行为　　　　　　　　　　　558

第七章　弱者：1850 年至 1900 年　　　　585

　　穷人依赖　　　　　　　　　　　　　585

家庭法与妇女地位 593

离婚 598

种族问题 604

这块土地上最初的族群 610

亚裔美国人 612

第八章 公司法 623

公司法：自由和限制 623

一个不协调的附加物：地方自治政府型公司法人 638

第九章 商业、劳工和税收 646

契约 646

票据 650

买卖法 654

高利贷法 656

保险 658

破产法 663

海商法 665

劳工和法律 667

联邦税收 679

州和地方税 682

遗产税 685

第十章 罪与罚 694

刑事法律的诸多方面 694

不合法的法律 702

犯罪的成文法 705

无受害人的犯罪 708

犯罪、犯罪率、精神错乱、犯罪心理 714

惩罚和矫正　　　　　　　　　　　　　　720
　　新的刑罚学　　　　　　　　　　　　　721
　　监禁之罪　　　　　　　　　　　　　　726
第十一章　法律职业：法律培训与法律文献　　742
　　法学院的兴起　　　　　　　　　　　　742
　　法律文献　　　　　　　　　　　　　　758
　　法律期刊和案例汇编　　　　　　　　　768
第十二章　法律职业：工作　　　　　　　　　776
　　机敏的职业　　　　　　　　　　　　　776
　　律师行业的组织　　　　　　　　　　　793
　　律师执业资格的获得　　　　　　　　　798

第四部分　20世纪

第一章　成熟之年的利维坦　　　　　　　　809
　　中心和外围　　　　　　　　　　　　　811
第二章　法律的发展　　　　　　　　　　　　829
　　民事责任案件激增：劳工赔偿　　　　　829
　　更多的案件激增：侵权行为法　　　　　832
　　20世纪的宪法、权利和公民自由　　　　838
　　原住民　　　　　　　　　　　　　　　849
　　亚裔美国人　　　　　　　　　　　　　851
　　拉丁美洲族裔　　　　　　　　　　　　852
　　另类的反抗　　　　　　　　　　　　　853
　　言论自由　　　　　　　　　　　　　　855
　　宗教和法律　　　　　　　　　　　　　857

第三章　20世纪的内部法律文化：律师、法官和法律书籍　863
　　法律职业伦理　866
　　有组织的律师界　867
　　法律教育　868
　　法律文献　870
　　20世纪的法官　877

第四章　管制、福利和环境法的兴起　889
　　土地使用　889
　　环境法与环境保护运动　892
　　知识产权　895
　　商业监管　896
　　商事法和商业的法律　902

第五章　20世纪的犯罪与惩罚　909
　　使性和不道德行为合法化　911
　　被告的权利　914
　　死刑　917
　　犯罪浪潮和国家反应　920

第六章　20世纪的家庭法　923
　　离婚法　924

结　语　935
参考文献　939
索　引　959

译者导言

北京大学出版社2016年出版的劳伦斯·弗里德曼教授的名著《二十世纪美国法律史》(American Law in the 20th Century)，主要涉及的是过去的一个单一世纪(1900—1999年)期间美国法律制度的演变。弗里德曼教授在这本法律史名著中描述的是大约400年时间(从17世纪前后美国殖民地时期开始到20世纪结束)美国法律体系变迁的重要主题和事件。

因此，本书的译者和读者可以有机会沿着此书的脉络，从美国法律史发展的源头来探讨其中纷繁复杂的相关问题。

美国法治文明的开端

美国法治文明的开端在哪里？很多中国读者或许觉得这不是一个问题。他们很可能会自然而然地提及著名的"五月花号"，以及"五月花号"上的那些清教徒们下船的地点——马萨诸塞湾的普利茅斯港，还有那个著名的《五月花号公约》。因为"五月花"这个字眼曾经反复地出现在与美国历史有关的各类中文文献中,久而久之,"五月花"三个字成了中国人心目中对美国历史开端的定格。

然而,有趣的是,在劳伦斯·弗里德曼教授的这本名著《美国法律史》以及很多欧美学者论及美国历史的其他名著中,"五月花号"从头至尾都没有被提及或极少被提及,那个著名的《五月花号公约》也没有被提及。这是为什么呢?

1620年9月6日,几十名清教徒和一群破产者、流浪汉及其他契约奴,搭乘一条长约27米、排水量仅180吨的捕鱼小船,悄然离开英国普利茅斯港,前往遥远的北美新大陆。这艘三桅杆渔轮名为"五月花"。因为错过了最佳出航时间,他们几乎是在惊涛骇浪中冒死渡洋。经过了66天的航行,1620年11月11日,船长根据海水颜色的变化以及大洋西岸的云彩作出判断——美洲大陆已经可望可及。不过,他们当时登陆的地方,并不是英国当局管理的弗吉尼亚,而是一个荒凉陌生的地方;在这块处女地上,当时还没有出现政府以及相关的法律制度。

当时,严酷的冬天已经来临。如果登陆后大家各奔东西,恐怕每个人都将命垂一线。"五月花号"上的102人,不同于前往南美洲的西班牙殖民者。这里没有黄金,他们来这里似乎也不是为淘金发财,而是要在一个新"理想国"里开始自力更生、高尚纯洁的新生活。"他们之所以离开舒适的家园,是出于开拓一个新的世界;他们甘愿尝尽流亡生活的种种苦难,去使一种理想获致胜利。"于是,在上岸前,船上的41名清教徒共同签署了一份书面约定,这就是著名的《五月花号公约》:

为了上帝的荣耀,为了增强基督教信仰,为了提高我们国王和国家的荣誉,我们漂洋过海,在弗吉尼亚北部开发第一个殖民地。我们在上帝面前共同立誓签约,自愿结为一民众自治团体。

为了使上述目的能得到更好的实施、维护和发展,将来不时依此而制定颁布的被认为是这个殖民地全体人民都最适合、最方便的法律、法规、条令、宪章和公职,我们都保证遵守和服从。

有人说,《五月花号公约》可以说是美国历史上第一份政治性契约,由于签约人对契约的信任和遵守,从而实现了政治的文明。自此,人与人之间除基于暴力的杀戮、征服和奴役之外,又多了一个选择——基于契约的合作。契约,让人类摆脱了弱肉强食的丛林世界,成为文明与野蛮的分界点。

也有人说,今天的美利坚合众国,发端于这样一份如此随意的"契约"。上述这份《五月花号公约》中体现出来的契约精神是美国立国的基础。这种说法或许有某种象征性的意义。

不过,从历史学的研究视角而言,这种说法并不符合真实的历史情境。我们或许有理由怀疑"五月花号"的浪漫故事被后人刻意夸大和过度解读了。我们或许必须承认,即使到了今天,这种浪漫主义的色彩依旧挥之不去。尤其是,当这些浪漫故事被传播到北美大陆以外的遥远国度里,更容易成为人们口口相传且笃信不疑的"史料"。

由于"五月花号"带来的悲壮图景和神谕启示,很多天真的人们往往会以为,当美国的先贤们落脚这块荒无人烟的新大陆之际,便几乎可以凭借着无比智慧的判断力设计出一个崭新的社会制度。

我一直有些怀疑,如果美国的这一套社会制度就是如此戏剧性地降生的,是不是过于简单化了呢?其实,没有一种社会制度是可以割裂一种历史传统从天而降——完全凭空从头脑中产生的,无论这些人的头脑多么聪明。

事实上,早在1607年5月12日,也就是在"五月花号"抵达普利茅斯港之前,有一批商人就从遥远的英国登陆了北美弗吉尼亚的海岸,他们在这里建立了第一个居民点和殖民地。当年,这些开发商们和土地领主们在这片荒芜的土地上,采用了最省事的方式——把英国的那一套制度大致不变地搬到了北美殖民地。这些人几乎是照搬了当时最先进的欧洲文明,建立了北美殖民地最正规的政府。而那艘著名的"五月花号"启程前往北美大陆,则是十几年以后发生的事情了。

这个最早的殖民地政府后来迁到弗吉尼亚的一个名叫威廉斯堡的小城镇里。在这里,以英国移植过来的制度为基础,建立了议会政治的雏形,同时还训练出了一批最优秀的政治家,其中包括美国的第一任总统华盛顿、第三任总统托马斯·杰斐逊、第四任总统詹姆斯·麦迪逊。美国建国初期的很多政治家,或多或少都与威廉斯堡这个小城镇有着一些联系。

相形之下,"五月花号"的后裔们尽管也在新英格兰地区建立了殖民地,但是毕竟比弗吉尼亚的威廉斯堡要晚了十几年的时间。因此,弗吉尼亚(詹姆斯敦)是其中最古老的殖民地,普利茅斯的清教徒殖民者也是听说詹姆斯敦殖民成功的消息才开始计划移民的。接下来,其他殖民者陆续上岸建立他们各不相同的统治构造(包括领主制、庄园制、宗教信仰制、军事专制等)。并没有证据表明,这些殖民者都听说过"五月花号"的故事和那一纸公约。事实上,所谓1789年的美利坚合众国,正是这13个历史、文化各不相同的州所建立的联邦。无论如何,都不能说这个联邦是由一小部分清教徒造就的。

或许,这就是诸多经典历史学家在著述中很少提及"五月花号"的主要原因。

饶有兴味的是,这新大陆的13块殖民地,它们都不约而同且大同小异地移植了英国的体制。这种体制的特点大致是"英王的权力在缩小、议会的权力在扩大、司法的权力在独立"。劳伦斯·弗里德曼教授在本书的一开始就指出:"法律发展的总体趋势一直遵循着大社会的总趋势。例如在18世纪,殖民地法似乎又摇摆回溯到英国的模式。

即使在独立革命之后,美国法似乎在某种程度上是相当英国化的。这不是一个真正的悖论。……经济增长和社会分工要求法律工具,对于1650年的清教徒寡头统治者而言,既不需要也无用处。殖民地的经验无法提供所需的新工具。但是其中一些工具很容易从国外进口。"

值得读者注意的是,弗里德曼教授在这里引人注目地使用了一个"清教徒寡头统治"(Puritan oligarchs)的说法,颇为耐人寻味。

劳伦斯·弗里德曼还进一步指出,这一法治进程之所以能够成功,原因在于"在不需要翻译的情况下,美国律师可以从英国得到唯一可供使用的法律渊源。这是一个熟悉的法律渊源;它来自一个法律上和经济上以'自己特有的权益'在成长、变化和发展的国家。在独立革命之前,殖民地法律已经和英国法律十分相像,但还是有很多全新的和赤裸裸的本土法律"。新大陆的人只不过是把来自英国的东西搬到北美大陆而已。

诸多历史证据表明,将这些来自英国的东西搬到北美大陆的主要"搬运工们",并不是来自"五月花号"上的那些清教徒,而是那些在弗吉尼亚创立第一个北美殖民地的人。其中,有两个重要的英国商业组织发挥了不可替代的作用,一个是弗吉尼亚公司,一个是英国中殿律师会馆。

1606年,伦敦弗吉尼亚公司(Virginia Company of London,简称弗吉尼亚公司)宣告成立。1606年4月10日,弗吉尼亚公司从英国国王詹姆斯一世手中获得土地授权书,获得在新大陆开辟殖民地的授权,正式开始招募殖民者。由三艘巨桅帆船组成的这支远征队伍于1606年12月20日从伦敦出发,历经险阻,于1607年5月12日,在北美大陆詹姆斯河边的一个小岛上成功登陆。这104名最初的殖民者在此建立了北美洲第一个永久性的英属殖民地——詹姆斯镇,以纪念国王詹姆斯一世。

当年,詹姆斯一世指定两个独立的公司合并组成弗吉尼亚公司,授权其沿着美洲海岸组建种植园和定居点,授权的法律表现形式是国王批准《弗吉尼亚第一章程》(The First Charter of Virginia)的生效。

"Charter"一词有多重含义,该词从皇家层面上看,有特许状的含义;在商业组织层面,可以视为"公司章程",但是如果上升到国家治理层面,则可以视为"宪章"。此刻,我们似乎隐隐约约地窥视到北美大陆现代国家治理结构的雏形。近现代政府结构与商业公司的内部结构之间,展现出戏剧性的同类特性。

无论"Charter"一词的含义如何多重,但是它的基本法律含义则包含着一个共同的指向:契约精神。"Charter"作为一个契约的集合概念,在这里至少涵盖了以下三个层面的意义:第一,英国国王与弗吉尼亚公司之间的授权关系。由国王向公司颁发特许状(即营业执照),公司代表国王负责管理直接殖民地,殖民地的所有权和利润归公司的股东,其只需按照契约向国王上缴一定的收益。第二,公司与股东之间的股权关系。海外殖民和探险需要筹措民间资金,股份公司无疑是一种很好的合作形式。股东们平等自愿地组织公司,所有人得以依据自己的投资而成为股东。这是一种自由缔约、平等互利的典型契约形态。第三,公司法人与公司雇员之间的关系。员工为公司提供劳务工作,公司按约定向员工支付薪酬,部分员工也在一定程度上成为公司的管理者。* 如此丰富有序的契约精神内涵,无论是在形式上还是在内容上,其实都远远超过了《五月花号公约》对美国社会的影响力。

稍微引申一下,人们就不难理解,美国的所谓"契约精神",其实就是在商业公司契约模式的基础上建立起来的。在运营弗吉尼亚公司

---

* 参见毕竞悦:《弗吉尼亚公司与美国精神的塑造:公司是一个契约的集合》,载https://new.qq.com/omn/20181023/20181023A0DR20.html?pgv_ref=aio2015&ptlang=2052,访问日期:2020年5月1日。

的过程中,人们自然而然地发现了商业公司模式几乎与社会契约论的原理不谋而合。弗吉尼亚公司的机构中,设立有总督、理事会、会员大会。从现代议会制政府结构的意义上说,政府行政部门的最高领导人(或称之为"总统"),大致就相当于一个公司的执行总裁(CEO);国家权力机构中的参议院,大致相当于公司中的理事会(后来发展成为公司中的董事会);国家权力机构中的众议院,大致相当于公司中的会员大会(后来发展成为公司中的股东会)。显而易见,美国政体结构的雏形,几乎不折不扣地来自这样一个商业公司的模式。

这种公司制模式在美国后来的政府治理模式中已经司空见惯。美国的一些地方市镇,设立政府的方式与设立一家公司的方式几乎如出一辙。城市政府的大印上通常会用成立公司的用语(例如,INCORPORATED IN 1906)来表明该政府设立的年份。几百年来,全美各地各级政府依旧平稳顺畅地以公司制模式来进行管理和运作着。

事实上,即便是一个优良的制度设计,最终还是需要有一群与之匹配的自然人来加以运作和维护。幸运的是,在弗吉尼亚公司的指定成员中,有不少人本身竟然就是接受法律知识训练的法律人。

弗吉尼亚殖民地的建立者沃尔特·雷利(Walter Raleigh)于1575年成为英国著名的三大律师会馆之一——中殿会馆的成员。该家族的阿德里安·吉尔伯特(Adrian Gilbert)于1562年加入中殿会馆。1578年6月伊丽莎白一世颁发探险特许状,4个月后,由11艘船组成的舰队横渡大西洋,雷利是其中一艘船的船长。经历曲折的探险后,1587年,雷利终于在美国东海岸附近的一个岛上建立了定居点,为了赞美伊丽莎白一世终生未嫁,他以童贞女王(virgin queen)命名这个地方为弗吉尼亚(Virginia)。由于补给不足,他们未能在美洲坚持下去。詹姆斯一世于1603年继位,雷利被控涉入宫廷谋反,被判叛国罪和死刑。1581年,中殿会馆会员、最高法院首席大法官约翰·波帕姆爵士

(John Popham Sir)成为中殿会馆的财务主管。1592年,他被任命为王座法庭的首席大法官。在雷利入狱期间,波帕姆接管了他的美国定居点项目。这是司法没收的早期事例。在波帕姆的主导下,弗吉尼亚公司成立。

从18世纪60年代到1787年期间,英国中殿会馆在美国立国、立宪过程中扮演了重要的角色,从北美洲来到中殿律师会馆接受训练的成员数显著增长。有一点可以得到广泛共识的是:美洲殖民地与母国发生的决裂行为所依循的道德和法律原则,正是这些有智慧的年轻法律人在英国的律师会馆学到的,其中包含着一个相当富有远见的立宪意识。众多中殿会馆人参与了新独立的美利坚合众国的宪法的起草,并充实到各种司法和行政的职位上。显然,他们在美国革命中发挥了重要的作用。其中包括首届大陆会议主席佩顿·伦道夫(Peyton Randolph)、"无代表,则无课税"(No taxation without representation)观点的创造者和《邦联条例》(Confederation of Articles)的起草者约翰·迪金森(John Dickinson),还有首任美国总统华盛顿的副官约翰·劳伦斯(John Laurens)。1774年4月,当13个殖民地通过《独立宣言》时,至少有5位中殿会馆人在上面签字,他们均在美利坚合众国身居高位。*

"五月花号"故事的强烈感染力,让人们先入为主地以为,前来北美大陆探险的英国人都是一些在本国受到了宗教迫害后背井离乡的清教徒,或者都是一些在本国生活不如意的负气之徒——这些人不远万里、孤注一掷地前往一个陌生而艰难的环境,以便为自己寻找一种更舒适的生活状态。然而,研究的结果表明,实际情形并非如此。建立北美殖民地的主角,并不是那些在海上迷了路后偶然在普利茅斯港

---

* 参见英国法官斯科特·贝克于2005年10月26、27日在俄克拉何马城市大学法学院所作演讲的讲稿,载 http://wenku.baidu.com/view/a733ddbb02d276a200292e3f.html,访问日期:2020年5月1日。

登陆的清教徒们,而是许多出身英国律师会馆的精英。这些人放弃了在英国的安定的生活和社会地位,带着创业精神来到新大陆并主导了美国国家的发展路径。

法国思想家托克维尔曾经精辟地论述道:"世界上有一个国家似乎已经接近了它的自然极限。这场革命的实现显得很简易;甚至可以说,这个国家没有发生我们进行的民主革命,就直接收到了这场革命的成果。17世纪初在美洲定居的移民,从他们在欧洲旧社会所反对的一切原则中析出民主原则,并把它单独移植到新大陆。在这里,民主原则得到自由成长,并在影响民情的过程中和平地确立了法律的性质。"* 托克维尔所说的"世界上有一个国家",当然指的就是美利坚合众国。

研究的结果表明,日后在美国联邦宪法中出现的各项权利和自由,在此前各殖民地的宪法性文件中几乎都可以找到。美国政治历史研究学者王建勋先生指出:"比如,1791年美国《权利法案》第一条所规定的言论自由,在1647年《马萨诸塞自由宪章》中已经出现了,宗教自由在1649年《马里兰宗教宽容法》中也已经出现了。《权利法案》中还规定政府不得确立国教,这样的内容已经在波士顿《殖民者权利》中出现了。当然,还有一些可以追溯到1689年的英国《权利法案》、1628年的《权利请愿书》,甚至可以追溯到《大宪章》等。"**

从某种意义上说,美国的法律制度当然具有开创性的意义,尤其是在联邦主义和三权分立的制度构建方面。同时,我们必须承认,美国的法律制度并不是全新的,它的很多内容都是建立在英国以往的经验、传统和实践基础之上的。看来,我们想真正理解美国法治的源头,

---

* 〔法〕托克维尔:《论美国民主》,朱尾声译,江西教育出版社2014年版,第14页。
** 王建勋:《用野心对抗野心:〈联邦党人文集〉讲稿》,东方出版社2020年版,第36页。

必须要进一步了解英国法治发展的历史。

当13世纪的帷幕刚刚开启的时候,英国还只是一个孤悬在欧洲大陆文明边缘的岛国。然而,在由此开始的许多世纪中,英国却扮演了一个世界文明楷模的重要角色。

回顾欧美国家法治的发展过程,很关键的一步发生在1215年6月15日。这一天,英国国王约翰在大主教坎特伯雷的陪同下,来到距离温莎城堡不远的一处叫兰尼米德(Runnymede)的草地上,一些对旷日持久的战争已经忍无可忍的贵族们早已在那里等待,他们将一卷皱褶的羊皮纸文件面呈国王约翰,上面列了63条规则要求约翰王遵守。这就是后来闻名于世的《大宪章》(Magna Carta)。它被誉为英国历史上——也应该是世界历史上——第一个限制王权的文件,其中的一些内容后来成为英国法治的基本原则。

《大宪章》中有一些关于司法制度的条款。例如,第40条承诺:"任何人的权利和公正都不能被出卖、被否决和被拖延。"在第39条中,国王还必须承诺:"未经法律或陪审团的合法判决,任何自由人都不能被拘捕、囚禁、没收财产、驱逐、流放或受到任何形式的伤害。"这是发生在1215年的事情,当时还是欧洲的中世纪。人们从中还不难发现,《大宪章》的获益者,其实远远超出了贵族的范围。我们从中已经可以看到"法律面前人人平等"的思想,这些制度条文的形成,开始象征着人性的觉醒,它们无疑昭示着人类举足轻重的进步。

当然,《大宪章》在英国的经历也是一波三折。一个重要的转折点发生在17世纪初,当时继位的詹姆斯一世和他的儿子查理一世企图继承和扩展斯图亚特王室的绝对君主专制,引起了大部分贵族和中间等级的不满,议会也起而反对国王。1642年内战爆发,最终查理一世战败而被送上了断头台。在这场斗争中,《大宪章》第一次被解释成英国的根本大法。

王权在反对者的面前,不得不为某种义务而签署协议,双方建议相互承诺,这是人类文明史上的重要开端。尤其是在财产权的进展方面,国王对贵族的让步巩固了欧洲自古以来的财产权传统,使有产者阶层的社会地位获得法律的保障。而且,随着议会权力的壮大,英国国王不得不让渡财力,英国得以发展出独立而高效的征税体系。削弱专制君权的过程,使得绝对权力终于有了对立面,它象征着绝对专制的动摇。这一人类制度史上的深远成就,其实就是法治从无到有的过程。

可见,从13世纪起,英国就开始了向现代法治社会的转型。在以后的数百年中,这一制度的框架逐渐稳固下来——整个社会制度的变化都不是根本性的变化,大多数演化都是技术性和渐进性的。我们可以说,至少从13世纪开始,英国就走上了一条与欧洲大陆不同的道路,而且它渐行渐远,随着海外殖民地的扩展,把这一制度的种子传播到了北美洲和大洋洲,最终迫使整个欧洲甚至整个世界都不得不跟上它的步伐。

没有人否认,英国《大宪章》是伴随着中世纪英国社会发生的种种偶然事件产生的,同时它又是当时社会发展中各种复杂因素相互作用的必然产物。英国的历史是独特的,《大宪章》在英国的演变历程在另一个国家完全不可能被复制。但是,其中凸显出来的文明精髓却可以供整个世界分享。这种文明的精髓如同茫茫大海中航行的灯塔,它不仅照亮了自己曾经走过的黑暗,也为所有后来者提供了光芒。

正如爱德华·柯克(Edward Coke)所作出的深刻评论:"如果是金子,总会发出光来。正如淘金者在流沙中不会遗漏掉那些看上去最为琐碎的金子一样,有智识的阅读者们自然不会忽视这部法律中精髓部

分的每一个字。"*

　　这件事情非常耐人寻味。它似乎蕴含着一个十分重要的启示:人类的文明有可能首先在一个地域或在一小部分人群中被创造发明出来,这种文明可以出乎人们意料地超越某种自身的局限,最终铸造出了抽象的人道和人权意义,以及相应的制度保障。每个国家的文化传统和历史发展或许不同,但是在文明先行者最先创造的精髓面前,完全可以将其直接借鉴和引进,并没有必要将这个创造的过程再重复一遍。

　　英国历史学家、政治家布莱斯(Viscount Bryce)曾说过:"《大宪章》是英格兰民族宪政历史的起点,它将自由政府的理念不仅与英格兰联系起来,还与英格兰民族所到之处以及这个世界上讲英文的地域连接了起来。"**后来,发生在北美大陆的故事,就是一个明证。

　　这个发生在英国的法治社会开端,伴随着经济和自由贸易的发展在逐步生长。当英国人开始在北美洲建立殖民地的时候,它已经持续渐进地改革了四百多年。此时在英国这个母国的政治法律制度,已经有了立法、司法、行政三权分立的雏形。

　　西方的一些著名学者(例如马克斯·韦伯等)在研究英国资产阶级革命成功原因的时候,往往会特别强调英国的宗教改革以及清教徒运动的重要作用。然而,宗教改革是在人文主义思潮的冲击下兴起的。宗教改革的发源地是德国;而文艺复兴的发源地也不是英国,而是意大利。如果宗教改革和人文主义思潮是对现代民主制度的确立具有普遍意义的决定因素,那么为什么德国和意大利没有最先确立现代宪政制度呢?

　　美国知名制度经济学家德隆·阿西莫格鲁(Daron Acemoglu)和詹

---

*　何勤华、王涛:《〈大宪章〉成因考》,载《法学家》2017年第1期。
**　何勤华、王涛:《〈大宪章〉成因考》,载《法学家》2017年第1期。

姆斯·A. 罗宾逊（James Robinson）在《国家为什么会失败?》一书中阐述到，马克斯·韦伯的新教伦理学说并不能自圆其说。尽管新教占统治地位的国家（例如英国和荷兰）的确率先在经济上获得了成功，但是像法国、意大利、西班牙这些天主教占统治地位的国家，在19世纪和20世纪期间也同样成为富裕的国家。而在东亚地区经济成功的国家和地区里，像日本、韩国、新加坡以及中国台湾地区和香港地区，其中没有一个在任何形式上与基督教有什么关联。所以，在所谓马克斯·韦伯的"新教伦理"与经济成功之间存在必然联系的观点并不能获得足够的支持。*

按照韦伯的论断，理性资本主义，也就是我们今天所说的市场经济，起源于15世纪宗教改革后产生的一种新教伦理。这种伦理把积累财富作为服膺上帝的一种天职；而旧教则把人类自身消费以外的财富作为罪恶之源。因此，韦伯理论在当初解释了为什么近代资本主义率先在英国、斯堪的纳维亚半岛、德意志北部乃至北美大陆那些新教地区取得了成功，而法国、意大利、西班牙和欧洲南部等旧教地区却由于缺乏"资本主义精神"，因而在经济上远远落在了后面。**

马克斯·韦伯具有新颖性的社会发展理论假设，一度光芒四射，成为引领20世纪历史学和社会学潮流的学说，同时也在近一个世纪的时间里不断引发人们讨论的话题。20世纪70年代前后，随着英国12世纪以来教区档案资料的充分发掘，人们开始注意到韦伯的理论假设与事实之间存在很大出入。如果我们承认以个人自由为基础的公民权利、以司法独立为前提的有限政府、以科层制为基础的官僚行政

---

* See Daron Acemoglu and James Robinson, *Why Nations Fail: The Origins of Power, Prosperity and Poverty*, Crown Business, 2012, p. 60.

** 参见〔德〕马克斯·韦伯：《新教伦理与资本主义精神》，于晓、陈维纲等译，生活·读书·新知三联书店1987年版，第32—68页。

体制和以平等交换为基础的市场经济是现代社会的基石,那么这样一种社会起源于13世纪的英国。依照劳伦斯·弗里德曼教授的"法与社会运动"的理论来解释,理性资本主义在某种意义上是现代社会发展的结果,而不是它产生的原因。

或许是受到韦伯的理论假设的影响,不少研究学者对充满新教色彩的《五月花号公约》甚为推崇,认为它是美国历史上第一份政治性契约。

我以为,《五月花号公约》中体现的更多的还是人们对基督教的信仰。支撑签约人相互信任和遵守契约的动因,主要还是来自信奉上帝旨意的力量,而未必是契约背后本应具备的法律强制力,因为任何一份没有法律强制力保障的契约,实际上都不是真正意义上的契约。

从严格的民法意义上说,契约签订人首先应当是在市场条件下有充分选择权的自由人。然而,"五月花号"靠岸之后,一方面,下船的人们举目四望,这块广袤的土地上既没有领主和头人,也没有国王和皇帝,似乎来到了一个世外桃源;但是另一方面,人们面临的选择又十分单一。举目无亲的北美大地,加上严冬时节的恶劣气候,这些人如果离开团队便陷入生存绝境。他们除了签这个"投名状",还会有什么别的办法呢?此时,没有任何事物可以凌驾于公约之上。无论遇到什么样的困难,签署公约的清教徒们只有谨守自己对公约的承诺、支持他们的"自治政府",才可能免于人与人之间基于暴力的杀戮、征服和奴役。幸运的是,这个类似"投名状"的《五月花号公约》当时的确算是一份先进和文明的契约。

18世纪英国法律史学家梅因曾经深刻地指出:"所有社会进步的运动,到此为止,是一个从身份到契约的运动。"人类在从身份社会到契约社会的演进过程,是一个漫长和痛苦的过程。人类基于契约的合作是文明的重要开端。契约,让人类摆脱了弱肉强食的丛林世界,成为文明与野蛮的分界点。从这个意义上说,《五月花号公约》的意义不仅在于它是一份政治性契约,更在于签约人对契约的信任和遵守,从而与近现代世界史政治文明产生了接轨。

《五月花号公约》尽管算不上是美国历史上第一份政治性契约,但《五月花号公约》在内容上否定了在欧洲大陆由来已久的君权神授思想,否认了统治权无须平民认可的传统,它所呈现出的依法管理、民众自治理念成为其他北美殖民地竞相效仿的模式。对来自马萨诸塞湾的法律模式,无论如何也应该给予足够的重视。作为一名严谨的法律史学家,弗里德曼教授对早期北美殖民地法律的独创性给予了极为客观公正的评价。正如他在本书中指出的,如果以英国普通法为标准,殖民地法与英国法的不同之处在于粗鲁和原始的表现。"对这些学者来说,马萨诸塞湾的法律是对已知标准的一种奇怪的、彻底的背离。马萨诸塞湾的法律根本不是普通法;它是一个新奇的法律体系,也许是以圣经为基础的法律体系。这些理论,如果不是彻头彻尾的谬误的话,也属于言过其实。"

在很多东方人看来,几乎所有西方人都像是(或者他们自称是)信奉上帝的基督徒,然而很多人往往忽视的一点,也许是最重要的一点是:基督徒之间的差别往往要比基督徒与非基督徒之间的差别还要大。显而易见,诸多特性中最能代表美国特性的莫过于美国宗教生活的极端多样性。美国宗教上的多元现象从殖民地时代就开始了,欧洲基督教和犹太教的每一个教派几乎都在美国安了新家。

相对于英国圣公会的新教,清教教义大致属于"异见"。但是,清教信仰者们并没有因此而放弃新教革命的意义,这就是:斩断宗教和政治之间的联系,让宗教获得自由。清教徒们将新教革命的本质带到了北美大陆,即回到耶稣的原始教诲——把属于灵魂范畴的上帝的归于上帝,把属于世俗世界的恺撒的还给恺撒。

从政治学和法律学的视角看,宗教和世俗政治的分离,是人类社会从"前现代"过渡到"现代"的最重要的步骤之一。宗教涉及的是人们的精神领域,是指向彼岸的,是与世俗功利不兼容的;而政治涉及的是世俗事务,是面向现实事务并用以协调社会利益的。如果一个国家是政教合一的组织形式,显然政府的力量就会恶性膨胀,其他不同的价值取向和民间力量就难以生长,"现代化"种子就无法在这样的条件下自发地萌芽结果。

在今天的美国,当然不难看到若干宗教仪式性的举措出现在世俗政府的政治活动中,例如总统就职仪式上手按圣经宣誓,美元上印着的"我们相信上帝"(IN GOD WE TRUST)的宗教教义口号以及美国国歌中的若干歌词片段,等等。但是,我们未必一定要对这些仪式性的现象作出过分的解读,比如,把它们解读为某种宗教力量在世俗政治中的压倒性要素,或者解读为某种基督教的原教旨主义,这样解读就会偏离宪政民主的基本原则,尤其是美国宪法中明确规定的宗教自由和政教分离的基本原则,从而重新陷入中世纪教会专制主义的桎梏。

普通法对美国法律的影响

塑造美国法治的另一个根源是来自英国的普通法。

其实,将"Common Law"一词翻译为"普通法",应该是个错误的译法,因为并不存在什么与普通法相对应的"特殊法"。这里的"Common"指的是"通用"或"共同"或"统一"的意思。如果说普通法有一个相对应的"地方法"的话,普通法更贴切的译法可以是"通用法";与成文法相对应,它是"不成文法";与制定法相对应,它是"习惯法";与大陆法(罗马法或民法法系)相对应,它是英国法或海洋法;与教会法相对应,它是世俗法。我们在此保留普通法的说法,事实上是出于对习惯俗成的一种尊重。

普通法是人类法律史上的一个另类,它的基础是判例法,即它的法律积累来自以往的审判结果,即对案件的判定不是依据事先制定的成文法,而是在此前相同或类似情况下的判例。这一点,与欧洲中世纪大多数国家奉行罗马成文法形成对照。今天在世界上的大多数国家依然使用成文法,而普通法只是在英国和英国的前殖民地(美国、加拿大、澳大利亚等地)实施。不过,这里说的"只是"并非指小的范围,它几乎覆盖了世界上二十多亿人口。

英伦三岛在被诺曼人征服之前,盎格鲁-撒克逊时代的法律制度是地方性的和分散的,并没有一定之规。诺曼人来到之后,形成了统一的中央集权国家,大致在12世纪末,一种全国统一的共同法(普通法)就形成了。由此,英国就成为欧洲唯一有"国法"的国家。普通法使得各地判例互相参照和交流,大量的案例被有意识地搜集起来加以比较和研究,并由此形成了专业化的律师(lawyer)阶层,这是欧洲出现的第一种所谓"白领"人士。法院的法官也由于长年累月地专职处理法律案件,也从那些行政官吏的人群中分离出来,成为一个高度专业化和相对中立化的职业群体。而且由于同样的法律专业背景和训练,大量法官也多从律师队伍中产生,普通法体系中最早产生了法官和律师这两类角色可以互换的传统。这一传统对后来出现在北美大陆的法律职业群体产生了深远的影响。

在美国建国初期,参加"制宪会议"的55位代表中,一半以上的代表受过法律训练,还有几位当过法官,大约四分之一的代表主要从事律师职业。可以看出,与会者很多都受过法律训练,甚至是大名鼎鼎的律师和法官。

毋庸置疑,他们对自《大宪章》以来的英国宪政和法治传统耳熟能详,对普通法的技艺和精神了如指掌,对三权分立思想和司法独立原理谙熟于心。这样,他们不可避免地将法律专业知识、对程序正义的偏好、对权力的警惕以及对秩序的热爱等带入宪法起草过程中,对宪法的文本、精神和气质产生了难以估量的影响。

当代美国法学界的著名学者,纽约大学埃德温·D.韦布法学院最负声望的教授之一伯纳德·施瓦茨(Bernard Schwartz)曾经说过以下精辟的话语:"在从阿历克西·德·托克维尔到今天所有的评论家看来,毫无疑问,法律在美国历史上发挥了至关重要的作用。美国对人类进步所做的真正贡献,不在于它在技术、经济或文化方面做出的成就,而在于发展了这样的思想:法律是对权力进行制约的手段。在历史上,就法律对社会支配的程度来说,任何其他的国家都比不上美国。在某些国家,权力之争由武装部队来解决;在美国,权力之争则由法学家组成的大军来加以解决。"

普通法的确立意义非常深远。判例传统的形成,使英国成为欧洲唯一的司法至上的国家。在司法至上的原则下,法律的公正不取决于成文法典的完备性,而取决于司法实践中对于"正义"的常识性判断,也就是"人心中的正义",或称之为"自由心证",法律职业人并不是去刻意创设法律法规,而是去发现"上帝之法"并将它运用于人间。

普通法在实体法方面,主要是不动产法。在整个欧洲,无论是古典罗马法,还是诺曼征服后的英国普通法,关于土地所有、使用、占有、保有、买卖、时效、继承等权利以及相应的法律救济方式,一直有着非常丰富的立法文化积累。

有相当多的证据表明,使英国法律独树一帜的根本原因在于英国人对待土地所有权的态度。与欧洲大陆其他国家相比,英国人率先确认了土地所有人对土地拥有的绝对产权,早在13—14世纪,土地的自由买卖在英国已经成为常态。英国人历来认为买方和卖方、地主和佃农、房东和房客、监护人和被监护人、债权人和债务人之间的关系应该是明确无误的关系。而其中最重要的就是土地关系。依照中国古代思想家孟子的"有恒产者有恒心"的说法,土地所有人对产权越有信心,他就越愿意进行长期投资,国家也就越能从土地权益中获得税收。

对于美国这样一个新大陆而言,土地产权方面的法律关系直接关系到新移民们的切身利益。在这块广袤的土地上,几乎每个人都有可能当上地主——成为土地的所有人。在北美新大陆,在语调、文化和词汇方面,土地法基本上是英国式的。在这里,英国土地法被简化、改变和适用了。

在1692年至1700年期间,美国新大陆的律师们就依据来自英国普通法的传统提出了更细致和复杂的地权诉状,比如,将租客从不动产逐出租地之诉(the action of ejectment)、说明理由令状和中止诉讼令(the writs of scire facias and supersedeas)和侵害他人财物之诉(the action of trespass de bonis asportatis)等。弗里德曼教授在本书中指出:至少按照早先的标准,在革命前夕,马萨诸塞法律界的人们自认为是相当保守的。英国法律被奉为典范。在民事诉讼中,普通法中的"令状"被"孤注一掷"地使用着。法庭对诉状的细微之处特别热衷。

当然,土地法中的一部分,也来自底层社会的英国法以及当地的风俗习惯,而不是来自经典的普通法。如同弗里德曼教授在本书中所阐述的,早期新英格兰城镇有共有的土地和共有的牛群;它们把土地按照具体面积分配开来,而不是紧紧地集中在一起,从而重建了"在英国曾经实行过的——与当地条件一致的社区生活"并适合"定居者移民"的目标。土地占用权的习惯,在英国并不是统一的,往往因地而异。然而,这种差异出现在新英格兰城镇的土地占有权制度和实践的细节之中。

普通法在程序法方面,其重要的特点是陪审团制度。具有现代意义的陪审团制度发源于英国。随着英国殖民地的扩张,陪审团制度传入美国,并成为主要的诉讼制度。1635年,弗吉尼亚建立了大陪审团制度。大陪审团负责指控刑事案件与调查犯罪,并决定是否给法院移送案件。1641年,《自由团体规章》规定,民事案件中的当事人也可以选择法官或陪审团审判。独立战争胜利之后,法官和陪审团的职能开始分离,陪审团负责裁定案件事实,法官负责如何适用法律。随后,陪审团权利载入了宪法第七修正案。

普通法最重要的特征是对罪与非罪的判定,不是依据事先制定的法律条文,而是依据此前在相同和相似情况下的判例。此外,罪与非罪的决定权也不掌握在法官的手中,而是取决于一个由12个人组成的陪审团。陪审团断案基于这样一个原则——正义取决于每个人内心的正义感。这种正义感是天赋的,它高于任何人为的成文立法。成文法可以改变,但是永恒的正义原则不可以改变。

其实,从某种意义上说,将"Jury"一词译为"陪审团",也属于一种误译。英语中的"Jury"一词,正确的译法应该是"审判团"的意思,而法官才是真正意义上的"陪审"。法官的作用是向Jury介绍相关的法律并决定量刑轻重,罪与非罪则由Jury判定。

近现代以来,美国对陪审团制度进行了一系列的改革。首先,在陪审团组成人员上,逐渐对妇女和黑人开放,对性别和种族的排斥度降低了。其次,历史上陪审团的人数是12人,改革之后根据各州的情况陪审团由6至12人组成。最后,陪审团裁决原则上的变化。传统的陪审团裁决是全体一致通过原则,开始应用多数主义。通过改革,陪审团制度在美国得到了比英国更好的发展。据统计,美国每年由陪审团参与审理的案件,占世界每年由陪审团参与审理案件的90%。

哈耶克曾经在他的《法律、立法与自由》一书中提出过一个假设,普通法国家的市场表现要优于民法国家(或者称大陆法国家)。至于为什么是这样一种情形,哈耶克并没有深入论证。此后各国学者曾尝试用各种方法进行验证,结论大致属实。我们现在看到的大部分适用普通法的国家,例如英国、美国、加拿大、澳大利亚、新西兰,都不同程度上印证了哈耶克的假设。其中的原因不外乎是:普通法对个人的基本权利提供了更强有力的保护;普通法能够更好地防止利益集团对立法的影响;普通法体系中司法人员享有更高的地位和更多的尊荣,在司法实践中更独立、更不易腐败;而民法法系国家中的司法人员往往属于国家公务员系列(例如法国等国家的情形),因此更容易受到行政系统的影响。

在过去的整个20世纪中,美国的方方面面都发生了世纪沧桑之变。宪法修正案、最高法院的判例一直在重塑着宪法,浩如烟海的司法判例和成文法规像蜘蛛网一样布满各行各业;上百万律师涌动在这个国家的城乡内外、大街小巷。然而,稍微细心一些的人会发现,这个国家宪政的基本骨架在过去的两个世纪里并没有动摇过——不变的合众国联邦共和制、不变的九人最高法院、不变的两党轮替执政。一个世纪的风风雨雨中,技术革命、文化革命甚至是性革命都曾呼啸而过,但并没有什么实质意义上的政治革命在美国发生。用本书作者劳伦斯·弗里德曼教授的话说:美国的故事,其实是一个在变化过程中发生的稳定性的故事,其实是一个新酒不断倒入了旧瓶里的故事。

的确,现代人喜欢用质疑的目光去对那些在历史上曾经反复强调的事情评头论足,有人往往认为这些事情其实在历史上或许并不是那么举足轻重,他们或许可以从历史资料中找到若干否定性的证据,以证明美国法对英国法律传统的拒绝和排斥。尽管我们不必再用崇拜的修辞来描述英国法律对北美新大陆的影响力,我们也不必走向相反的另一个极端。在20世纪里学术界出现的怀疑一切的倾向尚不足以改变上述事实:美国法的基本出发点来自于英国的法律传统。

霍姆斯曾经说:"法律一方面总是从生活中采纳新的原则;另一方面,它又总是从历史上保留旧的原则。"美国建国后,一直致力于建立起一个适合于这个新国家和这个国家跨入新时代所需要的法律制度。曾经担任过哈佛大学法学院院长的庞德先生也指出:"我们的法律形成时期的任务是……为了在政治上和经济上联合起来的国家,从我们继承的法律资料中,设计出一个综合的法律体系。"这个过程是通过采纳普通法并将其重新改造为适合美国本土法律的过程。其法治文明的基础来自于英国历史上保留下来的传统,但是很多新的原则是不断从美国社会生活中滋生得来,从而形成和重新塑造了带有美国特色的普通法。这是一个新酒倒入了旧瓶的过程。随着社会的发展变化,这个过程从未中断。原有的英国法"原材料"被反复借鉴或被重新加工,新的法案和判例不断充实,由此形成一个统一和谐的法律体系。

美国是幸运的,因为它有了来自英伦三岛的法治文明的种子,因为它在一块天然没有领主和国王的土地上实践了契约精神,因为那些天才的建国者们设计了一套日后让那些平庸的普通人(包括自己的子孙后代在内)也可以运用的制度体系。为此,整个世界,整个现代政治文明,都从中得到了启蒙。

鸣　谢

这本书能够顺利出版,要感谢北京大学出版社的鼎力支持。要特别感谢该出版社副总编辑蒋浩先生的精心策划、海外合作部王妍女士的耐心协调、责任编辑柯恒先生和陈晓洁女士的专业勤谨。谨此致谢。

周大伟

2020 年 1 月第一稿于华盛顿

2020 年 9 月第二稿于北京

中文版序言

中国是世界上人口最多的国家,也是一个迅速发展的经济和文化强国。我的著作能在中国出版发行,我感到非常高兴。

这是一本法律史著作,它与一个距离中国十分遥远的国度有关;我认为,如果能将它提供给中国读者,会是一件非常有意义的事情。从一般意义上来说,法律学术已经变得更加全球化。我在这里指的并不是所谓的国际法,也不是所谓的联合国或世界贸易组织等国际组织(当然,这些都是非常重要的机构)的法律。我所指的是,法律学者们更加关注其他国家目前的情况,包括其他国家法律制度的运作方式等。例如,美国一些著名的法学院都开设了中国法律课程。大约一代人之前,这种事情都没有出现过。

我对法律学术方面的评论也适用于历史学术领域。在此,并非指的是传统的法律史——即一部文本和教义的历史——而指的是一部深刻的历史,其中展示出法律制度与它们所处社会的互动方式。这就是我在书中的尝试。这本书描述了17世纪以来美国法律中的主要主题和事件。当然,中国法律史要比美国法律史悠长得多。但是,中国法律史研究也可以从一种法社会学的方法中得到启发,也就是从一种依据整个历史背景来看待中国法律史的方法中得到启发。

正如我所描述的那样,我希望中国的法律史学家们能发现,不仅仅是因为美国法律的历史有趣,不仅仅是因为美国是一个大国、一个富国,也不仅仅是因为它与中国的关系意义重大,而且是因为美国也许可以为构建中国法社会学提供相应的参考。法社会史作为一个学术领域,近年来在许多国家都有了很大的发展。中国有着悠久而不寻常的历史,它将为法社会学领域提供丰富的资源。在这方面已经出现了重要的征兆。

正如我所说的,法律学术已经变得更加全球化。在某种程度上,这可能会使一些人感到惊讶。法律知识有一个特点,使它区别于其他形式的知识。这指的是,法律知识在领土上是有边界的。但其他知识领域并没有界限,也没有管辖范围。这些知识领域本质上是国际性的。天体物理学和分子生物学在全世界都一样——无论是在北京或上海,还是在纽约或芝加哥。即使是有些社会科学,至少也声称是建立在独立于国家边界线的原则之上的。但法律知识则有所不同。如果你跨越阿根廷和乌拉圭之间的界线,你就会从一个法律体系转移到另一个法律体系,尽管这两个国家的语言和习俗实际上如出一辙。在拥有联邦制度的美国,当你从加利福尼亚州进入内华达州时,你进入的司法管辖区有着不同的刑法和不同的合同法、侵权法和家庭法规则。可以肯定的是,阿根廷和乌拉圭的法律体系有很多的相似之处;而加利福尼亚州和内华达州的法律体系也有相似之处。但是一个律师不能认为,在内华达州和加利福尼亚州,或者在阿根廷和乌拉圭,任何特定的规则、法规、理论或惯例都是一样的。

法律知识的这个特点使学术复杂化,并阻碍了它像其他领域那样具有全球性。显然,中国的法律史与美国的法律史有很大的不同,正如中国的政治和社会史与美国的政治和社会史有很大的不同一样。另外,有证据表明,随着时间的推移,世界法律体系之间的差别变得越来越小。换句话说,它们正在走向趋同(converge)。

为什么会如此这般呢？这首先是因为现代科学技术缩小了距离的意义；这个世界已经变小了很多。19世纪，法国小说家儒勒·凡尔纳(Jules Verne)写了一本名为《八十天环游地球》(*Around the World in Eighty Days*)的书。在那个时候，在80天内环游地球是一项令人惊叹的壮举。今天，这项壮举可以在不到24小时内完成。这只是指身体上的旅行。信息和图像，以及想法、观点可以传遍世界，这只需要几秒钟。

更重要的是，贸易和旅游业将世界各国联系在一起。数以百万计的人在其他国家度过他们的假期。中国学生在澳大利亚、美国和英国的大学里学习；而许多来自这些国家的学生去访问中国并在中国读书。更根本的是，在许多方面，文化也正在趋同。就像在东京和米兰一样，比萨饼、寿司和蓝色牛仔裤也同样出现在上海。西方博物馆在展示中国的艺术；韩国的钢琴家在演奏肖邦的音乐；首尔的年轻人在听摇滚乐，并把它们改编成自己的版本。

此外，所有发达国家和发展中国家也必须处理同样或类似的一系列问题。每个国家都必须提供有关空中交通管制的法律和规则；而且，在国际旅行的时代，这些规则必须大致整齐划一。所有国家也必须处理知识产权、国际贸易、土地使用管制、健康和安全问题以及许多其他问题。

当然，解决这些问题的办法各不相同，但每个国家都必须面对这些问题。此外，在我们这个时代，国家是相互依存的，文化是相互依存的；不再有任何遁世王国(hermit kingdoms)。我们必须生活在一起；因此，我们必须相互学习。正是本着这种精神，此书可供中国法律界分享。

劳伦斯·弗里德曼

2019年1月15日于加利福尼亚州斯坦福

第三版序言

自本书第二版出版以来,已经过去18年了。在第二版的序言中,我曾说过,文献资料像一个气球一样扩充,以至于跟上其更新的步伐变得越来越艰难。在21世纪初,当我撰写这个序言的时候,情况更是如此。掌握所有文献资料已经变得几乎不可能——也许就是不可能的。在某种程度上,这是一个可喜的事实;这个领域是健康和有活力的。越来越多的历史学家和社会科学家以及一般人认识到,法律对我们生命乃至对社会生活都至关重要。理解法律如何奏效(或不奏效)仍然至关重要。历史记录可以帮助我们掌握这个重要机制的意义。历史永远不会给我们——也不能给我们——对政策问题的回答,或者告诉我们如何处理正面临的问题。但它可以清除我们思想中的神话和误解;它可以让我们以更丰富和更细微的方式思考人类的状况。

在这个版本中,我的所作所为在于:我重读和重新思考了整个文本。我修饰了它的一些部分;我重写了其他部分,或者是因为我改变了想法,或者是因为新的文本在内容上对有关问题有了新的或不同的视角。通常,我只是觉得我可以改进我表达的方式,我保留了这本书的一般形式和一般方法。为此,我不表示歉意。它仍然是一部法律的社会历史。它仍然拒绝任何认为法律可以特立独行的观念。法律是社会的一面镜子。也许它是一面扭曲的镜子。也许在某些方面社会也是法律的一面镜子。当然法律与社会是相互作用的。但中心点仍然是:法律是社会能量的产物,同时又作用于社会之中。如果法律有它自发的生命,那也不过是狭隘的和有限的生命。

我试图把自第二版出版以来在这个领域中已经完成的大量重要工作纳入研究的范围中并加以引用。但是,如果没有别的原因的话,为了节省篇幅,我不得不省略很多资料。本书的重点仍然是19世纪。但是,我对20世纪的内容做了扩展,这个部分在前一版中曾经作为结语,而现在则是包含六个章节的独立部分。我不能说这个安排对20世纪是公平的,但至少它比以前的版本更接近公平。在我的其他著作中,我已经或多或少地在努力填补这个空白。

对于那些被我引用过著作的优秀学者们,我依然想表达感激之情。他们长期以来一直在努力挖掘我们法律制度的佚史,结束其晦涩和隔绝的状态。他们试图剥离其中的瓦砾和神话——给那些模糊和复杂的过去注入光亮。我也必须感谢来自斯坦福法律图书馆的帮助。我想特别感谢戴维·布里奇曼(David Bridgman)、保罗·洛米奥(Paul Lomio)、埃里卡·韦恩(Erika Wayne)和索尼娅·莫斯(Sonia Moss),他们帮助我找到了我想要和需要的东西,并且总是绰绰有余。我也从一些优秀的学生那里获得了帮助,特别是凯瑟琳·克伦普(Catherine Crump)、马克·雅各布森(Mark Jacobsen)、约瑟夫·汤普森(Joseph Thompson)。我的助手玛丽·泰伊(Mary Tye)非常优雅、主动和明智地帮助我处理手稿。一如既往,我要向我的家人表达敬意;特别是我的妻子利娅(Leah),对我而言,她的爱和支持具有极其重要的意义。

劳伦斯·弗里德曼
2004年6月于加利福尼亚州斯坦福

前　言

　　现代通信和技术使世界变小,也夷平了世界文化中的很多差异。然而,人们仍然在说着不同的语言,穿着不同的衣服,遵循着不同的宗教并持有不同的价值观。他们也受到非常不同的法律的约束。各国的法律到底有多么不同,可谓一言难尽。显然,法律制度的差异并非等同于语言差异。我们目前所生存的新世界——城市、工业、技术的世界,创造了一种"社会"类型;这种社会依赖和逢迎某些法律规范。例如,发达国家的共同特征之一是所得税。但税法的确切形式取决于一般的法律文化。美国人自然习惯于美国法律。法律是美国文化的组成部分。让美国人去适应完全外来的法律和程序,可能与让他们尝试去品味烤蚂蚁或穿戴古罗马长袍一样困难。法官和陪审团、遗嘱和房契、熟悉的刑事审判场景、选举产生的立法议会或理事会、结婚证书、养狗、狩鹿——这些都是美国所拥有的一般经验的组成部分。没有其他的法律文化与此相同。据推测,没有其他文化能如此恰到好处地适合美国的这种体系。

　　许多人认为,美国法律中历史和传统的作用非常强大。这个说法并非毫无根据。美国法律的某些部分,比如陪审团制度、不动产抵押权、信托制度和土地法的某些方面,可以追溯到遥远的过去。但法律的其他部分是相当新颖的。总体而言,那些每天使用着的、影响我们日常生活的活生生法律（living law），包括税法、交通规则和社会福利法，都是比较新的法律。当一位律师正在向他的客户建议如何对首都华盛顿即日发布的裁决作出反应的时候，另一个律师可能会告诉他的客户，这个看来有理有据的诉讼已经被拒之门外，其依据或者是亨利八世时代的律师们所熟知的法律，或者是一些连名字、语言和习惯对今日之律师和客户都神秘难测的古代法官的判决。但前一种情况比后一种情况更多一些。法律的某些部分就像地质构造层。新的一层压倒了旧的一层，形成了取代、改变和替换过程，但不一定消除以前已经发生过的一切。法律大体上是逐渐演变而来的；它以点点滴滴的方式在变化。基本结构的革命十分罕见。至少英美法经验如此。大多数法律制度是新颖的，或者是相当新颖的；但是有一些旧的法律被保留在诸多新的法律之中。

被保留下来的旧法律是具有高度选择性的。社会变化可能快速，可能缓慢；但无论如何，这都是无情的。演进和革命都绝非温情脉脉。旧的法治和旧的法律机构只有在其有功能的情况下才能存活下来。它们必须有生存的价值。信托、抵押、陪审团可以追溯到几个世纪前的法律制度，但它们仍然拥有年轻之活力。它们从中世纪流传下来，但现在服务于 21 世纪的需要。它们幸存下来，因为它们在今天充满活力和奋力前行的社会（这个社会毫不犹豫地将旧酒倒入新瓶之中，也将新酒倒入旧瓶之中，或者将瓶子和酒一起抛弃）中找到了自己的位置。无论如何，这本书的理论在于：法律随着时代演变，而且它总是新颖的。有时，这个理论可能不符合事实。但是，如果有人问为什么这样的法律能够存活下来，而不是去假定法律（并不是像社会生活的其他方面那样）"是一堆意外事件和木乃伊状的史料陈列馆"的话，那么我们就可以从法律史上得到更多的启迪。

在某个重要的意义上，法律一直是与时俱进的。法律制度始终在

"运作"。每个社会都要管理自身并解决争端。每个社会都有一个运作着的法律制度。例如,如果法院是与社会格格不入和无效率的法院,这仅仅意味着其他一些机构已经接管了法院的职能而已。该系统就像一个盲目的、迟钝的机器,它被掌握在那些操控者的手中。美国、沙特阿拉伯、法国的法律,都反映着在这些社会里呼风唤雨的那些人的目标和政策。通常,当我们称法律为"陈腐的"时候,意思是说,这个社会的权力体系在道德上已经离谱。但当权力体系改变,法律也会随之改变。这本书的基本前提在于:尽管有一个强大的历史和惯性的冲击力,但是在任何时候,美国法律中最强大的因素则是在当下——当下的精神、现实的经济利益和具体的政治团体。对一本贬低法律的历史要素的历史学著作来说,这似乎是一个新奇的开端。但这并不是一个悖论。只有当我们假定在任何时候,法律至关重要的部分是新的和变化中的法律,是法律的形式跟随法律的功能,而不是法律的功能跟随法律的形式时,法律的历史才有意义。法律史不是,也不应该是去寻找古董,而是随着时间的推移来研究社会发展和变迁。

美国的法治社会拥有悠久而复杂的历史。相比之下,美国是一个新的国家——但是波士顿和纽约已经有了三百多年的历史,美国宪法可能是世界上最古老的并幸存下来的组织法。简而言之,美国法成为美国的基准产物——美国经验的产物,早已经受了足够时间的考验。

但美国的法律并不是孤立隔绝的。它的过去和现在都和其他法律文化密切相关。美国法最重要的直接渊源很容易识别。如同美国的语言一样,美国法律的基础来自英国。在欧洲人到来之前,这个国家属于美国本土原住民。欧洲人来晚了,但他们规模甚大。他们首先沿着海岸定居。西班牙人定居佛罗里达,法国人建立了新奥尔良。瑞典人短暂地定居在了特拉华,但荷兰人又把他们赶了出来。然后荷兰人被英国人所征服。哈得孙和特拉华的定居点被添加到一连串殖民地中，大西洋沿岸的人们都在说英语。他们的人口不断增长。英国人纷至沓来。讲英语的英国人或美国人，最终赶走了本土原住民，占有了他们的土地；还占有法国和西班牙的土地，以及一大块墨西哥土地。他们建立了从一个大洋延伸到另一个大洋的帝国。然后他们远渡重洋，扩展到夏威夷、波多黎各和菲律宾。

每个文化族群都依赖自己的法律规范。平心而论，在许多本土法律中，原始的痕迹已经荡然无存。有些法律则保留了不少生命力。今天，美国本土原住民还存留着自己的法院制度，他们的部分传统还仍然存在。一些学者声称要从荷兰的法律传统中找到若干残存的痕迹。地区检察官办公室的制度可能是荷兰人首创的。法国法律（被翻译后）至今在路易斯安那州或多或少地持续着它的立足之处。西班牙法律即便未必生根，但却影响广泛。没有一个州可以称其法律体系为西班牙法，但西班牙或墨西哥的某些法律，例如夫妻共同财产制度（community-property system），仍然存在于加利福尼亚州以及西部的若干区域。这些法律如果不是纯粹的美国本土原住民的，那么其余的一切都是英国的，或是来自英国的方式，或是建立在英国法律的基础上的法律。

然而，英国的法律却是极为复杂和令人困惑的。表述出哪些英国法律是美国法律的渊源并非易事。归根结底，直到美国独立之前，所谓"殖民地法"（Colonial law）还是个抽象的说法；如同美国今天50个州并没有一个同样的"美国法"（American Law）一样，也没有所谓同样的"殖民地法"。殖民地制度和殖民地数量一样多。最初的联盟是由13个州组成的；极有可能，"13"这个数字仅仅体现了在一个随意时刻做出的人口统计结果。像是普利茅斯和纽黑文这些殖民地，被更大的殖民地吞噬了。新泽西则是两个殖民地实体区域的合并。每个实体区域都有自己的法律制度。

此外，每个殖民地都是在不同的时间成立的。马萨诸塞的起步与佐治亚的起步，彼此至少隔了一百多年的时间。在这段时间里，英国法并不是停滞不前的。在法律发展过程中的不同时间点上，这些殖民地开始了自己的事业。在这段时间里，来自英国的法律在理论上是优越的。但殖民地状况并不是简单的从属位置，不像是区与市之间的关系，或是郡与国之间的关系。即使在理论上，哪些议会法律或哪些法院裁决对殖民地具有约束力，并不十分清晰。各个殖民地从英国法律中借用了它们想采用的或不得不采用的法律。他们对这些英国法的嗜好是出于当时的需求，或是取决于对在国外发生的事情的了解还是无知，或是基于一类单纯的固执己见。描绘殖民地法在多大程度上与英国法一致几乎是徒劳之举。不同殖民地的法律文化各不相同。新英格兰比南方殖民地更偏离了标准的英国法律。大西洋两岸之间的联系始终是强有力的，但从来都不太和谐。彼此在名称上也迥然不同。一个大洋分隔开了它们。母国很难控制住这个任性的孩子。殖民地与母国的争执，除了法律问题，还有政策以及税收问题。即使在独立革命之后，法律关系也没有完全被切断。复杂的法律关系在1776年后幸存下来。根据需要，英国法律在一定数量的范围内继续被引进。即使在19世纪末，依然藕断丝连。

正如我们所说的，英国法律是复杂而艰深的。但是英国法律到底是什么呢？美国独立革命之前20年左右的时间里，威廉·布莱克斯通（William Blackstone）爵士将他所认为的普通法核心的文字写下来。他的《英国法释义》（Commentaries on the Law of England）分为四个部分，印行后成为一部厚实但并不晦涩难懂的书籍。这本书的风格沉稳且典雅，因此成为美国和英国的畅销书。总的来说，威廉·布莱克斯通爵士出色地把纷繁复杂的英国法进行了井然有序的整理。但他描述的图景是不完整的和有瑕疵的——就像一部省略了所有俚语、方言、口语和技术词汇的字典。即使这是个不完美的指南,但在18世纪50年代之前的殖民地也无从找寻。他们缺乏通向英国法律的便利钥匙。然而,这样的钥匙是迫切需要的。英国普通法是世界上伟大的法律制度之一,但是它实在太难以操作或理解了。

无论是过去还是现在,英国法律仍然与欧洲大多数法律体系相脱离。从中世纪伊始,罗马法以一种经过改良后的现代化形式,扫荡了欧洲大陆的大部分地区。英国法律抵制了这个被称为"继受"(reception)的过程。现代大陆法的最高表现当为法典。换言之,法国和德国的所谓"法律",指的是至高无上的成文法。然而另一方面,"普通法"则是威廉·布莱克斯通爵士所称的"不成文法"(unwritten law)。"不成文"不能仅仅从字面意思来理解;如果从书写的意义上看,英国法和美国法其实书写文字已经过多了。然而,威廉·布莱克斯通爵士的说法意味着最终端的和最高的法律来源既不是颁布的立法,也不是议会制定的法律,而是反映在普通法法官的判决中的"一般习惯"(general custom)。这些法官是"法律托管人(depositaries of the laws)——像是一类神谕象征者(living oracles),他们必须对所有可疑的案件作出判决,他们受到誓言的约束,并且依照这块土地上的法律来作出裁判"(参见1 B1. Comm. * 69,即布莱克斯通《英国法释义》第1卷第69节)。普通法是法官制造的法律(judge-made law),这些法律在实际裁判的炉灶中成型、精炼、审查和改变,并以案例报告的形式世代相传。从理论上说,法官根据现行法律原则作出判决;这些原则最终反映的是英国人的生活价值取向、态度和伦理观念。在实践中,法官依赖自己过去的判决,并在变化的时代和变化的诉讼模式的压力下作出调整。

作为一个一般性规则,普通法需要遵循判决之先例。先例通常被认为是普通法的基本概念之一。它并不像一些外行们(和律师们)所以为的是个束缚。如果认为这个案件严重误导,美国法官总是有权力推翻这个较早的案件。这项权力并没有被经常行使。不过,这个权力一直存在,而且还有更重要的权力来"辨别"(distinguish)一个令人尴尬的判决先例——这就是或将这个判决先例淡忘,或把它的含义加以转换。无论如何,过去和现在的普通法,都是法官作为统领和主宰的系统。无论是遵循还是辨别判决之先例,他们都创造和阐明法律原则。最重要的是,案件的判决是法律的基本构件。长期以来,法官们都对成文法持怀疑态度。成文法被视为对法律本身而言不受欢迎的干扰并受到相应对待。在大陆法系中,所有法律(在理论上)都包含在法典中。在普通法系中,只有在法官的判决意见书中才能发现许多基本的法律规则。

议会可以在一个月中密集完成的工作,法院则需要长年累月地去完成。而且法院从来没有这样系统地做到这一点,因为普通法只处理实际的争端和实际的案件,它不能处理假设的或未来的案件。如果没有人提起案件,案件就不会进入法庭。关于"所有重要的问题都会变成争议"的说法是没有道理的。"争议"并不是诉讼,普通法中只有诉讼——实际上只是上诉的诉讼案件,才能制造新的法律。对法官而言,去制定一类量化的法规,或者去制定没有大量公共支持("税收形式")就不能执行的规则,或者去制定必须由新的公务员队伍执行的规则,并非轻而易举。法官应该以法律原则为依据。他们决定具体案件;但他们只有有限的权力去加以规制。他们无力去决定行车限速是多少,或者什么食品添加剂是致癌物质,或者哪些动物应该被列入濒危物种清单。英国(或美国)法院可能不会去"演变"出一个社会保障法(Social Security law)。因此,普通法不仅缓慢,而且它引发的某些重要的法律变革也是乏力的。

比较古老的英国法律通常在变化中都显得纠结,有时候甚至有些迟缓。普通法的文化常常不情愿去公然地废止那些过时的教义和制度;英国法优先取代并忽略它们。决斗断讼(trial by battle)深受中世纪浪漫和古装电影的青睐,直到1819年才在英国被废止。几个世纪以来,它在石棺中沉睡;但法院在1818年犯了一个意料之外的错误,它提醒了法律界,决斗断讼在法律上依然可能。感到尴尬不已的议会迅速地埋葬了这个古老习俗(59 Geo. III, c. 46, 1819)。有些时候,法律演变表现为一种被称为"法律拟制"(legal fictions)的捷径。"逐出租地之诉"(ejectment)的兴起就是一个著名的例子。假设有两个人,一个叫亨利·布莱克(Henry Black),一个叫理查德·布朗(Richard Brown),他们正在为一块土地上的所有权而争执。布朗目前占有这块土地,但布莱克对这块土地主张权利。每个人都认为自己是合法的所有者。中世纪的普通法有一种可以用来解决这个争端的审判方式,但是这种方式是令人苦恼和愚笨的。于是,"逐出租地之诉"作为一种方式发展起来并甩掉了那种审判方式。在"逐出租地之诉"中,向法庭提交的诉状告诉过我们一个相当奇怪的故事。一个名叫约翰·多伊(John Doe)的人似乎已经从亨利·布莱克手里承租了这块土地。另一名叫威廉·斯泰尔斯(William Styles)的男子,也从理查德·布朗手里承租了这块土地。据称,斯泰尔斯已经把多伊从这块土地上"逐出",事实上,多伊和斯泰尔斯及两个租赁契约都是法律想象力中纯粹的虚构。布莱克和布朗才是这个案子中真正的人。这个令人啼笑皆非的仪式(包括法院在内的所有人都知道它是虚假的),其目的在于将所有权纠纷事宜提交给法院处理。只是,现在是一个关于租赁(一个虚构的租赁契约)的案件。因为这是一个租赁案,涉及古老的土地上的有关做法(不适用于租赁契约)就可以被避免,从而可以采用更加精简的程序。在这个过程中,"逐出租地之诉"本身被认为是一件复杂的麻烦事;但直到19世纪中叶,这种方式才在英国予以改革。

"逐出租地之诉"的奇怪历史,并不是一个高度技术性和虚构的孤立事例。到底是怎样的一个不太讲究法律的意识,会制造出把商业组织"拟人化"的社会制度?会将奴隶归为不动产?并允许原告声明"巴黎市位于英国"或"伦敦(诚然,那里经常下雨)位于公海上",而且在这些情况下,被告还不被允许去反驳这些荒谬的说法?其中一个,企业的拟人化,一直存活着(而且还有使用价值);其他的做法则在为其目的提供了服务之后就销声匿迹了。

高度技术性,使得英美法变成一个律师和普通民众都对其望而生畏的系统。但是,普通法之所以是纷繁复杂、过度形式主义和不可捉摸的,不是因为它缺乏变化,而是因为它总是在不断变化。部分问题在于传统理论认为普通法是个被严格束缚的系统。从理论上说,普通法在一般意义上并不是人为制造的。法官揭示特定的法律(或"发现它们");他们没有制造法律,或者在发现法律时去加以篡改。现代的法律观念基本上是人造的,并且基本上是一种工具或手段,这些观念对古典普通法而言,都是外来陌生的东西。因此,法律的变化曾经被隐藏和伪装。由法官主导的、迟钝的和公开的改革是无从谈起的。此外,法律的工作教义,看上去似乎很古怪,但是它必须为一些经济或社会利益提供服务。在一个拥有很多粗暴的、热衷争执且彼此交战的权力持有者的社会中,法院只能缓慢而微妙地去影响权力关系。否则一个微妙的平衡就会被搅乱。

此外,愚蠢的传统只要是无害的,就是可以忍受的。决斗断讼的被废止就说明了这一点。如果决斗断讼不是早已销声匿迹,那么它也不可能苟延残喘到19世纪。强大的变革引擎可以并且确实存在于法律体系之内,但它们可能往往存在于法庭之外。一些法律上的重大变化是通过开放和关闭制度的阀门来运行的。事项的处理,从一个法律机构转移到另一个法律机构。法庭获得一些任务,然后又失去一些任务,后来又获得新的任务。议会的作用更为强大;国王的权力时强时弱。在这些变化的过程中,一些古老的、专门的和大致边缘化的事务一直与法庭保持着联系。因为这些事务丰富多彩且历史悠久,所以它们获得了比实际上应当得到的更多关注。它们给人们一种一个古老的、顽固不化的系统幻象,但这种印象在很大程度上是不正确的。

其实,大部分的法律也不是直接面向公众的。律师位于外行人和立法者之间。律师的任务是容忍和掌握法律中的计谋和技巧。毕竟,技术上的困难是律师存在的理由之一;其中包括他的权力、他的收入、他的垄断地位;他对法庭工作的施压、起草法律文件以及对客户的咨询服务。在我们的故事开幕的时候,英国律师界就对英国法律的形成具有重要的影响。律师界的演变是一个漫长而复杂的过程。但到了1600年,英国律师界显然已经是由一群受过法律训练和受过教育的男人组成的职业群体。不过,他们并没有在牛津大学或剑桥大学接受过培训。律师是从伦敦的律师会馆走出来的。律师会馆与大学无关。他们与罗马法或欧洲的一般法律文化也没有什么关系。律师会馆的年轻人如果学到了什么的话,那就是学习英国法、英国的诉讼程序和英国的法律经验。这里的法律培训主要并不是理论性的,而是实务性的。在大陆法展现出众望所归的诱惑力之时,这种特别的英国法教育,有利于帮助普通法去抵制一个复兴后的罗马法的诱惑。在英国,法官也是从律师界招募而来的。律师和法官组成了一个单一的法律社群,他们具有共同的背景和共同的经验,这个现象沿袭至今。他们形成了一个具有凝聚力的社团和行会。

因此,由于这样或那样的一些原因,普通法几个世纪以来都有一些墨守成规的东西保留下来,它们就像一种通常不会成功蜕化的外皮。这个外皮带着以往封建制度的强烈色彩,但它只是一个外皮而已。中世纪英国法律实务在语言和习惯方面给普通法律师留下了深刻印记;但随着经济、社会、文化的改变,普通法也随之在改变,无论是它的外在、内在、骨架和肢体,即使在形式和语言方面——它还保持着某些古老的姿态。

经典的粗放性法律完全无法摆脱两个中心议题:正式的法律程序以及与土地有关的法律。稍加思考就可以看出,这两个议题并不可能是英国所有人生活中的法律议题,而更多的其实是被等同于英国生活的贵族们的生活议题。普通法在本质上曾经是皇家中央法院的法律。这基本上是延续并包括由布莱克斯通在内的伟大的英国法学家们所阐述的法律。但是,皇家中央法院大体上处理了一小群人的法律问题。翻阅一下柯克(Coke)法官在16世纪末和17世纪初作出的判决汇编,你会发现一群多姿多彩的诉讼人,他们都来自英国社会的最高层,包括男女贵族、拥有土地的绅士、高级神职人员和富有的商人。普通法是贵族的法律。这个制度对普通民众几乎没有什么涉及,他们只是间接地被统治着——除非被一个残忍的刑事司法制度有所刺痛。当时还有领地方面的法律规定,这个法律控制着普通民众并将其束缚在他们的利益者身上。这是一类地方性法律和习惯法;像布莱克斯通等人的书籍很少提及它们。法律书籍专注于书写权力拥有者和国王的法律。下层社会的日常法律在这些圈子中鲜有涉及。

作为皇家和王国的普通法,其实并没有涵盖整个王国。权力不那么集中和紧凑。没有单一的焦点,没有单一的法律文化。英国法是多元的,它采取了多种形式,并且因地而异。这有点像英国晚期的殖民地,特别是非洲殖民地的法律;其中以母国法律为模式的官方法律在首都占主导地位,通行于侨民和商人之中;而在农村,习惯法在很大程度上发挥作用。在中世纪,许多英国的当地习俗,如当地的方言,都还遵循着普通法。例如,长子继承制(Primogeniture)——"长子"继承土地是普通法规则,但在肯特郡则是个例外。在肯特郡,适用着一种被称为"平均继承制"(gavelkind tenure)的制度(该制度在1925年被废除),土地平均地由所有的儿子继承。地方法和习惯法对早期的法律有重要的影响。殖民地法律实务部分归功于定居者最熟悉的法律:那些来自家乡英国的当地法律和社区习俗。

即使是重要人物的重要事务,普通法的主导地位也并不是无可争辩的;它必须与相制衡的法院、机构和法律的子系统进行对抗。最后,皇室的普通法通常是个赢家。但只有通过给予很大的让步才能赢得胜利。在语言方面不妨做一个有用的比喻。盎格鲁-撒克逊的语言反对斯堪的纳维亚语和法语,以及另外两种文化语言——拉丁语和希腊语的入侵。但是幸存下来的语言——英语——则浸透了大量的外来语,并且被外来的语法所覆盖。现代普通法则充满了罗马法的语言和观念,也深深地受益于基本上来自大陆法法律分支的衡平法、海事法和商事法。

在普通法的正式角逐对手中,最令人震惊的是由王室大臣(chancellor)掌管的一个被称为衡平制(equity)的特别制度。自中世纪初以来,王室大臣一直是重要的王室官员。王室大臣的办公室(chancery)——负责向普通法院发出令状。通过漫长而复杂的过程,王室大臣的办公室本身就成了一个法院。但这个法院有所不同。法官并不遵循严格的普通法的规则。宽松原则成为主导,这符合"衡平"理念的普遍原则。衡平法官被认为是"国王良知的守护者",所以他有权摈除不正当的规则。衡平法官最初是一位神职人员,他可以阅读和写作(并非易事),他也有文职的工作人员,他们负责令状的"体系",负责权利人设立法律程序的那些文件。[1]这个权力给了衡平法官在皇家司法制度中的一个战略地位。随着时间的推移,大臣们作为国王的代表,在一些法律领域放宽了普通法规则。"衡平"理论被发展开来并用以解释衡平法官的权力,使得其工作还原为某种逻辑的秩序。衡平规则的特殊性逐渐消失。衡平的原理、原则、规则几乎等同于法律。简而言之,衡平法几乎是一个与普通法相对峙的制度。

简而言之,在英国,两个相互矛盾的民法体系并存,而且彼此并不是并行不悖的。然而,在很多方面法律(即普通法)和衡平法彼此相辅相成。普通法可以主张义务和权利,它可以决定金钱的补偿,但不能强迫任何人采取行动(付钱除外)。而衡平法却有一整套补救措施。禁制令(injunction)是其中之一。禁制令是要求某人做某事(或有时停止做某事)的命令。这种禁制令是有强制执行力的,因为如果被告不服从,衡平法官会宣告其藐视法庭并直接将其关进监狱。衡平法的效力对人但不对物。例如,它不能提供真正影响土地所有权的判决。它只能对各方当事人采取行动。衡平法官可以命令 B 把 A 的土地交还给他。如果 B 拒绝,衡平法官可以把他送到监狱,直到他服从为止。但衡平法官不能直接把土地判给 A。在程序上,这两个制度是非常不同的。衡平法更接近大陆法和教会法。没有陪审团坐在法庭上。陪审团纯属普通法的制度设置。而许多熟悉的规范,以及一些诸如信托法这样的整体性法律分支,都是从衡平法规则和衡平法实务运作中成长起来的。

令人感到好奇的是,也许还有些独特——在一个法律制度和一个国家中,有这样两个相互分离的制度:普通法和衡平法。一个人可能因为一个诉求在衡平法中胜诉,而在普通法中败诉;反之亦然。例如,普通法法官倾向于认为只要土地契据是以适当的形式执行的,则视其为有效。然而,在衡平法的情况下,如果是欺诈或欺骗的产物,则不论其形式要件如何,该契据都不会产生任何法律效力。因此,基于某个契据的诉求胜诉还是败诉,取决于原告进入哪一种审判法院。普通法院并不关注衡平法的规范。对衡平法而言,如果原告在普通法上有"适当的补救办法",衡平法院可能会拒绝受理这个案件。

两个制度之间的关系,在不同的时代是截然不同的。在都铎王朝和斯图亚特时代(Tudor-Stuart days),衡平法与普通法之间爆发了公开和激烈的冲突。普通法律师并没有成功地把对立方的衡平法逐出这个系统——就像他们本来希望的那样。一段时间后,这两个制度不得不面对现实,继续并存。在19世纪,在大多数州,衡平法与普通法终于"合并"了。这意味着基本上不再有分立的衡平法院和普通法院,法官将在单一法院中采用单一程序来处理两种体系。普通法和衡平法规则相互冲突时,通常会出现衡平法取胜的情况。美国有些州(例如马萨诸塞州)就从未有过衡平法的体系。大多数的州(例如像纽约州)在19世纪时就将两个法律体系进行了合并。新泽西州直到1947年才废除其衡平法院。在小小的特拉华州,独立的衡平法院持续到了21世纪。衡平法院作为一个单独的实体即便已经消逝远去,但它的历史记忆却挥之不去并继续发挥影响力。由陪审团参与审判的权利,通常取决于这个案件在过去是否为衡平法的案件。

衡平法院不是唯一不遵循普通法规范的法院。星室法庭(court of star chamber)是一个有效率但又有点恣意专断的皇家权力机构。在都铎王朝和斯图亚特时代,它曾盛极一时。与其说星室法庭是普通法院的竞争对手,不如说它的存在是对普通法院的一个制约,提醒国王和王后不能将最高国家政策委托给独立的和好争吵的法院。特殊的商业法庭(special commercial courts)也是在普通法之外的法庭,它比星室法庭存在得更久。皇家中央法院在土地所有权纠缠的情况下,几乎没有注意到国内外的各类商人、银行家们,以及他们买卖、运输商品所使用的国际商务方面的习俗和惯例。商业法庭对这些习俗和惯例是敏感的,并且了如指掌。在这些法庭中,起主导作用的是独立的商事法律体系,而不是英国的普通法。有各种各样的商业法庭,包括丰富多彩的、商人聚集的市场交易法庭。爱德华·柯克爵士说,这是一个"促

进贸易和交通的……快速法庭",如同"灰尘从脚底剥落"那样快。²

通过市场交易法庭和商人法庭,英国法律和实践认可了商人的经营方式。从这些来源,英国法也学会了处理现代支票、票据、汇票和提单这类一脉相承的法律文件。最终,一般性的法院也将商业法律吸收到普通法的脉络之中;商人法庭开始没落。到17世纪,这个过程进展顺利。曼斯菲尔德(Mansfield)法官是最后一个关键人物,他于1793年去世。曼斯菲尔德精通罗马法和大陆法,对商业案件有精确的感悟。对商家的需求和方式,他的判决敏锐而到位。

海事法——公海和海上贸易的法律,是"普通法"的另一个"对手"。海事法也有一个古老的国际传统,与普通法相去甚远。早在16世纪,英国海事法院就与普通法院发生过冲突。对海事法律的管控方面的斗争多年来始终没有停止。相互纠缠不堪的可不是海洋的罗曼蒂克,而是海军政策和国际运输的权力。

家庭法——结婚和离婚——也大致不在普通法的范畴。婚姻是圣礼,即使在宗教改革之后,教会法庭仍然对此保持管辖权。财产继承法(在现代法律,遗嘱和遗产)出现了奇怪的区分;普通法院控制土地不动产继承;教会法院控制动产的继承。两个法院使用完全不同的规则。如果一个男人死后没有遗嘱,他的长子就继承了他的土地。但是,孩子平等地分享任何个人动产(金钱和物品)。教会法院,如衡平法院,不使用普通法程序;因此,陪审团在其决定中没有任何作用。

这个前言对法庭给予了重点的强调,但并不能因此就认为所有的英国法律都是法官所造。直接或间接来自国王和议会的法律纷至沓来。在英国文艺复兴时期,没有像今天这样多的成文法律法规。但的确有成文法,而且它们很重要。其中一些从根本上改变了法律的结构和实质,有些还被带到了殖民地。

英国法律从来不是一成不变的。查理二世的法律并不等于爱德华一世的法律;它与阿尔弗雷德王(King Alfred)的法律相距甚远。在大多数情况下,上述所描述的是几个世纪的演变和定型,大致都与殖民定居点的时期有关。在1600年,英国正处于最深刻变化的一段时期,这个时期至今并未终结。就法律秩序而言,或许这个现代时期中最重要的一个方面,就是社会对法治态度的革命性转变。在传统文化中,法律基本上是静态的:这是一个神赋的或者日久俗成的规则体系。它按照社会秩序界定人的地位。在现代,法律是一种工具和手段;拥有权力的人用法律来向前推动或向后拉动,以求达到一定的目标。法律作为一种理性工具的观念适用于所有现代制度体系,无论是资本主义、社会主义还是法西斯主义的体系,无论是民主制还是集权制。所有现代社会都通过法律来管理,即通过规则、条例、法规、决定来管理。这些规范在不断增加、删减或改变。这本书所涵盖的时期是一个动荡不安且令人欲罢不能的变动时期。

注　释

[1] Theodore E. T. Plucknett, *A Concise History of the Common Law* (5th ed., 1956), p. 180.

[2] 4 Go. Inst. 272. The name *piepowder* is said to be a corruption of two French words meaning "dusty foot."

第一部分
起点：殖民地时期的美国法

对于大多数律师和外行人来说,殖民地时期是美国法律的黑暗时代。当一名美国律师面临法律问题时,通常会考虑法定权限的两个来源:①成文法律;②上诉案件的报告。典型的美国律师可能从来没有见过、处理过甚至听说过殖民地时期的任何案件或法令。对此,恰恰事出有因。直到独立之后,殖民地的案件和法令才能得到便利的整理。即使是现在,也只有散落的殖民地案件得以整理出版。许多殖民地法令只幸存于古代或罕见的版本中。有些已经完全丢失了。1648年的《法律和自由》是最重要的殖民地法典之一,一度已经完全遗失,直到20世纪才找到了一份副本。

这么多的本土传统消失并不令人惊讶。法律不断变化,除了对学者以外,古老的法律基本上是无用之物。只有收藏家和历史学家会对1830年马萨诸塞州的法律非常关注。1648年的法律几近销声匿迹;这些法律在约翰·亚当斯(John Adams)活着的时候就已经属于古怪而且过时的东西。殖民地期间和美国独立期间的条件是千差万别的。一个由神职人员管理的战战兢兢地依附着一个未知的大陆海岸的小型殖民定居点的法律需求,完全不同于繁华热闹的商业州的法律需求。法律发展的总体趋势一直遵循着大社会的总趋势。例如在18世纪,殖民地法似乎又摇摆回溯到英国的模式。即使在独立革命之后,美国法似乎在某种程度上是相当英国化的。这不是一个真正的悖论。"英国化的"是一个误导性的术语,经济增长和社会分工要求法律工具,对于1650年的清教徒寡头统治者而言,既不需要也无用处。殖民地的经验无法提供所需的新工具,但是其中一些工具很容易从国外进口。在不需要翻译的情况下,美国律师可以从英国得到唯一可供使用的法律渊源。这是一个熟悉的法律渊源;它来自一个法律上和经济上以"自己特有的权益"在成长、变化和发展的国家。在独立革命之前,殖民地法律已经和英国法律十分相像,但还是有很多全新的和赤裸裸的本土法律。

然而,独立后殖民地时期的经验却被忽视了。它没有留下任何强有力的、公开发布的记录。它很快就从记忆中消逝了。它也是支离破碎、本地化的;它缺乏尊严和普遍权威。它很容易被贴上一种行话或方言的标签。从澳大利亚到桑给巴尔的其他殖民体系也遭受着同样的侮辱和默默无闻的命运。对美国法学家来说,英国曾经就是标准。英国的书籍、法官、思想都比旧的殖民传统更容易获得。

没有多少印刷材料可用,但有大量的档案、记录和文件。这些都够多了,这样历史学家就能够挖掘和展示殖民历史中具有艺术性的和令人惊异的东西。这是一个诞生在幸运之星下的国家。欧洲的战争摧毁并消灭了整个城市,它们的记录在战火中消失了。美国档案馆,特别是在北方的档案,已经逃过了最严重的灾难。忽视、粗心大意、偶然破坏和饥饿的蠕虫,确实都造成了档案损失。但仍有令人惊讶的数量的档案得到存留。越来越多的信息实际上是经过编辑的,而且今天很容易获得。

对殖民地时期进行一般性的概括,并非易事。从詹姆斯敦(Jamestown)*到独立宣言,169年过去了,等同于从1776年到第二次世界大战结束时的时间。没有人会认为后面这一段时间是个单独跨度的"时期"。这种比较方式多少有点误导之嫌;社会的(也是法律的)变化并不是均速平稳的。即使如此,也有许多不同的殖民地;在殖民地时期持续的150年里,每个殖民地都发生了根本的变化。乔治·哈斯金斯(George L. Haskins)在一篇关于马萨诸塞湾(Massachusetts Bay)的详细研究中列举了许多关于殖民地法和法律历史的错误观点。一个错误的想法是"殖民地的法律本质上是英国的普通法,在适用于殖民条件的范围内被引入殖民地地区"。这一理论否认了"殖民地时期的任何本土法律成就";事实显然并非如此。另一种假设是,"由于殖民地的法律本质上是英国的法律,殖民法在任何地方基本上都是一样的";这同样是错误的(而英国法律本身并不是"各地相同的")。也有一些学者认为殖民地法比事实所证明的更具有创新性。他们认为殖民地法(特别是在早期)与英国法律很不一样。他们以英国普通法为标准,殖民地法与英国法的不同之处在于粗鲁和原始的表现。对这些学者来说,马萨诸塞湾的法律是对已知标准的一种奇怪的、彻底的背离。马萨诸塞湾的法律根本不是普通法;它是一个新奇的法律体系,也许是以圣经为基础的法律体系。这些理论,如果不是彻头彻尾的谬误的话,也属于言过其实。[1]

哈斯金斯教授提出了他自己的概括:"每个殖民地内的定居和发展条件意味着每个群体都发展了自己的法律制度,就像每个群体都发展了各自的社会和政治制度一样。地理隔离、若干个殖民定居点的年代和性质、缺乏外部监督或控制的程度——所有这些都对最终形成13种不同的法律制度产生了影响。"[2]那么,在任何特定的时间,每个殖民

---

* 1607年英国人在北美殖民地建立的第一个殖民定居点,如今属于弗吉尼亚州。——译者注

地都有一个由各种不同材料组成的法律体系。这些来源有三种类型：第一，有一种可能被称为"记忆中的民间法"——是由移民们带来的那些活泛的英国法律。第二，有些准则和做法是在本国发展起来的，以应付定居点生活中的新的特殊问题。例如，英国法关于与敌对（或友好）土著部落的关系的法律。第三，一些殖民者们要采用的那些规范和做法，与他们自身的属性和信仰息息相关——清教徒自主的意识形态因素使其法律与英国法截然不同；他们的法律很大程度上是由他们自己的一套严格的信仰决定的，而并非囿于气候、条件或危机的影响。

这三个要素在不同程度上构成了不同殖民地的法律制度。因此，从英国法律的角度来看，这条法律看上去很奇怪，也就不足为奇了。使这种明显的怪异变本加厉的是，殖民者不一定会带来标准的英国法律。我们所认为的"英国法律"实际上只是英国法律的一部分——伦敦皇家中央法院的法律（the law of the royal central courts）。殖民者带来了他们所知道的法律，这主要是来自各地本土的法律和风俗习惯。而各地法律往往与伦敦国王法庭的法律迥然不同。[3]此外，从英国来到这里的殖民者们，代表了不同的地方传统。虽然他们"基本上复制了……他们在移民前所知道的生活秩序"，但结果往往是在新英格兰乡村地区"重新创造"了"本土英格兰的多样性"。[4]

在18世纪，"英国"的因素可能变得更强大和更标准化。独立革命后，英国法律的引进速度减缓，细水长流。就美国而言，英国内部的多样性失去了它的重要性。然而，殖民地和各州内部的多样性总是至关重要的。殖民地法和美国的法律受到离心力和向心力的制约：离心力是分裂司法管辖区的力量；向心力是把它们结合在一起的力量。在独立之前，母国、其代理人、其优越的法律文化都是向心力；地理孤立、地方政治以及殖民地和国家的主权（在法律上或事实上）都是离心力。美国法律的一个伟大而永恒的主题是这些力量的推拉：统一性和多样性,随着时间的推移呈现持续紧张的状态。

哈斯金斯教授提到了13种不同的法律制度。最终,在独立的时候,一共就有了13个州。但是,殖民地的数量则不止这个数。在整个殖民地时期,大的殖民地吞没了一些小殖民地。后来的新泽西曾经来自东泽西和西泽西(East Jersey and West Jersey)两个独立的殖民地。此外,如果你在殖民地时期的任何特定时刻停止了时钟,你就会发现这些殖民地处于经济和社会发展的不同阶段。在社会秩序巩固之前,每个殖民地都经历了第一个不稳定的时期。从某种意义上说,将早期的佐治亚与马萨诸塞殖民地进行比较,要比将一个喧闹、成熟的马萨诸塞与幼小的佐治亚殖民地进行比较更有启发性。在每一个殖民地内,旧的和新的混合在一起——建立人口中心和小型边疆定居点。早期的马萨诸塞殖民地,中期的弗吉尼亚殖民地,晚近的纽约殖民地:每一个都显示出英国法律对当地的问题、经验和习惯的具体适应。每个殖民地都有自己的商业中心和偏远地区(然而,南方基本上是农村)。对于19世纪的美国,也可以提出类似的看法。在1800年,或是1850年,或是1875年,有了大城市、小城镇,以及周边的村庄和几乎空旷的空间:港口、铁路中心,但也有孤立的农场;首都和边陲、海岸、河底和腹地。每一种社会都有自己独特的生活法律规范。殖民地的生活法律规范是一个连续体,跨越构成殖民地领土的空间。这也是一个跨越时间的连续体。例如,就活生生的法律而言,1776年,即独立宣言那一年,这一次法律的中断有多剧烈呢?当然,革命是革命,而不是茶话会。但与俄国大革命或法国大革命不同的是,战争结束时并没有出现全面的社会动荡。事实上,在某些方面,这是一场为继续一种生活方式而战的战争,是为了沿着熟悉的路径跋涉的权利而战的战争。那些熟悉的路径本身在殖民历史的过程中也发生了变化:殖民地的生活条件本身为其与母国之间决裂而铺平了道路。[5]到独立革命之时,殖民定

6

居点已经经历了一个半世纪的时间。已经有足够的时间使真正的社会精英获得成长;在大多数殖民地,肯定有统治家族、寡头、拥有重权的小团体。尽管如此,与英国相比,它是一个开放得多的社会;其中有许多曲折可以来丰富故事情节,在独立革命时期,统治家族在与英国的危机中被迫接受"广大民众进一步的参政"⁶。正如沃伦·比林斯(Warren Billings)所说的,关于弗吉尼亚,自治政府并不是"突如其来的"(come all at once);它是"创建者和国王都不关心的事情……从某种意义上说,自治就恰好发生了"。⁷它当然是在特定的社会背景下发生的:在这片土地上,自治的观念连同殖民者带来的思想和习惯,自然地成长起来了。

但是,我们也应该记住,这是一个殖民地时期;英国人(和其他人)在北美的定居是一场世界范围的大规模运动的一部分,即欧洲的扩张。⁸北美是英格兰的殖民地,殖民地本身也处于殖民的状态;它们向西方和南方扩张;它们向各个方向扩张。随着殖民地的扩张,它们面对的不仅仅是大自然的力量。毕竟,这片土地并不是空的,而是由土著部落居住的。定居者与土著人的关系很复杂;在某些方面,他们被平等对待,特别是在早期;但随着时间的推移,土著人受到更粗暴的对待,更多地被当作外来居民对待,有时是敌对的,土著人经常是被贬低和歧视的。⁹

在这一部分中,我们只能涉及殖民地法的几个主要主题。殖民地的法律经验总是丰富多样的。不同的殖民地的生活条件差别很大。其中一些变化与气候或土地的布局有很大关系;另一些则是结构性的,取决于殖民地是否属于一个皇家的殖民地,是否属于一个特许殖民地,或者是否为一个专属的财产。还有一些则是意识形态方面的:新英格兰的清教主义,彭威廉(William Penn)在宾夕法尼亚的"神圣实验"(Holy Experiment),马里兰的自主冒险。土地或结构的最初差异导致了进一步的差异。例如,肥沃的土壤和温和的气候有利于某些作物——烟草、棉花、水稻——生长。气候和土壤使种植业经济成为可能。这种经济深深地影响着奴隶制的社会状况,例如,它在南方是有意义的,但是它在小型杂凑农场的社区中就没有那么有意义了。

但是,殖民地的经验也有一些潜在的相似之处:社会和经济生活的结构是开放的;土地是富饶广阔的;起初,英国的控制是软弱和遥远的;而在18世纪,这类控制对每个人都造成了滋扰和侵袭。英国传统是美国法中基本的东西,但它演变成了独特的美国形态;不同的殖民地各有不同的美国形态,但通常是在平行的方向上运行着。

殖民地法的架构:法院

一般说来,殖民地的法院组织遵循一个基本的社会规范。殖民地开始于简单的、未分化的结构,并且发展出更复杂的和分工繁多的结构。英国拥有一个惊人的、烦琐的法院集合体,同时又高度专业化和没有节制地叠床架屋。爱德华·柯克爵士在他的《英国法总论》(Institutes of the Laws of England)一书中用了整整一卷(第四卷)来描述这些法院。他列举了100个法院,从拥有普通管辖权的重要皇家法院,到一些特殊的地方机构,例如在康沃尔郡和德文郡处理锡矿山和锡矿工人有关问题的锡矿区法庭(courts of the stannaries)。对于那些拥挤在当初的新港市(Newport)附近的一个小岛上的100个移民而言,或者对于那些在普利茅斯忍受冬季寒冷的人而言,试图去准确地复制一个与英国同样的法律制度,这实在是神奇和疯狂的事情。的确,这样的事情并没有发生。殖民地的生活最初是岌岌可危的。迫切需要性才是最高的立法者;细枝末节则在其后。一些早期的定居点,比如弗吉尼亚,制定了所谓的"法律",它们就像军事命令一样,实际上是以军事管制法为蓝本的。[10]在开始的时候,那些矮小的、饥肠辘辘的和陷入困境的居民,哪里会有什么权力分立这类深奥微妙的概念。同样的一群人在制定规则、强制执行规则、处理争端并管理殖民定居点。只有当有了足够的人口、足够多的问题和足够大的领土,才能使这一点变得合情合理,即一个特别的法院制度得以成长发展并分为若干部分。

1630年至1639年,马萨诸塞湾的政府和法律经历了多次的曲折,并建立了一个比较持久的法院体系。马萨诸塞湾特许令(1629年)是以贸易公司为模型的典型特许令。特许令让渡授予了一大片土地,并承认该土地必须得到管控。但是在其他方面,这很像商业公司法人的章程。"总督和公司及其继任者"将拥有"永久的一份印章,将用于上述公司的所有相关事项和场合"。官员和所有自由民组成参事会(general court),大致相当于一家公司的股东会议。总督法院(court of assistants,包括总督、副总督和一些助理人员)组成了一个规模较小的团队,可以与董事会相媲美。另外,戴维·科尼格(David Konig)认为,公司在到达海湾之前就已经重组了,真正的类比是另一种形式的公司:英国的行政自治城镇。在他看来,政府制度基本上模仿了英国一个城镇的政府。[11]

无论如何,公司的负责人都有制定规则的权力:他们可以制定"法律和法令,以促进相关公司的福利,为有关土地、种植园的管理和秩序,为居住其中的人民,制定相关的法律和法令"。然而,这些法律和法令并不是"与我们英格兰王国的普通法和成文法相违背和相抵触的"。没有人确切地知道"相违背和相抵触"究竟是什么意思。但这是一个重要的措词;它也出现在其他特许令中,包括某些专有的特许令。1632年的马里兰特许令,由国王授予"他深爱的、值得信赖的臣民,巴尔的摩男爵凯西利厄斯·卡尔弗特(Caecilius Calvert)",使用的就是类似的语言;卡尔弗特的法律必须是"合乎理性的,而不是抵触或相矛盾的。但是(在方便的情况下)与我们英国王国的法律、法规、习俗和权利协调一致"。

有一点很清楚:没有明确的理论认为殖民定居点自动将普通法移植到他们中间。国王和他的大臣们不知道新的殖民种植园会出现什么问题,他们甚至不知道新的殖民地将会变成什么模样。弗吉尼亚殖民地的管理形式,最初至少是来自伦敦的一个家庭办公室;从一开始,马萨诸塞湾特许令设想的管理,就是在殖民定居点的管理;专有殖民地(proprietary colonies)则寻求的是另一种正规形式的结构。

根据马萨诸塞湾宪章,参事会和总督法院基本上都不是现代意义上的法院。它们处理这个新兴定居点组织的所有事务。例如,1631年6月14日,马萨诸塞湾的"波士顿法院"命令,"在此管辖范围内,雇用任何人为仆人的时间不得短于一年,除非这个仆人被确定为管家"。该法院还指出,"约翰·梅斯特斯(John Maisters)先生已经保证修缮从查尔斯河到新城镇的12英尺宽和7英尺深的一段通道,并且法院承诺根据该通道的耗资补偿令其满意的费用"。威廉·阿尔米(William Almy)被判罚款,"因为他未经告知便拿走了格洛夫先生的独木舟";佩勒姆(Pelham)先生被法院命令向另一个定居者支付一笔钱,"以履行他们之间的一项契约"。7月26日在"波士顿"法庭上,露西·史密斯(Lucy Smith)需要履行成为罗杰·勒德洛(Roger Ludlow)"7年学徒"的义务;法院还命令"在波士顿每天晚上都有6人以及1名官员值班";弗朗西斯·佩里(Francis Perry)被判令"因为他对主人的恶言和不当行为而受到鞭打"[12]。

随着殖民地的壮大,这种简单、无差别的结构不再起作用。普通法院是所有"自由人"的一个组织。虽然执政的官员们把"自由人"定义为只包括正确宗教信仰的成员,但是成员人数增长得相当迅速。法院随后要求按照宪章承诺的方式执政。后来,法院成为选民的代表机构,而不是一个与此有关的相关人所拥有的机构。

1639年,马萨诸塞湾有一个完整的法院系统,其组织方式不会让一个现代律师觉得有多少异国情调。作为立法机构和最高法院的参事会处于该制度的顶端。作为一个法院,它主要处理上诉案件,尽管它的确切管辖权有点模糊。[13]由总督、副总督和治安法官组成的总督法院审理下级法院的上诉,并对某些案件(例如离婚案件)行使初始管辖权。下面是郡法院。[14]郡法院在民事和刑事诉讼中拥有与总督法院相同的权力,但有关"生命剥夺、长期监禁或流放"等案件,则"完全被保留在总督法院"。[15]

郡法院是社会控制体系的重要组成部分。它们不仅仅是法庭。相反,它们也是政府的一般性工具。法律不时赋予它们重要的行政职能。它们涉及"遗嘱检验和遗产管理、桥梁维修费用的分摊、维持牧师的生活供应、对干涉教会选举的处罚、对异教徒的惩罚、下令铺设公路、发放普通执照、处置有关违反城镇工资命令的行为、解决穷人的问题、落实监狱的建设、发放新的聚会房屋许可证,以及惩罚收取过高价格的摊贩"。[16]简单地说,郡法院是"处理当地社区关注的重要问题的关键机构"[17]。不管今天的观察者是否会认为这些问题是属于"司法的",这都是当时的真实情况。

马萨诸塞的郡法院也有一种上诉功能。郡法院并不是这个系统的最底层。在郡法院下面还有其他的法院(有些是特别的法庭)来处理小案件或特殊事务。个别的治安法官(magistrate)拥有司法权和行政权,有些是来自英国治安法官(English justices of the peace)的命令。根据1638年的一项命令,治安法官可以审理和裁决所涉金额少于20先令的案件。后来的法律赋予了他们更多的权力:例如,他们可以处罚那些因酗酒而违反法律的人。个别治安法官还有权监督管道检查员的宣誓、主持婚礼仪式、征揽工人修理桥梁和公路、对付流浪汉和醉酒的印第安人并鞭笞流浪的贵格会教徒(Quakers)。[18]1677年,普通法院正式确定了治安法官的地位;每一位治安官都应以殖民地的印章为证从法院获得任命。1692年,当安德罗斯政权(Andros regime)垮台时,治安官的角色移为一类新的官位——实际上被称为"治安法官"(justice of the peace)。地方政府已经完全世俗化了;从那时起,地方政府看上去就更像英国式的政府了。[19]

在早年的马萨诸塞,出现了一种惯例,即在普通的法院体系之外建立特别法庭,以处理特定类型的事务。1639年的一项法律设立了"外地人法庭"(strangers' courts),以"更迅速地处理所有这些不能在其本土法院出庭的外地人案件"。这些法院拥有与郡法院相同的管辖权,但其开庭时间不限于定期开庭。[20]殖民地选择了一个单独的机构,而不是依附于普通的郡法院。这种选择在英国已经屡见不鲜。

之所以马萨诸塞的模式被详细描述,是因为它说明了殖民地法院的一些基本特征。当初显然还没有权力分立(separation of powers)这码事儿。工作被移交给这个或那个机构,没有人关心甚至理解立法权、司法权和行政权之间的区别。除最低层法院和最高层法院外,所有法院都有混合管辖权;它们审理案件,也重审下级法院的案件。新罕布什尔、康涅狄格和罗得岛的组织状况大致相同。

在弗吉尼亚,我们发现了不同的法院名称,但或多或少有着相对平行的发展。《戴尔法典》(Dale's Code)——1611年的"神授法意、道德和军事的法律"——是早期的军事阶段的法律。他们建立了一个严格的、未分化的权力体系;单一的统治集团紧紧控制着殖民地;政府几乎没有分工。"军事法"部分地处理士兵的职责,也反映了其军事方面的起源。"神授法意"和"道德"的部分包括了有关犯罪和刑罚的规定以及殖民地的特殊规定。法典既不是法律职业人的法,也不是一般意义上的英国法,但也不完全是域外之物。戴维·科尼格指出,由这个法典所建立的政权,与其他不安定的英国边远统治地区(例如,爱尔兰)之间,以及和都铎王朝在骚乱民众中维持秩序的模式之间,存在着某种关系。[21]当然,这个法典也反映了当时弗吉尼亚粗陋的生活状态:印第安人的问题、"饥荒年月"的问题以及真实的或想象中的处罚问题。在字面上,这个法典似乎相当严厉,微不足道的罪行也会导致死刑的威胁。但是,如果盗窃公共商店或船只的处罚是严厉的,这种严厉就反映了这些船只和这些商店对这个岌岌可危的殖民地有多么重要。[22]

一旦殖民地站稳脚跟,就不再需要严苛的《戴尔法典》了。到了1620年,它已经销声匿迹。这个殖民地需要人口,而某种温和的态度,加上自治的承诺,更有可能吸引人们进入这个陌生的新世界。在17世纪20年代,弗吉尼亚立法会议的先驱已经开始运作。到了17世纪30年代末,弗吉尼亚人正在通过一个组织为自己制定法律;而且在这个组织中,当地人拥有一定的权力。但《戴尔法典》的粗蛮并没有在一夜之间消失或完全地消失;至少有一位学者认为,"不受普通法约束的快速和自由裁量司法的旧传统",在弗吉尼亚仍然继续"长盛不衰"。也许,它的"逻辑延续"最终体现在"奴隶的治理"方面了。[23]

就像在马萨诸塞一样,弗吉尼亚的最高法庭并不止一个。总督和参议局(以及市民众议院)决定个案并订立规则。总督和参议局以"季审法庭"(Quarter Court)方式来运作;1658年,开庭次数减少到一年三次;1661年,开庭次数减少到一年两次;当时,该机构被称为"参事会"。该参事会审理有关严重的罪案,还审查郡法院初步确定的案件。1623年,郡法院开始以"月审法庭"(Monthly Courts)方式来运作;1642年更改了名称;到那时,郡政府已完全建立。郡法院最开始由"专员"负责;1661年之后,这些人被称为治安法官。与现代法院相比,在马萨诸塞,郡法院的任务范围更广。他们做了很多我们把它们归类为行政事务性的工作,诸如征税、修建道路和管理酒馆、客栈。他们也处理遗嘱检验事务。郡法院的这一特点在殖民地时期的美国是相当典型的。其他的殖民地也曾仿效这种形式。[24]

郡法院是殖民政府的核心。总的来说,它们是廉价的、非正式的和容易接近的。有些地方根本没有真正的法院。弗吉尼亚的米德尔塞克斯郡(Middlesex)法院就设在法官理查德·鲁滨逊(Richard Robinson)的家中。郡付给他房租。男人们和女人们"走或骑过斑斑车辙、尘土飞扬的道路",来到他的家里——当他们有事务需要在法庭面前解决的时候。[25]当时的法庭和法院并不特别宏大雄伟。我们今天已经习惯了那些巨大的和宏伟的建筑——占据着城市广场并看起来像仿制的希腊寺庙的法院。我们认为它们是具有极大庄严和尊荣的地方。那么,我们如何理解,在17世纪末的马里兰,出现了关于"诉讼程序极为紊乱"的抱怨,或者一个因拒绝在法庭上摘下帽子而受到处罚的人的抱怨,或者是对1697年10月,"无论是有意还是无意",任何人都不得"放肆地在本政府的任何墙壁、柱子或者栏杆内小便"这个命令的抱怨。[26]

随着越来越多的记录被发表,一幅生动的殖民地司法制度的图画出现了。例如,人们可以看到马里兰乔治王子郡的郡法院。该法院"在我们的国王威廉三世八年"(1696年)的11月24日开庭。5名委员出席了开庭。然而,天气不太好,所以法院"立即搬到了戴维·斯摩尔斯(David Smalls)先生的商店;理由是因为那座原本作为教堂的新房子空无遮挡,人们无法端坐开庭"。在斯摩尔斯先生的店铺里,法院执行了它的公务——司法、行政、准立法。詹姆斯·佩因(James Paine),一个7岁的男孩,"在父亲的同意下"成为学徒。詹姆斯在塞缪尔·韦斯特利(Samuel Westley)手下工作,"直到他21岁为止"。本杰明·贝里(Benjamin Berry)和罗伯特·戈登(Robert Gordon)在一家客栈里喝醉了并"恶言相向";他们被下令戴上了枷锁。许多市民记录下了他们的伤痕;威廉·贝利(William Bailey)记录了"在右边的耳朵有半圆形的咬痕,在左边的耳朵上有一个燕子叉"。乔治·哈奇森(George Hutcheson)谦卑地请求说,由于"上帝的旨意",他的腿"多年来饱受溃烂之苦","因此……他不可能通过任何艰苦的劳动来谋生;他只能勉强来教孩子读书并等待孩子们成长起来;但他的能力有限,也只有几件旧衣服来掩盖他赤裸的身体";因此,他请求"免除……支付他的税赋";法庭允许了他的请求。法院也处理有关不动产和选择警员的事务。一个大陪审团开会并提出指控,例如,"伊丽莎白·波尔(Elizabeth Pole)女仆有个私生子"[27]。在另一次开庭时,法院授权乔纳森·威尔逊(Jonathan Wilson)"在查尔斯镇上开酒馆以供娱乐"。这样做是为了遵循"有关议会设立的普通经营的法律"。在另一个法庭上,它责令"执法警察收取每一个应税人93磅烟草"。法院还曾任命了道路的监督员并听取了一座桥"失修已久,经过时人和马都会遭遇危险"的投诉。[28]

一些17世纪的殖民地以某种方式组织了他们的法院系统,与弗吉尼亚和马萨诸塞的模式有所不同。但总体结构往往是相同的——实际操作中的差异小于法院名称的差异。17世纪的南卡罗来纳大议会其实就是该殖民地的基本的、尚未分立的法院;或为遗嘱法院,或为衡平法院,或为海事法庭,或为普通法法院。[29]它处理殖民地的防卫和安全、分配土地并制定规则和规章。在东新泽西,1683年成立了一个共同权利法院,"审理、审判和裁定所有事项、诉讼事由和案件,涉及死刑、刑事或民事案件、衡平案件以及可根据普通法审理的案件"。法院有一个独特的名字,它拥有在讲英语的殖民地并不少见的广泛管辖权。南卡罗来纳大议会的命运颇为有趣,它被贴上了殖民地专有者利益的工具的标签,这使得它在那些反对殖民地专有者的主导公民中不受欢迎。简而言之,法院与一个阶级、一个政党、一个经济利益体有关。为了击败这一利益体,就意味着要推翻这个法院。在1702年,殖民地专有者政府垮台了。在那一刻,法庭,"除了专有人自己,没有了任何诉讼当事人来挽救他们;于是,法庭就不引人注目地——也许在不知不觉中永远休庭了"。[30]

在纽约,法律机构使用不同的语言开始工作。它的警察主管和市议员(schepens)是荷兰人。当殖民地在17世纪中叶落入英国人手中时,同化这块殖民地的时间,要比在政治上统治它的时间长。1665年在纽约市,由市长和市议员组成的旧法院改名为"市长法院"(Mayor's Court)。大致可以相信,英国的程序在此时被引入。但荷兰语、人员和程序则仍然存续。直到1675年,原告"提起了本案的诉讼",被告宣读了他的答辩,并在此基础上重复他的答辩,而且有陪审团的使用。用莫里斯(Morris)教授的话说,"这是个奇怪的大杂烩——荷兰的修辞学加上英国式的救济和程序"。然而,到了17世纪80年代初,"从母国出版的令状和词条上的标准词句中挑选出来的英语词句,取代了以前荷兰记录里的非正式语言"。[31]这是普通法的帝国主义第一次在美国成功;尽管后果迥异,这个过程后来不断被重复——出现在路易斯安那、佛罗里达、伊利诺伊、得克萨斯和加利福尼亚。当然,在原住民的法律文化方面,也同样如此。

在宾夕法尼亚,信奉贵格教派的彭威廉对正式法律和诉讼感到厌恶。彭威廉的法律(1682年)要求在每个教区任命三人为"共同治安调停人"。这些调停人的"仲裁"被宣布为"与法院的判决一样有效"。[32]这些调停人在美国法律中,至少在流行的法律文化中,是某种乌托邦风格早期但并不独特的例子。在其他地方也有类似的实验:例如,从1636年起,马萨诸塞的德德姆(Dedham, Massachusetts),有些争端由"三个有理解能力的人"或由争议双方或社区选择的"两个明智的人"来调停。在南卡罗来纳、康涅狄格和新泽西,也有人试图以仲裁程序取代审判。[33]

这一趋势在"对律师的实行禁止"的崇高实验中,不时地表现出来——比如在早期的弗吉尼亚就有类似微弱的尝试,或者试图减少或废除正式的法律。在美国历史上,一直存有一种社会无需律师(doing without lawyers)的持续不移的梦想;还有一个相关的梦想:简单的、清晰的自然正义,一种剥离了晦涩模糊的法律行话后的纯净状态,一本每个人都能看得懂的法律书。除了其他的资源外,19世纪的编纂运动从这个源泉中汲取了力量。

马里兰早期的法庭组织是不太切实际的,但不是乌托邦式的,而且与宾夕法尼亚贵格教会的方式截然不同。从书面上讲,殖民地专有者在英国模式之后建立了一系列法院:百户区法院(hundred courts)和领地法院(manorial courts),在圣玛丽和安纳波利斯的集市法院和泥足法院(courts of pie powder)、郡法院、重罪巡回听审法院(courts of oyer and terminer)、一个衡平法院、一个海事法院和一个遗嘱检验法院(prerogative court)等。在这些舶来的怪物中,有些可能根本没有成活就已经灰飞烟灭。一个领地法院的记录得以保存;它实际上存在于1659年至1672年。但总的来说,试图移植这些机构是无望的和短命的,就像在美国西部引进鸵鸟和骆驼一样。一般说来,尽管存在着多样性和实验性,殖民条件塑造了法院组织,并在17世纪以类似的方式将其全部或几乎全部迁移到殖民地。法院结构的演化从简单到复杂。英语范本、英语术语和英语习俗在世界各地或多或少都有影响,在早期的影响小一些,但在后期的影响更甚。在各地,行政、立法和司法权力之间还没有明显的隔离。随着时间的推移,各机构之间的分工越来越多。立法机关仍然听取上诉;但他们很少进行审判,甚至没有进行审判。尽管殖民地孤立封闭,但它们还是有某种效忠英王的责任。从某种意义上说,它们是迷失的、遥远的岛屿,独自漂浮,无人监管。他们的特许令明确规定了一项义务:殖民地法必须符合英国法律。国王当然在遥远的地方,但他至少在名义上是最后一个说了算的人,特别是在特许殖民地(chartered colonies)的地盘上。至少在理论上,这些以贸易公司的形态设立的殖民地,通常受制于伦敦的"公司总部"。在专有殖民地,专有者拥有某种上诉权。

殖民地当然意识到他们是属于英国的并且要服从于英国,但他们在精心守护着自己的自治状态。马萨诸塞湾(1646年)的"蔡尔德抗议书"(Child Remonstrance)就说明了这一点。蔡尔德博士以书面抨击殖民地的统治团体。他呼吁回到英格兰的"原教旨和健全的法律"。他指出英国法律与马萨诸塞湾法律之间存在巨大差距。言外之意,他要求英国人在某种程度上缩小这个差距。据推测,殖民地试图阻止蔡尔德的抗议书传到英国。据说,约翰·科顿(John Cotton)警告一位船主不要"携带任何""对上帝的子民抱怨"的书信;他说,这将是"船上的约拿"(Jonas in the ship),如果"风暴真的出现",船长应该"搜索船上的柜子或箱子中是否存有任何这样的约拿";任何这样的文字应该被扔到沸沸扬扬的海中。³⁴

殖民地并不仅仅依靠暴风之神,它在英国还主张,它的特许令禁止殖民地向伦敦方面提出上诉。到那时,已经很明显有一个问题需要解决:在伦敦和殖民地之间,中央核心和外面的殖民地之间的确切关系是什么?同样清楚的是,殖民地将抵制来自伦敦的入侵。英国本来并没有真正建立一个帝国,而是跌跌撞撞地进入了一个帝国。它步履蹒跚地制定了一项帝国政策;与此同时,沿海的小定居点几乎完全自治。这些殖民地面积小,重要性不大,离伦敦也很遥远:所有这些都使它们远离国王和议会。在17世纪,如果殖民法和英国法在实质上和程序上颇为一致,那它与其说是帝国政策,不如说是起因于便利因素和自由意志。英国法律当时的确是很实用的。马萨诸塞湾是最具独立因素的殖民地。但是当殖民者们编纂他们1648年的法典时,他们从英国获取了6个法律文本,其中包括了《柯克论利特尔顿》(Coke on Littleton)。[35]

特别是在专有权人拥有的以及王室直属的殖民地里,有本人不在殖民地的地主和大领主。他们理所当然地认为,英格兰的法律在他们的财产中是有效的。此外,新来的一船船英国人不断登陆美国;法律规则、文件和设备都随船而来。殖民地的法律方言和母语之间一直存在紧张关系。1676年,卡特里特(Carteret)总督通过特许令将东新泽西的某些土地授予西蒙·劳斯(Simon Rouse),其中包括"58英亩的可耕地和6英亩的草地",它们"位于埃塞克斯郡的瑞威(Raway)河畔"。授权书上写着:"由西蒙·劳斯占有并拥有,包括他的继承人和让与人,并直至永久。"西蒙·劳斯把这块土地遗赠给了弗朗西丝·穆尔(Frances Moore)。17世纪90年代,围绕穆尔是否对这块土地拥有有效所有权的问题,出现了诉讼。当事人一方提到"库克斯勋爵机制"(My Lord Cooks Institutes)中的原则,即为了获得完全所有权(a grant in fee simple),让与人必须使用"给予某人A及其继承人和受让人"一语。在此,"和"(and)这个词是必不可少的;如果让与人使用"或者"(or)这个词,结果是"终身拥有的一项不动产"(an Estate for life),那么西蒙·劳斯就没有权力自愿处分这块土地;他的所有权在他死后就终结了。根据爱德华·柯克爵士的教义,这一繁文缛节确实是英国的法律,陪审团的裁决就是这样决定的。语言上的跛足似乎是"由于对那些幼年时代的无知"而造成的。但这一决定是一个关键的决定;它使许多土地所有者的权利受到怀疑,因为他们的不动产都是由穆尔总督的授权令而来的。当时这个地区由此兴起了轩然大波。有人提出了补救性立法,但州长阻止了它,希望以未付的代役税作为代价来平息争议的浪潮。最终,所有权方认同了这一点并通过了一项法案,宣布所有总督卡特里特做出的"授予、特许或专有证书",如果在权利范围条款中带有"或者"一词,应当"被视为与'和'一词"具有同等的法律效力。

在一个法律职业专才不足的国家,法律的复杂特性是具有危险的。但是,土地所有者很自然地在诉讼中引用英国的法律来源,只要英国的利益诉求和英国的法律文件及技术符合他们的目的,不管这些技术是否与殖民地的习惯和愿望相冲突。[36]伦敦政府几乎没有强加这种技术性的东西。在 17 世纪,殖民地法与英国法的联系,与其说是政治上的,不如说是社会和文化上的。殖民地法与其说是从属法,不如说是英国法律的产物。

18 世纪的殖民地司法制度

18 世纪的殖民地法庭看起来更像英国的模式,部分原因是由于殖民地自身的选择,部分原因是由于英国对统治权更加看重。17 世纪末,英国提出了一种新的具有积极意义的帝国主义政策。他们提议在特许殖民地建立皇家政府,将较小的自治或专有权单位合并成大型行政单位,并以牺牲代议制组织为代价来强化行政权力。[37]

这些政策最终还是以失败告终。但英国政府至少设法让殖民地更加关注伦敦的要求。1691 年《马萨诸塞宪章》说,"我们所有的臣民都应该自由地向我们申诉,我们的后裔和案件继受者们也有此自由,这是必要的"。在案件争议出现"差额"价值超过 300 英镑的情况下,有权向伦敦提出上诉。至于立法方面,所有"命令、法律、法规和条例"的副本,将在"第一时机""寄到英国",以供伦敦决定"认可或拒绝"。伦敦不认可的任何法律,在通过后 3 年内,"将从此停止适用并确定完

第一部分 起点:殖民地时期的美国法

全无效"。

伦敦的皇家法院可能会对殖民地法院拥有上诉管辖权。那么,皇家法院可能会迫使殖民地法院在某种程度上与之保持一致。但这不是制度上的选择。上诉不是向法院提出的,而是向枢密院(Privy Council)的一个特别委员会提出的。该委员会对普通法本身的纯粹性不太关心。它更关心政治和政策。

这个委员会从来就不是法院日常法律工作的有效监督者。"上诉案件"的数量总是很少。距离、费用和政治上的顽固不化对上诉造成了阻力。罗得岛是最容易上诉的殖民地;然而,它平均每年发送不到一个案件给伦敦,它在 1696 年至 1783 年之间一共送去了 76 个案件。[38]该委员会的工作习惯也限制了它的影响力。这个委员会的决定很少体现在印刷报告中;很少有手稿形式,最有可能的是以混乱的形式进行口头流通。因此,枢密院的管辖权基本上是临时行使的,对一个接一个案件的上诉,几乎没有什么持久效果。[39]

有些枢密院决定的都是很大的案件,即他们遇到的比较重大的争议问题。温思罗普诉莱奇米尔案(*Winthrop v. Lechmere*, 1727–1728),就是一例罕见的对司法审查有争议的例子。[40]该案判决康涅狄格殖民地立遗嘱的法律无效。总的来说,枢密院相当宽容,也有些无能。对立法的审查也有些随意。延误的状况时有发生。委员会发现决定一种审查方法十分困难。实际上,所有的殖民法规在某种程度上都与英国的法律相抵触。从理论上讲,委员会有可能将它们都拒之门外。事实上,大多数偏离都被容忍了。

很难评估这个委员会工作的结果。从数量上说,这项工作并非不重要。据一位权威人士称,469 项殖民地法律被枢密院命令驳回,在 8563 项提交批准的法律中,约有 5.5%被否决。[41]议会废除了一些法律,因为它们在可接受的和不可接受的抵触之间,跨越了不可见的和有些弹性的界限。议会否决了一些法律,理由是这些法律写得杂乱无章、逻辑混乱和荒唐可笑。还有一些法律之所以被废弃,是因为它们违背了委员会所设定的英国政策或英国利益。当南卡罗来纳殖民地对从英国进口的货物征收 10% 税时,1718 年的枢密院下令宣布该法律"无效"[42]。

委员会命令并不总是被服从。审查有时费时数年,并且这些法律同时继续在殖民地实施着。不过,该委员会可能以某种难以估量的方式对殖民地的法律行为产生影响。当殖民地议会在辩论提案的时候,或者当事人提起诉讼的时候,可能已经意识到了这个遥远的阴影;他们可能很显著地更改了自身的所作所为。但是我们如今难以知晓。

司法组织本身一如既往,它在 18 世纪没有根本的改变。每个殖民地都有自己的法院金字塔结构。最高处的法院几乎总不仅仅是一个法院,而是总督以及议会,要么行使本来的职能,要么作为一个特殊的法院来处理案件。高层法院下面是各种基本的中级法院,在金字塔的底部只有单独的法官、治安法官或职位同等者。在大多数殖民地,郡法院作为普通审判法院来运作,它还负责重审治安法官或单一治安法官裁定的案件。就像在英国一样,殖民地法院的管辖权界限也模糊不清,法院机构相互重叠;"上诉"通常意味着重新审理整个案件,而不是把一些棘手的问题送到更高一级来进行审查。

与 17 世纪一样,郡法院或类似的法院在其辖区的生活中也是多功能的并非常有影响力。这些法院处理大量日常行政工作。在 18 世纪的康涅狄格,这些城镇选择了一群名为"大陪审团"的男人来帮助郡法院的工作。在 1747 年,这些陪审员

> 被要求监督工人清理公共地域,找出那些闲散的人……维护宗教安息日期间的规则,并捉拿那些卖酒的人和没有参加公众礼拜的人们……举报那些杀鹿的人;与政府成员和警察一起参与指

定酒馆管理者；捉拿那些在不适宜时间外出的仆人们；确保印第安人的儿童学会读书；捉拿那些设立彩票赌局的人；检查酒馆并拆除张贴在安息日或斋戒日的世俗布告。[43]

这是一个独特的制度，但总体观念在整个殖民地普遍存在。基层法院是从事管控的法院，而不仅仅是解决争端。地方是由地方权力机构统治的。在弗吉尼亚这样的殖民地，郡法院代表种植者以及相关的利益。在各个地方，法官大多是没有受过法律训练的门外汉。但这些门外汉法官绝不是无知的人。他们往往对法律有很好的了解——至少对相关的法律部分有所了解。在英国，乡绅们也熟悉日常工作的法律规则。法律是治理社会的原材料，而乡绅们正是治理者。在新的世界里也是如此。弗吉尼亚的法官是当地的精英：富有的种植园主、有声望的人、在他们自己社区中有权势的人。[44]在美国的门外汉法官们有足够的知识来管理他们不大的世界。在弗吉尼亚殖民地，"绅士法官"（gentlemen justices）"以他们对法律的知晓能力（即使是平平常常的）而感到特别自豪"。正如一位种植园主所说，绅士不了解他的国家的法律是一种"耻辱"[45]。

通过这些法院，权力当局渗透到每一个地方定居点，无论这个定居点多么小。这种权力的渗透是如此普遍，这可谓非同寻常。17世纪和18世纪都是这样。17世纪30年代，在弗吉尼亚殖民地的阿科马克郡（Accomack County, Virginia），在7年的时间里，695名不同的人"作为原告、被告、诉讼证人或土地专有权登记申请人"在法庭上提起诉讼。这是一个估计成年人口为800人的社区。[46]法庭触及了每个人的生活。当然，法院所做的不仅仅是诉讼。例如，制定并执行规则，登记契约和遗嘱。其他机构——尤其是教会——也致力于解决争端，或者作为法院的竞争对手，或者作为治理社会的伙伴。随着时间的推移，城镇的规模越来越大，人们蜂拥而至，早期社区生活的封闭程度也逐渐减弱。现在,法院变得更加有用了——解决那些陌生人之间的纠纷,以及不同教会的成员或不同城镇的居民之间的纠纷。[47]在殖民地,司法变得不那么由家长来主导,参与更多的是律师和专业人士。[48]这意味着,法院的作用在当时或大或小。作用小,指的是在有些比较简单易行、自然公正的地方,或者治理者已经治理得很好的地方;作用大,指的是那些解决陌生人之间纠纷的场合,或解决传统规范和传统权威模式所不能解决的问题的场合。

在18世纪,法院的职能专业化程度比早期更高。两个法院系统——海事法院和衡平法院,需要特别评述。在英国,海事法院处理战利品、海员工资、救助和海上贸易等问题。这些法院在17世纪的殖民地并不存在。在皇家殖民地,殖民地总督当然还是总管;从1696年开始,他有权在他的管辖范围内"建立一个或多个海事法院"。到1763年,美国殖民地已经设立了9个独立的海事法院。其中有些人十分忙碌和活跃。[49]他们大多由本地法官组成。法院遵循传统的英国海事程序,这意味着,除了其他事项,这里的案件是在没有陪审团参与下审理的。

从某种意义上说,殖民地需要这些法院。海外贸易是商业的命脉。但海事法院并不受欢迎。这些法院对王室有很大的利益;它们是执行英国贸易政策的法院。而且,从英国的角度来看,陪审团的缺乏是再好不过了,因为陪审团往往偏向美国(殖民地)的利益。随着对英国政策越来越抵制,对海事法院的不满情绪也越来越强烈。

英国在1763年成立了一个统辖全殖民的海事法院,并赋予它与现有法院并行的管辖权。法院设在新斯科舍的哈利法克斯(Halifax, Nova Scotia),就其管辖的殖民地而言,这不是一个方便的地方。法官是威廉·斯普赖(William Spry),一位受过大陆法训练的英国人。基本上,没有人来利用这个法院,斯普赖坐在他寒冷的小镇上,徒劳地等待着案件的到来。后来,伦敦指派斯普赖和其他海事法院根据《印花税法案》(Stamp Act)对案件作出管辖。《印花税法案》与海洋事务并无关联。但在英国,有关王室收入的问题却交给了英国财税法院(Court of Exchequer)。殖民地里没有这样的法院,只有海事法院才有足够的忠诚度来处理这些事情。

斯普赖的法院于1768年被废除。英国接下来尝试了一个由4个地区法院组成的网络,分别位于哈利法克斯、波士顿、费城和查尔斯顿。这些地区法院应该与旧的海事法院共享管辖权。但实际上,地区法院只是取代了他们所在城镇的法院。[50] 然后,独立革命爆发了。奇怪的是,海事法院并没有消失。对这些法院有两种反对意见:第一,他们的程序模式令人憎恶;第二,他们执行了令人憎恶的法律。由于普通法院也听取了一些海事事务,真正的问题是政策和权力:谁来控制法院? 当独立战争爆发时,新的州政府发现去建立自己的海事法院是很有用的,例如,这个法院在战利品法案件中的作用。马萨诸塞州和其他州在1775建立了这样的法院体系;然而,在意识形态的真实性考量上,案件事实部分的问题将由"12名善良和守法的人"[51]来决定。但该州后来放弃了陪审团制度,据说是因为海洋法对"善良和守法的人"来说太难以理解了。海事法官理应有权审理事实和法律,这可是"一切文明国家的智慧"[52]。简而言之,关于海事程序的争论实际上是一场关于问题实质的冲突:它事关经济和政治利益。中央集权式的海事法院系统,在殖民地美国是一个惨淡的失败。然而,在1787年,宪法将海事法交到了中央的联邦法院手中,而且它保留至今。

18世纪的衡平法院的历史,和海事法院的历史有一定的相似之处。其直接的背景很复杂。一些殖民地——马萨诸塞和(除了一段短暂的时间)宾夕法尼亚——从来没有单独的衡平法院。在这些殖民地,衡平法的一些基本事务被移交给普通法院。另一组的殖民地——

卡罗来纳、马里兰、纽约、新泽西和特拉华,有实际的衡平法院。即使在这些殖民地,衡平法院从制度上也并不总是和普通法院完全分离。例如,在特拉华,普通诉讼事务的法院,作为一个普通法院,每年有4次开庭是以衡平法院的名义进行的。[53]在一些殖民地,总督兼任着衡平法院法官的称号。在17世纪的新罕布什尔,殖民地总督和议会组成"高等衡平法院";总督有权"委任、提名和任命衡平法院法官"和职员。1699年,当伯尔蒙特(Bellomont)伯爵担任总督时,一项新的司法行为取消了衡平法院。替代的方案是,赋予一般管辖法院在某些情况下"谦抑法律的严苛性"的权力。[54]南方殖民地通常有独立的衡平法院。在纽约,1665年的公爵法(Duke's laws in 1665)补充规定,当最初的申诉是"衡平法问题"时,行动应"以衡平法院的方式进行宣誓、答辩、送达、答复誓言和询问证人"。1684年,衡平法院已经任命了名册登记官、注册官和书记官。经历曲折和坎坷,在纽约的独立的衡平法院幸存下来,并且被体现在1691年的《司法法案》(the Judiciary Act of 1691)中。[55]

在18世纪,对衡平法院的敌意十分普遍。纽约总督威廉·伯纳(William Burner,1720—1728年在职)利用法院作为财政法庭收取未付的免役税金。这显然不会增加法院的声望。[56]衡平法院与行政权力密切相关,也就是与英国殖民统治者密切相关。衡平法院和海事法院一样,在没有陪审团的情况下运作。因此,这些法院有时可以作为帝国政策的有用工具。此外,衡平法庭通常只在殖民地的首府开庭;与普通法不同的是,衡平法并没有被带到镇广场和村庄——在那里,每个人都可以接触到诉讼事项;他们也抱怨程序笨拙、效率低下,而且时间冗长。1752年,纽约一家报纸发表了一篇文章,报道了"三十多年前发生的"衡平法院诉讼的传闻。衡平法院是一个"最终将吞并诉讼当事人财产的裂谷"。[57]此时此刻,还是在狄更斯(Dickens)写出《荒凉山庄》(*Bleak House*)并在其中严厉抨击衡平法院的一个世纪之前。在南卡罗来纳,当殖民地专有者政府在1720年被推翻时,短命的革命党剥夺了总督和议会的衡平法权力。取而代之的是,他们将任命一位只有国王才能罢免的独立的衡平官僚大臣。[58]然而,虽然18世纪充斥着喧嚣和抱怨,革命并没有导致衡平法院的终结。就像海事法院一样,衡平案件被简单地转移到了新的、独立的主人手中。当政治背景发生变化时,有关程序滥用的投诉莫名其妙地销声匿迹了。

在英国,教会法庭处理遗嘱检验问题。这些法院在殖民地没有对应的机构。马萨诸塞通过1685年和1686年的法案,使郡法院成为遗嘱检验法院,并具有与英国的教会法院常任法官(the ordinary)一样的"充分的权力和权威"。在马里兰,直到1673年,地方法院掌管遗嘱检验事务,或专门指定法官负责这项工作;1673年,马里兰设置了一个类似"英国的组织机构",并安排了遗嘱检验法院和一位总代理主教。[59]在纽约,公爵法将遗嘱检验事宜交给刑事法院(courts of sessions)来审理。由一名治安官员和两名"监督员"盘点了遗产并向法庭报告。在纽约,所有遗嘱都需要登记,遗嘱检验程序在纽约市逐渐集中。最终,总督将他的遗嘱检验权力下放给了一个下属,他掌管了一个"遗嘱检验法庭"[60]。

一些殖民地借鉴了英国巡回法庭的理念:重罪巡回听审法庭和一般提审法院。这些法院"审理并裁定"一些刑事案件,但在巡回法庭来到之前,并不作出最终决定。纽约在1683年设立了这样的法院;他们配备了当地治安法官,还有一名巡回法官。这位巡回法官代表中央当局,并在郡与郡之间巡回工作。一些城市也有地方城镇法院。佐治亚建立了早期在湾区殖民地"外乡人法庭"(Colony Stranger's Court)的近期版本。南方殖民地建立了特别法庭,并规定了处理奴隶的罪行的简易程序。

民事程序

普通法的诉状和程序,构成了一种沉闷而异常复杂的艺术。殖民地的程序中从未达到英国普通法程序这样的高度和深度,这样的高度和深度像是只有受过训练的工兵才能通过雷区一般。从程序上来讲,广阔的殖民地之间的差异很大——从早期马萨诸塞地区比较松弛的、非正式的司法,到位于大西洋沿岸中部以及南方地区较为保守的、比较正式的殖民地司法。在所有的殖民地,一般的、长期的趋势是相同的:从简单和创新到更为复杂、更为英国式的程序规则——有些不乏是二手中转而来的。

当然,与18世纪或者英国王室法院的情况相比,17世纪的诉讼程序是宽松的、有弹性的和易行的。当法官是非法律职业人而且又对权力分立并不计较时,法院必然会以非正式的方式运作。甚至没有人知道英国程序的神秘规则。郡法院的社会治理是一种适用于普通人日常生活规则的社会治理。这类司法制度看上去有些缺乏条理;但如果我们把殖民过程中的英国地方法院、地方绅士司法、治安官司法进行一下比较,而不是和英国高等法院加以比较,这种差异可能就不会那么明显了。

尽管是直接的和实用的,但是17世纪的程序并没有——也不可能——忽视它的英国背景。那些诸如陪审团、大陪审团、令状、传票、书面诉状和口头证词等基本原则,在殖民地地区与英国一样重要,尽管这些原则在殖民地并非亦步亦趋地与英国相同。具体而言,殖民地的司法程序是一种奇怪的混合体。1656年,在"普罗维登斯种植园的殖民地审判法院",在有关一起"留置公马和母马动产返还"的诉讼中,法院"发现在原告的声明中出现了一个词语上的疏忽";原告一词"应该被写为被告"。不过,这无关紧要;法院决定:"根据被告的答辩状以及对相关的明确理解,这一点可以予以纠正。"在这一刻,法院几乎是立即搁置了技术含义;而接下来,它却又使用了一种古老的英国法的"请求返还动产之诉"(detinue)的概念 。而在同一法庭的刑事案件起诉书中,"一个标点符号的缺失匮乏"都会被格外在意,感到不安。[61]

我们已经提到殖民地法律中使用调解和仲裁的问题。当然,这些方式避开了法庭的技术性程序。法院本身有时将事项提交仲裁。1680 年,在特拉华殖民地的肯特郡,彼得·格伦第克(Peter Groendyk)和威廉·温斯莫尔(William Winsmore)通过"合意性一致"将他们的纠纷提交法庭解决。这是一个"债务和信贷账户"的案件。"法庭"认为,任命"两名仲裁员"来决定这个案件是可行的。在这两个仲裁人"不一致的情况下……则选择第三人作为仲裁人并作出最后的裁决"[62]。

哈斯金斯教授仔细研究了马萨诸塞湾的民事诉讼程序,发现真正的杂乱无章部分并不多。清教徒"对人类活动各个方面的改革的热情"导致了许多法律创新,包括民事诉讼程序的改革。诉讼程序"简化并使司法公正成本便宜、易于准入且足够正式,也为诉讼当事人提供充分保障"[63]。与英国诉讼程序相比,诉讼程序迅速而廉价;诉讼费用是以便士而不是英镑衡量的;审判通常当天就作出判决。不像英国的令状,马萨诸塞殖民地的传票剔除了专业行话,并从拉丁语翻译成英语,在形式上也大大简化。诉讼形式被简化为几个简单的标题。英国法最离谱的东西,都没有出现在马萨诸塞殖民地。不过,在 18 世纪这个方面有一定程度的倒退。这种向英国标准发展的趋势在现存的记录中明显地表现出来——甚至那些最低法院的记录也是如此。在新罕布什尔,诉状一度是简单明了和直截了当的。不过,律师们在 1692 年至 1700 年间提出了更细致和复杂的诉状;逐出租地之诉、说明理由令状和中止诉讼令(the writs of scire facias and supersedeas)和侵害他人财物之诉(the action of trespass de bonis asportatis)在此时被引进了新罕布什尔。[64]在宾夕法尼亚和特拉华,随着时间的推移,也使用了更复杂的诉状形式。[65]至少按照早先的标准,在革命前夕,马萨诸塞法律界的人们自认为是相当保守的。英国法律被奉为典范。在民事诉讼中,普通法中的"令状"被"孤注一掷"地使用着。法庭对诉状的细微之处特别热衷。无论是民事诉讼还是刑事诉讼,都可能因为当事人的姓名的瑕疵、拼写失误或当事人的职业描述有误等原因被驳回诉讼请求。[66]

英国法和殖民地本土法律之间,这种趋同或多或少总是个问题。早期的殖民政府是父权式的寡头统治。在18世纪,商人和土地所有者在政府中获得了更大的影响力。商人对良好法律制度的看法是:法律是理性的和有效的,并且符合他们的价值观和期望。然而,无论是非专业法官,还是烦琐晦涩的英国法程序,这些特征都不具备。总的来说,18世纪的民事诉讼是几个部分的不稳定的混合体:法律专业人的法规、商人的需要、君主的意志以及当地的传统。

土地法

在理论上,占有权原则既适用于殖民地的土地法,也适用于英格兰的土地法。没有人能绝对地拥有土地。在用语上,土地的"所有权"("ownership" of land)一词并不十分准确;比较准确的说法是"土地的权利"(rights to land or in land)。这些权利可以在空间和时间的层次上予以安排;三、六、十个或更多的人可以在一块土地上有不同的利益。例如,收取租金的权利,或者一个没有子女的人去世后其他人可能得到的利益,或有人实际上也可能生活在这片土地上并种植农作物时的利益。可以想象,一座公寓楼,出租给了房客,在银行还有抵押贷款,银行还在替一个享受房租收入的寡妇管理这个公寓楼;她过世后,她的孩子们(如果他们的寿命够长的话)会接管她的利益。银行收取租金并支付自己的费用。国家征收财产税。那么究竟是谁"拥有"这栋公寓楼呢?在这栋建筑中,有许多"不动产"或利益,但没有一个唯一的所有人。在普通法的世界里,所有这些利益或财产都有名称;所有这些利益都拥有一个围绕着他们建立起来的规则和定义的密集结构。

在英国,土地是财富和社会地位的基础,土地法是皇家普通法的核心。土地是英国稀缺的商品。在中世纪,土地被分为几个层次的财产权,英国国王在最顶端,下面就是各种诸侯和附属于诸侯的领主们。到1650年,这种封建制度基本上被废除了。但是一个复杂的不动产法仍然存在,社会和经济力量仍然与土地权利的分配并行不悖。这个国家属于保有土地的绅士阶层。另一方面,殖民地缺少人、牛和硬通币,却有土地可供开垦。或者是他们自己就是这么认为的:当然,还存在着原住民的土著部落,但是,通常美国殖民地的历史就是一部忽视和驱赶原住民的历史。无论如何,与英国的社会制度不同,殖民地的社会制度并不遵从不动产的规则序列。传统、国家政策、市场和殖民地条件等因素,共同影响着美国的土地法。当然,传统元素幸存了下来。在语调、文化和词汇方面,土地法基本上是英国式的。但是英国土地法被简化、改变和适用了。它的一部分,也来自底层社会的英国法以及当地的风俗习惯,而不是来自经典的普通法。早期新英格兰城镇有共有的土地和共有的牛群;它们把土地按照具体面积分配开来,而不是紧紧地集中在一起,从而重建了"在英国曾经实行过的——与当地条件一致的社区生活"并适合"定居者移民"的目标。[67] 土地占用权的习惯,在英国并不是统一的,往往因地而异。然而,这种差异出现在新英格兰城镇的土地占有权制度和实践的细节之中。[68]

在理论上,所有殖民地土地的最终领主是国王。他把这块土地让给了其他人:像巴尔的摩(Baltimore)勋爵这样的所有人,或者像马萨诸塞殖民地那样以特许的方式授予定居者。从理论上讲,这些让与并不是绝对的;王室保留了一些利益。在整个殖民时期,新英格兰以外的大部分土地所有者在法律上都有义务向领主支付年租金。这些租金,被称为"免役税"(quitrents),在某些情况下是以货币支付的,有时是以商品支付的,如小麦。在某些殖民地,它们是付给专有权人,而在另一些殖民地则是付给国王。

在英国,免役税制度是长期过程中的一个最后阶段,它解放了土地承租人的身份。支付一小笔永久租金比以前负担更繁重的封建制度下的义务要好得多。但在美国,免役税似乎并不具有现代的和自由的意义。相反,它似乎是个沉重的累赘:在一个土地广阔丰富的国家里并不适宜。基于对金钱的贪欲,王室和专有权人都盯上了免役税。但是,试图收取租金导致了无休止的争吵和冲突。他们的收入可能因为花在消除反叛事项上而入不敷出。在美国独立革命爆发时,免役税就一去不复返了。[69]

免役税系统从来没有在新英格兰扎根。这里没有人试图利用土地权利从土地占有者手中榨取资金。但是,面对这样一个拥有广袤土地的现实生活,新英格兰的地方法官和领袖人物们,与王室和专有权人一样,感到有些无所适从。他们从未设想过——有一个自由地产保有人(freeholders)可以自由地买卖交易土地的社会。新英格兰乡村利用土地占有权和土地分配作为社会控制手段。萨姆纳·鲍威尔(Sumner Powell)在萨德伯里的研究中仔细记录了这一过程。在马萨诸塞地区的萨德伯里,一个人的生活地位决定了他获得土地分配的大小。在这个社区里,陌生人不会轻易得到土地。在17世纪40年代,如果有人擅自离开了小镇,他显然丧失了土地。[70]但在人口膨胀、土地丰富的新英格兰地区,这种占有制和社会控制形式注定要归于失败。

在普利茅斯,最初的计划是要求土地共有化。殖民地定居者将为全体的利益工作7年,在这一时段结束时,他们将把利润和改良的土地加以分配。一个多世纪后,佐治亚的新殖民地采用了一种奇怪的土地制度——对土地采用不可分割的男性后裔继受制度(indivisible grants in tail male)。如果一位土地受让人死后没有儿子,他的土地就归还给佐治亚的信托受托人(the trustees)。租赁是被禁止的,而且对占有土地的面积数量也有限制。[71]到了1623年,普利茅斯的土地共有制行将灭亡;到了1738年,佐治亚也不得不修改它的土地政策。普利茅斯曾被视为商业冒险之地。其他殖民地计划也都是半途而废的乌托邦。卡罗来纳的宏伟计划是由约翰·洛克(John Locke)制订的。卡罗来纳将有一个精心分层的社会,其中有高贵的领主和"酋长",世袭的、不可分割的地段、男爵、庄园和领地。但是这类乌托邦、计划经济体制或任何其他先验社会制度,都没有真正站稳脚跟。

在其他地方,事实也证明,相反的状况——试图过于紧密地复制英国土地法和土地占有权制度,也同样由于自己的条件所限而此路不通。"庄园领主"曾经在马里兰地区短暂地设立了法院。在1659年至1672年期间,圣玛丽郡的圣克莱门茨庄园有领地法庭的诉讼记录。1660年,陪审团起诉卢克·加德纳(Luke Gardiner),因为他"拒绝给予庄园的领主尽到忠诚义务",判罚他支付1000磅烟草。[72]后来,马里兰殖民地的领主法院很快就消失了。

另一个封建主义残余显然具有更长的影响后果。在哈得孙河流域的荷兰的大宗土地拥有人(patroonships),要求殖民地定居者们不得不对他们永久效忠;而且,更重要的是,要永久地支付租金。当纽约易手为英国人统治的时候,新的统治者继续承认旧时土地所有人的权利和要求。更为重要的是,17世纪80年代的托马斯·唐根(Thomas Dongan)继续实行大规模的土地授予政策,并获得了庄园的特权。在

1685年,范伦塞勒(Van Rensselaer)的领地成为英国庄园,面积大约有850000英亩。有一些大额的土地授予,不乏重叠和模糊;有些被授予了在纽约北部的英国贵族。利文斯顿(Livingston)庄园有160000英亩。在这些广阔的领地里,像利文斯顿和菲利普斯(Philipse)这样的大家族几乎以封建的土地占有的方式(feudal form of tenure)持有着土地。他们原来被授权以英国的方式来制定规则和设立领地法院。然而,很少有证据表明,这样的法院真正发挥了作用;在领地的纠纷由普通法院处理。经过一段时间后,租赁契约里几乎没有提到领地法院。但是,即使没有封建特权,这些都是巨大的不动产,劳动农民只是佃农,而不是所有者。地主积极鼓励和解;但一个令人烦恼的条件是:租金需要永远支付给领主们。领地的一些领主要求,每交换一块土地都需要一笔费用。有些租约是永久性的;其他承租人则是在其有生之年可以占有土地(land on lease for life);他们对领主们交付租金,但对其继承人能否在将来续约并没有正式的保证。这种古老的土地占有制度是一种反常现象,它产生了苦果;在18世纪,动乱困扰着纽约这块土地。骚乱的原因是复杂的:一些住户真的很不满;在一些地区,擅自占有人(squatters)是冲突的根源;甚至有外来者挑拨煽动的证据(来自马萨诸塞)。无论如何,领地制度一直持续到19世纪,直到当反租地运动终于打破了土地拥有人的权力。[73]

总之,把土地作为一种廉价、方便的补贴手段,可比用它来束缚焦躁不安的人口的方式要容易得多。因此,一般而言,土地政策和土地法倾向于抛弃过去的许多特征。土地的供应似乎无穷无尽。国王把帝国交给了他的朋友们。在新英格兰早期,简简单单的仆人们在他们的任期结束后,就获得了对几英亩土地的权利。彭威廉1681年的"特许权"(Concessions)为主人带来的每个仆人提供了50英亩土地;并且在他任期届满时,再向仆人提供了50英亩土地。在弗吉尼亚,为了增加人口数量,只要能带过来一个人,都能挣到50英亩的"人头奖"。殖民地政府也以赠送土地的方式来换取政治上的支持。[74]

总的来说,这是一个在财产流转领域内缺乏专业技能者——那些能够在关于土地转让的普通法规则的雷区上行走的人——的国度。17世纪的情况尤为如此。在殖民地,土地是一种人们日常购买和出售的商品;它不像在英国的不动产,有那么多传统和限制。殖民地居民需要简单的土地形式,以应付土地的高周转。殖民地的地契是荒唐奇怪的东西,但同时却是有效的文件。他们大致来自于所谓"交易和买卖"的英国式地契。土地并不总是通过书面文件移转的,在17世纪,有时候甚至是使用象征性的古老英国的交付形式——转让封地占有权(livery of seisin)。让与人象征性地把土地交付给受让人——一种通过"草坪和树枝"(turf and twig)的象征性习俗。当时,在看上去保守的南方,这种习俗是最常见的。但也在其他地方被采用过。在缅因(当时是马萨诸塞的一部分),根据1685年的一份法庭证词,托马斯·威瑟斯(Thomas Withers)用"草坪和树枝"的仪式,将一个岛屿的一半转让给了他的女儿伊丽莎白。[75]

这种古老习俗的幸存方式是令人吃惊的。不过,在土地流转方面也有惊人的创新。在一些殖民地,土地以一种自由和轻松的方式从一个人传到另一个人。新的、非正式的土地转手方式与更古典的形式比肩存在并蓬勃发展。在马里兰殖民地早期,人们有时会以书面形式转让土地,在原始的地契的背面,就像支票上的背书一样。因此,地契"手递手"地转交,最后交给某个买家。为了安全起见,通过法庭登记所有权。[76] 土地交易已经从身份转移到契约;土地权不再主要由家庭、出身和传统来确定;土地买卖交易进入了公开市场。这一商品化的过程直到19世纪才完成;而且从某种意义上说,到了19世纪也未必真的完成了。重要性在于,从法律上说,美国最早也是最重要的创新之一,就是这种土地所有权登记和记录制度。[77]这些登记法以及制度本身,是在17世纪的新英格兰早期殖民时期发明的,其中有一些也许是基于英国城镇的风俗和经验。这一制度的实质是,登记本身保证了土地的所有权。一份未登记的契据不能与一份登记在案的契据相抗衡,即使登记的契据晚于未登记的契据。在古老的传统社区,一般来说,每个人都知道谁拥有这块土地。但在一个新的地方,土地是一种商品,登记似乎是必要的,是一个变化不定的、以土地为基础的广大市场的重要工具。登记制度还使管理和控制殖民定居点变得更加容易。

在英国,有一个复杂的"衡平"财产制度。它的现代派生物是信托法。该制度曾经缓慢而惊险地到了大西洋的彼岸。1664年,马里兰医生卢克·巴伯(Luke Barber)面临巨额赔偿的诉讼,于是将他所有的财产"移交"给两个人,作为"信托,永久地并唯一用于他心爱的妻子伊丽莎白和她的继承人"。[78] 1641年,在马萨诸塞西部,"寡妇霍顿"("widdow Horton")与她的未婚夫罗伯特·阿什利(Robert Ashly),在一个地方法官面前作出了一项安排。这位寡妇——

> 她的房子和土地,还有一些家禽等财产……现在移交到罗伯特·阿什利的手中,为了她的两个儿子——其中一个儿子还在吃奶,另一个大约3岁——今后的使用和利益;并在他们21岁时付给他们;而且前述的这位罗伯特先生可以为了这两个孩子接受教育,使用上述财产并获得收益;当他们到13岁或14岁的时候……让他们去做学徒,学会一些有用的生意技能。[79]

从本质上说,这是一种信托方式。当寡妇即将再婚的时候,她仍然拥有控制其财产的全部权力,并为儿子们提供了保护。该文件还揭示了许多关于妇女在殖民地法律地位问题的争论。可见,当时假如一个已婚妇女可以控制她的财产的话,上述信托文件就是多余的了。这表明,即使是这些早期的殖民者也知道有关已婚妇女权利(或无权利)

的英国规则是苛刻的。另一方面,这也显示出精明的女人有一套诀窍,她们知道避免触犯严苛之法的实际做法。

在英国古典法律中,土地法被纠缠在一系列的行为和令状之中,其中有些是令人惊叹的技术性细节。像是在英国那样,土地在殖民地一样重要。但是,所有权被分配给了更多的人。即使是仆人也可能成为一个规模不大的地主。随着人口的增长,就像其他法律一样,土地诉讼和土地令状变得更加"英国化"了。但即使在18世纪中叶,美国的土地诉讼也比英国更简单,更自由,更新颖。就像在英国一样,法律制度必须有某种机制来检验土地的权益。如果A先生和B先生都要求同一块土地,就必须对其所有权进行"检验"或在法庭上提出质疑。有一种古老的方式,即所谓"不动产之诉"(real actions),在伊丽莎白一世女王时代就已经消失了。它被逐出租地之诉取而代之。但逐出租地之诉本身是很麻烦的,而且充满了法律上的拟制。(正如"前言"中所提到的,原告必须提出一份假想的租约,其中的影子男子经常使用约翰·多伊或理查德·罗伊的假名)。在南方殖民地(17世纪的弗吉尼亚除外),在纽约和东新泽西,逐出租地之诉是验证土地所有权的主要方法。在17世纪的新泽西,诉状通常没有提到虚构人物的名字,尽管至少有一个被记录的例外——罗伯特·萨默(Robert Sumer)控告詹姆斯·温特(James Winter)。[80]新英格兰更具创新性。在品钦法院(Pynchon court)的记录(马萨诸塞,1639—1702年)中,没有一处提到逐出租地之诉。[81]新英格兰殖民地使用了更简单的检验土地权利的形式,例如,非法侵入土地之诉(action of trespass to land)。在18世纪的康涅狄格,最受欢迎的机制是一种"返还侵占之诉"(Surrendry of Seizin and Possession)的方式,这是一种类似于逐出租地之诉的一个新名称,其中剔除了拟制成分。[82]在17世纪,马萨诸塞诉讼当事人使用了一种遗留下来的"个案诉讼"形式,这种形式在英国从来也没有用于这个目的。[83]在 18 世纪,所有的旧行为都消失了,取而代之的是一个单一的、无所不包的形式,被称为"逐出土地之请求权"(plea of ejectment),或者是"进入请求权"(plea of entry),或者最简单地说,就是"对土地的请求"(plea of land)。这一请求权避免了所有旧的技术性细节问题,导致了一种普通民事诉讼的产生。[84]

继承法

当一个人在英国死亡时,他的遗产受制于两套完全不同的法律规则。土地不动产由普通法规则和普通法法院管辖;动产则由教会法和教会法院管辖。如果死者没有留下遗嘱,普通法将土地给长子;教会法院在子女之间平等分配金钱和货物。殖民地要么没有教堂法庭,要么像马萨诸塞早期那样,融合了恺撒和上帝的法律。遗嘱检验权授予了普通法院或这些法院的特别(但非宗教)分支机构。法院还处理和继承密切相关的事项——例如未成年人的监护(guardianship of minors)。[85]一般来说,遗嘱检验程序,包括提交财产清单(inventories),都是从英国移植而来的。但有相当大的创新体现在继承制度的实体部分。

殖民地极大地变更了土地世袭的法律。在英国标准法中,长子继承是规则;土地是世袭给长子的。但是,"英国标准法"指的是地主贵族的法律;对于这个精英阶层来说,重要的是把"财产"放在一起,而不是把它们分散给孩子们。即使在英国,长子继承并不是普遍的;在王国的某些地方,地方习俗取代了它。在肯特郡,有所谓的"平均继承的土地保有制度",即土地以平等的份额传给所有的儿子。新英格兰殖民地远离英国上层法律和上层社会,几乎不适用长子继承制。除了罗得岛,新英格兰地区都拒绝了长子继承的规定。17 世纪马萨诸塞的法典赋予长子"双份"(double portion)的不动产和动产。[86]这一特殊的与生俱来的权利显然是来自圣经的暗示,而非来自英国法。这种"双份"分配规则也曾经是宾夕法尼亚法律的一个特点。在纽约,公爵法规定,遗孀分配后的财产应"在子女之间分配,前提是分给长子双份,如果没有儿子,由女儿共同继承"[87]。这一双重份额也在其他殖民地存在过,例如康涅狄格和新罕布什尔。[88]但是,在独立革命之前,长子继承制在南方殖民地马里兰、弗吉尼亚和卡罗来纳一直是法律的一个特征。[89]

对新英格兰的可分式子女继承制度(partible descent,即子女的土地分割)的来源,学者们莫衷一是。一些人怀疑这个制度直接借用了英国当地的习惯。许多殖民地特许令状授予国王的土地"作为东格林尼治庄园"。东格林尼治位于肯特。引入可分式子女继承制,难道就是这些特许令状的目的或效用吗?这方面的证据是令人困惑的,它们给不出结论,而且还可能与此无关。在新英格兰,从很早的时候起,就有了可分式子女继承制的做法,甚至很可能在人们基于特许令状的争辩开始之前就有了。长子继承制和限嗣继承制(fee tail)在南方幸存下来,部分原因是他们的土地使用制度。南方种植园主利用奴隶劳动,在大庄园种植甘蔗、稻谷和烟草。和北方的社会秩序相比,英国的土地占有权和英国的生活方式——地主士绅的习惯和法律制度,更适合南方的社会秩序。

长子继承制是无遗嘱继承的替代规则;如果一个财产所有人费尽心思去写遗嘱的话,他就可以对财产做一些其他的处置。有关财产继承的基本文件,即最后的遗嘱,源于殖民者原有文化遗产的一部分。英国中产阶级广泛使用遗嘱。具体形式由遗嘱法(1540年)加以规定。但是,这些法规预先假定并修改了已经存在的习俗。遗嘱的内容往往是以一种粗略和现成的方式来遵循无遗嘱法中的内容。一项对17世纪弗吉尼亚遗嘱的研究表明,财产所有者急于将他们的财产保留在血缘关系之内。很少有男人把自己一生的财富利益留给自己的妻子;儿子比女儿更获得优先考虑;因为留给女儿的土地,会在女儿结婚后从血缘关系系统中流失。[90]传统的(英国)遗嘱形式在殖民地早期就出现了。由亡者生前签署并经证人证实的正式书面遗嘱,是一般法律文化的组成部分。口头遗嘱(oral will)也是如此。例如,马里兰法院听取了两名证人的口头证词,即1638年,"当时病得很重"的约翰·史密森(John Smithson)承诺,"万一上帝召唤他",把他的财产留给他的妻子;在"这些证词……之后,法官确实批准了上述最后的遗嘱"[91]。

遗嘱的基本模式是英国民间法的一部分。这些模式在殖民地重现,保存在远离家乡的男人和女人的记忆中。从缅因到佐治亚,其遗嘱与英国的遗嘱极为相似;尤其是在用语的节奏感上,几乎像民谣的词语。莎士比亚的遗嘱开头是这样的:"以上帝的名义,阿门……我把我的灵魂交到上帝的手中,我的造物主……把我的身体托付于我所来自的大地。"[92]亨利·辛普森(Henry Simpson)的遗嘱写于1648年缅因殖民地,开头如下:"以上帝的名义,我,亨利·辛普森……把这作为我最后的遗嘱,首先要把我的灵魂引荐给上帝……和我的身体献给基督的归宿地。"[93]

成千上万的殖民地遗嘱幸存了下来。从中可以看到当时殖民地社会的模样。有些是由重要的人草拟的,并安置的是相当大的不动产。奴隶、仆人和非常贫穷的人站在财产制度之外,没有什么遗嘱可留的。许多普通的人可能留下的东西太少,以至于也没有什么可以通过遗嘱来认证的。另一些人没有留下遗嘱就离开了这个世界。1690年至1760年,纽约市记录了1600个遗嘱遗产,只有535个遗产没有遗嘱。[94]遗嘱绝不仅仅是为了富人存在的。至少在殖民地的早期,每一个普通人都可以接触到当地法律和地方法院。在这个时期,许多遗嘱中没有什么东西,只有少数家用物品和其他杂物。马萨诸塞塞勒姆地区(Salem, Massachusetts)的贝西娅·卡特赖特(Bethia Cartwright)于1640年去世,遗留下床上用品和床垫、一个碟子、一个盐罐、六个汤勺、一块桌布和一条床单。[95] 1751年,在宾夕法尼亚的巴克斯郡(Bucks County, Pennsylvania),有43%的男性(但只有2%的女性)留下了遗嘱。他们往往倾向于把他们的土地留给儿子,给他们的女儿留下较少的财产。他们也往往倾向于留下比法律所要求的更多的财产给他们的妻子,但带有若干限制;例如,许多人在遗嘱中规定,如果她再婚的话,寡妇将失去她的份额。[96]

在早期,依照英国的标准或后来的美国标准,遗嘱检验管理是相当宽松的。在英国古典法律中,寡妇在丈夫遗产中的份额——被称为"寡妇地产"(dower)——是她丈夫1/3的土地的终身权益。殖民地法,特别是新英格兰的殖民地法,显然没有那么僵化。在马萨诸塞殖民地,治安法官有权根据妻子的需要和当地的社会和道德标准,酌情修改妻子的份额。规则并不严格;即使是长子的"双份权益"也不是绝对的权利;普通法院"根据正当理由"可以"另有判决"。随着时间的推移,规则变得更加严格和绝对。较小的熟人社区变得越来越大,变成了陌生人的社会。在这一点上,经济理性的要求以及可预测性和确定性的需要表明了他们的主张。这意味着更多的手续、更严格的规则。但在英国,土地规则和货物规则之间的鸿沟从来没有像现在这样大。一些殖民地的制度革新,尤其是可分式子女继承制在每次博弈中都幸存了下来。

刑 法

最早的刑法反映了拓荒者定居点恶劣而不稳定的生活。在弗吉尼亚的《戴尔法典》(1611年)是一个特例。对一个小而危险的社区来说,这几乎是一个严苛的军事戒严令。一旦殖民地变得更加安全,弗吉尼亚的刑事诉讼程序就失去了戴尔法中最严厉的部分。

整个殖民地的刑事司法,就像整个殖民地的法律一样,如果它和英国法相比较,总体上说,"不那么太正式,但却更直接明确";尽管随着时间的推移,在这里也有一定程度的"与英国惯例保持一致"的状况。[97]在马萨诸塞,早期的政治斗争削弱了寡头政治的权力;殖民地开始了一项非同寻常的起草法典的过程。在这种创造性冲动的背后,有一种简单的刑罚哲学:任何人都不应因为一种没有明确、公开的罪行名称而受到惩罚。在一个公正的社会里,刑法的规则必须被记录下来,并为所有人所知。1648年的《法律和自由》是这一运动的早期产物。这是一部普通法典,但它包含了许多关于刑法的材料:标准犯罪——谋杀、纵火和盗窃都包括在内,还有更多奇异的特别的犯罪类型。该守则的目的是纠正和教育这些败类;并且同时作为一种最后手段——切断那些无可救药的有害分子与社区的联系。在许多方面,该法典是一项"非凡的成就",甚至是一项"激进的"成就,它的目的是以简单、实用的术语来阐明法律,既限制权力的掌控者,又把法律表述得让所有人都明晰易懂。[98]

法律应被知晓和可利用,这是殖民法中的一个基本概念。惩罚也是公开的:在镇广场,公开鞭笞、戴枷锁和木制械具。殖民地定居点的这些社区,都是些亲友聚集、爱说闲话的小型社区。舆论和耻辱是重要的惩罚手段。马萨诸塞湾区如此,宾夕法尼亚贵格教会也是如此;在那里,教友会上进行了大量的处罚是在贵格教会信徒会议上执行的,例如男女因"混乱行为"(性犯罪)、污言碎语、错过会期和"无序婚姻"(与非贵格会信徒结婚)而受到惩罚。处罚的目标是教人悔改,人们期望男人和女人都谦卑一些;那些反抗的人可能被从社区里"驱逐"出去。[99]

在马萨诸塞湾区,羞辱方式的使用尤为引人注目。根据它的规定,如果一个人伪造法律文件而"歪曲了公平和正义",他将"在3天的布道日中戴着枷具站着,并给受害人双倍的赔偿"。羞辱是为了那些没有完全被救赎的人。因此,被贴了再浸礼派(Anabaptists)异端标签的人有可能被"判处流放";他们大概是无法治愈的(或许也是具有传染性的)一些人。当然,女巫们可能会被处死。要使社区惩罚有效,必须是可见的和公开的;惩罚往往会在被处罚者身体上留下痕迹。因此,对于第一次犯罪,窃贼将被"在前额上打上字母(B)",第二次盗窃将在公共场合被鞭打;当然,只有在有第三次盗窃的情况下,窃贼会"被处死,因为是不可救药了"。作为额外的惩罚,一名在"主日"(即星期天)犯罪的窃贼失去了一只耳朵。如果他再这样做,他就失去了另一只耳朵。"与任何单身妇女通奸"罪可处以罚款、体罚或"禁止结婚"。"不人道、野蛮或残忍"的惩罚被禁止;尽管《自由团体规章》(*Body of Liberties*,1641年)和后来的法典接受酷刑作为一种合法手段,但至少在纸面上,酷刑的使用受到严格限制:

> 任何人不得通过酷刑逼供任何针对自己和他人的罪行,除非在某些死刑的案件中,已经有明显和充分的证据证明此人有罪。在此之后,如果原因是这样的,那么很明显还有其他同谋或共犯,那么他可能会受到拷问,但不会遭受野蛮和不人道的酷刑。[100]

特别有趣的是嵌入在马萨诸塞早期法律典籍中的一个子法典(subcode)——"死刑的法律"(Capital Laws)——它曾被其他新英格兰和大西洋沿岸中部的殖民地所复制沿用。一些学者利用这一子法典作为主要证据,证明马萨诸塞湾区法律的基本内容是圣经,而不是英国普通法。这一"死刑的法律"的确有强烈的摩西法典(Mosaic)的色彩;在印刷上,每一部法律都有圣经的引文支持:"如果任何男人或女人是巫师,也就是说,他们有一个类似巫术的灵魂,他们将被处死。——《出埃及记》22.18,《利未记》20.27,《申命记》8.10.11。"当然,并不是所有的圣经里的罪行都是马萨诸塞的罪行,也不是所有的马萨诸塞的罪行都是圣经的。清教徒从圣经中筛选出他们想要使用的东西,他们认为这是上帝对他们社区的安排。对于许多诸如此类的罪行,英国法律可以像《出埃及记》或《利未记》一样容易被引用。有些法律在当时其实是一纸空文。一个"固执或叛逆的儿子(没有提到女儿)",年纪在16岁或以上,"不听从父亲的或母亲的声音",应该被处死。但事实上,没有人因这一罪行而被处决。[101]而死刑的法律只是刑法的一小部分,而刑法本身只是整个法律的一小部分。

无论在理论上还是在实践中,殖民法都不是非常嗜血好杀的。法典中的死罪比英国少。在英国,死刑可能是对许多盗窃犯的惩罚;在马萨诸塞,只有累犯才会被处死。西新泽西的贵格教会法律以归还财产或苦役代替绞刑。死刑在殖民地并不经常执行。一项研究发现,在1660年以前,在殖民地共有40人被处决,这一数字可能稍显保守;但它确实没有暗示发生过大规模的屠杀。在此期间,马萨诸塞殖民地有15人被处决:4人因谋杀,2人因杀婴,2人因通奸,2人因巫术,1人因"鸡奸"而被处决;4名贵格教友会教徒也被处死。[102]但后来,再没有人因通奸或成为贵格会的信徒而被处决。贵格会教徒自己,在他们的据点,不愿处决任何人,除了谋杀或谋反罪。南方的殖民地比北方的殖民地更嗜血一些,而且他们特别容易杀害黑人奴隶。1748年至1772年期间,北卡罗来纳有100名黑人奴隶被处决,比殖民地在整个殖民历史期间被处决的白人总数还要多。[103]

一些南方殖民地承认了一种特殊的英国习俗,称为"神职人员的利益优惠"。神职人员的优惠最初是牧师的特权(顾名思义)。后来,它覆盖了任何有阅读能力的人。一个声称享有特权的死刑犯将被授予一本"圣经"。书上有一段诗篇,它是诗篇51中的一句:"神啊,求你照着你的慈爱怜悯我,照你的慈爱涂抹我的过犯。"他会读这首诗——当然,不识字的人也能记得住它。这样就可以避免了死刑,然后被执行了较轻的刑罚(用热铁打上烙印)。因此,弗吉尼亚的爱德华·雷迪什(Edward Reddish)在1671年被判过失杀人罪,"他读了这一段,由于总督的宽大和仁慈被判免于火刑"。[104] 1732年,弗吉尼亚通过了一项"解决与神职人员利益有关的一些疑虑和意见分歧的法案;允许女性享有同样的权利;以及免除了阅读的要求"。这部法律完全废除了阅读测验。[105]尽管有"神职人员",殖民地对那些似乎特别令人发指的罪行开始重新要求判处死刑。在视烟草为国王的马里兰,1737年的一项法令规定,任何人闯入并抢劫烟草房,都应"作为重罪……不受神职人员的特权而被处以死刑"。

著名的歇斯底里时期始于1692年,例如臭名昭著的塞勒姆(Salem)事件,已经不适当地使殖民地的声誉受损。[106]流血发生在真实或想象的奴隶叛乱和阴谋事件之后;这不仅发生在南方。1741年,在纽约发现了一个所谓的谋反事件之后,有超过150名男性和女性(大多是黑人)被审判,数十人被处决。[107]在塞勒姆的"可怕的审判"中,19人因巫术被处死;大约50人被刑讯逼供折磨或被恐吓而认罪。1692年9月22日,有8人被带到绞刑架上。塞勒姆的歇斯底里使"猎巫"成为语言中永远存在的部分。18世纪的弗吉尼亚的郡法院有时使用阉割作为对被判强奸罪的奴隶的惩罚。[108] 1745年,弗吉尼亚的里士满郡,一名奴隶主获得了割掉奴隶脚趾的许可,以使他更听话顺从。两年后,这个法院允许一名奴隶主割下他的一个奴隶的耳朵。[109]在马萨诸塞,对那些特别违反社会道德的人判处死刑。1673年,本杰明·戈德(Benjamin Goad)"被恶魔教唆","在公路或田野上与一匹母马性交",犯下了"不自然的、可怕的行为"。这是在下午,"两点钟,太阳高悬的时刻"。法庭判处他绞刑;法庭还判令"你虐待过的那匹母马,在你被处死之前,当着你的面被重击头部而死"[110]。

殖民地的法律以惩罚赌博、懒惰、酗酒、撒谎和不听话的孩子而名声在外。1693年新罕布什尔的一项法律——这是一种常见的法律——惩罚那些在"主日""做任何不必要的劳役、旅行、体育运动"的人,或者经常去酒馆的人,或者"在外闲逛"的人。[111]尤其是在17世纪,这些道德法规绝不是无的放矢的空话。这些事情被看得很严重。根据郡法院记录的证据,有关个人行为和性道德的规则主要落在社会下层的仆人、穷人和奴隶身上。早期的殖民法是强烈的父权主义法。用加芬克尔(Garfinkel)的一句话来说,审判是身份降级的仪式(status degradation ceremonies)。[112]惩罚常常是公开的和下流的;其目的是重新教育和修整错误的灵魂,并为此目的而使之忏悔认罪、公开蒙羞和声名狼藉。1700年宾夕法尼亚的一项法律(5年后英国人不允许)针对"用舌头吵闹"的人——它赋予治安法官自由裁量权,判处罪犯"被堵上嘴并站在某个公共场所示众"。[113]枷具被广泛使用。1673年,在萨福克郡(Suffolk County),萨拉·斯科特(Sarah Scott)不得不站在波士顿一个集市的高脚凳上示众,一个告示上面写着她对母亲的"不恭敬顺从、虐待和辱骂"。1641年,一名仆人提古·欧克莱米(Teagu Ocrimi)被逼站在波士顿的绞刑架上,脖子上绑着一根绳子,因为他"试图用下流和邪恶的手段去奸淫一头母牛"。[114]

犯罪和惩罚意味着耻辱;除此之外,就是矫正。法典及其执法者从未放弃这一目标,也没有放弃执行道德法律的目标。17世纪最常见的犯罪是私通(fornication)和醉酒,这两种犯罪在18世纪仍然在被惩罚之列。酒馆(客栈或普通酒馆)需要得到许可;殖民地,至少在理论上,坚持认为酒馆的主人必须是清醒的、受人尊敬的男人和女人。[115]关于私通,18世纪的情况要复杂一些。这仍然是最常见的犯罪:1700年至1785年期间,在马萨诸塞的埃塞克斯郡,私通案件占所有刑事起诉的53%;1710年至1750年期间,纽黑文郡法院的起诉案件中,私通案件令人吃惊地占了69%。[116]威廉·E.纳尔逊(William E. Nelson)分析了1760年至1774年期间马萨诸塞7个郡的所有起诉。总共有2784个案件;其中1074个案件(占38%)是因为性犯罪,几乎都是私通罪。即使在后期,犯罪和宗教上罪恶(sin)之间的联系仍然很密切;在纳尔逊看来,典型的罪犯是一个偏离正义道路的普通人。13%的案件(总共359个)是因为宗教犯罪:亵渎神明(blasphemy),亵渎神灵的语言(profanity),没有去教堂(nonattendance at church)。[117]不过,还是开始出现了变化。那时的私通行为主要是针对妇女生下私生子的情况。真正的问题是:谁来抚养这个孩子? 随着时间的推移,比如1650年到18世纪60年代之间,私通行为的侧重点发生了变化。对宗教方面的纯粹罪孽的惩罚因素下降;经济因素增加了。[118]

控制宗教方面罪恶,无疑是17世纪所有宗教戒律(the blue laws)中的一个因素。仆人的法典和奴隶法也是针对宗教上的罪恶,同时也有保持社会界线清晰、维持下层秩序的作用。如果一个仆人在契约期满前拒绝履行他的义务,他将受到增加额外服务年限的惩罚。生下私生子的女仆的通常命运也是如此。罚款对穷人是无用的;监禁仆人可能既惩罚了主人也惩罚了仆人。额外服务是最有效的制裁措施,而且被自由、频繁地使用。这里有一个典型的例子,1704年,在特拉华的肯特郡,约翰·马洪(John Mahon)在法院控告一名黑白混血儿的仆人查尔斯(Charles)。查尔斯已经离家出走26天了,他的主人花了3英镑3先令6便士才把他找回来。法庭命令这个男孩"因为他逃跑的时间……而额外为主人工作130天,对于上述的3英镑3先令6便士的支出……他将为上述约翰·马洪及其后继人服务6个月的时间"。所有这一切都是在他的正常服务契约届满后重新开始计算的。[119]

在私通、懒惰(idleness)等案件中,被告绝大多数是仆人和穷人。

很少有神职人员、商人或富有的土地所有者因私通而被鞭打或被套上刑枷。然而,在清教徒马萨诸塞地区,也有名声显赫的人因违反宗教信仰(例如,持异端邪说)或蔑视权威而受到惩罚。[120] 将宗教的罪过视为刑事犯罪的一般理论,在实践中往往会引导出一定程度的宽大处理。宗教上的罪人毕竟可以悔改;受鞭打或受惩罚的孩子可以改过自新。伊莱·费伯(Eli Faber)对清教徒刑事司法的研究发现,在一些城镇,受到法院惩罚的罪犯后来成为杰出的公民,担任选举或任命的职务。康科德(Concord)镇于 1701 任命亚伯拉罕·伍德(Abraham Wood)为城镇职员兼选委会成员;他于 1684 年曾被判犯有私通罪。毕竟,法律的政策是让犯罪之人"重新融入"社会。[121]

在刑事司法方面,就像殖民地法律经验的其他方面一样,有时要加以归纳概括是件徒劳难堪的事情。地点和时期不同,彼此差异显著。马萨诸塞早期的情况,是一幅普遍的、介入性的,但同时又是有效的社会控制系统的图景。然而,道格拉斯·格林伯格(Douglas Greenberg)却为 18 世纪的纽约描绘了一幅明显不同的画面:反复无常、混乱不堪,而且总体上是无效的。他发现了一种普遍的"制度安排跟不上社会变化"[122]的状况。毫无疑问,纽约历史和社会的许多特征都是与众不同的。但他的证据也与一种更为笼统的论断相一致。随着殖民地规模的扩大,经济和社会生活变得更加复杂,随着(各个方面的)流动性的增加,早期行之有效的技术和心理习惯失去了大部分的效力和魔力。刑事司法改革和变革的时机已经成熟。

从理论上讲,犯罪是一种对公众的罪行:当然,是对某些受害者的罪行,同时也是对社会的伤害,所以社会接管了惩罚罪行的工作。至少殖民地是这样的。在英国,没有地区检察官(district attorney)这样的配置,也没有公诉人(public prosecutor)这样的配置。人们应该自己起诉,而且自己承担费用。很早,这个制度在殖民地就被否决了;因为犯罪行为是个太严重、太重要的事情,可不是留给个体去处理的事项。此外,在一个等级不那么分层的社会里,刑事司法更受欢迎,更多的是整个社会的责任和任务。[123]因此,处罚犯罪是一种公共责任。一如以往,尽管道德标准是极其重要的,但刑法所表达的,往往比目前的道德标准更多。它也是经济和社会规划的工具,还是社区权力划分的一个引导。

因此,经济犯罪与谋杀、强奸、盗窃和违反道德罪一样,也是刑法的一部分。当然,经济控制、道德和地位控制以及对危险行为的抑制之间的界限是人为的;支配仆人和奴隶的法律都有这些目标。经济生活的组织解释了刑法中的许多特点。在弗吉尼亚,猪比羊更重要;因此,偷猪比偷羊的罪行更严重。[124]1715年,纽约规定,"每年从5月1日起,直到9月1日为止,任何将牡蛎收集、耙出、接收或带到市场上的行为都属于违法行为,每次违法罚款20先令";或"无论任何时候,任何黑人、印第安人或黑白混血的奴隶在纽约市出售牡蛎——也是犯罪行为"[125]。刑法自然表达了一个社会的经济政策,其中具有强烈的权力意识,几乎没有特殊经济管控机构的意识。在新英格兰清教徒中,公民服从和尊重权威是社会秩序的本质;专有权人和皇家殖民地有一个不同的权威定义,但发号施令的习惯都是同样的。

换言之,虽然刑法中充斥着宗教罪孽的概念,但刑法典中也带有沉重的政治和经济政策色彩。法典也表达了权力:谁统治,谁拥有最终发言权。殖民者们有他们自己的利益,但这些利益根本不符合母国的利益。18世纪中叶反对走私的法律,或对《印花税法案》(Stamp Act)和《贸易法案》(Acts of Trade)的抗争,都是争论的焦点。1776年的战争是一场争取独立的战争。但是,独立并不意味着不受法律约束的权利;它意味着,不是一艘没有船长的船,而是一艘有值得信任的、具备本土胸怀和头脑的船长的船。

政府、法律和经济

早在亚当·斯密(Adam Smith)发表《国富论》(The Wealth of Nations)的很久以前,殖民地就已经出现了。自由企业不是殖民地精神的一部分。每一个殖民地都试图调节、控制和监督经济。用现代标准来判断,当时对商业的规范是很原始的。然而,在某些方面,它是相当普遍的。定居点依赖道路、渡口、桥梁和磨坊来提供运输、通信和基本的食品供应。这些企业是私人所有的,但他们的经营方式涉及深层次的公共利益,而且当时已经有了一些规定殖民政策的规章制度。在一个典型的政府授权性案例中,1681年,康涅狄格的东黑文镇(East Haven)给予海明威(Heminway)一个旧水坝,还有一些土地、木材、石头,并且免其税捐;作为一种交换,要求海明威同意建立和维持一个磨坊,每两个礼拜必须营业一天,而且要把这一天送来的所有谷物都磨制完成,具体收费需要受到法律的限制。[126]在整个殖民地时期,殖民地调节和固定磨坊的收费率。例如,在新罕布什尔,1718年的一项法案设立了"粉碎各种粮食的费用"只能是这批谷物的"十六分之一",不可再多。而例外情况是,"印第安人的谷物,磨坊可以按照十二分之一收费"[127]。政府还管制市场、道路建设和基本商品的质量。在英国,地方当局控制道路沿线的客栈和酒馆;之所以有这些管控,是因为这些客栈和酒馆在经营烈性酒,也因为它们其实也是那时的餐馆和旅馆。但是"管控"这个词可能强硬了。客栈老板必须有执照;而且当时的确有不少体面和舒适的客栈。但是,也存在许多肮脏、声名狼藉并充满了酒鬼和孳生害虫的客栈。一位马里兰的旅行者抱怨说"床的每一个角落都有虫子在和我做伴,隔壁房间里有几个吵吵闹闹的家伙在玩台球",根本就不存在隐私。旅行者不得不和其他人合住一个房间和合用一张床。亚历山大·汉密尔顿（Alexander Hamilton）曾经在一个房子里住过，"房东、妻子、女儿和我统统住在一个房间里"[128]。

公共事业需要税收来维持公共机能的运行。在殖民地，金钱是匮乏的。修建道路时，通常使用劳工税。每个成年人都有义务缴纳税款，无论是金钱、农产品，或者是劳动的汗水。纽约1713年的一项法律，"修复和维修从纽约到国王桥的后路"，法案的开头就痛惜这条道路的"严重破损"和"非常危险"的状况。该法案随后规定，测量员要规划必要的维修，并指示居住在受损房子的人"集合起来并带上马车、铲子、锹、镐和其他工具"，或者自己动手，或者提供"足够的人工"[129]。

在那些日子里，还没有人听说过"自由企业"（free enterprise），至于所谓"最好的政府就是管控最少的政府"这个说法，当然不是美国的财产所有者、乡绅和治安法官当时所持有的观点。另外，那些管理殖民地的人在他们的可以处置的范围内，几乎没有税收和员工。监管往往是本地的，而且尽可能廉价运行。因此，当政府希望确保面包的烘烤和定价正确时，它坚持每一个面包师都要在他的面包上表明品牌。根据宾夕法尼亚殖民地1700年的法律，每一位面包师都不得不"在所有的面包上设置一个明显的标记"[130]。对于许多商品来说，法律规定了"评价者""搜索者"和"检查员"。"这些人一般都是通过用户支付的，而不是由税收资金支付的。"一般情况下，公职人员赖以生存的是收取的费用，而不是工资。还有其他办法来让民众负担义务——以金钱或其他形式，以实现某些公共目的。为了照亮黑暗的街道，纽约城的长老会要求，"在月光暗淡的时候"，住户必须在房子高处的窗户上挂上灯。1700年，费城要求公民们在他们门前种植遮阴的树种，比如"松树、不结果子的桑树、水杨树、椴树或其他遮阴的和健康生长的树"，这样，这个城镇就可以"很好地用树荫来抵御夏天炎炎的日光，从而提供更加健康的环境"[131]。

殖民地从英国抄袭了有关公共市场的法律。这些法律规定了关键产品可在何处和何时销售的规则。分散的市场很难控制或管理。当所有木材、干草或谷物的销售商在同一地点、同一时间相遇时,管制可能是廉价和有效的。南卡罗来纳1739年通过的一项法律在查尔斯顿建立了一个肉类和"其他屠宰品"的公共市场。除非在市场上,而且在适当的时间内,在其他时间和地点都不能出售这些肉类。[132]

就像在英国一样,地方(郡和市)法院也掌握着管理经济的大部分权力。这种安排有一个缺点——至少从母国的角度来看是这样的:这意味着地方绅士和地方治安官可以制定或破坏大英帝国政策。从中央的角度来看,只有在当地人士可以被信任的情况下,地方统治才是有效的。早在1776年之前,美国乡绅和美国商人就已经和他们的英国霸主发生了争执——因为《印花税法案》《贸易法案》和英国统治的其他方面。[133]坦率地说,大英帝国的强制性执法变得不可能了。

殖民地政府不断努力,但并不总是能有效地使其主要作物受到某种质量控制。在弗吉尼亚和马里兰,烟草是主要作物。一系列法律规范这一关键商品。[134]很早之前,弗吉尼亚就试图减少殖民地对单一经济作物的依赖,并提高烟草的质量和价格。1619年,弗吉尼亚的自治议会(House of Burgesses)建立了烟草检查制度。任何"(质量方面)不值得交易"的烟草都可能被烧掉。1621年,殖民地定居者每人只能种植一百株植物,一根茎上有九片叶子。这一行为的目的是让人们远离"过度种植烟草"。1640年,马里兰殖民地颁布了第一部检查法。1657年,第二批作物被禁止销售,以防止市场供过于求,减少低于标准的烟草流通;因为这些低质量的烟草入场会导致价格被压低,并破坏马里兰烟草的声誉。

20世纪的农业计划在旧时期的马里兰和弗吉尼亚已经显示出端倪:质量控制、检验法规、装箱大小的管制、种植首选作物的补贴、公共

第一部分 起点:殖民地时期的美国法

仓储、出口管制。17世纪60年代,烟草殖民地担心供过于求。1666年,马里兰下令在1667年2月至1668年期间完全停止种植烟草,前提是弗吉尼亚和卡罗来纳也如此作为的话(它们的确如此做了)。(巴尔的摩的领主取消了这一行为,他认为这对大英帝国是有害的。)烟草管制在18世纪更普遍。1747年,马里兰仿照1730年弗吉尼亚的一项同样详尽的法律,颁布了其最全面的法规。法律要求将所有烟草运到公共仓库,禁止出口散装烟草。每个仓库的检查员都会检查、称重和重新包装烟草,在每个木桶上贴上仓库名称、箱重和烟叶的净数量。总共大约有80个仓库。不可接受的烟草应由业主焚烧或重新包装。检查人员应向仓库发放可转让和可赎回的烟草票据,作为带入仓库的所有烟草的债务支付凭据。这些票据是法定货币——像是一种货币。该法律在1773年通过了一个修正版,在独立革命来临时依然保持着效力。

弗吉尼亚和马里兰并不是唯一控制其主要作物的殖民地。康涅狄格也种植烟草,并于1753年通过了一项检查法。1724年,宾夕法尼亚法律禁止出口任何未提交给官员检查过的面粉,"为了去判定货品是否优良,检查官员将检查和测试同样的商品"。可出口的面粉,应该被标上"行政区域的品牌标志……以一种公平和可辨别的方式,展示出宾夕法尼亚区域名字,即每一面都有字母P,足以给人留下深刻的印象"。因为检查官员的辛苦,这个官员可以从托运人那里收取"每桶一便士,不可更多"的费用。[135]用于国内消费的面粉也要检查和展示品牌标识,虽然管控不太严格。同时期的法律持续了检查一磅大麻可以获得一分钱的规定——"以鼓励本区域的人们进一步栽培优质和可销售的大麻"。佐治亚在刚刚开始的时候,殖民地的生活是有计划的经济模式,拥有公共的锯木厂、农场和成群的家畜。即使在佐治亚成为国王直辖的殖民地(1752年)之后,木材检验法也被通过了(1760年),

随后制定了有关牛肉、猪肉、沥青、焦油和松节油的等级和规格的法律。后来,专门立法处理皮革和烟草问题。[136] 马萨诸塞湾区曾经有过一个多世纪的皮革法规。依据1648年的《法律和自由》的规定,城镇被授权"选择一个或两个最诚实和技术最好的人",作为搜查皮革的人。该法律对制革业有所限制,并为皮革的适当生产指明了方向。搜查者有权扣押那些违反法律规定而生产的皮革:

> 使用或占有鞣革的秘密配方的人,不得将其染缸放置在室外山丘上或其他地方——该等地方放置的羊毛或皮革因为不适合的热度而会被或可能会被晒成深色;亦不得将任何皮革放入任何热的或温的染桶内,违反者因每项罪行而被罚款20英磅。[137]

商业和劳工

殖民地最初定居时,商法(law merchant)——商法的规则和惯例——尚未完全"被接受"成为普通法,即英国皇家法院尚未承认这些规则和做法。(英国的特殊商业法庭填补了这一空白。)然而,大西洋两岸的商人们都遵循着相同的商业习惯。这是理所当然的,从理论上讲,商法是国际性的。更重要的是,殖民地商人在与英国商人做着生意;他们之间的联系在18世纪变得更加紧密,可兑现的流通票据(Negotiable instruments)在所有的殖民地都被熟知和使用。在18世纪,许多殖民地尝试使用纸币。在一些地方,动产本票(chattel notes)很常见;烟草本票(tobacco notes)在马里兰和弗吉尼亚随处可见。根据商业惯例,商业票据在转手过程中自由流通;正当持票人(holder in due course),即在正常经营过程中获得票据占有权的人,享有根据票据或汇票使用、起诉以及收取票据款项的全部权利。在这一点上,旧的普通法规则非常僵硬和固执,它拒绝尊重无形资产受让人的权利。在此,殖民地的法律远远走在了英国法律的前面。早在1647年,马萨诸塞的法令规定,"任何债务,或在汇票上到期的债务,或转让给他人的其他特殊债务;如果所述的转让是在汇票或特别票据的背书作出的,对受让人所得的债权和财产,应于转让时属于同样善意的债权和财产"。类似的法规出现在康涅狄格(1650年)、宾夕法尼亚(1676年)、纽约(1684年)以及特拉华、新泽西和南方殖民地的法律中。

殖民地依靠海洋贸易。如前所述,在当时的英国,普通法和商法尚未统一。殖民地的确没有(有时也不知道)母国的那么多技术细节和僵化状态。当时,硬通货在美国非常短缺。这意味着商人在进行贸易时非常依赖商业票据。在18世纪,商法和其他法律分支一样,逐渐接近英国盛行的惯例。殖民地社会在商业上变得更加成熟——更多地与国际贸易的宏大世界联系在了一起。大西洋这一侧的许多变化和创新都是有用的,并成为活生生的法律的永久部分。[138]但总的来说,商法体系变得更加正式,更加形式主义。邻里之间的小城镇纠纷是一回事;大城镇的商业交易则完全是另一回事。当朋友或亲戚或邻居诉诸法律(或仲裁)时,整个背景都变得相互关联:包括他们所生活的世界、他们的家庭以及他们彼此之间的互动方式。当商人起诉时,重要的是标准的行为方式、商业习惯和法律。[139]

作为生产要素,劳工和金钱一样是必不可少的,也同样充满玄机。殖民地制定了劳动法,并且不断地对它们进行修补。这些法典并不完全是本土的,它们在很大程度上归功于重商主义理论(mercantilist theory),当然还要归功于英国的法律。一如既往,这些守则具有特殊性质,其基础是特定的殖民需要和条件。在英国,没有奴隶制这样的东西。它的学徒制度是最接近契约服务的法律。由于严峻现实的需要,殖民地不得不吸引和控制人口,组织一支劳动力队伍,并适当地使之保持到位。家庭成员在农场、商店和旅馆里一起工作。也有雇佣劳工,但是劳动力中有约束而不是自由的部分非常重要。有两种束缚劳动:契约仆役(indentured servitude),这是一种暂时的仆役;还有奴隶本身。契约仆役,尽管有各种虐待和不平等现象,但却为在道路尽头提供自由和体面生活的希望打开了大门。它最终让位于自由劳动。[140]另外,奴隶制的法律和实践导致残酷和悲伤,也导致政治动荡。

在殖民初期,无论是北方还是南方,每一个身体健壮的人都有义务工作,这是一个不言而喻的规则。懒惰是一种应受惩罚的罪行。1648年的《法律和自由》规定,任何人都不应"懒散地或无意义地虚度他的时间,违反者将受到总督法院和郡法院认为应当给予的惩罚"。这一原则从未被正式放弃。但随着时间的推移,它变成了一个种姓和阶级的问题。新英格兰早期的地方行政官必须像他们的仆人一样,亲力亲为地努力工作。在18世纪,出现了一些特定的休闲阶层、比如富商和种植者的家庭。只有穷人才会被迫与劳动者为伍,只有穷人才会用自己的汗水来缴纳道路税。

一些殖民地试图控制劳动力成本。稀缺性往往会推高工人的劳动力成本。约翰·温思罗普(John Winthrop)在1633年的报告中说,在马萨诸塞殖民地,"工人的短缺导致他们的工资提到了过高的水平,所以木匠一天挣到3先令,工人一天也有2先令6便士"。因此,商品价格"有时是英国价格的两倍"。参事会采取了行动,他们"下令木匠、石匠等每天只收2先令,劳工只收18便士;商品的价格不得比英国的现成价格高出4便士以上出售"。"顾忌到供应上的风险",油、葡萄酒和奶酪除外。[141]马萨诸塞湾区后来规定,"每个城镇的自由人可以根据场合的需要,随时就所有工人的工资和奖金达成一致意见"。[142]尤其重要的职业,如拖船工人和渡船工人,最容易受到管制。相应的,价格管制则会指向那些供应重要商品的人身上,比如面包师。到1700年,工资价格管制实际上已经被放弃了。在革命战争期间,作为一项紧急措施,它被短暂和无甚效果地恢复了。但劳动力短缺大致阻碍了控制物价和工资的每一次尝试。

在整个殖民地时期,殖民地渴望吸引和留住熟练工人。1741年,在南卡罗来纳,禁止工匠经营酒馆,因为从事酒馆这个职业并不重要。在某些情况下,熟练工人试图控制其他人进入他们的行业,并使价格保持在高水平。这些尝试并不比工资控制更成功。纽约和其他殖民地城市曾经限制那些享受城市"自由"的人从事手工艺品制作。到了18世纪中叶,这个制度也已经灭亡;实际上只要有人想要,"城市的自由"已经提供给所有人了。

在沿海一带,契约仆人充当农场和家务工人、伐木工、抽水工——其实就是殖民地劳作的手和脚。契约仆人是主人的私人财产。仆役契约(Indentures)是书面文件,有点类似于英国的学徒契约(articles of apprenticeship)。17世纪初,不管有没有契约,许多仆人都是印第安人或黑人。许多白人移民(可能超过一半)要么是作为"赎身者"(redemptioners)来到这里的,要么是在抵达美国的时候成了"赎身者"。这就意味着他们在一定的时间内要出卖自己的劳动力,以支付来到美国的旅费。在航行之前,有些人就在英国签署了仆役契约。他们自己和船长签下了合约;当船和乘客到达目的地时,一个美洲新世界的经纪人会出售市场上的仆役契约,以此船资旅费得到抵付。契约仆役通常持续4至7年。那些没有契约,也没有钱支付船长费用的人,必须"按照国家的习俗"提供劳务服务。这种"习俗"取决于仆人的年龄和状况。通常,年轻移民和孤儿被带到法庭上,以决定(或猜测)他们的年龄。法庭记录中充满了这类诉讼程序。1699年,在特拉华肯特郡,

约翰·沃克(John Walker)先生带了一个名叫理查德·坎顿(Richard Cundon)的男仆到法庭,要求法庭作出裁判。理查德到

美洲的时候,并没有签过仆役契约。经过仔细判别,法院认为他的年龄大约为12岁,并命令他为约翰·沃克或其指定人提供劳役直到他到21岁为止;而且在劳役期满后,根据法律,约翰·沃克或他的权利受让人应付给理查德谷物、衣服和旅行费。[143]

在仆役契约到期时,仆役就获得了自由;此外,仆役还有权收获某些"自由报酬"(freedom dues)。在马里兰的早期,无论是否有契约,仆役都有权在契约结束时得到一套衣服、一顶帽子、一把斧头、一把锄头、三桶玉米,以及(直到1663年)五十英亩的土地。[144]在后来的时期里,服装、食物和一大笔钱都是更典型的给付方式(例如"谷物、衣服和旅行费")。

绝不是所有的契约仆役都是"自由意思表示的持有者"。英国把一定数量的罪犯作为契约仆人扔进殖民地,居民们对此感到厌恶,他们试图(徒劳地)立法禁止"监狱鸟"(jail birds)的到来。一些不幸的人在英国被绑架并被卖为仆役。对其他人来说,奴役是对犯罪的惩罚。但是,大多数被判劳动的人已经是仆役,他们没有物品或土地来偿还债务或支付罚款。他们通过增加仆役期限来偿还对社会的债务。甚至比英国更严重的是,殖民地社会利用学徒契约来处理贫穷的孤儿和被遗弃的儿童。这就把社会问题交给了私家主人。主人和女主妇得到了额外的帮手;作为交换,主人们应该教男孩读书写字,并向他们介绍一些有用的行业。女孩们学会做饭、缝纫和做家务。契约制度发挥了许多功能。这是一种组织劳动、为移民提供资金的方式、一种刑事制裁的方式、一种培训年轻人的方式、一种福利机构和一种粗糙的信贷工具。法庭记录显示,这种变化多端的制度设计,在使用上令人惊讶。1705年,在特拉华,一个"可怜的年迈的瘸子"利维蒂斯·约翰·瓦塞尔(Leviticus John Wassell)"确实签约使自己成为爱德华·斯塔基(Edward Starkie)的仆役……期限是4年;作为交换,爱德华·斯塔基的妻子来治疗他的腿疾"。约瑟夫·格罗夫斯（Joseph Groves）"约定成为托马斯·贝德韦尔（Thomas Bedwell）的仆役"两年，"作为交换，如同托马斯·贝德韦尔在法庭上承诺过的那样——教约瑟夫写字和数数，只要约瑟夫在这段时间内有学习能力的话"。[145]

有些有钱或有地位的人最初也当过仆人或学徒。例如，罗杰·谢尔曼（Roger Sherman），曾作为一个鞋匠的学徒。丹尼尔·杜拉尼（Daniel Dulany）于1703年作为契约仆人来到马里兰殖民地；他有幸被卖给乔治·普莱特（George Plater）上校；乔治·普莱特的律师事务所需要一名职员。10年后，丹尼尔·杜拉尼成了一名律师和地主。[146]这些成功的故事并不少见；但他们也不典型。更常见的是，以前的仆人继续做他们原有的工作，只是已经成了自由人而已。因此，木匠亚伯拉罕·达夫妮（Abraham Daphne）在1753年做广告称，他现在"已经获释并免除仆役"，并且准备好"在他的生意中从事任何工作"。[147]毫无疑问，更多的人从未在人生的阶梯上走得很远。17世纪下半叶，马里兰（查尔斯郡）的一项关于契约仆役的研究强调了这一点。郡里的仆役要么是已经死亡，要么大多从档案中消失了，很多人显然是离开了这里。那些完成了他们的任期并获得自由的人中，有58%人仍然是劳动者，或者充其量是佃农。约三分之一的人成为小佃农。大约17%的人的租佃面积超过了平均水准（250至600英亩）；大约5%人获得了大额财富。无论如何，仆役之路并不是一条绝路；而真正的成功，当然不是普遍的规律。[148]

在他任职期间，仆役们的生活并不安逸舒适。许多英国人或德国人被有吸引力的宣传引诱为仆役，后来发现他们选择了一种在艰难和暴虐之下的生活。根据法律，仆役有权因为一个残忍或无能的主人获得法律上的救济。在法庭记录中，我们发现仆人们对殴打、不良食物、裸露、寒冷和普遍痛苦的抱怨数不胜数。他们找到了正义的路径：对马里兰的一项研究得出结论,那里的仆役"理解他们的合法权利,为他们的冤情寻求救济,并在他们的努力中取得成功"。一些女仆抱怨强奸或性虐待,比如,肯特郡的安妮·古尔德(Anne Gould)说,她的主人(她这样称呼他)把她扔到床上,强迫她性交,并使她感染了梅毒。[149]毫无疑问,许多受虐待的仆人仍然太无知或害怕去申诉抱怨。数千名仆役逃跑了。有些仆役即使受到体面的待遇,也会有许多法律上的无奈。他们不能在没有经过主人的同意下结婚,也不能投票或从事贸易。主人可以买卖他们的劳动,也可以把他们卖给其他主人。简而言之,他们暂时是奴隶。[150]

然而,仆役最终变成了普通劳动者。契约仆役是家庭的一部分:他们没有工资,但他们不能被解雇,如果他们生病了,无法工作,主人理应照顾他们。在现代化的经济中,这个制度已经过时了,老板们可以雇佣和解雇劳工,劳工们也可以自由流动,更换工作,劳工们离开原先当仆役的那个家庭,为自己的工资而工作。在殖民地时期的早期,在殖民定居时期的美国到处都是契约仆役。到18世纪中叶,仆役集中在宾夕法尼亚和切萨皮克地区。直到1820年左右,仍然有仆役被输入,但到革命时,他们已不再是劳动力的重要组成部分;在19世纪,仆役制度完全消失了。[151]

奴 隶[152]

正如我们所看到的,契约仆役是北方、南部城镇和边境地区劳动制度的重要组成部分。但是在生产烟草、稻米和蔗糖的殖民地,黑人奴隶越来越多地取代了白人的仆役。第一批黑人显然是仆役,而不是奴隶;也许他们的地位与白人仆役或印第安俘虏大致相同。但是黑人是异教徒(pagans),他们的皮肤是不同的颜色。一种特殊的情绪围绕着劳动力中的非洲黑人。种族主义的腐臭毒液在美国历史上源远流长。一种由偏执、恐惧和性嫉妒组成的奇特的混合物正在酝酿之中。而种族主义反过来又创造了一种意识形态,有助于为奴役的残酷行为辩护并使之合法化。

奴隶制的确切法律渊源是模糊的。显然,在法律明确承认奴隶的地位之前,就存在着一种奴役黑人的习俗。英国没有奴隶制度。在殖民地,对非洲人最早的提及有一定的模糊性。然而,在17世纪末之前,奴隶制在北方和南方已经拥有一种明确的法律地位;它与黑人有着特殊的联系;它已经成为一种可怕的和恒久的状况。一步一步地,一个奴隶的法律逐渐建立起来。[153]在弗吉尼亚,就至今可以追溯到的历史发展历程而言,有证据表明,1660年到1680年这段时间,奴隶制固化成为正式的法律。弗吉尼亚1662年的一项法律宣称,奴隶母亲的子女本身就是奴隶,而且不考虑父亲的地位。[154]如果皈依基督教,奴隶能得到自由吗?早在1671年的马里兰的法律中,明确的答案就是:不可以。[155]洗礼不能让奴隶们摆脱奴隶的身份。转换信仰的奴隶需要等待,因为他们的自由在另一个世界里。

一旦法律确立了基本原则,殖民地就把奴隶制的逻辑带到了严酷的极限。奴隶是财产,是主人的重要资产。白人可以买卖奴隶,抵押奴隶,租或借奴隶,在他们的遗嘱中把奴隶留给他们的继承人,或者作为礼物送掉。奴隶可以被没收,因为他的主人的债务,并像其他财产那样被征税。1705年,弗吉尼亚宣布奴隶是不动产,与房屋、树木或土地相同(在其他地方,奴隶只是动产)。弗吉尼亚奇怪的法律有一定的内在逻辑:它意味着奴隶是"房地产"的一部分,与土壤、房屋和正在生长的庄稼一样,是种植园不可分割的一部分。[156]

奴隶本身几乎没有合法权利。他们不能在法庭上指证白人。奴隶不能投票,不能拥有自己的财产,也不能(合法地)结婚。主人应该公平地对待奴隶,给他们食物,给他们衣服穿,惩罚他们也不应该比要求的更严厉。这些权利偶尔在法庭上得到执行——但只是偶尔。奴隶既没有权力,也没有公众舆论的支持,无法将纸面权利转化为活生生的法律。事实上,主人被特别允许"纠正"他们的奴隶——惩罚他们,通常是用鞭打来惩罚他们。当然,奴隶是有价值的资产;理性的奴隶主希望他的财产保持健康和工作状态良好。但是,这个制度没有真正的保护措施来防止那些主人的错误,或者对抗那些残忍、酗酒或不理智的主人。至少在法律上,没有考虑到奴隶自己的感情、希望和欲望。

无论是北方还是南方的奴隶主,对黑人的智力、力量和情感都有很多幻想。他们有能力相信并宣称,黑人是最好的奴隶;他们的本性就适合成为这个角色,而不适合文明生活。然而,南方白人从来没有完全相信奴隶们对他们的命运感到满意。他们从来没有真正信任过他们的奴隶。相反,白人民众备受奴隶们暴力以及可能的叛乱带来的恐惧所困扰。他们不断地抱怨奴隶的"傲慢",并抱怨需要严格的控制。有些奴隶确实敢于出手攻击他们的主人,甚至还敢杀人——这是一种经常引起恐惧的根源。在1749年的南卡罗来纳,两名奴隶因毒害主人而被判有罪;在1754年,奴隶因谋杀查尔斯·帕里(Charles Parry)而被处决。帕里的尸体被发现"在河中,他的手腕和脚上绑着一袋枪弹,胸口被刺伤,他的一只眼珠落在外面"[157]。据一份报告称,1706年至1864年期间的弗吉尼亚,有266名奴隶被判犯有杀害白人的罪行。[158]

奴隶起义的威胁也很严重。这也不是单纯的妄想。有过多次实际的骚乱,都因为残酷无情地镇压而失败。[159]即使如此,对起义的恐惧有时也会导致歇斯底里。奴隶法规逐渐变得更加高压。例如,在北卡罗来纳,基本法规使奴隶主"对黑人奴隶拥有绝对权力和权威"这一习俗法典化。[160]该法令于 1715 年修订,限制自由白人与奴隶进行交易,并禁止黑人和白人通婚。主人如果允许黑人"在宗教聚会的幌子下修建房子",可被处以罚款。这大概是为了避免由于异教徒主义和阴谋所招致的风险。根据法律,被解放的奴隶必须在 6 个月内离开殖民地。那些没有把奴隶卖出去的人,可以承诺把这些奴隶带离该殖民地。1729 年的一项法令禁止奴隶在主人土地以外的任何地方用狗或枪打猎。1741 年,即使是在主人的土地上,携带枪支和打猎的权利也仅限于带着证书的奴隶,这些证书由主人签署并由郡法院院长会签。只有那些做过"值得称赞的服务"(meritorious services)的奴隶,经地方法院认证,才能被释放。1753 年的一项法律建立了一个"观察者"(viewers)系统来处理奴隶问题。法院被授权将其郡划分为区,并任命这样的"观察者",他们可以搜查奴隶的住处并没收发现的任何武器。奴隶主坚持认为奴隶受到了优待,应对自己的命运感到满意。但是,在许多地方,在许多方面,种植园世界笼罩在可怕和恐惧的迷雾之中。

在主人的住宅里,主人本人就是法律、法官和陪审团;这是奴隶制所固有的。主人可以鞭打他的奴隶,或者以其他方式惩罚他;如果奴隶受伤或死亡,这通常不是犯罪行为,而是不幸的意外而已。1669 年的弗吉尼亚法规明确了这一点;1723 年的一项法律规定,如果奴隶"在被训罚期间因任何殴打而死亡"[161],主人则不应受到惩罚。但至少早在 1715 年,北卡罗来纳就有针对"不顺从法律的奴隶"的特别法庭。鞭打是常见的惩罚方式。严重的罪行会被要求判处死刑;但是当奴隶被处死时,主人得到的是公共基金的赔偿。毕竟,奴隶是宝贵的财产;法律不希望主人有动机去隐藏或保护那些触犯法律的奴隶。对于严重的罪行,阉割是一种可能的惩罚,尽管这种惩罚在 1764 年被取消。但在 1773 年,一名黑人因谋杀一名白人而被活活烧死。

北卡罗来纳的条款很少是原创的或独特的。它们是南方殖民地奴隶制法律的典型代表。每个管辖区在这里或那里增加或删减一个细节。1770年的佐治亚法令,担心黑人可能想要"密谋并且聚众合谋",因而禁止奴隶"买、卖、交易或交换任何商品",除非在特殊情况下。奴隶不能拥有或保留"任何船只或独木舟",亦不可饲养牛。为了避免"恶果",除非有白人陪同,7名或更多以上的奴隶被禁止上公路;违反者可能会被鞭打。由于书本学习可能会产生"烦心之事",任何教奴隶读书或写作的人都会被罚款。根据1748年的弗吉尼亚法案,"假借行医,配制和展示有毒药物"的奴隶将遭受"没有神职人员利益的处死"。

每一个殖民地都有奴隶,不仅仅是在南方。但在南方以外,这些奴隶的数量较少;新英格兰的奴隶法典相对较温和。只有马萨诸塞有禁止跨族通婚的法规;北方黑人被允许出庭作证。但是,在黑人人数众多的地方(例如罗得岛),或者在对可能发生的黑人骚乱感到恐慌的时候,北方社区就像我们所看到的那样,也会表现出极大的残酷性和野蛮性。[162]在1723年的波士顿,由于害怕黑人纵火,颁布了紧急条例,惩罚所有在火灾现场附近被抓的黑人。根据罗得岛南金斯敦(South Kingston)1718年的一项法令,如果在自由黑人的家中发现奴隶,奴隶和主人都会受到鞭打。在18世纪50年代,在南金斯敦,没有任何黑人可以烤制猪、牛或任何种类的牲畜。任何苹果酒都不能卖给奴隶。印第安人和黑人不能举行户外聚会。纽约在1705年之后,如果发现奴隶独自一人在距奥尔巴尼(Albany)40英里的地方旅行,一旦被定罪,将被处死。[163]

殖民地的黑人并不都是奴隶,特别是在18世纪。这些自由的黑人中,有些是解放的奴隶,有些是从未做过奴隶的黑人仆役的后代。随着奴隶法典中种族主义成分的增加,自由黑人的法律地位恶化。一种担心是:黑人作为一个群体可能会合谋反对白人。法律歧视自由黑人,并将他们从一个殖民地赶去另一个殖民地。法律和社会贬低了这一阶层的人,把他们当作贱民对待,然后用他们的低下地位作为进一步贬低的借口。到了1776年,自由的黑人在全国许多地区已经处于一种半奴隶的状态。

救济穷人的法律

1647年,罗得岛的一项法令要求这些城镇"谨慎地为穷人提供救济,以维持无能的人……并为此目的的任命一名监督员"。法律接着引用了"43 Eliz. C.2",[164]这是指伊丽莎白一世统治的第四十三年(1601年)通过的法律。这些著名的法律是殖民地法律背景的一部分,实际上也是它们法律文化的一部分。新英格兰殖民地照搬了这些糟糕法律的一般特征。它们的主要特点之一是地方性统治。每个城镇都有自己的穷人,即那些在镇上"定居"的人。一些穷人被安置在私人家庭中,由公共费用提供照顾。有时,这意味着用拍卖的方式来处置穷人;出价最低的中标。[165]另外,有关"定居点"(settlement)的法律,在判例法中被证明是高度技术性的和棘手的。城镇急于回避穷人的问题和成本,特别是如果他们是相对新来的人的话;这些城镇经常起诉其他城镇,试图摆脱穷人(palm a pauper off),并以定居法作为它们起诉的依据。根据1671年普利茅斯法律,任何在城镇"受到接收和款待"的人,如果后来变得穷困潦倒,就成为该镇的责任。如果新定居者"受到警察或该镇某一名或多名被选择的人员的警告,在没有得到该镇第一次许可的情况下,不能在那里居住",该镇可以借此逃过这一责任。[166]根据这种法律,形成了"警告"(warning out)的习俗。1737年至1788年期间,仅在伍斯特郡就有6764人被"警告"。[167]"警告"不是驱逐出境的判决,而是免责声明(a disclaimer of responsibility);一些城镇"警告"了几乎每一个新来的人。"警告"使支持的负担回到了原来的定居点。换句话说,这个制度歧视不幸的陌生人。毫无疑问,人们愿意帮助那些在邪恶的日子里倒下的朋友和邻居。但他们的同情在此戛然而止。

救济穷人的法律只是我们所谓的殖民地福利制度的一部分。孤儿成为学徒。那些贫穷但能工作的成年人把自己变成了契约仆役;契约是他们获得食物、工作和寄人篱下(a roof over their heads)的通行证。于是,救济穷人的法律被用于那些社会上无助剩余的人们。对所有其他人来说,贫穷和匮乏意味着地位的调整,而不是对公共财源的牵扯。

殖民地时期的成文法和普通法

在很大程度上,殖民地起草并颁布了"法典"——或多或少是系统的成文法。然而,殖民地毕竟是普通法管辖范围;普通法基本上没有编纂成文。在英国,当然没有多少类似成文法法典化的东西。那么,即使在最早的时代、最早的殖民地,为什么会有美国式的法典呢?

从某种意义上说,法典编纂在殖民地是理所当然的事情。新的殖民地定居点不能无所作为并坐等其法律制度缓慢发展。英国可以通过一部不成文的宪法来解决问题,而美国则不能。任何新的开始都需要法典的编纂。当日本和其他国家决定采用"现代"法律制度时,这些国家转向了欧洲法典。因为普通法并不是一种现实的选择;它似乎太不定型,也过于复杂,而且文献浩如烟海。普通法这种法律根本不是可以被包装出口的法律。它永远不可能被权威地重新表述。一个法典可能是一种行为上的海市蜃楼;它可能不是它所说的意思;它可能被"解释"完全不正确。但至少它有一个权威的文本。即使它不能在精神上复制,但它可以在文字中复制。殖民地的第一批法典是崭新的法典。后来的法典通常是从早期的法典中借鉴而来。

每个法典都有自己独特的历史。马萨诸塞的第一部法典是在殖民地的政治斗争中产生的。制定一部法典的渴望,其中包括了一种对限制专制独裁的愿望。[168]这些法典是对马萨诸塞湾区地方治安官的权力和自由裁量权的反制。这是一个微妙的问题:那些支持把法律变成清晰明确的书面表述(即法典)的人们认为,把权力集中在少数几个人手中是一件坏事。最早的法典是1636年的新普利茅斯法典,它还比较粗糙。这个法典规定了议事规则,限制了地方治安官的权力。这种控制和限制殖民地精英权力的强烈愿望,隐藏在一个名为《自由团体规章》的宣言背后。《自由团体规章》由纳撒尼尔·沃德(Nathaniel Ward)起草,马萨诸塞参事会于1641年通过。1648年,起草了一部更全面的法律,即《法律和自由》。这不是现代欧洲意义上的那种法典,即一种合乎逻辑、体系化的法律安排。相反,它是一套重要的法律规则的集合;它按主题的字母顺序加以排列。该法典以一段崇高的文字开头:"不得剥夺任何人的生命,损害任何人的荣誉或名誉,逮捕任何人或没收其财产,除非依据国家的某些明示法律规定或衡平法,或在法律缺失的任何特定情况下依据上帝的旨意。"然后,又出现了一项关于"行为能力"的规定(21岁以上的人方可制定遗嘱和处置财产)。"行动""年龄"和"安娜-浸信会"(Ana-Baptists)的规定,结尾处(除了一些"经常使用的总督一词和格式")是有关"海上沉船"方面的规定。法典包含了关于政府总体框架、法院系统和杂项法律主题。一旦这些法律印刷出来,殖民者就可以自豪地声称,他们的法律"现在已被所有人看到,最终没有人会恳求无知,所有打算到这里来的人,都应该知道这不是可以自由放任的地方"[169]。

正如哈斯金斯教授所说,这一法典还反映了"清教徒对书面文字重要性的传统信仰",获得证明的方式在于:"字面上使用圣经作为权威,清教徒要求明确的教会教规,这将使人们对法律是什么不存有怀疑。"[170]精确的、可理解的法律是公民很容易遵循的法律(至少在理论上是如此)。这个法律也是统治者必须遵守的法律。如果他们不这样做,公民就可以清楚地看到他们在食言和违约。

判例法,即法院的判决,并不容易从一个殖民地转移到另一个殖民地。尽管在18世纪,一些手稿材料确实在律师中流传,但当时并没有印刷的案例报告。这些几乎不可能有太大的影响力。毫无疑问,习惯和判例法慢慢地从一个殖民地渗透到另一个殖民地。旅行者以及人们的口口相传一定传播了一些关于实际法律的知识。很难说到底传播了多少,因此很难说出在殖民地形成的共同法律文化的发展程度。

借鉴法规(甚至整个法规)更容易做到。部分由于这个原因,一些殖民地对其他殖民地产生了明显的影响。法律技能是一种罕见的商品。比较新的定居点发现向老邻居借用法律是很方便的,因为它们有着相似的观点、目标、经验和问题。南方的弗吉尼亚和北部的马萨诸塞湾区是主要的法律出口者。

马萨诸塞殖民地的例子是最引人注目的。1648年制定的《法律和自由》被广泛效仿。[171]罗伯特·勒德洛(Robert Ludlow)的1650年康涅狄格法典,全部78项条款中的22项是几乎逐字逐句地从马萨诸塞法典抄袭而来,其中36项作了某些删改或修正后被采用,其中的6项来自马萨诸塞的其他来源;只有14项(主要是关于地方问题)是"独创的"。[172] 1656年的纽黑文法典也颇多受惠于马萨诸塞的法典。在起草该法典之前,参事会要求总督"派人到马萨诸塞殖民地去找找新的法典,并查看一下从英国新来的一部小法规,据说是科顿先生的法律汇编,并将合适的内容加入现有的法典之中"。[173] 1680年的新罕布什尔法典(即所谓的卡特法典,Cutt code),大部分借鉴于马萨诸塞和普利茅斯的法律。1664年在纽约、宾夕法尼亚和特拉华生效的著名的公爵法(Duke's laws of 1664),是"从一些国王陛下在美国殖民地和种植园依旧生效的法律"收集来的。[174]马萨诸塞湾区是许多这类法律的来源;弗吉尼亚也有所贡献。东新泽西的刑法(1668—1675)借用了公爵法和北方殖民地的法律。与《法律和自由》一样,约克公爵(Duke of York)的法律是按标题字母顺序排列的;这一法典包括组织法、程序事项和实质事项。这绝不是对马萨诸塞的盲目模仿;它拒绝的程度和它所接受的一样多。在宾夕法尼亚,该殖民地的法律也是从公爵法和新英格兰法典中借鉴来的;但借鉴总是有选择性和折中性,绝不是随机的或盲目的。[175]

到了18世纪,大规模借鉴法典的时期基本结束了。殖民地在发展成文法体系的过程中,遵循着三个截然不同的传统:他们自己的传统、邻居的传统,以及母国的传统。早期的民族主义在所有这些法律中都是为了维持、深化和加强地方元素;商业联系和英国政府的努力,使法律朝着英国化的方向发展。18世纪的法规起草得比以前的要好。正如我们刚才所说,枢密院审查了殖民地的法例,而枢密院在内容和风格上亦有一定的影响。新泽西和宾夕法尼亚都有新的法规,这些法规更接近于英国的模式,甚至比公爵法更具独创性。马萨诸塞的影响逐渐消退。特罗特的法律,由尼古拉斯·特罗特(Nicholas Trott)编纂,并于1712年被南卡罗来纳正式通过,只是宣布哪些英国法规在殖民地生效。特罗特承认,英国的许多法律在南卡罗来纳"完全无用","因为这个殖民地的农业方式、生产方式与英格兰十分不同";其他的由于制度的不同而"行不通"。[176]保留下了150个相关法规;该法典转载了这些法规并宣布它们为法律。

法律职业

对律师来说,早期殖民时代并不是一个友好的年代。定居者中很少有律师。在一些殖民地,律师显然是不受欢迎的。在马萨诸塞湾区,《自由团体规章》(1641年)中禁止受雇为他人进行诉讼(pleading for hire)。弗吉尼亚早期记录中的"律师",不是受过培训的律师,只是事实上的委托代理人(attorneys-in-fact),即在法庭上帮助自己朋友的非专业人士。1645年,弗吉尼亚将律师排除在法庭之外;康涅狄格也有一项类似的禁令。1669年的《卡罗来纳基本宪法》(Fundamental Constitutions of the Carolinas)也是对律师持有敌意;律师被认为是"为金钱或奖赏而从事法庭诉讼的低级卑鄙的职业"。显然,在1699年尼古拉斯·特罗特来到南卡罗来纳之前,那里并没有律师执业。[177]位于新泽西西部伯灵顿(Burlington)的贵格派教会殖民地,直到17世纪末一直是只有一名职业律师的状况。[178]在宾夕法尼亚,据说"他们没有律师。每个人都不得不自己陈述案件,或者由他的朋友代替他陈述……这个国家可真的是个让人醉了的国家"。[179]

有一些证据支持丹尼尔·布尔斯廷(Daniel Boorstin)的评论,即"古代英国对律师的偏见在美国获得了新的活力……对律师的不信任成为一种惯例"。[180]托马斯·莫顿(Thomas Morton)于1624年或1625年来到普利茅斯,被称为马萨诸塞殖民地的第一位律师。他因丑闻而被监禁和驱逐。受过一些法律培训的托马斯·雷克福德(Thomas Lechford)于1638年来到这里。他在殖民地当法庭律师和文件起草人。雷克福德有着非正统的宗教观点,这让他在地方治安官中没有交到什么朋友;他"在法庭外与陪审团讨论"来影响陪审团的做法,也同样没有赢得支持。雷克福德最终乘船返回英国。[181]

对律师的不信任来自各种渊源。马萨诸塞湾区的清教徒领导人拥有一个理想国家的想象。至少在最初,革命或乌托邦政权往往对律师是敌对的。旧政权的律师必须被控制或移除;一个新的革命的联邦必须从新法律和新习惯开始。一些在英格兰被压迫的殖民者对所有政府的人员都带有强烈的抵触情绪。商人和种植园主希望在没有人从中干预的情况下管理他们的事务。神权之下的殖民地相信某种由上帝直接管控的社会秩序。法律界则有其特殊的权益和原则,有其专有的和深奥的语言,它们似乎在一个既讲究效率又敬畏神灵的政府中显得格格不入。中大西洋地区殖民地的贵格教会成员们原则上反对争辩型的诉讼制度(adversary system)。他们想要的是和谐与和平。他们的理想是"公共的和平调停人"(Common Peacemaker)和简单的非技术性的司法体系。他们认为律师是狡猾的、好斗的和不必要的一群人。由于所有这些原因,律师在17世纪不太招人喜欢。

在18世纪,还存在着反对律师的情绪。下层阶级开始把律师等同于上层阶级。而总督和保皇党人对律师的忠诚度并没有把握,有时还担心他们的影响力和权力。1765年,纽约副总督卡德瓦拉德·科尔登(Cadwallader Colden)告诉英国贸易委员会(Board of Trade in England),"法律绅士们"(Gentlemen of the Law)的势力已经变得过于强大了。他们的社会地位被排在大地主的后面,略高于社会上的商人。科尔登说,律师和法官拥有如此大的权力,以至于"每个人都担心会冒犯他们";他们的"控制""是以同样邪恶的手段进行的,就像以前在无知时代里神职人员的所作所为一样"[182]。非职业法官可能对律师感到愤慨,因为律师对他们的能力和威望构成了威胁。随着法律变得更加"理性"和"职业化",商人们则对法律更加困惑和疏远。

人们对律师的不满到底有多强、有多深,确实很难说。证据在一定程度上具有文学色彩;众所周知,诸如小册子和演讲这类东西,用来作为衡量不同人群实际感受的指标是靠不住的。肯定存在一些憎恨;有确凿的证据表明,发生过针对律师和法官的骚乱和暴动。律师有点类似商店店主、放债人和下层官僚,属于社会的中间人;他们在政治风暴中,成了招引愤怒的避雷针(lightning rods)。在18世纪的新泽西,"议会的桌子在请愿文件的重压下呻吟着……这些请愿要求对律师予以痛击"。在晚期的北卡罗来纳殖民地,一个名为"监管机构"的民间自发组织,挺身而出要粉碎腐败无能的政府。律师被划入敌对一方的阵营之中。因为他们曲解了正义;他们是"被诅咒的饥饿的毛毛虫",律师们收取的费用"吞噬了我们共同体的内脏"。[183]1769年和1770年,在新泽西的蒙茅斯和埃塞克斯郡,发生了暴徒们针对律师的骚乱。[184]

但归根结底,律师们还是一种必要之恶。当一切都该说了又该做了以后,如果没有了律师,任何殖民地甚至都无法运行。临时的替代方案在早期起了作用;但当社会变得更加复杂、更商业化的时候,律师就变得必不可少。可以肯定的是,非职业法官知道足够的英国法律来管理他们当地的法院;还有几本实用的英国法律书籍在殖民地流传。在1663年的马里兰殖民地,一名非法律职业人卢克·巴伯(Luke Barber)博士被指控诽谤女人,称其为妓女(这个女人"掀起了她的衣服",当时她和一个也"脱下了马裤"的"流氓"在一起)。卢克·巴伯为自己辩护,并代表他自己引用了一本最近的英国法律书《谢泼德和他的管制》(*Shephard, and his authorities*)。[185]马萨诸塞湾区的治安法官尽力在对律师们进行排斥,并利用自身的法律知识去起草法律和从事治理。约翰·温思罗普(John Winthrop)就是这样的一位治安法官。1641年起草了《自由团体规章》的纳撒尼尔·沃德(Nathaniel Ward)曾在英国接受过一些法律培训。理查德·贝林厄姆(Richard Bellingham)是英国波士顿镇的登记官,在1641年担任过湾区殖民地的总督;据同辈人说,这位"非常荣幸"的人曾为"使这些流民的政府的进一步文明而工作,他曾经一直在学习英国的法律,并且实际上也适合这份工作"[186]。

尽管有挥之不去的敌意,但是一旦一个安定下来的社会出现了一些问题,而律师们有了解决它们的答案,或者至少有了一种技能,律师们就开始走上他们繁荣昌盛之路。法庭开庭;商人会参与诉讼;土地和其他事项的文件必须有人起草;律师的技能具有一定的市场价值。在英国受过法律训练的人来到这里,发现他们的服务确有需求;即便是一些一知半解的非法律专业人士也有同感。还有些半专业人士,以其经验来推销自己。17世纪末,治安官、警官和书记官在新泽西担任律师。[187]马里兰的许多早期律师都是种植园主,他们担任兼职律师。在许多社会里,未经授权的或地下的律师业已经很普遍;当法律服务的需求超过合法律师的供应时,这种现象就会出现。但到了18世纪,专业律师主导了这一行业——据艾伦·戴(Alan Day)统计,在马里兰殖民地已经有146名律师,尽管在同一时间并没有那么多人在全职执业。[188]

在文献中,人们不断地抱怨未经授权的律师、讼棍(pettifoggers)、不择手段者和来历不明的人,这些不道德的人挑起了不必要的诉讼。人们说,这些律师关心的都是钱。18世纪,一名男子写信给马里兰的一家报纸,说"自称懂法律的绅士"如果看不到钱,就不听你在说什么,也不看你的文件。如果钱不够,"他们就装聋作哑"[189]。关于疏忽、贪婪和无能的抱怨随处可见,就像后来对不良律师(crooked lawyers)、救护车追逐者(ambulance chasers)和其他有损职业的人的抱怨一样。这些抱怨有时也互相矛盾。律师们会被抱怨太专业了,也会被抱怨太粗心大意了;律师们会被抱怨太草率了,也会被抱怨过于热情了。

事实是,到了1750年,由杰出而成功的律师们主持的称职专业律师事务所已经出现在各个主要的社区之中,比如,马里兰的丹尼尔·杜拉尼(Daniel Dulany)、费城的本杰明·丘(Benjamin Chew)等人主持的事务所。这些人中的许多人都深谙法律。然而,在殖民地却没有法学院这样的东西。特别是在南方,那里连个大学都没有。一些年轻人去英国接受训练,并进入了伦敦的律师会馆。马里兰的许多著名律师都有这种经历。律师会馆不是这样的法学院,他们"停止履行严肃的教育职能",更像是个提供食宿的俱乐部而已。理论上,一个人可以成为英国的律师,"任何一页法律书"都不用去读。[190]但律师会馆在另一种意义上是有教育意义的。他们是英国法律文化的一部分;美国人可以在法律会馆中吸收英国法律的影响;他们可以读书,但也可以骋目四顾,把英国法律作为一个活生生的体系来看待。

对于所有的律师来说,通往律师执业的道路经历了某种形式的法律助理或学徒的生涯。想当律师的年轻人通常与已经在执业中的律师签订合同。这名学生支付了一笔费用;作为交换,律师承诺对他进行法律培训;有时,律师也会提供食宿。[191]学徒制既是一种控制手段,也是一种学习该行业的方式。它使律师群体保持小规模,年长的律师也掌握着严格的权力。学徒学到了多少,很大程度上取决于他的师傅。最坏的情况是,一个徒弟辛苦地干着单调沉闷的抄抄写写工作,偶尔才能瞄几眼法律书籍。威廉·利文斯通(William Livingstone)在纽约一位律师的办公室里担任办事员,他在给《纽约邮差周报》(*New York Weekly Post-Boy*)的一封信中谴责了这一制度(1745年8月19日)。这个制度是"对老实人的欺凌……是可耻的、可怕的、卑劣的、极为低劣的"。没有人能够"通过凝视一些他既没有时间也没有机会阅读的书来获得法律方面的知识;或者连蒙带骗地成为一名律师"。一位年轻的助理"用单调沉闷的、无的放矢的工作来打发他宝贵的青春年华,这种日子只适合奴隶"。[192]但这并不是每个人的经历。还有一些人认为这是一次宝贵的经历。一些资深律师是好老师和好人。一些著名的律师培养或吸引来了律师助理,这些助理后来成为知名人士。托马斯·杰斐逊(Thomas Jefferson)是乔治·威思(George Wythe)的学生。詹姆斯·威尔逊(James Wilson)跟着约翰·迪金森(John Dickinson)一起学习,还把农场都卖了来向迪金森支付费用。[193]我们可以看到,第一所法学院是从律师事务所成长而来,这些事务所后来变得如此擅长教学,以至于他们完全放弃了律师的实务执业。

从17世纪开始,英国人就派了一些律师来帮助他们统治殖民地。这是美国律师职业的另一个源头。英国律师尼古拉斯·特罗特1699年来到查尔斯顿担任检察长。他开始主宰南卡罗来纳的司法。1703年,他担任首席法官;他也是衡平法院法官、海事法院法官、普通法院法官和王座法庭法官;他还编纂了《南卡罗来纳殖民地法律》(*Laws of the Province of South Carolina*)。同时代的人抱怨说,"唯一的司法权力"被放在了他的手中,"在此之前还没有一个人得到过如此信任"。[194] 1719年,当专有人政府被推翻时,他失去了权力。马赛厄斯·尼科尔斯(Mathias Nicolls)于1664年来到纽约。他曾在林肯律师会馆(Lincoln's Inn)和内殿律师公会(Inner Temple)当过律师;在伦敦做了15年的执业律师。1683年,唐根总督任命他为重罪巡回法庭法官。[195]在马萨诸塞也有同样的情形,即1690年以后的最优秀的律师,大多曾被委任过相关的职务。[196]

每个殖民地都有自己的标准来许可律师执业。新泽西试图按照英国的方案建立一个职业分级的制度。在1755年的规则下,殖民地的最高法院确立了一个比普通的"律师"更高的阶层,即高级律师(counselors)。只有法院才能任命这个更高级的职位;法院后来将高级律师的人数限制在12人。高级律师有权力和责任来实施执业律师的准入考试。[197]弗吉尼亚的法律规定,1748年的法律赋予了高等法院管控律师资格执照的权力。在18世纪,在马萨诸塞,每个法院都负责核准在自己法院内执业的律师。1762年,高等法院首席法官托马斯·哈奇森(Thomas Hutchison)提起了出庭律师的分级制,有 25 名律师被列入该级别之中。[198]在罗得岛,任何法院都可以核准律师出庭资格;一个法院核准后,即等同于获得了其他法院的核准。在一些殖民地,核准的要求包括了比较长的学徒期间;不过,在一些殖民地,如果是学院毕业生,学徒的期间要求可以减少一年或两年。

18 世纪,法律界是一条通往金钱和成功的道路。富有的律师试图保持他们的价格和威望,并减少从业人员的供应。但他们从来没有成功过。低层次的法律执业现象是很难控制的。在那个时期,法律就像是表演或绘画:有很多人做兼职,还有相当多的业余爱好者。在 17 世纪的马里兰,大多数律师都是种植园主,他们的一部分时间都花在了律师执业上。直到 18 世纪,才有可能把马里兰的律师说成"专业的"。1660 年至 1715 年期间,马里兰的 207 名律师中,79 人是种植园主;其他人是一般职员或商人;只有 48 人可以说是专业律师。[199]我们看到的马里兰的情况,在 18 世纪后期发生了变化。在康涅狄格,直到独立革命时期,兼职律师们在执业律师中占了相当一部分。纽黑文的约瑟夫·亚当斯(Joseph Adams)"同时在做律师和旅店老板";他"在这两方面都做得不太好,他在 1782 年去世时处于破产的状态"。18 世纪50 年代,康涅狄格的另一位律师,来自温莎的佩勒提亚·米尔斯(Peletiah Mills)成了"他家乡的主要酒馆的所有人"。还有其他康涅狄格的律师,同时也是布商、牧师或士兵。[200]

在 18 世纪,对律师熟练服务的需求增加了;律师变得更加专业;然而在许多殖民地,律师服务的规模却是极其小,并且是人为刻意地如此。1740 年,马萨诸塞只有 15 名律师——即每一万名居民中有一名律师。即使在 1775 年,也只有 71 名律师。[201]受过培训的律师很少有资格在纽约最高法院执业,以至于 1695 年的一项法案规定,诉讼当事人不得雇用两名以上的"律师"来"本殖民地的任何一家存卷法院

(Courts of Record)"处理案件。显然,如果诉讼一方用钱雇佣了所有的纽约律师的话,另一方当事人可能就只好自己赤膊上阵了(high and dry)。[202]到 1700 年,只有大约十几人在纽约高等法院执业。1700 年至 1720 年期间,只有 6 名律师得以在纽约市长法庭(New York's mayor's court)上执业。1731 年,纽约市宪章赋予了 7 名律师(有名有姓地被写入规章之中)垄断这一执业领域。两年前,纽约的一群律师成立了一个"协会",监督法律教育、规范执业并控制律师资格。1756 年,这些"法律绅士"同意在未来 14 年内不雇用任何法律助理,但是他们自己的儿子除外。[203]

其他殖民地也有类似的行会运动。在罗得岛,8 名律师于 1745 年签署了一项"合约",以确保费用总是"足以维持我们的生计"。向最高法院提起的案件收费不得少于 3 英镑;只有"固定的客户"是"在没有收到费用时即可得到信任"的客户。律师们不能签署"空白诉讼文书"并在殖民地四处散发,因为这样做会使法律执业变得不值钱。他们同意,当一个律师在向某个客户追索律师费用时,大家都不为这个客户辩护,除非有 3 个以上的"同业人士"都认定该律师的要求是"不合理的"。[204]在弗吉尼亚,当 1766 年托马斯·杰斐逊在威廉斯堡的普通法院被接纳执业时,在此实际执业的只有 6 或 7 名律师。[205]

控制律师交易业务的博弈一直没有中断过。约翰·亚当斯(John Adams)在 1759 年抱怨说,"法律实践被警长们(deputy sheriffs)、讼棍们甚至是警察们掌握着,他们填写了所有关于债券、期票和账户的诉状,收取了为律师规定的费用,并引发了许多不必要的诉讼"。毫无疑问他是这么认为的。如同今天的情况一样,律师有上层和下层之分,有的是富人,有的是穷人,有独占排他性的律师和客户匮乏的律师。许多律师不得不为他们每天的面包而挣扎奋斗。而"专业人士"往往是富有的或正在变得富有。富有的律师讨厌贫穷的律师,贫穷的律师也厌恶富有的律师,甚至对富有的律师造成威胁;他们也鄙视那些想要获得律师执业交易份额的业余执业者和江湖骗子。许多贵族人士,无论是精神上还是财富上,都是法律人。在政治上,许多律师也是保守主义者。但是律师,或者自称是律师的人,有些是共和国的创始人。约翰·马歇尔(John Marshall)、约翰·亚当斯(John Adams)、托马斯·杰斐逊、詹姆斯·威尔逊(James Wilson)、纽约的约翰·杰伊(John Jay)、弗吉尼亚的乔治·威思、宾夕法尼亚的弗朗西斯·霍普金森(Francis Hopkinson)——所有这些人都是律师。一些著名的律师——佐治亚的安东尼·斯托克斯(Anthony Stokes)和纽约的威廉·史密斯(William Smith),选择了在革命中失败的一边,后来离开了这个国家。史密斯后来成为魁北克省的首席法官。很有可能,当时忠于英国的律师会多于支持独立革命的律师。然而,签署"独立宣言"的56个人中有25个是律师,参加制宪会议的55名代表中有31名是律师。布尔斯廷教授认为,这些事实表明,"在公共事务中,人们的法律能力普遍存在;在一个动态发展中的美国,法律和所有其他知识之间的界限还有些模糊不清"[206]。不过,这些人把自己定位为律师,而不是医生、政治家或历史学家。律师和门外汉之间的界限并不像前几年那样模糊。这些人自以为是律师,有一种职业的自豪感以及拥有经验和训练的公共积累,不管他们是否曾经留置过一头奶牛或起草过一份衡平法院诉讼文案。

法律文献

从某种意义上说,殖民地法律文献很快就被废弃了:在1776年之前,没有任何这样的东西值得称道。法律图书馆稀少,规模也不大且分布零散。在17世纪,那些自称律师的人甚少拥有很多法律书籍。

法律书籍到了18世纪才比较普遍。但律师图书馆里并没有满是关于美国法律的书；这些书都是英国法律书籍，也许还有一些混杂其中的地方法规。最受欢迎的是英国律师执业手册。[207]本土法律书籍很少，而且完全微不足道。没有印刷的案例汇编。当布莱克斯通的《英国法释义》出版之时（1765—1769年），美国人是这套书最热心的顾客之一。这总算是有了一条了解英国法基本主题的最新捷径。美洲版于1771—1772年印刷发行，16美元一套；840个美国订户订购了1557套，这是一个令人吃惊的反响。并不是所有的订户都是律师和法官，但的确其中很多人是；布莱克斯通的文本在美国法律界变得无处不在。[208]

文献是一种有意识的创造性产品，但也是被记录下来的生活实录。从这个意义上讲，殖民地法院的勤劳的记录员们创造了文献。其中的一些记录是在19世纪印刷的。慢慢地，更多的东西被发掘出来，有些被编辑和出版。大部分材料是有用的，但却是沉闷无趣的，就像正式的法律文体本应如此的样子。然而，在这些文献中，会闪现出极为生动多彩的东西。这些记录与众不同地揭开了掩盖着当时日常生活面貌的面纱。他们画了一幅丰富而奇妙的图画。可以肯定的是，这幅画有点扭曲——毕竟，进入法庭的往往是大小不一的纠纷、犯罪和混乱。阅读了这些记录的人，不会再坚持这样的观点：例如以为清教徒的生活是整齐划一地庄严、肃穆、孤傲和灰暗。在品钦法庭的记录中，1661年6月20日，约瑟夫·沃里纳（Joseph Warrinar）和彼得·斯温克（Peter Swinck）曾宣誓如下：

> 在上一个安息日上午布道时间，他们看到塞缪尔·哈蒙（Samuell Harmon）用力推揉并搔痒乔纳森·摩根（Jonathan Morgan），把他从他的座位上拉下来三次，然后制服他、揉捏他，并使他哭了起来。[209]

殖民地生活的残酷、欲望、罪恶、仇恨和人类生存的冲突也被记录下来。威廉·迈纳斯（William Myers）1686年在西新泽西作证,他以不加修饰的方式向我们展示了赤裸裸的奴隶制：

> 在相当远的地方,他听到了许多殴打或鞭笞的声音……他认为他听到一个黑人哭喊了很多次……他认为,这是詹姆斯·威尔斯（James Wills）在殴打他的黑人女奴,他还听到了更多的鞭打和哭喊,直到他沮丧地走进自己的房子,关上了门,然后对他的妻子说,噢！真粗野的一个男人！[210]

即使在诉状和正式的法律演说中,我们也能听到真实声音的回响,还有活生生的人类的话语。一些大众的言论也在法律用语中显露端倪。例如,在南卡罗来纳衡平法院（1721年）的文件中,伊丽莎白·威克利夫人（Elisabeth Weekley）——理查德·威克利（Richard Weekley）的"遗孀"和"遗嘱执行者"（Executrix）——讲述了她是如何被诱使并把自己的那份遗产托付给萨拉·雷特（Sarah Rhett）的：

> 萨拉·雷特太太确实劝过女原告（Oratrix）,说女原告是个寡妇,是个老年人,住在一条宽阔的道路边上,在这所房子里留着很多钱是不安全的,至少想必她会被自己的黑奴抢劫或者有其他什么意外,并主动提出要替她保管……女原告……把480英镑的存款凭据交给了萨拉·瑞德太太,然后莎拉·瑞德太太把这凭据放到了她的膝盖上做了核对……并且喊着上帝保佑我,这个女人这里有500英镑减去20英镑这么多的钱,我不知道你怎么会有这么多钱……她拉着女原告的手,放在她自己的胸前,告诉女原告,这些钱应该像在她自己手里一样安全……而且她是个基督徒,她绝不会把原告的钱弄错的。[211]

法庭记录中充满了这些生活的闪光点,这些小插曲,就像我们透过一扇古老的窗户,窥视着殖民地社会的中心。因此,与后来的时期相比较,美国法律的这一模糊时期,活生生的法律在某些方面比人们想象的更容易理解。在19世纪和20世纪,大量的文件和表格扼杀了普通诉讼当事人的思想和声音。但是,通过殖民地时期的地方法院的文献,美国法律的声音——以其旺盛的青春活力,清晰如洪钟般地讲述开来。

注 释

[1] George L. Haskins, *Law and Authority in Early Massachusetts* (1966), p. 4ff.

[2] Haskins, *op. cit.*, p. 6.

[3] On these points, see the classic article by Julius Goebel Jr., "King's Law and Local Custom in Seventeenth-Century New England," 31 Columbia L Rev, 416(1931).

[4] David Grayson Allen, *In English Ways: The Movement of Societies and the Transferral of English Local Law and Custom in Massachusetts Bay in the Seventeenth Century* (1981), p. 20.

[5] On this thesis, see the seminal work of Gordon S. Wood, *The Radicalism of the American Revolution* (1991).

[6] Milton M. Klein, "Leadership in Colonial and Revolutionary America," in Hendrik Hartog and William E. Nelson, eds., *Law as Culture and Culture as Law: Essays in Honor of John Phillip Reid* (2000), pp. 58, 75.

[7] Warren M. Billings, "'That All Men Are Born Equally Free and Independent:' Virginians and the Origins of the Bill of Rights," in Patrick T. Conley and John P. Kaminski, *The Bill of Rights and the States: The Colonial and Revolutionary Origins of American Liberties* (1992), pp. 335, 362.

[8] On this thesis in particular, see Christopher Tomlins, "The Many Legalities of Colonization: A Manifesto of Destiny for Early American Legal History," in Christopher L. Tomlins and Bruce H. Mann, eds., *The Many Legalities of Early America* (2001), p. 1.

[9] See Yasuhide Kawashima, *Puritan Justice and the Indian: White Man's Law in*

Massachusetts, 1630-1763(1986).

[10] Hoffer, *Law and People*, p. 15.

[11] David T. Konig, *Law and Society in Puritan Massachusetts: Essex County*, 1629-1692(1979), p, 23.

[12] *Records of the Court of Assistants of the Colony of the Massachusetts Bay*, 1630-1692; vol. II(1904), pp. 15-16, 17-18.

[13] Joseph H. Smith, *Colonial Justice in Western Massachusetts*, 1639-1702; *The Pynchon Court Record*(1961), p. 66.

[14] These were originally called particular courts or inferior quarterly courts. The first counties were established in 1642.

[15] *The Laws and Liberties of Massachusetts*, 1648 (1929 ed.), p. 15.

[16] Smith, *op. cit.* p. 69.

[17] Konig, *op. cit.* p. 36.

[18] Smith, *op. cit.*, pp. 72-74.

[19] John M. Murrin, *Anglicizing an American Colony: The Transformation of Provincial Massachusetts*(PhD thesis, Yale University, 1965), pp. 156-58.

[20] *Laws and Liberties of Massachusetts*, p. 15. The governor or deputy governor, "with any two other Magistrates," was empowered to form a strangers' court.

[21] David T. Konig, "'Dale's Laws' and the Non-Common Law Origins of Criminal Justice in Virginia," 26 Am. J. Legal Hist. 354(1982).

[22] Wesley Frank Craven, *The Southern Colonies in the Seventeenth Century, 1607-1689*(1949), p. 106; see also W. F. Prince, "The First Criminal Code of Virginia," Ann. Rpt. Am. Hist. Ass'n., vol, 1(1899), p. 311.

[23] Konig, *op. cit.* p. 375.

[24] On Virginia, see George B. Curtis, "The Colonial County Court: Social Forum and Legislative Precedent, Accomack County, Virginia, 1633-1639," 85 Va.. Mag. Hist. & Biog. 174(1977); see also Paul M. McCain, *The County Court in North Carolina before* 1750(1954).

[25] Peter Charles Hoffer, *Law and People in Colonial America* (1998), pp. 36-37.

[26] Alan F. Day, *A Social History of Lawyers in Maryland*, 1660-1775 (1989). pp. 16-17.

[27] Joseph H. Smith and Philip A. Crowl, eds., *Court Records of Prince Georges County, Maryland*, 1696-1699 (1964), p. 59 ff.

[28] Smith and Crowl, *op. cit.*, pp. 168, 375-76, 615.

[29] Anne K. Gregorie, ed., *Records of the Court of Chancery of South Carolina*, 1671-1779(1950), pp. 22-25.

[30] Preston W. Edsall, ed., *Journal of the Courts of Common Right and Chancery of East New Jersey, 1683-1702*(1937), p. 34.

[31] Richard B. Morris, ed., *Select Cases of the Mayor's Court of New York City*, 1674-1784(1935), p. 43. In Westchester County, however, which was settled by English-speaking people, common-law terminology was used from the beginning. In court records of March 22, 1659, there is a plaintive remark of the clerk that "the coppi of the sentence of the high corte being ritten in Duch we could not understand it." Dixon R. Fox, ed., *Minutes of the Court of Session, Westchester County*, 1657-1696(1924), pp. 12-13. On the transition to common law in New York, see also Herbert A. Johnson, *Essays on New York Colonial Legal History*(1981), pp. 37-54.

[32] Edwin. B. Brenner, *William Penn's "Holy Experiment,"* (1962), p. 36; on the use of peace bonds, see Paul Lermack, "Peace Bonds and Criminal Justice in Colonial Philadelphia," 100 Pa. Mag. Hist. & Biog. 173(1976).

[33] Jerold S. Auerbach, *Justice without Law? Non-legal Dispute Settlement in American History*(1983), pp. 25-30. But arbitration itself underwent a process of "legalization" in the eighteenth century, according to the research of Bruce H. Mann, centering on Connecticut; Mann connects this process with the decline of communalism. Bruce H. Mann, *Neighbors and Strangers: Law and Community in Early Connecticut* (1987), pp. 120-123.

[34] Robert Child, *New England's Jonas Cast Up at London*(1869), p. 26.

[35] Haskins, *op, cit.*, p. 135.

[36] Preston W. Edsall, ed., *Journal of the Courts of Common Right and Chancery of*

East New Jersey, 1683-1702(1937), pp. 105-8, 273.

[37] Richard B. Morris, *Studies in the History of American Law*(2d ed., 1959), p. 62.

[38] These figures are from Joseph H. Smith, *Appeals' to the Privy Council from the American Plantations*(1950), p. 668. Smith's study is the source for much of the text on the work of the Privy Council.

[39] Smith, *ibid.*, p. 660.

[40] On this famous case, see Smith, *ibid.*, pp. 537-60.

[41] Morris, *Studies*, p. 63.

[42] Smith, *Appeals*, p. 535.

[43] John T. Farrell, ed., *The Superior Court Diary of William Samuel Johnson, 1772-1773*(1942), xlii. See also Hendrik Hartog, "The Public Law of a County Court: Judicial Government in Eighteenth-Century Massachusetts," 20 Am. J. Legal Hist. 282(1976).

[44] See Gwenda Morgan, *The Hegemony of the Law: Richmond County, Virginia, 1692-1776*(1989), p. 57.

[45] A. G. Roeber, *Faithful Magistrates and Republican Lawyers: Creators of Virginia Legal Culture, 1680-1810*(1981), p. 77.

[46] George B. Curtis, "The Colonial County Court, Social Forum and Legislative Precedent, Accomack County, Virginia, 1633-1639." 85 Va. Mag. Hist. & Biog. 274, 284 (1977). In a study of seventeenth-century New Haven, M. P. Baumgartner found that "high-status" people were more likely to initiate action; "low-status" people were more often found as defendants. M. P. Baumgartner, "Law and Social Status in Colonial New Haven, 1639-1665," *Research in Law and Sociology*, vol. I(1978), p. 153.

[47] See David T. Konig, *Law and Society in Puritan Massachusetts: Essex County 1629-1692*(1979); William E. Nelson, *Dispute and Conflict Resolution in Plymouth County, Massachusetts, 1725-1825*(1981); Bruce Mann, "Rationality, Legal Change, and Community in Connecticut," 14 Law & Society Rev. 187(1980).

[48] Roeber, *op. cit.*

[49] See, in general, Carl Ubbelohde, *The Vice-Admiralty Courts and the American Revolution, 1775-1787*(1977), pp. 21-36; David R. Owen and Michael C. Tolley,

Courts of Admiralty in Colonial America: The Maryland Experience, 1634–1776(1995).

[50] Ubbelohde, op. cit, p. 158.

[51] Ubbelohde, op. cit., p. 196; Bourguignon, op. cit., p. 59.

[52] Ubbelohde, op. cit., p. 200.

[53] Roscoe Pound, Organization of Courts (1940), p. 76.

[54] Laws of New Hampshire: Province Period, 1679–1702(1904), p. 665; Elwin L. Page, Judicial Beginnings in New Hampshire, 1640–1700(1959), p. 42.

[55] Paul M. Hamlin and Charles E. Baker, Supreme Court of Judicature of the Province of New York, 1691–1704, vol. I(1959), pp. 17, 33.

[56] Beverley W. Bond Jr, The Quit-Rent System in the American Colonies (1919), pp. 268–269.

[57] Milton M. Klein, ed., The Independent Reflector(1963), p. 253.

[58] Gregorie, op. cit., p. 7. In 1721, the old structure was restored.

[59] Carroll T. Bond, ed., Proceedings of the Maryland Court of Appeals, 1695–1729 (1933), xvii.

[60] On this court, see Herbert A. Johnson, "The Prerogative Court of New York, 1686–1776," 17 Am. J. Legal Hist. 95(1973).

[61] Records of the Court of Trials of the Colony of Providence Plantations, 1647–1662 (1920), vol. I, pp. 19, 32.

[62] Leon de Valinger Jr., ed., Court Records of Kent County, Delaware, 1680–1705 (1959), pp. 4–5.

[63] George L. Haskins, "The First American Reform of Civil Procedure," in Roscoe Pound, ed., Perspectives of Law: Essays for Austin Wakeman Scott(1964), pp. 173, 178.

[64] Elwin Page, op. cit, p. 96.

[65] William M. Offutt Jr., Of "Good Laws" and "Good Men": Law and Society in the Delaware Valley, 1680–1710(1995), p. 91.

[66] See William E. Nelson, Americanization of the Common Law: The Impact of Legal Change on Massachusetts Society, 1760–1830(1975), p. 72 ff. See also John Adams's Pleadings Book, in L. Kinvin Wroth and Hiller B. Zobel, Legal Papers of John Adams vol.

I(1965), p. 26 ff. For a glimpse of New York process during this period, see Herbert A. Johnson, "Civil Procedure in John Jay's New York," 11 Am. J. Legal Hist. 69(1967). On Virginia procedure, see Warren M. Billings, "Pleading, Procedure, and Practice: The Meaning of Due Process of Law in Seventeenth Century Virginia," 47 J. Southern Hist. 569 (1981).

[67] George L. Haskins, *Law and Authority in Early Massachusetts*(1960), pp. 69-70.

[68] David G, Allen, *In English Ways*(1981).

[69] See, in general, Beverley W. Bond Jr., *The Quit-Rent System in the American Colonies*(1919).

[70] Sumner C. Powell, *Puritan Village: Formation of a New England Town*(1965), p. 122.

[71] Milton S. Heath, *Constructive Liberalism: The Role of the State in Economic Development in Georgia to* 1860(1954), p. 35.

[72] *Archives of Maryland*, vol. 53(1936), p. 629.

[73] See Sung Bok kim's elaborate study of the manorial system, *Landlord and Tenant in Colonial New York: Manorial Society, 1664-1775*(1978); on the fall of the manorial system, see Charles W. McCurdy, *The Anti-Rent Era in New York Law and Politics, 1839-1865*(2001).

[74] Peter Hoffer, *Law and People*, p. 101.

[75] *Province and Court Records of Maine*, vol. 4(1958), p. 127.

[76] *Archives of Maryland*, vol. 53(1936), xxxvi.

[77] See George L. Haskins, "The Beginnings of the Recording System in Massachusetts," 21 Boston. U.L. Rev. 281(1941); David T. Konig, *Law and Society in Puritan Massachusetts*, pp. 40-43.

[78] *Archives of Maryland*, vol. 49(1932), p. 120.

[79] Joseph H. Smith, ed., *Colonial Justice in Western Massachusetts*, 1639-1702 (1961), p. 210. On the subject of women's rights, see also Joan R. Gunderson and Gwen V. Gampel, "Married Women's Legal Status in Eighteenth-Century New York and Virginia," 39 William and Mary Q.(3rd ser.)114(1982); Marylynn Salmon, "Women and Prop-

erty in South Carolina: The Evidence from Marriage Settlements, 1730 to 1830," *ibid.*, 655 (1982).

[80] Preston W. Edsall, ed., *Journal of the Courts of Common Right and Chancery of East New Jersey, 1683-1702*(1937), pp. 84-85.

[81] Smith, ed., *op. cit.*, p. 160.

[82] John T. Farrell, ed., *The Supreme Court Diary of William Samuel Johnson, 1772-1773*(1942), xxxiii-xxxv.

[83] David T. Konig, *Law and Society in Puritan Massachusetts*, pp. 60-62.

[84] William F. Nelson, *Americanization of the Common Laws*, p. 74.

[85] See Lois Green Carr, "The Development of the Maryland Orphans' Court," in Aubrey C. Land, Lois Green Cart, and Edward C. Papenfuse, eds., *Laws, Society, and Politics in Early Maryland*(1977), p. 41.

[86] *Laws and Liberties of Massachusetts*, 1648(1929 ed.), p.53.

[87] See David E. Narrett, "Preparation for Death and Provision for the Living: Notes on New York Wills(1665-1760)," 57 N. Y. Hist, 417, 420(1976).

[88] Carole Shammas, Marylynn Salmon, and Michel Dahlin, *Inheritance in America: From Colonial Times to the Present*(1987), pp. 32-33.

[89] On the subject of colonial land law, especially primogeniture and fee tail, see Richard B. Morris, *Studies in the History of American Law* (2nd ed., 1959), pp. 69-125.

[90] James W. Deen Jr., "Patterns of Testation: Four Tidewater Counties in Colonial Virginia," 16 Am. J. Legal Hist. 154, 160-61(1972).

[91] *Archives of Maryland*, vol. IV(1887), pp. 45-46. For another vivid example of a nuncupative will, see Narrett, "Preparation for Death," p. 429.

[92] Quoted in Virgil M. Harris, *Ancient, Curious and Famous Wills* (1911), pp, 305-6.

[93] *Province and Court Records of Maine*; vol. I(1928), p. 126.

[94] David Narrett, "Preparation for Death," p. 430.

[95] *Records and Files of the Quarterly Courts of Essex County, Massachusetts, 1636-1656*, vol, I(1911), p. 18.

[96] The data on Bucks County is from Shammas et. al., *Inheritance in America*, ch. 2.

⁹⁷ Arthur P. Scott, *Criminal Law in Colonial Virginia* (1930), p. 136; on Dale's laws, see David T. Konig, "'Dale's Laws' and the Non-Common Law Origins of Criminal Justice in Virginia," 26 Am. J. Legal Hist. 354 (1982).

There is a sizable literature on colonial criminal justice. See Douglas Greenberg, "Crime, Law Enforcement, and Social Control in Colonial America," 26 Am. J. Legal Hist. 293 (1982); Kathryn Preyer, "Penal Measures in the American Colonies: An Overview," ibid., at 326; Donna J. Spindel, *Crime and Society in North Carolina, 1673-1776* (1989); N. E. H. Hull, *Female Felons: Women and Serious Crime in Colonial Massachusetts* (1987).

⁹⁸ Daniel R. Coquillette, "Radical Lawmakers in Colonial Massachusetts: The 'Countenance of Authoritie' and the Lawes and Libertyes," 67 New England Quarterly 179 (1994).

⁹⁹ See William M. Offutt Jr., *Of "Good Laws" and "Good Men": Law and Society in the Delaware Valley*, 1680-1710 (1995), ch. 6.

¹⁰⁰ *Colonial Laws of Massachusetts, 1660-1672* (1889), pp. 43, 187. *General Laws and Liberties of Massachusetts*, 1672, p. 129.

¹⁰¹ Lawrence M. Friedman, *Criminal and Punishment in American History* (1993), p. 41.

¹⁰² Bradley Chapin, *Criminal Justice in Colonial America, 1606-1660* (1983), p.58.

¹⁰³ Stuart Banner, *The Death Penalty: An American History* (2002), p. 9.

¹⁰⁴ George W. Dalzell, *Benefit of Clergy in America and Related Matters* (1955), p. 98; see also Bradley Chapin, *Criminal Justice in Colonial America*, pp. 48-50.

¹⁰⁵ Dalzell, *op. cit.*, pp. 103-4.

¹⁰⁶ There is a large literature, of course, on the Salem witch trials, See Kai T. Erikson, *Wayward Puritans* (1966); David T. Konig, *Law and Society in Puritan Massachusetts*, ch. 7; Paul Boyer and Stephen Nissenbaum, *Salem Possessed: The Social Origins of Witchcraft* (1974); a succinct and able account is Peter C. Hoffer, *The Salem Witchcraft Trials: A Legal History* (1997); see also, for an interesting interpretation, Mary Beth Nor-

ton, *In the Devil's Snare: The Salem Witchcraft Crisis of 1692* (2002).

[107] See Peter C. Hoffer, *The Great New York Conspiracy of 1741: Slavery, Crime, and Colonial Law* (2003). See also Thomas J. Davis, introduction to Daniel Horsmanden, *The New York Conspiracy* (1971).

[108] Hugh F. Rankin, *Criminal Trial Proceedings in the General Court of Colonial Virginia*(1965), p. 221.

[109] Gwenda Morgan, *The Hegemony of the Law: Richmond County, Virginia, 1692-1776*(1989).

[110] *Records of the Court of Assistants of the Colony of the Massachusetts Bay: 1630-1692*, vol. 1(1901), pp. 10-11. Punishing or forfeiting the thing or animal that had done wrong was an old English institution, called *deodand*. In Maryland in 1637, a tree that caused the death of one John Bryant was "forfeited to the Lord Proprietor," Archives of Maryland, vol. IV(1887), p. 10.

[111] *Laws of New Hampshire, Province Period, 1679-1702*(1904), p. 564.

[112] Harold Garfinkel, "Conditions of Successful Degradation Ceremonies," 61 Am. J. Sociol. 420(1956).

[113] *Statues at Large of Pennsylvania, 1682-1801*, vol. II (1896), p. 85.

[114] Edgar J. McManus, *Law and Liberty in Early New England: Criminal Justice and Due Process, 1620-1692*(1993).

[115] Sharon v. Salinger, *Taverns and Drinking in Early America*(2002).

[116] Richard Godbeer, *Sexual Revolution in Early America* (2002), p. 230.

[117] Nelson, *Americanization of the Common Law*, p. 39.

[118] See Hendrik Hartog, "The Public Law of a County Court: Judicial Government in Eighteenth-Century Massachusetts," 20 Am. J. Legal Hist. 282, 299-308 (1976); Richard Gaskins, "Changes in the Criminal Law in Eighteenth-Century Connecticut," 25 Am. J. Legal Hist. 309, 317-18(1981). In New York, "morals issues were never very important." Douglas Greenberg, "Crime, Law Enforcement, and Social Control in America," 26 Am. J. Legal Hist. 293, 307(1982).

[119] Leon de Valinger Jr., ed., *Court Records of Kent County, Delaware, 1680-*

1705(1959), pp. 283-84.

[120] Eli Faber, "Puritan Criminals: The Economic, Social, and Intellectual Background to Crime in Seventeenth-Century Massachusetts," in 11 Perspectives in Am. Hist. 81(1977-1978).

[121] Faber, *op. cit.*, pp. 138-43, Quite naturally, then, as the colonies grew in size, and the theories and practices appropriate to the small, tight settlements became impractical, one would expect a shift, away from leniency. This is perhaps why, in New York, after 1750, whipping as the punishment of choice for convicted thieves dropped off (from 70 to 25 percent); the death penalty and branding rose substantially. Douglas Greenberg, *Crime and Law Enforcement in the Colony of New York, 1691-1776*(1976), p. 223.

[122] Greenberg, *Crime and Law Enforcement*, p. 213.

[123] Lawrence Friedman, *Crime and Punishment*, pp. 29-30.

[124] Arthur P. Scott, *Criminal Law in Colonial Virginia*(1930), pp. 225-27.

[125] *Colonial Laws of New York*, vol. I(1894), p. 845(law of May 19, 1715).

[126] Henry Farnam, *Chapters in the History of Social Legislation in the United States to 1860*(1938), p. 96,

[127] *Laws of New Hampshire, Province Period, 1702-1745*, vol. 2(1913), p. 265.

[128] Sharon v. Salinger, *Taverns and Drinking in Early America* (2002), pp. 211, 214.

[129] *Colonial Laws of New York*, vol. I(1894), pp. 792-95(act of Oct. 23, 1713). The act provided that "no person shall be compellable to work above Eight Days in the year, nor at any time in seed-time, Hay or Corn-Harveat."

[130] *Statutes at Large, Pennsylvania*, vol. II(1896), pp. 61-62(act of Nov. 17, 1700).

[131] Cart Bridenbaugh, *Cities in the Wilderness*(1938), p. 169.

[132] James W. Ely Jr., "Patterns of Statutory enactment in South Carolina, 1720-1770," in Herbert A. Johnson, ed., *South Carolina Legal History*(1980), pp. 67, 69.

[133] See, for example, on the Stamp Act resistance, Edmund S. Morgan and Helen M. Morgan, *The Stamp Act Crisis* (1953).

[134] See, in general, Vertrees J. Wyckoff, *Tobacco Regulation in Colonial Maryland*

(1936).

[135] *Statues at Large, Pennsylvania, 1682–1801*, vol.IV(1897), p. 5(act of Mar. 20, 1724–1725).

[136] Milton S. Heath, *Constructive Liberalism: The Role of the State in Economic Development in Georgia to 1860* (1954), pp. 55–56.

[137] *Laws and Liberties of Massachusetts*, 1648(1929 ed.), p. 33. "Wooze" is a variant of "ooze," and refers to the liquid in the tanning vats.

[138] Frederick Beutel, "Colonial Sources of the Negotiable Instruments Law of the United States," 34 Ill. L. Rev. 137, 141–42(1939).

[139] See, on the increasing sophistication of modes of handling and evidencing debt, and commercial law in general, Bruce H. Mann, *Neighbors and Strangers: Law and Community in Early Connecticut*(1987); Deborah A. Rosen, *Courts and Commerce: Gender, Law, and the Market Economy in Colonial New York*(1997).

[140] On indentured servitude and labor conditions in general, there is a classic study by Richard B. Morris, *Government and Labor in Early America*(1946).

[141] John Winthrop, *The History of New England from 1630–1649*, vol. 1(1853), p. 116.

[142] *Colonial Laws in Massachusetts, 1660–1672*, vol. I(1889), p. 174.

[143] Leon de Valinger Jr., ed., *Court Records of Kent County, Delaware, 1680–1705*(1959), p. 152.

[144] *Archives of Maryland*, vol. 53(1936), xxxii.

[145] Valinger, *op. cit.*, pp. 274–76.

[146] Louis B. Wright, *The Cultural Life of the American Colonies, 1607–1763* (1957), p. 14.

[147] Warren B. Smith, *White Servitude in Colonial South Carolina* (1961), p. 88.

[148] Lorena S. Walsh, "Servitude and Opportunity in Charles County, Maryland, 1658–1705," in Aubrey C. Land, Lois Green Carr, and Edward C. Papenfuse, *Law, Society, and Politics in Early Maryland* (1977), pp.111, 115–18.

[149] Christine Daniels, "'Liberty to Complain': Servant Petitions in Maryland,

1652-1797," in Christopher L. Tomlins and Bruce H. Mann, *The Many Legalities of Early America* (2001), pp. 219, 225, 238.

[150] See, in general, Abbott E. Smith, *Colonists in Bondage, White Servitude and Convict Labor in America, 1607-1776*(1947).

[151] Robert J. Steinfeld, *The Invention of Free Labor: The Employment Relation in English and American Law and Culture, 1350-1870*(1991), pp. 10-11.

[152] The literature on slavery is large, and keeps growing. The most general treatment of the law of slavery is Thomas D. Morris, *Southern Slavery and the Law, 1619-1860* (1996); the most comprehensive study of the criminal law of slavery is Philip J. Schwarz, *Twice Condemned: Slaves and the Criminal Laws of Virginia, 1705-1865*(1988).

[153] Carl N. Degler, *Out of Our Past: The Forces that Shaped Modern America* (1959), p. 30; Winthrop D. Jordan, *White over Black: American Attitudes Toward the Negro, 1550-1812*(1968), pp. 91-98. On the colonial slave codes, see William M. Wiecek, "The Statutory Law of Slavery and Race in the Thirteen Mainland Colonies of British America," 34 William and Mary Q.(3rd ser.)258(1977).

[154] John H. Russell, *The Free Negro in Virginia, 1619-1865*(1913), p. 37.

[155] James M. Wright, *The Free Negro in Maryland, 1634-1860*(1921), p. 22.

[156] In South Carolina, too, after 1690, slaves were considered "freehold property" in most respects. M. Eugene Sirmans, "The Legal Status of the Slave in South Carolina, 1679-1740," in Stanley N. Katz, ed., *Colonial America: Essays in Politics and Social Development* (1971), pp. 404, 408.

[157] Robert Olwell, *Masters, Slaves, and Subjects: The Culture of Power in the South Carolina Low Country, 1740-1790*(1998), p. 91.

[158] Philip J. Schwarz, "Forging the Shackles: The Development of Virginia's Criminal Code for Slaves," in David J. Bodenhamer and James W. Ely Jr., eds., *Ambivalent Legacy: A Legal History of the South*(1984), pp. 125, 133.

[159] Edward Franklin Frazier, *The Negro in the United States*(1957), pp. 86-87.

[160] For the following discussion, see John Spencer Bassett, *Slavery and Servitude in the Colony of North Carolina*(1896).

[161] Morris, *Slavery and the Law*, pp. 163-64.

[162] See p. 56, n. 107, *supra*.

[163] Lorenzo J. Greene, *The Negro in Colonial New England, 1620-1776* (1942), pp. 142, 1.61.

[164] Quoted in Margaret Creech, *Three Centuries of Poor Law Administration: A Study of Legislation in Rhode Island* (1936), p. 8.

[165] Walter L. Trattner, *From Poor Law to Welfare State: A History of Social Welfare in America* (6th ed., 1999), p. 18.

[166] Josiah H. Benton, *Warning Out in New England* (1911), p. 54; see also Douglas L. Jones, "The Strolling Poor: Transiency in Eighteenth-Century Massachusetts," 8 J. Social Hist. 28 (1975).

[167] Benton, *loc. cit.*, p. 59.

[168] On the codification movement in the early colonies, see Edgar J. McManus, *Law and Liberty in Early New England*, pp. 3-10.

[169] Edward Johnson, *Wonder-Working Providence* (Jameson, ed., 1910), p. 244.

[170] George L. Haskins, "Codification of the Law in Colonial Massachusetts: A Study in Comparative Law," 30 Ind. L. J. 1, 7 (1954). On the code-making impulse, see also G. B. Warden, "Law Reform in England and New England, 1620-1660," 35 William and Mary Q. (3rd ser.) 668 (1978).

[171] Stefan Riesenfeld, "Law-Making and Legislative Precedent in American Legal History," 33 Minn. L. Rev. 103, 132 (1949).

[172] George L. Haskins and Samuel E. Ewing, "The Spread of Massachusetts Law in the Seventeenth Century," 106 U. Pa. L. Rev. 413, 414-15 (1958).

[173] Quoted in Haskins and Ewing, *op. cit.*, p. 416. The Cotton code had never been adopted in the Bay colony.

[174] *Charter to William Penn and Laws of the Province of Pennsylvania* (1879), p. 3.

[175] George L. Haskins, "Influences of New England Law on the Middle Colonies," 1 Law and Hist. Rev. 238 (1983).

[176] *Statute at Large of South Carolina*, vol. II (1837), p. 401. Trott's laws were not

actually published until 1736. See Beverly Scafidel, "The Bibliography and Significance of Trott's Laws," in Herbert Johnson, ed., *South Carolina Legal History*(1980), p. 53.

[177] Anton-Hermann Chroust, *The Rise of the Legal Profession in America*, vol. I, p. 297.

[178] H. Clay Reed and George J. Miller, eds., *The Burlington Court Book: A Record of Quaker Jurisprudence in West New Jersey: 1680-1709*(1944), xlii.

[179] Quoted in Francis R. Aumann, *The Changing America Legal System: Some Selected Phases*(1940), p. 13.

[180] Daniel J. Boorstin, *The Americans: The Colonial Experience*(1958), p. 197.

[181] In England, he published Plaine Dealing, or New from New England, and warned, "Take heede my brethren, despise not learning nor the worthy lawyers…lest you repent too late"(1867 ed.), p. 68.

[182] *Colden Letter Books, 1765-1775*, vol. II(Collections of the New York Historical Society, 1877), pp. 68, 70, 71.

[183] H. T. Lefler, ed., *North Carolina History as Told by Contemporaries* (1956), p. 87.

[184] Richard S. Field, *The Provincial Courts of New Jersey, with Sketches of the Bench and Bar*(1849), pp. 171ff.

[185] *Archives of Maryland*, vol. 49(1932), p. 116. The reference is to William Sheppard, *The Faithful Councellor, or the Marrow of the Law in English*; a second edition of this book was published in 1653.

[186] Edward Johnson, *Wonder-Working Providence*(Jameson, ed., 1910), p. 97.

[187] Anton-Hermann Chroust, *op. cit*, p. 198.

[188] Alan F. Day, *A Social Study of Lawyers in Maryland, 1660-1775*(1989), pp. 28-29.

[189] Quoted in Day, *A Social Study of Lawyers*, at p. 126.

[190] Paul M. Hamlin, *Legal Education in Colonial New York*(1939), p. 16.

[191] Charles R. McKirdy, "The Lawyer as Apprentice: Legal Education in Eighteenth Century Massachusetts," 28 J. Legal Educ. 124(1976); Hoyt P. Canady, "Legal Educa-

tion in Colonial South Carolina," in Herbert Johnson, ed., *South Carolina Legal History* (1980), p. 101.

[192] Reprinted in Paul M. Hamlin, *op. cit.*, pp. 167–68.

[193] Charles P. Smith, *James Wilson, Founding Father, 1742–1798*(1956), p. 24.

[194] Anne K. Gregorie, ed., *Records of the Court of Chancery of South Carolina, 1661–1779*(1950), pp. 6, 53. On Trott, see Herbert Johnson, ed., *South Carolina Legal History*(1980), pp. 23–64.

[195] Paul M. Hamlin and Charles E. Baker, *Supreme Court of Judicature of the Province of New York, 1691–1704*, vol. I(1959), p. 19.

[196] John M. Murrin, "The Legal Transformation: The Bench and Bar of Eighteenth-Century Massachusetts," in Stanley N. Katz, ed., *Colonial America: Essays in Politics and Social Development*(1971), pp. 415, 423.

[197] Anton-Hermann Chroust, *op. cit*, p. 200.

[198] Gerard W. Gawalt, *The Promise of Power: The Emergence of the Legal Profession in Massachusetts, 1760–1840*(1979), pp. 16–17.

[199] Alan F. Day, "Lawyers in Colonial Maryland, 1660–1715," 17 Am. J. Legal Hist. 145, 164(1973). For 33 lawyers, there was no information; for the latter situation in Maryland, see Day, *op. cit. supra*, n. 188. On the increasing sophistication of the profession in the eighteenth century, see also Stephen Botein, "The Legal Profession in Colonial North America," in Wilfrid Prest, ed., *Lawyers in Early Modern Europe and America*(1981), p, 129.

[200] John T. Farrell, ed., *The Superior Court Diary of William Samuel Johnson, 1772–1773*(1942), l-li. On part-time and self-trained lawyers in Massachusetts, see Gawalt, *op. cit.*, pp. 24–25.

[201] Gawalt, *op. cit.*, p. 14.

[202] Paul M. Hamlin and Charles E. Baker, *op. cit.*, pp. 99–101.

[203] Richard B. Morris, ed., *Select Cases of the Mayor's Court of New York City, 1674–1784*(1935), pp. 52ff.

[204] Quoted in Wilkins Updike, *Memoirs of the Rhode Island Bar*(1842), pp. 294–

295. For the situation in Maryland, see Day, *op. cit*, n. 199, at 150.

[205] Frank L. Dewey, *Thomas Jefferson, Lawyer* (1986), p. 2. There were other lawyers, however, who practiced in the lower courts.

[206] Daniel J. Boorstin, *The Americans: The Colonial Experience* (1958), p. 205. John M. Muffin, commenting on the "signs of creeping respectability" in the eighteenth-century bar in Massachusetts, remarks that "Before 1730, many gentlemen felt qualified to practice law on the side without bothering to study it. A generation later, gentlemen were beginning to study it with no intention of practicing it." Murrin, *op. cit.*, p. 432.

[207] See Herbert A. Johnson, *Imported Eighteen-Century Law Treatises in American Libraries, 1700-1799* (1978).

[208] Paul M. Hamlin, *op. cit.*, pp. 64-65.

[209] Joseph Smith, ed., *Colonial Justice in Western Massachusetts, 1639-1702: The Pynchon Court Record* (1961), p. 253.

[210] H. Clay Reed and George J. Miller, eds., *The Burlington Court Book: A Record of Quaker Jurisprudence in West New Jersey 1680-1709* (1944), p. 57.

[211] Anne K. Gregorie, ed., *Records of the Court of Chancery of South Carolina, 1661-1779* (1950), p. 272.

第二部分

从独立革命到19世纪中叶:1776年至1850年

第一章

蜜蜂共和国

革命的热情

1776年,北美各殖民地宣布独立。随后的激烈战争以美国的胜利而告终。当然,有关政府的许多问题,以及和平之后提出的问题,并不比它已经回答过的问题少。政府的计划方案是分配社会权力和财富的方案。制度的选择并不是政治理论上的空泛实践活动。如何规划新的美国政府是18世纪后期的主要政策问题。第一个宏伟规划体现在《邦联条例》(Articles of Confederation)之中。在这个国家的庞大的权力系统内,它后来被证明未尽如人意。在这个条例失败后,1787年起草并通过了一部联邦宪法。它至今仍然有效——可以肯定,它已经被不时地修正过多次;但是其基本的内容在本质上是相同的。

每个殖民地也经历了自己的革命。殖民地变成了州,伴随着新的问题和新的计划,开始了新的行动路线。首先,他们必须打一场战争,修补国内的混乱局面。所有这一切都需要立法方面的大量工作。例如,在宾夕法尼亚州,1776年的一次宪法会议宣布大赦,并建立了新的政府形式。过去的殖民地官员被忠于革命的人士所取代。宾夕法尼亚州的日常事务将在可能的情况下继续下去,但战争的紧急状况必须得到处理。1777年10月,英国军队"渗透到这个州,在经历了巨大的破坏和残酷之后"占领了费城;然后,宾夕法尼亚州政府成立了一个"安全委员会",拥有广泛和综合的权力,"以促进和保护公共利益"。它有权"为军队和居民"攫取货物、惩罚叛徒,并"控制他们认为必要的物品的价格"。不过,"普通司法程序"在可行的范围内将不被打断。同年,立法机关通过了一项剥夺公民权的法案,处置一些"背信弃义和居心叵测"地投靠英国国王一方的人。州政府重新定义并惩罚叛国罪,将大陆会议(Continental Congress)和本州的信用票据作为法定货币[1],并不可避免地就民兵、军队供应品、税收和战争政策进行立法。

战争结束后,有关法律的辩论仍在继续。殖民地人民推翻了英国国王和它的政府。国王的法律也应该被推翻吗?普通的私法是否应该从根本上加以修改呢?独立后的第一代人认真地争论了这个问题。普通法被严重玷污,律师的声誉也是如此,因为其中许多人是反对独立革命的保守党人(Tories)。一些人认为,新的民主国家自上而下需要新的机构,包括新的民主的法律。1786年,一位自称"有尊严者"(Honestus)的小册子作者问道:"英国的君主和贵族制度是否符合共和国的原则?"他认为,当英国法律的"众多卷宗"被引入我们的法院时,这是"令人沮丧的";"这些卷宗以令人敬畏的秩序排列着,就像大炮击败每一个简单而合理的法律原则一样"。[2]托马斯·潘恩(Thomas Paine)是一个真正有煽动性的人物;1805年,他在对一些至少属于狂热分子的演讲中,谴责"法律和律师的诡计"。他抱怨说,宾夕法尼亚州的法院,即使在那个晚近的时期,"还没有达到独立的尊严"。他指出,法院仍然"依赖着英国的高跷和拐杖(stilts and crutches)以及过时的判例在蹒跚而行",这些案例往往根本不具备民主的意义,而是"专制的"。[3]在1786年的马萨诸塞州谢斯起义(Shays's Rebellion)期间,暴民们阻止法院开庭,并强行阻止法院对债务人作出判决。人们很容易感觉到法院是有偏见的,而且很容易认为这种偏见来自于一种压迫性的、模式陈旧的法律制度。

除了来自英国的那些陈旧的法律制度,还有别的选择吗?普通法或者可由其他制度取代;或者它可以被自然的正义原则所取代。理论上说,第一种选择并非不可能。还有其他法律制度。例如,尤其是法国大革命之后,法国的民法体系对美国自由派有一定的吸引力。19世纪初,《拿破仑法典》(Napoleonic Code)是一个清晰有序的典范。在此期间,有几本大陆法系的书籍被翻译成了英文:1802年,北卡罗来纳州的新伯尔尼市出版了《论义务:从道德和法律的思考角度》(*A Treatise on Obligations, Considered in a Moral and Legal View*),这是从朴蒂埃(Robert Pothier)的法语著作翻译而来的。在一些法学家看来,普通法似乎是封建的、野蛮的、粗俗的,至少与大陆法的某些整齐特征相比是如此。

事后看来,普通法没有什么可担心的。它和英语本身一样安全。法院继续运作,继续处理事务;他们使用的是他们所唯一熟悉的法律。很少有律师对法语或任何其他语言或制度有所了解。纽约的詹姆斯·肯特(James Kent)是少数几个能这样做的人;另一个例外是最高法院的大法官约瑟夫·斯托里(Joseph Story),此人就像一座博学之塔。这些人在他们的作品和意见中引用并使用了一些外国法律。但他们几乎不是革新者。他们想净化和完善普通法,而不是扬弃它。他们愿意从大陆法系国家取得理论和思想,其实英国法律也是这样做的。英国的曼斯菲尔德(Mansfield)勋爵是美国法律精英的文化英雄之一(他于1793年去世)。曼斯菲尔德出生于苏格兰,是罗马式民法的狂热崇拜者。但所有这些都是例外,并没有成为主流。事实上,英国法律还是充斥于这个国家。

当然,普通法也有很多辩护者。并不是每个人都在谴责它是陈旧的、专制的和混乱不堪的。它也被浪漫化,成为自由人与生俱来的权利。这是一项宝贵的遗产——当然,是乔治三世时期的英国人的歪曲,但也是一项宝贵的遗产。许多法学家认为,普通法是他们自由的基础;它体现了自然法的基本准则。1776年,第一次大陆会议通过了一项《权利宣言》(Declaration of Rights);它宣布殖民地"有权享有英国普通法",特别是由陪审团审判的权利。美国人也有权受益于那些"在殖民时期存在的英国法规;根据经验,这些法规可以分别适用于他们的若干地方及其他场合"。[4]

普通法法律人是共和国的英雄。约翰·亚当斯是其中之一。另一个是托马斯·杰斐逊,尽管他对普通法和普通法的法官有着矛盾的态度。法律人大多起草了州和联邦宪法。法院越来越多地由法律人组成,他们听取了其他法律人的意见。法律人随着殖民地定居点的路线向西迁移,蜂拥至州首府和郡城。无论在哪里,无论是在政治生活中,还是在城镇、城市、郡、州和国家政府,都有这些人。与后来发生的一些革命和早期的殖民乌托邦不同,新共和国并没有尝试在没有法律人的情况下去处理事务。老的法律人继续发挥作用,按照他们的形象培训新法律人;新人们就像他们的老师一样,几乎本能地转向普通法。普通法也是融合的武器。《西北地区法令》(Northwest Ordinance)在美国新疆域地区实施了普通法。在草原和森林中,法国定居者在美国开拓前行的地方生活和工作,普通法成了美国帝国主义扩张的代理人。

当然,普通法必须美国化。既然各州有了自由选择的情形,那么英国法律的哪些部分将继续有效?这是一个很难回答的问题。许多州通过成文法规来界定现行法律的范围。弗吉尼亚州1776年的法律声明,"英国的普通法以及所有在詹姆斯一世国王统治第四年之前为支持普通法而制定的法规或法案,都是具有一般意义的法律,而不仅仅是适用于该王国的地方性法律……将被视为完全有效"[5]。1776年

《特拉华州宪法》(The Delaware Constitution)第25条规定"英国普通法以及迄今在本州实践中的成文法内容仍应继续有效",但本宪法和《权利宣言》中"与权利和利益相抵触"的部分除外。

纽约的经验特别复杂。1786年的一项法律宣布普通法有效,并且那些早年在殖民地生效的英国成文法规也于1775年4月19日同样在纽约拥有法律效力。后来,纽约专门重新颁布了一些英国法律——例如《防止欺诈法》(Statute of Frauds),这是首次在1677年通过的一项法律,实际上已经成为普通法的一部分。1788年,纽约一部名为"法律修正案和更加促进正义"的法律宣布:"在第二天5月1日以后",任何英国法规"都不得在该州实施或被视为法律"。[6]1821年《纽约州宪法》(The New York Constitution)第7条第13款声明普通法和纽约殖民地立法机关的这些法规,如在1775年4月19日共同构成该殖民地的法律,以及于1777年4月20日依然有效的那些殖民地会议和纽约州会议的决议,都将继续成为法律,除非已经被取代或废除,或除非它们与宪法"相抵触"。其中没有提到英国的法规;为了更为明确的表述,1828年的一项法案特别宣布英国的成文法规已经无效。

然而,这么一大堆纽约法律也未能解决这个问题。纽约一家法院后来裁定,英国的一些法规已经成为殖民地"普通法"的一部分。[7]如果是这样,一系列无确定含义的、难以知晓的旧法律在该州恰似幽灵一样或多或少地存在着。只要它们不"抵触""宪法"或不适合纽约的条件——不管这意味着什么,它们便能存活下来。纽约并不是唯一一个没有人能准确地知道哪些英国法律已经死了哪些还活着的州。在很长一段时间里,有些案件偶尔会引发议论:在这个州或那个州里,某些法规或学说是否可以被作为普通法来"接受"?从更广泛的意义上说,"接受"问题是普通法特有的问题。法官必须始终考虑有多少旧的法律仍然有价值?有多少旧的法律需要被一劳永逸地抛弃?

所谓接受来的法规,涉及比较陈旧的英国法律。新的英国法律重要吗？1798年,康涅狄格州的杰西·鲁特(Jesse Root)写到,一个自由国家的法院不应该允许自己受外国法律的管辖。他的理想是"蜜蜂共和国"(the republic of bees),其成员"用生命抵御一切外来影响",其蜂蜜——"虽然采自无数的花朵"[8],但是又无疑是它们自己拥有的东西。为了追求蜜蜂共和国,新泽西州于1799年通过了一项法律,

> 在"1776年7月4日以后"英国法院或衡平法院作出的任何裁决、决定或意见,或任何印刷、书面报告或声明,或任何汇编、评论、摘要、讲座、论文,或对普通法的其他解释或说明……不得在本州的任何法院或衡平法院中接受或宣读,或作为法律或法律的证据,或作为对法律的阐明或解释。[9]

肯塔基禁止提及最近的英国法律。在其1807年通过的法律中规定,"英国自1776年7月4日之后含有法律判例的报告和文献,不能被作为法院的执法依据"[10]。在1808年春季,亨利·克莱(Henry Clay)在肯塔基上诉法院表示"愿意引用"英国法官埃伦伯勒(Ellenborough)在一个东部判决报告第三卷中的部分内容;"首席法官阻拦了他。"亨利·克莱的辩护律师认为,立法"已经没有权力去通过"这样的法律,这就如同"禁止法官使用他的眼镜一样"。法院仍然决定,"这本书不能在法院使用"。[11]但是,摆脱埃伦伯勒勋爵和他的同事并不是那么容易,即使在新泽西或肯塔基也是如此。上述的"新泽西法规"于1819年被废除。作为一个实际问题,法院和律师在这个时期和在全国各处,仍然倾向于使用英国法。让人们放弃一辈子的习惯是不可能的。当时,美国本土的法律文献十分薄弱,而且是舶来的衍生品。在当时,刊印美国判例并不是一个普遍的习惯;直到独立后的一代人以上的时光过后,美国案例报告才比较普遍起来。对普通法的法律人来说,案例的短缺是件有害无益的事情。但英国的资料、报告和权威文献填补

了这一空白。在独立后的第一代人中,美国法院判决报告中引用的英国案例多于美国的案例。普通律师也经常提到布莱克斯通的法律著作。他们用他的著作作为法律的捷径;布莱克斯通的核心部分完全是英国式的。有时候,好奇的是,一些老式的法律短语、陈规教条、旧的令状出现在一些奇怪的地方(例如,在美国新开发的领域);这些古董大部分来自布莱克斯通,这本书在遥远的地区甚至像圣经一样。

简而言之,美国法律仍然需要继续借用英国法。英国法的覆盖是显而易见和无处不在的,但其中也有选择性。美国只引进了那些需要的和愿意要的英国法教义。从 1776 年到 19 世纪中叶,美国法律发生了彻底的变化。在此期间,那里形成了一个真正的蜜蜂共和国,它的花朵是在这个国家以自己的方式发展起来的社会和经济制度。是这些立法者,而不是埃伦伯勒勋爵和凯尼恩(Kenyon)勋爵,使美国法律成为一个独特的体系;在英国建立的法律家庭中,这是一种独树一帜的法律语言。

替代普通法的第二个似乎简单的方法,也不过是个海市蜃楼。为了摆脱律师的专断,将法律上的胡言乱语修正为常识,并制定出简单的、任何人都能理解的"自然"的公正规则,实际上是一个古老的梦想;但在 1776 年之后,这个梦想却焕发出了非凡的活力。正如肯塔基的一位公民所说,该州需要"一部简明扼要的法律法规……以便让那些能力最薄弱的人们去适用"[12]。

在这场反法律运动中有某种激进的因素。有些人认为法律远离普通人的需要并偏袒富人。另一些人则谴责这项法律过时、僵化、脱离现实——因为它与商人或商人的需求不同步,与普通民众的需求也不同步。法律人的法律除了他们本身之外,任何人都不适合。因此,人们普遍关心的改革是富人和穷人、激进分子和保守者都可以分享的。但事实上,想象社会可以推翻法律人的法律,用自然正义取代它,无论这意味着什么,都是乌托邦式的。社会太复杂了。事实上,随着时间的推移,社会似乎需要的不是越来越少,而是越来越多的规则,越来越明确的形式。正如我们将要看到的那样,改革的强烈要求并没有减弱,但意味着对市场经济需要的适应,而不是天真烂漫的想象。

19世纪法律的一个基本的、关键的事实是,官方的法律制度渗透到社会中去,并且必须更深地渗透到社会中去。中世纪的普通法在英国并不是各地都适用的法律,也不是和每个人都有关系的法律。它其实是士绅的法律,乡土习俗是普通百姓的活生生的法律。从深刻的意义上说,美国法律更具有普遍性。它没有过时的或本地的竞争对手。它也没有来自底层的竞争。看似矛盾的是,尽管被划分为多个州的子系统,美国法律并没有像老英格兰的"普通法"那么支离破碎。

当然,数百万人并没有被正式法律所涉及,而且他们对此也漠不关心。但相比之下,美国法律涉及的效力范围是巨大的。它从数百万人的工作和财富中汲取力量,并影响到更多人的工作和财富。在16或18世纪的英国,很少有人拥有或经营土地。市场经济体系中只有占比例很小的一部分人。只有少数人是家庭法、商法、土地法或公司法的潜在客户。美国的寡头统治肯定比欧洲的古老王国要少。在殖民地的美国,有很多的等级和依附关系,但也有分布广泛的土地所有权。到了独立战争期间以及革命之后,甚至连等级制度和依附都减少了很多。更多的人可以投票,更多的人在社会上受到重视。[13]与英格兰相比,拥有土地的家庭比例要高得多,这是一个至关重要的事实。因此,一部针对数百万人和中产阶级的法律必须发展起来。而这样的法律要想生存下去,就必须比少数富人们的法律更有适应能力、更容易被接近和理解。

简而言之,法律必须符合客户的需要;它必须易于使用,或者至少是易于普通律师(作为法律信息的中介人)使用。基本上说,美国法律在19世纪所发生的情形是：它发生了巨大的和根本性的变化，这一变化满足了大量增加的法律消费者的需求、期望和压力。用一句话来概括一个长期和巨大的变革是件冒险的事情。但是，如果殖民地法首先是殖民意义上的法律，其次是一种父权性质的强调社区、秩序的法律和反对罪恶的法律，那么，随着一系列新的态度逐渐形成，其中法律的主要功能就不再是压制和统一，而是经济增长和为其使用者提供服务。在独立革命之后的这一时期里，对法律关注的人们越来越把法律看作是一种功利主义的工具；当然，这是一种保护财产和既定秩序的方式，但除此之外，也是一种促进中产阶级群体利益和促进增长、释放和利用政治实体潜在能量的方式：这是"动态而不是静态的财产，变动过程中的财产或处于危险中的财产，而不是有安全保障和僵滞的财产"[14]。

"动态"这个词似乎不仅仅是对财产而言越来越合适。动态和静态这两个两极对立的词汇，恰当地描述了法律概念的根本变化。这种变化的根源与其说是来源于独立革命本身，不如说是时代的变革：即机器时代和理性思维时代发生的经济和社会变革。动态的法律就是人为制造的法律（manmade law）。"宪法"谈到了自然权利，并且言有所衷；但这些权利是满足人们需要和愿望的框架。每个社会都有一个法律理论——一个流行的理论，而不是哲学家们想出来的东西。从社会中活生生地涌现出来的是一种工具性的和相对主义的理论。这是一种观念，即法律是人们用来达到某种目的的手段；因此当目的发生变化时，手段也要与时俱进。这种理论意味着对法律判例的看法更具创造性。这意味着要追问一条规则或一条教义是否有意义，以及它是否满足了现时的需要。

曾经有一段时间，法律基本上被构想成静态的。任何改变都被认为是例外的，而且几乎是需要感到抱歉的事情。但是在19世纪，美国的立法机构对法律作了全面改变,而且对此毫无歉意。法官在判决案件的过程中也制定了法律——不管他们是否承认。社会正在迅速变化;立法机构和法院都在创造性地工作,建造和重建这座普通法的家园。

联邦宪法和州宪法

革命时期必然是一个基本法律革新的时代。与英国的旧关系已被打破。各州和政府开始起草成文宪法。一些州最初是以特许殖民地的身份开始生活的;他们养成了在特许令的保护伞下生活的习惯,甚至学会了热爱和尊重这些保障了他们的自由的特许令。政治领导人倾向于把成文的宪法视为一种社会契约(social compact),即公民之间、公民与国家之间的一项基本协议,以永久的形式规定着他们的共同权利和义务。

1777年的《邦联条例》设想了有一个松散、低调的高度主权的州组成的组织形式。它没有规定一个强有力的行政机构。它没有关于联邦司法机构的规定。然而,国会获得了一些司法权;它是"两个或两个以上州之间关于边界管辖或任何其他原因的所有争端和分歧的最后上诉之处"。国会还拥有海事权,拥有"唯一和专属的权利",以制定"任何情况下在陆地或水中捕获之物合法与否的规则",以及如何"分割或分配"。国会有权设立"公海海盗和重罪审判法庭",以"受理和裁定所有捕获案件的上诉"(第9条)。

依据一种共识,《邦联条例》是一类不成功的东西;1787年的宪法是一份更强大、更集权化的文件。1787年,还有一个稍早一点颁布的《西北地区法令》,其建立了一个在西部地区设立政府的构架。该法令理所当然地认为,所有未来的州都会有一部"永久宪法"和符合联邦法

律的"共和宪法"。(参见1787年《西北地区法令》第5条)

从理论上讲,最初的几个州可以选择拟定或者不拟定一部宪法。但他们中的大多数人很快就选择了宪法的拟定。独立战争爆发后不久,11个州起草并通过了新宪法。宪法制定是一项基础相当广泛的事业。在大多数州,专门选举召开了宪法起草工作的国会或会议。[15]除其他事项之外,宪法还是一个凝聚点,是战争中团结的象征。《新泽西宪法》(1776年)如是说:

> 这些殖民地在目前悲惨的处境中,面对着敌人残酷无情且猛烈不断的进攻,因此,某种形式的政府是绝对有必要的。这不仅是为了维护良好秩序,而且更重要的是,能够有效地团结人民,使他们能够发挥全部力量来形成自己必要的防御。

有几个州选择继续依靠原来的特许令。但它们最终也被新的文件——宪法所取代。康涅狄格州在1818年废除了它的特许令,并通过了一部宪法。最终,联邦中的每个州都有了自己的宪法。总之,所有的人都开始从事关于他们的基本权利和原则的制定、撤销和重写的事业。

立宪主义回应了表达能力清晰的公众中的一种深层的需求——一种正式的、外在的政治合法性迹象的需求。这种强烈的欲望驱使着(现在属于罗得岛或马萨诸塞)的狭小而孤立的殖民地,通过书面协议来表达政府的结构和原则——这是一个明显的、清晰的壁垒,它可以抵御母国无法触及的孤独环境中的混乱生活。后来,在同样的本能的驱使下,俄勒冈偏远的拓荒者们,在一片各部落之间有争议的无人地带里,制定了一个政府框架并称之为宪法。18世纪80年代,现在属于田纳西州东部的"消逝的富兰克林州"(lost state of Franklin)的居民也是如此。在新罕布什尔州和加拿大边界附近有争议的领土上,"印第安河共和国"(Indian Stream Republic)的少数公民也是如此。"蜜蜂州"(State of Deseret)的摩门教徒也是如此。当然,这些"宪法"大多是抄袭的;它们借鉴了现有宪法的规定,在这里用了一个短语,在那里用了一个条款,并作出了任何认为适当的修改。这些"宪法"的寿命很短,合法性也令人怀疑。但它们说明了成文宪法的理念在美国生活中有多么强大。

美国有几十个州的宪法。它们的文本、风格和实质内容差别很大。一些最早的写于18世纪80年代之前的宪法文本,在当时可谓相当大胆和具有前瞻性。《新泽西州宪法》(The New Jersey Constitution)赋予值50英镑的"所有居民"以投票权;这赋予了一些单身妇女和寡妇投票权;这个大胆的举动(也许是无意中的)在1807年被废除了。[16] 第一部《宾夕法尼亚州宪法》(The Pennsylvania Constitution)(1776年)代表了该州自由派的一次鲜明胜利;而且被认为此举相当激进。联邦《权利法案》在很大程度上是以州宪法中的规定为范本的。订立宪法时如果没有为该十条修正案加以额外增补的承诺,宪法就不会被修改。[17]特别是弗吉尼亚州,其1776年的《权利宣言》(Declaration of Rights)是一个开拓先锋。该宣言以一句响亮的话开始:"人人生而平等地享有自由和独立";统治权属于人民;政府官员是他们的"受托人和公仆,并且在任何时候都有义务服从于人民"。[18]今天,这样的说法似乎是平庸、平淡和枯燥乏味的。当时可是18世纪,情形截然不同。由人民来统治,而不是由国王或议会中的国王来统治的想法,在当时是一个相当超前的想法;虽然它并非完全是凭空而来。从知识的意义上说,它来自于那些进步的英国思想家;在社会上,它取决于当时殖民地的经验和状况。弗吉尼亚人用"人"(men)这个词来说明人生而平等,这不是偶然的;而且,弗吉尼亚人当然没有把非白人包括在内的意思。还有,在今天看来,这些疏漏似乎是虚伪的,或盲目的,或两者兼而有之;但在18世纪的背景下,即使是男性的解放也是引人注目和非同一般的事情。

弗吉尼亚州的权利宣言是有影响力的;例如,北卡罗来纳州就或多或少地抄袭了它的内容。马萨诸塞州在1780年宪法中有一项权利宣言,其中包括关于宗教自由的相当长而明确的条款。[19]事实上,正如杰克·拉科夫(Jack Rakove)所说,各州是"伟大的政治实验室",其工作是立法者在宪法会议上努力工作的基础。[20] 1787年之后,联邦宪法的语言和组织反过来成为州宪法的有力模式。然而,有一个特征并不容易转移到州宪法上去,这就是它的耐用性。这里向来只有一部联邦宪法;它时而被修正;当然,这种修正并不频繁;但它从未被废弃和被取代。它已经成为美国文化的象征、标志和组成部分。在这方面,联邦宪法在所有美国宪法(包括各州的宪法)中是独一无二的。[21]州宪法难能成为一种象征。除少数专家以外,很少有人了解州宪法。而这些州宪法并没有特别持久。有几个州(例如威斯康星州)用了一部宪法。其他州的宪法历史则更加混乱。路易斯安那州有9部宪法,也许有10部,这取决于你的计算方法。佐治亚州至少有6部宪法。

携带着极大的政治的技巧,联邦宪法具有惊人的灵活性。它持续这么久的主要原因是,这个国家一直非常稳定(南北战争时期除外)。第一次的革命也是这个国家的最后一次革命。但宪法本身至少应该得到一些赞扬。它制定得既不太紧,也不太松。从本质上讲,它是一个框架、一个骨架、一个政府形式的轮廓;在具体细节上,它大多保持听之任之。早在1787年之前和几十年后的州宪法也都是以沉默是金的方式来守护着自身。甚至在1787年之前,州宪法中就有一些与众不同的特征。新罕布什尔州1784年的宪法中,本着美国北方佬(Yankee)节俭的精神,郑重宣布"经济"是"各州最基本的美德,尤其是在年轻的州;不应给予任何退休金,除了考虑到实际服务外,而且需要非常谨慎,一次从不超过一年"。[22]所有早期的州宪法中都有一些有趣的材料。但它们中的大多数都是从权利法案开始的,描述了政府的总体框架,并相当满意地故步自封。

宪法不同于普通成文法。它有两个关键的功能。第一,它建立并规定了政府的结构,包括它的永久形态、机构或分支,以及它们的权利、义务、边界和限制。第二,它能够列出公民的基本权利;这些基本权利旨在于限制政府的行为;换句话说,这是一个国家权力不许也不能侵犯的公民权利清单。因此,这些都是更高层次的法律规则,它们应该是永久的、不可侵犯的法律规则,也是不受暂时变化的风向而影响的法律规则。但是上述第二个功能并没有明显的边界线。不同的时代和不同的人,对什么是或什么不是一项基本权利存在着有不同的看法。甚至联邦宪法也不仅仅是一个框架。联邦宪法中嵌入了一些法典的片段。例如,陪审团的审判是受到宪法保障的(第3条第2款第3项)。宪法规定了叛国罪(第3条第3款),其规定了对任何人定罪的最低要求。《权利法案》在某种程度上是一个缩略版的刑事诉讼程序,其中有关于搜查令、搜查和扣押、惩罚形式、禁止自证其罪的权利(privilege against self-incrimination)等方面的规则。

这些在胚胎中存在的规则以及它们在联邦宪法中拥有的合理的比例,在各州的宪法中都有更长的篇幅。宪法开始膨胀,这一过程在内战后达到了最高点(或低点)。但这一过程早在此之前就开始了,甚至权利法案也变得臃肿起来。联邦的《权利法案》有十个条款,肯塔基州1792年的权利法案有28个条款。其中有些是相当模糊的:例如,"选举应当是自由和平等的"(第7条第5款)。还有些条款似乎不配享有宪法的崇高地位。例如,"摧毁自己生命之人的财产,应当类似自然死亡一样被继承或明确归属"[23]。

1792年的《特拉华州宪法》是此类情形的另一个冒犯者。该宪法中充斥着法院组织和程序的细节;例如,"在判决被承认、登记和执行5

年之后,不得提交审查该判决错误的令状"[24]。该宪法还详细规定了法院应如何处理遗嘱执行人、管理人和监护人的相关账目。1819年的《阿拉巴马州宪法》(The Alabama Constitution)规定,"每个郡应按照州议会指示的方式和任期任命一批合格的法官"。但是,他们的民事管辖权"应限于争议金额超过50美元的案件"[25]。显然,50美元的限额并不是对民众权利方面一成不变的限制。1796年的《田纳西州宪法》(The Tennessee Constitution)规定了州长年薪的上限为750美元,这个数字在1804年之前不可以改变[26];没有人能从普遍正义的原则中推断出这些数字。

  这些膨胀的宪法中的每一条款都有其蕴意。每一条都反映了某一派别或利益集团的意愿,他们试图通过将其政策冻结在宪章中,以使其政策永久化。宪法和条约一样,保留了交战团体之间的妥协条款。有时,这会采取一项条款的形式,该条款推迟了国家颁布某一特定法律的权力。例如,联邦宪法规定奴隶贸易在1808年以前是不可触及的;在该年之前,"国会不应禁止任何现有州认为属于适当的移民或这类人(奴隶)的进口"(第1条第9款第1项)。1802年俄亥俄州的宪法把奇利科西(Chillicothe)规定为1808年之前"政府的所在地";而且规定立法机关在1809年之前不得建造自己的建筑物。[27]在一些微妙的问题上,有一个战略上的理由要把它列入宪法之中。否则,政治风向的转变可能会破坏一项谨慎周到的妥协。一个立法机构很容易就能推翻以前的立法机构所做的一切。但是宪法相对来说是强硬的和不容易随意改变的。

  1790年至1847年,州宪法变得更加多样化和普及化。有些事态发展或有些问题是一个州或一些类似的州所特有的;有些是整个国家的共同问题。最普遍的是选举席位的分配和选举权的问题。选举版图或选举权的任何变化都意味着政治权力的重新分配。谁投票往往决定谁执政;因此,选举权是法律的一个关键瓶颈。选举权是宝贵的;毕竟,没有代表权的税收是支撑革命本身的口号之一。但谁有权投票呢?也许只有那些与政治有真正利害关系的人。这意味着拥有财产的人。约翰·亚当斯等人警告不要扩大选举权的范围。如果"那些一文不名的人也要求有他们的声音",该怎么办呢?"妇女也将要求投票。12岁到21岁的小伙子会认为他们的权利没有得到足够的重视";结果可能是"混淆和摧毁所有的阶层,把所有的等级都降到一个普通的水准"。[28]

许多人不同意这一观点。有时,有关选举权和选举席位分配的宪法争端变得十分激烈。在罗得岛,选举权资格限定得很窄,选举席位分配设计也过时了。只有那些拥有价值134美元不动产的人才有权投票;即使是21岁以上的白人男性中,也可能10个人中有9个人被排除在投票权之外。保守派顽固地抵制任何改变。1842年托马斯·多尔(Thomas Dorr)领导了一次所谓不成功的和轻微暴力的"叛乱",试图迫使该州在这方面有所改变。该州1843年生效的一部新宪法,终于对此进行了一定程度的改革。[29]

以上是个极端的案例。但是,曾经几乎普遍认为,选举权只属于拥有土地或纳税的人。根据1818年《康涅狄格州宪法》(The Connecticut Constitution)第6条第2款,选民必须是"白人男性公民",21岁或以上,在该州拥有"当年价值7美元的永久财产",或曾服过民兵兵役或缴纳过州税的人(另外,他还应该具有"良好的道德品质")。有些州特意排除了"穷人"。那些进入这些州贫困家庭的人不仅失去了自尊和在社会中的地位,他们还失去了自己的选票。[30] 但在革命后的几十年里,一个又一个州取消了以财产作为选举资格的做法。1792年的特拉华州、1821年的马萨诸塞州和纽约州(尽管对非裔美国人并没有放弃这种做法!);落后的弗吉尼亚州和北卡罗来纳州,直到1850年才废除了这种做法。[31] 与罗得岛不同,这些都是不流血的革命。像詹姆斯·肯特(James Kent)这样的旧体制的捍卫者,曾经为此进行过一场失败的战斗。

在任何地方,对永恒的追求都是无休止的,但永恒却并没有被人们所掌控。1776年的《宾夕法尼亚州宪法》是18世纪先进自由主义的产物,但在1790年被更为保守的宪法取代;1838年被温和的宪法取代。法规很容易变更,新政府随时会改变它们。宪法曾经是脆弱的;它们有时会被修修补补;但当它们被旧的或无意义的政策以及利益浸透得太彻底时,它们就必须被完全重新制定一次。保守呆板是宪法的缺陷,同时也是它的美德。

即便一个观察者在其他方面都是一片空白,但是单是从这些州宪法的文本中,就可以了解到很多关于各州政治、法律和美国社会生活的知识。随着时间的推移,南方宪法越来越重视支持奴隶制和抑制对黑人的解放。立法机关被禁止解放奴隶,除非主人同意并得到补偿。1838年宾州宪法规定,任何人进行了一场决斗,或发出了挑战,或辅助或教唆决斗,将被"剥夺在这个州担任与荣誉和收益有关的公职的权利"。[32] 1818年,《康涅狄格州宪法》虽然口头上惠顾信仰自由,却使每一个居民固定于其所属的"团体、教堂或宗教协会"之中。任何人如果想退出,必须留下一个"书面通知给这些宗教协会的教士"。[33] 宪法经常处理国家内的民兵事务,对独立革命这一代而言,这是相当重大的事务。1802年俄亥俄州的宪法规定,军队的准将(brigadiers-general)"必须由各自部队的军官们选举产生"。[34] 一些州禁止公职执业牧师。1796年的《田纳西州宪法》不耐烦地指出,"传播福音的牧师们凭借他们的专业,奉献上帝并照顾灵魂,他们的重大职责不可以偏移"。[35] 在1784年,"富兰克林州"的宪法草案,就试图将这一禁令延伸到律师和"医生"的领域。1777年的《佐治亚州宪法》(The Georgia Constitution)

宣布:"不动产是不可以被限定继承的;当一个人无遗嘱死亡,他的不动产应当平分给自己的孩子;寡妇或可以得到一个孩子的份额,或得到她的嫁妆的份额,则由她自己做出选择。"[36] 早在 1776 年,北卡罗来纳州就规定:"一个债务人,如果不能认定怀有一个重大的欺诈,并且依据法律的规则,以其真实的善意(*bona fide*)将自己的不动产和动产都交付给债权人使用之后,就不应被关在监狱里。"[37] 因负债而被监禁,或废除这样的罚则,这是许多 19 世纪的宪法中触及的议题。

各州的宪法反映了当时关于三权分立以及权力制衡的理论。然而,宪法制定得越早,行政分支就越弱。18 世纪的宪法通常只赋予行政长官(就像他的殖民地被称为"总督"的前任一样)微弱的权力。行政长官的任期通常非常短暂。1776 年的《马里兰州宪法》(The Maryland Constitution)郑重声明,"行政部门"的"长期任职延续"是"对自由构成的危险";"轮换执政"则是"保障永久的自由的最佳方式之一"。这部宪法实践了它的诉求;它要求,州长应当是个拥有"智慧、经验和美德的人",每年 11 月的第二个星期一,州长由立法机构两院联合投票选出,任期为一年。尽管他"有智慧、有经验、有美德",但他不得"连任 3 年以上,也没有资格在他离任后 4 年内再次担任州长"。[38]

1776 年的《宾夕法尼亚州宪法》也显示出类似的倾向。它也要求政府官员在任期内轮换。在英国,职位往往依赖于国王或贵族的权势成员来决定。公职在本质上是一个衣食无忧的位置。恩惠和关系是进入公职的关键。这在很大程度上也是当年北美殖民地的做法。美国宪法坚决反对这种做法。根据 1776 年的《宾夕法尼亚州宪法》,"获利的公职职位"是不能被设立的;这些职位导致公职人员处于"与自由人不相称的依赖攀附和苟且屈从"的状态,并在公共生活中制造"派系、争斗、腐败和混乱"(第 36 款)。现代职业政治作为一种特殊的事业,对共和主义者来说是非常陌生的。相反,政治是一种义务,是一种公共服务形式,它对善良的业余人士开放,就像今天的陪审团服务一样。因此,需要强调公职任期轮换的制度。有点儿可惜的是,这一高尚的政府理念并没有长久存在。

正如前面提到的,早期的宪法轻视了行政分支,他们宁愿把大部分权力交给立法分支。从美国的政治历史来看,这是相当自然的。当时的殖民地总督(司法机构在一定程度上也是)代表了来自外国的统治。而当时的议会则是反映了当地有影响力的人士的声音。1776年的《宾夕法尼亚州宪法》将"最高立法权"赋予了一个单一的众议院。没有上议院或州长可以行使否决权来制约众议院的权力。[39]然而,随着时间的推移,各州立法至上的幻想有所破灭。州长是这一趋势的受益者之一。通常情况下,他获得了更长的任期,并有权否决法案。在联邦政府中,总统从一开始就拥有这种权力。司法权的增加也是以牺牲立法机构为代价的。最引人注目的例子就是所谓的司法审查(judicial review)。司法审查使法院在适当情况下有权去监督和控制政府其他部门的行为。事实上,如果法官认为这些法律——包括立法机构庄严通过的那些法规与宪法相抵触,法院就有权宣布这些法律是完全无效的。宪法中的条款越多,就越有机会进行司法审查。

在新共和国初期的几代人中,这种强大的(司法审查权)力量鲜有使用。它的存在本身就是一个有争议的问题。最著名的例子是1803年的"马伯里诉麦迪逊案"(*Marbury v. Madison*)。在此案中,约翰·马歇尔(John Marshall)大法官和美国最高法院第一次敢于宣布国会的一项法案不符合宪法。[40]但在后来的五十多年中,法院并没有明确地使用这项权力来对抗国会。但这种武器被更频繁地用于对抗州一级的违宪法规方面。州最高法院也开始进行司法审查。司法审查是一种不寻常的做法;它被杰斐逊派系(Jeffersonians)的人们所憎恨;一些法官也抵制它;它对政府的一般性运作几乎没有什么影响。但当它的机会来临的时刻,它是一种无与伦比的权力设置。

为什么立法机构会失去一些权力?首先,有影响力的人往往更害怕法律太多,而不是法律不足。在一些州,丑闻玷污了立法机构的名声:贿赂、腐败和其他渎职行为。一些选民担心地主、"有钱的公司"和其他有钱有势的人在国家游说集团中过于强大,控制立法的规则被写入一部又一部宪法之中。这一进程开始是相当温和的。1798年《佐治亚州宪法》宣布:以立法的方式处理离婚事务(the practice of legislative divorce)的做法是不合法的,双方当事人必须诉诸"高等法院的公正审判",并根据"法律原则"取得一个裁决。即便如此,还需要取得"州立法机关的每一个分支机构三分之二的投票"才能允许离婚。[41] 1816年,印第安纳州禁止通过法令设立任何"以发行货币和票据为目的的银行、金融公司或货币机构"[42]。

从某种意义上说,1845年的《路易斯安那州宪法》(The Louisiana Constitution)是一个转折点。与以前相比,这一宪法是一部经济权利和义务宪章,是一部立法程序守则,也是一种简明的政府框架,其中经济政策问题仍然是不言而喻的。该宪法严格限制了州担保信贷或出借金钱的权力。州不得"成为任何公司或股份制公司股票的认购者"。彩票、立法式离婚和特许经营的公司章程都是被禁止的。每一条法律都"只包含一个主题,并在标题中表达出来"。任何新的排他性或垄断性的权力,被授年限不得超过20年。任何银行不得以特许的方式设立。[43] 这些都不是任意偶然的想法。即使在当年的同时代人看来,它们并不是极端的。路易斯安那州试图控制立法机构,而它是通过反立法,也就是说,通过取消整个法律领域的法定变更来做到这一点的。其他州也加入了这股潮流。然而,在国家宪法的历史上,潮流往往会发生变化;公众舆论会发生变化,这使得过去所做的事情看上去似乎是错误的或阻碍进步的。到那时,宪法条款将被修正——或者被回避适用,或者不时地制定一部全新的宪法。

没有哪两个州的宪法是完全一样的。也没有一部宪法是纯粹创新的。州与州之间相互照搬;甚至可以说是一种宪法上的"遵循先例"。[44]流行的条款或规定趋向于广泛传播。新的州从最招人喜欢的宪法资源里借用一些句子和章节。1846年的《纽约州宪法》对密歇根州和后来成立的威斯康星州都产生了深刻的影响。第一部《加利福尼亚州宪法》受惠于艾奥瓦州,而俄勒冈州则是受惠于印第安纳州。

当然,借鉴和影响力并不是一回事儿。各州有着共同的政治文化。密歇根州并不是追随纽约州的法律卫星;这两个州的人民都是那个时代的美国人,而且在政治和法律问题上大多有相同的理念。当时,《纽约州宪法》是最新的一种模式,这就是密歇根人使用它的原因。当你身边有可以借鉴的资源模式时,何必要自己从零开始呢?借鉴总是有选择性的。没有一部宪法是囫囵吞枣地被另一个州完整复制。在重大问题上,总是有意识地做出取舍。那么,各州的借鉴是出于权宜之计和当时的潮流——但却是有限度的。

法　官

在普通法体系中,法官至少制定了一些法律,尽管法律理论常常不愿承认这一事实。美国政治家们并不天真,他们知道法官的信仰是什么以及他们都是哪些人,这些都能导致不同的结局。法官是如何选择的,以及他们应该如何行事,这是独立革命那一代人所面对的一个政治问题;这个问题的争议强度之激烈,乃至后来都没超越当时的程度。一个州接着一个州,联邦政府在法官的选拔和控制问题上进行了政治博弈。法官并不是整齐划一的。法官的素质和资格也因地而异,并且也因其在司法金字塔中的地位而异。地方治安官是法官,美国最高法院的法官亦然。英国和殖民地的传统使非职业法官以及在法律专业上娴熟的法官同时并存。金字塔顶部和底部都有非职业法官存在。在殖民地,总督经常依职权担任最高执法官。新泽西在 1776 年的宪法中延续了这一制度。宪法还规定州长和地方议会是"迄今为止的所有法律原因中的最后上诉法庭"。[45]既然州长和地方议会是或可能是外行,这就意味着非律师对审判和司法行政的运行有最终的控制权。在纽约体系中,外行也在法院等级的顶端分享权力。纽约州 1777 年的宪法设立了一个由参议员和法官组成的"弹劾审判和纠正错误"法庭。[46]这一制度一直持续到 19 世纪。非职业法官通常都是些政治家,但他们也不尽然都是政治家。但他们都是当地的杰出人物;而且他们之间通常都有血缘或婚姻关系。威廉·E. 纳尔逊(William E. Nelson)研究了 1760 年至 1774 年期间(也就是独立革命前夕)担任马萨诸塞州高等法院法官的 11 个人的背景和职业生涯。其中 9 个人从未从事过法律业务;6 个人甚至从未学习过法律。然而,所有这些非职业法官"要么出生在显赫的家庭,要么就是富裕殷实之士"。1760 年任首席大法官的斯蒂芬·休厄尔(Stephen Sewall)是一位前首席法官的侄子;他在哈佛学院(Harvard College)当过 13 年的教师。[47]

在金字塔底部,非法律职业人甚至更占主导地位。非职业法官不一定意味着审判法院的通俗平易或无学养的司法品质。英国士绅也是法律方面的门外汉,但很难说他们是一些普通人。美国的司法体系与英国的地方乡绅统治制度有一定的相似之处。非职业法官不一定就是非正式的法官。一位法官在其席位上坐了好几年,似乎至少吸收了法律职业人的一些行话、口吻和知识。毕竟,律师和非律师之间的差别并不那么鲜明。法律不像今天那样是一种职业或行业。一个人经常在短暂的实习之后加入律师业,尽管他的法律专业知识充其量只是一知半解。在法律生涯的旅程中,法官吸收法律的方式与年轻律师的方式并无太大区别。

在出版文献中,非职业法官被很多粗陋愚蠢的裁判案例标签化了,尤其是那些美国西部和南方的非职业法官。多年后写下文章的资深法律职业人,以及研究法官和律师的历史学家,都在重复着这些故事。这些早年的先驱法官们真的那么无知和粗俗吗?事实既难以捉摸,又有些模棱两可。人们的确抱怨过法院,但这些投诉与法官是不是外行无关。这些抱怨都是关于法院偏袒债权人或富人的倾向。

无论如何,非职业法官正慢慢退出历史舞台。首先,非职业法官从高等法院完全消失了。佛蒙特州最高法院的第一位律师是纳撒尼尔·奇普曼(Nathaniel Chipman,1752—1843年)。他于1787年上任,担任法院的助理法官(assistant judge)。其他4位法官中没有一位是职业法律人。[48]奇普曼或多或少地起了主导作用。他后来成为首席大法官,并为佛蒙特州编辑法律判例报告。在其他州,这种专业化的进展甚至更早。1788年成立的弗吉尼亚上诉法院的所有5名法官都是职业法律人;埃德蒙·彭德尔顿(Edmund Pendleton)担任法院院长。[49]

从历史上看,法官是由上一级任命的。但是美国的民主制度强调来自下层民众的控制。这意味着让选民在法官的选择方面有发言权。根据1777年的《佛蒙特州宪法》(The Vermont Constitution),"每个郡的自由人"都有"选择普通诉讼的下级初审法院法官、警官、治安法官和遗嘱检验法官的自由"。[50]根据1802年《俄亥俄州宪法》(The Ohio Constitution),"最高法院法官、普通诉讼法院院长和助理法官"将由普通法院两院联合投票任命。如果其表现良好,任职期限为7年。[51]这至少使选民在司法选举中有了间接发言权。佐治亚州在1812年,印第安纳州在1816年,规定了部分法官的普选[52];1832年密西西比州规定所有法官都应当由选民普选产生;纽约州在1846年跟随了这个潮流并由此顺流直下。

据威拉德·赫斯特(Willard Hurst)称,这场运动是"在杰斐逊奠定的基础上的'杰克逊主义式民主'(Jacksonian Democracy),在扩大普选和更广泛地控制公职的总体趋势的一个阶段"。然而,这个阶段"与其说是基于任命制度下的经验性的刻意评价,倒不如说是基于情绪化的评价"[53]。没有一种简单的方法来比较当选法官和任命法官的工作。但是,似乎当选的法官至少更顺应人民的意愿。

因此,选举原则是解决司法权问题的途径之一。法官应该是公正和中立的,仅仅是法律的仆人。从前,他们似乎是国王的仆人。在普通法制度中,法官发明或修改了许多行之有效的法律规则。法官明确地在行使权力。他们是制衡体系的一部分;但谁来制衡法官们呢?一个明显的答案是:选民。

当时有十足的证据表明,法官可能会有偏见、党派和派系。托马斯·杰斐逊和他的政党对此深信不疑。联邦法官享有终身任命。杰斐逊上台之前,他们自然都是联邦主义者。他们中的一些人的行为方式不能不引起争议。在杰斐逊主义的支持者们看来,这些联邦法官"偏袒、报复和残忍","服从总统更多于服从法律,并使自己的理性服从于他们的激情"。[54] 1801年约翰·亚当斯离任时,国会通过了《司法法案》(Judiciary Act)。[55] 该法案除其他外,创造了一批新的法官职位。亚当斯提名法官来填补这些新职位;他们在亚当斯政权的最后时刻得到了参议院的确认。杰斐逊的支持者们对这些"午夜任命的法官"(midnight judges)深表愤慨。杰斐逊认为,这是对方的最后一次尝试——让他的政敌永远占据在法官的席位上。

后来,创建"午夜任命法官"的法律被废除;这些法官们也失去了工作;但其他联邦主义法官仍然安然无恙地继续任职。要想摆脱他们,并没有简单的办法。正如杰斐逊所说,"很少有人死去,也没有什么人辞职"。新总统想要限制他们的权力,他想让他们对国家政策有更多的响应——当然,这指的是体现在杰斐逊和他的政党中的国家政策。美国首席大法官约翰·马歇尔尤其反感杰斐逊。马歇尔是个有天赋的人,(幸运的是)他是个身体健康的长寿者。他比包括弗吉尼亚的斯宾塞·罗恩(Spencer Roane)在内的很多位潜在继任人都活得久,并且使好几任想把他替换下去的总统都难以如愿。杰斐逊和他的继任者同样恼怒的是,他们任命的一些法官一旦安全地坐上了大法官席,似乎就落入了马歇尔的魔咒之下。麦迪逊任命了约瑟夫·斯托里(Joseph Story),他至少是一位比较温和的民主党人。但是,约瑟夫·斯托里后来成了首席大法官的狂热支持者。罗杰·布鲁克·坦尼(Roger Brooke Taney)最终接替了约翰·马歇尔,他一直是安德鲁·杰克逊(Andrew Jackson)的宠儿,也是杰克逊内阁的成员之一。但坦尼后来也成为终身任期危险的活生生的证明。他的寿命超过了他的声望。他是臭名昭著的"德雷德·斯科特案"(Dred Scott case)中判决书的主要撰写人。他勉勉强强地任职到1864年,几乎到了南北战争的尾声,这让亚伯拉罕·林肯(Abraham Lincoln)大为烦恼。

今天,联邦法院的威望很高,在自由派和知识分子中尤其如此,但不完全如此。一个独立的法院系统(至少有潜在可能)是穷人、被压迫者和那些试图对抗大型机构或政府的普通人的支柱。在19世纪初,情况似乎并非如此。杰斐逊对抗联邦主义者法官的著名斗争,是他的行政分支在历史上对法院的影响不佳的一个方面。但确实,一些联邦法官的行为方式我们今天会认为是可耻的。当时的联邦法官没有参加连任;但他们在法庭上扮演的政治角色比今天的法官们所能做的更积极。一些联邦党人实际上是在法官席上发表了选举演讲。他们以一种非常偏袒的方式对大陪审团高谈阔论。由此,为杰斐逊的攻击提供了论据。其他法官则比较谨慎,但(杰斐逊认为)他们同样有党派色彩。另一方面,约翰·马歇尔是一座力量之塔。他的意见很谨慎,但却很严肃;他的语言流畅、宏大,有时甚至有些言过其实。他的原则被认为是永恒的和非政治性的。他为基本原则或宪法文本本身而呼吁。他的语气和他的观点的严格逻辑,意味着法律本身推动了他的判决;他自己是法律领域内不偏不倚的工具;其结论遵循着铁一般的、无懈可击的逻辑。这种态度激怒了杰斐逊,他只看到了一种微妙的、令人疯狂的虚伪。但马歇尔的工作是有效的,至少没有把法庭作为政治舞台。

杰斐逊对法官的攻击并非完全失败。这位总统只是输了一场战役,但赢得了整个这场战争。多年之后这种情况再次发生,例如,富兰克林·罗斯福(Franklin D. Roosevelt)在1937年"填塞法院"的尝试。在杰斐逊和罗斯福这两个事例中,国会拒绝了一种极端的倾向。但在这两种情况下,这种策略都可能奏效:作为恐吓法官的一种威慑方式(尽管在这两种情况下,这都是一个备受争议的概念)。

宪法赋予联邦法官终身任期。摆脱法官只有一个办法:用弹劾(impeachment)这把重剑来击打他们。联邦法官可能因"叛国罪、贿赂或其他重罪和轻罪"而被弹劾(宪法第11条第4款)。1790年的《南卡罗来纳州宪法》(The South Carolina Constitution)允许对"任职内的轻微不法行为"(misdemeanor in office)进行弹劾(第5条第3款)。从字面上看,宪法只允许在罕见和极端的情况下对法官提出弹劾。[56]但在19世纪初,有几个值得注意的案件,弹劾被用来作为从职位上赶走政党和国家的敌人的手段。1803年,宾夕法尼亚州第五地区法院的主审法官亚历山大·艾迪生(Alexander Addison)被弹劾并免职。他是一个顽固不化的联邦主义者;作为一名下级法院的法官,他在政治问题上对大陪审团高谈阔论。有一次,他拒绝让一名助理法官向大陪审团提出反驳;弹劾就是基于这一事件。一次直接的政党投票使艾迪生从法官席上除名。宾夕法尼亚州参议院的18名共和党人投票认为他有罪;4

名联邦党人投票认为他无罪。[57]

在联邦政府层面上,这场清洗是在1804年进行的。这是一场相当糟糕的胜利。弹劾终结了联邦主义者约翰·皮克林(John Pickering)法官的职业生涯。他没有犯过"严重的罪行和轻罪",但他是个酗酒、精神有些错乱的老年人。有人想让他离开法庭是可以理解的;但宪法的措辞是否适用于这类法官,还很不清楚。事实上,皮克林的罢免是一次政治的冲撞,是一次更重要的攻击的彩排,即弹劾塞缪尔·蔡斯(Samuel Chase)。[58]

这一著名的事件发生在皮克林审判后不久。蔡斯是美国最高法院的大法官。他有一个漫长而杰出的职业生涯,但他固执于不妥协的党派立场并且是一个脾气很糟糕的人。他还因大陪审团的指控而臭名昭著;他对执政党也曾有过蛮横的攻击。杰斐逊总统留在后台,但他的亲密伙伴们提出了对蔡斯的弹劾条款。有一些具体的不当行为指控;其中一项指控是,1803年5月,在巴尔的摩的一家巡回法庭上,他"曲解了自己在大陪审团面前发言的官方权利和义务",发表"一种不节制、煽动性的政治言论",这种行为"非常不体面、逾越司法底线(highly indecent, extra-judicial),并试图利用自己在司法上的高端位置来支撑其低端的党派选举目的"。[59]

但是,反蔡斯派操作得有些过分了。在一次坦率的私下谈话中,弗吉尼亚参议员贾尔斯(Giles)承认了其中真正的利害关系:

> 弹劾罢免只不过是国会的一项声明:你持有危险的观点,如果你被允许实施这些观点,国家会为之毁灭。所以,我们想要收回你的职位,目的是把它们交给那些能更好地履行这个职位的人选。[60]

对蔡斯的审判是漫长、痛苦和耸人听闻的。共和党人逆反的票数很多,因此蔡斯在所有针对他的指控中都被认定无罪。约翰·马歇尔和他的法院从此变得"安全"了。阿尔伯特·贝弗里奇(Albert Beveridge)称,这是"美国历史上为数不多的真正重大危机之一"的终结。[61] 一些更疯狂的联邦主义者怀疑蔡斯案件只是个开始,真正的目标是马歇尔和他的法庭。然而,没有证据支持这一观点。[62] 1805年1月,宾夕法尼亚州最高法院的所有法官除一名外都被弹劾,但以微弱的票数失败。[63] 这些年后,弹劾对法官不再构成严重威胁。后来有些使用弹劾的零星尝试,例如,针对密苏里州联邦地区法官詹姆斯·霍金斯·佩克(James Hawkins Peck)的弹劾。佩克性情暴躁,颇有争议,因此树敌过多。众议院在1830年投票通过了弹劾条款;参议院进行了为期6周的弹劾审判,罪名是"滥用司法权力";但参议院没有定罪,佩克留在了法院里。[64] 无论过去还是现在,弹劾法官都是罕见的——而且只用于那些明目张胆的严重案件。

另一项摆脱坏法官的激进方案是取消他们的机构职务。当然,即使杰斐逊想要废除最高法院,他也做不到;这就意味着要修改宪法;这显然是不可能的。但他的政府废除了1801年的《司法法案》,这至少可以使"午夜任命的法官"离职。在肯塔基州试行了一种巧妙的撤除不受欢迎的法官的方法。1823年,肯塔基州上诉法院推翻了某些减轻债务人负担的法律;这一行为引发了一场抗议风暴。根据肯塔基州的法律,立法机构可以以三分之二的票数罢免法官,而"主张减负的一派"(relief party)则不能达到这个比例。相反,立法机构废除了上诉法院,设立了一个由州长任命的由4名法官组成的新法院。旧法院并没有悄悄放弃权力。有一段时间,两个上诉法院试图在该州运作,国家政治被"旧法院"和"新法院"派系之间的争端所主导。大多数下级法院服从旧法院的规定;少数下级法院遵循新法院的规定;少数法院试图两者都承认。最终,"旧法院"派赢得了对立法机构的控制,并废除了新法院(因为州长的否决)。旧法院获得了往日的尊荣;新法院被视

为根本不存在。⁶⁵

随着这些危机的平息,光明的力量似乎战胜了黑暗——这个国家将拥有一个自由的、独立的司法机构,而不是那些屈从于政府喉舌的法官。对蔡斯的弹劾失败(据说)是因为两党最终都相信需要一个强大的司法机构,而这个司法机构不需要讨好行政人员。两党都相信三权分立。许多政客实际上对弹劾感到不安;它的杀伤力过猛了一些。杰斐逊的一些支持者也有同样的疑虑。他们认为,出于政治原因,替换一名现任法官是不正确的。但弹劾的失败对双方来说都不是一个明显的胜利。这是一种社会妥协。法官们赢得了独立,但付出了代价。他们变得更加谨慎。经过审判,蔡斯自己后来也变得更加克制。最终,各州转向了选举聘任原则。尽管不会再有弹劾,但也不会再有像蔡斯这样的法官了。从某种意义上说,这一天所承载的是约翰·马歇尔的解决方案。法官们对外将以端庄的职业专业礼仪示人。他们仍然会制定政策——难道他们帮不上什么忙吗?但所谓政策将与公开的党派政治相脱节。他们在使用原则和政策时,总是会穿着正规严肃的法律外衣。司法应该是六亲不认的,它面无表情。这一理想有足够的催眠力量,可以为法官的任期、选拔、行为和撤职等问题带来一些和平与共识。也许,这甚至影响了法官们真正发挥作用的方式。

正如我们所说,法院无法避免美国法律的雷区。高等法院每届任期都面临着敏感的问题以及紧迫的政治问题。有时客观性的面纱会脱落或从法官的脸上撕开。1857年的德雷德·斯科特案,就是法院得不偿失的例子。这个案件是一种公然的政治行为,更重要的是,这是一个错误的政治行为。⁶⁶在下层法院,也有许多较小的类似的德雷德·斯科特案的判决。偏见和傲慢或许不那么公开且更难以记录,但它们确实存在着。美国历史上充满了政治审判——对不受欢迎的人或持不同政见者的审判。1845年,巡回法院法官阿马萨·帕克(Amasa J.

Parker)主持了纽约州北部反租金暴乱者的审判;他的行为与19世纪初的任何联邦主义法官一样具有党派性和偏见。[67]但越来越多的法官采取了得体的姿态。同时,法官作为理论制定者和规则制定者的实际权力,在1800年后或许实际上有所增长。在政治、社会和技术迅速变化的时期,法院不得不提出管理国家事务的法律主张,筛选出那些普通法传统中的可行方案,处理那些浮上台面的争端和问题。1776年那一代法律人,是一代政治思想家和政治家。美国宪法是他们最伟大的法律纪念碑。而在下一代,从某种意义上说,重大的国家文献,则是马伯里诉麦迪逊案或达特茅斯学院案(*Dartmouth College Case*)这类的法庭案例。19世纪早期最好的法官有一种微妙的、准确的政治意识,以及一套明智的经济和社会观点。他们塑造了法律,特别是关于美国生活的基本方面的法律:关于土地、房屋、丈夫和妻子、买卖的规则和教义。他们建造了脚手架,以支持(正如他们所看到的)人类事务的架构。

也许最伟大的法官是美国首席大法官约翰·马歇尔。[68]他比其他任何人都赋予了联邦法官这个身份更多的意义。当然,司法部门分支当然是政府的一个协调部门。各个分支是独立的,但它们是平等的吗?正如联邦党人的文件所说,法院是"最不具有危险性的分支"。法院也是最弱的分支。但在马歇尔做完他的工作之后,情况就不那么好了。在1803年的马伯里诉麦迪逊案中,正如我们所提到的,约翰·马歇尔创造或确认了法院审查国会法案的权力。但马伯里的判决只是马歇尔工作的一个引人注目的例子。他的学说制定了宪法。他亲自改变了最高法院的职能和意义。1801年,当他来到法官席时,最高法院是一个脆弱而又羽翼未丰的机构。1789年,罗伯特·汉森·哈里森(Robert Hanson Harrison)拒绝在法院任职,而愿意去马里兰州当议会的议长。约翰·杰伊于1795年辞职,去竞选纽约州州长。[69]在最初几年里,法院只审理了很少的几个案件。它在这个国家没有引起多大的影响。马歇尔去世的时候,联邦最高法院已经变成至关重要的机构。

马歇尔对体制的稳定有很强的把握。在他成为首席大法官之前,法官们沿用英国的风格,一个接一个地发表意见。然而,马歇尔结束了这种做法。英国的曼斯菲尔德勋爵曾尝试过"决策性意见"(caucusing opinions)的做法,也就是只提供一种一致的意见作为"法院的意见"。这种做法在英国被遗弃了,但马歇尔恢复了这种做法。在一段时期内,全体一致是法院的规则;一致意见是绝对的,即没有任何一个不同的意见。这个做法一直持续到1804年威廉·约翰逊(William Johnson,1777—1834年)被杰斐逊任命为大法官为止。约翰逊打破了这种表面上的共识。[70]然而,约翰逊和后来的任何法官都不能也不会撤销马歇尔的工作成果。他是一个主导性的重要人物。最高法院在1809年的开庭期内作出了41项判决。马歇尔主笔写了其中的30篇判决意见;有7项判决属于法庭的合议判决(*per curiam*);只有4项判决由法院其他成员主笔。约翰逊写了两份表示异议的意见书。其余的案件都是一致同意的。[71]马歇尔在最高法院任职34年,他一共主笔写了574份判决意见书。托德(Todd)大法官在最高法院工作了18年,仅仅写了14份判决意见书。[72]

多年来,有些法理教条发生了变化;个体和集团都与法院发生了冲突;权力与权力发生了抗争;但这些斗争都在马歇尔建造的堡垒内进行。法院仍然很强大,而且令人惊讶地保持着独立性。杰斐逊希望约翰逊能加入反对马歇尔的行列中。然而,约翰逊不止一次站在马歇尔一边,反对他的领导人和朋友杰斐逊。法庭的性质和环境——终身任期、同事的影响——使他不再恪守他的忠诚。即使是大法官们在华盛顿特区期间(相对较短的时间)住在同一个官邸时,也会协同一致反对异议并巩固马歇尔的主导地位。[73]美国历史上的多位总统对他们任命的大法官的表现感到失望,约瑟夫·斯托里背叛了麦迪逊;奥利弗·温德尔·霍姆斯(Oliver Wendell Holmes)让西奥多·罗斯福很失望;艾森豪威尔(Eisenhower)不喜欢厄尔·沃伦(Earl Warren)对最高法院所做的事情;沃伦·伯格(Warren Burger)的法院打了理查德·尼克松(Richard Nixon)的脸;法兰克福特(Frankfurter)抛弃了自由派,苏特(Souter)和布莱克门(Blackmun)抛弃了保守派。

各州法院里也有强有力的领导者和建设者。19世纪初,詹姆斯·肯特统治着纽约州的法院。正如他回忆时所说的:"第一种做法是每位法官发表自己的意见,然后我们都同意了;但这一做法逐渐消失了,在我离开法官席前的两三年里,我给出了最多的意见。我记得,在约翰逊第8册法律案例汇编[74]中,所有的判决意见都是'法庭合议'的成果。事实上,我写了所有的判决意见……"[75]肯特对他的作品的骄傲是有道理的。但当时的机会就在那里。法官们在两方面是独立的:一是脱离英国,二是暂时不受党派的压制。同时,那些判决意见也被印刷出版了。殖民地的法官们没有留下纪念碑,他们是被遗忘的人。从1800年起,意志坚定的美国法官,他们的工作被记录下来,影响了他们的法庭和法律。正如我们所提到的,纽约州有肯特法官(1776—1847年);在马萨诸塞州,有西奥菲勒斯·帕森斯(Theophilus Parsons,1750—1813年)和莱缪尔·肖(Lemuel Shaw,1781—1861年);在宾夕法尼亚州,有约翰·吉布森(John B. Gibson,1780—1853年);在俄亥俄州,有彼得·希契科克(Peter Hitchcock,1781—1853年)。在南方,有路易斯安那州的弗朗西斯·泽维尔·马丁(Francis Xavier Mattin,1762—1846年)、北卡罗来纳州的托马斯·拉芬(Thomas Ruffin,1787—1870年)和佐治亚州的约瑟夫·亨利·伦普金(Joseph Henry Lumpkin,1799—1867年)等。[76]

和联邦最高法院的伟大时期相比,这些州法官的工作规模适中,工作范围也比较小。他们的工作不那么具有全国性意义。但在他们所属的州中,以及在普通法领域里,他们产生了明确的影响。其中一些人是优秀的法律风格的造型师。他们中的许多人都是用卡尔·卢埃林(Karl Llewellyn)所谓的"大风格"(Grand Style)来叙述的[77]:他们的观点有时只是些小论文,从优雅的前提转变为详尽的结论,涉及大胆定义的主题。他们对狭隘的法律逻辑不耐烦,他们尽力成为眼光远大的人。马歇尔、吉布森和肖可以在不引用"权威"的情况下写出数页法律意见书。先例的确是重要的,但并不是至关重要的东西。他们从基本原理的硬岩石中凿出法律。过去的案件只是原则的证据,也是可以加以反驳的。他们坚信法律,他们也坚信,法律应当建立在一个良好社会所依赖的理念基础之上。正如他们所看到的,一个现实社会的需要是他们工作中的关键因素。有些人是保守的,对传统充满热情;但他们尊重传统,不是为了传统本身,而是为了继承传统的价值观。一方面,他们是政治动物,他们相信政治;另一方面,正如爱德华·怀特(G. Edward White)所主张的,他们把政治从高尚的意义上与肮脏的、党派的争论中分离出来。[78]他们之所以重要,不是因为他们固守过去,而是因为他们生活在当下,塑造和改造了活的法律。许多伟大的法官都是学者;少数人非常博学,比如约瑟夫·斯托里,他可以用博学的引文来研究他的观点——这是马歇尔倾向于避免的。伟大的法官们都很有创造力,很有自知之明,并且愿意做出改变。詹姆斯·肯特以大法官的身份描述了他在纽约的工作:

> 我把法庭当作一个崭新的、以前在美国鲜为人知的机构,没有什么东西可以来引导我本人,我可以自由地承担我认为适用的类似所有英国大法官的权力和管辖权……这给了我很大的权能空间,只有参议院或者终审法庭的修正才能够审查我……
>
> 我的做法是,首先,使自己完美而准确地掌握事实……我看

到了正义的所在,道德观念决定了法院所作所为的一半;然后我坐下来寻找权威的资料,直到我审阅了所有我的文献。有时我可能会因一条技术规则而感到尴尬,但我总是能找到适合我对该案件看法的原则……[79]

如同肯特所注意到的,当时没有什么人引用前人的判决。这些前人们的判决意见书并没有印行发表,就已经随风飘逝。肯特则确保他的工作成果会获得不同的命运。他与威廉·约翰逊(William Johnson,1769—1848年)密切合作,由威廉·约翰逊出版他的案件判决书;其他法官也亲自完成了这项工作。F. X. 马丁(F. X. Martin)从1811年到1830年编纂了路易斯安那州的判决;在这大部分时间里,他自己也是该州的法官之一。一些法官积极收集、修订或整理各自州的法规,并撰写或改写论著。约瑟夫·斯托里写了一系列关于法律各个分支的论文。詹姆斯·肯特从法院退休后,写下了他的《美国法释义》(Commentaries)。约翰·F. 格里姆克(John F. Grimke,1753—1819年)出版了南卡罗来纳州的法律,并于1788年撰写了一篇关于"遗嘱执行人和遗产管理的责任"(Duty of Executors and Administration)和"南卡罗来纳州治安法官"(South Carolina Justice of the Peace)的论文。哈里·图尔明(Harry Toulmin,1766—1823年)编辑了肯塔基州的法规;然后,作为密西西比州的法官,他编辑了该地区的法规;再后来,他在阿拉巴马州属地任职的时候,也编辑了当地的法规。

许多上诉法官都是多才多艺、受过良好教育的法官。弗吉尼亚州乔治·威思(1726—1806年),1788年至1801年任该州法院的大法官,也许是该州最著名的古典文学学者;作为威廉和玛丽学院的"法律和政策教授"(1779—1790年),他是美国大学教育中第一位法学教授。奥古斯都·B. 伍德沃德(Augustus B. Woodward,1774—1827年),1805年起担任密歇根州法官,他为底特律市制订了一份计划,撰写了一部关于政治议题的著作,还出版了一本书,名为《普遍科学体系》(A System of Universal Science)。[80]一些法官精通拉丁语和希腊语,对科学或语言有天赋,或者像斯托里一样写点儿平庸的诗。马萨诸塞州的西奥菲勒斯·帕森斯发表了一篇关于天文学的论文,并涉足过数学,他的"提取形容词方程的根的公式"(Formula for Extracting the Roots of Adjected Equations),成为1859年他的儿子为他出版的的生活回忆录的附录。帕森斯也是一位希腊文学者,他写了一本从未出版过的希腊语法方面的书籍。宾夕法尼亚州的约翰·吉布森是法国和意大利文学的迷恋者,也是莎士比亚的学生,还是一位杰出的小提琴家。他可能是唯一一个设计自己假牙的主要法官。威廉·约翰逊是最高法院的一名法官,他写作并出版了有关独立战争将领纳撒内尔·格林(Nathanael Greene)的一生,共两卷,篇幅近1000页。[81]他也是南卡罗来纳州查尔斯顿园艺学会的活跃成员,并于1832年写了一本"草莓记"(Memoire On The Strawberry)。[82]约翰·马歇尔于1805年首次出版了乔治·华盛顿(George Washington)的一部传记,共五卷;此书大获成功;被翻译成法语、德语和荷兰语;并被多次再版。马歇尔甚至为学生们准备了此书的一篇缩略本(分成两册)。[83]法官往往是在成为法官之前就有过政治生涯的人,但是他们中的大多数人在"穿上法袍"时甘愿"放下政治野心"。在新的疆域里,审判只是"一个政治家忙碌生活"的一个方面。美国原来西南地区的哈里·图尔明"同时也是一位邮政主管,他还负责主持葬礼和婚礼;负责在7月4日独立日发表演讲;他义务行医,通常就是这些新的定居点的领导人"[84]。他在来到新的疆域之前,曾经在肯塔基州担任过州务卿。约翰·博伊尔(John Boyle, 1774—1835年),肯塔基州首席大法官,他在成为法官之前是国会议员。约瑟夫·斯托里被任命为最高法院法官时,他是马萨诸塞州众议院的议长。对一些法官,例如约翰·杰伊来说,担任法官是其他若干政治职位之间的插曲。

当时,对所有法官来说,担任法官并不是一辈子的职业。这是一种垫脚石(steppingstone),或者是躲避政治的避风港(a refuge from politics),或者是一种政治奖赏(a political reward)。这不是一个独特的职业,不像在许多大陆国家那样,有着自己独特的训练模式和背景。担任法官往往与运气和机会有关,而不是特殊的技能、背景或愿望。它曾经是现在也是从律师业中派生出来的一个分支——而且是从律师业中热衷于政治事务的那一部分衍生而来的。克米特·霍尔(Kermit Hall)研究了1829年至1861年间被任命为联邦法官的人。令人吃惊的是,78%的法官事先担任过选举产生的公职。这是杰克逊主义的时代;在杰克逊以前的联邦法官中,也有65%的人是在选举中任职的(尽管比率稍低一些)。[85]

一个成功的律师如果成为一名法官,他的收入通常会下降。法官的薪金与一般公职人员的薪金一样,并不丰厚。法官们曾不断地抱怨他们囊中羞涩。根据1827年的法令,新泽西州将州最高法院法官的工资定为1100美元,首席法官的薪水是1200美元;州长的收入是2000美元。[86]1830年,莱缪尔·肖以3000美元的薪水当选马萨诸塞州首席大法官。事实上,低工资是莱缪尔·肖感到勉勉强强去就任法官的唯一原因。对初审法官来说,依照案件收费计价的制度很普遍。1786年的一项纽约州法律规定,遗嘱检验法院法官应收取费用如下:"每一份申请案件的提交,收取1先令;每项法庭判决命令的制作和填写,收取6先令;封章、证人或任何其他用途的每一份引证,收取6先令……所有记录和诉讼程序的副本,每一张包括128字,收取1先令6便士。"[87]在这个制度下,一些下级法院法官发财了。然而,令人感到囊中羞涩的州最高法院的席位,还是以其崇高的地位而物有所值。

法院的组织

1787年的宪法建立了一个新的联邦法院系统。就像1776之前的枢密院一样,联邦法院有权审查州法院的工作。这种权力的范围过去和现在仍然是一个不断定义和重新定义的问题。宪法严重限制了审查范围。然而,在范围上,它比英国政府的殖民审查更有力度。联邦法院和州法院之间的距离近得太多;没有像英国和北美那样的海洋间隔;联邦法官往往熟悉当地问题以及如何处理这些问题。宪法赋予联邦法院对海事案件的管辖权。在联邦法律问题上,诉讼当事人可以从州上诉到联邦法院。除非有真正的联邦问题,否则只有州法院才能作出最后的裁决。

宪法中关于法官的文本,是一个演变过程的开始,也是一种消除某些明显限制的方法。甚至没有人梦想到,从这些18世纪的种子中可以生长出伟大的法律森林。在18世纪末和19世纪上半叶,联邦法院在政府各个分支中显然是从属性的。他们只是在一个相当狭窄的范围内高于州法院而已。人们对联邦下级法院的运作方式知之甚少。玛丽·K. 塔肖(Mary K. Tachau)对肯塔基州联邦法院在1789年至1816年间的记录进行了研究。她发现一个令人惊讶的主动、积极、有用和胜任的法庭,这个法庭处理着大量的案件,尽管它当时处于在美国文明进程中非常边缘的一个地方。[88]

众所周知,联邦宪法充斥着分权和制衡的思想,州宪法基本上是同一知识传统的一部分。但分权并不总是像后来所理解的那样分开。传统的做法是将最高级别的政府分支机构混合起来。毕竟,在英国,最高法院是上议院;但是在英国,它曾经以比较好的方式演变成了一个与上议院完全不同的法庭。在康涅狄格州,州长、副州长和委员会组成了"终审法院"(Supreme Court of Errors)。有一段时间,立法机关本身也是终审法院(court of last resort)。[89]根据1776年的《新泽西州宪法》,州长担任衡平法院法官一职,并与他的议会一起组成"最后的上诉法院"(court of appeals in the last resort)。在纽约州,根据1777年和1821年的宪法,"弹劾和纠正错误的审判"(trial of impeachments and the correction of errors)的终审法院由参议院议长、参议员、衡平法院法官和最高法院法官共同组成。[90]

然而,各州一个接一个地开始把最终的司法权力给予本州的高级法院。1844年的新泽西州宪法和1846年的纽约州宪法都对这一变化加以正式的确认。罗得岛是最后一个采取这个行动的州。直到19世纪50年代,罗得岛州的立法机关才通过了一项法案,实际上批准了一项待决案件的重新审判。1856年,罗得岛法院提出异议,称这种做法不可容忍,并为此呼吁实行分权的概念。[91]当时,政治舆论几乎普遍拒绝这种立法行动。而在整个时期,立法机关通过了一些私人领域的立法,我们现在认为这些行为纯粹是司法或行政行为。他们为刚刚创办的公司颁发了特许合同,或为结束婚姻颁发了离婚证书。他们确定财产所有权、确认继承权以及依法更改姓名。和殖民地时期一样,在大多数州,审判法院和上诉法院之间的分歧几乎是不明显的。高等法院法官的数量通常是审判法官或巡回法官的两倍。上诉法院每年在州首府的固定时间开庭。在其他的时间里,法官们一年中的一部分时间都在马车里或马背上从事巡回案件审理。

巡回审案是相当困难的。这个国家很大,部分地区人烟稀少,内陆几乎是一片荒野。泥土或灰尘(因季节而不同)使巡回的路途成为一种生活历练。法官们常常在自己的家乡的辖区巡回审案,在某种程度上使负担能少一些。然而,许多法官对他们的吉卜赛人式的生活怨声载道。这个系统确实也有一些优点。它使正义接近家庭;它保留了司法的人力资源。巡回法庭的职责赋予上诉法官实际审判的经验。让上诉法官接触到真正的诉讼当事人,而这(有些人觉得)对他的精神培育是十分有益的。

审判工作也巩固了法官和律师之间的关系。大约在1800年,约克郡(后来归属了缅因州)的法官和律师一起旅行,一起辩论,一起开玩笑,一起喝酒,一起生活;这个旅行把"律师、陪审员、原告和证人聚集在法院开庭所在的小村庄里","客栈里通常没有房间"。能获得一个单独的床,算是少数人享受的一个荣幸。律师们"并不是修道者。律师的端庄与尊严……要非常贴切地留在法庭上,而在他们自己的房间里却十分鲜见"[92]。在新的疆域内,巡回法庭的制度造就或要求法官们具有勤勉耐劳的品质。在密苏里州,大约1840年前后,查尔斯·艾伦(Charles H. Allen)被任命为密苏里州的一个巡回法官;他的"马背上的旅行从他自己的家巴尔米拉启程",大约走了200英里;然后在其辖区的巡回审理中,行走800多英里。他一年要进行三次巡回,几乎整个时间都是在马鞍上度过的。然而,他是一个强壮有力的人并有极高的忍耐力。他旅行时,总是在他的马鞍前面携带着若干装有大号手枪的皮套,还有一把至少一英尺长的刀。但从他的服装上看,一个陌生人可能很容易地认为他是个骑兵部队的军官。[93]

随着国家财富和人口的增长,他们倾向于加强初审法院和上诉法院之间的区别。在一些州,设有普通审判法院(general trial courts),通常称为巡回法院(circuit courts)、高级法院(superior courts)或普通诉讼法院(courts of common pleas)。这些法院还审理上诉或重审案件,这些案件始于最低一级的法院,例如治安法院(courts of justices of the peace)。初审法院之上是州最高法院。这越来越多地纯粹是一个上诉法院(court of appeal),即使它的成员有时会巡回审理案件。

大多数历史研究都集中在美国最高法院上。最高法院的法官们穿着长袍,继承了一项伟大的传统,并听审着具有深远意义的案件。在州或联邦法院的金字塔中越往下面展开,研究就越稀少。然而,默默无闻的日常法庭在债务、犯罪、家庭事务和土地所有权等问题上作出了数千项裁决,除对诉讼当事人以外,每一宗具体的案件都意义不大;但从积累的意义上说,这项工作极其重要。审判法庭的法官是谁?什么样的人在担任治安法官?他们的背景和影响是什么?治安法官是"我们在法庭组织中强调地方自治的主要象征",反映了"在通讯不便和费用昂贵的时代——将正义贴近每个人的大门的切实需要"。[94]在费城,1789年以后,市议员担任治安法官;在这些人中,我们发现他们原来是工匠、店主、药剂师、面粉检查员、监狱看守和船长。[95]我们对这些基层法院的实际司法质量知之甚少。也许他们的角色和职能在1790年至1840年之间发生了很大的变化;毫无疑问,东部、西部、北部和南方之间存在着很大的差异,州法院比联邦法院更倾向于专业化。例如,一些州在遗嘱和遗嘱检验问题上使用了单独的法院。另一些州,如今天的惯例,将这些问题交给一般性管辖的法院处理。在新泽西州,由"负责遗嘱执行、信托、监护等与遗嘱有关事项的法官"(the "ordinary")在他的"遗嘱检验法院"来处理遗嘱检验和授权财产管理等事务。其他财产问题在新泽西州则由名字古怪的孤儿法庭(orphans' court)处理。[96]该特别法庭由一些同时也在新泽西州普通审判法院任职的法官们组成。[97]一些州设有独立的衡平法庭。佐治亚州1789年宪法第3条第3款规定:"商人法院应与当下方式同步运作";但1798年的宪法删除了该条款。在特拉华州,有专门的刑事案件管辖法庭(courts of oyer and terminer),也有普通法庭和囚犯移送法庭。孟菲斯(Memphis)、开罗(Cairo)和查塔努加(Chattanooga)有他们自己的市政法院。纽约有其市长法院(mayor's court);里士满的市法院(Richmond's hustings court)保留了一个古老的和有尊荣的名字。1855

年的圣路易斯的土地法院(St. Louis Land Court)是一个不同寻常的专业化范例。

州宪法经常对法院的结构进行一些详细的讨论;而与州宪法不同的是,联邦宪法在这一问题上却相当简练。司法权属于"最高法院"和"国会可不时指定和设立"的"下级法院"(inferior courts)。对于少数几类案件,最高法院应具有"原始"管辖权,这意味着这些案件从最高法院第一审开始,而不是在上诉的阶梯上运行。对于涉及大使的案件和州本身是一方当事人的案件,情况都是如此。国会有权决定有多少上诉管辖权,以及最高法院将享有什么样的管辖权。总统有权任命法官,但须经参议院确认。参议院事实上并不是橡皮图章(rubber stamp)。乔治·华盛顿任命南卡罗来纳州的约翰·拉特利奇(John Rutledge)接替首席大法官杰伊。然而,拉特利奇却犯了一个错误,就是痛斥杰伊与英国签订的条约。这引发了一场来自一群联邦主义者猛烈的抨击。约翰·拉特利奇在一个过渡阶段中工作了几个月,并发表了一些判决意见。但是,对他的批评、不佳的健康状况、家人去世以及财务困境,使他陷入了沮丧和绝望之中。他甚至两次试图投河自杀。1795年12月28日,他辞职了。具有讽刺意味的是,辞职其实是不必要的;尽管他并不知道,基于一种党派倾向,实际上参议院已经直接投票否决了对他的任命。[98]

根据美国宪法,国会有权设立任何较低一级的联邦法院。这样,除了少数联邦问题外,州法院将拥有对所有案件的原始管辖权。1789年著名的《司法法案》作出了其他的规定。[99]它将国家划分为许多地区。每个地区通常与一个州在空间上延伸并存;每个州都有一个联邦地区法院和一名地区法官。这些地区依次分为三个巡回法院区域。在每个巡回法院,由两名最高法院法官和一名地区法官组成的巡回法院每年开庭两次。一般而言,巡回法院处理不同州民之间的案件,即不同州的公民彼此诉讼的案件。地区法院审理了海事事务。在某些有限的情况下,巡回法院审理上诉案件。该系统的一个缺陷是,它迫使法官爬上马车在他们的巡回区域里旅行。起初,法官们一年两次巡回审判。后来,这一负担减轻到每年一次。法院增加了更多的法官,随着国家的发展,新的巡回审判法庭也应运而生。但是这些变化对解决上述困境帮助并不大。1838年,麦金利(McKinley)大法官在他的巡回区域内旅行了10000英里(他的巡回区域包括了阿拉巴马州、路易斯安那州、密西西比州、阿肯色州境内)。其他5名法官每人每年也走了2000英里到3500英里。[100]如同州法院的情形那样,有人认为巡回审判职责是有益的,它使法官更接近人民,使法官受到审判工作的约束。但正如莫里斯(Morris)州长所指出的,没有人可以争辩说

> 快速地从这个国家的一端旅行到另一端,是学习法律最好的方法……在封闭的房间里学习知识或许比在大路上更为方便。[101]

改革在政治上是不可能的。在国会中,一个强大的州权力集团对联邦法院怀有敌意。这个集团认为没有理由迎合联邦法官们的方便。1801年的《司法法案》废除了最高法院法官的驱车巡回的审判制度。不幸的是,这是"午夜任命法官"的著名法案。从技术意义上讲,这是一条令人敬佩的法律,但它的政治根源注定了它在劫难逃。杰斐逊政府立即废除了该法案。一次又一次地,许多改革提案卷入了部门之间的博弈或国会和总统之间的斗争中,因此以失败而告终。正如经常发生的情况一样,更强大的价值观和利益胜过技术效率的理念。

民事诉讼程序

由于被置于自我发展的境况,殖民地可能发展出了比英国都更合

理、更精简有效的法律程序模式。英国法律在18世纪的日益增强的影响力阻碍了这一进程。许多律师和法官都接受了英语培训;英国法律文本获得持续的使用。帝国统治、英国威望和专业律师专业的发展,导致了对殖民程序的"粗糙"(crudities)的不利反应。殖民制度成为英国法律与本土经验之间的妥协。到了革命时期,殖民程序像是一堆乱麻。

在美国独立后,传统的英国诉讼程序是完全不可能建立起来的。首先,美国的律师界根本没有处置这种阴沉暗淡的学问的能力。引入英国诉讼程序的奇怪复杂性,对任何人都没有好处——当然也不符合商界人士的利益。这种发生在英国的制度,经过几个世纪的演变是一回事;但是把它从外面引进来,就是另一回事了。但是在开始的时候,英国的法律书籍几乎是律师和法官必须看的所有东西,尤其是在独立后的第一代美国法律人更是如此。有几本在美国当地写成的诉讼程序文书和法律实务手册,其中强调了当地的形式和程序。约瑟夫·斯托里1805年出版了《民事诉讼程序选编》(*A Selection of Pleadings in Civil Actions*);其中有些文献是他从马萨诸塞州的律师那里获取的;他根据英国和马萨诸塞州在"习惯法、成文法规和普通法"上的差异为这本书的出版做了辩护。但基本上这本书是一本关于英国诉讼程序的书籍,其中有些文献是相当古老的。他只是将这些英国古老的诉讼程序为美国人做了改编而已,从而避免了"外国书籍很贵"这类的问题。詹姆斯·古尔德(James Gould)于1832年在波士顿出版的《民事诉讼中的抗辩原则论述》(*Treatise on the Principles of Pleading in Civil Actions*),提出了将辩诉原则作为一门"科学"来阐述的宏大主张。该书对美国法律本身的关注只有如下很少的部分:

> 由于英国的诉状制度一般而言是我国法律的基础;在以下论述中,前者完全是被遵循的,没有考虑到后者的任何特点;那些本

州法律中存在的某些内容除外。[102]

事实上,某些流行的英国法律实务手册在美国自由地流通使用。在某些情况下,还有了这些手册和论文的美国版本。约瑟夫·奇蒂(Joseph Chitty)的诉讼程序论文深受好评,于1840年在美国出版了第八版。这本沉闷乏味的书的第九章的标题是:"被告答辩和之后的诉讼程序(Rejoinders and the Subsequent Pleadings);诉讼要点问题、重新提交诉讼请求(Issues, Repleaders, Judgments non Obstante Veredicto),请求追加辩诉理由(Pleas Puis Darrein Continuance)或现在的未决诉讼(Pending Action);以及在异议中的抗辩和连接(Demurrers and Joinders in Demurrer)"。一位美国律师,读了这本书,可以有如下苛刻的评述:

> 一个反驳可能过于宽泛,因此存在瑕疵。用连接词取代转折词(the *conjunctive* instead of the *disjunctive*),在那里证明的指控在连接词语部分不是必需的。因此,在关于船舶政策的保险政策诉讼案件中,被告不应否认船和设备丢失了,而是应该否认两者都没有丢失过。[103]

英国普通法诉讼程序是一场精心设计的律师艺术竞赛,胜诉并不总是取决于谁是正确的,或者谁站在法律的一边。胜利者可能是更精于诉讼的能者。有太多的规则,而且这些规则过于微妙和前后矛盾。在英国诉状程序背后的观念本身并不可笑。诉状应该是从事实和幻想的模糊状态中,提炼出一个宝贵而小范围的问题,并且可以针对这个问题进行审判。从理论上讲,诉讼程序的原则是经济效率和秩序方面的原则。但实际上,掌握这项业务需要很高的技能。那些有这种技能的人——训练有素的律师和法官认为没有理由放弃这个制度。但美国当时不是由律师管理的。它由商人、银行家、土地所有者和选民管理。对这些人来说,"诉讼程序的科学"(science of pleading)只不过是空洞的胡思乱想,律师的阴谋是去逃避真正的正义,或去挫败普通人对事务的期望。很明显,奇蒂的船商哪里会想到什么有关"连接词和转折词"的反驳这码事儿。

换句话说,英国诉讼程序对现代世界来说太中世纪了。(人们想知道,为什么对中世纪而言,它也是那样过于古老。)无论如何,民事诉讼改革在美国找到了肥沃的土壤。诉讼改革是法律使用者激增所必需的变革之一。这是一个中产阶级国家——从某种意义上可以印证,特别是在北方的普通家庭都拥有一块土地。他们有时需要法律帮助。但是法律技能是一种稀缺资源,必须要节俭地使用。诉讼程序上的精明机智在美国社会中并不廉价,也不是普遍的。流行的民主、殖民地的传统、商业和土地市场对一个合理的、可预见的制度系统的需求,所有这些都形成了一种共同的联盟,在某种意义上,旨在于反对所谓"诉讼程序的科学"。少量的法官和律师组成的队伍,即便想保卫这个"诉讼程序的科学",也不过是一种无精打采的状态。懂法语的受过教育的法官瞧不起普通法。普通律师没有受过足够的训练,根本无法应付奇蒂编写的著作。英国诉讼程序已经成为一个通风顺畅的老房子。那些出生在这里并在其中长大的人都喜欢它,但没有外人能容忍它的秘密的隔板、破碎的窗户以及一会儿流通一会儿堵塞的水管装置。

改革并没有一次性大规模爆发。法院,特别是初审法院的实际做法比阅读程序手册所设想的更加自由和容易。随着更多的研究被完成,书本的学习和现实之间的更多的差异就会浮出水面。亚历山大·汉密尔顿(Alexander Hamilton)于1782年编写了一本实务手册的手抄本,可能是为了自己在律师实务中机械熟记的需要而使用。在这本书中,他注意到关于"起诉不当答辩"(pleas of abatement)的"细致研究"(nice Learning)的减弱。他指出,对于这些诉讼很少被使用;而且,法院总是"对此不屑一顾,因为法院最近采取了一种更为自由的态势并开始有一种模糊的想法,即法律诉讼的终结是为了调查原因的是非曲直,并非纠缠于技术的术语"。[104]

相对而言,纽约在法律事务上相当保守。汉密尔顿的纽约诉讼程序手册如果是可以信赖的话,说明纽约当时对英国的诉讼程序行使的手续和形式的深深依赖。即使在这里,我们也看到了许多对英国方式的背离,这些背离更趋向于"法律诉讼旨在于分清案件的是非曲直"。其他司法管辖区在背离英国传统方面走得更远一些。佐治亚州在18世纪通过了一系列法律,大大有助于民事诉讼的合理化。其最高潮的阶段是1799年的《司法法案》。根据佐治亚州的法律规定,原告可以通过简单地提交一份诉讼请求,案情"清楚、完整并且实质内容明确",即可开启民事诉讼程序;被告可以提出答辩,陈述任何有必要包括在内的"答辩理由"。[105]在其他方面,佐治亚州的法律是将衡平法和普通法的诉讼程序结合起来的一个勇敢的尝试。它也摆脱了那些过去的诉讼形式,摆脱了那些像紧身衣一样古老的约束程序——它们让诉讼当事人被迫来适合满足其诉讼程序的要求。据说,保守的佐治亚法院对这种大胆的行为感到愤慨并在暗中抵制这一改革。但这种说法的证据只不过是来自上诉法院的闲言碎语而已。这一改革对佐治亚州的审判法庭的行为方式产生了真正的影响。

到了19世纪30年代,程序的改革还在进行中,甚至在英国本身这个普通法的故乡也是如此。杰里米·边沁(Jeremy Bentham)也留下了很深的影响。1828年,布鲁哈姆(Brougham)勋爵在议会敦促彻底的改革。他和其他像他一样的人一起,启动了一个对整个普通法世界都有影响的进程。英国也是一个现代化的社会,在工业发展方面远远领先于美国,尽管在实现民主平等的道路上还远落后于美国。在19世纪,两国走了大致平行的变革之路。但就民事诉讼程序而言,大多数关键的发展只是发生在20世纪中叶,甚至更晚一些。[106]

在中世纪,衡平法院在某种程度上是改革的源泉。衡平法以有弹性的方式集合了许多补救方式;它常常刺激和推动比较沉闷的普通法朝着更合理(和公正)的方向发展。但是,公平本身已经变得僵化;到1800年前后,它甚至比普通法更加迫切地需要程序方面的改革;狄更斯在他的代表作《荒凉山庄》(*Bleak House*)中对"衡平法"而不是"普通法"进行了抨击和责难。那时,衡平法的存在本身就是一种不正常的现象:这是一个单独而又相互矛盾的法律体系,在"法律"身边不自在地存在着。美国的许多州只是简单地将衡平法运作的权力和方式移交给了一般意义上的普通法院。由同样的法官对这两种类型的案件作出裁决。他们只是轮流扮演着不同的角色而已。例如,1782年的北卡罗来纳州授权"每个高等法院在同一辖区内运行衡平法院的功能"。在少数几个州(密西西比州、特拉华州、新泽西州)[107],存有由不同的法官主持的普通法院和衡平法院。在19世纪20年代之前,纽约一直也是如此;当时巡回法官被任命为"副首席法官"(vice-chancellors),并在其职权范围内拥有处理衡平法院的全部权力。但败诉者不能从这些"副首席法官"上诉到普通法的上诉法院;相反,他必须向首席法官上诉。[108]有些州根本就没有衡平法或衡平法院。路易斯安那州是其中之一,因为它具有大陆法系(或民法法系)的历史传统。马萨诸塞州和宾夕法尼亚州是普通法传统的典型范例。然而,在1848年之前,实际上只有佐治亚州(以及历史异常的得克萨斯州)废除了衡平法和普通法之间的区别。

缺乏"衡平法"的州,自己形成了法律和衡平法的粗略结合。成文法规作出了在案件中当事人可以用衡平法来作为防御的规则。在马萨诸塞州,如果当事人依据普通法无法得到一个清楚、适当和完整的救济的情况下,最高法院有"权力依据衡平规则来听审和判决案件"。该成文法规列出了这些案件可能包括的"具体案例",例如,"针对任何书面合同的特定履行的诉讼"。[109]宾夕法尼亚州的法律规定,"普通法的行为可以被用来执行纯粹的衡平诉求;纯粹的衡平的防御可以在普通法的诉讼中被允许;少数情形下,通过普通法诉讼的手段来获得纯粹的衡平法的救济"[110]。在整个时期,宾夕法尼亚州立法机构通过私法规定允许个人从事其他州在衡平法权力范围内的事情。例如,宾夕法尼亚州有时允许遗嘱执行人出售地块以偿还死者的债务。[111]1836年,根据宾夕法尼亚州法律修改委员会的建议,宾夕法尼亚州给该州部分法院非常广泛的衡平权力。因此,宾夕法尼亚州(和马萨诸塞州)通过一个渐进的过程,对未来的一般性改革实现了"奇特的预期"[112]。

总的来说,"法律"(普通法)是倾向于做出"衡平"修正的,但并不是所有的变化都是如此。普通法院喜欢口头陈述的话语——在公开的法庭中的证言、交叉询问。衡平法院则偏爱文件、书面和书写证据,并且传统上不能容忍其他的形式。但是1789年的《司法法案》规定了联邦衡平案件中可以采用证人的口头证词。佐治亚州允许陪审团审理一些传统上属于衡平法的诉讼案件。北卡罗来纳州在1782年的法令中也作了同样的规定。北卡罗来纳州1801年的一部法律规定了一种在双方当事人死亡后可以继续进行衡平诉讼的简单方式。这一方式取代了"恢复诉讼令状"(bill of revivor)这一程序——这是一个导致程序迟缓并且过于技术性的方式,这种一经开启就没完没了的诉讼程序,令人疑惑不已。[113]

在英国法律中,有无数种"上诉"的程序,要求不同的诉状和形式,充满了阴暗的神秘,一些粗心大意的人很容易就被绊倒和落入法网。严格地说,"上诉"一词只适用于高等衡平法院的复审。美国延续了殖民地时期开始的做法,强调了两种高等法院的复审:衡平法案件的上诉和普通法案件的上诉,而普通法案件的上诉是根据诉讼中的纠错令或类似程序来运作的。各地区常常会有一些不同的处理方式。在北卡罗来纳州,使用的不是纠错令的做法,而是上一级法院对下一级法院的审判文书下达调卷令(writ of certiorari)的做法。这是一种复审形式,在英国,只能用于审查非普通法院的场合。[114]在康涅狄格州,纠错令审查了衡平法判决,代替了"上诉"的角色。

复审或上诉的基本问题是,如何避免再次重蹈覆辙——这将是一种巨大的浪费——但同时也要确保有一种方法可以纠正下级法院的错误。本质上,纠错令只更正了一些错误,即那些出现在正式记录表面的错误。这些主要是诉讼程序方面的错误,除非一方当事人在一份异议书中保留了就其他类型的"错误"——例如,如果法官认可了不适当或有偏见的证据——提出申诉的权利。但是,这些各种各样的"错误"很少触及问题的核心。上诉制度受到罗斯科·庞德(Roscoe Pound)所谓的"记录崇拜"的影响,即"过分重视正式记录而牺牲了案件本身,严格审查该记录中的'法律错误',而牺牲了对案件的审查以确保结果符合实体法的要求"[115]。

这一制度并不是完全不合理的。这可以作为划分高低法院的权力和职能的一种理由来加以辩解。高等法院关心法律本身——规则、理论、原则。下级法院实际上进行了审判和裁决案件。通过纠正记录错误,高等法院能够调整正式学说中的任何扭结。但与此同时,他们离开了审判法庭的日常工作。然而,记录崇拜意味着许多错误和不公正行为永远无法由上级法院审查;与此同时,高等法院有时会以高度技术性的理由推翻完全正确的裁决。事实上,我们不得不承认,我们对19世纪上半叶高等法院对初审法庭的控制有效程度,其实所知(或能够知道的)甚少。而"记录崇拜"的影响也是未知的。我们必须铭记,在所有时期,只有一小部分案件提出上诉,其中大多数案件结束于它们开始时提出的地方——普通审判法院。

记录崇拜作为一种疾病,很可能并没有感染到所有的案件。例如,法院对生命或自由受到威胁的案件中的小错误会更为敏感。因此,刑事诉讼法在记录崇拜和技术手段方面优于民事诉讼法,这一点不足为奇。这一法律分支在美国法律学中占有特殊的地位。权利法案载有相当于刑事诉讼法缩写版的内容。联邦宪法第四修正案规定:"人民的人身、住宅、文件和财产不受无理搜查和扣押的权利,不得侵犯。除依照合理根据,以宣誓或代誓宣言保证,并具体说明搜查地点和扣押的人或物,不得发出搜查和扣押状。"第五修正案规定:"无论何人,除非根据大陪审团的报告或起诉,不得受判处死罪或其他不名誉罪行之审判,但发生在陆、海军中或发生在战时或出现公共危险时服现役的民兵中的案件,不在此限。任何人不得因同一罪行为而两次遭受生命或身体的危害;不得在任何刑事案件中被迫自证其罪;不经正当法律程序,不得被剥夺生命、自由或财产。不给予公平赔偿,私有财产不得充作公用。"第六修正案规定:"在一切刑事诉讼中,被告享有下列权利;由犯罪行为发生地的州和地区的公正陪审团予以迅速而公开的审判,该地区应事先已由法律确定;得知被控告的性质和理由;同原告证人对质;以强制程序取得对其有利的证人;取得律师帮助为其辩护。"第八修正案规定:"不得要求过多的保释金,不得处以过重的罚金,不得施加残酷和非常的惩罚。"正如我们所看到的,许多州甚至在联邦政府之前就通过了自己的权利法案;其他州则复制或修改了联邦版本。刑事诉讼程序是所有这些权利法案的主要部分。人的基本权利在很大程度上是获得公正刑事审判的权利。这些权利被认为是保护公民免受国王、统治者和政府暴政的一种方式。联邦主义者法官滥用职权只会强化人权法案的理念的重要性。从理论上讲,刑事诉讼程序为被控犯罪的人提供了一整套保护措施。被告有权对定罪提出上诉;国家无权对无罪开释提出上诉。[116]在许多案件中,高等法院十分认真地搜查记录,寻找错误的指示、不当的证据、正式辩护中的错误或法官的偏见行为。有时,高等法院会因为一个小小的笔误而撤销一个起诉,或者因为一些微小的错误而撤销一个判决。在1810年北卡罗来纳州的"州诉欧文案"(State v. Owen)中,韦克郡的大陪审团以谋杀为由,指控一个以木匠为业的约翰·欧文(John Owen)犯了谋杀罪。根据起诉书,欧文于1809年4月21日在罗利市(Raleigh),

> 在上帝面前没有敬畏,而是被恶魔的教唆而感动和诱惑……用武力和武器,在罗利市……对被害人帕特里克·康韦(Patrick Conway)……严重且故意并有预谋地确实发动了攻击……约翰·欧文双手握住一根廉价的棍子,不时地攻击被害人的头部和脸部,在他的头上和脸上,打了又打……在他的头上和脸上有几处致命的伤口,然后,被害人当场死亡。

欧文被判有罪并提出上诉。他的律师争辩说,起诉书有缺陷,因为它没有"说明致命伤口的长度和深度"。北卡罗来纳州最高法院的多数法官遗憾地同意:"从书上看,必须描述能够描述的伤口,法院可以判断是否被害人死亡是由这些伤口造成的。"由于起诉书没有指出伤口有2英寸长和4英寸深,或其他类似的叙述;所以必须推翻该案,欧文赢得了新的庭审机会。[117]

庞德称这类案件"程序化臃肿"[118]。他觉得,这种臃肿是19世纪的一种紊乱。刑事法律之所以可以容忍这种"臃肿",因为这符合美国男性的自我形象——开拓者、自力更生并对自己的判断充满自信,同时嫉妒国家的权力。他们认为,应该通过技术规则对法院和检察官的权力加以束缚;与其说让法院和检察官拥有任何真正的权力和自由裁量权,不如让某些有罪者获得自由。

但庞德的描述是否符合现行法律,仍是值得怀疑的。像"州诉欧文案"这样的案件是不同寻常的案件。庞德提供的图像只是保存于上诉法院的一小部分案例记录中。谁从程序权利和记录崇拜中获益呢?

只有少数几个上诉的人。奴隶、普通农民、依赖他人的穷人、城市工人——当然不是这些人。关于整个社会的司法审判的平均水准是什么,并没有足够的系统信息。我们知道,美国法律有其阴暗面——维持治安的民间组织、民间私刑、暴民统治、警察暴虐行为等。在某些社区,对于某些案件,大多数人不想要甚至不情愿容忍程序正义的精细之处。按照20世纪初的标准,即使是正式的权利也不是完全到位的。数千人在没有律师的情况下被逮捕、审判和判刑。但只有律师才能使权利法案生效,更别说"记录崇拜"和"程序臃肿"这些东西了。我们所知道的是,一般性的审判,是简单的、简短的、相对非正式的。即使是一些重大的、带有政治色彩的审判,依照后来的标准看来,也是不公平的。

证据法

在革命后的第一世代里,证据法似乎在明显地严格收紧,幸存的刑事审判记录表明,在1800年左右,对证据的态度相当宽松。在亚历山大·汉密尔顿留下的文件中发现,在所谓"曼哈顿水井谜案"(Manhattan Well Mystery)的审判中,来自传闻方面的证据是被自由允许的;"一些最重要的证词不是由律师的询问引起的",而是来自法院"允许证人连续地、不间断地陈述"[119]。对方律师没有恭顺地等待他们的进行交叉问询的机会。相反,只要他们愿意,他们可以在任何时间里直接发问。

当一个法律领域突然变得病态般地复杂起来,一些根本的利益冲突,一些对立的价值观之间的基本性紧张,就会成为问题的根源。美国政治公众一直抵制强大的中央权威;权力倾向于分割化、部门化和分散化。这种态度在对权力加以制衡和分立的理论中得到了体现,但也深深地影响了证据法律制度。现代的欧洲证据法相当简单和理性；法律几乎允许所有的证据进入法庭，并相信法官能将好的证据与坏的证据加以分离。但美国法律文化倾向于不信任法官；当然，美国法律有陪审团的权力。陪审团有权发现事实，在刑事案件中，它有权作出无罪或有罪的最后决定。然而，很明显，这个系统对陪审团的信任甚至比信任法官还要少一些。证据规则是作为某种对抗制衡的力量成长起来的。陪审团只听故事的零碎部分——只听证据法允许的那部分。法官的手也被绑住了。如果他允许不适当的证词，他就会冒着上级法院将推翻他的决定的风险。严格而复杂的证据规则约束和控制着陪审团和法官。

在中世纪，陪审团是一个由邻居组成的小组，他们往往是那些知道点儿私人消息的忙忙碌碌的人，他们甚至可能是与案件有些利害关系的人。随着时间的推移，陪审团渐渐地改变了它的职能。它成了一个中立的听众机构。他们必须是局外人，对案件的事实和涉案人都不熟悉，他们是12个陌生的人，12个单纯的人。随着陪审团这一概念的深化，证据法经历了爆炸性的发展。规则的目的是排除任何不可靠、不适当或二手的证据。只有经过最严格检验的、预先消化的证据才能供陪审团使用。例如，在19世纪，法院发展并阐述了所谓的传闻规则（hearsay rule），这是一个庞大而奇怪的理论体系。在它的基础上是一个简单的和有点乌托邦的想法，外加一个装满了很多例外的拼图盒子（puzzle box）。陪审团不想听什么二手故事。他们应该听史密斯亲口叙述的故事，而不是听琼斯转述史密斯所说的什么话。史密斯应该亲自作证——而且活生生地站在证人席上宣誓作证，并且可以接受严厉的交叉询问。这是一般性的原则，但在许多情况下，禁止"传闻"是不切实际的，或者说是不公正的；于是，对这些规则的各种例外便应运而生。比如，无意识的话语（"哎哟"）、商店的记录本、谋杀受害者的临终遗言中指认的凶手姓名。

"传闻规则"曾在大西洋两岸一度风光斐然。大多数教义最早出现在英国,但并非全部如此。商业准入规则(business-entry rule)承认在正常的业务过程中所做的记录,尽管严格来说,这些记录也都属于传闻证据。这种特殊的理论似乎于1820年左右出现在美国。[120]美国证据法在复杂性上超过了英国法律,也许是因为美国人对权力集中的恐惧比英国人更深一些。

有关证人的规则与陪审团所能听到的证据规则同样复杂;也许还有类似的原因。1800年的时候,丈夫和妻子不能互相作证,也不能互相指责。如果有人在案件结果中有财务利害关系,任何人都不能出庭作证。这意味着原告和被告在大多数情况下都不能胜任为自己作证;他们的嘴在他们自己的诉讼中被闭上了。这条规则可能对某些类型的诉讼产生了重大影响,例如,人身伤害诉讼。如果受害人没有权利讲述自己被伤害的前因后果的话,这就是一个很难取胜的官司。[121]在这期间,证据法还增加了一些新的证据限制。例如,医患关系的特性,妨碍了医生在未征得病人同意的情况下提供医疗证词。这一现象似乎是首次出现在纽约州1828年的法律之中。密苏里州在1835年也通过了类似的法律。[122]

从理论上讲,证据规则是指法律证明的理性规则。审判是要井然有序、公事公办和公正不倚的。每条规则都有其道理。但是,这些证据规则作为一个整体,由于其本身的复杂性,往往对合理性构成损害。它们似乎显得迷惑不解,甚至毫无意义;因为它们不仅容易实现正义,还可能欺骗正义。杰里米·边沁说,排他性证据规则产生了一种反常的效果,那就是关闭大门,与真相作对;这些规则把"一种压制的许可证赋予了所有可想而知的错误"。例如,由于宗教的原因,贵格教会成员拒绝作证,他们的证词就被排除在外。边沁

认为,这样的规则,

> 如同在一起强奸案中,向整个部队的军人们发放了一个可以袭击贵格教会教堂的许可证,并且在父亲、丈夫和兄弟的面前,侵犯所有在教堂里的女性们。[123]

这种团体轮奸的事情不太可能发生。但是,在证据法中,有足够真实的和潜在的滥用来满足改革的诉求。事实上,就在法院开始逐步构建现代证据法的时候,其中一些规则正显示出腐朽的迹象。但重大变化只是在20世纪末才初露端倪。

在案件审理结束时,法官指示陪审团——告诉他们所适用的法律。在20世纪,律师自己写这些说明,或者(更多地)从格式化的书籍中抄写而已。这些说明往往是枯燥的、沉闷的、刻板的,像是一些抽象规则的防腐说明书。它们是用谨慎的律师语言来表达的。通常,很难看出陪审团是如何对这些"指令"作出正面或反面判断的。然而,律师们却没完没了地争论措辞;他们的上诉,依据的是法官们可能发出的指示中的"错误"。在1776年或1800年,法官倾向于更自由地与陪审团交谈。他们对审判进行了总结和评论;他们用简单、非技术的语言解释了法律。法官的这类指示是关于法律状况的清楚明确、内容丰富的摘要。1794年,特拉华州首席大法官理查德·巴西特(Richard Bassett)向陪审团解释逆占有之诉(adverse possession)时说:"如果你以逆占有的方式占有我的土地的一个角落长达20年之久,那么你就可能会理直气壮地说这块地是属于你自己的。"[124]所有这一切在19世纪发生了变化;就不再有这类理直气壮的生动的语言,再没有清晰的语言,也再没有隐喻。早在1796年,北卡罗来纳州将"在向小陪审团交付起诉案件时,法官提出自己对该案件的一个事实是否已经被充分或完整地证明的看法",是不合法的。因为这是属于"陪审团的真正职责和范围"(the true office and province of the jury)[125]。在19世纪,许多州的法规剥夺了法官对证据的评论权。可以肯定的是,这使得法官更难在陪审团中占据主导地位。平淡、刻板的案件说明可能会使陪审团感到困惑;但它们有助于维持陪审团的自主性。这个制度下的法官比以前更谨慎,更有规则约束——甚至可以说,这是一种导致无能为力的束缚。

在19世纪初期,法官和陪审团的角色被微妙地改变和重新定义。到那时为止,法官和陪审团在各自的范围内都是可以相对自由行事的。威廉·纳尔逊认为,陪审团"不再是地方社区的附属机构,当地社区已将这些社区的道德标准纳入实体法"。反而,它更像是法院的"附属物",其主要工作是处理"事实",而不是"法律"。纳尔逊追溯了19世纪的前十年在马萨诸塞州的发现,人们对此现象的阐述成了对权力和角色的经典定义:法官对"法律"说了算,而陪审团对"事实"说了算。[126]至少从理论上讲,结果是更好地平衡了权力。希望这种职能分工能够使司法制度更合理、更可预测,特别是在商业案件中尤为重要。

其他的变化正在进行中。甚至在19世纪中叶之前,证人丧失资格的规则(The witness disqualification rule)就开始削弱。[127]在法庭的小世界里,法官和陪审团这两个主要权力机构被锁定在更严格、更审慎的角色中。制衡(Checks and balances)不仅仅是宪法的概念,它们贯穿于整个法律体系之中。

注　释

[1] *Statues at Large, Pa., 1682-1801*, vol. IX(1903), p. 149(act of Oct. 13, 1777); p. 201(act of Mar. 6, 1778); p. 34(act of Jan. 29, 1777).

[2] The strictures of Honestus were ultimately published in Boston, in 1819, under the title *Observations on the Pernicious Practice of the Law*; and have been reprinted in 13 Am. J. Legal Hist. 244, 257(1969).

[3] Philip S. Foner, ed., *Complete Writings of Thomas Paine*, vol. II(1945), p. 1003.

[4] Quoted in Elizabeth G. Brown, *British Statues in American Law, 1776-1836*(1964),

p. 21.

⁵ William Walter Henning, *Statutes at Large... of Virginia*, vol. 9(1821), p. 127.

⁶ On the New York reception laws, see E. G. Brown, *op. cit.*, pp. 69-75.

⁷ *Bogardus v. Trinity Church*, 4 Paige 178, 198-199(1833), discussed in E. G. Brown, *op. cit.*, pp. 72-73.

⁸ I. Root's Reports(Connecticut), xlii, xliii(1798).

⁹ Quoted in E. G. Brown, *op. cit.*, p. 82.

¹⁰ Quoted in E. G. Brown, *op. cit.*, p. 132.

¹¹ *Hickman v. Boffman*, Hardin 356, 372-73(Kentucky, 1808). L vol. III of East's Reports contains cases from the court of kings bench for' the years 1802 and 1803.

¹² Quoted in Charles M. Cook, *The American Codification Movement: A Study of Antebellum Legal Reform*(1981), p. 16.

¹³ On this general theme, of course, one has to cite Gordon Wood's seminal work, *The Radicalism of the American Revolution*(1991).

¹⁴ J. Willard Hurst, *Law and the Conditions of Freedom in the Nineteenth Century United States* (1956), p. 24; on the general issue of the extent to which the Revolution itself was a great watershed, see Hendrik Hartog, "Distancing Oneself from the Eighteenth Century: A Commentary on Changing Pictures of American Legal History," in Hendrik Hartog, ed., *Law in the American Revolution and the Revolution in the Law*(1981), p. 229.

¹⁵ Marc W. Kruman, *Between Authority and Liberty: State Constitution-Making in Revolutionary America*(1997), p. 20.

¹⁶ Marc W. Kruman, *Between Authority and Liberty*, pp. 105-106.

¹⁷ On state constitutions and their Bills of Rights, see, in general, Robert Allen Rutland, *The Birth of the Bill of Rights, 1775-1791*(1962); Willi Paul Adams, *The First American Constitutions: Republican Ideology and the Making of the State Constitutions in the Revolutionary Era*(1980); Patrick J. Conley and John P. Kaminski, eds., *The Bill of Rights and the States: The Colonial and Revolutionary Origins of American Liberty*(1992).

¹⁸ See Warren M. Billings, "'That All Men Are Born Equally Free and Independent:' Virginians and the Origins of the Bill of Rights," in Conley and Kaminski, eds., *The Bill of*

Rights and the States, p. 336.

[19] John M. Murrin, "Massachusetts: From Liberties to Rights: the Struggle in Colonial Massachusetts," in *The Bill of Rights and the States*, pp. 63, 93-94.

[20] Jack N. Rakove, *Original Meanings: Politics and Ideas in the Making of the Constitution* (1996), p. 31.

[21] On this subject, see, in general, Michael Kammen, *A Machine that Would Go of Itself: The Constitution in American Culture* (1986).

[22] New Hampshire Const., 1784, art. XXXVI.

[23] Art. XII sec. 21. This was not by any means a unique clause. See Alabama Const., 1819, art. I, sec. 21; Mississippi Const. 1817, art. I, sec. 21; Tennessee Const. 1796, art. XI, sec. 12; Delaware Const., 1792, art. I, sec. 15.

[24] Delaware Const., 1792, art. VI, sec. 13; Const. 1831, art. VI, sec. 20.

[25] Alabama Const., 1819, art. V, sec. 10.

[26] Tennessee Const., 1796, art. I, sec. 20.

[27] Ohio Const., 1802, art. VII, sec. 4.

[28] Quoted in Marc W. Kruman, *Between Authority and Liberty: State Constitution Making in Revolutionary America* (1997), p. 89.

[29] Peter J. Coleman, *The Transformation of Rhode Island, 1790-1860* (1963), pp. 254-94. Rich material on suffrage questions is contained in Merrill D. Peterson, ed., *Democracy, Liberty and Property: The State Constitutional Conventions of the 1820s* (1966); Adams, *The First Constitutions*, pp. 197-217.

[30] See Alexander Keyssar, *The Right to Vote: The Contested History of Democracy in the United States* (2000), pp. 60-61.

[31] Alexander Keyssar, *The Right to Vote*, p. 29.

[32] Pennsylvania Const., 1838, Art. VI, sec. 10. Many states had similar clauses.

[33] Connecticut Const., 1818, art, VII, sec. 2.

[34] Ohio Const., 1802, art. VIII, sec. 4.

[35] Tennessee Const., 1796, art. VIII, sec. 1.

[36] Georgia Const., 1777, art. LI.

[37] North Carolina Const., 1776, art. XXXIX. This was also a feature of the Pennsylvania Constitution of 1776.

[38] Maryland Const., 1776, declaration of rights, art. XXXI, const., arts. XXV, XXXI. The governor had to be rich as well as wise, Only residents above twenty-five years of age, "and having in the State real and personal property above the value of five thousand pounds, current money(one thousand pounds whereof, at least, to be freehold estate) shall be eligible as governor" (art. XXX).

[39] J. Paul Selsam, *The Pennsylvania Constitution of 1776*(1986), pp. 183–84.

[40] *Marbury v. Madison* is 1 Cranch(5 U.S.)137(1803). There is a large literature on this famous case. See Robert Lowry Clinton, *Marbury v. Madison and Judicial Review* (1989), which also deals with the later reputation and history of the case; William Nelson, *Marbury v. Madison: the Origins and Legacy of Judicial Review* (2000); see also Larry D. Kramer, *The People Themselves: Popular Constitutionalism and Judicial Review*(2004), ch. 2.

[41] Georgia Const., 1789. art. III. sec. 9.

[42] Indiana Const., 1816, art. X, sec. 1. But a state bank was allowed.

[43] Louisiana Const., 1845, arts. 113, 114, 116, 117, 118, 121, 122, 123, 124, 125.

[44] J. Willard Hurst, *The Growth of American Law: The Law Makers*(1950), p. 224.

[45] New Jersey Const., 1776, art. IX.

[46] New York Const., 1777, art. XXXII. In England, too, the highest court, the House of Lords, included laymen as well as judges.

[47] William E. Nelson, *Americanization of the Common Law: The Impact of Legal Change on Massachusetts Society, 1760–1830*(1975), pp. 32–33.

[48] Daniel Chapman, *The Life of the Hon. Nathaniel Chapman, LL.D.*(1836), p. 69.

[49] See S. S. Patterson, "The Supreme Court of Appeals of Virginia," 5 Green Bag 310, 313–18ff.(1893).

[50] Vermont Const., 1777, ch. II, sec. 27. See, in general, Evan Haynes, *The Selection and Tenure of Judges*(1944).

[51] Ohio Const., 1802, art. III, sec. 8.

[52] In Georgia, the "justices of the Inferior Courts" were to be elected for four year terms,

Georgia Const., 1798, art. III, sec. 4 (amendment, ratified 1812); in Indiana, the supreme court was appointed by the governor, the president of the circuit court by "joint ballot of both branches of the General Assembly"; associate judges of the circuit courts were to be "elected by the qualified electors in the respective counties." Indiana Const., 1816, art.V, sec. 7.

[53] Willard Hurst, *The Growth of American Law: The Law Makers* (1950), p. 140. Jacksonian democracy did not mean, necessarily, that every man could or should be a judge. Jackson himself, for example, did not appoint the common man to the bench. His appointments were men of high status, by background or achievement, just as Adams's were. But the Jacksonian *attitude* differed from the earlier one; this may have led to change in the long run. See Sidney H. Aronson, *Status and Kinship in the Higher Civil Service* (1964), p. 170.

[54] Quoted in Charles Warren, *The Supreme Court in United States History*, vol. I (1923), p. 191.

[55] 2 Stats. 89 (act of Feb. 13, 1801); repealed, 2 Stats. 132 (act of March 8, 1802), See Erwin C. Surrency, "The Judiciary Act of 1801," 2 Am. J. Legal Hist. 53 (1958).

[56] In some states, the wording of the constitution was much less emphatic. So, in New Hampshire, under the constitution of 1792, the governor, with the consent of the council, might "remove" judges "upon the address of both houses of the legislature" (part II, sec. 73).

[57] S. W. Higginbotham, *The Keystone in the Democratic Arch: Pennsylvania Politics, 1800-1816* (1952), pp. 53-55.

[58] Lynn W. Turner, "The Impeachment of John Pickering," 54 Am. Hist. Rev. 485 (1949). The actual meaning of the constitutional provision on impeachment is not as clear as one might suppose. See Raoul Berger, "Impeachment of Judges and 'Good Behavior' Tenure," 79 Yale L.J. 1475 (1970).

[59] *Report of the Trial of the Hon. Samuel Chase* (1805); Appendix, pp. 5-6; see also Richard B. Lillich, "The Chase Impeachment," 4 Am. J. Legal Hist. 49 (1960).

[60] Quoted in J. Willard Hurst, *The Growth of American Law*, p. 136.

[61] Albert Beveridge, *The Life of John Marshall*, vol. III (1919), p. 220.

[62] Jean Edward Smith, *John Marshall, Definer of a Nation* (1996), p. 347.

[63] S. W. Higginbotham, *The Keystone in the Democratic Arch*, p. 79.

⁶⁴ Lawrence H. Larsen, *Federal Justice in Western Missouri: The Judges, the Cases, the Times*(1994), pp. 17-20.

⁶⁵ On this controversy, see George DuRelle, "John Boyle," in *Great American Lawyers*, vol. II(1907), pp. 221-59. There were cleaner ways than impeachment or abolition of courts to get rid of old and inconvenient judges. Under the New York constitution of 1821(art. V sec. 3), the chancellor and justices of the supreme court had to retire at the age of sixty.(A similar provision, art. 24, had been part of the New York Constitution of 1777.) The clause ended the judicial career of James Kent, who left office in 1823 and took a kind of revenge by writing his famous *Commentaries*.

⁶⁶ The definitive treatment of the case in Don E. Fehrenbacher's book, *The Dred Scott Case: Its Significance in American Law and Politics*(1978).

⁶⁷ Described in Henry Christman, *Tin Horns and Calico*(1945), pp. 220-41; on the background, see Charles W. McCurdy, *The Anti-Rent Era in New York Law and Politics, 1839-1865*(2001).

⁶⁸ There is an enormous literature on John Marshall. See, for example, Jean Edward Smith, *John Marshall: Definer of a Nation*(1996). On the work of the Marshall court, an especially good source is G. Edward White, *The Marshall Court and Cultural Change, 1815-1835* (Vol's III and IV of the Holmes Devise, History of the Supreme Court of the United States, 1988); see also Herbert A. Johnson, *The Chief Justiceship of John Marshall, 1802-1835* (1997).

⁶⁹ The election for governor of New York was held in April 1795, and Jay's opponent happened to be Abraham Yates, chief justice of the New York supreme court; in short, no matter who won, it was inevitable that a judge would desert the bench for a governorship.

⁷⁰ Donald Go Morgan, *Justice William Johnson: The First Dissenter*(1954), pp. 168-89; the phrase about "caucusing opinions" is from a letter written by Jefferson. See also Karl M. ZoBell, "Division of Opinion in the Supreme Court: A History of Judicial Disintegration," 44 Cornell L.Q. 186(1959).

⁷¹ Jean Smith, *John Marshall*, p. 386.

⁷² White, *The Marshall Court*, p. 191.

[73] White, *The Marshll Court*, p. 190.

[74] That is, the eighth volume of Johnson's Reports of New York cases. Kent is referring to the October term, 1811, of the New York Supreme Court. 8 Johns 361–492. *Per curiam* means "by the court," that is, the opinion is not signed by any particular or specific judge.

[75] Quoted in William Kent, *Memoirs and Letters of James Kent*(1898), p. 118.

[76] On Lumpkin and Ruffin, see Timothy S. Huebner, *The Southern Judicial Tradition: State Judges and Sectional Distinctiveness*, 1790-1890(1999), chs 3 and 5.

[77] Karl N. Llewellyn, "Remarks on the Theory of Appellate Decision and the Rules or Canons about How Statutes Are to Be Construed," 3 Vanderbilt L. Rev. 395, 396(1950).

[78] White, *The Marshall Court*, pp. 196-98.

[79] Quoted in William Kent, *Memoirs and Letters of James Kent*(1898), pp. 158-59.

[80] On Woodward, see Frank B. Woodford, *Mr. Jefferson's Disciple: A Life of Justice Woodward*(1953).

[81] Donald G. Morgan, *Justice William Johnson: The First Dissenter* (1954), pp. 148-49.

[82] Irwin F. Greenberg, "Justice William Johnson: South Carolina Unionist, 1823-1830," 36 Pa. Hist. 307, 331n(1969).

[83] Jean Smith, *John Marshall*, p. 331.

[84] Dunbar Rowland, *Courts, Judges and Lawyers of Mississippi 1798-1935*, vol. 1 (1935), p. 21.

[85] Kermit L. Hall, *The Politics of Justice: Lower Federal Judicial Selection and the Second Party System, 1829-1861*(1979), pp. 166-67.

[86] Acts N.J. 1827, p. 9.

[87] Laws N.Y. 1778-1792, vol. 1(1792), p. 240.

[88] Mary K. Bonsteel Tachau, *Federal Courts in the Early Republic: Kentucky, 1789-1816*(1978).

[89] Roscoe Pound, *Organization of Courts*(1940), p. 95.

[90] New Jersey Const., 1776, art. IX; New York Const., 1777, art, XXXII; New York Const., 1821, art. V, sec. 1; sec Peter J. Galie, *Ordered Liberty: A Constitutional History of NewYork*(1996), p. 82.

[91] *Taylor & Co. v. Place*, 4 R.I. 324(1856).

[92] William Willis, *A History of the Law, the Courts, and the Lawyers of Maine*, p. 278.

[93] W. V. N. Bay, *Reminiscences of the Bench and Bar of Missouri*(1878), p. 211.

[94] J. Willard Hurst, *The Growth Of American Law:The Law Makers*(1950), p. 148. For a rare study of the lower courts in a state, see Robert M. Ireland, *The Couny Courts in Antebellum Kentucky*(1972).

[95] Allen Steinberg, *The Transformation of Criminal Justice: Philadephia, 1800 – 1880* (1989), pp. 39-40.

[96] Pennsylvania, too, had a court with this name. An "ordinary," in England, had been an official in the church courts.

[97] States, N.J. 1847, p. 205.

[98] James Haw, "John Rutledge:Distinction and Declension," in Scott Douglas Gerber, ed., *Seriatim:The Supreme Court before John Marshall* (1998), pp. 70, 85-88.

[99] For the early history of federal jurisdiction, see Felix Frankfurter and James Landis, *The Business of the Supreme Court* (1928), pp. 4-52.

[100] Frankfurter and Landis, *op. cit.*, pp. 49-50.

[101] Quoted, *ibid.*, p. 17.

[102] Preface, ix.

[103] Joseph Chitty, *Treatise on Pleading*, p. 645.

[104] Quoted in Julius Goebel Jr., ed, The Law Practice of Alexander Hamilton, 1757-1804, vol. 1, *Documents and Commentary*(1964), p. 81.

[105] Robert W. Millar, *Civil Procedure of the Trial Court in Historical Perspective*(1952), p. 40.

[106] See part III, ch. 3.

[107] Laws N. Car. 1782, ch. 11.

[108] Rev. Stats. N.Y. 1829, vol. II, part III, ch. 1, title II, sections 2, 59.

[109] Rev. Stats. Mass. 1886, ch. 81, sec. 8.

[110] Spencer R. Liverant and Walter H. Hitchler, "A History of Equity in Pennsylvania," 37 Dickinson L. Rev. 156, 166(1933).

[111] Thomas A. Cowan, "Legislative Equity in Pennsylvania," 4 U. Pitt. L. Rev. 1, 12 (1937).

[112] Millar, *op. cit.*, p. 40. The Pennsylvania law of 1836, incidentally, did not put an end to private acts of "legislative equity"; these lasted for almost forty more years.

[113] Laws N. Car. 1782, ch. 11; 1801, ch. 10.

[114] Roscoe Pound, *Appellate Procedures in Civil Cases* (1941), p. 288.

[115] Roscoe Pound, *Criminal Justice in America* (1930), p. 161.

[116] *State v. Jones*, 5 N. Car. 257(1809).

[117] *State v. Owen*, 5 N. Car. 452(1810). The North Carolina legislature promptly passed an act(1811) to remedy such excesses. See also the provisions of the New York revised statutes of 1828 dealing with indictments.

[118] Pound, *Criminal Justice in America*(1930), p. 161.

[119] Julius Goebel Jr., ed., *The Law Practice of Alexander Hamilton:Documents and Commentary*, vol. 1(1964), p. 701.

[120] *Two Centuries' Growth of American Law 1701-1901*(1901), pp. 324-25.

[121] See John Fabian Witt, "Toward a New History of American Accident Law:Classical Tort Law and the Cooperative First-Party Insurance Movement," 114 Harv. L. Rev. 692, 754 (2001).

[122] John H. Wigmore, *A Treatise on the System of Evidence in Trials at Common Law*, vol. IV(1905), sec. 2380, pp. 3347-48.

[123] Jeremy Bentham, *Rationale of Judicial Evidence*, vol. IV(1827), pp. 491-92. This particular horrible example could not occur in the United States. Quakers were, in general, competent witnesses in the United States. They were allowed to make "affirmations" instead of taking oaths.

[124] Daniel Boorstin, ed., *Delaware Cases, 1792-1830*, vol. I(1943), p. 39.

[125] Laws N. Car. 1796, ch. 4. See the comments on this statute by Ruffin, in *State v. Moses*, 13 N. Car. 452(1830).

[126] William E. Nelson, *Americanization of the Common Law:The Impact of Legal Change on Massachusetts Society, 1760-1830*(1975), pp. 170-71; Note, "The Changing Role of the

Jury in the Nineteenth Century," 74 Yale L. J. 170 (1964). Very little is known, however, about the actual behavior of jurors. See David J. Bodenhamer, "The Democratic Impulse and Legal Change in the Age of Jackson: The Example of Criminal Juries in Antebellum Indiana," 45 The Historian 206 (1982).

[127] See Part III, ch. 3.

第二章

法律的前哨地段：
新开发的疆域和大陆法的边缘化

105　　殖民地时期的美国是一个沿海国家。但即使在独立之前,这条移民定居的路线就已经向内陆蔓延。殖民地宣称拥有大片的内陆荒野。路易斯安那的购置增加了另一个巨大的和很大程度上无人定居的地区。在整个时期里,人口流入西部和西南部。这些土地上的森林和平原、奔流不息的大河、肥沃的土壤和一望无际的距离感,引发和保持了美国人的想象力。在 1800 年,美国的新疆域代表了一个未来时的帝国。到 1900 年,它已成为过去时的帝国。人们谈论新疆域的灭亡和终结乃至一个时代的终结。在文学作品中,新疆域总是被描述为一个充满英雄之地。在新疆域的生活是那样充满活力、新鲜、粗犷和唾手可得。民主精神像火焰一样燃烧在那里,可以摆脱来自老旧的东海岸的那些缺陷、麻烦和疲惫。现代学术的慧眼已经把新疆域缩小到了一个更人性化、更合理的规模。同时,新疆域的法律也逐渐褪去了它传奇的外表。

　　独立后,各州面临的问题是如何来处理西部的土地。一旦决定将西部土地视为国家的共同财产,新共和国即前殖民地集合本身就成为一类殖民地的权力机构。1787 年的法令,即所谓的《西北地区法令》,规定了大面积森林和平原——它们后来成为俄亥俄州、印第安纳州、伊利诺伊州、密歇根州和威斯康星州——的基本法。1798年的法令将《西北地区法令》的影响扩展到西南地区,即后来的阿拉巴马州和密西西比州。

1787年的法令是美国法律史上最重要的文件之一。它采取了一项大胆的非殖民化政策。每个人都希望这些属地会逐渐挤满定居者。一旦有足够的人居住在那里,属地将取代他们在联邦的地位,成为完全、自由和主权的州。然而,首先需要一段受托管的时间。直到有"5000名成年的自由男性居民"居住在这片土地上,总督和三位法官才有权制定法律。这三位法官必须要住在这个地区。他们中的任何两个都可以"组成法庭"。他们要行使"普通法管辖权"[1]。而且其为"在行使职务时"拥有至少500英亩土地的"自由保有地产"的人。总督和大多数法官有权"采用和发布来自原来的州的法律,并依据最适合该地区情况采用和发布必要的刑事和民事法律"[2]。国会有权否决这些法律。这种令人侧目的否决权并不是偶然出现的,它与英国对殖民地法律的审查权可以类比。

规定中"采用和发布"(adopt and publish)这个说法从一开始就令人烦恼和困惑。这似乎意味着各属地无权自行制定法律。他们只有权力在原来各属地的法规中翻阅、挑选和决定他们想要或需要的东西。当然,这一规定不能从字面上加以执行。至少,借用法规中的日期和地名必须改变。在实践中,这些属地会避免和回避"采用和发布"规则。一些地区通过了来自肯塔基州的法律,只是肯塔基州并不是一个"原来的"州。一些法规是由原来各属地的多个法规拼凑而成的。一位评论家指责说:

> 在他们面前,在桌子上,阅览这些来自各州的法律,选用马里兰州法律的若干文字,弗吉尼亚州法律的几个音节,来自纽约州法律的几个词语,宾夕法尼亚州法律中的几个句子,肯塔基州的

法律若干段落,康涅狄格州法律的若干章节——把整件事剪接成他们认为最适合的形式……然后称之为法律。³

这有些言过其实;尽管如此,许多属地的法规实际上真的是剪刀和糨糊的产物(product of scissors and paste)。

不管"采用和发布"规则看起来多么奇怪,它只是以一种相当不寻常的形式和作为一条具有约束力的规则,即使并非出于迫不得已,它也表达了西部各个新州在制定法律时所遵循的程序。作为一个崭新的州,像是爱达荷州或蒙大拿州,当时并没有时间去创制一本完整的法规。从原来的州获取文本并在方方面面增加一些新的内容,显得更为合理。政策选择是通过在旧模式中进行的,而不是通过起草新的法律来作出的。在原来的西北属地,殖民者倾向于从他们最熟悉的州,即他们各自所来自的州借鉴法律。从1795年起,西北属地的管理者和法官列出了他们为该地区通过的每一项法律的来源。从1795年到1798年间,49项法律中有27项来自宾夕法尼亚州,即该属地领导者阿瑟·圣克莱尔(Arthur St. Clair)的家乡。1814年至1823年间,密歇根属地通过了来自13个州的168项法律;其中134项来自俄亥俄州,而只有一项来自田纳西州。⁴1795年,密歇根属地接受了来自弗吉尼亚州普通法的一般制定法。至少从理论上讲,这种做法将普通法的全部内容以及一些数量不详的英国议会法规,引入了密歇根早期的茫茫荒野。

根据1787年的法令,当达到"5000名成年自由男性居民"的门槛时,该属地就进入了第二阶段。此时,管理者和法官不得不与一群民选代表分享立法权。财产所有者从"每500名自由男性居民"中选择一名代表,最多代表数量可以达到25人;除此之外,"代表的人数和职位"将"由立法机构来加以规范管理"。当选的议会将提名10人担任州长委员会的成员。每个被提名人都必须是居民;每个候选人都必须

"拥有500英亩的土地"。国会将从这10名候选人中选出5名议员。州长、议会和众议院有权"制定法律",只要法律"不得与那个1787年的法令"再度相冲突。从中,我们似乎发现,这一切很类似于英国议会对早年殖民地的权力。当6万自由居民居住在该属地上的时候,该属地有资格进入第三阶段——成为一个州。

该法令确定的模式既耐用又可行。它引导了原来西北和西南属地顺利地沿着一条通往成为一个州的道路前进。[5]并没有发生过任何常见的殖民动乱。威斯康星州1836年的属地法案确立了一种多少有点不同的模式。[6]它去除了属地生活的第一阶段。这项法案还放弃了以财产作为条件的资格限制;所有(男性)选民都可以有权直接选举立法机关。新模式也更加注重法院组织的细节。例如,威斯康星州的法律规定了"最高法院、地区法院、遗嘱检验法院和……治安法官"[7]。但是,即使在这方面,以及后来的属地法律中,《西北地区法令》也有很强的号召力。威斯康星州的居民获得包括"俄亥俄州西北地区的美国领土人民享有的所有类似的权利、地位和利益,它们都是在1787年7月13日通过的该属地政府法令所载的契约条款中得到保障的"。

这些法律只是一种外表而已,它们对美国新疆域的现实运作的法律知之甚少。研究驱散了一些关于新疆域法律的神话和传说,增加了新知识的存量。文明一般都沿着河谷在起伏的波浪中前进。法律则跟在斧头后面前行。当然,在美国人来之前,这块土地并不是空旷无人的。那里分散地生存有一些原住民的部落。在密西西比河流域,一群法国人住在密西西比河沿岸的村庄里,受到来自路易斯安那州西班牙式和法国式法律的粗野混合体所支配。美国人凭借着强大的人口数量,战胜了这个异邦的法律系统(后面会有更多的阐述)。

新疆域的法律以粗野而著称,至少在定居者(和机会主义者)到来之前,被认为是森林中的粗野人在执行粗暴的司法。如果我们能相信一些先驱者的故事,那么醉酒、腐败和某些怪异特征会充斥于早年的法庭。在1816年的格林湾(Green Bay),即在威斯康星州成立的20年前,有一个名叫查尔斯·雷姆(Charles Reaume)的"法国老人",此人"能读一点儿书和写一点儿字",于是担任了治安法官的角色。在他的法庭上,有人说:"一瓶烈酒就可以作为最好的证人。"有一次,当败诉方为法官买了一些威士忌时,雷姆就可以下令重新审判该案件,并依靠这位"证人"推翻了他先前的决定。从郡法院到雷姆的"法庭"是一段漫长而艰难的旅程。实际上,他所说的话,就是最后的决定。他尤其十分小心地不对那些"能够承担上诉费用"的商人作出败诉判决;因此,他的无能没有被暴露于更广泛的公众领域。与此同时,在普雷里德欣(Prairie du Chien)这个地方,法裔加拿大人尼古拉斯·博尔文(Nicholas Boilvin)"也穿上了庄重的治安法官的制服"。博尔文和雷姆一样没受过教育。他拥有一家只有三本法律书籍——西北地区、密苏里和伊利诺伊属地的法规——的图书馆。但是,在判决案件时,"他并不在乎这些法规";他只是"根据自己个人的是非观念来作出判决"。[8]

在伊利诺伊地区的乡间,精湛的法律技能也十分缺乏。一小群业余律师、商人和政治冒险家管理着政府。法院的主要业务是为土地权利要求和授权进行诉讼。法官们本身就是投机者,他们有自己的主张。联邦土地专员委员会于1804年被任命调查伊利诺伊的土地主张。委员会揭露了"难以置信的伪造、欺诈、行贿和伪证罪"和其中"腐败的泥潭和污秽"。[9]某位罗伯特·雷诺兹先生(Robert Reynolds)急忙向委员们提起要求,这是一种"厚颜无耻"的行为,因为雷诺兹"伪造了证人、宣誓人和授权人的名字……以假名作证,并与以假名宣誓的宣誓人一起出庭。他伪造了一个女性奴隶给自己的不动产授权"。[10]雷诺兹曾经是一名法官。他在1801年被任命为郡法院法官,并且"定期履行他的职责"。

雷诺兹不是唯一造假的法官。然而,他可能是唯一一位因欺诈而被起诉的法官;据说对他的起诉更多的要归功于他的政敌,而不是公众的愤怒。甚至在伊利诺伊成为一个州之后,一个名叫威廉·福斯特(William P. Foster)的"大恶棍"在州最高法院担任大法官。根据托马斯·福特(Thomas Ford)州长的说法,福斯特"根本不是律师,也没有学习过法律,也没有从事过法律执业;只不过有迷人和文雅的举止,其实是一个有绅士风格的骗子"。福斯特被安排在"沃巴什(Wabash)巡回法院审案;但他害怕暴露自己完全无能,因此他从来不去靠近任何人"。一年后他辞职了,带着自己的积蓄,离开了这个州,从此成为一个"著名的骗子,从一个城市搬到另一个城市,靠诈骗陌生人,并且让自己漂亮的女儿卖淫为生"。[11]

不可否认,在新开疆域的部分地区,生活是非常暴力和粗野的。亨利·马里·布拉肯里奇(Henry Marie Brackenridge)在1810年至1811年间访问过密苏里。他看到律师和法官拿着手枪和刀械四处走动。决斗算是家常便饭。[12]伊利诺伊州州长福特给我们提供了1818年左右伊利诺伊州审判法庭的生动描述:

> 法官们……他们大多在原木屋或酒吧里开庭。这些地方为法官准备了临时的椅子,以及律师和陪审员的长椅。在华盛顿郡的第一巡回法院,由治安法官约翰·雷诺兹法官主持;他走到院子里对百姓们说:"小伙子们,请进,我们的约翰要开始审案啦!"这是宣布开庭。一般来说,法官们不愿去决定法律问题,如果他们可能避免这样做的话。他们不喜欢得罪一方或另一方,宁愿提交陪审团决定。法官从来没有给过陪审团什么指示,除非陪审团明确要求过;否则只限于律师提出的法律要点。他们从来没有评论过证据或承诺向陪审团提出在证据基础上的相关推论和设想。为此原因,他们给陪审团一些假设性的指示。例如这样说:"如果

陪审团从证据中相信这样的事情是可以证明的,那么法律就是这样的。"这很清楚地背离了英国和大多数美国法官的做法。但这是个新的做法——挺适合这个国家的情况。毫无疑问,法官需要有最高级别的智慧来向陪审团提供正确的证据指引;同样需要这种智慧使案件得到公正审判,避免各方当事人得到不公正的对待。但是早期的法官们并没有这样的智慧。或者至少法官们一定是谦虚地相信不拥有这种能力。[13]

尽管如此,福特还是觉得法官们是"学识渊博、头脑敏锐的绅士"。在美国东部的审判法院里,由于前面已经探讨过的原因,法官也失去了对证据发表评论的权力。法官的胆怯,就像其他很多被称为"疆域"的行为一样,是美国法律生活中主流的一部分。雷诺兹的法庭既松懈又不正式,但今天的交通法庭(traffic courts)和市政法院(municipal courts)也是如此。

人们喜欢讲述关于早期的属地和疆域州的有趣故事。但是,除了那些欺诈和狡猾的骗子们之外,在新开拓疆域也有训练有素的法律人才。一个社区的法律复杂程度取决于其规模、经济基础以及是否接近政府中心。像雷姆和福斯特这样的男人可能是扭曲或例外。当属地政府组织起来后,边远地区司法的"原始"阶段通常会结束。塞缪尔·霍尔登·帕森斯(Samuel Holden Parsons)和詹姆斯·米切尔·瓦纳姆(James Mitchell Varnum)都曾经是具有良好声誉的可信赖的律师,他们是美国西北属地最早的几个法官。在密歇根属地,奥古斯塔斯·布雷武特·伍德沃德(Augustus Brevoort Woodward)是一位多才多艺、接受过大学教育的、有教养的律师,他编纂了伍德沃德法典,这是1805年通过的34部法律的汇编。密歇根属地当时的首脑也是一名律师,另一位密歇根法官也学习过法律,尽管他从未从事过法律执业。[14]伍德沃德后来成为佛罗里达的地区法官;据说那个地区的法官是有学问的人,总的来说,"非常优秀"。威廉·马文(William Marvin)也是其中的法官之一,他是海洋法方面的专家并于1858年出版了一本《关于海难与救助》(*Treatise on Wreck and Salvage*)的著作。[15]

随着时间的推移,一家充满活力的、行动自如的律师职业行会在西方蓬勃发展:它是一家由机智敏捷、敢于冒险的年轻经营者组成的律师行会。法律实践需要他们充分的机敏。约瑟夫·鲍德温(Joseph G. Baldwin,1815—1864年)用边远地区夸张至极的语言描述了那些在阿拉巴马和密西西比的"繁荣时期"的律师们。在那些日子里:

> 许多土地所有权有缺陷;财产是从其他州带来的;充满了信托、限制和使用权益……负债是普遍性的……使许多人无法支付,所有人都希望逃避支付。公务人员的状态是普遍的松散、无知和粗心大意……新法规需要解释……实际生活中构建着一种令人叹为观止的欺诈行为;总之,所有诉讼的闸门都被打开了,被压抑的潮水涌上了乡间。待审的罪案成堆!哪个国家能更大程度地夸耀自己的罪案?还有什么更精彩的重罪角色、更可怕的谋杀、更多华丽的银行抢劫案!在土地办公室里还有什么更宏伟的行动!州和国家对国库的财产是何等巨大的侵袭!……而且在土著印第安人事务中!……简直是一场疯狂而怪异的盗窃案的浪漫故事!……国家欺诈了印第安人!……用设立城镇的方式盗取了他们的土地!……许多律师行会的成员,无论是何等地位或角色,都从其他州蜂拥而至,用镰刀投入了这一丰富的收割之中。[16]

有很多财富唾手可得。新的州和属地已经到了收获的季节,尤其适合于有抱负的年轻人。经济基础是土地:城镇土地和农村土地。谁有破译土地所有权的能力?谁能掌握有关土地出让或土地出售和转让的错综复杂的规则?除了律师,没有他人。政府的工作是另一类丰厚如意的职位。这些属地起初自身并没有什么收入,完全是外来的纳税人资金的净进口属地。在华盛顿,法官和书记官职位都是由华盛顿安排的援助性的工作。在法院、立法机关、行政部门、属地、州、县和城镇,数以千计的工作职位虚位以待。此时,律师再一次显得特别适合这些工作职位。律师们争相担任公职,还为美国东部的债权人收取债务;他涉足土地投机和城镇发展规划。他四处寻找任何需要技能和诀窍的商机。他是个多面手(jack-of-all-trades)。并不是每个年轻的律师都能做到这一点。他们中的许多人遭遇失败并转移到其他工作或地点。另一些人则坚持走了下去;其中有些人变得富有而显赫。

美国西部的律师是混合型的。如果我们相信鲍德温说的话,在原来美国西南部的律师行会里就"没有什么资历很高的人:律师界是美国年轻一代的天下"。"如果那些老家伙进来的话,他们也必须和其他人站在一起。"[17]这些年轻的律师中有一些是在大学毕业后去西部的。另一些人则是边走边学他们的法律。在任何情况下,疆域地区的法律都不是通常书本意义上的法律。那里没有图书馆,书也很昂贵。这种做法不重视学识。最好的审判律师是能使用和享受好的技巧、笑话或若干个干练技巧的人。资历的匮乏留下了空白,这被布莱克斯通、地方法规和本土智慧做了填补。很少有律师受过足够的训练,能够分辨出布莱克斯通著述中的陈旧部分和东部活生生的法律之间的区别。出于这个原因,法院适用的法律同时也是自由的,而且也是很奇怪地显得老套。原来在西南地区担任过法官的托马斯·罗德尼(Thomas Rodney,任期为1803—1811年)的文字中就保存了可以放进博物馆的律令,比如财务查询令状(writ of account)和保释令状(*de homine replegiando*)。[18]罗德尼写道:"在我们的法庭上,特别的诉讼程序与任何一个州一样严格、优雅和得体,因此即使是年轻的律师也不得不阅读他们的书,并且非常关注他们的生意或生计。"[19]在一项衡平法诉讼中,当

一名当事人主张"英国的(G[Reat]B[ritain])惯例不适用于此"时,法官的回答是:

> 我们将以英国的做法为指导,只要它是可接受的。因为这里没有其他可靠的和正规的指南。因为英国的做法通过最有能力的法官们长期的经验和实践,已经臻于完美。在他们的法律实务书籍中总是可以获得查询。如果没有它的话,这里的实践就会永远处于不规则和不确定的状况。[20]

威廉·W. 布卢姆(William W. Blume)教授研究了密歇根州韦恩郡普通法院1796年至1805年的工作,他发现

> 通常,几乎没有证据认为疆域的司法特征是非正式的;相反,我们发现其对法律法规严格遵守。如果程序没有成文法规的制约,则由英国普通法作为替代。[21]

虽然,大多数属地法规都是为了解决法律行为或法律制度组织问题而被通过或适用的,但其中有一些是属于该进博物馆的陈旧东西。但密歇根的法律提及了"未按传票指定日期出庭的理由"(essoins)和"宣誓断讼"(wager of law),这无疑是多余的;大多数律师都会像外行人一样困惑于这些中世纪的残羹剩饭。伊利诺伊州的第一个立法机构"借鉴了检查大麻和烟草的法律,其实当时这个州里既没有大麻也没有烟草"。[22]

布卢姆和伊丽莎白·布朗(Elizabeth Brown)在边远地区中发现了"此地生活的两种普遍态度和由此产生的影响"。第一个是"强烈希望所有成文法都在当地公布,这样就没有必要依赖当地法律缺失的窘状,所以,制定成文法是受欢迎的"。第二个问题是,"对旧法律和法律制度缺乏'极度崇拜'(superstitious respect);换句话说,即此地愿意做出改变以适应新的条件"。[23]边远地区法律的这些属性,一方面是过时

的和超技术化的;另一方面是粗野、粗暴的司法,以及此地区的法律对有些方面形式主义的缺乏耐心。其实,彼此之间并不像它们看上去的那样不一致。这些形式其实是因为需要使法律在移植的环境中发挥作用而产生的。西部各地接受了成批的旧式法律。这并不是因为对传统有某种感情上的依恋,而是因为在这种情况下,这种做法是最有效的工作方式。没有时间也没有技巧来弥补这一切;借用法律就像从架子上买衣服,或者立刻租一套家具。

一旦一个属地成为一个州,它就有完全的权力制定和废除自己的法律,并完全按照它(或其选民)的意愿行事。事实上,这些法律都有很大的连续性,就像在13个原始州脱离英国之后一样。普通法无处不在。福特州长认为,美国西部的立法机构通过了太多的法律,而且又推翻得太快:"立法会议就像国家无边无际的大草原上的一场大火,它吞噬了一切。又一次,这就像春天和蔼的气息,使一切都变成了新的模样。"[24]但这几乎可以肯定是一种夸张的说法。以现代标准衡量,西北各州的法规都很简陋,显得营养不良。新的州和地区没有时间、技能或意愿去重新制定法律。总的来说,他们对继承的东西忠心耿耿。俄亥俄州,甚至在它成为一个州之后,仍然保留了其曾经是西北地区一部分的时代里遗留下来的法规。该地区的法律被移交给印第安纳州(1800年);印第安纳州将其传给密歇根州和伊利诺伊州(1809年);密歇根州是威斯康星州最早的法律的来源(1836年),而威斯康星州又将其传给了艾奥瓦州(1838年)和明尼苏达州(1849年)。在美国西南部,法律传递的路线从路易斯安那州到密苏里地区(1812年),然后从那里到了阿肯色州(1819年),并且从密西西比州到了阿拉巴马州(1817年)。

在大多数情况下,基本的过程很简单:旧属地像阿米巴原虫一样被分割成两部分;原属地的法律现在由两部分管辖。[25]没有经过特别的思考或辩论,一堆已经过时的法规传到了新的司法管辖区。旧的《防止欺诈法》(一项要求某些类型的合同必须以书面形式写成的法律)和对诉讼有限制的法律(那些已经过时的法律)都是在没有重大变化的情况下穿行横亘于整个国家。在1799年,西北地区颁布了一项法规,"使本票和内陆汇票可交易转让"的法律,这是另外一种标准的美国法律。这些法规成为基本法律框架的一部分。还有城镇法律、选举法、民兵法、税法、法院诉讼法:所有这些法律都是在不同法律辖区内被自由地借鉴的。

不久,一些新的州偿还了它们当初借鉴他州法律的"负债"。它们培养了新的法律和政治领袖。亨利·克莱(Henry Clay,在弗吉尼亚出生并接受教育),托马斯·哈特·本顿(Thomas Hart Benton)和亚伯拉罕·林肯都是西部各州的律师。美国西部地区是充满流动性的;用之前的殖民地与英国的关系相比较,美国西部更自由地摆脱了过去的那种致命的桎梏,可以更自由地摆脱了传统的摩擦和惯性。在西部地区之外,法律创新成了法律经久不衰的特征。自住住宅可以得到一定赋税豁免(homestead exemption)的规定就始于得克萨斯州;从那里它扩展到北部和东部。奇怪的是,第一部《已婚妇女财产保护法》(Married Women's Property Act)是在密西西比州获得通过的。一些重要的法律制度在美国社会边缘地区的实验环境中生长起来。

被边缘化了的大陆法

在美国独立后第一个世代里,大陆法系(或称"民法法系"——译者注)地区虽然地域广阔,但很少有人定居,但它又围绕在普通法领域的周围。大陆法系,即来自法国和西班牙的法律制度,沿着密西西比河及其支流的沿岸地区进行管理;它们包括卡斯卡斯基亚、圣路易斯、新马德里和圣查尔斯、繁华热闹的新奥尔良港、佛罗里达以及得克萨斯。当这一大片大陆法系帝国领土成为美国的地产时,它感觉受到了来自美国政府和法律的制约。

除路易斯安那州外,移民的大规模进入,几乎在所有地方都注定了大陆法的消亡。新法官和律师接受了普通法传统方面的培训。他们取代了具有法国和西班牙背景的法官。美国一般不干扰大陆法所赋予的财产权。事实上,多年来美国法院不得不与土地法、家庭法、世系法和继承法等大陆法系问题纠缠博弈。托马斯·罗德尼来自纳奇兹地区(Natchez district)的论文中,有一些案例记录,其中争议点通过西班牙法律或法理得到解决,并为了陪审团和法院的便利而翻译成英语。[26]《西北地区法令》在规定了自己关于遗嘱和继承的规则之后,承诺为"法国和加拿大居民以及卡斯基斯(Kaskaskies)、圣文森特(Saint Vincents)和邻近村庄的其他定居者"保留某些"利益"。"其中的利益与现行法律和习俗中的财产继承和转让事务有关。"

但美国的政策是彻底地、尽快地将法律美国化。后来成为密苏里州的这个地区人口很少,主要讲法语。但是,在路易斯安那州被购置后的一年里,美国律师蜂拥到圣路易斯这个古老的河畔小镇,而这里的法律系统基本上还是西班牙的法律,并辅以法国的习惯法。这些律师进入了他们认为几乎是一片法律空白之地;他们和法官不得不去面对"一无所知的法律"[27]。这种情况没有持续太久。从一开始,美国官员的目标是"以某种潜移默化的方式去同化美国和法国居民的习惯和习俗;将后者的一些规定纳入我们的法律,我们就能在没有暴力或抱怨的情况下,取得一种现成的遵从"[28]。随着美国人口的增加,一些更直接的行动补充了这些温和和"潜移默化的手段"。一部1807年的适用于密苏里地区的法规,废除了关于遗嘱和继承的大陆法,并引入了美国的无遗嘱继承法和遗嘱法。美国律师成功地游说制定一项法律,使英国普通法成为密苏里地区法律的基础(1816年)。不久,盎格鲁人(Anglos)的人数就超过了讲法语的人。不过,在土地法等问题上,西班牙法律仍然具有现实意义。但是,当密苏里州加入联邦时,除了一些混乱的土地所有权和对程序简单化的倾心以外,它的大陆法影响几乎没有留下多少。

伊利诺伊的法国人也同样注定要失去他们法律上的遗产。原有法规的保证只适用于继承法。法国人立即受到了一个精心编制的乡镇组织的制约,这是在英国殖民地发展起来的模式,尽管它们在事实上"已经保持了一个有点与世隔绝的——法国路易十四时代的政治和经济传统中形成的公共领域及庄园组织"[29]。美国官员对法国殖民定居者的文化没有特别的同情。1790年,法官约翰·C.西姆斯(John C. Symmes)来到温森斯(Vincennes),就表现出对法国沙文主义的厌恶。"他们不会欣赏自由的政府。"他写道。他们说,我们的法律过于复杂,不被人理解而且运用起来十分枯燥无聊;对他们而言,军事指挥官的命令其实是更好的法律和更迅捷的司法,他们喜欢所有法律制度都能在利特尔顿和布莱克斯通的文献中找到答案。他们说这是一种能理解的语言,并且他们只需要这种廉价的和快速的制度,不需要其他的。[30]家庭法领域中还短暂地留有法国习惯法的痕迹。渐渐地,法国的法律和语言都消失了。

一个没有威望并且只有少数人关注的本土法律,是难以为继的。大批美国殖民定居者轻易地征服了佛罗里达州的西班牙法律;佛罗里达原本人口非常稀少。1821年,安德鲁·杰克逊颁布了刑事诉讼中的普通法程序,包括陪审团审判的权利。但即便在民事诉讼中,西班牙法律也只获得了暂时的存在。1829年,一部成文法确立了普通法;而且在1776年之前,英国法律就被通过作为属地上的决定性规范。最后,西班牙时期留给佛罗里达州法律的只剩下少数考古意义上的痕迹。

西班牙—墨西哥法律在得克萨斯州留下了更大的印记。这部分是因为得克萨斯州作为一个政体在落入美国人手中之前是相当成熟的。然而,在这里,陪审团的审判也是早期的重要内容。墨西哥时期的科阿韦拉和得克萨斯州宪法(The constitution of Coahuila and Texas,1827年)敦促立法机关颁布立法,把在刑事案件中建立陪审团审判作为一个"立法主题",并且将其逐步扩大,甚至在民事案件中予以采用,因为这一宝贵制度的优势可能会得到实际发展。[31]美国殖民定居者可能会推动这一法律的制定。得克萨斯州政府后来颁布了一种陪审团审判形式,但并不完全是美国的模式。[32]得克萨斯共和国宪法(The constitution of the republic of Texas,1836年)在其权利声明中确认被告"有权由公正的陪审团进行迅速和公开的审判……陪审团审判的权利不受侵犯"。

得克萨斯宪法(The Texas Constitution)还仔细考虑过是否需要全面适用来自英国的普通法。该宪法规定:"国会应在切实可行的范围内尽早采用英国普通法,并根据我们的情况作出判断,以对其作出必要的修改。"(第4条第13款)但是,得克萨斯从来没有真正"接受"任何字面上或古典意义上的英国法律。相反,这个共和国采用了美国法律方言(American dialect of law)中的得克萨斯版法律次方言(subdialect)。人们彻底接受了陪审团的审判;1840年,得克萨斯州最高法院称之为"永远值得珍视的司法体系"[33]。然而,从一开始,法院组织和程序就将普通法和衡平法结合在了一起。1845年的宪法明确赋予地区法院"所有诉讼的管辖权……不必考虑普通法与衡平法之间的任何区别"[34]。在1840年,大陆法系被得克萨斯正式废除;但得克萨斯州从来没有受到普通法的严格约束;相反,得克萨斯州保留了"以往"的"请求和答辩"的大陆法体系。简而言之,程序是一种混合系统。在早期,法官和律师似乎对这两种对立的制度中哪一种有优势感到困惑。一方面,大陆法对大多数律师来说是生疏的。1840年的法律,因为它保留了大陆法程序的某些方面,使法院处于(正如一位法官所说)寻找"我们通常不知道的语言的原则和标准"的位置。这带来了"不断的茫然不知所措",使得"每一步骤"都会惹恼和拖延法庭。[35]另一名得克萨斯州法官谴责普通法的诉状为"粗略、狡诈和肆无忌惮"[36]。但第三位法官还是保留了中立的观点:

> 我们在诉讼程序方面的法规,其目的是尽可能地有所简化;这些法庭上的诉讼程序的细节之处,基于普通法和大陆法律师和法官的智能和知识已经变得如此精细,以至于在许多情况下成了法律实体问题的阴影。[37]

从长远来看,普通法必定会获胜。大陆法传统因为太过陌生而难以生存。但得克萨斯州的做法确实削弱了这样一种观点,即严格的普通法诉讼程序既是自然的也是可取的。结果是采用了普通法术语和一些普通法态度的程序,但采用了更为精简和合理的方式。总之,得克萨斯州外围地区只有打破习惯和传统,才能自由地做其他州能做的事情。但在得克萨斯州,与普通法的分歧看起来不像是改革;它们看起来像是大陆法的存续。不过,从某种意义上说,它们看起来像是大陆法系的幸存者,因为它们满足得克萨斯州法律人的期待和需要。

大陆法的许多部分也仍然嵌入在得克萨斯州的实体法中。得克萨斯州承认那种在没有证人的情况下由被继承人亲笔书写的遗嘱——亲笔(holographic will)。得克萨斯州还保留了夫妻共同财产制度(community property system);事实上,得克萨斯州对夫妻共同财产制度也给予了宪法上的承认。[38]得克萨斯州与路易斯安那州和一些墨西哥领土外的州分享这些"大陆法的幸存物",特别是在加利福尼亚更为显著。尽管有来自普通法的巨大的压力,这些大陆法制度还是能继续生存下去,这表明它们要么被紧紧地缝在社会结构之中,要么它们履行了一些独特的社会功能。例如,"亲笔遗嘱"请求普通民众自己立遗嘱,而不用去咨询律师。夫妻共同财产制度也可能比婚姻财产的普通法规则更适合这些地方家庭生活的实际情况。事实上,普通法规则本身也在变化之中。

路易斯安那州是唯一牢固、持久的大陆法系飞地(enclave)。在这里,美国吞并了一个拥有大量人口的领土,它以新奥尔良(New Orleans)为中心并且大陆法体系在这里已经蔚然成风。但路易斯安那州本身却处于一种非常混乱的状态。它的大陆法系版本与19世纪欧洲民法的典雅与体系化相去甚远。当初在购置路易斯安那州的时候,路易斯安那州的法律是一部神秘而又令人困惑的法国和西班牙法律的大杂烩,是各种不同时代的法典、习俗和教义的混合体。法国人在路易斯安那定居,但西班牙人在1766年至1803年间统治了路易斯安那。路易斯安那州的法律跟最糟糕的普通法一样令人困惑。根据爱德华·利文斯顿的说法,其立法的"紊乱"程度与其审判法院的"不和谐"等量齐观;在法院里,"美国商店店主、法国种植者和西班牙职员坐在法院的同一张长凳上",聆听着"美国律师、法国律师和西班牙律师们"各自说着自己的语言。³⁹

在路易斯安那州,当地居民和即将上任的律师和法官之间也经常发生冲突。⁴⁰杰斐逊急于使政府和法律美国化。他任命了州长和地区法官。但那些法国移民的后裔们(Creole population)是一个持续存在的问题。1806年,属地立法机关在某种压力下向普通法靠拢,愿意接受陪审团对刑事案件的审判以及人身保护令状,但以其他方式宣布了现行大陆法是有效的,即《罗马民法典》——该法典由查士丁尼大帝的制度、摘要和法典组成,并得到大陆法系民法专家们的协助……还有西班牙的法律,包括卡斯蒂利亚和阿科达多斯(*recopilacion de Castilla and autos acordados*)

的书籍,国王唐·阿方索(Don Alphonse)的7篇法令和其他法令……和本来就"适用于"路易斯安那殖民地的皇家命令和法令;在"商业事务方面"采用以"罗马法律"、若干英国和大陆法条款、"Valin 的评注"和"在美国的一些受人尊敬的法律学者们的建议"下形成的《毕尔巴鄂法令》(ordinance of Bilbao)。路易斯安那属地领导者威廉·查尔斯·克莱本(William Charles Claiborne)否决了这项法律。当时的立法机关受法国移民后裔们的控制;而克莱本认为1806年的法律特别危险。[41]

事情并没有就此结束。路易斯安那主要的法国裔居民强烈要求制定法规,明确法律并确保他们的社会和经济地位不发生突然的、破坏性的变化。他们希望以一种可行的形式熟悉法律。《1808年法律文摘》(the Digest of 1808)旨在打破混乱,它受到新的法国法典《拿破仑法典》草案的影响。当时,路易斯安那的法典是以民法典为核心的;但路易斯安那的法律是法国的影响多于西班牙,还是西班牙的影响多于法国,这仍然是一个问题。路易斯安那的人实际上会说法语;但是路易斯安那的法官们经常借鉴西班牙古老传统的元素。[42]根据路易斯安那这一时期一位认真的研究者的说法,1808年通过的民法典根本上"是在路易斯安那的定居人口最终接受了美国永久统治基础上的一个政治妥协"。基本上,杰斐逊政府接受了这一法典,从而放弃了路易斯安那完全美国化的机会,以换取在本质上对殖民属地上更快速、更顺畅的吸纳。[43]这一妥协奏效了,而且超越了守则本身。路易斯安那州最高法院后来(1817年)认为,1808年的法典并没有将西班牙所有旧法律都排除在外。该法院指出:"我们的民法典是其通过时在这个州依然有效的若干大陆法的摘要";这些法律"必须被视为未改变的",无论摘要中是否引入了"若干修改和修正,也无法超越它"。[44]这一裁决带来了一定程度上的困扰,就像在法典颁布前的日子里,当时路易斯安那州的民法是"一堆杂乱的古老法令和法规……整个过程因为法律研究者们对这些法令的过度解释而变得更加晦涩难懂"[45]。在立法者的要求下,路易斯·莫罗·李斯特(Louis Moreau Lislet)和亨利·卡尔顿(Henry Carleton)翻译并出版了"在路易斯安那州仍然有效的《西班牙七章法典》(The Laws of Las Siete Partidas)"。立法机构也采取行动重新制定路易斯安那州的基本法。为此,他们任命了3名委员。这些委员起草了一部守则,其最终成为著名的1825年民法典。起草这一守则的主要人物是爱德华·利文斯顿。他是一个纽约人,曾致力于法律改革,他在路易斯安那州发现了挥洒才能的沃土,大约80%的法典条款是直接从《拿破仑法典》中粘贴提取的。法国法律评注是另一个重要来源。普通法也保留了一些影响,特别是在债法方面。路易斯安那州的特殊需要只是委员们心中的一个因素。他们还想证明,一个纯粹、合理的法律体系在美国是可以实现的:

> 他们拒绝接受不明确和无法界定的普通法……[在英国]法官提出的规则,有的来自纯粹的民法典之泉(有时与曼斯菲尔德勋爵一起),有时是来自那些可疑用法的浑浊溪流中,往往没有找到比他自己混乱无常的想法更好的来源来制定自己的规则。[在路易斯安那],我们的法典……将朝着完美的方向逐步发展……立法机构不会审判,司法机构也不会制定法律……我们可能希望有一种罕见的、不可估量的成文法典的福祉,包含可理解和特定的规则来规范普通的关系和日常生活、商业的运作和通过行动寻求的法律救济。[46]

如上述引文所示,委员们预计民法典将只是一系列法典中的第一部。到1825年,还通过了一项实施细则。这是最原始的法典之一。它将法国、西班牙和普通法的形式融合成一个熟练、高效的整体,1805年的法典宣称普通法令状必须"按照普通法规定的规则和条例执行",新法典中没有这样的规定。路易斯安那州基本上采用了三个程序体系,这与得克萨斯州的妥协方案有些相似。法庭结构是美国式的。普通法的某些方面得到保留,特别是在刑事案件中可以由陪审团审判。该系统的其余部分将两条大陆法系源流汇合在一起。在得克萨斯州,普通法占了优势,在路易斯安那州大陆法占了上风。在这两种情况下,与普通法相比,这种混合法比普通法更为精简和有效,至少在19世纪的版本中如此。在其他州,鉴于较少的创新自由,花了更多的时间来摆脱旧的普通法形式的束缚。

一旦路易斯安那州的立法机构颁布了民法典和程序法,它似乎就失去了对新奇事物的兴趣。拟议的商业法规从未被采纳。[47]由于利文斯顿的证据法和刑法法规过于超前,立法机关无法接受。创新时代已经过去,法语和法国习俗也慢慢失去了控制。大陆法系的基础仍然稳固,但仍有所转变。1812年的宪法明文规定立法机关"不得通过对所述制度或法典的一般性引用而采用任何制度或法律法规;但在任何情况下,都应具体说明其可能制定的法律的若干规定"(第4条第2款)。这是为了排除一项旨在"接受"普通法的一般性法规。这个动作可能是没有必要的。大陆法就像一个"邻居组成的公正陪审团"[48](也受宪法保护的)审判权一样,对于新奥尔良的人民来说太重要了。他们习惯了这一切,并且还靠它来从事营业活动。这些法律在摧毁了一种独特的法国文化之后幸存了下来。他们成为路易斯安那州法律文化的一部分——律师学习和知识的一部分,以及法律使用者们生活和经验的一部分。正因为如此,改变制度的社会和教育成本,似乎远远超过了通过与邻州的法律相匹配而获得的任何可能的收益。这些法典的目的是明确、简明和有用的法律,这是一个人可以依靠和从事经营活动并易于掌握的法律。对那些习惯于老一套的居民来说,普通法是一种奇怪的外来杂乱系统。总之,很清楚的是,路易斯安那州的法典,就像得克萨斯州的诉状系统,不能被当作某种意外、某种生存或进化的偶然事件而被忽视,像是人体中的盲肠阑尾一样。相反,沿着改革的路径,这些法典重新作了修订并且完善了继承下来的法律文化,这些路径与普通法本身最终将遵循的道路并行不悖。[49]

在路易斯安那州,独特的法律传统已经成为当地某种值得骄傲的事物,法学家们珍视他们在宏大的大陆法系家族中的成员地位。即便像斯坦利·科瓦尔斯基(Stanley Kowalski)这样的非法学人士,这位在田纳西·威廉斯(Tennessee Williams)创作的《欲望号街车》(*Streetcar Named Desire*)中的角色,也提到了《拿破仑法典》。人们往往会很自然地夸大路易斯安那州的法律文化和阿肯色州或得克萨斯州的法律文化之间的差异。路易斯安那州是联邦体制的一部分,受联邦法律的约束。即使在19世纪初,这也是很重要的。随着时间的推移,路易斯安那州的经济增长越来越快,它与邻州有着共同的经济体系和共同的文化。它的政治体制多少有些浮华,但并不比密西西比州或阿拉巴马州更显眼。美国的移民涌入和涌出这个州的边界;总的来说,没有多少人注意和关心——他们跨越了大陆法和普通法之间的边界。人们猜测,对法律的态度和对法律的期望在什里夫波特(Shreveport)与小石城(Little Rock)或纳奇兹大致相同。无论过去还是现在,路易斯安那州法律的文化元素都更接近密西西比州和得克萨斯州,而不是厄瓜多尔或法国。整个普通法的原始部分(比如信托)最终被路易斯安那州吸收了。19世纪加入的许多新法律在内容上没有明显的"大陆法的形式":例如商业法、铁路法和奴隶法。大陆法仍然存在于路易斯安那州,主要是作为律师使用的法律和有关律师程序的法律。但大多数其他的重要方面,自从路易斯安那州法律加入联邦后,已经与大陆法体系渐行渐远。

注 释

¹ The term "common law" was ambiguous. Probably—but by no means certainly—the term was meant to exclude equity jurisdiction.

² This provision was not applicable to Louisiana and Arkansas territories. On territorial government in general, see Jack E. Eblen, T*he First and Second United States Empires:Governors and Territorial Government*, 1784–1912(1968).

³ Quoted in William W. Blume, ed, *Transactions of the Supreme Court of the Territory of Michigan*, vol. I(1935), p. xxiii.

⁴ William W. Blume, "Legislation on the American Frontier," 60 Mich. L. Rev. 317, 334(1962).

⁵ Louisiana and Florida territories were handled differently.

⁶ See Joseph A. Ranney, *Trusting Nothing to Providence:A History of Wisconsin's Legal System*(1999), pp. 27–31.

⁷ Act Establishing the Terr. Govt. of Wisconsin(1836), sec. 9.

⁸ James H. Lockwood, "Early Times and Events in Wisconsin," Second Annual Report and Collections of the State Historical Society of Wisconsin, vol. II(1856), pp. 98, 105, 106, 126.

⁹ Francis S. Philbrick, ed., *The Laws of Indiana Territory, 1801–9*(1930), lxxxvii.

¹⁰ Ibid., lxxxix–xc.

¹¹ Governor Thomas Ford, *A History of Illinois from Its Commencement as a State in 1818 to 1847*(1854),p. 29.

¹² William F. Keller, *The Nation's Advocate:Henry Marie Brackenridge and Young America*(1956), pp. 101, 104. It may be worth mentioning, however, that the most famous duel among lawyers was the duel in which Aaron Burr killed Alexander Hamilton, who was(among other things)a successful commercial lawyer at NewYork. The duel took place, not on the frontier, but in Weehawken, New Jersey. Dueling was also common in the South, frontier or not, as an aspect of the Southern code of honor. See Edward L. Ayers, *Vengeance and Justice:Crime and Punishment in the Nineteenth–Century America*

South (1984), ch. 1.

[13] Ford, *op. cit.*, pp. 82–83.

[14] William W. Blume, "Legislation on the American Frontier," 60 Mich. L. Rev. S17(1962).

[15] James M. Denham, *"A Rogue's Paradise"*; *Crime and Punishment in Antebellum Florida, 1821–1861*(1997), pp. 27–28.

[16] Joseph G. Baldwin, *The Flush Times of Alabama and Mississippi: A Series of Sketches*(1957 ed.), pp. 173–74. See also Elizabeth G. Brown, "The Bar on a Frontier: Wayne County, 1796–1836," 14 Am. J. Legal Hist. 136(1970).

[17] Baldwin, *op. cit.*, p. 171.

[18] The writ, literally "for replevying a man," was a means of procuring the release of a prisoner—an earlier equivalent of the writ of *habeas corpus*.

[19] William Baskerville Hamilton, *Anglo-American Law of the Frontier: Thomas Rodney and His Territorial Cases*(1953), pp. 137–38.

[20] Hamilton, *op. cit.*, p. 197.

[21] William W. Blume, "Civil Procedure on the American Frontier," 56 Mich. L. Rev.161, 209(1957); to the same effect, Cornelia Anne Clark, "Justice on the Tennessee Frontier: The William son County Circuit Court, 1810–1820," 32 Vanderbilt L. Rev. 413(1979).

[22] Ford, *op. cit.* p. 34.

[23] William W. Blume and Elizabeth G. Brown, "Territorial Courts and Law: Unifying Factors in the Development of American Legal Institutions," Part II, 61 Mich. L. Rev. 467, 535(1963).

[24] Ford, *op, cit.*, p. 32.

[25] William W. Blume and Elizabeth G. Brown, "Territorial Courts and the Law," Part II, 61 Mich. L. Rev. 467, 474–75(1963).

[26] E.g., Hamilton, *op.* cit., p. 176.

[27] Stuart Banner, *Legal Systems in Conflict: Property and Sovereignty in Missouri, 1750–1860*(2000), pp. 96–98.

[28] Judge John Coburn to Secretary of State James Madison, 1807, quoted in William F. English, *The Pioneer Lawyer and Jurist in Missouri*(1947), p. 56.

[29] Francis S. Philbrick, *The Laws of Indiana Territory, 1801-1809*(1930), ccxviii.

[30] Quoted in Philbrick, *op. cit.*, ccxvi-ccxvii.

[31] Coahuila and Texas Const., 1827. sec. 192.

[32] Edward L. Markham Jr., "The Reception of the Common Law of England in Texas and the Judicial Attitude Toward That Reception, 1840-1859," 29 Texas L. Rev. 904 (1951).

[33] *Edwards v. Peoples*, Dallam 359, 360(Tex., 1840).

[34] Texas Const., 1845, art. IV sec. 10. On Texas procedure, see Joseph W. McKnight, "The Spanish Legacy to Texas Law," 3 Am. J. Legal Hist. 222, 299(1959).

[35] *Whiting v. Turley*, Dallam 453, 454(Tex., 1842).

[36] *Long v. Anderson*, 4 Tex. 422, 424(1849).

[37] *Hamilton v. Black*, Dallam 586, 587(Tex., 1844).

[38] Texas Const., 1845, art. VII, sec, 19.

[39] Quoted in George Dargo, *Jefferson's Louisiana: Politics and the Clash of Legal Traditions* (1975), p. 112.

[40] See, in general, Elizabeth G. Brown, "Legal Systems in Conflict: Orleans Territory, 1804-1812," 1 Am. J. Legal Hist. 35(1957); further, on the "intricate task of fusing alien French and Spanish legal customs with Anglo-American precepts of law and justice," see Mark F. Fernandez, "Local Justice in the Territory of Orleans," in Warren M. Billings and Mark F. Fernandez, eds., *A Law unto Itself? Essays in the New Louisiana Legal History* (2001), p. 79. The quote is from *ibid.*, at 84.

[41] Dargo, *op. cit.*, p. 136.

[42] On this issue, see Richard Holcombe Kilbourne Jr., *A History of the Louisiana Civil Code: The Formative Years, 1803-1839*(1987); Mark F. Fernandez, *From Chaos to Continuity: The Evolution of Louisiana's Judicial System, 1712-1862*(2001).

[43] Dargo, *op. cit.*, p. 173. The actual sources of the code of 1808 are far from clear; basically, the code seemed to be French, with a certain Spanish element, but there is

great doubt, and much arguing among scholars, as to the precise weighting of the two. On this point, see Dargo, *op. cit.*, pp. 155–64. Whatever the facts about the code itself, there is evidence that the courts cited Spanish authorities almost as much as they cited French ones. See Raphael J. Rabalais, "The Influence of Spanish Laws and Treatises on the Jurisprudence of Louisiana, 1762–1828," 42 La. L. Rev 1485 (1982).

The living law of the territory, the actual legal customs of the people, is still another marten. Hans Baade has examined marriage contracts in French and Spanish Louisiana and concluded that French "legal folkways" with regard to marital property were dominant before Spanish rule; that they confirmed in some parts of the territory during Spanish rule; and that they popped back into full vigor throughout the colony when Spanish rule ended in 1803. Hans W. Baade, "Marriage Contracts in French and Spanish Louisiana: A Study in 'Notaria' Jurisprudence," 53 Tulane L. Rev. 3(1978).

[44] *Cottin v. Cottin*, 5 Mart(O.S.), 93, 94(1817).

[45] Quoted in William B. Hatcher, *Edward Livingston* (1940), p. 247. For Livingston's role in the making of the civil code of 1825, see ch. 11, "The Codifier," pp. 245–288.

[46] Louisiana Legal Archives, vol. 1(1937), xcii.

[47] The civil code already covered some aspects of commercial law.

[48] Louisiana Court., 1812 art. VI, sec. 18.

[49] The same 1812 constitution, which forbade a change to the common-law system, declared that all laws and public records had to be in "the language in which, the constitution of the United States is written" and the same for "judicial and legislative...proceedings," Louisiana Const., 1812, art. VI, sec, 15. For those who did not speak French, French was a nuisance. This callous attitude toward the historic tongue of the settlers suggests obliquely that the preservation of the civil law in Louisiana owed precious little to sentiment.

第三章

法律与经济：
1776年至1850年

自由放任及其限制

19世纪以自由放任主义的鼎盛时期而著称。根据习惯和设计，政府应该把它的重拳从经济中挪开。但是，当我们真正挖掘过去时，发现情况其实要复杂得多。的确，在20世纪的大部分时间里，意见领袖和官方政策都大力支持企业、增长和生产。特别是，20世纪前半个世纪是一个企业发展的时期。用威拉德·赫斯特的话说，政策的目的在于释放创造性的能量，这意味着经济能量、企业能量。政府反映了选民的要求。它尽力帮助经济增长。在这意味着需要使用补贴或干预的方式的时候，理论和教条很少阻碍政府的发展。这样一来便使得情况对自由放任主义而言属于否定因素。事实上，正如威廉·诺瓦克（William Novak）所指出的那样，19世纪的人们相信，政府有一项积极的义务"促进全体人民和社区的福祉"。[1]

如果我们在19世纪上半叶谈论政府干预或政府监管，我们主要指的是各州政府，而不是联邦政府。我们已经习惯了一个庞大的中央政府,以至于我们忘记了在 1800 年或 1830 年间,这个国家是地方性的、支离破碎的和互不交集的。我们忘记了联邦政府当时是个很小的政府,我们也忘记了它当时并没有做过多少事情。法律文献上从来没有重视各州应有的权益。国家大事似乎比城镇和地方发生的事情重要得多。戏剧性和引人注目的事件发生在国家舞台上,例如,奴隶制和奴隶贸易的风暴愈演愈烈;州与联邦政府之间出现微妙的关系;或者关于关税政策、国家银行体系以及内部改善的争论,这些都引起了大多数学者的注意。这就给佛蒙特州颁发小贩执照的法规留下了很小的空间。但是,要准确地描绘法律和经济,我们必须仔细观察当时各州、郡和乡镇发生的情况。

联邦政府并非完全被动。有一些压力要求建设大型内部改善工程,实际上,在全国性的公路建设上取得了一些成果。联邦政府的努力并没有因为自由放任的哲学理念而受挫;相反,"真正的问题"是"国家和州的行动措施之间"的问题。[2] 一般来说,当时各州都占了上风。联邦政府没有拥有铁路公路,国会的法案在南北战争之前对铁路几乎没有什么认识;但这并不意味着修建铁路的努力像英国那样基本上是私人的。在美国这方面也有热心积极的活动。宾夕法尼亚铁路曾经确实是宾夕法尼亚州政府的铁路。佐治亚州也修建了一条铁路——西部和大西洋铁路(Western and Atlantic Railroad)。其他州购买铁路股票,或授权地方政府这样做。一些州给予铁路税收减免。[3] 此外,在多年密切参与收费公路、木板路、渡船和桥梁之后,各州政府转向铁路建设。

可以肯定的是,在 20 世纪前半个世纪,法律以及理论基本上没有试图进行监督和控制意义上的经济监管。这项法律的主旨是宣传,目的是刺激和鼓励。经济发展有着起起伏伏的循环。1837 年的大萧条使各州出现债务和不良投资,这导致了对铁路直接投资的反对。密歇根州1850年的宪法规定,该州不能拥有任何公司的股票;到1860年年底,大多数北方州的基本法律都有类似的规定。[4]

公众舆论强烈支持修建铁路和其他公共设施的总体构想。但是路线、条款和其他细节都是激烈的政治斗争。运河、收费公路和铁路经常相互争斗。在每个州,压力团体都试图获得优势。哈里·谢伯(Harry Scheiber)研究了俄亥俄运河时代;他发现,强大的政治力量不仅要求政府进行干预,为经济增长提供总体基础,而且还要求"在所有政体成员之间平等分配成本和利益"。从本质上说,这意味着,每一个可识别的利益集团(包括区域的利益集团)都能分得一杯羹,包括运河、铁路、收费公路、银行、桥梁、赞助方、郡政府所在地或其他相关方面。[5]如果有一个放任主义的黄金时代,从纯粹的自由主义意义上讲,它是在20世纪后期出现的;即便如此,它也从来不是干净的和纯粹的。政府推动和鼓励了西部铁路的建设,并且有不断出台的州法律以某种方式影响着经济。

在20世纪上半叶,特许经营(*franchise*)是一个关键的法律概念。这项特许经营权是对私营部门的一种授权,它来自于取之不尽用之不竭的州权力蓄积。在历史上,它意味着自由,一种从克制中解脱出来的自由。但它也带有垄断的味道。这意味着,无论是在一般情况下,还是在特定情况下,特许经营和若干特许经销权都必然会引起争议。在1850年以前,人们更多地强调如何打开企业的大门,而不是企业是否应该被授予专有权。铁路租赁公司被授予垄断地位并不罕见;例如,新泽西州在1832年授予卡姆登和安博伊铁路公司(Camden and Amboy railroad)唯一的特许经营权,即在纽约州和费城之间运送人员和货物。[6]

帮助促进增长、生产和企业成长,属于一项公共权利,事实上也是一项公共责任。这意味着政府必须提供公共产品,尤其是交通运输,但也必须提供货币和信贷。货币体系是导致谢斯起义的刺激因素之一。这场债务人和债权人之间的激烈斗争在当时的背景下展开,当时费城的制宪者们正在辩论1787年的宪法。这种背景噪音深深地影响了辩论。宪法本身清楚地表明,"对允许州立法机关制定货币供应政策的强烈不信任";相反,货币供应的控制必须是"国家政策的问题"。[7]因此,宪法将金属铸币统一起来;各州不能"发行信用凭证"(emit Bills of Credit);它们"只能用金银币来清偿债务"。[8]

银行政策一直是一个有争议的话题。例如,早在18世纪80年代,银行实际上是商人俱乐部——商人的一种信用联盟(a kind of credit union for merchants)。[9]但它们很快就成为货币的重要来源。联邦政府应该发挥作用吗？联邦政府曾两度授权成立了国家银行。安德鲁·杰克逊总统是第二家银行的强烈反对者,并且成功地关闭了第二家银行。无论是在这一事件之前还是之后,美国的银行活动都要多得多。各州试图通过建立自己的银行或鼓励私人银行来确保稳健的货币和信贷。[10]宾夕法尼亚州于1793年特许成立并拥有三分之一的宾夕法尼亚银行资本。南卡罗来纳州银行(Bank of the State of South Carolina)成立于1812年,是该州的存款和财政代理人;它实际上是该州的银行分支机构。[11]后来,各州完全拥有银行股份的情况并不普遍。相反,他们制订了监管计划,这些监管计划在纸面上往往相当严苛。在这两种情况下,无论是公共银行还是私人银行,都深深地陷入了政治的泥潭。货币和信贷问题似乎是社会生活的中心问题。一家不健全的银行(这样的银行可不是少数)会以财务破产的方式威胁着它的社区。

各州一个接一个地特许授权成立了银行。因此,特许过程是每一家银行生命中的一种仪式;在这一关键时刻,国家可以(理论上)通过在特许章程中插入条款来对银行实施严格的控制。银行章程有很多不同之处,其中许多条款的目的是以这种或那种方式束缚银行的手脚。例如,佛蒙特州的一项法律规定1833年特许一家银行作为农场主银行(The Farmer's Bank),贷款利息限制在6%,要求每个董事向州财政部长支付保证金(post bond),并保留给佛蒙特州10%股份的选择权。[12]

在实践中,特许章程制度并不是一种方便有效的控制银行行为的方式。各州开始采用一般的银行法,即适用于所有银行的法律。1829年,纽约州通过了一项安全基金法。根据这项法律,银行必须将一部分资本捐给普通基金,以确保破产银行票据的支付。[13] 1837年,密歇根州通过了第一部自由银行法。这就免除了特许章程的需要。任何一群发起人只要遵循法定规则,都可以创办一家银行。纽约州在1838年通过了一项类似的法律。[14]

新英格兰的银行在南北战争前的时期,通常是小而严密的。它们的顾客是当地人。事实上,它们与"内部人士",即它们自己的董事、股东以及家人做了大量的生意。一群新的内部人士将组建自己的银行,为自己提供信贷。到了1960年,小小的罗得岛有91家银行;马萨诸塞州有178家。其他州则遵循不同的模式。宾夕法尼亚州和弗吉尼亚州都有分行。在一些州,政府的介入更为直接:南卡罗来纳州银行由州全资拥有,并向种植者和农民提供贷款,因为农民们认为他们无法从其他银行获得信贷。田纳西州和伊利诺伊州也有特许银行。[15]与此同时,自由银行法产生了影响,最终影响了银行业务的性质。到1860年,18个州有了自由银行法;还有几个州有这一法律的变体版本。正如我们所看到的,公司法经历了同样的发展周期,从特别许可章程到一般性法律;从狭隘的、逐个审批的立法行为,到向所有新兴企业家开放的一般商业形式。

交通和金钱一样,是经济基础设施的一部分,也是经济生活的骨架。联邦政府很难发挥重要作用。所以各州和城市都进入了真空状态。1820年之后,大量成文法涉及桥梁、道路、渡船和运河。在19世纪上半叶,立法机构的大部分工作,包括制定运输公司的特许章程和修改这些章程。以1835—1836年的马里兰州法律为例,我们在开头几页中发现了一项修正案,即"在麦考利磨坊附近的塞西尔郡建造一座桥的法案"的修正案(第23章),另外三项桥梁法,以及"发起设立安纳波利斯和波托马克运河公司(Annapolis and Potomac Canal Company)的法案"的修正案(第37章),这些规定全部是在1836年制定的;同一届会议上的许多其他法律特许成立公路或收费公路公司并修改它们的章程,或授权道路建设;例如,"一项通过弗雷德里克和巴尔的摩郡部分地区的道路规划和开放法案",该法案于1836年3月2日通过(第121章)。然而,正如我们已经指出的,特许章程只是政府在刺激交通方面所起的作用之一。各州和各城市通过资金、信贷和优惠法律支持内部改善。他们自己做了一些建筑工程。纽约州在1817年至1825年间挖出了一条巨大的伊利运河,全长363英里,耗资略高于700万美元。这是一次巨大的财务成功,通行费超过了所有的期望。更重要的是,运河刺激了商业,成为"向西迁移的大通道"。它的开通"可以说是美国交通史上最具决定性意义的一件事"[16]。伊利运河的成功引起了人们的效仿。在1840年的高峰期,估计有1419万美元投资于美国的运河开发。[17]

　　这时,铁路已经向舞台中央移动了。铁路时代的兴盛岁月将会到来。但宾夕法尼亚铁路、巴尔的摩和俄亥俄的铁路(B&O)都是在这一时期修建的;这两条铁路即便不是政府控制的话,也都得到了政府的支持。巴尔的摩市为B&O提供了资金。在热情高涨的早期,其他州选择了一条或另一条道路来支持他们的铁路。在1837年,俄亥俄州通过了一项一般性法律——《贷款法》(Loan Law)——以匹配资金的形式向任何符合特定标准的内部改善公司(铁路、运河或收费公路)提供支持。这项法律在 1842 年被废除;但在 1836 至 1850 年间,有一百多部特别法授权向铁路开发促进者提供当地援助。[18]

各州除了授予特许和给予资助,还利用自己的立法权制定规则,并以有助于企业家的方式向法律机构发出指示。例如,国家拥有征用权(power of eminent domain),即征用或征收财产供公共使用的权力。如果是这样的话,政府就必须为它获取的任何财产支付公平的市场价格。"公理补偿"(just compensation)的这一要求已被写入联邦和州宪法。在 19 世纪上半叶,更多的情况是,国家本身并没有使用权力。相反,非常明显的是,这种权力是相当自由地赋予了那些为"公共"目的服务的私营企业,例如运河或收费公路公司。然后,这些公司就可以拿走它们选择的土地。这本身就是一种补贴,但还有更多。司法原则在很大程度上倾向于公司,并不是土地所有者。例如,在许多地方,"抵消"价值的原则是有效的。这意味着,如果一家运河公司拿走了我的土地,价值 5000 美元,它不一定要付给我 5000 美元。它有权扣减我未来可能从运河中得到的好处。如果运河能使我剩下的土地价值提高 3000 美元,这就可以从我的补偿中扣除。其结果无疑是对公共事业的"一笔非常大的非自愿的私人补贴"[19]。

从表面上看,这类政策有利于企业,尤其是交通运输企业,而不利于作为国家支柱的普通农民和土地所有者。但这里多少会产生一些误导。毫无疑问,这些政策是真正受欢迎的。少数不幸的人遭受了苦难;但是大部分的农民——定居者对交通有着极度的渴望,这就是桥梁、渡船、运河、收费公路以及后来的铁路。他们需要这些东西来把他们的商品运到市场,把移民带到他们的地区,刺激商业,提高他们土地的总体价值。通常而言,上述的补贴受到欢迎,浮动性债券的倾泻和那些摇摇欲坠的投资也是如此,对此各州和城市就像醉酒的水手一样沉溺其中。全国性的酒后不适症似乎来得晚了一些。

第二部分　从独立革命到 19 世纪中叶:1776 年至 1850 年

在交通和金融之外,国家监管是相当随意和无计划的。并不是一个庞大的意识形态决定了这个国家的极限。而是这个国家还并不发达;大多数美国人无疑认为国家应该鼓励发展,尽管他们或许也觉得国家和上帝一样,帮助了那些帮助自己的人。经济领域内的法律法规既实用又有促进作用。贸易法则是根据具体需要而量身定做的。有些州继续对出口商品实行殖民式的质量控制措施。1791年佐治亚州的法律要求烟草必须"装在不同类型的桶里"和"由合法指定的检查员盖章"。[20]无此印章的烟草不能合法出口。在康涅狄格州,根据一项1794年的法律,除非"标有铁条制造商的名字,以及生产这种铁条的城镇的名称",否则就不能出售。[21]在纽约州,盐必须"装在桶或盒子里",并进行检查,以确保盐"不受污垢、污秽和暴雨的侵袭,以及免于石灰的掺和物……而且完全排放干净腌渍"。[22]纽约州1827年至1828年度修订的法规包括管制拍卖商、沿街小商贩的法律,以及检查面粉、膳食、牛肉、猪肉、"水罐和珍珠灰"、鱼、"鱼肝油"、木材、木棍、亚麻籽、鞋底皮革、烟叶、黄油和压缩干草的法律。其中涉及的商品并非全部都是出口商品。有些仅仅是基本的商品而已。

政府的既定任务是规范度量衡,并为商品提供标准的衡量物。例如,马萨诸塞州规定了土豆、洋葱、盐和木材的法定标准。还有州法律旨在保护消费者免受虚假标签和掺假诈欺。在1833年的马萨诸塞州,只有"纯鲸油"[23]可以"以精油、鲸油、灯油、夏油、秋油、冬油和次冬油的名义出售"。出售"掺假"油的卖家必须支付双倍于纯油和掺假油的差价。没有设立任何法定机构来执行这项法律。或许人们希望,对受损害的商人或消费者来说,对他们的粗暴惩罚足以激励他们自行遵守这个法律。

环境保护的年代距离当时还很遥远;尽管如此,还是有一些保护自然资源的小举措。1819年,马萨诸塞州禁止"在夜间带矛枪捕杀梭子鱼",或"任何时候"射杀这些鱼类。该法案规定,每条非法射猎的鱼的罚款为 50 美分,并将其支付给"对同类案件提起诉讼的人"。[24]这类法律的通常动机是经济上的,而不是出于自然的良知。马萨诸塞州(1818 年)禁止不分青红皂白地杀害"对市民有益和有利的鸟类"——它们无论是作为食物,还是可以作为上帝手中的工具去消灭各种有害的昆虫、幼虫和毛虫。[25]1789 年,新泽西州在 6 月 1 日到 10 月 10 日期间限制了小红莓(cranberries)的采摘,因为"如果能让小红莓在藤上留下足够成熟的果实,将会是一种珍贵的出口物品"[26]。依照 1822 年的保护性法案,马萨诸塞州禁止非居民"在费尔黑文、新贝德福德、达特茅斯和韦斯特波特的港口、小溪或城镇的水域内捕捉任何龙虾、蚝隆头鱼(tautog)、欧洲鲈鱼或其他鱼类";禁止用超过 15 吨以上的船只(或者本辖区之外拥有的同样规模的船只)运输这些捕捞物。[27]

公共卫生也是一些州关注的问题,尽管这些工具很原始,监管范围相当狭窄。然而,检疫法是常见的。19 世纪 20 年代,纽约州制定了一项详尽的法律,要求船只停泊在"斯塔滕岛上的海洋医院"附近,然后根据危险程度将船只划分为不同的等级,并规定了清理检疫的规则,包括"用矿酸气体"擦洗和熏蒸,以及衣物和被褥的清洗和通风。对于来自"黄热、胆热、恶性热或其他瘟疫或传染病"存在的地方的船只,或者如果船上发生了疾病,则特别严格。[28]州法律允许减少对健康构成威胁的那些"妨害"。当时,土地使用管制还处于起步阶段;但在 19 世纪 30 年代的密歇根州,授权乡镇议会、乡村政府、市长和市议员"专门规划出某些区域——用来安置那些对居民会有所冒犯的贸易或就业环境,或那些会危害公众健康的行业"。如果该场所或建筑物因"令人厌恶的气味或排放物"或"其他伤害或危险"而成为"令人讨厌"的地方,任何这样的"安置"都有可能被撤销。[29]火灾对城市构成了持续的威胁;因此,纽约市在 1813 年制定了相当详细的规定来防止和处理火灾:例如,禁止在该市燃放烟花或开枪;如果有两个市议员同意,市长就有权在必要时摧毁起火的建筑物,以防止火灾蔓延。[30]

当食品受到管制时,主要目标通常是经济方面的;但有时公共卫生或保护消费者至少是次要目标。[31]一些州赋予地方医学会检查和许可未来医生的权力。无证的医生不得通过正常的法庭程序收取费用。其他法律对未经许可的行为处以罚款。[32]最后,关于赌博、酗酒和狩猎的法律旨在保护公共道德。在纽约,"木偶表演、铁丝或绳索舞技或其他无聊的表演",不可以"以营利为目的进行"。[33]这些道德规范在某种程度上也是经济性的;它们规定了谋生的允许限度。在某种程度上,许多刑法也旨在保护财产和经济;举个最简单的例子,例如防止盗窃的法律。

上述例子说明,诺瓦克(Novak)关于19世纪政府性质的观点,以及它对公共福利的承诺,显然是一个好的看法。但我们必须记住,19世纪的政府绝不是一个利维坦。即使是较大的州,对经济的控制也很薄弱。有些程序可能只存在于纸面上。许多检查法、许可证法以及有关度量衡的法律可能都没有得到充分的执行。现代国家的两大支柱缺失:强大的税基和训练有素的公务员队伍。没有这些,国家能掌握和控制的就非常有限。州政府在当时很大程度上依赖于财产税。这项税是在当地评估和征收的。补充性的税种还包括消费税,其税基来自奴隶税、马车税或一般个人财产税。硬性货币是稀缺的;有投票权的公众也不习惯把他们收入或财富的任何可观的部分交给政府。约翰·马歇尔在他最著名的一句演说词中说,征税的权力就是摧毁性的权力。[34]摧毁的权力在19世纪并不会被轻易放弃。[35]按后来的标准衡量,征税和支出少得可笑。马萨诸塞州在1794年度总共花费了215200美元。其中一半以上是借债利息。[36]美元目前是值钱多了;不过,今天最糟糕的下水道花销也可能不止这个数。

因此,政府的行动就因为囊中羞涩而受到了限制。它必须找到那些收不上来的部分税金的替代品。因此,收费制度被大量使用。只要有可能,政府服务的费用就转移到用户身上。诉讼当事人支付法官诉讼费用,新娘和新郎支付结婚证书的费用。当地用户必须为当地道路支付摊款;如果他们自己现金不足,他们可以用劳动或汗水支付这笔税。在密西西比州,根据1831年的法律,每年交纳不到6美元税款的成年男性必须"每年在道路上工作4天",以及"所有18岁以上、45岁以下的有色人种,不论男女,都必须在道路上工作4天"。在某些条件下,一个人可以用提供马、牛和犁来代替。[37]根据弗吉尼亚1818年的一个法案,在监察长和"检验员"查验之前,仗棍制品不能随意向外输出,而监察长"有权要求并收取""每千件商品"10美分的费用;检验员的费用也必须得到支付。[38]1835年,宾夕法尼亚州一项精心制定的法案为肉类建立了类似的制度。为了"检查、检验和标出每一个装有腌牛肉或猪肉的(装42加仑液量的)一整桶和半桶",检查员可以要求8美分的费用。[39]

在现代意义上,当时并没有受过训练的公务员。政府不是由专家——即便只是运作政府的专家——来管理的。政治是赚钱或使用权力的一种方式。它有时是一种工作,并不总是一种职业。许多政客都是业余的,或者他们是律师(除了法律执业,他们是业余的政客)。人人都能向往高层的政府职位——这是民主信仰的一部分;正如我们所看到的那样,轮换执政的原则写入了一些早期宪法。像杰斐逊和杰克逊这样的人认为,政府职位的高度轮换率是一个积极的美德。特别是杰克逊认为政府的工作要求基本的、可替代的技能;任何有才智和荣誉感的人都可以担任政府职务。事实上,杰斐逊和杰克逊倾向于任命有精英背景的人并支持更高的职位,尽管他们的平等主义思想认为即便不是专家的人,只要是有技能和受过教育的人也可以在政府任职。如果政府中没有受过训练的人,律师们就填补了这个空缺。律师们受过一些教育,了解一些政府的运作机制,对国家的管理方式有一些洞察。[40]

总的来说,行政管理是薄弱和有限的。监管往往是地方性的、自我维持的——就像在收费制度中一样,在员工使用方面也很保守。行政工作常常给予现有的官员。例如,如果一个州设立了保险委员会,它可以任命州财政专员。法律常常要求私人公民盖章、标记、贴标签或张贴,以便于监督。伊利诺伊州每一个渡口管理员必须持有"柱或板,并在上面书面记载法律许可的渡船运价"[41]。公民个体通常必须执行既定的规范。如果没有人提起诉讼,或抱怨一些违规检察官,便算是万事大吉。

某些类型的社会控制在狭小的、环海的殖民地中发挥了更好的作用;但是在一个人口分散的庞大国家,它们就会扭曲到了崩溃的地步。在西部各州和地区,有一些法律是从东部各州借鉴来的,比如我们提到的公共市场和商检。可能这些都是纸上谈兵(dead words on paper)。一般来说,软弱的政府为私营部门打开了大门。传统上,货币和信贷是公共职能;政府修建和运营高速公路、渡口、桥梁和运河。在19世纪,农民和商人对这些改善产生了极大的渴望。他们想要基础设施。在一个临界点上,政府无法满足这些需求,于是就由市场来接管了。甚至在19世纪的时候,自由放任措施作为一种实务,或许可能显示出比理论上更强的力量。

商业公司

公司,用法律书籍的术语来说,是一个法人。这意味着它是一个法律上的实体,它可以像一个人一样起诉和被起诉并拥有财产和交易业务。与自然人不同,公司可以梦想着永存。高级职员和股东都过世了,但公司还能继续活着。公司的生命始于一份章程,当章程到期或被废止之时,公司的生命就结束了。但是章程可以提供永久的生命;事实上,这是20世纪和21世纪公司的常规情况。

公司章程的效力来自国家权力的授予。它规定了公司的权力、权利和义务。在21世纪初的美国,任何填写简单表格并支付少量费用的人都可以获得公司注册证书(articles of incorporation)并开始公司事务。然而,在19世纪初,公司特许章程是成文制定法。它们被个别地——而不是批发式地——分发出去。从理论上讲,每一部公司特许章程都是为个案量身定做的。

在殖民地时期,这是一个非常合适的制度。公司在1800年以前并不常见。其中很少是商业公司。几乎所有的殖民地公司都是教堂、慈善机构、城市或自治行政区。[42]纽约市本身就是一家特许性公司。[43]在整个18世纪,只有335家企业获得特许经营。在整个殖民地时期,也只有区区7家;另外181家企业在1796年至1800年间获得特许经营。[44]像银行、保险公司、水务公司这些组织起来建造或运营运河、收费公路和桥梁的公司,占了这些早期公司的绝大多数。其中的极少数,比如像"新泽西建设应用制造业协会"(New Jersey Society for Establishing Useful Manufactures,1791),是为了制造目的而设立的。

到了19世纪,情况开始发生变化。首先,每年颁发的特许章程越来越多。在19世纪上半叶,大多数特许章程仍然与金融和交通有关。份额小却在日益增长的少数群体则具有更普遍的商业或工业目的。在宾夕法尼亚州,1790年到1860年间,有2333个特许章程被授予了商业公司。其中约1500家是运输公司,不足200家是制造业公司。[45]约瑟夫·S.戴维斯(Joseph S. Davis)指出:

> 英国的传统认为,只有在少数情况下才会授予公司权力,而

这种传统从未在这里被深深地牵扯进来，其遭到了强有力的和不断增长的要求平等的倾向的反对，这种要求平等的倾向几乎立刻导致了为教会、教育和文字出版公司所制定的一般性公司设立法案。在赋予这些权力方面的偏袒是英国王室所期望的，但在民主立法机构的大门上，这种偏颇则显示出一种严重的负面影响。特别重要的是，在新成立的州，获得章程的实际容易程度比在英国要大得多。立法机构并不是工作过度，而且是免费的并合理迅速地运作此事。最后，为非商业目的成立公司的做法，虽然它没有迅速导致给予商业公司成立的自由，无疑为发起设立商业组织的特别法案铺平了道路。[46]

直到该世纪中叶，公司才成为主要的商业组织形式。大多数商业企业是合伙关系。他们由两三个合伙人组成，通常都与血缘或婚姻有关。这种合伙关系被"各种类型的企业所使用，从小型村镇商店店主到大型的商业银行"[47]。但随着经济的发展，企业家们越来越多地利用公司的形式，在运输企业更是如此。公司形式是组织和资助他们创立企业的一种更为有效的方式。然而，特许制度既笨拙又烦琐。这也是在浪费立法机构的时间——或者说，如果立法机构真的要仔细审查每一部章程，并将其条款按照具体情况进行修改的话，显然是一种浪费。事实上，除了特别重要的项目外，公司特许章程变得程式化、标准化和一成不变了。我们终将看到，公司特许章程会被一般的公司法所取代。[48]

早期的特许章程有许多特点，从近代公司法的角度来看，这些特点显得古怪或独特。公司的永生不是规则。在19世纪初，5年、20年或30年的公司特许期限在新泽西州相当普遍，每一家制造公司（除一家外）在1823年以前都只拥有有限的寿命；在南北战争之前，永久的特许期限仍然很罕见。[49]在马里兰州，一项1839年的一般性法律规定有限公司生命(对"采矿或制造公司"而言)最长为30年。[50]早期的章程也常常背离"每一股股票投一票"的原则。例如,在马里兰州,直到1819年之后,这个原则才成为规则。在新罕布什尔州,根据《苏海根铁钉和棉花工厂特许章程》(Souhegan Nail and Cotton Factory, 1812),每50股资本中只有1票的投票权,但无论他持有多少股份,也没有1名成员获得10票以上的投票权。[51] 1836年,一家马里兰州公司的章程是为建造从黑格斯敦(Hagerstown)到宾夕法尼亚州边界的收费公路而设立的,该公司按以下方式分配选票:"3股以下有1票的投票权;任何数目大于3股但不超过10股的股份,有5票的投票权;任何数目大于10股但不超过50股的股份,有7票的投票权;任何数目大于50股但不超过100股的股份,有10票的投票权;以及100股以上的每增加100股,就增加10票的投票权";30票是任何股东的最高票数。[52]有些章程限制了任何个人在任何一家公司中可能持有的股份的数量。在宾夕法尼亚州,在1810年之后,银行章程通常禁止将银行股票转让给"外国人"。[53]在1822年,新泽西的一份银行章程要求新公司使用其部分资本来帮助安博伊(Amboy)发展渔业。[54]有限责任是指股东只对公司债务承担责任,但不超过其股票价值,仅此而已;一旦他们的投资被清算,他们就无法支付公司债务。有限责任是公司形式选择的主要原因之一,也是公司法的基本特征之一。有限责任曾是英国法律的一部分,但在19世纪初的美国,却出现了反对这种公司形式的倾向。例如,银行股票在纽约就没有有限责任这么大的好处。在康涅狄格州,在19世纪30年代以前,有限责任对于制造公司来说是很常见的,但是在一些特许公司章程中,比如1814年的米斯提克制造公司(Mystic Manufacturing Company),如果公司破产的话,股东们要以他们的"私人能力来承担公司责任"。马萨诸塞州的法律对有限责任规则作了简要的规定。不过,到19世纪30年代左右,有限责任显然占主导地位。[55]

公司法发展的主线似乎相当清晰。各种差异被消除了,实践运作也开始进入一种一般性公司法运作的方向;商业习惯和企业家的需求确定了它的基本轮廓。1800年到1850年间,公司的本质发生了变化。公司最初带有垄断性。它是一种独特的和个别性的产物;它倾向于将对公共资产、自然资源或商业机会的独家控制权授予一群企业爱好者或企业投资者。针对一个城镇、一家医院、一条收费公路、一家银行或者一家桥梁公司而言,这是公司章程的精髓。因此,许多人,尤其是杰斐逊主义的信奉者们,对此感到厌恶。但是,现在公司开始成为组织企业的一般形式,在法律上向所有人开放,对进入、持续时间和管理几乎没有多少真正的限制。从某种意义上说,这项法律的目的是使公司民主化,让每个人都能使用它。[56]在许多方面,商业实务运作起着主导作用。关于代理投票、普通会议和特别会议、账簿检查和股票转让的现行法律逐渐催生出了公司章程中的标准条款的要求(这些要求得到满足);最终,这些准则进入了与公司有关的成文法和判例法。

在公司法抵达一个使公司形式简单化并对所有人开放这个程度之前,路途上有许多弯路。关于公司事务中的州政府和公司的伙伴关系、反公司运动和企业组织竞争形态的命运,在此是不能回避的话题。

在19世纪初,由于种种原因,政府与公司合作似乎很自然。第一,许多公司被特许从事传统上公开的经营:筑路、银行业、挖运河等。第二,由于每一项特许经营都是一种特权和优惠,州有权制定价格[57],其中可能包括严格的管制,甚至包括利润分享方面的规则。第三,政府参与是帮助企业的好办法。这是一种启动泵的方式,是一种支持企业的方式,反过来也会使经济更加发展。第四,公共部门参与增加了公共部门的控制:如果州拥有股份并且其人员在董事会任职,他们就能确保公司的行为符合公众利益。第五,州投资可以将资金注入财政部门。如果企业梦想成真,巨额红利就会流入国库。例如,宾夕法尼亚州不仅拥有其银行的股票,而且在1806年之后投资于收费公路、桥梁公司、运河公司,最后还投资于铁路公路。各州和城市都参与了铁路建设。起初,曾出现过特许授权的热潮。1830年至1859年间,俄亥俄州批准了47个铁路特许章程;1857年间,伊利诺伊州成立了55家铁路公司。[58]然后,直接的援助出现了:1827年至1878年间,纽约州为修建16条铁路提供了10308 844.77美元的贷款或捐赠。[59]其中一些贷款在1837年经济恐慌之后变得非常糟糕。1846年的纽约州宪法严格限制了对私营公司的政府援助。然后铁路行业转为从城镇获得资金支持并取得了"惊人的成功"。城镇热切地渴望找到连接它们与世界其他地方的铁路线路。铁路意味着进入市场、不断上升的土地价值和普遍的繁荣。最常见的是,城市购买铁路行业的股票。例如,布法罗市为"布法罗和詹姆斯敦铁路"(Buffalo & Jamestown Railroad)的股票提供了100万美元的认购。一些城镇购买了债券;有几个城镇直接捐款;1842年,奥尔巴尼市通过背书担保了价值10万美元的莫霍克和哈得孙河(Mohawk & Hudson)债券。[60]

宾夕法尼亚州也尝试了公私混合企业(mixed public and private enterprises)。在19世纪30年代,宾夕法尼亚州与铁路公司亲密合作过一段时间,宾夕法尼亚州配备了火车头;私人公司提供了其他的车厢。在1842年之前,巴尔的摩到俄亥俄铁路的董事会30个席位中,马里兰州任命了10个席位,巴尔的摩市任命了8个席位。在新泽西州,1832年的"垄断法案"("monopoly bill")授予公司独家运输特许经营权,以换取向该州赠送股票。州有股比其他股票具有更高的股息优先级——这是优先股最早出现的例子之一。多年来,新泽西州从铁路投资中获益良多;这项收入帮助降低了新泽西州对居民征收的税收。

后来的事实证明,州政府对企业的参与只是一个短暂的阶段。总有人觉得政府不应该做生意。商业周期使这一论点具有说服力。在崩盘、恐慌和萧条时期,各州的投资损失惨重。有关政府参与商业的整个想法都变得苦不堪言。在1837年之后的几年里,那些几乎破产的州和城市尝试出售它们的资产来换取现金。1844年,宾夕法尼亚州举行全民公决(referendum),批准将铁路主干线出售给私人企业。事实是,这次出售直到1857年才结束。宾夕法尼亚铁路公司随后用现金和铁路债券购买了这条线路。作为交换,州给予了铁路公司全部铁轨和设备,并"永远免除该铁路运输的吨位或运费……以及股本、债券、股息或财产的税款,但为了城市、自治区、郡、乡镇和学校的目的用途的除外"。一年后,在"莫特诉宾夕法尼亚铁路公司案"(*Mott v. Pennsylvania Railroad*)中,这一慷慨大方的优惠条件被宣布为违宪。[61]宾夕法尼亚州首席大法官埃利斯·刘易斯(Ellis Lewis)发表了一份措辞强烈的意见,否认该州有权放弃征税权,认为这近乎是"政治自杀"。立法授权是不得被廉价出售的。刘易斯还认为,公众必须对立法机构施加一定的控制,以防止立法机构把立法的主权作为典当抵押品。呜呼哀哉,看来"信任立法机关"的想法常常是靠不住的:

> 由成文宪法确立的权力限制,根源于对人类弱点的不信任。从古往今来的国家兴衰历史看,这种不信任是完全正当的。[62]

制衡体系助长了这种美国人的恐惧。这是对不受约束的权力的恐惧——这些权力大部分是政府权力,但也有来自大地主和王朝财富的权力。政治活跃的公众愿意尝试各种方式来控制当权者,并抵消来自金钱的腐蚀性影响。从一开始,腐败就是一个问题;有权授予特许经营权和特许公司的立法机构也可能被金钱和股票贿赂收买。

商业公司的故事是一个有关盛典和成功的故事。但这个过程既不是无痛苦的故事,也不是无噪音的故事。19世纪上半叶,公司界产生了很大的争议。人们往往并不是毫无逻辑地联想到其中的特权和垄断。他们是国家创造性的实体,拥有任何其他人不能声称拥有的权力或权利。大多数公司都是交通垄断、银行、保险公司——资本的聚集,代表着"少数"而不是"多数"。不像农场和工业企业,他们没有生产任何真实的东西——至少这是人们所想的。它们在某种意义上是寄生的,而且过度强大。这样的企业越多,对国家政体的危害就越大。马萨诸塞州总检察长詹姆斯·沙利文(James Sullivan)于1802年警告说:"各种各样的企业利益的创设,必定会有直接削弱政府权力的倾向。"[63]

"没有灵魂"这个词在公司的辩论中不断重复。每个人都知道公司是由人经营的。然而,这个词并非完全不恰当。公司没有消亡,它们的规模和贪婪也没有真正的限制。公司可能会聚集整个群体最坏的欲望。对家庭、友谊或道德的考虑不会影响它们的权力。人们仇恨的和不信任的公司,就像有些人害怕没有灵魂的电脑一样——这些机器可以把无数的智慧、技能、力量和恶意结合在一起。

从理论上讲,这种特许制度是控制公司的好方式。但最终对特许章程的需求还是太大了。到了19世纪40年代和50年代,如果这个过程不是那么成为例行工作的话,它就会淹没立法机关。即使如此,州议会的法律还是充斥着特许章程的事务。它在颁布、修改和延长数百份特许章程的繁重工作中浪费了时间。在忙忙碌碌中,几乎没有时间监督那些可能需要监督的特许章程。

然后,立法机关采取了下一个合乎逻辑的步骤——它们通过了一般性的公司法案。立法机关可以通过一个经过仔细考虑的法律节省自己的时间,并能有效地为所有公司制定规则。它们还可以把公司的形式转变成任何人或团体都可以利用的权利,而不是少数人的特权。

甚至在18世纪末,也通过了一些一般法律,适用于教堂、学院和图书馆协会。纽约州1811年的法律,"旨在为制造目的的公司注册",通常被认为是商业公司的第一个一般性法律。根据该法,"任何5人或更多的人,如果希望成立公司,并以制造如下产品为目的——羊毛、棉或亚麻制品、玻璃、矿石条、锚、磨铁、钢、铁钉、铁器、铜片、薄铅版、铅球、白铅及红铅",应当向州务卿办公室提交一份附有某些标准资料的证明书。在"提交证书之日后的20年期间",成为"实际上和名义上的公司法律实体"。[64]

其他公司的行动也采纳了纽约州的计划。这些法律在某种意义上是普遍的,因为它们适用于某一特定领域——制造业、银行业或保险业——的所有公司。通常,法律也没有提供一种独占的创办公司的方法。如果发起人愿意的话,它们为个别定制的特许公司章程敞开了大门。事实上,早期的一般法律并不是特别有效。当它们强行执行规则时,商业界对它们置之不理,采取了个别定制特许公司章程的方式。一些企业家暂时根据一般性法律去登记注册,然后试图从立法机关获得一份个别定制的公司章程。为了使一般性法律产生威慑力,1846年的《纽约州宪法》采取了更激烈的措施。它只限于个别定制公司章程属于"依据立法机关的判断,那些在一般性法律下无法达到公司目标的情形"[65]。事实证明,立法机关在作出这种判断时是相当通融的。在这一时期结束时,特许章程仍然占主导地位。但法律的白纸黑字毕竟已经昭然天下。1845年的《路易斯安那州宪法》在许多方面都是领头羊,其中包含了一条更有力的条款:"除非出于政治或市政的目的,否则不得在本州通过特别法律设立公司。"[66]

反腐败斗争是这些宪法修订的原因之一。当时出现了一些肆无忌惮的发起人,也还有不断发生的贿赂丑闻。这些丑闻削弱了公众对民选官员的信心。为了赢得对邪恶公司的战争,立法机关必须受到约束。根据1821年的《纽约州宪法》,只有"三分之二的当选议员的同意",才能通过"创建、延续、改变或更新任何政府实体或公司实体"的法案。[67]1831年的《特拉华州宪法》中也有类似的规定,特拉华州总有一天会成为州外公司的一个温暖舒适的港湾;但这距离1831年的时候还很遥远。根据《特拉华州宪法》,任何设立公司的个案,"除非立法机关重新颁布,否则不得继续生效超过20年以上的时间,除非它是为了改善公众目的而成立的公司"。[68]

这场辩论有人支持,也有人反对。当1844年新泽西大会提出像纽约州那样的三分之二的条款时,一位代表说他是"公司的朋友,公司为增加该州的繁荣所做的工作比其他任何事物都要多。如果目的是为了造福社会,就让立法机关批准所有可能适用的办法"。那个三分之二的条款是让人们"向这些小怪物露出牙齿,但如果他们相信它们是像他所描述的那样危险的生物,他们最好立即勇敢展开工作并扼杀它们,而不是继续不断地在它们的身后猛烈抨击"。[69] 该三分之二的条款被否决了。事实上,除了零敲碎打的攻击之外,反公司运动从未成功地做得更多一点儿。扼杀公司根本是徒劳之举。

但是,在19世纪上半叶,对公司的控制是一个长期存在的问题。这是一个区分资本的生产性使用和浪费、寄生、非生产性使用的时期。放债人是寄生虫,而玩股票市场的人几乎比赌徒也好不到哪去。随着时间的推移,这些态度逐渐减弱,但缓慢且有些痛苦。一些州通过了禁止股票投机的法律。例如,宾夕法尼亚州1841年的一项法律规定,如果在未来5天以上交割,则出售证券的合同无效。纽约州1837年禁止在银行购买股票的人售出股票,直到所有股票付清3个月之后才可以。1840年密西西比州的法律规定,银行从事"任何形式的股票交易"都是非法的。弗吉尼亚州和其他州对股票经纪人设立执照规则。这些法律都没有特别产生效力;但它们说明了许多人对买卖和经营公司证券的人有多么反感。[70]

在著名的"达特茅斯学院诉伍德沃德案"(*Dartmouth College v. Woodward*,1819年)中[71],美国最高法院直面公司控制权问题。根据联邦宪法的规定,任何州都不能损害合同的义务。但是什么是"合同"呢?达特茅斯学院是一家公司,拥有来自新罕布什尔州的特许章程。该州颁布了一项法律,改变了该特许章程的条款。最高法院认为这超出了州的权力范围。公司章程是"以一种有价值的代价订立的合同",是"财产的担保和处分合同"。因此,立法机关不能改变该章程的条款。这样做会"损害"章程,即州与公司之间的合同。[72]

达特茅斯学院不是商业公司,但法庭和报纸读者群都很清楚,这一决定超出了一个小学院的问题,也不只是州政府的特许的问题。这个决定的消息引起了强烈的抗议。许多同时代人士认为,这一事件是对人民主权的打击,从"人民及其当选代表"手中夺走了"对社会和经济事务的很大一部分控制权"。这是看待这个案子的一种方式。法院及其辩护者对此有不同的看法。这一决定,以及其他类似的决定,保护了投资和财产利益。它保护了他们不受公众舆论的暂时影响。这一理论保证了法律的稳定。通过这种方式,它促进了经济增长。它鼓励企业承担风险。

达特茅斯学院案对公司法的影响远不及人们所想象的那样全面。在一种同意意见书中,大法官约瑟夫·斯托里或许是有意地在暗示,有一种简单的方式可以绕过新的规则。斯托里说,如果立法机关真的想修改公司章程,它应该在颁发这样的特许章程时保留这样做的权力。从法律上讲,修改特许章程条款的权力将是州与公司之间"合同"的一部分;当立法机关通过修改章程的法律时,就不会对合同权利产生"损害"。在以后的几年里,作为惯例,立法机关通常在每一部特许章程中加入一项条款,保留州政府变更、修改和废除的权力。这项权力也是一般公司法的一个共同特征。最后,这项权力被写入州宪法。1846年《纽约州宪法》规定,关于公司的"所有一般法律和特别法令""可不时修改或废除"(第8条第1款)。

公司在1800年以前是罕见的;因此,在19世纪以前,关于公司的判例法很薄弱。随着公司的成倍增长,对权利和义务的诉讼也成倍增加。从所有实际的目的来看,法院几乎是凭空创造了一套公司法。早年大多数公司都是学院、教堂、慈善机构和城市;因此,陈旧的判决和理论,鲜有论及经理和董事这些与商业公司的世界密切相关的事务。

起初,法院对公司权力的处理相当谨慎。他们坚持"一般和妥善解决的原则,即公司除了具体授予的权力或为实施明确授予的权力所必需的权力,没有其他的权力"。[73]这一"原则"是从公司作为单一企业或用于一个单一目的(例如,一座桥梁、一家工厂、一家银行)的大量资本的想法而来的。首席大法官罗杰·坦尼在著名的查尔斯河大桥案(1837年)中建立了这一原则。[74]马萨诸塞州在18世纪末特许了一家公司在查尔斯河上建造了一座收费大桥。几年后,该州又授予了另一个特许给一批新的企业家。这些企业家建造的第二座桥距离第一座桥非常近,而且最终成了一座免费通过的大桥。这将破坏对原桥的投资。第一座桥的主人提起诉讼,声称第二次的特许违反了宪法:这损害了合同的义务(即他们拥有的特许章程)。最高法院作出了对他们不利的判决。特许章程必须获得严格的解释。该州从未承诺不再授权特许一座相互竞争的桥梁。如果这种情况可以作狭义的理解,就意味着公司的权力,就像政府的权力一样,必须保持在狭窄的范围内;而它的特许章程必须从这个角度来解读。但这一案件也代表了某种"进步",即对既得权利的不宽容;这个案件代表了这样一种观点,即如果不打破鸡蛋,你就不能做一个经济上的煎蛋卷。老桥就像旧的收费公路一样,不得不让位给更有活力、更现代、更进步的东西。

有关查尔斯河大桥的这个故事,一直未曾远去。从长远来看,个体公民(那些真正撰写特许章程文本的人)的创造性起草技巧,帮助断送了严格解释该法律的想法。商业实践引领这条道路。这些特许章程反映了一个事实:企业的范围和灵活性都在增加。大多数同时代人都看不见的经济增长的逻辑,正在为自己制定法律。起草者们设计的东西,法院接受了,而立法机关只是软弱地加以抵制。之前旨在削弱公司的权力或经济作用的那些控制手段,要么消失殆尽,要么变得无关紧要。

但是当一种限制消失后,其他的限制开始发展。商业公司是一种"经济动物"。它的存在是为了营利。公司由经理人和董事进行管理;股东们在理论上是拥有公司的人。然后还有公司的债权人。这些人彼此有什么权利和义务呢?判例法试图回答这些问题。例如,所谓的信托基金原则(trust-fund doctrine),就是约瑟夫·斯托里建立并为此获得赞誉的一个原则。主要案例是1824年的"伍德诉德鲁默案"(*Wood v. Drummer*)。[75]位于缅因州的哈洛韦尔和奥古斯塔银行在清算结业时,股东们宣布,他们的股息总额达到了20万美元的75%。银行因此变成了一个空壳,特别是,此刻并不是所有的资本股票都已经得到了偿付。当时原告持有的银行票据变得一文不值。斯托里认为,股东以向银行的债权人,即银行票据持有人进行欺骗的方式将分配资金据为己有是错误的。银行的资本存量"被认为是支付银行所负债务的质押或信托基金"。如果这些资金"落入任何非善意购买者的手中",债权人可以"追索"并要求偿还。这使得原告有权从将银行资金中饱私囊的股东手中得到补偿。后来的案例采纳了这一原则,并将其应用于其他情况。与此同时,法院慢慢建立起一套关于公司内部生活的规则,以及公司与外部世界之间的关系准则。

企业的成功可能是不可避免的,但在可能性方面,企业形式并不是唯一的。后来被广泛效仿的纽约州1822年法规,将有限责任合伙公司(limited partnership)引入了美国法律。这个公司形式是部分地以法国的商业组织形式——两合公司(*société en commandite*)为基础的。

在有限责任合伙公司,一些成员(一般合伙人)对合伙债务负有全部责任。但有限公司(或"特殊")的合伙人,则"只是以他(或他们)已经提供给合伙企业的股票出资部分"承担责任。[76]有限责任合伙公司(以其"一个或多个沉睡中的合伙人")是"理应精准地让闲置资本发挥积极和有用的功能"[77](这是法官肯特的话语)。大多数商业企业在19世纪中叶以前是一种或另一种形式的合伙企业。

另一种商业组织是马萨诸塞州信托或商业信托。这是一个非公司类的组织,它使用信托的结构。管理人员(受托人)持有信托财产的所有权权益证书(title to the property of the trust)。代替股东身份的,是"受益人"的身份;所有者持有的是实益权益证书,而不是股本。一个"信托管理实体",类似于一个章程,明确规定了管理者的权力和职责。

股份制公司是另一种常见的商业组织。有点像合伙企业;但又不像合伙企业,它的资本被分成可转让股份。

从1800年或1820年的理解来看,公司不一定是为新企业筹集和管理资金的最佳方式。萧·利弗莫尔(Shaw Livermore)研究了早期的美国土地公司,发现这些公司利用了各种各样的商业形式。甚至在1800年之前,投机性的土地公司就表现出"除了合伙企业,现代商业组织的所有复杂状态",只不过当时它们并没有被正式发起成为公司而已。利弗莫尔认为,这些商业组织是"现代商业公司的真正先驱"[78]。换句话说,其主旨在于,现代企业并不是特许制度的直系后裔,而是从丰富多彩的商业实践和商业形式中进化而来的。

语言、形式和口号确实来自于旧的公司法;这些都被使用了,就像瓦砾一样,在那里建造了一座新的桥梁。体系结构和计划来自于商业实践,也来自于市场。最后一种胜利的形式是"公司",而不是合伙企业或马萨诸塞州信托的一些变异,这可能是由于一些几乎随机的因素,这些因素以一种或另一种方式扭曲了平衡。同样,在20世纪,在各州通过《统一商法典》(Uniform Commercial Code)之前,以分期付款计划出售的货物所用的法律形式因州而异。在一些州,这种形式被称为"有条件出售"(conditional sale);在有些州,被称为"动产抵押"(chattel mortgage);在宾夕法尼亚州,被称为"委托租赁"(bailment lease);在英国,被称为"租赁合同"(hire-purchase contract)。如果某些令人烦恼的和技术性的案例、学说或法规阻碍了一种安排,实务上操作就会像被水坝拦截时的水流一样,自由地流入另一条渠道。公司形式的胜利就是这种情况。不断增长的市场所需要的是一种高效的、无烦恼的方法来聚集资本,并在商业中进行管理,同时也需要有限的责任和可转让的股份。

关于公司起源的争论,通常主要是关于词语的争论。法国法律不是有限合伙的"先驱";城镇、学院和医院的章程不是铁路租赁的"先驱";土地辛迪加组织(syndicates)也不是一般公司法的"先驱"。所有这些仅仅是模型和机缘而已。法律史论认为,同一时代的事实始终是那个同时代法律的建筑师。历史并不提供决断,只提供原始材料和计划方案。

注　释

[1] William N. Novak, *The People's Welfare: Law and Regulation in Nineteenth-Century America* (1996), p. 9.

[2] Carter Goodrich, *Government Promotion of America Canals and Railroads, 1800-1890* (1960), p. 44.

[3] See, in general, James W. Ely Jr., *Railroads and American Law* (2001), ch. 1.

[4] Ely, *op. cit.*, at 20.

[5] Harry N. Scheiber, *Ohio Canal Era: A Case Study of Government and the Economy, 1820-1861* (1969). See also Scheiber's essay, "The Transportation Revolution and American Law: Constitutionalism and Public Policy," in *Transportation and the Early*

Nation(1982), p. 1; on the general question of the relationship between law and the economy, the pioneer work of J. Willard Hurst is still a fundamental starting point, especially *Law and the Conditions of Freedom in the Nineteenth Century United States* (1956); *Law and Economic Growth: The Legal History of the Lumber Industry in Wisconsin, 1836-1915*(1964); and *Law and Markets in United States History: Different Modes of Bargaining among Interests*(1982).

⁶ Ely, *op. cit.*, pp. 11-12.

⁷ J. Willard Hurst, *A Legal History of Money in the United States, 1774-1970* (1973), p. 8.

⁸ U.S. Const., art. I, sec. 10.

⁹ Joseph H. Sommer, "The Birth of the American Business Corporation: Of Banks, Corporate Governance, and Social Responsibility," 49 Buffalo Law Review 1011(2001).

¹⁰ The subject is exhaustively treated in Bray Hammond, *Banks and Politics in America, from the Revolution to the Civil War*(1957); see also J. Willard Hurst, *A Legal History of Money in the United States, 1774-1970*(1973). There is interesting material on bank litigation in Alfred S. Konefsky and Andrew J. King, eds., *The Papers of Daniel Webster: Legal Papers*, vol. 2, *The Boston Practice*(1983), pp. 527-37.

¹¹ Hanmond, *op. cit.*, p. 168.

¹² Acts of Vt., 1833, ch. 34, pp. 60-67.

¹³ Ronald E. Seavoy, *The Origins of the American Business Corporation, 1784-1855*(1982), pp. 117-48.

¹⁴ For a study of one such bank, see Howard Bodenhorn, "Free Banking and Financial Entrepreneurship in Nineteenth Century New York: The Black River Bank of Watertown," 27 Business and Economic History 102(1998). See also J. T. W. Hubbard, *For Each, the Strength of All: A History of Banking in the State of New York* (1995), pp. 94-96.

¹⁵ Howard Bodenhorn, *A History of Banking in Antebellum America: Financial Markets and Economic Development in an Era of Nation-Building*(2000), pp.31-44.

¹⁶ Carter Goodrich, *Government Promotion of American Canals and Railroads, 1800-*

1890, pp. 52–55.

[17] Carter Goodrich et al., *Canals and American Economic Development* (1961), p. 209; see also the excellent study by Harry N. Scheiber, *Ohio Canal Era: A Case Study of Government and the Economy, 1820–1861* (1969).

[18] Carter Goodrich, *Government Promotion of American Canals and Railroads*, pp. 136–37; Harry Scheiber, *Ohio Canal Era*, pp. 110–11, 152.

[19] Harry N. Scheiber, "The Road to *Munn*: Eminent Domain and the Concept of Public Purpose in the State Courts," in Donald Fleming and Bernard Bailyn, eds., *Law in American History* (1971), pp. 329, 364. On eminent domain in this period, see also Tony A. Freyer, *Producers versus Capitalist: Constitutional Conflict in Antebellum America* (1994), ch. 4.

[20] Oliver H. Prince, comp., *Digest of the Laws of the State of Georgia* (2nd ed., 1837), p. 817 (act of Dec. 23, 1791).

[21] Stats. Conn. 1808, pp. 421–22 (act of May, 1794).

[22] Rev. Stats. N.Y. 1829, vol. I, p. 270.

[23] Laws Mass. 1833, ch. 215.

[24] Laws Mass. 1819, ch. 45. A later act subjected the operation of this law to local option.

[25] Laws Mass. 1818, ch. 103.

[26] Rev. Stats. N.J, 18 21, p. 89 (act of Nov. 10, 1789).

[27] Laws Mass. 1822, ch. 97.

[28] Rev. Stats. N.Y. 1829, vol. I, pp. 425ff. On quarantine laws, see William Novak, *The People's Welfare*, pp. 204–17.

[29] Rev. Stats. Michigan 1838, p. 171.

[30] William Novak, *The People's Welfare*, p. 57.

[31] Oscar and Mary Handlin, *Commonwealth: A Study of The Role of Government in the American Economy: Massachusetts, 1744–1861* (rev. ed., 1969), p. 206.

[32] Laws N.Y. 1806, ch. 138; Laws Mass. 1819, ch. 113; Laws N.Y., 1830, ch. 126; unauthorized doctors were liable to forfeit "a sum not exceeding twenty-five

dollars." See, in general, Richard H. Shryock, *Medical Licensing in America*, 1650–1965(1967).

[33] Rev. Stats. N.Y. 1829, vol. 1, p. 660.

[34] The case was *McCulloch v. Maryland*, Wheat. 316(1819).

[35] There was some concern about fairness in tax policy. A clause in the Arkansas Constitution of 1836 declared that "no one species of property... shall be taxed higher than another species of property, of equal value," excepting taxes on "merchants, hawkers, peddlers, and privileges" (art. VII, Revenue, sec. 2). Citing this clause, the state supreme court declared void a special tax on billiard tables, and a tax on "the privilege of keeping each stallion or jack." The right to own a billiard table or to keep a stallion was a "property right" not a "privilege"; it was unlawful, therefore, to tax these rights specially. *Stevens v. State*, 2 Ark. 291(1840); *Gibson v. County of Pulaski*, 2 Ark. 309 (1840).

[36] Handlin and Handlin, *op. cit.*, p. 62.

[37] Laws Miss. 1831, p. 364(act of December 16, 1831).

[38] Va. Rev. Code 1819, vol. II, pp. 197, 200.

[39] Laws Pa. 1834–1835, sec. 82, p. 405.

[40] See, in general, Sidney H. Aronson, *Status and Kinship in the Higher Civil Service*(1964).

[41] Francis S. Philbrick, ed., *Pope's Ill. Digest, 1815*, vol. 1(1938), p. 264.

[42] In England, only the crown had the right to incorporate. In the colonies, royal governors, proprietors, and in some cases legislative bodies issued, charters. Actually, not many colonial cities and towns were technically corporations at all. It did not seem to make much difference in the way these municipalities behaved. In 1778, Governor Livingston of New Jersey tried to issue a charter himself without legislative approval, but that was an isolated incident. It was generally recognized after the Revolution that the legislature was the branch of government that made corporations. John W. Cadman Jr., *The Corporation in New Jersey:Business and Politics, 1791–1875*(1949), p. 4.

On the colonial corporation in general, see Joseph S. Davis, *Essays in the Earlier*

History of American Corporations(1917).

[43] See, in general, Hendrik Hartog, *Public Property and Private Power: The Corporation of the City of New York in American Law, 1730–1870*(1983).

[44] Joseph S. Davis, *Essays in the Earlier History of American Corporations*, vol. II (1917), p. 24.

[45] Louis Hartz, *Economic Policy and Democratic Thought: Pennsylvania, 1776–1860*(1948), p. 38.

[46] Davis, *op. cit.*, vol. 11, pp. 7–8.

[47] Alfred D. Chandler Jr., *The Visible Hand: The Managerial Revolution in American Business* (1977), pp. 36–37.

[48] The movement from special charter to general incorporation laws in New York is treated in Ronald E. Seavoy, *The Origins of the American Business Corporation, 1784–1855*(1982).

[49] John W. Cadman, *The Corporation in New Jersey, 1791–1875*(1949), p. 366.

[50] Joseph G. Blandi, *Maryland Business Corporations, 1783–1852*(1934), p. 56.

[51] Laws N.H., vol.8, 1811–1820(1920), p. 149.

[52] Laws Md. 1835–1836, ch. 321, sec. 4.

[53] Hartz, *op. cit.*, p.255.

[54] Cadman, *op.cit.* p. 68.

[55] *Resolves and Private Laws, Conn., 1789–1836*, vol. II(1837), p. 851; Herbert Hovenkamp, *Enterprise and American Law, 1836–1937*(1991), pp. 49–55.

[56] Hovenkamp, *op. cit.*, p. 2. Hovenkamp calls this a "distinctively Jacksonian" development.

[57] Sometimes quite literally. The charter of the Bank of Philadelphia(1803) required the bank to pay a bonus of $135,000 to the state. The bonus practice was not abolished in Pennsylvania until 1842. Hartz, *op, cit.*, pp. 54–56.

[58] James W. Ely Jr., *Railroads and American Law* (2001), p. 18. On financial aid to the railroads, *ibid.*, pp. 19–23.

[59] Harry H. Pierce, *Railroads of New York: A Study of Government Aid* (1953),

p. 15.

[60] Pierce, *op. cit.*, pp. 18-19.

[61] 30 Penn. State 9 (1858); see James W. Ely Jr., *Railroads and American Law* (2001), pp. 8-9.

[62] 30 Penn. State at 28.

[63] Quoted in Handlin and Handlin, *op. cit*, p. 260.

[64] Laws N.Y. 1811, ch. 47.

[65] New York. Const., 1846, art. 8, sec. 1. See Seavoy, *op.cit.*, pp. 177-88.

[66] Louisiana Const., 1845, art. 123. This provision was copied in Iowa the following year. Iowa Const., 1846, art. 8, sec. 2.

[67] New York Const., 1821, art. 7, sec. 9.

[68] Delaware Const., 1831, art. 2, sec. 17.

[69] *Proceedings of the New Jersey State Constitutional Convention of 1844* (1942), pp. 537-38, 539.

[70] Stuart Banner, *Anglo-American Securities Regulation: Cultural and Political Roots, 1690-1860* (1998), pp. 222-36.

[71] 4 Wheat, 518 (1819). An important precursor was *Fletcher v. Peck*, 6 Cranch 87 (1810). This case came out of the so-called Yazoo land scandals in Georgia. The Georgia legislature entered into a corrupt land-grant deal. The next legislature repealed the grant; but, meanwhile, some of the land had passed into the hands of out-of-state investors who were not part of the original tainted deal. The United States Supreme Court, under John Marshall, sided with the buyers of the land. The grant of land by the legislature, said Marshall, was a "contract"; what one legislature gave, the next could not take back. See C. Peter Magrath, *Yazoo, Law and Politics in the New Republic: The Case of Fletcher v. Peck* (1966).

[72] On Marshall's opinion in *Dartmouth College*, and the other contract-clause cases, see Charles F. Hobson, *The Great Chief Justice: John Marshall and the Rule of Law* (1996), pp. 78-110.

[73] Joseph K. Angell and Samuel Ames, *A Treatise on the Law of Private Corporations*

Aggregate(2nd ed., 1843), p. 66.

[74] *Proprietors of the Charles River Bridge v. Proprietors of the Warren Bridge*, 11 Pet. 420(1837). On the background and meaning of the case, see Stanley I. Kutler, *Privilege and Creative Destruction: The Charles River Bridge Case*(1971).

[75] Mason C.C. Rpts. 308, Fed. Cas. No. 17,944(1824).

[76] See Edward H. Warren, *Corporate Advantages without Incorporation* (1929), pp. 302ff.

[77] James Kent, *Commentaries on American Law* [cited hereafter as Kent, *Commentaries*], vol. III(2nd ed., 1832), p. 35.

[78] Shaw Livermore, *Early American Land Companies: Their Influence on Corporate Development*(1939), p. 216.

第四章

有关个人身份地位的法律:
妻子、穷人和奴隶

婚姻与离婚

在英国,教会法院对婚姻和离婚有管辖权,教会在家庭法中起着重要作用。美国没有这样的法庭,19世纪初以后,也没有建立教会体系。在美国,家庭法是完全世俗的。在法律理论中,婚姻是一种契约——男人和女人之间的一个协议。法律并没有禁止甚至阻止宗教仪式。道德和宗教观念一如既往地对婚姻和离婚法产生了强大的影响。但美国法律承认两种世俗婚姻形式:一种是在殖民时期众所周知的民事仪式;另一种可能是属于美国式创新的所谓的普通法婚姻(common-law marriage)。

普通法婚姻的概念经常被误解。今天的人们有时会用这个短语来指一个没有丝毫婚姻要求就生活在一起的男人和女人。法律意义是非常不同的。如果一个州承认普通法婚姻,那么这种婚姻与任何其他婚姻一样有效——就像正式婚姻(包括牧师、证人和通常的仪式完成的正式婚姻)。普通法婚姻完全是非正式的。不需要结婚证书、牧师、法官、证人或其他任何东西。这是一种"口头契约"(verbal contract),也就是男女双方认为自己是夫妻的协议。一旦他们彼此说了这些话,他们就完全全全地结婚了。这是普通法婚姻的核心理念。[1]

这种婚姻形式在美国的起源相当模糊。英国和殖民地都有传统的婚姻形式,但从1753年开始,英国法律明确禁止一切非仪式性的婚姻;当然,这是在美国革命之前。然而,肯特法官和其他美国法学家表示,普通法并不要求任何"特殊仪式"才能使婚姻有效。神职人员的出席,虽然是一种"非常合适的惯例",却是不必要的;"当事各方的同意才是必要的"。[2]

肯特和其他19世纪早期的法官也许误解了英国的权能。但对旧案件的误读并不能真正解释这个制度的崛起。它在社会环境中有着更坚实的基础,包括智力的环境和人们的需要。乔尔·毕晓普(Joel Bishop)在1852年撰文提出了这样的解释:在英国,只有圣公会牧师才被授权主持婚礼。清教徒异议者"逃到这些西方的荒野中,只是为了逃避他们认为来自这些教堂的压迫和道德传染"。他们不会容忍任何要求他们自己去引进一个"主教教会……然后付给他们教会捐税,只是因为他可能成为他们婚礼的受邀客人。虽然美洲殖民地并非都是由清教徒定居的,但这一建议的精神将适用于大多数殖民定居点"[3]。

可以肯定的是,在美国的一些地方,每个信仰的神职人员都很少。大部分人口居住在城市之外;而且有些地区人口稀少。英国圣公会的查尔斯·伍德梅森(Charles Woodmason)于1766年前往南卡罗来纳州偏僻的乡间,将宗教带到这个不起眼的地方(并在那里主持婚礼)。他抱怨说:"主持婚礼的牧师的缺乏以及人民的淫荡,太多的人在非法同居并把他们的妻子们视为牲畜来交易,这简直就是生活在一个原始的状态中,比印第安人更加无规则和无贞操地在生活。"[4]在得克萨斯州,我们听说过一种叫做"纽带婚姻"(bond marriage)的习俗。男人和女人签署了书面协议;这一协议(被证人见证的)被认为是真正婚姻的基础,至少对于当事人员及其社区而言如此。[5]

更重要的是,大量普通民众拥有房屋和农场,并在经济中拥有重大的利益。显然,夫妇在临时仪式后(或者根本没有什么仪式)就在一起共同生活。这些夫妇养育了许许多多孩子。普通法婚姻原则允许法律将这些"婚姻"视为圣洁的和有效的。如果一个男人和一个女人实际上一起生活,抚养孩子并且表现得像是已婚,那么他们就被假定为已婚;也就是说,法律假定他们有普通法意义上的婚姻关系。为什么这很重要?因为如果丈夫去世了,他留下的女人是一个真正的寡妇,拥有寡妇的权利;孩子们是合法的,就可以继承土地。所有权、继承权等问题,与那些在财产上一无所有的人倒是毫无关系。但当时的美国可是一个土地被民众广泛占有的国家,特别是在北部和中西部。与英国不同的是,美国的土地法和继承法可不仅仅适用于富人。

毕晓普是一位精明的法律和道德观察家,他认为早期的殖民者更趋向于生活的必要价值,或者至少接受这种观念。尽管他们也有"纯粹的道德和严肃的习惯",但殖民定居者不能也不会同意接受严格的英国婚姻法,或者美国婚姻法中的同类规定。例如,宾夕法尼亚州严苛的婚姻法就被认为是"不适应社会的习惯和习俗";首席大法官约翰·班尼斯特·吉布森在1833年指出,"严格执行这些法律","将会导致半个多世纪以来在该州出生的绝大多数儿童视为私生子"。[6]这不仅仅是一个社会耻辱的问题;这是一个谁有权获得农场、房屋、乡村土地和城镇地块的问题。

尽管如此,普通法婚姻还是遭到了反对。毕竟,它是非常松散的。对有些人来说,这似乎是"非法同居与婚姻之间奇怪而可怕的杂交"。普通法婚姻有助于解决财产权问题。但这也可能使这些权利复杂化,并可能导致公众丑闻。一些州断然拒绝了这一原则。在"格里沙姆诉州案"（*Grisham v. State*, 1831）[7]中，田纳西州最高法院拒绝接受普通法婚姻的概念。鳏夫约翰·格里沙姆（John Grisham）和寡妇简·利根（Jane Ligan）已经同意以夫妻关系同居，他们在证人面前对此发了誓。他们被指控犯有"猥亵和通奸行为，并且是对善良和体面的公民的重大丑闻"。法庭维持了原判。该法院指出，法律是"人民道德的守护者"。但在大多数州，这位"监护者"还是屈从于不可避免的事实，接受了非正式婚姻的有效性。普通法婚姻是一个非常有用的工具。

一直到1857年，英国都是一个"没有离婚的社会"。亨利八世离婚了；但普通英国人却没有这种特权。非常富有的人可能会从议会中弄出一份罕见的私人离婚法案。1800年到1836年间，平均每年有三次。对于其余的人来说，不幸福的丈夫和妻子不得不去满足无效婚姻（annulment）的条件才能分手（这不是件容易的事），或从床上和食宿上离婚（*a mensa et thoro*，即一种合法分居的形式）。分居的夫妇无权再婚。在1857年之前，没有法院有权批准离婚。婚姻破裂时最常见的"解决办法"是通奸和遗弃。[8]

在殖民地时期，南方通常忠于英国传统。不存在完全的离婚，从床上和食宿上分居式离婚也非常罕见。然而，在新英格兰，法院和立法机构偶尔允许离婚。在宾夕法尼亚殖民地，宾夕法尼亚殖民地1682年的法律赋予配偶一方提出个案"离婚法案"的权利，但必须是在另一方因通奸而被定罪的情况下提出。后来，总督或副总督被授权以乱伦、通奸、重婚或同性恋为由解除婚姻。然而，没有证据表明总督曾经使用过这种权力。后来，议会自行决定是否准予离婚。英国枢密院不赞成这种做法，并在18世纪70年代禁止在宾夕法尼亚、新泽西和新罕布什尔的立法式个案离婚。美国独立革命结束了枢密院的这种权力。[9]

独立后，离婚的法律和实践开始发生变化，但地区差异仍然很大。

在美国南方的离婚仍然是不寻常的事情。南卡罗来纳州是个最极端的例子。亨利·威廉·德索塞(Henry William Desaussure)在1817年的一篇文章中直截了当地说,南卡罗来纳州从未批准过一次离婚。[10]他倒是讲的一点没错。在整个19世纪的南卡罗来纳州,没有绝对离婚这样的事情。在其他南方各州,立法机构通过个案离婚法案解除过婚姻关系。1789年的《佐治亚州宪法》允许在高等法院进行"公平审判"和离婚判决之后,立法机构的议会两院以三分之二的投票通过才能批准离婚。这使法官们无法确定他们在诉讼过程中的确切作用。[11]立法机构后来解决了这些疑问;它通过了一项法律,保留了准许离婚的专属权利。1798年到1835年间,佐治亚州有291例个案立法离婚;在此期间的后期,离婚率明显上升。1833年,有27对夫妇以个案立法获得离婚,例如格林·富勒(Green Fuller)和苏珊娜·富勒(Susannah Fuller),他们的"婚姻关系,或民事婚姻契约""完全被宣布废止、解除和取消";这样,这对夫妇"将来就被视为独身和独立的人,与任何神秘的组合关系或民事契约关系完全无关"[12]。立法机构当然不是橡皮图章(rubber stamps)。例如,在弗吉尼亚,奥林匹娅·梅里迪丝(Olympia Meridith)嫁了一个有着令人难以置信的名字的恶棍——穆迪·布拉德(Moody Blood)。这个虐待她的穆迪,因为收受赃物而被捕入狱,留下了她和两个孩子——弗莱明·布拉德(Fleming Blood)和弗兰德利斯·布拉德(Friendless Blood)。她在1841年要求离婚,没有被批准;两年后,她又试了一次,仍然遭到拒绝。[13]总的来说,在弗吉尼亚只有三分之一的申请人成功地离婚。

梅森—狄克逊线(Mason and Dixon's line,指美国宾夕法尼亚州与马里兰州之间的分界线——译者注)以北,法庭离婚取代了个案立法离婚。宾夕法尼亚州在1785年通过了一项普通的离婚法。一年后,马萨诸塞州也通过了同样的离婚法。每个新英格兰地区各州在1800

年之前都有了离婚法,纽约、新泽西和田纳西州也是如此。在这些州,离婚采取普通诉讼的形式。无过错一方的配偶起诉提出离婚,这必须基于法律上可以接受的"理由"(grounds)。各州离婚的理由各不相同。纽约州1787年的法律只允许在出现通奸的情况下可以绝对批准离婚。而佛蒙特州1798年的法律允许因阳痿、通奸、不可容忍的严重程度、3年的故意遗弃和长期失踪推定死亡而离婚。罗得岛允许离婚的原因是"双方当事人中任何一方有严重的不当行为和邪恶行为,令人厌恶地抵触并违反了婚约"[14]。在新罕布什尔州,如果一方配偶加入震颤教派(Shaker),这是离婚的理由;这不是一条不合理的规则,因为震颤教派不认可性交行为。[15]

离婚法的突现,无疑意味着合法离婚需求的实际增加。更多的婚姻似乎在19世纪生活的压力下破裂。这增加了离婚或法律上的分居(separation)的需求。[16]随着离婚的需求的增长,个案的离婚法案变成一种负担——让立法机构的时间毫无意义地浪费流失。在这段时期的后期,一些州仍然允许立法式个案离婚;但是其他州已经废除了它们。1841年,马里兰州通过一般性离婚法;但多年来,妇女仍然请求议会立法来使她们摆脱讨厌的或有虐待倾向的丈夫。[17]不过,到19世纪末,个案离婚法律已经绝迹。走进法庭是唯一的离婚之路。

上述很多方面在当时都是有关婚姻法律的结构性问题。这种日益增长的离婚需求(或者至少是更容易的离婚需求)是从何而来的呢?与后来的离婚率相比,19世纪的离婚率是最低的,但已经是显而易见。对许多虔诚和受人尊敬的人来说,这是夜晚火灾的警钟,是道德腐朽的征兆,也是道德进一步堕落的原因。耶鲁大学校长蒂莫西·德怀特(Timothy Dwight)于1816年称离婚人数的上升"出乎意料的可怕"。这是一种"潜移默化和厚颜无耻的污染";如果事情继续下去,康涅狄格州就会变成"一个庞大的妓院,一个万劫不复的世界地域",他警告说,"整个社区"可能会"陷入一场普遍的卖淫活动"。[18]

这一世界末日的景象从未真正来临。无论如何,家庭这个东西并没有德怀特想象的那么糟糕。是的,家庭在变化之中。威廉·奥尼尔(William O'Neill)是这样说的:"当家庭庞大而松散时,很少引起人们的期望和要求,因此就没有离婚的必要。"当"家庭成为社会组织的中心"时,这种需求就产生了。在这一点上,"他们的亲密关系会变得令人窒息,他们的要求无法忍受,他们的期望太高以至于难以实现。于是,离婚成为使这个系统可行的安全阀"[19]。此外,无离婚国家不一定是一个没有通奸、卖淫和乱伦的国家。这个国家当然也不是一个没有醉酒与施虐丈夫的地方。更确切地说,它可能在19世纪后期变成一个正式法律和现实生活世界截然不同的地方。

一个离婚稀有或昂贵的国家(比如英国),很可能是一个有两种家庭法的国家,一种是为了富人设立的,另一种是为了穷人设立的。美国也有富人和穷人之分,但与英国不同的是,有大量的人拥有财产,在社会上也有一些利害关系。宽松的离婚法反映了婚姻性质的变化,但它们也是由中产阶级大众的需要而产生的。小农业主必须有某种方法来使关系稳定化和合法化,以解决对家庭财产所有权的疑虑。这就是普通法婚姻背后的共同推动力。在社会阶级分层最不鲜明的地方,尤其是美国的西部地区,离婚是最容易获得批准并且离婚法律也是最先进的地方。离婚甚至也有其他的功能。1812年,马里兰州立法机关批准安妮·霍斯金斯(Anne Hoskyns)离婚。她的那个以铁匠为业的丈夫约翰是个罪犯,并且已经潜逃,留下了一大堆债务和3个孩子。但在法律上,只要他们仍然是夫妻婚姻关系,约翰就可以控制她的财产,他的债权人也可以找上门来。解决办法就是把婚离了。[20]在19世纪美国动荡不安的流动社会中,潜逃的丈夫可并不少见。

因此,离婚有着真正受到欢迎的根源。即使是在耶鲁大学校长蒂莫西·德怀特的那个时代,也有许多作家和法学家不同意他的粗暴的言论。泽凡妮亚·斯威夫特(Zephaniah Swift)在18世纪末写到,他认为康涅狄格州承认完全的离婚方式在道德上是有益的。另一种选择是从床上和食宿中分离,即合法分居。他认为,这会导致一种"无法抗拒的通奸诱惑",因此分居只适用于那些"比芸芸众生更冷淡或更有美德"的人。另外,自由离婚法"有利于美德,也有利于人类的幸福"[21]。毕竟,离婚是通向再婚的门户。通过再婚,男人或女人可以创建一个新的、体面的家庭。例如,再婚后,孩子们可以获得合法的身份。如果丈夫死了,妻子会分得他的土地和财产。

由于夫妻双方都有强烈的相左主张,所以双方都没有完全达成一致的情形是很自然的。离婚法是一种妥协的产物。一般而言,法律从未承认完全、自由的自愿离婚。与过去相比,离婚变得更简单;但离婚不是例行公事或是自动发生的。正如我们所说,离婚是一种敌对的诉讼程序。一个无辜而善良的配偶起诉一个邪恶或有过失的伴侣。被告必须有过错;离婚必须要有"理由"。否则,离婚在法律上是不可能的。后来,这种合意的或和平分手的离婚逐渐占据了这一领域的主导地位。在法庭上进行的像是一个表演节目、一场按部就班的游戏或一次婚后的忏悔。真正的问题早在来到法庭之前就解决了。法律坚持认为,通过双方同意离婚是错误的,也是不可能的。但眼前发生的事实就是如此。

这种双方合意的离婚直到19世纪末才变得普遍。但这在1840年的时候就已经为人们所熟知。合意离婚在离婚法严格的州中最常见,比如纽约州,那里通奸是离婚的唯一实际理由。肯特议长根据他作为审判法官的经验指出,通奸罪"有时是丈夫为离婚的目的而犯下的"。[22]这种事情到底有多么普遍,实在是很难说。可能也不是很常见。事实上,一个小小的善意的谎言(a little white lie)——即使在技术意义上作了伪证,无疑比真正的通奸对人们的困扰要小得多,所以这种合意式离婚倒可能是肯特真正想要的东西。

家庭财产

在普通法中,有关于已婚妇女财产权利(和义务)的详细规则。然而,这些规则主要是来自一项重大的"普通法规则——根据该规则,丈夫和妻子被视为一人,而在婚姻关系持续期间,妻子的合法存在和权力在某种程度上已经丧失或中止"[23]。本质上而言,当时的夫妻被视为一个生命体,但男子是该生命体的所有人:

> 通过婚姻,丈夫在妻子的生存期间获得了使用其不动产的权利;如果他们养育了孩子,妻子死亡后,丈夫还活着,那么他就可以在其生存期间成为鳏夫地产保有人(tenant by the curtesy)。他对她的属地动产(chattels real)也拥有绝对的权利,并可以加以处分……他对她的属人动产(chattels personal)也拥有绝对的财产权……至于基于妻子被保证获得的财产(coverture),也适用同样的规则。[24]

实际上,习俗和惯例以及法律原则,比上述这段引文所显示的要复杂得多。还是有很多方式可以绕过这个专横的规则。例如,父亲可以在结婚前为女儿设立信托基金,或做出某种解决方案;这样,他就会建立一个由衡平法院认可的单独财产。在英国,这些安排是司空见惯的。婚姻上的财产设定被法院认为是有效的,并由此形成了一套丰富的法律制度。事实上,这都是一些技术化和昂贵的东西,并且只服务于富人和土地拥有阶层。

在美国,这些英国学说和实践得到承认,并在某种程度上得到遵循。并不是每个殖民地或州都有衡平法庭,这是一个复杂的问题。殖民地时期已婚妇女的地位是一个有争议的问题。人们一度普遍认为,与英国法律相比,殖民法是相当自由的;它倾向于把已婚妇女更多地视为自由的生命个体。这开启了一种也许从未完全消失的传统。其他学者则对一个开明的殖民地历史图景提出质疑。有关这个议题的疑问悬而未决。[25]

从本质上讲,英国的制度在其本土是可以容忍的,只适用于上层阶级的土地所有者;即便如此,其精心设计的技巧和旁门左道则削弱了它的影响力。美国的南方种植园主和其他精英成员也能够适应这类财产设定和信托方面的法律。但是这些处置方式对于一般的人或者普通的农民、小商人来说太错综复杂了;也许它们对普通的律师来说也太过复杂了。改革一开始是温和适度的。在1787年,马萨诸塞地区承认"有时……丈夫离开了本地区并抛弃他们的妻子……使她们可能会因此而陷入巨大的困境",由此产生一部法律,使被丈夫抛弃的已婚妇女有权向法院请求出售她的土地,"就像她是个单身的未婚者一样"[26]。还有一些其他零碎的改革以及个案化的立法来处理一些特殊情况——立法机构可以将"单身女子"的法律地位给予被丈夫遗弃的已婚妇女,使她有可能去出售或抵押她的土地。[27]

重大改革是随着所谓的已婚妇女财产保护法案的通过而来的。第一个已婚妇女财产保护法案是1839年在密西西比州颁布的,这是一个粗糙的和多少有些临时性的版本(这是另一项改革开始于法律上的边远地区的例子)。[28]关于已婚妇女财产的早期法规并没有给予已婚妇女充分的法律平等;它们逐步地解决了这个问题。密西西比州法案的五节中有四节规定已婚妇女拥有和处置奴隶的权利(丈夫保留"对所有这些奴隶的控制和管理、指令奴隶们的劳动及其产出收益的接收"的权利)。[29]例如,在密歇根州,一项1844年的法规仅豁免妻子的所得或继承的财产不受丈夫"债务和其他涉债约定"的牵连。不过,尽管并不是没有遭到反对的意见,还是有一种很强的趋势在进行中。马歇尔·斯特朗(Marshall Strong)在1847年威斯康星州的一次演讲中谴责了这些法律:它们会让一个女人远离她的"家庭领域"和她的孩子,并把她推向一个"美好的情感"被淡化和"所有可爱的特质"被玷污的世界。丈夫将会"堕落,妻子则没有女性的特质,孩子们也不被关爱"。当一个丈夫晚上回家时,将"忧心忡忡、焦虑不安和沮丧失望",斯特朗问道,他还能找到"他以前所感受到的那种美好而微妙的感怀之情吗"?很显然,答案是否定的。此外,对妇女的这类法律也是一个大陆法系的理念:"它存在于法国,而……每年在巴黎出生的儿童中,有四分之一以上是非婚生的。"[30]

尽管有这样的悲叹,威斯康星州和其他州一样,遵循着普遍的趋势。1848年,纽约州通过了其第一部法律;到了1850年,大约有17个州授予已婚妇女一些处理其财产的法律行为能力。[31]1800年至1845年间,妇女的社会和经济地位发生了真正的变化。一些勇敢并富有战斗力的妇女为妇女权利而发声;例如,她们在1848纽约州法律的辩论中发表了自己的意见。但真正的变革支点是在家庭之外和妇女运动之外。在不同的州,有不同的力量在起作用。在纽约州,这项法律对财产法的"改革"做出了反应,这种改革大大减少了信托的范围;从技术上讲,这使得人们更难绕开有关已婚妇女法律身份的规则。[32]但是,也许在任何地方,最重要的是财产所有权的更为大众普遍化,或许还有妇女管理财产的活动增加以及活跃的土地市场的需求等因素。与经济有利害关系的妇女人数急剧增加。正如我们以前强调的那样,与经济有利害关系的男性人数增加得更快。这是一个极其重要的社会事实。古代那些导致已婚妇女法律能力的残缺的制度,完全不匹配美国已经出现的市场社会。在这个社会中,主要的行为者是小农业主。土地是一种可以自由买卖的商品。

因此,一个关键因素是:美国法律多元化的特性的坍塌,这个特性曾经是英国法的一个突出特点。在英国,典型的普通法主要是针对极少数的地主士绅的需要。在美国,中产阶级家庭是法律的核心,例如伊利诺伊州的农民和他的家人,或者波士顿的店主和他的家人。这些人深深地参与了普通的、正在运行中的法律制度。英国土地法的做法过于烦琐化、技术性并且成本昂贵,这类人无法使用或容忍。此外(这是至关重要的),规则和实务方面的纠结有可能干扰一个高效、迅捷的土地市场。当前述法律谈到丈夫和妻子的权利时,似乎主要涉及的是婚姻的亲密关系问题。当时,新生的妇女运动极力要求改革。但是,前述这些法律的重点则更为节制。它们的目标不是在这个家族的小王国内部进行革命。它们"主要是为了让普通家庭在危险的经济时期有偿付能力(families solvent)"[33]。它们的目的是在处理更世俗甚至冷酷无情的事情方面予以合理化,例如债权人从丈夫、妻子或两者所拥有的土地上收回债款的权利。对已婚妇女财产的诉讼大多不是配偶之间的诉讼,也不是家庭内部的诉讼。几乎没有一种诉讼情况中,丈夫和妻子是彼此对立的双方。因此,无论是在已婚妇女财产法案之前还是之后,典型的案例都是关于家庭的对外关系,而不是家庭内部生活。这些法律的通过并不意味着妇女地位的革命;相反,它们只是认可并顺应了一场静悄悄的革命。尽管这些法规都是关于家庭的,但它是一个基本的制度,而且似乎引起了重要的变化,但辩论仍然只是节制的和断断续续的。报纸对这些法律几乎未置一词。在法律通过之前,只引发了很少的骚动;接下来是一片沉默。这是对一个既成事实(fait accompli)的沉默。[34]

收 养

家庭财产法中的另一项创新是通过允许收养儿童的法律。英国不仅是一个没有离婚的社会,它也是一个没有领养法律制度的社会。孩子除了自然亲生的,没有其他的可能。直到1926年,议会才通过了一项普通收养的法律。美国作为一个普通法国家,原来也没有正式的收养规定。第一个普通的收养法,通常说的是马萨诸塞州在1851年通过的一部法律。

事实上,收养法出现过一些前兆;收养法,或类似的东西,隐藏在有些成文法汇编的字里行间。这是一个许多父母早逝的时期,原因是当时有成千上万的妇女死于分娩。许多儿童是由亲戚或邻居抚养的。正如戴维·达德利·菲尔德(David Dudley Field)所言,"每年都有成千上万的儿童被收养,尽管不是合法的"[35]。一项个案立法填补了这一空白;例如,他们经常采取更改姓名法案、创设继承权法案等形式。在1846年,密西西比州赋予地方法院改名的权力;并在接到请求后,允许一个人的"非婚生子女"获得合法的身份,并使任何这样的"后代"成为请求人的合法继承人。法院还有权使上述非婚生子女(私生子)以外"任何其他人"成为继承人。除了叫法不一样以外,这其实就是货真价实的收养法。[36]从19世纪50年代开始的一般性立法潮流取代了相当笨拙的个案立法体系。它像野火一样的蔓延;到19世纪末,几乎每个州都有了一定意义上的收养法。而且,法律倾向于把孩子而不是养父母放在中心位置;法官必须要证实——养父母是有能力适当地抚养孩子的人。[37]

有关美国收养法的历史文献强调的是家庭生活性质的变化、儿童及其父母的作用以及他们之间的关系。[38]但收养作为一种法律手段,收养的目的不是爱,而是土地和金钱。没有人需要一些正式的收养文件或法院法令才能深深地爱一个孩子、抚养一个孩子或照顾一个孩子;几个世纪以来,成千上万的人已经这样做了。而能否继承"父亲"或"母亲"的财产就是另一回事儿了。大多数法规强调被收养的儿子或女儿享有继承权。纽约州的法令有一段时间拒绝让被收养的孩子继承遗产,但这是一个例外。换个角度说,没有土地的穷人不需要收养法。这些收养法的通过可能是美国法律和生活另一重要事实的反映:在这个社会中,大量的普通人拥有土地和其他类型的财产。

贫民救济法和社会福利

在每一个时期,社会都在努力照顾其弱势成员。法律或社会手段试图至少为一部分人提供保障来抵御一些社会风险。法律和秩序本身就是一种社会保险。刑事法律试图保护人们的财产免受窃贼和强盗的侵害。债务人保护法使商人和土地所有者在社会阶层方面不会跌落得太远、太快。家庭照顾幼小的小孩,直到他们能够照顾自己为止。教会团体、大的家族和个体人际关系网则为更多的无助者提供了帮助。

在19世纪,社会更多地依赖私人机构,而肯定不是政府。所谓的贫民救济法是基本的福利法。社会阶层中处于绝对底层的人,他们无处可去,除了政府没有人可以为他们贴上"贫民"的标签。这些人就是所谓贫民(也许受害者是更好的词)救济法适用的对象。这些法律可能在小城镇和农村地区效果最好。当一个弱不禁风的机构面对大量的迁移阶层或城市中无土地的贫民时,该制度的失败是最明显的。

几乎没有学者对19世纪的贫民救济法说过什么贴心的话。但是,这些人的软弱必须从其背景来理解。那些值得尊敬的人实在很难想出什么真正的替代方案。私人慈善是最好的,但它从来没有完全满足过需要。有些人想要彻底废除贫穷救济,认为它弊大于利。因为它会鼓励游手好闲,并把钱给那些"身强力壮的乞丐"(sturdy beggar)——这是19世纪(大多是神话中的)妖怪之一。但是这种极端的观点并没有获胜。由于缺乏任何更好的东西,殖民地在1776年之后偶然出现了贫民救济法,不过一开始并没有什么变化。基本规则是地方性的规则。正如1788年纽约法所表述的:"每个城市和城镇都要养活自己的穷人。"[39]行政单位是市、镇、乡、郡或它们的某种组合。[40]集中的州一级的行政管理,那是一个世纪之后的事情了。

更重要的是,在这样的体系中,联邦政府与那些贫民救济法毫无关系。它在社会福利中起了很小的作用。例外情况很少,而且很有启发性。1815年2月17日,密苏里州新马德里大地震发生后,国会通过了一项法案,帮助那些土地"遭受地震重创"的人。这些受害者被允许在密苏里领土公共土地的其他区域内找到"同样大小的土地"[41]。有人指出,这一行为没有从联邦财政部提取一分现金。联邦政府当时缺钱,但土地倒是有的是。它会放出可以生蛋的鹅,而不是一些金蛋。

即便如此,用于福利目的的联邦土地拨款也寥寥无几。直到经过漫长而激烈的辩论之后,1862年,联邦政府才将土地分配给肯塔基州的聋哑人收容所。多萝西娅·迪克斯(Dorothea Dix)曾大力游说,要求提供土地,以帮助精神病患者。然而,富兰克林·皮尔斯(Franklin Pierce)总统在1854年否决了这样一项法案,部分原因是他认为联邦政府不宜去扮演"美国各地公共慈善事业的伟大施赈者"。

在某些情况下,联邦政府更加慷慨一些,各州的权利争取者们并没有质疑其职权。1798年的法律对水手的工资征收了工资税。这些钱被用来支持医院的病人和残疾的海员们。[42]老兵享有退休金和土地的补助金。无论是退伍军人还是水手,当然都不是被社会遗弃的人。

人们觉得,他们和新马德里地震的受害者属于同一类别:他们遭遇的损害属于身不由己。而那些活得体面的人、有选举权的人以及住在隔壁的一家人,则都是受益者。退伍军人的利益,确实有双重含义。毕竟,如果他们认为:一个值得感激的国家在他们年老、体衰和贫穷的时候会照顾他们,他们就会更乐意入伍从军。虽然联邦政府避免任何救济穷人的做法,这事实上是联邦救济灾民的一个传统。它有时是有争议的,但它在美国历史上是始终存在的。例如,钱就用来援助了弗吉尼亚州亚历山德里亚市一场火灾的受害者;援助了在1812年战争中遭受损失的人们以及那些遭受各种各样土著部落袭击的人。[43]

与国会一样,普通公众对那些被社会定义为无可指责的患者(病人、老人、聋哑人、疯子)比较慷慨。肯塔基州在19世纪20年代为那些"由于上帝的神秘安排而出生的又聋又哑的人们"建立了一个收容场所。法律呼吁所有的"慈善公民"去"提倡一个如此仁慈和人性化的目标",并用现金拨款来支持它的诺言。肯塔基州还建立了精神病院的公共庇护所。马萨诸塞州在1847年设立了一个州立的少年犯自新感化学校。[44]这是对少年犯加以特殊对待的一个早期例子,这种方式在后来变得更加突出和重要。

另一方面,乡镇上的贫民,尤其是当他在城里是个陌生人时,就得不到多少公开同情的说法。这个贫民被谴责为游手好闲者、挥霍无度者、懦夫和酒鬼。社区对人们不得不付钱来支持这种人表示愤恨。那些想要抛弃整个贫民救济制度的人就把矛头指向了这些人;他们认为"危难、贫困的增长与为减轻贫困而创造的资金是相互成正比的"。换句话说,失业救济金是适得其反的;它倾向于"削弱人们对谋生状态的——几乎是与生俱来的焦虑";给这些穷人钱,"可以松懈他们个人勤勉的意志,使之丧失为行业服务的力量"。这些句子来自1824年发表的有影响力的纽约报告中的引文。[45]事实上,对穷人的救济并没有被废止;但许多人认为法律应该具有一些惩罚性,甚至要苛刻一些。这些法律应该阻止贫困,使贫穷变得并不光彩快乐,使获得救济变成一件难看尴尬的事情并由此获得感恩。

这些法律当时的实际运作方式究竟是怎样的?对此从来都不易阐述。毫无疑问,其中有善意、同情心、人道的关爱。但从有关记录中也发现有滥用的迹象。这些法律本身在一定程度上是麻木不仁的。一个接一个的案件都是和一个贫民是否在这个或那个郡或镇"定居"的问题有关。"定居点"对贫民的救济维持负有固定的责任。在1809年的新罕布什尔州法律(这类法律并非另类)中,即使一个贫民严格地说还没有"定居",一个城镇也可能会对他施以救济。但是,施以救济的镇可以起诉那些贫民实际定居的镇,请求收回救济之成本。[46]当时,有不少这样的案件被报道,其中城镇和郡在"明确定居点"的问题上互相起诉。

一个法律概念脱胎伊始,或许就像一个鸡蛋一样安稳和完美。但如果这个概念具有经济或社会后果,并导致利益集团之间的争议和争论,诉讼可能会打击和挫伤它的形状;或将它变成复杂的鼠巢。发生在"定居点"的概念上的争执就是如此。仅在《康涅狄格州报告》(Connecticut Reports,第七卷,1828—1829年)的一卷中报道了4起关于贫困救济的案例。利奇菲尔德镇起诉了法明顿镇,因为前者救济了一位名叫阿萨贝尔·莫斯(Asabel Moss)的贫民和他的家人。雷丁镇起诉了韦斯顿镇,因为前者"向塞缪尔·达林(Samuel Darling)的妻子哈丽雅特(Harriet)和未成年子女萨莉(Sally)和露辛达(Lucinda)提供了生活用品"。诺威奇郡监狱的守护者起诉诺威奇镇,"要求补偿原告向监狱中的囚犯詹姆斯·哈泽德(James Hazard)和约翰·布莱克(John Blake)提供的帮助"。在同一卷中,普莱恩菲尔德镇因为"一个私生子的抚养",起诉了一个名叫霍普金斯(Hopkins)的人,此人在法律上被推定为这个孩子的父亲。而这些只是上诉案件——属于冰山的可见一角(visible tip of the iceberg)。几十年的诉讼使整个概念变得非常错综复杂。

由于一个乡镇可以从贫民(合法)定居的乡镇获得金钱补偿收益,理论上说,一个走失的贫民便免于被饿死。但诉讼是需要成本的。市镇很难预测一些艰难的案件的结局。诉讼只是最后不得已的手段。当然最好还是不要有贫民开始游荡这码事儿。此外,如果一个贫民游荡了很长时间之后,他可能会真的找到一个"有效定居"的地方。因此,在许多州,将贫民带入新县是一种犯罪行为。按照旧习惯,那些看起来可疑的新人被"警告",以防止这些人在此地落脚定居。这与欢迎的马车正好相反:这是一种即将开始的威胁——或者是其他的威胁。如果贫民没有离开,他和他的家人可能会被带到郡或乡镇边界线,然后被扔到边界线的另一端。在极端情况下,贫民会被从一个地方转移到另一个地方,"像羽毛球一样被不停地抛来抛去"[47]。

地方当局不断努力降低救济成本。根据印第安纳州1807年的一项法律(这样的法律并非特例),每个乡镇的贫民监督员有义务"让所有已经公开承担责任的公民成为贫民的公共负责人,每年5月的第一个星期一,在一些公共场合……以竞标的方式将这些贫民交付给那些看起来应该是最低的竞标者或竞标者们供养"[48]。1845年,艾玛利·威利(Emaley Wiley)以594美元收购了伊利诺伊州富尔顿县的所有贫民。[49]显然,将贫困人口从最低收入者中剔除出来会产生负面的影响;它将护理水平降到最低;即使不是彻头彻尾的饥饿战术,也属于鼓励了那种最糟糕的吝啬。它也是一个剥削贫民的引擎。

许多同时代的人都认为这个制度是残酷和不人道的,许多人认为它没有解决问题的根源。这味药过于粗糙且不起作用。贫民们似乎在这片土地上成倍增长。乔西亚·昆西(Josiah Quincy)在1821年关于马萨诸塞州贫民救济法律的报告发出了直言不讳的警告。"户外救济"——向自己家乡的人提供金钱和其他帮助——是所有救济方法中"最浪费、最昂贵、最有害于他们的道德和破坏他们勤劳习惯的方式"。[50]整个系统必须进行重组,户外救济也不得不继续进行下去。竞标救济的方式同样糟糕透顶。报告强烈要求采用被称为内部的(即机构化的)救济措施。前面提及的纽约关于福利法的报告,早在1824年获得出版,该报告与昆西的见解达成一致;内部机构化的救济是更好的方式,正确的方法是设立贫民救济院、贫民收容所或贫民救济农场;这样不但更有效率,而且是提供道德和教育的方式,更不用说还可以让这些贫民投入工作。最重要的是,政府还能节省一大笔开支:

> 可以相信,在适当的照顾和关注下,在有利的情况下,拥有便利农场的救济院每年平均花费在每个贫民身上的费用,不会超过20美元到35美元;这还不包括他可能提供劳务的数量;而在一个救济院之外,这个数字不会低于33美元到65美元;在很多情况下,如果贫民年老体弱或患病,则需要花费80美元到100美元,甚至更多。[51]

这个贫民救济农场在当时并不是一项新的发明,但是这两份报告使这个想法变得流行起来。[52]1824年,纽约州通过了一项"为郡一级贫民院的建立提供条件"的综合性法案。这一法案是"历史性的一步",确立了"内部机构救济原则"。使乡镇救济院成为"公共救济体系的中心"。它同时也进行了一些健全的改革,"提出了郡一级对所有居无定所的贫民承担责任的原则",禁止"在跨郡边界上移送贫困人口"。[53]当然,尽管其提案人希望,但这部法律不能也没有保证贫民救济农场是高效率的或符合人道的。正如监狱改革一样,善意的改变有时只是把恐怖的因素加以集中化而已。到了1838年,据报道,当时一些郡的贫民救济院处于不人道的肮脏状态。[54]

问题的根源不是结构性的。它置身于社会的冷漠中。大众害怕和不信任流浪者。即使是善意的人也会因为"年富力强的乞丐"的迷幻而蒙骗;这意味着,即便是那些身体健康的贫民,也不愿意去过一种诚实的生活。一些嘈杂的丑闻引发了改革运动,它强调了旧系统的失败,并呼吁采取一种崭新的方法。但改革者缺乏贯彻的意愿,没有任何具体的利益集团有理由从福利制度的彻底改革中获益。所以,即使改革成功地改变了正式的法律,新的方案也没有像预期的那样发挥效用;旧的邪恶习惯很快就会重现。从贫民救济法律、贫民救济农场和《未成年人贫民家庭救济法案》(Aid to Families with Dependent Children, AFDC),到克林顿总统所说的"我们所知道的福利的终结",这都意味着一个关于无能者和贱民身份在美国的悲哀教训。

奴隶制和非裔美国人

在美国内战之前,最明显的美国贱民是黑奴。正如我们所看到的那样,一个本土的法律体系成长起来,用以作为管理奴隶制的"特殊制度"。[55]最初,有关奴仆阶层的法律发展深化到带有种族色彩。有关奴隶的法律后来成为关于种族命运的法律。

在美国人的生活中,没有任何特征像白人和黑人的对抗那样充满了血腥与失败。然而在 1776 年的时候,自由主义者有理由保持一种乐观。空气中到处充满着对天赋人权的渴望。黑人和白人都享有这些权利吗?(当然,女性是另一个问题。)实际上,人们普遍认为奴隶贸易是可憎的,并且它必须要被终结。1784 年,宾夕法尼亚成立了一个"为促进废除奴隶制、放宽对被非法拘囿的黑奴的释放并改善非洲族裔的状况"的团体。在 1785 年的纽约,约翰·杰伊和亚历山大·汉密尔顿帮助组织了一个"促进解放奴隶并保护这些已经或可能被解放者的协会"(Society for the Promotion of the Manumission of Slaves and Protecting such of them that have been or may be Liberated)[56]。在该世纪结束之前,北方各地区确定了为了摆脱奴隶制而采取的步骤。1780年宾夕法尼亚法律"为了逐步废除奴隶制",阐明其信条——所有"地球……居民"都是"上帝这只全能的手的作品",即使他们拥有不同的"特征或肤色"。该法规承诺"如果再向普世文明迈进几步,就要尽可能地消除那些生活在不当奴役之中的人们,这些人从英国国王的假定权威中没有得到有效的法律救济"[57]。在宾夕法尼亚州的所有奴隶都将被注册登记,并且不得添加新的奴隶。该法令还采取措施将黑奴的法律状况与白人契约仆人的法律状况归于同类。其他北部各州也规定要结束奴隶制——但不能马上做到;这终究是一个渐进的过程。[58]新泽西州是北部最后一个摆脱奴隶制的州。1804年7月4日以后出生的奴隶的孩子应当成为仆人,而不是奴隶,并且到了25岁(女性为21岁)的时候,他应该属于自由人了。[59]

甚至连南方也感受到了这种道德的狂热。贵格会和卫理公会领袖坚决反对奴隶制。在南方,包括杰斐逊、华盛顿和麦迪逊等政治领袖在内的这些杰出和受人尊敬的少数派,也被当时美国的这种"特殊的制度"所困扰,并希望它会消失。1796年,弗吉尼亚州最著名的律师之一圣乔治·塔克(St. George Tucker)撰写了一篇关于奴隶制的论文,并提出了在弗吉尼亚州逐步废除奴隶制的建议。"废除"在南方还不算是个咒语。当时,一些奴隶主实际上已经解放了他们的奴隶。一段时间以来,南方立法机构在一段时间内通过了一些解放黑奴的个别法案。1782年,弗吉尼亚州通过了一项一般性和宽容的法律,允许奴隶主释放奴隶。在1790年的马里兰州,法律赋予奴隶主在他们最后的遗嘱中释放奴隶的权利。

对黑人来说,这只是一个虚假的黎明。奴隶制在当时未必注定要消失。1787年的宪法从未提及"奴隶制"一词,但奴隶制在宪法辩论中是一个问题;最终文件试图以不会冒犯北方和南方的方式处理奴隶制问题。关于逃亡奴隶问题,宪法相对坚定。一名逃亡奴隶"应当返还给有权拥有其所服务或劳动的一方"(第4条第2款)。1787年条例(Ordinance of 1787)中出现了类似的规定,尽管奴隶制本身在西北地区是非法的。在南方,随着时间的推移越来越明显,人们的合法权利中止于肤色线上。南北之间的割裂并没有解除;在奴隶制问题上,它在加深和加重。

至少在理论上,奴隶制的法律在独立革命和南北战争之间变得更加严厉。拥有奴隶的南方紧随其后。奴隶制已经成为劳动制度的重要支柱,特别是在南方种植园;它也是南方社会制度的支柱。奴隶是摘棉花和其他作物的工具。他们是照顾有钱白人的厨师、保姆、园丁和仆人。还有成千上万的城市奴隶,他们是旅馆里的搬运工、行李员和女佣。他们也是工厂和矿山的工人。在弗吉尼亚州的里士满,到南北战争的时候,奴隶几乎占了城市劳动力的一半。他们加工铁和烟草;他们也参与建造铁路。[60]

南方需要奴隶。它从他们的劳动中获益。然而在某些方面,经济动机似乎不足以解释南方对种族隔离的热情。奴隶制度是一种生活方式。这是一个社会体系、一种文化。随着时间的推移,奴隶主们感到越来越受到威胁,更加陷入困境。南方在某种程度上成了一个恐惧的地区——害怕解放黑人的影响、害怕来自北方的影响以及对废奴主义者的恐惧。但最重要的是对种族战争的恐惧感。托克维尔(de Tocqueville)说,无论是北方还是南方,种族战争"是一场不断萦绕在美国人脑海中的噩梦"[61]。有时候,噩梦成了现实。在1800年和1802年,弗吉尼亚州出现了谋反。谋反被镇压住了,包括加布里埃尔(Gabriel,第一次谋反中的领导人之一)在内的奴隶被处以绞刑。[62]还有其他骚乱、谋反和暴动：例如，在南卡罗来纳的登马克·维西事件(Denmark Vesey)；最著名的是，纳特·特纳(Nat Turner)在1831年试图"带领他的人民摆脱奴役"。在接下来的小规模战争中，约有60名白人遇害。但这是一场毫无希望的斗争；特纳的起义被野蛮地镇压下去了，他和他的一些追随者的尸首都挂在了绞刑架上。[63]

南部各州通过法律来镇压任何可能的奴隶反抗，并以残酷的暴力惩罚反抗和叛乱。预防是最好的策略，比如，使奴隶无法合法拥有枪支。实际的暴动一定会导致死罪。煽动叛乱的自由人也不能幸免。1812年，自由人煽动叛乱成为阿拉巴马州的一项死罪；1832年，该州批准了死刑，即使是对那些出版或发行可能会引起奴隶叛乱的文献的人也不例外。[64]

叛乱是一种集体行为；更频繁的是，奴隶以其他方式反击这个制度——不服从、小偷小摸，特别是逃跑的行为。想要知道有多少奴隶逃离了他们的主人，不是件容易的事情。也许是每年1000人。一项对弗吉尼亚州逃亡者的报纸广告的研究发现，在19世纪50年代的十年里，有六百多人在逃亡。[65]正如我们将看到的那样，奴隶逃跑的问题一直是南北关系中的一大棘手问题。南方各州也采取行动，收紧了解放黑奴(manumission)的法律。他们不想看到有越来越多的自由黑人。然而，有些奴隶主解放了奴隶，也有一些奴隶以某种方式挣到了钱并赎回了他们的自由。自由奴隶的数量因各州的不同情况而异。解放黑奴在弗吉尼亚州比在南卡罗来纳州更为普遍。在一些州，法律要求自由的奴隶离开这个州。在1805年之后，任何在弗吉尼亚州逗留了一年多的自由奴隶，在法律上可能会"被任何一个郡的贫民监督员逮捕和出售……在那里他会被发现"。[66]弗吉尼亚州查尔斯城郡的帕蒂·格林(Patty Green)和贝蒂(Betty)，因为在该州待了一年多而被判有罪；1834年他们在该州被法院判决重新成为奴隶。[67]个案性立法有时也会缓和一下这一严厉的法律。例如,在1814年,一项特殊的法案允许一位黑人老汉乔治·巴特勒(George Butler)和他仍然是黑奴的家人留在弗吉尼亚。到了19世纪30年代,对这类个案立法的请愿已经相当普遍,因此有足够理由就这一问题制定一项一般性法律。在1837年新的法律中,立法机关对这类事情不再插手并将个案处理权交给了法庭。[68]然而,总的来说,白人舆论对至少在名义上自由的非裔美国人一直怀有敌意。非裔美国人被视为一种癌细胞,一种"邪恶和……道德上的危险"。弗吉尼亚州在1856年还通过了一项鼓励"自愿被奴役"的法律。[69]

幸运的是,流亡法没有得到严格执行。自由黑人无处可去。平心而论,北方各州并没有张开双臂迎接他们。根据伊利诺伊州1829年的法规,任何想在伊利诺伊州定居的"黑人或黑白混血儿"必须向他所居住的郡法院出示"他的自由身份证明书",并交纳1000美元的担保金;"条件是,该人不得在任何时候以贫民的身份成为上述郡或本州任何其他郡的负担,而且……必须降低他或她自己的身份,并且遵守本州现在和今后的法律"。[70]田纳西州的法律更直截了当地指出:"任何自由的有色人种不得从联邦的任何其他州或领土搬到本州居住并在该州逗留20天。"[71]1829年,辛辛那提市试图执行一项法律,要求黑人缴纳500美元保证金。黑人请求减免;白人暴徒走上街头;暴乱接踵而至;之后,一千多名黑人搬到了加拿大。[72]

和往常一样,事情的图景还有另外一面。在北方,废奴的运动正方兴未艾。北方各州有时对处理逃亡奴隶的法律持顽固和敌意的态度。当时的宪法要求把这些逃奴送回;国会于1793年通过了一项法律,以充分落实这一授权。它允许一个奴隶主或他的代理人把逃跑的黑奴提交法院;如果案件被证实,法官将发出逮捕令,将该奴隶送回他所居住的地方。[73]随着时间的推移,北方各州的重要舆论表明:那些职业的"捉奴者"以及整个寻找和抓捕逃奴的行为越来越令人厌恶。一些州通过了"反绑架"法。依据逃亡奴隶法的案件引起了极大的轰动。其中最著名的是"普里格诉宾夕法尼亚州案"(*Prigg v. Pennsylvania*)。[74]爱德华·普里格(Edward Prigg)来自马里兰州,他和他的一群同伴捉住了居住在宾夕法尼亚州的逃跑奴隶玛格丽特·摩根(Margaret Morgan)。根据1793年法律,普里格要求颁发一份令状;当地法官拒绝批准。不管怎样,普里格带走了玛格丽特·摩根和她的孩子。他根据当地反绑架法被起诉。最高法院撤销了定罪。最高法院认为,干涉执行在逃亡奴隶法的州法律是违宪的。[75]在米勒德·菲尔莫尔(Millard Fillmore)执政期间通过的1850年逃亡奴隶法,基本上增进了联邦在送还逃奴方面的作用。这项法律至少在某种程度上是有效的;在几年内,大约有70名逃犯被拖回到奴隶状态。[76]但此时的情况,在政治上几乎是不抱希望的。这是《汤姆叔叔的小屋》(*Uncle Tom's Cabin*)写作和出版的年代,逃亡奴隶法只会给反奴隶制火上浇油。实际上,1850年的逃亡奴隶法曾被认为是可以比较容易地乃至几乎是自动地命令奴隶回到主人那里。但是,在一些北方城市,这样做的企图遭到了激烈的、有时是暴力的抵抗。一个弗吉尼亚州的奴隶主在1854年从波士顿夺回了从他那里逃跑的奴隶安东尼·伯恩斯(Anthony Burns),但是在经历了一场几乎把这座城市拆散一般的漫长的、痛苦的审判和可怕的争议之后,才达到自己的目的。[77]1856年,肯塔基州的奴隶主在辛辛那提附近找到了7名逃跑的人,但那里发生了暴力事件,其中一名奴隶玛格丽特·加纳(Margaret Garner)试图杀死她的孩子,而不是眼睁睁地看着他们回去再沦为奴隶。[78]北部的自由黑人"感到受到了逃亡奴隶法的威胁"。像纽约的"黑鸟"(Black Birds)或宾夕法尼亚州兰开斯特郡的"峡谷帮"(Gap Gang)这样的邪恶团伙,给黑人社区带来了恐怖。[79]将逃犯送至加拿大的地下铁道在此期间也加大了力度。蓄奴州和自由州之间的分裂正在变成一个锯齿状的鸿沟。在德雷德·斯科特案中,法律争论已经达到高潮。[80]这一臭名昭著的决定(1857年)中的多数意见是试图将奴隶制问题置于国会或任何人的控制范围之外。此多数人意见由首席大法官坦尼撰写。这个案子实际上决定了德雷德·斯科特仍然是一个奴隶,尽管他曾经生活在自由的地域中。(可以争辩的是,一个奴隶一旦生活在自由领土上就自动成为自由人了。)[81]但是坦尼大法官远远超过了这一点。他认为密苏里州的妥协是违宪的,国会无权废除州一级属地上的奴隶制,黑人不是也不可能是美国公民。正如威廉·维切克(William Wiecek)所言,这一决定将"美国的黑人降到了一个宪法之外的边缘,他们将永远如同此等公民一样留在那里"[82]。坦尼大法官或许认为,这一决定会解决问题。他大错特错了,这只会火上浇油。

  南方各州为自己的机构辩护,表现出极大的热情。南方的宣传赞美了奴隶制度。南方立法机构还通过了反对废奴宣传的法律。在19世纪30年代,当反奴隶制的请愿涌入国会时,南方议员们通过了一个"言论限制规则"(gag rule),将奴隶制问题排除在议程之外;在经过约翰·昆西·亚当斯领导的长期斗争之后,"言论限制规则"终于被消除了。[83]南方的知识分子用著书立说的方式来为这个"特殊的奴隶制度"辩护。而南方的法律对废奴的限制则越来越多。黑人天生注定了就是奴隶,而且永远是奴隶。

  在这个时代背景下,对废奴的控制是可以理解的。否则,奴隶主可能会试图解放那些年老或生病的奴隶,以便将食品、药品和衣服的成本转移到政府一方。无力偿债的奴隶主可能会恶意地释放他的奴隶,以诋毁或挫败他的债权人。毫无疑问,在南方人心目中最重要的,是解放黑奴这种政治上的罪孽。南方不希望自由的黑人大量地增加。早在1800年,南卡罗来纳州的法律宣布,释放任何堕落的或生活无自理能力的奴隶属于一种行为滥用。如果"居住在这个邻里社区的5个中立的自由主义者"能够证明这个奴隶具有良好的性格并且能够自食其力的话,他就可以获得解放。到了1820年,南卡罗来纳州停止了所有的废奴,只有一种例外,即在遗嘱中基于奴隶对其生前值得赞许的服务的一种回报而使其获得解放。走到最后一步——在法律上禁止所有废奴,也十分勉强和迟缓:例如,这样的事情发生在1858年的阿肯色州,1860年的马里兰州和阿拉巴马州。[84]不久之后,内战一劳永逸地处理了这个问题。

主要的南方意见是,坚持让黑人坚定地保持他们的地位。奴隶们不应该为工资工作,也不应该拥有任何东西。然而,少数奴隶只是名义上的奴隶。他们的主人让他们如愿以偿。在密西西比州维克斯堡(Vicksburg),1857年,一个黑人理发师奥利弗·加勒特(Oliver Garrett)获得了足够的钱来购买他的自由;少数奴隶甚至创办了自己的生意。[85]一般来说,自由黑人的人口数量并不是无足轻重的。所有的北方黑人都是自由的。在1860年,美国有488000名获得自由的黑人。在马里兰州就有83900人。仅在巴尔的摩,就有25000多人;在新奥尔良有超过10000人。[86]在弗吉尼亚州,有60000个自由的黑人。只有在较新的蓄奴州,如密西西比州,自由黑人才是人口中微不足道的一部分。在法律上,自由的黑人生活在一种经过改良后的奴隶制中。他们并没有什么地方被视为可以和白种人平起平坐。截至1830年,只有4个州,全部在新英格兰地区,允许自由黑人享有与自由白人相同的投票权。许多北方州,例如,伊利诺伊州不允许黑人和白人之间的通婚。正如我们所看到的,许多北方州并不欢迎作为移民的自由黑人。北方许多人(也许是大多数人)蔑视奴隶制的制度;士兵们甚至愿意在一场某种程度上反对奴隶制的战争中献出生命。但这并不意味着这些人相信种族平等,或者所有的人都是兄弟(更不用说妇女作为姐妹)。他们肯定没有这么觉得过,他们对自由黑人的态度就是证据的一部分。

在各蓄奴州,自由黑人遭遇极大的权利障碍。1806年,在马里兰州的自由黑人不能拥有一只狗。在佐治亚州,自由黑人不能拥有、使用或携带枪支,分发药品,印刷排字或签订有关修理建筑物的合同。未经许可,他们无法经营农产品。他们不能在萨凡纳(Savannah)和奥古斯塔(Augusta)这两个城市里获得土地或奴隶;在一些佐治亚州的城市里,他们不能经营餐馆和旅馆。根据一些刑法,对自由黑人罪犯实施了特别惩罚,比对犯下同样罪行的白人施加的惩罚更严厉。[87]一位弗吉尼亚的议员说,自由的黑人"尽管有许多法律权利,但并没有宪法上的权利"[88]。换句话说,他们倒是有一些正规的权利,但这些权利有多少价值就是另一回事儿了。用一个臭名昭著的佐治亚州案件判决来说,自由的黑人,"居住在我们中间,却是一个陌生人。即使是本地人,也不是公民。虽然不是奴隶,但他算不上是自由的;他幻想的自由是一种错觉,他的自由给社会带来苦难,黑人也因为获得解放而遭受煎熬"[89]。

即使是正式的权利也会遭受不断的磨蚀。在南方人的眼中,黑色就是黑色的。这个人是奴隶还是自由人,这并不重要。自由的黑人就是一个危险的人。自由的黑人威胁整个社会等级制度。黑人反正就是个异类。正如我们所看到的,新解放的奴隶经常被告知离开该州;但是,自由黑人的移居却是非法的——早在1793年,弗吉尼亚州就有这样的规定。后来,弗吉尼亚州拨出资金帮助自由黑人返回非洲。1830年以后,法律常常反感为黑人(无论是奴隶还是自由人)提供教育。佐治亚州刑法典规定"教任何奴隶、黑人或自由的有色人种读或写(无论是手写体还是印刷体)"均属于犯罪行为。[90]1800年南卡罗来纳州的法律规定:"任何数量的奴隶、自由的黑人、黑白混血儿或其他有色人种的混血儿,即使在白人的陪伴下,无论是在太阳升起前或太阳下山之后,为了心理指导或宗教崇拜而聚在一起",都属于非法的。白人和黑人之间的密切交往,也是令人生厌的。根据1834年南卡罗来纳州的法律,一个白人和一个黑人(无论是奴隶还是自由人)进行赌博,会被处以"不超过39次的鞭刑"。在1835年的新奥尔良,市议会通过了一项条例规定,城市的公墓一半给白人,四分之一给奴隶,四分之一给自由黑人。1841年的时候,有一个地方条例规定,需要把白人和黑人的墓葬登记名单区分开来。[91]

反对奴隶制的作家威廉·古德尔(William Goodell)讽刺地说,美国的奴隶制度可能会被列入"严格科学的名单之中。从一个基本原理出发,系统的所有部分都是逻辑推理和科学推导的"。公理就是奴隶是财产,他"没有权利"[92]。可以肯定的是,奴隶是一个"人",基于刑法的目的,刑法事实上对待黑人要比对待白人严厉得多。但在其他方面,奴隶是一种商品。没有奴隶可以投票或担任公职、签订合同、拥有财产。奴隶们像许多棉花一样被买卖。蓄奴州的案例报告中充斥着关于奴隶买卖、赠送、抵押和遗赠的争论。在肯塔基州的一个案例中,一方在新奥尔良的跑马比赛中用"一个黑人男孩"押注在一匹名叫露西·达什伍德的马上。[93]那些频繁诉讼都和奴隶买卖有关,诸如买卖奴隶的买家抱怨奴隶有病或精神失常,或者奴隶逃跑了或失控,但卖方明知这个事实仍欺骗了买家。例如,在路易斯安那州的一个案例中,一位19岁的妇女埃伦·多恩(Ellen Dorn)的买家抱怨说,这个奴隶患有癫痫和"其他类似的症状",她癫痫发作,口吐泡沫。买主最后取回了他的钱。[94]事实上,在当时美国的整个南方,这些案件是所有涉及奴隶的民事案件中最常见的案件。[95]

虽然奴隶不被允许结婚,但也有奴隶"婚姻"——一个稳定和持久的结合体,一个强大而紧密的家庭团体。[96]但他们从未得到法律的承认。由于父母、配偶或子女的出售、馈赠或转移,家庭也经常被拆散。

这种情况有时纯粹是出于冷酷无情；而在另一些时候，则是在奴隶主被迫承担债务以及奴隶主死亡或清算其财产的情况下发生的。事实上，通过税收和类似的方式，南卡罗来纳州（毫无疑问，其他州也是如此）本身就是"最大的奴隶拍卖公司"[97]。此外，这些奴隶交易经常扰乱家庭。大多数奴隶是作为个人出售的，而不是作为家庭或团体出售的。1848年，当得克萨斯州的一处遗产被继承人分割时，一个名叫阿姆斯特德（Armystead）的奴隶铁匠作为一个标的物被卖了出去；他的妻子和3个孩子又作为另一个标的物被卖了出去；这不是个案。[98]少数几个州有法律禁止出售与母亲分离的儿童；但即使这些法规也有例外；在无数的买卖中，丈夫和妻子被分别出售，兄弟姐妹分离，年龄稍大的孩子们与父母和恋人分离。[99]

一些学者认为，美国的奴隶制与拉美的奴隶制完全不同。拉美奴隶被允许结婚。对教会来说，他是一个活的灵魂，可以被作为活的灵魂来对待；他并不像美国的奴隶那样被非人化（dehumanized）。[100]美国法律表面上更加严苛和严密。在这方面，法律可能反映了一些真实的社会态度，即美国法律的基础：更深层次的种族意识，对任何平等观念的更深刻的拒绝，以及对社会秩序更大的危险感。

奴隶制对南方经济是必不可少的。种植园经济尤其如此。奴隶本身就是资产；他们和土地一样，也是庄园的一部分。1705年的弗吉尼亚殖民地法律，正如我们所见，曾宣布奴隶为不动产，而非个人动产。在1798年肯塔基州和1806年路易斯安那州的法律中[101]也有类似的规定。这就意味着，在本质上，一套司法管辖规则适用于整个"不动产"的转移和继承。也就是说，同样的规则覆盖了种植园、农场以及在田地里、房子里劳作的奴隶们。例如，在这些司法管辖区，寡妇拥有丈夫所拥有的奴隶的权利。弗吉尼亚在1792年废除了它的法律，也许是因为它在技术上很麻烦。尽管如此，法律仍然对奴隶和土地之间的联系十分敏感。例如,弗吉尼亚州1794年的一项法令禁止出售奴隶以满足主人的债务,除非所有其他个人财产都已用尽。在法律上,土地不能被征收,直到所有的个人财产被出售来偿还债务。在此规约下,奴隶的法律地位介于土地的法律地位和个人动产的法律地位之间,至少在债权人的权利方面是如此。1823年以后,一个在21岁之前死去的孩子拥有的奴隶被当作不动产来对待,其目的是为了安置死去的孩子的遗产。

奴隶本身几乎很少要求法律的保护。1847年,南卡罗来纳州的一位法官直言不讳地有过论述。他说,一个奴隶"不可以援引大宪章,也不可以援引普通法……从事情本质上说,他受制于专制主义,法律对他而言,只是他的上层统治者之间的一种契约而已"[102]。1806年《路易斯安那黑人法典》(The Louisiana Black Code)(第十八章)宣称,奴隶"对他的主人和全家人,必须无限尊重和绝对的顺从,必须听从并执行他们的所有命令"。得克萨斯州1856年的刑法典规定:奴隶主有权"对奴隶施加任何不会影响其生命或肢体的惩罚……这对他保持使奴隶服从的目的是必要的"[103]。

另一方面,一些奴隶权利被写入法律。南方十条法典规定虐待奴隶是犯罪行为。6个州的法律要求主人为他的奴隶提供适当的食物和衣服。1806年《路易斯安那黑人法典》将"残忍的惩罚"定为犯罪(但"鞭刑、用皮鞭和棍子抽打、使用镣铐、关入铁笼或囚禁限制奴隶等不在此限")。根据1825年《路易斯安那州民法典》(第192条),如果主人"被判犯有残忍待遇罪",法官可以命令将这个被虐待的奴隶卖给一个(想必是)更好的主人。[104]如果一个被非法定为奴隶的黑人,有权为自己的自由提起诉讼。

这些权利有多真实?它们在实践中有多重要呢?有证据表明,至少有一些南方法院在提交给他们的关于奴隶权利的案件中诚实地执行了法律。有记录在案的判决中,被法院惩罚的奴隶主的虐待奴隶的残忍行为是如此可怕,几乎令南方的良知感到震惊。阿拉巴马州最高法院于1843年维持了对威廉·H. 琼斯(William H. Jones)的判决,他被控谋杀了一名奴隶女孩伊莎贝尔(Isabel)。琼斯被指控"犯了……重罪,他故意且恶意地、残忍野蛮地、不人道地鞭打那个女孩",导致女孩死亡。[105]还有其他几个案件,其中男子被判以难以置信的、不人道的暴行杀害奴隶。在路易斯安那州的一起案件中,被告将奴隶殴打致死;"直接死因"是腹部上的一个洞,"似乎已经被挖出了一美元那么大的洞"。[106]

但重要的是,不要把这些案例太当回事儿。被记录下来的案件以及上诉的案件,都是相当例外的。路易斯安那州最高法院在整个战前期间只审理了三起关于虐待奴隶的民事案件。在1846年之前,他们没有听审任何关于这个问题的刑事案件,此后很少听审。[107]在种植园里的生与死,日复一日,无论多么残酷,都没有进过法院。法庭的判决通常以被告无罪释放而告终。白人陪审团不愿为这些罪行定罪。而且,只有当事件特别明显(也许只有在黑人奴隶得到一些白人支持)的情况下,案件才进入法院。毕竟,法律明确地允许主人严厉地鞭打和惩罚奴隶,而且奴隶们不应该反抗。那里有很多残忍、无情的主人和奴隶管理者;有些人甚至心理变态到了行为很残忍的地步。在佛罗里达,一项针对逃亡奴隶告示的研究指出,几乎三分之一的告示"描述了个人身上有鞭痕";有些人的脖子上挂着"铁木屐、铁链、铁环或壶钩";有些人的脚趾被切除或被剪掉;其中一个甚至被阉割了。[108]无论惩罚有多凶残,或是多么残忍,一旦奴隶试图对主人或监工进行反抗,他几乎不可能逃脱惩罚;奴隶对主人服从的职责战胜了"号称保护奴隶不受其主人虐待"的法律。[109]法律明确承认主人有"纠正"他的奴隶的权力,甚至用极端的方法惩罚他的奴隶的权力;主人对奴隶身体拥有的权力确实是南方奴隶制度的支柱。[110]

因此,奴隶的权利被狭隘地界定,往往受到侵犯,难以变成现实。然而,这些权利,正如它们在书中所出现的那样,在少数情况下被援引了,这使南方的法律至少出现了正义、公平的外表,而这也是奴隶主阶级非常珍视的外表。与此同时,没有办法执行的权利可能威胁到真正的社会秩序。如果这些权利得到了广泛的使用,或者超出了南方的容忍限度,这些权利就不会幸存下来,甚至在纸上都不会幸免于难。

事实上,一个想上法庭的奴隶面临着巨大的障碍。没有奴隶能在法庭上作证反对他的主人。在一些州,黑人根本不能作证反对白人。例如,在所谓"废奴"的印第安纳州,根据一项1803年的法律:

> 黑人、黑白混血儿或印第安人不得作证,除非是在美国针对黑人、黑白混血儿或印第安人的刑事诉讼案件中;或除非是在只有黑人、黑白混血儿或印第安人之间的民事诉讼中。[111]

43年后,也就是在1846年,这项法律还保留在印第安纳州的成文法律汇编中。这一事实引起了印第安纳州议会一个特别委员会的尖刻评论:

> 脚的痕迹、鞋的钉子、狗的叫声或驴的叫声,都可以作为证据来找出恶棍;但是作为黑人……他虽然熟悉恶棍,也认识恶棍,但只是因为他是黑人,甚至不允许他揭发出确凿的事实情况。[112]

在无数场合下,这项规则一定是对正义的阻碍。1806年,弗吉尼亚州首席法官乔治·威思和一名黑人仆人一起喝了一壶咖啡后死亡。咖啡中掺入了砒霜(arsenic)。嫌疑指向了乔治·威思的侄子;他因谋杀而被捕。一位黑人厨师本可以提供不利于被告的证据。但法院无法听到这个证词;乔治·威思的侄子被无罪释放了。[113]

另外,当控制奴隶人口的时候,社会和法律都愿意放弃所有的微妙细节。黑人的刑法是清晰而严厉的。对奴隶的惩罚主要是体罚。因为罚款和监禁没有任何意义——奴隶们一贫如洗,而且本来就没有什么自由。违法乱纪的奴隶们被鞭打——彻底、严酷和经常地被鞭打。在南卡罗来纳州的地方法院,94.7%的案件中被判有罪的黑人被鞭打,只有10%的人被监禁(当然,大多数黑人也被鞭打)。每十二人中就有一人受到超过100鞭的鞭打。[114]

一些法律授权对奴隶更严厉的身体惩罚。根据密西西比州1822年的法律,如果任何"黑人或黑白混血儿"作出"虚假证词",他的耳朵将被钉在刑具上一个小时;然后耳朵就会被割下来;那么他的另一只耳朵就会被以类似的方式钉上,并在一小时后被割掉。[115]对于严重罪行,这些法典通常判处死刑。在1806年的佐治亚州,焚烧谷物或偷窃货物是奴隶的死罪。根据该法典,奴隶纵火通常被判处死刑。在1806年的佐治亚州和路易斯安那州,试图强奸一名白人女子会遭受死刑;在1811年的肯塔基州、1814年和1822年的密西西比州、1833年的田纳西州、1837年的得克萨斯州、1843年的南卡罗来纳州,也是同样的情况。[116]我们注意到,法律对奴隶暴动的处罚极为严厉。根据1854年的《北卡罗来纳州法典》(The North Carolina Code),任何奴隶"被发现处于反叛或暴乱状态",或者同意"加入任何阴谋或暴动",或说服其他人加入这些反叛,或者"明知和故意"帮助或鼓励奴隶处于"叛乱状态",都会被判处死刑。奴隶也可能被判犯有白人应负责任的通常的罪行;奴隶可能会受到特别严厉的惩罚,即使法律没有具体规定。1800年至1855年间,南卡罗来纳州处决了296名奴隶。[117]

一个死去的奴隶对他的主人来说是一个巨大的损失。这至少对主人的残忍行为进行了一些自然的抑制。从经济上讲,伤害奴隶是不合理的。不幸的是,并不是每个人都是理性的(撞毁一辆车,或者在醉酒中殴打妻子也是不合理的,但人们还是这么做了)。经济理性也有其危险的一面。一位主人试图掩盖他的奴隶所犯的罪行,不让他们死在绞刑架上。为了避免这种勾结,州政府会赔偿被处死的奴隶的主人。阿拉巴马州1824年的一项法律规定,陪审团在对奴隶进行死刑审判时,也应"评估奴隶的价值";主人有权要求赔偿这一数额的一半。[118]弗吉尼亚州在1839年度拨款12000美元,向主人支付"被处决和流放的奴隶"的费用。[119]密西西比州1846年的一项法律要求成立一个由5名奴隶主组成的特别小组,以评估任何被判处死刑的奴隶的价值;主人将得到这一数额的一半作为赔偿。[120]

南方的法庭记录揭示了关于奴隶人口社会控制的很多问题。在日常案件中,没有人重视正当程序,虽然在白人被起诉的例行情况下也可能是这样。针对特殊问题,南方产生了一些特殊程序。在一些州,有一些"奴隶巡逻队"(slave patrols),他们在农村漫游,寻找那些无法证明自己良好记录的奴隶。[121]如果佐治亚的一名流浪的黑人可能无法展示一个通行证(或"自由人证书"),巡逻队可能在现场"纠正"他,"用棍子、鞭子或牛皮鞭抽打不超过20次"。[122]巡逻队还搜查奴隶居住的小屋,寻找枪支和刀子,有时甚至把书籍、纸张和作品也作为致命并予以禁止的武器。[123]

同样重要的是,如果不是更多的话,那就是迈克尔·欣德斯(Michael Hindus)所称的"种植园司法"(plantation justice)。[124]基本上,不受正式规则控制的主人意志就是奴隶的法律。主人是法官和陪审团;他来审理"案件"并作出判决,并让它们在他的小世界中执行。从奴隶主的法律来说,除了最绝望、最偏离的情况,没有任何上诉——正如我们所指出的,只有很少获得救济的情况。那些认为在南方人正式法庭中对奴隶伸张正义的人,必须记住一个现实:"种植园司法"在主宰一切。

奴隶法,简而言之,有它自己的内在逻辑。它的目的是压制和控制。一切都朝着这个方向发展。南方关闭了可能导致黑人进步或成功的每扇门——无论是奴隶还是自由人。南方剥夺和贬低黑人,然后鄙视他们的状况。同时,南方也极度害怕它所创造出来的畸胎。奴隶制是纠缠不断的一团乱麻。最后,它也成了白人的陷阱。白人当然占了上风,但从长远来看,他们甚至付出了代价。奴隶制是一种原始的和被打开的伤口,一直在折磨着这个国家。它带来了伟大的内战。成千上万的人死于北方和南方。家庭毁于一旦;男人失去了胳膊、腿和眼睛;这个国家的大片地区被废弃。在某种意义上,所有悲痛的家庭和早逝的年轻的生命,是南方的"特殊制度"的受害者。

注 释

[1] On the common law marriage in general, see the material in Michael Grossberg, *Governing the Hearth: Law and the Family in Nineteenth-Century America* (1985); Ariela Dubler, "Wifely Behavior: A Legal History of Acting Married," 100 Columbia L. Rev. 957(2000); Lawrence M. Friedman, *Private Lives: Families, Individuals and the Law* (2005), pp. 17-26, 44-46.

[2] Kent, *Commentaries*, vol. II(2nd ed., 1832), pp. 86-87.

[3] Joel Bishop, *Commentaries on the Law of Marriage and Divorce*(1852), p. 130.

[4] Quoted in Nancy F. Gott., *Public Vows: A History of Marriage and the Nation* (2000), p. 32.

[5] Mark M. Carroll, *Homesteads Ungovernable: Families, Sex, Race, and the Law in Frontier Texas, 1823-1860*(2001), p. 113.

[6] C.J. Gibson, in *Rodebaugh v. Sanks*, 2 Watts 9, 11(Pa., 1833).

[7] 10 Tenn. 588(1831).

[8] See Gerhard O. W. Mueller, "Inquiry into the State of a Divorceless Society: Domestic Relations Law and Morals in England from 1660 to 1857," 18 U. Pitt. L. Rev. 545(1957); Stephen Cretney, *Family Law in the Twentieth Century: A History* (2003), pp. 161-195.

⁹ Nelson M. Blake, *The Road to Reno: A History of Divorce in the United States* (1962), pp. 34–47. There is a growing literature on the history of divorce. See, especially, Norma Basch, *Framing American Divorce: From the Revolutionary Generation to the Victorians*(1999); Glenda Riley, *Divorce: An American Tradition*(1991).

¹⁰ Henry W. Desaussure, *South Carolina Eq. Rpts.*, vol. I. p.liv; vol. II, p. 644.

¹¹ See Oliver H. Prince, comp., *A Digest of the Laws of the State of Georgia*, vol. II (2nd ed., 1837), p. 187. In Mississippi, during the territorial period, judicial divorces were the norm; but the legislature also passed some private bills of divorce. Donna Elizabeth Sedevie, "The Prospect of Happiness: Women, Divorce and Property in the Mississippi Territory, 1798–1817," 57 Journal of Mississippi History 189(1995).

¹² Laws Ga. 1835, pp. 82–83.

¹³ Thomas E. Buckley, S.J., *The Great Catastrophe of My Life: Divorce in the Old Dominion*(2002), pp. 96–97.

¹⁴ Blake, *op. cit.*, p. 50.

¹⁵ See *Dyer v. Dyer.* 5 N.H. 271(1830).

¹⁶ For rich material on some nineteenth century separation disputes, see Hendrik Hartog, *Man and Wife in America: A History*(2000).

¹⁷ Richard H. Chused, *Private Acts in Public Places: A Social History of Divorce in the Formative Era of American Family Law* (1994), p. 142.

¹⁸ Quoted in Blake, *op. cit.*, p. 59.

¹⁹ William L. O'Neill, *Divorce in the Progressive Era* (1967), pp. 6–7.

²⁰ Richard Chused, *Private Acts in Public Places*, p. 44.

²¹ Zephaniah Swift, *A System of the Laws of the State of Connecticut*(1795), vol. I, pp. 192–193. Bishop called the divorce a *mensa et thoro* "a carbuncle on the face of civilized society," a "demoralizing mock-remedy for matrimonial ills." Bishop, *op. cit.*, pp. 217–218.

²² Kent, *Commentaries*, vol. II(2nd ed., 1832), p. 106.

²³ *Ibid.*, p. 129.

²⁴ Chief Justice Sephaniah Swift, in *Griswold v. Penniman*, 2 Conn. 564(1818). A

lease is an example of a "chattel real." The term "coverture" basically refers to marriage.

[25] The issue is dealt with in detail in Marylynn Salmon, *Women and the Law of Property in Early America* (1986), chs. 5 and 6.

[26] *The Perpetual Laws of the Commonwealth of Massachusetts* (1788), p. 562 (act of Nov. 21, 1787).

[27] See Richard H. Chased, "Married Women's Property Law: 1800-1850," 71 Georgetown L. J. 1359, 1370 (1983), for examples in Alabama.

[28] On the possible origins of the Mississippi statute, see the interesting study by Megan Benson, "*Fisher v. Allen*: The Southern Origins of the Married Women's Property Acts," 6 .J. Southern Legal History 97 (1998).

[29] Laws Miss. 1839, ch. 46.

[30] Quoted in Catherine B. Cleary, "Married Women's Property Rights in Wisconsin, 1846-1872," 78 Wisconsin Magazine of History 110, 119 (1995).

[31] There is a growing literature on these statutes, stimulated by the new interest in women's history. Two books deal with New York: Peggy Rabkin, *Fathers to Daughters: The Legal Foundations of Female Emancipation* (1980); Norma Basch, *In the Eyes of the Law: Women, Marriage, and Property in Nineteen-Century New York* (1982). The study by Richard H. Chused, "Married Women's Property Law," cited previously, has material from Maryland; on Wisconsin, see Catherine Cleary, n. 30, supra.

[32] See Gregory S. Alexander, *Commodity and Propriety: Competing Visions of Property in American Legal Thought*, 1776-1970 (1997), pp. 158-184.

[33] Nancy F. Cott, *Public Vows*, at 53.

[34] No doubt many and complex forces lay behind the new laws. See Linda E. Speth., "The Married Women's Property Acts, 1839-1865: Reform, Reaction, or Revolution?" in D. Kelly Weisberg, ed., *Women and the Law: The Social Historical Perspective*, vol. 2 (1982), p. 69.

[35] Quoted in Grossberg, *Governing the Hearth*, p. 272.

[36] Laws Miss. 1846, ch. 60, p. 231. See E. Wayne Carp, *Family Matters: Secrecy and Disclosure in the History of Adoption* (1998), p. 11.

[37] E. Wayne Carp, *op. cit.*, pp. 11-12.

[38] See, for example, Jamil Zainaldin, " *The Emergence of a Modern American Family Law: Child Custody, Adoption, and the Courts, 1796-1851,*" 73 Northwestern U.L Rev. 1038(1979); Michael Grossberg, *Governing the Hearth* (1985), pp. 268-280; E. Wayne Carp, *op. cit.*, supra, n. 36; Lawrence M. Friedman, *Private Lives*, ch. 4.

[39] Quoted in David M. Schneider, *The History of Public Welfare in New York State, 1609-1866* (1938), p. 112.

[40] Fern Boan, *A History of Poor Relief Legislation and Administration in Missouri* (1941), pp. 22-23.

[41] 3 Stats. 211 (act of Feb. 17, 1815).

[42] Henry W. Farnam, *Chapters in the History of Social Legislation, in the United States to 1860* (1938), pp. 232-234.

[43] Michele L. Landis, "Let Me Next Time Be 'Tried by Fire': Disaster Relief and the Origins of the American Welfare State, 1789-1874," 92 Northwestern U. Law Rev. 957(1998).

[44] Sophonisba P. Breckinridge, *Public Welfare Administration in the United States* (2nd ed. 1938), pp. 98, 99, 101, 113. The treatment of dependent children, however, seems by modern standards barbaric. Orphans were liable to be sold as apprentices. But there was little else to be done with homeless boys and girls. A master was at least supposed to tea ch his apprentice to read and write. Girls learned to cook and sew. Boys worked, and learned a trade, in exchange for meals and a home. In 1794, for example, ten New York boys from the almshouse were "bound to Andrew Stockholm & Co. at the Cotton Manufactury." Schneider, *op. cit.*, p.181. On the founding of houses of refuge for wayward children, in the 1820s, see Robert M. Mennel, *Thorns and Thistles: Juvenile Delinquents in the United States, 1825-1940* (1973), p. 50.

[45] *Report of the Secretary of State on the Relief and Settlement of the Poor*; New York Assembly Journal, Feb. 9, 1824.

[46] Laws N.H. 1809, ch. 36.

[47] Quoted in Martha Branscombe, *The Courts and the Poor Laws in New York State,*

1784–1929(1943), p. 102.

[48] Francis S. Philbrick, ed., *The Laws of Indiana Territory, 1801–1809*(1930), pp. 308–309.

[49] Sophonisba P. Breckinridge, *The Illinois Poor Law and its Administration*(1939), p. 63.

[50] Quoted in Walter I. Trattner, *From Poor Law to Welfare State*(6th ed., 1999), p. 56.

[51] *Ibid.*, p. 43.

[52] See Michael B. Katz, *In the Shadow of the Poor House: A Social History of Welfare in America* (rev. ed., 1996), Part I.

[53] Schneider, *op. cit.*, p. 236.

[54] *Ibid*, pp. 244–245.

[55] The literature on slavery is immense, and growing all the time. See, in general, Kenneth M. Stampp, *The "Peculiar" Institution: Slavery in the Antebellum South*(1956); Ira Berlin, *Many Thousands Gone: The First Two Centuries of Slavery in North America* (1998). There is a good deal of material too in John Hope Franklin and Alfred A. Moss Jr., *From Slavery to Freedom: A History of African Americans* (8th ed., 2002). Specifically on the law of slavery, see Thomas D. Morris, *Southern Slavery and the Law*, 1619–1860(1996).

[56] Merrill Jensen, *The New Nation*(1950), pp. 135–136.

[57] *Statues at Large of Pennsylvania from 1682 to 1801*, vol. X, 1779–1781(1904), pp. 67–68; see, in general, Arthur Zilversmit, *The First Emancipation: The Abolition of Slavery in the North*(1967).

[58] Joanne Pope Melish, *Disowning Slavery: Gradual Emancipation and "Race" in New England, 1780–1860*(1998), ch. 3.

[59] Daniel R. Ernst, "Legal Positivism, Abolitionist Litigation and the New Jersey Slave Case of 1845," 4 Law and History Review 337, 339 (1985). As late as 1840, however, there were still 674 slaves in New Jersey, though most of them were(of course) over 55(ibid., at 340).

⁶⁰ Midori Takagi, *"Rearing Wolves to Our Own Destruction": Slavery in Richmond, Virginia, 1782-1865*(1999), pp. 73-77.

⁶¹ Alexis de Tocqueville, *Democracy in America*(J. P. Mayer and Max Lerner, eds., 1966), p. 329.

⁶² On this episode, see Douglas R. Egerton, *Gabriel's Rebellion: The Virginia Slave Conspiracies of 1800 and 1802*(1993).

⁶³ John Hope Franklin and Alfred A. Moss Jr. *From Slavery to Freedom: A History of African Americans*(8th ed., 2002), pp. 162-166.

⁶⁴ Farnam, *op. cit.*, p. 187.

⁶⁵ William A. Link, *Roots of Secession: Slavery and Politics in Antebellum Virginia* (2003), p. 99.

⁶⁶ Laws Va. 1805, ch. 63, sec. 10.

⁶⁷ Thomas D. Morris, *Southern Slavery and the Law*, p. 372.

⁶⁸ Laws Va. 1836-1837, ch. 70.

⁶⁹ Link, *Roots of Secession*, pp. 156, 158; on voluntary enslavement in New Orleans, see Judith Kelleher Schafer, *Becoming Free, Remaining Free, Manumission and Enslavement in New Orleans 1846-1862*(2003), ch. 9.

⁷⁰ Rev. Laws Ill. 1829, p. 109.

⁷¹ Tenn. Code 1858, sec. 2726.

⁷² Leon F. Litwack, *North of Slavery: The Negro in the Free States, 1790-1860* (1961), p. 72-73.

⁷³ Don E. Fehrenbacher, *The Slaveholding Republic*(2001), p. 212.

⁷⁴ 16 Pet.(41 U.S.)539(1842).

⁷⁵ Paul Finkelman argues that Joseph Story, who wrote the opinion in the Prigg case, had as his "primary goal" enhancing the power of the federal government in this area. Paul Finkelman, "Story Telling on the Supreme Court: Prigg v. Pennsylvania and Justice Joseph Story's Judicial Nationalism," 1994 Supreme Court Review 247, 249.

⁷⁶ Fehrenbacher, *Slaveholding Republic*, p. 235.

⁷⁷ See Albert J. Von Frank, *The Trials of Anthony Burns: Freedom and Slavery in*

Emerson's Boston(1998).

[78] Fehrenbacher, *Slaveholding Republic*, p. 238.

[79] James Oliver Horton and Lois E. Horton, "A Federal Assault: African Americans and the Impact of the Fugitive Slave Law of 1850," in Paul Finkelman, ed., *Slavery and the Law* (1997), pp. 143, 152.

[80] Russel B. Nye, *Fettered Freedom: Civil Liberties and the Slavery Controversy, 1830-1860*(1963), pp. 257-278. On the enforcement issues under the fugitive-slave laws, see Robert Cover, *Justice Accused: Anti-Slavery and the Judicial Process* (1975); Paul Finkelman, *An Imperfect Union: Slavery, Federalism, and Comity* (1981), deals with the tangled issues of the extraterritorial effects of slavery in a federal union that was half slave and half free. The full meaning of the *Dred Scott* case is explored in Don E. Fehrenbacher, *The Dred Scott Case: Its Significance in American Law and Politics* (1978).

There had been enforcement problemsunder the laws against the slave trade as well. See Warren S. Howard, *American Slavers and the Federal Laws, 1837-1862*(1963).

[81] This was, for example, established doctrine in Louisiana, though the United States Supreme Court had held otherwise. In 1846, Louisiana tried to close this loophole, by passing a law that said that no slave was entitled to freedom "under the pretense that he or she has been... in a country where slavery does not exist, or in [a state]...where slavery is prohibited." Louisiana Acts 1846, p. 163, quoted in Judith Schafer, *Becoming Free, Remaining Free*(2003), p. 15.

[82] William M. Wiecek, *Liberty under Law: The Supreme Court in American Life* (1988), p. 78.

[83] William Lee Miller, *Arguing about Slavery: The Great Battle in the United States Congress*(1996).

[84] Farnam, *op. cit.*, pp. 199-200.

[85] Christopher Waldrep, *Roots of Disorder: Race and Criminal Justice in the American South, 1817-1880*(1998), p. 30.

[86] Franklin and Moss, *From Slavery to Freedom*(8th ed., 2002), p. 169.

[87] W. McDowell Rogers, "Free Negro Legislation in Georgia before 1865," 16 Ga.

Hist. Q. 27(1932).

[88] Quoted in John H. Russell, *The Free Negro in Virginia, 1619–1865*(1913), p. 122.

[89] J. Lumpkin in *Bryan v. Walton*, 14 Ga. 185, 202, 205(1853).

[90] Laws Ga. 1833, p. 202.

[91] Roger A. Fischer, "Racial Segregation in Antebellum New Orleans," 74 Am. Hist. Rev. 926, 933(1969).

[92] William Goodell, *The American Slave Code in Theory and Practice* (1853), p. 105.

[93] *Thomas v. Davis*, 7 B. Mon. 227(Ky., 1846). The horse won the race.

[94] Judith Sharer, *Slavery, the Civil Law, and the Supreme Court of Louisiana*, p. 135.

[95] Ariela Gross, *Double Character: Slavery and Mastery in the Antebellum Southern Courtroom* (2000), ch. 5.

[96] See Herbert G. Gutman, *The Black Family in Slavery and Freedom, 1750–1925* (1976), pp. 9–17. These marriages, moreover, often began with a ceremony. On the plantation of James Henry Hammond, in South Carolina, the master conducted weddings, gave gifts to the bride and groom, and punished slaves who were unfaithful to their husbands or wives. Drew Gilpin Faust, *James Henry Hammond and the Old South: A Design for Mastery* (1982), p. 85.

[97] Thomas D. Russell, "South Carolina's Largest Slave Auctioneering Firm," 68 Chicago-Kent Law Review 1241(1993).

[98] Randolph B. Campbell, *An Empire for Slavery: The Peculiar Institution in Texas, 1821–1865*(1989), pp. 165–166.

[99] Thomas D. Russell, "Articles Sell Best Singly: The Disruption of Slave Families at Court Sales," 1996 Utah L. Rev. 1161(1996).

[100] For this thesis, much discussed and much criticized, see Stanley M. Elkins, *Slavery: A Problem in American Institutional and Intellectual Life* (1959); Herbert S. Klein, *Slavery in the Americas: A Comparative Study of Virginia and Cuba*(1967).

[101] Farnam, *op. , cit.*, p. 183. The study of the slave as property(in the technical,

legal sense) has been much neglected. But see Thomas D. Morris, *Southern Slavery and the Law, 1619–1860*(1996), chapters 3–6 try to fill in some of the gaps. And see also the work of Thomas Russell, nn. 97, 99 *supra*.

[102] J. Wardlaw in *Ex Parte Boylston*, 2 Strob. 41, 43(S. Car., 1847).

[103] Quoted in Farnam, *op. cit.*, p. 184.

[104] But in an interesting case, *Markham v. Close*, 2 La. 581(1831), the Louisiana court refused to allow a third party to bring a civil suit to compel the sale of a mistreated slave. A certain D. K. Markham, probably out of the kindness of his heart, alleged that the defendant had acted cruelly toward his slave. The slave, Augustin, had run away and been recaptured. There was testimony that he was then lashed "severely," his "back and hips were much cut and skinned. The weather being warm, the wounds smelled badly"; the slave was so severely hurt that he could not sit or lie. But because the master had not been actually convicted of cruelty, the court held it was powerless to order Augustin to be sold.

[105] *State v. Jones*, 5 Ala. 666(1843). Between 1830 and 1960, there were thirteen reported appellate cases in which a master's conviction for homicide or attempted homicide of a slave was upheld. A. E. Keir Nash, "A More Equitable Past? Southern Supreme Courts and the Protection of the Antebellum Negro," 48 N. Car. L. Rev. 197, 215 (1970). Nash's work has been criticized for depending solely on appellate cases; see Michael S. Hindus, *Prison and Plantation: Crime, Justice and Authority in Massachusetts and South Carolina, 1767–1878*(1980), pp. 130, 135. Nash defended his work in "Reason of Slavery: Understanding the Judicial Role in the Peculiar Institution," 32 Vanderbilt L. Rev. 7(1979), What is clear is that cases were few and far between; and the everyday reality was basically one of frequent brutality.

[106] See Judith Kelleher Schafer, *Slavery, the Civil Law, and the Supreme Court of Louisiana*(1994), pp. 31–32.

[107] *Ibid.*, pp. 55–57.

[108] Larry Eugene Rivers, *Slavery in Florida: Territorial Days to Emancipation* (2000), p. 142.

[109] Morris, *Southern Slavery and the Law*, p. 283.

[110] Andrew Fede, "Legitimized Violent Slave Abuse in the American South, 1619-1865: A Case Study of Law and Social Change in Six Southern States," 29 Am. J. Legal History 93(1085).

[111] Francis S. Philbrick, ed., *Laws of Indiana Territory, 1801-1809*(1930), p. 40. A mulatto was defined as a person with "one fourth part or more of negro blood."

[112] Quoted in Emma Lou Thornbrough, *The Negro in Indiana*(1957), p. 122.

[113] See William Draper Lewis, ed., *Great American Lawyers*, vol. I(1907), pp. 84-85.

[114] Michael S. Hindus, *Prison and Plantation*, p. 145.

[115] Laws Miss. Adj. Sess. 1822, p. 194(act of June 18, 1822, sec. 59). In addition, there would be thirty-nine lashes on the "bare back, well laid on." Note that the punishment applied to free blacks as well as to slaves.

[116] Farnam, *op. cit.* pp. 184-185.

[117] Hindus, *op. cit.*, p. 103. The number of whites executed is unknown; but almost surely the rate of execution was far less.

[118] Laws Ala. 1824, p. 41. The law also levied a tax—"one cent on all negroes under ten years, and two cents on all negroes over ten and under sixty"—to provide a compensation fund. The slaveowner had to employ "good and sufficient counsel" to defend the slave, and was forbidden from concealing a slave "so that he or she cannot be brought to condign punishment."

[119] Laws Va. 1839, ch. 3.

[120] Laws Miss. 1846, ch. 31, p. 193.

[121] The subject is treated in Sally E. Hadden, *Slave Patrols: Law and Violence in Virginia and the Carolinas*,(2001).

[122] Prince, *Digest of the Laws of Georgia*(2nd ed, 1837), p. 775(law of 1765).

[123] Sally Hadden, *Slave Patrols*, p. 106.

[124] Hindus, *op. cit.*, p. 117.

第五章

美国的财产法

土地：国家的财富

土地法是普通法的核心。更确切地说，不动产法（real property law）是核心。不动产不仅意味着土地；该术语适用于以土地为中心的一组特权和权利，或者依赖于其空间位置的权力运用。在中世纪的英格兰，不动产权利不仅仅意味着"所有权"；这种权利赋予了管辖权。庄园领主在他的领地里就是个小君主，那些拥有房屋、田地和种植作物的人也是如此。只有拥有土地或土地权的人才真的算是有模有样的人，比如绅士、贵族、上层神职人员。土地是他们财富的来源，也是他们权力的来源和所在。进入近现代后，权力和财富集中在大地主手中。英国的社会制度就是启动于土地的权利。

显然，美国的情况完全不同。美国没有因为拥有土地而形成的贵族阶层。土地被广泛占有。但在美国，土地也是财富的基本形式。[1]在大西洋带以西的新开发地域上尤其如此——土地肥沃且广袤无垠；还有那些一旦土著部落被条约或其他方式驱赶后留下的土地，等待着有人来据为己有。在1787年之后，大量的公共土地立即成为一个问题和一个巨大的机会。新独立的州把数百万英亩的土地让给了全国性的政府。路易斯安那州的购置带来了更多的数百万英亩的土地。随着边疆向西部移动,美国社会面临着一个中心问题:如何测量、绘图、定居和分配这些几乎是无穷无尽的土地财富。

公共领域的处置是一个充满惊人细节的故事。[2]这个问题在19世纪上半叶与战争、奴役和关税等问题一样悬而未决。公共土地问题涉及国家议程上的其他项目,比如,财政政策、退伍军人利益、奴隶制传播或遏制、人口扩散以及派系和地区的政治力量。联邦法律确定了土地的形状。勘察和测量的方法是一个被积极讨论的主题;携带有六分仪、锁链、挂钩和斧头的男人们把这块土地变成了可以描述、定位和出售的矩形。[3]1796年5月18日的"有关在俄亥俄河西北,在肯塔基河的河口上方的美利坚联邦土地的销售"法令[4],创建了测量总署(office of surveyor general)。公共土地将"毫不拖延地"进行勘测,并分成每个大小6平方英里的乡镇。一半的乡镇将进一步划分为几个区。每一段有1平方英里,即640英亩。在后来的法令中,土地又被划分为一半,面积分别为160英亩、80英亩和40英亩。无论如何,这些土地在出售前必须进行调查,出售单位是严格的矩形地块。没有任何产权链条可以逃脱联邦土地政策,如同那些不能回避在政府法令下被无情的、无形的矩形格子覆盖的土地和农场一样。1796年法律及其后续版本,让美国成了一个到处都是方格子的国家。

一旦土地被测量,一个想法就是把它处理掉。公共土地法产生于一些基本思想和一些基本选择。土地是一种商品,是一种资产,是要被买卖的东西,而矩形格子化是将土地变成商品的方式。整体而言,土地不应被视为政府的资产。相反,关键是以有条不紊的、富有成效的方式将其移交给普通公民。从本质上说,美国把一个大陆分给了退伍军人、移民定居者、擅自占有人、铁路开发者、州、大学、投机商和土地公司。从表面上看,这一政策似乎反映了自由企业和自由放任主义的强大影响。在华盛顿特区的联邦政府拥有一种价值不可估量的资源,但其目标是尽快将其私有化。的确,土地经常是以现金出售的,而政府却想要这笔钱。但不是为了使自己更有权力,也不是为了扩大公共部门的规模。

公共土地的法律是复杂的,充满了复杂性和技术性。但所有的一切都反映着市民对土地的极度渴望。出售或赠送土地并不是一种意识形态(弱小的政府)的反映,而是把土地变成贪婪的公众手中的方法。这是一种支持土地占有作为主导地位的方式——不是英国的方式,而是美国的方式,也就是使小的土地持有者和这些家庭都生活在他们自己的小农场上。其理念在于——自由的(白人)公民,独立且不受任何土地所有者的约束。没有什么可以阻挡它,无论是原住民部落,还是政府本身。可以肯定的是,政府不仅仅是被动的裁判员,而是主动地把土地切分成一个个单位并加以出售。它有自己的利益和需要。土地是它的主要资产——从某种意义上说,它是政府唯一的主要资产。政府如何处理土地,不仅仅是一个经济哲学问题,也是对那些在政治上施压于联邦政府具体利益和需求的回应。

联邦政府并不是完全在不受法律制约和控制的情况下消极地挥霍其财富(土地)。例如,政府顽强地争取不让矿业权落入那些梦想着藏在西方地下的黄金、白银的私人手中。1785 年的法令规定必须把"所有黄金、银、铅和铜矿的三分之一"保留给政府。1796 年的法律禁止出售"可能被发现的每一个盐泉"。[5] 在 1807 年,国会规定含铅土地只能出租,不能出售。[6] 一般情况下,土地授予都是附条件的赠与。它们的目的是:鼓励各州建立大学、修建铁路或为沼泽地的排水提供激励;或者干脆只是给新成立的州的一份贺礼。不幸的是,国家土地计划从来没有像纸上写的那样发挥作用。田野管理存在着软肋:无力、无能、腐败。[7] 在国家政策或多或少符合当地居民经济利益的情况下,这项政策多少起了点作用。但是,当政策与自身利益相冲突时,联邦政府的手臂从来没有足够长或足够稳定来把它贯彻落实。

除特殊用途的土地出让外,基本主题是如何放手让土地发挥效用。当土地被作为贺礼送给一个州或者为了其他目的,重点不是鼓励州在保护土地方面的谨小慎微。相反是希望这个州放弃或出售土地。而各州则将土地用于与联邦政府相同的目的:筹集资金(有时),但更多情况下是为了推进一些政策。独立革命期间,南方各州向士兵提供了土地:马里兰州向每名列兵提供50英亩的土地,北卡罗来纳州向每名列兵提供650英亩的土地;马里兰州向每名上尉提供200英亩的土地,北卡罗来纳州向每名上尉提供3840英亩的土地。[8]但不变的主题是放手和处置。在整个19世纪,这种情况几乎没有变化。

然而,始终必须作出可实施的附属决定。公共领域应该以大面积出售给批发商,还是以小块出售给真正的定居者?从出售土地中筹集资金有多重要?农民或退伍军人是否应该得到一些优先权,或者手头有现金的人是否应该排名在先?在所有这些问题上,联邦政府受到政治压力,特别是来自美国西部的政治压力,使它摇摆不定,在这个或那个方向上被推来推去。

1796年的法案明确要求出售大片土地。这项政策有利于土地公司和大投机者(包括一些开国元勋)。然而,在政治上,这项政策遇到了麻烦。这导致了土地垄断恶棍的产生。偏袒商人和投机者而不是淳朴的农民从来就不受欢迎。无论如何,这片土地销售得很糟糕。为了鼓励销售,政府将最低销售单位大幅度减少到二分之一地块、四分之一地块、80英亩,最后(1832年)减少到40英亩。[9]公共土地的价格也下降了。1796年法案规定了每英亩两美元的最低价格——远远高于先前出售巨大区块的价格。有一段时间,价格保持不变。1800年到1820年间,公共土地以两美元或接近两美元的价格出售;在投机热潮的围困下,价格甚至更高。然而,西部各州和地区一直坚持价格必须降低。

1820年的一项重要法律试图在改革销售方式的同时满足西部的这些需求。根据早先的法案,政府以信贷方式出售了土地。到了1820年,移民定居者欠了联邦政府约2100万美元。国会定期通过法律,给予债务人一些救济;例如,1816年的一项法案给予密西西比州的土地受领人两年零八个月的时间来偿还他们的欠款。[10]然而,许多移民定居者仍然无法支付;最后不得不没收他们的土地。1820年的法案将最低价格降至每英亩1.25美元。同时,它停止了赊购。每个买主在买地时都必须"全额付款"。[11]

该法律的目的是将土地和权利赋予小农户,而不放弃从出售公共土地中赚钱的希望。但移民定居者,无论是实际的还是潜在的,从来没有真正接受过政府的政策。移民定居者(和投机者)在正式销售日期之前就向西流动,有时甚至跑在了官方勘察土地之前。理论上说,在土地被勘察和出售之前,没有人能够获得真正的土地所有权。那些在上面砍伐树木和种植庄稼的家庭都是擅自占有人。他们认为他们对这块土地有道义上的要求。他们当然没有合法的权利要求。不过无论如何,他们都是选民,一系列法律给予这些实际定居者(甚至是非法移民定居者)优先权,或者承认并批准有关政府的优先权政策。[12]最终,在1841年,国会通过了一项一般性的优先购买权法(general pre-emption law)。一位"亲自"在土地上定居和"改良了该土地"的家庭户主,有权首先选择或要求以政府最低价格购买这片土地,最高可达160英亩。[13]该法案中写入了一些天真的防止滥用的保障措施。大地主被排除在参与之外。任何人不得在他原本居住的州或地区擅自占有土地。法律消除了最后一丝借口,即擅自占领者的非法或不道德的行为。他们仍然必须拿出钱来做相应的支付;但是广泛的串通勾结(有时甚至是暴力)阻止了外来者竞购这块土地,而移民定居者通常在他们想要的时候得到他们想要的东西。移民大潮席卷了美国中部的森林和平原。

私有土地法

即使在独立革命之前,土地法的改革仍在进行。独立革命后,立法机构进行了废除被封建历史污染的土地法律的工作。在民众心目中,土地和其他东西一样,是一种商品。它不再承担"作为社会等级和家庭地位基础的前现代角色"[14]。数百万人——土地投机者、大小土地所有者以及一般的自由地产保有人,已经(或者他们自认为可以)从一个自由流动的土地市场中获得收益。长子继承制在新英格兰大部分地区已经消失,它在 1800 年也从美国南方消失了。土地继承规则逐渐被纳入货币和货物继承规则。成文法制定者扫除了法典上封建土地保有制度(feudal tenures),因为它们中的大多数规则都不是这个国家现实中活生生的法律。"我们土地的所有权,"杰西·鲁特(Jesse Root)自豪地在 1798 年写道,"是自由的,明确的和绝对的,每一个土地所有人都是在他自己的领域里的王子,并且是其不动产至高无上的领主。"[15]

在独立后的第一个世代,法规和法庭案例都忽略了许多令人讨厌或不合适的英国教义。例如,一项普通法规定,当两个或两个以上的人拥有土地权益时,他们被推定为共同保有人(joint tenants),而不是混合共有(tenants in common)。两种形式的共同所有制之间的区别是技术性的,但并非不重要。如果两个人拥有共同的土地,每个人都有一个单独的、不同的、不可分割的份额。每个人都可以出售、放弃或分割自己的利益。共同保有附带着生存者对共有财产中死者权利部分的享有权;如果共有人一方死亡,另一名共有人可以"自动继承财产"。因此,共同保有是由该土地不动产上最后幸存者全部拥有的制度。它适用于家庭土地,而不那么适合于市场上与他人保持距离交易的人的土地。对这一推定改变的辩护是基于当事人可能的意思表示:"在100个案例中,有99个人共同购买土地,他们宁愿不是共同保有,而是混合共有。"[16]如果这实际上是"共同意愿",那是因为购买土地的合伙人把土地作为一种商品购买,即作为一种可销售的商品。

土地法的变化一般都是这样的一种特质。它们首先是经验的。他们在很大程度上努力遵循"各方的共同愿望"。但是,各方的共同愿望反映了土地交易的迅速和不稳定的特质。土地不仅可以在市场上交易,而且是公开和经常进行的交易。土地上寄托着国家财富的希望,对无数家庭来说,这是他们赚钱的机会。这片土地一旦(想方设法地)清除了土著居民,并经过适当的调查,就会产生迅速和狂热的交易。在原始土地上的投机几乎是一种国家彩票。即使真正的定居者到来,建造房屋,种植庄稼,成交量仍然异常迅速。农民本身就是投机者,他们押注于不断上涨的土地价格。许多农民耕种了一段时间,然后急切地卖掉了土地(赚取利润),搬到了一个新的边疆。

19世纪充满了对财产的尊重,对既得权利的尊重,等等。但是,法律、政策和公众舆论最尊重生产性财产、用于使用的财产、动态而非静态的财产。财产的意义发生了变化——从"静态的农业观念,即使所有者有权不受干扰地享受财产的概念,变成一种动态的、工具性的观念"[17]。1776年的弗吉尼亚权利宣言提到,"获取和拥有财产的手段,以及追求和获得幸福、安全的手段",是一项基本权利。正如哈里·谢伯(Harry Scheiber)所指出的,这不是产权的"防御性"概念,也不是仅仅尊重"既得权利";它意味着取得和持有财产的过程具有"积极和动态的性质"。[18]我们已经看到这种新观点对征用法(law of eminent domain)的影响。在此时的 19 世纪,对动态的、积极的财产的偏好,即一个完全符合拥有土地所有人群体利益的概念,导致了土地法律和美国法律的相关领域的巨大变化。

活跃的土地市场迫使财产转让法律制度发生了巨大变化。在美国,每一个男人(后来有不少女人)都是或可能是财产让与者。英国法律的详细形式显然是不适宜的。法律上的复杂是一种稀缺的资源。小小的上层地主阶级所能接受或容忍的东西,在美国这个庞大的市场范围内是不能被容忍的。在这个国家的一些地区,特别是南方种植园地区,保留了一些保有权和产权转让的残存模式。但即使在南卡罗来纳州,一家衡平法院也表现出了真正的惊讶,因为在 1836 年,查尔斯敦(Charlestown)的艾利西亚·H. 米德尔顿(Alicia H. Middleton)和萨拉·德汉(Sarah Dehon)已经执行了"带有保有仪式的财产转让方式"(deeds of feoffment,with livery of seisin),而不是使用更简化的表格。[19] 在美国其他地方,土地交易的数量庞大,意味着土地文件必须变得简单和标准。它们必须以最小的成本批量生产,以供大规模使用。财产让与的技巧并不多见。然而,这个国家产生了大量的契约和其他土地文件,还产生了很多律师。但是,如果每一次土地转让都需要有律师参与其中进行仔细咨询和精细架构的话,律师服务连一半都满足不了。而在小城镇或疆域地区执业的律师,也无法应付英国土地法的拼图式难题。

在许多方面,改革是简明而迅速的。旧的财产让与保有仪式的枝枝蔓蔓显然需要移除——它们已经很少被使用了;1827—1828 年纽约修订的法规明确废除了它。[20] 契约必须是书面的,但如果它们遵循简单、合理的形式,则是有效的。在众多现有的模式中,美国的律师们制定了两种基本类型的契约。附有担保条款的担保契约(warranty deed)是从旧的买卖契约中衍生出来的。免责转让契约(quitclaim deed)是由普通法的规定发展而来的。[21]担保契据是用来将土地由一名所有人完全地转让给另一名所有人。卖方担保他已经并能够转让完整的所有权。免责转让契据没有作出这样的承诺。它只是转让出让人所拥有的任何权利,但不管其中是否带有瑕疵;而且关系人对此表示理解。人们用免责转让契据来转让或出售使用权上有疑点或被附加条件的土地。在这两种行为中,措辞和形式仍然反映了它们的历史渊源,但这些文书却被大大缩短和精简。不过,对一般的外行人而言,处理这些问题还是太勉为其难。但是,对于那些受过一些训练和有经验的律师以及精明的土地贩子而言,则是触手可及。这些文档以畅销流行的"格式书"形式出现,出现在不同版本的《每个人都可以做自己的律师》(*Every Man His Own Lawyer*)这类书籍之中。利用这些书,商人或律师可以自己动手——把表格抄下来并填写空格。

  土地惯例和法规都是为了简化不动产法。在古代英国,土地诉讼(lawsuits over land)是一个技术上可怕的混杂。美国也有很多技术性的问题,但它在英国的混乱中只是一个苍白的阴影而已。约瑟夫·斯托里几乎十分着迷与逐出租地之诉对验证土地使用权的效率,其应用"在哈得孙河风景如画的河岸上、特拉华河和切萨皮克河的宽阔地带、南方阳光灿烂的地区以及西部肥沃的山谷和雄伟的河流"[22]。事实上,逐出租地之诉在这个国家的边疆地区是最受欢迎的。在1821年,当斯托里写下上述句子的时候,马萨诸塞州、缅因州和新罕布什尔州仍然没有分享"逐出租地之诉"的举国热情。相反,这些州使用"征地令状来审判土地所有权"。这些令状"摆脱了……有些麻烦的附属物和一些人为的细节",但相比之下,这些令状仍然是过时的。[23]

  联邦制度在法律上是一个权力下放的制度;土地法也是如此,但公共领域是个例外。因此,土地法的地方多样性很大。像马萨诸塞州这样的州可以坚持传统的方法,只要这些方法不要过分不合理。一个传统可以踉跄地走下去,只要它不对土地市场造成很大的伤害。各州也有不同的经济需求、不同数量的法律技能、不同的地理特征。土地法总体上是朝着一个大的方向前行;然而,没有两个州的土地法是完全相同的。没有权威机构可以把统一的模式强加给各州,这意味着,对于所有简化的努力而言,当时的土地法处于一个复杂的纠结之中。

英国的许多占有权法和不动产法在名义上也是各州的法律,但其中许多法律并没有什么实际意义。美国律师谈及的是非限嗣继承地产权(fee simple)和终身地产权(life estates)、年限、地役权(easements)、契约和利润这些概念。还有一些例如遗嘱执行机构、委托代理任命权、附条件的其他条款、转移和使用用途等令人眼花缭乱的概念还都没有被正式废除;更确切地说,这些未来的利益是处于休眠状态的。在19世纪20年代,出现了一场改革法律的运动,改革者抛弃了那些看似有害的理论和制度,那些无论其影响如何,似乎都被标签为"专制"或"封建"的理论和制度。1827年至1828年间,在纽约进行的财产法的重要修订是推动现代化进程的一个重要特征。

行为能力规则(Rules of capacity)是19世纪修改最彻底的规则之一。理想情况下,每个成年人都应该能够拥有和交易土地。已婚妇女是一个很大的例外,但正如我们所看到的,这个例外是通过《已婚妇女财产保护法案》(Married Women's Property Acts)来改变的。在英国,由于政策原因,外国人不能继承土地。这条规定在美国是行不通的。针对外国人的条款"起源于野蛮时代,是出于对外国人的仇恨和嫉妒……对那些实际居住在我们中间的外国人来说,最好的政策"是"以为他们提供一切合理的购买房产的便利方式,来鼓励他们的勤劳致富"。[24]在美国,存在着大量的仇外心理,例如,《外国人和煽动叛乱法》(Alien and Sedition laws)、"一无所知政党"(Know-Nothing Party),以及反爱尔兰的骚乱。但这个国家渴望增长,包括人口增长。人们利用土地市场就像他们的后代在股票市场上玩股票一样。更多的人想要土地价格的上涨；某种意义上,(素质好的)移民开放的政策是虔诚的愿望。

早在 1704 年,南卡罗来纳殖民地就有一项法案,赞扬居住在美国的外国人"勤劳、节俭和清醒",因为他们的"忠诚与和平"行为,指出他们获得了"大量的遗产,使这个殖民地在国外享有了不小的声誉,有利于鼓励其他人来我们中间种植",并给予他们通过赠与、继承或购买获得财产的充分权利。[25] 俄亥俄州的一项法律(1804 年)规定,通过"购买、赠与、遗赠或继承"而成为"有权拥有"任何"土地、房产或遗产"的外国人,"合法"拥有和享有"他们的土地",就像任何美国公民或本州公民所能做到的那样,须遵守同样的法律和条例,而不是其他特别规定。[26] 联邦优先购买权法和宅地法(Federal preemption and homestead laws)也同样将权利给予了定居的外国人。

立法者们竭力对"专制"和"封建"的法律进行了铲除。正如我们所注意到的,长子继承制已经中弹倒地。限嗣继承制度(fee tail)是另一个牺牲品。当限嗣继承制度的土地持有者死后,土地由他的身体意义上的继承人,即他的直系血亲后代(通常是男性)继承,如此世世代代都会把土地继承下去。没有人能够出售这样一个"受束缚的遗产",正如肯特所说的[27],因为土地属于使用权人的子女以及其子女的子女。事实上,早在 15 世纪,限嗣继承制度的土地保有人就可以通过"禁止"继承的手段出售他们的土地,而不受未出生一代的追诉。当然,这种做法的法律技巧不是外行人所能操作的。在当时美国这样一个到处都是法律外行者的国家里,保留限嗣继承制度已经没有什么实际作用,继续保留它已经毫无意义。限嗣继承制度于 1776 年和 1782 年分别在弗吉尼亚和纽约被正式废除。在一些地方,限嗣继承制度以一种脆弱和僵化的形式幸存下来；如果一个人试图设立一个限嗣继承,法律将其视为第一个受让人的终身财产,并对该财产享有终身的、完整的所有权。无论如何,在任何地方,限嗣继承制度都失去了所有的意义。

总的来说,立法者对土地垄断和土地王朝具有普遍的恐惧和不信任。可能是因为哈得孙河上的巨大庄园充满了不安之源,纽约州在这方面就特别敏感。[28]甚至连肯特大法官这种并不那么激进的人,也认为自由转让土地是共和国政府的一项核心价值:

> 君主制政府建议采取附带条件,以保护地主贵族的权力和影响力;但这种政策不适用于共和体制,在这些机构中,财富并不构成永久的区别,每个家庭的每个人都享有平等的权利,并在一种被平等对待的制度理念上,发挥出自己的价值和作用。在这个国家,在没有人为支持的情况下,每一个家庭都有义务依靠其后代的美德来安顿下来,以保持其永久的尊严。[29]

这些普遍的态度构成了1827—1828年间纽约财产法修订的基础。修订的结果可以正确地称为一个法典。它整理、修改和简化了财产法的大部分内容。英国关于永久财产的法律被收紧了。一个更严格的限制是土地可以被绑在一个家庭中的时间。根据英国的规则,如果权利存在着过度的"归属的遥远性",依据一个复杂的公式,未来的财产权益就会失效。纽约规则规定,如果未来利益不适当地"中止"了"财产转让的权力",那么该未来的利益就会无效。这两个概念之间的区别是技术性的,而且在大多数情况下是无关紧要的。但纽约版的规则表达了土地法改革的一个主要目标:保持土地市场的开放和流动性。出于同样的原因,该法典不赞成建立土地信托制度。信托只允许用于一些特定的目的,例如,为了未成年人的利益。在这里,土地市场面临的危险似乎很小,信托的用处是显而易见的,而且信托可能只持续短短几年的时间而已。总的说来,修订法律的目的是使财产流转摆脱过去的萧条,并刺激土地的"商品化"。[30]

立法机构在晚些时候淡化了纽约更激进的创新。有些改革被法庭误解或处理不当。法官的敌意不仅仅是盲目的反应。法典的起草方式的确存在着缺陷。它的一些计划是如此新颖以致造成混乱并有鼓励诉讼之嫌。可以说,其中的一些规定完全是错误的。肯特大法官从一开始就对此持怀疑态度;他认为法典的信托条款无法操作。他指出,"保护和延续家庭影响力和财产"的愿望"非常普遍地与人类共存",并且"深深地沉浸在情感之中"。[31]信托可能不会消失。"我们不能希望",他写道,去"抑制获利的进取精神、家庭的荣耀、父母的期盼、奢华的要求、习惯的固定性以及智力的微妙之处"。他预测,这个法律会带来大规模的规避法律的行为:"闭门造车而产生的最公平的、最令人自豪的成熟立法模式,其实也并不能胜过文明人士的使用习惯"。[32]时间证明,肯特总体上是正确的,而且他是一个比其同龄人更优秀的社会学家。财富在增长中;新的财富被创造出来;而在超级富豪中,垄断霸道的冲动很快就刺激了丑陋的头脑。金钱的贵族通常得到了它想要的东西。包括哈得孙山谷地产(Hudson Valley estates)在内的土地男爵体制(land baronies)实际上寿命并不很长。但在19世纪晚些时候,长期信托(long-term trust)在富人中再度流行起来。这是一个财富王朝的工具,但不一定与土地联系在一起。即使是肯特法官也一定会对它后来的发展表示吃惊。直到今天,它仍在继续增长之中。

整体而言,土地法的改革将不动产法变成了一种更有用的工具。但随着老问题的解决,出现了新的问题。产权是一个长期性的问题。政府调查了所有土地的缺陷,提供了对土地的准确物理描述。但产权比纬度和经度更难以捉摸,比树桩和边界标记更受人怀疑。土地转手在迅速进行着,并且产权链往往具有薄弱或神秘的联系。产权链的初始阶段,往往就是一个问题。对土地权利的请求权是否回溯到一个宏大而模糊的授权？或者回溯到来自联邦政府、西班牙国王或者某个早已过世的土地所有人？产权还必须考虑到美国各州政府的专属授权，它们有时是模棱两可的，甚至有时有腐败的因素。有些类型的权利与从前的做法完全不同。1800 年之前，佐治亚继续其人头权的制度（headright system）。[33]在州和联邦优先购买制度之间的喧嚣纷争中，在法律和地方实践中的纷争中，西部的律师得以发财致富。土地作为商品，其被买卖和交易的方式增加了普遍的混乱。例如，联邦政府和州政府就向退伍军人发放了土地证书和赏金凭证（land scrip and bounty warrants）。其中有些是可以自由转让的；一些如同现代股票和债券一样，在市场上发生波动。这些土地证书在转手的同时，还创造了一套新的土地法，由此也引发一整套新的争端。

特别是在西部，地方官员软弱腐败，这对土地所有权产生了毁灭性的影响。如果我们相信这些故事的话，伪造和欺诈像瘟疫一样流行。土地是财富的基础；不良的产权使这种财富岌岌可危。公众的软弱和私人的贪婪是一个可怕的结合。约瑟夫·斯托里说，肯塔基州的土地法是一个迷宫，充满了"微妙和精致的区别"。他在 1829 年写道："肯塔基土地诉讼在被终止之前，或许会费时甚久。"对外部律师来说，"它将永远是一个未知的法典，带有一种独特的方言；需要去探索和研究它，就像去研究一些外国的判例一样"。[34]肯塔基州当时并不是一个古老的保守社会，而是一个处于法律边缘的新的州。它并没有继承旧的普通法的问题。相反，它们来自于通常的根源：贪婪和腐败。同样的混乱产权的问题也一次又一次地发生：在密苏里州、伊利诺伊州和加利福尼亚州。一方面，政府努力创造一个合理的土地制度。它探索、调查、记录，并致力于有序的解决方案。但与此同时，政府不会也不能抵制政治压力，不会也不能去纠正其在这一领域的弱点。结果就是混乱和秩序之间的持续紧张。

肯塔基州的政策目标与其他州大同小异：吸引人们，给他们土地，并以干净、清晰的方式登记和跟踪他们的财产。肯塔基州也试图给予"真正的移民定居者"（和选民）公平的对待和关照。关于土地产权的纠纷一直没有停止过：谁的主张是正确的？数百起纠纷最终在法庭上获得解决。A 或 B 是在陆地上种植玉米还是盖了一间小屋？A 比 B 早到达这里了吗？即使没有人为错误，那些模糊的、重叠的主张，不可能理性处理的主张和赤裸裸的谎言之间的界限在哪里呢？在 1799 年报道的一起案件中，肯塔基州一家法院听到一位证人说，一位叫贝里（Berry）的人"点燃了一棵白蜡树或山核桃树"来界定他的土地主张，但他无法确定究竟哪一棵树是地界，于是他把名字的前两个字母剪掉，用粉末涂黑了它们，然后坐在一棵小糖树下，用他的斧子在树根部位砍了一个洞……在他修饰的地方，树的枝条弯曲得像一只马蹄。山核桃和白蜡树现在在哪里？"砍掉了，但树桩还在"，处于"非常腐朽的状态"。那棵糖树仍然屹立着，可以辨认；战斧上的标记"仍然可以辨认"；据推测，马蹄形弯曲仍然可以找到。这些都不是一个明确的信号。[35]这种证据可以很容易地被制造出来，或者很容易被批驳。在许多情况下，这是一场为家庭、农场、生计而奋斗的斗争。在有些地方，这片土地的面积宏大，或者一座大城市已经在它的脚下拔地而起；因此，巨大的财富悬而未决。在成本、时间和冲突的尖锐程度方面，一些最伟大的美国审判案件，一直都是有关土地所有权审判的。

土地法旨在使土地自由流通。但这本身并不是目的。目标是经济增长、人口的不断增长和扩散，以及形成健康和积极进取的中产阶级。有时市场原则也必须做出让步。法律学说有时偏离了严格的市场原则，通常是为了保护一个政治上有权势的阶层，比如，小型土地持有者们。一个例子是技工留置权（mechanic's lien）。从本质上讲，技工留置权给予那些在建筑物上工作或改良土地的"技工们"特别的补救措施和优惠。如果土地所有者未能履行对"技工们"的给付,那么"技工们"可以直接针对土地和改良标的来强制执行他的索赔要求。[36]

技工留置权纯粹是美国的发明。它可以追溯到1791年。在那一年,负责建设新首都华盛顿特区的委员们建议设立一个留置权,以"鼓励总建筑商签订房屋建造和装修合同"。与华盛顿特区相关的马里兰州通过了必要的立法。宾夕法尼亚州随后通过法律设立这种留置权。它的第一部法律(1803年)仅适用于某些"技工们",并且只适用于费城的某些地区。逐渐地,越来越多的州采用更宽泛的留置权。在这段时期结束时,技工留置权是一个全面的保障措施。1845年的伊利诺伊州法律规定,

> 任何人提供劳务或材料用于建造或修理任何建筑物或任何建筑物的附属物……应该对该全部土地和城镇地段享有留置权,以担保其对该标的付出的劳务和材料。[37]

技工留置权是一项有利于劳工的法令,但在后来的罗斯福新政的意义上并非如此。留置法的"技工们"并不是贫穷的城市工人,而是供应商和工匠。法律保护付出劳务一方,在19世纪早期的意义上说,指的是那些为实物资产增加有形价值的人。法律给予他们优先于普通债权人的地位。毋庸讳言,在一个现金、硬通币、流动资本短缺的时代,留置权是为了帮助土地所有者。该法律承诺向提供物资和劳动力的人提供安全和不可移动的抵押品。这种留置权是一种引导性财务供给(这个短语出自威拉德·赫斯特),这几乎是一种补贴,或者几乎是一种鼓励建设和改善土地的政府信用。

小型土地所有人的利益则更加清晰地体现在另一个美国创新的根源上,即宅地豁免(homestead exemption)。法律使某些财产("宅地")可以免受债权人的掠取。得克萨斯在加入联邦之前,首先出现了宅地豁免的规则。立法机构稳步扩大了这一理论,直到1839年,当达

到50英亩的土地或一个城镇里的地段构成了一个家庭"宅地"的时候,其中的工具、书籍、牲畜、饲料和一些家具可以免受债权人的缉获。这个理念很有吸引力,并从外围传播到中心。1841年,首先在密西西比州得到采用。到1848年,康涅狄格州、威斯康星州和密歇根州以及一些南方州已颁布了一种或两种其他的宅地豁免权。到南北战争时,除少数几个州外,几乎所有州都采取了同样的措施。[38]

在某种程度上,宅地豁免权和技工留置权似乎相互矛盾。一部法律将宅地和农场作为对债权人的避难所;另一部法律则给了债权人一个尖锐的新法律工具用于对付宅地和农场。实际上,两者之间几乎没有碰撞的可能性。一个工作农场通常不会受到留置法的影响。这两种法律在某种意义上都是进步的。得克萨斯的宅地法律专门用于鼓励移民。它间接地寻求动员劳动力和资本投身于当时的主要工作:建设人口和丰富土地,这也恰恰是技工留置权的目标。对新移民来说,宅地豁免权在繁荣与萧条的世界中建立了一种安全网。技工留置权使他们建造了家园;而且,如果危机来临,它会优先考虑生产劳动者,而不是单纯的贷款人。当时的中间人被或多或少认为是一类寄生虫。他们既不生产商品,也不增加国家的财富。

繁荣与萧条:抵押权法

由于商业周期中普遍存在的破坏力,技工留置权和宅地豁免法非常重要。危机定期和不规则地冲击着经济。价格方面突变和混乱导致债务人、债权人和商人之间严重的不安全。货币体系极其脆弱;信用方面的信息十分原始。没有人是安全的,除非他持有金银,而这些金属确实是罕见的。有人绝望地寻找某种安全手段,即用某种方式来保护自己的资产;或者找到其他可能欠他钱的人的资产。由于土地是国家财富的很大一部分,土地法对商业周期非常敏感。因此,土地上的安全措施至关重要。

当时土地担保的主要工具是抵押。抵押权在字面上的意思是"死的抵押"。抵押权对债权人来说是"死"的,因为借款的债务人实际上占据着土地所有权,并保留了土地上所产生的任何东西;相比之下,当铺经营者(pawnbroker)得到的则是"活的抵押"。抵押贷款是一种非常古老的法律手段,但它在新的现实生活中被不断调整。[39]它在现代的发展带有债务人和债权人之间从未解决的斗争的伤痕。在 19 世纪的美国,肯定有一个债务人阶层和一个债权人阶层,尽管这两个集团相互重叠——而且许多人既是借款人也是贷款人。通常情况下,债务人多于债权人;这意味着不断施加压力,要求以帮助债务人摆脱债务的方式制定法律,例如,取消债务拘禁的规则。还存在政治改革(扩大选举权)和经济措施(通货膨胀和宽松货币)方面的压力,其方式有利于债务人。债权人也具有相当大的政治影响力。而且并不总是能说得清楚,一项政策到底是有利于债务人还是有利于债权人。可以说,即使只是从鼓励资本流向房地产投资这个目的上说,债务人也需要法律赋予贷款人更大的权利。在许多州(例如威斯康星州),宅地豁免权并不涵盖货币抵押贷款。这是法律上的一个大漏洞,但显然对农民和房主至关重要。除了土地本身,大多数人没有资本担保;然而,只有傻瓜才会把钱借给别人去购买没有担保的土地。

总的来说,债务人并不是恪守诺言的人,这出于完全可以理解的原因。他们在景气的时候采取一种态度,在不景气的时候采取另一种态度。在经济好的时候,他们需要钱来购买土地,建造房屋和种植庄稼;他们愿意许下任何承诺,希望土地价值上升,减轻他们的债务。在经济不景气的时候,承诺变得不靠谱了,债务堆积如山,债务人四处寻找着逃避的途径。

当立法机构发现债务人救济在政治上不可抗拒时,债权人有时会向法院寻求保护。法院不受频繁选举的压力。因此,与立法机构相比,他们有时愿意把债权人所遭受的打击视为对经济政策方面更长远和更全面的理解。债权人还擅长规避有利于债务人的规则和法规。在信贷短缺时期,对货币和信贷的实际需求压倒了正规法律。游戏中的玩家很聪明地发明了一些小规模、半遮半掩的方法来绕过他们觉得是障碍的规则。利益冲突也导致了法律的不一致和模糊,因为双方都在斗争和操纵。由此产生的复杂性在分权体系中尤为严重;在这个体系中,在一处失败的输家往往可以直接转向另一处去取胜。抵押权法的历史概述具有启发意义。[40]多年来,一种代价高昂而复杂的"抵押物回赎权的取消"(equitable foreclosure)制度已经演变形成,部分原因是为了保护债务人。其基本特征是债务人享有赎回其丧失的土地的"资产权益"和权利。然而法律起草者们设立了法律条款来消除这种"资产权益"。债务人将事先同意,如果他违约,他的债权人可以出售土地而无需上法庭。早在1774年,尽管有一些程序性保障,纽约的一项法规就明确批准了这一做法。然而,在南方的一些州,法院得出了不同的结论;他们认为,没有人可以合法地将这种出卖抵押权授予抵押权人。然后,抵押权开始指定第三人("受托人")在债务人违约情况下行使出售权。因此,"信托契据"(deed of trust)就是具有销售权的北方抵押权的功能等同物。

有销售能力的抵押权是一种有效的信贷工具。但是,尽管法院接受了出售权和信托契据(削弱了旧的回赎权),但其他法律的通过却产生了相反的效果。1819年是经济恐慌的一年。1820年,纽约通过了一项法律,给予一个处境艰难的土地债务人一年的宽限期。目前尚不清楚这类法律是否适用于抵押权。这个问题由纽约的一家法院以一种方式作出决定,而另一种不同的方式是由通过了类似法律的田纳西州作出的。1897年的经济恐慌产生了一大批新的回赎法规。1841年的伊利诺伊州的法律专门适用于"抵押土地"(mortgaged lands)。从本质上说,它给了抵押人一年的时间来赎回他的财产。它还规定,抵押土地不得在丧失抵押品回赎权时以低于土地估价的三分之二的价格出售给任何竞买人。这也是为了从土地债务人的资产中挽回一些东西。《纽约商报》(New York Journal of Commerce)对这种法律表示了不满,称其为"不诚实和卑鄙"。"比所有个体骗子的恶行还要多得多",它"证明了这个时代几乎毫无希望的堕落和腐败"。[41]法律适用于现有的抵押贷款,也适用于未来的抵押贷款,这就是它的意义所在:为伊利诺伊州那些已经被价格和价值的下跌遭遇重创的债务人提供救济。在著名的"布朗森诉金兹案"(Bronson v. Kinzie)中[42],联邦最高法院推翻了伊利诺伊州的法令。因为它构成了对合同义务的"损害",这是联邦宪法明确禁止的。伊利诺伊州爆发了一场抗议风暴。但是惰性的负担现在已经转移了,债权人又一次占据了有利的地位。"布朗森诉金兹案"引发了第二次危机:对债务人作出反应的立法机构与维护债权人权利和经济稳定的法院之间的对抗。人们最终承认,立法机构至少还是可以对所有未来抵押设立回赎权。在抵押权法这一四面楚歌的领域,法院的裁决虽然不是完全决定性的,但产生了明确的影响。法院可能会拖延、阻挠并最终达成一个妥协。

继承:遗嘱和信托

在市场经济中,财产是自由买卖的,通过赠与的方式自由转让。大多数赠与交易都是在家庭内部进行的。事实上,大多数有钱的人在他们有生之年都没有把钱赠与出去。但是当你死了,就像俗话说的那样,你不能带走这些身外之物。所有的一切都会留给活着的人。因此，几乎所有私人财富的存量都在每一代人身上发生转移。它要么通过某人的遗嘱，要么通过在赠与人死亡后生效的其他类型的赠与。在没有遗嘱的情况下，依据各州的无遗嘱法律来负责分配遗产。只有公众、企业和家族信托财产（dynastic property）才能免于受到这个死亡法则的约束。

殖民地时期的遗嘱检验法律和实践具有一定的灵活性。由于没有严格而快速的规则，因此有一些早期的尝试来避免遗嘱检验的规定。法院根据特定的家庭情况分别处理每一宗遗产案件。后来，一个或多或少借鉴英国模式的相当紧密的规则系统逐渐形成。灵活性倒是失去了，但在效率和确定性方面有所提高。如果没有一个固定的解决方案，一个拥有大量财富的大众社会几乎负担不起单独地处理每一项财产的费用。美国遗嘱检验法绝不是对英国法律的盲目模仿。[43]可以肯定的是，遗嘱法中有大量抄袭英国法律的部分。英国有两项关键法规。根据所谓的 1677 年的防止欺诈法，不动产遗嘱必须是书面的、经过证人见证的遗嘱。1837 年《遗嘱法案》（The Wills Act）既包括不动产，也包括动产。这两部法规在其他细节上略有不同。在 1837 年之后，美国各州倾向于遵循这些模式中的一种或另一种，或者两者兼而有之。对如何执行有效的遗嘱，存在着严格的、正式的规则。除了少数例外，美国各州对土地遗嘱和动产遗嘱也规定了同样的要求。[44]

一部标准、精确的遗嘱法对财产制度至关重要。1787 年颁布的有关土地认可遗嘱的法令，要求"遗嘱必须得到适当的证明"。这明显背离了英国法律。在英国，一个人可以将遗嘱提交法庭，以证明对土地所有权的要求，即使遗嘱从未经过遗嘱检验。即使是这样，这一事实也不约束法院对土地所有权的审理。1787 年的法令和由此形成的法律实践更加重视遗嘱检验程序。[45]这种法律实践有殖民地时期的先例。[46]但最好是在独立革命后的土地法的背景下加以理解。土地的法律文件必须是合理、简单和标准的;土地程序必须是客观和常规的。遗嘱和契据一样,是一种基本的转让工具。遗嘱检验就像登记对契据一样重要。如果所有遗嘱都通过遗嘱检验,那么产权过渡就会更顺利,记录会更准确,产权契据也就不会那么模糊。

由于遗嘱对土地所有权的重要性,许多郡都仔细保存了遗嘱。从郡史之初到今天,它们一直存在于一条不间断的线索中。偶尔会有一个产权搜索者会来拍打一下它们身上的灰尘。偶尔会有家谱学者会穿过洞穴来寻找被遗忘的祖先。历史学家们普遍忽视了这些遗嘱,但这些陈旧的遗嘱,即使僵硬而刻板,却也表达出了社会历史的声音。人们在它们身上偶然发现一种人性的闪现,一种对这个时代的洞察力,或者一个罕见的美丽的事实;它们就像在琥珀里一样,被封存在郡档案馆之中。罗阿诺克的约翰·伦道夫(John Randolph)用遗嘱解放了他的奴隶,并且对曾经拥有过奴隶感到"非常后悔",他将遗赠给这些"忠实的老仆人,埃塞克斯(Essex)和他的妻子赫蒂(Hetty)……三桶半的玉米,两百磅猪肉,一双结实的鞋子,一套衣服和一条毯子,每年都要付给他们钱;还有一顶献给埃塞克斯的年度礼帽,以及十磅咖啡和二十磅红糖"。本杰明·富兰克林留给他的女儿"镶嵌着408颗钻石的法国国王的画像"。他希望"她不要为自己或女儿把任何钻石做成饰物,从而在这个国家引入或支持戴珠宝的昂贵、虚荣和无用的风尚"[47]。

遗嘱是可更改的,即遗嘱人直至去世之前,都可以撤销或替换他的遗嘱。在19世纪,与后来的更多算计的时代相比较,临终遗嘱是更为常见的。[48]也许出于部分原因,许多19世纪的遗嘱似乎比20世纪的遗嘱更鲜明和直接。(然而,典型的遗嘱几乎没有说教,也没有流露出多少感情。)总的来说,只有富人才会立遗嘱。即使在本章所叙述的这个时期的最后阶段,在一个典型的郡,不管哪年都大概只有不到5%的人留下了经过遗嘱检验的遗嘱。[49]甚至还有少量一些没有遗嘱的人,留下了需要由正式管理程序来处理的遗产。总之,90%以上的人口死亡后没有遗嘱检验。

遗嘱设定者往往是土地所有者,属于有资产的男性(和一些女性)。他们的遗产规划(在此使用了现代术语)几乎总是用来处置他们的土地和家庭中的其他财产。男子通常不让妇女实际控制土地。在《已婚妇女财产保护法案》之前,留给妇女的财产可能会流失于遗嘱人的血亲之外,甚至可能成为其丈夫的债权人的牺牲品。因此,在富人中,有一种明显的倾向,那就是不直接向女性赠送土地。相反,财产是特别固定地授予女性的;或以信托的形式留给妇女;或以较小的"财产"的形式给予妇女,例如,给女儿的终身权益(life interests),亡者妻子守寡期间的不动产。在1810年至1813年间,新泽西州的一大堆遗嘱中,约有40%的遗嘱中包含了针对寡妇的赠与,使她有权获得收入;如果她有胆量再婚的话,这一权利就会终止。[50]在1843年的夏天,纽约市12份经过认证的遗嘱中有7份遗嘱包含了低于完整终身不动产权的处理方式。[51]在1790年的宾夕法尼亚州的巴克斯郡也是类似的状况;有将近三分之二的遗嘱大致为寡妇提供了一个居住的地方,并为寡妇提供了生活的必需品;通常情况下只限于她仍是寡妇的情况下。[52]

人们有一种印象,认为在1840年的时候,和两个世纪以前的马萨诸塞相比较,纽约州有更多的人处于正式的继承制度以外。在早期殖民地时期,遗嘱检验廉价、方便并且相对非正式。在18世纪,遗嘱检验更加精细和昂贵;基本上是为了那些相对富裕的人而设立的。在某个时候,也许大约1800年,这一状况的曲线达到了一个高峰,并且缓慢地改变了方向。从那时起,随着国民读写能力和财富的增加,人们对遗嘱检验过程的参与程度逐渐增加。从绝对角度来看,在19世纪,非终身不动产权(信托、财产利益授予、未来利益链)的处置数量肯定增加了——至少与人口的增加一样快,还可能要快得多。在 1890 年的巴克斯郡,大约 30% 的遗嘱人在遗嘱中有信托条款,近 60% 的已婚受托者在遗嘱中有信托条款。[53]

有关信托的诉讼在 19 世纪初相当稀少。除婚姻财产授权外,生前信托(living trusts)可能不常见。大多数信托是短期的"看管人"信托,是为了保护一些较弱的家庭成员而建立的:已婚妇女、未成年人、无行为能力人。一个人可能会建立一个信托,以避免将财产转给破产的儿子或女婿。托马斯·杰斐逊把遗产遗留给了他的孙子托马斯·J. 伦道夫(Thomas J. Randolph)和两位朋友(受托人),并以杰斐逊的女儿为受益人。因为她的丈夫托马斯·M. 伦多夫(Thomas M. Randolph)当时已经资不抵债。受托人将"以基本费用的形式持有该房产,直到我的女婿死亡为止";在那个时候,房地产将归属于女儿和她的继承人。这种安排将"排除权利、权力和权势"的干扰;否则这些权利、权力和权势将通过"法律的运作"而转移到该女婿身上。通过这种方式,这个财产可以免受杰斐逊的女婿的债权人的约束。[54]在 1843 年宾夕法尼亚州的"阿什赫斯特诉吉文案"(*Ashhurst v. Given*)中[55],死者遗留给他的儿子塞缪尔·吉文(Samuel Given)某种对遗产的信托管理义务,财产由"基达明斯特(Kidderminster)地产的未分割的半部分组成,包括工厂建筑、住宅、水力……机器和固定装置"。塞缪尔为了他的孩子的利益管理这个遗产,自己可以获得"信托基金的合理支持"。在这种迂回的方式中,遗嘱人希望为家人提供财产,而不把这些财产混同暴露在"他(塞缪尔)之前不走运的承包生意债务中"。

第二种更为罕见的信托使用形式可被称为家族王朝式(dynastic)信托。通过信托和财产利益授予的方式,遗嘱人寄希望在家族内能够把自己的财产捆绑相当长的时间,但并不是永远如此。有一种限制规则被称为禁止永久存在的规则(rule against perpetuities),这是一条复杂得令人难以置信的规则。这项规则在 1800 年年底前在英国达到了鼎盛，它至少在名义上在美国是有效的。1827—1828 年的纽约州法律修改了这一规则，并使其更加严格。正如我们所见，纽约州信托法规是反对家族王朝式信托方式的。只有看守信托基金（caretaker trusts）在改革的冲击中幸存下来，尽管后来的修正案削弱了这一点。无论是在纽约州，还是仿效了纽约州规则的密歇根州、威斯康星州或明尼苏达州，都没有将家族王朝式信托的方式完全废弃。

纽约州法典的起草人心中有一个特定的形象，一个特定类型的家族王朝式信托形式。他们想到的是英国庞大的土地庄园遗产。根据财产利益授予或长期信托的原则，这种遗产在两个方面与家庭"捆绑在一起"：其一，家庭中的现任成员没有权利出售其利益，包括受托人在内的任何人都不能将土地及改造物视为市场商品；其二，土地和家庭紧紧地联系在一起。纽约州有这种类型的不动产；它们在南方的种植园中也是众所周知的。但是有一种新型的信托正在发展，这是一种不同意义上的家族王朝式信托方式。一些伟大的商人家族除了土地——工厂、银行、船只、股票和债券，还拥有其他资本资产。特别是在波士顿，19 世纪初的富人们开始规划与皇室土地信托根本不同的家族王朝式信托方式。这些长期信托需要灵活的管理。这些资产并不意味着要如此保存原状；人们理所当然地认为，受托人会根据他们的商业意识而改变投资组合。

马萨诸塞州的法律证明对这种新形式的家族王朝式信托方式相当宽容。在著名的哈佛学院案例（*Harvard College* case，1830 年）中[56]，法院为受托人制定了一个投资标准，该标准被称为"谨慎投资者"规则（prudent investor）。它使受托人摆脱了对信托投资的严格限制。其他司法管辖区的规则是，受托人只能投资于政府债券或土地上的第一笔抵押贷款。从 1830 年开始，马萨诸塞州的受托人可以更自由地管理和投资;他可以转移资产,购买任何"谨慎"的东西;例如,他可以购买健全的公司股票。这些规则像是波士顿的保障私人专业受托人的大宪章。那些精明的专门从事托管他人财产的美国佬,在1820年前后首次出现在波士顿。几十年来,在信托公司崛起之前,这些人一直管理着上流社会家族的财富。哈佛学院的案例让他们摆脱了束缚,即那些对于非专业人士管理的看护信托的束缚。一些老的私人托管人公司变得富有而不可或缺,它们仍然在波士顿的州立大街上生存,其档案里装着一个世纪甚至更多的谨小慎微的经历。一般而言,他们仍然能够竞争这一行业的一个角落,只是这个行业在南北内战后大部分都被那些信托公司所攫取。[57]

人们对家族王朝式信托方式有一定的敌意是可以理解的。这与其说是对财富的嫉妒和憎恨,不如说是对任何将资产锁定起来并使之与市场隔绝的怀疑。马萨诸塞州的解决方案是扩大受托人的权力,以便资产也可以在市场上进行交易。其他州则反对马萨诸塞州的规则。但在宾夕法尼亚州,例如,在严格的投资规则盛行的地方,立法机构通过了数百项个体性立法法案,赋予受托人和其他受托人在特定情况下出售土地的权力。在"诺里斯诉克莱默案"(Norris v. Clymer)[58]中,有人认为立法机关没有权力通过这种法律。首席大法官吉布森(Gibson)不同意这种观点。他对已经通过的"九百条法令清单"印象深刻;他认为,与所讨论中的一项规则类似,有"上万个产权"可能需要依靠这种类型的规则来处理。19世纪的政策强烈反对任何会使产权不稳定的东西。

还有一种不以家庭为基础的王朝式信托方式:长期慈善信托。在这个国家,慈善事业令人好奇地十分曲折。[59]有句格言曾说,慈善事业是法律的宠儿。但是这种好意并不总是很明显。19世纪初,慈善与特权、黑手、已建立的教会(尤其是罗马天主教会)以及拥有永久的巨额财富联系在一起。这些都不是特别招人喜欢的事情。

在此,关键的英国法规是有关慈善用途的法令(statute of charitable uses),这个法规是在女王伊丽莎白一世的晚年通过的。在纽约州,这个古老的法令并没有生效;而1827—1828年的修改也并未恢复。弗吉尼亚州和马里兰州根本不承认慈善信托。一些州颁布了"不动产永久保有"法律(mortmain laws)。这些在英国法基础上设定的法律试图减少有些人临终前对慈善事业的赠与。除非遗嘱是在人死前至少一个月写成的,否则不能用遗嘱留下钱。反天主教的微弱气味也笼罩着这些法律,即邪恶的牧师正在从一个垂死的人那里勒索教会赎金的幻觉,以此作为某种死后被宽恕的代价。

对慈善信托的敌意趋于减弱,但只是减弱的速度比较缓慢。哈佛学院的信托基金是慈善性的。已故的约翰·麦克利恩(John McLean)把5万美元留给了受托人;他的妻子去世后,一半的信托将支付给马萨诸塞州总医院(Massachusetts General Hospital),另一半将支付给哈佛学院,"将永远专门拨给一位古代和现代历史学教授"。由股票和债券组成的学院捐赠基金,以及支持历史教授的捐赠,并不像世袭领地或教会那样可怕。转折点的一个象征性案件是1844年的"维达尔诉吉拉德的遗嘱执行人案"(*Vidal v. Girard's Executors*)。[60]银行家斯蒂芬·吉拉德(Stephen Girard)去世时没有孩子,留下了一大笔遗产。他复杂而古怪的遗嘱要求创建一所名为吉拉德学院(Girard College)的学校,并为美国法律史提供了长达一个多世纪的诉讼。维达尔的问题是慈善信托是否有效。具体而言,在没有经过法律形式的特别许可的情况下,衡平法院是否拥有管理这些信托的固有权力?这是一个至关重要的问题,因为英国法规或类似的法规,特别是授权信托基金,在许多州都是缺乏的。为了维护慈善信托,最高法院撤销了先前的一系列案件。纽约州、弗吉尼亚州、马里兰州和其他几个州继续限制慈善信托。在其他州,维达尔案鼓励人们去重新审视非营利家族王朝财产的社会效用。

知识产权:专利和版权

宪法第1条第8款规定,赋予国会"在有限的时间内确保著作人和发明人获得各自著作和发明权的专有权,以促进科学和实用技术的进步"。这是联邦政府授予专利权和版权的正式来源。

在英国法律中,专利是一种垄断权的授予,是对某些贸易项目的独家经营权。殖民地也随时随地授予过这样的专利权。例如,南卡罗来纳殖民地通过了一项《奖励威廉·克鲁克博士法案》(Act for the due Encouragement of Dr. William Crook),因为克鲁克博士发明了一种"沥青的油醇或提纯成分的组合","其中的其他成分可以保护船底免于河蠕虫的侵蚀,并且还可以防止木板的腐烂"(1716年)。[61]在1776年之前,垄断是令人厌恶的。但是专利则是个例外,它被认为是有价值的,因为它是技术创新的激励。1790年美国的第一部专利法赋予了国务卿、司法部长和战争部长("或者其中任何二人")颁发专利的权力。如果发明或发现"足够有用和重要",就可以被授予专利。[62]当时,几乎有人刻不容缓地就开始申请专利,包括一种"镀银、处置和纺亚麻、大麻的方法","一种用于制造钉子、螺丝钉和螺丝钻的机器"和"对犁的改进"。[63]在这部法律下的程序曾经被认为是缓慢而不令人满意的;并且,在1793年通过了新的法案。根据新的法律,国务卿在司法部长的批准下,有权颁发有效期为14年的专利独占权。联邦政府并没有独立调查这部法律下的专利。在国会的辩论中,议员们谈到了"天才的鼓励"和进步。似乎大多数普通人都对此漠不关心,而且对技术之神欠缺崇拜;但是,那些科学和技术领域的精英们却看到一个大规模发明创造的光明灿烂的未来。

专利数量在稳步增长。到 1807 年，美国授予的专利已经超过了大英帝国。到了 1836 年，已发布了 9957 项专利，并正在加速实施。其中的一小部分是对商业极为重要的发明。1836 年通过了一项重要的专利法。它设立了一个由国家专利局局长（commissioner of patents）领导的专利局。专利局局长只有在符合如下条件下才会授予专利权：该专利主题以前没有被"发明或发现"，申请人是该装置的实际发明人，该标的对于获得专利是"足够有用和重要的"。如有疑问，则由国务卿任命的有"三个无利害关系人"组成的委员会决定是否发布专利。三人中的一位是"该发明所属的特定技术、制造或学科分支"的专家。[65]

一个基本问题困扰着专利法。宽松地授予专利可能会鼓励创新；但每件专利都有点垄断，垄断总体上是不受欢迎的。自由派政策在法庭上赢得了一些早期的胜利。在 1825 年的"厄尔诉索耶案"（*Earle v. Sawyer*）[66] 中，争辩的问题在于是否可以授予某项专利，以便在制造墙面板的机器上实现某种"新的有用的改进"。这个"改进"主要包括使用圆形锯子而不是垂直锯子。但有人反对说："这个组合本身非常简单，虽然是新的，但它不配被称为一项发明。"约瑟夫·斯托里在巡回法庭上没有采纳这个反对意见。要获得专利，对象必须是"新"的。这是问题的核心；其中没有必要一定要具备所谓"心灵的闪光"或"天才"这类因素。[67] 然而，1836 年的法案加强了对专利授予的要求。它清楚地表明，专利（垄断）的坏处可能远远超过它的好处（它的激励效应）。

1783 年至 1786 年间，除了佛蒙特州，每一个州都通过了版权法，部分原因是大陆会议的敦促，部分原因是有像诺亚·韦伯斯特（Noah Webster）这类希望打击盗版的作家们。第一个版权法是康涅狄格在 1783 年通过的一项"鼓励文学创作和天才"的法律。第一部联邦著作权法案于1790年成为法律。作者可能会获得"独家权利和印刷、转载、出版和出售"其"地图、图表、书籍或丛书"的"专有权和许可权",期限是14年并可延续一个14年的附加期限。作者必须在出版之前将他的作品的复件交给他所在地区的联邦法院书记员。另一份必须在6个月内交给州务卿(secretary of state)。[68]在1831年,原来的期限延长到28年。在此期间,该法案涵盖了音乐作品、设计、雕刻、蚀刻版画以及地图、图表和书籍。[69]在有关版权法的案例中,1834年的"惠顿诉彼得斯案"(Wheaton v. Peters)具有里程碑式的意义。[70]奇怪的是,这是最高法院判决案例的编辑者亨利·惠顿(Henry Wheaton)起诉另一个判决案例编辑者理查德·彼得斯(Richard Peters)的案件。最高法院审理的是有关自身案例编辑版权纠纷的案件。彼得斯在惠顿之后做起了编撰事务。他是个不达目的誓不罢休的家伙,他出版了一个浓缩的六卷本的惠顿的作品,其价格大大低于惠顿的价格。[71]

惠顿起诉对方侵犯版权。根据联邦法律,惠顿在技术上没有版权;他没有严格遵守法律的程序和要求。但是他有没有一种独立于联邦法律的普通法权利呢?最高法院说:没有;只要作者出版一本书,他就会受到版权法的管辖,而普通法也会被取代。这是国家(联邦)权力的胜利。版权法只有一个来源,相对统一和简单。如同专利法一样,创作者的(垄断)权利与商业公众的自由市场利益之间存在紧张关系。在"惠顿诉彼得斯案"中,最高法院可能通过将版权限制在联邦法规的条款中而忽略了版权的垄断方面,而且这种权利在时间上还受到了限制。

在这一时期里,一个相关的联盟领域——商标法还相对不太发达。商标不是天才的闪光点,而是一个讯息而已;这个产品或商务是我的,你不能窃取它的名字或标志。但是在1825年以前,美国还没有商标侵权案的判决。[72]约瑟夫·斯托里1844年发出有关商标侵权的第一个禁令,以保护"泰勒的波斯毛线产品"(Taylor's Persian Thread)制造商。国会既没有提供指导,也没有提供任何登记机制。对商标设计者的法律保护必须在法院粗糙的实践中进行。随着国家工业化、技术和大众营销的发展,知识产权法的重要性日益突出。知识产权的大部分价值,尽管有其名称,但几乎都不是与智慧有关,而是和商业和工业有关。

注 释

[1] Nor did ownership of land have the same relationship to power that it did in England. It was not irrelevant, Ownership of land was or was thought to be, the proper foundation stone of a republic, Certainly, Jefferson thought so, And the right to vote, in the early Republic, depended on ownership of property. But, after all, most adult white males *did* own land; property qualifications apparently nowhere excluded even half the potential voters;and in some states—South Carolina, Virginia, perhaps New York—very few men were affected at all. See Willi Paul Adams, *The First American Constitutions* (1980), pp. 198-207; on the property qualification and the right to vote, see Alexander Keyssar, *The Right to Vote*: *The Contested History of Democracy in the United States* (2000), pp. 42-52, and the table, pp. 328ff. on constitutional provisions in the states. The property qualification was gradually eliminated;by 1850, it was practically gone. It had had its defenders. Chancellor Kent argued in 1821 that New York needed it, for the Senate at least, as a "security against the caprice of the motley assemblage of paupers, emigrants, journeymen manufacturers, and those undefinable classes of inhabitants which a state and city like ours is calculated to invite." L. H. Clarke, *Reports of the Debates and Proceedings of the Convention of the State of New York*(1821), p. 115. But this was a rearguard, losing struggle.

[2] See, in general, Benjamin H. Hibbard, *A History of the Public Land Policies* (1939); Paul W. Gates, *History of Public Land Law Development* (1968); Everett N. Dick, *The Lure of the Land* (1970);Paul W. Gates, "An Overview of American Land

Policy," 50 AgriculturalHistory 213 (1976); and on the colonial and early Republican background, Edward T. Price, *Dividing the Land*: *Early American Beginnings of our Private Property Mosaic* (1995).

[3] Andro Linklater, *Measuring America* (2002), pp. 74, 75; this book in general has material on surveying and the division of the land into grids.

[4] 1 Stats. 464(act of May 18, 1796).

[5] 1 Stats. 464, 466, sec. 3(act of May 18, 1796).

[6] 2 Stats. 445, 446, sec. 2(act of March 3, 1807).

[7] See, in general, Malcolm J. Rohrbough, *The Land Office Business*: *The Settlement and Administration of American Public Lairds, 1789-1837*(1968).

[8] Edward Price, *Dividing the Land*, pp. 186-7.

[9] Hibbard, *op. cit.*, p. 75.

[10] 3 Stats. 300(act of April 24, 1816).

[11] 3 Stats. 566(act of April 24, 1820).

[12] E.g., 5 Stats. 412(act of February 18, 1841)(Tennessee).

[13] 5 Stats. 453, 455 sec. 10(act of September 4, 1841).

[14] Gregory S. Alexander, *Commodity and Propriety*: *Competing Visions of Property in American Legal Thought, 1776-1970*(1997), p, 114.

[15] Jesse Root, Reports(Conn., 1798), Intro, xxxix.

[16] 1 Am. Jurist 77(1829). Another doomed doctrine was the doctrine of "tacking," in the law of mortgages. In English law, a third mortgagee might get the jump on a second mortgagee by buying the interest of a first mortgagee and "tacking" that interest to his own. This doctrine was "very generally exploded" in the United States. Chancellor Kent reported hearing Alexander Hamilton himself in 1804, "make a masterly attack upon the doctrine, which he insisted was founded on a system of artificial reasoning, and encouraged fraud." Kent, *Commentaries*, vol. IV(2nd ed., 1832), p. 178.

[17] Morton J. Horwitz, *The Transformation of American Law, 1780-1860*(1977), p. 30.

[18] Harry N. Scheiber, "Economic Liberty and the Constitution," in *Essays in the*

History of Liberty: Seaver Institute Lectures at the Huntington Library (1988), pp. 75, 81.

[19] See *Dehon v. Redfern*, Dudley's Eq. Rpts.(S. Car. 1838), 115.

[20] Kent, *Commentaries*, vol. IV(2nd ed., 1832), pp. 489-90.

[21] A. James Casner, ed. *American Law of Property*, vol, III(1952), p. 223.

[22] Joseph Story, "An Address Delivered Before the Members of the Suffolk Bar," Sept. 4, 1821, in 1 Am. Jurist 1, 17(1829).

[23] *Ibid.*, p. 17.

[24] 1 Am. Jurist 87-88(1829).

[25] *Statutes at Large of South Carolina*, vol., II(1837), pp. 251-52(act of Nov. 4, 1704). To qualify, however, an alien had to take an oath to the crown "on the Holy Evangelists, or otherwise according to the form of his profession."

[26] Laws Ohio 1803-4, p. 123(act. of Feb. 3, 1804). The American experience brought about a redefinition, of the very meaning of citizenship and allegiance. These were essentially a matter of free choice, not the result of an inborn, permanent, perpetual status. See James H. Kettner, *The Development of American Citizenship, 1608-1870* (1978). The usefulness of this idea of "volitional allegiance" in a country trying to build population and stimulate the land market is obvious.

[27] Kent, *Commentaries*, vol. IV(2nd ed., 1832), p. 12.

[28] See Charles W. McCurdy, *The Anti-Rent Era in New York Law and Politics, 1839-1865*(2001).

[29] *Ibid.* p. 20.

[30] See Gregory S. Alexander, *Commodity and Propriety: Competing Visions of Property in American Legal Thought, 1776-1970*(1997), pp. 107-26.

[31] *Ibid.*, p. 19.

[32] *Ibid.*, p. 313.

[33] Milton S. Heath, *Constructive Liberalism: The Role of the State in Economic Development in Georgia to 1860*(1954), pp. 84-92.

[34] Joseph Storey, in 1 Am. Jurist 20(1829). On the Kentucky land title problem, see Mary K. Bonsteel Tachau, *Federal Court in the Early Republic: Kentucky, 1789-*

1816(1978), ch. 8.

[35] *McClanahan v. Berry*, Hughes' Ky. Rpts, vol. 1(1799), pp. 323, 327-28.

[36] See Farnam, *op. cit.*, pp. 152-56.

[37] Rev. Stats. III. 1845, p. 345.

[38] Farnam, *op. cit.*, pp. 148-52. The Texas constitution of 1845 specifically mentioned the right of the legislature to pass a homestead act. The Wisconsin constitution of 1848 also had a specific provision, which instructed the legislature to pass a "wholesome" exemption law.

[39] Much of mortgage law was developed in or through courts of equity. This made some technical adjustments necessary in those jurisdictions that had no chancery courts. Pennsylvania, for example, substituted, through the action of *scire facias sur mortgage* (1705), a common-law mode of foreclosure for the usual procedures in equity. *Scire facias sur mortgage* was a writ, used when the mortgagor lapsed into default, requiring him to "show cause" why the mills of the law should not begin to grind, foreclosing the mortgage.

[40] See Robert H. Skilton, "Developments in Mortgage Law and Practice," 17 Temple L.Q., 315(1945). This excellent article is the source of much of the discussion of mortgage law in this chapter.

[41] Quoted in Charles Warren, *The Supreme Court in United States History* (rev. ed., 1935), vol. II, p. 102.

[42] 1 How. 310(1843). For an attempt to measure the impact of the Illinois relief laws, see George L. Priest, "Law and Economic Distress: Sangamon County, Illinois, 1837-1844," 2 J. of Legal Studies 469(1973).

[43] The Massachusetts double share for the eldest child was given up in 1789.

[44] In a group of Southern and Western states, and states where civil law influence was strong (Texas, Louisiana), holographic wills were also valid. These wills, if entirely handwritten by the testator, required no witnesses.

[45] William W. Blume, "Probate and Administration on the American Frontier," 58 Mich. L. Rev. 209, 233(1959).

[46] See Thomas E. Atkinson, "The Development of the Massachusetts Probate System," 42 Mich. L. Rev. 425, 448(1943).

[47] Virgil M. Harris, *Ancient, Curious, and Famous Wills* (1911), pp. 370, 414.

[48] In earlier times and in England, wills were even more likely to be deathbed documents; see Wilbur K. Jordan, *Philanthropy in England, 1480-1660*(1959), p. 16, on sixteenth-century wills; for some colonial data, see James W. Deen Jr., "Patterns of Testation: Four Tidewater Counties in Colonial Virginia," 16 Am. J. Legal Hist. 154, 167-68(1972).

[49] Some probably wrote out a will, but left so small an estate it made no sense to probate the will.

[50] N.J. Archives, 1st set., vol. XLI(vol. 12 [1949], Calendar of Wills, 1810-13).

[51] New York, Surr. N.Y. City., Will Bk. No. 88, pp. 2-65(July-Sept. 1843).

[52] Carole Shammas et al., *Inheritance in America* (1987), p. 112.

[53] Carole Shammas et al., *op., cit.*, p. 186. In Los Angeles, however, in 1890, the percentages were far less: 12.5 percent of testators, nearly 21 percent of married testators.

[54] Harris, *op. cit.*, p. 398.

[55] 5 Watts & Serg. 323(Pa., 1843).

[56] *Harvard College v. Amory*, 26 Mass.(9 Pick.)446(1830).

[57] See Lawrence M. Friedman, "The Dynastic Trust," 73 Yale L.J. 547(1964).

[58] 2 Pa. Stats. 277 (1845). The statute at issue was an act of March 2, 1842, authorizing trustees under the will of Joseph Parker Norris to sell lands from his estate, despite the provisions of the will.

[59] See, in general Howard S. Miller, *The Legal Foundations of American Philanthropy, 1776-1844*(1961).

[60] 2 How. 127(1844).

[61] Bruce W. Bugbee, *Genesis of American Patent and Copyright Law*(1967), p. 76.

[62] 1 Stats. 109-10(act of April 10, 1790).

[63] Edward C. Walterscheid, *To Promote the Progress of Useful Arts: American Patent Law and Administration, 1789-1836*(1998), pp. 175-76.

[64] 1 Stats. 318(act of Feb. 21, 1793); on the legislative history of the act, see Walterscheid, ch. 7.

[65] 5 Stats. 117, 119, 120(act of July 4, 1836).

[66] 8 F. Cas. 254, No. 4247(C. C. Mass., 1825).

[67] The "flash of mind" requirement did not stay permanently buried; it was resurrected later on in patent law. See Part III, ch. IV, p. 437.

[68] 1 Stats. 124(act of May 31, 1790).

[69] Lyman R. Patterson, *Copyright in Historical Perspective* (1968), pp. 180-212; Paul Goldstein, *Copyright's Highway: From Gutenberg to the Celestial Jukebox* (rev. ed., 2003), pp. 41-44.

[70] 8 Pet. 591(1834).

[71] On the case, see Paul Goldstein, *Copyright's Highway*, pp. 41-44.

[72] *Two Centuries' Growth of American Law*(1901), p. 435.

第六章

商业和贸易法：
1776年至1850年

联邦问题：海商和普通商业

189　　从当代的种种情形来看，美国商法深入而持久地受益于英国的法律。英国判例法的新进展横跨大西洋，几乎以快船的速度运行。在理论上，即使国家主权也不构成障碍。海事法、海上保险法、商业票据法以及商品销售法都不仅仅是英国法，而是国际规则体系的一部分。肯特大法官写道："美国的海洋法与欧洲的海洋法相同。这是一个特定国家的法律，但却是一个各国之间普适的法律。"[1]

对这些话一定要慎重接受。但其中确有道理；更重要的是，它们反映了美国的主流法律人的意见。贸易是国际化的，1776年的美国人口沿着海岸狭窄地分布，商业在很大程度上是海洋贸易，海关和贸易文件也是海洋贸易的组成部分。海洋贸易的法律和惯例，是一个拥有海岸线的发展中国家标准配置的一部分。法律是商业基础架构的一个重要部分。事实上，它有国际化的基础；但在美国，它很快就会发展出自己的实质和风格。

宪法使海事管辖权成为联邦管辖范围。它终止了国家海事法院和国会自己的创造物——根据联邦条款设立的"联邦捕获上诉法院"。该法院在审理案件时听取了州裁决的上诉——大多数案件涉及美国私人掠夺的英国船只的官司。²宪法文本将美国的司法权扩展到所有"海事和海商司法管辖权案件"(第3条第2款)。但是,授予管辖权有多广泛呢?这个条款意义何在?它涵盖了哪些情况以及哪些法律领域?

英国的先例并不是完全明确无误的。在英国的传统中,海事部只有在"潮起潮落"(ebb and flow of the tide)的范围内才有权力。³在一个像英国这样的岛国,"潮起潮落"也许是一个很好的标准。英格兰没有大湖区,也没有密西西比河。这一限制在美国就是个问题。

有些人为这个"潮起潮落"的概念辩护。这不是对过去的盲目模仿;对于那些对海事权力持狭隘看法的人来说,这是一个有用的论据,他们希望将联邦管辖权保持在狭窄的范围内,并赋予各州更大的权力和更大的范围。肯特法官警告说,广泛的海事权力将损害陪审团审判的权力(海事法院不使用陪审团)。海事权力的扩张还将"一举将州法院从一个广阔的商业管辖领域剥离"。斯托里大法官一贯为潮水概念辩护,称其为"规定的限制",法院没有"超越的自由"。法官威廉·约翰逊(William Johnson)在1827年的讲话中谈到了"海事法院悄悄地在窃取它无权拥有的司法管辖权"。

但是,随着大量的人群进入美国广阔的内陆地区,那些湖泊和河流就像收费公路和道路一样成为商业的动脉。潮水概念现在开始接受认真的重新审查。在1888年,在"佩洛克斯诉霍华德案"(*Peyroux v. Howard*)⁴中,最高法院发现了一种后来被一位法官称为"隐匿的潮水"(occult tide)的现象,肉眼看不到,但它的力量足以将新奥尔良的密西西比河带入联邦海事权力网。1845年,国会通过了一项法案,赋予地方法院管辖在"沿海贸易登记和许可"并"运行于湖泊和通航水域"

"载重20吨以上的船舶及其他船舶"的合同和侵权事宜。该法令含糊不清,措辞拙劣。但这一法案以及"古巴号"帆船和螺旋桨引擎的"杰纳西酋长号"(Genesee Chief)在安大略湖发生的碰撞事件,为1851年发生的一个大案提供了机会,这个案件以这艘名为杰纳西酋长号的轮船而命名。[5]在这里,最高法院通过首席大法官坦尼的判决,最终取消了潮水规则,使其不再作为对海事管辖权的限制。联邦权力延伸到所有公共的、可航行的水域。

海事案件是所有联邦法院的主要案件。联邦法官开始擅长于处理海事法的问题,约瑟夫·斯托里是这个领域里的典型大师。他的观点充斥着博学,例如,来自拉丁文的引文、对理查德·祖奇(Richard Zouch)的引用、奥列隆的法则以及海洋历史的其他奥秘。但海事法不是游戏,它是外交政策的一个分支。有关捕获奖励法、战时中立和禁运的决定是它的主要内容。美国最高法院于1815年2月裁定了"短纤维双桅船和货船诉美利坚合众国案"(*Brig Short Staple and Cargo v. U.S.*)等案件;该货船因"违反美国禁运法,驶往外国港口而被扣押"。[6]在1814年的一起案件中,一艘名为"科迪利亚号"(Cordelia)的船只在前往印度尼西亚的泗水途中,一名英国官员登船警告说,这艘船不应驶往爪哇的任何一个港口。船长听从命令,开往费城。这艘船投了保险;它的保单除其他风险外,还包括"非法逮捕、限制和扣留"。但最高法院认为,这项保险政策并没有触及科迪利亚号的情况。"封锁敌人港口的权利……是各国法律保障的每一个交战国的权利。"因此,这种限制并非"非法"。[7]

联邦法院还裁决了许多海上商业案件。在"德洛维奥诉博尔特案"(*De Lovio v. Boit*, 1815)中,约瑟夫·斯托里在巡回法院的判决中认为,海上保险是一项"海事契约"(maritime contract)。[8]这就赋予了联邦法院对此事的管辖权。但管辖权是并行的,而不是排他性的,即它是与州法院共享的。19世纪初,纽约州的报告中有很多关于海洋保险的案例。[9]然而,在州与联邦权力之间的伙伴关系中,联邦的存在确实在增加,这一过程导致了杰纳西酋长号案件的判决。这一趋势的一个目标是集中外交政策。但也有一个强大的国内动机。最高法院和部分重要的民意认为,这个国家应该作为一个单一的大型自由贸易区来管理,商业应该能顺利地跨越国家边界;任何强盗贵族都不应在货物行将到来的时候收取通行费。

这个议题在影响重大的"吉本斯诉奥格登案"中凸显出来,该案由以马歇尔为首席大法官的最高法院于1824年作出判决。[10]纽约州赋予了罗伯特·利文斯顿和罗伯特·富尔顿"火力或蒸汽动力的船舶在该州管辖范围内所有水域航行的专属权利"。奥格登通过利文斯顿的授权,在纽约和新泽西州之间经营一条轮船线路。吉本斯拥有的两艘蒸汽船的许可证,他在纽约和新泽西州伊丽莎白镇之间运行。奥格登接到了对他的竞争对手吉本斯的禁令。这起案件的重要性超出了这两家相互冲突的公司的利益,因为其他州也提供过类似的特许授权。这在各州之间轮船业务中发生了尴尬的争执,其结果是引发一场商业战争。[11]

在上诉时,马歇尔法院否决了纽约法案,并推翻了蒸汽船公司的垄断地位。这一决定首先基于两个前提:第一,国会已经通过了某些法案,这些法案授权船只从事海岸贸易。可以说,这些法律"先发制人"或推翻了任何重叠或冲突的州立法。第二,其依据是宪法的条款,该条款赋予国会监管州际商业的权力。"吉本斯诉奥格登案"并没有断然认为商业权力是排他性的,即联邦政府的权力使得州内没有任何跨越州界的商业权力。联邦许可法(federal license laws)使该案比其他法律更加模糊,并削弱了其主旨。也许法庭真的希望如此。联邦政府对州际贸易的权力是一个沉睡的巨人,因为联邦政府很少进行控制或监管。然而,在某种程度上,显然由于联邦对商业的权力存在削弱了各州在商业和贸易方面拥有独立政策的权力。无论如何,这一决定可能刺激了轮船业务的发展:公司的数量激增——到1824年11月,纽约水域的轮船数量从6艘增加到43艘,运输变得更加简单和廉价。[12]

最高法院也采取行动统一这个国家的商法。它希望在联邦霸权下形成单一的法律体系。"斯威夫特诉泰森案"(*Swift v. Tyson*, 1842)[13]裁定,在普通商业案件中,联邦法院有权适用"一般性"的商业法,即使这与法院所在州的法律不同,即使没有提出"联邦问题",而且该案之所以提交联邦法院,完全是因为原告和被告是不同州的居民。本案的实际问题来自可转让票据法。如果汇票持有人背书并转让汇票,受让人的权利是什么?如果他是"善意持票人",他的权利是相当强大的。任何用货币或货物购买票据的人显然都是"善意持票人"。但假设他拿着这张背书人给他的汇票来偿还他的一笔旧债,在这种情况下,他是否还是"善意持票人"呢?在纽约的法律中,汇票已被接受,至少可以说"不",他不是持票人;但是在商法中,一般的看法是肯定的。斯托里大法官代表法院说,"商业法"过去是而且应该是国际性的,而并不是"一个国家的法律,而是商业世界的法律"。因此,来自纽约的狭隘看法无法独占鳌头。这一观点赋予了联邦法院在商业案件中适用国家(甚至国际)法律标准的权力。因此,它站在联邦政府一边以及城市债权人一边,同时站在了偏向本地债务人的州和地方立场的对立面。[14]

商品买卖

193　　货物买卖法在19世纪上半叶发展很快。很多(如果不是大多数的话)主要案例来自英国。这些法律在美国迅速获得通过。两种法律轨道——合同法和商法,各有不同的侧重点,或多或少是买卖法的教父。可以称为市场公开(开放市场)的心理学充斥在商法之中。在公开市场中,货物可以像票据、本票和纸币一样自由转移。市场上明显的商品买家获得了商品的全部权利。如果他以诚信和有价值的方式进行购买,即使货物被盗,他的请求权优于先前的所有者。有一段时间,伦敦的每家商店都被认为是公开市场;但到了18世纪,字面意义上的学说已经走向衰落。肯特法官谴责这是野蛮的生存方式;无论如何,它从未在美国扎根。[15]但是,更为一般的合同制度则在美国蓬勃盛行。

买卖法是伴随着财产或货物所有权的概念而发展起来的。所有权是一条无形的绳子,它把财产与原来的所有人绑在一起,直到所有权合法地"传给"买受人为止。使用权是个意向性的概念:在广义理论中,所有权是在当事人有意思表示的时候发生转让的。但所有权规则并不像表面上那样中立,它们倾向于卖方的权利,而不是买方的权利。英国和美国的案例一致认为,如果有意的话,所有权可以在不付款或交付的情况下转让。这意味着,在讨价还价的早期阶段,损失的风险转移给了买方。在一个著名的英国案例"塔林诉巴克斯特案"(Tarling v. Baxter, 1827)[16]中,买卖双方的标的是一个干草堆,买方同意在付款之前不移除干草。卖方向买方开出一张要求在一个月内付款的汇票;买方承兑汇票并通过谈判将汇票让与了一个"善意受让人"。与此同时,一场大火彻底摧毁了干草堆。当然,买方不愿意拿出好钱来换取一些烧焦的灰烬,但法庭认为他必须付款。干草堆的所有权已经转移了。因此,被烧掉的是买方的干草堆。而如果买方破产或未能付款,那么问题不是谁有意外损失的风险,而是谁有权恢复原状的问题了。在这里,卖方也得到了偏爱。法院发明了一种隐秘的担保权益(security interest),但这种权益并没有那么迅速地"传递"给买方。

这些理论和其他理论逐渐融入了严密逻辑结构的规则中。在实际报告的案件中，法院适用这些规则的方式，比人们从抽象的表述方式中猜测出来的方式要灵活得多。作为一个整体，他们太过于优雅（除律师以外，也不大为公众所知晓），对现实生活市场没有多大影响。无论它们在实践中意味着什么，都值得一问：为什么在市场经济的鼎盛时期，这些规则和原则似乎应该远离经典的"商法"原则，即使是在书面显现出如此状况。答案可能在于市场经济和商人经济之间的区别。商法曾经是一小群商人的领地；在一个典型的交易中，买卖双方都是中间人，他们了解商业背景，熟悉文件和习惯。19世纪初，法律更多地关注最终买家和卖方的需求和活动。后来法律的重点转向了制造商和生产商——这是一个与卖家而非买家有着复杂关联的阶层。

即便如此，美国商业法在纸上也有一定的亚当·斯密的严肃性，这种粗犷的个性有一定的风格。美国律师喜欢将普通法的严格简单性（真实的或想象的）与大陆法的父权制（真实的或想象的）进行对比。加利福尼亚州刚刚成立后，一小部分旧金山律师向立法机关提出请求，要求"立法机关……在其实质要素中保留大陆法体系"。加利福尼亚州参议院司法委员会否认了他们的要求。委员会认为普通法比其竞争对手大陆法大大优越，特别是表现在商业法中。该报告称，普通法原则"是基于买方自慎规则（Caveat emptor）……换句话说，普通法允许当事人自己作出讨价还价，并严格遵守制定的规定"。相反，民法与其隐含的担保的危险学说相反，"认为人无能力自己判断，因此推定需要承担对他的监护并将各方从未同意的内容规定在合同中。普通法在保护贸易自由和快速的商品交换，而大陆法则是对两者的限制"。该委员会对普通法近乎神秘的美德进行了激烈的雄辩。英国和美国的商业"使每个海洋都会变得洁白无瑕，每一阵微风都温柔拂面……它的商人是王子，它的船只是宫殿……而大陆法系国家的商业……沿着几个熟悉的海岸胆怯地蜗行……笨拙迟缓地推进且结果无利可图。它不是由英国和美国法律的加速影响培育出来的……生命的精神已经不在其中——它已经死了"[17]。

当然,这几乎肯定只是爱国的自欺欺人。欢欣鼓舞的资本主义在没有"买方自慎规则"(caveat emptor)的情况下,似乎也不会窒息在摇篮里。[18]商法的实际学说是不是美国资本主义的原因、效果或条件;抑或所有这些,都是值得怀疑的。的确,在美国的一些案例中,有人大声宣布了"买方自慎规则"。"麦克法兰诉纽曼案"(McFarland v. Newman,1839)[19]发生在宾夕法尼亚州。纽曼从麦克法兰处购买了一匹马。这匹马"成交时鼻子上流下了一些液体",但麦克法兰"向纽曼保证,这不过是小公马的普通瘟热而已"。事实上,这匹马有马鼻疽病症。宾夕法尼亚州的约翰·吉布森以一种清晰的、尖锐的观点推翻了下级法院对买方的裁决。"如果合同如此简单规定,缺乏具体的条款,那么这个合同就不是司法监护的合适对象。"根据大陆法规则,卖方应该承担责任;但根据吉布森的说法,这条规则对经济健康是有害的。它"将使商业本身停滞并让恐惧和无休止的诉讼将所有人逐出商业世界"。

针对"买方自慎规则",并不是每一个报道的观点都非常友善。[20]在南卡罗来纳州,至少有一名法官称其为"耻辱的法律"。在一个1818年发生的案件中,桶中的油脂被作为"石油"出售。法官采纳了大陆法规则:"合理的价格需要合理的商品。"[21]然而,这种情况被视为例外。在19世纪上半叶的大多数州,大多数判决认同吉布森对规则的表述。但尽管普通法法院拒绝默示担保(imply warranties),但它们表现出明显的倾向,即在最轻微的异议下将明示担保(express warranties)写入卖方的话语中。通常,这些"明示"担保与那些矫揉造作的(namby-pamby)大陆法"默示"并不相同。

在20世纪,瑕疵担保意味着质量的承诺,不管其意图或过失如何,它都是可以强制执行的。如果掺假汤料使顾客生病,即使汤料制作公司在到达超市货架之前密封了汤罐,超市也要对其负责。在吉布森的时代,瑕疵担保的历史意义仍然很强烈,它仅限于去追偿那些公开、公然的欺骗行为。大陆法规则,即合理的价格需要一种合理的商品的规则,可以说它比"买方自慎规则"更适合市场体系,因为它实现了诚实当事人的合理意图。吉布森的语言因此掩盖了一个悖论。事实上,"买方自慎规则"可能是一种无视合同当事人真实意思表示的规则。然而,也许有人会说,这符合一个基础广泛的市场的条件。吉普森对瑕疵担保的裁决当然对卖方有利。但更重要的是,它增强了讨价还价交易的终结,使当事人难以把更多的有关担保和质量方面的争辩带入法庭。这就是吉布森在谈到无休止的诉讼所造成的错误时所想到的。他认为有必要制定一项明确、严厉的规则。否则,法院可能会因案件过多而不堪重负,并且可能会阻断商业的流动性。

有关票据、货币和本票的规则构成了可转让票据法,这是一种商法和普通法的不同组合。这一领域的关键概念是可转让性(negotiability)。纸币现金具有最高程度的可转让性。钱是"无记名票据"(bearer paper),它可以从一个人手里转到另一个人手里地自由转让。如果你背书,支票也可以转让。有效转让的票据,切断了原始当事人之间的"权益"。在其他法律领域,权利或货物的买方进入其卖方的地位。买地人的地位并不比卖主好多少。如果有他人的权利主张、留置权(liens)或对所有权的质疑给出卖人的权利蒙上的阴影,这些瑕疵就会跟着土地进入买受人手中并在那里纠缠着他。但是,一个票据的善意买受人取得的是新鲜、清晰、无瑕的权利。

正如我们所看到的,北美殖民地制定了自由转让法,因此流通票据法在某种程度上比英国先进。这种自由在继续进行之中。佐治亚州1799年的法令规定:"所有债券、其他专门债券、本票和其他已清偿的要求,无论是为了钱还是其他支付形式,都应以本票规定的方式和限制,通过背书加以转让。"[22]

上述提到的"其他支付形式"十分重要。今天,只有以货币支付的票据才能声称是可流通的。但动产本票(chattel note)在殖民地时期得到了广泛的使用和承认。在种植烟草的殖民地和州,票据通常以烟草支付。独立后,直到19世纪,动产本票在西部很普遍,因为那里的硬通货长期短缺。在威斯康星州1844年的一个案件中,一张票据是以"5375磅铅"支付的。[23]俄亥俄州1827年的一个案件处理了一张以"畅销的威士忌"支付的票据。但法院拒绝将该票据视为可转让的。[24]动产本票不受欢迎,因为它们很难标准化。而流通票据在尽可能简单和正式的情况下最好地发挥作用。支票是一份简简单单的、一成不变的文件。它在外观和措辞上都是完全墨守成规的。动产本票之所以被容忍,只是因为现金过于短缺;或者(就像烟草州那样)某些动产,如其他文化中的贝壳念珠一样,都是公认的交换媒介。然而,这些都是暂时的情况。到所述期间结束时,法院经常裁定,任何动产本票都不可能真正流通;只有货币票据才具有这种品质。

在整个19世纪上半叶,没有令人满意的国家货币。黄金和白银是稀有的。私人银行票据曾经作为一种金钱在流通。信用依赖于这些银行票据和个人本票。因此,票据和纸币法对经济很重要。随着移民定居点的范围向西部转移,流通票据法也随之而行。法律报告中充斥着关于法案和票据的案件。汇票主要由商人和银行家使用;它在美国东部产生了大部分的判例法。另一方面,期票到处都在通行。判例法证实了这样一种猜测,即票据和纸币法的基本方面是实际运行的法律的组成部分。人们熟悉有关本票的一些简单的一般规则,以及对本票的背书,就像他们或多或少地熟悉今天的支票规则一样。流行的格式书和使用手册向人们展示了汇票和票据的模样,以及他们的一些基本法律特征。

在19世纪,就像在20世纪一样,经济在信贷的海洋上流动。然而,信贷是一个高风险的问题。这是一个商业周期剧烈波动的时代,一个没有邓白氏公司(Dun and Bradstreet)的时代,一个没有计算机化的信贷服务的时代[25],一个没有存款保险和稳固的银行系统的时代。知悉你的债务人以及他是否有偿付能力,这是件生死攸关的事。以适当的形式流通的票据是合法有效的并可转让的。至于签署协议的人,无论是出票人还是背书人,是否有偿付能力是另一回事。票据上可靠、有实力的公民的签名或背书越多,票据就越能得到信用支持。背书是一种信用担保形式。通常情况下,人们把票据签成"兑付"的,只是把他们的名字或信用借给别人,并没有其他的付出。当然,如果票据的出票者没有付款,那么"兑付"方 往往会对交易失去热情,而背书人则会被叫来赔付。这些交易上的失败太频繁了。这个国家幅员辽阔,债务人有很多办法逃避债务。在一个庞大的、年轻的、高速发展的经济中,经济的繁荣和萧条交错爆发,财富或唾手可得,或转瞬即逝。在经济衰退期间,银行陷入了债务的海洋,留下了一堆堆毫无价值的票据。制造者和背书人没有履行或逃避他们的义务;担保人很想通过法律或实践中的微小漏洞来逃避他们的义务。因此,许多案件涉及担保人和背书人的权利和义务。一般情况下,判例法对其宽大处理;除非债权人迅速而严厉地追求其权利,否则法院有一种让担保人逃脱的倾向。如果债权人采取任何可能对担保人有害的行动,例如,如果债权人在没有征求担保人意见的情况下给予债务人额外的偿付时间,那么担保人就被视为解除了担保义务。[26]

票据是一种有许许多多用途的纸质凭据而已。这是一个"没有行李的信使":只需要一支笔留下的划痕,它就可以迅速而轻松地进入了商业的流通领域。在一个内陆国家里,简单和方便的旅行具有巨大的意义,它使人群从一个地方不停地迁移到另一个地方。新型流通票据在这个世纪被开发出来了。市政债券和公司债券被纳入了可流通的轨道。银行在1850年之前发行了可转让的存单,直到今天也很受欢迎。银行支票至少已经使用了一个世纪,但从未有多大影响。最终,它成为普通人的付款工具,就像本票是人们的信用工具一样。在斯托里大法官关于期票和其他商业票据的论文(1845年)中,支票的重要性足够值得用专门的一章来论述。[27]这些新的发展中有一些是来自英国。有一些在美国发生了根本性的变化。在英国,装货提单是海运单据(document of ocean freight)。在美国,这个名称和规则也开始被用于铁路文件。从过去到现在,许多商法都是由法官制定的。但法官们并不是凭空编造的。他们常常从实际的商业实践中获得指导,而他们只是简单地认可了这些做法而已。成文法规(如果说是次要的话)是法律的一个重要来源。然而,商业和贸易法的某些方面成了高度公共政策的问题,引起了激烈的辩论和争议。货币和银行问题尤其如此。美国两家银行的兴衰已经被提到了。对于刺激贷款的政策来说,总是存在巨大的压力。现金极度短缺。每个人——商人、企业主、磨坊老板甚至农民都需要信贷。许多关于货币和银行的公开辩论听起来都是高深的政治和经济原则的主题,但背后却是野蛮的经济和政治利益。对于似乎声音最响亮或利益最强烈的人来说,那些回报最高的政策往往会胜出,而不会去考虑抽象的原则。

破产和无力清偿

破产法是具有重要经济意义的商法的另一个分支。宪法赋予国会权力"在整个美国建立关于破产主体的统一法律"。但国会很迟才

198

接受这个明确的邀约来建立一个全国的制度。南北战争之前，只有两部联邦破产法案获得通过。第一部是在 1800 年，这部法律只持续了两年半。[28]第二部是在 1841 年，该法案被更为匆忙地废除了。[29]

查尔斯·沃伦（Charles Warren）说，"破产立法的愿望"总是伴随着美国历史上的萧条。[30]恐慌和商业失败确实是 1800 年这第一部破产法的立法背景。它与当代英国法规的方案密切相关。只有债权人才能启动破产程序，只有"商人"才有可能被置于破产的境地。事实上，一些商人利用法律来摆脱他们的债务，诱使友好的债权人将他们推向破产。一些国会议员严厉地批评了这部法律。弗吉尼亚的小托马斯·牛顿（Thomas Newton Jr.）谴责它是"不公正的、不道德的……不可取的和反共和制的（anti-Republican）"[31]。这部法律在实施上是不方便的。在美国的一些地区，长途跋涉到联邦法院是件很尴尬的事。可能存在一定数量的欺诈，但又很难证明这一点。批评者抱怨说，债权人辛辛苦苦却得不到任何好处；事实上，马萨诸塞州 40% 的破产财产完全没有收益。但这只是意料之中的事：任何一方都没有寻求破产保护的动机，除非并且直到几乎一无所有为止。[32]但是，反对该法律的理由导致该法案很快被废除。

在第二个破产法中，债权人也只能迫使商业阶层的成员破产："所有商人或使用商品贸易的人、所有商品零售商以及所有银行家、代理商、经纪人、承保人或海上保险公司，因债务不少于 2000 美元而破产。"但是，这项法案意义深远地打开了另一扇门："所有人"都可以申请自愿破产。在 1837 年的经济危机之后，法案通过了，有点姗姗来迟。这一行为标志着重点的某种转变，正如关于通过的辩论所表明的那样。早先起草的破产法主要是为了保护破产人的债权人；重点是确保每一个在沉船上装载货物的人都得到公平和公正的待遇。1841 年法案至少对破产的另一个可能目标也同样感兴趣：清除债务人的债务。在辩论中,国会中的一些人谴责拟议中的法律不是真正的破产法,而是一部"无力清偿法"(insolvency law)。该术语指的是政府的法律在强调债务人的救济而不是公平对待债权人。债务人救济当然是该法案的一个主要结果。研究其运作的查尔斯·沃伦在报告中说,有33739人利用了这项法律并获益;440934000 美元的债务被取消;只有43697357 美元的债务被债务人清偿。[33]在大多数情况下,破产财产对债权人绝对没有任何好处;在纽约州的一个地区,根据爱德华·巴列森(Edward Balleisen)研究,债权人平均借出 1 美元收回 13 美分;但这是个例外;在许多地方,只收回 1 美分而已。[34]实际上,法律确实给了债务人针对债权人很大的杠杆作用。他们可以用对自己优惠的条件要求债权人和解;否则,那就只好另当别论了。然而,从某种意义上说,这部法律是成功的;无论如何,经济复苏和数百名债务人迅速解除债务,消除了一些紧迫感;"困境发生率的减少,迅速缓解了永无止境的破产制度的压力"[35]。

在一个充满活力的、有风险的和对信用如此依赖的经济体中,破产和相关法律是很重要的。当风险不太大时,人们就会去冒险。当人们看到脚下的安全网时,会有更多的人走钢丝。破产法是接住下跌的商人的网。他们能活下来并再次冒险。也许正是因为这个国家的法律和社会鼓励冒险,最终,它的破产法比其他大多数国家更慷慨、更宽容。从这个角度来看,联邦法律的崩溃在很多方面都是一种不幸。尽管这项法律存在种种缺陷,但它可能导致了一个公平、统一的债权人资产分割体系。但是,如果仅仅从"一些州对一个全国性政府影响力的深深猜忌"而言[36],那么至少在这一时期,去指望一个长期的联邦法律,显然属于期望值过高。在联邦法律缝隙之间,各州并没有对这个问题置之不理。从最广泛的意义上讲,很少有法律关系能带来比债权债务关系更无休止的纷扰和法案制定。这个话题充满了政治热情。

但它失去了曾经的重点——它的道德外衣。破产最初有一个相当惩罚性的象征。它属于一种犯罪行为,后来则只是一种耻辱。在一个充满活力的美国经济的氛围中,有这么多的人冒着如此大的风险掷骰子,失败变得更正常,更容易被驯服。债务从未完全丧失其耻辱的味道——仍有很多人,就像巴列森所说的那些"商业道德主义者"(commercial moralists)[37],对此持怀疑态度;但在一个商业时代,这种耻辱感已经大不如前。

改变态度的一个象征是取消债务监禁。这是一种人道主义姿态;但它在新时代特别有吸引力。正如威廉·E.纳尔逊(William E. Nelson)所指出的那样,破产法和无力清偿法是"工业化社会中的合理安排";当一个人破产时,他不会丧失工作和生产的能力;但当他坐在监狱里时,他就会丧失工作和生产的能力。[38]破产法和无力清偿法是债务监禁的替代办法;并且这种法律最终完全取代了债务监禁。

因此,监禁债务既残酷又低效。它一直受到抨击。到18世纪末,在新英格兰,很少有债务人实际上在监狱里度过了很多的时间——只有不到2%的人被监禁了一年以上或更多的时间;许多人在一天之后被释放了。"监狱"的概念也相当松散。许多债务人只是名义上被关进监狱。他们经常被允许在城市里闲逛,或者白天工作,晚上回到监狱。其中一些可以追溯到殖民地时期的一些成文法令,专门授权这种做法。举个例子,1771年的新罕布什尔殖民地法律"为了减轻和免除囚犯的债务",在囚犯支付了一定的担保金后,可以给监狱里的囚犯一些"庭院自由",并限定在"监狱围墙约的一百英尺之内"。[39]这类法规是有帮助的,但是它们并没有避免制度的滥用;直到19世纪,还有一些可悲的案例在发生,有些债务人实际上是为了些微不足道的债务而在监狱里苟延残喘。在1830年的罗得岛州,一位来自普罗维登斯的寡妇因欠债68美分而入狱;1827年和1828年,一位名叫弗里伯恩·哈泽德(Freeborn Hazard)的 67 岁生病劳工,因负债被关在监狱里 4 个月,后来又因为 1 美元的债务和 3.22 美元的有关费用再次被投入监狱。尽管如此,废除债务监禁在某种程度上是对既定社会变革的认可。人们对债务监禁的观念已经开始变得非常难以忍受。它与不断增长的第二次机会的精神相冲突。这与安全网的想法也不一致。美国法律和美国市场的大众化基础意味着,债务监禁是对成千上万人的一种风险,而不仅仅是对少数行为不当的债务人的风险。毕竟,成千上万的人投身于土地市场的交易之中,或者涉足商业运行之中。当商业周期遭遇崩溃时,其地震般的原始力量会震撼经济,并让很多小生意人不堪一击,这些人看起来可不像是黑心的恶棍。对于这些经济困难的普通人来说,即使有一天,甚至被投入在一个被宽泛定义的监狱里,似乎也有点儿太过分了。风险依然存在着。1820 年在波士顿,有 1442 名债务人入狱,1830 年又有 1124 人入狱;在斯普林菲尔德,一个受害者是一个 19 岁的女人,"怀里还抱着一个吃奶的孩子";她只欠了 6 到 8 美元债务而已。[40]

许多州的宪法专门处理了债务监禁问题。1776 年宾夕法尼亚州宪法规定:"债务人……在为其债权人的利益交出财产后,不得以法律规定的方式继续受到监禁"(第 9 条第 16 款)。这种规定并不能阻止债务人在最初阶段被投入监狱。全面废除债务监禁是后一步,各州通常不会立即全部到位。例如,在新罕布什尔州,在 1820 年之前通过的一项法律将监禁限制在拖欠 13.33 美元以上的人。1831 年,立法机关终结了对女性债务人的监禁。最后,1840 年,整个债务监禁制度被完全废除。[41]然而,在其他各州,直到 19 世纪或更晚的时候才完全从法律上废除债务监禁制度。

对大多数州来说(如果不是全部的话),改善或废除债务监禁只是债务人救济的一个方面。各州通常都有破产法,这些法律或多或少地取代了国会忽略的全国性的破产法(除了我们提到的两个简单的法案)。但是那些无力清偿法则是被修补的;从一个州到另一个州,各自在不同的时期又有所不同。还有暂缓执行的法律和抵押贷款延缓的法律。殖民地为了救济债务人不断地修改各种法律,而独立革命也没有中断这一进程;事实上,战争的混乱和随之而来的经济灾难,有力地推动了债务人的救济。南卡罗来纳在1787年通过了一部"分期付款"法案。法案中提到,"独立革命前的许多居民欠了相当多的钱",因为"战争的尴尬",以及"自和平以来大量的商品进口,以及一些农作物的损失",他们无法支付这些钱。根据该法案,1787年1月2日之前的债务可能会分三次支付,分别是1788年、1789年和1790年的3月1日。大概是预告不测之事,这一法案的一项特别规定对"任何一个人或个人(谁)要攻击、殴打、伤害或反对"那些试图将该法案付诸实施的人,处以重罚。[42]

从表面上看,南卡罗来纳的法律是一个对种植园主债务的救济措施。其他州也为占支配地位的债务人的群体制定了救济法——通常是农场主和地主。但是,各州的法律既不完整,也不统一,而且也不公平。无力清偿法和债务人救济法自然地遵循着商业周期。在经济崩溃后的不景气时期,法律的制定是最受推崇和倍加狂热的。在一些州(例如康涅狄格州),无力偿债的债务人请求私人救济,这些都是经常被批准的。这些请愿书的数量增加了对无力清偿法的要求。从1758年到1828年罗得岛立法机关收到超过2300封请愿书。[43]彼得·科尔曼(Peter Coleman)的研究表明,在18世纪晚期,有多达三分之一的家庭户主可能"作为违约债务人被带上法庭";在19世纪早期,有五分之一的家庭户主在其工作生涯中成为无清偿能力的债务人。[44]1819年的恐慌刺激了新一轮的经济活动到处都有骚乱,人们在要求制定债务执行暂缓的法律和其他形式的债务人救济法律;在一些州,债权人利益阻碍了立法；但在其他一些州，特别是在西部地区，这种骚乱则有所收获。[45]

典型的州一级的无力清偿法赋予债务人启动程序的权利。有些州的法律确实规定了所有债权人之间的可划分资产，有些州则没有。债权人对这些法律怨声载道——抱怨它们不公平的偏向、欺诈和极为不便。这么多的怨气，表明至少一切并不是空穴来风。在大多数情况下，法律可能是运行不善。他们迫切需要有关顺位优先事项的切实可行的规则——即哪些清偿请求需要被优先考虑。他们需要公平有效的程序。一如既往地，债权人和债务人与生俱来的贪婪损害了这些法律。一位那个时代的见证者（1829年）对无力清偿法作出了如下严厉的评述：

> 没有一个将破产者的财产分配给债权人的统一的、刚性的规则，而是任由意外事件或反复无常地处理。有人喜欢优先保证清偿他的父亲、兄弟和叔叔的债务，因为他们是他的亲戚；也有人更喜欢优先保证清偿他的背书担保人和生意保证人的债务，因为这是通常的做法；至于第三种债权人，在债务人有时间完成他的安排之前，郡治安官就已经将他的财产扣押了。[46]

而且，这些法律实在太多了。有些企业跨越了州界，然而，无力清偿法在边境上驻足了。"纽约和费城都不应该各有各的一部法律，在查尔斯顿和新奥尔良也不应该各有各的一部法律。"[47]但是的确如此。这些都是重要的法律；但它们几乎一直处于法律的疑云的笼罩之下。这些法律在法庭上经常受到挑战。一般来说，州法院支持他们自己的无力清偿债务法。法官们知道制定这些法律的人，可能也明白其中的原因。但无力清偿债务法提出了一个棘手的联邦问题。宪法赋予国会制定破产法的权力；这是否意味着各州被拒之门外？他们没有权利通过无力清偿债务法吗？1819年，最高法院在"斯特吉斯诉克劳宁希尔德案"(*Sturges v. Crowninshield*)[48]中给出了自己的答案,当时它支持纽约州1811年的无力清偿债务法。这个决定体现了一种巧妙的妥协,属于典型的约翰·马歇尔式的技巧(John Marshall's skill)。就解除比法律本身更久的合同和债务而言,该法律是违宪的,因为它是宪法所禁止的对合同义务的损害。但是,法院并没有规定各州的无力清偿债务法本身是非法的。如果这些法律符合法院的严格标准,这些法律就可以成立。他们不得溯及既往,不得损害合理的商业预期。他们不应扼杀信贷工具。

各州的无力清偿债务法对债务人非常有利。通常,债务人会比债权人要多得多,这意味着债务人拥有着更多的选票。然而,立法机构也颁布了留置法,这是对债权人有利的法案。无论经济状况萧条还是繁荣,立法者还是小心翼翼地保留了一些形式上的债权人权利。各州政府是财力不济和权力有限的。在那些日子里,它们并没有沉溺于慷慨的补贴和税收。但它们确实有能力运用约束和释放的手段来创造合法权利和施加法律责任。这种权力通常是直接干预货币的替代品。债务人迫切需要资本。这意味着法律也必须对债权人友善——只不过不要太过分。结果,法律就会为此摇摆不定;这似乎常常像是忠孝不能两全之状。同样,在经济危机时期,为债务人做一些事情的压力也很大,但同样的,也不能过分,而不能因此对经济造成永久性的损害。在每一点上,无力清偿债务法和债权人的权利,都反映了这种利益上的博弈力量。

契 约

19世纪是契约法的黄金时代。[49]直到布莱克斯通的时代,契约法在普通法的庞大结构中只占据了一个很小的角落。布莱克斯通花了整整一卷的篇幅来讨论土地法,但至多有几页与非正式的、自由协商的交易有关。[50]在19世纪,英国和美国的契约法弥补了失去的时间。这是一个自然的发展。契约法是与日益增长的市场经济有关的法律体系。在一个自由、客观的市场上,作为一个法律分支的契约法,制定并适用于人们之间直接的交易。契约法是在封建主义的最后残余行将消失以及资本主义秩序兴盛的时代成长起来的。在亚当·斯密时代,它变得不可或缺。1800年以后,契约领域稳步扩大,它贪婪地吞并了法律的其他部分。土地法仍然至关重要,但土地交易越来越成为契约法的对象。契据、租约和其他类型的产权转移问题,有些特殊的规则依然被适用;但这些文件现在被称为契约,许多契约法的一般理论现在也适用于这些领域。

契约同时扩展为一个宪法的概念。宪法禁止各州损害契约义务。但是什么是契约?最高法院给出了广泛和令人惊讶的答案。立法机关的土地授予行为是一项契约,州政府无法将其撤销;一个大学的章程也是契约;立法规定的税收豁免也算是一种契约行为。[51]这些例子部分地以契约作为隐喻的概念。国家有义务支持广泛的自由市场;要做到这一点,企业至少在短期和中期内必须能够对合法形成的交易稳定性有所依赖。契约条款确实保证了(或者试图保障)这种稳定性。正如我们所看到的那样,契约条款的经济重要性在达特茅斯学院案中尤为明显。无论如何,正在发展中的契约法,其基本概念与一般意义上的契约条款的根本概念别无二致。自由达成的交易应该得到遵守,并在必要时予以强制执行。立法机关事后(*ex post facto*)不可以来修改自由协商达成的契约。

契约作为法律的一个分支,最好被称为"一个剩余的领域"(residual);它处理的是那些没有受到另行监管的商业生活领域。它的基本原则是宽容的:无论各方如何决定,都应该执行。当然,契约各方必须一致同意,否则就没有契约,即没有意思表示一致。"意思表示一致"这句话,不应该太当真。如果有的话,法律更强调文本本身以及词语的一般意义,就像在土地法律或票据的法律领域中一样,而且原因也比较类似。例如,有一个曾经被称为口头证据的规则(parol-evidence rule),可以排除任何可能与书面契约条款相冲突的其他证据（无论如何,这里指的是最终的文本,而不是一个草案或初步版本）。正如帕森斯(Theophilus Parsons)所解释的那样,"当双方准备好这样做的时候,他们就会起草契约,因为他们的目的就是包括他们最终达成的所有协议,并且排除了其他一切"。如果有证据表明"以前的意图"或早前的谈话是允许的,"显然,将契约书面化,或试图以任何方式给它确定性和稳固性是徒劳的"。[52] 在1806年纽约的"芒福德诉迈弗森案"(*Mumford v. M' Pherson*)中,一艘船的买主声称,卖方口头上承诺"这艘船完全是用铜钉打造的"。有关书面契约上并没有这样的承诺。证据规则阻止了买方的胜诉;法院认为,当契约"被书面化"时,"所有在处于口头状态的东西"(即所有仅仅是口头的事项)就会因此不复存在。[53]

契约法的另一个主要原则是对双方之间真实协议的强调。一方的确是提出了要约,而另一方必须是确实真正接受了这个要约。要约和接受必须与一种被称为"对价"(consideration)的神秘物质粘在一起。对价是包含着许多意思的一个术语;它除其他外,还意味着作为交换条件的契约的"一物对一物"(*quid pro quo*)。"普通法……只对建立在双方共同紧急情况下的契约产生效力,而不强制执行任何仅仅是无偿的赠与之类的约定。"[54] 然而,法院拒绝衡量对价的"充分性"。如果一个人只支付了十美元买到了一大片显然价值不菲的土地,那么法律就不应该干涉。就契约的法律而言,当事人所定的价格是价值的结论性证明——至少是当事人自己选择履行的价值的证明。就像在销售法中,法院认为有些人受到了"买方自慎规则"的限制,法庭坚持认为,不可能对价格和交易条款进行调查。另一方面,在法庭上不能强制执行没有任何交换条件的"道德"义务。例如,"海仙女号"(Sea Nymph)帆船的船主之一答应无对价地给帆船买个保险,但他忘了这件事,后来船丢失了,他对其他船主不承担责任。一位父亲把他的票据作为礼物送给一个他的"不像他的兄弟那样富有"的儿子,后来父亲"遇到了损失"。这张便条不能被法院强制执行。[55]

通常情况下,实际运行的情况,如报告所述,呈现出比理论预测更复杂的情形。在一个基础广泛的市场上,不是每个签订契约的人都是一个精明的生意人。一般来说,契约法是建立在某些关键假设之上的。契约的当事人被"假定为理性的行动者"(assumed to be rational actors),他们为自己的利益精打细算;而他们作为已经成熟的人,知道自己在做什么,就不得不去讨价还价。法院"负责监督这些协议的履行"。法院不会"干涉"私人交易,除非他们有一个非常好的理由。但同样真实的是,如果契约法的过于严格的应用冒犯了法院的正义感,法院有时"巧妙"想办法修改和"软化契约法的锋利棱角"。[56]例如,未成年人、知识欠缺者、寡妇和孤儿等成为契约案件的当事人等情况下。法官当然也是人。他们有时会在艰难的案件中来矫正规则。像对价这样的规则,以及那些在理论上人们必须遵守的那些讨价还价的交易规则,这些规则似乎坚如磐石,但从一个长远的视角看,生活实践则是如同水滴石穿般缓慢地改变着它们。

契约法不像土地法或民事诉讼法那样具有技术性。它几乎没有自己的行话。它只有一些简单的规则;和其他法律领域相比,它很少偏离普通的常识。契约法所要求的非常少;要执行的协议必须有一个明确的形式,但契约法本身是相对被动和无定形的。因此,大西洋两岸的分歧没有太大的余地。在所有的主要法律领域中,契约法可能是最相似的。双方的观察,在很大程度上也是法官的职责领域,很少有成文法的介入。

在少数的成文法中,历史悠久的 1677 年防止欺诈法也许是最值得注意的。该法要求某些类型的合同以书面形式签署,并由"被指控的当事人"或其代理人签署,否则,法院不能强制执行。必须是书面形式的合同,包括土地合同,"为另一人的债务、违约或交易失败而承担责任"的合同,以及在最低价值(在纽约是 50 美元)以上的货物销售合同。各州几乎都逐字逐句地适用了这种成文法。[57] 这个法律几乎谈不上是一部成文法令。它被各个法院的"解释"扭曲得如此之严重,以至于它只不过是普通法法院制定的一套普通法规则而已。

防止欺诈法被批评为不合时宜的行为。这条古老的法律已经有 330 多年的历史了,仍然被当作空洞的形式。这是一种形式,但不是非常空洞。在 1800 年或 1850 年,要求土地契约以书面形式,并非不合理;它也不与土地法的发展方式格格不入。一个有秩序的土地市场(人们认为)需要有序的形式:简单的、标准的契据和负责任的登记。在市场社会中,土地本质上是一种商品,口头土地交易是一种令人深恶痛绝的方式。该法律的价值并不是来源于形式的原因,而是来源于其形式的有益。防止欺诈法最后幸存了下来;其他无的放矢的形式从契约法中消失了。

在那些消失的古老契约要式中,印章就是其中之一。早期的合同法对印章密封的文件给予了特别的对待和推崇;例如,只要有了印章,就意味着"引进"了对价,即意味着一份盖了印的文件不需要进一步的证明。在美国,很少有人真正拥有并使用印章,而且识字率高到足以削弱这种要式的需求。严格地说,印章是指蜡的一种表象;但在某些州,任何书面上的字据已经足够。在纽约,肯特法官坚持传统的方法,比如使用蜡和其他方式。[58] 但这可能是因为他并不喜欢要求印章的规则,并想用严苛的方式将它们置之死地。[59]后来,纽约州通过成文法,削弱了封印的意义。在纽约,在这段时期结束前,印章"只是……契约中充分对价的假定证据";它的效果可以"以同样的方式进行反驳,在同样的程度上,印章这种要式形同虚设"。[60]最后,印章完全消失了,除了作为一种空虚而不重要的形式。在商法中,感情和传统无关宏旨,只有适者得以生存。

注　释

[1] Kent, *Commentaries*, vol. III (2nd ed., 1832), p. 1.

[2] Henry J. Bourguignon, *The First Federal Court: The Federal Appellate Prize Court of the American Revolution*, 1775-1787 (1977).

[3] On Admiralty power, see Milton Conover, "The Abandonment of the 'Tidewater' Concept of Admiralty Jurisdiction in the United States," 38 Oregon L. Rev. 34 (1958); Note, "From Judicial Grant to Legislative Power: The Admiralty Clause in the Nineteenth Century," 67 Harv. L. Rev. 1214 (1954).

[4] 7 Peters 324 (1833).

[5] *The Propeller Genesee Chief v. Fitzhugh*, 12 Howard 443 (1851).

[6] *Brig Short Staple and Cargo v. U.S.*, 9 Cranch 55 (1815). The shipowners admitted the fact, but claimed, in justification, that an armed British vessel had captured her and forced her into port.

[7] *M'Call v. Marine Insurance Co.*, 8 Cranch 59 (1814).

[8] 7 Fed. Cas. No. 3776 (C.C.D. Mass, 1815).

[9] On the law and practice of marine insurance, see Julius Goebel, ed., *The Law Practice of Alexander Hamilton*, vol. II (1969), pp. 391-778.

[10] 9 Wheat. 1 (1824).

[11] See Jean Edward Smith, *John Marshall, Definer of a Nation* (1996), p. 474.

[12] Smith, *John Marshall*, p. 481.

[13] 16 Pet. I (1842). The precise question was whether the Judiciary Act of 1789 re-

quired the court to follow state law. Section 34 of the Act directed federal trial courts to follow "the laws of the several states" except where the case presented a federal question. Did "laws" mean only statutes or did it include common law doctrines? Not the latter, said the court, at least in cases of "contracts and other instruments of a commercial nature." The doctrine of *Swift v. Tyson* later expanded to cover all sorts of diversity cases in federal court, not merely commercial cases; but the original holding was plainly influenced by the idea that commercial law had no room for strictly local doctrine. The *Swift* case has been treated in two monographs by Tony A. Freyer, *Forums of Order: The Federal Courts and Business in American History* (1979); and *Harmony and Dissonance: The Swift & Erie Cases in American Federalism* (1981).

[14] On this point, see Tony A. Freyer, *Producers versus Capitalists: Constitutional Conflict in Antebellum America* (1994), p. 86.

[15] *Wheelwrigh v. Depeyster*, 1 Johns. R. 471, 480 (N.Y. 1806).

[16] Barn & Co. 360 (1827).

[17] Report of Feb. 27, 1850, reprinted in appendix to 1 Cal. Rpts. 588, pp. 595, 597.

[18] See Walton Hamilton, "The Ancient Maxim Caveat Emptor," 40 Yale L. J. 1133, 1178-82(1931).

[19] 9 Watts 55 (Pa. 1839).

[20] *Barnard v. Yates*, 1 Nott & M'Cord 142 (S. Car. 1818).

[21] *Ibid*.

[22] Prince, *Digest of the Laws of Georgia* (2nd ed. 1837), p. 426 (act of Feb. 16, 1799, sec. 25); Frederick Beutel, "The Development of State Statutes on Negotiable Paper Prior to the Negotiable Instruments Law," 40 Columbia L. Rev. 836, 848 (1940).

[23] *Garrison v. Owens*, 1 Pin. 471 (1844).

[24] *Rhodes v. Lindly*, 3 Ohio Reports 51 (1827).

[25] By the 1840s, there was some rudimentary credit rating.

[26] See, for example, *Clippinger v. Creps*, 2 Watts 45 (Pa. 1833).

[27] Joseph Story, *Commentaries on the Law of Promissory Notes* (1st ed., 1845), pp. 614-45.

[28] Act of Apr. 4, 1800, 2 Stats. 19, repealed Dec. 19, 1803, 2 Stats. 248.

[29] Act of Aug. 19, 1841, 5 Stats. 440, repealed Mar. 3, 1843, 5 Stats. 614.

[30] Charles Warren, *Bankruptcy in United States History* (1935), pp. 21-22; a modern study of the background of the law is Bruce H. Mann, *Republic of Debtors: Bankruptcy in the Age of American Independence* (2002).

[31] Quoted in Warren, *ibid*.

[32] Bruce Mann, *Republic of Debtors*, p. 252.

[33] Warren, *ibid*, p. 81.

[34] Edward J. Balleisen, *Navigating Failure: Bankruptcy and Commercial Society in Antebellum America* (2001), p. 120. This book is a careful study of the operation of the 1841 bankruptcy act.

[35] Peter J. Coleman, *Debtors and Creditors in America: Insolvency, Imprisonment for Debt, and Bankruptcy 1607-1900* (1974), p. 24.

[36] 1 Am. Jurist 49 (1829).

[37] Balleisen, *Navigating Failure*, pp. 96-99.

[38] Nelson, *The Americanization of the Common Law*, p. 218.

[39] *Laws N.H. Province Period*, 1745-1774 (1915), pp. 548, 549-50 (act of Jan. 17, 1771).

[40] Coleman, *op. cit.*, p. 42. The widow and Freeborn Hazard are discussed at p. 89.

[41] Coleman, *op. cit.*, pp. 62-63.

[42] *Statutes at Large, So. Car.*, vol. V (1838), pp. 36, 37 (act of Mar. 28, 1787).

[43] Coleman, *op. cit.*, p. 96.

[44] *Ibid.*, p. 207.

[45] See Murry N. Rothbard, *The Panic of 1819: Reactions and Policies* (1962), pp. 24-56.

[46] 1 Am. Jurist 45 (1829).

[47] *Ibid.*, p. 36.

[48] 4 Wheat, 122 (1819).

[49] On the meaning and role of contract law in the nineteenth century, see in general,

Lawrence M. Friedman, *Contract Law in America* (1965); Morton J. Horwitz, *The Transformation of American Law*, 1780–1860 (1977), ch. 6. For developments in England, see Patrick S. Atiyah, *The Rise and Fall of Freedom of Contract* (1979).

[50] He devoted somewhat more space to doctrines of commercial law, which were of course also concerned with economic exchange.

[51] Respectively, *Fletcher v. Peck*, 6 Cranch 87 (1810); *Dartmouth College v. Woodward*, 4 Wheat. 518 (1819); *Piqua Branch of the State Bank of Ohio v. Knoop*, 16 How. 369 (1853).

[52] Theophilus Parsons, *The Law of Contracts*, vol. II (3rd ed., 1857), p. 57.

[53] *Mumford v. M'Pherson*, 1 Johns. R. 414 (N.Y. 1806).

[54] Theron Metcalf, *Principles of the Law of Contracts* (1874), p. 161.

[55] *Thorne v. Deas*, 4 Johns. R. 84 (N.Y. 1809); *Fink v. Cox*, 18 Johns. R. 145 (N.Y. 1820).

[56] Harry N, Scheiber, "Economic Liberty and the Modern State," in *The State and Freedom of Contract* (Harry N. Scheiber, ed., 1998), pp. 122, 149, 151.

[57] There were some local variations. In New York, contracts that offended the statute were "void" rather than (as in England) merely unenforceable. Rev. Stats. N.Y. 1836, vol. II, p. 70. This difference was not of much moment.

[58] *Warren v. Lynch*, 5 Johns. R. 239 (1810).

[59] Joseph Dorfman, "Chancellor Kent and the Developing American Economy," 61 Columbia L. Rev. 1290, 1305 (1961).

[60] Rev. Stats. N.Y. 1836, vol. II, p. 328.

第七章

犯罪和惩罚，
以及关于侵权行为的一个补充阐述

刑法与刑法改革

美国革命，不管是出于什么原因，都是基于对英国压迫的怨恨。就像所有的革命一样，这是一场争取控制权力的斗争，刑法是政府用来对个人和普通公民行使权力的杠杆之一。我们知道，独立革命的领导人认为，英国人践踏了刑事司法，损害了殖民地定居者的权利。他们认为，人的基本权利与获得公正刑事审判的基本权利密切相关。正如我们所看到的，《权利法案》包含着一个小型的刑事诉讼程序法典。此外，18世纪后期，知识分子开始重新思考刑法赖以存在的前提。伟大的改革者——像切萨雷·贝卡里亚（Cesare Beccaria）1764年在意大利写了《论犯罪与刑罚》(*Treatise on Crime and Punishment*)——认为，在当时，至少有些前提是错误的，并呼吁制定一部更开明的刑法。[1]

改革思想在早期的州宪法上留下了印记。开明的《1776年宾夕法尼亚州宪法》第38条规定，"未来的立法机构"有责任"改革""刑法"。惩罚必须"在某些情况下不那么血腥，而且在一般情况下与罪行更加相称"。开明的观点是反对嗜血的刑法,《权利法案》宣布残忍和不寻常的惩罚为非法。"没有一个明智的立法机构,"1784年的新罕布什尔州宪法提到,"对盗窃罪、伪造罪和诸如此类的罪行施以对谋杀和叛国罪同样的惩罚……许多血淋淋的法律既不适当,也不公正。一切惩罚的真实设置应当是改造人类,而不是去消灭人类。"(第1条第18款)

当然,这些只是劝诫之言。真正的刑罚改革从来就不容易实现。宾夕法尼亚州的立法机构整整十年来都没有采取行动。1786年,对抢劫、入室盗窃和鸡奸行为废除了死刑。1790年,一部更保守的新宪法省略了关于刑法改革的条款,而上述1786年的法案被废除。但在1794年,宾夕法尼亚州颁布了一项关于谋杀的重要而创新的法律。该法令规定,"包括在一般谋杀范围内的几项罪行,在其残暴程度上有很大的差别"。随后,法规对两种不同"程度"的谋杀进行了区分。"一级"谋杀是"通过下毒、埋伏等待,或任何其他故意、蓄意或预谋的杀害,或实施或企图实施任何纵火、强奸、抢劫或入室盗窃时实施的谋杀"。所有其他谋杀都是二级谋杀。只有一级谋杀才可判处死刑。[2] 弗吉尼亚州首先借鉴了这个分级概念,接下来是俄亥俄州(1824年)、纽约州(1827年)和密苏里州(1895年)。一些州(例如密苏里州)也将过失杀人行为(manslaughter)划分为不同的等级。

宾夕法尼亚州的改革悸动是更广泛的运动中的一部分,其目的在于减少死罪的数量、改革刑法并在可能的情况下彻底摆脱死刑。[3] 根据新的刑法理论,刑法的正确目标是遏制犯罪和使罪犯改邪归正。犯罪是一种社会产物:坏家庭、糟糕的伴侣,以及贫穷、闲散和无知——这些都是犯罪的根源。[4] 死刑似乎不是一个很好的威慑力量;当然,从改造罪犯的角度来看,这是毫无用处的。那么,死刑在一个理性的法律体系中并无立足之地。有些人非常激动地提出了这个论点。只不过他们从来都不是大多数。许多人(从过去一直到现在)都强烈地持有反对意见,例如"奥尔巴尼市的公民们"("citizens of Albany")在1842年通过请愿书要求纽约州的立法机关不要废除有关谋杀罪的死刑:

> 人类设立的法律所施加的惩罚,其基础是犯罪的性质本身。刑罚在性质上是报复性的,也是纠正性的。毫无疑问,凶手应该死,死刑是对谋杀的适当惩罚;这是适当的,因为它除了与罪行的严重性相对应,还必须比任何其他手段更有效,以防止其重演。神借着理智和良心的律法,并在他的书信中,向我们显明他的旨意,就是要将杀人的人置于死地。[5]

从结果来看,双方都没有取胜。刑法发生了变化(在某些情况下变化相当大),但大多数州从未废除过死刑。1800年,肯塔基州将死刑的实施仅仅限制为谋杀罪。托马斯·杰斐逊在1779年提议弗吉尼亚废除死刑,但谋杀和叛国罪除外。强奸将受到阉割的惩罚;犯有淫乱罪的妇女会在鼻子上钻出一个洞;致使他人残废或毁容的人,也将被残废和毁容,而且最好是在"同一部位"被残废或毁容。弗吉尼亚从未采纳这一奇怪的提议;但立法机关在1796年废除了对除谋杀(和奴隶犯罪)以外所有罪行的死刑。[6]

彻底废除死刑是另一个问题,爱德华·利文斯顿在他为路易斯安那州编写的刑法中遗漏了任何死刑条款,但该法典从未被颁布过。1837年,缅因州通过了一项法令,几乎要废除全部的死刑。被判死刑的人将在州立监狱内"单独监禁并从事苦役"。死刑的执行被推迟了一年,罪犯案件的全部记录必须经过州长的认可,死刑只有当州长签发了盖州印的执行令后才能执行,该执行令"直接交给州监狱所在或可能所在的郡的治安官,命令上述的治安官下令执行死刑"[7]。1846年,密歇根州成为第一个完全废除死刑的州,其次是威斯康星州。密歇根州的一级谋杀将"在苦役中被终身单独监禁"[8]。所有其他州都保留了死刑，但它们大大缩短了他们的死罪清单。在南卡罗来纳州，1813 年执行死刑 165 个；到 1825 年减到 51 个；到了 1838 年，只有 32 个；到 1850 年，只剩下 22 个。[9]

大多数州并没有过度使用死刑，无论是在名义上要求减少绞刑的数量之前还是之后。不同种族和地区存在着重大差异。南卡罗来纳州被判绞刑的人比马萨诸塞州多，黑人比白人多。虽然绞刑不是一种日常性的，但它们确实发生了，而且是公开的。1820 年，当两个奴隶——依弗雷姆（Ephraim）和萨姆（Sam）——在南卡罗来纳州杀死他们的主人时，萨姆被烧死，而依弗雷姆被绞死，他的头被砍下，并被公开示众。描述这些事件的"旁观者"表示，希望"这种可怕的司法审判"会产生"有益的效果"，并"排除重演的必要"。[10]

总的来说，绞刑发生在光天化日之下，发生在病态或喜庆的人群面前。绞刑是一种活动场合和一种奇观。人们热切地关注着绞刑架的旅程；他们热切地听着当时的布道；或者听着那个被定罪的人自己说点什么，就像有时发生的那样，这个人在绞刑架的阴影下发表最后的一次讲话。

在 19 世纪，这一场景开始刺激上流社会。绞刑曾设定为是对罪恶的一种生动鲜明的教训。这种场景对神权殖民定居点的小城镇产生效力；但在像波士顿或纽约这样熙攘喧嚣的大型城市里，就似乎有着不同的效果：绞刑成了释放暴徒"动物本能"的粗俗的、野蛮的仪式。于是，有了一项把死刑的惩罚非公开化的运动，纽约是一个先驱者：它 1835 年的法律下令，处决罪犯应当"在监狱的围墙内……或在院子或围栏内"[11]。其他州也陆续跟进，虽然并不是全部如此。

自由派改革家和人道主义者领导了废除死刑的运动，但他们也从刑法的血腥中提出了有力的实践论证。可以说，死刑是一个过度杀戮的情形。死刑并不是有效的，因为它不是也不能被一贯适用。其剥夺生命的严重性扭曲了刑事司法的运作。一个被困在两个都令人厌恶的选择(即死亡或无罪释放)中的陪审团,可能选择无罪释放,即两害相权取其轻。1784年的新罕布什尔宪法批评"血腥的法律",并同时表示惧怕:"在同样不加区分的极刑对所有犯罪行为施加作用的情况下,人们会忘记犯罪本身的真正区别;当他们犯下最恶名昭彰的罪行时,人们会以他们犯下最轻罪行的状况给予最小的自责。"(第1条第18款)在南卡罗来纳州,杀人案中的典型被告要么是逃脱惩罚,要么被判过失杀人罪。在一个地区,33名男子在1844年至1858年间因被指控犯有谋杀罪而接受审判。18人被判无罪,10人被判过失杀人罪,只有5人被判谋杀罪。在费城,1839年至1845年间,有68起一级谋杀指控;40名被告受审;陪审团发现其中25人有罪。在那些被判有罪的人中,只有少数人被判死刑。[12]

起诉和定罪之间的差距,以及定罪和判刑之间的差距,可能在全国大部分地区盛行。这个问题并不是严厉的惩罚本身,而是刑法在形式上的严厉程度与社区所依赖的道德观念之间的比较。严厉的刑法往往是统治者对被统治者的压迫政策。然而,在美国,统治者和被统治者的相互重叠程度比英国大。这就导致了实际使用刑罚措施的松弛。[13]此外,人们往往对自己的群体不那么严厉,而对外人,尤其是被定义为不同或劣等的局外人,无论罪行轻重,则十分严厉。美国的陪审团比国王和他的仆人更能容忍违反狩猎法规的行为;另一方面,针对奴隶的法律,无论在理论上还是现实上,都比适用于南方白人的刑事司法更为暴虐。陪审团可能更愿意在刑事法典改革后作出判决,那时候,针对那些公众心目中罪不至死的死刑罪已经被废除。

刑事司法制度不仅仅是纸上谈兵。作为一个工作体系,它必须在法官、陪审员、立法者和其他行为者之间分配权力和职能。在美国的法律理论中,陪审团拥有巨大的权力,而且几乎不受控制。在刑事案件中,有一条法律格言:陪审团既是法律的法官,也是事实的法官。还不完全清楚这意味着什么——除了作为一个几乎无限的权力的表达。这一想法在第一代革命时期尤为强烈,当时人们对王室司法或不公正的记忆挥之不去。在马里兰州,这个口号实际上被嵌入了宪法。[14]但这句格言遭到了一些法官和其他当局的严厉攻击。人们担心,如果这项规则真的被当回事儿,将破坏"统一裁决的可能性"。它还威胁到法官的权力。到这一时期结束时,许多州已经通过法规或判决否定了这种规则。[15]

在实际实践中,很难说出这一规则的转变意味着什么。陪审团并没有把他们的判决分成事实和法律两种类别。那句格言仅仅是承认和赞美了陪审团判决的至高无上。一些陪审团甚至有些胆大妄为。根据杰克·K.威廉斯（Jack K. Williams）的说法,在南卡罗来纳州,"同一个陪审团会毫不迟疑地把故意杀人的起诉书变成过失杀人,或者毫不犹豫地把一个普通的小偷送上绞刑架"[16]。另一方面,陪审团可能对法律的文字相当轻率,更不用说客观事实了。这种声名狼藉的情况还发生在死刑案件中。在1815年的"南卡罗来纳州诉贝内特案"（State v. Bennet）中,南卡罗来纳州陪审团不得不决定一个名叫约翰·贝内特（John Bennet）的小偷的命运。重偷盗罪（Grand larceny）会把他送上绞刑架,陪审团"发现"这些赃物的价值"不到12便士",尽管所有的证人都发誓说它们"更有价值"。这种"虔诚的伪证"意味着,贝内特只犯有小额盗窃罪,由此他的生命得以延续。上诉法院确认陪审团有权按自己的意愿作出判断。[17]

同样的过程也使得英国长长的死刑犯罪清单上的一些罪行并没有被严厉处罚（实践与理论相比较）。当陪审团这样做时,他们有时被称为"背离法律";但将"背离法律"的标签钉在如此谨慎和明确地纳入法律的行为上是很奇怪的事情。陪审团采取秘密审议的方式,不提供任何理由,也需要对任何人负责。陪审团的权力意味着在不正式改变法律规则或制度的情况下,可以进行一定程度的刑事"改革"。杰尔姆·霍尔(Jerome Hall)建议,随着社会对罪犯和犯罪的态度开始改变,这些变化首先出现在刑事司法施行中;刑法"改革",即颁布的法律和新规则,已经发展成为对既有的"惯例的批准"[18]。

但要准确了解司法系统在实践中的运作情况并不容易。那些著作中通常不涉及审判法庭日常乏味的操作。直到最近,才有很多研究以原始的方式检查尘封的法庭记录。下级法院处理了大多数违法者——几乎每个人都被控犯有轻微罪行,仓促行事,倒没有大惊小怪。只有严重的罪行才交由陪审团处理。陪审团倾向于定罪;迈克尔·欣德斯(Michael S. Hindus)的研究数据显示,71.5%的南卡罗来纳州被告(1800—1860年)和85.9%的马萨诸塞州被告(1833—1859年)被判有罪。在南卡罗来纳州,这个数字在早期阶段的下滑幅度很大。在提交大陪审团的所有案件中,最终只有30.9%被定罪;在马萨诸塞州,这一数字为65.8%。[19]

总的来说,刑事司法制度远没有今天那么专业。参与刑事司法的人,几乎没有什么人是全职专家。没有侦探、缓刑官、公设辩护人或刑事证据鉴识科学家;甚至地方检察官也在兼职工作。陪审员当然是完全业余的。今天,这个系统已经高度专业化;这意味着,除其他外,警察和检察官可以过滤掉最薄弱的案件,并在过程的早期将它们抛诸脑后。留给法官和陪审团筛选的案件更少。在1800年或1850年,该系统的任何部分都没有特别的组织化或官僚化。这甚至适用于定罪后发生的事情;尽早出狱(除非越狱)的唯一办法是向州长请求赦免。一些州的州长慷慨地作出赦免的决定。无论如何,他的决定没有任何正式的指导。他随心所欲地行事,并从任何他喜欢的人那里得到了建议。

今天，大多数人都对指控他们的罪名表示认罪，或承认一个较轻微的罪行。在有些地方，认罪率占所有定罪的 90%，甚至更多。我们的制度是一个辩诉交易制度（system of plea bargaining），或者称为"忍受式认罪请求"（copping a plea）方式。辩诉交易的开始可以追溯到 19 世纪。认罪并没有像现在这样普遍，但它已经是一个重要的因素。在纽约州，1839 年有四分之一的案件以认罪结案，这个比例在 19 世纪中叶增加到大约二分之一。[20] 认罪终结了诉讼程序；当被告承认有罪时，陪审团或其他人就不会进行审判。因此，认罪率的上升意味着审判率的下降。

街头巡逻的警察们

执法是刑事司法系统中最薄弱的环节之一。公诉主要是兼职工作。自诉在一定程度上是英国式的，它显然在费城一直延续到 19 世纪。[21] 随着城市警察部队的建立，开始向专业化方向迈出了一步。当时大致借鉴模仿的是伦敦的大都市警察（1829 年）部队的模式。在 1838 年之前的波士顿，警察和守夜人通常是杂乱无章的集合。这一年，市长塞缪尔·埃利奥特（Samuel Eliot）建立了一支正规的警察队伍；旧的系统完全无法应对"纵火、入室盗窃和违法暴力"这类犯罪。[22] 纽约警察部队出现于 1845 年。[23] 一些大城市很快就开始在这些模式上发展。但在南方和农村地区，19 世纪上半叶没有任何专业执法警力。

警察队伍的发展最终给打击公共犯罪带来了巨大的变化。但早期的警察与现代警察有很大的不同。他们不太"专业"。他们没有参加考试，也没有接受过这项工作的训练。就像在伦敦一样，建立一支警察队伍的主要动机是对城市骚乱的恐惧；简而言之，指的就是暴乱；在 19 世纪早期动荡的城市世界中发生了大量的骚乱。1830 年和 1840

年,发生了恶性的骚乱和种族混乱;在 1834 年,一个城市暴民洗劫了波士顿附近的乌尔苏拉修道院(Ursuline Convent)。[24]巴尔的摩因其骚乱暴动的历史而获得了"暴民城"的绰号。巴尔的摩和其他一些城市的许多骚乱可能会发生在志愿消防队的门口。当志愿消防人员不救火的时候,他们似乎花了很多时间互相打斗。[25]对于这些城市动乱和混乱的问题,警察作为一支全职的准军事部队,每天 24 小时执勤,穿着制服和徽章,这似乎是解决问题的答案。

今天,我们几乎毫无思考地接受了国家垄断合法暴力的观点。但这并不总是如此,至少不是字面上的。这个国家大多数时候都是软弱和松懈的;当它需要更多的力量时,它招募了普通公民来帮助它渡过难关。在南部各州,当地公民组成的奴隶巡逻队有权抓捕或鞭打那些在宵禁后流落街头、没有好的理由或没有主人的通行证上街的奴隶。[26]每个影迷都熟悉的西部"民防团"(posse),是当时一名警长或其他官员召集一些身强力壮的人们来协助他干活的生存方式。总之,暴乱、骚乱与执法之间的界限,在一段时间内混淆不清。[27]今天,这一界限变得十分鲜明。刑事司法史上的一个重大趋势就是在政府执法和私人执法之间建立一堵分隔墙。

凭借后见之明,我们可以清楚地看到,由过去到现代,有一个清晰而稳定的趋势。当我们回顾它的时候发现,历史之路似乎总是有着必然存在的平坦路面。尽管,当时情况并不那么清楚。业余人士,包括陪审团的成员们,在这个系统中仍然是非常重要的。这个系统反映了这样一个事实。结果至少可以说是不可预测的。有办法控制陪审团——正如我们提到的证据法就是其中之一。在庭审诉讼过程中,一套制衡制度几乎发展得异常迅速。它在刑事诉讼中达到了最高点(或低点)。在这里,法官被用来对抗陪审团,州对抗公民,郡对抗州,州对抗联邦政府。每一位主人都不得不向另一位主人屈服。没有人能全面控制局面。也没有人承担全部责任。当然,这个系统也有好处。但是,它也有很大的缺陷:它反映了社区情感,也反映了社区偏见。无论其制定得多么完善的刑事司法政策,人们都永远无法确定它们会全部得到实际执行。

精英意见、法律意见和普通人想要的东西之间总是存在紧张关系。警察的产生并没有停止私人使用武力。相反,它有着凶猛的生存能力。几乎在每个州都会不时出现民间私刑和民间自发性治安组织。这些法律和秩序上的裂痕不是偶然的。当法官、陪审团、国家或任何其他权力机构对制度的影响导致了太多或太少的弹性的时候,"人民"或自封的"人民"会将法律掌握在自己手中。私刑者和私刑暴徒是一个系统的病态,因为制度本身有太多的制衡,它至少不能满足一些公众的需求。南方的民间治安组织特别活跃。在这里,法律文化培育了他们。无法无天成为一种生活方式;暴力犯罪当时司空见惯;人们习惯于拿着枪走在街上;精英们对荣誉准则(包括决斗)的重视比诉诸法律更重要。民间治安组织在逻辑上是对州长赦免权的否定。赦免权力本身就是一种制衡,而暴徒则是另一种。例如,在阿拉巴马州蒙哥马利,一个名为"规范号角"(Regulating Horn)的民间治安团体于19世纪20年代兴起。这些人吹响号角来召唤其余的人。他们在现场庭审有关嫌疑犯的案件。如果他们发现一个"有罪"的人,他们会给他涂上污垢和羽毛,然后把他赶到城外。暴力可能是一种令人上瘾的习惯;有时,一旦得手后就会变本加厉。培育出他们的社区开始反对这个"规范号角"的团体。此时,他们已经在劫难逃。[28]

在南卡罗来纳州,废奴主义者是19世纪40年代民间私刑团体的首要目标。在这里,暴民统治产生于官方的全国性法律规范和地方社区舆论之间的分歧鸿沟之中。废奴主义者被认为是无罪的犯罪者。他们似乎对南方奴隶主构成了危险。当然,美国南方并不是唯一的被血色笼罩的地区。暴乱和暴民暴力是整个国家的黑暗污点,它越过边界,进入各州。至少在1830年到1860年间,"在巴尔的摩、费城、纽约和波士顿这4个城市里发生了35起重大骚乱事件"[29]。出于这样的气候背景,出现了拥有城市警察的需求。

权力制衡思想的力量也是推动刑法走向法典化的因素之一。美国革命时代的领导人强烈地认为,必须有预防滥用刑事司法的措施,或者必须预防使用刑事程序来铲除政治异议——这正是那个英国乔治国王背负的罪名。这也是《权利法案》中的一种态度;这是在共和国绝不会消亡的一种态度。刑事司法的规则应该是公平和平衡的,也应该是公开的、透明的、易于理解的。刑法不应散布在数百本书中,在晦涩的小片和碎片中。它应该是一个单一的、明确的规则体系。正如清教徒治安官所发现的那样,法典编纂是一种有效的工具,有助于控制政府的权力。在法国革命的冲击波之后,欧洲刑法法典化也情同此理。

普通法应该停留在社会的道德共识上,因为它通过法官的集体意识显露出来。许多法律规则是法官制定的:它们来源于案件报告。这也适用于刑法。法官制定了犯罪的定义,有时甚至创造了新的犯罪。这似乎是一种特别危险的权力。法官可以发明新罪行("普通法上的犯罪")的观点遭到了反对。在制定新规则时,普通法的判决在某种意义上是追溯的;对法官的控制似乎比立法机关的成员少。人民选择的代表在立法中制定法律,这些法律是前瞻性的——它们只适用于未来的行为。无论是在英国还是在殖民地,国王的法官的行为都表明,普通法中的刑事法律糟糕透顶。

有时候,美国法官确实发明了一种新的"普通法"罪名。在1821年缅因州的卡纳凡(Kanavan)案件中,被告将一具儿童的尸体遗弃在肯纳贝克河(Kennebec River)里。[30]没有法律条文明确地规定对这类案件的处罚;但是缅因州最高法院维持了该男子的定罪。田纳西上诉法院于 1808 年对"偷听行为"(eaves-dropping)提起诉讼。[31]但总体而言,普通法上的犯罪的概念在 19 世纪开始退席。而且,对一个强大的中央政府的恐惧使得普通法上的犯罪在联邦制度中尤为可怕。在"美利坚合众国诉赫德森和古德温案"(*United States v. Hudson and Goodwin*, 1812)[32]中,被告被控告"诽谤美国总统和国会"。该"诽谤"出现在 1806 年 5 月 7 日的康涅狄格报上,指控他们"秘密地将 200 万美元作为送给波拿巴的一份礼物,以便与西班牙签订条约"。没有一项法令涵盖这种针对联邦政府的"罪行"。联邦最高法院驳回了联邦普通法上的犯罪的概念。任何一个联邦法院"都不应该被赋予对任何个人侵犯主权之和平与尊严的特定行为的管辖权。立法机构必须首先规定某行为构成犯罪,然后对其进行惩罚,并宣布对犯罪有管辖权的法院"。如果联邦检察官和法官可以为自己定义罪行并惩罚他们,那么中央政府就会产生巨大的(在这种情况下并不受欢迎的)权力。

法典化是对法官权力的限制;但它只是部分的方式。法官丧失了发明新犯罪的权力;但他们仍然有解释旧的法律汇编中若干罪名含义的工作,例如像强奸罪或盗窃罪这样的概念。他们仍然拥有强大的有时甚至是我行我素的力量来"解释"法律。法官制定并使用了"解释规则"(*canons of construction* or *rules of interpretation*),使他们的自由裁量权和权力最大化。例如,一种规则认为,刑法应当被狭义解释,即限于语言所能承受的最小可能的行为范围。否则,由能够溯及既往的法官们制定的刑法,会通过后门进入法律,并由此发送出去。犯罪行为必须清楚地加以标明——不得有超出法律中字面上的含义:

> 应当首先规范有关拘束(囚犯)的法律;也就是说,不仅由立法者制定,同时也应该宣布,并清楚地明明白白地公布出来;每一个公民,如果他愿意,都能学习它的意义并了解其惩罚措施。

在纽约的一次庭审中,被告蒂莫西·希利(Timothy Heely)被指控偷窃了彩票。当时的法律使这种行为成为一个"公共证券"的犯罪。一位律师发问道:"州发行的彩票是一种公共证券吗?"法院同意律师的意见,认为答案是否定的;并且释放了希利。[33] 在理论上,这一案例规则表达了法官是法律、人民及其当选代表的谦恭的仆人的观念。但是对于法庭是否遵循这个规则还是回避了它,并没有一定程度上的控制。事实上,如果不拘泥于理论上的意义,法官可以自由地使用这个规则,正如他们看到的那样。此外,并不总是很清楚的是,解读法规的方式究竟是否"严格";事实是它给法院更大的自由裁量权。

刑事实体法

在英国法律中,叛国罪(treason)是一个复杂的、多变的概念,它被用来镇压被定义为国家敌人的各类人或团体。对英国发动战争属于叛国;侵犯了国王的(未婚)大女儿,也属于叛国罪。改变或修剪硬币是叛国罪;或者给"任何白色的银币涂上颜色,使它看起来像金币一样"的行为也是叛国罪。[34] 在独立战争爆发的时候,殖民者们为自己套取了这一可怕的武器。1781年,纽约通过了一部极具攻击性的法律:任何鼓吹、宣讲、谈论、撰写或印刷有关国王已经或应该统治纽约的人,从而犯下了"无牧师救赎的重罪","可被判处死刑或被驱逐"。[35]

独立战争结束时,激情也随之冷却。马里兰州、马萨诸塞州、纽约州、宾夕法尼亚州和佛蒙特州在他们早期的宪法中都规定,立法机关没有权力剥夺任何叛国者的基本权利。[36] 联邦宪法从根本上限制了这一众罪之王。它一劳永逸地界定了其内容以及在叛国罪审判中的程序保障措施。美国宪法第3条第3款规定,叛逆美国"只包括对美利坚合众国发动战争,或者投靠他们的敌人,并给予他们援助和安慰。

除非两位证人证明其公开的叛国行为,或经本人在公开的法庭上认罪,否则任何人不得因叛国罪定罪"。

叛国罪是一种特殊的罪行,具有不同寻常的政治意义。在共和主义理论中,重要的是缩小叛国的法律的规模。一个极权的国家,或者即使是一个半极权的国家,也难以区分叛国罪和普通犯罪。例如,在苏联鼎盛时期,买卖货币或窃取工厂财产(这是全部国有的)是需要严惩的对国家的犯罪行为。美国则走了一条截然不同的道路。它将国家犯罪的概念缩小到几乎无法简化的最低限度。为了保护无辜者,或者更多的是为了保持对政府的控制,起草刑法典的人宁可接受执法比率的大幅度降低。毫无疑问,这种慷慨的大部分只是纸上谈兵。1798年的《反煽动叛乱法》(Sedition Law)被一个惊慌失措和有些偏颇的联邦政府通过了。对于现代人来说,是对政治言论自由的一种令人震惊的侵犯;这一法律的通过再一次表明,对中央政府的历史恐惧并非空穴来风。[37]大多数人都感到,在刑事法律方面对政府——尤其是中央政府加以限制是何等重要。

无论如何,从1776年到1850年,被界定为犯罪的行为数量稳步增加,尽管普通法罪行的使用有所减少。典型的犯罪(盗窃、谋杀、强奸、纵火)仍然存在。经济犯罪数量巨大,违反公共道德的犯罪不断增加。1831年印第安纳州修订的法规是一个典型的例子,该法律规定:如果使泻盐(epsom salts)"不被封闭地暴露在附近的家畜、牛或马群中",就属于一种犯罪行为。在印第安纳州,"改变家畜的标志或品牌"是一种犯罪行为;在没有许可证的情况下零售烈酒,属于犯罪行为;在任何一艘领有执照的渡船的两英里范围内,为了营利而助人渡过河流,属于犯罪行为;保留"任何一张名为A.B.C.的赌桌,或E.O.的桌子、台球桌、轮盘赌、西班牙针、洗牌板和法罗牌",也是一种犯罪。"在没有许可证的情况下销售任何可能不是美国产品的商品",属于一种违法行为,可处以罚款。亵渎式的咒骂是一种犯罪行为;"公开和声名狼藉的通奸或乱伦"也是犯罪行为。

我们通常认为犯罪是违背深层次道德情感的行为。但是,有一个更明晰的定义:犯罪指的是由国家承担成本并且只能遵循适用于刑事案件程序来加以惩罚的行为。如果你有一个出售货物的合同,买方拒绝支付;或者如果你在冰上滑倒,你可以起诉买方或土地所有者(如果你愿意的话);如果你选择去法院起诉,那么这只能是自己承担费用。但是整个社会承担着将凶手绳之以法的代价,部分原因是暴力被认为是对每个人都有危险,而不仅仅是对受害者的生活圈子(家庭和朋友)。谋杀和其他罪行曾一度被私人强制执法。但是,私人执法要么太无效,要么相反,太有效了——它引起了仇恨并导致了大规模的流血事件。政府的公诉应该将私人复仇铲除。

国家在公共开支和主动性方面执行监管性法规和经济法规,但原因却不同。如果一个人把十篮烂草莓卖给十个不同的人,没有一个买家有动机起诉卖家。一场诉讼将吞噬更多的钱,得不偿失。如果治安警察和地区检察官——这些由国家支付薪水的公职人员——有权执行这些规则,这可能是一种更有效的威慑。这与出售腐烂的草莓是否被认为是不道德的是完全不同的。因此,刑事诉讼可以作为一种原始、无差异的行政手段。这个(大部分说不清楚)的观念是导致监管犯罪盛行的原因之一。经济犯罪从来没有给审判法庭带来太多的工作。它们从来没有抓住公众的想象力。监管法律中的刑事条款并不总是意味着严格执行。这些被认为是最后的手段,主要来对付那些顽固和公然违规的领头者。当行政司法在后世发展时,其中一些"罪行"实际上从法律条文中消失了。

经济犯罪在成文法规定方面的相对增加,可能是刑法重心真正变化的外在标志。在殖民定居时期(最明显的是在17世纪),诸如淫乱和亵渎神明之类的行为属于犯罪。美国革命后,重心似乎转移到保护私有财产以及采取措施促进经济增长的方面。尽管我们对早在18世纪的法律实际执行情况所知甚少,但实际情况表明,当时的财产犯罪就已经成为司法重心,而对性和道德犯罪的起诉急剧减少。这无疑是当时新英格兰地区的情况。威廉·尼尔森在马萨诸塞州的研究提供了一些证据。尼尔森发现,在独立革命之后,对未婚性行为、主日违规等的起诉急剧下降;而有关偷窃的起诉上升了。到1800年,在7个郡的所有检控案件中,超过40%是盗窃罪,只有7%是违反道德的犯罪。[38] 在费城,一项对1840年犯罪现象的研究发现,盗窃罪占总数的58.9%,通奸罪所占比例为2.3%。[39] 犯罪司法制度的行为表明,罪犯的形象发生了转变——对上帝所犯下的罪过少于对危害社会秩序犯下的罪过;刑法对性道德监护人的保护要少于对财产看护人的保护。当然,道德犯罪仍然存在。他们没有得到有力的执行——除了那些厚颜无耻的和属于"公开的和臭名昭著的"行为。在某些州,法规就是一模一样地被修改成这个说法。所谓通奸或淫乱还算不上是犯罪,但是如果公开地蔑视道德准则,可就另当别论了。时代的车轮将再次转动,但那是到了19世纪晚期的事情了。

惩罚犯罪:美国的监狱

1776年,典型的监狱是一个腐败、效率低下的机构——存放社会渣滓的仓库。男人和女人被扔进普通牢房,行政管理完全没有专业水准。到处都是污垢和混乱。纪律松懈,但残暴却没有得到控制。奇怪的是(对现代人来说),这些监狱主要不是人们被派去受罚的地方。在殖民地时期,监禁是一种罕见的制裁。大多数在监狱里的人只是等待审判。还有许多人是债务人——那些无力偿还债务的男人们和女人们。

现代意义上的监狱是 19 世纪的产物。在某种程度上,它取代了对人体施加的痛苦。鞭打的重要性下降了,羞辱的惩罚被放弃了。羞辱在同质的小型社区里效果最好,而在混乱的大城市里就失去意义了,因为到处都是陌生人。此外,严厉消减死刑的法律造成了一种需要由监狱来填补的真空。人们还坚信,正如戴维·罗思曼(David Rothman)所说的,"腐败的根源"是外部的,而不是内部的。[40]社会中糟糕的伙伴关系、城市的腐朽、酗酒和堕落,都是犯罪的原因。社会本身不是解决问题的方案,因为在殖民地时期,社会本身就是问题的一部分。要使罪犯改过自新,就得做一种彻底的手术:必须把他从邪恶的环境中解脱出来。这意味着监禁。

旧监狱显然不擅长这份工作。需要有彻底的新结构。早在 1767 年,马萨诸塞的法律就批准了苦役式的监禁,1776 年的宾夕法尼亚宪法提到了"明显的长期惩罚",并呼吁以苦力劳动——建造"房屋"的方式来惩罚"那些将被判犯有非死刑罪行的人"。1790 年,费城的胡桃街监狱(Walnut Street prison)被改建成了开明的刑罚学展示场所。它的主要新鲜事是"监狱"(这个名字很重要)里面有 16 个单独或被分隔开的牢房:

> 每个牢房有 8 英尺长,6 英尺宽,10 英尺高,有两扇门。外面门是木制的,还有一个内部的铁门。每个牢房都有一个用于下水道的大铅管,从而形成了一种非常原始的一个空间。牢房的窗户用百叶窗和铁丝固定,以防止任何东西进出。[41]

监狱中的一些犯人白天在商店工作;但单独牢房的囚犯根本没有工作。这种孤独的禁欲主义,大概会让核桃街的囚犯重新思考他们的生活,冥想自我改善。但隔离被证明是不人道的。在这些野蛮的条件下,囚犯有一种精神失常的倾向。劳役与其说是一种惩罚,不如说是一种必要的措施。

1821年,纽约改造了奥本监狱(Auburn prison)的北翼,以符合关于监狱和惩罚的新想法。在奥本监狱系统下,囚犯白天在一起工作,晚上睡在单独的牢房里。1829年的费城樱桃山监狱(Cherry Hill prison)是监狱风格的又一创新。[42]樱桃山监狱的建筑形式为阴森森的堡垒,周围是类似中世纪气派的围墙。巨大的石臂从中央核心辐射出来。每只胳膊都包含许多独立的牢房,一个接一个地连接到一个被围起来的小小庭院。囚犯在他们的牢房和庭院里昼夜不分地打发他们的日子。有时他们还戴着面具。囚犯可以通过窥视孔聆听宗教仪式。在奥本监狱和樱桃山监狱,要求囚犯们保持绝对沉默——这是一种可能比已经在理论上被废除了的鞭打和烙印更残酷的惩罚。

严格控制和统一性是新刑罚学的关键部分。一些州的法律非常详细,当马萨诸塞州在1828年将其州监狱改造为奥本监狱系统时,它的规约审慎地规定:

> 每一名罪犯每年的衣物应允许有一条厚裤子、一件厚外套、一条薄裤子、一件薄外套、两双鞋、两双袜子、三件衬衫,还有两条粗质地的毛毯。

每天的口粮是法律规定的一部分,每100个定量配额包括"两盎司黑胡椒"。[43]所有这些细节都是监狱生活规则的一部分,似乎是为了象征其细心的管理以及将理论转化为实践过程中的无微不至。

查尔斯·狄更斯在他的美国之行中访问了樱桃山监狱,他感到非常震惊。"那些制定了这种监狱纪律制度的人,"他说,"以及那些执行这一制度的仁慈的绅士们,不知道他们在做什么。"这种"可怕的惩罚"对囚犯造成了"巨大的酷刑和痛苦"。它"每天都在缓慢地损害囚犯大脑智能……这比身体的任何折磨都要糟糕得多"。狄更斯认为,监狱中的这种沉默是"可怕的……在每一个走进这座忧郁的房子的囚犯的头和脸上,都被套上了一个黑色的面罩;在这个黑暗的裹尸布里,他被带到牢房……他像是个被活埋的人一样"。[44]

但并不是每个人都同意狄更斯的看法。这些州以极大的热情接受了新的刑罚学。或许,参观者看到了他们想看到的东西。其中一位热情洋溢的来访者就是托克维尔(Alexis de Tocqueville),他与博蒙特(Gustave de Beaumont)一起出版了一本关于19世纪30年代美国惩罚制度的书。博蒙特和托克维尔十分崇拜美国监狱的严谨和纪律。他们认为它既"道德和公正,这个社会用以让罪犯们改过自新的地方,应该不可以呈现出令人快乐和堕落的场面"。他们称赞了严格的规范性,赤裸裸的、不容争辩的生活惯例,甚至对食物也有几分褒奖——它们"健康、丰富但有些粗糙";但它支撑着囚犯的"力气",而没有多余的"食欲满足"。他们承认,美国监狱的生活是"严酷的",但它是有益的。但他们确实指出了一个悖论:"虽然美国的社会给出了最广泛自由的例子,但监狱……提供了最彻底的专制主义的奇观。"[45]

但这可能不是一个悖论。这在当时似乎是一个激进实验的社会:即大众化政府的实验。所有明显的权威形式都被废弃了。没有君主制,没有已经建制的教会,也没有什么贵族。相反,只有法律。基本上,人们理应自我管理;法律已经赋予了他们权利。不是每个人都有能力处理好自由、权利和信任这些事情。社会对这些人必须要有所作为。一个烂苹果会毁了一筐苹果。犯罪分子通过犯罪行为背叛了美国人进行的实验。监狱的严格制度对他们是必要的,而且是其罪有应得的。

现代读者更倾向于赞同狄更斯,而不是博蒙特和托克维尔。典型的监狱似乎是难以形容的严酷。正如我们所说的,一些囚犯在他们的单独牢房里发疯了。行政管理也迅速退化。监狱的成功取决于绝对的控制、完全的纪律,取决于遵守单人牢笼的规则。诚实的警卫和看守也是必不可少的。但几年后,紧身衣、铁箍和野蛮殴打成为樱桃山的一种生活方式。即使在运作相对良好的马萨诸塞州立监狱,19世纪40年代也废弃了狱中静默的制度。⁴⁶

什么地方出了错? 19世纪的社会,担心道德失败,竭力推崇一种威慑理论,对权力持有强烈怀疑,对公共企业的吝啬,以及从来没有将其理论推到其合乎逻辑的结论的意愿。在理论、立法上,在建立监狱方面,以及偶尔在系统顶端的行政管理上,他们的活力和才能都十分欠缺。核心问题是行政上的失败——没有足够的技能、金钱和关怀来使理想成为现实。这是从上到下的弊端。当地的监狱(郡和市)也陷入丑闻,更何况是由来已久的丑闻。其他伟大的新监狱也是改革者的热情与众人无政府冷漠之间角逐的牺牲品。这个国家的真正权力不属于刑事改革者,而属于其他公众。他们的主要兴趣是将犯罪分子从街头赶走,并把他们关入牢笼,远离人们的视野。这种念头解释了为什么监狱改革是可能的。在1790年的费城胡桃街监狱改革之前,城市里温良的市民们不得不忍受一幅图景——那些在大街上被狱卒们严厉看守下光着头干活的男人们,他们穿着"臭名昭著的囚服……到处乞讨和侮辱居民,聚拢着大量闲散的男孩,和他们进行最下流和不适当的谈话"。⁴⁷监狱改革至少把这些罪犯安置在公众的眼睛和情感触及不到的地方。胡桃街监狱的囚犯们就像与世隔绝的僧侣,让人们眼不见心不烦;但他们却没有僧侣生活的信仰和尊严。

新的监狱费用昂贵;它们是大而坚固的建筑物;它们需要足够的牢房来保持囚犯之间的隔离,并使沉默系统成为可能。各州从未花过足够的钱。实际上,南部的一些州试图通过将监狱变成工厂并从中获利。当这种收入不足时,他们把监狱租给私人商人。肯塔基州早在1828年就已经这样做了;后来,阿拉巴马州、得克萨斯州、密苏里州和路易斯安那州也这样做了。⁴⁸

最后，监狱，像贫民窟和疯人院，继续作为越障者的储藏箱。就像看似善意实则残忍的单独监禁一样，殴打和紧身衣继续被运用在一类男人（和少数妇女）身上，这些人没有理由期待来自世界的好待遇，也没有改变世界的希望，更没有力量这么做。他们的利益是由外部社会的代理人来代表的；那些对改革和犯罪自新有着真诚渴望的代理人的力量和毅力（从来也不怎么大），决定了这些人的命运。每一次失败都为另一波误导和错位的改革铺平了道路。

关于侵权行为的一个补充阐述

侵权是一种民事违法行为，并不是刑事违法行为。它是很多构成损害赔偿诉讼的行为集合体。如果你打喷嚏并且追尾我的车，这是一种侵权行为，而不是犯罪行为。有一类疏忽大意（negligence）的行为其严重性超过了所有其他侵权行为。较小的侵权行为包括人身攻击和殴打（assault and battery）、非法侵入土地（trespass to land）以及对他人书面或口头的诽谤（libel and slander）。

总而言之，1776年的时候（或此后很多年里），侵权法并不是在一个高度发达的领域。在1850年之前，在大西洋两岸没有出版过一本关于侵权法的专著。过失是法律上最微不足道的方面。当时，布莱克斯通的《英国法释义》上几乎没有任何关于这个概念的说法。在19世纪20年代，内森·戴恩（Nathan Dane）在其《美国法要义》（*A General Abridgement and Digest of American Law*）中对这一话题进行了相当随意的处理。疏忽是一种残余的范畴——指的是那些不能"在更特殊的标题下方便地加以讨论"的侵权行为。在他有关过失行为的例子中，只有一两个具有很大的经验意义："如果船主的一艘船在一个驾驶员的操控下，由于技能的欠缺，有意或无意地将另一艘船撞沉，那么该所有人应承担责任。"⁴⁹莫顿·霍维茨（Morton Horwitz）一直认为，事实上直到19世纪为止，过失在很大程度上是指不履行特定义务的过失——通常是合同上的义务。⁵⁰它并没有被定义为衡量疏于达到合理行为的一般性注意标准——这是几代学生和法学职业人都熟悉的标准。

侵权法(尤其是有关过失侵权行为)的爆发式发展，必须被放在工业革命的门口——发动机和机器的时代来理解。最重要的是，在工业化前的社会中，侵权法涉及的人身伤害，除由于殴打暴力攻击带来的人身伤害以外，相对比较少。现代工具和机器具有惊人的能力来伤害那些使用它们的人们。从大约1840年起，一种特定的机器——铁路机车，在它自己的蒸汽（可以说是）中制造了比19世纪的任何其他机器都要多的侵权法律。铁路的引擎像一头咆哮的公牛横扫农村，进行着一场经济和社会的革命；但这却造成了巨大的损失——成千上万的男人、女人和儿童受伤和死亡。侵权法的发展，正如小詹姆斯·W.埃利（James W. Ely Jr.）所言，"在很大程度上是铁路运输的结果"。"主要的案件"总是涉及铁路事故。⁵¹另一个导致事故的原因是汽船。他们的锅炉有一个令人苦恼的习性：在旅途中炸飞、烫伤和溺死乘客和船员。

当时的既有侵权行为法并不是为了处理碰撞、脱轨、爆炸锅炉以及其他情况下类似的灾难而设计的。美国的法律必须制定出自己的方案来分配铁路和汽船事故在工人、公民、公司和国家之间的负担。因为这项工作是新颖的，由此产生的法律也是新的。它们在法律措辞上有一些连续性，但这或许会产生一些误导。侵权法属于19世纪的新兴的法律。

关于侵权行为法的起源和功能有许多著述。有一种观点认为，新规则是一种单一的、明确的目的：鼓励年轻企业的成长，或至少消除阻碍他们前进的障碍。或者，更准确地说，新规则是法官和其他人可能认为是支持企业的规则。为了做到这一点,规则限制了企业的责任。这就是当时在发展中的过失法的主旨;其他法律部门也有类似的发展,比如妨害法;或者在国家征用权(eminent domain)的法律中(政府有权征用并补偿某些用于公共目的的财产)。[52]

最著名的(或臭名昭著的)新学说是"共同雇员"原则(fellow-servant rule)。依据这个原则,如果伤害是由另一位受雇佣同事的过失造成的,那么受到伤害的这个仆人(或雇员)就不能为损害赔偿而起诉他的主人(雇主)。一般而言,在有关代理关系的法律中,委托人(例如雇主)对其代理人的过失行为应当承担责任:

> 如果一个客栈老板的仆人抢劫他的客人,主人一定要赔偿。同理,如果酒馆里的侍者卖给一个顾客劣质的酒,使顾客的健康受到损害,顾客可以对店主人提起诉讼。[53]

但这一般规则从未适用于工厂和铁路工人。最明显的原因体现在1842年的美国重要案件"法韦尔诉波士顿和伍斯特铁路公司案"(*Farwell v. Boston & Worcester Railroad Corporation*)中。[54]法韦尔是一名铁路工程师,每天工作薪酬是两美元。一个扳道工不小心让一列火车出轨。法韦尔被"猛烈地"摔到了地上,火车的一个轮子压碎了他的右手。他控告铁路公司,主张该扳道工的工作过失。马萨诸塞州首席大法官莱缪尔·肖(Lemuel Shaw)发表了一个绝妙的判词。肖认为,从事危险工作的工人必须承担这项工作的普通风险。从理论上讲,工资中已经包括了对附加危险的调节。因此,风险必须留给自愿承担风险的人承担。受伤的工人就只能用自己的财产来应付损害,如果他没有钱的话,就听任救济贫民的法律来保佑了。铁路事故的经济影响因而被社会化(或被忽视),减轻了道路运营者可能会遭遇的沉重代价。或许,一个有企业家头脑的法官可能就是这么想的。

当我们回顾它时,共同雇员原则似乎特别冷酷和不公平。显然,大法官肖并不这样认为。生活本身是不公平的;意外也在所难免。生活不容易,而且充满了无法补偿的危害。像法韦尔这样的案例将工业伤害当作"社会景观的一部分——如果令人遗憾的话,这种事情并不属于偶然";这是一个自由开放的社会要付出的一部分代价而已。[55]

在一个没有社会保障方案的世界里,当时并没有一个"社会安全网";这是一个充满灾难、瘟疫的不稳定的世界,因为"意外事故"而引发索赔诉讼的上升,并不属于一个常态。在工业革命的早期,"工作的尊严和重要性"的精神意味着工人能够控制自己的命运和工作条件。这也许在意识上更容易给劳动者而不是管理层造成安全负担。[56]但是,大法官肖是否还试图帮助铁路公司?也许并非是有意识的。但他一定意识到,鼓励发展铁路是多么受欢迎。当时,铁路建设非常受欢迎,不仅对于那些我们现在称之为大企业的人来说,而且也受到那些普通的、渴望将自己的产品推向市场的农民或商人的欢迎。涌现出这么多倾向于铁路和其他企业的侵权法学说,这也绝非巧合。这里谈不上什么阴谋。但毫无疑问,在当时,这是一个广泛的共识。

共同雇员原则具有深远的影响。雇员不能起诉他的雇主,除非他的伤害是由于雇主自己的不当行为造成的,而不是由同事的过失造成的。[57]但是在工厂和矿山以及铁路上,任何疏忽行为都可能是来自一个雇员同伴。工厂和铁路所有者和经理通常不在工作现场;而随着经济转向工业化,越来越多的男性和女性为一个"无情无义的公司"(soulless corporation)工作。在法韦尔案件发生之后的几年中,一个州接一个州都采用了共同雇员原则。19世纪上半叶发展起来的混合过失原则(doctrine of contributory negligence),给以侵权行为提起诉讼的原告增加了另一个障碍。如果受害方自己疏忽了,无论疏忽多么微不足道,受害人都不能起诉那个疏忽的被告。因为大多数原告是个人,而大多数被告是公司企业。该原则的影响是非常明显的,混合过失适用于乘客伤害以及工伤,这使它对铁路加倍有用。[58]

注　释

[1] Marcello T. Maestro, *Voltaire and Beccaria as Reformers of Criminal Law* (1942), pp. 51-72.

[2] On the statute in general, see Edwin R. Keedy, "History of the Pennsylvania Statute Creating Degrees of Murder," 97 U. Pa. L. Rev. 759 (1949).

[3] See, in general, David B. Davis, "The Movement to Abolish Capital Punishment in America, 1787-1861," 63 Am. Hist. Rev. 23 (1957); Stuart Banner, *The Death Penalty in America* (2002), pp. 88-111.

[4] Roger Lane, *Murder in America: A History* (1997), p. 79.

[5] *Memorial to the Legislature*, N.Y. Senate Documents, vol. 4, 1842, Doc. No. 97, pp. 21-39.

[6] Kathryn Preyer, "Crime, the Criminal Law, and Reform in Post-Revolutionary Virginia," 1 Law and History Review 53, 58-59, 76 (1983). New Jersey also cut down on the death penalty in 1796; see John E. O'Connor, "Legal Reform in the Early Republic: The New Jersey Experience," 22 Am. J. Legal Hist. 95, 100 (1978).

[7] Laws Maine 1837, ch. 292.

[8] This provision, it seems, was not literally carried out, and most of the prisoners convicted of first-degree murder were apparently not kept in solitary confinement. See James H. Lincoln, "The Everlasting Controversy: Michigan and the Death Penalty," 33 Wayne Law Review 1765, 1783 (1987); Eugene G. Wanger, "Historical Reflections on Michigan's Abolition of the Death Penalty," 13 Cooley Law Review 755 (1996).

[9] Jack K. Williams, *Vogues in Villainy: Crime and Retribution in Antebellum South Carolina* (1959), p. 100. In general, there were more capital crimes in the South than in the North. Some of the difference is accounted for by the special, severe laws relating to slaves and free blacks. Perhaps the special, archaic, patriarchal nature of the southern legal system accounts for more. For the thesis that finds the differences rooted, in part, in

differences in legal culture, see Michael S. Hindus, *Prison and Plantation: Crime, Justice, and Authority in Massachusetts and South Carolina*, 1767 - 1878 (1980); and Edward L. Ayers, *Vengeance and Justice: Crime and Punishment in the Nineteenth Century American South* (1984).

[10] Quoted in Thomas D. Morris, *Southern Slavery and the Law, 1619 - 1860* (1996), pp. 277-78.

[11] Lawrence M. Friedman, Crime and Punishment in American History (1993), pp. 75 - 76; Louis C. Masur, *Rites of Execution: Capital Punishment and the Transformation of American Culture*, 1776-1865 (1989), pp. 96, 100.

[12] Williams, op. cit., p. 38; Roger Lane, *Violent Death in the City: Suicide, Accident, and Murder in Nineteenth Century Philadelphia* (1979), pp. 68-69.

[13] This is not to say that the British system was not itself quite loose in certain regards. In eighteenth century England, there were many capital crimes; but justice was frequently tempered with a kind of mercy; and indeed it can be argued that a system of this sort, which is potentially extremely cruel and bloody, but which allows appeals for mercy, within the grace and favor of the rulers, makes for tight, efficient, repressive social control. Douglas Hay, "Property, Authority, and the Criminal Law," in Douglas Hay et al., eds., *Albio's Fatal Tree: Crime and Society in Eighteenth Century England* (1975), p. 17.

[14] Maryland Const., 1851, art. 10, sec. 5. It was a common provision that juries were judges of fact and law in "prosecutions or indictments for libel," for example, New Jersey Const., 1844, art. 1, sec. 5.

[15] See Francis Wharton, *A Treatise on the Criminal Law of the United States* (4th ed., 1857), pp. 1115-25; William Nelson, *Americanization of the Common Law* (1975), ch. 9.

[16] Williams, op. cit., p. 39.

[17] *State v. Bennet*, 3 Brevard (S. Car.) 514 (1815).

[18] Jerome Hall, *Theft, Law, and Society* (2nd ed., 1952), p. 140.

[19] Hindus, op. cit., p. 91. In Marion County, Indiana, in the period 1823 to 1850, the ultimate conviction rate was more like South Carolina than like Massachusetts; for "all

indictments, the prosecution secured convictions at a rate only slightly better than one of every three defendants." David J. Bodenhamer, "Law and Disorder on the Early Frontier:Marion County, Indiana, 1823-1850," 10 Western Hist. Q. 323, 335 (1979).

[20] Raymond Moley, *Politics and Criminal Prosecution* (1929), pp.159-64, On the origins of plea bargaining, see George Fisher, *Plea Bargaining's Triumph: A History of Plea Bargaining in America* (2003).

[21] Allen R. Steinberg, *The Transformation of Criminal Justice: Philadelphia*, 1800-1880 (1989).

[22] Roger Lane, *Policing the City: Boston*, 1822-1885 (1957), p. 34.

[23] On the rise of the police, see Wilbur R. Miller, *Cops and Bobbies: Police Authority in New York and London*, 1830-1870 (1977); Samuel Walker, *Popular Justice: A History of American Criminal Justice* (1980), pp. 55-64.

[24] Friedman, *Crime and Punishment*, p. 69; see Nancy L. Schultz, *Fire and Roses: The Burning of the Charlestown Convent*, 1834 (2000), for this celebrated incident. Only one of the rioters was convicted, and none went to prison.

[25] See Amy S. Greenberg, *Cause for Alarm: The Volunteer Fire Department in the Nineteenth Century City* (1998), pp. 86-87.

[26] For a study of the patrols, see Sally E. Hadden, *Slave Patrols: Law and Violence in Virginia and the Carolinas* (2001).

[27] On this point, see Pauline Maier, "Popular Uprisings and Civil Authority in Eighteenth Century America," 27 William and Mary Q. 3rd set., 3 (1970).

[28] Jack K. Williams, "Crime and Punishment in Alabama, 1819-1840," 6 Ala. R. 1427 (1953).

[29] Richard Maxwell Brown, "Historical Patterns of Violence in America," in Hugh D. Graham and Ted R. Gurr, eds., *Violence in America: Historical and Comparative Perspectives*, vol. I (1969), pp. 45, 54.

[30] 1 Greenl. (Me.) 226 (1821).

[31] *State v. Williams*, 2 Overton (Tenn.) 108 (1808).

[32] 7 Cranch 32 (1812).

[33] *People v. Heely*, New York Judicial Repository, 277 (1819).

[34] 4 Blackstone, *Commentaries*, 90.

[35] J. Willard Hurst, "Treason in the United States," 58 Harv. L. Rev. 226 (1944); see also Bradley Chapin, *The American Law of Treason: Revolutionary and Early National Origins* (1964).

[36] Hurst, *op. cit.*, p. 256.

[37] See, in general, James Morton Smith, *Freedom's Fetters: The Alien and Sedition Laws and American Civil Liberties* (1956).

[38] William E. Nelson, "Emerging Notions of Modern Criminal Law in the Revolutionary Era: An Historical Perspective," 42 N.Y.U.L. Rev. 450 (1967); for some comparable English data, see Lawrence M. Friedman, "The Devil Is Not Dead: Exploring the History of Criminal Justice," 11 Ga. L. Rev. 257 (1977); on the date of the shift in the colonies, see Hendrik Hartog, "The Public Law of a County Court: Judicial Government in Eighteenth Century Massachusetts," 20 Am. J. Legal Hist. 282, 299-308 (1976).

[39] William Francis Kuntz, *Criminal Sentencing in Three Nineteenth Century Cities* (1988), p. 130.

[40] David Rothman, *The Discovery of the Asylum: Social Order and Disorder in the New Republic* (1971), p. 69.

[41] Orlando F. Lewis, *The Development of American Prisons and Prison Customs, 1776-1845* (1922), p. 27. The developments described in this section took place over time, and rather raggedly; more slowly, in general, in the South than in the North. So, for example, in a Tennessee County in the period before 1820 we find many examples of corporal punishment—whipping and branding—and even the pillory. See Cornelia Anne Clark, "Justice on the Tennessee Frontier: The Williamson County Circuit Court, 1810-1820," 32 Vanderbilt L. Rev. 413, 440 (1979).

[42] See, in general, Negley K. Teeters and John D. Shearer, *The Prison at Philadelphia: Cherry Hill* (1957); for New York, W. David Lewis, *From Newgate to Dannemora: The Rise of the Penitentiary in New York, 1796-1848* (1965); and, more comprehensively, Adam J. Hirsch, *The Rise of the Penitentiary: Prisons and Punishment in Early*

America (1992).

[43] Mass. Laws 1828, ch. 118, secs. 14, 15.

[44] Charles Dickens, *American Notes* (1842), pp. 118, 121.

[45] Gustave de Beaumont and Alexis de Tocqueville, *On the Penitentiary System in the United States and Its Application to France* (1964), pp. 66, 79.

[46] Hindus, *Prison and Plantation*, p. 169. In the prison, iron collars and leg irons were sometimes used to prevent escapes; and recidivists were tattooed with the letters "MSP." Also, anybody was entitled to visit the prison, after paying a twenty-five-cent admission fee. This practice, which brought in a fair amount of money, was not abolished until 1863. *Ibid.*, pp. 168-70.

[47] Orlando F. Lewis, *op. cit.*, p. 18.

[48] Ayers, *Vengeance and Justice*, p. 68.

[49] Nathan Dane, *A General Abridgement and Digest of American Law*, vol III (1824), pp. 31-35.

[50] Morton J. Horwitz, *The Transformation of American Law*, 1780-1860 (1977), p. 87.

[51] James W. Ely Jr., *Railroads and American Law* (2001), p. 211.

[52] This thesis is expounded by Horwitz, *op. cit.*, *supra*. On the background and early history of negligence law, see also Robert L. Rabin, "The Historical Development of the Fault Principle:A Reinterpretation," 15 Ga. L. Rev. 925 (1981).

[53] 1 Blackstone, *Commentaries*, p. 430. On the rise of the fellow-servant rule, see Lawrence M. Friedman and Jack Ladinsky, "Social Change and the Law of Industrial Accidents," 67 Columbia L. Rev. 50, 51-58 (1967);an alternative view is in Comment, "The Creation of a Common Law Rule:The Fellow-Servant Rule, 1837-1860," 132 U. Pa. L. Rev. 579 (1984).

[54] 45 Mass. (4 Metc.) 49 (1842). The rule was first enunciated in *Priestley v. Fowler*, 3 M. & W. 1 (Ex. 1837), an English case, which did not, however, arise out of an industrial setting. *Murray v. South Carolina R.R.*, 26 So. Car. L. (1 McMul.) 385 (1841) was decided one year before *Farwell*, and reached the same result;but it was

never so frequently cited as the opinion of Chief Justice Shaw.

[55] Christopher L. Tomlins, "A Mysterious Power: Industrial Accidents and the Legal Construction of Employment Relations in Massachusetts, 1800-1850," 6 Law and History Review 375, 421 (1988); see also Lawrence M. Friedman, *Total Justice* (1985), The railroad actually paid Farwell, after he lost his case, the sum of $720. Tomlins, loc. cit., p. 415.

[56] On this thesis, see John Fabian Witt, "The Transformation of Work and the Law of Workplace Accidents, 1842-1910," 107 Yale L. J, 1467 (1998).

[57] The injured worker could also sue the negligent worker, of course; but this was a hollow right, because the fellow servant was almost certain not to have much money.

[58] The law of torts was never quite so harsh and unyielding as its formal rules may have made it appear. Almost from the very first, juries, judges, and legislatures took away with their left hand some of what had been built up with the right. The full sweep of this counter-trend appeared most clearly only after 1850. See Part III, ch. VI.

第八章

律师业及其运营

律师业

在一定程度上,律师业一直不受欢迎。据说,在独立革命时期,律师比以前更加不受欢迎。如果是这样的话,那不是因为缺少英雄。当然,许多律师都是英国王室的忠诚拥戴者;其中可能有二百多人最终离开了这个国家。[1]马萨诸塞大约40%的律师是英国王室的忠诚拥戴者。[2]但另一方面,《独立宣言》的签署者和联邦宪法大会的一半以上成员是律师。杰斐逊、汉密尔顿和约翰·亚当斯,这些爱国者和英雄们也都是律师出身。

爱国者和独立英雄两类人可能已经在公众意识中相互抵消了。如果没有这些人的话,律师不受欢迎必定有更深层次的理由。1780年至1800年间,一些律师虽然自己并不是保守党人,却站在保守党的一边来反对州没收法案。亚历山大·汉密尔顿为这些不受欢迎的客户工作而建立了自己的事业。然而,即使是这个事实也不能让我们走得很远。更广泛的社会力量无疑在起作用。战争结束后,伴随着经济萧条,反对律师的呼声日益高涨,并由于商业周期这种呼声随之下降。在马萨诸塞州,在谢斯起义中,有针对法庭和律师的暴动;律师们对债务人的压迫似乎太热心了。这是一种普遍的观点,认为法律是不择手段的,这是由那些"借着危难"而从事法律职业的不择手段的人经营的。[3] 1782年,圣约翰·克雷夫科尔（St. John Crèvecoeur）写道:"律师是在任何由他人亲手耕种的土地上生长的植物。一旦它们生根发芽,它们就会消灭周围生长的其他蔬菜。律师每天在各地从不幸的同胞身上获得惊人的财富！他们在这里就像过去几个世纪里的神职人员一样……同样有用的改革,现在也是需要的。"[4]

在历史上的各个时期,律师都被贴上了托利党、寄生虫、高利贷者、土地投机商、立法机关的腐败分子、骗子、公司的皮条客、信托基金工具、讼棍(shyster)、救护车追逐者和贷款勒索者的标签。律师的一些坏气味源于律师受雇而被他人当枪使时所扮演的角色。有钱有势的人需要律师并且有钱聘请律师。此外,美国的律师们都是逮着机会就向上爬的人。[5] 美国的律师从来都不是一个有学问的法学博士;他是一个敏捷的行动者。他扮演了一个有用的角色,有时受到赞赏,但很少讨人喜欢。

在美国的社会条件下,如果一个少数的精英职业成长起来(例如一个小型的、排外的行会),那将是令人惊讶的。以往并没有这样的职业行会发展起来过。在殖民地时期,在这个方面出现了发展趋势;但是在美国独立革命之后,大坝决堤了,律师的数量也变得异常庞大。它从未停止增长。在1740年的马萨诸塞,只有大约15名律师（人口约为15万）。一个世纪之后的1840年,该州有640名律师——和1740年相比,在占人口比例方面增长了10倍。巨大的增长率发生在美国独立革命之后。[6]

如果那些知名律师能够阻断进入这个行业的通路的话,这种急速增长是不可能的。但是,这个职业的大门始终是相对开放的。对律师业的准入控制至少可以说是宽松的。这样的律师业成为社会地位提升的重要途径。年轻人纷纷涌向这个行业,就像今天的年轻男女纷纷涌向这个行业一样;这是在经济和政治上通向成功的阶梯。年轻的詹姆斯·肯特(James Kent)写道:"法律是一个无趣和无边际的领域。"它"被浩繁的纸质垃圾所拖累,需要非凡的勤勉和耐心来加以管理"。然而,肯特并没有放弃,还是继续走了下去;因为尽管法律存在缺陷,但它还是"引导你走向这个国家的前沿阵地"[7]。

在这段时期结束时,马克斯韦尔·布卢姆菲尔德(Maxwell Bloomfield)收集了《法律月刊》(*Monthly Law Magazine*)中的律师死亡讣告。他发现了丰富多样的家庭背景。他的样本中有 48 个律师,他们的父亲中有 3 位医生、5 位商人、11 位牧师、10 位农场主、2 位机械师、2 位士兵、11 位律师和 4 位法官。[8]一些穷人的儿子利用法律职业作为向上流动的手段。许多人失败了,当然,美国人的梦想并不是每个人都能成功,但是每个人都有去挑战成功的机会。在这方面足够真实——有足够多的从原木小屋到名利双收的人生旅途故事;这一切都使法律职业对雄心勃勃的年轻人充满了吸引力。

在正式意义上,律师业对几乎所有的人都是开放的,但是阶级和背景确实起了作用。杰克逊意识形态不应被视为表面价值。一方面,即使在 19 世纪,律师业也是相当分阶层的。21 世纪初,一个华尔街合伙人和那些生活在社会底层的律师们之间,有着巨大的社会距离。富有的或有专业背景家庭出身的律师,比工人阶级家庭出身的律师更容易到达社会的峰顶。在 1800 年或 1850 年,还没有大型律师事务所,几乎没有几间律师事务所。但是在那些年里,有富律师和穷律师之分;有的律师在处理富人和富商的生意;还有一些人在小法庭上卑躬屈膝地争取小额索赔权。一些最优秀、最著名的律师从艰难的道路上脱颖而出。但总的来说,在 18 世纪和 19 世纪,良好的社会背景也十分重要。一个有着杰斐逊家族背景的人,比穷人的儿子更容易得到良好教育和人脉关系。他更有可能成为律师,也更有可能成为律师界的佼佼者。在 1760 年至 1840 年间,在马萨诸塞州和缅因州执业的 2618 名受过培训的律师中,71% 的律师或者说一共 1859 名律师有大学学历。专业背景家庭的孩子,与农民或劳工的孩子相比,会有更好的生活机会。1810 年到 1840 年间,似乎有一半以上的律师是大学毕业生并被准许在马萨诸塞州执业,这些人是律师和法官的儿子;在 1810 年之前,这个数字约为 38%。同一时期,具有农业和劳工出身背景的律师,在比例上略有下降。[9]

杰拉德·加沃尔特(Gerard Gawalt)给出的马萨诸塞州的数据也显示出律师间收入和财产持有量的巨大差异。在 1810 年或 1820 年,一个律师的典型收入显然不到 1000 美元一年。但一个名叫莱缪尔·肖的律师在 19 世纪 20 年代后期的私人执业活动中,大概赚到了 15000 美元[10],当时这是一笔庞大的金额——也许相当于 2000 年时 50 万美元的购买力。丹尼尔·韦伯斯特(Daniel Webster)是这一时期最著名的律师之一,他在 1825 年后通常每年可以挣到 10000 美元;1835 年至 1836 年,他的收入超过 21000 美元。[11]在美国内战前的几十年里,北卡罗来纳州吉尔福德郡的主要律师都是富有的人,他们拥有土地和奴隶,并在当地的社区中拥有权力。[12]

法律实践有多种形式和类型。我们已经提到了丰富多彩的第二类律师,例如在边疆执业的律师和在西部执业的律师。律师们并不在意边疆城镇的偏远生疏和泥泞坎坷。他们在土地和诉讼中寻求财富,有时甚至是假心假意地在窃取财富。政治对西部律师有着不可抗拒的吸引力,这是通向成名或财富之路,或者名利双收。许多人在西部开始了他们连蒙带骗才求得的政客生涯。有些人取得了一个接一个的公职。1782 年出生在新罕布什尔的刘易斯·卡斯(Lewis Cass)在特拉华州威尔明顿短暂地接受了"高等古典教育";1799 年,17 岁的时候,他徒步穿越阿勒格尼山脉(Alleghenies),"步行,背着背包,没有任何帮助,没有财富和权力,在俄亥俄州的荒野中找到了新家"。[13]在俄亥俄州的玛丽埃塔市(Marietta),他在律师事务所学习法律。然后他成为了一个将军、一个政治家和密歇根州的州长。

一些律师在一个又一个小城镇上游走,几乎像流动的小商贩一样,直到他们找到适合自己才能的初始平台为止。后来成为美国最高法院大法官的戴维·戴维斯(David Davis),出生在马里兰州,他还是林肯的朋友。他就读于耶鲁大学,后来在马萨诸塞州的一个律师事务所学习法律,并于1835年抵达伊利诺伊州的贝京(Pekin)。不久之后,他搬到伊利诺伊州的布卢明顿(Bloomington)。乔治·格罗弗·赖特(George Grover Wright,1820—1896年)1820年出生于印第安纳州一个贫穷的家庭,1887年成为美国律师协会主席。1840年,他在艾奥瓦州的基奥索夸(Keosauqua)定居下来,据说其定居该地的原因,是因为基奥卡克(Keokuk)的驿站马车在那里坏掉了。[14]约瑟夫·G.鲍德温(Joseph G. Baldwin,1815—1864年),他的有关边疆地区司法方面生动的文图为他在美国文学界赢得了一席之地;他出生于弗吉尼亚,研读过布莱克斯通的著作,起初定居在密西西比州的迪卡尔布(Dekalb),后来搬到阿拉巴马州的盖恩斯维尔(Gainesville);18年后,搬到了一个新的疆域——旧金山(San Francisco)。他去世前被任命为加利福尼亚州最高法院大法官。[15]

对边疆的兴趣并不局限于穷人的儿子。哈佛法学院1835级的36名同学中,几乎所有的人都来自新英格兰地区和中大西洋沿岸各州,而且大多是中产阶级及以上阶层家庭出身。他们中的三分之一(12名)在美国的其他地区开始执业:密歇根州、加利福尼亚州(2名)、俄亥俄州(2名)、路易斯安那州(2名)、南卡罗来纳州、田纳西州、佐治亚州、伊利诺伊州和密苏里州。[16]毫无疑问,在西部寻求财富的想法充满浪漫的吸引力;不过,所有这些转变的主要原因可能是野心,而不是到处游走的欲望。在新的土地上谋生并不总是容易的。但对许多年轻的律师来说,西部似乎是充满了黄金般的机遇。1841 年,在密苏里州一个名叫费耶特(Fayette)的小镇的居民抱怨,律师"像蘑菇一样长了出来"(lawyers "spring up like mushrooms")。1845 年,圣路易斯有131 名律师,当时圣路易斯约有 85000 人口。早在 1821 年,这个城市的人口还不到 5000 人,就有 31 名律师——这个比例比东部城市高得多。后来,圣路易斯的律师与人口的比例有所下降。显然,律师们被吸引到了新的地方;他们嗅到了一个机会,于是就去抓住它。17

这些新地方的一些律师确实为自身找到了快速致富的商机,而且利润丰厚。许多人在一个地方常住,看着他们粗糙的村庄成长为城市,而且变得富有和体面。如果他们住的时间足够长,他们会为当地的历史期刊和律师杂志撰写那些关于法官和律师的丰富多彩的故事。他们的执业需要耐心、运气和技巧。他们并不介意去问,到底哪些是适合律师的工作。任何赚到钱的事情都可以来者不拒。的确有些律师不得不暂时停止一下自己的工作,去做些其他的工作来使收支相抵。1833 年,后来当了伊利诺伊州首席大法官的约翰·迪安·卡顿(John Dean Caton)来到芝加哥的时候口袋里只有 14 美元。他在那里找到了几位律师,但生意很少。卡顿说,一位名叫拉塞尔·E.希科克(Russell E. Heacock)的"非常优秀的律师"曾在边远地区执业。他发现芝加哥的情况非常糟糕,以至于他"在街的拐角处建了一个木匠店,在那里他经营的是在他学习法律之前所学到的生意"。他还在治安法官的办公室里当差。18

一些律师作为东部土地投机者的代理人来到西部,然后干脆自己单干起来。他们的主要法律业务是土地——买下土地,然后再卖给别人,检索所有权,然后制作产权契据。土地是律师执业的支柱产业。

这也是一种支付手段。1801年,迈克尔·斯托纳(Michael Stoner)雇用了年轻的亨利·克莱(Henry Clay),"对一项请求权……有关500英亩的土地提起诉讼"。克莱将支付所有的诉讼费用;如果他赢了,他将获得胜诉收益的四分之一。[19]律师执业的另一项主要工作是追讨债务。律师们为持有期票的本地人和东部人士追讨债务并到法庭起诉。克莱在肯塔基州通过他所追讨到的一部分收益得到了报酬(5%或更多);有时他警告债务人,如果债务人不付款,他会诉诸法律扣押他们的财产。[20]汉密尔顿·甘布尔(Hamilton Gamble)在圣路易斯从事法律工作,在1818年和1819年处理了163件案件;122件是收回欠原告的债务的诉讼。[21]律师从债务诉讼的收益中偿还自己的债务是很平常的——只要他们能够得到钱。印第安纳州律师罗兰(Rowland)在1820年为波拉德(E. Pollard)追讨了两张票据债务,其中一张是"100美元的土地费",另一张是100.37美元,用来自4英里以外的布卢明顿的皮革来支付。他说,"收钱时要按照惯例收取费用,如果收不到钱,就得为自己的辛苦收取一些合理的费用"[22]。硬通货总是很稀少。有一些现金的律师会四处寻找有利可图的投资方式。因此,一些在疆域工作的律师,除了他们追讨债务的工作和土地投机,还在经营项目中增加了高风险的收放贷款获利的业务。对于非居民,西部的律师为他们搜索房地产产权、交税,或者为住在其他地方的人处理一般性的事务。律师可能还会争先恐后地从事一些琐碎的刑事案件工作。

即便是变化小一些,但法庭的客户的出现也是一种转变。商业律师是不为人知的,尽管在时间上,成功的律师和富有的客户确实偶尔会达成一些固定的协议。大多数律师都在不断地寻找新的业务,并且不断地需要为自己做广告。在字面上,并没有禁止律师做广告,律师们通过在报纸上刊登启事来广而告之。[23]口头营销可能是吸引优秀客户最有效的方法。19世纪律师们的浮夸、诡计和法庭的滑稽行为,不仅仅是个人性格的问题;就像丹尼尔·韦伯斯特这样的高超的演讲人,其行为创造了一种声誉。一个看起来平淡乏味的法庭律师将很难生存下去。

由于大多数律师与明确的客户没有固定的关系,而且由于大量的实践都是诉讼,他们与其他律师密切共处,这些人是他们的同事、朋友和友好的敌人。在美国的一些地方,律师们"骑马巡回"(rode circuit)办案。这是一段艰难而又有益的经历。从这类学习环境中走出来的最著名校友是亚伯拉罕·林肯。正如约翰·卡顿所描述的,在伊利诺伊州的经验版本中,律师们在四处旅行。

> 与法官一起,骑在马背上,穿过大草原,从一个城镇到另一个城镇,从50英里延伸到100英里,在必要时要游过溪流。到了晚上,他们会在小木屋里投宿,他们经常有一个快乐的夜晚……
>
> 这种巡回实践需要敏捷的思想和快速的反应,在专业实践方面没有其他必要的要求。即使两三个客户需要他的服务,律师也往往不需要下马……这简直是快速得惊人!这种做法使得一个人有资格应付紧急情况。[24]

通常,律师会轻装上阵;他随身带了一些个人用品,一套换洗的床上用品,几本法律书籍。在某些情况下,一个年轻的律师,穷得买不起一匹马,只好在巡回的路上徒步跋涉。[25]

乡间律师不是唯一参加巡回审判的律师。最高法院的律师主要是从宾夕法尼亚州、马里兰州和弗吉尼亚州招募的,也是一个巡回小组。宾夕法尼亚州的彼得·杜蓬索(Peter S. DuPonceau)描述了这些律师的生活:

> 律师……习惯于一起去华盛顿辩论他们的案件……我们雇佣了自己的马车,开始轻松的旅行。我们不得不在深冬行驶在糟

糕的道路上,并没有很舒服的方式。尽管如此,一旦我们走出城市,并感受到空气的清洁,我们就像假日学校操场上的男孩子们一样……

我们出现在最高法院开始律师工作时,总是展现出一个胜利的场景。[26]

但任何一种固定的执业,甚至连债务追讨,都与个人巡回流动风格格格不入。骑马时代慢慢过去了;这是丰富多彩和浪漫的,但它不是攀登职业阶梯的方式。在内战之前,即使在边远的乡镇,坐办公室式的律师工作也已经成为常态。[27]

无论如何,东部和南部的政治家——律师们与平原上尘土飞扬的骑手律师大相径庭。有些人,如杰斐逊,是一位绅士,他把学习法律作为绅士的追求。在北方,也有来自精英背景的律师。他们形成了一个小型但复杂的商业律师群体。一些向上层社会移动的同事们也加入了他们的行列。精英律师在海上保险和国际贸易问题上为大商行提供咨询。然而,他们也基本上是单干的法庭律师,就像他们可怜的西部同事们一样。亚历山大·汉密尔顿在18世纪末从事普通律师业务,而且经常出庭。他是"纽约商人们非常喜欢的人"。许多关于海上保险的问题都到了法庭,汉密尔顿在这项业务中占有"压倒性的份额"。[28]

据估计,1830年在纽约市大约有500名律师,当时纽约市的人口约为20万人。[29]几乎所有这些人都是独行侠。有几个两人合伙关系,但没有任何规模的公司。在其中几个伙伴关系中,合作伙伴开始专业化。乔治·华盛顿·斯特朗(George Washington Strong)和约翰·威尔斯(John Wells)于1818年建立了合伙关系;两位合伙人很快就达成了大致的分工协议。其中一人是优秀的法庭辩护律师;另一人宁愿待在办公室,准备必要的文件和简报。[30]

在华尔街,至少有三种早期合伙是华尔街大型"法律工厂"的前身。其中一种是纽约凯威事务所(Cravath)的鼻祖,罗伯特·T.斯韦恩(Robert T. Swaine)对它进行了仔细的追踪。[31]我们要感谢斯韦恩给我们提供一幅宝贵的照片,描述了1826年至1832年间,创始人之一、独自执业的布拉奇福德(R. M. Blatchford)的工作方式。布拉奇福德的做法很特殊,但可能并不是独一无二的。在某种程度上,它更像是华尔街的后裔,而不是布拉奇福德同时代那些在小城镇、西部或纽约小刑事法庭上的同行们。1826年,布拉奇福德成为英国银行的美国金融代理人和法律顾问;这种关系给他带来了"大量来自英国律师的生意,他们的客户都在美国投资"。他也是美国第二银行的律师。布拉奇福德偶尔上法庭,但他的大部分工作都是作为顾问。1832年,当他和他的兄弟建立了合作伙伴关系时,他又退出了出庭诉讼的工作。这家兄弟企业成立的最初几年主要用于"在办公室里执业——就影响工业、贸易和金融的法律问题提供咨询意见和起草法律文件……有许多贷款交易、商业和房地产抵押贷款,后者的业务大部分来自英国客户,他们还偶尔处理一些海上保险和其他海事事务。此外,本地城内的商人和英国出口商也有很多托收业务"。

布拉奇福德还是一名专业受托人,并且对富有客户的遗产从事检验业务。后来,随着行业的发展,有些企业需要的贷款,其数额"已经达到单一贷款人无法承受"的状况。在此,为了一组投标的共同利益,发展出了一种将担保品质押或转让给受托人的做法——

> 布拉奇福德在这样的交易中发展了一种托管业务,即现代企业信托的先驱。在19世纪30年代也出现了一种投资证券形式,作为将英国资本吸引到美国的方式,它与现代投资信托具有同样的一般性质。在这个领域,布拉奇福德也表现得十分活跃,他既是受托人又是律师。由此产生了北美信托银行公司的诉讼,从1841年到1858年在纽约法院的这些诉讼,是布拉奇福德律师事

务所1854年以后的主要事务之一。[32]

布拉奇福德是未来的一种潮流。但很少有律师能承受得起远离法庭诉讼的代价。法庭的工作,无论是东部还是西部,都是获得声望的主要道路,是被公认为律师或律师业界领军人物的主要方式。作为律师,这几乎是成为名人的唯一途径。丹尼尔·韦伯斯特是个名人,而布拉奇福德却不是,法庭律师韦伯斯特活在文学和民间传说中。肯特法官很有学问,也很有影响力,但他在法庭上的表现"非常令人遗憾"[33],只有专家和学者才能记住他的名字。

法庭上的雄辩赢得了人们的注意,也吸引了客户的注意力。法庭里会有现成的观众。在广播和电视播出之前的日子里,公众会对一次良好的审判和良好的法庭演讲表示赞赏。在各个地区,当巡回法庭到达时,开庭日是一个群体聚集的机会;审判和法庭事务将打破单调的生活。在华盛顿这个相当沉闷的社会里,大使、国会议员和政客的妻子们挤进了最高法院的走廊,来聆听律师界的大人物们的声音。在1812年,大法官斯托里写道:"在这个过程中,女士们几乎每天都不时地会进来听有学问的律师的争论。有两次,我们的房间里挤满了来听现任总检察长威廉·平克尼([William] Pinkney)先生的法庭辩论的女士们。"[34]在法庭里的陈述,会持续几个小时,有时持续好几天。亚历山大·汉密尔顿1904年在纽约最高法院发表了长达6个小时的关于刑事诽谤案的陈述。[35]1824年,联邦最高法院被描述为"不仅是世界上最有尊严和开明的法庭之一,而且是最有耐心的法庭之一。大法官们可以在几个小时中安静地听着律师的发言,不去制止也不去打断"[36]。

这些马拉松式的演讲后来名声在外。丹尼尔·韦伯斯特在"达特茅斯学院诉伍德沃德案"中的陈述

> 光彩照人,逻辑推理清晰易懂,同时又如此接近论证效果的极致,以至于似乎他征服了所有的听众。不时地,在一两句话中,

他的目光闪烁,声音膨胀成一个更高的音符。但接下来他又立刻回到了认真的陈述之中。

据称,法官们全神贯注地听着。在他的正式辩论结束时,韦伯斯特补充上了他的名言:"先生,你可以摧毁这个小机构;它是柔弱的;它就在你的手中……"他说,"先生,就像我说过的,是一所小学院。然而,还有一些人爱着它。"

到目前为止,他再也无法控制住自己的感情。他的嘴唇颤抖;他的两颊因激动而颤抖;他的眼睛充满了泪水,他的声音哽咽着,他似乎在挣扎着去控制自己的情感。

据一位传记作家说,在那个时候,约翰·马歇尔的眼睛也"充满了泪水";韦伯斯特坐下来时,房间里有一种"死亡般的寂静";它持续了"片刻;每个人似乎都在慢慢恢复"。[37]

约翰·马歇尔的眼泪可能是个传奇;甚至连韦伯斯特那个著名演讲的文本都有些可疑。但毫无疑问的是,演讲是一种竞技运动;如果不是约翰·马歇尔,那么观众中肯定会有一些人"泪流满面"。[38]伟大的法庭大师们真的是令人倾倒。鲁弗斯·乔特(Rufus Choate)面对观众(在法庭内外)"可以让自己充满激情……他的声音会变成一声尖叫,汗水从他的头上涌出;他会在脚跟前后左右摇摆"。为了让他的演讲充满必要的空话,他实际上有阅读字典的习惯,以便从中挖掘出更丰富(也更浮夸)的词汇。[39]所以像乔特这样的人的风格过于华丽,充斥着过多的华丽的散文,迎合现代人的口味;但这在当时是先声夺人。年老的霍勒斯·宾尼(Horace Binney),回顾他年轻时的律师执业,他在1866年写道,看到了在浪漫的光影中的那些大律师们:华丽、雄辩,并非商业化和灰暗。在这个世纪的转折之前,有一名叫作西奥菲卢斯·帕森斯(Theophilus Parsons)的人,此人有着"苏格拉底般精妙",但"很不讲究"着装:"他的紫色围巾松散地蜷缩在他的脖子上。"1745 年出生的威廉·刘易斯在法庭上身着一套"黑色套装"并带着"涂了粉的头套"。

> 他最初的姿态总是尽可能将身体挺直,一只手在他的背心和衬衫之间穿插,另一只手松垂在腰间;在这个位置上,除了他的头的运动,没有任何动作,他会说出第一句话的头两个或三个句子。快速移动身体,有时身体稍稍晃动着,他会两手并拢,开始行动。从那时到了结论阶段,会有相当激烈的动作;他的头低下来或翘起,他的身体弯曲或挺直,他的手臂单独或一起托着他的头……他的嗓音深沉、洪亮、清晰,并不甜美,但属于法庭里良好的工作声音。[40]

法官也是富于雄辩的演讲者。在这段时间的早期阶段,法官向陪审团的陈述有时会持续很长时间。法官们对与手头业务相距甚远的主题进行了阐述。正如我们所指出的那样,对大陪审团发表的煽动性演讲,助长了联邦党法官与共和党执政者之间的危机。随着时间的推移,法官的言论自由得到了遏制。人们可以称之为法律实践的演说风格,尽管它从未消失,但它已经有所消减。这种风格基本上适用于小型精英和小型社区,以及适用于多面手的法庭律师。大企业的兴起和华尔街的实践风格破坏了演说家律师风格所持有的垄断。律师事务所的法律运作规律暗示着律师业与客户之间的不同关系,以及不同的获取业务渠道和业务的保持方式。然后,这个庞大的业务也产生了影响。随着案卷的膨胀,必须结束诉讼的悠闲步伐。在韦伯斯特时代之后,即使是压力重重的法院想要这种演说式的风格,也不可能去听这些滔滔不绝的演说来继续完成工作。

律师业的组织

在英国,不同等级和不同类型的律师之间有区别:律师(attorney)、顾问(counselor)、大律师(barrister)和出庭律师(sergeants)。这个分类概念在美国没有流行起来。几个殖民地已经认识到一个有等级的律师业;一些州——新泽西州和马萨诸塞州,在独立后的数年里,在两类律师之间进行了区分。西北地区的法规也曾短暂地区分了律师和顾问。只有比普通的律师更高一级的"顾问",才能出现在最高法院。这种等级的划分(1799年)只持续了几年,甚至只停留在纸面上。[41]在1829年到1846年间,纽约州的律师和顾问之间有了不同的区分;弗吉尼亚州区分了两种律师,一个是在衡平法上执业的初级律师,一个是在普通法法院执业的律师。这种区别没有什么重大意义;如果一个普通法的律师附加上一些额外的手续,可以很容易和迅速地为自己争取到律师在衡平法庭上执业的权利。[42]很快,弗吉尼亚州也废除了这一小小的正式划分。

因此,律师分级是一种相当短暂的现象。现有的律师业确实努力保持着他们的行业协会小而精。但是,他们并没有如愿以偿。在19世纪初,律师事务所在形式上是一个未分化的群体,有富有的律师和贫穷的律师、高级律师和低级律师;但他们都是一个庞大的扩展职业群体的成员。少数原始律师俱乐部、协会和会员行会(Moots)[43]并没有提供真正的凝聚力或自我控制。律师业非常松散,也非常开放。没有人在顶部或内部控制它。进入律师界的要求也是宽松的。[44]在新英格兰地区和纽约州,在殖民地时期的后期,律师本身有很大的权力来决定进入律师界的正式或非正式的准入条件。但后来被法院接管,法院规定了律师资格和申请处理。这意味着专业控制方面的一定丧失。

法院势必采用比执业律师更宽松的控制;对保持高收费标准和律师供应不足这些事情,法院并没有什么兴趣。

一个年轻人如何让自己被认可为真正的律师?在马萨诸塞州,每个郡法院都承认自己的律师;高等法院在理论上控制了南卡罗来纳州的所有的律师准入;在罗得岛州、特拉华州和康涅狄格州的地方法院决定律师的准入;但只要进入一个法院,律师就有权在其他法院执业。独立革命后,纽约(1777年)和联邦法院(1789年)改用马萨诸塞州的制度,这个制度在东北部占主导地位。在19世纪30年代,特拉华州的方法变得更受欢迎;律师被任何地方法院承认,无论其过程如何草率,获得州律师业的成员,就可以在该州任何法庭上执业。

有几个州对律师执业的先决条件要求严格。在新罕布什尔州,1805年到1833年间,联邦郡律师协会要求,进入下级法院执业需要5年的准备时间,申请者需要有资格进入达特茅斯学院(但他们不需要懂希腊语)。大学毕业生需要3年的准备时间。进入高等法院,则还需要有2年的执业期。1829年至1846年间的纽约州,根据法院规则,想以律师的身份在最高法院执业,需要7年的准备工作,"在14岁之后所有传统意义上的学习经历,最多可算4年"。[45]在纽约州,需要花3年的执业时间才能成为一名"顾问律师"。其他大多数州放弃了这些严格的要求。1800年,19个州或有组织的地区中有14个规定了一定的律师资格准备期。1840年,30个司法管辖区中只有11个州这样做了。在马萨诸塞州,1836年通过了一项法令,要求法院接纳任何一个在律师事务所学习法律3年的品德良好的人。不符合这一要求的人可以去参加一个考试。在19世纪40年代,少数几个州取消了除良好的道德品质之外的所有执业要求。一个是缅因州(1843年),另一个是新罕布什尔州(1842年),扭转了以前的严格政策。因此,在这一点上,很难证明法律是一门博学的、困难的、排他性的职业。

这些规则（或非规则）不应该过于从字面上来理解。在19世纪40年代，即使是在新罕布什尔州和缅因州，那些门外汉也没有法律执业的经历。律师资格许可和准备的规则在任何地方都不是很严格。如果我们能相信大量的逸事的话，在某些州，尤其是在西部，他们对未来律师的"考试"是极其草率的。[46]古斯塔夫·柯纳（Gustave Koerner）从德国移民过来，从19世纪30年代开始在伊利诺伊州执业；他说，他的考试是非正式的，只持续了大约半个小时，包括一些敷衍的问题；然后，休息时每个人都去喝了白兰地。[47]1829年，萨蒙·蔡斯（Salmon P. Chase）在马里兰州参加了一个普通考试。法官希望他"再学习一年"；但随后，蔡斯"乞求得到一个有利的决定"，因为他"已经做好了去西部各州和法律执业的安排"；法官后来让步了，让他宣誓就职。[48]约翰·迪安·卡顿的经历与此非常相似。卡顿于1833年成为伊利诺伊州的律师。十月份的某天，他骑马去了伊利诺伊州的贝京；在那里，他把自己介绍给塞缪尔·洛克伍德法官（Samuel D. Lockwood）。卡顿告诉法官，他正在芝加哥执业，但需要执照。晚饭后他们去散步；那是一个"美丽的月夜"。突然，在一个靠近"大橡树桩"的地方，洛克伍德法官开始问问题。让卡顿吃惊的是，这才是真正的考试。有30分钟的问题；然后法官说他会批准这个执照，但是卡顿仍然有很多东西需要学习。[49]

也许，让律师资格比较容易地取得，符合杰克逊式民主的理念。但基本的社会事实也被推向了同样的方向。对任何类型的职业，政府基本上没有什么控制；这种控制是在后来出现的。地域和社会流动性很强。政府被分割成小的司法管辖区。没有人能真正为自己确定标准；当时，一个方面的缺陷就是所有方面的缺陷。[50]此外，对各种有抱负的人开放一个一专多能的职业，对社会是有用的。正如我们所说的，美国生活的首要经济事实是土地和（一些）资本被大量的人们所拥有。在这个社会里,不仅仅是贵族或少数幸运的人需要一些有关规则、规则类的书籍、某些神秘的法律方式、法院或政府的知识以及和一些至少入门级的法律知识。简而言之,这个社会需要一个庞大的、非固定的、开放的职业。

在许多方面,宽松的标准几乎是不可避免的。也许,这种状况甚至增强了律师业的活力。正式的限制往往会消失;但法律服务的实际市场本身是一个严酷的、或许有效的控制。它修剪枯枝;它奖励了适应性和灵巧性。杰克逊式的民主并没有让每个人都成为律师。它确实鼓励了充满精明企业家精神的竞争激烈的律师业。

法律教育

律师是受过法律培训的人,或者是受过一些法律培训和有一些法律技能的人。即使在职业自治的低水平年代,也没有人能在法律执业时不表现出一些法律技能和法律知识。大多数律师在律师事务所办公室的培训中花费了一段时间,由此找到了一种自命不凡的专业感。当时的法律教育(如果你可以这么称呼它的话)的基本形式是一种学徒制的状态。支付一些费用,想成为律师的人可以待在办公室里,阅读布莱克斯通和柯克的法律书籍,并且可以抄写一些法律文件。如果他幸运的话,他可以从观看律师工作的过程中受益,而且也可以做得很好。如果他非常幸运的话,实际上,律师还可以试着教他一些东西。

学徒制对每个人都是有用的:对于一个学徒而言,如果没有什么别的事情,可以潜移默化地学习到一些法律知识;而对于律师们来说,他们(在电话、打字机、文字处理机、复印机等前面忙碌的时候)迫切需要的是抄写员(copyists)和资料整理员(legmen)。年轻的亨利·克莱,在弗吉尼亚州里士满的乔治·威思办公室里担任秘书;威思年纪

238

大了,还有关节炎,所以克莱就做威思的口述记录;他还复制和归档文件。[51]从字面意义上讲,法律教育是在一所学校里接受培训,其方式是从学徒制中发展出来的。有些律师诚心诚意地想训练他们的职员。一些人实际上成了受欢迎的教师。在1800年之后不久,马萨诸塞州的帕森斯就很受学生的喜欢,以至于法庭特别针对他发出了一个规则,要求他在同一时间里,在律师办公室里不得培训3个以上的学生。[52]莱缪尔·肖也是一位受欢迎的勤奋的老师。他制定规则来管理学生的行为和训练。学生们每星期一要报告他们上星期读到的内容。他们也鼓励与肖"自由地交谈"有关"学业的话题,尤其是那些在变化和更改中的一般性法律——这些法律可能受到该地区成文法和地方性习俗的影响,而且这些内容在书本上很少能够找到"。[53]莱缪尔·肖的办公室几乎成了律师的一所小型私立学校。一些有教学天赋的律师,采取了下一个合乎逻辑的步骤;他们做得越来越少,花更多的时间和他们的职员在一起。北卡罗来纳州的莱纳德·亨德森(Leonard Henderson)是该州未来的首席大法官,他于1826年在《罗利纪事报》(*Raleigh Register*)上刊登了一则广告,称他有"4个职位空缺给学法律的学生",而且说不定即将需要第五个学生。他承诺说"我不会提供正式的课程,但只要学生有要求,有问必答;考试会很频繁,而且会围绕法律话题进行讨论",这种讨论活动大多数情况下是在"餐后"举行的。亨德森确定了"指导和食宿(但不包括洗涤和蜡烛)"的培训费用——每人每年收费225美元。[54]

真正的法律学校最早是由里夫法官(Tapping Reeve)在康涅狄格州利奇菲尔德创办的,时间大概在1784年。[55]在少数几所大学里,有法学教授,我们后面会谈及他们;但里夫的学校是第一所法律学校,一所专门培训律师的学校。"一位律师为律师们设立了一个可以获得实际法律教育的地方。"[56]里夫是一位成功的律师,但他喜欢教学生,甚至在他真正开始上课之前,他已经准备好了教材,并为学生讲课,利奇菲尔德的学校取得了巨大的成功,规模迅速扩大,最终获得了全国性的声誉,吸引了来自全国各地的学生;其中四分之三来自康涅狄格州以外的地方。学生们坐在木制书桌上听着讲座,抄录或记录他们所听到的内容。[57]1813 年,有 55 名学生入学。1798 年后,里夫在学校的合作伙伴是詹姆斯·古尔德(James Gould),他本人就是这个学校的一个毕业生。[58]第一年的费用为 100 美元,第二年的费用为 60 美元,当然还有其他费用;如 1814 年在学生写的一封信中是这样描述的:膳食住宿费和洗衣费共 13 美元;木材费用 14 美元;蜡烛费用 6 美元;纸张费用为 5 美元。[59]在 19 世纪 20 年代后期,学校开始感受到来自其他学校的激烈竞争。它开始进入衰退。古尔德当时是唯一的讲师,而且身体欠佳,因此决定是关闭学校的时候了。它于 1833 年关门。此时,已经有超过 1000 名学生从利奇菲尔德"毕业"了。

利奇菲尔德学校以讲座的方式教授法律。它的讲座内容从未被出版;一旦出版,学校就注定难以为继,因为学生们将失去支付学费和走进课堂的大部分动力。它的讲座计划是以布莱克斯通《英国法释义》为蓝本的,但利奇菲尔德学校的讲座更多地关注商法,很少或根本没有接触刑事法律。每天的讲座持续 75 分钟或 90 分钟。整个课程用时 14 个月,包括两个假期,每个假期为 4 周。学生们被要求仔细地写他们的笔记,并做辅助阅读。每个星期六都有对一周工作的"严格考试"。在学校的后期,有运作中的"模拟法庭和辩论社团可供自由参与"。[60]

利奇菲尔德学校在其他州催生了大量的模仿者,其中一些很受欢迎;大多数人只尝试了一小段时间。一些学生尝试了学校制和学徒制。1838 年,弗吉尼亚州的弗雷德里克斯堡(Fredericksburg)的罗伯特·里德·豪伊森(Robert Reid Howison)在 18 岁时开始阅读法律书籍。他自然地从布莱克斯通读起,但通过大量的文本来深耕细作。1840年秋天,豪伊森选修了一门由法官约翰·洛马克斯运作的一所法律学校里的课程,课堂位于法官在弗雷德里克斯堡的房子的地下室里。第二年春天,豪伊森在弗雷德里克斯堡的法庭书记办公室里工作了三个星期,工作是抄写文件。然后,他通过了考试并获得了律师资格。[61]

最终,作为办公室培训的主要替代方案,大学法学院取代了利奇菲尔德式的类型。但大学的法律培训起步较慢,到19世纪,在大学里还没有"法学院"。一些大学把法律作为普通课程的一部分。第一个美国法律教授出现在威廉和玛丽学院(William and Mary College)。在这里,在托马斯·杰斐逊的指示下,乔治·威思被任命为"法律和警察"教授。后来担任教授的圣乔治·塔克(St. George Tucker)在1803年出版了布莱克斯通著作的美国版,其中有大量的注释和补充,以供学生使用。18世纪末和19世纪初,教授职称也设立于弗吉尼亚大学、宾夕法尼亚大学和马里兰大学。与利奇菲尔德学校不同,这些课程根本不适合培训律师。1790年,詹姆斯·威尔逊(James Wilson)在宾夕法尼亚大学(1790)举办了一系列讲座"为各行各业的绅士提供一种合理、有用的娱乐"。戴维·默里·霍夫曼(David Murray Hoffman)在马里兰大学的讲座和詹姆斯·肯特在哥伦比亚大学的讲座,都使法律文献得到了丰富。但这些早期实验大多是在布莱克斯通的传统框架内,严格地说,他们是为学生通识教育举行的法律讲座,而不是法律培训。

哈佛法学院(Harvard Law School)是一个有点不同的生灵,它比其他学院的讲座课程更具持久的魅力。1816年,在由伊萨克·罗亚尔(Isaac Royall)留给哈佛的捐款基金中,设立了一个法律教职。第一位教授是马萨诸塞州首席法官伊萨克·帕克(Isaac Parker)。帕克在他的就职演说中说,法律是一门"科学",是一种"值得在大学里占有一席之地""值得去教授的东西,因为如果没有教学指导,它就不能被理解"。[62]在哈佛,已经有了神学和医学的独立学院。帕克期待(或者希望)能有一个专业的、独立的法学院。它将可以生存在哈佛大学中,但又与哈佛大学有所不同。来自内森·戴恩的一份重要礼物帮助实现了这一愿望。戴恩写了一本最成功的法律书——《美国法要义》。在18世纪的英国,查尔斯·维纳(Charles Viner)写的类似有关英国法律的书也很受欢迎;他把所得的收入用于给威廉·布莱克斯通爵士提供一个教授席位。戴恩遵循了维纳的先例;他也捐了1万美元来支持教授席位。戴恩特别强调,这个教授在剑桥市的住所不应被要求作为他任职的条件;相信最好的教授通常会在法官和律师中找到,也可以在其他适合的地方找到那些杰出的人们,而教授们则可以继续保持他们的律师事务所的实践;同样,法律课程的增长速度不应超过对它们的需求。显然,其巨大收益将是出版它们。[63]戴恩自己推荐了一个人——作为首位戴恩基金的教授席位候选人,这个人的名字是约瑟夫·斯托里。斯托里确实是一个兼职教授,完全是不得已而为之;当他在1829年接受这一职位时,他是美国最高法院的大法官。[64]

至少在斯托里任教期间,哈佛法学院是非常成功的;到1844年,共有163名学生入学,这是一个前所未闻的数字。[65]那些完成课程的人获得了一个法学学士(LLB)学位。毫无疑问,教授们的名气和技能是一张拿得出手的名片。相比那种枯燥乏味、按部就班的典型事务所学徒式的生活,能够负担得起学费的学生,一定更喜欢在哈佛大学读书的生活。作为最古老和最成功的法学院,哈佛法学院成为所有新学校的典范;正如斯托里所希望的那样,它是一个纯粹而严谨的模式。它严格界定了法学院和法律培训的范围。政治和政府的研究被放在一边[66];这里更多的是关于普通法的研习,而不是对成文法规的研习。

在这个狭窄的领域内,学校设立了大量的奖学金。最终,法律系变成了一台真正的论文写作机器。斯托里就各种各样的主题写了"评论":期票、衡平法法理、法律冲突、代理、委托、汇票、合伙。西蒙·格林利夫(Simon Greenleaf)写了一部受欢迎的关于证据的专著。法学院也开始建立一个大型法律图书馆。在1846—1847学年的目录上,声称法学院图书馆拥有12000本书。[67]哈佛大学的成功表明,在一所大学获得的训练,可以与学徒制相竞争,并以满足想要成为律师的年轻人的希望和需要。但是,仍然只有少数未来的律师得以进入哈佛大学,或者普通的法学院。对大多数人来说,执业之路仍然绕不过要在律师事务所当一名小职员的经历。而且,在这一时期,学徒制对哈佛的影响,可能超过哈佛对法律训练的一般性课程的影响。

法律文献

普通法是法官制定的法律。它主要体现在高级法院法官的判决意见中。没有被刊载的评价意见,就没有机会成为所谓"法律"。在英国,有一种私人编辑的文献叫"法律报告"(*reporters*,有一些编辑得精湛和准确,有些并不太完善),它不公开地整理了大量法庭案件,以利于执业律师的工作。在殖民地时期,并没有什么美国的法律报告可供编辑。[68]总的来说,律师必须依靠来自英国的法律报告,或者依靠从英国文献中搜集来的第二手的英国案件知识。律师们当然知道当地的法规和当地法院的做法。一些律师为自己准备了当地的案例集。有时,大量的案卷在律师之间流传。这种做法在美国独立建国后确实得到了延续。在特拉华这个小州里,就有11本涵盖1792年至1830年期间法律案件的手稿本被发现和重新印刷。[69]

但在一个不断扩大的法律体系中,手稿不能满足律师对案件的渴望。1789年,伊弗雷姆·柯比(Ephraim Kirby)发表了一卷康涅狄格的法律报告(Connecticut Reports)。在序言中,柯比表示希望"永久的普通法系"和美国的普通法体系将出现在这个国家。这一愿望很快就实现了。这不仅仅是一种爱国主义和自豪感。毕竟,律师们渴望得到一批案件报告,并且愿意为此付费。1790年,亚历山大·达拉斯(Alexander Dallas)发表了一卷"独立革命前后的宾夕法尼亚法院裁决和判例报告"。从1754年起的早期案件,都是"由罗尔(Rawle)先生精心整理完成的";在位的法官则通过提供当前案件的记录来帮助达拉斯。达拉斯和柯比一样,宣称有爱国主义的目标;他希望他的报告"倾向于展示宾夕法尼亚普遍存在的、纯粹和统一的法理学体系"。在第二卷中,达拉斯增加了当时位于费城的美国最高法院的案件。在这本书中,悄无声息地开始了一系列宏大的法律报告,一直未中断地延续到现在;这是世界上最强大的法庭工作的编年史。

哥伦比亚特区巡回法院首席大法官威廉·克兰奇(William Cranch)是最高法院判决汇编的下一位编纂者。克兰奇编纂的第一卷判决汇编出现在1804年,它带来了希望(正如一份报纸上所说),"普通法的准则"将"从我们自己的宪法、法律、风俗和社会状态中成长起来,独立于自我们的革命以来对外国司法判决的屈从依赖"[70]。在他的"序言"中,克兰奇又增添了另一个颇具时代特色的主题。他说,判决汇编对"一个法治政府"(a government of laws)至关重要。"应当将尽可能少的范围留给法官自由裁量。无论如何都倾向于使法律更为明确,这样就等同于在限制这种自由裁量权;也许没有什么比报告的发表更有助于这一目标。以往每个案件的裁决都是对法官的制约。"另一位有才干的编纂者亨利·惠顿(Henry Wheaton)接替了克兰奇,后来惠顿成为有名的外交官和法律学者。[71]

越来越多的州法院的判决报告被发布出来。纳撒尼尔·奇普曼于 1793 年发表了佛蒙特州的"报告和论文"。杰西根在 1798 年发表了他的康涅狄格报告。即将成为最高法院大法官,布什罗德·华盛顿(Bushrod Washington)于 1798 年在弗吉尼亚州上诉法院出版了两卷案件辩论报告。[72]纽约州、马萨诸塞州和新泽西州也出现了案件报告,其中一些还具有官方地位——例如乔治·凯恩斯(George Caines)始于 1804 年的纽约州最高法院的案例报告。许多早期案例编纂者是法官,他们收集自己的意见和同事的意见。其他法官与编纂者们密切合作,帮助他们整理出完整和准确的资料。肯特法官与威廉·约翰逊有着密切的关系,他的纽约报告在律师界很受欢迎。凯恩斯承认他的编纂工作受惠于"在法官席上那些尊贵的法官们……毫无保留地给出了他们的书面意见……整个律师界也坦率地慷慨地提供了他们的案件,以及其他所有希望或期望的沟通。这些都帮助法院书记员增加了无数办公室的案件文献资料"[73]。罗得岛州是最后一个进入这个行列的州。安杰尔(J. K. Angell)编纂的罗得岛司法案例的第一卷直到 1847 年才出现。

在早期的报告中,有些报道远远超过了对法官判决文字的依赖。就像最好的英国法庭判决报告一样,他们是执业律师的指南。有些编纂者在文献中增添一些他们从法庭收集到的口头和书面小短文。奇普曼在法律汇编中填充进了他的论文,其中包括"关于债券可协商性的论文"(Dissertation on the Negotiability of Notes)。杰西·鲁特(Jesse Root)的第一卷康涅狄格报告(1798 年)的完整标题对内容做了一些说明:

> 编纂了初审法院和最高法院审理的案件报告。从 1789 年 7 月到 1793 年 6 月;在此期间,有各种各样的判例,首先是对政府和康涅狄格州的法律的观察。还有一些附加的各种法律判决要点,以及在最高法院适用的执业规则。

但鲁特的"案例"并不是完整的逐字报告。通常情况下,他们只不过是在审判或上诉案件中对一些兴趣点的简短说明。下面是"培根诉迈纳案"(*Bacon v. Minor*)的"案例报告"全文:

> 一个涉及诽谤的诉讼;因为说原告已经伪造了某张票据。由陪审团审理。丹尼尔·迈纳(Daniel Minor)作为一名证人出庭,但遭到反对,理由是他是这个票据的联名承诺人,他被控告说过同样(有关诽谤)的话而被起诉。法院裁决:他不能被准许作为证人,因为他和这个案件有利益关系。[74]

最终,被任命的官员取代了私人企业家成为法律判决编纂者。官方报告往往比非官方报告更全面、更准确,同时它们也更加标准化。凯恩斯评论说,他的"努力只不过是整理收到的材料,并以一种总结的方式给出了这些论据"。编纂风格上有所丧失,但收获了真实可信。

判决编纂的最终影响很难被评估。它们使各州把自己的普通法结合起来,像它们所希望的那样独立于英国的普通法,或区别于其他州的法律。同时,这些报告也使得各州可以更自由地相互借鉴。与小州和非著名的法官相比较,大州和著名法官的判决更有分量,并更频繁地被引用。纽约的报告具有很高的威望,尤其是肯特法官的判决意见。莱缪尔·肖在马萨诸塞州是另一个伟大的名字。起初,很少有州法院可以完全依靠自己本地的判例。实际上,上诉法院也没有完全受到地方判决的约束。法官们认为普通法是一种伟大的法律语言。没有一个法官希望与法律主体完全脱节,至少没有一个充分的理由。许多法院仍然或多或少地有引用英语案件的习惯。在第一卷萨克斯顿的衡平法院报告(新泽西,1830年至1832年)中,超过一半的引证是来自英国的判例——此时美国独立已经超过50年了。显然,从那时起,一个引用、追随和消化英国学说的案例,就此成为美国本土的法律规则。然而,基本上,案例编纂是建立一个本土法律体系的基石,因为每个州都拥有自己的独立性,实际上它是一个系统的制度体系。

除了少数例外,只有上诉法院的判决和意见被编纂。偶尔,新闻报纸也会报道重要的或耸人听闻的庭审案件。少量庭审案件也会以小册子的形式公布于众,这对于那些充满刺激性的谋杀案尤其适用。非公开印行的,是一些特别让人津津乐道的、由著名的法官主审的大陪审团起诉案件。[75]最好的法庭演讲也出版了。例如,在1844年,一个有事业心的出版商将霍勒斯·宾尼(Horace Binney)和丹尼尔·韦伯斯特(Daniel Webster)在斯蒂芬·吉拉德(Stephen Girard)遗嘱案中的论点予以出版。[76]

一批法理学和法律实用著述也开始在美国出现。出版商把英国的文献以美国版本的形式加以展现;编辑经常增加脚注,使这些书不断更新,并指出这属于美国的创新。约瑟夫·奇蒂(Joseph Chitty)的《实用合同法》(*Practical Treatise on the Law of Contracts*)美国版第四版于1839年由珀金斯(J. C. Perkins)出版,其中包括了迄今为止的大量美国判决注释。弗吉尼亚的学者和法官乔治·塔克于1803年出版了一部五卷本的布莱克斯通著作。这部重要的作品中有其自己的创作内容。其深思熟虑的"附录"讨论了弗吉尼亚的政府、法律和法理学。1831年,约翰·里德(John Reed)出版了三卷本的宾夕法尼亚版的布莱克斯通著作。里德保留了布莱克斯通的总体构架(即"最珍贵的正确信息宝藏、最纯粹和古典风格的表述形式")[77],并用引号摘录了大量的原文;但里德也改写了大量的新材料,以"融会贯通,对宾夕法尼亚的整个法律、普通法和成文法进行了一个基本的阐述"。渐渐地,除了一般性的概括介绍,越来越多的文献不再或很少提及英国的模式。[78]

除了一些例外,无论过去还是现在,美国的法律文献都是实用的。书是为执业律师而写的。目的是帮助他谋生,而不是为了消解他的知识好奇心。大多数法律撰稿人和几乎所有的律师,都刻意忽略了系统的法律理论。在英美法系国家,对法律理论从来都没有很强的诉求。著名的政治理论文献以及法律本身可以对托马斯·杰斐逊、詹姆斯·威尔逊的作品和《联邦党人文集》提出一些主张,而不是完全牵强附会。政府内部的一些教育是更优秀的律师的一般培训的一部分。一些关于法律的一般性论述确实把内容放在政治、自然法和法律的来源和目标上。[79]詹姆斯·沙利文(James Sullivan)在1801年在波士顿出版了《马萨诸塞州的土地所有权历史》(History of Land Titles in Massachusetts)一书,他认为在这本书中可以增加"对法律整体性质的一般性观察,特别是美国的法律的部分"。[80]这本书的其余部分是有关美国不动产法的传统处理方式。

甚至在1800年之前,一些美国律师就开始自己动手写作了。泽凡尼亚·斯威夫特(Zephaniah Swift)于1795年至1796年出版了《康涅狄格法律制度》(System of the Laws of Connecticut)一书。在1810年,他写了《民法和刑事案件中的证据法摘要》(Digest of the Law of Evidence in Civil and Criminal Cases)和《汇票和本票专著》(Treatise on Bills of Exchange and Promissory Notes),他的书内容丰富,可读性很强。他没有提出任何宏大的理论;但是,正如他在《民事和刑事案件中的证据法摘要》一书中所说,"以一种简单而有条理的方式安排问题是富有意义的"。[81]斯威夫特并不害怕批评。例如,他抨击了美国的规则,即原告(在发现诉讼中)要受到被告的披露的约束,而如此才不会与被告的发现(disclosures)相矛盾。他说:"这一定是采纳了早期的那种没有经过适当考虑的做法。"[82]这是一个典型的斯威夫特式的批评。它没有通过任何连贯的意识形态或任何正义理论清晰地表达出来。批评总是零碎的、实用主义的。后来的一些专论也具有相同的特征。最受欢迎或最持久的是约瑟夫·安杰尔(Joseph K. Angell)和塞缪尔·埃姆斯

(Samuel Ames)合著的《私人公司法》(*Treatise on the Law of Private Corporations Aggregate*, 1832);西蒙·格林利夫的《证据论》(*Evidence*, 1842);亨利·惠顿的《国际法要素》(*Elements of International Law*, 1836);以及西奥多·塞奇威克(Theodore Sedgwick)的《关于损害赔偿的专论》(*Treatise on the Measure of Damages*, 1847)。蒂莫西·沃克(Timothy Walker)在1837年出版的《美国法律概论》(*Introduction to American Law*, 1837)是一部一般性的著作。这本书是为学生设计的,非常成功,并出版了许多版本。内森·戴恩的八卷本《美国法要义》(1823—1824年;1829年出版了补充第九卷)前面已被提及。这本书是一部比较松散的作品;早年在英国出版的这类书也情况类似。作为文献著作,戴恩的著作几乎没有什么值得推荐的。正如一位当代人士所言,戴恩的著作"无论是自身的还是借鉴来的,都没有优雅的风格,他也从来没有过这种追求"[83]。但是律师们为他们的工作图书馆买下了这种"要义"著作,戴恩赚了足够的钱可以使自己成为哈佛赞助人。

不那么装腔作势的著作,表现为通用性的另一端,这就是地方性的实践手册和各类对特定司法管辖区有帮助意义的指南。威廉·W.亨宁(William W. Henning)的《新弗吉尼亚司法》一书(*The New Virginia Justice*, 1795),就是治安法官的指南类书籍,这是一种当时常见的类型,这类书在早年英国和殖民地时期也出现过不少。这类书或多或少是专门为没有经过专业训练的法官们设计的,也许也适用于初出茅庐的律师。它引用成文法令,制定简单的法律格式,并摘要了一些相关案例。类似的文献也出现在其他州。约翰·格里姆克(John E. Grimké,1752—1819年)在1788年撰写了《南卡罗来纳州治安法官》(*The South Carolina Justice of the Peace*),在1797年撰写了《遗嘱执行人和管理人的职责》(*Duty of Executors and Administrators*)。伊塞克·考恩(Esek Cowen)在1821年撰写了一部关于《纽约州治安法官民事管辖权的专论》(Treatise on the Civil Jurisdiction of Justices of the Peace in the State of New York);对于那些困惑中的非专业法官们,这本书可以作为一个司法指南;也许还有(伊塞克·考恩所希望的)"对商界人士有些用处",甚至是对伊塞克·考恩的"行业的兄弟"。在文字层面上,更低层次的是简单的书籍和门外汉指南,适用于普普通通的书名,比如《每个人可以是自己的律师》(Every Man His Own Lawyer),或者书名是《西部书记官的助理》(Western Clerks' Assistant)或《商人的助理》(The Business Man's Assistant)。最后一部分是"有用的法律文书形式"汇编,以及利益表、货币信息、"获得专利所必需的法律、说明和表格"以及"铁路建设协议"。据称这本书1847年在波士顿,在一个"律师的协助下"由出版商D. R. Butts出版,当时的销售额超过30000本。理查德·亨利·达纳(Richard Henry Dana, 1815—1882年)以其1840年写作的《桅杆前两年岁月》(Two Years Before the Mast)而知名,他在1841年写了一本海洋法手册,书的名字叫《海员的朋友》(The Seamen's Friend)。

  法律期刊寥寥无几,能维持很久的期刊很少。[84]在1830年之前创办了12份期刊。《美国法律期刊和相关文献》(The American Law Journal and Miscellaneous Repository)是其中之一,该期刊于1808年在费城出版,但只维持了十年的时间。它的大部分篇幅都致力于案例报告和法规编纂,但也有一些法律主题的论述性写作。这种类型的期刊在与判决编纂的竞争中,显得竞争力比较弱,它们只能重印一些重要的决策和其他主要的法律渊源。但是那些编纂更好的判决汇编会使这些期刊中的大多数人无法继续生存。在1810年,只有一份期刊实际存在,1820年也是如此。在1830年,有了5份期刊。《美国法学家和法律杂志》(The American Jurist and Law Magazine, 1829—1842年)是其中之一,由威拉德·菲利普斯(Willard Phillips)创办。这份期刊比以往同类更为高调,也更为成功,它包含了关于法律观点的论文、案例评述、历史评述和问答材料。波士顿律师界的杰出成员们,包括约瑟夫·斯托里,经常为该期刊撰稿。

人们持有共识的是,19世纪上半叶美国法律文献中最重要的两位人物是詹姆斯·肯特和约瑟夫·斯托里。他们都是博学的教师和法官。他们两人都享有巨大的声誉。此后,他们的声誉都在下降,读者的数量也无法挽回。在他们的年代里,他们在国内和国外的声誉都比美国其他法律学者高。这个大陆上没有人听说过詹姆斯·沙利文(James Sullivan)或泽凡尼亚·斯威夫特。但约瑟夫·斯托里是一个赢得了来自欧洲大陆法法学家尊敬的名字。当肯特的《美国法律评论》(*Commentaries on American Law*)发表后,乔治·班克罗夫特(George Bancroft)说:"现在我们知道美国的法律是什么了;我们知道这是一门科学。"[85]

约瑟夫·斯托里生于1779年,逝世于1845年。[86]在1811年,当他年仅32岁的时候,他被任命为美国最高法院大法官。与预期相反,因为他名义上是杰斐逊的追随者,他事实上成为约翰·马歇尔在法庭上强有力的右臂。1829年,他成为哈佛大学的戴恩讲座教授(Dane professor at Harvard)。他没有从最高法院辞职(他也没有被期待这样做)。作为戴恩讲座教授,他写了一系列的《评注》(*Commentaries*),它们出版于1831年到1845年之间——总共有11卷。他是一个厚重和博学的人。据他的儿子说:

> 他深谙古希腊和古罗马的经典作品……他是个出色的历史学者;在科学和机械工艺领域,他已经达到了相当精通的程度。他对各类知识都抱有求知欲……没有法律著作,他没有浏览过。[87]

斯托里不会让自己的博学逐渐损耗殆尽。他关于法律冲突的开创性著作(1834年)将一个新的领域(至少是美国的新领域)从无到有般地系统化。这部著作充满了博学的引述。其中一页（第 360 页）有三行法文和六行拉丁文，还有路易斯·布伦诺易斯（Louis Boullenois）、阿奇勒·罗德伯格（Achille Rodemburg）、沃特（P. Voet）、维贝特（J. Vbet）、德阿根廷（C. d'Argentre）和胡贝尔斯（U. Huberus）等人的名字，这些名字是普通美国律师会觉得非常神秘的名字。

斯托里的博学并不总是那么张扬。无论如何，英语国家的法学家们几乎没有触及法律冲突这个主题。斯托里的博学并没有干扰他的主要论点；通常情况下，这条论题主线展开得很清楚，有时甚至是优雅的。斯托里的博学具有系统性，它涉及他对法律的整个态度。他是一个学者和传统主义者；他对法律和既往都有崇敬之心。在他看来，法律完全是历史的产物，是思想历史辩证法的产物。如果对其历史缺乏深刻、全面的了解，试图干涉法律及其运作方式是鲁莽的。斯托里完全赞同爱德华·柯克爵士的观点，即普通法是理性的化身；它不是英国或美国经验的狭隘产物，而是伟大的、古老的人类智慧之树的一个分支。从某种意义上说，他是一个法律泛神论者（legal pantheist）。他在罗马法和普通法中都看到了神性。但正是因为这个原因，他崇拜自己的州和国家的法律；他认为它们与贯穿人类历史的强大的法律潮流有关。某个具体地区法律制度的确切发展，是对伟大的一般性原则的具体适应。在他 1835 年出版的《衡平法学》（*Equity Jurisprudence*）中，斯托里问道：

> 无论可能与否，最好是在一个法院或某一类法院执行全部补救司法，而不对诉讼或诉讼形式或准予救济的形式作出任何分离或区分。

我们可能已经猜到，来自马萨诸塞州（没有独立的衡平法院）的律师，有着深厚的欧洲法律知识（欧洲大陆没有法律和衡平法之分），他们对法律和衡平法合为一体的想法没有异议。[88]但是斯托里并没有就此无所作为。他首先引用了弗朗西斯·培根(Francis Bacon)的一句话,即至少从广义上说,所有国家或多或少都有类似衡平的制度。培根的观点是,将法律和衡平法混合在同一个机构中,可能是有害的。下面是六行培根的拉丁语论述。随后斯托里提及大陆法系,即"如果不是普遍的,在那里的一般性实践是另外一种方式"。

但是,无论这种观点,还是其他理论,在理论上都是最正确的。最可能的是,每个国家采用的实用系统主要受其自身机构特点、习惯和情况的影响;特别是根据其自己的法律学说以及自己的补救正义形式的影响……这个问题……永远不会那么容易受到任何万能解决方案的影响。[89]

詹姆斯·肯特,美国法律文献中的第二号人物,于1763年出生在纽约。他去了耶鲁,然后在那里就读法律,并且在1785年成为纽约律师协会的一员。就像斯托里一样,肯特在法官席位上有着杰出的职业生涯。他于1814年至1823年担任纽约州首席大法官。当1821年的《纽约州宪法》规定法官的最高年龄为60岁时,他被迫提前退休。在退休后,肯特写了他的代表作《美国法律评论》,共四卷,出版于1826年至1830年之间。这部书从出版伊始就受到了律师界的热情欢迎。直到1847年他去世之前,肯特都在继续出版此书的修订版本。这部作品非常受欢迎,以至于在肯特去世后很久,还有其他人为其出版了新的版本。其第12版(1873年)由年轻的小奥利弗·温德尔·霍姆斯(Oliver Wendell Holmes Jr.)编辑出版。

现在没有人再读肯特的书了(或者,就此而言,斯托里和布莱克斯通也是如此)。佩里·米勒(Perry Miller)发现肯特的书"枯燥";他对肯特的"僵硬的新古典主义论调"感到厌烦。他认为肯特的"几乎所有领域的方案"都属于"陈词滥调"。[90]但是,读肯特的书,而且觉得肯特这个人还是个有趣的人是有可能的。肯特打算将他的宏大的著作作为美国版的布莱克斯通。在很大程度上,他成功了。像斯托里一样,他很谨慎,也很博学。但他缺乏布莱克斯通的自信和自满,也不像斯托里那样学究呆板。他的论述风格在各方面都很清晰和公开透明。有时候,肯特甚至会说一两句得体的话。他对美国法律的整个结构有着深刻的把握。他的法理学思想不是独创的,也不是深奥的;但他对法律的现实运作的态度是务实的和冷静的,而且常常是精明的。

肯特的保守主义被过分强调了。他的传记作者给他的书打了个副标题"保守主义研究"[91]。可以肯定的是,肯特并不是左派,甚至在他那个时代也是如此。他在纽约顽强地反对废除选民的财产资格;他输掉了这场斗争。历史对失败者是残酷的。从某种意义上说,肯特是个老派,但他从不浪漫或天真。他对过时的东西并没有恪守,也不讨厌有成效的变革。在美国,只有彻头彻尾的保守党才会完全致力于维持法律现状。这将意味着谴责美国的法律并玷污美国革命。肯特不属于这类历史人物。在他的评论文章中,对美国法律方式的钦佩是显而易见的。例如,关于寡妇遗产制度,他说:"很高兴在这个国家,我们不会被这些深奥的问题和人为的规则所困扰,这些问题和规则在英国遭遇到严重的妨碍。"[92]总的来说,他很欣赏普通法,但他也并不是没有提出过任何批评。[93]

肯特经常被置于反对法典编纂的敌对阵营之中。他认为,如果法律与生活习俗和习惯脱节,法律就会变得僵化。[94]但他赞扬美国法律"罪行和惩罚……法律……其原则相当简单,细节简洁统一。我们的刑法与英国复杂而骇人听闻的犯罪和惩罚目录没有任何可比性"[95]。他对财产权有着深刻的尊重,但对企业也极为关切。他既喜欢法律的安稳性,也喜欢法律的变动性。如果传统干扰了财产的"稳定和活力",他对传统就没有感情上的依恋。他希望法律能为经济增长服务,保护那些发挥作用的机构。也许,保守的是他的悲观情绪。他对人的本性深表怀疑。这使他对某些改革产生了怀疑；他常常怀疑，仅仅对法规进行修补是否能改变根深蒂固的人类行为模式。许多律师都认同他的信念。许多人从类似的前提中得出不同的政治结论。但是，肯特的清晰性、常识和他在解释法律方面的技巧是无可争议的。他的《美国法律评论》一书从发表之时起就值得成为美国法律的畅销书。

注　释

[1] Charles Warren, *A History of the American Bar* (1911), p. 213. Some lawyers afterwards returned. For a case study of the career of a lawyer who wavered in his allegiance, left the country, lived in exile, and ultimately came back to a successful practice (Peter Van Schaack), see Maxwell Bloomfield, *American Lawyers in a Changing Society*, 1776-1876 (1976), pp. 1-31.

[2] Gerald W. Gawalt, *The Promise of Power：The Emergence of the Legal Profession in Massachusetts*, 1760-1840 (1979), p. 37.

[3] Quoted in Oscar Handlin and Mary Handlin, *Commonwealth：A Study of the Role of Government in the American Economy：Massachusetts*, 1774-1861 (rev. ed., 1969), p. 41.

[4] *Letters from an American Farmer* (1904), pp. 196-97.

[5] All lawyers in this period were men.

[6] Gawalt, *op. cit.*, p. 14. In 1790, there were 112 lawyers；in 1800, 200；in 1810, 492. Some of these were practicing in what became the state of Maine；but nonetheless, the number of lawyers in the Massachusetts counties grew steadily and dramatically in ratio to the population. There were also substantial increases in the number of lawyers practicing in Virginia；see E. Lee Shepard, "Breaking into the Procession：Establishing a Law Practice in Antebellum Virginia," 48 J. Southern Hist. 393, 405 (1982).

[7] Quoted in William Kent, *Memoirs and Letters of James Kent, LlD.* (1898), p. 16. See, in general, E. Lee Shepard, "Lawyers Look at Themselves：Professional Consciousness and the Virginia Bar, 1770-1850," 25 Am. J. Legal Hist.1 (1981).

[8] Maxwell Bloomfield, "Law vs. Politics: The Self-Image of the American Bar (1830-1860)," 12 Am. J. Legal Hist. 306, 313-14 (1968).

[9] Gerard W. Gawalt, *op. cit.*, pp. 140, 171-72.

[10] Leonard W. Levy, *The Law of the Commonwealth and Chief Justice Shaw* (1957), p. 17; Gawalt, *op. cit.*, pp. 109-15.

[11] Alfred F. Konefsky and Andrew J. King, eds., *The Papers of Daniel Webster, Legal Papers*, vol. 2, *The Boston Practice* (1983), pp. 122-23; see Robert V. Remini, *Daniel Webster: The Man and His Times* (1997), p. 228.

[12] Gaff Williams O'Brien, *The Legal Fraternity and the Making of a New South Community*, 1848-1882 (1986), p. 80.

[13] William T. Young, *Sketch of Life and Public Services of General Lewis Cass* (1853), pp. 18-19.

[14] James G. Rogers, *American Bar Leaders* (1932), p. 47.

[15] William A. Owens, Introduction to Joseph G. Baldwin, *The Flush Times of Alabama and Mississippi* (1957).

[16] Charles Warren, *History of the Harvard Law School*, vol. III (1908), pp. 11-12.

[17] Stuart Banner, *Legal Systems in Conflict: Property and Sovereignty in Missouri, 1750-1860* (2000), pp. 103-4.

[18] John Caton, *Early Bench and Bar of Illinois* (1893), p. 2.

[19] James F. Hopkins, ed., *The Papers of Henry Clay*, vol. I (1959), pp. 59-60.

[20] Maurice G. Baxter, *Henry Clay the Lawyer* (2000), p. 20.

[21] Stuart Banner, *Legal Systems in Conflict*, p. 109.

[22] *Pollard v. Rowland*, 2 Blackf. 20 (Ind., 1826); see, for a general picture of western practice, William F. English, *The Pioneer Lawyer and Jurist in Missouri* (1947), pp, 65-80, 94-119.

[23] Daniel H. Calhoun, *Professional Lives in America: Structure and Aspiration, 1750-1850* (1965), pp. 82-83.

[24] Caton, *op. cit.*, p. 51.

[25] John W. McNulty, "Sidney Breese, the Illinois Circuit Judge, 1835-1841," 62

J. Ill. State Historical Society 170 (1969).

[26] Charles Warren, *History of the American Bar*, p. 256.

[27] Daniel H. Calhoun, *Professional Lives in America* (1965), pp. 59-87.

[28] The quotations are from Chancellor Kent, in William Kent, *Memoirs and Letters of James Kent* (1898), p, 317. On Hamilton's career, there is abundant material in the various volumes of *The Law Practice of Alexander Hamilton*, vol. 1 (1964) and vol. II (1969) were edited by Julius Goebel; vols. III (1980), IV (1980), and V (1981) by Julius Goebel and Joseph H. Smith.

[29] Henry W. Taft, *A Century and a Half at the New York Bar* (1938), p. 7.

[30] Taft, *op. cit*, p. 22.

[31] Robert T. Swaine, T*he Cravath Firm and Its Predecessors*, 1819-1948, vol. 1 (1946).

[32] Swaine, *op. cit.*, pp. 14-15.

[33] Diary of George T. Strong, quoted in Taft, *op. cit.* p. 102.

[34] Quoted in Charles Warren, *The Supreme Court in United States History*, vol. II, p. 467.

[35] Julius Goebel Jr. ed., *The Law Practice of Alexander Hamilton*, vol. I (1964), p. 793.

[36] Quoted in Charles Warren, *The Supreme Court in United States History*, vol. 1, p.167.

[37] Quoted in George T. Curtis, *Life of Daniel Webster*, vol. 1 (1872), pp. 169-71. A lawyer who worked with Webster in New Hampshire described him as "a born actor... touring the courts with him... was like being on a caravan." Irving H. Bartlett, *Daniel Webster* (1978), p. 10; on the argument in the Dartmouth College case, see Robert Remini, *Daniel Webster* (1997), pp. 150-60.

[38] Jean Edward Smith, *John Marshall, Definer of a Nation*, p. 435n; the editor of Webster's papers feel that there is "strong evidence" that Webster did in fact say "something along the lines of this reported peroration." Alfred F. Konefsky and Andrew J. King, eds, *The Papers of Daniel Webster: Legal Papers*, vol. 3, *The Federal Practice*,

Part 1 (1989), p. 154.

[39] Jean V. Matthews, *Rufus Choate: The Law and Civic Virtue* (1980), p. 45.

[40] Horace Binney, *The Leaders of the Old Bar of Philadelphia* (1895), pp. 17, 38-40.

[41] Francis S. Philbrick, ed., *Laws of Indiana Territory, 1801-1809*, cxcii-cxciii.

[42] Alfred Z. Reed, *Training for the Public Profession of the Law* (1921), p. 80.

[43] See Charles Warren, *A History of the American Bar* (1911), p. 203. In Massachusetts, the associations of the bar, under rules of court of 1810, gained significant power, which they had long desired. Recommendation from the county bar association became a prerequisite for admission to the court of common pleas and the Supreme Court. These rules lasted about one generation. Gerard W. Gawalt, *op. cit.*, pp. 116-17.

[44] The best treatment is Reed, *op. cit.*, pp. 67-103.

[45] Reed, *op. cit.*, p. 83. The New Hampshire rule was continued by order of court to 1838. On admission to the bar in Virginia, see Charles T. Cullen, "New Light on John Marshall's Legal Education and Admission to the Bar," 16 Am. J. Legal Hist. 345 (1972); a would-be lawyer would petition the governor; the governor would name two lawyers, and these lawyers would handle the examination. Jean E. Smith, *John Marshall*, p. 81.

[46] On Missouri, see Stuart Banner, *Legal Systems in Conflict*, p. 108.

[47] Jack Nortrup, "The Education of a Western Lawyer," 12 Am. J. Legal Hist. 294, 301 (1968).

[48] J. W. Schuckers, *The Life and Public Service of Salmon Portland Chase* (1874), p, 30.

[49] John Dean Caton, *Early Bench and Bar of Illinois* (1893), pp. 170-71.

[50] Fragmentation and diversity were also traits of the substantive law—see the discussions of divorce law and corporation law, for example.

[51] Maurice G. Baxter, *Henry Clay the Lawyer* (2000), p. 18.

[52] Frederic Hathaway Chase, *Lemuel Shaw, Chief Justice of the Supreme Judicial Court of Massachusetts* (1918), p. 37.

[53] *Ibid.*, p. 123.

54 Quoted in Robert H. Wettach, ed., *A Century of Legal Education* (1947), p. 15.

55 The fullest account of the rise of American legal education is Robert Stevens, *Law School: Legal Education in America from the 1850s to the 1980s* (1983), but, as the title suggests, it concentrates mostly on a later period.

56 Marian C. McKenna, *Tapping Reeve and the Litchfield Law School* (1986), p. 59.

57 Alfred Z. Reed, *Training for the Public Profession of the Law* (1921), p. 130; McKenna, p. 63.

58 McKenna, p. 93.

59 McKenna, p. 140.

60 Reed, *op. cit.*, p. 131.

61 W. Hamilton Bryson, *Legal Education in Virginia, 1779–1979, A Biographical Approach* (1982), p. 10.

62 Quoted in Charles Warren, *History of the Harvard Law School*, vol. I (1908), p. 301.

63 Quoted in Warren, *op. cit.*, p. 420.

64 Isaac Parker resigned as Royall professor in 1827. The subsequent holders of this chair—first John Ashmun, then Simon Greenleaf—were in regular full-time attendance.

65 Reed, *op.cit.*, p. 143. On the later vicissitudes of Harvard, see Part III, ch. XI, pp. 612–18.

66 By way of contrast, James Kent, in his *Introductory Lecture to a Course of Law Lecture* (1794), pp.19–23, proposed to "begin with an Examination of the nature and duties of Government in general…The Political History of the United States…a summary review of the Law of Nations."

67 *Centennial History of the Harvard Law School: 1817–1917* (1918), p. 94.

68 Some colonial reports did get printed, but only later. Josiah Quincy's *Massachusetts Reports* (1761–1771), for example, was published in 1865. More recently, a fair number of volumes of colonial reports have been edited by scholars, sometimes with valuable introductory matter and notes.

[69] Daniel J. Boorstin, ed., *Delaware Cases: 1792-1830* (3 vols., 1943).

[70] Quoted in Charles Warren, *The Supreme Court in United States History*, vol. I (rev. ed., 1935), p. 289n.

[71] See, in general, Elizabeth F. Baker, *Henry Wheaton, 1785-1848* (1937).

[72] James R. Stoner Jr., "Heir Apparent: Bushrod Washington and Federal Justice in the Early Republic," in Scott Douglas Gerber, ed., *Seriatim: The Supreme Court before John Marshall* (1998), pp. 322, 327.

[73] George Caines, preface, *Reports* (1804).

[74] That is, the testimony was not allowed on the grounds that Minor had a financial stake in the matter litigated. The case is 1 Root 258 (1791).

[75] For example, Alexander Addison, *Charges to Grand Juries of the Counties of the Fifth Circuit in the State of Pennsylvania* (1800); an 1806 grand-jury charge of Chief Justice Parsons of Massachusetts is reprinted in 14 Am. Jurist 26 (1835).

[76] See *Entries, Catalogue of the Law School of Harvard University*, vol. II (1909), p. 1084.

[77] Preface, p. iv.

[78] See, in general, ch. xiii, "Early American Law Books," and ch. xx, "American Law Books, 1815-1910," in Charles Warren, *A History of the American Bar* (1911).

[79] The first volume of Blackstone's *Commentaries* had also dealt with these general subjects.

[80] James Sullivan, *The History of Land Titles in Massachusetts* (1801), pp. 337-56, Emory Washburn (1800-1877), who became a judge, governor of Massachusetts, and then professor of law at Harvard, published a number of works in legal history, notably *Sketches of the Judicial History of Massachusetts, 1630-1775* (1840). On Washburn's career, see Robert M. Spector, "Emory Washburn: Conservator of the New England Legal Heritage," 22 Am. J. Legal Hist. 118 (1978).

[81] Zephaniah Swift, *Digest of the Law of Evidence in Civil and Criminal Cases* (1810), preface, p.x.

[82] *Ibid.*, p. 120.

[83] "Biographical Notice of the Honorable Nathan Dane," 14 Am. Jurist 62, 67-68 (1835).

[84] On the periodicals of this period, see Maxwell Bloomfield, "Law vs. Politics: The Self-Image of the American Bar (1830-1860)," 12 Am. J. Legal Hist. 306, 309-19 (1968).

[85] Quoted in Warren, *op. cit.*, p. 543.

[86] See Mortimer D. Schwartz and John C. Hogan, eds., *Joseph Story* (1959); Gerald T. Dunne, "Joseph Story: The Germinal Years," 75 Harv. L. Rev. 707 (1952); Gerald T. Dunne, *Justice Joseph Story and the Rise of the Supreme Court* (1970); R. Kent Newmyer, *Supreme Court Justice Joseph Story: Statesman of the Old Republic* (1985).

[87] Schwartz and Hogan, *op. cit.* p. 202.

[88] Texas, too, had no separate court of equity; and the two forms were later merged in many states.

[89] Joseph Story, *Commentaries on Equity Jurisprudence*, vol. I (1836), pp. 34-36.

[90] Perry Miller, *The Legal Mind in America: From Independence to the Civil War* (1962), p. 92.

[91] John T. Horton, *James Kent, A Study in Conservatism, 1763-1847* (1939).

[92] Kent, *Commentaries* vol. IV (2nd ed., 1832), p. 52.

[93] See David W. Raack, "'To Preserve the Best Fruits;' The Legal Thought of James Kent," 33 Am. J. Legal Hist. 320 (1989); see also Gregory Alexander, *Commodity and Propriety: Competing Visions of Property in American Legal Thought, 1776-1970* (1997), ch.5.

[94] David Raack, *op. cit*, at 352-3.

[95] *Ibid.*, p. 544.

第三部分
19世纪末的美国法律

第一章

血与金：
19世纪下半叶的美国法律主题

新时代

19世纪下半叶的岁月里充满了各种事件和演变。最引人注目的外部事件是美国南北战争。在这场血腥、可怕的战争中，美国南北之间锯齿形的分界线被撕裂。在1861年至1865年间，数十万士兵丧生。这个世纪也以一场美国和西班牙之间的战争结束——一场"辉煌的小战争"，一场流血少、破坏性低的战争；当这场战争结束时，这个已经吞并了夏威夷群岛的国家，现在拥有了一个海外帝国。

在许多方面，战争从根本上破坏了法律制度的运作。内战是在美国领土上进行的。这是一场不同寻常的暴力事件，它对司法部门造成了不同寻常的冒犯。这也是一场宪法危机：南部邦联各州宣布独立，并起草了自己的宪法。内战之后，南方进入了一段戒严和动乱的时期。战争本身需要付出巨大的努力，无论是北方还是南方——军队必须得到提升和补充装备；还有很多前所未有的问题必须解决。这意味着中央政府的角色急剧升级。这一点也在法律的各个方面以多种方式体现出来。

美国法律在1850年至1900年间发生了革命性的变化,这一点不难争辩。在许多领域,与最初相比,这一时期结束时的法律或实践看起来完全不同。因此,变化是迅速的,而且规模很大;但它往往是由于微小事件的累积效应而产生的,每个小事件本身都是微不足道的。其中一些变化延续了这个世纪初的趋势。

1850年至1900年间,人口膨胀;城市发展得很快;遥远的西部已经稳固;美国已经成为主要的工业强国;运输和通讯发生了革命;海外扩张开始。技术和科学的进步,使生活更加简单和健康;与此同时,社会秩序变得更加复杂,现代性的成长痛苦变得更加明显。新的社会分裂随之而生。南北分裂在19世纪60年代和19世纪70年代被遮掩了起来。白人再次夺取了权力,并且以报复的方式压制非洲裔美国人。当内战的血液干涸时,镀金时代(Gilded Age)开始了。这是工厂的时代、金钱的时代、强盗贵族的时代、资本时代和战争时期的劳动力时代。尚待开发的地区已经不复存在。那些先驱者们、边疆的个人主义者成了美国文化的英雄,他们独往独来,自力更生,不受城市生活的弱点和恶习的影响。边疆曾经是一个开放社会的象征;机会像天空一样无限。1893年,弗雷德里克·杰克逊·特纳(Frederick Jackson Turner)撰写了他的著名文章——《边疆在美国历史上的意义》("The Significance of The Frontier in American History")。他强调了边疆对美国人格和制度的强大影响力;但是在他撰写文章时,特纳也宣称:边疆已经逝去。

真正逝去的不是边疆,而是边疆的概念。这种内在的感觉,这种改变的感觉,可能是19世纪晚期美国法律最重要的影响之一。在1776年至内战期间,占主导地位的公众舆论相信繁荣和永不停息的增长,认为资源实际上是无限的,人人都有空间和财富。1850年之前,在威拉德·赫斯特的名言中,美国法律的主题是释放能量。[1]民族精神是开发土地、发财致富、水涨船高。到了 1900 年,如果人们能把一件事说得像主流舆论那样难以捉摸的话,那就是舆论看到的是日益狭窄的天空、一片死寂的边疆,生活像是争夺地位的斗争,竞争是零和博弈,经济是一块有待分割的蛋糕,而不是一架伸向地平线之外的梯子。到了 1900 年,主题变成:守住这一切。[2]

许多趋势、发展和运动至少间接地证明了法律文化的一些基本变化。一个证据是美国人越来越倾向于加入有组织的利益集团。美国变成了一个"团体参与者组成的国家"(nation of joiners)。托克维尔在他的旅行中已经注意到美国社团机构的繁荣。"美国人,"他写道,"在各个年龄层、生活的各个阶段,以及各种性格的人之间,永远都在形成联系……宗教的、道德的、严肃的、无关紧要的、非常普遍的、非常有限的以及大大小小的。"[3]但是,在 19 世纪下半叶,组织活动不仅仅是社团机构的问题。最重要的是那些以经济利益为中心的团体——工会、工业联合组织、农民组织、职业协会。这些利益集团争夺社会地位和权力。他们的抱负和奋斗塑造并主导了当时的美国法律。

一个团体或协会表现出两个方面:它容纳了一些人,它也排除了一些人。人们加入组织不仅是为了相互帮助,而是为了排除并确定敌对的一方,基于共同的事业一致对外,这是组织的生活的规律,不仅因为生命如此复杂,也因为生活似乎是一个为竞争有限资源而进行的丛林作战,是一场如下的竞赛:如果铁路公司赢了,农民就输了;或者如果劳工赢了,老板就输了;反之亦然。

其后果带来了根本性的影响。起初,这是一个开放移民的国家;在此期间结束时,国会通过了排华法案,并要求进行识字测试;输入外国工人是一个议题;最终,在 1924 年,这个国家采用了配额制度(quota system),对移民进行了限制,并控制什么人才能来美国。[4]在 1800 年,资源似乎取之不尽,用之不竭;到了1900年,似乎很明显,自然资源可能被砍伐、焚烧并侵蚀过去的再生复苏;庞大的野牛群已沦为可怜的残余[5];大灭绝威胁着许多美国的鸟类和动物;一场保护运动已经开始。1840年,政府大力发展铁路,农民和商人迫切希望拥有铁路;到这个世纪末,铁路已经成了爪牙,成了工业的恶棍,有一股强大的力量要求克服和控制它们。总的来说,在内战之前,舆论领袖把政府和法律视为释放国家能力的途径。战后,不顾强烈的反对,政府的角色开始慢慢地——向更像监管者和受托人(regulator and trustee)的角色转变。大多数反对意见都是用意识形态的措辞表达的。但根本问题不是意识形态问题;这些都是经济和政治力量的问题,以及谁得到什么、什么时候得到的问题。

革命的一代对任何政府权力持怀疑态度。政府是必要的,但必须对它加以制衡。权力失衡仍然是镀金时代的一个问题。但是现在很多人也看到了政府之外的权力问题:托拉斯或大企业的横行霸道的危险,或者(相反)来自所谓"危险阶级"或愤怒的城市无产阶级的危险。美国人的乐观主义受到越来越多的悲观主义的消解。美国一直过着迷人的生活。但魅力开始消失;除非人们反对道德腐败和社会腐败,否则前面的麻烦将不期而至。

19世纪下半叶发生的重大变化,没有一个是突然发生的,没有一个是迅速的、一夜之间发生的。南北战争有工会、农业团体和大公司。改变的是范围、规模和强度。其中涉及极大的利益。在经济斗争中,法律是必不可少的武器。经典的英国法律是精英的法律,也因为精英的存在而存在。在美国,越来越多的人与这个体系有利害关系。一个广泛而多样化的中产阶级需要法律并运用法律。他们可以利用法律。富人和有权有势的人也是如此,甚至需求更甚。人们有意识地挣扎着去控制法律,把它变成自己的工具。美国立法机构的每一届会议都是利益争夺的战场。在19世纪70年代早期的中西部,有组织的农民曾有过心情愉悦的时光。代表他们利益的立法(Granger laws,格兰其法)试图恢复平衡,收回那些占优势地位的铁路和谷仓升降机带走的权利。至少农民们是这么想的。不那么引人注目的是,在19世纪90年代,人们争先恐后地通过职业许可法律:水管工、理发师、马蹄铁工、律师、药剂师、助产士和护士。这些法律巩固(或试图巩固)组织化职业的经济地位。如果我们认为这些法律是有敌意的监管措施,或者认为这些法律是由致力于"公共利益"的立法者通过的法律,那就有些幼稚可笑了。

数以百万计的人将与工业联合企业(即可怕的托拉斯)的斗争视为争取经济"公平份额"的更广泛斗争的一部分。这并不是为了保持自由企业的纯粹性而进行的斗争。从1890年通过的《谢尔曼反托拉斯法》(Sherman Anti-Trust Act)来过多地解读经济理论,将是一个错误。小公司、农民、独立的专业人士都惧怕托拉斯的力量。反托拉斯法试图将这种权力加以削弱。监管法规、托拉斯解体、许可证制度和劳动立法,所有这些都是一场相互对垒的一般性战争,是一场有关安全、财富、威望、权威和所有社会利益的战争。国家的力量——简而言之,法律——既是一种手段,也是一种终结:这是一种实现社会目标的方式,这是一套占主导地位的规范和价值观的宪章。所有这些斗争,所有这些想法和理想,所有这些愿望,都在不断增长的法律、规则、条例和成文法规中得以体现。但在这堆材料的背后,仍然存在着个人自主的观念。例如,农民仍然重视他的独立性。但农民正是出于这个原因寻求帮助、补贴、监管和政府干预:以制衡那些强大的力量(比如铁路),这些力量紧紧地控制了农民,并威胁到了他的独立性。

铁路肯定会还击,而且他们有足够的钱和力量来还击。某种妥协是国会和州政府争论的典型结果,没有一个群体是胜券在握的。讨价还价已经敲定,有些是明确的,有些则是模糊不清的。由于权力分配不均,一些讨价还价比其他交易更片面。有些团体是如此软弱、如此无组织,或如此遭遇压迫,以至于他们甚至没有到达谈判桌的机会。在所有的叫喊中,几乎没有声音代表那些黑人佃农、"流浪汉"、囚犯、性少数派或极度贫穷的人。

不同的法律制度对不同的群体具有不同的价值。因为有这么多的权力中心、这么多的小领地和辖区、这么多的相互制衡,团体可以在系统的各个部分中选择影响力和否决权。

在一些州,劳工在立法机构中有着相对强大的发言权;作为回应,管理层可能会诉诸法院。其他的团体和个人也在这个竞赛中有所尝试。司法审查在这一时期得到了蓬勃发展。在一些评论家看来,它达到了一个有点离谱过度的程度。当时,一些最显赫或臭名昭著的判决是相当保守的,有些法官是社会达尔文主义的信徒。当时,法院还在运营铁路(在"股权接管"中),并创设了一种对付罢工和抵制的可怕武器——劳工禁制令(labor injunction)。

这两件事都显示了法院施展拳脚的力度。也正是在这个时期,律师们自己也感觉到了组织、巩固职位、向前迈进的强烈欲望。律师和法官,和其他社会团体一样,创造了新的神话和伪装来保护他们的经济权力以及他们在社会中的地位。

由于社会变革如此之深,法律文化也随之发生了变化;社会中的各种力量深刻地改造了每一个重要的法律领域。有些变化很大,而且是公开的。有些其他的变化,则在沉闷的、浩如烟海的案件堆里发生了隐晦的变化。在一些具体的、活生生的问题上,每一个新的法律规则的核心都有它的起源点。不管法官们多么喜欢用历史来给法律规则披上外衣,并用永恒的价值观的华丽辞藻来掩饰它,但它仍然是最基本的血肉,是真正争论和对抗的血肉之躯,是对商品、地位、权威和象征价值的争夺。

基本法

内战是一场深刻的宪政危机。1861年,联邦分裂了,但宪法仍然存活着。事实上,宪法从来没有真正受到攻击。各州通过了自己的宪法,在许多细节上都极为可疑地与联邦宪法相似。它规定设立一个最高法院,但实际上该法院从未开过庭,实际上也从未被组织化。[6]南方邦联宪法本身与邦联一起消亡了。在战争结束时,只有旧宪法仍然存在,虽然血迹斑斑,但宪法不屈不挠。

从纸面上看,1900年的宪法和1800年的宪法并没有太大的不同。主要的创新之处是三项内战修正案——第十三、第十四和第十五修正案。这些东西都强迫南方各州予以接受了。如此专横下的认同,以至于在一个多世纪后,一些顽固分子仍然认为整个过程是非法的,甚至梦想着这些条款可能会以某种方式消失。当时,这些修正案是对"宪法"的重要补充。他们的本意是使内战的胜利成为基本法的永久特征。第十三修正案废除了奴隶制。第十五修正案保障了所有公民的选举权,不论"种族、肤色或以前的奴役状况"。第十四修正案是这三项修正案中最精彩的一项。它是最长的修正案,它的许多语言都与内战的具体后果有关。但其中一些案文内容宽泛而笼统。所有在美国出生或归化的人都是"美国和他们居住的州的公民"。任何州都不能"剥夺"他们的"公民特权或豁免权"。没有任何一个州可以"在没有正当法律程序的情况下剥夺任何人的生命、自由或财产";各州也不能拒绝"在其管辖范围内的任何人享有法律的平等保护"。

这些条款的"原意"是什么?[7]这些条款在法律上抑或在各州和联邦政府之间的权力平衡上,是否应该产生某种根本性的变化?这些条款是否打算赋予国会或法院（未明确的）权力来监督州和地方政府的社会和经济活动？他们是否有意将某种放任主义理论移植到国家的基本法中？或者，这些条款只不过是扩大了对曾经是奴隶的黑人的权利保障？无论起草者当时的意思是什么，第十四修正案的话都有惊人的萌发力。"正当程序"（due process）这一无关痛痒的词倒是非同小可（用爆炸这个词或许更好一些），它引发了一整套的法律后果。"法律的平等保护"是少数几个词的另一个例子，它们的含义几乎神奇地膨胀起来。在这个世纪的最后20年中，州法院和一些联邦法院使用正当程序条款作为政策的有力武器。它们用它作为文本上的钩子，上面挂着一种对权威的全面断言：它不亚于打击和废除冒犯性的和不合理的州一级的法律权力。在一些著名或臭名昭著的案件中，法院使该条款看起来像是经济反应的声音。如果一个州通过了一部管制法，例如工厂法或者某种劳动法——从某种意义上说，它确实剥夺了某人的"自由"或"财产"。"他们不能再做以前被认为是合法的事情了。"如果法律认为法院不公平、武断或"不合理"，法院至少可以说，法律在没有"正当法律程序"的情况下剥夺了一些人的权利。

第十四修正案的意义在1873年著名的"屠宰场"案（Slaughter-House cases）中引起争议。[8]1869年，路易斯安那州通过了一项法令，授予新奥尔良市的"新月家畜屠宰公司"（Crescent City Live-Stock Landing and Slaughter-House Company）拥有独占经营权，该公司持有在新奥尔良市的屠宰牛肉领域的排他性垄断权。这一法令威胁到其他屠夫的利益，他们想自己动手屠宰；他们在法庭上对这个法令发起挑战。最高法院以微弱多数表达了在前两代人看来"不言自明"的结论：美国宪法没有任何条款能阻止各州对屠宰场的监管。（事实上，考虑到新奥尔良的卫生条件，以及受监管企业令人讨厌的性质，这个法令有很多可取之处。）然而，布拉德利（Bradley）大法官表示反对。他认为法律是"令人烦恼、不合理、武断和不公正的"。他认为,"一部法律禁止一大群公民从事先前的合法就业",这部法律无异于剥夺了他们的"自由"和"财产"。因此,这一法律违反了宪法第十四修正案。

随着时间的推移,布拉德利的想法在法庭上赢得了更多的认同。在1890年"芝加哥、密尔沃基和圣保罗铁路公司诉明尼苏达州案"(*Milwaukee, and St. Paul Railway Company v. Minnesota*)[9]中,明尼苏达州设立了铁路和仓库委员会,并赋予它确定运费的权力。委员会命令铁路公司将从奥瓦通纳、法里博、邓达斯、诺斯菲尔德和法明顿运往圣保罗和明尼阿波利斯的牛奶运费从每加仑3美分降至每加仑不超过2.5美分。这每加仑半美分就这样创造了法律史。最高法院通过塞缪尔·布拉奇福德(Samuel Blatchford)大法官主笔的判决,推翻了设立该委员会的明尼苏达州法规:

> 铁路公司运输收费是否合理的问题……这显然是一个司法调查的问题,需要适当的法律程序来确定。如果公司被剥夺了对其财产收取合理费率的权力,而且这种剥夺是在司法机构没有进行调查的情况下发生的,那么它就被剥夺了合法使用其财产的权利,从而在实质和效果上剥夺了财产本身。[10]

这一案件的两个方面值得注意:第一,就经济而言,判决的要旨是保守的;第二,就司法权而言,判决的要旨是激进的。案件的两个方面都招致了美国进步人士(American progressives)的抨击。事实上,许多美国左翼人士在新政后期断断续续地向最高法院发出挑战。无可否认,一些重大的宪法决定,无论是州还是联邦的,结果都是保守的,在方法上也是激进的。这些判决的数量很容易被夸大。总的来说,联邦和州法院只将提交给它们的监管法规中的一小部分予以否决。但这可能无法准确衡量法院的影响。对法院可能采取的行动的担忧,可能对立法机构通过和未通过的立法产生了影响。例如,合同自由理论的影响可能比表面上所显示的更为广泛。找到确切答案是不可能的。

司法审查在这个时期进展比较缓慢。在"马伯里诉麦迪逊案"之后,最高法院还没有一个敢于推翻国会法案的例子,直到1857年的德雷德·斯科特案[11]——该案推翻了密苏里妥协(Missouri Compromise)。北方的舆论抨击了这个案件。在"法定货币"系列案(*Legal Tender Cases*)中,法院犹豫不决,推翻了联邦法规,然后又很快把自己扭转回来。[12]在这件事上,司法审查看上去很糟糕——看上去除了政治什么都没有。尽管如此,富勒(Melville W. Fuller)担任首席大法官的1889至1899年间,曾经宣布了5项联邦法令违宪,以及34项州法令和4项市政法令违宪。[13]

第十四修正案的大量使用只在19世纪末才得到了重视。在该修正案的第一个十年里,美国最高法院仅对3起案件作出裁决;在接下来的十年里,只有46起案件。1896年以后,"好像是洪水爆发了。在该日期至1905年开庭期结束时,有297个与该修正案有关的案件作出了判决"。基本上,所有这些都是对'正当程序'和'平等保护'条款的解释。[14]无论这些案件的影响如何,最高法院显然已经形成了对权力的威胁。从那时起,它就像一只吃人的老虎;它附近的每一个人都不得不应付它可怕而致命的口味。

美国各州宪法

美国宪法一直是坚定不移的磐石,很少作出修改。总的来说,州宪法要脆弱得多。少数几个州自始至终只有一部宪法(虽然通常有大量的修正案)。不过,没有一个州发生过政变(coup d'etat)。但几乎每个州都召开了宪法会议,至少在这一时期召开了一次,起草了一部新宪法。有时,所有这些努力都没有结果。1862年,伊利诺伊州在斯普林菲尔德举行了一次大会:它的新宪法提案在民意测验中遭到了极大的否决。[15]但特别是在南方,各州不断修改宪法。南方各州通常都有典型的宪法重建。[16]这被谴责为一部靠不住的"纸袋宪章"(a carpetbag charter),每当情势发生变化时,就通过了一部新宪法。1868年的阿肯色州宪法限制了"晚期叛乱"领导人的选举或任职权。1874年,老年精英重新掌权。一部新的宪法通过了,其中一项就是废除了1868年精心制定的公民权条款。"无论是民事权力还是军事权力",都无权"阻止自由行使选举权";没有任何法律规定选举权取决于"选民姓名的事先登记"(Ark. Const. 1874, art. III, sec. 2; Ark. Const. 1868, art. VIII, secs. 3, 4, 5)。

在宪法制定上,地区与地区之间、州与州之间各不相同,但也出现了一些共同的模式。首先,州宪法越来越长,宪法也反映出对立法机构的严重不信任。早在1850年以前,立法部门就受到了一些限制和控制。现在,这一趋势表现得越来越强烈。宪法试图通过颁布超级法律或反法律(如同以往那样,排除立法规范的宪法形式)的方式来防止那些糟糕的法律。

路易斯安那州因为宪法的多变和膨胀而拔得某种头奖。到了1847年,它已经通过了两部宪法;1900年以前,它又增加了5部宪法,时间分别在1852年、1864年、1868年、1879年和1898年(如果把1861年的修订宪法算为单独的宪法,应该算是6部宪法)。1879年的宪法已经过于臃肿了;1898年的宪法更是显得怪诞。1898年的宪法一共有326个条款。它将州长的年薪定为5000美元,副州长的年薪为1500美元(第68条和第70条)。它限制了州官员的"办公开支";例如,州财政部长每年的支出不得超过2000美元。另外有28个条款涉及新奥尔良的市政府和教区。有一个条款创建了一个"铁路、电话、电报、汽船、其他水上交通工具和卧铺车委员会"(第283条)。这一条款接着详细列举了委员会的权力。在大量的细节中隐藏着更尖锐的条款——实际上切断了黑人的选举权。但是细节是如此的粗俗和乏味,以致宪法无法通过,或者,如果它仍然存在的话,就需要不断地通过修改来加以包装。事实上,这部宪法在 1907 年前已经修改了 26 次。1906 年,该宪法的第二十五修正案除其他事项外,还批准了新奥尔良南方大学的拨款,但每年不超过 1 万美元。

一如既往,美国各州都是自由地相互借用宪法条款。最近的重要宪法都是流行的模式。在西部,大多数定居者故乡的宪法经常被用作模板。有些问题总是需要重新开始讨论。但是,已经被解决的问题、惯例、消逝的老问题和方便地表达事物的方式,都是自由地从一个地方转移到另一个地方。已经解决的问题不一定是不重要的问题。例如,每一个新的州都以一种相当刻板的形式,从较老的州抄袭了一份《权利法案》。1859 年的《俄勒冈州宪法》有一半以上可以追溯到 1851 年的《印第安纳州宪法》。其他条款的基础则是来自艾奥瓦州、缅因州、马萨诸塞州、密歇根州、俄亥俄州、伊利诺伊州、康涅狄格州、威斯康星州和得克萨斯州的宪法条款。1848 年的《威斯康星州宪法》包含了反对长期农业租赁和封建保有租约的条款。这些条款来自纽约州,反映了哈得孙谷地问题和反租金的混乱——但这些是在威斯康星州实际上并不存在的问题。1864 年的内华达州制宪会议是以加利福尼亚州的模式为基础的。这不足为奇,因为除了两名代表外,所有的代表都是从加利福尼亚州搬到内华达州的。[17] 1876 年的《科罗拉多州宪法》是落基山各州的典范和辩论点——爱达荷州、怀俄明州、蒙大拿州——它们在征用土地、采矿业税收和水权等问题上也存在类似的问题。[18]

19 世纪 50 年代,限制立法权的趋势十分强烈。1854 年的一项修正案,罗得岛州将赦免权从立法机关手中夺走,交给了州长。一个州接着一个州决定立法机关可以减少开会次数并且同样能完成工作。越来越多的州限制立法权——限制制定法律的权力,或者限制金钱开销,或者两者兼而有之。1851年,马里兰州将州长任期从1年增加到4年。与此同时,每年开两次会的立法机构被命令不得从事下列事项:设立彩票、准予离婚、利用州的信贷为私人或公司提供特殊利益,以及为内部改善提供适当资金或10万美元以上的合同债务。[19]总的来说,州宪法变得更加僵化。关键的问题在于害怕权力的滥用:对立法机构腐败的恐惧,以及对强大权力的腐蚀效应。

实际的宪法惯例通常是为了处理主要问题,例如铁路或银行监管问题或选举问题。另一个经常争论的焦点是重新分配,例如试图将政治权力从一个州的东部转移到西部,或者从平原地区转移到山区。1857年的艾奥瓦州制宪会议是在全民公决后召开的,部分原因是"艾奥瓦州人民急于废除对银行业的限制"[20]。美国南部各州在内战后举行了制宪大会,以落实战争失败的后果。十年后,南方各州举行了废除这些宪法条文的会议,并确保白人赢得了和平。在1864年的内华达制宪会议上,人们对矿山和采矿企业的税收问题进行了激烈的辩论。有些问题分歧很大,以至于大会把它们交给了全民公投。威斯康星州在1848年以公投的方式通过了一项有争议的银行条款;而科罗拉多州则是30年后在妇女选举权问题上采用了这样的做法。

19世纪70年代的宪法特别强调了削减立法机构权力的想法。1870年通过的第三部《伊利诺伊州宪法》改革了司法机构,增加了州长的权力,并加强了对立法权的控制。该宪法宣布许多"地方或特殊法律"是非法的:例如,禁止个案立法离婚(legislative divorces)的法律,不得改变货币利率的法律,禁止"出售或抵押属于未成年人或其他残疾人士的房地产"的法律,禁止保护鱼或猎物的法律,或禁止给予"任何公司、协会或个人设置铁轨的权利"的法律等。这些禁令总共有23

项。此外,"在可适用一般法的所有其他情况下,不得颁布任何特别法"[21]。之后,各州复制了这个列表,或者类似的列表,并且经常增加新的限制。在1889年的北达科他州宪法中,23项具体的禁令已经增加到35项。[22]

这些限制有什么意义?基本上,这是对显而易见的经济权势的恐惧,这一权势之明显,足以使其买通议会上下两院。1870年的《伊利诺伊州宪法》是中西部的第一部农民(Granger)宪法,它反映了伊利诺伊州农民的恐惧和利益。这些宪法通常要求对铁路和仓库进行更严格的监管。重点是建立某种抵抗力量,以制衡行业游说团体的影响力。《伊利诺伊州宪法》有一条特别条款(第13条),长达7款,涉及谷仓升降机和仓储业的管理。在另一款中,特别要求大会"纠正滥用权利行为,并防止在本州不同铁路的运费和客运费率方面存在不公正的歧视"[23]。1875年,内布拉斯加州如此大胆,竟然授权立法者为铁路制定"最高收费率"[24]。立法机关不应通过狭隘、自私的法律,也不应充当铁路和银行的工具。该国其他地区的宪法也反映了这一观点。1873年的《宾夕法尼亚州宪法》从伊利诺伊州的宪法中摘取了许多条款。它禁止铁路上的免费通行证,并试图找出一种公平和合理的方式向这些公司征税。[25]

在1878年至1879年的争吵中,对铁路的控制也是加利福尼亚州的一个议题。[26]作为一大群激进分子,以丹尼斯·克尼(Dennis Kearney)为首的克尼派多次与较为温和的代表发生冲突。但最终结果与伊利诺伊州或内布拉斯加州宪法并无明显不同。然而,一个特殊的议题是围绕中国劳工和移民的争吵。这些辩论带有强烈的种族主义色彩。一位代表说,中国人"不适合与我们的民族同化";与它们混合将产生一种"卑鄙的"杂种,它是有史以来最折磨地球的最"可恶的杂种"。有关中国人对工资等级的影响的担忧,也助长了这场演讲。

中国人

　　破坏了我们的劳动制度，使我们成千上万的人民陷入悲惨和匮乏之中，使劳动降到了野蛮的能量水平，毒害了我们青年的血液，使我们的街道充斥着他们衰落文明的腐朽。

　　(中国人)是一种肌肉结实但又枯萎的人类生物，肌肉像铁，腱如皮带，神经像钢丝，肚子里镶着黄铜；它是能在24小时中辛苦工作16个小时的动物；他们能在任何美国劳动者拒绝参与的条件下生存和长胖。[27]

在这里，一种强大、腐烂的经济不安全感与仇外心理和性妄想联系在一起。当时，只有一两名代表——工业界发言人为中国人辩护。一项禁止"亚洲苦力"的提案将使任何公司或国家雇佣中国人从事任何工作都是非法的。该制宪会议显示出的任何约束，至少部分是因为这些代表们知道，还有一个遥远但强大的联邦宪法存在，这可能会抑制住那些最极端的提案。

19世纪80年代末和90年代，新的西部各州制定了符合现行宪法模式的宪法：权利法案、两院体制、传统的司法制度，但它们也反映了西部的问题，包括对大企业的怀疑。[28]1889年的《华盛顿州宪法》宣布免费铁路通行证为非法，并调整立法机构，使其"通过法律，为旅客和货物的运输规定合理的最高收费率，并纠正滥用行为"。该宪法禁止公司发行掺杂虚假水分的股票。宪法的另一条规定："在这个州，垄断和托拉斯是绝对不允许的。"公司不能联合起来确定价格、限制产量或者管制"任何产品或商品的运输"。[29]特别是在西部，有组织的劳工开始在基本法上留下印记。1876年，科罗拉多州要求议会"依法提供矿井的适当通风，建造逃生通道和其他必要的器具，以保护工人的健康和保障工人的安全"；法律还规定"禁止在矿场雇用12岁以下的儿童"。[30]1889年爱达荷州在其宪法中也规定有童工条款：14岁以下的儿童不得"在地下矿井工作"[31]。1894年的《纽约州宪法》没有这类条款，但该宪法在其他方面是极具前瞻性的。例如，它要求有一支专业的公务员队伍。任用和晋升应"根据成绩和是否合适，并在切实可行范围内尽可能通过[竞争性]考试确定"。该宪法也显示出对自然保护区的兴趣："现在由法律固定的森林保护区将永远保持为野生森林。"[32]

在这个世纪末，南方宪法中充斥着一种不同的保护：维护白人至高无上的地位。19世纪70年代的宪法取消了对"叛乱者"投票权的限制。后来，当北方、联邦政府和司法机构失去了对种族正义的任何尚存兴趣时，南方就开始将白人规则写入他们的基本法律。早在1870年，《田纳西州宪法》就规定，任何由州政府资助的学校"不得允许白人和黑人儿童一起作为学生接受教育"（第11条第12款）。该宪法还规定"黑人与白人、混血儿与白人、混血儿与有三代以内的黑人血缘关系的人，禁止结婚"（第11条第14款）。1895年的《南卡罗来纳州宪法》也有类似的条款。不祥的是，这一宪法中有一段很长的关于私刑的惩罚，包括"不少于2000美元"的损害赔偿，处罚对象是私刑发生地所在的郡（第6条第6款）。[33]这一规定至少实际上是一纸空文。南方各州也有计划地剥夺了黑人的投票权，而在这个方面，它们的确奏效。1890年的《密西西比州宪法》要求征收两美元的人头税。它还要求(在1892年1月1日以后)"每一个选举人都应该……能够阅读本州宪法的任何部分；或者……当你读给他听时，他要能理解，或者给出一个合理的解释"（第12条第243、244款）。地方官员知道如何充分利用这些规定。1898年的《路易斯安那州宪法》包含了著名的祖父条款的一个版本：所有在1867年1月21日有权投票的男性，他们的儿子和孙子，连同归化的人及他们的儿子和孙子，都被免除了宪法中任何繁重的"教育或财产资格"，有权参加投票选举（第197条第5款）。这意味着只有黑人才会面临这些障碍，而当地的登记人员确切地知道如何执行这些规则。在南方各州,黑人选民人数下降,在某些情况下降了90%或更多。法律和恐怖二者结合,构成最有效的组合。

在某种程度上,1895年的《犹他州宪法》是对19世纪末宪法现状的总结。它平衡了旧的、借鉴来的宪法与特殊的、新的宪法之间的关系。摩门教徒与外邦人之间的激烈冲突在禁止一夫多妻制和多元婚姻、强调宗教自由和政教分离、废除遗嘱检验制度方面留下了痕迹(据认为,通过这种遗嘱检验制度,摩门教长老的权力会使之固定化)。西部激进主义也反映在其他条款中。立法机构被命令通过法律,禁止妇女和儿童在矿场工作,限制被定罪者的劳役(convict labor),并阻止他们的主人"对雇员进行政治和商业控制"(第16条第3款)。新的自然保护主题开始显露:"立法机构应颁布法律,防止国家土地上的森林受到破坏,应当对其加以维护"(第18条第1款)。宪法的其余部分(权利法案等)大部分都是千篇一律的东西。整个宪法是冗长、烦琐和分散。它甚至列出了由州长领导的7名州官员的年薪,以州长为首是一年2000美元。

所有的宪法都携带着早期版本的问题而踯躅前行,很可能没有仔细考虑过这件事。宪法的更替率很高,但许多事情并没有改变,或者变化很小。一些宪法(例如,1897年特拉华州的宪法)详细介绍了法院的数量、组织和管辖权、民事诉讼程序和上诉实践。许多条款在制定时似乎很有价值,后来就变得令人讨厌起来了。例如,在密歇根州,1850年以后,宪法上没有对成文法进行全面修订的可能。1850年以前,曾经发生了一个人修改了密歇根州的成文法规的事情;这让密歇根州的许多政客感到当时的权力太过于集中了。对这个问题的解决办法在问题结束后依旧存在,而且其本身就成了一个问题。[34]密歇根在20世纪50年代还陷入严重的政治和财政困境,部分原因是宪法的化石——19世纪遗留下来的一项条款,不允许该州以契约借贷方式承担任何巨额债务。

许多新宪法禁止"地方"立法。当时,这似乎是个好主意。它对地方立法中的鼓噪、腐败和低效率是个打击。太多的"地方性"法律和法律体系可能会分裂成类似神圣罗马帝国的东西;每个城镇和村庄都会有自己的统治。另外,国家的不同地区,以及不同的城市,可能需要特殊的立法。立法机关不允许通过只适用于一个城镇或城市的法律;但它们可以将城镇和城市划分为不同层次,并为这个层次所有成员来制定法律。这样做导致了一个很大的漏洞。立法机关可以,而且经常设立事实上只有一名成员的城市类别。在威斯康星州,根据1893年的法律,超过150000人口的城市是一级的城市。结果只有一个:密尔沃基市。[35]更明目张胆的是,俄亥俄州在1891年通过了一项法案,授权村议会发行改良债券;但该法案仅限于根据1880年或"随后的任何联邦人口普查","人口不少于3309人,也不超过3320人"的村庄。同年的另一项法案旨在"为人口不少于3.3万,但不超过3.4万居民的城市提供一个更有效的政府"。然而,这种精确的判断在法庭上存在相当大的风险。[36]

说"大城市"这个词(或"一级城市"),而不是说"芝加哥"(一个被禁止的词),对各州来说几乎不是什么负担。但对债务问题的宪法性制约,却并不那么容易得到解决。威斯康星州不能发行自己的债券;宪法禁止"公共债务",但"非常开支"除外,甚至这类债务也不能超过10万美元(第8条第6款)。显然,这种限制在20世纪是难以接受的。为了规避法律,州政府使用了各种手段。最终,它想到了所谓的"虚设公司"(dummy corporation)的主意。改善工程,例如大学宿舍,由这些公司在州有土地上建造;公司将从州政府租赁土地,然后将其出租给国立大学。这所大学同意支付租金,包括足以偿还一家银行为建造工程而预付贷款的租金。1955年,这一做法被认为是有效的,而且并不违反州宪法。³⁷但债务可能比正常利率还要高,因为州政府自己的信贷并没有直接支持它。这些令人讨厌的条款幸存下来的事实意味着,它们有一些挥之不去的政治力量或吸引力——足以允许一种否决权,因为在州宪法这样僵化的结构中,不需要多少力量就能阻止任何改变。此外,立法者有时不愿取消一些旧的或无用的禁令,他们担心公众会误解他们正在做的事情。废除宪法对债务的限制可能就像废除通奸法一样,这看起来就像是对罪恶投了赞成票。直到1969年,威斯康星州才拔掉了这一古老限制的牙齿。³⁸那时,投票赞成罪恶就容易多了。

对州法规的司法审查在1850年是一件罕见的特别事件,到了1900年才是司空见惯的事。在州法院发生的事情与联邦法院发生的事情是平行的。对权力的渴望令一些州法庭陶醉其中。用数字可以说得很清楚。例如,在弗吉尼亚州,直到内战爆发,该州高等法院仅仅对35起案件中某个法律或实务运作的合宪性提出过质疑。法院仅宣布4起违宪案件。在1861年至1875年期间,"十几部或更多的法律或实务运作被宣布违宪"。³⁹阿拉巴马州最高法院走得更远,竟然宣布了一部完整的1865年宪法无效。但真正的司法审查的喷发出现在19世纪末。在明尼苏达州,该州最高法院在19世纪60年代宣布了19项法律违宪。在接下来的15年里,只有13部法规被废除。但在1885年至1899年间,大约有70部州的法规被废除,并在19世纪最后几年一批法律被废除。⁴⁰在犹他州,1896年至1899年间,犹他州最高法院审查了22项法规。确切地说,其中一半被宣布为无效、无用的法律。⁴¹

把州高等法院称为立法机关的第三院,这将是一种夸张的说法。但这样的法庭是一支不可忽视的力量。司法审查的激增并不仅仅取决于正当程序条款,也不在于从联邦法律中借用的其他条款。正当程序案件大量增加,但许多戏剧性的司法审查案件却在没有联邦对应条款的情况下开启了州宪法中的条款。各州宪法中冗长、过多的条文是为了形成一个积极进取的司法机构而制定的。针对草率、腐败和自私的立法方面的技术控制,被写入了宪法;这些也在诉讼人和法院的手中发挥作用。例如,在印第安纳州,19世纪没有一部法规因为侵犯了言论自由的权利而失败。8项法规之所以无效,是因为它们是事后生效的(ex post facto),或者是因为它们"损害了合同的义务"。但有11项法规不能满足这一条款的标准:"任何法令都不得仅参照其标题加以修订或修正,但经修订的法令或经修正的部分应全文列出和公布。"[42]

司法审查的另一项富有成效的条款是规定"每一行为只应包括一个主题……主题应在标题中表达"。在此引用的版本来自印第安纳州宪法,这个条款在19世纪废止了9个成文法规。[43]早在1798年,作为对雅祖诈欺案(Yazoo shenanigans)的强烈反应的一部分,《佐治亚州宪法》规定,任何法律不得包含"与标题中所表达的内容不同的任何事项"。1844年的《新泽西州宪法》在此基础上增加了一项要求,即每一项法律只能"包含一个目标"。[44]一年后,《路易斯安那州宪法》也规定了这样的条款。这样的条款很快就变得普遍化了。它与一般的立法程序改革相适应。正如我们所看到的,程序改革伴随着对立法权力的限制,这是19世纪下半叶制定宪法的一个引人注目的方面。这一条款绝不是毫无意义的。正如托马斯·库利(Thomas Cooley)所解释的那样,

第一,防止大杂烩式(Hodge-podge)或"相互迎合式"(log-rolling)的立法;第二,通过法案条款防止对立法机构的突然袭击或欺诈,因为法案中的标题没有暗示,因此可能会被忽视和无意地采纳;第三,应当公平地告知与立法主题相关的人民,以便他们有机会就此发表意见。[45]

另一个问题是该条款是否真正产生了这些效果。它确实给了司法机关一把可供砍杀立法机构的板斧。它是足够普遍的,你可以用它来对付几乎任何法规。在大多数情况下,法院维持了根据该条款遭到攻击的法规。但权力是存在的,必须加以面对。诉讼当事人可以引用这一条文,希望能拖延、阻挠甚至可能挫败立法。法院也可以多种方式利用这一条款,在立法过程中找出真正滥用的弊端,或者仅仅作为一种手段,以进一步达到与托马斯·库利提到的完全不同的结果。

"州政府诉扬案"(*State v. Young*)是印第安纳州1874年的一宗案件,立法机关通过了一项法案,题为"管制酒类销售的法案,对出售酒所造成的罪恶作出规定,为任何人因出售酒而遭受的损害提供补救,规定了惩罚,废除了违反该法案的所有法律,并宣布紧急状态"。该法案的第9条对任何"醉酒状态"的人处以5美元的罚款。法院裁定,这一条款是违宪的。因此,对醉汉的惩罚是"没有在标题中表达的问题",所以该法律是无效的。[46]

法院如何利用了宪法的技术性,这一点在当初西弗吉尼亚州的一个奇怪的案件中得到了突出的说明,即"蕾切尔·卡特利普诉卡尔洪郡的警长案"(*Rachel Cutlip v. Sheriff of Calhoun County*)。[47]卡尔洪郡政府当时位于西弗吉尼亚州的阿诺兹堡(Arnoldsburg)。1867年,立法机关通过了"一项确定卡尔洪郡地理位置的法案"。"法案的第一节把郡政府的位置定在小卡诺瓦河的西蒙·斯顿普农场(farm of Simon P. Stump)。"该法第三部分授权监事会"出售任何在阿诺兹堡的郡财产"。下一届立法机构毫不客气地废除了这一法案。后来,蕾切尔·卡特利普在卡尔洪郡巡回法庭被控谋杀,该法庭地点在阿诺兹堡。她辩称,她被"非法拘留",所有诉讼程序都无效,卡尔洪郡实际上没有郡政府所在地,巡回法院在其想象中的郡政府所在地开庭,并没有起诉她的真正权力。这不是一个轻率的争论。1867年的法规使阿诺兹堡被取消了作为郡政府的所在地。下一项法令又取消了西蒙·斯顿普的农场作为郡政府所在地的地位。由于无知或疏忽，法律未能将郡城重新安置在阿诺兹堡。法庭不想让蕾切尔·卡特利普获释。他们也不想让卡尔洪郡处于无政府的自然状态。绝望中，他们诉诸西弗吉尼亚州的宪法。1867年的法令名称只提到了郡城所在地的改变。另一节授权出售阿诺兹堡的郡资产。法院说，这是一个完全不同的"对象"，没有在法律的标题中表达。因此，1867年的法令从未生效，郡城也从未真正离开过阿诺兹堡。

这可以被描述为晦涩、不公正、琐碎的技术问题。但至少可以说，它是为了一个有用的目的，它给了法院一个干预的借口。法院修补了立法机关做得不好的工作，并且严厉地提醒其他政府部门，法院在非常认真地对待宪法规定的执行标准。

也许，法院发挥了一种合理的作用。更有争议的是，似乎有一个险恶的目标：将"放任资本主义"的原则并入宪法，使其超越国家立法权。[48]一个早期和令人震惊的例子，其中司法审查似乎是失控了，即1856年发生在纽约州的"怀尼哈默诉美国案"（*Wynehamer v. People*）。[49]纽约通过了一项禁酒令；在怀尼哈默案中，该法被宣布违宪。是正当程序条款引导了这一令人惊讶的结论的道路。法院指出，在制定法律之前，储存的酒不可否认是"最绝对和最无条件的财产"。在此之后，"醉人的烈性酒"才被"置于"禁令之下，"出售它们的权利被否定，而且其商业价值也随之消失"。法院认为，法律显然剥夺了一些财产权，而且缺少正当的法律程序。

怀尼哈默案件判决的精确控制从未赢得过很多追随者。在酒类、彩票、赌博和性方面的自由企业从来没有吸引过19世纪的法官。这种情况只不过是历史上的奇事，只是它大胆地使用了正当程序条款，以至于后来变得如此流行。积极进取的法庭以此为能量，尤其是在宪法理论家使这一思想在知识方面受到尊重之后。[50]在 1885 年的雅各布斯(Jacobs)案中[51],纽约州通过了"一项改善公共健康的法案,禁止在公寓房屋内制造雪茄和任何形式的烟草"。纽约州上诉法院义愤填膺地说,这项法律"妨碍了一家雪茄制造厂的业主或承租人有利可图地免费使用他的财产"。它"束缚了他的企业运营和劳动力的配置,因此,在严格的合法意义上,它任意剥夺了他的财产和部分人身自由"。当然,法律声称有一个有效的目的,即"改善公众健康"。但是法院自己来评估这一主张,而且很愿意把它当作一种掩饰,尽管作为政府协调部门的立法机构在理论上已经彻底地表达了这个问题,并得出了相反的结论。事实上,这项法律(法院如是说)"与公众健康没有任何关系"。

在 1886 年的"戈德查尔斯诉魏格曼案"(*Godcharles v. Wigeman*)中[52],宾夕法尼亚州法院于 1881 年颁布了一项法令,要求所有"从事采煤矿、矿石或其他矿物的企业,或者从事制造钢铁,或任何其他类型的制造业","每月至少向雇员支付一次",以现金或法定货币支付,并不得以"其他书面形式来支付"。他说,这项法律还旨在防止公司在公司商店索价过高。[53]法院愤怒地宣布,该法令"完全违反宪法,完全无效"。这是一种企图"在这个国家做不能做的事,这就是阻止法律上的人签订他们自己的合同"。"法律基于一种侮辱性的企图把劳动者置于法律保护之下,这不仅使他的人格蒙受耻辱,而且侵犯了他作为美国公民的权利。"法院并没有费尽苦心地去引用州或联邦宪法中的任何条款来为自己的行为辩护。(也许"完全无效"是一个不言自明的范畴。)在 1895 年伊利诺伊州最高法院的"里奇诉美国案"(*Ritchie v. People*)中[54],一个受到指责的法律规定,妇女在"任何工厂或车间"中的劳动限制为一天 8 小时、每周 48 小时。法院认为:"这完全是对公民控制自己时间和能力的基本权利的武断限制。"

当然，最能代表这种观念的最著名例子，应该是 1905 年纽约州最高法院判决的"洛克纳诉纽约州案"（*Lochner v. New York*）。[55] 纽约州通过了一项关于面包店工作条件的详细劳动法。大部分法律都与卫生条件有关：面包店必须通风良好；任何储藏面粉的房间都不允许动物（猫除外）进入，以此类推。但是法律也规定了面包店工人的最长工作时间。在任何一周内，任何雇员都不得"被要求或获准在饼干、面包或蛋糕店工作 60 小时以上。"法院在由鲁弗斯·佩卡姆（Rufus Peckham）法官撰写的意见中说，这一成文法违反了第十四修正案的正当程序条款。它干扰了工人及其老板的"自由"。这个案子启发了小奥利弗·温德尔·霍姆斯来撰写他最著名的异议意见之一。他说，宪法"并不是为了体现特定的经济理论"。但法院的大多数人要么不这么认为，要么不知道他们的判决的经济意义。[56]

诸如此类的案件自然引起了人们的极大愤怒。劳工组织和社会改革家们曾经为保护劳工的立法进行了斗争和游说。他们很快就了解到，实施他们的计划只是在赢得一场战役（battle），而不是在赢得一场战争（war）。法院有权撤销这一立法，有时是在最薄弱的法律基础上，有时是在戈德查尔斯的案件中，显然根本没有任何依据。在这些案件中，法院获得了作为黑暗和深度反动的堡垒的声誉。保守派持相反的观点：法院维护法律，维护宪法，维护所有人的自由和正义。保守派认为，法律中潜伏着"不可预见的危险"和隐藏的代价，这些法律似乎对某些人有益，但实际上"违背了盎格鲁－撒克逊文明的总体基础"。[57] 法院作为反动堡垒的声誉直到 20 世纪 30 年代末，甚至直到 20 世纪 50 年代沃伦法院的时代，才在自由派中有了决定性的改变。

在这一时期，对法院的指责和赞扬，以及它们所做的一切，都不完全是理所当然的。前述提及的案例和其他一些案例确实是著名的、可怕的例子。但基本上，法院让这个世纪最后 20 年的社会立法浪潮得以顺利地转化为法律。对"洛克纳主义"(Lochnerism)之案件的热情在全国的分布并不均衡;例如,伊利诺伊州最高法院对劳动法非常敌视。其他州法院则更多一些善意。但一般的情况是威胁,即在法庭上进行争执的可能性。经受考验的案例成为主要立法的生命周期的一部分。这种笼罩在特定法律或一般法律命运之上的乌云,也许是司法审查的主要效果。

是什么导致了司法积极主义的如此大的增长?是什么唤醒了司法审查的沉睡之龙?首先,新宪法几乎要求司法审查。他们对立法权的限制很大。谁会执行这些限制呢?如果不是法庭,那就没人会这么做了。高等法院以正直和精湛著称。他们有监督立法的技术技能。他们可以批评和纠正起草程序和议会程序中那些劣质或不一致的东西。对法院而言,从程序过渡到实质是诱人的。权力本身是利用权力的条件,而且对它的需求就在法院那里。当一个利益集团在政府的一个部门被挫败时,它自然会转向另一个部门。如果立法机构由民粹主义者(populist)或农民(Granger)所控制,那么对于铁路、公路或矿业公司来说,总是有最后一个希望:法院。后来,在20世纪,面对完全由白人控制的充满敌意的立法机构和市政府,黑人民权运动再次求助于法院。

19世纪的许多法院抵制了行使权力的诱惑。其他法官似乎都急着上钩了。毕竟,法官和诉讼当事人是同一个社会的成员,他们都认为生活是一场零和游戏。他们的工作是法治、法律传统、审判。无论立法主题如何,都是对法官原始功能的威胁,是对法律的塑造和宣布的威胁。法规是野蛮的入侵,在范围上是地方性的,在原则上或效果上往往是短视的。他们干涉了一个属于法官的法律世界。特别是1870年以后,法官们可能越来越认为自己是珍贵和受到威胁的传统的守护者。他们周围的世界似乎变得更加动荡和不安。利益的冲突、阶级的战争,都在威胁着古老而高尚的价值观。野蛮人就在门口。法官们理解宪法时,视宪法为谨慎、拖延和提出坦诚怀疑的工具。宪法是用来维护理性和民主社会的文本。在法官们看来,这些宪法是中产阶级文本,体现了中产阶级的价值观并为实现中产阶级的目标而努力。

把法庭仅仅看作是富人和权贵的仆人,过于简单化了。在一些明目张胆的案件中,可以肯定的是,法院以牺牲有组织的劳工为代价,支持了大型企业的经营。一些法官认为,工会是危险的和非美国式的(un-American),并且它威胁到社会的平衡。但总的来说,法官们也害怕邪恶的非美国式的托拉斯工业组织。按照他们的解释,宪法并没有阻止理发师、水管工、医生和律师的执照发放;没有阻止农民、工匠和专业人士联合起来;也没有对强大、稳固的中产阶级群体构成障碍。一些法院对劳动法持怀疑态度。但为了美国农民的利益,他们通常允许立法机关取缔人造黄油,并支持反对卖淫、彩票、酒精和恶习的运动。他们对权力的偏好是普遍的,但是法官们的偏见——主要来自传统美国的、保守和中产阶级的观念,决定了他们的权力影响以及如何发生影响。

这种权力最糟糕的地方在于它是随意而不负责任地行使的。既不能预测也不能控制。法官并没有宣布所有的社会性立法都违宪,其中只有一小部分是违宪的。也不是所有的法规都在法庭上受到质疑。法院自己没有办法启动这些案件的审理。私人诉讼当事人必须愿意为这起案件提供资金。即使这样,法院也可能规避或回避宪法问题,司法审查充其量也是缓慢的。一位学者研究了172起印第安纳州被法院宣布违宪的案件。这些成文法规被废除时,其平均存活期不到5年。在50起案件中,有些法规已经生效了5年多的时间。在10年或更长的时间内,有17项法令被废除;其中一项有效期多达42年。[58]正如我们所说,其影响尚不清楚:也许更多的是阻止或防止立法,而不是扼杀立法。毫无疑问,法院推翻了一些愚蠢或更糟的法律。整体而言,司法审查是否弊大于利呢？对于19世纪,许多人会说,是的,伤害更多一些。但是,当时有许多人会强调说,还是利大于弊。

美国西部各州的宪法

在这个世纪的末期,根据弗雷德里克·杰克逊·特纳和其他人的说法,边疆地区已经正式消亡。在1850年,据说边疆地区一直非常活跃。墨西哥战争后(1848年),美国从墨西哥勒索另一块很少有人定居的庞大领土,使购买路易斯安那州后的领土面积比以前更为扩大。定居者们冒着危险从东部向西部迁徙。一些人在俄勒冈寻找可耕种的土地；一些摩门教徒前往犹他的应许之地；许多人在加利福尼亚发现黄金后,寻找财富和冒险。

彩虹的尽头是加利福尼亚州,一片美丽的土地,温和肥沃,濒临海洋。但加利福尼亚州并不是一个安逸的目的地。它是一种陆地岛屿,被一片干燥炽热的沙漠和一排锯齿状的高耸山脉所封锁,这些高山上常年积雪。在横贯大陆的铁路建成之前的这个世纪中叶,向西部的跋涉是美国历史上最伟大的传奇之一。成千上万的定居者——男人、女人、孩子——缓慢地从社会的苍白地带走到太平洋的边缘,许多人在途中死去。

在大部分的旅程里,他们置于一种合法的无人土地,即法律和秩序的范围之外。然而,在马拉篷车队上和迁徙队伍中,人们的行为却是令人惊讶的合乎法律。曾经有过关于这些旅行者在陆路旅行中进行"粗暴但有效的司法审判"的描述；在某些情况下,他们有"法庭",并在条件允许的情况下进行"审判"。1852年6月,拉斐特·泰特(Lafayette Tate)在落基山脉以东的长途行程上谋杀了一名男子。他被抓获,由一名临时法官审判,临时检察官、辩护律师和陪审团参与审理,他被定罪、判刑,并很快被绞死。[59]有时,马拉篷车队将流放作为一种惩罚。[60]约翰·菲利普·里德(John Phillip Reid)的研究表明了在长途行程中审判时适当程序和合法性概念的权力和普遍性。他还表明,西部拓荒先驱者们在其他领域也对某些假设中的现实法律有着显著的尊重。在数百英里外的无人荒野里,警察、法院和法官们仍然遵守和尊重着财产和合同的基本规则,就好像他们还在伊利诺伊州或马萨诸塞州一样。[61]

这不是自相矛盾的事情。迁徙者们都是匆匆过客,他们沿着一条他们以前从来没有走过的路在行走,而且从此不会再走这么一次了。正如里德指出的那样,在这种情况下,在陌生人中间,新的"习俗"几乎没有发展的机会。普遍存在的"法律"是人民"被教导、学习和接受的习俗";它是他们随身携带的行李的一部分。[62]也许更重要的是同行者和目的地的影响。在他们后面,在美国东部,有法院、法官和警察;在他们前面,在道路的尽头,还有更多的法院、法官和警察。他们处于两个法律点之间的一个中间点。在这些条件下,旧习惯不会破裂;惩罚和复仇的旧恐惧不会一下子陷入两难。

当拓荒者们到达应诺之地时,他们又一次面临着一种法律上的边远地带。美国已经吞并了数百万英亩的土地,这些土地或多或少都是由大陆法系管理的,例如,在佛罗里达、得克萨斯和密西西比河流域。现在,加利福尼亚、新墨西哥、亚利桑那和其他曾经至少在名义上是墨西哥民法体系的地区出现了。这两种法律制度之间的斗争是短暂的。结果是毋庸置疑的。美国律师和法官及其他美国移民一起涌入,例如在犹他,西班牙—墨西哥法从来不具有真正的力量。移民定居者们是美国人,他们"心照不宣"地把普通法带到了一个空旷的乡间。[63]

然而,在加利福尼亚,以及特别是在新墨西哥,有大量讲西班牙语的居民在当地生活和工作。在新墨西哥,法官们经常引用大陆法,有时是获得认可的。[64]加利福尼亚的情况与此并不接近。淘金热带来了大量的人口涌入。新居民大多是美国人,他们都对大陆法系一无所知。西班牙—墨西哥法的代言人们,例如当时在旧金山律师界的成员们,极力在为大陆法系辩护;但是并没有得到影响力更大的大多数人的认同。1850年正式通过的英格兰普通法(与美国宪法以及加利福尼亚州法律和宪法"不相抵触"),作为"本州所有法院的裁决规则"[65]。

大陆法系留下了一些遗产,其中之一是混乱的土地所有权授予,几十年来一直困扰着加利福尼亚和新墨西哥的土地法。大陆法系传统影响了许多具体的学说和制度,例如共同财产制度。[66]大陆法系背景可能使西部各州倾向于乐于接受法典和程序改革,但也有其他更有说服力的解释。爱达荷也是一个法典化的州,但它并没有受到大陆法系的丝毫影响。

在遥远的西部,许多古老的疆域时期的特征获得了重演:实体法中新旧的混合;制定法典的习惯;主要由年轻的野心家们组成的法律职业群体。由于土地本身的性质,法律上的改变有时几乎是必要的。得克萨斯和加利福尼亚这样一些西部州,资源丰富,拥有一些优良的农田,但西部大部分地区荒凉,多山的景观严重影响了水和其他资源方面的法律。水的普通法规则是所谓的河岸土地所有权法则(doctrine of riparian rights)。换言之,每一个土地所有者,沿着一条河岸,都有同等的取水权;任何人都不能攫取过度,以致水资源枯竭。这在多雨的英国和美国的多雨地区——南部、东部和中西部都是有意义的。然而,美国的西部是沙漠或半沙漠。西部各州大致上抛弃了河岸土地所有权法则。他们用先前的先占法则(prior appropriation doctrine)取代了河岸土地所有权法则,即或多或少是先到先得。从来没有足够的水让每一个在河边的土地拥有者都能得到同等的对待。西部的法则"鼓励企业家们争抢水源,快速建造工程,并将资产应用于该地区的工业"。它"承认供水的环境限制",并"给予使用者在所有权方面的确定性"[67]。重要的是,只有全部干旱的州完全接受了新的法则。加利福尼亚和得克萨斯有着双重气候,也有混合的水法律体系。[68]正如唐纳德·皮萨尼(Donald Pisani)提醒我们的那样,景观和气候并不能成为法律;西方土地法的形成不是因为降雨,也不是因为缺乏雨水,而是因为具体的经济利益。正如他所指出的,先占法则是"19世纪最重大的法律补贴之一",因为它允许公共土地上的水"免费获得"(taken for free)。[69]

两个著名的西部规范是矿工规范和自发性治安组织运动。矿工的规范是西部采矿营地中作为约束性习惯而采用的法律小型组合。矿工法庭和法规在某种程度上类似于中西部的权利社团组织。这些是拓荒定居的居民的组织,他们联合起来控制公开拍卖土地的结果。权利社团组织还制定了规则和程序,以管理、登记和记录其成员的土地要求。这样的社团组织在19世纪30年代末在威斯康星州蓬勃发展,直到19世纪40年代才在艾奥瓦州发展起来。有少量的证据表明,权利社团组织、中西部(伊利诺伊州的加利纳附近和威斯康星州西南部)的矿工团体与遥远西部的矿工法之间存在着联系。这些矿工的法律至少和加利福尼亚淘金热一样古老,而且当时在美国西部的其他地区是存在的,例如,1859年在科罗拉多领地的格雷戈里矿山(Gregory Diggings)、19世纪70年代在达科他领地的黑丘矿区以及在内华达州,都发现有这类矿工的法律规范。许多法规被表现为书面形式。它们为记录权利、确定谁的权利优先、解决权利人之间的争端以及执行矿工"法院"的裁决,制定了粗略但可行的规则和程序。格雷戈里矿区在科罗拉多领地正式成立两年前,就通过它的小型法律体系来规范自己。采矿法在美国法律史上是众所周知的,在普通政府机构到来之前就已经在一些地方建立起了临时的司法和政治秩序。其他矿区复制了格雷戈里矿区的法律。随着业务的增加,矿工法院的"法官"处理了广泛的纠纷。科罗拉多领地立法会于1861年和1862年大幅度地批准了这些非正式法院作出的地方性请求权案件和判决。一个拓荒定居者,或者他的受让人,或者以任何所谓的临时政府法庭、人民法庭或矿工法庭的"法令或执行"为依据的任何人,都可以提起非法侵入之诉、逐出租地之诉和强制滞留者之诉(但美国政府本身除外)。[70]

自发性的治安组织运动更为耀眼,有时也更险恶。这并不完全是西部的现象,但西部是自发性治安组织运动的中心地带。1851年和1856年成立的两个旧金山自发性治安委员会是早期著名的例子。[71]这些委员会是针对腐败无能的地方政府的"商人革命"。那些支持自发性治安组织的人认为自己是正派的公民,利用自助手段,将法律纳入他们自己的手中,借此打击旧金山的暴力、腐败和不当统治。当时这座城市动荡不安,处于无政府状态;渴求黄金的人蜂拥而至使人口膨胀。第一个自发性治安委员会开始工作时,逮捕了一个名叫詹金斯的"铤而走险者"。他经历了一种审判并被判有罪,最后被绞死在墨西哥统治时期遗留下来的一座小土坯房子的沉重木梁上。[72]其他恶棍们只是被告知离开旧金山这个城市。第二个自发性治安委员会比第一个更为强大。它甚至擅自逮捕并审判了加利福尼亚州最高法院的法官戴维·特里(David Terry)。这个委员会绞死了一些臭名昭著的地方人物;它违抗地方、州和国家政府;总的来说,它以专横的方式控制着旧金山这个城市。代表治安民团的《旧金山新闻报》(*San Francisco Bulletin*)称:"人民的安全高于一切法律。"[73]自发性治安组织委员会进行的"审判"极为不正常;但它们并没有完全演变成野蛮,律师也没有发现它们是完全陌生和无法辨认的。最好的结局是,旧金山的这场自发性治安组织运动比较体面地自然消逝了。

私刑正义比淘金热更为古老,但旧金山给了它新的生命和模仿灵感。在19世纪50年代,加利福尼亚有27个自发性治安委员会。1858年,在内华达的卡森山谷(Carson Valley)有一个自发性治安委员会。1854年至1861年,科罗拉多的丹佛也有了自发性治安组织。怀俄明也有自发性治安组织,它始于1868—1869年的"在人烟稀少的铁路沿线新兴城镇夏延和拉勒米(boomtowns of Cheyenne and Laramie)发生的两个致命的运动"。[74]

19世纪60年代,蒙大拿的自发性治安组织蓬勃发展。用他们的编年史作家托马斯·迪姆斯戴尔(Thomas Dimsdale)的话来说,他们给这块土地上的"恶棍和掠夺者"带来了"迅速而可怕的报应"。这包括诸如斯莱德(J. A. Slade)上尉这样的人,他是扰乱和平生活并制造恐怖的人;弗吉尼亚城(Virginia City)的治安官抓住他,判处他死刑,并将他绑在畜栏的门槛上,而他的妻子则从他们的牧场疯狂地骑马赶来,试图(徒劳无功地)营救他。[75]蒙大拿的自发性治安组织一般比旧金山的男孩们更粗野。他们对审判的细枝末节不太在意。有时候,他们报复了从未犯下罪行的人或错误地吊死了不该吊死的人。为了法律和秩序,就像迪姆斯戴尔所说的那样,在一些常规的司法"既无能为力又视而不见"的地区,自发性治安组织很愿意容忍这样一些闪失过错。

正如这句话所表明的那样,自发性治安组织感到正式的司法过于缓慢;或者,在其他情况下,正式司法是尚未到达的受邀客人。威拉德·赫斯特指出,民间私刑不是真正的"前法律现象",而是在"探索建立法律制度",但是,更准确地说是"对既定法律秩序的腐败、软弱或拖延的反应"。[76]从一个角度来看,自发性治安组织只不过填补了一个真空。它们建立了一个临时的刑事司法系统,就像矿工们根据他们的习惯和需要制定临时财产法典一样。在爱达荷的佩埃特(Payette),自发性治安委员会起草了一部宪法和章程;它赋予被告由7人组成的陪审团审判的权利。在其他情况下,不良人员被吊死或被赶出城镇,属于采取了一种不那么正式的方式。

民间私刑的故事有两面性。自发性治安组织往往对法律真空没有真正的反应;他们是在与一个根本不符合他们喜好的法律秩序作斗争。不仅是因为软弱的司法,而且(在精英们的眼中)是因为这种司法正在造成错误的结果。迪姆斯戴尔抱怨陪审团拒绝定罪,他们对违法者表现出太多的"同情";他抱怨酗酒,抱怨"在任何场合都要使用强硬的语言"的人;抱怨持续不断的中断安息日的行为,以及抱怨邪恶行为的无处不在,例如,人们看到"良家妇女"在"四处游荡",她们在迎合"矿工们疯狂的欲望",寻求着新奇和刺激。[77]蒙大拿的民间司法不是盲目的、中立的司法,而是蒙大拿精英阶层的法则。这是"大众正义",在某种意义上,但也是极为非大众化的。旧金山的自发性治安组织和许多其他西部运动也是如此。

无论如何,社会控制,就像大自然一样,厌恶真空状态。"可敬的"公民们也许还是大多数,在西部城镇里也并非是无法无天之地。相反,人们习惯于法治和秩序;正是这些人,在里德描述的马车队伍中,就对财产和契约法给予了细致而审慎的关注。他们是美国人;他们不愿意容忍过于尖锐的社会连续性断裂;他们对正规法律作出了反抗,因为这些法律太迟缓或腐败太严重,或者司法落入了他们不信任或不尊重的人手中。在小型社区内,自发性治安组织是文化冲突的产物;由临时居民和陌生人组成的社区,是一种不稳定的、新颖的、未经考验和测试的社区。

也许还有另外一个更微妙的因素在起作用。乌合之众得到了一种令人满意的(尽管是冷酷无情的)真正掌握在他们自己的手中的司法形式;他们自己拉着绞索;他们是法官、陪审团和刽子手。正式的法院并不是那么迅速,也不是那么戏剧化。对许多人来说,当惩罚与即时性狂热结合在一起的时候,当审判的争论、怀疑、程序和细节不干扰其赤裸裸的情绪时,惩罚会令人加倍地满意。在这个意义上,一方面,民间司法与殖民地审判的公开审判和执行有着密切的关系;另一方面,对美国南方的私刑而言,则有更为黑暗和更血腥的意味。

今天,我们相当清楚地看到,民间司法有其嗜血的一面和反民主的一面。但在当时,它激起了相当大的热情。对迪姆斯戴尔这样的人来说,这是真正的民间正义;这是盎格鲁-撒克逊人的遗产,就像日耳曼人一样古老并存活在西部的新土地上。历史学家班克罗夫特以极大的热情推崇了这一观点。弗雷德里克·杰克逊·特纳也把美国西部人描绘成天然的民主党人、一个高贵的物种,它们会和水牛、印第安人、美洲鹤一起逝去。当然,公众舆论并没有谴责自发性治安组织。威廉·J.麦康奈尔(William J. McConnell),爱达荷佩埃特的自发性治安组织"领导者",后来成为该州的参议员和州长。怀俄明罗林斯的约翰·E.奥斯本(John E. Osborne)博士也成了该州的州长。他剥了亡命之徒"大鼻子"乔治·帕罗特(Big Nose George Parrott)的皮,并用部分皮肤做了一双鞋。[78]

本杰明·香博(Benjamin Shambaugh)在1902年写作时,曾以类似的方式将中西部的权利社团浪漫化。他把它们看作是"19世纪美国社会和政治生活中弥漫着西方民主精神的源泉"[79]。现代学术界则更为冷静,很少对这些民间权利社团作出抒情的描述。[80]它认为它们不是西方民主的源泉,而是作为小型卡特尔式的垄断集体而已。它们保护早期的权利主张者,而不是更多的后来的无辜者;它们使用武力和诡计来压低政府土地的价格。矿工团体也不太像小型民主体制,而像是个小行会;它们的实质是保护主义者和排外主义者。地理景观的诱惑以及西部的浪漫生活,有一种压倒事实的倾向。当然,这片土地既荒芜又空旷。它为歹徒和流氓开辟了空间,偶尔也为真正的自由精神开辟了空间。有些人摆脱了文明,他们把文明抛弃在广袤辽阔的西部某个地方。但许多定居者想要的是完全不同的东西:安全、法律和秩序,传统价值观,以及被移植后的传统价值观。在西部,人们想要自由,但他们也想要对铁路的补贴;由于气候如此冥顽,雨水如此稀少,他们期待政府的税收和计划来帮助他们灌溉土地。传输到西部更重要的是一般的法律文化以及对法律一般性的思维方式。西部有它的特点,但毕竟,它不是一个原始的倒退到了古代民主的美国。它的根本意识形态与这个国家其他地区是相同的。要么组织起来,要么死亡:在19世纪下半叶,这是美国法律的一个主题,无论在东部还是西部,它存在于生活的每一个领域和竞技场所中。

注　释

[1] J. Willard Hurst, *Law and the Conditions of Freedom in the Nineteenth-Century United States* (1956), ch. 1.

[2] We are speaking only of the United States, and only relatively. It was probably also true after 1870 that, compared to other societies and other periods, Americans were still a "people of plenty" and that the sense and reality of abundance profoundly shaped the national experience. David M. Potter, *People of Plenty* (1954). On the nature of law in this period in general, see Morton Keller, *Affairs of State: Public Life in Late 19th-Century America* (1977), ch. 9.

[3] Arthur Schlesinger, "Biography of a Nation of Joiners," 50 Am. Hist. Rev. 1 (1944); Alex de Tocqueville, *Democracy in America* (J. P. Mayer and M. Lerner, eds., 1966), p. 485.

[4] Maldwyn A. Jones, *American Immigration* (1960), pp. 247-77; see Kitty Calavita, *U.S. Immigration Law and the Control of Labor*, 1820-1924 (1984).

[5] Andrew C. Isenberg, *The Destruction of the Bison: an Environmental History*, 1750-

1920 (2000).

⁶ William M. Robinson Jr., *Justice in Grey: A History of the Judicial System of the Confederate States of America* (1941), pp. 437-57; see, in general, Charles R. Lee Jr., *The Confederate Constitutions* (1963).

⁷ See, in general, Harold M. Hyman and William M. Wiecek, *Equal Justice under Law: Constitutional Development* 1835-1875 (1982), ch. 11.

⁸ 16 Wall. 36 (1873); for a superb analysis of the background and meaning of this case, see Ronald M. Labbé and Jonathan Lurie, *The Slaughterhouse Cases: Reconstruction Politics and the 14th Amendment* (2003).

⁹ 134 U.S. 418 (1890).

¹⁰ *Ibid.*, p. 458. Interestingly enough, Justice Bradley dissented in this case. One effect of the case was to weaken the authority of *Munn v. Illinois*, 94 U.S. 113 (1877), which had upheld an Illinois statute fixing maximum charges for grain elevators.

¹¹ *Dred Scott v. Sandford*, 60 U.S. 883 (1857). There is a huge literature on this case. See Stanley I. Kutler, ed., *The Dred Scott Decision: Law or Politics?* (1967); and Don Fehrenbacher, *The Dred Scott Case: Its Significance in American Law and Politics* (1978).

¹² *Hepburn v. Griswold*, 75 U.S. 603 (1870), which ruled that the Legal Tender Acts, passed during the Civil War, were invalid, was overruled in the *Legal Tender* cases, 79 U.S. 457 (1871).

¹³ These figures are from William F. Swindler, *Court and Constitution in the 20th Century: The Old Legality* 1889-1932 (1969), p. 344. The worst was yet to come. The Edward D. White court invalidated twenty-two state statutes in a single year (1915); the William H. Taft court's finest hour was 1926, when twenty statutes fell. *Ibid.*, p. 345.

¹⁴ Edward S. Corwin, *The Twilight of the Supreme Court: A History of Our Constitutional Theory* (1934), p. 77.

¹⁵ Emil J. Verlie, ed., *Illinois Constitutions* (1919), p. xxvii.

¹⁶ The Federal Reconstruction Acts—14 Stats. 428 (act of March 2, 1867), 15 Stats. 2 (act of March 23, 1867) and 15 Stats. 14 (act of July 19, 1867)—made resto-

ration of civil government dependent on approval of the Fourteenth Amendment, and on adoption of a constitution, with full suffrage for blacks, ratified by Congress and by an electorate from which Confederate leaders were excluded.

[17] *Official Report of the Debates and Proceedings in the Constitutional Convention of the State of Nevada*, 1964 (1866), p. xvi.

[18] Gordon M. Bakken, "The Impact of the Colorado State Constitution on Rocky Mountain Constitution Making," 47 Colo. Magazine, No. 2, p. 152 (1970).

[19] Fletcher M. Green, *Constitutional Convention of the State of Iowa*, vol. I (1857), p. ii.

[20] *Debates of the Constitutional Convention of the State of Iowa*, vol. I (1857), p. ii.

[21] Ill. Coast., 1870, art. IV, sec. 22.

[22] N. Dak. Const., 1889, art. II, sec. 69.

[23] Ill. Const., 1870, art. XI, sec. 15.

[24] Neb. Const., 1875, art. XI, sec. 4.

[25] Rosalind L. Branning, *Pennsylvania Constitutional Development* (1960), pp. 101-5. Fear of the power of railroads lurked behind some apparently unrelated provisions of this constitution. One section, for example, denied to the legislature the power to authorize "investment of trust funds by executors, administrators, guardians, or other trustees in the bonds or stock of any private corporation." The clause was proposed by George W. Biddle, a Philadelphia lawyer and delegate. Biddle charged that the legislature had once passed, in indecent haste, a law which in effect made it legal for fiduciaries to buy fourth mortgage bonds of the Pennsylvania Railroad. It was his desire—the convention agreed with him—that such things should never again be allowed to happen to the money of widows and orphans. See Lawrence M. Friedman, "The Dynastic Trust," 73 Yale L. J. 547, 562 (1964).

[26] Carl B. Swisher, *Motivation and Political Technique in the California Constitutional Convention*, 1878-79 (1930).

[27] *Debates and Proceedings of the Constitutional Convention of the State of California*, vol.I (1880), pp. 632-33 (remarks of John F. Miller, December 9, 1878).

[28] On some of these constitutions, see Gordon Morris Bakken, *Rocky Mountain Constitution Making*, 1850-1912 (1987).

[29] Wash. Const., 1889, art. XII, secs. 18, 22. "The legislature shall pass laws," the text went on, "for the enforcement of this section," if necessary by declaring corporate charters forfeit.

[30] Colo. Const., 1876, art. XVI, sec. 2.

[31] Idaho Const., 1889, art. XIII, sec. 4.

[32] N.Y. Const., 1894, art. V sec. 9; art. VII, sec. 7.

[33] The amount could be recovered by the county from those actually at fault.

[34] See W. L. Jenks, "History of Michigan Constitutional Provision Prohibiting a General Revision of the Laws," 19 Mich. L. Rev. 615 (1921).

[35] Laws Wis. 1893, ch. 312. See *State ex rel. Risch v. Board of Trustees of Policemen's Pension Fund*, 121 Wis. 44, 98 N.W. 954 (1904).

[36] Laws Ohio 1891, p. 74 (act of Mar. 4, 1891); Laws Ohio 1891, p. 77 (act of Mar. 5, 1891). A later version of this latter law, covering all cities with between 27,000 and 34,000 population, was upheld as sufficiently general in *State ex rel. Monnett v. Baker*, 55 Ohio St. 2, 44 N.E. 516 (1896).

[37] *State ex tel. Thomson v. Giesel*, 271 Wis. 15, 72 N.W. 2d 577 (1955).

[38] An amendment to art. 8, sec. 7, adopted in 1969, authorized the state to "contract public debt...to acquire, construct, develop...land, waters, property, highways, buildings...for public purposes," subject to certain limitations.

[39] Margaret V. Nelson, *A Study of Judicial Review in Virginia, 1789-1928* (1947), p. 54.

[40] These figures are from Oliver Field, "Unconstitutional Legislation in Minnesota," 35 Am. Pol. Science Rev. 898 (1941).

[41] Martin B. Hickman, "Judicial Review of Legislation in Utah," 4 Utah L. Rev. 50, 51 (1954).

[42] Ind. Const., 1851, art. IV, sec. 21. Oliver P. Field, "Unconstitutional Legislation in Indiana," 17 Ind. L.J. 101, 118, 121 (1941).

[43] Field, *op. cit.* p. 120.

[44] Ernst Freund, *Standards of American Legislation* (1917), pp. 154-55.

[45] Thomas M. Cooley, *A Treatise on Constitutional Limitations* (5th ed., 1883), p. 173.

[46] *State v. Young*, 47 Ind. 150 (1874).

[47] *Rachel Cutlip v. Sheriff of Calhoun County*, 3 W. Va. 588 (1869).

[48] Edwin Corwin, *The Twilight of the Supreme Court* (1934), p. 78. The quote actually referred to the work of the United States Supreme Court.

[49] 13 N.Y. 378 (1856).

[50] See, in general, Clyde Jacobs, *Law Writers and the Court* (1954); Arnold M. Paul, *Conservative Crisis and the Rule of Law: Attitudes of Bar and Bench*, 1887-1895 (1960).

[51] 98 N.Y. 98 (1885).

[52] 113 Pa. St. 431, 6 Atl. 354 (1886).

[53] Laws Pa. 1881, No. 173, p. 147. One point of the law was to prevent companies from paying their workers in slips of paper redeemable only at the company store.

[54] 155 Ill. 98, 40 N.E. 454 (1895).

[55] 198 U.S. 45 (1905). See Paul Kens, *Judicial Power and Reform Politics: The Anatomy of Lochner v. New York* (1990). There is a large literature on Lochner; there is still a great deal of conflict over the meaning of the case, and its influence. See David E. Bernstein, "*Lochner* Era Revisionism, Revised: *Lochner* and the Origins of Fundamental Rights Constitutionalism," 92 Georgetown L.J. 1 (2003).

[56] John Marshall Harlan also dissented. He pointed out that bakery work was very unhealthy, that bakers died young, and that there was a genuine issue of health, which the majority had simply brushed aside.

[57] Frederic J. Stimson, *Popular Law-Making* (1910), p. 238.

[58] Oliver P. Field, "Unconstitutional Legislation in Indiana," 17 Ind. L.J. 101, 108-9 (1941). The figures include cases up to 1935. But the conclusions hold reasonably well for the nineteenth century. Field cites a case in 1879, voiding a statute of 1861; a case in

1880 overturned a law of 1855. *Ibid.*, pp. 116-17.

[59] David J. Langum, "Pioneer Justice on the Overland Trails," 5 Western Hist. Q. 420 (1974).

[60] A careful study of the criminal justice system of the overland travelers is John Phillip Reid, *Policing the Elephant: Crime, Punishment, and Social Behaviour on the Overland Trail* (1997).

[61] John Phillip Reid, *Law for the Elephant: Property and Social Behavior on the Overland Trail* (1980).

[62] Reid, *Law for the Elephant*, p. 362; Reid, *Policing the Elephant*, p. 233.

[63] See the remarks of Emerson, J., in *First National Bank of Utah v. Kinner*, 1 Utah 100, 106-7 (1873).

[64] In *Chavz v. McKnight*, 1 Gilsdersleeve (N.M.) 147, 150-51 (1857), the judge cited "Escriche" writing "under the head[ing] of Mujer Casada" (married woman), a reference to the work of Joaquin Escriche y Martin (1784-1847); the judge spoke of the "humane regard" and "wise and just policy" of the civil law toward married women.

[65] Laws Gal. 1850, ch. 95.

[66] On the civil law legacy, see also above, Part II, ch. 2.

[67] Gordon M. Bakken, *The Development of Law on the Rocky Mountain Frontier: Civil Law and Society*, 1850-1912 (1983), p. 71.

[68] See Walter P. Webb, *The Great Plains* (1931), pp. 431-52; Betty E. Dobkins, *The Spanish Element in Texas Water Law* (1959).

[69] Donald J. Pisani, *Water, Land, and Law in the West* (1996), p. 36.

[70] Ovando J. Hollister, *The Mines of Colorado* (1867), pp. 75ff.; pp. 359-63; Laws Terr. Colo. 1861, p. 249; Laws Terr. Colo. 1862, p. 69.

[71] See Kevin J. Mulllen, *Let Justice Be Done: Crime and Politics in Early San Francisco* (1989); Robert M. Senkewicz, *Vigilantes in Gold Rush San Francisco* (1985); Lawrence M. Friedman, *Crime and Punishment in American History* (1993), pp. 179-87.

[72] Alan Valentine, *Vigilante Justice* (1956), pp. 54-58. On American vigilante movements in general, see Richard Maxwell Brown, "The American Vigilante Tradi-

tions," in Hugh D. Graham and Ted R. Gurr. eds., *Violence in America: Historical and Comparative Perspectives* (1969), p. 154.

[73] Quoted in A. Russell Buchanan, *David S. Terry of California* (1956), p. 43.

[74] Brown, *op. cit.*, pp. 162-63.

[75] Thomas Dimsdale, *The Vigilantes of Montana, or Popular Justice in the Rocky Mountains* (1953), p. 13, 16, 194ff. The book was originally published in 1866. Dimsdale was an Englishman who arrived in Virginia City in 1863 and taught school. He was the first superintendent of public instruction in Montana Territory. *Ibid.*, intro., ix.

[76] Willard Hurst, "The Uses of Law in Four 'Colonial' States of the American Union," 1945 Wis. L. Rev. 577, 585.

[77] Dimsdale, *op. cit.*, pp. 9, 12.

[78] Brown, *Strain of Violence*, at 44.

[79] Benjamin F. Shambaugh, *History of the Constitution of Iowa* (1902), p. 65. He added that the members were men who "in the silent forest, in the broad prairies, in the deep blue sky, in the sentinels of the night, in the sunshine and in the storm, in the rosy dawn...must have seen and felt the Infinite," a rather florid way of saying that the pioneers rarely went to church, *Ibid*, p. 24.

[80] See, for example, Allan G. Bogue, "The Iowa Claim Clubs: Symbol and Substance," 45 Miss. Valley Hist. Rev. 231 (1958).

第二章

法官与法院：
1850 年至 1900 年

法　官

279　　在 19 世纪中叶之后，普通的法官选举越来越被接受，并成为一个常态。1846 年后进入联邦的每个州都规定，选民将选举他们的部分或全部法官。1849 年的加利福尼亚州宪法规定，从最高法院到治安法官，整个制度都是选举产生的。仅在 1850 年，就有 7 个州修改了法律，规定了更多的法官普选。1850 年，密歇根州和宾夕法尼亚州的最高法院都采取了选举制度。[1]1853 年，田纳西州的选民通过了一项宪法修正案；从 1854 年起，田纳西州废除了一份报纸上所称的"昔日的遗迹"，即"专制君主制"；田纳西州最高法院成为一个选举机构。[2]

　　只有少数几个州仍有法官采用任命的方式，例如缅因州和马萨诸塞州。联邦法官是终身任职。在康涅狄格州，由立法机构选择法官；但 1856 年，法官任期改为 8 年；在此之前，法官只要"行为良好"就能一直任职，这意味着法官的任期实际上是终身的。这个过程并不完全是朝着单一方向走向选举原则的。南部一些州在重建期间曾经恢复了任命制。从 1866 年到 1876 年,得克萨斯州从一个选举产生的最高法院返回来变成了一个任命的最高法院。根据 1868 年的宪法,密西西比州废除了选举产生的高等上诉法院(high court of errors and appeals)。新的最高法院由 3 名法官组成,由州长任命,参议院批准。直到 1910 年,密西西比州才恢复了选举制度。

选举制度有什么不同? 很难说。当选的法官比任命的法官更有政治色彩吗? 他们的裁决会有什么不同吗? 在理论上说,答案是肯定的。在实践中,可能并不是如此。首先,法官选举不像选举州长那样党派色彩化。有人担心选任原则会破坏法官的独立性。敌对的政客们可能会对法律裁判报告耿耿于怀,找出一个不受欢迎的判决,然后用它来毁掉一位在任法官。但事实证明,大多数再次参选的现任法官都再次获胜,而不管他们是来自哪个党派。有几个极少数的例外。1885 年,密歇根州最杰出的法官托马斯·库利(Thomas M. Cooley)未能成功连任。主要原因是"连山顶都能淹没了"的"民主洪流";劳工们反对他,他与铁路的密切联系使他在一些选票方面付出了高昂的代价。[3]1873 年,农民协会组织的愤怒驱使伊利诺伊州的首席大法官查尔斯·劳伦斯(Charles B. Lawrence)离职了。[4]1861 年,马里兰州上诉法院首席大法官约翰·莱格兰(John C. Legrand)和法官威廉·塔克(Judge William B. Tuck)在选举中败在了农民们忠诚于联邦这张严酷的选票上面。[5]

选举原则当然有助于削弱只有受过法律培训的人才有权决定案件结果的观点,同时也削弱了只有法官掌握的工具才是严格的法律工具的想法。至少选举原则似乎赋予公众评估决策和决策的权力。《奥尔巴尼法律杂志》(Albany Law Journal)的一位编辑在 1875 年写道,首席大法官劳伦斯的失败看上去像是"一群不满意的农民把一个无知的煽动者放在了一位能干正直的法官的座位上"。[6]这时,纽约出现了一种新的、徒劳的尝试——试图推翻选举原则。作者补充说：

> 对评价一个好的法官最重要那些资格而言，人民可能是最坏的评判者。他们可以选择一个演说家、一个辩护律师或一个辩论者，因为他的素质是显而易见的和突出的；但是法官的素质是独特的，很少被草率的普罗大众的注意力所赏识。这是一种不寻常的、隐晦的和艰难的学习；这种被称为"司法"的——权力、思想的转变和性格的塑造，很可能不会被非专业观察者所注意。在他看来，有效的辩护人似乎最适合担任司法职务；但经验证明，最好的辩护人不可能证明是最好的法官，因为这两种职能的资格各不相同。

> 但是，对选举产生的司法机构的主要反对意见是它对职务的影响、它的尊严；它的公正分量，以及它对一般公信力的把握。

> 虽然法官候选人的甄选一般由[政党]公约的法律成员来决定，但同样真实的是，这些法律成员通常不是能够担任法官的律师阶层，即有抱负的年轻男子，他们更熟悉选区核心小组或城镇会议的管理，而不是在法庭上进行一项诉讼事宜。

因此，这种主张声称，选举会削弱法官的职位。人们会选出一些党棍无赖，而不是法学家。当然，并不缺乏那些不称职的法官。至少，选举有助于弹劾的逐渐消失。1850年以后，除适当和充分的（即非政治性）原因外，很少有法官因为弹劾程序被撤职。联邦层面的弹劾程序极为罕见。1853年，众议院司法委员会建议对得克萨斯州地区法官约翰·沃特罗斯（John C. Watrous）进行弹劾。据说，他一边在做法官，还一边在当律师，并审理了与他在财务上有利害关系的案件。然而他没有受到任何处理。1872年至1875年间，4名联邦法官因行为不正常而受到调查；他们都在猛烈的抨击下辞职。[7] 州法官也很少被弹劾。1852年，威斯康星州首席大法官利维·哈贝尔（Levi Hubbell）被指控犯有攻击、偏袒、不正当的审判和受贿等各种行为。哈贝尔脾气暴躁并有党派色彩。在他的工作中有"劣质标准"的证据,但参议院要求（但没有得到）其不当行为的极端苛刻的证据（extraordinary proofs of misconduct）；哈贝尔并没有被撤离职务。[8]

在镀金时代,在政客特威德*集团腐败的气氛中,丑闻笼罩着纽约下城的法院,以及纽约市政府的其他成员。乔治·坦普尔顿·斯特朗（George Templeton Strong）在日记中写道:"我们国家司法机构的臭味正变得过于强烈,实在令人难以忍受。"法庭腐败是纽约律师在1870年成立纽约市律师协会的原因之一——他们急于解决这个问题。纽约最高法院法官乔治·G.巴纳德（George G. Barnard）和阿尔伯特·卡多佐（Albert Cardozo）都受到了怀疑。[9]卡多佐把破产管理人的职位转给了他的亲戚和朋友。他的儿子本杰明·卡多佐（Benjamin Cardozo）最终赎回了这个家族的名誉。乔治·坦普尔顿·斯特朗写道:"我认为上苍意味着让卡多佐去打扫法庭,而不是主持它。他当律师看起来比在最高法院的法官席上更自然。"[10]1872年,对巴纳德和卡多佐弹劾的指控被提起,弹劾案指控他们贪污和"粗暴的滥用权力"。后来,卡多佐辞职了,巴纳德遭到弹劾,永远被禁止担任公职。[11]

在重建时期结束后,更令人怀疑的是,使用弹劾威胁的做法将南方的"外来"法官逐出了法庭。在南卡罗来纳州,最高法院黑人法官乔纳森·贾斯珀·赖特（Jonathan Jasper Wright）在1877年被骚扰而离职。尽管有宣传的烟幕,但对这些南方法官的指控从未得到充分证实。无论是白人还是黑人,这些外来法官们遭受了失败者的历史命运。他们可能并不比同一时代、同一文化的南方白人法官更腐败。来

---

* 指的是19世纪中期纽约臭名昭著的大亨兼政客威廉·特威德（William Magear Tweed）；特威德于1852年当选为美国众议院议员,后来因为贪腐而被定罪。——译者注

自俄亥俄州的摩西·沃克(Moses Walker)在得克萨斯州最高法院任职时表现得很出色。[12]阿尔比恩·图尔吉(Albion W. Tourgée)[13]是一位外来的法官,他有能力也有坚强的意志,他凭借自己的经历,写了一系列关于种族和南方的小说。其中的一本书,1879年的《一个愚人的使命》(A Fool's Errand),取得了轰动性的成功。图尔吉与三K党(Ku Klux Klan)斗争,并撰文反对三K党。他对黑人和白人相互关系的自由主义观点远远领先于他的时代。在他的晚年,他参与了"普莱西诉弗格森案"(Plessy v. Ferguson),在案件提交最高法院之前,他撰写了该案件的意见摘要。图尔格是一个真正例外的人。但他证明,我们不能以愚蠢和腐败的名义将那些外来的法官加以全盘谴责。

州政府成立之前的领地法官,当时也是有争议的角色。领地的法官工作纯属任命产生的;它们属于委派性的工作。急切的请求者们为了这些职位,一次又一次地巴结着总督。这些法官中有些是黑客,薪水低,工作准备不足,几乎无一例外都是非居民,他们唯一进入职位的理由就是成功地找到了一位强有力的赞助人。有些法官很难体面地踏上他们的管辖区域,或者在短期内辞职,追求更有利可图的事情。有些人,像那些流浪的边疆律师,在一个又一个领地找到了工作。例如,伊利诺伊州的塞缪尔·奇普曼·帕克斯(Samuel Chipman Parks)曾在3个地区担任法官:爱达荷(1863年)、新墨西哥(1878年)和怀俄明(1882年)。[14]

领地法官职位不是一个上流社会的职位。它远离美国东部的尊严和传统的世界。无论理由是好是坏,当地居民往往对这些法官怀有敌意。人们听说过"圣人灌木丛分区"这种事情,即立法机构把司法区分割成不同的区域,流放那些不受欢迎的法官,把他们送到最贫瘠的地区。根据《圣达菲邮报》(Santa Fe Post),新墨西哥的立法机关1872年派遣首席大法官约瑟夫·帕伦(Joseph G. Palen)"到它们所管辖的最热的地区",还多少有些"遗憾"它们的司法管辖权如此有限。[15]

一些领地的法官名声显赫或者声名狼藉。柯比·贝内迪克特（Kirby Benedict）在19世纪50年代和19世纪60年代担任新墨西哥首席大法官。该领地的行政秘书在给林肯总统的一封信中抱怨说，贝内迪克特"去过赌博场所和酒馆，以傲慢和虚张声势的方式玷污了他的法袍"。也许他是迫不得已才喝酒的。1854年，作为一名新法官，贝内迪克特不得不穿过一个广阔的沙漠地带去开庭；充满敌意的土著隐藏在干旱的峡谷里。贝内迪克特尽其所能：他谴责指控自己的人是"一个愚蠢的疯子、一个自私自利的人、一个普通的恶作剧制造者"[16]。林肯再次任命贝内迪克特，但约翰逊总统罢免了他，认为他是个酒鬼。贝内迪克特做了一段时间的法律工作，后来被取消了律师资格。

大多数领地法官既不是无能的，也不是古怪的。他们最严重的罪行，也许是政治性的。联邦法官为终身制；但是，领地最高法院的法官为4年任期，任何时候都可以被解雇。这促使领地法庭进入"也许是美国历史上最疯狂的政治争斗"。这句话来自于约翰·盖斯（John Guice）在3个西部领地对这些法院的研究。但盖斯的研究使他尊重这些落基山中的法官：总的来说，他们是"文明人、建设者和立法者，他们为领地和整个国家作出了重大贡献"[17]。

西部的法官，至少在一些地方需要比东部法官更强硬的东西。贫瘠、空旷的土地滋生或隐藏了一定程度的无法无天；西部的巨大法网漏洞吸引了很多杀手和盗贼。这是艾萨克·帕克法官的世界，人称绞刑法官，他是由格兰特总统首先任命的，他从位于史密斯堡的法庭上管控着阿肯色西部地区。帕克的管辖属地包括印第安人的领地。那是"六个火枪手之地"（land of the six-shooter）。帕克并没有从他所面临的严峻的责任中退缩。他以宣判6个人的方式启动了他的法律和秩序，1875年9月3日，这6个人被绞死。在他的职业生涯于1896

年结束之前,有79名男子(其中许多是美洲土著人或黑人)被戴上了黑色的头巾,送上了绞刑架。迷信的人想象着,他们不安的鬼魂在夜里常在绞刑架上游荡。[18]

最高法院在联邦金字塔的顶端,远离帕克法官所在的地区。[19]法官们都是律师出身,总的来说,都是一些有地位的人。19世纪末的大法官们在被任命的时候,平均而言是比这个世纪早期的大法官们年龄更大一些。年轻的国家倾向于年轻的领导人;更老的、更安定的国家倾向于年长的领导人。约瑟夫·斯托里被任命为大法官时,年仅32岁;1870年,宾夕法尼亚州的威廉·斯特朗(William Strong)在62岁时被确认为大法官,他是第一个超过60岁的人担任这个职位。[20]州法院是19世纪最高法院法官的主要来源。然而,有些法官的背景是联邦政府;罗伯特·特林布尔(Robert Trimble)于1826年被任命,他是第一位曾在联邦下级法院任职的大法官。[21]戴维·布鲁尔(David J. Brewer)是堪萨斯最高法院的法官;1884年,他被任命为联邦第八巡回法院法官;1889年他来到美国最高法院任职。[22]

最高法院法官的任命与任何下级法院一样具有政治性。总统任命老亲信、著名政治家、值得任命的内阁成员;他们任命一个大法官可能是因为他们是南方人,或者是因为他们不是南方人,情况不过如此。参议院偶尔拒绝了被提名人。格兰特总统提名司法部长E. R.霍尔(E. R. Hoar)担任大法官。但霍尔在参议院里树敌过多,最后他被参议院拒绝。[23]然而,大多数提名都是在国会通过的,没有人反对,或者反对的人并不太多。最高法院的法官,几乎总是有政治背景的人,偶尔也会保持他们对政治的兴趣。例如,戴维·戴维斯是1872年总统提名的有力竞争者;1877年,他从伊利诺伊州当选为参议院议员。首席大法官蔡斯渴望成为1872年民主党总统候选人提名。约瑟夫·P.布拉德利在选举委员会上投了决定性的一票,使拉瑟福德·海斯(Rutherford B. Hayes）在 1877 年当选为总统。[24]

尽管任命过程中存在政治问题，法官们对政治有着自己的嗅觉，还有许多野心和偏见方面的错误，但最高法院对诚实方面的记录是无懈可击的；最高法院谨慎地起草着自己的判决。法院的威望如潮起潮落，但据我们所知，其威望的上升在一个长期的趋势中却是相当稳定的。法官们肩负着巨大的责任并终身任职。他们完全独立于政权的易帜更迭，这一点可能也提高了他们的威望。

最高法院在德雷德·斯科特案、民权案、屠宰场案、所得税案以及成千上万个大小危机中幸存下来，这些危机如同降雨一样，从天而至。他们的书面意见总是带着专业的光环。渐渐地，即便那些从未读过一份法律意见书的人，即一般公众，似乎也接受了法院的权威和合法性。到 1900 年，最高法院已经有一个多世纪的历史了。它已经是公认的政府制度的一个固定和传统的部分。

最高法院的神圣性，或至少是它的圣殿化，并不是一个快速或自动的过程。德雷德·斯科特带来了相对黑暗的日子。然而，在某种程度上——大概是在这个世纪的下半叶——最高法院的声望达到了很高的（或许是无懈可击的）程度。[25] 在某些方面，法院准确地反映了中上层阶级的思想。法院在民族主义和地方主义之间摇摆不定，这个国家当时也是如此。法院履行了一项宝贵的职能，或者说似乎是这样的：它是一个冷静地反复思辨的论坛。最高法院（以及许多州高等法院）可以缓和公众舆论的大幅度波动。至少这是一个合理的说法。

法院的规模直到 19 世纪 70 年代才开始波动。在法院员额配置方面，林肯和格兰特都没有超脱于一种表面化的方案。但林肯也减少了一些法院的员额，他让 3 个大法官的职位一直空缺，阿拉巴马州的约翰·坎贝尔（John A. Campbell）在内战爆发时辞职，另外两名法官死亡，其中一位是南方人。林肯让大法官的职位保持空缺，直到南方不会自愿返回联邦的意图明确化。[26]在内战期间,国会根据法律规定设置了最高法院的最大规模:10名成员。国会在重建期间,与总统安德鲁·约翰逊(Andrew Johnson)的拉锯战中玩弄着增减法官员额的数字。1866年的一项法律规定,在法院法官人数减至7人之前,不应填补任何空缺。这看上去像是阻止安德鲁·约翰逊提名的计划。[27]在格兰特政府执政期间,国会最终确定了后来成为神圣数字的人数——9人。

总的来说,法院从法官的长期任期中获得了福音。这给法院带来了极大的稳定,也许是过于稳定了。工会主义者认为首席大法官坦尼的长寿是一个巨大的诅咒(1864年他去世时享年87岁);罗伯特·格里尔(Robert C. Grier)在一次中风使他有点糊涂后,仍在最高法院里任职了3年。在1869年岁末,不敢肯定他是不是神志清醒地知道自己在"法定货币"系列案中把票投给了哪一方。后来,一个包括斯蒂芬·菲尔德(Stephen Field)在内的法院的代表温和地劝他辞职。费尔德自己的职业生涯在19世纪是最长的。他于1863年被任命时为46岁,任职34年8个月20天。1897年,他在法庭上的最后一年,他的心智明显地衰退了,有时他陷入了"沉闷的昏睡状态"。在19世纪90年代,他根本没有写过任何多数意见;他所写的只是疯狂的赞同和反对意见。约翰·马歇尔·哈伦(John Marshall Harlan)法官被派去与菲尔德谈话,并说服他辞职。哈伦提醒菲尔德,他也曾经去这样劝说过格里尔法官。但是菲尔德的眼睛里"闪烁着童真般的年迈者的目光,情绪几乎失控"。哈伦说:"这是我一生中从来没有过的如此龌龊的工作日。"[28]

1864年,当坦尼最终去世时,林肯任命了一位新的首席大法官——萨蒙·蔡斯,他曾经是林肯的财政部长。但蔡斯让行政部门失望了。1870年,在第一桩"法定货币"案中,最高法院认为,内战期间通过的纸币法超出了国会的权力范围。具有讽刺意味的是,首席法官蔡斯代表多数意见方,拒绝接受当年自己作为财政部长时制定的一项政策。在战时,蔡斯部长属于共和党人;当面对和平时期的问题时,1870年的首席大法官蔡斯成了民主党人。一年后,格兰特总统两次任命了新的大法官后,这个决定才被推翻。

这一事件表明,总统能在最高法院行使多大的控制权,以及多小的控制权。被任命的权力是由一个事实所平衡的:大法官一旦获得确认,他就可以自由地走自己的路,而且经常如此。

19世纪末,没有首席大法官像马歇尔或坦尼那样德高望重;但在法庭上有杰出的人物:塞缪尔·米勒(Samuel Miller)、斯蒂芬·菲尔德(在他健康状况比较好的时期)、约瑟夫·布拉德利和约翰·马歇尔·哈伦。他们在司法审查的第一个黄金时期在最高法院任职。在这段时期,高等法院法官掌握了政府权力的一部分。他们在宪法中,特别是在新的第十四修正案中找到了这一权力的基础。在此期间,对法院的公开分歧变得更加明显。在马歇尔法庭上,反对意见则很少。在1841—1860年期间任职的彼得·丹尼尔(Peter V. Daniel)是一个顽固的反对者。他写的异议意见书和特别赞同意见书,几乎和他写的多数意见书一样多。[29]塞缪尔·米勒在他的大法官职业生涯中提出过反对意见159次;斯蒂芬·菲尔德在他的大法官职业生涯中提出过反对意见233次。而在1877—1911年期间任职的约翰·马歇尔·哈伦在他的大法官职业生涯中提出过反对意见不少于380次。[30]

还有,大多数案件是意见一致的——不像沃伦(Warren)、伯格(Burger)和伦奎斯特(Rehnquist)法院的案件。在《美国判决报告》第71卷中,1866年12月开庭审中有70多件案件,除5个案件以外,其他都是一致同意的。这5个案件之一,是著名的"米利根案"(*Ex parte Milligan*),有一个单独的观点,但这是一种赞同的意见,即同意其他大法官的判决结果,虽然与他们的理由并不一样而已。在另外 4 个有异议的案件中,其中 2 个案件的持不同意见的人只记录了他们异议的事实,但他们并没有提出书面异议;其他的 2 个案件则是著名的测试誓言案例,即"卡明斯诉密苏里州案"(*Cummings v. Missouri*)和"加兰案"(*Ex parte Garland*),都引出很长的异议意见书。[31]

换言之,形成剑拔弩张的,是那些困难和有争议的案件。最高法院的大部分工作不包括此类案件。一个缓慢增长的少数案件转向了宪法议题。越来越多的案件出现在重要的联邦法令之下。但最高法院仍然判决了许多关于商业合同、土地所有权等的案例。这些案件往往是"多样性"案件。也就是说,由于当事人是不同州的公民,这些案件都是在联邦系统中处理的。通常,它们根本不存在联邦问题。工作的负担不断增加。从 1862 年到 1866 年,最高法院作出了 240 项判决;在 1886 年至 1890 年期间,有 1125 项判决——而这并没有减轻巡回法院的繁重负担。[32]冗长的口头辩论的悠闲日子结束了。他们只能为每个案件分配这么多时间——甚至是重要的案件。

根据一般的共识,到 1870 年,州法官的某种黄金时代已经结束。黄金时代是一个棘手的概念。莱缪尔·肖、约翰·班尼斯特·吉布森、约翰·马歇尔和其他人,是伟大的法官:他们是制度的建设者、学说的制造者;此外,他们也别具风格。

下一代的法官们对自己的判案技能有着不同的看法。具有讽刺意味的是,在这个银器或黄铜的时代,人们对司法能动主义有很多争议。可以肯定的是,1860 年以后,有一些州法官是他们那个时代的名人,他们是有活力和想象力的人;包括威斯康星州的爱德华·瑞安(Edward Ryan)、马萨诸塞州的小奥利弗·温德尔·霍姆斯和密歇根州的托马斯·库利。霍姆斯也许是美国法庭里最伟大的英语大师。但他的名声主要取决于他后来作为一名美国最高法院大法官的职业生涯。在当时的州法院法官中，罗斯科·庞德(Roscoe Pound)认为只有一位"内战以来的法律建设者"——查尔斯·多伊(Charles Doe)——与众不同。[33]多伊于1876年至1896年担任新罕布什尔州首席大法官。用他的传记作者的话说，他相信"司法权是建立在必要性的逻辑和法院为每项权利提供补救的职能的基础上的"[34]。在一些重要的案件中，多伊无视诉讼形式，忽视诉状的细枝末节，而且对先例的负担不屑一顾。他认为，法官有义务制定法律，至少有时是这样；而且应该公开这样做。

多伊与同时代人相比最引人注目的，与其说是实质，不如说是风格，因为他否认了法官的合法性应该依靠的主导理论。当然，法官确实制定了法律。首先使用劳工禁制令的法官，显然是在制定法律。每次法官重新制定规则，并且他明晰这一点，他其实就是在制定法律。即使法官不知道他在做什么，他还是制定了法律。然而，19世纪下半叶的法官坚持认为他们从未制定法律。先例、宪法、普通法的原则——这些都是决定的基础。法官是一个工具、一个容器。法官不应该是去造法，甚至不应该看上去是在造法。这种姿态是有充分理由的。当时可以伪装得很好，以此来否认对不受欢迎的意见承担责任。这就是为什么法官，甚至是民选法官，在公众面前不像州长和国会议员那样赤裸裸地受到监督的原因之一。技术性和非人格化不一定是谦卑的表现。当医生援用医学科学时，医生并不谦虚。当时的法官们坚持认为他们自己是专业人士。他们声称有专家的特权；垄断他们的生意。他们所做的，与其他专家的工作相比，是没有价值取向的。这一说法是用以自卫的重要工具。

法官和法院的判决风格、文字价值和技艺都不尽相同。法官之间也不总是意见一致。总的来说，在这个世纪下半叶，州级高等法院的异议有所增加。异议率本身也是可变的。在1885年的密苏里州报告中,有 275 份一致意见,57 份有异议或附和意见(多数是异议意见)。但佛蒙特州最高法院在 1890 年一致裁决了 70 起案件;只有一宗异议,其中一宗缺乏书面意见。在 1888 年,纽约州上诉法院大约 10 个案件中有一个持不同意见。[35]

卡尔·卢埃林称 19 世纪为"正式"风格时期,与马歇尔、吉布森和肖的"高贵"风格形成鲜明对比。[36]大多数印刷报告中都失去了简明扼要和风格独领的部分。19 世纪末,许多高等法院的意见都是夸夸其谈、漫不经心、费尽心机、逻辑混乱,充斥着不必要的引用。报告有更多的篇幅,但并没有经过仔细编辑。因为工作量太大,没有时间进行精简和打磨。但其中的风格反映了当时法官的训练和理念。

这些法官是谁?总的来说,他们是相当保守的人,受过传统的教育,他们生活和工作在一个提升美国商业价值的环境中(虽然不一定是大企业)。他们往往吝惜自己的司法和经济特权。高等法院的法官很难成为这个国家的普通一员。他们代表着旧时代的美国。法官是清一色的白人,而且大多是新教徒。他们都是男人。还有的一家几代人都是法官——例如弗吉尼亚的塔克家族。在新泽西州,1776 年至 1891 年期间,除一位首席大法官外,其他首席大法官都是长老会派。大多数法官也是长老会成员,其中许多是教会中的长老。几乎所有受过大学教育的法官都在普林斯顿大学接受过教育。[37]截至 1893 年,在弗吉尼亚最高法院选出的 48 名法官中,只有 3 名"出生在弗吉尼亚以外"。[38]从 1860 年到 1900 年,几乎所有佛蒙特州法官都是本地人,只是偶尔会有一个康涅狄格州或新罕布什尔州的后裔出现。1858 年至 1890 年间,明尼苏达州的 15 位最高法院法官都是新教徒,他们主要来自良好、殷实的中产阶级背景的家庭。[39]

对这些法官来说,形式主义是一种保护手段。他们是中间路线的保守派,一方面排斥庸俗的富人,另一方面又排斥革命大众。法律传统代表着平衡、健全的价值观以及对有序进程的承诺。由于习惯和训练,法官们宁愿在法律传统的范围内运作。"黄金时代"的法官们用雄伟恢弘的几笔创造了整个法律领域。在法律图书馆日益膨胀的时代,创造性的表现形式是不同的。当时仍然有伟大的观点(从结果的意义上说是伟大的),但它们看上去并没有那么伟大。"形式主义"蓬勃繁荣起来;也许不是作为一种习惯,而是作为一种习惯的风格,不是一种思维方式,而是一种用来伪装思维的方式。

不过,当时这些法官的素质,大体上可能比老一辈的法官要差一些,这可能是事实。他们是被选上来的,并不是社会精英。1880年的美国是一个雄心勃勃的工业社会,由商人和政治家管理。高等法院法官只是些成功或雄心勃勃的律师。很少有人像约翰·马歇尔那样受过教育,很少有人有风度和尊贵的责任感。他们的背景和价值观表现在他们的技艺方面,而并不一定表现在规则和结果之中。

法院的组织

19世纪后期,法院系统没有激进的创新;但是有一些比较渐进性的重要变化。州法院系统仍然是金字塔式的法院系统,没有完善的人员配备,法官的薪酬也十分微薄。[40]没有任何行政官员管理、控制或协调司法系统。没有人可以根据需要将法官从案件成堆的法庭转移到另一个空荡荡的法庭里,也不能监督诉讼的进程,也不能制定规则来告诉法院该如何行事。上级法院控制下级法院的能力很弱,只有推翻判决的权力,但此权力限于在有人提出上诉的情况下行使。有一段时间,几乎所有上级法院的法官都做了一些审判工作;几乎所有上级法院都在某种程度上是初审法院。在19世纪末,这种情况越来越少,法院级别之间的界限变得更加固化了。

随着人口的增长,如美国最高法院那样,州法院也不得不努力应付案件的负荷。伊利诺伊州最高法院在 1854 年作出了 150 件判决意见书;1899 年至 1890 年间作出了 295 份判决意见书。[41] 联邦法院也增加了他们的业务。1871 年,美国联邦地方法院处理了 8 187 件刑事案件;1900 年,这个数字是 17 033 件。1873 年,这些法院处理了 14 527 件民事案件;1900 年,这个数字是 22 520 件。1900 年,联邦地方法院尚有 52 477 件民事案件待审。[42]

为了解决案件负荷过重的问题,州尝试了各种措施。一些州在法院金字塔中增加了另一层。他们设立了中级上诉法院。例如,1877 年,伊利诺伊州分成 4 个区,每个区有配备 3 个法官的法庭(其中 2 个在库克郡)。1891 年,得克萨斯州设立了刑事上诉法院。根据 1875 年的《密苏里州宪法》,为圣路易斯市设立了一个特别上诉法院。堪萨斯城(Kansas City)的另一个上诉法院于 1884 年成立,这两个法院随后也处理来自该州其他地方的下级法院的上诉。[43]

许多州增加了高等法院法官的人数,例如明尼苏达州,从 3 名增加到 4 名,然后增加到 5 名。1879 年,加利福尼亚州尝试了一项有趣而富有成效的实验;它允许最高法院像阿米巴变形虫一样,将自己分成不同的部分("部门");只有特别困难或重要的案件才会由整个法院来裁决,也就是说,在一些州,高等法院可以将案件外包给"审案专员",这些委员们的裁决可以(而且通常是)被法院接受为自己的裁决。1887 年,堪萨斯州授权州长"经参议院同意"任命 3 名具有丰富法律知识和高贵个人品质的堪萨斯州公民为最高法院的"专员"。他们将"协助[最高法院]处理在法院审理的众多案件"(1887 年法律,第 148 章)。1895 年,堪萨斯州设立了两个"上诉法院",其中一个在州北部,另一个在州南部,"低于最高法院,但高于该州的其他法院"(1895 年,第 96 章)。1900 年的堪萨斯州宪法修正案(第 3 条第 2 款)将最高法院的个数从3个增加到7个;法院可以"在两个部门分开审理案件"。[44]

在一些州,立法机构在某种程度上减轻了最高法院的负担,试图减少案件流入法院的数量。1872年,《西弗吉尼亚州宪法》(第8条第3款)将最高上诉法院的上诉管辖权限于刑事案件、宪法案件、"关于土地所有权或界限的争议"或"遗嘱检验""民事案件"中,涉及争议的事项(不包括费用)需要"具有较高的价值或超过100美元的金额",以及一个杂项类别——包括涉及磨坊、道路、渡轮或登陆的案件。1877年,在伊利诺伊州,上诉(中级)法院成为合同和损害案件的最后上诉法院,争议金额不到1000美元(不包括费用)。最高法院仍在审理刑事案件,以及"涉及特许经营或完整持有不动产(franchise or freehold)的案件"。[45]

1869年,国会决定拯救联邦系统——为九个巡回区域各提供一名巡回法官。最高法院的每一位法官仍然被指派到一个巡回法院;但人们认识到,法官不能也不会做巡回法院的许多工作。内战、重建和内战后的修正案增加了联邦制度的重要性。1875年的《移送法案》(Removal Act)赋予了联邦法院更多的权力。任何主张联邦权利的行动都可以从联邦法院开始;如果在州法院开始,则可以将其移至联邦法院。该法案"为联邦法院开辟了一大批全新的审判业务"。[46]国会终于在1891年颁布了重大改革。每个巡回法院都有巡回上诉法院,作为其上诉法院。这项法案规定了一名额外的巡回法官。最高法院的大法官们仍然可以坐在他们的巡回法院的审判席上,但几乎没有人能去做这件事。[47]

除了这些变化,政治领导人几乎没有多大欲望让法庭组织更加理性。非专业政治家不想为他们州的法院任命一个沙皇。混乱和重叠的管辖权是完全可以接受的;另一种选择——一位有权管理其系统的强有力的首席法官,却是不被接受的。在一些州,为了防止这种领导权能的产生机会,立法机构降低了首席大法官的级别。1852年,在俄亥俄州,首席大法官不过是"最高法院法官任期最短"的那个人。[48]许多州宪法都有类似的规定。[49]显然,这一制度导致"定期轮换",妨碍了"法院行政方面工作的任何连续性发展"。然而,在1900年,在38个州中,至少有17个州有这样或一个类似的规定。[50]在一些州,甚至连法院书记官都是被选举出来的——从行政一致性的角度来看,这是一种荒谬的做法。[51]

高级法院是繁忙的机构。在1870年至1900年间,他们已判决的案件中约有三分之一是债务和合同案件;21%的案件涉及不动产法问题;大约10%是侵权案件;10%是刑事案件;12.4%是涉及公法问题(税收、商业监管、征用权和类似事项的案件);7.7%是家庭法律和家庭财产问题(离婚、继承、遗产管理的案件)。[52]在所有这些案件中,有些涉及重大问题或巨额资金。然而,大多数普通的商业和非商业纠纷避免了法院的审理。法庭程序太过缓慢和昂贵了。也许从某种意义上说,社会已决定允许一个完整审判或一整天出庭的价格上涨,以鼓励发展替代办法。从这个意义上说,伟大的美国法院的历史也是这些所经历的事件的历史。审判法庭的情况如此,上诉法院的情况也确实如此,甚至可能更是如此。经济正在蓬勃发展,工商业也在增长。当时出现了一大批中产阶级的法律消费者。缓慢、昂贵、相对技术性的法院不可能满足经济和社会的需要。

法院规模固定,工作人员有限;立法机构从未增加足够的新法官和法院来满足需要。延误的案件堆积了起来。例行的商业纠纷避开了法庭。作为一项规则,即使是提交的案件也没有进行审判。大多数案件在中途和解。企业的法律业务大多回避法院。除了费用和拖延,还有法律本身的问题,以及阐述法律的法官问题。他们是受过法律训练的人;他们不一定了解商人想要或需要什么。

初审法院确实作出了贡献,低调但真实。有一件事,司法系统起作用了。它提供了稳定性和确定性,一般来说,债权人知道他们可以在不必涉及贿赂和昏庸无能的情况下收回债务。法院将在每一个季节开放并运作。有些法院腐败,但并没有破坏整个系统。在较低级别,法院处理了大量的小案件。例如批准离婚以及抵押物赎回权丧失(mortgages foreclosed)的案件。法院的所作所为像是个收债机构。所有这一切,它们处理得很快,没有大惊小怪或麻烦。在威斯康星州的齐佩瓦郡(Chippewa County),法院处理了数百起家庭关系、未偿还债务、保险、抵押物赎回权丧失、轻微刑事诉讼等案件。[53]大城市的法院也处理了大量的案件。在19世纪末,波士顿的市政法院"每年处理大约两万名原告的问题"。[54]几乎所有的"案件"都是千篇一律的。收债是主要的主题:杂货店、服装店、医生,这些都在利用法庭强迫客户和顾客付款。

如此大量的案例需要彻底的程序化。在遗嘱检验、抵押、离婚和商法中,法院发展或使用了标准化的程序,几乎就像21世纪的停车罚单程序一样敷衍和必不可少。这是流水线上的司法正义。绝大多数的输家是小人物:在钢琴或缝纫机上欠钱的男人和女人、付不起房租的租客、付不起医药费的病人。表面上看,法律似乎"回应了那些贫穷客户无力支付的商人们的冷血利益"[55],但也许法院因此使广大民众获得信贷变得更容易、更便宜。因此,"数百万人有机会购买他们本来无法获得的货物和服务"[56]。这个机会当然是有代价的。

注 释

[1] Evan Haynes, *The Selection and Tenure of Judges* (1944), pp. 100, 116, 127; Kermit L. Hall, "The Judiciary on Trial:State Constitutional Reform and the Rise of an Elected Judiciary, 1846-1860," 45 The Historian 337 (1983).

² Timothy S. Huebner, "Judicial Independence in an Age of Democracy: Sectionalism, and War, 1835–1865," in James W. Ely Jr., ed., *A History of the Tennessee Supreme Court* (2002), pp. 61, 85–88.

³ Lewis G. Vander Velde, "Thomas McIntyre Cooley," in Earl D. Babst and Lewis G. Vander Velde, eds., *Michigan and the Cleveland Era* (1948), pp. 77, 92.

⁴ James E. Babb, "The Supreme Court of Illinois," 3 Green Bag 217, 234 (1891).

⁵ Carroll T. Bond, *The Court of Appeals of Maryland, A History* (1928), p. 159. This at least spared Maryland the embarrassment of fighting on the Union side with secessionist judges. To a certain extent, the federal government was in this fix. Chief Justice Taney, author of the *Dres Scott decision*, lived until 1864. His wartime conduct was a thorn in Lincoln's side.

⁶ 8 Albany L.J. 18 (July 5, 1873).

⁷ Joseph Borkin, *The Corrupt Judge* (1962), pp. 201, 253–254.

⁸ Alfons J. Beitzinger, *Edward G. Ryan, Lion of the Law* (1960), pp. 32–39.

⁹ The "supreme court" in New York, despite its name, is not very supreme: it is the basic trial court. The highest court in New York is called the Court of Appeals.

¹⁰ A. Nevins and M. Thomas, eds., *The Diary of George Templeton Strong*, vol. 4 (1952), pp. 264–65.

¹¹ *History of the Bench and Bar of New York*, vol. I (1897), p. 199.

¹² James R. Norvell, "The Reconstruction Courts of Texas, 1867–1873," 62 Southwestern Historical Q. 141, 160–61 (1958).

¹³ His career is described in Otto H. Olsen, *Carpetbagger's Crusade: The Life of Albion Winegar Tourgée* (1965); see also Richard Nelson Current, *Those Terrible Carpetbaggers* (1988), pp. 46–50, pp. 193–213.

¹⁴ Earl S. Pomeroy, *The Territories and the United States*, 1861–1890 (1947), p. 136.

¹⁵ *Ibid*, p. 57. For other examples of "sage-brushing," see John D. W. Guice, *The Rocky Mountain Bench: The Territorial Supreme Courts of Colorado, Montana, and Wyoming*, 1861–1890 (1972), pp. 59, 81.

[16] Letter of W. F. M. Arny to Lincoln, Dec. 19, 1863; letter of Benedict to Edward Bates, Jan. 3, 1864, printed in Aurora Hunt, *Kirby Benedict, Frontier Federal Judge* (1961), pp. 165, 166. On the administration of justice in New Mexico Territory, see Arie W. Poldervaart, *Black-Robed Justice* (1948).

[17] Guice, *The Rocky Mountain Bench*, pp. 48, 152. John Wunder's study of the justices of the peace in the Pacific Northwest in the late nineteenth century comes to a similar conclusion: "Justices have been regarded...as uneducated, illiterate personages with no legal training and no access to written law; in fact, local judges were sometimes learned in the law." They were a stable, established group; and Wunder feels they did a creditable job on the whole. John R. Wunder, *Inferior Courts, Superior Justice: A History of the Justices of the Peace on the Northwest Frontier, 1853-1889* (1979), p. 170; on the territorial justices of Nebraska, see Michael W. Homer, "The Territorial Judiciary: An Overview of the Nebraska Experience, 1854-1867," 63 Nebraska History 349 (1982).

[18] On Parker see Glenn Shirley, *Law West of Fort Smith: A History of Frontier Justice in the Indian Territory, 1834-1895* (1957); J. Gladston Emery, *Court of the Damned* (1959).

[19] The literature on the justices is, quite naturally, much richer than the literature on other judges. See, in general, Melvin Urofsky, ed., *The Supreme Court Justices: a Biographical Dictionary* (1994).

[20] Cortez A. M. Ewing, *The Judges of the Supreme Court, 1789-1937* (1938), pp. 66ff.

[21] *Ibid.*, p. 100.

[22] His career is recounted in Michael J. Brodhead, *David J. Brewer: The Life of a Supreme Court Justice, 1837-1910* (1994).

[23] Grant next tried Edwin Stanton, who had been a member of Lincoln's cabinet. Stanton was confirmed but dropped dead before assuming office. Two other Grant nominees were withdrawn because of newspaper outcry or senatorial reluctance.

[24] The election of 1876 was inconclusive. Both parties claimed victory. Samuel Tilden, the Democratic candidate, was one electoral vote short of a majority; but electoral

votes from Florida, Louisiana, South Carolina, and Oregon were in dispute. To settle the matter, Congress established an Electoral Commission of fifteen, five Senators, five Representatives, and five judges. Seven of these were Democrats, seven Republicans; the fifth judge was to be chosen by the other four judges. Bradley was named as this fifth judge. The Commission gave Rutherford Hayes all the disputed electoral votes, 8 – 7. Bradley cast the deciding vote, and Hayes was elected. Bradley always claimed his work on the Electoral Commission was as pure as the driven snow:"So far as I am capable of judging my own motives, I did not allow political, that is, party, considerations to have any weight whatever in forming my conclusions." Quoted in Charles Fairman, "Mr. Justice Bradley," in Allison Dunham and Philip Kurland, eds., *Mr. Justice* (1956), pp. 69, 83.

[25] On the parallel (and related) deification of the Constitution, see Michael Kammen, *A Machine that Would Go of Itself: The Constitution in American Culture* (1986).

[26] Carl B. Swisher, *Stephen J. Field, Craftsman of the Law* (1930), p. 113.

[27] See Stanley I. Kutler, *Judicial Power and Reconstruction Politics* (1968), pp. 48ff.

[28] Quoted in Swisher, *op. cit.*, p. 444; see also John S. Goff, "Old Age and the Supreme Court," 4 Am. J. Legal Hist. 95 (1960); Owen M. Fiss, *Troubled Beginnings of the Modern State, 1888–1910* (History of the Supreme Court of the United States, Volume VIII, 1993), pp. 29–30.

[29] John P. Frank, *Justice Daniel Dissenting* (1964), p. 181; on Brewer, see n. 22 supra; on Harlan, see Linda Przybyszewski, *The Republic According to John Marshall Harlan* (1999).

[30] Karl ZoBell, "Division of Opinion in the Supreme Court: A History of Judicial Disintegration," 44 Cornell L.Q. 186, 199 (1959).

[31] Dissents and concurrences rose with the years; but rather slowly. Volume 168, reporting cases from October term, 1897, contained forty-three unanimous opinions, five dissents and two concurrences without opinion; and only three dissents and one concurrence with separate written opinion.

[32] Charles Fairman, *Mr. Justice Miller and the Supreme Court, 1862-1890* (1939), p. 62.

[33] Roscoe Pound, "The Place of judge Story in the Making of American Law," 48 Am. L. Rev. 676, 690 (1914).

[34] John P. Reid, *Chief Justice: The Judicial World of Charles Doe* (1967), p. 300.

[35] Dissents and concurrences were not the rule in any court. A study of sixteen state supreme courts, for the period 1870-1900, found that over 90 percent of the reported decisions were unanimous; there were concurring opinions in 2.7 percent of the cases, and dissents in 6 percent. Lawrence M. Friedman, Robert Kagan, Bliss Cartwright, and Stanton Wheeler, "State Supreme Courts: A Century of Style and Citation," 33 Stan. L. Rev. 773, 787 (1981).

[36] Karl N. Llewellyn, "Remarks on the Theory of Appellate Decision and the Rules or Canons About How Statutes Are to Be Construed," 3 Vanderbilt L. R. 395, 396 (1950); *The Common Law Tradition: Deciding Appeals* (1960), pp. 35-39. See below, ch. 11, pp. 623-24.

[37] John Whitehead, "The Supreme Court of New Jersey," 3 Green Bag 493, 512 (1891), Whitehead adds that, except for Chief Justice Hornblower, "a small, delicate slender man," the judges were "of good size, well-proportioned, strong, and vigorous." The trial bench of Boston 1880-1900, was equally monolithic; there were 14 judges, all men, every one born and raised in New England. Six were Harvard alumni. Robert A. Silverman, *Law and Urban Growth: Civil Litigation in the Boston Trial Courts, 1880-1900* (1981), p. 38.

[38] S. S. P. Patteson, "The Supreme Court of Appeals of Virginia," 5 Green Bag 407, 419 (1893).

[39] Robert A. Heiberg, "Social Backgrounds of the Minnesota Supreme Court Justices: 1858-1968," 53 Minn. L. Rev. 901 (1969). In the West, the situation was the reverse. In states like Washington, or Wyoming, few judges were (or could have been) natives. Of the 21 justices of the Oregon Supreme Court between 1854 and 1883, all but one was born outside the state. Ralph J. Mooney and Raymond H. Warns Jr., "Governing

a New State: Public Law Decisions by the Early Oregon Supreme Court," 6 Law and History Review 25, 29 (1988).

[40] Where the fee system was in effect, some lower court judges had been paid only too well. The Pennsylvania Constitution of 1873 (art. V, sec 12) specifically provided that Philadelphia magistrates "shall be compensated only by fixed salaries."

[41] James E. Babb, "The Supreme Court of Illinois," 3 Green Bag 217, 237 (1891).

[42] American Law institute, *A Study of the Business of the Federal Courts* (1934), Part 1, Criminal Cases, p.107; Part 2, Civil Cases, p. 111.

[43] Roscoe Pound, *Organization of Courts* (1940), pp. 227–31. At the time of the Civil War, in eleven states the highest court was still a wanderer—required or expected to sit at least once a year in various parts of the state. Before 1900, five of these—Maryland, Michigan, Missouri, Georgia, and Illinois—had settled down permanently at the state capital Pound, *op. cit.*, p. 199. On the creation of intermediate appellate courts, and other devices to solve the problem of overload at the level of the highest court, see Robert Kagan, Bliss Cartwright, Lawrence Friedman, and Stanton Wheeler, "The Evolution of State Supreme Courts," 76 Michigan L. Rev. 961 (1978).

[44] The courts of appeal were abolished in 1901.

[45] Laws Ill. 1877, pp. 70–71.

[46] Felix Frankfurter and James M. Landis, *The Business of the Supreme Court: A Study in the Federal Judicial System* (1928), p. 65.

[47] 26 Stats. 826 (act of March 3, 1891).

[48] Laws Ohio 1852, p. 67 (act of Feb. 29, 1852).

[49] Neb. Const. 1875, art. VI, sec. 6. In Wisconsin (const. 1848, art. VII, sec. 4, as amended, 1889) the judge longest in service would become chief justice.

[50] Pound, *op. cit.*, p. 169.

[51] For example, Va. Const. 1850, art, VI, sec. 19: "The Voters of each county...in which a circuit is held shall elect a clerk of such court, whose term of office shall be six years."

[52] Robert A. Kagan, Bliss Cartwright, Lawrence M. Friedman, and Stanton Wheeler, "The Business;of State Supreme Courts, 1870-1970," 30 Stan. L. Rev. 121, 133-35 (1977).

[53] Francis Laurent, *The Business of a Trial Court: One Hundred Years of Cases* (1959). On the flow of business through the courts of St. Louis, see Wayne V. McIntosh, *The Appeal of Civil Law:A Political-Economic Analysis of Litigation* (1990); and for a picture of the courts at work in a rural California county toward the end of the century, Lawrence M. Friedman, "San Benito 1890:Legal Snapshot of a County," 27 Stan. L. Rev. 687 (1975).

[54] Robert A. Silverman, *Law and Urban Growth:Civil Litigation in the Boston Trial Courts*, 1880-1900 (1981), p. 144.

[55] Lawrence M. Friedman, "Law and Small Business in the United States:One Hundred Years of Struggle and Accommodation," in Stuart W. Bruchey, ed., *Small Business in American Life* (1980), pp. 304, 314.

[56] *Ibid.*

第三章

程序和实践：
一个变革的时代

菲尔德先生的法典

对欧洲而言，1848 年是革命的一年。在美国，纽约州通过了一项"简化法院惯例、诉状和诉讼程序的法案"[1]。这是一部完整的《民事诉讼法典》，至少在外观上是激进新颖的。该法典通常被称为《菲尔德法典》，以戴维·达德利·菲尔德（David Dudley Field）的名字命名，因为菲尔德比任何人都做了更多的工作来设计和实施这个法典。《菲尔德法典》也是美国其他地方程序改革的一种催化剂。[2]

纽约州于 1846 年通过了一部新宪法。一项条款要求"任命 3 名专员，以修订、改革、简化和删减本州记录法院的规则、惯例、诉状、格式和诉讼程序"（第 6 条第 24 款）。也许州政府最后得到的比它所期望的要多。最初被任命的委员之一，小尼古拉斯·希尔（Nicholas Hill Jr.）于 1847 年辞职，因为他吃惊地发现他的同事们愿意推荐"如此纯粹的实验性、如此突如其来、如此笼统、如此危险"的变革。戴维·达德利·菲尔德（1805—1894 年）被任命接替了他的职务。从菲尔德在律师事务所的早期就开始,他就开始思考编纂和法律改革的问题。1839年,他写了一封关于司法制度改革的公开信。他后来就这个问题在立法委员会上发表了高调的演说。从1847年起,菲尔德就成为这个运动的核心和灵魂人物。³

就文体风格而言,1848年的法典是对普通法传统的极大的冒犯。它是用简洁的、通俗的、拿破仑式(Napoleonic)的章节表达的,字里行间用词严谨;没有任何痕迹显示出英美法系中那些精心设计的冗余、同义词的华丽堆积的特点。简而言之,这是一种法国意义上的法典,而不是英美法的制定法规。这是一套合理的原则,加以科学化的排列,而不是把粗粗的大拇指插入普通法的堤坝*。它的意思是摆脱那些像许多藤蔓一样包裹着普通诉状上的陈旧事物——包括那些法律行话和拉丁语。有人甚至建议,法典应以"人身保护令"取代"监狱交付人犯令状";但这一异端邪说对委员们来说太过分了,而且从未被采纳过。⁴

在实质内容上,《菲尔德法典》几乎与其风格一样大胆。该法典的核心部分——第62节,大胆地规定:

> 法律诉讼与衡平诉讼之间的区别,以及迄今存在的所有这类诉讼和诉讼的形式,应予废除;在这种情况下,今后只有一种形式的诉讼,以执行或保护私人权利和纠正或防止对私人权利的侵害,这种诉讼被称为民事诉讼。

从字面上看,这是判了普通法诉状的死刑。它的目的是结束所有特别的诉状、诉讼形式和令状,并弥合衡平法与普通法之间的鸿沟。

---

* 此处的典故来自"一根指头拯救了半个荷兰"的故事。一个名字叫威廉的男孩子,发现堤坝在漏水,于是用自己的一根大拇指插入了流水的位置,防止了堤坝的溃败。这里是在隐喻制定法规在普通法体系中非主流的地位。——译者注

第三部分 19世纪末的美国法律

换句话说,这意味着要彻底改变法律中最晦涩、最偏执的领域。其目标是明确的、可预测的、简单操作的和简单适用的法律。⁵

就像其他许多革命一样,1848年纽约法律界的动荡也不是晴天霹雳。菲尔德法典有若干个知识先驱的分量。在英国,逝于1832年的杰里米·边沁(Jeremy Bentham)曾经激烈地抨击过普通法的"祖先崇拜"(ancestor-worship)。边沁用他那充满活力的笔触推崇法律的理性化。尊崇边沁的律师们也推崇普通法的改革,特别是其程序的改革。1828年,亨利·布鲁哈姆(Henry Brougham)在下议院发表了6个小时的讲话"要求法律改革",他在演说中还吃了"一大堆他喜欢吃的橘子",结束时他还戏剧性地说:"这是奥古斯都的荣耀(the boast of Augustus);他将砖头建造的罗马改造为大理石的罗马;对此难道不值得一个伟大的王子给予赞美吗?君主的荣光将是多么高贵——他找到了法律并让它便宜适合;找到了一本密封的书籍,然后把它变成一封活生生的文字;把富人的遗产留给穷人继承;把计谋和压迫的双刃剑变成诚实的支柱和纯真的盾牌。"⁶英国议会当时任命了一个委员会来审议程序改革,实际上在19世纪30年代初通过了一些改革法规。在美国,爱德华·利文斯顿在路易斯安那州起草的法典中,有类似的先例;有证据表明,菲尔德受到了路易斯安那州法规的影响。⁷正如我们所看到的,路易斯安那州或多或少是一个大陆法系的州;得克萨斯州的普通法和衡平法也融合在一起,但这可以用大陆法系浸淫的理由来加以解释。例如,在一些州,例如马萨诸塞州,委员会要求改进和简化诉讼程序。殖民地的做法本来就比英国的做法简单,殖民地的习惯从未完全消失。正如我们所看到的,许多州开始了程序改革。佐治亚州的实验在当时是相当激进的。

毫无疑问,这些先例是重要的。此外,菲尔德曾在国外旅行一年;他熟悉大陆法;他是一个聪明和见多识广的人。然而,基本上,法典化诉讼方式是一个时机已经成熟的想法。并不是说法典化诉讼是一种即刻的和无条件的成功。具有讽刺意味的是,法典在纽约本身遇到了特别的麻烦。在1849年,纽约重新颁布了《菲尔德法典》,但在一个版本中,修正案和补充条文则大大削弱了它的效力。该法典共有473款。1851年7月10日的一项法案再次对《菲尔德法典》作了重大修改,后来又作了更多的修改。1870年,立法机关任命了一个新的委员会来修订该法典;新的版本在1876年被公布出来,此版本极度膨胀——"精神上是反动的,与其他的法典相比较,它的内容就像是莎士比亚笔下的法斯塔夫*那样臃肿"。它的原则"在细节上烦琐得令人窒息"[8]。到1880年,纽约程序法(包括刑事诉讼法)至少有3 356款之多。[9]这离菲尔德简单的梦想还有很长的路要走。在19世纪90年代,纽约的程序仍然被认为有缺陷,许多律师界的领导人希望进行新的和更好的改革。

一旦通过,法典就必须面对法官。法官中的一些人粗暴地处理了这部法典。例如,塞缪尔·塞尔登(Samuel Selden)法官确信,普通法和衡平法是现实世界的范畴。把两者结合在一起的想法完全超出了他的能力;1856年,他写道:"废除其中一种是可能的,但当然不可能废除两者之间的区别。"[10]1910年,威斯康星州首席大法官约翰·布拉德利·温斯洛(John Bradley Winslow)提到了"这新生的法典从纽约法官那里得到的冷酷乃至不人道的待遇"[11]。实际上,对初审法院法官的行为知之甚少。当然,初审法院法官的行为将决定这部法典的命运。也许该法典无法摧毁他们一生的习惯。它本身也不能改变法律文化。但固执的法官可能只是一个过渡式的现象。该法典的真正缺点可能是其薄弱的经验基础。起草人员从未仔细研究过美国法院的实际情况,

---

* 约翰·法斯塔夫(John Falstaff)是莎士比亚笔下又老又胖、坏的有趣的喜剧人物。——译者注

也没有考虑法院和他们的诉讼的职能和利益。

《菲尔德法典》在东部并没有取得多大进展。即使在纽约,起草人也认为这是一份草案;当最终的、完整的文本完成时,对立法机构来说也难以接受。西部的情况则有所不同。密苏里州(1849年)采用《菲尔德法典》时,法典的墨迹几乎未干;1851年,位于大陆边缘的一个新州加利福尼亚也是如此。南北战争之前,艾奥瓦、明尼苏达、印第安纳、俄亥俄、华盛顿属地、内布拉斯加、威斯康星和堪萨斯等都采用了该法典;然后是1861年的内华达采用了该法典;到了世纪之交,达科他、爱达荷、亚利桑那、蒙大拿、北卡罗来纳、怀俄明、南卡罗来纳、犹他、科罗拉多,俄克拉何马和新墨西哥等州也采用了该法典。[12]

为什么是西部地区？也许是因为西部律师事务所年轻而开放,或者是因为普通法诉讼在这些律师中是一门失传的艺术。戴维·达德利·菲尔德的兄弟斯蒂芬·菲尔德(Stephen Field)是著名的加利福尼亚律师,可能曾有助于推动了这项事业。在密苏里州,一位叫戴维·韦尔斯(David Wells)的人多年来一直致力于消除普通法和衡平法之间的区别。这两个州都有一些大陆法系的背景;这两个州进入联邦时都有土地争议的历史和一大堆土地出让的问题。土地权利要求很难从"普通法"和"衡平法"所有权的角度加以分析;对这些请求权而言,这种区分既无意义,又平添困扰。

西部各州总体上也比东部一些历史悠久的州更为折中。一些东部州(例如马萨诸塞州)正以自己的方式致力于程序改革。一些州拒绝接受《菲尔德法典》,认为它不合适,或者过于先进,或者是一种不同文化的产物。田纳西大学院长亨利·英格索尔(Henry Ingersoll)1891年在《耶鲁法律杂志》(*Yale Law Journal*)上发表文章,反对"一个州试图修改一项针对完全不同的社会和商业状况的议事规则"。在北卡罗来纳州,也是为数不多的几个采用该法典的东部州之一,亨利·英格

索尔觉得这个实验(他把它归咎于黑人和政治冒险家)是一场灾难:

> 在……重建时期,北卡罗来纳州的法律实践是通过纽约州民事诉讼法予以重建的,其所有惩罚和高压机制都适用于一个警醒的、渴望的和不断推进的商业社区的条件。里普·范·温克尔(Rip Van Winkle)沉睡了很长时间后回到他的家乡,并不比老"焦油脚后跟州"*的律师们更感到惊讶。这台新型的商业机器很好地适应了当地的条件,就像河滨公园的轻型驱车适合黑山崎岖的道路,或百老汇花花公子的装束适合驾驭松节油的整流器一样。北卡罗来纳对该体系的使用量与它对票据清算所、中央公园或证券交易所的使用量一样多。于是,律师们关于法律修正案的争吵很快就出现了。但却把法典留给了一个无驱动轮、无蒸汽箱或锅炉的巨大笨重的机械,由典型的慢速牛群来拉动。[13]

英格索尔攻击法典的诉状是一个外来的、讨厌的文化的产物。他的抨击可能隐藏了一个真理:在商业发达的州,程序改革是最需要的,或者至少是最可取的。商业喜欢它的法律程序是理性和可预测的。商业喜欢快速、非技术、基于事实的决策,而不是令状和诉讼格式。普通法的诉状是混乱的。它们像是一种缓慢的仪式舞蹈。它的目的是孤立纯粹的法律或事实的"问题"。但这些问题往往只是诉讼格式的产物,因此,从某种意义上说,它们只是假设性的。

对杀人犯的审判是一个独特的事件,与停车罚单完全相反。例行的商业索赔也需要常规化。对于这些索赔,程序得到了彻底和成功的简化。这种发展变化是静悄悄地发生的,人们几乎难以察觉。正如大众市场导致大量生产商品一样,大众市场也导致大量生产法律。这个体系像许多回形针一样,输出无数的微小事由,诸如食品杂货和医生

---

* the old "Tar-heel State",北卡罗来纳州的别称。——译者注

的账单、被回收的缝纫机、被扣发的工资和记录在案的文件。总之,这些东西比谋杀审判远为重要。它们是市场经济引擎的燃料。它们也依赖于商人和商业律师发明的表格和文件的有效性。法院通常接受并确认这类文件和表格。这样,商界就可以放心地忽略有关法规和程序的重大辩论,以及在律师上层中引起的关于法律体系审美形态的激烈争论。

在19世纪上半叶,法律改革可能得到企业家或商人的广泛支持。[14]他们认为法律是累赘和无情的;他们想改变法律的方向,消减它的过剩的枝蔓,使它更有效率。戴维·达德利·菲尔德向商界承诺,法律将成为经济上的一个可取的工具。法律只是这样做的,而不是像菲尔德想象的那样。商业没有用法律和诉讼来解决普通的纠纷——如果它们能帮上忙的话。他们用法律来收债和从事登记事宜。当然,还有更大规模的斗争,即那些为强盗大老板们工作的律师,在法庭上互相争斗,用大量的令状和禁制令互相攻击,以便在控制一些倒塌的铁路网或一家大公司的斗争中赢得一些优势。有时也有若干宪法的案件。但是,重要的是不要忽视活生生的法律,尽管其中充满了单调的苦役。

改革者从未实现过他们对一个简单、合理的法律体系的梦想。这不是技术上的失败。使他们的希望落空的是具体利益集团的活动,以及为促进目的而对法律提出的具体要求。在一些州,律师职业群体竭力反对这种法典化的诉讼形式。但从长远来看,法典化的诉讼形式对律师来说可能是件好事。它的一个根本想法是用诉状阐明事实,它是如此简单和理性,以至于普通的公民都可以自己去做这件事。这是乌托邦式的想法。然而,总的说来,程序确实变得不那么技术性了。在很小的程度上,这有助于让律师更专注于他们的客户的需求。而商业律师的兴起意味着传统的诉状规则和技巧变得不那么有用,而且需求也越来越少,尤其是对那些很少涉足法庭的律师群体而言。

到了1900年,《菲尔德法典》被广泛采用、抄袭和修改。而且,菲尔德的改革也赢得了一项至高无上的称赞:来自英国的密切研究。菲尔德的工作当时也影响了1873年的《英国司法法案》(English Judicature Act)。反过来,英国的改革也对美国产生了影响。例如,1879年的《康涅狄格州司法实务法》(Connecticut Practice Act)在很大程度上"借鉴了英国的改革",总的来说,它又在源自于纽约的法典基础上有了明显进步。[15]

在19世纪结束之前,几乎所有的州都改革了他们的程序法,至少在某种程度上是这样。只有少数州——新泽西州、特拉华州、伊利诺伊州——依旧顽强地坚持旧式的诉讼形式。没有一个州像菲尔德所希望的那样走得那么远。在每个州,普通法和衡平法只是不完美地融合在一起。首先,联邦宪法和州宪法将陪审团审判作为一项宪法权利。由于"衡平"案件从来没有陪审团,普通法和衡平法之间的历史区别是很重要的;它标志着陪审团审判权的分界线。

就普通法和衡平法二者结合而言,在许多方面,衡平法显得更为重要。给诉讼参与者更大自由、对被告提起反诉的自由态度以及司法补救中更多的灵活性——所有这一切都是来自于衡平法。甚至新英格兰诸州——缅因州、新罕布什尔州、马萨诸塞州,也从来没有给予它们的法院完全的衡平法的权力,这些州在南北战争后扩大了衡平法的补救措施。事实上,在1850年至1900年间,许多引人注目的法律发展都依赖于创造性地使用了衡平法的工具。法院将破产的铁路纳入(衡平法)接管机构,并实际上对其进行管理;他们从禁制令中锻造出一柄可怕的剑,可用于解决劳资纠纷。禁制令和破产清算令都是旧的衡平法技巧,此刻被迅速而有力地重塑。衡平法不受陪审团突发奇想的怪念头支配,是为了来换取一位有权力欲的法官而已。

上诉法院

尽管有《菲尔德法典》，但上诉法院在程序问题上花费了惊人的时间和精力。在普通法制度中，高等法院从不重审案件；"上诉"只审查审判法院工作的正式记录。1870年至1900年间，一直有人抱怨一些州最高法院倾向于撤销下级法院对各种轻微技术错误的裁决。据1887年的一位作者说，得克萨斯上诉法院"似乎成立的目的就是为了推翻判决和发回重审。至少，自从它成立伊始，这一直是它的主要功能"。作为证据，这篇文章引用了一个令人惊讶的事实：在法院成立的12年里，它推翻了1604起刑事案件，只确认了882起——几乎是二比一的比例。在一卷报告中，推翻判决和维持判决的比例高达五比一。[16]

这是罗斯科·庞德所说的司法程序上"臃肿膨胀"（hypertrophy），这在刑事案件中表现得最为极端。至少在纸面上，关于审判的严格规定是为了限制审判法院法官的权力。法官们曾经习惯于给陪审团口头指示。他们用坦率、自然的语言教导陪审团有关规则。但这一做法消逝了，或者被取消了。指示变成了由律师起草的正式书面文件。每一方都拟订了自己的适用法律理论版本。然后，法官挑选出（在他看来）在法律上是"正确的"的那些规则。这些指示无论如何都是技术性的、法律术语化的，而且完全是晦涩难懂的。作为一种指示的方式，即向陪审团解释法律究竟是什么，它们几乎毫无用处；媒介没有传达出任何信息。[17]指示必须非常小心地加以制定，以免给高等法院一个机会找到可逆转的"错误"。在有一段时间内，法官对证据的评论也是标准化的，他们坦率地告诉陪审团他对证人的看法，以及他们的证词有多少价值。例如，在密苏里州，这种做法在1859年就被废止了。[18]

整个19世纪，上诉程序本身具有高度技术性。在阅读了19世纪末的案例之后,罗斯科·庞德"总是觉得,上诉程序的存在,是一种防止根据案件本身的是非曲直来处理案件的制度"[19]。在这里,《菲尔德法典》也试图引入一种激进的新秩序,它把一群烦琐的规则扫除了。它消除了上诉状(writs of error)和衡平上诉(appeals in equity)之间的技术区别,创造了一种单一的复审形式,它被称为"上诉"。一些非法典辖区(1853 年的阿拉巴马州、1889 年的宾夕法尼亚州)也废除了上诉令状,并提出了一种更简单的形式,也被称为"上诉"。[20]

但总的来说,"记录崇拜"并没有消亡。它似乎对上诉复审保持了控制。一些高等法院是技术上的固执己见者;有些则倾向于根据扭曲和不真实的区别推翻初审法院的判决。同样,这个问题在刑事上诉中最为尖锐。哈维尔(Harwell)是 1886 年得克萨斯案中的被告[21],因收受被盗的牛畜而被捕并被判有罪。得克萨斯州法院推翻了这一判决,因为除其他外,陪审团认为被告"guity"(打字出错),而不是"有罪"(guilty)。1877 年,同一法院撤销了一项判决,因为陪审团漫不经心地写道,"我们,陪审团,被告有罪"(We, the jury, the defendant guilty),遗漏了"发现"(find)一词。[22] 然而,同一法院在 1879 年宽宏大量地支持一个"guity"(打字出错)的判决[23],证明"t"这个字母在得克萨斯州法律中没有"l"这个字母那么重要。

要解释这种行为是不容易的。上诉法院法官很忙碌,他们依赖的不是冗长的口头辩论,而是书面陈述。他们毕生都在看正式的记录,而且可能对这些记录过于相信了。同样,这个行业也(一如既往地)非常认真地对待自己。法官可能会认为一个错误是重大的,一个局外人最多会觉得微不足道。从文体上讲,这是一个概念主义(conceptualism)的时期,是一个法律逻辑枯燥无味的时期。正如我们所说的那样,此时期的法官不如同一世纪初的法官那么有才华。形式主义是一些才能平庸的法官的权力来源。在某些方面,过分的程序化是个由好变坏的主意;试图治理、规范审判、上诉和书面辩论,并使之合理化,这是一次笨拙的尝试。上诉法官有时抱怨律师和下级法院法官的工作草率或误导,这在一个州或地区的最初几年尤其如此。上诉法官认真对待下级法院、律师和陪审团的工作,可能对程序的规则性有很高的价值。[24]同时又很容易夸大对记录的崇拜。文献中充满了恐怖故事,但缺乏事实和数字。一贯地,被确认的案件多于被撤销的案件:在大多数司法管辖区,高出60%或更多。究竟有多少案件值得维持,我们无从知晓。

刑事诉讼比民事诉讼更难改革。例如,联邦政府不可能取消对严重刑事案件的大陪审团制度;宪法规定了大陪审团制度,其涉及联邦案件。[25]放宽刑事诉讼规则就是释放政府的全部权力,在某些方面并不受欢迎。刑事诉讼程序似乎具有高度技术性,甚至过于注重技术性;但这在很大程度上只是一种幻想。公正审判的法律保障对无知、胆小或不受欢迎的被告几乎没有什么作用。"袋鼠法庭司法"(Kangaroo court justice)、棍棒袭击、警察骚扰、三K党、民间治安队以及19世纪末美国南方的民间私刑——与记录崇拜相比较,这些都是每时每日在发生的、活生生的刑事诉讼法的一部分。这两种现象甚至可能有相互关联。民间治安队和私刑暴徒要求迅速、特定的法律和秩序(正如他们所定义的那样);他们不信任正规法院。民间治安队和私刑暴徒是一种与正式法律相抗衡的邪恶力量。尤其是,私刑是使用酷刑、野蛮和动物般的暴行,正规的法律绝不会公开支持这种做法。

证据法仍然很复杂。西蒙·格林利夫(Simon Greenleaf)在其关于证据的论文(第一次出版于1842年)中曾称赞过这一法律分支的"对称性和美"。他认为,一个学生"与厄斯金(Erskine)勋爵一起,会从对其确信的原理研究中领悟,这些原则是建立在宗教慈善机构、自然哲学、历史真理和共同生活经验的基础上的"。哈佛大学的詹姆斯·布拉德利·塞耶(James Bradley Thayer)是一位更为现实的批评家,他在

1898 年写到,他认为,另一方面,证据法则是"不合逻辑的拼凑物;一点也不值得欣赏,也不容易被理解"[26]。它的内容庞大得令人吃惊,如同规则和教义的丛林一般——约翰·H. 威格莫尔(John H. Wigmore)从 20 世纪的证据法中提炼出了十卷——除了普通法,没有其他的类似对应物。事实上,詹姆斯·布拉德利·塞耶报告说,就连英国律师也对"我们在证据问题上的激烈争吵"感到惊讶。在美国,对证据的反对被作为"例外提出,这种方法在英国从来不常见,而且在英国已经被废除,这只提出了一个枯燥的法律问题——而不是像英国法院那种更有弹性的程序,让高等法院去有权处理案件的一般性正义;美国的方式则是更倾向于助长拖延和诡辩"[27]。

证据法的发展就像蘑菇的生长:是在一个充满不信任和猜疑的黑暗世界里,是在一个制衡发生紊乱的世界里。陪审团是证据法的关键。所有这些规则的全部目的都是为了规范陪审团能听到和不能听到的内容。陪审团拥有巨大的权力——甚至是生死攸关的权力,但它是不值得被信任的,至少是不能被完全信任的。证据必须被审查、过滤、删减,然后才能传到陪审团的耳边。所有一切——哪怕是有点偏见或无关联的东西,都必须被排除在法庭之外。

可以肯定的是,一些更为严格的证据规则是宽松的。正如我们所指出的,有一段时间,没有任何利益相关者被允许在审判时作证。英格兰在 1843 年废除了这条规则,密歇根州在 1846 年废除了这条规则,其他州在接下来的 30 年里也随之仿效;取消诉讼当事人资格的规则只是该规则的一个特例;它后来也被废除了。康涅狄格州在 1848 年就这样做了;同年,纽约州的《菲尔德法典》也是如此;其他州也逐渐加入了这一趋势,比如 1867 年的伊利诺伊州。[28]但是,各州随后略有倒退;它们通过了一些法律,防止幸存的一方涉及与死者之间交易内容的作证:"如果死亡封闭了一方的口,法律的政策是封闭另一方的口。"[29]

一般来说,"传闻"(hearsay)是不允许作为证据的。"传闻"规则是证据法的核心。但该规则列出了很长的例外,以及例外的例外。随着时间的推移,有越来越多的教条、限制和规则出现了——传闻规则的例外、特权规则,关联规则等。然而,这些规则,无论是枯燥的还是技术性的,都非常重要。美国内战后,关于当事人证言的规定,就非裔美国人的作证权而言,存在着争议。这些规则也与陪审团的崛起有关,用乔治·菲舍尔(George Fisher)的话来说,陪审团像是一个"测谎仪"(lie detector)。例如,在刑事审判中,当州政府及其证人、被告都可以宣誓作证时——很明显,双方相互矛盾——这是由陪审团从谎言中来筛选真相,陪审团是以一种特别果断和戏剧性的方式进行的。[30] 丧失作证资格的当事人在人身伤害案件中也产生了实际影响。这对试图起诉的原告来说是一个严重的障碍。现在这个规则已经消失。但法律历史上没有什么事情是简单的。当这一规则消失后,原告可以自由地宣誓发言,其他证据规则——传闻规则以及相关的事实(res gestae)取代了这一规则,有时也会产生几乎同样有害的结果。[31]

法典化和改革

302 　　菲尔德的程序法典只是一个更宏大、更大胆的计划的一部分:编纂整个普通法。封建主义的味道似乎仍然从普通法的毛孔里散发出来。对于英国的杰里米·边沁、戴维·达德利·菲尔德、爱德华·利文斯顿等人来说,普通法完全不适合理性时代。它又庞大又不成形状。普通法的原则必须从杂乱无章的文字中艰涩地提炼出来。这类"法律"是一个无定形的实体,是一个幽灵,散落在数百份案例报告中,散落在数百本不同的书籍中。没有人知道什么是法律,什么不是法律。为什么不把基本的法律规则汇集起来,建立一个简单、完整、合理的法典呢?法国人已经用拿破仑法典指明了一种方向。路易斯安那州就有一部以欧洲模式为基础的民法典。为什么不试试类似的方法呢?1865年,菲尔德公布了一部一般意义上的"民法典",它分为四个部分。前三部分涉及人、财产和债务;第四部分包括一般性规定。这个组成方案与伟大的法国法典并行;与该法典一样,《菲尔德法典》试图详尽、简洁、语言清晰地阐述那些法律原则。但纽约并不会要这种法典。直到他漫长的生命结束,菲尔德继续要求在纽约州适用他的法典。但他从未获得过成功。纽约州确实颁布了一部刑法,于1881年生效;但民法典一再遭到拒绝,最近的一次被拒绝发生在1885年。

法典编纂运动是美国法律史上的一部分。它有它的英雄人物,这就是菲尔德;它的反面人物是来自纽约的詹姆斯·C.卡特(James C. Carter)[32],他像菲尔德一样充满激情地反对编纂法典的思想。卡特认为,编纂是错误的,因为它把重心从法庭上移走了。立法机构——制定法规的机构——相对来说是靠不住的;它过于热衷于短期利益。"问题是",他写道,"法律的成长、发展和完善"应"由人民因其特殊的工作资格而选择的人来指导",还是"被转移到一个众多的立法机构,其履行这一最高职能的职责的性质是否具备资格?"[33]法典损害了法律的有序发展。他们把法律冻结成半永久形式,阻止了法律的自然进化。卡特对19世纪初由德国法学家创立的所谓的历史法学派印象深刻。这些德国历史法学派教导说,法律是而且应该是从一个民族的民间智慧中衍生出来的。卡特认为,由一群所谓的专家起草的法规,不可能像经过几个世纪自我修正的嬗变过程中发展起来的法律那样好。法院适用于私人纠纷的"社会正义标准",是那个时代思想、道德、智力和道德文化相结合的产物。法官们知道并感受到这一点,因为"他们是社会的一部分"。"社会正义标准随着社会的道德和智力的增长而不断发展……因此,每一个进步中的国家司法都在不断地发生着一种潜移默化的渐进式变化。"[34]法官可以在"道德"的基础上裁决案件;当然,这对政治家来说是不可能的。[35]卡特的观点不仅在用于反对法典编纂方面很有用,用来对付19世纪末的社会和经济领域中的立法,也不失为一个顺手的工具。可以说,这些法律也注定要失败;因为它们草率和不够明智,他们不符合法律的更深层次的智慧,也违背了司法对正义的精神承诺。

菲尔德从不同的角度看待法典化编纂工作。这些法律"现在被密封在书本之中,而律师们反对打开这些书本"。律师"作为一个群体,从来没有启动过法律改革,从经验来看,他们永远也不会这样做"[36]。封闭式书籍必须被打开;进步的要求迫在眉睫。然而,菲尔德和卡特这两位强大对手,在某些基本点上意见一致,对立法机构的大杂烩式(hodge-podge)的立法,二人一致反对。菲尔德心目中的法典是专家——像菲尔德一样的法学家们的作品。立法机关只会简单地接受这些法典,并赋予其效力的印章。这些法典将来自法律精英;它们将是明确的、进步的和可靠的。普通法已经成为自己历史的囚徒,它与老派人狭隘的私利联系在一起。卡特和菲尔德对结局有共识,但在方式方法上各执一词。他们都追求理性。他们都希望有一个可运行的法律体系,一个商业界可以依赖的制度。两人都不相信非专业人士在制定法律中的作用。卡特更喜欢普通法法官,把这些法官当作哲学家之王,并且把法典看作是一件紧身衣;但菲尔德持相反的观点。

在19世纪的最后三分之一时间里,卡特和菲尔德的想法到处流传。在某些方面,他们与克里斯托弗·哥伦布·兰德尔(Christopher Columbus Langdell)的想法相似,后者从1870年起就改革了哈佛大学的法律教育。兰德尔强烈认为,法律应该作为一门科学,作为一套基本原则来教授。然而,兰德尔对成文法律持怀疑态度;与菲尔德不同,他重视纯粹和"科学"的普通法。兰德尔和卡特分享了他对普通法的热爱;然而,他对法律原则的看法与菲尔德的理念非常相似,只是属于含蓄的、进化的方式,而且带有更微妙的动态。

"民法典"——以及其他法律分支的菲尔德的法典——并非完全失败。与民事诉讼法典一样,它们在距离起源地很远的地方得到更多的接受。达科他于 1866 年颁布了民法典,爱达荷和蒙大拿也把法典作为了它们法律的一部分。然而,最重要的胜利来自加利福尼亚州,它在 1872 年颁布了一部民法典。当时加利福尼亚州的民法典并不是对《菲尔德法典》的一揽子全盘采纳。加利福尼亚州彻底修订了法典,使其符合加利福尼亚州自己的法规和案例,加利福尼亚州也通过了刑法和政治法典。在加利福尼亚州,法典化编纂也不是为了赋予立法机构权力;在这里,它意味着清晰、干净和科学;这是人类(和法律)进步的重要一步。[37]

法典化也在佐治亚州找到了新家。立法机构在 1858 年任命了 3 名委员来编写一部法典,"在切实可行的范围内,它应该以一种精简的形式包含佐治亚州的法律"。法典将体现佐治亚州判例的"重大基本原则",并"提供公民或下级治安法官所要求的关于法律问题的一切资料"。该法典分为四个部分——"州的政治和公共组织",然后是一部民法典("有关权利、过错行为和补救办法")、一部实务法典和一部刑法。佐治亚法典的目的不是制定全新的法律,也不是为了"在我们的系统中嫁接任何从他人那里提取的、与我们自己不和谐的新特征"。其目的是澄清和重申,"切割和解开希腊神话中的戈耳狄俄斯之结(Gordian knots)","使有时粗糙或表达不当的州政府主权意志,最终获得规范、秩序、制度和效率"。这个法典共有 4700 多个条款。它在 1860 年获得通过,成为佐治亚州的法律。[38]

法典在美国西部获得成功,原因现在已经很熟悉了。这些都是人烟稀少的州,它们急于吸收一个法律体系。其中有几个州还有大陆法系的传统。在西部的任何一个州,律师协会都没有对旧规则存有既得利益,特别是在诉讼诉状规则方面。法典是一种获得新法律的便捷方式,可以说像是一种从衣架上买现成衣服的方式。但是一旦这些法典被写入书本,结果就远远落后于起草人的期望。后来发生的事,让菲尔德感到厌恶。法院和律师并不习惯使用法典,他们倾向于按照他们共同的习惯和偏见来对待法典。在某些情况下,这些法典的规定被解释为无效;更多的情况是,它们只是被忽视而已。立法机关也没有把它的手从法典中移开;它们倾向于出台一些广泛的原则声明(不管怎样,这些原则并没有什么效用),同时增加了各种各样的添加物。无论是在法庭上还是在法庭外,人们都很难抗拒这样的结论,即这些法典对行为几乎没有任何影响。加利福尼亚活生生的法律与非法典化的州活生生的法律之间,似乎没有太大区别,至少在法典中没有作出任何解释。

这些法典确实集中注意了普通法的一些缺点。这些法典是《法律重述》(*Restatements of the Law*)的精神父母。《法律重述》是由美国法律学会编纂的20世纪的法典。这些重述只能以温和的渐进方式重申法律,并说服法官采用对该法理的重述观点。法典和重述都是没有改革的改革。在19世纪,法律在不断变化;从某种意义上说,每一个新的法规都是一种改革;每一个新的学说和判决也是如此。这些法典的起草者对特定意义上的改革很感兴趣,他们想要完善现有的制度,想让它变得更容易理解、更和谐、更确定。政治或经济权力的急剧变化并不是他们计划的要素。

有一种理论在支持着他们的工作:如果一个法律体系密切遵循法律理性,那么这个法律体系会是最好、最有效、最有利于社会的。一个清晰、有序、系统的法律秩序(在形式上),它最具结构之美,对受过良好教育的现代法学家最具吸引力,也是最好和最有效的。这一理论很少被明确化,自然也从未接受过实证检验。它很可能是错误的,因为它夸大了技术变革的影响,也夸大了书面上规则的价值。一项童工法或一项宅地法可能比数卷法典具有更大的潜在影响力。

在某种程度上,纸面上的改革是法律改革的要点:基本上,法律改革是律师界领导人可以认可的法律变革,而这些变化在社会或政治上并不敏感。其他的方面则都太具有争议性。一个统一的工资和工时法,或一个税法,永远不会被认为是和气的和毫无争议的善举。法律改革是该行业公共服务工作的重要组成部分,这对律师被玷污了的形象很有用处。法律改革被伪装成一场具有社会重要性的运动,它帮助律师为他们垄断执业的行为辩护。它可以被认为是对社会的一种服务[39],但有时对全体公众的服务也等同于没有对任何人的服务。

19世纪末的法律改革是一个律师界上层或有组织的计划。律师协会运动始于19世纪70年代,到19世纪90年代,美国律师协会和地方组织都在大力推动美国法律的改革和统一。但是,这些努力产生的"法律改革"相当有限,至少到19世纪末,在联邦联盟中很难实现统一。就大多数法律分支而言,从缅因州到太平洋沿岸每个州都是一个小主权,拥有自己的法律品牌。美国律师协会对大多数法律置之不理;它所关注的法律领域的含义跨越了州的界限:例如,跨州移民的离婚法和商业法,这两者都具有众所周知的多样性。

从表面上看,最坚实的成就是在商法方面。可以说,商法领域的需求是巨大的。美国曾经或者已经成为一个巨大的自由贸易之地。商人们可以看到,在一个巨大的、富有的和全国性的市场中,需要公平、统一的商业法。各州法律之间许多细节上的差异,没有什么特别之处;这些法律在功能上是相同的,几乎没有什么奇怪之处,技术上的差别也很小。这可能是,而且常常是一种令人厌烦的事情。显然,法院对使商法更加统一几乎没有什么作用;没有一只指导性的手,没有司法部,没有全面的控制和协调。[40]这项工作要求立法。在这个世纪的最后十年,美国律师协会鼓励各州任命专员开会并考虑统一问题。一部以1882年《英国汇票法案》(English Bills-of-Exchange Act)为范本的《可转让票据法》(Negotiable Instruments Law),在某种程度上参考了加利福尼亚州的法典,这是委员们在统一州法上的第一次重大努力。这部票据法成为所谓的统一法律中最成功的法律之一。到1900年,许多州都采用了它;它在20世纪50年代和60年代被《统一商法典》替代之前,几乎获得了普遍接受。

然而,还有其他法律统一化的胜利是很容易被忽视的,因为它们不是从统一法律的正式运动中产生的。1887年的《州际商业法》(Interstate Commerce Act)、1890年的《谢尔曼法案》、1898年的《破产法》(Bankruptcy Act),都是对单一国家权力机构的商业或政治要求的真正回应。法律教育和法律文献的"国家"框架是另一个因素,至少在法律文化方面,尤其是兰德尔在哈佛排除了讲座式教学方法并启动了案例教学法之后。并不是法律专业的所有成员都是以同样的方式接受培训和社会化的;但这一职业更多的是按社会阶层和培训划分的,而不是按地域划分的。

出版商继续提供大量令人难以置信的法律资料:数以千计的案件;每年或每隔一年的各州法规;裁决、法令和地方习俗,其规模之大使人们的想象相形见绌。研究的技巧使这种惊人的多样性变得更容易处理。在19世纪的最后四分之一时间内,位于明尼苏达州圣保罗市的西方出版公司(West Publishing Company)开始了一项有利可图的业务,承诺来驯服判例法的这条巨龙。各州往往非常缓慢地公布高等法院的裁决;西方出版公司则迅速出版这些裁决,并将其纳入区域报告(大西洋区、东北区、西北区、南方区、东南区、西南区和太平洋区)。包括明尼苏达州在内的《西北区案例汇编》(*The Northwest Reporter*)是最早出版的;它出版于 1879 年。西方出版公司最终用一个天真但有效的"关键号码"(key-number)系统来索引这些案件。关键的开头注释告诉读者案件判决了什么,并将其纳入适当的法律类别。很快,这家私人公司这个小小的通俗技艺就成了律师不可或缺的工具。1897 年开始出版的《美国文摘世纪版》(*The Century Edition of the American Digest*),汇集了所有报告的案例(声称有 500000 多起),内容从"遗弃案件"到"工作和劳动案件",它们都被编入索引、分类并装订成 50 卷。自那以后,西方出版公司每十年出版一次《十年摘要》(*Decennial Digest*),收集这十年的案例;在此期间,它销售样本(advance sheets)和临时卷(temporary volumes)。注释索引系统也始于 19 世纪末,它开始为各州出版发行,然后为各个地区出版,它帮助律师找到了被报告案件之后的历史。这是用枯燥的数字和字母表示的,但是这些告诉读者谁引用了这个案子,在什么观点上引用了这个案件,以及这个案子是否被其他法官同意、不同意或予以"区分"。注释索引一开始是贴上胶水的标签,让律师贴在他们个人或办公室的报告副本上。然后,它发展成为装订成册的方式。这些红皮书,厚厚的,有用但不受欢迎,律师们对这些书的熟悉程度就像西方出版公司的小小关键词一样。

不幸的是,对于更混乱的成文法问题,从来没有做过任何可与之相提并论的事情;弗雷德里克·斯廷森(Frederic Stimson)于 1881 年出版了《美国成文法》(*American Statute Law*),这本厚厚的书概述了各州的法规。这只不过是对成文法需求的一种缓和方式。直到最近,颁布的法律仍然是一片丛林,混乱的程度超过了当初的 50 倍;它被困在复杂的环境中,正等待着某个带着索引目录的英雄现身。直到计算机来救援为止,没有任何东西被证明能完成这项任务。

在联邦体制下,尽管有共同的经济、共同的法律传统,尽管有连接不同距离之间的工具(电话、电报),尽管有西方出版公司的法律案例报告和摘要系统,但美国法律的多样性是根深蒂固的,也是难以消除的。一个州的历史越悠久,书架上的法律案例报告数量就越多。每个州都建立了自己的法律体系,而且随着时间的推移,越来越少地需要在其他地方寻找先例或者关注自己的邻州的法律,几乎更没有必要去找寻母国英国的法律。西方出版公司的产品并不能治愈这些地方性疾病。成文法也是如此;相互借鉴是习以为常的事情,但各州都有自己的法典和修订条款。当然,其中会有一些区域性的共性。当时,立法先例("Legislative precedents")遍布全国。加利福尼亚州是美国西部立法和判例法的焦点;内华达州——加利福尼亚州的沙漠卫星——大量地借鉴了加利福尼亚州的法律。南方各州互相借鉴摆脱黑人选民的方法;新英格兰地区较小的各州效仿马萨诸塞州的铁路委员会;大平原各州在农业、运价、粮食储存、铁路监管等方面有共同的问题;它们相互借鉴解决方案。一般来说,由于共同的经验,法律方言才没有成为相互隔离的语言。各州的社会和经济发展在相向而行,所以法律也随之而行。

人们和货物可以跨越州界自由流动,这是美国法律中最重要的事实。这意味着在这个国家里存在着竞争性的法律市场。如果一个纽约人有钱,想离婚,他就去了另一个州。如果一个州的公司法对企业家来说太苛刻了,那么新泽西州和后来的特拉华州都有更友善的法律。用后来比较委婉的说法,这些州可以充当社会、立法的"实验室";但这只是故事的一半。这些州在一个庞大的联邦集市上贩卖着相互竞争的法律。有一种格雷沙姆法则*正在实施:宽松的法律淘汰那些严酷的法律。只要邻州拒绝合作,在"实验室"里的实验就不会起作用。纽约州严格的离婚法律仍然存在,但是其他州的离婚机器

---

* Gresham's law,即经济学中"劣币驱逐良币"法则。——译者注

(divorce mills)则嘲笑这些法律,特别是在20世纪,在内华达州沙漠中就有个离婚大机器。[41]北方和中西部的立法者犹豫通过激进的劳动法,因为其他州(往往在南方)渴望吸引低工资和低法律的企业。没有一个州能够控制全国性的大型公司;全国性的铁路网嘲笑小小的罗得岛或康涅狄格州的管控努力。唯一的解决办法是自愿采取统一措施,或者是强有力的联邦控制。第一个解决方法并没有真正的力量予以支持,第二个解决方法应该是最终的解决方案。

在1900年,美国的法律制度,和过去一样,是一个复杂得惊人的系统。尽管已经改善和简化了很多,但庞大的数目依旧意味着还有许多复杂的(有用的和无用的)和可抱怨的东西。像17世纪一样古老的多样性仍然到处存在。地方性的环境、地方性的经济需求、地方性的情势转变、地方性的法律文化——这些都有助于保持一些多样性,并努力创造新的多样性。每个州都有自己的成文法规。英国的影响只能说是一种涓涓细流。没有哪两个州存有相同的经济、社会或历史;也没有两个州存有相同的人口组合。这些差异虽说不是全部,但占据了差异性的绝大部分。为什么伊利诺伊州的民事诉讼比密苏里州的民事诉讼要落后得多,从具体的社会力量的角度来解释是不容易的。

另一方面,程序和管辖权——那些最富有法律意味的东西——绝不仅仅是中立的工具。它们发挥了很大的作用。例如,在州法院和联邦法院之间的选择并不是没有价值的。在人身伤害案件中,大公司利益集团更倾向于联邦法院。他们竭尽全力把案子转移到联邦法院去。[42]离心力和向心力都是强大的潮流——它们和复杂性潮流一起,贯穿于美国的法律中。

注　释

¹ Laws N,Y. 1848, ch 379.

² See Daun van Ee, *David Dudley Field and the Reconstruction of the Law* (1986).

³ Henry M. Field, *The Life of David Dudley Field* (1898), pp. 42–56, Mildred V. Coe and Lewis W. Morse, "Chronology of the Development of the David Dudley Field Code," 27 Cornell L.Q. 238 (1941).

⁴ Van Ee, at p. 42.

⁵ See Stephen N. Subrin, "David Dudley Field and the Field Code: A Historical Analysis of an Earlier Procedural Vision," 6 Law and History Review 311 (1988).

⁶ Quoted in Brian Abel-Smith and Robert Stevens, *Lawyers and the Courts: A Sociological Study of the English Legal System 1750–1965* (1967), p. 19; see also Robert W. Millar, *Civil Procedure of the Trial Court in Historical Perspective* (1952), p. 43. Millar's book is a richly detailed, if technical, account of American civil procedure. Also useful is Charles M. Hepburn, *The Historical Development of Code Pleading in America and England* (1897). On the general background, see Charles M. Cook, T*he American Codification Movement: A Study of Antebellum Legal Reform* (1981).

⁷ David S. Clark, "The Civil Law Influence on David Dudley Field's Code of Civil Procedure," in Mathias Reimann, ed., *The Reception of Continental Ideas in the Common Law World, 1820–1920* (1993), p. 63.

⁸ Hepburn, *op. cit.*, p. 130.

⁹ Alison Reppy, "The Field Codification Concept," in Alison Reppy, ed., *David Dudley Field Centenary Essays* (1949), pp. 17, 34–36.

¹⁰ J. Selden, in *Reubens v. Joel*, 13 N.Y. 488, 493 (1856); see Charles E. Clark, "The Union of Law and Equity," 25 Columbia L. Rev. 1 (1925).

¹¹ Quoted in Clark, *op, cit.*, p. 3.

¹² Kentucky and Oregon also adopted the code, but maintained the separation of law and equity. Iowa reintroduced the distinction in 1860. Millar, *op. cit.*, p. 54. Later, Arkansas adopted the Kentucky model.

¹³ Henry H. Ingersoll, "Some Anomalies of Practice," 1 Yale L. J. 89, 91, 92 (1891).

¹⁴ See, in general, Lawrence M. Friedman, "Law Reform in Historical Perspective," 13 St. Louis U. L. J. 351 (1969); Maxwell Bloomfield, *American Lawyers in a Changing Society, 1776-1876* (1976), ch. 3 (on William Sampson).

¹⁵ Robert W. Millar, *Civil Procedure of the Trial Court in Historical Perspective* (1952), p. 55.

¹⁶ Note, "Overruled Their Judicial Superiors," 21 Am. L. Rev. 610 (1887).

¹⁷ See, for examples in criminal cases, Lawrence M. Friedman and Robert V. Percival, *The Roots of Justice: Crime and Punishment in Alameda County, California, 1870-1910* (1981), pp. 186-87.

¹⁸ Henry F. Luepke Jr., "Comments on the Evidence in Missouri," 5 St. Louis U.L. J. 424 (1959); on the role of the jury in nineteenth century law in general, see Note, "The Changing Role of the Jury in the Nineteenth Century," 74 Yale L.J. 170 (1964).

¹⁹ Roscoe Pound, *Appellate Procedure in Civil Cases* (1941), p. 320.

²⁰ Pound, *op. cit.*, PS, pp. 260-61.

²¹ *Harwell v. State*, 22 Tex. App. 251, 2 S. W. 606 (1886); see also *Taylor v. State*, 5 Tex. App. 569 (1877); *Wilson v. State*, 12 Tex. App. 481 (1882).

²² *Shaw v. State*, 2 Tex. App. 487 (1877).

²³ *Curvy v. State*, 7 Tex. App. 91 (1879).

²⁴ Litigants who lost in municipal courts or justice-of-the-peace courts could take their cases up to the regular trial courts. There the litigant would get a trial *de novo* (that is, the court would do the whole trial over, including the evidence and the finding of facts). See, for example, *Hurtgen v. Kantrowitz*, 15 Colo. 442, 24 Pac. 872 (1890). This shows a certain lack of respect for the craftsmanship of these lowest courts.

²⁵ By the Fifth Amendment: "No person shall be held to answer for a capital, or otherwise infamous crime, unless on a presentment or indictment of a Grand Jury." On this institution in general, see Richard D. Younger, *The People's Panel: The Grand Jury in the United States, 1634-1941* (1963).

[26] The Greenleaf quote, and Thayer's comment, are in James B. Thayer, *A Preliminary Treatise on Evidence at the Common Law* (1898), pp. 508-9.

[27] Thayer, *op. cit.*, pp. 528-29.

[28] Rev. Stats. Conn. 1849, Title 1, ch. 10, sec. 141: "No person shall be disqualified as a witness...by reason of his interest...*as a party* or otherwise" (emphasis added); Laws Ill. 1867, p. 183.

[29] *Louis's Adm'r v. Easton*, 50 Ala. 470, 471 (1874); see John H. Wigmore, *A Treatise on the Anglo-American System of Evidence*, vol. 1 (2nd ed., 1923), pp. 1004-5.

[30] See the discussion in George Fisher, "The Jury's Rise as Lie Detector," 107 Yale L.J. 575 (1997).

[31] See John Fabian Witt, "Toward a New History of American Accident Law: Classical Tort Law and the Cooperative First-Party Insurance Movement," 114 Harv. L. Rev. 690, 754-758 (2001).

[32] On Carter (1827-1905), see the essay by George A. Miller in *Great American Lawyers*, vol. 8 (1909), pp. 3-41; on Carter's thought, Lewis Grossman, "James Coolidge Carter and Mugwump Jurisprudence," 20 Law and History Review 577 (2002).

[33] James C. Carter, *The Proposed Codification of Our Common Law* (1884), p. 87.

[34] James C. Carter, *The Provinces of the Written and the Unwritten Law* (1889), pp. 48-49.

[35] Grossman, "James Coolidge Carter," at 604.

[36] Titus M. Coan, ed., *Speeches, Arguments, and Miscellaneous Papers of David Dudley Field*, vol. III (1890), pp. 238, 239.

[37] Lewis Grossman, "Codification and the California Mentality," 45 Hastings L.J. 517 (1994).

[38] *The Code of the State of Georgia*, prepared by R. H. Clark, T. R. R. Cobb, and D. Irwin (1861), pp. iii, iv, vii, viii.

[39] See, in general, Lawrence M. Friedman, "Law Reform in Historical Perspective," 13 St. Louis U.L.J. 351 (1969).

[40] The federal courts, under the doctrine of *Swift v. Tyson* were supposed to apply

general law, not the law of particular states, in cages between citizens of different states. See above, pp. 261-62; Tony A. Freyer, *Harmony and Dissonance: The Swift & Erie Cases in American Federalism* (1981); on other efforts by the federal courts in this direction, see Tony A. Freyer, "The Federal Courts, Localism, and the National Economy, 1865-1900," 53 Bus. Hist. Rev. 343 (1979).

[41] In the twentieth century, Nevada made a career, so to speak, out of legalizing what was illegal elsewhere, especially in its big neighbor, California. Gambling was and is the most egregious example.

[42] See Edward A. Purcell Jr., *Litigation and Inequality: Federal Diversity Jurisdiction in Industrial America, 1870-1958* (1992).

第四章

土地和其他财产

土地法的转变

美国土地法的主旨在于土地应该自由买卖。因此,律师、法官和立法机构以及拥有土地的公众,在独立后的几年里付出了巨大的努力来解开英国土地法中的戈耳狄俄斯之结。法律必须满足那些生活在一个大而开放的国家的人的需要,这些人认为他们生活在一个富饶的土地上、一大片空旷的土地上。(有些土著人居住在这片土地上的事实,不是被忽视,就是被无情地对付了事。)对殖民定居者来说,土地是财富的基础,是资源和发展之母。随着边疆向西移动,土地法也亦步亦趋前行。这片土地本身就从荒野变成了农场或工业用地;从旷野变成了村镇和城市。土地法也经历了若干个发展阶段。像纽约州这样的州,情况与怀俄明州不同,它的土地法也相应作出了反应。土地和资源法中的一些差异虽然从未消除,但随着时间的推移往往会减弱。殖民历史以某种方式重演;在新的定居点中,相对简陋的和简单的土地法变成了更复杂、更精致的法律,主要是因为更复杂的法律更符合那些具体条件。

例如,美国法律是否会吸收附着物的概念及其相应的规则,这一点从来没有太多的疑问。附着物是附着在土地上的物体。它被合法地视为土地的一部分。这意味着土地的出售也随之自动出售其附着物。一座建筑是最典型的与土地相连的附着物。然而,在19世纪50年代的威斯康星州,一家法院在一宗案件中裁定,在简斯维尔(Janesville)的一个谷仓,以及在另一个案件中的帕尔米拉黄铜乐队(Palmyra Brass Band)的练习室,完全属于非附着物,属于可以与土地分离的动产。[1]这些是脆弱的临时建筑物;这些案件只是确认了当地的一种暂时状况。

如果旧的规范不那么符合美国的精神,它们就不会持久。财产法成为大力支持企业的法律;例如,19世纪末的"排除妨害"(doctrine of nuisance)屈从于使用土地的企业家的需要;私人房主则遭受了痛苦。[2]在英国,"不受干扰的享受"(uninterrupted enjoyment)可以给土地所有者一种针对光线和空气的地役权(easement)。换句话说,土地的产权所有人如果已经拥有了开阔宜人的视野,他就有权保持这样的状态;他可以阻止他的邻居建造一座能挡住他的景观并损害地役权的建筑物。但是,尤其是在城镇里,这种学说是不恰当的——至少法院是这么认为。美国致力于经济增长——努力促进而不是遏制土地的密集利用。肯特法官认为这一规则"在这个国家迅速发展的城市中,这个原则如果适用于那些狭小地段上的建筑物,是不合理或不公平的"。根据马萨诸塞州的一项法律(1852年),"许多窗户连成一片",并不能带来光线和空气的地役权,并以此阻止毗邻的土地所有者在自己的土地上建造房屋。[3]到19世纪末,几乎每个州都拒绝了这种地役权。[4]

相反,各州热切地接受了逆占有的原则(doctrine of adverse possession)。根据这一原则,如果一个人占有属于其他人的土地,并以公开和明显的方式为之,在持续若干年后,该土地的实际所有权转移给该占有人所有,而旧的所有人便失去了他的权利。[5]尤其是西部各州通过了一些法律,使通过逆占有获得所有权变得更加容易。这些州还缩短了"逆占有"的时间。传统上,这段时间是20年;根据1861年内华达州的领土法律,这一时期缩短到了5年。⁶为了得到这一原则的好处,定居者必须出示房屋、篱笆、田园或牧区用途,或表明他确实使用过土地的其他迹象。相当多的法院案件都涉及什么足以构成这种"逆占有"的议题。

从表面上看,逆占有的原则似乎有利于定居者,而不利于缺席的土地所有者。西部土地法似乎支持这一解释。另外,一些证据指向不同的方向。在一些州,从1872年的伊利诺伊州开始,一个逆占有的请求人就无法获得完善的所有权,除非他在拥有土地的期间支付土地税。这一要求在西部各州也是最常见的。一个逆占有的请求人不应仅仅是一个擅自占用他人房屋或土地的人,他应该是一个诚实地认为他对这块土地拥有主权的人,而这样的人自然会交付税款。这条规则表明,这一理论是对混乱的土地所有权的又一反应。所有权有时是如此模糊和矛盾,以至于很多时候,一个人可能会认为他拥有有效的所有权,而实际上他并没有。如果他占有得够长的话,逆占有的原则就可以治愈这个错误。1845年,宾夕法尼亚州首席大法官吉布森说,该法令"保护这样的占有者,并不是因为他有什么功绩,其实这样的占有者并不值得奖励;而是因为他的对手把争执推迟到了指定的时间之后,当文件可能丢失、事实被遗忘或者证人死亡时,这就是缺陷所在"。⁷然而,这个原则本身就像一片乌云,你可以搜索郡的记录直到天国从天而降——逆占有并没有留下任何记录。

公有土地

在这个世纪下半叶,公有土地仍然是一个主要的争论话题。这一巨大的联邦财富应该用来筹集资金的想法几乎已不复存在。对廉价土地的需求在著名的1862年《宅地法案》(Homestead Act)达到了最高点,这实际上是把土地做了无偿给予,至少对殖民定居者是如此。政府继续大量使用土地作为一种补贴。1862年的《莫里尔法案》(Morrill Act)将大片土地移交给了各州。以1860年的人口普查为基础,即拥有一位参议员和一位众议员的州,每个州有权从联邦得到3万英亩的土地。每个州都要使用土地(主要是以现金出售),以建立"农业和机械技术学院"[8]。在1850年,经过大量的辩论,联邦政府也开始发放土地来帮助修建铁路。对于大多数地区来说,经济利益超过了人们对国家政府是否能够或应该支持国内改善的疑虑。

第一次大规模的土地出让是有关一条从芝加哥到莫比尔(Mobile)的铁路,这条铁路最终成为伊利诺伊州中央铁路。这项法律于1850年通过[9],该法律赋予伊利诺伊州、阿拉巴马州和密西西比州未来铁轨两侧6英里宽的土地;该州可以出售土地并使用收益来修建铁路。未授予的铁路两侧的部分土地将由美国联邦政府出售,价格不少于每英亩2.5美元(此为"公有土地最低价格的两倍")。[10]后来的数个法案——例如,1862年资助"联合太平洋铁路"(Union Pacific Railroad)的法案——通过将备用的土地直接交给铁路而不是州来简化了程序。[11]

从理论上讲,政府没有损失任何东西,甚至没有花费任何现金,还免费获得了一条铁路。政府的土地,夹在铁路土地之间,将会获得双倍的价格,因为铁路的存在必然会增加它的价值。但是,甚至在19世纪60年代,这种观念也被抛弃了。19世纪60年代的铁路必须穿过遥远的西部——穿过无尽的草原,越过大山,穿过深邃的森林,穿过大片的沙漠。这片土地上几乎没有定居者。可以理解的是,政府的价格必须降低。此外,铁路用地的授予与《宅地法案》的精神是相冲突的。1871年以后,由于种种原因,政府不再向铁路提供土地。到那时,此法律的利弊已成定局。授予铁路的土地的确切数量存有一些争议,即使是保守的估计,至少也会超过 1.3 亿英亩。[12]

《宅地法案》本身就是长期政治斗争的高峰。这是公有土地政策趋势合乎逻辑的延伸。一个声势浩大、焦点鲜明的利益集团(总体上成功地)挫败了利用土地为政府筹集资金的政策。随着这一政策的消失,铁路土地的出让原则成为宅地政策的唯一竞争对手。

直到 1861 年,这种公有土地处置的提案就被卷入了区域争端和奴隶制危机之中。国会中有一些《宅地法案》的有力支持者,比如宾夕法尼亚州的加卢沙·格罗(Galusha Grow),但也有激烈的反对派;1860 年,布坎南总统否决了一项公有土地处置法案。内战的爆发把许多反对者从国会赶走。1862 年,该法案成为法律,政府此时正式致力于向拓荒者提供免费土地的政策,该政策描述他们为"和平战士""辛劳者后代的大部队"、反抗"无情的野蛮生活方式"的人,以及把"美国的国徽凯旋般从大西洋带到太平洋"的人。[13]

这部公有土地处置法案的规定很简单。户主、21 岁以上的人和退伍军人(但不是那些"携带武器反对美国或向其敌人提供援助和安慰"的人),除某些例外情况外,都有资格"进入少于四分之一平方英里或较少数量的未征用的公有土地"。请求人必须证明,他们想要土地是为了他们自己的"专有用途和利益"和"为了实际定居的目的"。经过 5 年的定居,政府将为这块土地颁发一项专有权状。然而,符合条件的实际定居者可以在 5 年期限结束前以最低价格(一般为每英亩 1.25 美元)买下这片土地。[14]

《宅地法案》假定西部有肥沃的土地,并且在等待着定居者。相关的特别法律规定了处置那些不那么理想的土地——沼泽地(1850 年法案)和沙漠土地(1877 年法案)。这些土地在商业上毫无用处,政府为开垦它们提供了额外的诱因。沼泽地可以免费地送给各州,然而,各州也可以把它们卖掉,以便排水。有关沙漠土地的法案允许个人请求者可以获得的土地,比《宅地法案》所给予的更多,但请求人必须要灌溉他的土地。此外,联邦政府在每个新的州进入联邦时都给了它一笔"土地聘礼"(dowry of land)。因此,各州拥有大量的土地——沼泽地、依法授予大学之用的土地,以及州政府启动时期的聘礼土地。各州可以在公开市场上出售这些土地。例如,当威斯康星州被接纳为联邦成员时,它从联邦政府那里获得了公共土地,出售以筹集一笔称为"学校基金"的单独基金。威斯康星州以低廉的价格和优惠的条件处置了学校的土地。它用所得的钱向需要钱的农民提供利息贷款,因此(人们认为)一举两得。但是1857年的危机破坏了农业贷款系统。由于债务人违约,很明显,该项目管理不善,令人恐惧。威斯康星州的投资因此损失惨重。[15]许多州在19世纪60年代同样浪费了它们根据《莫里尔法案》获得的土地。在一些州,"学校用地"产生了一堆混乱的、几乎被遗忘的法律——关于索赔、条款和优先权的法律——乱麻,它显示了公有土地法的弱点,以及一些客户的贪婪和不诚实。

公有土地法毫无希望地矛盾重重。有些土地是免费赠与的,有些是待价而沽的。政府建议将一些土地出售给出价最高的人;建议使用其他土地来吸引私营企业修建铁路;将其他土地给各州,以资助他们的学院。在这个方面,行政分支显得非常软弱。如果说这意味着把土地免费给无地穷人,所谓公有土地处理法案也许是最软弱无力的。政府继续出售土地换取现金,最好的土地被投机者"抢购一空"。正如保罗·盖茨(Paul Wallace Gates)所描述的那样,1868年至1872年抵达堪萨斯的殖民定居者们,迎面而来就受到了广告的渲染,广告上宣称,该州最优质的土地是由州立农业学院(State Agricultural College)选定的,该学院目前提供9万英亩的土地长期贷款。联合太平洋铁路中心支线(Central Branch of the Union Pacific Railroad)提供了120万英亩土地，价格从每英亩 1 美元到 15 美元不等；堪萨斯太平洋铁路公司（Kansas Pacific Railroad）提供 500 万英亩的土地，每英亩 1 美元到 6 美元；堪萨斯和尼欧肖流域铁路公司（Kansas and Neosho Valley Railroad）提供 150 万英亩土地出售，每英亩 2 美元到 8 美元；托皮卡的资本土地代理公司（Capital Land Agency of Topeka）要约出售 100 万英亩的堪萨斯土地；范多伦（Van Doren）和黑文斯（Havens）提供了 20 万英亩土地，每英亩 3 美元到 10 美元；沃克（T. H. Walker）以每英亩 5 美元到 10 美元的价格提供了 10 万英亩的土地；亨德利（Hendry）和诺伊斯（Noyes）提供了 5 万英亩的土地。甚至美国政府也在为位于萨克（Sac）和福克斯（Fox）的大约 6000 英亩印第安人土地的出价做广告。[16]

所有这些选择的土地，无论是在政府还是私人手中，都无法为前述那些依法领取公有土地的定居者所利用。此外，起草该法案的人显然考量了中西部地区富饶和水资源充足的土地。在遥远的西部，大片土地简直不适合家庭农场；它们更适合用来放牧。[17]特别是 1880 年以后，许多人利用了《宅地法案》的减期权益（commutation privilege），即通过支付土地的正常价格缩短宅地产权过渡期。从 1881 年到 1904 年，2200 万英亩的土地按照减期权益加以办理，占这一时期宅基地项目总数的 23%。这就是"通过扭曲使用"《宅地法案》"获取大量土地所有权的手段"。一份参议院文件后来记录说，这些被减期的土地"不足百分之一"是"曾经被作为家宅所用……它们后来成了一些大型林场或牛羊牧场的一部分"。申请减期者"通常是商人、专业人士、学校教师、办事员、工匠、牧牛或牧羊人"。一般来说，这些人士会在获得产权后立即就出售土地。[18]因此，彻底的失败让人们怀疑：公有土地法是否把真正的定居者作为主要对象？土地法使用了坚定农民的形象作为口号和宣传。法律本身为更复杂的利益服务：的确包括了农民和定居者，但也有商人、投机者和律师。因为许多利益在制定和管理中都在发声,这种宅地处理法本身和一般意义上的公有土地法之间十分复杂并且相互矛盾。案例法、立法、条例、公地局的裁决和法令所构成的迷宫,其混乱都是来自同样的基本事实。

到了这个世纪末,有很多关于边远地区消逝的讨论。这一概念在公有土地法上起到了一定的作用。从一开始,有一种极为乐观的氛围在烘托着政府出台的政策。公有领域被视为取之不尽的财富。无论是出售还是出让土地,用来建立新的人口中心,还是为学校系统提供资金,政府的职能都是尽快将土地转移到市场上去。[19]但是到了19世纪最后几年,心理上的地平线已经开始变得暗淡。联邦拥有的地域正在明显消失,一种稀缺性和一种无声的悲观情绪油然而生。由此产生了一场资源保护运动的萌芽。黄石国家公园始建于1872年,"作为一个公共公园或休闲场所,为人民造福和享受"[20]。1891年的一项法律赋予总统权力"分开和保留全部或部分被木材或矮树丛覆盖的公有土地,不论是否具有商业价值,都作为公共保留"。哈里森总统宣布保留约13053440英亩土地。克利夫兰总统不顾西部国会议员和参议员们的抗议,增加了一个广阔的保留地域,这些西部的议员们十分看重这块土地上的矿藏和木材。[21]

美国各州的发展都大致相同。1892年,纽约州以一项法律建立了阿迪朗达克公园(Adirondack Park),"永久保留、维护和照顾作为所有人民为健康或休闲自由使用的土地、保护该州主要河流源头所必需的林地,以及未来的木材供应"[22]。1897年的《纽约州宪法》宣布这些保护区"永远"保持原生态。自然资源保护者不断试图阻止屠杀野生动物的行为。渔猎法(fish and game laws)也越来越多地获得了通过。例如,1869年新罕布什尔州成立了"渔业委员会"。这后来成为一个成熟的渔猎委员会,例如,有权关闭任何重新放养水域以禁止捕鱼"为期不超过3年"。1900年,新罕布什尔州的法令禁止任何人"猎杀、消灭或捕获任何鹿类"(除9月15日至11月30日外)。用狗猎杀这些动物也是违法的。对黑貂、水獭、灰松鼠和浣熊的打猎也有一个季节,而且绝对禁止猎杀海狸。对许多鸟类也有保护法律,包括禁止杀死任何"美洲鹰或秃头鹰"[23]。1900年以后,美国人不能肆无忌惮地破坏自己的家园。但工业、城市和人口的增长,以及对利润和消费无止境的渴望,意味着环境保护工作永远不会是容易或唾手可得的。

在城市里,人们对市容美化、公园和林荫大道开始产生兴趣。第一个大型的公共公园是费城的费尔芒特公园(大约从1855年开始),随后不久是纽约的中央公园。"绿色林荫大道"很快成为城市景观的特色。伊利诺伊州在1871年通过了一项关于公园的详细法规。[24]24个城市和各州开始利用其征用权(powers of eminent domain)作为一种扩大公共部门的方式,作为维护自然美景的手段,并把公园和林荫大道作为一种经济增长的工具。[25]一些城镇开始管制甚至禁止广告牌。[26]

另一种环境保护心态,影响了新的土地利用控制工具的发展。在东部的城市,出现了有"好"地址的时尚的社区。这些财富飞地(Enclaves of wealth)产生了对法律手段的需求,以保护财产价值并维持按收入和阶级分隔的模式。一个主要的英国案例——1848年的"塔尔克诉莫哈伊案"(*Tulk v. Moxhay*)[27]——发起了衡平用益物权(doctrine of the equitable servitude)或不动产契约的学说。这是一种可以用来保护新的分区或邻居社区的学说。马萨诸塞州1863年的"帕克诉奈廷格尔案"(*Parker v. Nightingale*)把这一学说带到了美国。[28]莱缪尔·海沃德(Lemuel Hayward)的继承人出售位于波士顿海沃德的一个地块,但出售的条件是,只能建筑"用砖石砌成的、高度不少于三层的建筑物,而且只能作为住宅"。40年后,也就是1862年,拥有其中一个地块的詹姆斯·奈廷格尔(James Nightingale)把自己的土地租给了弗雷德里克·洛伯(Frederick loeber),后者开了一家"餐厅"。"喧闹的人群"扰乱了海沃德社区的安宁。邻居们采取行动试图阻止这一切。但他们有什么权利干预呢？当然,他们手里有一个契约,但合同当事人是海沃德和他的继承人,而不是奈廷格尔或洛伯。就像在"塔尔克诉莫哈伊案"中一样,法院立即反驳了被告一方的抗辩。如谚语所说,最初的契约"与土地一起运行"。这个契约在衡平法的意义上代表"受害方"的利益而具有约束力。根据原来的方案,"在每一地段的权利或特权或便利被永久地保障给所有其他地段的业主"。正如一位作家在1901年所说,允许自由更换财产和"所有权转移"有时会产生"困难";"在某一特定地区继续为同一目的使用财产是投资价值和可取性的一个非常重要的因素,也是在有着巨大希望的新旧城镇建设高尚住房方面的重要因素"。[29]早在任何分区法（zoning laws）出现之前（直到20世纪才出台）,衡平法契约条款(equitable covenant)是一种功能等同的法律工具——一种保护邻里价值观免受城市变化风险影响的法律工具。是的,土地是一种商品;但它也是某些人的资产和某个人的家园;中产阶级很少让意识形态妨碍他们的利益。

财产法和世袭制

从19世纪20年代末开始,纽约的财产法被美国密歇根州、威斯康星州和明尼苏达州采纳。后来的西部各州——南达科他、北达科他和亚利桑那——也吸收了最终来源于纽约州的大量财产法。纽约州废除了许多多年闲置的法律,并修改了财产法的许多方面,这包括对未来利益——即不是现在占有的那些财产利益——做了修改。之前的这些法律已经适用于大型的地产产权。稍微有点扭曲的是,这项法律满足了新世袭财产的需要,这种财产并不是被占用在地产上,而是用在信托之中。

未来利益法律的细节并不重要,无论如何,几乎超出了法律职业以外人士的耐心或理解力。本质上,所发生的事情是这样的:在一些罕见但重要的案例中,富人建立了信托(通过遗嘱或不动产契据),为他们的子女利益而设立,并且在其身后分配给孙辈(或附属亲属)。在此期间,本金部分是安全的,遗产也完好无损。未来利益法规范了未来受益人(remote beneficiaries)之间的关系,确定了允许什么样的世袭安排,以及这些安排可持续多长时间。此时,纽约州的改革本身,最终必须被加以改革。英国旧法理论的幽灵——偶然存续的、如雨后春笋般出现的用途、确定的费用以及其他的谜团,开始困扰着法庭。一个人死后,他可以"捆住"他的财产。

信托管理的法律和实践,是为了处理和管理世袭财富而发展起来的。大多数受托人都是业余人士——遗嘱中的亲戚或朋友,或信托协议中指定的受托人。少数人(几乎都在波士顿)属于职业经理人。美国内战后,出现了一种新的制度:信托公司。例如,1871年,一份章程在纽约州被授予韦斯特切斯特郡信托公司(Westchester County Trust Company)。依据该章程,该公司有权将信托资金投资于"美国的公共股票"、纽约州的证券、"任何注册城市的债券或股票",以及至多1万美元的公司证券。[30]到这个世纪末,一些州开始正式制定信托投资法,颁布了"法律清单"——受托人可以按照清单将信托资金做出投资,并且不会承担被受益人起诉的风险。马萨诸塞州和其他几个州赋予其信托更多的自治权。马萨诸塞州的主要判决是1830年著名的哈佛学院案,我们在前面的一章中提到了这个案例。[31]

哈佛学院案的规则——审慎投资者的规则,也是适用于长期、世袭信托的规则。这种信托是相对罕见的,马萨诸塞州的学说在19世纪并没有传播得很远。另一条有权威的和更严格的界限,旨在保护那些在法律上或事实上无助的人——即众所周知的寡妇和孤儿。这几乎是主要商业中心以外唯一的信托类型；甚至在美国东部，它也是占主导地位的信托形式。1873年的《宾夕法尼亚州宪法》禁止立法机构授权信托基金"投资于任何私人公司的债券或股票"。[32]

在信托法方面有一些相当惊人的发展。其中之一就是所谓的挥霍者信托(spendthrift trust)原则。挥霍者信托是一种试图尽可能严格地锁定受益人利益的信托。受益人不得放弃或抵押信托中受益人的权利；在货币实际传入受益人手中之前，没有任何受益人的债权人可以查封或扣押受益人的利益。换句话说，在这类信托里，利益不得被强制放弃或被留置。约翰·奇普曼·格雷(John Chipman Gray)是一位波士顿人，也是一名法律教师，在他那本乏味小书《限制财产让渡》(Restraints on the Alienation of Property)的第一版中，他抨击了这种不寻常的学说；他说，这既不合逻辑，也有违先例。然而，格雷的家乡马萨诸塞州却无视逻辑和先例，在1882年"百老汇银行诉亚当斯案"(Broadway Bank v. Adams)中大胆地采用了这一原则。[33]格雷在他的第二版中写了一篇愤怒的序言；他阴郁地说，"家长式制度"的精神在四处流传。"挥霍者信托和社会主义的根本本质如出一辙"。挥霍者信托当然与社会主义无关；它的家长式作风是富人的世袭欲望，它们的理论大本营是在马萨诸塞州的波士顿。

反对永久存在的规则，是一种对世袭制下财产永生之梦加以限制的法律原则。这条规则在两个世纪里发展起来，大约在1800年时，这个原则成了让几代法学院学生们备受煎熬的形式。约翰·奇普曼·格雷也对这一规则做了专门研究，他关于这个问题的专著于1888年首次发表。该原则涉及长期信托或未来利益链。未来获得收入或财产的权利，从某些"现存生命"起算，如果它在21年之内未"确定"，这些权利并没有效力。在遗嘱或信任生效之前已经出生的人的有生之年，可以推迟"确定"的时间点，然后再开始21年的延长时间。这些细节复杂得可怕,令人感到心烦意乱和变幻莫测。他们是如此复杂,以至于很容易忽略这一点,那就是:死神能统治多长时间?一个人死后,他能"捆绑"他的财产多久?规则的实际效果是将世袭限制在不超过75年或100年的时期,作为最长的限度。19世纪20年代末,纽约州通过了一项更残酷、更严格的规则,后来被加利福尼亚州、密歇根州和威斯康星州等州效仿。普通法规则在大多数其他各州都是有效的。

在19世纪的大部分时间里,法律对慈善信托并没有表现出多大的支持。这里的问题是对死亡之手的恐惧,特别是教堂的那只死亡之手。纽约州的财产法严重限制了慈善信托。当律师和差一点当上总统的塞缪尔·蒂尔登(Samuel Tilden)去世时,他留下了数百万美元来资助纽约市的一个公共图书馆。但1891年纽约法院推翻了蒂尔登信托基金,并把这笔钱交给了他的继承人。这促使立法机关采取行动。1893年,纽约州修改了法律,从中消除了致使慈善信托无效的阴影。[34]

慈善信托基金在中西部各州(密歇根州、明尼苏达州、威斯康星州)以及以弗吉尼亚为中心的南部各州也是无效或受到限制的,这些州借用了纽约州的财产法。在这些州,也许有可以追溯到宗教改革运动的长久记忆和以往的愤恨。正如我们所看到的(在本书第二部分),一些州也颁布了所谓的"永久管业"(mortmain)法,将临终赠与慈善机构礼物的行为视为非法。宾夕法尼亚州的版本于1855年获得通过。[35]正如我们所指出的,在这些法律的背后,是靠死亡的恐惧来谋生的邪恶牧师的幻觉。

美国财富性质的变化最终削弱了对慈善捐赠和慈善信托的限制。大型的基金会还在遥远的将来,但金融、石油和钢铁的巨头们却开始派送良心发现后的金钱。当塞缪尔·蒂尔登信托基金在纽约失败时,这不是"死亡之手"的失败,而是纽约市和生活在其中的人们的失败。

纽约州很晚才接受慈善信托。有些州则对慈善信托持欢迎态度。

事实上,马萨诸塞州在"类似原则"(doctrine of cy pres,法律法语意思是"如此接近")方面赋予了新的生命力,这个原则成为长期慈善机构的基本原则。假设慈善信托的最初目的已经失败或变得不可能,法院可以对其进行修改,并将其应用于尽可能接近原本的目的,而不是将资金返还给继承人。在1867年"杰克逊诉菲利普斯案"(*Jackson v. Phillips*)中[36],波士顿的弗朗西斯·杰克逊(Francis Jackson)在1861年去世,留下的钱要求被用来"建立一种将结束黑人奴隶制的公众情感",也用于逃亡奴隶的利益。到1867年,奴隶制已在法律上结束。杰克逊的亲属来到法庭,很自然地主张:这个信托目的是不能执行的,应当把钱还给我们。但法院拒绝了他们的请求。相反,它指导了一项"如此接近"的资金使用——用于新英格兰黑人和自由奴隶的福利和教育工作。法院并没有发明这个原则,它在英国是个很古老的原则,但是这个案子确实给了它一个新的、充满活力的生命。这一原则帮助了长期的世袭慈善事业,就像马萨诸塞州关于信托投资的规则帮助了世袭信托一样。

  遗嘱法一向接受从英国引进的学说。例如,一些美国法规根据1837年的《英国遗嘱法》(English Wills Act)对自己进行了改造。总的趋势是遗嘱的执行更加正式,如果没有其他目的的话,那是为了财产记录。实际上,非正式的口头遗嘱不再有效。[37]这并不意味着遗嘱法仍然是极其呆板和僵化的。一般来说,法院放宽了它们的遗嘱解释规则,它们离开了固定的概念规范,更强调寻求立遗嘱人的本意。立遗嘱人的意图是"北极星",是解释遗嘱的"至高无上的导向"。[38]这一态度在一个大多数人识字(尽管程度相当有限)的国家是恰当的,在那里数百万人拥有财产,但是法律职业的(和非法律职业的)的文件起草水平还很低。这些案件反映了某种紧张局面:法院希望实现立遗嘱人的愿望,但法院也认识到需要有确定性、健全的惯例和粗略的可预见性。

从1850年到1900年,越来越多的普通人养成了立遗嘱的习惯,更多的财产经过遗嘱检验。一项遗嘱研究比较了1850年、1875年和1900年新泽西州埃塞克斯郡的遗嘱样本。在1850年,只有不到5%的死者留有遗嘱,当时只有大约8%的人拥有任何种类的遗产。到1900年,大约14%的临终人口留下了经过检验的遗产;8%的人留有遗嘱。在1900年,"临终遗嘱"或病危时订立的遗嘱并不是很多。在1850年,至少四分之一的遗嘱是逝者在死亡前不到一个月时订立的,而在1900年这个数字则不到五分之一。与1850年相比,更富有的遗嘱者在1900年时起草的遗嘱更加成熟。他们更有可能涵盖这样简单的紧急情况,例如,如果受益人在遗嘱人之前死亡该怎么处理。

在埃塞克斯郡,遗嘱订立的越早,就越有可能将财产以信托或终身不动产的形式存在。将财产赠送给妇女的时候尤其如此:1850年的遗嘱中,有73.3%是这样的赠与,但在1900年的遗嘱中,这个数字只有40%。这是否意味着女性在社会上已经变得更加独立,或者因为更多的中产阶级制定了遗嘱,或者它是否反映了已婚妇女的法律地位已经改变的事实?很难知道答案,因为对这个问题的研究很少。一项对宾夕法尼亚州巴克斯郡的研究,比较了19世纪初和接近19世纪末的遗嘱,结果完全不同。大约有12%的订立遗嘱者在1800年左右建立了信托,而在19世纪90年代,大约有30%的人建立了信托——其中一半是为尚存配偶(通常是寡妇)设立的。在埃塞克斯郡和巴克斯郡,许多1900年的订立遗嘱者都是女性自己。事实上,在巴克斯郡,在19世纪90年代,约38%的订立遗嘱者是女性。女性遗嘱订立者中不乏背景简单的女性,例如,玛丽·达菲(Mary Duffy)用画记号的方式签了遗嘱,把一切都留给了她在埃塞克斯郡的丈夫;或者格蕾丝·克里默(Grace Creamer),也是埃塞克斯郡的人,她的可怜遗嘱在她临终那天被订立,她把一切都留给了她新生的私生子。早期的埃塞克斯郡遗嘱,大体上指示遗嘱执行人出售财产;在19世纪50年代,最安全的过程似乎是把财产变成现金。后来,更成熟的遗嘱建立了不动产权,在谨慎管理下,将继续保留资产以便随行就市。[39]

不动产所有人和承租人

承租人可能有不同的含义,这取决于租户占用的农田、商业财产或城市公寓以及具体条款之不同。一般来说,美国的租约不再是纯粹的土地保有权文件。即使是对农地来说,这也基本上属于一项商业契约。

在纽约州,19世纪40年代的激战标志着美国一种封建租赁的最后残余之一开始走向末路。纽约州的土地不动产制度已经不合时宜。美国的梦想是对土地享有非限嗣继承地产权(fee simple)。作为一个永久的承租人阶层,却没有任何权利拥有他们的土地,这似乎与美国的理想不符。在大土地所有者没落后,1846年的《纽约州宪法》废除了封建的土地保有制度和长期农业租赁,同时,几乎所有州的豁免法和宅地法都保护了农民的基本土地、动物和工具不被没收以偿还债务。在许多州,不动产所有人直接从土地上收取拖欠租金的权利——"扣留租金"(Distress for rent)被废除了。[40]

大多数农场家庭都是完整的自由地产保有人(freeholders);但事实上,即使在北方,也有佃农、缺席的土地所有人和大量的租赁。伊利诺伊州"大片边疆土地所有人"拥有租客,这些承租人以交付农作物作为租金,更少情况下是支付现金。其中最为臭名昭著者是爱尔兰的威廉·斯库利(William Scully),他是一个外国人,也是一个缺席的地主;19世纪80年代,在他拥有的大草原上发生了相当大的动荡。[41]而对许多年轻农民来说,多变和灵活的租赁权是农业成功的第一步;对年迈的农民来说,这是一种将土地转让给儿子管理的方式,而不是完全放弃控制。

南方的种植合同(cropping contract)是一种有特色的安排,与北方完全不同。南北战争前,北方和南方都有种植合同。但是,直到战后,种植制度才成为南方经济制度的主要特征。随着种植合同的社会意义的变化,其法律属性也发生了变化,这与法院的发展有关。1839年,北卡罗来纳州最高法院裁定,在承租人实际将他的那一份分给地主之前,地主对作物没有任何权利。没有法定的留置权(statutory lien),而且扣押租金的权利已经取消;这样,承租人的债权人可以在不受地主干涉的情况下对庄稼予以扣押。[42]

在1874年,法院认为其中的法律关系并不相同。此时,一个种植者佃户"没有土地上的财产",而这个产权"留在地主手中"。那个种植者只是一个"从庄稼中分得工资的劳动者"[43]。关于谁是"种植者佃户"或谁不是"种植者佃户",还有争论的余地。在这种情况下,承租人被认为不是种植者,尽管他从地主那里得到了马、玉米和培根、农具和食物。事实上,有些农民就像普通的承租人一样,用作物分成的方式来支付"租金";还有一些农场工人,他们得到的是作物份额。[44]

但比这两种安排都更为普遍的是真正的共享种植方式(share-cropping)。它出现在南方50%以上的小农场里。种植者(通常是黑人,通常是文盲)签订(或画押)一份契约。在1886年北卡罗来纳州执行一份典型的合同中,给了种植者一半的收成,作为交换条件,他承诺"忠实而勤奋地"工作,并"尊重主人的礼貌和举止"。主人提供了"骡子和饲料,供种植作物的所有种植工具和种子",并预付了"50磅培根和两袋肉,每月一袋米,偶尔还有一些面粉",这些都从种植者的份额中抵扣。[45]

因此,种植者是一名工人,而不是所有人;他不是地主的合伙人,而是一名"雇员",他从收成的份额中获得给付,而不是现金给付。[46]北卡罗来纳州(1876年)明确了地主的权利。所有作物在任何时候都被"当作"地主或其受让人"持有之下"。佃农本人什么也没拥有,直到他的份额实际上交付给了他。[47]对乡村里的商人和外面的债权人,以及对佃户而言,地主的权利是至高无上的。土地保有制度反映并加强了南方权力关系以及种族关系的现实世界。

抵押制度

抵押制度曾经是(现在也是)融资购买和出售土地的主要方式。买受人通常会签立一张本票,并以财产上的抵押作为担保。由于土地是大多数拥有财产的人们最宝贵的资产,抵押贷款是一种主要的信贷和金融工具,也是法律的一个主题。西方出版公司的《世纪法律案例摘要》(*Century Digest*)中,涵盖1896年之前的所有案件,其中关于抵押贷款的案件有2750多页。农民利用抵押信贷筹集更多的土地,购买农业机械,甚至支付个人开支。在美国国内的一些地区,农民往往以他们的净值为限从事借贷;在好的年份里,当土地价格上涨时,他们就借更多的钱。一群蝗虫、一场干旱、一场"恐慌"就足以摧毁担保实物,把农场扫进法庭的诉讼,用法律问题代替了经济问题。难怪抵押贷款法会随着商业周期的变化而变化。立法机关扩大或缩小了回赎期(redemption period),这取决于时节的好坏。1886年,华盛顿州将半年回赎期改为全年期;在一段上升时期(1899年)中,密歇根州通过了一项法令,规定债务人在出售后六个月内进行回赎;这一时期以前是两年零三个月,这或许是一项鼓励投资的措施。[48]

也难怪,农业州的选民们一直在为政府贷款、廉价抵押贷款、终止回赎权的严格规则以及回赎的简单规则而焦虑不安。一个事件可能会让人对抵押法的政治有一些了解。19世纪50年代初,许多威斯康星州的农民购买了铁路公司的股票。由于他们没有现成的钱,他们把自己的土地作为抵押。铁路未来的红利应该用来支付抵押贷款的利息——通常是8%。然后,铁路使用或滥用农民的票据和抵押贷款,以诱使东部投资者投资铁路金融。1857年的危机中,威斯康星州铁路破产了。农民们手里只剩下一文不值的股票。与此同时,他们的抵押贷款掌握在东部的利益集团的手中。

农民向立法机关施加压力。作为回应,立法机关通过了一系列法律,试图通过每一种方式来防止一波终止回赎权的潮流。法律使用了各种技能。一项法律剥夺了票据和抵押的可转让性。这意味着农民可以在友好的地方陪审团面前对止赎案中的欺诈行为提起抗辩。在始于1858年的一系列案件中,威斯康星州最高法院宣布这一法案和每一项救济法令违反宪法,其援引的是达特茅斯学院的学说、法院自身的正义感和健全的经济学。[49]终止回赎权是一种痛苦的药丸,但不像一项政策那样痛苦,因为这一政策会使货币市场干涸,并扼杀在该州的投资。至少威斯康星最高法院肯定是这么想的。从长远来看,这是一种保持法律的抗拉强度和灵活性的想法。无论如何,对抵押贷款资金来源的需求,对失控的抵押贷款和止赎法起到了阻碍作用。

寡妇地产制度的没落

普通法中的寡妇地产制度曾经是供养寡妇晚年的主要方式。寡妇地产(dower)是一种特殊的财产。一方面,它只附着在土地上;另一方面,这种产权仅仅是一个终身保有地产权(life estate,占已故丈夫房地产的三分之一)。寡妇没有出售它的权利,她对"身后继承事宜"也没有权利,也就是在她死后,她没有用遗嘱或其他方式处置土地的权利。简而言之，这块土地仍然保留在丈夫的家族血脉中。寡妇地产有一个相当显著的特点：一个丈夫不能通过出售他的土地或放弃它来废除寡妇的这一权利。在丈夫拥有或曾经拥有的所有土地上，漂浮着"未履行的寡妇地产"幽灵般的威胁。这一潜在的权利主张贯穿了整个所有权链，直到妻子去世并终止了这一要求。

寡妇地产作为一种保护方式具有严重的局限性。这也许对英国的地主或种植园主来说是有意义的。但如果丈夫的财富包括股票和债券，或者是一家企业，寡妇地产对妻子就没什么好处。寡妇地产也有另一个缺点。它优于丈夫的债权人的债权，这对妻子有利，但对债权人则很不利。寡妇地产制度是地产产权上令人讨厌的乌云。在一些土地被卖掉很长时间后，一些先前主人的遗孀可能会像幽灵一样站起来，出没在买房人周围。这也许是药膏中真正的苍蝇。在美国的中西部，除了土地以外，这里一切都不富有，因而对寡妇地产制度表现出了早期的不耐烦。印第安纳州在1852年废除了它（至少在名义上如此）。取而代之的是，印第安纳州给予寡妇她丈夫的一部分私人财产和三分之一的不动产（以永久产权的方式），使其"免于遭受债权人的任何要求"[50]。同一法规废除了"鳏夫产法则"（通常拼写为 curtesy）。这是鳏夫的相应遗产——然而，其特定性在于：只有当这对夫妇生下一个活着的孩子时，它才会适用。根据新法律，丈夫在妻子的财产中获得了对称的权利。在南北战争时期，堪萨斯州赋予寡妇选择权，要么是她的"寡妇地产"，或者是"她可能喜欢的话"，选择一个绝对的份额，无论是动产还是不动产，反正是她丈夫财产的一半。[51] 这种绝对份额总是对她有利的，除非她丈夫去世时破产，则"寡妇地产"对她来说更好一些。

产权的纷扰

和以前一样,1850 年以后,土地所有权的创伤性弱点也对土地法产生了普遍影响。例如,它在减少寡妇地产制度方面发挥了作用。它加速了普通法婚姻的衰落,促进了遗嘱法的正式化。随着法律的发展,当土地更加市场化以及所有权的质量提高的时候,其他事件似乎出现,使情况变得更糟。例如,铁路、学校和土地出让在一些西部州创造了模糊和重叠所有权的问题。加利福尼亚和新墨西哥继承了墨西哥时期的混乱遗产。1851 年,国会为加利福尼亚州设立了一个由三人组成的委员会,负责解开来自墨西哥当年土地授权中的所有权问题。"从西班牙或墨西哥政府获得"土地的"权利或所有权"的每一个索赔人都应向专员提出索赔要求,并"附上上述索赔人所依赖的书面证据和证人的证词"[52]。该委员会在 1856 年完成了工作,但诉讼在联邦法院持续了多年。委员会处理了 800 多起案件;604 起索赔得到证实,190 起被驳回,19 起被撤回。但加利福尼亚的土地所有者平均要等到提交请愿书 17 年后才能最终确认所有权。[53]新墨西哥的事态发展更加旷日持久。到了 1891 年,国会才通过了一项法案,"建立私人土地请求权法院(Court of Private Land Claims)",以解决墨西哥在新墨西哥、亚利桑那、犹他、内华达、科罗拉多和怀俄明的土地授权问题。[54]

流通浮动的土地凭证是另一个混乱的来源。签发凭证的目的有几个:例如,根据《莫里尔法案》,这张土地凭证作为国家有权获得土地的证据,可用于为大学筹集资金。一组各种各样的法规制造了其他各种各样的凭证。一位来自加利福尼亚州的土地索赔人托马斯·瓦伦丁(Thomas Valentine)在佩塔卢马(Petaluma)附近一处 3 平方英里的牧场上败下阵来,但是在 1872 年,国会通过了一项私人救济法案。

作为交换,托马斯·瓦伦丁获得了13316英亩的公共土地,以换取他对牧场的要求。他用了一些,卖掉了一些:

> 投机者得到了一些,抬高了价格,和其他种类的凭证一起兜售。随着时间的推移,瓦伦丁土地凭证的价格变得太高,不能适用于公认的公共土地上,而凭证所有者不得不寻找那些被遗忘的"沉睡的土地",即那些被政府测量员忽视的、所有权归属上有瑕疵的土地。[55]

土地法本身造成了所有权的薄弱。非善意的占有是一个议题。土地法管理不善是另一个令人怀疑土地所有权的长期原因。"税务契据"(taxtitle)则显得薄弱无力,臭名远扬。所谓"税务契据",是地方政府为了拖欠税款而出售房产,并向购房者签发了一份契据。关于这个问题的法律是复杂的,而且很难遵守,用一篇当代论文的话来说,"契据的调查人员总是以怀疑的眼光看待一个税务契据"[56]。立法机构必须不断地进行干预,以弥补地方官员的错误运作。例如,艾奥瓦在1880年通过了59项单独法案,以使官员的缺陷行为合法化。其中许多涉及土地方面的交易。例如,有一条法律规定,有些沼泽地是在没有郡政府印章的情况下按法律规定出售的,而且没有书记员的签字;由于对这些契约"产生了怀疑",这些契据"因此由立法加以合法化并生效之"(该法律的第180章)。

纯粹的土地交易使情况更为糟糕。有数以千计的契据、抵押和转让,数目上升到了数十万计。粗糙的土地登记制度几乎应付不了交易数量的增加。产权审查公司(title companies)迅速兴起,收取费用检查所有权,并确保土地所有者不受神秘的和妨碍利益"阴云"影响。费城的房地产所有权保险公司成立于1876年,似乎是这方面的先锋。纽约担保信托公司的前身于1883年成立。[57]1871年的大火摧毁了芝加哥的公共记录。不过,有四家私人产权档案公司保存了记录,包括产权的索引、摘要、地图和方位。这些公司后来成立了一家产权担保公司;1901年的一次合并创建了芝加哥产权信托公司(Chicago Title & Trust Company),该公司在芝加哥的业务中占据主导地位。[58]

一个以其发明人罗伯特·托伦斯(Robert R. Torrens)爵士命名的澳大利亚制度,希望能够一劳永逸地治愈所有权的痼疾。标准做法是将土地文件——契约、抵押、土地合同——存放在公共记录办公室并加以注明。这个办公室只不过是一个有索引的仓库。但是,当土地纳入托伦斯制度时,土地所有权的状况得到了审查,并颁发了一份所有权证书(certificate of title)。纳入托伦斯的土地遭到了严酷的、一次性的法律洗礼;在这一过程中,它净化了它的罪孽,净化了所有那些"暗淡的瑕疵"和神秘的"阴云",它们曾经"如此深暗和有所预兆地"悬挂在不动产之上,即使迄今为止。"肉眼也看不见。"[59]从那时起,所有权实际上是由州政府担保的。合同,而不是契据,成为转让的工具;所有权和担保一直保持着简单和有效的新颖性。

伊利诺伊州是1895年第一个通过所有权登记法规的州,马萨诸塞州、俄亥俄州和加利福尼亚州在1900年之前也陆续有了这样的法令。州律师协会和芝加哥房地产协会支持伊利诺伊州的托伦斯制度,但也遭到了激烈的反对;而担保公司也不愿意看到政府的竞争对手。伊利诺伊州的法律要求在任何想要纳入托伦斯制度的郡进行公民投票;库克郡(即芝加哥所在郡)同意了这个方案,在一次虚假的启动之后,伊利诺伊州最高法院宣布第一个托伦斯法案违宪。后来,一项有效的法案于1897年获得通过并生效。[60]然而,即使在库克郡,这一制度也是可选择的。无论是懂法律的还是无知的,公众都是迟钝而冷漠的。此外,托伦斯制度还有一个严重的缺点:第一次土地登记过于昂贵。1899年,库克郡只有155份申请在托伦斯制度下登记土地。[61]到1900年为止,所有权登记充其量不过是一种希望,最坏的情况是错失了机会。

知识产权：专利、版权和商标

在 1836 年成立专利局后，国会对专利法的管理几乎没有什么重大改变。专利本身就像杂草一样成倍繁衍。这个数字每年都在增加。从 1856 年到 1890 年，共授予了 431541 项专利。[62]

专利诉讼数量随着专利数量的增加而增加。专利局拒绝了许多申请，但即使授予专利，也不能保证专利是有效的。获得专利本身并不意味着该专利将在法庭上站稳脚跟。专利诉讼是一项复杂的诉讼，其理论和争议成果丰硕。在侵权诉讼中，声称专利不应被授予是一个很好的争辩理由。一些律师事务所和律师在专利案件上发财致富，尤其是在内战之后，一个专门的专利律师协会开始发展起来了。乔治·哈丁（George Harding，1827—1902 年）以在联邦法院代理专利案件而变得富有和闻名。[63]

专利的道路可能是崎岖不平的。据一家机构称，在 1891 年至 1904 年期间，巡回上诉法院 30% 的专利被宣布无效；另有 41% 的专利被认为没有被侵犯。只有 19% 被宣布为有效和侵权。[64]实际上，联邦法院好像是一个对专利进行多头裁决的机构。

一个工业社会依赖于新技术的支柱。在一个广阔的自由市场经济中，专利垄断在某种程度上是反常的。但是，就像公司特许经营权、土地出让和高关税一样，专利也是一种补贴，是对发明者和创新的一种激励。公众舆论对此则是意见不一。原来的法律无疑关注的是那些在研究或实验室里通宵工作的小发明家。这样的人的确存在，但他们只是美国发明家中的少数。一般来说，他们恰恰是那些既无力支付专利诉讼费用，也无力支付打击专利盗版者的费用的人。

在19世纪末,法院似乎敏锐地意识到,专利可以用来压制竞争。他们对下达禁止侵权的初步禁令变得相当吝啬。因此,保护专利的唯一简单方法是进行冗长、昂贵的诉讼。这一政策对小发明家来说很难;另外,它使专利更难用于限制贸易。一些法院显然认为专利实在太多,导致没有"发明者的立足点",找不到"前进的路径"。[65]专利可能是托拉斯公司的一项工具。这种态度、这种恐惧,是经济紧缩感的一部分,小企业视野中的普遍恐惧,在19世纪末非常突出。

在1850年,最高法院的一个重要案件中,涉及一种新型门把手(a new doorknob)的专利是否有效的议题。该产品似乎唯一的新颖之处在于门把手是用瓷器做的。塞缪尔·纳尔逊大法官说,专利比"一位熟悉这项业务的普通技工"需要"更多的聪明才智"。[66]这是一项严格减少有效新专利数量的学说。1875年,法院审理了"在密室中用冷冻混合物保存鱼类,不与保存室的大气接触"的专利申请案。法院判决此专利无效。这里没有什么新颖的东西,这个计划没有超过现有的技术(prior art)。此案的主笔大法官诺亚·斯韦恩(Noah H. Swayne)提及,已有一种被殡仪馆人员使用的技术(尽管不适用于鱼类)和关于冰淇淋的常识性知识。[67]1880年,斯韦恩用了一句惊人的话——"闪念之间"(a flash of thought)——来描述一项有效的专利需要什么。[68]"普通技工"——属于侵权法中的"理性人"的一种蓝领版本——是一类否定的模式;只有"天才的灵感闪念"才能赋予专利价值。一般来说,法庭在专利法领域内谨慎地持中性立场。专利是为了真正的新颖技术而创设,是为了奖励技巧和洞察力,而不是什么别的。法院对大公司的大规模生产和微小技术改进持怀疑态度。

就企业家而言,他们不太喜欢专利法的混乱。早在1856年,缝纫机制造商就形成了专利联盟。[69]大公司学会了如何操纵专利来扩大垄断。贝尔电话公司购买了一项德国专利,这对远程电话技术至关重要。直到其自己的电话专利几乎到期,然后继续使用德国的设备。这使得它在第一个基本专利进入公共领域之后,就控制了电话行业。在专利垄断的保护伞下,公司将市场分割开来,将国家分割成几个部分,按其分配许可证,并将整个郡或州与专利产品的特定供应商联系在一起。

知识产权法显示了法律扩大财产法概念的趋势——保护任何有真正市场的东西,包括无形资产。专利权和版权也是如此。1856年,版权法被修订,将戏剧作品保护包括进去;1865年,涵盖了照片和底片。[70] 1870年,版权法(和专利法)进行了实质性修订。版权法现在涵盖任何"绘画、素描、多彩石版画、雕塑、模型或设计的美术作品"以及通常的材料。该法还首次保护翻译作品的作者权利。版权注册从联邦法院转移到国会图书馆。每一位作者必须向图书馆寄存两份作品。其中一份是去图书馆自己收藏的;这样,国会图书馆就变成了全国最大的图书馆。[71]

版权法还保护摄影照片,这在美国宪法刚刚被通过的时候是没有的事情。对摄影照片的保护是否属于国会的权力范围?毕竟,照片不是"写作"。一张奥斯卡·王尔德(Oscar Wilde)的照片引发了一个案件。一位纽约摄影师拿破仑·萨罗尼(Napoleon Sarony)拍摄了这张照片;一家平面印刷公司售出了85000份这张照片的副本。萨罗尼提起了诉讼。最高法院支持了他的主张。一张照片是一件艺术品,摄影师做的是摆姿势、安排并"处理光线和阴影"的工作,因此有权得到保护。后来,在1903年,小奥利弗·温德尔·霍姆斯撰写的判决意见书中,法院将版权保护范围扩大到广告——确切地说,是马戏团海报。[72]

发达国家对版权保护的兴趣大于欠发达国家。当美国人很少写书的时候,对版权的处理过于狭隘是符合他们的利益的,因为版权保护大多属于外国人。到了19世纪末,美国已经是一个大国,拥有自己丰富的文献作品。因此,扩大版权和加强版权似乎符合国家利益。书籍和图片也是商品。将版权保护扩大到照片和广告,承认了这一事实,并强调了版权在市场经济中的作用。

商标法的扩展也是显著的。这一法律分支是从一些零散的司法判决意见中拼凑而成的,而且都发生在1825年以后。商标或商号案件中的第一个禁制令是在1844年,正如我们所看到的那样,是为了保护"泰勒的波斯毛线"（Taylor's Persian Thread）的制造者。[73]由此,从这颗小橡子上长出来一棵巨大的橡树。商标在消费社会、自由企业社会、标准商品大量生产的社会中起着至关重要的作用。产品为了消费者的钱而小心翼翼地竞争。除了包装和名称,许多产品从工厂流出的时候都是一模一样的。1870年的专利法和版权法也适用于商标。但在1879年,最高法院认为专利权并没有延伸到商标。他们也认为没有办法根据商业条款来证明这项法律是正当的。所以最高法院宣布这项法律在商标方面不符合宪法的规定。[74]然而,州法规部分地填补了这一空白。接下来,最高法院继续修改和界定了各州的商标法。

商标诉讼激烈,与专利诉讼一样,也相对频繁。19世纪的商业道德可不是单纯高尚的,这还只是个客气的说法。许多商人试图窃取别人产品中固有的价值。一种独立的不正当竞争概念（unfair competition）产生了,它作为商标保护盔甲的一种补充。例如,一个名叫贝克（Baker）的人制造巧克力,他的行为方式不可以让人们认为他的产品是著名的贝克巧克力（Baker's Chocolate）。他不可以模仿贝克巧克力的形状、标签和措辞,不管他是否在技术上"侵犯"商标。[75]

19世纪末,工会鼓励在工会制造的商品上使用工会标签,并试图通过法律保护这些标签。明尼苏达州1889年的一项法规规定,

"工会采用标志、商标和广告是合法的",宣布这些商品是工会制造的;模仿这样的标志是非法的。[76]伊利诺伊州也有类似的法律。例如,雪茄制造商国际联合会在每盒雪茄上都放了一个"蓝色的石膏贴条",证明雪茄是由工会制作的,而不是"劣质环境下的产品,或苦力、囚犯们制作的产品,或在廉价的工坊里生产的产品"。州法院在一宗指控一名轻率地抄袭了这一标签的雪茄商的案件中维护了法律。[77]企业、工会和贸易团体都在为自己在经济中所占的份额而斗争,并在法律上或其他方面寻找方法,在竞争激烈的世界中保护自己的权利和地位。

注 释

[1] Lawrence M. Friedman, *Contract Law in America: A Social and Economic Case Study* (1965), p.34.

[2] Paul M. Kurtz, "Nineteenth Century Anti-Entrepreneurial Nuisance Injunctions—Avoiding the Chancellor," 17 William & Mary L. Rev. 621 (1976).

[3] Kent, *Commentaries*, vol. III (2nd ed., 1832) p. 446n; Laws Mass. 1852, ch. 144.

[4] Christopher G. Tiedeman, *An Elementary Treatise on the American Law of Real Property* (1885), sec. 613, pp. 475-76.

[5] Possession also had to be "hostile," that is, inconsistent with the true owner's claims. A tenant, for example, who leases land and pays rent, is in possession, but his possession is not "hostile," and does not threaten the landlord's title.

[6] Laws Terr. Nev. 1861, ch. 12, sec. 5.

[7] *Sailor v. Hertzogg*, 2 Pa. St. 182, 185 (1845).

[8] 12 Stats. 503 (act of July 2, 1862); Paul W. Gates, *History of Public Land Law Development* (1968), pp. 335-36.

[9] 9 Stats. 466 (act of Sept. 20, 1850); see Gates, *op. cit.*, pp. 341-86.

[10] 9 Stats. 466 (act of Sept. 20, 1850). The government retained the right to trans-

port its property and troops "free from toll." Since some land on either side of the road might be already occupied or taken, the statute made provision for substitute lands in such cases.

[11] 12 Stats. 489 (act of July 1, 1862).

[12] Robert S. Henry, "The Railroad Land Grant Legend in American History Text," 32 Miss. Valley Hist. Rev. 171 (1945).

[13] Galusha Grow, quoted in Benjamin Hibbard, *A History of the Public Land Policies* (1924), p. 384.

[14] 12 Stats. 392 (act of May 20, 1862).

[15] On the operation of the Wisconsin School Land Act, see Joseph Schafer, "Wisconsin's Farm Loan Law, 1849–1863," in *Proceedings, State Historical Society of Wisconsin*, 68th Ann. Meeting (1920), p. 156.

[16] Paul W. Gates, "The Homestead Law in an Incongruous Land System," in Vernon Carstensen, ed., *The Public Lands* (1963), pp. 315, 323–24.

[17] Similarly, the Southern Homestead Act of 1866, which aimed to open public land in the South to freedmen and refugees, "turned out to be a resounding failure, partly because the lands set aside under it were the poorest quality, and partly because the freedmen lacked the necessary means to support themselves while working to clear the land and cultivate a crop." Martin Abbott, *The Freemen's Bureau in South Carolina, 1865–1872* (1967), pp. 63–64.

[18] Hibbard, *op. cit.*, pp. 385–89; Paul W. Gains, *History of Public Land Law Development* (1968), pp. 387ff.

[19] The chief exception—mineral lands—merely underscores this point: it was recognized much earlier that these resources were finite and irreplaceable.

[20] 17 Stats. 32 (act of Mar. 1, 1872).

[21] Gates, *op. cit.*, pp. 567–69.

[22] Laws N.Y. 1892, vol. 1, ch. 707.

[23] N.H, Stats. 1901, chs. 130–32.

[24] Christopher Tunnard and Henry H. Reed, *American Skyline* (1956), pp. 108–

10;Rev. Stats. III., 1877, ch. 105.

[25] Generally speaking, too, the courts (and legislatures) in the years after the Civil War changed their general attitude toward eminent domain doctrines; in the early period (see above, Part II, ch. 3), doctrines tilted toward the taker of the lands; now protection leaned more toward the landowner whose lands were taken. See *Pumpelly v. Green Bay Company*, 80 U.S. 166 (1871).

[26] At first, these ordinances did not always find a friendly reception in the courts. In *Crawford v. City of Topeka*, 51 Kan. 756, 33 Pac. 476 (1893), a billboard ordinance was voided as "unreasonable." The court could not see how "the mere posting of a harmless paper upon a structure changes it from a lawful to an unlawful one."

[27] 2 Phil. 774, 41 Eng. Rep. 1143 (Ch. 1848).

[28] 6 Allen (88 Mass.) 341 (1863).

[29] Henry U. Sims, *A Treatise on Covenants Which Run with Land* (1901), preface v.

[30] Laws N.Y. 1871, ch. 341 See James G. Smith, *The Development of Trust Companies in the United States* (1928); Lawrence M. Friedman, "The Dynastic Trust," 73 Yale L.J. 547 (1964).

[31] *Harvard College v. Amory*, 26 Mass. (9 Pick.) 446 (1830); see above p. 253.

[32] Pa. Const. 1873, art. III, sec. 22. A similar provision appears in Alabama (1875), Colorado (1876), Montana (1889), and Wyoming (1889).

[33] 133 Mass. 170 (1882).

[34] *Tilden v. Green*, 130 N.Y. 29, 28 N.E. 880 (1891); James B. Ames, "The Failure of the 'Tilden Trust,'" 5 Harv. L. Rev. 389 (1892); Laws N.Y. 1893, ch. 701.

[35] Laws Pa. 1855, ch. 347, sec. 11.

[36] 96 Mass. 539 (1867).

[37] In the West and South, the holographic will—handwritten, but needing no witnesses—was allowed.

[38] James Schouler, *A Treatise on the Law of Wills* (2nd ed., 1892), p. 500.

[39] The data from Essex County comes from Lawrence M. Friedman, "Patterns of Testation in the 19th Century: A Study of Essex County (New Jersey) Wills," 8 Am. J.

Legal Hist. 34 (1964); the material on Bucks County is from Carole Shammas, Marylynn Salmon, and Michel Dahlin, *Inheritance in America: From Colonial Times to the Present* (1987), pp. 107, 119.

[40] Laws N.Y. 1846, ch. 274; see, in general, Charles W. McCurdy, *The Anti-Rent Era in New York Law and Politics, 1831–1865* (2001).

[41] Paul W. Gates, *Frontier Landlords' and Pioneer Tenants* (1945).

[42] *Deaver v. Rice*, 20 N. Car. 431 (1839).

[43] *Harrison v. Ricks*, 71 N.H. Car. 7 (1874).

[44] Roger L. Ransom and Richard Sutch, *One Kind of Freedom: The Economic Consequences of Emancipation* (1977), pp. 90–91.

[45] *Ibid.*, p. 91.

[46] Harold D. Woodman, *New South—New Law: The Legal Foundations of Credit and Labor Relations in the Postbellum Agricultural South* (1995), ch. 3.

[47] Laws N. Car. 1876–77, ch. 283, sec. 1.

[48] Robert H. Skilton, "Developments in Mortgage Law and Practice," 17 Temple L. Q. 315, 329–30 (1943).

[49] The story is told in Robert S. Hunt's fine study, *Law and Locomotives: The Impact of the Railroad on Wisconsin Law in the Nineteenth Century* (1958).

[50] Rev. Stats. Ind. 1852, ch. 27, secs. 16, 17. If the land was worth more than $10,000, the widow could have only one quarter of it, as against the husband's creditors; and if the land was worth more than $20,000, one fifth.

[51] Kans. Stats. 1862, ch. 83. For these and other early developments, see Charles H. Scribner, *Treatise on the Law of Dower*; vol. 1 (2nd ed, 1883), p. 48.

[52] 9 Stats. 631 (act of March 3, 1851).

[53] W. W. Robinson, *Land in California* (1948), p. 106.

[54] 26 Stats. 854 (act of March 3, 1891).

[55] Robinson, *op. cit.*, p. 179.

[56] Christopher G. Tiedeman, *An Elementary Treatise on the American Law of Real Property* (1885), p. 580.

⁵⁷ Laws N. Y. 1883, ch. 367.

⁵⁸ Pearl J. Davies, *Real Estate in American History* (1958), pp. 35-36.

⁵⁹ John T. Hassam, "Land Transfer Reform," 4 Harv. L. Rev. 271, 275 (1891).

⁶⁰ Theodore Sheldon, *Land Registration in Illinois* (1901), pp. 1-3.

⁶¹ Richard R. Powell, *Registration of the Title to Land in the State of New York* (1938), p. 145.

⁶² Chauncey Smith, "A Century of Patent Law," 5 Quarterly J. of Economics 44, 56 (1890).

⁶³ See Albert H. Walker, "George Harding," in *Great American Lawyers*, vol. VIII (1909), pp. 45-87.

⁶⁴ Floyd K, Vaughan, *The United States Patent System* (1956), p. 199.

⁶⁵ *Two Centuries' Growth of American Law*, p. 396.

⁶⁶ *Hotchkiss v. Greenwood*, 52 U.S. (11 How.) 248, 267 (1850).

⁶⁷ *Brown v. Piper*, 91 U.S. 37 (1875).

⁶⁸ *Densmore v. Scofield*, 102 U.S. 375, 378 (1880).

⁶⁹ Vaughan, *op. cit.*, p. 41.

⁷⁰ 13 Stats. 540 (act of March 3, 1855).

⁷¹ 16 Stats. 198, 213 (act of July 8, 1870); Paul Goldstein, *Copyright's Highway: From Gutenberg to the Celestial Jukebox* (rev. ed., 2003), pp. 44-46.

⁷² Paul Goldstein, *op. cit.*, pp. 47-49.

⁷³ *Two Centuries' Growth of American Law*, p. 436.

⁷⁴ *Trade-Mark Cases*. 100 U.S. 82 (1879).

⁷⁵ *Walter Baker and Co. v. Sanders*, 80 Fed. Rep. 889 (C.C.A. 2nd 1897).

⁷⁶ Laws Minn. 1889, ch. 9.

⁷⁷ *Cohn v. Illinois*, 149 Ill. 486 (1894).

第五章

行政法与商业法规

官僚的到来

依照后见之明,行政法的发展似乎是20世纪的一大贡献。美国史学界一直对大型联邦机构持有偏见。1887年,州际商业委员会(Interstate Commerce Commission, ICC)的成立被视为某种起点。当然,州际商业委员会是第一个在联邦层面的大型独立监管委员会。但在更广泛的意义上说,在19世纪,有很多行政机构和行政法。美国邮政局就是一个明显的例子,它是一个庞大的、运作中的联邦官僚机构。有些机构附属于专利专员办公室、土地总局和内政部养恤金办公室。最后,养恤金办公室处理了大量的工作(通常是有些糟糕的),但它作出了许多小决定,影响了许多人与官方打交道的日常生活。在1891年,养恤金办公室被称为"世界上最大的行政机构"。它有2000多名工作人员;有18个代理机构,"还有419名办事员,在全国各地派驻了3795名体检医生"。在1898年,有63.5万案件悬而未决。[1]

1887年以前,还有许多行政机构隶属于国家和地方政府。各州铁路委员会比州际商业委员会早了许多年。在农民协进会时期,对仓储、谷物升降机和铁路运价的监管机构是中西部的一个常态特征。

1870年以前,大多数州都有某种运作良好的保险或银行委员会。在当地,有一些卫生委员会和管理学校事务的机构。

行政机关是必然的产物。大政府和积极政府意味着这是一个将其工作分配给专家和专门机构的政府。1850年至1900年间被认为是放任主义的高潮——一个社会达尔文主义时代,也是美国商人的世俗王国。很明显,这个想法是有道理的。那是一个商人发出最响亮声音的时期,其中有些是防御性的。一段时间以来,法律文化一直是一种现代理性主义的文化、一种工具主义的文化。对于法律和政府的最终考验是实用主义,而且美国传统的权威一直很薄弱。

法律制度既牢固又正当。它的主要力量是它的工具性力量。在宪法和权利法案中存在着某种自然法或自然权利的光环,而且强大的宗教传统支持着反对不当性行为的法律。但就经济而言,权力的杠杆对任何人来说都是公平的游戏,只要有人能抓住权力,让权力按自己的意愿行事。当然,思想和意识形态是社会斗争中的武器。有钱有势的人援引社会达尔文主义和自由放任为现状辩护。他们认为他们的政策是为了社会的最终利益。这一论点产生了一定的影响,但并不是完全如此。

与此同时,也有权力、人数庞大并且心神不安的中产阶级在寻求安全和体面的生活水平。这个国家是巨大的;生产是巨大的;技术是先进和进步的。慢慢地,政府也变得庞大起来。许多公众都有丰富的需求,利益集团的规模越来越大。新技术——铁路、电话和电报——催生了巨大的工业。对数百万人来说,控制这些怪物似乎越来越必要——而且这似乎也是可能的。

控制是关键。在一个大众市场、大规模生产和大企业的社会里,孤独的个人似乎变得渺小。他吃的和穿的都是在遥远的工厂生产的,没有对安全和质量的个人控制。当她坐火车,甚至沿着拥挤的城市街道散步时,她把自己的身体放在陌生人的手里。此外,巨大的集团(例如,在商业中)明显地行使着越来越多的权力。对公众来说,唯一的控制来源是这个被称为法律的制度。而且,这种控制越来越多地掌握在行政机关的手中——由负责连续、稳定、监督的公务员机构负责。[2]

对此,实际上并没有什么真正的替代办法。法院并不是好的监管机构,它们是被动反应的,通常缺乏良好的调控所需的技能和知识。1898 年,堪萨斯州设立了一个"探视法庭",以规范铁路、确定运费、对货运进行分类,"要求建造和维护仓库、道岔、旁道、仓库、汽车";规范交叉路口;要求安全设备;以及对铁路的一般管理。这项法律被宣布为违宪,这使我们无法知道这样一项计划是否会成功,或者是一条死胡同。[3]如前所述,普通法院缺乏监管商业的能力。[4]在国家铁路网时代、电报和电话时代——即远距离的通讯和协调——城镇和郡政府当局尤其徒劳无益,效率低下。最初,解决办法是在全州范围内进行控制。但州也无力在法律上或事实上与全国性的企业打交道。那么唯一的补救办法就是来自联邦政府的控制。这一过程在许多法律领域重复进行。例如,在福利方面,首先是由当地监督穷人的管理员执行的当地济贫法律。然后是全州的系统。当各州不能再处理这项工作时(可以肯定,很久以后),联邦政府就介入了。直到 20 世纪 30 年代的大萧条时期,铁路管制才在 1887 年进入了联邦监管阶段。另外,基础教育在 20 世纪 60 年代才小心翼翼地跨过了联邦门槛。

管理基础设施:银行、保险和铁路

当然,这些节奏上的差异并非偶然。经济中最重要(也是最具威胁性的)部门首先受到监管:交通和货币——铁路、银行、保险公司。不仅仅是因为这些都是必不可少的服务;交通和货币代表着权力,或权力的危险性。在美国,对权力集中一直存在着一种强烈的恐惧和不信任因素。例如,在铁路方面,有一些特定的、强大的利益集团认为自己受到了伤害。

在内战前,国家货币一直处于长期的失修状态。安德鲁·杰克逊去世后,根本就没有全国性的银行业务。国家监管货币和银行业务,但监管混乱、停滞,而且总体上无效。内战期间,迫切需要中央控制财政和货币体系。《法定货币法》(Legal Tender Act)是战时的一项措施;战后,它引发了最高法院最引人注目的一次反复无常,首先是宣布该法律无效的决定,然后是迅速的回心转意(在人事变动之后)。[5] 1863年,在战争期间,国会建立了国家银行体系;1865年,国会对国有银行票据征收10%的税。国家银行的本票提供的一致性、确定性和稳定性远远超过以往的体系。但州银行作为一种银行机构,丝毫没有从画面中淡出。它们仍然保留着,州银行监管也是如此。

保险公司也是监管的早期对象。[6] 内战后,火险作为一种商业必需品越来越被人们所接受。人寿保险扩张得慢一些。对人寿保险曾经存有道德上的反对,即人寿保险是一种对生命和死亡的赌注,这似乎令人反感。此外,保险费用很高,数百万家庭对此无法负担。然而,到19世纪末,许多家庭接受了人寿保险,并出售了数千份保单。[7] 保险是诉讼和不满的丰富来源,有些公司千方百计地逃避索赔。毫无疑问,有些索赔请求是带有欺骗性的。

几乎没有什么主题比保险更多地成为法规的主题。许多州设立了保险委员会。这些委员会的发展遵循了一条很明确的道路。第一批委员会不是独立机构;专员是同时担任着其他职位的州政府官员。1852年的马萨诸塞州委员会由州务卿、州财政部长和审计署长组成。该委员会的工作是接收公司的陈述、摘要数据并将结果提交给立法机构。威斯康星州在国务卿办公室设立了保险部;1878年,成立了一个独立的保险部门,由一名任命的保险专员领导。在纽约州,审计官在1859年以前对保险公司有一些权力,当时,按照银行部的方针设立了一个保险部。因此,在几乎所有的州,独立的"委员会"或"部门"都是从最开始的委员会中产生的,这些委员会把新的人员注入原来的部门之中。起初,州政府财力贫弱、无精打采,无法支持强有力且资金充足的独立监管。在大多数州,"独立"委员会在财务意义上甚至都不是独立的;经费通常来自从公司方面支付的佣金。

然而,监管的冲动是累积和持久的。1873年,12个州有"某种形式的制度化的保险监管";1890年,增加到17个州;1905年,增加到22个州。[8]早期的委员会通常是咨询或劝诫性的;它们建立了官僚传统,获得了权力和技能,并不均衡,但确实如此。这种权力来自保险法的稳步膨胀。各州通过的法律禁止在利率上的歧视,限制"不公平"的营销做法,试图保护这些公司的偿付能力,规制那些外州的保险公司并坚持财政储备。这一立法的数量和范围扩大到了惊人的程度。1887年通过的马萨诸塞州"修订和编纂与保险有关法规"的法律,包含了112个严密排列的文本。[9]

立法上洛可可式*的规模庞大,并不意味着法规成功地控制了它的对象。规模宏大有可能意味着几乎相反:疯狂,无望的到处乱跑,不断的修补,不断的不满和沮丧。复杂可能意味着利益集团之间的战争,涉及各种权利主张的议题,其中许多相互冲突和不一致。一部冗长而复杂的法律是一项详尽的契约文本,它充满了漏洞、特殊利益和妥协。利益集团普遍渴望诉诸立法。竞争从来不局限于市场;各集团也在法庭和立法机构中竞争法律利益。在这一时期,保险监管并不完全是一种胜者的成功。例如,在纽约州,腐败侵蚀了保险委员会的核

---

* 洛可可风格起源于18世纪的法国,最初是为了反对宫廷的繁文缛节艺术而兴起的。Rococo这个字是从法文Rocaille和coquilles合并而来的。——译者注

心。立法机构在1870年、1872年、1877年、1882年和1885年对保险条例进行了调查。部分行政人员心有旁骛、能力欠奉。1890年被任命为委员的詹姆斯·皮尔斯（James F. Pierce）认为,他不相信(他说过)他的部门应该"在合法任命的人民基金保管人之上,立起另一个干涉公司管理的托管人"[10]。这一信条,或类似的信条,使一些公司非常高兴,它们愿意以现金的方式购买它。总的来说,尽管在收紧监管方面取得了进展,但至少在1900年之前,政府并没有让自己掌控保险公司。

部分原因是他们没有一致的监管理论。监管是公众对公司财力的恐惧和不信任的反应,也是对公司欺骗公众的反应。对监管的需求是分散和肤浅的;事关重大利益的公司能够在法律文本和日常法律管理方面发挥影响力。莫顿·凯勒（Morton Keller）指出,"在处理业务的技术细节时,监管结构是最有善意的",其中包括税收、投资、储备、股利的政策。公众很难理解这些事情,至少在任何细节上是如此。另外,投保人在保单本身,即保险合同中也有利害关系。他们还知道索赔是否得到支付,或是否及时支付。因此,这是"一个富有成效和警觉的立法关切的主题"。各州通过了不没收法律,减轻了如果投保人作出虚假或误导性陈述而使保单无效的规则和条款,甚至管控了营销保险的方法。[11]

尽管有大量的保险条例,但在1850年至1900年间,铁路仍然占行政法的主导地位,就像铁路在侵权和公司法中占主导地位一样。到了1850年,各州已经转向了管制铁路的一般法规,并放弃了将特殊条款纳入个别章程的努力。无论如何,在这个国家的大部分地区,第一阶段的促销活动已经结束;从现在起,铁路巩固了它们的线路,扩大了现有的铁轨网——在铁路发展的繁荣初始年代,在社区中的铁路建设的推动者和支持者们在用最响亮的声音说话。公众希望修建铁路,几乎不惜任何代价。一旦道路到位并开始运行,公众舆论就发生了巨大的变化。铁路创造了市场,使城镇在荒野中绽放,吸引农民种植特定的作物,吸引移民从一个地方到另一个地方。人们把自己的生命和未来都投入到了沿着这条道路成长起来的农场、城镇和市场中。铁路对沿途生活的人来说,掌握着生与死的力量、繁荣或毁灭的力量。农民们为了购买铁路而付出自己的抵押物,并在他们中间制造了一个怪物。这些农民们成了铁路运价的囚徒,他们对此已经无法控制。此外,铁路也是腐败的,过分地资本化并且负债累累,受州外利益的控制并且出现垄断的现象。他们之间曾经相互交恶,彼此争吵不休。他们操纵州政府;他们实施黑箱游说的技能并对公职人员加以诱惑。他们不仅仅互相欺骗,而且欺骗他们的承包商、股东和客户。在恐慌和崩盘中,他们抛出了大量的债务气球,摧毁了那些把钱投入股票和债券的贪婪、充满希望的人。他们深深地沉浸在地方政治中;他们受制于商业周期,也受制于棉花、煤炭、小麦、烟草和玉米的价格。在短短一代人的时间里,希望和繁荣的引擎变成了咆哮的、冒着烟的黑色魔鬼。

有关铁路的公众舆论为铁路监管写了脚本。监管法规(即使只是纸面上的)的范围从严格到软弱无力。通常,早期阶段是监管软弱无力的阶段。罗得岛在1839年成立了该州第一个铁路委员会,"这是因为必须给竞争对手和交战的铁路带来便利的交通和合理的联合票价、货运和服务"[12]。新罕布什尔州的一个委员会成立于1844年。[13]然而,它的主要职能是帮助铁路沿线购买所需的土地。该成文法令赋予该委员会委员们与公路和高速公路的旧委员们大致相同的权力和职能。但是委员们确实有义务每年检查一次铁路,检查他们的状况和管理情况,检查"所有的账簿、文件、笔记、记录、债券和其他债务证据,以及所有的财产、契约和销售单据",观察铁路是否遵守了所有相关法律。在19世纪50年代,康涅狄格州成立了一个委员会,该委员会有权检查铁路的实际设备并提出所需的维修建议;道路安全是这项法律的主要目标之一。[14]缅因州1858年的委员会与罗得岛州十分相似。

一个新的时代始于1869年。在那一年里，马萨诸塞州建立了自己更为强势的委员会。这个委员会有3个委员，其中一个是小查尔斯·弗朗西斯·亚当斯（Charles Francis Adams Jr.）。该委员会拥有"对所有铁路道路的全面监督"，有权对其进行检查并监测其遵守法律的情况。如果委员们认为某一公司在这方面玩忽职守，或需要进行修正，或委员会认为"改变货物或乘客的运价"或"经营道路和经营业务的方式"是"合理和权宜之计"（reasonable and expedient），则委员应通知该公司。他们还将向立法机构提交年度报告。[15]新英格兰其他区域的委员会也逐渐重组，以适应马萨诸塞州的模式，马萨诸塞州法律的影响远至加利福尼亚州。[16]新英格兰地区的铁路委员会在马萨诸塞州充满善意的指导下获得了权力和影响力。但他们仍然只能提出建议和说服；他们没有权力自行决定铁路费率或作出重大改变。即使在后来的委员会下，法院、立法机构和委员会之间的职能分配也从未完全被解读；立法机构和法院都没有放弃修改铁路法的权利。铁路在任何时候都有影响力。一个极端的例子是纽约州，它在1855年设立了一个委员会；由铁路公司支付费用的委员们建议废除他们的办公室，这一废除工作在1857年完成。

在中西部，19世纪70年代通过的《农民协进会法》对铁路监管采取了比新英格兰地区任何尝试都要激进得多的方式。在19世纪70年代，对监管的需求越来越强烈。商人们抱怨运价太高，而且带有歧视性。事实上，费率在下降；但每个托运人"都确信其他人得到了更高的费率"。[17]铁路对运费的定价与2004年的机票定价一样：在有竞争的地方，费率很低；对于只有一条铁路服务的城镇，费率很高。另外，大货主也有很大的折扣。其中一些反常现象是由市场造成的，但正如詹姆斯·埃利（James Ely）所指出的，在政治舞台上，"经济论辩"并不重要。[18] 1871年伊利诺伊州的一项法律设立了铁路和仓库委员会。它有权查明铁路和仓库是否符合国家法律。如果这些法律被违反,委员会有权"起诉所有违反此项规定的公司或个人"[19]。根据1871年4月15日的一项法令,立法机关明确规定了最高铁路费率。A类铁路,每英里的年度毛收入(gross annual earnings)是1万美元或更多——对乘客每英里收费不超过每英里2.5美分(12岁以下儿童为半价)。[20]

农民协进会运动是农民的抵抗运动。它旨在控制农民的共生敌人——铁路、仓库和谷物升降机。但是,伊利诺伊州、艾奥瓦州、威斯康星州和明尼苏达州通过的这项法案可能更多地归功于商人,而不是农民自己。有人说,伊利诺伊州的法律"与其说是辽阔大平原上自发愤慨的产物,不如说是芝加哥贸易委员会战略才能的里程碑"[21]。

事实上,农民协进会处于已经吹满了风暴旋风的末端。1864年,在威斯康星州,密尔沃基商人成功地要求制定一项法令,要求铁路公司向托运人指定的任何电梯运送散装谷物,只要有足够的旁道即可。[22] 威斯康星州的农民在推广铁路方面不明智的计划中被严重伤害;他们"过了很长一段时间"才把铁路人员视为流氓无赖,他们为农民协进会的发展做好了准备。[23] 在艾奥瓦州,在19世纪60年代,几乎在每一届会议上都提出了铁路管制法案——这是在农民协进会运动之前。1868年,艾奥瓦州的法律赋予铁路土地,并附带了一个致命的附加条款,将规定"费率"的权利保留给了立法机关。[24]

在美国这个具有法律权力分散特点的世界里,争取和反对重要法律的斗争不会随着法律的颁布而结束。在法庭上,经常会有两个回合的博弈。以1876年重大的(虽然是短暂的)"芒恩诉伊利诺伊州案"(*Munn v. Illinois*)为例。在此,农民协进会和它们的委员会赢得了一些著名的胜利。[25] 在此案中,最高法院广泛支持伊利诺伊州的一揽子农民协进会法律;具体来说,委员们有权管理铁路、仓库和谷物升降机。

法庭说,这些企业"都是以公众利益为名"。因此,他们不能要求公众监督豁免权。但是,通常情况下,还有第三个回合:实际的行政管理。农民协进会设立的委员会,在运作上有些失败。立法机构制定费率的权利是一项著名的胜利;但这一过程本身是僵硬和武断的。这些铁路原本就容易出现财务问题;它们很容易将自己的麻烦归咎于委员会管理不善。铁路部门和它们的朋友们再次把它们的才华和金钱转向了立法行动。1874年,威斯康星州自豪而著名的波特法(Potter Law)仅持续了两年,它是驯服铁路的最激进的法律之一;威斯康星州的波特法仅持续了两年;随着政治车轮的转动,以及对道路更为同情的立法机构的选举,波特法被投进了黑暗之中。[26]

委员会的管制并没有消亡。农民和商人并没有失去他们的声音。铁路部门赤裸裸的权力是不能容忍的。在南方,运费和客运率高于北方。由阿尔伯特·芬克(Albert Fink)主导的南方铁路和汽船协会的行为,为农民和托运人所憎恶。弗吉尼亚州于1877年成立了铁路咨询委员会,类似于马萨诸塞州的委员会;1878年南卡罗来纳州也成立了这样的委员会;1879年,佐治亚州成立了一个三人委员会,有权确定费率。在纽约州,19世纪70年代的铁路运价战争以1877年的干线联营而告终;纽约州的铁路公司建立了自己的私人行政机构,并从南方引进阿尔伯特·芬克来经营铁路。在合并安排下,费率差异有利于费城和巴尔的摩;纽约商会(New York Chamber of Commerce)一怒之下,转为农民协进会的立场,并要求立法机构有权对铁路进行调查。其结果是成立了纽约州特许的铁路问题特别委员会(Special Committee on Railroads),俗称赫伯恩委员会(Hepburn Committee):该委员会负责调查在管理铁路方面据称存在的侵权行为。它在1880年的一场大曝光中报道了它的发现。赫伯恩委员会帮助凝聚人们的意见,作出了许多妥协,以至于在1882年立法机构成立了一个铁路委员会。[27]

铁路委员会做了什么吗？有些委员会是贪婪和无能的,比如纽约州设立的第一个委员会和加利福尼亚州设立的第二个委员会。这个委员会诞生于一片愤慨之中;但在1895年,一位悲观的评论家总结了它的工作:

> 一个奇怪的事实是,16年前创建的一个机构,其唯一的目的是用一只强手遏制一家铁路公司;在这段时间里,人们发现它在一致地和不间断地成为铁路公司的辩解者和辩护者。[28]

即使是新英格兰式的廉洁的委员会,也使农民和小托运人的希望落空。正如保险委员会一样,问题在一定程度上是政治影响力的问题。农民和托运人是一个庞大的、分散的群体。铁路部门属于少数派,但其力量甚大。当农民和托运人组织起来,发出很大的声音时,他们在立法机构中取得了一些成果。但这些运动依赖于摇摆不定的、短暂的联盟。所有的热情都是为了通过这些法律。法律颁布之后,激情就消退了。委员会每天都要和铁路部门一起相处。委员会不得不惩罚它们,但并不将它们置于死地。在实践中,这意味着委员会学会了——如果不是倾向于如此的话——对铁路表现出温和同情的态度。这种习惯一旦养成,就很难改掉。在每一天的决策中,铁路都施加了道德和经济压力;农民和托运人都蒙在鼓里、没人代表他们且无动于衷。此外,并非所有的农民和托运人都有相同的利益。需求方没有协调一致的方案;因此,没有提供一致的结果。

在任何情况下,州委员会在联邦系统中都注定要失败。它们的权力只延伸到它们州的边界。南北战争后,铁路企业家们把小铁路缝扩建成了庞大的州际网。比如,罗得岛究竟希望对穿越其狭小区域的铁路施加多少控制？在1886年的"沃巴什铁路诉伊利诺伊州案"(*Wabash Railway v. Illinois*)中,最高法院明确指出州政府委员会是无能为力的。[29]如果商业来自或目的地在州边界之外,州就不能管制商业。它们可能对州际铁路产生"间接"影响,但没有"直接"影响。只有联邦政府有这种权力。[30]该决定推翻了伊利诺伊州旨在歧视性运费和乘客费率的法规。这一决定进一步推动了建立联邦铁路委员会的运动。州际商业委员会于1887年依法予以设立。[31]

这部著名的法令在当时颇具争议,产生了相当可观的历史文献。有一点是相当清楚的:将州际商业委员会视为农民协进会主义在联邦层面上的胜利是天真的。法律只是在口头上支持严格控制铁路的原则。反铁路运动的确是政治背景的一个重要部分。但至少有一位学者认为,铁路公司本身"迫切希望联邦铁路立法——但要符合他们的条件"。对于一些铁路部门的人来说,这只是向不可避免的事屈服的一种方式。其他人则认为政府可以帮助他们对抗激烈的竞争和价格战。1884年,宾夕法尼亚铁路公司的副总裁约翰·P.格林(John P. Green)说:"绝大多数在美国的铁路部门将会很欣慰:如果一个铁路委员会或任何其他权力能对它们的交通征收6%的红利,我相信,如果有这样的保证,它们将非常乐意接受国家政府的直接监督和运作。"[32]第一批州际商业委员会的委员中,包括密歇根州法官托马斯·库利这样的保守派,极力主张宪法对监管应当有所节制的理论。库利绝不像被描述得那样简单和片面[33];委员会仍然没有激进——它从来没有激进过——在控制铁路方面,它从来没有像吃了火药的农民协进会那样肆无忌惮。

这一法案的文字也并非特别激烈。这项法律并没有赋予州际商业委员会明确的权力来设定铁路运价,尽管它确实宣布(第1条)"所有费用……应该是合理和公正的"。然而,该委员会自己承担了制定费率的职能,直到19世纪90年代末,最高法院剥夺了这一权力,称"该法案中没有关于费率的规定。国会并没有试图行使这一权力,这种权力的授予并没有被默示"[34]。这使得委员会显得相对势单力孤。

它只能惩罚过去违反《商业法》的行为。1897年,最高法院还削弱了该法案的第四部分,即长途和短途运输部分——该部分禁止铁路对短途运输收取比长途运输更多的费用。此案涉及阿拉巴马州米德兰铁路(Alabama Midland Railway)。例如,从南卡罗来纳州和佛罗里达州运送磷酸盐岩石到阿拉巴马州的特洛伊,铁路收费为每吨3.22美元;但每吨只有3美元就可以将这种产品运往阿拉巴马州蒙哥马利,距离更远——事实上,去蒙哥马利的路线还穿过特洛伊。特洛伊在棉花和其他货物的运输上也遭受了损失。无论如何,运往蒙哥马利的竞争比运往特洛伊的竞争更激烈;因此,铁路有充分的理由给蒙哥马利一些低价。铁路的交通管理人员不是"无能"的,也不是"个人对蒙哥马利有些偏爱"。市场决定了他们的价格。这使得他们的定价合法化,不管成文法有什么样的规定。[35]

但这种推理听起来合理吗?国会(和美国这个国家)是否真的打算把这个品牌的经济学写进《商业法》呢?大法官约翰·哈伦(John M. Harlan)驳斥了这个观点,认为这个决定使委员会"成为一个毫无用处的实用目的的实体?"这些目的是政治目的;而为法律而战的托运人并不打算建立一个原始的自由市场。但是,最高法院的主张成为法律,至少在国会选择不这么做之前是这样的;在这些案件中,最高法院提出了自己的观点,行使了自己的权力,并实际上向国会提出了挑战。

然而,声称法院削弱了这一法案是错误的。在某些方面,这一法案生来就是残缺不全的。国会对驯服铁路的态度只是半认真的;它只对公众舆论非常在意。该法案是"一种交易,其中没有任何一个利益占主导地位,也许除了立法者最终想甩掉这些冲突,并把它转移到一个委员会和法庭上去"。这一法案的真正缺陷并不是它倾向于这种或那种利益,而是它的政策不一致、不连贯、本质上含糊不清。[36]此外,一旦立法运动结束,国会就没有表现出很大的热情,不愿把法院拔掉的任何牙齿放回任何法案之中。正如杜利先生谈到西奥多·罗斯福和托拉斯时所说的,州际商业委员会本应把铁路这"危险的怪物"踩在脚下,但"没那么快",或者说没那么用力。[37]

其他公用事业的监管历史与铁路监管的历史并行不悖。同样的妥协也发生了。例如,1855年,马萨诸塞州通过了一项关于燃气灯公司的一般发起设立法案。根据这一法律规定,如果一个城市已经拥有了一家天然气公司,除非这家老牌公司已经在多年的年度股息上获得了7%的股息,否则不会有新的公司的登记成立。在1870年,这种对垄断的偏好被废除;在19世纪80年代,天然气公司开始接受竞争的影响。这并不符合他们的愿望。1885年的一项法律设立了天然气专员委员会;根据这一法律,各公司接受被管制的枷锁,但法律也保护它们的垄断地位。[38]

公用事业法一般具有这样的性质:以管制换取被庇护市场。竞争是"贸易的生命",但只对其他人而言。企业实际上是欢迎国家管制的,只要管制不是不友好的,而且可以保护它们的特权,并保证它们的投资回报。这就是为什么某些形式的政府干预,主要是在州一级的层面上,在19世纪下半叶显著增长的原因之一。尽管人们对个人主义、自由市场、企业的荣耀、作家霍雷肖·阿尔杰(Horatio Alger)描述的创业故事一类,从讲坛、报刊和法庭上,都有各种各样的声音和愤怒,法规还是像气球一样膨胀着。每一个群体都想要,而且常常得到自己的例外,而不是所谓的商业贸易方面的铁律。

从严格放任主义的意识形态来看,这是错误的。正如查尔斯·麦柯迪(Charles McCurdy)所言,内战前,最引人注目的是,国家和私营企业经常合作——修建公路、运河和铁路。战后,有关国家援助的共识破裂,各个团体在政府和自由企业之间的界限上出现了分歧。每个人都画了一条不同的界线,每一团体都根据自己的私利来划定界限。

意识形态是后来出现的,类似花言巧语或锦上添花。³⁹这是一种看待时代气质的方法。当然,意识形态是真实的,一些学者认为意识形态的作用应该被强调,而不是强调"物质利益"的作用。⁴⁰法学家确实把概念和原则编织在一起,使之连贯、微妙和复杂。它看上去有点价值中立,没有对任何社会阶层的粗俗偏见。但是,这个意识形态塔楼的实际影响,一定留下了一个悬而未决的问题。

职业许可:公共健康的拉动

职业许可在这一时期得到了充分发展,可以把它看作是一个测试案例。这一基本想法并不是全新的。在殖民地时期已经对拍卖商和小商贩颁发执照。律师必须获准才能进入律师协会。有些许可证法分明是为了筹集资金。也有一些是严厉的和歧视性的——这些是针对外来人的工具。从1898年起,威斯康星州的法令就要求每一个潜在的小贩都要写一份"书面申请……向国务卿"透露他是打算徒步贩卖,还是用"一匹或多匹马或其他驮畜"拉着进行贩卖。打算骑自行车兜售的小贩要付30美元的费用;用两匹或两匹以上的马拉一辆车的小贩要付75美元的费用。没有这种许可,小贩就不能在任何城镇出售,再加上当地社区选择征收的任何费用,最高至每天50美元。⁴¹这些都是实打实的费用,几乎使人望而却步。重点是保护当地商人,赶走那些讨厌的竞争对手。重要的是,这种法律在这个所谓的自由主义时代盛行。小城镇的商人以地方保护主义为核心。

更为常见的职业执照在19世纪末蓬勃发展,并在1890年至1910年达到某种程度的高潮。医疗卫生专业引领了这条道路。例如,在伊利诺伊州,1877年的一项法律规定,行医必须有执照。1881年,国家成立了药房委员会,除了注册药剂师,任何人不得从事"零售、复合或分配药品或毒药"或"开办任何药房"。同年,国家对"牙科执业"进行了规范。一个由"5名执业牙医"组成的委员会负责执行牙医的法律。到了这个时候,营业执照的想法已经相当流行。1897年,伊利诺伊州成立了州建筑师考试委员会。1899年,法令增加了助产士、煤矿工和兽医,还包括脊椎治疗师和整骨疗法["那些渴望实践任何不使用内部或外部药物人类疾病治疗系统或科学的人"]。[42]依照一般性的共识,多数持执照的职业被分为"专业"或"专业助理",而不是一种交易;但并不都是如此。许多州在19世纪90年代有执照的水管工、理发师和马蹄铁匠。纽约州通过了一项运输票务代理需要许可执照的法律,但在1898年被宣布为违宪。[43]

这些法律得到了来自本专业和行业本身的支持。殡仪馆、防腐员和丧礼主持师也听到了执照的警笛声。他们努力为自己定义和保护自己的小小的垄断。他们有很多对手。医生也对死者进行防腐处理。牧师也在控制着葬礼。许多殡仪馆的工作人员都是兼职的殡仪师,他们的主要业务是出售棺材和棺木。19世纪80年代末,美国国家殡葬管理协会主席赫德森·萨姆森(Hudson Samson)制定了一项示范立法法案,用于发放防腐员许可证。同时,萨姆森试图提升职业葬礼的人工制品。(1889年,他设计了一种特殊的"八柱椭圆形装饰的葬礼车";1898年,他又设计了一辆华丽的手工雕刻的木制灵车。)这都是一场运动的一部分,为某个职业提供基调和经济力量;简而言之,是为了使这些死者的医生们"职业化"。萨姆森希望法律对"死者的照料和埋葬"进行规范,就像它对医学的管理一样。1894年,弗吉尼亚通过了第一部殡葬行业的许可证法。该法令设立了"州防腐委员会",委员会由5名成员组成,成员由州长任命。委员会的每一位成员都必须至少有"5年"的防腐、照料和处置尸体的经验。该委员会控制该行业,并批出执照。此后,只有登记的防腐者才能实践"防腐的科学"。到

1900年,已有24个州通过了类似的法律。⁴⁴

这些新的许可证法有一些共同的特点。在法律上,他们建立在国家警察权力这一不断发展的概念之上——它有权通过法律来保护公众的健康和安全。但是强大的经济动机是这些法律的根源。其中许多有执照的职业有强大的工会或强大的行业协会,但它们没有可以借罢工来反对的对象。例如,理发师是高度工会化的;但他们的"老板"是数以百万计需要他们的人们。简而言之,需要职业执照的人们,他们所处的地位与普通的工业劳动力、农民或商人并不相同。他们的目标是一样的;但他们的策略必须有所不同。

在职业许可证法中,弗吉尼亚的防腐处理法是典型的——"委员会"有权决定谁适合做医生、理发师、护士、水管工或殡仪员,这个委员会实际上是一个私人团体、一个内部人士集团。它的目的是驱逐边缘竞争,提高行业的威望。它的目标是一个自成一体的行会,这个行会由受人尊敬的专业人士或商人组成。总的来说,法院对这些法律没有异议。很少有执照法规在法庭上受到质疑;这类法律被废弃则更鲜见。在一些法院对工厂工会严苛的时期,中产阶级专业人士和工匠在法院几乎没有一丝抗议声的情况下获得了垄断权。这有助于我们理解"契约自由"和其他宪法的含义,法院有时用来推翻社会或劳工的立法。法官属于中产阶级、保守派人士,他们很容易与专业人士和工匠产生共鸣。当他们感觉到阶级斗争或无产阶级反抗时,他们的理解就更少了,这些东西他们几乎不懂,也深感恐惧。⁴⁵

大多数执照法律在这个国家的首都并没有遇到多少麻烦。由水管工、药剂师或建筑师组成的游说团体规模虽小,但却声名鹊起,没有人为消费者说话。对于几乎所有的职业来说,理由都是一样的:维护公共卫生。对于医生来说,这是一个简单而明显的论点。对理发师来说,这场争论有点紧张;对马蹄铁匠来说,则相当绝望。1897年的伊利诺伊州法律规定:"确保马蹄铁从业者受到更好的教育,并规范伊利诺伊州马蹄铁匠的执业。"[46]将一名兽医安置在马蹄铁委员会——毫无疑问,由他的4名铁匠同事从事免疫,还规定学徒必须参加有关马脚解剖的讲座。伊利诺伊州法院对理发行业并不以为然;但明尼苏达州的一家法院以"疾病传播……来自不干净和不称职的理发师"为由支持对理发行业的规范。[47]

健康是一个强有力的论点,在任何情况下——甚至在所谓的自由放任时期也是如此。公共卫生是一个合理的管制理由;这并无异议。[48]关于公共卫生和健康的法律在19世纪末急剧增加。不过,这一过程中的动机参差不齐。没有人,或者几乎没有人,能够反对禁止腐臭的奶酪和掺水牛奶的法律。而食品质量控制对有信誉的牛奶场和奶酪制造商来说意义重大。如果政府驱逐边缘生产者,提高公众对他们产品的信心,他们就会获益。在州和国家层面上,农民和奶酪生产者对人造奶油(butterine or oleomargarine)进行了一次绝杀。许多州都颁布了反对人造奶油的法律。在一些州,有严格的法律禁止把其他产品冒充黄油。1885年,宾夕法尼亚州彻底取缔了人造奶油。在19世纪80年代,联邦政府也对人造黄油的销售征税。这很可能是一场纯粹的经济斗争;在我们看来,其他反对腐烂和病菌产品的战役似乎更有正当性。但在1850年至1900年间,大量的"健康"法律在某种程度上是纯粹的自由企业理论的失败。好的商品最终应该把市场上的坏东西赶走,或者降低其价格。但是许多——更不用说那些生产高质量产品的人——不愿意等这么久。

时代已经改变了,科学作出了贡献。人们开始意识到,在坏的食物和坏的水里潜伏着危险。细菌——无形的、阴险的,隐藏在污秽的每一个地方——的发现对法律体系产生了深远的影响。此外,货物(包括食品)现在经过包装并卖到很远的地方去。在购买的时候,这些商品是非个体商家化地在被大量销售,而不是被触摸、交接和挤压。因此,消费者依赖他人,依赖陌生人,依赖遥远的公司,以获取生活必需品;社会比以往任何时候更是一个复杂的细胞有机体;这些陌生人,这些遥远的人,有能力造成灾难性的、无法弥补的伤害。科学揭示了隐藏的危险,它也给了我们让危险的生活获得安全的保证或希望。水和食物可以消毒;肮脏的街道可以清洗;光线和空气可以进入工厂。在镀金时代,从苗木到树木,工业需要全面保护的借口中没有多少道德或经济力量。对1887年马萨诸塞州法律的研究表明,公共卫生问题涉及立法机构。一项法律要求砷、士的宁和其他毒药的销售商保存销售记录,供警方检查。另一项法案规定,除非"移除含有食物的内脏并将家禽适当包装",否则不能出售被杀家禽。市卫生署将执行这项法律。有5名或5名以上雇员的工厂被勒令"不受任何排水沟、厕所或其他污秽产生的臭气影响",并被告知为员工提供"冲水式厕所、掩埋式厕所或室外厕所"。另一项法律设立了国家牙科注册委员会。一项法律要求工厂通风,还有一项"确保工厂和车间雇用的儿童、青年和妇女有统一和适当的用餐时间"的法律。[49]

马萨诸塞州是一个工业州,其卫生法反映了有组织劳工及其盟友的力量。1881年阿肯色州议会通过的法律中没有工厂法案。但有一项法令规定了药物和外科手术的实施;另一项规定毒药的销售是非法的,除非被贴上标签,并要求保存记录;另一个法案则规定建立了州卫生委员会。[50]卫生法规在东北地区比较前卫和强势,在南方则比较缓慢和滞后;但总体方向是明确的。

较老的保护性法律,主要是经济方面的法律——留置权法和宅地条款——仍然有效。新的立法只是增加了大量的内容。宅地豁免主要是为了农民的利益。新的法律反映了城市的崛起、重工业的发展以及美国农村的缓慢过渡。例如,艾奥瓦州在1880年通过了一项煤矿检查法;州长将任命一名检查员,负责检查矿井的通风和安全状况等。[51]1892年,约翰·狄龙(John F. Dillon)担任美国律师协会(American Bar Association)主席,他在一个报告中对"最近的立法"与"有关公共健康和安全的问题,特别是人员和工人的安全"的关系感到震惊。[52]他指出,俄亥俄州现在要求在普通桥梁、高架桥、涵洞上设置护栏或扶手,以及在旅馆和工厂的楼梯上设置扶手;俄亥俄和纽约州规定了建筑物用的脚手架、绳索、板子、滑轮和滑车。佐治亚州强迫海滨旅馆的管理人员维修救生艇。罗得岛州在"防止失明法"中要求助产士和护士向卫生官员报告新生儿眼睛发炎或发红的情况。俄亥俄州加强了工厂检查的法律,并对爆炸物的制造进行了管制。罗得岛州和科罗拉多州"加入了禁止向未成年人出售或赠送香烟"的州的长长的名单,禁止未成年人在公共场所吸烟或咀嚼烟草。这一规定由此持续下去。

在形式上,大多数健康卫生法都是刑事法,但它们并不一定是道德愤怒的产物。私人的主动行动根本不起强制执行的作用。从理论上讲,法院本可以加强瑕疵担保方面的法律。毕竟,任何人都可以起诉货物劣质的卖方,或其食品使你致病的卖方。本可以有一个严格的、宽泛的产品责任法——这是在20世纪发生的事情。然而,谁会或能因为一罐腐坏的豌豆而上法庭呢?正如我们所指出的,如果法律是以刑法形式存在的,那么国家承担了执行的成本和负担;另一种使救济社会化的方法是通过行政行为方式。

在法律通过的数量上,并没有什么疑问。然而,法律的实际影响如何,是另一个问题。不断的修修补补意味着一些事情还没有得到充分的执行。在大多数情况下,政府所做的只不过是将人们的利益或激情记录在案。这一记录表明,对产品质量,甚至于食品质量,几乎没有真正的控制。有关伪劣药品,其中一些主要是酒精,或可怕的危险药品,或贴错标签,或标识不完整的产品,被厚颜无耻地兜售;专利医药行业对报纸拥有巨大的权力,报纸则依赖广告收入。在美西战争期间,发生了一起"防腐牛肉"丑闻——腐败的肉据称是提供给在古巴作战的军队的。在这一时期结束时,人们强烈要求制定更严格的食品法。当时,现行立法几乎毫无用处。可以肯定的是,明知故犯地出售劣质或腐烂的食物显然是一种犯罪;而且也有类似于宾夕法尼亚州(1860年)的法律规定,"出售任何患病的动物的肉,或任何其他不健康的肉,知道同样是有病的或不健康的肉",本身就是一种轻罪。但没有真正的机制支持这些法律。对消费者保护的需求超过了执法机制。

消费者是无组织的,但并非无能为力。他们的声音越来越大。在一个大众市场、高科技社会,正如我们所看到的,消费者越来越容易受到侵害。但是,卫生法律兴起的关键因素是文化:要求采取集体法律行动的意愿。这是一种观念,认为灾难的造成有人为的因素,灾难不仅仅是命运。需要有人和机构受到谴责,而且还有补救措施。部分公众对政府施加了直接压力。此外,还存在间接压力:在食品丑闻屡次曝光后,销售阻力伤害了公司的钱袋,并吓得它们接受管控或实际上要求管控。1883年,国会通过了一项禁止进口掺假茶的法律。1890年,联邦法令授权对"咸猪肉和腌肉出口"进行检查,该法律也禁止进口肉制品和掺假食品。次年,国会通过了一项肉品检验法,涵盖"所有的牛、羊和猪,它们都是州际商业的主体,即将在屠宰、罐装、盐渍、包装等生产场所屠宰"[53]。一些州的新食品法也在这个世纪末获得通过。到1889年,23个州制定了禁止药品掺假的法律,马萨诸塞州、密歇根州、新泽西州和纽约州制定了较为一般性的法规。每年都有新的立法。1889年,明尼苏达州通过了禁止销售掺假烘焙粉的法令;规范了醋的制造;要求地方卫生委员会任命检查员"检查所有为人类食物而屠宰的牛、羊和猪";禁止向16岁以下的儿童出售香烟或烟草;以及管制牛奶、黄油和奶酪的质量和纯度。[54]

然而,州法律对于跨越州界销售的不合格产品,没有法律效力。在国会,当《纯净食品法案》(Pure Food Act)最终成为法律之时,1879年至1906年国会间共引介了190份食品法案。[55]如同我们所见,少数成功的法案,主要是保护出口市场的那些法案。在行政官僚系统中,有成为消费者强大盟友的元素。美国农业部首席化学家哈维·威利(Harvey W. Wiley)曾是纯净食品法背后的精神导师之一。他曾揭露了19世纪80年代和90年代的食品欺诈和有毒食品。美国农业部1887年至1893年发布的公告(USDA bulletins)中,记录了国家的耻辱:葡萄酒由酒精、糖和水制成;猪油掺假;咖啡是用小麦粉和锯末制成的;罐装蔬菜有时含有亚硫酸。[56]参议院生产制造委员会在1899年至1900年间对掺假进行了大规模调查;它至少把这个国家在食物领域令人遗憾的状况暴露在聚光灯下。

威利的工作表明,官僚机构至少有可能成为改革的推动者。它可以教导公众其他利益所在,这可以增加改革的政治力量。随着公务员队伍的专业化,这一因素变得更加重要。长期以来,城市都有卫生委员会,尽管不一定非常活跃;但事实证明,各州的委员会更有效力。1876年,威斯康星州成立了一个州卫生健康委员会。它测试了州的主要河流,发现它们被污染了。水供应是"变色的、有气味的、恶心的";具有讽刺意味的是,正是因为这个原因,一些人相信水是有药用价值的。污水、炼油厂污物、木屑和工业废料倾注到水中。工资过低,法律支持不力,该委员会充当了"永恒的游说者",恳求和诱导立法机构和地方政府。该委员会董事会的第一任主席在1876年指出:"人民需要事实:事实被数字所强化和证实;事实从持续和积极的原因中表现出来。"多年来,董事会除提供事实外,什么也做不了。但从长远来看,这可能是一个强有力的贡献。[57]

第三部分　19世纪末的美国法律

经济住房法也在很大程度上归功于公共委员会,这些委员会利用它们的权力向公众披露那些丑闻。从1867年起,纽约就有了一部房产法。但它似乎没有什么影响。后来,经济住房的恐怖现象被强行引入公众的眼睛、耳朵和鼻子面前。1894年,一份厚重的联邦报告得以发布;1900年,19世纪末不知疲倦的改革者之一劳伦斯·维勒(Laurence Veiller)举办了一次公寓展览。他利用了公众的恐惧和同情心,就像雅各布·里斯(Jacob Riis)1890年在他的名著《另一半人的生活》(*How the Other Half Lives*)中所做的那样。1900年,在展览结束后,立法机构任命了一个新的调查委员会;1901年通过了一项重大法律。[58]

重要的反托拉斯法案

1890年的谢尔曼反托拉斯法是联邦政府进入商业监管领域的又一个重要的、永久性的条款。《谢尔曼法案》与《商业法案》是完全不同的。《商业法案》创造了一个行政机构;无论它有什么缺陷,它都有某种具体的执法边界。它涉及对某一特定行业的特定侵权行为和特殊补救办法。《谢尔曼法案》适用范围更广、更模糊、更显得阴云密布。它没有回应具体的计划,只是来自民间对托拉斯"需要做点儿什么"的那种普遍的、有些歇斯底里的声讨。在此之前,一些州有过反托拉斯的法案。该法案还建立在一项普通法规则的基础上,这一规则从来没有非常精确,即"贸易限制"违反了公共政策,不能强制执行。

对垄断的恐惧在美国是一个古老的主题。"垄断"指的是独家特许经营或土地投机,使优质的农场被驱离市场。然后,它意味着大和最大的业务。内战结束后,大公司的惊人增长导致了农民、工人和小商人对垄断的恐惧。1880年以后,真正令人担忧的是被称为"托拉斯"的巨大组合。显然,标准石油公司(Standard Oil)在1882年第一次使用托拉斯工具,将一群公司集合成一个由一个人或一个公司控制的单一整体。1884年成立了棉籽油托拉斯,1885年又成立了亚麻油托拉斯。1887年,成立了糖业托拉斯:合并了14家公司,控制着全国70%的制糖业;同年,成立了威士忌、信封、绳索、油布、铺路沥青、学校用石板、芝加哥煤气、圣路易斯煤气公司和纽约肉类托拉斯。

实际的托拉斯工具操作的历史并不长。1890年以后,像洛克菲勒这样的人利用控股公司把它们的垄断组合在一起。然而,垄断某些业务领域的企业集团却保留了托拉斯这一名称,管辖它们的法律分支仍然被称为"反托拉斯法"。不管它们叫什么名字,公众都害怕和讨厌它们。在19世纪80年代末,一些州的总检察长试图打破一些更声名狼藉的托拉斯公司。密歇根州、堪萨斯州和内布拉斯加州于1889年通过了反托拉斯法。内布拉斯加州法案禁止"任何合同、协议或组合"来确定某一产品的"共同价格",或限制"销售或制造这类产品的规模、范围或数量",或将利润分成"一个共同基金"。同样被禁止的是公司之间的"联合"和"公司之间的合并或共同理解的形成……这是一种通常被称为托拉斯的性质"。[59]

《谢尔曼法案》[60]与州际商业委员会法案或一些州法律相比,既简洁又有条理。根据该法案的第1条,"限制贸易的每一项合同、以托拉斯或其他形式进行的组合,或共谋",均属非法。第2条将"垄断或企图垄断、合并或串通……以垄断在几个州之间垄断贸易或商业的任何部分的行为",认定为犯罪行为。石油托拉斯、糖业托拉斯、威士忌托拉斯和亚麻油托拉斯的命运挂在这些精致口头禅上,取决于联邦政府提起诉讼的热情,也取决于联邦法院在法规的基本骨架规定上增加些实质内容的性情。[61]从某种意义上说,这个法案是一种欺诈行为。就连它的支持者也认为它是"实验性的"。它本身什么也没做,什么也没解决,只是为了满足国会的政治需要,国会认为它必须响应对托拉斯采取行动(或某些行动)的呼吁。就像州际商业委员会法案一样,这也是一种承认,即在一个国家自由贸易区内,各州本身就无力控制这些强大的野兽。

法规中含糊不清的语言实际上是国会对下级机构或行政机关和法院的授权;它将问题传递给其他机构。这样的法律往往会赢得时间;它推迟了问题的解决;它在那些想要采取尖锐具体行动的人和那些不想要采取行动的人之间起着妥协的作用。有些人认为,《谢尔曼法案》并没有机械地反映出对纯粹、自由贸易和自由企业的承诺。19世纪末20世纪初,美国是一个高关税国家。理论并没有阻止建立这些关税壁垒。[62]事实上,《谢尔曼法案》是各种社会舆论集合的产物,它根本没有反映出任何连贯的经济理论。稳固的中产阶级想要的不是纯粹的、无限制的竞争,而是一个巨大的杀手,一部法律,把那些为了国家利益而拥有太多权力的可怕的组合缩小到一定规模。

一系列各州卫星般的法规紧随着美国的《谢尔曼法案》。到20世纪初,大约有27部州的反垄断法。俄亥俄州和得克萨斯州曾试图(不成功地)利用法律来打破标准石油公司的垄断。[63]但主要的事件必须在联邦政府的范围内,在这里执法相当不稳定和不可预测,19世纪末的总检察长们几乎不是打击托拉斯的集体。他们也没有足够的钱和人手来粉碎这些企业集团。最高法院起初也没有给予他们太多的鼓励。政府确定试图拆分美国糖业公司(American Sugar Refining Company);这家公司主导了自己的行业,并开始伸出爪牙来获取4家宾夕法尼亚州炼油厂的股票,这4家公司是幸存下来的重要竞争对手。但在1895年的"美国诉E. C. 奈特公司案"(*United States v. E. C. Knight Co.*)[64]中,最高法院拒绝裁决违反《谢尔曼法案》的行为。首席大法官富勒区分了垄断"制造"的企图和垄断"商业"的企图。根据富勒的说法:"控制"制造"并不是"《谢尔曼法案》"任务的一部分,将该法适用于"制造可能会影响各州的"自治",但是约翰·马歇尔·哈伦法官对此表示反对。他认为,法院"阻碍"了《谢尔曼法案》的"主要目标"。他对巨大的"企业遮蔽组合"的力量和大小感到触目惊心。他们的"财政"资源没有"限制";他们的"胆大妄为"显然"没有控制个人行为的道德义务制约";他们"完全受贪婪和自私法则的支配"。

传统的观点是,奈特案摧毁了《谢尔曼法案》,法院在为大企业说话,哈伦的声音可能是小商人、农民、中产阶级专业人士的真实声音,奈特案可以被解读为一种试图维持州政府控制企业的权力,包括州以外的公司,只要他们在一个州的边界内做生意的话。[65]但事实证明,州监管并不完全是一种巨大的成功,根本也不可能,哈伦的观点很快就在最高法院占据了上风。法院于1897年对"美国诉密苏里州货运协会案"(United States v. Trans-Missouri Freight Association)[66]作出判决。法院通过法官鲁弗斯·佩卡姆(Rufus W. Peckham)向人民的宿敌——铁路——发表了讲话。法院以微弱多数驳回了《谢尔曼法案》中仅禁止"不合理"的贸易限制的观点。此时,法院多数意见谈论的是,托拉斯公司是如何无情地将有价值的"小而独立的交易商"赶出市场的,以及这些人是如何转变成经济机器人的,每个人都"只是公司的仆人或代理人",他们"在制定公司的商业政策方面没有发言权,必须服从他人的命令"。在1899年"阿迪斯顿管道和钢铁公司诉美国案"(Addyston Pipe and Steel Co. v. United States)[67]中,法院继续沿着这条道路前行。政府与6家生产和销售铸铁管的公司进行了交涉。最高法院基本上支持政府的立场。奈特案与此加以区别到了毫无意义的地步。到了1900年,法院显然将成为一个重要的战场,公司将用所有它们掌控的法律资源来抵制政府的行动。法院在许多政策和解释问题上被分割为两对半,因此法官人事上的轻微变动可以将法院从一条轨道转到另一条轨道。在1900年,《谢尔曼法案》的未来是相当不确定的。

在20世纪,政府在真正地打击托拉斯和仅仅是虚张声势之间犹豫不决。最高法院也是在两边摇摆。至于大的案例,既有成功(比如,AT&T),也有失败(比如,IBM)。但是司法部的反垄断部门和更多的法律,以及大量的私人诉讼,最终使反垄断法成为一股不可忽视的力量。当年的约翰·洛克菲勒可以随意吞下竞争对手;而现代的兼并大鳄们必须谦恭地征求批准。

注 释

[1] Leonard D. White, *The Republican Era: 1869–1901* (1958), pp. 211, 214; Theda Skocpol, *Protecting Soldiers and Mothers: The Political Origins of Social Policy in the United States* (1992), p. 120.

[2] Jonathan Lurie points out, too, that there developed what might be called "the field of nonpublic administrative action undertaken by private voluntary associations, wielding considerable power in the name of public policy." His example: commodity exchanges, like the Chicago Board of Trade. Public administrative regulation, when it ultimately came, was imposed on this preexisting body of administrative practice and behavior. Jonathan Lurie, "Commodities Exchanges as Self–Regulating Organizations in the Late 19th Century: Some Parameters in the History of American Administrative Law," 28 Rutgers L. Rev. 1107 (1975).

[3] Laws Kans. Spec. Sess. 1898, ch. 28; the statute was voided in *State ex rel Godard v. Johnson* 61 Kans. 803, 60 Pac. 1068 (1900).

[4] But, through the device of equity "receiverships," the courts did in fact run bankrupt railroads—with a lot of help, to be sure.

[5] The cases were *Hepburn v. Griswold*, 75 U.S. 603 (1869), overturned by the *Legal Tender* cases, 79 U.S. 457 (1870). The backgrounds of the Legal Tender act and the

national banking law are exhaustively treated in Bray Hammond, *Sovereignty and an Empty Purse: Banks and Politics in the Civil War* (1970); see also David M. Gische, "The New York City Banks and the Development of the National Banking System, 1860–1870," 23 Am. J. Legal Hist. 21 (1979).

[6] A comprehensive study of insurance law in one state is Spencer L. Kimball, *Insurance and Public Policy: A Study in the Legal Implementation of Social and Economic Public Policy, Based on Wisconsin Records 1835–1959* (1960).

[7] See Viviana A. Rotman Zelizer, *The Development of Life Insurance in the United States* (1979).

[8] Morton Keller, *The Life Insurance Enterprise, 1885–1910* (1963), pp. 194, 197.

[9] Laws Mass. 1887, ch. 214.

[10] Quoted in Keller, *op. cit.*, p. 203.

[11] Keller, *op. cit.*, p. 200.

[12] Edward G. Kirkland, *Men, Cities and Transportation: A Study in New England History, 1820–1900*, vol. II (1948), p. 233.

[13] Laws N.H. 1844, ch. 93.

[14] Conn. Stats. 1854, pp. 759–60.

[15] Laws Mass. 1869, ch. 408.

[16] Gerald D. Nash, *State Government and Economic Development: A History of Administrative Policies in California, 1849–1933* (1964), p. 160.

[17] James W. Ely Jr., *Railroads and American Law* (2001), p. 81.

[18] Ibid., p. 82.

[19] Laws Ill. 1871, pp. 618, 622 (act of Apr. 13, 1871, secs 1, 11).

[20] Laws Ill. 1871, p. 640 (act of Apr. 15, 1871).

[21] Lee Benson, *Merchants, Farmers, and Railroads: Railroad Regulation and New York Politics, 1850–1887* (1955), p. 25; see also George H. Miller, *Railroads and the Granger Laws* (1971).

[22] Frederick Merk, *Economic History of Wisconsin during the Civil War Decade* (1916), p. 371.

[23] Robert S. Hunt, *Law and Locomotives* (1958), p. 64.

[24] See Earl S. Beard, "The Background of State Railroad Regulation in Iowa," 51 Iowa J. of Hist. 1, 17–22 (1953).

[25] 94 U.S. 113 (1876).

[26] Robert S. Hunt, *Law and Locomotives* (1958), pp. 98–103, 140–42.

[27] See Lee Benson, *Merchants, Farmers, and Railroads: Railroad Regulation and New York Politics, 1850–1887* (1955), chs. 6–8.

[28] S. E. Moffet, "The Railroad Commission of California: A Study in Irresponsible Government," 6 Annals 469, 476 (1895). The "single railroad corporation" was the Central Pacific, later part of the Southern Pacific.

[29] 118 U.S. 557 (1885).

[30] See I. L. Sharfman, *The Interstate Commerce Commission*, vol. 2 (1931).

[31] 24 Stats. 379 (act of Feb. 4, 1887).

[32] Quoted in Gabriel Kolko, *Railroads and Regulation, 1877–1916* (1965), p. 35, an important revisionist history of the ICC.

[33] See Alan Jones, "Thomas M. Cooley and the Interstate Commerce Commission: Continuity and Change in the Doctrine of Equal Rights," 81 Political Science Q. 602 (1966).

[34] J. Brewer, in *ICC v. Cincinnati, New Orleans and Texas Pacific Rr. Co.*, 167 U.S. 479, 494 (1897). In *Smyth v. Ames*, 169 U.S. 466 (1898), the Court reviewed a Nebraska statute, in which the legislature imposed rate cuts of almost 30 percent on railroad charges within the state. The Court struck down the law. See James Ely, *Railroads and American Law*, pp. 97–98; Stephen A. Siegel, "Understanding the *Lochner* Era: Lessons from the Controversy over Railroad and Utility Rate Regulation," 70 Va. L. Rev. 187, 224ff. (1984); Eric Monkkonen, "Can Nebraska or Any State Regulate Railroads? *Smyth v. Ames*, 1898," 54 Nebraska History 365 (1973).

[35] *Interstate Commerce Commission v. Alabama Midland Railway Co.*, 168 U.S. 144 (1897). The ICC had found the railroad in violation of the statute.

[36] Stephen Skowronek, *Building a New American State: The Expansion of National*

Administrative Capacities, 1877-1920 (1982), pp. 148-49.

[37] Quoted in William Letwin, *Law and Economic Policy in America: The Evolution of the Sherman Antitrust Act* (1965), p. 205.

[38] I.R. Barnes, *Public Utility Control in Massachusetts* (1930), pp. 14-15.

[39] Charles W. McCurdy, "Justice Field and the Jurisprudence of Government-Business Relations: Some Parameters of Laissez Faire Constitutionalism, 1863-1897," 61 J. Am. Hist. 970 (1975); see also David M. Gold, "Redfield, Railroads, and the Roots of 'Laissez Faire Constitutionalism,'" 27 Am. J. Legal Hist. 254 (1983).

[40] See the discussion in Stephen A. Siegel, "The Revision Thickens," 20 Law & History Review 631 (2002).

[41] Wis. Stats. 1898, sees. 1571, 1572.

[42] Laws Ill. 1877, p. 154; 1881, pp. 77, 120; 1897, p. 81; 1899, pp. 273, 277. The licensing of coal miners—always anomalous—did not last long.

[43] *People ex rel. Tyroler v. Warden*, 157 N.Y. 116, 51 N.E. 1006 (1898).

[44] The material on the embalmers is from Robert W. Habenstein and William M. Lamers, *History of American Funeral Direction* (1955), pp. 365, 369, 457-501; the Virginia law was Laves Va. 1893-1894, ch. 625.

[45] See, in general, Lawrence M. Friedman, "Freedom of Contract and Occupational Licensing 1890-1910: A Legal and Social Study," 53 Cal. L. Rev. 487 (1965).

[46] Laws Ill. 1897, p. 233.

[47] These cases are, respectively, *Bessette v. People*, 193 Ill. 354, 62 N.E. 215 (1901); *State v. Zeno*, 79 Minn. 80, 81 N.W. 748 (1900).

[48] See William Novak, *The People's Welfare: Law and Regulation in Nineteenth-Century America* (1996), p. 194ff; Wendy E. Parmet, "From Slaughter-House to Lochner: The Rise and Fall of Constitutionalization of Public Health," 40 Am. J. Legal Hist. 476 (1996).

[49] Laws Mass. 1887, chs. 38, 94, 103, 137, 173, 215.

[50] Laws Ark. 1881, pp. 41, 107, 177.

[51] Laws Iowa 1880, ch. 202.

⁵² *Report*, 15*th* *Ann. Meeting A.B.A.* (1892), pp. 167, 177-8, 183.

⁵³ 26 Stats. 414 (act of Aug. 30, 1890); 26 Stats. 1089 (act of Mar. 3, 1891).

⁵⁴ Laws Minn. 1889, chs. 7, 8, 14, 247.

⁵⁵ Thomas A. Bailey, "Congressional Opposition to Pure Food Legislation, 1879-1906," 36 Am. J. Sociol. 52 (1930).

⁵⁶ Oscar E. Anderson, *The Health of a Nation: Harvey W. Wiley and the Fight for Pure Food* (1958), pp. 72-74.

⁵⁷ Earl F. Murphy, *Water Purity: A Survey in Legal Control of Natural Resources* (1961), pp. 41, 74-78.

⁵⁸ Lawrence M. Friedman, *Government and Slum Housing: A Century of Frustration* (1968), ch. 2; Roy Lubove, *The Progressives and the Slums: Tenement House Reform in New York City, 1890-1917* (1962).

⁵⁹ Laws Neb. 1889, ch. 69, p. 516.

⁶⁰ 26 Stats. 209 (act of July 2, 1890); on the history of the Sherman Act, see William Letwin, "Congress and the Sherman Antitrust Law, 1887-1890," 23 U. Chi. L. Rev. 221 (1956); and William Letwin, *Law and Economic Policy in America: The Evolution of the Sherman Antitrust Act* (1965).

⁶¹ And on the initiative of private persons; under the seventh section of the act, a person "injured in his business or property" by "a person or corporation" which did "anything forbidden or declared to be unlawful by this Act," had the right to sue for treble damages.

⁶² See, for this point, Tony Freyer, *Regulating Big Business: Antitrust in Great Britain and America, 1880-1990* (1992).

⁶³ Bruce Bringhurst, *Antitrust and the Oil Monopoly: The Standard Oil Cases, 1890-1911* (1979), chs. 1 and 2.

⁶⁴ 156 U.S. 2 (1895).

⁶⁵ Charles W. McCurdy, "The Knight Sugar Decision of 1895 and the Modernization of American Corporation Law, 1869-1903," 53 Bus. Hist. Rev. 304 (1979).

⁶⁶ 166 U.S. 290 (1897).

[67] 175 U.S. 211 (1899); an important turning point, in the twentieth-century, was the Northern Securities case, 193 U.S. 197 (1904); on the antitrust laws in this period, see Martin J. Sklar, *The Corporate, Reconstruction of American Capitalism, 1890-1916: the Market, the Law, and Politics* (1988); and Herbert Hovenkamp, *Enterprise and American Law, 1836-1937* (1991).

第六章

侵权行为

350　　在19世纪,很难想象一个新的法官制定的法律比侵权法更具吸引力。正如我们所看到的,侵权法在1800年之前是微不足道的,只是法律大树上的一根枝条。对于不谨慎行为造成的人身伤害,在旧的普通法中几乎微不足道。侵权法的许多既成的基本学说,在1850年以前就出现了,但在19世纪末,这一法律领域(和生活本身)经历了最大的成长发展。

　　法律界开始关注侵权法。1859年,弗朗西斯·希利亚德(Francis Hilliard)的著作《侵权法或私人的不法行为》(*The Law of torts, Or Private Wrongs*)首次发表了有关侵权行为的英文论述。1860年,在英国,查尔斯·艾迪生(Charles G. Addison)发表了《不法行为及其补救措施》(*Wrongs and Their Remedies*);希利亚德著作的第二版于1861年出版,第三版于1866年出版。到了1900年,关于侵权行为法的文献大量出现;乔尔·毕晓普和托马斯·库利就这一主题写了专著;判例法也以惊人的速度在膨胀。

　　从表面上看,新法律是由普通法的砖石建成的;而且还有一定数量的跨大西洋之间的交流。英国对美国法律的影响正在迅速消失,但为数不多的主要侵权案件来自英国:1837年的"普里斯特利诉福勒案"(*Priestly v. Fowler*)——同伴规则;1842年的"戴维斯诉曼恩案"

(*Davies v. Mann*)——最后一次明确机会之规则;1868年的"莱兰兹诉弗莱彻案"(*Rylands v. Fletcher*)——对额外危险活动的责任之规则。[1]在这个主要由法官决定的领域里,这类逆流而动或许是可以理解的。此外,谈论英国的影响也不是很准确。工业革命在英国有一个良好的开端;问题首先出现在英国,初步的法律解决方案也同样出现在英国。每一个法律制度都试图救济一个人对另一个人所做的伤害。在这个方面,工业革命增加了惊人的尺度。新机器具有惊人的、前所未有的粉碎人体的能力。工厂在制造其普通产品的同时,也制造伤害和猝死。企业正在赚钱,这是一个诱人的、合乎逻辑的思路,死者和受伤者以及他们的家人可以得到补偿。此外,工业关系是客观的。没有血液或爱情的纽带去阻止机器里的一个齿轮来起诉机器和它的主人。但这里恰恰是危险所在。诉讼和损害可能损害根基不稳定的企业健康。工业——尤其是铁路——似乎是经济增长的基础,也是国家财富和社会稳定的最大利益所在,因此工业必须获得保护以免受伤害。

一般来说,铁路对侵权法至关重要。几乎所有侵权法中的主要案件都与这种钢铁马匹直接或间接地联系在一起。在第一代侵权法中,铁路是机器的王子,既是象征,也是事实。铁路是一种至关重要的需求:它在荒野中开辟了一条铁路线,它把城市联系在一起,把农场和城市以及海港联系起来。它把农民的庄稼运到他们的市场上。然而,火车也是野兽;它们咆哮着穿过乡村,杀死牲畜,放火焚烧房屋和庄稼,在交叉路口砸碎货车,损坏乘客和货物。锅炉爆炸;火车冲出轨道;桥梁倒塌;压碾着钢轨的机车在发生冲撞时发出刺耳的声响。铁路带来的死亡、伤害和潜在的诉讼,蜂拥而至。

侵权行为法日益发展的基本概念是过失:它是一部关于粗心大意、不符合生活行为标准的法律。而那些造成伤害的人——并不是有意为之,而是关于判断力的失误。过失责任不是绝对的,而是基于过失。人们期待的不是完美,而是"理性人"(reasonable man)的模糊而微妙的标准。过失是对公众的失职,即被告没有做一个合理的人应该做的事。绝对责任(absolute liability)被拒绝;更确切地说,从来没有考虑过绝对责任。在19世纪,绝对责任可能太危险了;它可能完全扼杀了经济。如果铁路和整个企业都必须为"偶然"造成的一切损失付出代价,那么它们也许就无法生存,也不会兴旺发达。一般的谨慎成了法律上的标准。[2]法官们努力将损害赔偿限制在一些适度的措施上。资本必须节省下来,用于其必要的工作。

这些潜在的政策并不是从报道的案件中浮现出来的。总体而言,这些案件没有谈论政策。它们主要使用了枯燥而沉闷的法律语言。法官们偶尔会放下面纱,更公开地讨论政策问题。1866年在纽约州发生的著名的"瑞安诉纽约州中央铁路公司案"(*Ryan v. New York Central Rr. Co.*)中[3],铁路公司位于纽约州锡拉丘兹市的木棚中发生了火灾,原因是对发动机的"粗心大意的管理"。原告的房子位于离棚子130英尺远的地方,很快着火并完全被烧掉了。其他的房子也被烧毁了。毫无疑问,铁路公司有过错,

这场火灾是玩忽职守的结果。但是铁路公司应该付多少钱呢?这是有一定限度的,责任不可能迁就于原告的要求:

> 支持这样的索赔主张,将使[铁路]承担任何谨慎都无法防范的债务,并承担任何私人财产都不足以应付的债务。在一个国家……人们挤在城市和乡村……不可能……防止意外或疏忽火灾的发生。一个人可以为自己的房子投保。但他不能给邻居的房子投保。要坚持所有者……必须保证两侧邻居的安全,并且责任无限制……这将摧毁所有文明社会……在一个商业国家,每个人都在一定程度上承担着邻居行为的风险,每一个人都可以通过对这些危险的保险,获得合理的损失担保。

在"瑞安诉纽约州中央铁路公司案"中,铁路没有承担责任,正是因为它所造成的伤害是如此之大,即使损坏显然是在铁路部门家门口发生的。法庭的意见表达了其观点。该意见明确提到铁路购买和运输保险的能力。可保险性非常重要,因为可保风险是一种可以分散的风险,是由谨慎的商人加以操作的,因此不会破坏一家经营良好的企业的财务状况。

"瑞安诉纽约州中央铁路公司案"也提醒我们,过错只是剪断企业责任的一把刀刃,近因原则(doctrine of proximate cause)是另一把刀刃。直到19世纪70年代,在论文中几乎没有提到它;到19世纪末,它本身就有了整整一章的价值。[4]理论上,近因是一个物理事实的概念:X先生,通过他的行为,导致了对Y先生的伤害,并且是他的行为是否属于"相当近似"的原因并且没有其他人、事件或情况干预?对于有企业精神的法院来说,近因和过失是强有力和灵活的原则,对于将责任限制在法官认为社会合理的界限上的场合,这个原则有用武之地。法院也发明了其他原则。这并不是说有意识地试图将责任加以削减,也不能说这是对受伤的工人、乘客和行人的阴谋。一些法官——像莱缪尔·肖这样的人——确实相当老练;他们意识到有必要制定他们认为具有经济意义的规则。大多数法官只是遵循他们认为是法律的东西,但他们自己的价值体系以及他们所处时代的价值体系,却下意识地把他们推向了一个特定的方向。

无论如何,这个时代的精神是一种限制赔偿责任的精神。人们生活在灾难中;他们没有意识到(在20世纪是这样的)某人总是要负责任——不管是国家还是某个私人政党;什么人或什么其他的事物要为此付出代价。[5]在马克·吐温(Mark Twain)和查尔斯·达德利·沃华纳(Charles Dudley Warren)写于19世纪70年代的小说《镀金时代》(*The Gilded Age*)中,描写了一场可怕的汽船灾难。灾难中有22人死亡,数十人受伤。但经过一次调查,听到的"判决"是人们所"熟悉的"句子:"我们生命中所有的日子——'没有人可以责怪'。"

到这个世纪中叶,对粗心大意的原告的陷阱大多已经到位。其中最突出的是混合过错原则(doctrine of contributory negligence)、同伴雇员责任规则(fellow servant rule)及其类似的自担风险原则(doctrine of assumption of risk)。混合过错的基本概念非常简单:如果原告对自己有如此轻微的疏忽,他就没有权利从被告那里得到赔偿。这是一种严厉的原则,但非常有用。它成为法官们不使用陪审团审理侵权诉讼的一种最受欢迎的方法。陪审团(人们认为)的麻烦在于,在残废的人起诉大公司的令人遗憾的案件中,陪审团总是判决原告胜诉。即使是那些尊重一般规则的陪审团成员,也难以抗拒偶尔扭曲一下这些规则的作为,特别是当受害者拖着遍体鳞伤的身体进入法庭,或者寡妇和孤儿眼巴巴地盯着陪审团的时刻。对陪审员这些非专业人士而言,每个案子都是唯一的经历。商业界和商业律师确信陪审团对原告的偏袒是不可救药的;他们对支付其他人的钱毫不吝啬;他们有一种根深蒂固的倾向,那就是歪曲事实,偏袒受苦可怜的原告。但是,如果原告明显地疏忽了自己,就不可能有任何救济;没有任何事实可查,法官可能会从陪审团那里接手案件并驳回它。

作为一种原则,混合过错可以追溯到 1809 年英国的一宗案件。但在 19 世纪 50 年代以前很少使用。[6]其间恰逢铁路的兴起。在 1840 年,美国的铁路轨道不到 3000 英里;到 1850 年,这个数字是 9000 英里;到 1860 年,这个数字是 3 万英里;到 1870 年,这个数字是 5.2 万英里。人身伤害案件增长的速度像铁路轨道增长的速度一样快。大多数案例是交叉路口的事故。空气制动器直到 1868 年才被发明,直到很久以后才被普遍使用。在空气制动器之前,火车不能很快减速。它们飞快地穿过乡间,敲着铃铛;常常,伴随着令人作呕的噪音,它们撞上了牛、其他火车或人类的身体。

在交叉路口事故中,原告必须证明两件事:第一,铁路部门是疏忽的;第二,他自己是完美无缺的。但是如果他在一个十字路口受伤,而且处于一个相对开阔的乡间,他当时能清楚地看到火车,那么他必定是疏忽大意的;如果法院愿意,法院可以把这个案子从陪审团处撤走,然后予以驳回。混合过错是报告案件中的一个常见问题。马隆(Malone)教授对上诉案件进行了统计——必须指出,这些案件很可能只是下级法院开始和审结的案件的很少一部分。1850年至1860年间,只有12起关于混合过错责任原则的案件。1860年至1870年间,一共有31件。1870年至1880年间,一共有58件。

其中的典型案件是1852年裁决的"哈林诉纽约州和伊利铁路公司案"(*Haring v. New York and Erie R.r. Co.*)。[7]原告约翰·J. 哈林(John J. Haring)"与另一个人坐着雪橇穿过铁路时,遭遇被告的火车撞击"。铁路显然是疏忽的,但法官拒绝让陪审团审理此案。"一个在没有用通常手段发现危险的情况并迎头冲向火车头的人,不能说是尽了一般意义上的谨慎义务。""对此我们不能置若罔闻,"法官说,"在某些弱者和强者之间的争议——谦逊的个人和一个巨大的公司之间的争议,人类的诚实、慷慨和同情心,会自然地援助和支持弱者……陪审团有时会被这种同情心所左右,但无论这种慈善家的状态多么高尚尊贵,它们与法律的原则和正义的目的完全不一致。"

作为请求赔偿救济方面,自担风险的原则几乎与混合过错原则一样,带有极大的障碍。原告如果承担风险,即自愿处于危险境地,就无法恢复原状。由此而论,这条原则似乎表达了一个简单、无害甚至是不言而喻的想法。实际上,这是一个较为险恶的原则。很容易说,一个矿工、一个铁路工人或工厂工人承担了普通的就业风险,仅仅是接受了这份工作而已。如果这份工作很危险,他们应该知道这一点;如果是的话,风险是他们的,而不是公司的。这一学说很容易被极端地执行,法院有时也会这样做。无论如何,在19世纪的最后半个世纪,援引自担风险原则的案件数量有了惊人的增加。[8]

自担风险是伴随着同伴雇员规则而发展起来的。根据这条规则,正如我们所看到的,受雇人(雇员)不能因为另一名雇员的疏忽而控告他的主人(雇主)。如果雇主本人有所疏忽,雇员才可以就自己的伤害控告他的雇主。而这一点在工厂或铁路部门对雇员没有太大的意义。雇主是个商人,或者说是一个抽象的人——一个公司。在交叉路口事故中,或者在纺织厂发生的事故中,如果有人疏忽,疏忽者很可能是另一个雇员。当然,受伤的工人总是可以试图起诉疏忽的工人。但这通常是毫无意义的,工人贫穷,也没有保险。那么,同伴雇员规则意味着一个受伤的工人在法律上没有真正的追索权。

正如我们所看到的,这一学说源自英国的一个案例,1837年的"普里斯特利诉福勒案"(*Priestly v. Fowler*)[9],很快它就传到了大西洋彼岸。1897年,爱尔兰大臣在下议院说了一句著名的话:"阿宾杰(Abinger)勋爵种植了它,奥尔德森(Alderson)男爵给它浇了水,魔鬼使其成长。"[10]美国的阿宾杰或奥尔德森,也就是法官莱缪尔·肖,写下了有关"法维尔诉波士顿和伍斯特铁路公司案"的法律意见书。[11]在大西洋两岸的这个魔鬼,携带着扶持喂养企业的理念以及对经济增长的盲目渴望,它要对造成19世纪的冷酷无情承担重要责任。

在莱缪尔·肖的同时代人看来,这一原则并不像魔鬼的作品。在"法维尔诉波士顿和伍斯特铁路公司案"之后的几年里,这个问题就在一个又一个州出现了。法院急切地接受了这一原则。当威斯康星州最高法院在1861年审议这一理论时,它将其视为美国普通法的一部分,就好像它是从中世纪的年鉴中传下来的一样。法院(确切地)认为:"英国和这个国家的所有法院几乎一致的判决支持了这一雇员同伴规则,并成为司法意见中坚固的潮流。"[12]这项规则至少在早期阶段就有这样的优势:它是明确清楚,并且近乎残酷的简单。它似乎把工业事故的代价从企业家——社会生产力的最高成员——转移到了工人身上。

另一个对索赔的限制性原则是在旧普通法的工具棚里翻找时发现的。在普通法中,当一个人死亡时,他将他所有的侵权主张都带进了坟墓。据说,侵权行为是"个体化"的事情;因此,侵权诉讼的权利与受害人一起死亡。在旧的普通法中,杀人是重罪。重罪犯会被没收所有财产;受害者的家人可能要求在没收财产中分得一杯羹。既然是这种情况,侵权诉讼可以说是没有必要的。同时,近年来刑法发生了变化,死刑的使用较少,重罪案件的没收规则也随之消失。到19世纪初,侵权行为与受害人一起死亡的规则已不再具有意义。然而,英国法院又把它挖掘出来了。这起案件的主要起因是一场公共马车的事故。然后,法院在铁路案件中适用了这一规则,法院再次将其纳入侵权法的框架中。[13]

美国的经验同样具有启发性。19世纪初有迹象表明,美国法院从未真正接受这一规则。[14]然后,在1848年马萨诸塞州的"凯里诉伯克希尔铁路公司案"(Carey v. Berhshire Rr.)[15]中,这个规则又开始流行起来。一名铁路工人在一次事故中丧生,他的遗孀("谁是穷人",她声称,自己很贫穷并"需要抚养自己和3个孩子")起诉铁路。法庭援引了英国的案例并拒绝救济;法庭说,人身伤害的诉讼已经和该人一起死亡了。10年后,在纽约州,伊莉莎·格林(Eliza Green)——她的丈夫由于"哈得孙河铁路公司的车辆相撞"死亡——向这条铁路提出了索赔。法院驳回了这一主张。法官说:"这个问题,无论在英国还是在这个国家,都早已经被解决了。""如果试图扰乱那些被认为已经尘埃落定了250多年的东西,与其说是需要法律上的审慎,不如说是需要司法上的骑士精神。"[16]

具有讽刺意味的是,此事的解决,在美国并不是250年,而是最多用了10年。那个法官对过去的诉诸是虚伪的。然而,法院对衡量死亡伤害赔偿金持相当的怀疑态度。一般而言,使铁路和商业为寡妇和孤儿承担起抚养的角色,这显然是一个可怕的前景。用一位评论者的话说,其结果导致"对被告来说,原告死亡比原告受伤更为合算"。[17]并不是说被告们习惯性地做这样的计算——在对侵权行为的潜在原告产生冲撞之前,机车和它们的技师们没有参与成本损益分析。

法院还发明并坚持另一种原则,今天似乎看上去也有些离谱:一个慈善组织可以不受任何侵权行为的困扰。这一原则也可以追溯到英国于1846年裁决的一个案例——"赫里奥特医院诉罗斯案"(*Heriot's Hospital v. Ross*)。[18]在英国国内,这个案子的效力也只持续了20年。但在这个案例失效之后,出乎意料的是,它又在美国起死回生。它的第一个重要受害者是马萨诸塞州的詹姆斯·麦克唐纳(James McDonald),他因大腿骨折进入马萨诸塞州总医院(Massachusetts General Hospital)。[19]他后来声称,哈佛医学院一名在医院工作的三年级学生,没有把他的骨头妥善接好。但法院说,医院既没有利润,也没有分红。它只有责任对其病人选择代理人和雇员,并给予合理的照顾。此后,医院对这些雇员的实际行为并不承担进一步的责任。

这是在1876年;1884年,马里兰州的一家法院也得出了类似的结果。这起案件是一名声称自己"被恶意攻击和殴打"的男孩对巴尔的摩避难所(Baltimore House of Refuge)提起的诉讼。[20]这两起案件都援引了英国的裁决,但没有提到它曾经被废弃。显然这一点都不重要。这些案件与早期的雇员同伴规则之间存在着可疑的平行关系。在这两种情况下,法院似乎都关心费用的分配。在这两起案件中,他们似乎都担心责任会损害被告,损害他们期待的业务运作。这些法院也认为一些原告——以及一些陪审团,也许还有一些下级法院——像猫在看着金丝雀一样看着公司以及慈善机构。这些上诉法院感到,不得不抵制那种慷他人金钱之慨的冲动。慈善机构,就像上一代人的年轻铁路一样,都是为了公共事务而工作;而且它们的经济状况也岌岌可危。照顾赤贫受害者,如果这是任何人的一项任务的话,这也是整个社会的一项任务。而这些损失当时并没有落在医院和其他慈善机构身上。

在镀金时代的开端,19世纪侵权法的总体轮廓清晰明了。领先的概念——过失、自担风险、混合过错、近因——都已得到坚定的运作。所有这些都是由法官自己发明或改进的。这些法律的叠加效果也十分清楚,企业比工人更受法律的青睐,对乘客和公众也略有偏爱。陪审团被怀疑——凭微弱的证据——在判给损害赔偿金时表现出慷慨的态度;他们必须受到严格控制。作为一个整体,这些规则的推动力致力于商业、企业和公司应该免受人身伤害的诉讼。

法庭从来没有走到这一步,也从来没有想过这样做。他们不想鼓励疏忽大意,他们从来也都不是完全无情的。事实上,相反的方向——让企业付出代价的吸引力总是存在的,虽然被压抑,但却从未消失。随着时间的推移,这种吸引力似乎变得越来越强大。几乎就在一个限制性的原则诞生、成形和完善的时候,在判例法中就可以看到和感受到了一种反应。在其琐碎和模糊的方式中,每一条规则都孕育着它的反面规则。法官们并不是一成不变的,随着时间的推移,一些高级法院法官的倾向与陪审团被指控的倾向非常趋同。同情侵蚀了严格的规则;困难的案例、可怜的案例,往往会阻碍和撕裂法律的帷幕。在政治上,受害者的愤怒在1840年没有多大意义,而在1860年也没有多大影响;但是到了1890年,这是一股咆哮的力量。劳工找到了其声音,并在每一个场合为其安全以及补偿方式而愤慨。工厂、矿场和铁路转运场的人员伤亡人数之多,已被视为一个重大的社会问题。

一连串的法规削弱了前面提及的那些原则。规则是政治棋局中的棋子;当权力平衡发生变化时,规则也是如此——因此,侵权法从来就不是完美的压迫引擎。它从一开始就是一件不完美的工具。从它诞生开始,就显示出衰亡的症状。就像从来没有一个完美的自由市场一样,19世纪经典的侵权法具有如此短暂的影响力,从某种意义上说,它从来都没有完美过。

"无可指责"的观念也逐渐开始受到侵蚀。到19世纪末,法庭上的人身伤害案件越来越多。[21]在审判法庭一级,对侵权制度实际操作的了解还不够多;只有一些少数零散的研究。[22]甚至上诉案例也很少被系统地研究。关于这个制度的其余部分——例如,和解和索赔调整(claims adjustment)——甚至更少人知道。法律学者们大多看被报道的案件。这可能会产生误导。在过去的25年里,一项对被报道案件的研究发现,大约有9比1的比例有利于原告——这是在实际被上诉的案件中。但我们知道,实际的审判并没有那么不平衡;伊利诺伊州的一个小样本显示,原告赢得了19个陪审团案件,被告赢得了13个案件。[23]至于赔偿的数额,常常也少之又少。绝大多数案件从未上过法庭——它们被撤销了或者和解了。对此几乎鲜为人知。但有证据表明,大多数受害者从侵权制度中得到的东西很少,甚至什么也没有得到。托马斯·拉塞尔(Thomas Russell)研究了奥克兰牵引公司(Oakland Traction Company)的索赔部门,该公司经营着一条街道铁路线(这正是大量事故的源头)。1903年至1905年间,有3 843名乘客受伤;只有581人得到任何赔偿;大多数人得到的赔偿在10美元至35美元之间。在10年期间(1896年至1906年),有35人死亡。在任何情况下,公司都未支付超过300美元;在20起案件中,他们根本不支付任何费用。平均支付金额为169美元。[24]

人身伤害案件的增多也意味着人身伤害律师业的兴起。这不是一个享有很高威望的专业分支。这些律师(或他们的代理人)被贴上"救护车追逐者"的标签;有些卑劣的男人赶往事故现场或受害人家中或医院,让受害者签名成为他们的客户。但这些臭名昭著的救护车追逐者正在与公司的理赔理算人(company's claims adjusters)赛跑,这些理赔理算人也要跑得很快,他们试图让受害者为了某种(比较低的)赔偿数额而签署一份放弃去法院起诉的文件。这些理算人往往是冷酷和诡诈的。他们使用"高压"的方法;他们利用那些生病、吃药、痛苦的受害者;或者他们几乎不懂或根本不懂英语;有时他们发出威胁,有时他们使用空洞的金钱或工作做一些承诺。[25]只有少数几个案件到了法院。一旦到了那里,原告确实有希望赢,但这也并不是绝对的。这是一个陪审团总是偏爱受害人而不利于公司被告,以及陪审团无法抵抗伸手去掏被告深口袋里金钱的诱惑的神话。[26]正如我们所看到的,被告还是赢了大量案件。

到19世纪末,法律原则是模棱两可和摇摆不定的。法官们在古典学说上做了许多纠正工作,他们扭转了自己曾经的发明。转移过失原则(doctrine of imputed negligence)是最令人讨厌的规则之一,也是最先被废弃的规则之一。这条规则将司机的疏忽归咎于乘客,父母的疏忽则归咎于子女,以防止乘客或儿童在人身伤害行为中获得救济。[27]即使像斯蒂芬·菲尔德那样保守的法官也认为这条规则不公平,应该予以废弃。[28]一些法院甚至尝试了一些方法,使混合过错的理论失去力度。在1858年的一个铁路案件中,伊利诺伊州最高法院表达了这样的观点,即"被告的过失越严重",原告的谨慎程度就越低。因此,如果原告的过失是"相对轻微的",而"被告的过失是严重的",原告可能仍然可以追偿救济。[29]这种比较过失(comparative negligence)的概念在堪萨斯州的法庭上获得了采用,但在其他法院并没有被采用。19世纪80年代,伊利诺斯和堪萨斯的法院都走了回头路,它们的原则也随之消失,只是在20世纪又以更大的影响力重新浮现。但是,这些裁决显示出某种冲动,试图要软化混合过错最粗糙的一面。

这里有两种新的原则,一个是最后避损机会原则(last clear chance),另一个是事实自证原则(res ipsa loquitur),它们减轻了证明过失案件的负担,至少稍微减轻了一点。这两种学说在起源上都来自英国,而且各自都有所独创。在1842年的英国"戴维斯诉曼恩案"[30]中,原告"把属于他的一头驴的前蹄铐住","把它转入一条公路中"。被告的马车由三匹马组成,"以一种敏捷的速度"出现,撞上了这头驴,并致其死亡。原告显然是疏忽大意的,严格来说,他不应该为他的驴子取得赔偿救济。但被告的马车在路上急速奔走,本应当有"最后避损机会"可以避免事故。法院认为这一事实足以抵消原告早期的过失。原告赢了官司,并由此提出了一项原则。正如一位法官后来所说的那样,戴维斯那头垂死的驴子发出的"呻吟、令人难以言表的悲哀","在大地上回荡着"。[31]死亡的驴子在19世纪的法律中并不是一个重要的因素,但铁路却是重要的因素。这一原则在铁路案件中具有丰富的可能性——对于那些在铁轨上游荡或陷入麻烦、无法脱身的原告来说。"最后避损机会原则"1900年以前在法庭上并没有取得多大进展;然而,它使混合过错原则产生了一个小小的、清晰的伤口。

"伯恩诉博德尔案"(Byrne v. Boadle)[32]中的巴伦·波洛克(Baron Pollock)于1863年发起了一场名为"事实自证"的诉讼。原告走过被告的仓库,一桶面粉落在他的头上并致其受伤。原告无法证明谁疏忽了,也无法证明他是如何疏忽的;他所知道的只是一只木桶掉在他头上,击中了他的脑袋。对法庭来说,这个神秘的"坠落桶"就像牛顿的苹果(Newton's apple)一样鼓舞人心。"一个桶,"波洛克说,"如果没有疏忽,就不能从仓库里滚出来。""这件事的事实"本身就说明了这一点。它提出了一个表面上看来是疏忽的案件。因此,负担转移到被告身上;他必须证明他没有过错。否则,原告会胜诉。这条规则在铁路案例中似乎也很有帮助——比如1868年伊利诺伊州的一个案例,一台发动机的锅炉神秘地爆炸了。[33]这一原则的范围和限度从来没有十分明确;但它对失事、坠毁、爆炸以及各种形式的坠落和飞行物体所追逐的受害者绝对有用。然而,正是在20世纪中叶,"责任爆炸"(liability explosion)时期才真正使这一原则成为自己的原则。

成文法对侵权法的规定也有重大变化。在一些立法机构中,劳工的声音和乘客的声音,听起来相当响亮。有些法律提高了对侵权者的审慎注意的标准。在堪萨斯州这样一个干燥、平坦的州,任何引发草原大火的人都必须承担由此产生的代价,不管是否疏忽。引发火灾者应"对受害方承担全部损害赔偿责任"[34]。早在19世纪50年代,就有34部法规对铁路实施了安全防范措施;如果它们不遵守,就必须承担后果。1850年的一项纽约州法规规定,机车在接近交叉路口时有义务敲响警钟。任何一家铁路公司如果不遵守这个规则,都要"为任何人因这种疏忽而遭受的所有损害承担责任"[35]。同年代的罗得岛州法律规定,每辆机车上都要悬挂"至少32磅重的钟",并在距离十字路口"至少八十杆"处发出响声;铃声必须一直响到机车通过路口为止。铁路公司也必须在每个十字路口张贴警告标志,"高度应能很容易看到",在招牌的每一侧都有"大写标示,每个字母至少有9英寸大小——'铁道交叉口——在钟声响时小心火车'"。"如果火车不遵守规定,公司将对任何人所遭受的一切损害负责。"[36]其他法规要求铁路修建围栏,并规定铁路应对因发动机火花引起的火灾负责。铁路经常被迫为机车杀死的牲畜支付费用。1872年科罗拉多州的一项法令规定所有家畜的死亡责任;该法律包括了一份损害赔偿表,从墨西哥羊的1.50美元到"美国劳役牛"的37.50美元不等;良种的牛、羊、马、骡子和驴必须以"其现金价值的三分之二"支付。法令中没有一个字提到过失。³⁷一项有趣的新罕布什尔州法令,从内战前开始,对其造成的火灾施加铁路责任;为了减轻打击,法律赋予每个铁路公司"对所有在这条道路上的财产具有保险利益"。从理论上讲,铁路可以通过为沿线土地购买火险来限制其经济风险。³⁸

正如这些法规所显示的那样,大公司,特别是铁路公司,一度是在土地补贴和补贴中被宠坏的孩子,在19世纪中叶受到公众舆论的宠爱,开始感受到监管的束缚。他们的豁免权溶化消失了。到19世纪末,安全立法的步伐加快。1889年,州际商业委员会召开了一次州监管机构会议。安全问题已列入议程;许多与会者敦促州际商业委员会研究铁路导致的伤亡问题,并建议一些积极的补救办法。铁路工人的处境极为紧迫。1888年6月30日至1889年6月30日期间,有1972名铁路工人在工作中丧生,20028名工人受伤。每357名雇员中就有一名工人死亡;在这一年中,每35人中就有1人受伤。在很大程度上,由于雇员同伴规则,侵权法对这些工人及其家庭几乎没有任何帮助。1876年,在伊利诺伊州,数百名工人伤亡,但只有24名工人获得了赔偿,53家铁路公司支付了总计3654.70英镑的赔偿金。同样是这些公司为牲畜的死亡支付了119288.24英镑的赔偿金;人类的生命价值还不如牛的生命值钱。³⁹

然而,有变化的迹象。1890年不同于1850年;劳工骚动、罢工和工会活动是全国性的政治事实。1893年,国会对州际铁路实施了一系列安全法规:"动力驱动轮制动器""因撞击而自动耦合的耦合器",以及"在每辆汽车的两端和侧面固定抓手或扶手"。⁴⁰"在违反行为规定的情况下使用的任何机车、汽车或火车"造成伤害的雇员,不应被视为"承担了风险"。

其他运输方式也有安全规定。如果说有什么比坐火车更危险的话,那就是蒸汽船旅行。锅炉有着令人沮丧的爆炸习惯,成千上万的人被烧死和淹死。早在1838年年初,联邦法令就试图对蒸汽船上的锅炉进行监管,并于1852年通过了一项详尽的法案,以"在全部或部分由蒸汽推动的船只上,更好地保障船上乘客的生命安全"。[41]这些措施有多大益处,是另一个问题。1865年4月27日,锅炉在密西西比河上的苏尔塔纳汽船上爆炸;苏尔塔纳船上塞满了2300名联邦士兵,他们刚刚从南部的监狱营地释放出来,再加上船员和乘客;船沉没了,1700人死亡。[42]在19世纪末,各州开始通过有关矿山和工厂安全条件的法律。这些规定特别涉及危险的机器、提升机和电梯,而且往往有保护或传动带装置的规定;其他规定则给出了更广泛但含糊不清的标准,要求工厂和矿山提供舒适和良好的通风。安全条例的管理充其量也是一塌糊涂。但从长远来看,它们对民事诉讼产生了影响。"法定过失"成为案件中的一个重要概念。也就是说,原告可以通过证明被告违反了安全法规来证明他的过失。在1889年"奥斯本诉麦克马斯特案"(*Osborne v. McMaster*)这个重要案件中[43],一个药店职员向一名妇女出售"一种没有标明'毒药'的致命毒药"(a deadly poison without labeling it),这属于一种犯罪行为。该女子误服了毒药后死亡。她的家属以侵权行为提起诉讼。法院指出,过失"是指违反了法律义务"。这项义务,正如普通法一样,可以由成文法来界定。因此,成文法仅仅提到刑事处罚这一事实并非至关重要。

不当致死的规则(rule about wrongful death)的寿命也短得可怜。1846年的英国《坎贝尔勋爵法案》(Lord Campbell's Act)[44]为代表由于"不当行为、疏忽或违约而死亡"的"妻子、丈夫、父母和子女"提起诉讼提供了诉讼理由。"即使死亡事实并没有发生",该诉讼亦针对本应承担责任的人提起。美国许多州复制了这一法令。事实上,早在1840年,马萨诸塞州就有这样一项法律,支持死于船只和铁路的乘客的近亲。[45]肯塔基州第一部法规(1854年)仅适用于铁路事故的受害者;该法令特别排除了雇员。这一法律的另一款对不当致死提出了一般性诉讼,但只有在被告犯有"有意忽视"罪的情况下才提起诉讼。⁴⁶许多法院坚持他们自己制定的不当致死案例法规则,除非这些规则是由法规修改的。然而,这些法规往往变得更加笼统,或者填补了旧法律中的空白。1883 年,马萨诸塞州终于将保护范围扩大到铁路工人的家属。这些典型法规将补偿救济限制于死者的遗孀和直系亲属,而且法规经常对可赔偿救济的金额设定上限——比如 1859 年堪萨斯州的 1 万美元。立法机关似乎同意法院的态度,认为死亡赔偿金难以权衡。这些法定数字代表了一种粗略的妥协,一方面是给公司它们想要的东西(根本不想支付什么赔偿救济),另一方面是让原告不受限制地进入陪审团。然而,在 19 世纪,1 万美元可是相当大的一笔钱。很少有侵权行为的原告从陪审团审理的案件中追回这么多钱,或接近这个数字。

雇员同伴规则是一剂猛药。它的本意是坚定而明确的,它要求坚定不移的法律忠诚。但这恰恰是它不能得到的东西。法官肖(Shaw)在 1842 年写了他的法威尔案件意见书(Farwell opinion)。在 19 世纪末,一些法官动摇了,或者实际上对这一规则表示出了不满。1885 年,康涅狄格州的一位法官表示,在"几乎所有司法管辖区"中,"倾向"是"限制而不是扩大"雇员同伴规则。⁴⁷1891 年,一位密苏里法官坦率地谈到了这个规则所带来的"艰难和不公正"。在"社会进步"中,"理念中的和无形的主人和雇主"(公司)取代了"过去时代的实际上和可见的主人和雇主"。"更为现代的权力趋势"是减轻规则,并使雇主"对受雇人的生命和肢体承担应有的和公正的责任。"⁴⁸

当时,有比法官更多的人改变了他们的想法。事故率继续以莱缪尔·肖法官这代人完全无法预料的速度在增长。铁路伤害率一直很高,1889 年到 1906 年间翻了一番。在 20 世纪之交,每年大约有 3.5 万人死于工业事故,造成近200万人受伤。其中四分之一是严重到足以使受害者一周或更长时间内丧失工作能力。这些事故是可能发生的诉讼的原始材料。诉讼费用很高,但律师代理案件的费用视情况而定。如果案件败诉,律师就什么都不收;如果他赢了,他就分得一大笔钱。上层律师界贼溜溜地关注着这个律师业务,"大多数情况下,这些诉讼中涉及的都是所谓的疏忽伤害事件"。托马斯·库利认为这种风险代理的诉讼简直让人不屑一顾:"仅仅就是一类冒险",比买"彩票"也好不到哪里去。这类诉讼贬低了律师业,使"陪审团制度受到蔑视",最糟糕透顶的是,帮助制造了一种"一方面是聚集的资本和另一方面是整个社会之间的对立感觉"。[49]但是,风险代理诉讼也有它的优点。这样,一个穷人就可以起诉一个富有的公司。到1881年,风险代理诉讼成了"职业的普遍惯例"[50]。

事故的数量和风险代理诉讼制度本身都不能完全解释诉讼的增加。为了证明风险代理是正当的,也是为了谋生,律师必须至少要赢一些案子。雇员同伴规则的侵蚀是一种阴谋,陪审团、法官均有参与,但并不如莱缪尔·肖法官那样充实,立法机关也都加入了进来。规则的演变遵循了一个共同的模式。法院制定了一项简单、统一的规则,其形式旨在一锤定音。但是工人们和他们的律师试图通过某种方式绕过或修改这条规则。从某种意义上说,严格的侵权规则根本行不通。这些规定无疑扼杀了数千起诉讼。在无数情况下,一个工人或他的家人放弃了起诉的念头;或者以微不足道的金额息讼。然而,在19世纪末,成千上万的案件都出现在法庭上。原告赢得了其中一些案件——不是全部,而是其中的一部分而已。原告胜诉越多,就越鼓励律师再次发起尝试。与传说相反的是,陪审团并没有(如我们所说)自动向原告发放赔偿金;而陪审团和下级法院的法官也没有完全遵守严格的一般原则。在威斯康星州,直到1907年,工人起诉到法院的

307起人身伤害案件中,近三分之二的案件获得了胜诉。然而,最高法院只有五分之二的案件判决工人胜诉。[51]这些上诉案件只是案件或潜在案件的冰山一角。大多数工人的案子都没有结果。20世纪初的证据表明,受伤的雇员工人得到的赔偿很少或根本没有。[52]尽管如此,进了法庭的案件,的确仍有相当大的成功机会。审判法官和陪审团正在尽可能严格地玩弄法威尔游戏(Farwell game)。

规则也是摇摆不定的。一些案件为规则开辟了例外。其中之一是副主管规则(vice-principal doctrine)。如果粗心大意的同事是主管或上司,或是一个"副主管",即更像雇主而不是受雇人,雇员就可以提起诉讼。在一个案例中,一名铁路工人因调车场的一扇门倒塌而受伤,他成功地证明疏忽来自一名"掌管调车场的机师,此人系有权雇用和解聘工人的工头",工人赢得了这起诉讼。[53]副主管概念可能是法威尔的一个大漏洞。然而,有些州从来没有采纳过这一规则;有些州从来没有这么做过——有些州亦有例外的例外;而这些例外又有它们自己的例外。

其他相反规则的重要性甚至更大。有一种学说认为,雇主有义务提供一个安全的工作场所以及安全的工具和用具。这项职责是"不可推脱的"责任。在这方面的不到位使雇主有义务承担责任。许多案例都是在这一点上成为议题。在"韦奇伍德诉芝加哥和西北铁路公司案"(*Wedgwood v. Chicago & Northwestern Rr. Co.*)[54]中,原告是一名刹车制动员(brakeman)。他去"两节车厢连接处"时,被一个"大而长的并不适当地安置在那里的螺栓"所伤。这个螺栓"不必要地、不合适地横贯在车架、横梁或刹车头之外,刚好挡在刹车制动员去车厢连接处的路上"。初审法院驳回了原告的诉讼;但威斯康星州最高法院并不同意,该最高法院认为,铁路负有"责任"提供安全和合适的机械。的确,如果法院如此倾向,这一例外可能会吞噬这一规则。但是法院并没有这样做。因此,安全工具规则增加了它自己的例外——例如"简单工具"规则。锤子或斧头有缺陷并不导致雇主承担责任——这是对例外情况的例外的另一例外情况。

然后,以成文法的形式对法规进行修改。为了铁路的利益,这条规则首先出现在铁路案件中。当铁路变成了妖怪而不是英雄时,立法机构有时会以只适用于铁路的方式改变这一规则。19世纪50年代,佐治亚州的一项法令规定,只要铁路雇员本身没有玩忽职守,他们就有权对雇员同伴造成的伤害提出赔偿。艾奥瓦州(1862年)、怀俄明州(1869年)和堪萨斯州(1874年)也通过了类似的法律。[55]

因此,有关工业事故的法律变得异常庞大,这也就不足为奇了。1894年,威廉·贝利(William F. Bailey)发表了一部专著,题目是"雇主对雇员的伤害责任法";全文长达543页。贝利在序言中写道:"没有一个法律的分支,对执业者来说是如此令人困惑。"这里没有统一的说法;事实上,这个法律充满了"不可原谅的差异和区别"。"到了1900年,这个规则已经失去了它存在的一些理由。这个规则不再是一种有效的方法来避免事故索赔。它没有其自信的勇气。它在残酷和人道之间摇摆不定,从不下决心定夺。资本一方和劳工一方,对它都不满意。它将数百万美元注入律师、法院系统、管理人员、保险公司和理赔理算人手中。公司花了很多钱,但是它们的钱并没有买到产业和谐——也没有足够的钱流向受伤的工人。在世纪之交,不满的声音在回响,他最终导致了劳工赔偿(workers' compensation)的运动。英国已经通过了赔偿法。在美国,直到1911年才有一个州颁布赔偿法令。到那时,超过半数的州已经废除了雇员同伴规则,至少铁路部门废除了;1908年的《联邦雇主责任法案》(FELA)废除了州际铁路的类似规定。

到了1900年,侵权行为法经历了一系列奇妙的变化。这似乎是一种优柔寡断的状态。总的来说,法院仍然支持企业的权利,但这些权利都是时代的产物,对这些权利的信仰已经动摇。那些规则的结构,以及这个系统赖以生存的僵硬虚弱的骨架,正在削弱之中,也许甚至是摇摇欲坠。法官们变得越来越"人道"(humane)了[56],至少在一些特定的案件中如此。变化的一个征兆就是——美国法院撤销了英国的"莱兰兹诉弗莱彻案"的判决,该判决是在19世纪60年代作出的。[57]本案中的被告拥有一个磨坊。他们在自己的土地上建了一座水库。一些旧的、未使用的采矿井躺在他们的土地之下。水冲破了这些矿井,淹没了土地下面属于原告的煤矿。英国法院对被告施加了责任,尽管原告不能证明有任何过失。这个案例的原则——肯定有点模糊——似乎是一个启动某种特殊或危险过程的人必须承担后果。即便被告证明他曾经尽可能谨慎小心,或已经像一个理智的人那样谨慎小心,但这也并非是免责的借口。

相比起戴维斯的驴子或坠落的桶,这个观念孕育着更丰富的后果,至少是潜在的后果。由此,法院可以形成一种对工业危害承担绝对责任的理论;虽然还有关于严格责任的零散法规;但当时还没有普遍的原则。"莱兰兹诉弗莱彻案"的判决在美国引起了不同的反响。少数法院急切地接受了这一原则。这个原则被提及、认可和适用在1899年俄亥俄州的一个案件中,被告的土地上储存的硝酸甘油"因某种不明原因"爆炸,打碎了原告工厂的玻璃。[58]这个原则来得太猛太快,以至于其他法院对这个外来入侵者表示完全惊慌。小奥利弗·温德尔·霍姆斯于1873年写到,他的确承认对那些从事"极度危险的工作"的人施加风险可能具有一种"政治"意义;但是霍姆斯认为严格的责任——无过失的责任——是原始的,相对过失概念形成之前的远古时代,这是一种倒退,在那个时代里,"意外的爆炸和故意的爆炸之间并没有什么不同"。[59]新罕布什尔州首席大法官查尔斯·多伊作为一名自由派法官,也认为这一原则站不住脚,并坚决予以拒绝。一个叫莱斯特·柯林斯(Lester Collins)的人养的马被一列火车吓了一跳,在位于新罕布什尔州蒂尔顿的商店前的阿尔伯特·布朗(Albert Brown)的土地上,这几匹马把"一根石柱上的路灯"砸碎了。布朗起诉要求莱斯特·柯林斯赔偿损失。查尔斯·多伊不怕麻烦地写了一篇长篇文章抨击"莱兰兹诉弗莱彻案":此案将"对以合理、巧妙、谨慎的方式超越野蛮状态的努力施加了惩罚。法律原则不能对进步和改进造成如此严重的障碍",他拒绝对物质的自然和合理必要的使用"设置障碍"。[60] 对于一个损坏的石柱来说,这似乎是相当沉重的经济负担。但是查尔斯·多伊坚守19世纪早期的精神:社会进步取决于冒险者、企业家的活力和繁荣。让他们承担严格的责任——就像弗兰兹案可能做的那样——会减缓他们走向文明和经济增长的进程,也会阻滞他们走出野蛮的道路。[61]

但究竟什么是野蛮?自19世纪50年代以来,美国的景观发生了微妙的变化。烟囱密密麻麻,像森林里的树一样。在拥挤的城市里,一排排简陋的房子里,住着数以百计的低收入、无土地的工人。每年这些贫民窟里都会发生意外事件,充斥着伤亡的躯体和毁坏的生活,还有穷困的寡妇和儿童。工业界蒙受着耻辱的指控。不满情绪弥漫在空气中。劳工组织谴责侵权法制度是残忍和低效的。它的确是低效的,仅仅因为它不再起作用,因为太多的人已经失去或正在失去他们对一个严酷的、简单的系统的信心;他们不再把它看作是一种必要的邪恶。显然,变革正在进行中。保险和分散风险的技术已经准备好;资本储备的缓冲已经准备好了;也许最重要的是,一个有组织、不安定的工人阶级在用声音和选票抗衡着法律。到1900年,侵权法的规则就像某种庞大而短命的野兽,在最短的时间内诞生、繁衍和死亡。这些最严格的规则,以它们的荣耀,最多持续了两代人。这段插曲值得吗？在其他安排下，经济会否表现欠佳？这是不可能知道的。这种短暂而痛苦的生命也许是有道理的。被牺牲的生命和财富可能导向更大的事业目标。或者，再重复一遍，一切仍然是徒劳的。

注 释

[1] These cases are, respectively, 3 M. & W. 1 (1837);10 M. & W. 546 (1842); L.R. 3 H.D. 330 (1868), affirming L.R, 2 Ex. 265 (1866).

[2] See Charles O. Gregory, "Trespass to Negligence to Absolute Liability," 37 Va. L. Rev. 359 (1951). Was there a "reasonable woman" as well as a "reasonable man"? In fact, as Barbara Welke has pointed out in an important study, tort law was extremely "gendered"; and to take gender "out of the law was something like taking the bounce out of a rabbit... Men's and women's accidents were patterned by gender." Even such matters as the kind of skirts women wore had an impact on whether they were careless or not in getting on or off trains. Barbara Young Welke, *Recasting American Liberty: Gender, Race, Law, and the Railroad Revolution, 1865–1920* (2001), pp. 96, 98.

[3] 35 N.Y. 210 (1866).

[4] Herbert Hovenkamp, "Pragmatic Realism and Proximate Cause in America," 3 J. Legal History 3, 7 (1982).

[5] Lawrence M. Friedman, *Total Justice* (1985).

[6] For the story, see Wex S. Malone, "The Formative Era of Contributory Negligence," 41 Ill. L. Rev. 151 (1946).

[7] 13 Barb. 2 (N.Y. 1852).

[8] See G. Edward White, *Tort Law in America: An Intellectual History* (1980), pp. 41–45.

[9] 3 M. & W. 1 (1837); see above, part II, ch. VII, p. 301.

[10] Quoted in Walter F. Dodd, *Administration of Workmen's Compensation* (1936), p. 5, n. 7. Sir Edward Hall Alderson was an English judge who further developed the doctrine.

[11] 45 Mass. (4 Met.) 49 (1842).

[12] *Mosley v. Chamberlain*, 18 Wis. 700, 705 (1861).

[13] See the perceptive article by Wex S. Malone, "The Genesis of Wrongful Death," 17 Stan. L. Rev. 1043 (1965).

[14] See *Cross v. Guthery*, 2 Root 90 (Conn., 1794); *Ford v. Monroe*, 20 Wend. 210 (N.Y., 1838); see also *Shields v. Yonge*, 15 Ga. 349 (1854), where the fellow-servant rule was applied, but at the same time the court rejected the common-law doctrine that personal injury actions did not survive.

[15] 55 Mass. (1 Cush.) 475 (1848).

[16] Bacon, J., in *Green v. Hudson River Rr. Co.*, 28 Barb. 9, 15 (N.Y. 1858).

[17] William Prosser, *Handbook of the Law of Torts* (3rd ed., 1964), p. 924.

[18] 12 C. & F. 507 (1846).

[19] *McDonald v. Massachusetts General Hospital*, 120 Mass. 432 (1876).

[20] *Perry v. House of Refuge*, 63 Md. 20 (1884).

[21] For facts and figures, see Randolph Bergstrom, *Courting Danger: Injury and Law in New York City*, 1870-1910 (1992).

[22] See Bergstrom, n. 21 *supra*; Lawrence M. Friedman, "Civil Wrongs: Personal Injury Law in the Late 19th Century," 1987 American Bar Association Research J. 351.

[23] Richard A. Posner, "A Theory of Negligence," 1 J. Legal Studies No. 1, pp. 29, 92 (1972). The volume of personal injury cases in the appellate courts grew tremendously in the last quarter of the century, according to Posner's study. Almost half of these were railroad accident cases, *Ibid.*, 63, 85. See also Robert Kagan, Bliss Cartwright, Lawrence M. Friedman, and Stanton Wheeler, "The Business of State Supreme Courts, 1870-1970," 30 Stan. L. Rev. 121, 142 (1977). Lawrence M. Friedman, "Civil Wrongs," n. 22 above, was a study of tort cages in Alameda County, California, in the late nineteenth century; here, too, plaintiffs won most but by no means all of their cases.

[24] Thomas D. Russell, "Blood on the Tracks: Turn-of-the-Century Streetcar Injuries, Claims, and Litigation in Alameda County, California" (unpublished mss) referred

to in John Fabian Witt, "Toward a New History of American Accident Law: Classical Tort Law and the Cooperative First-Party Insurance Movement," 114 Harv. L. Rev. 690, 769n (2001).

[25] Edward A. Purcell Jr., "The Action Was Outside the Courts: Consumer Injuries and the Uses of Contract in the United States, 1875-1945," in Willibald Steinmetz, ed., *Private Law and Social Inequality in the Industrial Age* (2000), p. 505.

[26] Lawrence M. Friedman, "Civil Wrongs," n. 22 supra.

[27] The rule applied to this situation: B hired a carriage; and was riding in it; C was the driver. The carriage collided with a carriage driven by D. Both C and D were at fault. Can B, who was injured, sue D? The doctrine of imputed negligence denied him this right.

[28] Field, J., in *Little v. Hackett*, 116 U.S. 366 (1885). See also *Bunting v. Hagsett*, 139 Pa. St. 363, 21 Atl. 31 (1891).

[29] *Galena and Chicago Union Rr. Co. v. Jacobs*, 20 Ill. 478 (1858); see, on this and other Illinois cases, Howard Schweber, *The Creation of American Common Law, 1850–1880* (2004), pp. 90–111.

[30] 10 M. & W. 546 (1842).

[31] McLean, J., in *Fuller v. Illinois Central Rr. Co.*, 100 Miss. 705, 56 So. 783 (1911).

[32] 2 H. & C. 722 (1863).

[33] *Illinois Central Rr. v. Phillips*, 49 Ill. 234 (1868). But the upper court reversed. The explosion did not raise a presumption of negligence. The trial court should have given an instruction about the type of evidence that would rebut this presumption.

[34] Kans. Stats. 1868, ch. 118, sec. 2. The doctrine of the *Ryan* case (pp. 373–74, above) was also not universally accepted by the courts. In most states, wrote Thomas M. Cooley in 1879, a "negligent fire is regarded as a unity; it reaches the last building as a direct and proximate result of the original negligence, just as a rolling stone put in motion down a hill, injuring several persons in succession, inflicts the last injury as a proximate result of the original force as directly as it does the first." Thomas M. Cooley, *A Treatise*

on the Law of Torts (1879), p. 77.

[35] Laws N.Y. 1850, ch. 140, sec. 39.

[36] R.I. Stats. 1857, ch. 130, secs. 3–5.

[37] Laws Colo. 1872, p. 185.

[38] N.H. Stats. 1851, ch. 142, secs. 8–9; see *Hooksett v. Concord Rr.*, 38 N.H. 242, 244 (1859).

[39] Walter Licht, *Working for the Railroad: The Organization of Work in the Nineteenth Century* (1983), pp. 181–208. Some railroads took care of certain medical expenses, and gave charity to injured workmen and their families, on a voluntary basis. But the process was "arbitrary," and done in such a way as to avoid even the appearance of "fixed rules and procedures." *Ibid.*, p. 205. Some railroads had "relief associations," mostly voluntary, to help injured or disabled workers. Usually, a member who accepted benefits had to release any legal claim against the road. James W. Ely Jr., *Railroads and American Law* (2001), pp. 216–17.

[40] 27 Stats. 531 (act of Mar. 2, 1895). The roads were given until Jan. 1, 1898, to comply, and the ICC was authorized to grant extensions.

[41] 10 Stats. 61 (act of Aug. 30, 1852).

[42] Gene E. Salecker, *Disaster of the Mississippi: The Sultana Explosion, April 27, 1865* (1996).

[43] 40 Minn. 103, 41 N.W. 543 (1889).

[44] 9 and 10 Vict., ch. 93 (1846).

[45] Wex S. Malone, "The Genesis of Wrongful Death," 17 Stan. L. Rev. 1043, 1070 (1965). Note that this law was passed eight years before Massachusetts, in the *Carey* case (discussed earlier), denied that wrongful death actions survived at common law. The dead man in *Carey* was, alas, a worker, not a passenger.

[46] Laws Ky. 1854, ch. 964, secs. 1, 3.

[47] *Zeigler v. Danbury and Norwalk Railroad Co.*, 52 Conn. 543, 556 (1885).

[48] Thomas, J., in a separate opinion in *Parker v. Hannibal & St. Joseph Railroad Co.*, 109 Mo. 362, 390, 397–98, 19 S. W. 1119 (1891), quoting from *Gilmore v.*

Northern Pacific Railroad Co., 18 Fed. Rep. 866 (C.C.D. Ore., 1884).

[49] Quoted in 24 Albany L.J. 26 (1881).

[50] 13 Central L.J. 381 (1881).

[51] [1907-1908] *Wis. Bureau of Labor and Industrial Statistics*, 13th Bienn. Rep., pp. 85-86 (1909).

[52] Price V. Fishback and Shawn Everett Kantor, *Prelude to the Welfare State: The Origins of Workers' Compensation* (2000), pp, 30-42.

[53] *Missouri Pac. Ry Co. v. Sasse*, 22 S.W. 187 (Ct, of Civ. Appeals, Texas, 1893).

[54] 41 Wis. 478 (1877).

[55] Laws Ga. 1855-56, p. 155; Laws Iowa 1862, ch. 169, sec. 7; Laws Wyo. Terr. 1869, ch. 65; Laws Kans. 1874, ch. 93.

[56] Gary Schwartz, "Tort Law and the Economy in Nineteenth-Century America: A Reinterpretation," 90 Yale L.J. 1717 (1981).

[57] L.R. 1 Ex. 265 (1866); upheld in the House of Lords, L.R. 3 H.L. 330 (1868).

[58] *Bradford Glycerine Co. v. St. Mary's Woolen Mfg. Co.*, 60 Ohio St. 560, 54 N.E. 528 (1899).

[59] 7 Am. Law. Rev. 652, 653 (1873).

[60] *Brown v. Collins*, 53 N.H. 442, 448 (1873).

[61] See the essay of Francis H. Bohlen, "The Rule in *Rylands v. Fletcher*," 59 U. Pa. L. Rev. 298, 373, 423 (1911) on the meaning of the case; and on the judicial reaction to the decision.

第七章

弱　者：
1850年至1900年

穷人依赖

相比大多数旧时代的社会，美国体制为更多的人在经济中提供了发言权和可供分享的份额。但是，显然不是所有的人。对于黑人、美洲原住民、中国人，对于那些无组织和没有权力的人来说，他们所能分享到的比例是微不足道和勉强的。在一个相对开放的社会里，利益集团创造了政治，政治创造了法律。吱吱作响的轮子会得到添加的油（The squeaky wheels got the oil）。权力导致特权。那些老人们、迁徙者们、智力障碍者、肮脏的穷人和残废的家庭——所有这些人基本上都处于社会的最底层。侵权行为法蓬勃发展，公司法自豪感高涨，契约盛行，但针对穷人的法律仍然处于模糊的、地方性的、随意的、落后的、残酷的状态。但是在19世纪后期有了一些变化，甚至可能是某种程度的改善。

还有很多需要改进的地方。在一些州的一些郡里，在铁路和电报时代，穷人仍然被"像牛一样地以按人头论价，并让饲养人从他们的微不足道的需求中牟利"¹。或它们可以在拍卖中被出售给最低出价人。有时,没有真正其他的选择。19世纪70年代和80年代,威斯康星州特伦珀洛郡将少数"永久精神错乱"的人释放出来;该州的庇护所不能或不会容纳他们。²许多人发现拍卖制度滥用;它最终消失了。在19世纪50年代,机构内部的救济明显处于优势地位;"户外"救济正在下降。这种趋势意味着有济贫农场和济贫院,如果更专门的机构不够多的话。改变政策的一个原因是意识形态。此时,外部救济刚好还没有糟糕透顶。"以前在工厂工作的人,看到他们的同伴从穷人的监护者那里得到食物……对这些穷人来说,这些援助是他们应得的。"³很多人真诚地相信,济贫院是个好主意。类似道德训练、医疗、康复——所有这些都是在"外部"救济制度下很难做到的。一个完善的机构可以改善穷人的命运。

1850年,罗得岛州对其工作中的济贫法律体系进行了研究,结果令人痛心。一共有15家济贫院。这些济贫院每年花费在贫民身上的费用是平均每人51.5美元。一些穷人仍然被"卖"给那些与低出价竞争的监护员。有证词说,有一位看守殴打并滥用其监管权:"他曾用绳子把年仅60岁的约翰·戴维斯(John Davis)拖上楼梯,让他日日夜夜地待在那里,直到他死了,他的一条腿都冻住了……他在午夜前就死了,没有人陪着他;他躺着,直到日出2到3小时之后他们才到来,这可是个非常寒冷的早晨。"⁴

济贫院或者济贫农场,还有什么更好的办法吗?济贫农场也是靠廉价经营的,有时甚至是冷酷无情的。用一位观察者的话说,他们居住在"当时社会废墟中最沉闷的底层。在某些乡间的济贫院里,一年到头都没有牧师来访;也没有一位友好的访客鼓励院长忠心耿耿,或揭露可能存在的虐待行为"⁵。1868年的纽约阿尔斯特郡济贫院是一座"破旧的两层木结构"。房间很小,"天花板低,通风不太好",没有

"合适的洗澡设施"。为精神病患者准备的小木屋里有"25个不通风的小牢房"。病患者们都是"吵闹和肮脏的",有几个"几乎赤身裸体"。床上乱七八糟,大厅里到处都是稻草和衣服。由男女合用的浴室都没有修复;房间里的空气是"污秽和不清洁的"。在斯科哈里郡的济贫院里,"一个疯女人被锁在地板上,一个男人被锁在院子里的一块木头上"。20年后,这些小木屋中的一些得到了改善,有些则没有得到改善。[6]许多郡的穷人几乎得不到医疗照顾。1894年,在密歇根,一位前郡医生报告说,拍卖制度仍然有效;许多郡以这种方式授予医疗合同。出价最低的当地医生得到了提供药品、提供医疗服务和为穷人做手术的合同。[7]

什么样的人会去济贫院呢?很明显,只有那些别无选择的人——最绝望的人、最底层的男人和女人。以这些底层人的视角对这些阴郁、晦涩的机构进行的研究工作,十分罕见。不出所料,这些济贫院吸引了无家可归的带着孩子的未婚母亲、寡妇、老人,还有大量的精神病患者。[8]一些同时代的人把这些济贫院称为"可恶的穷人之家"。查尔斯·霍伊特(Charles S. Hoyt)博士曾在1874年至1875年间对纽约济贫院的居民们做过调查,他谈到了"懒惰、鲁莽、酗酒"以及恶劣的放纵;他还谈到"世袭"倾向。穷光蛋之所以成为穷光蛋,是因为他们自己能力欠缺。"由于自身以外的原因而导致贫困的人数……少得令人吃惊。"[9]但是那位好的医生的说法错了。总的来说,这些济贫院里的居民是资本主义废墟的产物,是传统社会腐朽的受害者。他们是被赶出工作的男人、事故受害者、寡妇、老年人、病人;事实上,几乎所有穷人都"生活在工人阶级中最脆弱的阶层"[10]。现在他们被扔进了济贫院或济贫农场之中。在这里,他们至少得到了一些食物、住所、一些衣服和一些基本的医疗保健——尽管这里显然缺少同情心。毫无疑问,有些济贫院比其他的好。无论是全部,还是大部分,这类地方是不是都像罗得岛州或纽约州的例子一样糟糕,的确难以判定。

南北战争后,一些州开始尝试实行更加集中的行政管理。马萨诸塞州于1863年设立了州慈善委员会,伊利诺伊州于1869年也设立了慈善委员会。[11]1873年康涅狄格州的一项法律设立了一个由州长任命的慈善机构委员会——由"三位先生和两位女士"组成,该委员会将访问和检查"州内所有公共和私人机构,在这些机构中,出于刑罚、改造、卫生或人道主义目的,人们被强制拘留"。委员会有责任查看囚犯是否得到"适当待遇",以及他们是否被"不公正地安置"或是否被"适当安置"。董事会有一些模糊的权力,可以"纠正将发现存在的任何滥用权力",但被告知"在切实可行的范围内,通过这些机构的负责人开展工作"。[12]这比对慈善机构的严格纪律要少一些。但董事会拥有宣传的权力,如果它们愿意的话,它们可以揭发丑闻。19世纪末,政府内外的一小群热诚的人——像弗洛伦斯·凯利(Florence Kelley)、劳伦斯·维勒(Lawrence Veiller)和其他人——努力改善穷人的命运以及为这些人服务的机构。改革者用文字、图表和图片作为武器。他们试图博得更多公众的同情,或者更有效地诉诸公众的自身利益。他们试图表明,从长远来看,对穷人的冷酷无情是没有回报的。

这种社会成本的争论可能会产生某种效果。19世纪90年代,阿莫斯·沃纳(Amos G. Warner)及其同事指出,在19世纪90年代,美国有10个城市的人口总数为3327323人,每年在医疗救助上的支出为1034576.5美元。沃纳在著作中提到了"三个强大的动机":"帮助穷人的愿望,教育学生和建立医疗声誉的愿望,以及保护公众健康的愿望。最后一个动机往往是医疗慈善机构公共拨款的主要原因。"[13]贫困滋生了犯罪、瘟疫和社会混乱。因此,与贫困作斗争是一种打击犯罪、瘟疫和社会混乱的斗争。

然而,改革者不得不与其他强烈态度作斗争,即那些对贫民救济不那么友好的态度。1886年,伊利诺伊州慈善委员会表达了一个共同的担忧:"用国家机构取代私人慈善的自发冲动的必然后果"将是"瘫痪"私营部门的"慈善活动"。[14]约瑟芬·肖·洛厄尔(Josephine Shaw Lowell)在1890年写到,只有在"饥饿迫在眉睫"时,公众救济才有正当理由。怎么知道什么时候才正当呢?"只要确定提供公众救济的条件,就可以推断,没有濒临饥饿危险的人,不会同意接受救济。给予的越少,对每个人、给予者和接收者都越有利。"[15]

没人在这件事上询问穷人们的意见。穷人是刻板定型和假设的受害者。如果你付钱给那些没有"挣"工资的人,你就是在鼓励懒惰和社会混乱。另外大多数人不想让其他美国人饿死。通常的解决办法是向需要救济的人提供救济;但救济必须是吝啬、痛苦和让穷人污名化的。这个过程必须是如此卑劣和令人厌恶,以至于穷人没有任何其他替代的路可走,让这些人没有一丝人的尊严。事实上,大多数情况下,家庭和朋友必须养活城市贫民;私人慈善机构照顾其他人;公共部门则是落在后面的提供者。然而,在经济萧条时期,主要城市都有为穷人设立的施食处(soup kitchens)。一些救济机构抗议说,这些施食处对来者不加区分;其实,"不可能"区分"值得救济的穷人"和"不值得救济的穷人"。[16]汤的提供大概会腐蚀其中的一些人。大城市的机制中就没有这样的不安。在1870年严酷的冬天,纽约州的一个大老板特威德亲自捐助了50000美元为穷人提供圣诞晚餐。他利用自己在州立法机构的职位,挤出资金用于他所在城市的慈善事业;城市基金也被分配给福利机构。当然,这些钱有一部分是从公众手里压榨而来的——无论是富人还是穷人。《纽约时报》用刻薄的语言把特威德比作中世纪男爵:"他扫过一个人的庄稼地,然后给了他一块干面包。"[17]19世纪90年代又回到了困难时期,随之而来的是更多的穷人。底特律市长黑曾·平格里(Hazen Pingree)制定了一项园艺计划,穷人会在空置的土地上种植蔬菜。旧金山每月花3000美元帮助失业者。其中一些失业男子被派去打扫街道和修路。[18]

许多州对穷人安置和搬迁方面的法律进行了改革,去除了一些最糟糕的特点。但是,人们仍然执迷于在值得救济的穷人和不值得救济的穷人之间划清界限。醉汉、迁徙者、流浪汉和俗话说的强壮的乞丐都属于不值得救济之列。所谓值得救济者,本质上说,都是那些无辜者。这些人是盲人、孩子、退伍军人、聋哑人、癫痫患者。立法机构尤其可能对那些从中产阶级(这些人是有选票的选民)中跌落的临时受害者表示同情。例如,和其他地区一样,堪萨斯州对贫困的穷人同样是吝啬的。但在1869年,它拨款1.5万美元,为西部边疆贫困的定居者购买小麦种子;1871年和1872年,更多的资金被划拨给西部平原;1874年,西部平原爆发蝗灾,于是,1875年,该州通过了一项"种子和饲料"法("seed and feed" law)。乡镇可以发行债券给"贫困公民……提供一些谷物作为种子和饲料"。另一项法律授权郡出售用于救济目的债券(农民将预期偿还这笔钱)。在19世纪90年代,堪萨斯州将小麦种子送给了农民,并将谷物和煤炭卖给了受干旱和农作物歉收影响的农民。[19]

尽管有来自州一级的权利争论,的确有一种来自联邦福利的传统。但联邦的福利仅限于战争和灾难的受害者。总的来说,退伍军人是一个值得赞赏的阶层。包括内战在内的每一次美国战争的退伍军人都有州和联邦政府的养老金。数千名独立革命战争的老兵领取了养老金。内战产生了更多的退伍军人。在1862年的联邦养老金法中,受伤的退伍军人及其家属被挑出来领取特殊福利。法律给残疾老兵、他们的遗孀和孤儿提供养老金。政府还向失去手臂和腿的士兵免费提供假肢;到1966年,政府已经补贴了3981条腿、2240条胳膊、9只脚和55只手。退伍军人在政府工作方面也得到了优惠待遇。[20]19世纪50

年代,国会在哥伦比亚特区为退伍军人设立了一个美国军人之家(U. S. Soldiers' Home);但在南北战争之后,国会极大地扩大了退伍军人的机构式护理范围,在1873年之后成立了全国残疾志愿兵之家(National Home for Disabled Volunteer Soldiers)。这个机构最初只对残疾退伍军人开放,但到了19世纪80年代,它已经接纳了那些年迈、疲惫不堪的退伍军人;而且还有了一个完整的分支网络。[21]

随着时间的推移,南北战争的养老金法变得更加慷慨。毕竟,退伍军人是一个强有力的政治游说团体。1890年,国会通过了《扶养恤金法》(Dependent Pension Law),该法的适用范围大大扩大。任何人如果服了3个月的兵役并光荣地退役,如果他们患有"永久性的精神或身体残疾"(只要这不是"他们自己的恶习的结果"),就可以领取养恤金。"残疾"根本不需要与其在军队的服役相关联。1906年的一项法律规定,老年本身就是一种"残疾":任何60岁以上的人都有权利领取养老金。1910年,在65岁以上的人口中,堪萨斯州至少有30%的人领取了养老金,尽管在一些州这一比例要低得多(佐治亚州为3%)。[22]退伍军人在各州也是一个强有力的游说团体;各州提供的福利也参差不齐。例如,康涅狄格州给予前士兵一些税收减免(1869年),建立了士兵孤儿之家(1864年),让退伍军人优先申请国家工作(1889年),并免除了退伍军人获得商贩执照的申请手续(1895年)。[23]

有很多分类的项目用以救济那些特殊阶层中不幸的人。各州向私人慈善机构提供特许,并向这些机构捐赠资金。[24]州自己管理着许多机构。在马萨诸塞州,位于伍斯特的州立精神病院成立于19世纪30年代。[25]19世纪40年代,多罗西娅·迪克斯(Dorothea Dix)勇敢地在全国各地奔走,请求为精神病患者做更多的工作。在新泽西,她说服立法机关在托伦顿建立一个精神病收容所;1848年,这个收容所开始营业。1863年,堪萨斯州在奥萨沃托米建立了一所精神病医院;后来,又建立了4家这样的医院;1881年,又建立了一个智力障碍者的州立医院。但即使在拥有州立机构的州,大多数精神错乱的人要么在家,要么就处于在地方贫民救济官员的怜悯之下。州立机构本身也是鱼龙混杂。纳税人讨厌花钱,他们的注意力也很短暂。因此,许多机构徒有虚名或被人们视而不见。其中的一些机构变成了混乱的陷阱;集中起来虐待也不比分散的那种好到哪里去。

儿童是法律和社会的宠儿;当时还有一些为不幸的孩子付出的特别努力。1860年,宾夕法尼亚州向"北方孤儿之家"捐赠了5000美元,这是一种典型的慷慨行为。[26]儿童比成年人更容易赢得同情;此外,人们担心,如果不为无家可归或被遗弃的儿童做任何事情,他们就会完全失去尊严;长大后会成为"危险阶层"部队里的新兵。在城市和工厂时代,旧的学徒制已经不复存在。在纽约,由查尔斯·洛林·布雷斯(Charles Loring Brace)于1853年创立的儿童援助协会(Children's Aid Society),把无家可归的孩子从街上聚集起来,把他们送到乡村地区——许多人去了中西部——在干净、诚实、新教的农场上工作并塑造品格。然而,这不是一个被完美运作的计划。一些新的养父母残酷对待并剥削这些孩子们;一些天主教徒(并且其中许多孩子是天主教徒)反对该计划,因为这对他们的宗教构成了威胁。毫无疑问,一些孤儿找到了体面的家庭以及诚实谋生的方式。西部的农场生活在任何情况下都比街头生活、饥饿和早期的暴力死亡要好得多。截至1892年,儿童援助协会一共"迁移"了84318名儿童,其中大部分(51427名)是男孩。[27]

总的来说,将穷人加以分别对待的方法是唯一在政治上具有很大吸引力的方法。只有那些无辜或值得救济的穷人,才有机会引起人们的同情。没有任何项目——能以任何有意义的方式来处理剩下的那些不值得救济的所谓穷人。人类的残渣(dregs of humanity),或者被定义为渣滓的东西,除了得到一些残渣剩饭,什么也得不到。这是一个经常重复的故事。在20世纪50年代,这是"受抚养子女家庭援助计划"(Aid to Families with Dependent Children,AFDC)和公共住房的命运。这些问题变得越来越有争议和越来越被忽视,那些最棘手、最依赖、最需要解决的问题就越需要最终的定论。里根总统就妖魔化了"福利女王";克林顿总统结束了"我们所知道的福利"。对贫困人群给予艰难的关爱,最后还是那样艰难和吝啬。

家庭法与妇女地位[28]

19世纪下半叶是妇女法律地位发生重大变化的时期。大多数中产阶级男子认为,妇女有自己的特殊和有限的领域。女人是道德高尚但又脆弱的生物,她们属于家庭,家庭是她们独有的王国。发生在1874年的一个案例,当时铁路上有独立的"女士专用车厢";当一个男人试图进入这个车厢时(此人厌倦了站在吸烟的车厢里),他被强行驱逐了出去。此人后来去法院起诉要求赔偿。威斯康星州最高法院拒绝了他:单独旅行中的女性需要得到"保护";她们必须得到避免烦扰和欺辱的"庇护"[29]。

正如我们将看到的那样,尽管遭到了巨大的抵制,有几个女性成功地攻占了法律职业的堡垒。[30]她们是劳动妇女阵营中最顶端的一群人。工厂革命吸引了成千上万的妇女从她们的农场和家庭进入纺织厂或商店。她们可能会时不时更换雇主;但在某些方面,工作也导致妇女在法律上的解放。一个挣钱谋生的女人并不完全依赖男人。妇女直到20世纪才获得选举权[31];但在19世纪,仍有一些局部但同时又十分重要的妇女解放举措。

如果没有其他理由,就一个自由的企业而言,法律假定成年人完全有能力在市场上购买、销售和作出安排。在1850年以后,已经讨论过的已婚妇女财产法得到了扩展和推广。威斯康星州的一位法官说,毫无疑问,有些男人觉得这些法律"过于强调用一种奇怪而又有男子气概的服饰来打扮女性"[32]。但市场和债权人的权利最终战胜了这些隐约过时的情绪。在纽约州,1860年和1862年的法令扩大了已婚妇女的权利。已婚妇女现在不仅在其拥有或获得的财产方面享有权利,而且在"通过其贸易、商业、劳动或服务获得的任何财产方面也享有一些权利"。法院最初对这一法规的解释相当狭隘。1878年的一宗案件认为,丈夫仍然有权就妻子的工资提出诉讼。[33]但法律的趋势——就像在社会中一样——是显而易见的。如果说妇女在家庭或公共生活中没有获得多少权利的话,至少她们在市场上是有权利可言的。

正如我们看到的那样,寡妇地产制度也被大大地修改和改造了。尽管这也普遍符合妇女的利益,也许更关键的是,这也符合那些在市场上交易的人的利益。在主张夫妻共同财产的州(加利福尼亚州、得克萨斯州、路易斯安那州和其他若干州),虽然夫妻"平等拥有"共同财产,但还是由丈夫完全掌控。丈夫拥有管理和控制的权利。这种情况会改变,但速度十分缓慢。就遗产继承而言,共有财产州领先于其他州。妻子的继承权在这些州相当稳固。她自动拥有了"共同财产"的一半。不管她丈夫的遗嘱怎么说,寡妇也已经占有了一半财产;毕竟,这已经是她的合法财产了。[34]

在19世纪下半叶,普通法的婚姻规则逐渐衰落。正如我们所指出的那样,这一规则在19世纪上半叶受到高度推崇。但是,新的城市和工业世界更加官场化;这是一个事无巨细地加以记录和归入文件的世界。当记录稀缺和匮乏时,普通法的婚姻规则有助于使财产权合法化。到19世纪末,普通法已经成为一种讨厌的东西。大多数州都规定了结婚证书,以及民事和宗教仪式。少数几个州废除了普通法婚姻,或以成文法的方式将其废弃。³⁵在其他州,普通法婚姻仍然有效。法院有时将结婚登记证书解释为可选择性的;如果夫妻双方选择正式婚姻,则可以进行正式婚姻,但没有义务一定要如此遵循。普通法婚姻的实际发生率无疑在下降。普通法婚姻当时已经过时了。普通法在继承案件中造成了问题,而且在20世纪以后,在工人补偿、国家养老金和社会保障等情形下,也造成了诸多问题。³⁶普通法婚姻还有另一个缺点:它挫败了国家对婚姻的控制。毕竟,婚姻是通往繁衍后代的大门。普通法婚姻允许任何人,包括精神病人和患病的人结婚。1895年康涅狄格州规定,"癫痫病、低能或智力障碍者"的男性或女性,如果"不到45岁",就不能结婚或同居;对于癫痫患者或意志薄弱的男性来说,如果以"肉欲形式去结识"45岁以下的女性,也是犯罪行为。印第安纳州的一项法律(1905年)禁止在过去5年内住在贫民窟里的男子结婚,除非他能证明自己能养活一个家庭;如果任何一方患有传染病,则不颁发结婚证书。³⁷这些法规也表明优生学运动的影响,以及国家对控制生殖的高度关注。

换句话说,婚姻正变得越来越正式;国家对这一问题也越来越关注。法律本身涉及适当的结婚年龄。在普通法中,男孩同意结婚的年龄是14岁,女孩是12岁。这条普通法规则允许非常年轻的婚姻;乔尔·毕晓普认为它不适合"北方的纬度";它一定是"起源于意大利的温暖气候"。³⁸美国法规普遍重新定义了婚姻同意的年龄,将其提高到更合适的水平。伊利诺伊州在1827年将男性的结婚年龄规定为17岁,女性为14岁。爱达荷州在1887年将男性的结婚年龄规定为18岁,女性为16岁。我们将看到,不仅仅是婚姻,合意发生性行为的年龄也在上升。

非正式婚姻的一个特殊情形必须被提及。奴隶一直是不被允许结婚的。奴隶"婚姻"甚至连普通法婚姻也算不上,但当奴隶制结束时,各州必须确认那些稳定的男女结合,从功能上说,这就是婚姻。1868年阿拉巴马州的一项法律宣布"自由人和妇女……同居如夫妻,在法律上应被视为夫妻";他们的子女被"认为有权享有任何其他类别子女的所有权利、福利和豁免"。[39]

因此,曾经为奴隶的人们被允许结婚——只是奴隶之间彼此结婚而已。他们当然不被允许与白人通婚。在南方各州,跨种族婚姻是违法的;一般说来,跨种族性行为是一种犯罪。1881年,黑人男子托尼·佩斯(Tony Pace)和白人女子玛丽·考克斯(Mary J. Cox)因"同居或通奸",在阿拉巴马州被起诉、定罪并被判处监禁。最高法院维持了对他们的定罪。[40]但是,将白人和黑人结婚视为犯罪行为的法律不仅仅出现在南方。[41]这样的法律也出现在某些西部和北部州:1850年的加利福尼亚州法令宣布所有"白人与黑人、混血人的婚姻"都是"非法和无效的"。直到1913年,48个州中有30个州制定了某种法律来禁止异族通婚。

重婚行为一直是一种犯罪,但在刑事司法系统中却从未加以重视。重婚在19世纪某种程度上变得愈加紧要。一个流动社会,一个充满移民和陌生人的社会,是不再有媒妁之言安排婚姻的社会;在这个社会里,不诚实的男人可以轻易地从一个身份滑到另一个身份,放弃原配妻子,并在没有离婚的情况下和一个新人结婚。[42]然而,重婚并不是一个严重的社会问题——有一个例外情形,即摩门教徒(Latter-Day Saints)之间的多元婚姻。摩门教关于一夫多妻制的做法激起了人们的愤怒、恐惧和厌恶;遭到了神职人员、立法机关和新闻界的强烈谴责,其谴责强度是今天的人们难以理解的。一夫多妻制以某种方式威胁着"社会的基础"。社会是一个巨大的有机体,是由传统的家庭,由丈夫和妻子在"基督教一夫一妻制"的基础上结合在一起所组成。任何威胁到这个基础的东西,都会导致毁灭。[43]基督教主张一夫一妻制的信徒们开始采取行动。在1862年的《莫里尔法案》中,国会采取了"惩罚和防止领土内一夫多妻制的做法"。1878年的"雷诺兹诉美国案"(Reynolds v. United States)[44]是一个测试性案例,涉及摩门教宗教领袖杨百翰(Brigham Young)的秘书乔治·雷诺兹(George Reynolds)。乔治·雷诺兹因一夫多妻而受审并被判有罪。雷诺兹认为,反对一夫多妻制的法律超出了国会管理领土的权力,侵犯了他信奉宗教的自由。政府的律师认为,允许一夫多妻制会为无法形容的恐怖打开大门:"印度教寡妇"把自己投在丈夫的火葬堆上,"东岛人"会遗弃他们的"新生婴儿","暴徒"会犯下谋杀罪。[45]法院似乎同意政府律师的意见。他们支持这一法律和对雷诺兹的定罪。他们重复了关于印度教寡妇和人类祭祀的恐怖故事。此外,一夫多妻制是"父权制",而且一直仅限于"亚洲人和非洲人"。显然,法院认为它只属于那些不文明的地方。很明显,在法院看来,一夫多妻制不仅在美国是不合适的,它代表着一种深刻的社会威胁。

许多摩门教徒被逮捕和定罪;但是犹他的摩门教徒继续着被人们厌恶的做法。19世纪80年代,异教徒们又重返战场。1881年,阿瑟总统将多元婚姻称为"可憎的罪行"。詹姆斯·布莱恩(James G. Blaine)警告人们不要把仇恨伪装成宗教行为;他重申了关于"某些异教徒部落如果他们来到我们中间继续人类献祭的仪式"的界限。[46] 1882年的邪恶和惩罚性的《埃德蒙兹法》(Edmunds Law)使反对一夫多妻制的法律更加严厉,它还试图粉碎摩门教领袖的政治权力。依据《埃德蒙兹法》,大量摩门教徒因"非法同居"被罚款并被捕入狱。[47]摩门教领袖转入地下。1887年的《埃德蒙兹—塔克法》(Edmunds-Tucker Law)甚至更为严格。它的目的是摧毁摩门教的权力,夺取其财产,并将其实体加以解散。1890年,摩门教主席威尔福德·伍德拉夫(Wilford Woodruff)以失败告终,放弃了一夫多妻制。摩门教徒反对美国的叛乱结束了。多元婚姻已成为历史,尽管摩门教一些离经叛道的分支秘密地维持了这一习俗。毫无疑问,对撒旦的垮台和美国道德的胜利,成千上万的良善美国人深感欣慰。

离 婚

离婚法律总是比婚姻法更复杂和更有争议。在 19 世纪的最后半个世纪,它在官方层面上发生了很大的变化,甚至在社会基本生活层面中也发生了更大的变化。第一个重大变化是个案立法式离婚的消失。一个州接着一个州,通常是通过宪法的规定来废除它。到了 1880 年,个案立法式离婚实际上已经消失了。特拉华州是坚持到最后的一个州,直到 1897 年才废除个案立法式离婚。特拉华州的一部新宪法结束了这一做法。在这一尊贵的制度实施的最后一年,特拉华州立法机关批准了不少于 100 份离婚案。

在个案立法离婚时代之后,所有离婚诉讼都必须经过法院系统,这在北方各州已经存在了很长一段时间。各州的离婚法规各不相同。在此光谱的最后一端,是南卡罗来纳州,它是唯一一个无法获得绝对离婚的州。[48]大约从 1850 年至 1870 年,有几个州通过了相当宽松的离婚法。康涅狄格州曾一度提出将任何"永久地破坏了请求人的幸福并破坏了婚姻关系的目的"之"不当行为"作为离婚理由。在缅因州,最高法院的大法官如果认为离婚"合理和适当,有利于和平与和谐,符合社会的和平与道德",就可以准予离婚。北卡罗来纳州、印第安纳州和罗得岛这些州的离婚法律也相当宽松。有些州并没有像缅因州或康涅狄格州那样大幅度地扩大了它们的法律范围;他们在传统的离婚理由清单(例如通奸、遗弃和阳痿)中增加了一些新的和模糊的理由,例如"残忍"(cruelty)。例如,在 1858 年的《田纳西法典》(Tennessee

Code)中,以阳痿、重婚、通奸、遗弃、重罪定罪为理由的离婚,再加上以下情况:企图毒死配偶;在结婚时隐瞒怀了另一个男人的孩子;以及不尽抚养义务。此外,如果一名妇女的丈夫"抛弃了她,或将她逐出家门",或者如果他犯有残忍和不人道的行为,或者如果他"对她的人身施加如此的侮辱,使她的状况无法忍受并迫使她离家出走",法院可以根据其"酌处权"将其从婚姻束缚中解放出来。[49]

1870年以后,潮流开始转向。有影响力的道德领袖从未停止过对宽松的离婚法律的抨击。霍勒斯·格里利(Horace Greeley)认为"过于容易的离婚"已经使罗马帝国腐朽了。美国也可能遭遇类似的命运,"被不贞洁的母亲和放荡的家庭的霉变所侵害"[50]。耶鲁大学校长西奥多·伍尔西(Theodore D.Woolsey)在1869年写了一本书,谴责康涅狄格州的离婚法律是不道德的,认为它不符合圣经的规定。他认为,如果不大力执行打击通奸的法律,公众的罪孽感就会减弱。[51]此外,通奸应是离婚的唯一法律依据。伍尔西认为,"离婚申请随着获得离婚的容易而变得越来越多"。宽松的离婚法律可能会使家庭解体,家庭是美国生活的支柱。1881年,新英格兰离婚改革联盟(New England Divorce Reform League)成立。伍尔西博士是该联盟的总裁。其中,1885年出现了全国离婚改革联盟(National Divorce Reform League)。[52]伍尔西的书第二版于1882年出版。到那时,康涅狄格州的法律已经被废除了。缅因州的法律于1883年失效。一部更严格的离婚法以更严格的理由取代了它,在法令成为"绝对"效力之前,需要等待6个月才能最后结束婚姻,并在没有法庭许可的情况下禁止原告两年内再婚;未经法院许可,有过错的被告永远不能再婚。[53]

另外,激进的女权主义者则奋起为宽松的离婚法律而战斗。一场激烈的辩论在纽约州爆发。罗伯特·戴尔·欧文(Robert Dale Owen),乌托邦改革者的儿子,与霍勒斯·格里利展开了战斗。欧文和乔尔·毕晓普一样,认为严格的离婚法律,而不是宽松的离婚法律,导致了通奸。欧文说,纽约,而不是宽容的印第安纳,是自由恋人的天堂。[54] 毕晓普强烈谴责合法分居制度(divorce a mensa et thoro):"几乎在所有已知婚姻的地方,这个愚蠢的制度就挥之不去——女王和荡妇、纯洁和肮脏、光明和黑暗,总是搅和在一起!"[55] 两个人都同意,换句话说,离婚法对性道德和性行为有直接影响——这是一个值得怀疑的假设。但有一件事是肯定的:离婚率正在上升。1867 年至 1871 年间,有 53574 件离婚案;1877 年至 1881 年间,这个数字上升到 89284 件。在全国各地,尤其是在西部,离婚率的上升速度快于人口:到 1900 年,北大西洋沿岸各州每 10 万人中有 39 件离婚案,西部各州每 10 万人中有 131 件离婚案。[56]

离婚需求上升的原因是什么?有各种各样的可能性。其中之一是世风日下影响了家庭生活。那些谈论奢华淫靡的巴比伦城邦和贞洁观念的人们相信这回事儿。但也许更多的人只是想要正式接受他们的婚姻已经死亡的事实。正如越来越多的中产阶级想要和需要的是,登记的财产、有效的遗嘱、庄重的婚姻,所以他们想要诚实和方便的离婚,并以布尔乔亚的方式再婚的权利,与他们的第二任妻子(或丈夫)有婚生子女的权利,以及体面和诚实地处置他们的世俗财产的权利。只有离婚才能获得这一切。

这是中产阶级离婚的需要。但是离婚开始蔓延到整个人口。一项对加利福尼亚州的两个郡从 1850 年到 1890 年的离婚状况的研究,调查了诉讼当事人的社会地位和收入状况。将近四分之一的丈夫是劳工,另有 9%是不熟练的商人;19%是熟练的工人,14%是农民,17%是"中产阶级",15%是上层阶级。[57] 但为什么——一个挖水沟的人或他的妻子——想要离婚呢?他们为什么愿意忍受这些费用和小题大做呢?在这里,纯粹的经济分析崩溃了。离婚也有道德上的一面。生活在罪恶中总不是一件体面的事情。而且,多亏还可以离婚,让人不会非要那样去活着不可。维多利亚时代的道德曾经适用于每个人。这就是以道德攻击离婚的悖论:离婚是不道德的,因为婚姻是神圣的。但是,婚姻的圣洁只是增加了离婚的要求。对许多人来说,离婚才能为通向体面的再婚圣殿铺平道路。

离婚法和离婚实践反映了家庭中超出上述任何一种因素的变化。当离婚主要是由于富人的请求时,男人要求并得到子女的监护权;一般的规则都偏向于父亲。随着离婚蔓延在下层民众之中,由妇女提出离婚蔚然成风,这意味着她是"无辜"的一方,有权获得监护权、赡养费等。小孩子,特别是"在襁褓里"的孩子,需要由他们的母亲来抚养。此外,指责一个男人通奸、遗弃或残忍比指控一个女人的伤害要小得多。离婚更多的是一种对女人的补救,至少在形式上是这样的。这在北方各州尤为明显。1887年至1906年间,在三分之二的离婚案件中,妇女都是原告;但各州之间的差别很大。在密西西比州,大多数原告是男性(几乎占60%);在罗得岛州,78%的原告是女性。在美国西部,原告也绝大多数是女性。[58]

正如我们所说,离婚变成了妇女的一剂良药,但它补救了什么呢?法律(和实践)的状况是否改善了被遗弃或被虐待妻子的命运?我们没有理由相信这是真的。大体而言,离婚案件中的妇女是受害者,不是伴侣、受抚养人,也不是独立的妇女。通常,她们只想离婚,因为离婚是由一个残忍无情、始乱终弃或玩世不恭的丈夫强加给他们的。此外,婚姻本身的性质也在发生变化。男人仍然在掌控着一切——通常是难以抵抗的。但慢慢地,最隐秘的是,一些婚姻变得更像一种伙伴关系——至少在情感上是这样的。然而,人们(男性和女性)对婚姻的要求越高,他们对婚姻的期望值越高,他们就越希望另一方成为爱人、朋友、密友,成为分享自己整个人生的人——那么婚姻就越有可能要面临这些令人敬畏的考验。这无疑是离婚需求上升的一个关键方面。[59]

严格的离婚法律对家庭稳定是否有影响?对此很值得怀疑。它们有没有降低离婚率?也许是这样。但是,的确鼓励了遗弃和通奸行为的发生。当宽松的离婚法律被废除时,缅因州和康涅狄格州有过一些短期的"改进";但是在1850年至1900年间,离婚率在各地飞速增长。然而,法律并没有得到改革。那些想离婚的人还是找到了逃避法律的方法。离婚成了我们所说的双重制度:一种书本上的法律与实际运行的法律是根本不同的制度。

从理论上讲,离婚是在一场一般法庭诉讼结束时发生的。原告受到指责;被告提出反驳。这样的事情确实发生了——有时候,这些争斗并没有什么意义,在这些争斗中,痛苦的配偶在公共场合把家丑外扬。但到19世纪末,绝大多数离婚案件都是无意义的表演。其实双方都希望离婚,或者至少愿意向另一方承认离婚。即使在那些法规僵化的州,合意离婚也是离婚法庭的一种日常处理方式。在纽约州离婚是个丑闻。律师们公开宣传他们安排离婚的技巧。里德的"美国法律事务所",位于百老汇大街317号;该事务所于1882年在《纽约太阳报》(*New York Sun*)上刊登了如下广告:

> 悄悄把婚离了吧!遗弃、酗酒,无论出于任何理由,我们免费提供咨询。[60]

"离婚圈套"实际上是在公开场合运作的。虚构的通奸行为是纽约州的特产。亨利·齐默(Henry Zeimer)和沃尔多·梅森(W. Waldo Mason)于1900年被捕,两人为此雇用了年轻的女秘书和其他胆大妄为的姑娘来假扮他们的情人。女孩们在证人席上承认,她们认识原告的丈夫,然后脸红了,流了几滴眼泪,剩下的事情就留给法官来裁决。无效婚姻在纽约州也比其他地方更普遍。在大多数州,废除婚姻是很少见的,而且很难得到裁决,但在纽约州却并非如此。在纽约州,无效婚姻是离婚法律中一个突出的陷阱。法官们像分发糖果一样宣告着婚姻无效。在可以用"残忍"作为离婚理由的州,友善离婚更为容易。很难确切地知道有多少合谋离婚,以及这样的事情何时开始。弗朗西斯·劳伦特(Francis Laurent)对威斯康星州齐佩瓦郡(Chippewa)采集的数据显示,从19世纪70年代起,这个非都市郡的友善离婚(可以说)在大幅度上升。[61]

对于富人和迁徙者而言,迁移离婚是规避严格执行离婚法的另一条弯路。为了吸引"旅游贸易",一个州需要宽松的法律和短暂的居留期。早在19世纪70年代之前,印第安纳州是这些州之一。在道德上反对轻易离婚的人在尽可能地与这些离婚殖民地进行斗争。不良名声和负面宣传帮助了道德主义者们在印第安纳州的活动;1873年,立法机构通过了一项更严格的法律,关闭了离婚工坊。南达科他州也遇到同样的情形。最后,在20世纪,内华达州成为这样一个地方。拉塞尔(Russell)伯爵是在这个沙漠避风港寻求离婚的成功者之一;1900年,他获准在内华达州离婚,并在内华达州很快再次结婚。那位新拉塞尔伯爵夫人也是在内华达州刚刚离了婚。这位拉塞尔伯爵后来因重婚在英国被起诉;他被控"因为在美国与莫莉·库克(Mollie Cooke)结婚而犯了重罪",而他的妻子梅布尔(Mabel)当时还活着。[62]公开的张扬只对内华达州的生意很有帮助。最终摧毁印第安纳州和其他州离婚工坊的道德争论,在内华达州几乎没有或根本没有影响,这个州对这类道德争论置若罔闻。内华达州作为国家离婚工坊的事业证明,它是经久耐用的。

离婚率的上升,以及离婚需求的上升,使得虔诚的人们更加愤慨。19世纪末是一个对道德、优生学、血统的纯洁性以及传统美国白人社会的未来感到恐慌的时代。他们认为,妓女和离婚必须受到控制。当一种不可抗拒的力量（离婚的要求）遇到了一个不可动摇的目标（对离婚的抵抗）的时候,结果就是陷入僵局。改变法律及其实务操作几乎是不可能的事情。州法规就像奇怪的冰层,在任何时间点上都被冻结成荒谬的形状,各方力量多多少少是均衡的。南卡罗来纳州仍然不允许离婚。[63]纽约州法律允许离婚,但实际上只有被证实有通奸行为才允许离婚。大多数州都有更多的离婚理由清单。在少数司法管辖区,无辜的一方可能再婚,而有过错的一方则不允许再婚。[64]在一些司法管辖区,理由非常广泛。例如,在怀俄明州,离婚理由可以是由于"侮辱"而使婚姻"无法忍受"。[65]在大多数州,以妥协的方式采取了我们所描述的双重制度。道德家们取得了象征性的胜利,一部严格的法律骄傲地在书面上确立。但没有什么人去执行这些法律,尤其是所有法官。私奔过程中的不良交易和地下离婚现象,在法律阴影中蓬勃生长。[66]离婚法是一个令人震惊的例子,它是一个被舆论矛盾所折磨的法律分支,它被困在可能具有大致相等力量的竞争力量之间;它也被困在一个可以来来回回地自由迁徙的联邦体制中,它超出了任何一个州政府的权力和控制范围。[67]

种族问题

南北战争,《解放黑人奴隶宣言》(Emancipation Proclamation),宪法第十三、十四和十五修正案——结束了美国的奴隶制,并赋予黑人选举权。第十四修正案也(表面上)给予了他们平等的法律保护。然而,战后重建的那些基本承诺从来没有被恪守过。直到20世纪,撰写关于战后重建的历史学家大多都是南方白人;他们对战后重建,激进的共和党,北方来的趁火打劫分子、无赖们以及黑人本身都嗤之以鼻。流行文学——以及《一个国家的诞生》(Birth of a Nation)这样的电影,甚至《乱世佳人》(Gone With the Wind)——也表达了同样的观点。这种观点认为,南北战争摧毁了南部那种丰富而美丽的生活方式;战后时代是一个充满腐败和招致黑人暴乱的时代。但是在民权运动的时代及之后,历史学家已经剥离了所有这些误解,并以更加慷慨、平衡的方式重新认识了战后重建时期。就连那些当年所谓"趁火打劫的北方人"(carpetbaggers)的看法也已经被重新描述。

在战争中幸存下来的旧南方领导人并没有种族平等的心态。奴隶制的结束,已经是一颗让他们吞下的足够苦涩的药丸。南方白人想尽可能少地改变现状。1865 年,几乎所有的邦联州(states of the old Confederacy)都通过了法律,即所谓的"黑人法典"(Black Codes),旨在用一种种姓制度取代奴隶制。问题的关键是总体上保持战前的生活方式。例如,1865 年密西西比州的法律明确表示,黑人将以劳工的身份在白人拥有的农场和种植园里劳动。任何自由的奴隶都不能拥有任何农田。作为劳工,黑人将依据书面契约劳作。任何"无正当理由"辞职的黑人劳动者都可能被逮捕,并被拖回其雇主那里。在密西西比州,在原告和被告为白人的案件中,黑人仍然无法作证。种族间的通婚是严格禁止的。黑人也不能坐在陪审团上。密西西比州和其他州也有严格的流浪法,这些法律可以而且曾经被用来使黑人处于严格的社会控制之下。[68]

至少是北方的激进分子们认为这种法律是完全不可接受的。"黑人法典"被废除;1866 年,国会颁布了一项强有力的《民权法案》,1868 年,宪法第十四修正案在万众期待中通过。南方被置于军事政府掌管之下。由国会设立的"自由人局"(Freedmen's Bureaus)是社会规划方面的一个实验;它用以帮助黑人适应白人的社会和经济。黑人当选为国会议员并在州政府担任职务。但是战后重建并没有持续下去。自由人局实际上停止了 1869 年的运作;它们总是人手不够、资金不足;

它们最大胆的举措,例如南卡罗来纳州海岛上的土地重新分配,受到约翰逊政府政策的挫败。[69]到1875年,北方原本对平等就认知不深的热情也几乎消弭已尽。北方对黑人福利失去了兴趣。尽管北方原来短暂而稀薄地被覆盖的种族主义,再次浮出水面。南方将独自解决"黑人问题"。至于南方白人,它急切地接受了新的形势。当时,三K党在恐吓着黑人。那些违反他们的准则的黑人——甚至是那些由于自己的努力过于成功的黑人——遭到了殴打,有时甚至遭到了杀害。教育黑人是一项危险的职业。三K党袭击了北卡罗来纳州的一名教师,鞭打他,剪掉他的头发,让他在树林中失去知觉。他们告诉他,他的罪过是"他在教那些黑鬼"。19世纪90年代在阿拉巴马州塞尔玛开设的第一所黑人学校被白人烧毁。[70]

在战后重建期间,黑人有权投票并担任公职。新的白人当局决心终止这种局面。黑人被降格为白人土地上的被束缚的劳工。农村黑人非常贫穷,而且大多是文盲。一张紧密的法律和实务大网围绕着他们,把他们绑在了土壤上。这张网包括房东留置法、流浪法、诱惑法(通过提供更好的工资和条件诱使工人离开工作是一种犯罪)、打击或多或少是劳工经纪人的"移民代理人"的法律,甚至是将"以欺诈方式辞职"定为犯罪的法律。这些法律中没有一个专门提到种族问题,但实际上他们只针对黑人工人。黑人的境况并不比在奴隶制下好多少——只不过现在工人也可能被解雇。[71]在佛罗里达州,1891年的一项法令规定,为了工作的承诺拿钱,然后辞职是犯罪行为。松节油营地的老板们利用法律将他们的工人绑在了这份工作上。黑人工人也可能被当作"流浪汉"围捕起来,并被迫选择工作或蹲监狱。联邦法律对"债务奴隶"(peonage)待遇提起了一些诉讼;1911年,美国最高法院推翻了阿拉巴马州的法令,该法令规定辞职实际上是一种犯罪行为;但所有这些活动的最终结果依然徒劳无功。[72]没有后续行动,债务奴隶黑暗系统仍然顽固地存在。

用来取代奴隶制种姓和阶级的制度,包括了一个法律上和社会上的种族隔离制度。它是在南方的一个又一个地区无情地发展起来的。范恩·伍德沃德(Vann Woodward)描述了种族隔离制度的奇怪发展过程。[73]伍德沃德认为,彻底战后重建的结束并不意味着在南方建立一个完整、直接的种族隔离制度。许多最明目张胆的"种族隔离法",恰恰相反,都来自19世纪末。在此之前,种族关系并不是和谐的,也不是说黑人曾经受到白人社会的欢迎。但是,在决定性的隔离手段被钉入法律之前,曾有过一段时间含糊不清和复杂的试验和错误。"习俗"是先于法律存在的。根据乔尔·威廉姆森(Joel Williamson)的说法,在南卡罗来纳州,从技术上讲,1868年至1889年间,黑人可以利用所有公共设施;但实际上很少有黑人敢这样做。在某些方面,正式的种族隔离取代的并不是种族融合的制度,而是取代了之前彻底排斥的制度而已。[74]隔离学校取代了没有黑人的学校。在南部的一些地区,当黑人表现出他们对在社会上的地位的抗议时,种族隔离制度加紧了控制;简而言之,这是对"傲慢"黑人的一种反应。[75]

无可争议的是,在19世纪末,种族隔离法大量涌现出来。1891年,佐治亚州要求黑人和白人分开乘坐火车;该州甚至在监狱里锁铐犯人过程中也要将白人和黑人分开。法律和法令来得又快又多。在阿肯色州,到1903年,法令要求所有监狱里的白人和黑人都有隔离的"房间",以及"分开的床铺、被褥、餐桌和所有其他家具"(第5901条);甚至投票也是被隔离的——投票官员被"允许进入投票地点[以便]允许白人和有色人种的人交替投票"(第2822条)。白人坚持种族的严格分离,在各行各业——甚至是分开的电话亭和电梯,在法庭上宣誓用的圣经也被分成两份。种族隔离甚至在人死后也持续存在。墓地是白色的或黑色的,而不是两个混同于一处;利特瓦克(Leon Litwack)记录了一个"奇怪"的事实:一个名叫威尔·马西斯(Will Mathis)的白人被判死刑,要求实行隔离式处决。他反对使用与同样被判处死刑的黑人相同的绞刑架。[76]

所有这些法律和社会安排都传达了一个强有力的信息。他们宣布了一种僵化的社会准则、一种僵化的"生活方式"。违反守则的人将受到严厉惩罚。重大违法行为可能意味着死亡。1876年,南卡罗来纳州有四个黑人因杀害一对老白人夫妇而被私刑处死。哥伦比亚《每日纪实报》(Daily Register)肯定了以下的观点:"文明"已经被"放逐……像是零零散散地蜷缩在角落里";人们需要"私刑法官"来主导"公平"。接下来血腥事件有增无减。1888年至1903年间,241名黑人死于民间私刑暴徒之手。[77]私刑有时是极其残忍和野蛮的。山姆·霍斯(Sam Hose)被控杀害一名白人,1899年在佐治亚州纽曼附近的一大群人面前被私刑处死。他的耳朵、手指和生殖器都被砍掉了;他的脸被剥皮了;他被煤油浸透了,还活着的时候就被烈火灼烧;后来,他的身体被切成碎片,骨头被压碎;有些碎片被卖作纪念品。人群中没有人戴上面具,当地领导人也参加了这一可怕的仪式。[78]

在南部诸州,白人至上的状况无以复加。黑人没有政治权力。美国宪法保障黑人的选举权。但这些都是空话。事实上,南方黑人借助各种手段被随意剥夺了这一权利。黑人官员被赶出办公室。南方的法律和宪法被修改以确保黑人不去投票。根据1895年南卡罗来纳州宪法,选民必须能够阅读和理解州宪法或拥有300美元的不动产。没有多少黑人有资格。南方各州使用了各种各样的方式:例如,人头税、识字测试和居住地要求。然后还有臭名昭著的"祖父条款"(grandfather clause)。1890年,"祖父条款"第一次在南卡罗来纳州使用,如果他们或他们的祖先在19世纪60年代投票(或者是外国人),它可以免除选民的读写能力测试、人头税等。[79]这种做法就是让所有的白人都进来投票,而把黑人拒之门外。在路易斯安那州,在实行"祖父条款"后,登记投票的黑人数量从1896年的127000人下降到1900年的3300人。[80]北方基本上什么也没做,什么也没说。1900年,在参议院里,南卡罗来纳州的本·蒂尔曼(Ben Tillman)告诉北方:"你们并不比我们更爱这些黑人。你们曾经假装爱他们,但现在你们不再装了。"他为南方的所作所为辩护时说:"南方白人把政府先控制住。我们把投票箱塞满。用这个系统来打击他们……我们自己真的很累。所以我们召集了一个宪法大会,并且我们清除了……所有我们可以清除的有色人种。"[81]

本·蒂尔曼在他对北方观点的评价中直言不讳,但可能是准确的。1860年,只有5个州允许黑人投票,而且都是在新英格兰区域。马萨诸塞州是唯一允许黑人进入陪审团的州。南北战争后的修正案给予了北方黑人投票权,但却没有改变多少舆论氛围。在这样的气氛中,人们几乎不能指望联邦法院能阻止种族隔离政策,或者阻止美国的底层贱民的被谋杀和被压迫。但事实上,这些法庭几乎没有审判。甚至最高法院在其种族案件中也有着令人沮丧的记录。1878年,最高法院推翻了路易斯安那州1869年的一项法令,该法令禁止在大众运输过程中有"基于种族或肤色的歧视"。法院认为,这项法律对州际商业构成违宪的"负担"。这起案件的起因是,一艘从新奥尔良开往维克斯堡的汽船的船主拒绝原告——"一个有色人种",进入船舱里专门为白人划出的一个舱室。[82]1883年,联邦最高法院宣布1875年的一部有关公共设施内容的《民权法案》违宪。[83]最高法院认为,宪法只适用于政府部门的歧视行为;包括旅馆、客栈和其他公共设施在内的私人当事方可以自由地进行歧视行为。他们的确做到了。直到20世纪60年代的民权运动和民权法,才能改变这种情况。

1896年的"普莱西诉弗格森案"是一个特别阴暗的判决。它使最高法院有了认可种族隔离方面的印记。⁸⁴这是路易斯安那州的另一宗案件。法院面临对一项法律进行判决,该法律要求在铁路车厢里为白人和有色人种提供"平等但隔离的设施"。当然,这项法律并没有建立一种隔离制度;它只是批准并正式化了它。当时的蒸汽船被严格实施种族隔离的方案。在火车上,黑人一般都被降格在吸烟的车厢里,这种车厢毫无奢华之处;通常是肮脏不堪的,到处是在喝酒和吐痰的男人,当然也充满了浓浓的烟雾。⁸⁵在"普莱西诉弗格森案"中,霍默·普莱西是一个浅肤色的黑人,代表着一个与种族隔离法进行斗争的新奥尔良团体,试图将此案作为检验性案件提交到法庭。普莱西买了一张票,他拒绝从汽车的白人专属区域移到"有色人种"区域。他被逮捕了,案件提交给了美国最高法院。法院驳回了普莱西的诉讼,并维持了该成文法令。这个 8 比 1 的决定显示了最高法院对南方生活现实的故意的无知(或漠视);根据法院的说法,如果黑人认为这样的法律强加了"一种自卑的标记",那"不是因为成文法案中发现的任何东西,而是因为有色人种自己选择了这种自卑的标记而已"。法院还说,在任何情况下,法律都"无力根除种族本能或废除基于身体差异的区别"。作为回应,大法官约翰·马歇尔·哈伦写了一个孤独但强大的异议:"我们的宪法是色盲,宪法既不知道也不能容忍把公民分为不同阶层。"哈兰在民权系列案件中也有异议。他自己也曾经是一个奴隶主。他对种族的看法很复杂,有时甚至也不太一致。⁸⁶但他深知普莱西案件判决的不公正,并表示强烈的反对。无论如何,种族隔离在南方和一些边境州已成为常态。

这块土地上最初的族群

黑人并不是唯一感受到白人仇恨的种族。"种族灭绝"这个令人震惊的词经常被漫不经意地使用。但是,当我们考虑到白人如何对待美洲土著人时,这一事实却令人尴尬地接近了现实。部落被赶出自己的土地;他们被追捕,有时被屠杀。他们不得不不断地让路给渴望土地的白人定居者的军队。条约和征服都被用来剥夺原住民的部落。在1823年"约翰逊诉麦金托什案"(Johnson v. McIntosh)[87]中,最高法院通过约翰·马歇尔主笔的意见书,认为印第安人只享有"占有"(occupancy)的权利;主权掌握在美国手中。部落可以把土地卖给政府,但不能卖给普通公民(这就是问题所在)。从理论上讲,这一学说可能保护了部落,使其免受白人定居者和他们诡计多端的方式之害。但主权丧失比"占有权"更重要。当佐治亚州切罗基族部落(Cherokee nation)的土地上发现黄金的时候,这引发了一场危机。佐治亚州实质上占领了这片土地,宣布切罗基人的所有法律无效。随后发生了长期的法律纠纷。最终,1832年,在"伍斯特诉佐治亚州案"(Worcester v. Georgia)[88]中,仍然在约翰·马歇尔主导下的最高法院认为,佐治亚州没有权利剥夺部落的土地;佐治亚州关于这个问题的法律是违反宪法的。斯托里大法官写道,法院已经"履行了自己的职责";该州应该"现在就履行他们的职责"。但是这个佐治亚州并没有履行其职责[89],也没有关注这项判决。最后,切罗基人被驱逐了,并被送上恶名昭著的"眼泪之路",迁徙到了现在的俄克拉何马州。[90]

到了1880年,原住民部落不再是军事威胁。他们被彻底打败了。幸存的原住民们被赶到保留地上,通常是那些白人不想要的土地上。正如苏族印第安人红云(Red Cloud)所言,1870年,白人"包围了我,现在我们只剩下一个岛。当我们第一次拥有这片土地时,我们很强大,现在我们正在像山坡上的雪一样融化了"[91]。美国和个别州不断违背信仰,违反条约,践踏古老的权利。主流文化并不尊重土著原住民的宗教、语言或生活方式。主流文化把自己看作是优越的——事实上视为人类进化的顶峰。在他们看来,印第安人是"野蛮人",是原始的,充其量带有一种稚童般的文明。文化相对论在19世纪并没有什么影响力。

在某些方面,对土著部落的政策与南方对黑人的政策相反:不是种族隔离,而是同化。1887年的《道斯法案》(Dawes Act)[92]旨在把土著人变成真正的美国人;它攻击传统的土地保有制度。土地将被分割成单独拥有的家庭农场;不再有部落或共同所有权。遵守这项法案的土著人可能会脱离部落并成为美国公民。表面上,《道斯法案》的重点是保护土著人的财产,并将他们吸收到美国主流中来。不那么遮遮掩掩的目标是对原住民文化的破坏;此外,通过欺诈和强制实施,《道斯法案》导致了另一大片土地从土著人手里流失到了白人的手里。主权在很大程度上是一个神话。在1903年"龙尼·沃尔夫诉希契科克案"(*Lone Wolf v. Hitchcock*)中,最高法院认为国会对本土部落拥有完整的权力。因此,印第安人的权利就此注定岌岌可危。[93]

亚裔美国人

在加利福尼亚州(大体上包括整个美国西部),中国工人和移民的到来引发了另一场种族仇恨的流行。针对亚洲人的恶毒情绪在大量法令和法律中显现出来。白人和"蒙古人"不允许结婚。地方法律公开或秘密地旨在骚扰中国人,无论是在大的方面还是在小的方面。1880年的旧金山法规规定,未经"监事会同意"在该市进行洗衣是非法的,除非洗衣店"位于砖石建筑之中"。几乎旧金山的所有洗衣店实际上都是木制的建筑。该委员会拒绝了所有来自中国人的申请,并批准了所有来自白种人的申请。以一个曾多次被引用的案例——1886年的"吴义克诉霍普金斯案"(*Yick Wo v. Hopkins*)[94]——为例,吴义克曾申请许可在一座木质建筑里经营洗衣店;监察委员会委员拒绝了他的申请;但吴义克仍然继续经营,他后来被逮捕并罚款。最高法院推翻了对吴义克的有罪判决,认为1888年的旧金山法规的执行方式"剥夺了对法律的平等保护,违反了宪法第十四修正案"。

但是这样的胜利是罕见的。排华情绪是根深蒂固的。其中一个原因是担心来自中国劳工的竞争。约翰·康芒斯(John R. Commons)写道,这种敌意"在本质上并不主要是种族性质的,这是为提高生活水平而进行的竞争性斗争"[95]。无论如何,种族主义仍然是其中的核心。在西方,有组织的劳工几乎和南方民粹主义者反黑人一样反对中国。加利福尼亚州劳工党(Workingmen's Party)的煽动性领袖丹尼斯·克尼(Dennis Kearney)称中国人是——"亚洲麻风者""中国来的寄生虫",他们吃"米饭和老鼠"并"被可恶、贪婪的资本家用作武器",以"压迫可怜的劳工"。[96]事实上,劳工领袖们支持对中国移民的限制。1879年,国会通过了《十五名乘客法案》(Fifteen Passenger Bill);在任何一艘抵达美国的船只上,中国乘客不得超过15人;总统否决了该法案。

但是,切断中国劳动力的流动是一项很受欢迎的政策。在这个问题上,国会辩论往往听起来像克尼那样具有种族主义和激进主义色彩;加利福尼亚州的参议员约翰·米勒(John Miller)谴责这些来自"东方的矮小坚韧的小人"。他认为,美国文明需要从"东方文明的坏疽"中解救出来。[97]此外,中国人比美国工人靠更少的食物(和更少的钱)就可以生存。国会采取了行动。1882年,国会通过了一项法律,宣布"中国劳工来到这个国家,危害某些地方的良好秩序"[98]。每个人都知道某些地方是指什么地方。这项法律暂停了中国劳工的移民。它还规定,任何国家或联邦法院都不得承认中国公民身份。1888年的《斯科特法案》(Scott Act)禁止大约2万名中国人(他们暂时离开了这个国家）返回美国。1892年的一项法案规定，"禁止中国人进入美国"，将移民暂停了十年，并规定除非中国劳工申请并获得"居留证书"，否则他们将被驱逐出境。1902年的一项法令规定，永久性禁止中国人入境和禁止中国人取得美国公民身份。[99]

因此，种族、仇外心理和对"黄祸"（yellow peril）的恐惧是故事的一个重要部分。仇恨有时导致彻底的暴力。19世纪80年代，怀俄明地区罗克斯普林斯（Rock Springs）的骚乱以28名中国人死亡告终；随后，华盛顿地区塔科马（Tacoma）的白人将唐人街付之一炬。1887年，在俄勒冈州，一群白人杀害了31名中国矿工，偷走了他们的金沙。一项谨慎而保守的估计发现，1852年至1908年间，在西部发生了153起针对中国人的暴力事件。在这些暴乱中，143名中国人死亡，1万多名中国人被赶出家园或工作场所。[100]仇恨也在法规中留下了印记。成文法律中有歧视亚洲人的规定。1880年，加利福尼亚州法律禁止任何一家公司以任何职位雇佣"中国人或蒙古人"；1882年，州政府授权为亚洲人开设隔离学校（已经为黑人开设了种族隔离学校）。[101]少数族裔——黑人、华裔、土著美国人，以及美国西南部和加利福尼亚州的墨西哥裔美国人——被以不同的方式对待，在美国有着不同的命运。这些人要么没有投票权，要么没有权力。他们是多元化餐桌旁的陌生人。

注　释

[1] Quoted in Grace A. Browning, *The Development of Poor Relief Legislation in Kansas* (1935), p. 59 n. 7. The statement quoted, from an 1899 report, actually referred to the treatment of the insane in Kansas, who were indeed were farmed out to the counties at so much a head.

[2] Merle Curti, *The Making of an American Community* (1959), p. 285.

[3] 10th Ann. Rpt., *Bd. of State Charities*, Indiana (1900), p. 154.

[4] Margaret Creech, *Three Centuries of Poor Law Administration: A Study of Legislation in Rhode Island* (1936), pp. 195-97, 325.

[5] Amos G. Warner, *American Charities* (3rd ed., 1919), p. 179.

[6] 22nd Ann. Rpt., *State Bd. of Charities*, N.Y. (1889), pp. 505-11.

[7] Isabel C. Bruce and Edith Eickhoff, *The Michigan Poor Law* (1936), p. 77.

[8] Elizabeth G. Brown, "Poor Relief in a Wisconsin County, 1846-1866; Administration and Recipients," 20 Am. J. Legal Hist. 79 (1976). Another study of a poorhouse, also from the Middle West, is Eric H. Monkkonen, *The Dangerous Class: Crime and Poverty in Columbus, Ohio, 1860-1885* (1975), chs. 5, 6.

[9] Quoted in Michael B. Katz, *In the Shadow of the Poorhouse: A Social History of Welfare in America* (rev. ed., 1996), p. 89.

[10] Katz, *op. cit.*, p. 90.

[11] Sophonisba P. Breckenridge, *The Illinois Poor Law and Its Administration* (1939).

[12] Edward W. Capen, *The Historical Development of the Poor Law of Connecticut* (1905), pp. 213-14; Laws Conn. 1873, ch. 45. The power to investigate whether persons were "unjustly placed" or "improperly held" did not extend to "cases of detention for crime."

[13] Amos G. Warner, Stuart A. Queen, and Ernest B. Harper, *American Charities and Social Work* (4th ed. 1930), pp. 143-44.

[14] Quoted in Breckenridge, *op. cit.*, p. 76.

[15] Quoted in Ralph E. and Muriel W. Pumphrey, eds., *The Heritage of American Social Work* (1961). p. 223. See also, in general, Walter I. Trattner, *From Poor Law to Welfare State: A History of Social Welfare in America* (6th ed., 1999), pp. 95-96.

[16] Leah H. Feder, *Unemployment Relief in Periods of Depression, 1857-1922* (1936).

[17] Quoted in Alexander B. Callow Jr., *The Tweed Ring* (1966), p. 159.

[18] Frances Cahn and Valeska Bary, *Welfare Activities of Federal, State, and Local Governments in California, 1850-1934* (1936), pp. 201-2.

[19] Grace A. Browning, *The Development of Poor Relief Legislation in Kansas* (1935), pp. 77-81.

[21] Patrick J. Kelly, *Creating a National Home: Building the Veterans' Welfare State, 1860-1900* (1997), p. 56.

[22] The story of the National Home is told in Kelly, *op. cit.*, *supra*. On the history of federal disaster relief, see Michele Landis: "'Let me Next Time be "Tried by Fire"': Disaster Relief and the Origins of the American Welfare State, 1789-1874," 92 Northwestern U.L. Rev. 967 (1998).

[23] Theda Skocpol, *Protecting Soldiers and Mothers: The Political Origins of Social Policy in the United States* (1992), Part I, ch. 2; and Appendix I, p. 541.

[23] Capen, *op. cit.*, pp. 249-55, 387-89.

[24] There were innumerable instances. See, for many examples in a general appropriation law, Laws N.Y. 1850, ch. 365. See also Jacobus ten Broek, "California's Dual System of Family Law: Its Origin, Development and Present Status," Part II, 16 Stan. L. Rev. 900, 944-49 (1964).

[25] The story of this institution is told in Gerald N. Grob, *The State and the Mentally Ill* (1966).

[26] Laws Pa. 1860, ch. 551, sec. 38.

[27] Amos Warner et al., *American Charities and Social Work* (4th ed., 1930), p. 136; Miriam Z. Langsam, *Children West: A History of the Placing-Out System of the New York Children's Aid Society, 1853-1890* (1964); Marilyn Irvin Holt, *The Orphan Trains: Placing Out in America* (1992). In Boston, too, there was a Children's Aid Society (1864), which "maintained a home to discipline children before placing them out." Robert M. Mennell, *Thorns & Thistles: Juvenile Delinquents in the United States, 1825-1940* (1973), p. 43.

[28] There is a growing literature on the history of family law. See especially Michael Grossberg, *Governing the Hearth: Law and the Family in Nineteenth-Century America* (1985); Nancy F. Cott, *Public Vows: A History of Marriage and the Nation* (2000); Hendrik Hartog, *Man and Wife in America: A History* (2000); Lawrence M. Friedman,

Private Lives: Families, Individuals, and the Law (2004).

[29] Quoted in James W. Ely Jr., *Railroads and American Law* (2001), p. 146. On the ladies' cars, see Barbara Young Welke, *Recasting American Liberty: Gender, Race, Law, and the Railroad Revolution, 1865–1920* (2001), pp. 253–54.

[30] See below, ch. 12.

[31] There was a woman's suffrage movement in the nineteenth century; and it made some progress. The territories of Wyoming and Utah granted women voting rights around 1870. Congress eliminated voting rights for women in Utah, in 1887; but when Utah was admitted to the union, these rights were reinstated. By 1890, some nineteen states gave women the right to vote in elections for local school boards. Eleanor Flexner, *Century of Struggle* (1972), pp. 159–63, 176–77.

[32] Crawford, J., in *Norval v. Rice*, 2 Wis. 22, 31 (1853).

[33] *Birbeck v. Ackroyd*, 74 N.Y. 356 (1878); Norma Basch, *In the Eyes of the Law: Women, Marriage, and Property in Nineteenth-Century New York* (1982), pp. 217–18.

[34] See Peter T. Conmy, *The Historic Spanish Origin of California's Community Property Law and Its Development and Adaptation* (1957).

[35] See *Beverlin v. Beverlin*, 29 W. Va. 732, 3 S.E. 36 (1877).

[36] Thomas Clifford Billig and James Phillip Lynch, "Common-Law Marriage in Minnesota: A Problem in Social Security," 22 Minn. L. Rev. 177 (1937).

[37] Laws Conn. 1895, ch. 365, p. 667; Edward W. Spencer, "Some Phases of Marriage Law and Legislation from a Sanitary and Eugenic Standpoint," 25 Yale L.J. 58 (1915).

[38] Joel P. Bishop, *Commentaries on the Law of Marriage and Divorce*, vol. I (4th ed., 1864) p. 127. See, in general, on state control over marriage, Michael Grossberg, "Guarding the Altar: Physiological Restrictions and the Rise of State Intervention in Matrimony," 26 Am. J. Legal Hist. 197 (1982).

[39] Laws Ala. 1868, ord. no. 23, p. 175.

[40] *Pace v. Alabama*, 106 U.S. 583 (1882). See Julie Novkov, "Racial Constructions: The Legal Regulation of Miscegenation in Alabama, 1890–1934," 20 Law and

History Review 225 (2002). Despite severe taboos, there *were* instances in the South of stable, long-term black and white relationships. See Martha Hodes, *White Women, Black Men:Illicit Sex in the Nineteenth-Century South* (1997).

[41] See, for example, Peter Wallenstein, *Tell the Court I Love My Wife: Race, Marriage, and Law—An American History* (2002).

[42] On bigamy in the nineteenth century, see Lawrence M. Friedman, *Crime and Punishment in American History*, pp. 197-201.

[43] Sarah B. Gordon, *The Mormon Question:Polygamy and Constitutional Conflict in Nineteenth Century America* (2002), p. 33. A general study of the relationship between the Mormon church and the law is Edwin Brown Firmage and Richard Collin Mangrum, *Zion in the Courts* (1988).

[44] 98 U.S. 145 (1878).

[45] Quoted in Sarah Gordon, *op. cit.*, at 126.

[46] Quoted in Thomas F. O'Dea, *The Mormons* (1957), p. 110. See also Ray Jay Davis, "The Polygamous Prelude," 6 Am. J. Legal Hist. 1 (1962). In Idaho Territory, anti-Mormons were in control; and an act of 1885 required all voters to swear they were not polygamists, and that they did not belong to art "order" that taught bigamy.

[47] Sarah Gordon, *op. cit.*, is a careful study of this campaign.

[48] It says something that, under South Carolina law, a man was not allowed to leave more than one quarter of his estate to his mistress. Glenda Riley, *Divorce:an American Tradition* (1991), p. 70.

[49] Tenn. Stats. 1858, sees. 2448-49.

[50] Quoted in Nelson Blake, *The Road to Reno* (1962), p. 91.

[51] Theodore D. Woolsey, *Divorce and Divorce Legislation* (2nd ed., 1882), p. 221.

[52] Blake, *op. cit.*, p, 132.

[53] Laws Me. 1883, ch. 212.

[54] Blake, *op. cit.*, p. 90.

[55] Bishop, *Commentaries on the Law of Marriage and Divorce*, vol. I (4th ed., 1864), p. 26.

⁵⁶ Glenda Riley, *op. cit.*, pp. 79, 86.

⁵⁷ Robert L. Griswold, *Family and Divorce in California, 1850–1890: Victorian Illusions and Everyday Realities* (1980), p. 25; another study which uses divorce records is Elaine T. May, *Great Expectations: Marriage and Divorce in Post–Victorian America* (1980).

⁵⁸ Lawrence M. Friedman and Robert V. Percival, "Who Sues for Divorce? From Fault through Fiction to Freedom," 5 J. Legal Studies 61 (1976).

⁵⁹ On this point, see William O'Neill, *Divorce in the Progressive Era* (1967).

⁶⁰ Blake, *op. cit.*, p. 190.

⁶¹ Francis W. Laurent, *The Business of a Trial Court* (1959), pp. 176–77.

⁶² New York Times, Jan. 18, 1901; New York Times, April 21, 1900.

⁶³ South Carolina did, however, grant alimony under some circumstances to separated wives, even though no divorce was possible. See Michael S. Hindus and Lynne E. Withey, "The Law of Husband and Wife in Nineteenth–Century America: Changing View of Divorce," in D. Kelly Weisberg, ed., *Women and the Law*, vol. II (1982), pp. 133, 140–45.

⁶⁴ In Tennessee, a divorced adulterer or adulteress could not marry the "person with whom the crime was committed during the life of the former husband or wife," Tenn. Stats. 1858, sec. 2475.

⁶⁵ Wyo. Stats. 1899, sec, 2988; conduct by a husband that would "constitute him a vagrant" was also grounds for divorce.

⁶⁶ As early as 1882, a committee of the American Bar Association went to work drafting uniform legislature to get rid of fake domicile and the runaway divorce. They succeeded in inducing some states to pass their statute, but the problem did not go away. See Amasa Eaton, "Proposed Reforms in Marriage and Divorce Laws," 4 Columbia L. Rev. 243 (1904).

⁶⁷ Richard Nelson Current, *Those Terrible Carpetbaggers: A Reinterpretation* (1988).

⁶⁸ See Laws Miss. 1865, ch. 4, 6.

⁶⁹ Martin Abbott, *The Freedmen's Bureau in South Carolina, 1865–1872* (1967).

[70] Leon F. Litwak, *Trouble in Mind: Black Southerners in the Age of Jim Crow* (1998), pp. 87-88. These were extreme cases, Most Southerners, perhaps, believed in educating black people—up to a point; and teaching them deference and devotion to manual labor. Ibid., pp. 90-91.

[71] William Cohen, "Negro Involuntary Servitude in the South, 1865-1940: A Preliminary Analysis," 42 J. Southern Hist., 31 (1976); Daniel A. Novak, *The Wheel of Servitude: Black Forced Labor after Slavery* (1978).

[72] Kermit L. Hall and Eric W. Rise, *From Local Courts to National Tribunals: The Federal District Courts of Florida, 1821-1990* (1991), pp. 51-54; Laws Fla. 1891, ch. 4032 [No. 23], pp. 57-58; *Bailey v. Alabama*, 219 U.S. 219 (1911).

[73] C. Vann Woodward, *The Strange Career of Jim Crow* (2nd row ed., 1966).

[74] Joel Williamson, *After Slavery: The Negro in South Carolina during Reconstruction, 1861-1877* (1965), p. 287; John William. Graves, "The Arkansas Separate Coach Law of 1891," 7 Journal of the West 531 (1968); on the exclusion thesis, see Howard N. Rabinowitz, "From Exclusion to Segregation: Southern Race Relations, 1855-1890," 63 J, Am. Hist. 325 (1976).

[75] Litwack, *op. cit.*, p. 230.

[76] Litwack, *op. cit.*, p. 236.

[77] Clarence A. Bacote, "Negro Proscriptions, Protests, and Proposed Solutions in Georgia, 1880-1908," 25 J. Southern Hist. 471 (1959); on South Carolina, George B. Tindall, *South Carolina Negroes, 1877-1900* (1952), pp. 236-37.

[78] Litwack, *Trouble in Mind*, pp. 280-82.

[79] Alexander Keyssar, *The Right to Vote: The Contested History of Democracy in the United States* (2000), pp. 111-13. The restrictions also, as a kind of side effect, discriminated against poor whites.

[80] Thomas E. Gossett, *Race: The History of an Idea in America* (1963), p. 266.

[81] Quoted in Harold U. Faulkner, *Politics, Reform and Expansion, 1890-1900* (1959), pp. 7-8.

[82] *Hall v. DeCuir*, 95 U.S. 485 (1878).

[83] *The Civil Rights Cases*, 109 U.S.3 (1883). One exception to the otherwise bleak record of the Supreme Court was *Strauder v. West Virginia*, 100 U.S. 303 (1880). The state of West Virginia allowed only "white mate persons who are twenty-one years of age" to serve on juries. The Supreme Court struck down this provision.

[84] 163 U.S. 537 (1896). Interestingly, Plessy argued also that he was not really "colored," since he had only "one-eighth African blood" and "the mixture of colored blood was not discernible to him." But the Supreme Court left to the states the power to define membership in the races. For a full treatment, see Charles A. Lofgren, *The Plessy Case: A Legal Historical Interpretation* (1987).

[85] Barbara Welke, *Recasting American Liberty*, pp. 257-62.

[86] On Harlan and his views, see Linda Przybyszewski, *The Republic According to John Marshall Harlan* (1999), ch. 4.

[87] 8 Wheat (21 U.S.) 543 (1823).

[88] 6 Pet. (31 U.S.) 515 (1832).

[89] Jean Edward Smith, *John Marshall, Definer of a Nation* (1996) p. 518.

[90] Georgia was not the only culprit. On the removal of the Choctaws from Mississippi, roughly in the same period, see James Taylor Carson, "State Rights and Indian Removal in Mississippi, 1817-1835," 57 Journal of Mississippi History 25 (1995).

[91] Quoted in Edward Lazarus, *Black Hills, White Justice: The Sioux Nation versus the United States, 1774 to the Present* (1991), p. 60.

[92] 24 Stat. 388 (act of Feb. 8, 1887). See Wilcomb E. Washburn, *The Assault on Indian Tribalism: The General Allotment Law (Dawes Act) of 1887* (1975).

[93] *Lone Wolf v. Hitchcock* is 187 U.S. 553 (1903); see Blue Clark, *Lone Wolf v. Hitchcock: Treaty Rights and Indian Law at the End of the Nineteenth Century* (1994); and Edward Lazarus *Black Hills, White Justice* (1991), pp. 168ff, on the impact of the case on the claims of the Sioux.

[94] 118 U.S. 356 (1886).

[95] John R. Commons, *Races and Immigrants in America* (1907), p. 115.

[96] Quoted in Andrew Gyory, *Closing the Gate: Race, Politics, and the Chinese Ex-*

clusion Act (1998), p. 116; Gyory's book is the source for the material on the Fifteen Passenger Law and the Chinese exclusion act.

[97] Andrew Gyory, *Closing the Gate*, p. 224.

[98] 22 Stats. 58 (act of May 6, 1882).

[99] Ronald Segal, *The Race War* (1966), pp. 205–7; 25 Stats. 476 (act of Sept. 13, 1888); 27 Stats. 25 (act of May 5, 1892); 32 Stats. 176 (act of April 29, 1902). On the administration of the law, see Lucy E. Salyer, *Laws Harsh as Tigers: Chinese Immigrants and the Shaping of Modern American Immigration Law* (1995).

[100] John R. Wunder, "Anti-Chinese Violence in the American West, 1850–1910," in John McLaren et al., eds, *Law for the Elephant Law for the Beaver: Essays in the Legal History of the North American West* (1992), pp. 211, 214–15.

[101] Robert F. Heizer and Alan J. Almquist, *The Other Californians* (1971), ch. 7; on the treatment of Chinese Americans in the courts, see John R. Wunder, "The Chinese and the Courts in the Pacific Northwest: Justice Denied?" 52 Pac. Hist. Rev. 191 (1983).

第八章

公司法

公司法：自由和限制

法律通常被认为是以缓慢的模式展开的，至少在20世纪"法律爆发"之前是这样的。然而，没有什么比这100年里的商业公司法中的巨变更令人吃惊的了。1800年，公司法是法律中的一潭死水，它主要涉及的是市政当局、慈善机构和教会的议题。池水中只有一两座桥，例如，少量的制造企业、几家银行或保险公司能够扰乱它的宁静。19世纪的商业公司引起了大量的争议。到1870年，公司在经济中占据了制高点，而且这个制高点从未被失去过。在19世纪80年代，公众对像标准石油这样庞大且恶劣的"托拉斯"持有强烈的反对态度。1890年国会颁布了《谢尔曼反托拉斯法》。在立法期间以及之后，出现了不断的争论和变化。其中大部分都是针对特定类型的公司：银行、铁路和保险公司。然而，其中有些涉及一般意义上的公司行为。从布莱克斯通时代开始的最初的公司法，几乎已经被改变得体无完肤。到了1900年，甚至连肯特法官的公司法也发生了根本的变化。

非官方的实务和立法成就了公司法的制定。法院只扮演了一个很小的角色。1860年至1900年间，所有的制宪会议都在考虑公司的问题。这是一个19世纪的常态;它在改变形式、格式和角色的类型;但主题却有着令人乏味的相似之处。同时,商人和他们的律师建立了公司实务(以及不当的实务行为)。法院通常把实务转变成法律。有时法院领先于其他立法者,有时落后于其他立法者。法律的总趋势是明确的:公司可以随心所欲地行事,随意安排事务,行使所需的任何权力,除非"公司法"以外的一些肯定性规则明确规定该行为是非法的。简而言之,趋势是放任管理层。在一轮逆袭潮流中,规范特定行业公司的法规得以通过。这些都是全国性的趋势,尽管各地区的趋势各不相同。西部立法机构仍在邀请、贿赂和哄骗铁路公司,而此时东部显然已经开始觉醒。

1850年至1900年间,公司法中最大的事件也许是特许章程(special charter)的衰落和消亡。这是法律技术的进步。根据一般性的法律规定去组建公司是简单、便宜的,准备几张纸、一些表格并签名,就可以。在一般性的公司法中,任何人都可以发起成立公司,不需要浪费立法者的时间。在一代人左右的时间里,许多州(纽约州、伊利诺伊州、威斯康星州、马里兰州和北卡罗来纳州)仍然保持着双轨制的公司成立制度。只有当一个公司成立的目标根据一般性的法律不能实现的时候,启用特许章程是可行的。[1]这种双轨制并不是特别成功。例如,在威斯康星州,1848年至1871年间,申请特许章程路径的公司人数几乎是一般性公司申请案的十倍之多。[2] 1845年的路易斯安那州宪法采取了更激进的步骤,完全禁止特许章程。其他州逐一通过了类似的规定。1867年,南方的阿拉巴马州是一个跟随者:"公司可以在一般法律的基础上成立,但不能由特殊的法律来创设"(第13条第1款)。1867年,国会禁止各领土属地制定设立公司的特别法案,但是一般性的公司不在此列。[3]

在同一时期,有了惨痛的经验之后,对自己的立法机构不信任的各州开始禁止对企业的直接投资。市、郡和州本身被堆积如山的毫无价值的债券、信誉不佳的票据和高额的税收负债所困。到了 1874 年,16 个州宪法规定,国家不能拥有私营公司的股票。在 20 个州里,州政府被禁止向任何一家公司提供信贷。

因此,公司只能依靠私人投资者来获得投资资金。投资市场完全不受监管,没有一个证券交易委员会来让其恪守诚信,客气地说,发起人的道德水平低得令人难以忍受。那是一个不少人可以乘人之危、趁火打劫的秃鹫时代。19 世纪 60 年代和 70 年代,类似范德比尔特(Vanderbilt)、杰伊·古尔德(Jay Gould)和吉姆·菲斯克(Jim Fisk)等人,在股市、经济和铁路公司领域里兴风作浪。投资大众被无情地欺骗了。并不是所有的投资者都是众所周知的寡妇和孤儿,许多投资者是喜欢轻轻松松地捞上一笔的人。他们心中的贼念与菲斯克和古尔德这些人一样多,但他们的行动规模较小,他们的狡猾程度也很不到位。

19 世纪 60 年代末,抢钱大亨对伊利铁路的掠夺就是金融管理不善和公共腐败的典型案例。查尔斯·弗朗西斯·亚当斯在他的论文《伊利的一章》("A Chapter of Erie")中冷冰冰地叙述了这个故事。亚当斯对所发生的一切感到震惊,不仅仅是铁路、股市,还有美国本身。他认为对这一切最好的叙述是:这个社会正在经历一段难堪的转型。亚当斯认为情况其实还要糟糕得多;未来已经呈现"不祥之兆"。他写道,"大公司"的办公室是"密室,受托人在其中策划了对他们的监护人的洗劫";证券交易所是"赌徒的出没之地,也是窃贼的巢穴"。现代社会"创造了一批虚伪人物,他们很快就会竞相成为造物主的主人",他们正在"建立任何一时的大众努力都无法摆脱的专制统治"。这些说明了普通法古老格言中的真理,无论在何处,公司都是没有灵魂的东西。[4]

面对这种威胁,立法机构似乎是瘫软的和无能为力的。像古尔德或菲斯克这样的人似乎能够买卖立法者,他们控制着法律。"立法大厅变成了一个集市,那里的选票价格被讨价还价,法律是按订单制定并被交易买卖。"法庭也有腐败。正义当时成了富人的娼妓。在纽约州,像乔治·巴纳德和阿尔伯特·卡多佐这样的法官做了强盗大亨们想做的事;他们发布了限价令,并出于无知或贪婪,把沿河的公众利益出卖给了下游的牟利者。

此事不可避免地会带来反应。许多中产阶级美国人无疑同意亚当斯的观点;企业必须受到管控并且这种管控应当持续。铁路管制在19世纪70年代是一个主要的公共问题。中西部各州也建立了控制仓库和谷物升降机的机构。后来还有《谢尔曼法案》。这些事态发展我们已经有过讨论。

公司法处理的并不是公司的经济力量,而是他们的日常行为。当然,这两者是相互关联的。它们制定的规则本应促进公司、其经理和发起人与投资者、股东、债权人之间的诚实交易;但这样做的方式是不干涉商业效率。公司应该可以自由地处理其业务,但在其内部事务方面必须严守诚信。正如我们所看到的,甚至在内战之前,法院就已经开始发展出了一套规则。其中一个议题是有关"掺水的股票"。这是发给公司内部人士的股票,他们并没有支付全部价值。然后,发起人或承购人将股票投放市场。根据1848年纽约州公司法——关于"制造、采矿、机械或化学用途的公司"——"除货币外,任何其他方式均不得被视为支付了部分的股本";然而在1853年修改了这个规定,允许一家公司发行股票以换取"矿业、工厂和其他商业所需的其他财产"。[5]其他5个州也采用了类似的规则。1870年的《伊利诺伊州宪法》规定:"除非实际收取的资金、劳工或财产适用于设立该公司的目的,任何铁路公司不得发行任何股票或债券。"同样被取缔的还有"所有股票股利,以及其他虚构的增加股本或负债"(1870年《伊利诺伊州宪法》第12条第13款)。

这样的法律至少使那些最严重的欺诈行为在名义上是非法的;而且最明显的是非法掺水股票。但是,仍然存在着灰色的可疑区域。如果一个发起人用他的土地、一座煤矿或一栋大楼换了十万美元的股票,你怎么知道他是否转让了全部价值呢?唯一安全的规则是要求所有认购都是现金交易。但这条规则似乎过于严格。法院倾向于接受发起人所做的事情,只要他们是在"诚信"的情况下行事。股票的票面价值曾经是一个有意义的概念。但当股票在公开市场上易手时,票面价值就没有多少意义或几乎没有任何意义。股票的价值是一个买家愿意为此付出的代价。对于一个持续经营有疑问的企业来说,票面价值毫无意义。因此,公司资本并不是某种固定的资产基金。"票面价值"并不像黄金储备那样带有基础性特征。一家公司作为持续经营的企业,其价值在于目前的作为和未来的前景。

管理层面是公司价值的一个关键方面。经理们对股东负有责任。在镀金时代,这种义务似乎像是欺骗的权利。从技术上讲,公司本身有权起诉欺骗公司的高级职员。但管理层控制了公司;那些在公司吃里爬外的人几乎不可能自己起诉自己。股东诉讼是代表股东原告和其他处于其地位的所有人提起的集体诉讼。早在19世纪30年代,就有人预言到这个诉讼方式;最高法院在1856年作出判决的"道奇诉伍尔西案"(*Dodge v. Woolsey*)中进一步推动了这个方式。[6]道奇案并不是战后的重大欺诈案件之一。该公司已交纳了一笔税,股东坚持认为这是违宪的。在1875年的"摩根诉斯基迪案"(*Morgan v. Skiddy*)[7]中,被告是"科罗拉多中央矿业公司"的董事们,他们曾在易受骗的公众面前晃来晃去,希望从"著名的贝茨矿山"中获得无穷无尽的金钱。在这里,股东们的诉讼所攻击的,是一种赤裸裸的公司欺诈行为。

高级人员和董事的行为标准是什么？他们有基于信任而产生的受托义务。高级人员和董事是该公司的受托人。这意味着他们不能自我交易，不能自己和公司发生买卖关系，他们对在与公司的交易中获得的任何利润都负有严格的责任。受托人方面的法律要求极为严苛。法院利用它来监督为寡妇和孤儿管理资金的受托人。这些法律现在基本上把它应用于发起人、官员和董事。这些人有"神圣的信任"（a sacred trust）——这是一个带有道德意味的词汇。但重点并不在于道德，而在于方便；这里有一套现成的规则，似乎适合法院审理这方面的案件。

甚至在内战之前，"信托基金"原则就意味着债权人首先对公司剩余资产拥有优先受偿权，至少相对于股东而言是如此。[8]这一规则的重要性稳步增长。伊利诺伊州西部大保险公司的废墟中出现了一系列值得注意的案例。1871年芝加哥大火使这家公司破产了。在1875年判决的一个案例中[9]，一个叫特里比尔科克（Tribilcock）的人曾经认购过这家公司面值为10000美元的股票。他当时只付了2000美元。他声称，公司的经纪人告诉他这是他所要支付的全部费用。公司破产时，受让人代表债权人要求特里比尔科克支付其余的款项。沃德·亨特（Ward Hunt）大法官在美国最高法院的发言中，几乎没有对特里比尔科克表示同情。股本"是为了股东的利益而被管理的信托基金"；公司解散时，该基金属于债权人。资本并不是"为了投机而投向市场的一个足球"。认购人有义务支付他们欠下的所有款项；经理无权免除这个义务。这笔"基金"属于公司及其债权人，没有人有权"挥霍"或放弃。

亨特大法官说话的语气非常合乎道德。然而，在实践中，这些案件并没有提出善抵抗恶这一明确问题。这种规则强调面值作为"资本"的一种衡量标准，其实已经过时了。但这个规则保护受到伤害的无辜公司债权人,以对抗特里比尔科克这样的小股东;其实这些小股东们自己也经常被发起人和推销员所欺骗。对股东不利的还有一项共同规定,即在所有资本(按面值计算)支付之前,股东对其股票负有双倍的责任。这是1848年纽约州的一个想法,在其他地方被广泛复制。通常,股东也要对公司欠雇员的债务负责。这些规定在许多州持续到这个世纪末。然而,在其他州,立法机构放宽了法律,部分是为了吸引流动中的公司业务,让这些公司寻找到成立公司比较宽松容易的州。

作为隐喻意义上的信托基金理论,在逻辑上相当薄弱。正如一些法院和一些作家所承认的那样,这些公司资产并不是债权人的"真正意义上的信托"[9]。称呼高级职员和董事为"受托人"也是一种比喻。这是一个相当虔诚的希望,希望大大小小的捞金者们可能会由此受到惩戒。查尔斯·弗朗西斯·亚当斯在调查伊利丑闻时表示,公司高管应该是"受托人——监护人……每一个股东都是他的被监护者";就铁路部门而言,"社会本身就是信托受益人(cestui que trust)"。[11]亚当斯认为,在镀金时代,公司掠夺行为"撞击了现有社会的基础。他认为,我们的整个制度建立在信义关系的神圣基础上"[12]。

法院有时会尽其所能。堪萨斯州阿肯色山谷农业公司(Arkansas Valley Agricultural Society)的董事和经理人在出售了威奇托(Wichita)附近36英亩的游乐场之后,每只股票的价值暴涨了10倍,以面值(每股5美元)的价格把公司的股票出售给了自己。法庭让他们把利润都吐出来。受托人不能同时为两位主人服务。他们不可以"为自己确保一种并不是所有股东都共同拥有的优势地位"[13]。董事或经理人应当对重大过失承担法律责任。1889年,弗吉尼亚州的一宗案件,涉及该州一家"破产银行",即弗吉尼亚农民和机械师储蓄银行(Farmers' and Mechanics' Savings Bank of Virginia)的事务。银行行长无情地掠夺了这家银行的资产,他愚蠢地借给华盛顿和俄亥俄铁路公司一大笔钱。银行的董事们很少见面,也从未审计过账簿。他们什么也没做,而应付银行的票据被允许"无请求,无担保,未更新,未收集,未起诉"。由于他们的疏忽,他们个人有责任弥补银行的巨额损失。[14]

如果是一部学术专论,则可以从这样的案例中提炼出一套高尚的法律规则加以展示。

但我们不妨问一问,公司法——报告的案例及其规则——是否真正管控了公司的事务。胜利是昂贵的;诉讼要花费金钱;许多案件是在破产的情况下发生的;最坏的窃贼,比如劫掠了弗吉尼亚银行的那个银行行长,要么身无分文,要么已经逃之夭夭。诉讼是保护无辜者的一种笨拙的方式。大多数诉讼可能做得太少,而且来得太晚;或者只在安排一个毁灭或被掠夺已尽的公司的事务时,才赶来收拾残局而已。

与此同时,公司也在试图挣脱曾经把它紧紧地捆绑在一起的法律锁链。企业希望有筹集和使用资本资产的自由,越来越多的公司出现了,而大公司的规模越来越大。在19世纪下半叶,一些公司变成了多样化的"实体",涉及一个企业的许多方面,或许多商业领域。一个单一目的公司章程的旧观念已经完全消亡了。像自然人一样,公司现在可以调动力量从事这种目的,有时也可以调动力量去从事另外一个目的。一家公司可以从铁路起家,然后可以吞并一条轮船线路,或者去购买木材土地、建造房屋、制造洋娃娃或编织服装。最大的公司就像巨大的投资信托。它们是现代企业集团的祖先形式,成了有许多头脑和数百条腿的生物。

对公司可以或不能做什么的旧限制被取消或放宽了。曾经,没有什么比越权(*ultra vires*)原则在公司法中的地位更重要了。这个短语的意思是"超越权力";它代表了公司是有限权力的产物这一命题。

"所有立法机关未授权的公司行为都是被禁止的行为。"[15]公司的权力必须在章程中表述。经理人和法院应该严格、谨慎地解释这些公司章程。早在1856年,宾夕法尼亚州首席大法官杰里迈亚·沙利文·布莱克(Jeremiah Sullivan Black)就这样说:"可疑的章程根本不存在,因为任何可疑的东西对公司来说都是完全不利的。"[16]打擦边球的公司行为也属于越权行为。根据最初版本的规则,越权行为是无效的。没有人可以对另一方强制执行越权行为;州和任何股东都可以反对此行为。这意味着一个人与公司签订的合同具有某种风险。如果合同是越权的,它就是不可执行的。在马里兰州的一个案例中,在1850年,一家公司被注册经营巴尔的摩和弗雷德里克斯堡之间的"一条轮船生产线",经营范围涉及拉帕汉诺克河(Rappahannock)的几个地方。一个名叫亚历山大·马歇尔(Alexander Marshall)的人向公司提出索赔;他的请求理由是,他为该公司对拉帕汉诺克河采取了改良措施。这些改良措施是在巴尔的摩以外的水域进行的,因此不属于法定路线的范围。因此,公司的做法(法院说)是无效的;马歇尔败诉并且一分钱也没有得到。[17]

但法院很快就放弃了这种对待"越权行为"的极端处理方式。法院开始更自由地"默认"这些权力;1895年,最高法院裁定,佛罗里达州的一家铁路公司并没有越权:这家铁路公司在佛罗里达州杜瓦尔郡租赁并经营了圣迭戈酒店。在这个海滨终点站建一家夏季酒店可能会增加铁路的生意;"在荒芜、不安定的海滩上维持廉价的旅馆或饭馆,不是为了赚钱,而是为了给乘客和雇员提供合理和必要的住宿,这种行为并不是要求法院去认定的类似越权行为"[18]。无论如何,公司都是不可或缺的。它们发展得越来越大,也越来越灵活。不再是专门为某些特殊的公共任务而创建的,公司现在只是"一种可供选择的商业组织形式";因此,"假定公司能够做任何商业公司能够从事的合法业务"。[19]越权原则是令人生厌的。这是公司信用的一个障碍。这个原则必须被废除。

此外,这个越权原则也变得更加无关紧要。公司章程的框架可以如此宽泛,以至于没有什么是公司之力所不可及的。这使得多样化的业务在法律上成为可能,而不管其规则究竟如何。高超优秀的律师们改进了起草公司章程和其他文件的技能。公司章程载有一份目的声明,但现在这仅仅是一种形式,几乎涵盖了一切。更"自由"的成文法规批准了这一改变。根据那部重要的1896年《新泽西法》(New Jersey Act),公司可以"任何合法的业务或目的"成立。[20]即使像是发起成立铁路公司这样的敏感领域,法律也不妨碍企业的经营实践和企业的发展。例如,1883年,纽约州的一项法律允许波基普西、哈特福德和波士顿铁路(Poughkeepsie, Hartford, and Boston Railroad)与新英格兰的铁路线组成联营公司(该法案第514条)。然后,为了节省每个人的时间和避免麻烦,一些州通过了批准铁路联营的一揽子法令。[21]

在控股公司的发展过程中也发生了同样的情况。最初,公司不应该持有其他公司的股票。但公司想要这种特权,尤其是银行和保险公司。在19世纪的法律中,有公司想抵达的地方,一般都有公司可行的路径,至少最终如此。早在20世纪50年代,立法机构就开始授予特别章程,允许公司持有其他公司的股票。例如,阿拉巴马州(1851—1852年)赋权韦塔姆卡大桥公司(Wetumpka Bridge Company)拥有其他工程公司的股权;佛罗里达州(1866年)授权彭萨科拉公司、美孚铁路和制造公司拥有在珀迪多联合铁路公司(Perdido Junction Railroad Company)的股票所有权。1861年,宾夕法尼亚州授权在该州成立的铁路公司可以"购买并持有其他铁路公司的股票和债券",前提条件是这些铁路公司也是在宾夕法尼亚州成立的,或者这些铁路公司也在该州运营。1888年,新泽西州颁布了一项普通法律,法律赋予所有公司在任何其他公司拥有股票的权利。[22]

所谓的商业判断规则也是一个重要的发展。从本质上讲,这是一条让管理层自行运营的规则。只要是真诚地作出决定,在正常的经营过程中,任何股东都不能抱怨,即使决定结果很糟糕。[23] "公司人格"原则(doctrine of "corporate personality")对美国公司也具有重要的意义。从法律上讲,这就是公司是一个实体——一个几乎为了所有合法目的而存在的"人"——的原则。公司有权像任何其他"人"一样,可以起诉和被起诉。而且,非常重要的是,在宪法第十四修正案的保护下,公司是一个"人",和血肉之躯的自然人一样,甚至受到的保护并不比自然人少。[24] 这个想法最早是在19世纪80年代提出的。[25] 从1890年开始,它成为坚实的宪法原则。19世纪下半叶,一系列引人注目的案件将正当程序条款变成了一种强有力的商业保护墙。第十四修正案的墙已建成,或者看起来是这样的,尽管这个条款之前是为了保护黑人设立的;或许有些讽刺意味,或有意为之,它成为一种保护一个完全不同的少数派——公司——的方式。其他地方也提到了一些关键案例:例如,州有权确定公用事业费率的案例。在一些关键案件中,法院推翻了公司所反对的法规,理由是这些法律违反了第十四修正案的正当程序条款。

还有一些案件涉及商业条款(commerce clause)——国会对几个州之间的商业进行监管的权力。这里的规则是一种强大的力量,但并不是持续性的力量。根据该条款,联邦政府显然有权监管州际商业。但是在整个19世纪,它只是有节制地使用了这种力量。如果联邦法律默不作声,各州能监管州际商业吗?还是联邦权力是"独占排他性的"权力?对此,从来没有一个完整的、一般的答案。在某些地区,各州本应同时拥有商业权力;但如果州监管导致"拖累"商业,则是不合法的。至少可以说,这些一般的概念没有多少精确性。这一点很明显;那些拥有联邦权力的案件往往会抹杀唯一的和强有力的监管——来自州一级的监管。因此,在 1887 年"西部联合电报公司诉彭德尔顿案"(*Western Union Telegraph Company v. Pendleton*)[26]中,来自印第安纳州谢尔比维尔的威廉·彭德尔顿(William Pendleton)起诉西部联合电报公司,要求赔偿,称该公司未能按时发送一封送到艾奥瓦州奥塔姆瓦的电报。他的索赔依据的是印第安纳州的一项法规,该法规要求,如果收件人"住在离电报站一英里以内,或者在电报站所在的城市或城镇内",公司必须迅速发送电报。但最高法院认为,印第安纳州的法令侵犯了(未使用的)联邦权力;只有国会有权管理"不同州公民之间的电报通信"。简而言之,法院帮助在美国建立和保护一个巨大的自由贸易区。它使这个国家成为大企业的安全后盾。但法院的确是在企业的压力下对案件采取了行动;一般来说,只有企业才有足够的资金、勇气和法律才智将这些案件一路打到最高法院。[27]

商业条款的主线不在公司的界限之内;它是宪法历史的一部分。但公司法已不再是衡量公司权利和权力的真正标准。公司每时每刻都要面对法律;在越来越多的举报案件中,它们是诉讼当事人;它们雇用律师并利用整个律师事务所;它们收买政府;有时,作为对公司管理不善或欺诈的反应,其他的政府成员会获取上台的机会。1850 年以后的各州宪法都有关于公司的规定。公司的权利和责任越来越多地受制于宪法的案件。甚至在与公司诉讼当事人的案件中也出现了个人权利问题。"普莱西诉弗格森案"(*Plessy v. Ferguson*),即 1896 年种族隔离案[28],是一起关于公共运输承运人的案件。在这个涉及费率、劳动关系和社会福利的大案件中,公司是当事人、旁观者或主角。

大企业已经超出了州的界限。多州企业非常关注联邦和地方法律之间的关系。每个州都制定了自己的公司法。但从经济上讲,各州之间的界线几乎毫无意义。只有一片玉米地、一座桥、一小段渡船上的路程、一条看不见的线,把一个管辖区和另一个管辖区隔开。一家公司可以在一个州注册,在另外6个州或30个州做生意。这对州际公司来说既是一种危险,也是一个机会。这个机会包括把一个州踢向另一个州;或者像一个寻求离婚的妻子一样,迁移到离婚法最宽松的那个州。一些州制定了严格的公司法,但是大公司对此并不在乎。例如,在马萨诸塞州,没有任何"机械、采矿和制造"公司可以拥有大额资本,直到1871年上限是50万美元,直到1899年才达到100万美元。(在纽约州,资本数额也有一个限制:1881年前为200万美元,1890年前为500万美元。)马萨诸塞州的法律没有对不同类别的股票作出规定。公司业务性质的任何改变都必须得到股东的一致同意。马萨诸塞州的董事们没有权力在没有股东许可的情况下增加股票;任何新的股票都必须按面值向老股东要约。这些法规"明确地设想"公司是一个范围有限、"资本结构简单"的企业,不能在单一股东的反对下"改变其一般性质"。[29]

马萨诸塞州的法律显然是不同步的,其他强硬的州也是如此。但这些法律没有多少效力。这些州是国家法律自由市场的受害者。一些州通过了更宽松的法律,以争夺企业业务。一个愤世嫉俗的人甚至可能会说,这些法律宽松的州帮助法律严格的州保持其严格性。有一种道德分工,类似于离婚法中正在发生的事情。马萨诸塞州保持正直的态度,实际上并没有干涉州际事务。这些商业只是去其他地方获得特许。当时,这些公司还是在马萨诸塞州以"外州公司"的身份开展业务。联邦宪法保护他们免受最恶劣形式的歧视。

这项法律对总部的迁移几乎没有设置真正的障碍。一些早期的案例认为,如果一家公司打算在另一州经营其所有业务,它就不能在一个州获得特许。但从同样早的日期起,有些公司正是这样做了,而且很成功。因此,严格法规的负担只落在小公司身上,它们无法在很远的地方去注册。法律强硬的州和法律宽松的州一直并存着。在19世纪90年代,宾夕法尼亚州和俄亥俄州都是要避开的地方。1891年,康涅狄格州"不仅驱逐了外国企业,还驱逐了自己的产业";根据一项威廉·库克称为"不明智的"法律,康涅狄格州公司董事会的多数成员必须是该州居民,20%的股本必须以现金支付。结果,新泽西州这个纽约州的贫穷但方便的邻居,成为"最受公司欢迎的州"。它以低税收和法律宽松的特点,成功地吸引了来自纽约州的大企业。西弗吉尼亚州也成了"居无定所的海盗公司的舒适港湾",还吸引了"这个国家那些漂泊无依的泡沫公司"。原因很简单:西弗吉尼亚州的法律很宽松,而且非常便宜。公司成立成本为6美元,公司税每年为50美元。这些价格使得西弗吉尼亚州成为"不负责任的公司的朝圣之地(Mecca)"。[30]

新泽西州的法律显然威胁到其他州控制外州或州内公司的权力。有人在一些州讨论如何对新泽西州进行报复,并通过对其他地方特许的公司实行控制,恢复严格的公司法制度。但是说归说,并没有采取什么行动。[31]相反,还有更多的州被公司宽松注册的业务容易赚钱的想法所吸引。他们削减价格,在通过宽松的公司法方面相互竞争。这些州允许非常驻居民担任董事职位;公司的会议也可以在州境外举行。毕竟,如果公司总量足够大,一个州甚至可以从低税收中获利。在19世纪末,一群饥饿的州在公开竞争企业业务。数百家公司悬挂了这些宽松公司法所在州的旗帜。时尚改变了。缅因州由于一项危险的法庭判决而失去了它的声望。新泽西州1896年的公司法出价超过了所有其他法律;它使新泽西州成为"托拉斯之母"。1899年前7个月,"根据新泽西州法律组建了1336家公司,其拥有超过20亿美元的授权资本"。其中包括"臭名昭著的威士忌托拉斯"——美国蒸馏酿酒公司(Distilling Company of America),以及"现有工业公司的股票和债券超过1000万美元的121家公司中的61家"。³² 1899年,另一个迫不及待的竞争者,一个小小的、处于昏睡状态的特拉华州,也通过了它自己的欢迎公司前来注册的法律。它也取得了巨大的成功。公司蜂拥而至,"特拉华公司"(Delaware corporation)一词成了一个专门的英文词汇。

难怪那些深谋远虑但内心忧郁的观察家们看不到真正的机会来控制这些公司物种,这些物种往往顺势而为,还受到了贸易的铁律和宪法本身的青睐。很明显,公司会吞噬越来越多的国家经济。与公司的斗争变成了一场模糊不清、微弱无力的后防行动。基本上,公司已经摆脱了它的过去——它几乎可以随意成立,可以做它想做的事,可以扩展、缔约、解散;法律重点改变了:第一,监管,正如我们所看到的;第二,抵消权力。大公司是留下来经营的;也许这不是件坏事。1888年查尔斯·弗朗西斯·亚当斯说:"一个庞大的联合公司"比"众多规模较小、相互冲突的公司承担的责任要严格得多"。³³

然而,在这段时期,约翰·洛克菲勒的律师们成立了一个股权信托基金(voting trust),借此巩固洛克菲勒在一群石油公司中的控股。托拉斯由此成了家喻户晓的词汇。托拉斯是19世纪80年代后期的妖怪,但问题在于它的权力,而不是它的形式。企业瓜分市场,彼此签订条约,形成巨大而威胁性的集团。商业前沿似乎和西部陆地边疆一样死气沉沉。美国似乎不再是一个个体勤勉努力的社会。现在一切都是在团体、实体和机构之下运行。社会是一个无缝的网络。重新分配的时候到了。是到了反击的时候了。农民、工人和小企业——所有这些都形成了自己的"托拉斯",聚集了自己的力量,要求在经济产品中占有更大或更好的份额,或者至少试图保住自己的产品。商业聚合激起了反聚合的情形。

一个不协调的附加物:地方自治政府型公司法人

在布莱克斯通时代之前,当时的"公司法"涵盖了所有订立章程的实体。公营和私营、营利和非营利的公司——城镇、教堂和企业——都装在一个合法的口袋里。后来,"公司法"的各个分支在不同的方向上发生分流和发展。私营公司变得更加自由和灵活。城镇从来没有得到如此多的自由。他们仍然受到严密的管制,并受到广泛的控制。

像企业一样,城市、城镇和村庄一个接一个地最初都是通过特别章程——按照公司的方式发起成立的。这些章程经过了非常仔细的修改、增补。城市章程往往很相似,但即使在一个州里也很少有一模一样的。去分辨城市之间的权力和职责的细微差异,会让人感到困惑和恼怒。此外,在如何制定地方市政的章程方面,也成了一个令人痛苦的立法负担。为了解决这一问题,立法机构通过了关于城市的一般法律,就像立法机构通过了一般公司法一样。1835年英国的一项重要法律就是一个典范。1852年,俄亥俄州有一项这个方面的早期重要法规。[34]《艾奥瓦州宪法》(1846)禁止立法机构通过特别法案设立城镇。到1900年,大多数州都有或多或少类似的规定。19世纪末的宪法往往根据人口规模将市镇划分为不同的类别。立法机构可以通过适用于所有类别市镇的法律,即使立法机构不被允许通过针对个别城镇的特别立法。例如,1891年的《肯塔基州宪法》规定了6个市镇类别。人口超过10万的城市是第一类城市;人口少于1000人的城镇是第六类城市(1891年《肯塔基州宪法》,第156条)。通常,一个州的大城市,在它的类别之中单独存在。例如,在1893年,威斯康星州的第一类城市只有一个成员:密尔沃基。正如我们所看到的,这使得立法机构能够制定仅适用于那些大城市或最大城市的法律。

早期的市镇章程中包含了一套古怪的市政"权力";这些早期的一般法规往往只是抄袭一些一般性的条款。例如,威斯康星州的城市被赋予了控制"面包价格"(assize of bread)的权利。如果说,这个条款对一个15世纪的自治市来说还有些意义,但对美国中西部来说,完全属于不知所云。"面包价格"甚至出现在一些章程中,被称为"面包的尺寸"(size of bread),似乎没有人注意到这个错误。似乎有些奇怪,19世纪50年代的市政权力不足以满足迅速发展的城镇需要。俄亥俄法令(1852年)赋予城市权力以减少滋扰;管制"火药或其他可燃物的运输和保管";"防止和惩罚快速或不适度骑马或驾驶或推动车辆通过街道的行为";建立市场;规定"干草、木材、煤炭或任何其他待售物品"的度量衡;防止街道超载;镇压骚乱、赌博、"妓院、台球桌、九或十柱球的球场、球桌小巷和球道"。市镇还有权力来"规范死者的丧葬事务"。提供供水,禁止动物(包括狗)奔跑,建造和维护街道和下水道、码头、"着陆点和市场空间";管理出租车辆、酒馆和剧院展览;规定"房屋的正常建造",并制定"防止火灾危险的规定"。"这是一长串并不是不重要的权力清单,但这是一个奇怪的堆积物;显然,它也远远没有概括归纳出一个一般性的管理权能。"没有人真正想要中世纪自治市那样的统治方式来管理美国大平原的城市。事实上,没有人对市政府寄予厚望。人们需要的是,能够促进市镇繁荣的法律。1852年的俄亥俄法令再次具有启发性。该法律的许多部分涉及吞并周边土地。人们不指望俄亥俄州的城市用铁腕来统治它们的公民;人们期望市镇的成长,这才是高于一切的事情。

　　一般法规的通过,不仅仅是为了帮助繁忙的立法机构。这些法规意味着市政法人公司的整个理念的变化。纽约和其他市镇都有一个类似的宪章。每个城市实际上都是一个公司、一个独立的实体——作为一个财产所有者、一个协会、一个社区,或多或少是自治的。市镇公司法实际上根本不是"公司法",而是一部关于城市和条款的法律、一部关于基本上只是整个(州)一部分并处于其最终控制之下的地方的法律。这是"市镇公司法"日益增长的主题。[35] 州对市镇实际控制了多少,这是另一回事。即使是在一般法律立法时期,立法机构通常也是由当地人来决定的。例如,在1892年,来自巴尔的摩的代表在马里兰议会里提出了47项建议——全部被接受,其中38项一致通过。[36]

城市变成了大而复杂的有机体,城市财务活动产生了大量的活生生的法律。在铁路处于乐观主义上升的时代,城市沉浸在一种对铁路的疯狂援助之中。它们想要铁路,它们想让土地价值飞涨,只有增长,这一切才能奏效。短期效应通常是灾难性的。许多城市在商业周期的低谷处于破产状态,就像它们的铁路和银行一样。但债务仍在增加,更多的债券被发行。1860年,人口在7500人以上的城市的负债为5100万美元;所有其他地方政府的债务约为1亿美元。到1890年,地方政府欠了9亿美元。[37] 难怪有一种反对城市繁荣的心理反应。对市政债务的限制开始出现在州宪法中。例如,根据《伊利诺伊州宪法》,任何市镇法人公司的负债额度,不能"超过其可课税财产价值合计的5%"(第9条第12款)。这样的规定在很大程度上是美国法律文化的主流:第一,就它们对权力的反应和滥用权力而言,它们通过更多的制衡来应对权力;第二,在典型的循环中,首先是激励机制,其次是用法律来惩罚那些对诱饵过于热衷的人。这些限制并没有触及另一个问题:政府腐败。到了1900年,城市的耻辱(shame of the cities)已成为一个俚语。在南北战争后的10年里,纽约州的特威德集团只是许多臭名昭著的例子之一。威廉·M.特威德(William M. Tweed)极尽贪污腐败的技能,据说他和他的追随者从政府偷走了至少6000万美元。特威德的影响到达州府的奥尔巴尼——从议会到州长办公室本身。[38] 特威德被推翻了,但这并没有结束纽约州的问题。改革运动来来去去；在19世纪末,一个新来到的特威德式的老板——理查德·克罗克(Boss Richard Croker)统治着这个城市；自1897年以来,该城市已扩大到布鲁克林、皇后区和布朗克斯区。

随着市镇改革的斗争,市镇自治的斗争变成一个静悄悄的博弈。国家控制似乎过于严格,无法提高效率和解决地方问题。在19世纪最后四分之一的时间里,对城市来说,主要的法律创新是一种通常被称为自治(home rule)的想法。这首先出现在1875年的《密苏里州宪法》中。人口超过10万的城市有权制定自己的章程,只要这些章程不违反州法律的规定。加利福尼亚州在其1879年宪法中通过了一项地方自治规定；1890年修订后,超过3500人口的城市(如果立法机构批准)可以获得自治权。

地方自治之所以流行,与通过一般法律的原因类似,它减轻了立法机构的负担。1873年的纽约州成文法(非自治规则)显示出一个琐碎浩繁的立法例子:"在纽约市提供拾荒人管理和许可的法案""关于从阿尔比恩村到阿尔比恩山公墓的人行道的法案"以及一个"授权在萨拉托加矿泉城(town of Saratoga Springs)和城镇建设下水道的修正案"(第251、667、670条)。立法机构把精力花在这类法律上是没有什么意义的。然而,立法机构却出人意料地抓住自己的权力不放手。它们不打算放弃最终的权力来决定城市能做什么和不能做什么。甚至一个世纪后,自治更多地是一个理想,而不是一个工作的现实。

法院在管理城市方面也起到了一定的作用。当时,和现在一样,法庭是在地方政治事务上受挫的利益集团和权力集团的最后补救方式。在这个世纪的最后半个世纪里,城市急速发展壮大。在高等法院对城市花费的时间和注意力的要求方面,也随之增强,村庄、郡和城镇也有同样的诉求。1872年,约翰·F. 狄龙(John F. Dillon)撰写了关于地方政府法律的第一本专著。名为《市镇法人的法律》(*The Law of*

Municipal Corporations)。约翰·狄龙曾在艾奥瓦州最高法院任职,并看到"有关市政当局的权力、职责和责任的问题几乎在每一届任期内都被会提出"。到了1890年,这部专著的第四版以两卷大部头的形式出现;在它的数百页中,包括了大量判例。司法审查的扩大也触及了市政府的法律。约翰·狄龙书中的许多案件都与公民或企业挑战地方政府的一些行为有关,比如,违宪或超越了市镇法人的权力。

市镇法人公司的法律走上了自己的道路,这条道路与以前商业公司法完全不同。越权的问题一直存在于市镇当局。查尔斯·比奇(Charles Beach)在1893年出版的关于公营公司的专论中直截了当地指出:"未经明确授予的权力而作出的市镇法人公司的行为,或未从授予的权力或与其创建目的有关的权力中适当地默示的行为,都是越权行为。"城市政府官员的行为如果超出了他们权力的确切字面界限,也属于越权。[39]村镇则只有来自上面赋予他们的权力。在大量案件中,纳税人和其他人在法庭上测试城市、村庄及其官员的权力和权威。上诉法院裁决了很多诸如"根据新泽西州贝永市宪章进行的下水道评估的有效性"问题。[40]19世纪下半叶,法院还没有因为其过于矜持而闻名。市镇当局可能赢得了它们的大部分案件,特别是在下级法院;但它们不得不花费时间和金钱在法庭上;而失败的危险就像乌云一样笼罩在它们的头顶上。司法审查往往产生健康积极的影响。它也许会迫使政府更加诚实和高效。但是,其付出的成本也很高。诉讼当事人只对自己、他们的税收、他们对土地的使用感兴趣。他们在用一般性的条款来表达他们的诉讼要求。但是,一个不满意的土地所有者对下水道评估展开攻击,如果他赢了的话,可能会破坏整个城市卫生系统。

注 释

[1] John W. Cadman, *The Corporation in New Jersey: Business and Politics* 1791–1875

(1949), p. 187.

² George J. Kuehnl, *The Wisconsin Business Corporation* (1959), p. 143.

³ Gordon M. Bakken, *The Development of Law on the Rocky Mountain Frontier: Civil Law and Society, 1850-1912* (1983), p. 118.

⁴ Frederick C. Hicks, ed., *High Finance in the Sixties* (1929), pp. 114-16.

⁵ Laws N.Y. 1848, ch. 40, sec. 14; Laws N.Y. 1858, ch. 333, sec. 2.

⁶ 59 U.S. 331 (1856).

⁷ 62 N.Y. 319 (1875).

⁸ See part II ch. III, p. 199, above.

⁹ *Upton v. Tribilcock*, 91 U.S. 45 (1875).

¹⁰ William L. Clark, *Handbook of the Law of Private Corporations* (1897), p. 540.

¹¹ A *cestui que trust* (the *s* and *u* in *cestui* are silent) is the beneficiary of a trust.

¹² Hicks, *op. cit.*, pp. 26-27.

¹³ *Arkansas Valley Agricultural Society v. Eichholtz*, 45 Kan. 164, 25 Pac. 613 (1891).

¹⁴ *Marshall v. Farmers' and Mechanics' Savings Bank*, 85 Va. 676, 8 S.E. 586 (1889).

¹⁵ Victor Morawetz, *A Treatise on the Law of Private Corporations*, vol. II (2nd ed., 1886), p. 617.

¹⁶ *Commonwealth v. Erie & No. East Rr. Co.*, 27 Pa. St. 339, 351 (1856).

¹⁷ *Abbott v. Baltimore and Rappahannock Steam Packet Company*, 1 Md. Ch. 542, 549-50 (1850).

¹⁸ *Jacksonviile, Mayport, Pablo Railway & Navigation Co. v. Hooper*, 160 U.S. 514, 526 (1896).

¹⁹ Herbert Hovenkamp, *Enterprise and American Law, 1837-1937* (1991), p. 59.

²⁰ Laws N.J. 1896, ch. 185, sec. 6, p. 279.

²¹ For example, Ohio Stats. 1880, secs. 3379-92.

²² See William R. Compton, "Early History of Stock Ownership by Corporations," 9 Geo. Wash. L. Rev. 125 (1940); Laws N.J. 1888, ch. 269.

[23] Hovenkamp, *op. cit.*, pp. 62-64.

[24] Hovenkamp, *op. cit.*, ch. 4.

[25] *Santa Clara County v. Southern Pacific Railroad*, 118 U.S. 394 (1886).

[26] 122 U.S. 347 (1887).

[27] See Charles W. McCurdy, "American Law and the Marketing Structure of the Large Corporation, 1875-1890," 38 J. Econ. Hist 631 (1978).

[28] 163 U.S. 537 (1896).

[29] For this analysis of the Massachusetts statutes, see E. Merrick Dodd, "Statutory Developments in Business Corporation Law, 1886-1936," 50 Harv. L. Rev. 27, 31-33 (1936).

[30] William W. Cook, *A Treatise on Stock and Stockholders, Bonds, Mortgages, and General Corporation Law*, vol. II (3rd ed., 1894), pp. 1603-5.

[31] Charles W. McCurdy, "The *Knight Sugar* Decision of 1895 and the Modernization of American Corporation Law, 1859-1903," 53 Bus. Hist. Rev. 304, 336-340 (1979).

[32] Edward Q. Keasbey, "New Jersey and the Great Corporations," 13 Harv. L. Rev. 198, 201 (1899); see also Melvin I. Urofsky, "Proposed Federal In corporation in the Progressive Era," 26 Am J. Legal Hist. 160, 163-64 (1982).

[33] Quoted in William W. Cook, *A Treatise on the Law of Corporations*, vol. III (5th ed., 1903), p. 2543.

[34] Laws Ohio, 1852, p. 223, John F. Dillon, *The Law of Municipal Corporations*, vol. I (2nd ed., 1873), sec. 20, pp. 121-24. The English statute was "An act to provide for the Regulation of Municipal Corporations in England and Wales," 5 & 6 Wm. IV, ch. 76 (1835).

[35] See Hendrik Hartog, *Public Property and Private Power: The Corporation of the City of New York in American Law, 1730-1870* (1983), ch. 14.

[36] Jon C. Teaford, "Special Legislation and the Cities, 1865-1900," 23 Am. J. Legal Hist. 189, 200 (1979). But *potentially*, the power to tax, control, and even destroy was lodged in the state.

[37] *Two Centuries' Growth of American Laws*, p. 241.

[38] See, in general, Alexander B. Callow Jr., *The Tweed Ring* (1966).

[39] Charles F. Beach, *Commentaries on the Law of Public Corporations*, vol. I (1893).

[40] *Central N. J. Land Co. v. Mayor of Bayonne*, 56 N. J. L. 297, 28 Atl. 713 (1894).

第九章

商业、劳工和税收

契 约

404　　契约法在19世纪的美国法律中占有特殊的地位。从理论上讲，19世纪是契约法的世纪。契约是现代法律的标志。1861年，亨利·梅因（Henry Maine）爵士在他的开创性著作《古代法》（*Ancient Law*）中写道，进步社会的运动，是从身份到契约的运动。这些社会通过自由自愿协议组织社会关系；个人为了自己的目的，制定自己的"法律"，完善自己的安排。根据宪法规定，任何州都不能"损害"契约的义务。在内战之前，许多关键的宪法案例都以这一条款为支柱。19世纪末，契约自由成为另一个宪法口号。最高法院和一些州法院宣读的宪法第十四修正案保护了自由订立契约的权利。当然，这种权利的界限是模糊的。但是这个原则——这个契约应该得到这样的特权——仍然意义重大。

　　契约法也是法律研究的基石之一（直到今天亦是如此）。兰德尔的第一本案例汇编（1871年）是法律教育发展史上的一个里程碑，这是一本关于契约的案例汇编。对宪法理论家来说，自由契约是自由宫殿的基本理念，是自由宫殿的支柱；对学生和法律教师来说，契约自由是进入宫殿之门。

契约的概念和契约的事实,很可能和所有人说的一样重要。但被称为"契约法"的具体法律则是另一回事。在某种程度上,这似乎不值得大惊小怪。契约法在本质上是负面的。它的学说或多或少地给了个人选择方面的自由放任。人们自由同意的事情,法院会自由地加以执行。除了这一简单的原则,还有某些经验规则:契约的订立、契约的解释和违约的补救办法。1850年至1900年间,这个法律体系并没有发生什么根本性的变化——与侵权行为法或公司法的转变相比,契约法的变化微不足道。旧的技术问题早在1850年以前就已经被消除。剩下的或多或少是整理规则,并将其规则作为一般性原则来表达。

如果我们不看论著,而是看法院的实际事务,就可以说,1850年以后,契约法开始逐渐地滑向边缘。法院没有能力像一个吵闹的资本主义经济所要求的那样,迅速有效地处理商业纠纷。法律规则是有吸引力和必要的;规则是足够灵活的;但法官终究只是法官,而不是调解人。法官来判定赢家和输家。在双方保持商业关系的地方,他们宁愿根本不提起诉讼。他们自己解决问题,或进行仲裁。此外,法官还缺乏正确的商业意识。他们受过法律方面的培训,而不是商业方面的培训;当然,他们也没有受过上千个领域和行业的细节和术语的训练。威斯康星州最高法院判决的206起合同案件中,大约在1861年之前的十年里,有54起涉及土地问题。31起是买卖契约案件,大多数涉及马、羊、牛和经济作物、小麦,而不是制成品。30起劳动案件也是由简单的情况引起的。在信贷和金融方面,有31起案件,这些案件主要是关于汇票和本票,以及签字的担保人。[1]

到目前为止,一个聪明的法官可以把这些事情处理得很好。因为,他自己可能就是一个地主,所以在他面前的案件,只不过是他日常生活经历的一部分。随着这个国家的工业化,这种情况越来越少了。到1905年,威斯康星州最高法院的合同记录看起来非常不同。几种类型的交易诉讼之多有些超乎寻常——例如,房地产经纪人为他们的佣金提起诉讼。制造商和大商户实际上已经从待审名单上消失了,实际上,这类人并不经常出现在法院里。从高等法院推断下级法院的业务是有风险的;但大公司肯定比小企业或个人更有可能对商业案件提起上诉。一个合理的猜测是,大型企业并没有以任何经常性的方式对契约问题进行诉讼。

1750年至1850年间,契约法领域扩大到包括经济交易的大部分领域。甚至租赁和地契基本上也被视为契约或具有契约的性质。商业变成了协会、工作团体,而不是来自国家授权的小垄断持有者。所有的法律似乎都带有契约色彩。然而,就像侵权行为法的黄金时代一样,契约法的黄金时代也是非常短暂的。最常见的规则——关于损害赔偿、要约和承诺、口头证据、合同解释——在1850年至1900年间明显地被损耗了。由于商业不受法庭的影响,进入法庭的往往是边缘的:特殊情况或属于不寻常的案件。由此,法官为了他面前的独特事实,仅在特定的案件中作出公正的判决。契约——上诉法院在实际案件中适用的理论,而不是基本合同制度——并不是经济的重要支柱。这些案子是独一无二的。为什么不扭曲规则,为这个诉讼做正确的事情呢?无论如何,大多数上诉案件只涉及其事实或解释问题。每个案件都有其各自的理由。此外,1850年后的成文法使契约王国大幅缩水。成文法上的每一条新法律,如果说它涉及经济,都是一杯从契约法的游泳池或水坑里抽出来的水。

1850年以后,一些新的理论被发明或扩展,表面上帮助填补了传统自由市场契约法中的空白。纽约州1859年的"劳伦斯诉福克斯案"(*Lawrence v. Fox*)[2],是所谓第三方受益合同的主要案例。"劳伦斯诉福克斯案"的规则显示,即使某一方实际上不是契约的当事方,但只要该契约是为了他的利益,他也可以请求强制履行此契约。所以,如果A卖了一匹马给B,然后告诉B,"把钱给我的债权人C",如果B拒绝或忘记支付,C债权人可以起诉B。普通法一直不允许任何人转让抽象权利(包括追讨债务和起诉的权利);受让人不允许起诉原来的主张或权利。这与19世纪契约的世界观不一致,在市场上,所有利益或价值在原则上都能够出售或转让。[3]

在此期间,几乎没有任何关于违约损害赔偿的具体法律。在非常滞后的时候,法院才制定了计算损害赔偿的系统规则。他们以前只是把整件事交给陪审团去处理。在此,我们提及英国的一个重要案例:1854年的"哈德利诉巴克森代尔案"(*Hadley v. Baxendale*)。[4] 一台磨机因曲轴断裂而停止了工作。磨坊主人订购了一个新轴。该轴是以"著名的承运商——皮克福德公司(Pickford & Co.)——的名义履行的"。然而,这个"著名的承运商"却迟交了曲轴。工厂停工的时间比预期的要长,原告——也就是磨坊主——损失了部分利润。原告认为承运人应该赔偿。但法院不同意这个请求。承运人违反了按时交货的契约——这是毫无疑问的。但原告只能就这一违约行为的"自然后果"进行索赔;法院说,损失的利润不适合这个情形。"哈德利诉巴克森代尔案"的规则巧妙地契合了发展中的契约法精神。这是一项假定非个人市场的法律。任何特殊的、个人的、不同寻常的因素都不应影响损害赔偿。损害赔偿必须是客观的。一些磨坊——也许是比较谨慎的工厂——可能有一个备用轴。[5] 本案还限制了承运人的风险。他们只对误产的"自然"后果负责——他们可以预见和考虑到的损害。因此,该规则是使成本标准化和企业合理化的一种方式。在这方面,它可以与许多新的侵权规则相比较。侵权行为法和契约法都符合当时的经济思想,至少法官们是这样认为的。"哈德利诉巴克森代尔案"的规则在各州得到了热切的采纳。事实上,这是意料之中的;1854年威斯康星州的"布雷顿诉蔡斯案"(*Brayton v. Chase*)⁶就属于这种情况。一位农民订购了一台"纽约收割机",将在某年7月1日之前交付。但收割机交付迟误了。农民布雷顿声称,他因此失去了"冬季和春季的大收成"。他没有获得任何赔偿,法院认为,农作物损失与蔡斯公司的迟误之间的关系"太过于遥远"。损害的发生是由于原告的特殊情况,而不是因为被告违反了合同。

这些规则旨在形成一种客观效果,但它们的措辞方式使它们成为护卫方式而不是处罚方式。这个规则的适用性是广泛的。例如,"哈德利诉巴克森代尔案"所涉及的"自然后果",只有法院才能说出什么是自然的结果,什么不是自然的结果。1900年之前,案例微妙地从19世纪50年代的强硬路线上偏移。理想仍然存在:合理、可计算的损害,仅限于违约的自然、可预见的后果。一般来说,市场是衡量损失的尺度。但是,由于已经提到的原因,实际的判决扭曲了理论的逻辑。法官也是人;偶然出现的使他们感到过于严厉的案件,促使他们去改变或修改规则——尽管通常他们不承认自己正在做的事情。法律的殿堂岿然屹立:建筑师们仍在做装饰工作,但是白蚁却在下面忙碌地工作着。

票　据

汇票、本票、支票和存款单据的法律起源于英国的商法;它们在美国被进行了修改,并在1850年以前通过判决和学术著作得到了稳定性和某种程度的英国式规范化。这一法律分支在19世纪是非常重要的。1864年以前,银行本票是主要流通货币。无论是在19世纪60年代之前还是之后,个人本票都是美国债务和信贷的重要工具。由于它的关键地位,本票为争端和最终诉讼打开了无尽的可能性。正如我们所看到的,律师,特别是西部的律师,花了大量的时间以个人票据的形式收取债务。没有汇票和本票的法律,商业机器就无法运转。这确实是活生生的法律。《美国文摘世纪版》涵盖了截至 1896 年的报告案例,这本书几乎涵盖了一整卷"汇票和本票"——约 2700 页,几乎没有其他主题能与之相提并论。

此外,这是一种活生生的法律,带有着弹性的意识形态。法律本来应该遵循商业界的惯例。事实上,法律往往是灵活的和富有创造性的。提单最初用于海运;到 19 世纪 50 年代,它已成为铁路单据。在 19 世纪 60 年代的论文中很少提到的认证支票,到 1870 年已经成为一种重要的可转让票据。商业惯例创造了它,斯韦恩(Swayne)大法官在 1871 年的一个最高法院案件中说:"根据这个国家的商人的法律,一张支票良好的银行证明等同于承兑。核证支票的做法出自这个国家的商业需要。这类支票在纽约市全年的日均使用金额不少于一亿美元。对这个国家的商业活动而言,我们几乎没有比怀疑其有效性更严重的打击了。"[7]

法院在市镇债券和公司债券方面遇到了更多的麻烦。这些是否应像普通的汇票和本票一样被视为可转让的票据?法院在决定它们是否有效之前,应该对其进行多严格的审查?这些都是重要的政策问题。如果可以转让,转让的债券将切断原交易中的任何缺陷。发行人、原始投资者和后来持有债券的投资者的利益有时会发生冲突。后来的投资者往往是银行和金融利益集团,他们可能投资于东部的货币市场。最初的持有者有时是农民投机者、小镇居民、容易上当的小规模投资人。在一些州,法规以有利于转让的方式解决了这一问题。总的来说,法院也以犹豫不决的态度,用可转让性的神奇外衣掩盖了这些债券。用大法官罗伯特·格里尔(Robert C. Grier)的话来说,他们无视"人民的流行病般的精神狂热、郡官员们的愚蠢、铁路投机者的无赖"。他们更倾向于债券的"可塑性",以便"适应商人和商业世界的需要和用途"。建立一个自由、开放的资本市场,无须再考虑债券发行的有效性,是首要考虑因素。"仅仅是技术教条,并不能禁止商业世界发明或使用上个世纪所不知道的任何一种证券。"[8]

那个引起格里尔评述的案子,有关宾夕法尼亚州默瑟郡的债券状况。该郡发行债券是为了认购一条骗取钱财的铁路股票,即匹兹堡和伊利的铁路股票。一些债券落入了一个名叫哈克特(Hacket)的人手里,此人是"新罕布什尔州的公民"和一个(至少在法律上)是真诚的购买人。该郡想要反悔;它声称,这个债券在发行中有瑕疵。最高法院拒绝同意郡政府的意见。这一案例说明了法院倾向于有价值的善意买主,尽可能地忽略债券本身的瑕疵。

有时,骗局或丑闻是如此之大,以至于立法机关采取了不同的姿态。我们提到的威斯康星州农场在19世纪50年代和60年代的抵押贷款危机就是其中之一。农民们用本票换取铁路股票。这些本票是由他们农场的抵押贷款担保的。1857年崩盘后,股票变得毫无价值。与此同时,这些票据和抵押贷款已出售给东部的金融集团。如果本票是不可转让的,尽管外表如此,农民的"抵押物的权益"仍然存在;农民可以通过声称欺诈或错误来抗辩抵押物被终止回赎的程序。1858年威斯康星州的一项法律禁止持票人声称是(合法的)善意购买者。这一点的意义是很明显的,即农民是投票人,而本票的持票人则不是。这项法律可能会拯救威斯康星州的农场。然而,威斯康星州最高法院不顾民众的压力,推翻了该法令;它以同样的鄙视态度对待了立法机构后来的干预企图。[9]

在几乎所有的州,无论是否存在着危机,法规都通过修改商业票据的一些规则来帮助、阻碍或搅乱商法。[10]法规的范围从一些琐碎的标准规定(例如,如果某一票据于周日到期,将其到期日推迟到周一)到庞大的法典(例如,1872年加利福尼亚州采用了一套完整的可转让票据法典)。它由117个部分组成,是从戴维·达德利·菲尔德为纽约州提出的法典中抄袭而来的,6个西部州后来效仿了加利福尼亚州。几乎每个州都废除了古老的宽限期习俗。在法律方面的收获中,有些是为了商业利益,另一些则是为了更小的群体。一些州使高利贷本票完全无效,对赌博债务票据也是如此。任何人,即使是一个善意的持有者,也无法从这些原罪中得到一张票款。尽管有这些污点,其他州还是保护了善意的购买者。[11]在一些州,例如俄亥俄州,一张"制造、使用或销售专利发明的权利"的本票必须在其表面上写上"为一项专利权而给予的"字样;而该票据的任何持有人都"可以受到最初所有人相同的抗辩"。[12]所有这些都是为了帮助消灭一个常见的乡村诈骗行为。[13]

商业法是商界人士在各州之间表现出一致性的一个领域。法律改革者们也对技术变革有兴趣,倾向于有益无害的一致性。商业票据法在理论上是国际性的。但是,各州可以自由地发展各种变化,而且他们也是这样做的。1891年,美国律师协会的一份报告抱怨商法有"50种不同的语言"。商人有权问为什么"本票的含义和效力"不能像美国词典中的词汇意思那样"确定和具有定义"。"差异、不和谐、矛盾"引发了"困惑、不确定性和损害"。[14]

难怪法律统一的运动主要集中在商业问题上。根据1895年在底特律召开的法律一致性委员会会议的指示,约翰·J.克劳福德(John J. Crawford)起草了《流通票据法》(Negotiable Instruments Law)。[15]克劳福德主要借鉴了1882年的《英国票据法案》,还包括如同比特尔(Beutel)教授所展示的1872年《加利福尼亚州法典》(California Code)。[16]克劳福德起草的这部《流通票据法》是"统一制定法"的第一部。它也是最成功的一部。总的来说,该法案没有试图对法律的主旨作出修改。这是对现有规则的重申。这部《流通票据法》由简短的、明晰的、鲜明的条文组成。它编纂的规则已经被普遍接受,要么作为商业规范,要么作为法庭的审批规则。这部《流通票据法》整理了商业法的门面,并没有对其加以改革。不过,也没有人要求别的什么东西。

买卖法

商业法一般对商业的需要是敏感的。法院愿意让商业惯例起带头作用——只要不触及过于敏感的政治神经或法律传统。当时我们很少考虑消费者的利益。但是,到这个世纪末,类似的争论开始在法庭判决中听到更多的声音。

在这方面,销售法就是一个很好的例子。到了19世纪中叶的时候,它已经很发达了。它有一个独立的"法律领域"的尊严,这在一定程度上要归功于一系列经典的英国案例。一个关键概念是"所有权";所有权决定了谁承担损失的风险。但原则上的细微差别允许出卖人在货物上保持其担保权益,即使风险(和"所有权")已经转移。

总的来说,判例法显示出了某种对卖方——制造商或商人的偏向。"买方自慎之"(caveat emptor)这句格言,奉迎着法官们的气概和荣耀。在加利福尼亚州,正如我们所看到的那样,1850年,这句格言被认为是普通法的荣耀之一,与大陆法的软弱状况形成了鲜明对比。但到了1888年,埃德蒙·贝内特(Edmund Bennett)在他关于销售的论文中承认,该规则有"许多限制",这些限制是以"例外"的形式提出的,但实际上相当于"独立的规则和原则"。[17]法院毕竟还是对个别案件作出了裁决。买方自慎之的规则是清晰的、抽象的和一般性的,但同时也是一个很严厉的规则。此外,告诉买方要小心审慎是一回事;

在大规模生产市场上,买方实际能提防的事情是有限度的。在买马之前检查它的嘴和蹄是一回事,而评估机器制造的货物、机器密封的货物和机器包装的货物则就是另一回事了。

默示瑕疵担保的概念,是削弱买方自慎之的生命力的一种方法。用样品销售来"暗示"一种保证,即批量产品将会和样品是相同的。当货物"按说明"出售时,不经检验,法院就意味着"适销性"的保证。即这些货物在从事商品交易的商人中不应"低劣到无法销售"。此外,如果买方购买的东西是基于"卖方知道的特定用途",并依靠卖方的判断选择货物的,则有一项隐含的保证,即货物"合理地适合于这一目的"。例如,当卖方将"威尔科克斯磷肥"(一种肥料或鸟粪)卖给一位农民时,这种肥料必须是"可销售的",而且它至少要能够合理地达到好的施肥效果。如果不是这样,买方就有了可以起诉卖方违反默示保证的诉讼理由。[18]

这些隐含的保证特别适合大批量的制成品。对于制造商来说,至少,这种隐含的保证几乎抵消了买方自慎之的规则。到了1900年,这类案件的结果可能与大陆法系国家的结果相差无几。法律当时已经开始倾向于消费者。但是"消费者"并不指的是街上的男人或女人。在1890年或1900年的时候,消费者是小商人或农民。法院的立场观点是非常中产阶级化的。法院的重心转移意味着他们对大企业的较少奉迎,而开始对小企业有更多关注。[19]

在新经济中,大规模生产是生活中的关键事实,一些制成品就像亚当·斯密用来举例的钉子一样小而平凡。还有一些是昂贵的硬质货品。除非这些货物是以现金出售的,否则卖方想要某种担保。卖家需要买方提供一种担保方式可以用来购买收割机、钢琴和缝纫机,就像抵押物对土地所做的那样。附条件销售就是这样一种方式。根据附条件的销售合同,在买方全额付款之前,货物所有权不转移给买方。

在1876年新泽西州的一个案例中,古斯塔夫·韦策尔(Gustave Wetzel)以55美元买下了"一台家用缝纫机"。他付了15美元的押金,并给出了一张"每月分期付款5美元"的本票。这台机器一直是卖家的"财产",直到"用现金支付"完毕为止。[20]在一些州,当地的规则对附条件销售合同并不欢迎。在这些州,卖方使用动产抵押——这是专门用于出售个人财产的抵押方式。在宾夕法尼亚州,附条件的销售是无效的,可以用另一种方式,即委托租赁。[21]货物被"租赁"给买方,买方同意分期付款;在支付了好几个月的"租金"之后,买方就获得了全部所有权。

这些方式变得标准化和常规化。它们出现在格式化的契约中,用于销售汽水的机器、钢琴和收割机。这种契约预言了20世纪汽车、电视机、电脑、洗衣机和高尔夫球杆的"即时"销售方式(the sale "on time")。过了一段时间,以上三种担保方式几乎无法区分。这是19世纪买卖规则的另一个例子,没有任何东西——无论是小的技术细节,还是大量的法律逻辑和行话——得以干扰法官或主流公众所认为的进步和财富之路。经济状况、趋势和商业惯例塑造了法院判决和法律。在法规和理论上仍然存在着差异。因此,担保方式有不同的名称,有不同的空白供买家填写,不同的虚线上面需要签名。但基本上它们最终都是一样的。基于信贷的买卖交易产生了强劲的压力。阻力或者不存在,或者是短暂或微弱的。

高利贷法

分期付款销售的方式,在细小的疑虑和技术细节方面,显示出营销的胜利。高利贷法对其他压力作出了反应。它们成了信贷和货币需求变化的晴雨表。

高利贷法是法律传统的一部分；它们起源于中世纪,带有道德和宗教色彩。几乎每个州都有某种法律规定了利率上限。在18世纪末19世纪初,几乎是历史上的第一次,一些思想家开始质疑这些法律。杰里米·边沁抨击这些法律在经济上是不明智的,因为它们干涉了自由。"任何一个成熟、头脑健全、行动自由的人,只要睁着眼睛,都不应该被阻碍去做这类交易,他可以用他认为合适的方式获得金钱。"[22]杰里米·边沁认为,没有什么好的理由可以解释为什么政府应该确定货币的价格,就像它应该确定面包的价格一样。在大西洋两岸,这个为了货币自由交易的观点,似乎很有说服力。许多州——首先是阿拉巴马州,然后是印第安纳州,再然后是威斯康星州和加利福尼亚州——在1860年之前废除了高利贷法,并试验了完全由市场确定利率。这个问题引起了激烈的辩论。辩论中的许多花言巧语都是在高理论层面上进行的。通常,一方齐声在引用杰里米·边沁和自由贸易的口号;另一方在齐声使用圣经（谴责高利贷）作为它的基本手册。

　　当人们剥去层层修辞学时,一些引人注目的事实就会出现。总的说来,是经济利益,而不是意识形态,在确定利率的高低。首先,各州的法定利率差别很大。在美国西部地区,那里的钱很稀缺,法令允许比东部更高的税率;对高利贷的惩罚趋于温和。这表明,各州提高了利率,使其不会过多干预向农民和土地交易商提供的信贷。废除高利贷法的州一般是在其属地期结束时或在建国之初废除高利贷法的。在一个州的创业过程中,政府以相对优惠的价格向市场出售公共土地。擅自占领土地的人和投机者需要资金来支付首期现金。这块土地很划算,而现金却来之不易。重要的是要放宽利率,吸引来自东部的资金,即使利率很高,也要以低廉的土地价格兑现。一些高利贷法正是为了应对这种定居者压力而废除的。例如,在1849年,威斯康星州有许多定居者实际上是擅自占领政府土地的人们。他们迫切需要现金,以便在土地上市时买下它。该州自然毫不奇怪地废除了高利贷法。次年,另一个新的州——加利福尼亚州也这样做了。一般来说,自由贸易时期也很短。在商业周期的下一次衰退中(当土地价值下跌,债务变得沉重,终止抵押物回赎权的威胁),那些不惜一切代价乞求金钱的人唱出了不同的曲调。现在,他们谴责那些带着钱袋来的人是邪恶的、吸血的高利贷者。此时,新的、严格的高利贷法又被制定通过了。[23]简而言之,高利贷法与价格、信贷一样是波动的,而高尚的本土化辩论很大程度上是一个幌子。在1851年,当对金钱的巨大需求结束时,威斯康星州废除了该法案。一般来说,由于债务人的喧嚣,经济萧条会导致各州强化管制高利贷的法律。

19世纪70年代,一场废除高利贷法的运动出现在工业发达的美国东部。这个运动取得了一些进展。总的来说,高利贷是这个世纪大部分时间里涉及农民的问题。农民需要抵押贷款。后来,人们的注意力转移到城市挣工资的人身上,他们借了少量的钱来维持生计,或者买一些商品。工会接替了农会组织关于对抗高利率运动的战斗呐喊;它们要求严格的法律、低利率和政府对"放高利贷者"(loan shark)的监管。但是法律在1900年以前几乎没有多少改变。

保　险

没有一种行业像保险那样受到这么多法律规范的约束。在这里,法院排在立法机关之后的第二位。直到19世纪末,就连保险索赔诉讼似乎也不太频繁。到1870年,人寿保险可能只有一百多起被报道的案件。[24]上诉案件的数量并不是审判一级所发生情况的可靠指南;但这些数字确实表明,审判诉讼并不像下一代那样密集。早期的案例主要是关于火灾和海上保险。到了19世纪90年代,关于保险法的上诉判决迅速增长。2808页的《案例文摘世纪版》(1896)中有大量保险案件的摘要。中产阶级购买了更多的保险,包括人寿保险和意外保险。大量的案件表明,各级诉讼都在增加。这也表明,那些从事积极营销的公司,也在积极地为某些保险索赔案件争辩。

保险诉讼沿着有趣的方向在发展。保险公司的律师起草了严格的条款来保护公司的利益;然而,法院和陪审团经常找到方法来"解释"反对公司利益的那些保险政策语言。法院和陪审团这样做,或者为了帮助一个寡妇,试图让她取得丈夫保险单据上的政策给付,或者帮助一个房子或商店被烧毁的家庭。公司律师可能在起草典型的保险政策条款时,增加了一些不公平的条款,他们的客户对此大喜过望。那些严苛不公的条款、那些严格的超出一般公平准则的条款、那些夸大担保范围到了"几乎百分之百地保护他们不被索赔"的条款——这些都帮助创造了一种抵制保险公司的"公共氛围"。这些不受欢迎的保险公司的决策和法律,往往会遭到反对,结果保险公司的状况比被保险人的状况"更糟糕"。[25]

在索赔案件中,法院面临具体的人类处境,有时他们的同情心也表明了这一点。在许多审判中,法律问题取决于被保险人在其申请或保单中所述是否构成"保证"。如果这些声明是"保证",而且是错误的——谎言或错误——那么保险政策条款就成了一张废纸。但假设被保险人只是有很微小的不诚实——愚蠢或谎言,他正在悲伤的家人该为此承担不良后果吗?或者,如果房屋或企业已经被烧毁,业主应该什么都得不到吗?威斯康星州首席大法官瑞安(Ryan)说,这似乎是为一些轻微的错误陈述(或小小的谎言)支付了高昂代价。瑞安谈到了火灾保险公司在保证的权利方面以"狡猾的条件"来限制被投保人的权利,以及他们的律师发现的微妙论据。他认为,这些公司的行为几乎就如同他们的"单一职能"——收取保险费,而根本不支付赔偿金。[26]保证的概念从来不被允许在案件中占主导地位。法院不遗余力地认为,虚假陈述只是"陈述",即使保险条款用通俗易懂的语言说所有的陈述都是"保证"。1890年的"罗杰斯诉菲尼克斯案"(*Rogers v. Phoenix Ins. Co.*)就是一个典型的例子。[27]1890年,一座由爱德华·罗杰斯(Edward Rogers)和玛丽·罗杰斯(Mary Rogers)拥有的"单层木制屋顶框架建筑"被烧毁。当他们申请保险时,他们说这房子有15年的历史了。政策规定:"每一项陈述都是一种保证,如有任何虚假陈述,本保单即属无效。保险公司争辩说,房子是20年的历史,不是15年,因此,这项保险政策是无效的。"但法院不同意保险公司的意见;认为这种陈述只是一种"表达"。由于这种表达并没有"使风险更糟糕",所以保险条款应该是有效的,保险公司应该予以支付。[28]

并不是说保险公司总是输掉官司。它们的一些客户确实撒了谎,也有人隐瞒了增加风险的事实。一些诉讼被保险条款中清晰而紧凑的语言所阻碍,以至于没有任何空子可以钻。法官们只有在一定程度上才愿意扭曲英语单词的意义。判例法既复杂又混乱,诉讼的结果很难预测。不确定性则会引发诉讼。保险合同,特别是有关生命的保险,并不是人与人之间持续的、多重关系中的契约。它是为一个单一的目的而起草的。没有一项索赔值得公司支付。另外,没有一个寡妇有动机放弃她的要求,仅仅是为了取悦公司,或保持它的善意。公司通常会选择结算或付款;但它们有时也会选择抗拒;因此,被保险人一方的幸存者和被保险人自己也是如此。

与此同时,各州通过了大量的法规。这些法律涉及保险业务的各个方面。一些法规明显地试图使公司受益,有些则是有利于投保人,有些则对双方都不利。然而,总的来说,法律监管对这些保险公司并无太多善意。例如,威斯康星州在1870年通过了一项法律,要求消防和海上保险公司持有大额的储备金,而且要求这些保险公司不能分配利润,除非他们预留"一笔相当于未到期保单保险费100%的款项"[29]。内布拉斯加州的一项法律(1889年)要求公司按照保险单所称的价值偿还火灾、龙卷风和闪电引发的财产损失,依据保险单"确定真正的财产价值",只要该财产"被完全摧毁"。在内布拉斯加州,保险经纪人和代理商必须获得执照。在1900年以前,成文法书中的几页密集文字描述了保险公司的责任和义务。保险公司被认为有两个主要的不良形象:一个是聚集资本,另一个是它们属于来自外州的公司。这使得这些保险公司更加脆弱,并促成了复杂密集的监管结构。

这些保险公司在法庭里对其中一些法律提出反对意见。它们打赢这类诉讼的机会不多。据估计,1890年至1908年间,法院认定大约2000条法规中只有1%违宪。1869年的"保尔诉弗吉尼亚州案"(*Paul v. Virginia*)[30]是早年著名的一次保险公司诉讼失败的案例。弗吉尼亚州的一项法律(1866年)准许为"外州"保险公司颁发执照。为了获得执照,该公司不得不将债券存入弗吉尼亚州的财政司库,保罗是几个纽约公司的代理人(从弗吉尼亚的角度来看,纽约属于一个"外州")。这是一个考验性案例,挑战着弗吉尼亚州的法律,该诉讼并由州消防保险公司委员会资助。他们的论点是,各州没有权力监管这一业务;这是州际商业,完全属于联邦政府的管辖范围。但最高法院不同意这个看法。法院认为,保险不是"商业"。在现代读者看来,这似乎是一个相当奇怪的想法(大约80年后,最高法院对此予以否定)。但就上下文而言,这是有意义的。联邦政府从来没有表现出监管保险的任何倾向。对这些保险公司的判决,将摧毁"整个州的保险法律体系"。法院不愿意这样做,而且它的判决使这些保险公司回到了各州激烈竞争的狼群中。

当然,这些狼群通常可以通过明智的游说来加以驯服。但保险公司像铁路公司一样,不寻常地受制于充满敌意的地方性立法。有时,它在法律形式上偏袒合伙式保险公司,而不是股份式保险公司。来自外州的保险公司还有一个特殊的十字架要承受。州法律对外州公司有所歧视,对它们征收比当地人更重的税,有时还试图把它们赶出去。认为外州保险公司不负责任、难以监管的说法或许有一定道理。但是,渴望摆脱竞争的州内保险公司的热情,无疑是许多此类法律背后的真正力量。

1895 年颁布的威斯康星州标准火险单(Standard Fire Insurance Policy of Wisconsin)可以被看作是该州愿意在多大程度上监管保险的象征。这是一份完整的保险单,它以法律的形式详细规定到了非常小的细节——不得有超过 25 磅的火药可以存放在防火的地方;不得存有"汽油挥发剂、苯唑、炸药、乙醚、烟花、汽油、希腊火药……凝固汽油,硝酸甘油"[31]。一位保险商在这一标准保险单中看到了"社会主义"的龙态,它在威斯康星州麦迪逊安静的地区"昂首挺胸"。但如果是这样的话,那是一种奇怪的社会主义。在这个保险单立法颁布之前,主管保险的官员已经和商人们讨论过这件事;他研究并利用了纽约州公司之间的一种保单形式。采用标准保单是一种妥协。在许多方面,这对保险购买者来说是相当严格的。保险公司有权提前 5 天通知取消保单;被保险人必须在火灾发生后 60 天内提交损失证明。保险公司的自由被缩小了;但法律是关于标准化的(这是企业倾向于喜欢的),也是关于监管的;此外,这些公司在监管过程中也有发言权。该法律对任何一方来说都不是完全的胜利或失败,而是美国立法的一个典型例子,在这一立法中,相互竞争利益的强弱决定了最终(妥协)产品的形态。[32]

破 产 法

1841 年到 1867 年间,没有联邦破产法。各州则制定了各种无力清偿债务法、债务清偿中止法和债务豁免法。1867 年,国会通过了一项破产法案,尽管以微弱优势通过,但遭到了激烈的反对。这项法律允许自愿或非自愿破产。任何人(不仅仅是"商业从业者")都可能被迫破产。反对派对这一观点进行了抨击:根据法律,"农民和商人"可以被"挤进"一件更"适合华尔街疯子的紧身衣"中。可以说,小债务人可以从这种摆脱债务负担的方式中获益。对这项法律而言,其中有一个倾向性的特点,即一些北方债权人希望利用这一法律向南方破产的债务人索回至少很微薄的那点儿薪酬。他们认为,联邦法律是由联邦政府执行的,它将避免州法律给予债务人延期和豁免,并消除南方陪审团的偏见。[33]

传统观点认为 1867 年的法律是失败的。这个法律很烦琐累赘、管理不善,而且适用中腐败丛生。诉讼耗费了大量金钱;在律师和破产管理人吞食他们自己的一份后,只给债权人留下了面包屑。这是一个信用不稳定的时代。这是一把达摩克利斯剑(a sword of Damocles),凌驾于商人的头上。一个冷酷无情的债权人可能会把他们逼入破产。这种恐惧并非毫无道理。最高法院(1871 年)对"无力清偿"(insolvency)作了广义的解释。这不仅意味着缺乏偿还债务的资产,而且意味着无力偿还在正常业务中到期的债务。[34]1873 年的经济恐慌和艰难时期引起了强烈的废除破产法的冲动。1874 年,众议院在慌乱中废止了这个法案。然而,参议院给了这项法律以暂缓执行的机会。他们还增加了一项关于"重整"的规定。债务人可以提出一项计划,以便在一段时间内逐步清偿他们的债务。如果"多数债权人和四分之三的债权人"在重整会议上接受了该计划,该计划将生效并可强制执行。[35]其他的规定也是为了减轻债务人的问题。然而,1874年的修正案并没有终结来自反对派的批评。这项法律持续了4年,1878年,它终于被废除了。美国境内再一次缺失全国性的破产法。

但是,这项联邦法律在其坟墓里几乎没有冷冻窒息过,当时有一场运动使它开始恢复了活力。这一次,经济复苏得益于商业利益集团的支持,这些利益集团支持统一的、全国性的商业和贸易法律。在政治上,农民的影响力正在减弱;商业影响力正在增长。[36]塞缪尔·瓦格纳(Samuel Wagner)在给美国律师协会的一份报告(1881年)中呼吁制定"全国性的破产法"。他认为:以前的法律最糟糕的错误是它们的无常性。这些法律"就像许多海绵一样";他们"一笔勾销了大量无望的债务",并给了每个人"一个全新的开始";它们是暂时的"药物",属于一次大剂量的"短暂而痉挛的努力",因此这样的法律很快被废除。我们需要的是一部永久性的国家法律,"这是一种饮食和锻炼的方式"。部分"限制性和部分补救",这样的法律可能"倾向于预防而不是治愈疾病",通过其"均匀和持续的操作"。[37]1890年,年轻的圣路易斯律师杰伊·托里(Jay L. Torrey)受到了1889年在圣路易斯和明尼阿波利斯召开的全国商业组织大会的激励,起草了一部破产法案。[38]托里法案遭到了南方和西部债务人的强烈反对。这些债务人倾向于信任自己的立法机构,这些立法机构可能会颁布债务缓期清偿法,或取消债务措施。一位南方演说家称拟议中的托里破产法是"毁灭性的工具",是"毁灭的地狱引擎",是"自由棺材的最后一颗钉子",是把"农民、劳工、债务人或小商人"送进"威尼斯商人夏洛克那般灵魂缺失的贪欲中"的阴谋诡计。[39]但即使是南方,普遍的意见也是赞成自愿性破产。

1893年的恐慌促发了双方的争论。国会的辩论是尖锐和旷日持久的。总的来说,民主党站在债务人一边,反对这项法律;共和党人支持债权人,支持这项法律。最后,1898年通过了一项法律:在美国各地建立统一的破产制度。[40]这项法律是冗长的、详细的和小心翼翼地起草的。根据该法律第4条,"除公司外,任何欠债人均有权作为自愿破产人享有本法的利益"。"非自愿破产"不能强迫适用于"工资收入的劳动者或主要从事农业或耕作的人"(第4条B款)。该法律并不否决破产人所在州对该破产申请人"在提交请愿书时依旧有效的"豁免事项(第6条)。该法律赋予"工人、职员或仆人的工资"特别优先于其他债务,如果"在程序开始前3个月内获得,每个人索赔不超过300美元";该法也承认根据州法律授予的优先权,虽然这些优先权低于联邦优先权(第64条)。这部法律在通过过程中作出了许多妥协。这一法律对债务人有利得多,比债权人所希望的要好得多。破产管理职能被移交给"破产调查人"负责,但他们只被赋予有限的权力。[41]虽然当时没有人知道这一点,但这一破产法注定不会遭受其前身的命运。这个破产法有一定的生存能力。时至今日,它仍然在实施(尽管有过重大变化)。废除联邦破产法在20世纪成为不可想象的事情。"暂时性医治破产现象"的时代于1898年就结束了。

海 商 法

海商法是一个相当纯粹的商人法律体系。宪法将海事权交给联邦法院。如前所述,在1851年杰尼斯酋长案件(*Genessee Chief*)发生之后[42],联邦海商法已经管辖了五大湖区、沿海和国际水域。关于导航和海上碰撞的规则,国会仍然从海外获得借鉴。1864年,国会几乎逐字照搬了英国航行规则法典(1863年)。[43]1890年,国会以立法形式采纳了国际规则,为"所有公共和私人船只"通过了"海上避碰条例",适用于"在公海及与公海相连的可由海船通航的所有水域内"。这些规则都是关于灯光、雾的声音信号、驾驶和航行规则以及遇险信号的规则。内陆规则(1897年)也适用于"美国的港口、河流和内陆水域",同样涉及灯光、信号、转向和航行。[44]

一般而言,海事法似乎反映了商人对分摊损失和折中损失处理的看法。如果发生事故,双方或任何一方都有过失或都无过失,则双方应分担损失。例如,如果一艘船及其货物处于"共同的迫在眉睫的危险中",而船长不得不牺牲一些货物来拯救船舶和其他货物,丢失货物的所有人有权让船舶和货物所有方分担他的损失;这一古老的原则被称为共同海损(general average)。典型的情况是抛弃(jettison)——把货物抛入海中,以减轻货船的负担。但是共同海损在19世纪被广泛应用。在一个案例中,货舱发生火灾,船员们扑灭了火,但部分货物被水损坏了。此时,共同海损的规则被法院适用。[45]因此,从表面上看,共同海损的规则似乎与侵权法的规则大不相同,侵权法的规则严重地向天平的一侧倾斜。

当时,与对待矿工、车夫或机工的侵权法相比较,海事法被认为对水手的态度更为宽宏大量。水手有权得到"生活费"和"医疗服务"。也就是说,如果他生病或在服役中受伤,他有权得到生活费、工资和医疗照顾,至少在航程结束前是这样的。他有权得到更多——比如可以因疏忽而获得赔偿吗?1879年,一艘轮船上的首席厨师从纽约经哈瓦那前往韦拉克鲁斯,他奉命从冰柜里取些冰块,把船上一名死者的尸体打包起来。途中,在黑暗里,他"从舱口掉进下面的舱口,身体受到了相当大的损伤"。他受到"该船舶为其承担费用的照顾",并得到了全额工资。但他还要求"额外赔偿"1万美元——"赔偿他的永久性伤害和相应的损害,理由是因为船员们玩忽职守,没有关闭那个导致他摔下来的舱口"。联邦法院驳回了他的这一要求。法院认为,根据"海洋法"和"公认的海商法规则",这个船上厨师的主张没有任何依据。船舶的赔偿责任是绝对的,但也是有限的;过失和共同过失对结果没有影响,都不会夸大或者削弱受伤水手的权利。[46]这是一种非常相似的妥协,大约30年后,工厂工人最终也以劳工补偿(workers' compensation)的形式解决了这一问题。

与此同时,1893年国会通过的《哈特法》(Harter Act)规定,免除"任何运输商品或财产的船只的所有人"因船舶航行中的过失或错误或在管理上造成的损害或损失责任,或"因海上危险而造成的不可抗力之损失"的责任;或公开的敌人造成的损失的责任,"只要船东使他的船"在所有方面都适合航海并适当地操控、装备和供应,且已经"尽职尽责"的话。[47]"适航性"的概念与"疏忽"的概念一样证明起来令人感到扑朔迷离。对这样的法律规则而言,漫长的航程还在前面。尽管有着传统的差异,但海事法和侵权法之间存在着很强的相似性。即便是损失分担概念,对普通法而言,也是舶来品;与侵权法相比较,两者也许更多的是风格上的差异,而不是实质上的差异。毕竟,海商法没有设置陪审团的程序。陪审团可以在密室里悄悄地做些什么,海商法法官则必须在公开的甲板上不加遮掩地去做。

劳工和法律

劳工问题——劳资关系问题——在南北战争后成为一个具有重大法律意义的问题。其基本成分是工厂制度和大量无土地、有阶级意识的城市工人。欧洲的劳工动荡开始得更早,而且可能层次更深(尽管这是有争议的)。1848年,欧洲处于动荡之中,纽约的反租金潮是欧洲风格革命的最好复制品,并涉及了农民。[48]共产主义,这个困扰着欧洲的幽灵,起初并没有给美国带来什么麻烦。美国这个国家不得不等待一段时间,才有了自己版本的阶级斗争。1860 年以后,富人变得更加富有,扩大了他们的矿山、工厂和银行。穷人家里有不少孩子,此外,还有不少来自欧洲的亲戚。新的工业系统创造或剥削了大量的劳工。其中很多人都是移民。仅 1880 年就有 50 万移民进入美国这个国家。19 世纪末移民大多是来自欧洲东南部的农民。他们"为矿山、磨坊和工厂提供了一种取之不尽的廉价劳动力储备"[49]。

这些工业界的工人很穷,工作和生活很艰苦。1840 年,他们平均每天工作 11.4 个小时;1890 年,这个数字下降到了 10 个小时,但是在一些行业——比如造纸工业——平均每天工作时间仍然是 12 小时。[50] 很多工厂和矿山的工作环境令人震惊。雇主随意雇用和解雇劳工,他们几乎没有或根本没有工作保障。工人被困在一个公司规章的密网之中。[51] 商业周期增加了劳工们特殊的痛苦。社会服务体系薄弱;疾病、骨折或商业衰退可能给工人及其家人带来灾难。事实上,许多雇主都是不讲情面的;其他雇主则奉行社会达尔文主义(social Darwinism)的冷酷无情。工人们应该保持无组织,企业应该不受政府控制,企业代表着出路、真理和至善至美的社会公益:这是拥有工厂和商店的这一阶级的信念。但与此同时,也出现了一些知识分子和相当多的领导人——那些沉醉于欧洲激进思想或编造出本土化激进版本的人。

"封闭的资源和没有安全保证的自由,"约翰·科普斯(John R. Commons)说,"将导致一个永久的工薪阶层的产生。"[52] 他或许还补充说过:这些人对此很不满意。劳动问题成倍增加,因为劳资双方似乎都视生活为零和游戏(zero-sum)。无穷无尽的增长已经到了尽头。接下来是一个充满有限可能性的世界。每个人都必须争夺他的那一份;一个人加在自己身上那份东西,必须从别人的手中减去。这种态度影响了生活法律的各个方面,也引发了社会关系的紧张。富人抵制任何带有"社会主义"味道的东西（从国有化的钢铁厂到失业救济）；穷人对富人开始了宣战。在南北战争后，工会运动发展迅速——也许与工业界整合的速度一样快。到了19世纪70年代，大规模的劳工和大企业之间面临对峙。在某些方面，美国的劳动历史和任何工业国家一样血腥和暴力，尽管在美国从来没有发生真正的革命。1877年，罢工和暴乱"以旋风之势席卷美国"[53]。巴尔的摩西部的主要铁路中心受到波及。1877年7月26日，在芝加哥，警察、国民警卫队和一群暴力攻击者发生冲突，并造成19人死亡，100人受伤。位于美国宾夕法尼亚州霍姆斯特德的卡内基钢铁厂，在19世纪90年代初，罢工者与平克顿卫兵（Pinkerton guards）进行了战斗。1892年，在爱达荷州的科达伦，金属矿工袭击了拒绝参加罢工者居住的营区。在随后的混乱中，5名矿工死亡，军队被调动前来维持秩序。大多数暴力都不是有预谋的，都是突然爆发的。它并没有正式成为工会的对策。有时暴力会产生效果；有时——也许更经常——它会使雇主的态度变得更强硬，并让中立的中产阶级感到恐惧。

法律机构被迫选边站队，其中必然反映出它们的基本立场。金钱有力度，但投票权也不甘寂寞。立法机构来回摇摆，取决于利益集团、政党和游说团体的力量，或试图作出一点妥协。法院不那么容易受到短期民意波动的影响。部分出于这个原因，法院可以沉溺于原则和意识形态之中来作出判断。法官通常是保守的；毕竟，法官都是中产阶层中殷实、独立的人士。他们害怕阶级斗争、暴民统治、无政府主义者和他们的炸弹、铁路罢工者，以及他们所熟知的社会制度的崩溃。当左派愤怒地反对看似反劳工的判决时，法官们躲在联邦宪法的殿堂里，或躲在地区的殿堂里，躲在州宪法里，或躲在普通法的半壁江山里。这些地方都是那些施暴者不敢进入的避难所。他们坚持认为，他们的决定不是偏见——不是他们的个人观点——而是根据法律作出的决定;法律是没有人情味的,没有阶级的,是中立的。也许这些法官们果真相信这一点。

争取劳工改革的斗争首先是在街上,然后是在立法大厅,接着是在法院,虽然不太成功,但不可避免。在每个竞技场上,言辞都是不同的,但利害关系或多或少是一样的。早期关于罢工、纠察和抵制的案件引起了浓厚的历史兴趣,案件很少,文献相当多。罢工是违法的吗?他们是否构成共谋性犯罪?这是 1806 年费城皮匠(Philadelphia cordwainers)案件审判中的一个问题。这个案件以及后来的一些案件确实认为罢工工人可能被控共谋罪。但是在 1842 年的"联盟团体诉亨特案"(commonwealth v. Hunt)中,马萨诸塞州的首席大法官莱缪尔·肖却持相反的观点。[54]在 19 世纪 50 年代和 60 年代,对共谋的起诉已经开始减少。共谋犯罪的审判是重大的刑事起诉;它们不可避免地缓慢而曲折。这些案件因为涉及被告众多而感到尴尬,并受到陪审团审判程序的所有保障。抽象地说,罢工是完全合法的——这是大多数法院的观点。有些罢工相当于非法共谋犯罪,但在证明上很有难度。每个案件都有自己的独特的事实。因此,密谋法并不是一种有效的打击罢工的手段。它在 19 世纪后期就不再使用了。

更有效的武器取代了共谋犯罪的处理方案。一个有想法的法官可以找到一个办法。许多铁路在 19 世纪 70 年代以及后来,在金融崩溃之后,都处于破产状态。从技术上讲,它们是联邦法院的被监管人。这给了法官介入铁路劳资纠纷的机会,一些法官挥动强大而有力的臂膀这样做了。第七巡回法院法官托马斯·德拉蒙德(Thomas S. Drummond)在 1877 年巧妙地运用了藐视法庭的权力,反对当时正处于破产保护状态的铁路公司的工人罢工事件。[55]法官们发明或发现了劳动禁制令的方法,这是一种更强大、更有力的火炮。禁制令是衡平法院古老而光荣的工具。它有无限的可能性和用途。它的柔韧性和强力使它成为对劳工的致命威胁。在罢工期间,一家公司可能会要求法庭发出一项限制令(临时禁制令)。如果法院认为拖延可能对公司造成不可挽回的损害,则法院有权在不作通知或听讯的情况下迅速下达这些命令。此种限制令的发出没有必要经过陪审团审判。如果一个工会违背命令或禁制令,它就构成藐视法庭的罪名。其领导人和成员可被立即惩罚,甚至被送进监狱。

目前尚不清楚劳工禁制令最初是在哪里使用的。1880年,约翰斯顿收割机公司向纽约一家法院提出上诉;被告声称,该公司通过辩论、说服和个人上诉,"串谋"和"诱骗"了工厂的工人罢工。法官拒绝了这一请求;在1883年的巴尔的摩、俄亥俄州的肯特和1884年的艾奥瓦州,以及1886年铁路罢工期间,法院都发出过禁制令。从那时到1900年,这些案件"体积越来越大,就像滚雪球一样"[56]。1895年,美国最高法院一致通过了劳动禁制令。这是著名的德布兹案(*In re Debs*)。[57]这个案件起源于1894年的普尔曼罢工。这次大罢工使铁路线瘫痪,克利夫兰总统惊慌地叫来了军队。司法部长还要求法院对工会领袖尤金·德布兹(Eugene M. Debs)发出禁制令,要求他"停止干扰铁路部门的运营生意的行动"。德布兹拒绝停止行动,他被指控藐视法庭并被定罪,被判处6个月的监禁。最高法院确认了这一定罪判决。法官戴维·布鲁尔(David Brewer)的意见强调了政府的主权权力、保护商业的权利以及递送邮件的义务。[58]从这一点开始,有组织的劳工必须考虑到禁制令的威力。禁制令是迅速的,它可能具有致命的涵盖度——广泛到足以覆盖整个情况,可以宣布罢工的每一个方面都是非法的,并有效地摧毁它。很少有法院反对在工业案件中使用禁制令,但劳工及其盟友对此感到愤怒。1896年的民主党政纲谴责"政府通过禁制令"。认为它是一种危险的新型"压迫";联邦法官同时充当"立法者、法官和刽子手"。工党极力游说,要求通过禁止这项禁制令的法律。

但是禁制令也有很强的同盟者,而当时那次反对这个法律的尝试一无所获。

禁制令并不是理所当然地发出的,前提是必须有无法弥补的伤害的威胁。正如我们所提到的,法院接受了罢工本身并不是非法的主张。为了使禁制令正当化,罢工必须落到非法一侧。甚至在南北战争之前,一些分散的、相当不确定的案件试图解释罢工是合法的还是非法的,还涉及其他挑战性的工会策略的法律地位。1870年到1900年间,出现了更多的案件判决。有些策略,例如抵制行为(boycott),显然是被禁止的。弗雷德里克·斯廷森(Frederic J. Stimson)在1896年的一篇文章中写道:"很难想象一场完全由合法行为进行的抵制。"[59]罢工纠察队同样行进在坎坷崎岖的路上。一些法官认为这是非法的:"现在和将来都不可能有和平的纠察,就像不可能有纯洁的粗俗、和平的抢劫或合法的私刑一样。"[60]大多数法院都持不同意见,他们认为和平纠察和恐吓之间有着明显的区别。但很难知道其中的界限在哪里。因此,一个建立了纠察队的工会总是冒着一定的违法风险。另外,公司管理层面很少会违反法律。公司会解雇活跃于工会的工人;他们将工会领导人列入黑名单。很少有案例质疑黑名单;法院未能在此行为中找到任何阴谋或非法行为的痕迹。

尽管如此,劳工运动在这个世纪最后几十年里还是取得了很大的进展。它的力量在工业发达的州中是最大的,劳工的不满在这些州里也被最清楚地表达出来。它们的胜利并非都是靠肌肉蛮力取胜的。工会在立法机构中也显示了实力。各州都颁布了越来越多的保护性法律。一些州禁止将罢工者列入黑名单。一些人宣布"黄犬"合同("yellow dog" contract)为非法合同,该合同迫使雇员承诺不加入工会。[61]其他成文法规要求公司向员工支付现金(作为对付公司强制工人去某个商店兑换物品的一种武器),并要求雇主每周或每两周向雇员支付工资。还有一些规则惩罚了那些破坏工会标志的行为。综上所述,这些保护法规可能对改变一些劳资关系产生影响。但是这些法规往往起草得很糟糕,而且管理不善,执行不力。最令人痛心的是,这些法规中有一部分不得不面对违宪的可怕挑战。其中有些法规并没有通过这样的测试。这些案件的结果因州而异。更引人注目的(和反动的)案例最容易引起历史学家的注意。总而言之,劳动法得到了维护,大多数甚至从未受到质疑。例如,缅因州在1887年通过了一项法律,要求雇主"每隔两周支付一次员工……在八天里挣得的工资"。缅因州法案,也许是因为马萨诸塞州的有利案件,在1900年以前从未在法庭上受到质疑。在1873年至1937年的整个时期,一项对涉及"保护性劳动立法"的94起案件的研究发现,其中60%的法律获得支持;州法院和联邦法院之间没有多少显著差异。[62]

但存在着很大的地区间局部差异。例如,伊利诺伊州最高法院是政治保守派,但又有司法积极主义倾向,并且陶醉于合宪性审查。一段时间以来,美国的劳动法就像保龄球的瓶柱一样,在伊利诺伊州纷纷坠落。1886年,一项煤炭称重法——以煤炭的重量来确定矿工工资——被判决违宪;1892年3月,法院废除了一项禁止矿主和制造商经营公司商店的法律;同年,一项新的称煤法未能通过;1893年,一项要求工人每周工资的法律被废除;1895年,法院废除了一项限制"任何工厂或车间""女性"工作时间的法律。[63]在伊利诺伊州以及其他有相似看法的州,这些决定都建立在各种理由的基础上。有时法院说法律很糟糕,因为它们是"阶级立法"。有时,法院认为这些法律违反了宪法正当程序条款的第十四修正案里模糊的"自由"概念。这里的"自由"概念,似乎包括一种订立合同自由的原则。在一些极端的情况下,法律被推翻显然没有好的理由。我们已经引用了一个可怕的例子:1886年宾夕法尼亚州的"哥德查尔斯公司诉威格曼案"。[64]法院废除了一项成文制定法,该法律要求向劳工定期支付并以现金支付(除其他事项外)。法院说,这项法律"完全违反宪法",是无效的。法院认为,这个法律"把劳动者置于立法机构的监护之下是一种侮辱","贬低劳工的男子气概"和"颠覆他的权利";但是法院在此判决中没有引用任何宪法条款。

1884年,纽约州以"为了改善公众健康"为理由,禁止"在房屋内制造雪茄和任何形式的烟草"。在一年后判决的雅各布斯案(In re Jacobs)中,法院裁定该法令无效。[65]法庭说,一个人有权利"以合法的方式谋生"。如果州干预经济,它可能"扰乱正常的经济调整……使工业中微妙而复杂的社会结构发生紊乱,并在试图取消某一弊端时又造成一连串的弊端"。加利福尼亚州的一项法律,相当典型地要求公司定期向工人支付工资,并以现金支付。一座石英矿因违反宪法而受到起诉,但矿场以宪法为理由为自己辩护。加利福尼亚州法院于1899年宣布该法令是可憎的:"有头脑的工人被视为愚蠢的人。他被剥夺了为自己确定工资条件来签订合同的权利。"为何不容许一个工人"与公司达成协议,将他的工作时间定为60天",而是"想要一匹马",而不想要现金呢? 劳动者可能"对公司感兴趣,或出于某种原因愿意等待公司支付他的工资"。法院认为,该法令是不合理的,因为它不允许这些(不现实的)安排;法律的"缺陷""足以摧毁它"。[66]人们也想知道,究竟有多少工人"对公司感兴趣",或"愿意等待",或急于"用一匹马作为薪酬"。

甚至在当初那个时代,像这样的观点在加利福尼亚州也是有些虚伪的。但这些案例的言辞的确很有趣。政府的干预会把工人当作一个"白痴";它们会损害他的"男子汉气概",或者让他至于"管教"之下。[67]这些案件中劳资关系的形象具有一种完全不现实的气氛。但是,正如我们所指出的,这些案件并非大多数。从长远来看,那些站在门口试图阻止恶法的法官们的意志是否占上风了呢？也许还没有肯定的答案。法官们可以暂时休战；他们可以设法阻止问题的发生，直到国家恢复理智为止。但这还未曾发生过。发疯只能让事情变得更糟；历史——也就是终极的趋势——似乎会导向更为中庸的措施一边。诉讼案件越多，"自由"的法律也就越多。工会、其盟友和立法机构拒绝放弃。它们可能已经改变了它们的行为——这一点我们在本书后面还会提及。事实上，上述判决对美国社会立法和社会行为的形成，可能产生了重大的甚至决定性的影响。但最终，社会立法有太多的树枝和头绪，难以被剪除；当一条法律被砍掉时，又有十条法律似乎取代了它。

19世纪末，劳动法沿着雇主的抵抗和保守意见最薄弱的方向发展。工会和工人一般都在为反对罪犯劳工制度（convict labor）作斗争，他们（很自然地）认为这是一种不公平竞争。罪犯制造鞋子、椅子和其他物品。南方各州经常将一帮罪犯出租给私营企业。在田纳西州，罪犯们开采煤炭；19世纪末，田纳西州"自由的煤矿工人站起来，甚至用武力反抗罪犯劳工制度"。[68]目前的情况是，一般公众往往对罪犯劳工们有些同情（虽然暴力总体上使公众感到不快）。

童工是一个重要的问题，童工被认为是一种可怕的虐待。在工厂和矿山里，孩子们在悲惨的环境下长时间、艰苦地工作。"孩子们痛苦的哭声"，甚至能让铁石心肠被触动。废除童工的运动，从改变童年的社会观念中汲取了力量。孩子们是珍贵的、神圣的、无价的珍宝，他们的苦难触及了成年人无法忍受的痛处。[69]废除童工的运动由此发起。这不仅仅是一场拯救儿童的运动。反对童工的工会动机参差不齐，部分是"人道主义"，部分是保护主义。[70]雇佣童工压低了工资标准，也夸大了廉价劳动力的供应。成年男性工人有很好的理由反对工厂里雇佣儿童；当然，孩子们也在农场里做着艰苦、残酷、危险的工作，但是这

第三部分 19世纪末的美国法律

种工作,如果有的话,也被浪漫化了。[71]

有组织的劳工对工厂里的妇女也有同样的看法。工会坚决支持妇女工资和工时法以及其他形式的保护性立法。当然,许多妇女急需工作,许多寡妇和单身妇女在商店和工厂里辛苦劳作。"保护性"立法并不总是保护性的;有时这些法律可以避免妇女们占据太多的工作岗位。对劳工组织而言,最重要的是,它让男人们有个好的稳定工作和优厚稳固的工资收入。这可能是大多数已婚女性想要的东西。

这一切都是一个整体:反对童工、妇女劳动、反对从外面涌入的合同工、反对几乎不赚钱或一无所有的罪犯劳工。所有这些都让我们很容易理解,为什么劳工组织强烈支持西海岸反对亚洲人的那些法律;在19世纪70年代,工人团体领导的激进团体在加利福尼亚州领导了反对中国劳工(被称为"黄祸")的运动。当时,没有人像劳工运动中的工人拥护者那样强烈地赞成限制亚洲人的移民了。

社会福利计划基本上是成功的,前提是良心和激情能够与强烈的自我利益结成联盟。这些项目还需要有高效的公务员队伍、起草完善的法规,以及执行的资金。保护性劳动立法——关于童工、女工、工厂安全和工作时间——从内战前的很少增长到1900年的"令人印象深刻的立法网络"。但这一趋势发展得非常不均衡。富裕且高度工会化和高度工业化的州引领了这条道路。南部各州严重滞后。康涅狄格州在1842年制定了一项关于儿童的原始工资和工时法。佛蒙特州是新英格兰最后一个通过某种童工法的州,那是在1867年。[72]然而在1896年,密西西比州、肯塔基州、阿肯色州和北卡罗来纳州等地,仍然缺乏任何声称禁止童工的法律。[73]

在法律书写的童工法,与实际中执行的童工法并不一致。新泽西州1851年的法律禁止10岁以下儿童从事工厂工作;年龄较大的儿童可以工作,但一天工作时间不得超过10个小时,每周工作不得超过60

个小时。[74]对违法行为的惩罚是罚款50美元,以"在债务诉讼中,以穷人监督者的名义"而被起诉。这条法律可能是一种善意的空头支票。它表达了官方政策;但仅此而已。义务教育法将生命力纳入反对童工的法律。1883年的一项法案将新泽西男孩的最低工作年龄提高到12岁,女孩提高到14岁;年轻人的雇主需要一份证书,显示未成年人的年龄、其父母的姓名以及一份由教师签署的声明,说明该儿童已上学。这项法律也很薄弱,但它至少赋予了州长任命一名"检查员"的权力,他的年薪只有1200美元,他有责任尽最大努力检查工厂(新泽西州有7000多家),以便执法。[75]1884年,这位督察有两名助理;到1889年,他有了6名助理。1892年,该法进行了修订,纳入了有关女工的规定;规定妇女和18岁以下者每周工作时间为55个小时;水果罐头工厂和玻璃工厂不受限制。[76]到19世纪末,儿童仍在新泽西的工厂里劳动,但人数不多,也不那么年幼了。北方其他州也发生了类似的情况。

在宪法上,童工法比其他福利法更没有太多需要令人恐惧的事情。将儿童涵盖在契约自由这一神圣的宪法原则的范围之中,是非常困难的事情;儿童甚至在普通法中也没有订立契约的权力。已婚妇女也有类似的缔结契约的障碍。这一事实给了一些论据,认为这种法律控制了妇女的劳动。还有其他更有力的论点:女性与男性不同,她们更敏感,(最重要的是)她们是为人之母。在这场运动中,有些维多利亚时代的多愁善感,再加上担心那些有工资的奴隶妇女会垮掉身体,生下劣等的孩子。1908年的"穆勒诉俄勒冈州案"(*Muller v. Oregon*, 1908)——这个由联邦最高法院判决的案件——果断地解决了这一问题,即一个州可以对妇女工作的时间设定有效的限制。[77]这是"种族的未来福祉"非常需要的:妇女必须得到保护,"不受男人的贪婪和激情的影响"。对于21世纪初的读者来说,这个决定有一种恩惠的、性别歧视的意味。但在它的时代,大多数社会活动家,妇女和男子都对它表示赞成。"穆勒诉俄勒冈州案"之前,有关妇女和劳动问题的案件已经有了不同的取向。旧金山的一项法令规定,雇用任何"女性"工作、"伺候"或"以任何方式照顾任何人",在任何"舞池"、酒吧或任何使用或销售麦芽、葡萄酒或烈性酒的地方,都是一种轻罪行为。加利福尼亚州最高法院驳回了这项法令。[78] 1876年马萨诸塞州的一宗案件支持了1874年的一项法律,该法规定妇女的工作日工作时间不得超过10个小时,在"任何制造业机构中",每周工作时间不得超过60个小时。[79]著名的伊利诺伊州"里奇诉人民案"(Ritchie v. People)于1895年判决,该案得出了相反的结论。[80]

这些案件都涉及妇女。人们认为,所有劳工,无论男女,一天10小时(或8小时)工作制,即使在政治上是可以接受的,也是一个过分之举。事实上,国家可以规范劳动契约。但监管受到"警察权力"这一模糊概念的限制,即为了健康、安全或道德而通过法律的权利。当然,作为雇主,国家可以自己与工人订立任何它希望的合同,并对这些合同采取任何规则。1870年,纽约州限制了州雇员的工作时间。联邦八小时法于1868年通过;该法1888年适用于公共打印机和邮局的雇员和1892年适用于政府、哥伦比亚特区或"美国任何公共工程的任何承包商或分包商"雇用的所有"劳工和技工"。但即使是这些法律也是断断续续的,并且被执行得很不情愿。[81]

出于公共安全的考虑,对一些工人工作时间的限制是合理的。纽约州在1888年通过了一项法律,禁止有轨电车工人连续工作12个小时以上。在1892年,所有铁路工人的工作时间都有了上限。论据(或借口)是:一个疲惫的火车司机或技师会危及公众安全。在此基础上,可以召集足够的外部公众来支持法律的通过,这种外来的支持是普通工厂工人所缺乏的。下一步是规定成年男性工人的最长工时方面的法律,这在19世纪是不可能的事情。1898年"霍尔登诉哈迪案"

(*Holden v. Hardy*)[82]在联邦最高法院维持了一部犹他州法律的有效性,该法律将"所有地下矿山或矿井的工人"以及在"熔炉和所有其他提炼矿石或金属的场所中"的工作时间,限制在每天8个小时以内。这些是特别繁重、危险和不健康的职业;19世纪结束时,这个判决的有效性仍然危险地处于法律的边界地带。

正如我们所看到的,一些法院顽固地抵制国家的一些劳动法——在某些情况下,最高法院本身也不例外。这种行为对劳工历史会有影响吗?这是件难以估量的事情。可能是因为担心法院能做什么,或者担心法院可能会做什么,影响了许多州的立法计划。一种有力地论证指出,司法审查以及美国法院的强大权力,对美国社会历史具有决定性的影响。[83]这有助于解释为什么像英国工党这样的组织没有在美国发展起来;或者为什么美国工会似乎缺乏欧洲工会的好战优势。[84]像一般的美国历史一样,美国的劳工史是极其复杂的;对美国劳工史无法加以简单的解释。毫无疑问,宪法制度和法院的工作产生了一些影响。但是我们不能让时光倒流,以观察如果没有宪法第十四修正案、没有劳工禁制令、没有司法审查,究竟会发生什么事情。

联邦税收

在19世纪的大部分时间里,关税,无论是保护性的还是其他的,都具有两种功能。这是一个有争议的经济政策因素;它为联邦政府带来了收入。国会并不愿意扩大政府的税收权力。这将增加联邦权力,而州主权则是强大的反制力量。甚至南北战争的费用代价,最初也没有导致新的税收形式。最初,政府试图通过发行浮动债券(floating bonds)来支持战争费用;杰伊·库克在华盛顿定居的时候,并向主持林肯政府财政部的萨蒙·蔡斯伸出了援手。债券融资和美元资金确实在某种程度上增加了收入。但是北方输掉了太多的战争;成本增加了;战争拖延了;很明显,战争将是漫长而艰难的。事件迫使政府另辟蹊径。林肯转向征收所得税。所得税最初于1862年实施,并于1864年修订,略有进步的迹象;在其后期版本中,最高的税率为10%。政府还征收了遗产税,并对各种服务和货物征收了新的或更大的消费税:啤酒、公用事业、广告、香水、扑克牌、屠宰的牛,以及铁路等。尽管有一些不公平和笨拙之处,这些税收还是带来了大笔的金钱。在1866年财政年度,税收筹集了3亿多美元。

另外,南方邦联政府对其财政管理不善。1861年8月,临时国会对所有财产(除邦联债券和货币外)征收0.5%的直接税。然而,各州都被允许自己纳税。事实证明,这一让步是一场灾难;各州不向公众收取资金,只是发行国库券,或要求当地银行提供资金。邦联国库成了"世界上最大的货币工厂"。它通过"印刷机的神奇革命"创造了"无中生有的财富"。结果自然导致恶性通货膨胀。这些本票"把价格推到了极高的水平。伪造的债券到处泛滥。对政府的信心消失了"。邦联从来没有真正纠正过这个早期的错误。它后来的税法是不恰当或不合时宜的;1863年4月制定的主要法律很复杂,而且在某种程度上不受欢迎;其中一项措施要求支付十分之一的农产品作为实物税。南方的税收问题从未得到解决;很快,南北战争爆发了,这个问题留给了学术界去研究。[85]

获得胜利的北方急于恢复正常秩序,至少在财政问题上是如此。国会废除了战争年代的那些税种。事实上,联邦政府的小规模似乎并不需要严厉而奇特的税收。从1868年到1913年,对烟酒征收的消费税占到了政府近90%的国内收入。1873年,美国国内收入为1.135亿美元,1893年为1.61亿美元——这只不过是当今政府数十亿美元和数万亿美元收入里的一个零头。[86]但政府正在逐渐变得更为积极活跃;

这意味着需要花钱。富得流油的那些人开始对此深感嫉妒和恐惧;强大的托拉斯大亨们和东西部的强盗贵族也是如此。政治和意识形态上的争论,再加上对现金的真正需求,使累进所得税的想法受到推崇——这被认为是一种抑制富人权力的税收。1873 年至 1879 年间,有 14 项不同的所得税法案被提交国会。

这场运动在 19 世纪 90 年代达到高潮。除了"美西战争"这场短暂和有利可图的战争,19 世纪 90 年代就没有战争的借口。但是还有另一场战争:为了控制美国的经济,包括控制美国的灵魂。超级富豪很自然地与所得税的想法作斗争:这是美国的大敌,是社会主义的楔子,是美国终结的开始。1893 年,克利夫兰总统提出对"来自某些公司投资的收入"征收"小额税";然而,当 1894 年通过一项税收法案时,克利夫兰却没有签署就让它成为法律。该法规定收入(和增值收益)超过 4000 美元的免税额,税率为 2%。[87] 来自"400 位领导人"这一社团组织的沃德·麦卡利斯特(Ward McAllister)威胁说,如果这项法律获得通过,他将离开这个国家。威廉·詹宁斯·布赖恩(William Jennings Bryan)冲到街垒前,大声说:"从来没见过这么刻薄的人,我愿意对他说,他的爱国情怀还不到 2%。"

在 19 世纪 90 年代,通过一项重要的法律是不够的;还必须说服最高法院。纽约州的威廉·格思里(William D. Guthrie)从办公室小助理做起,后来成了华尔街上的猛狮,下决心要干掉这条 2% 的巨龙。他向他的客户筹集诉讼资金,找到了一位名叫波洛克(Pollock)的有诉讼愿望的当事人,并发起了一次攻击,他一路把诉讼打到最高法院。[88] 一场史诗般战斗就此打响。一方是著名的华尔街律师——格思里、约瑟夫·乔特(Joseph H. Choate)和其他人;另一方是总检察长奥尔尼(Olney)、他的助理爱德华·惠特尼(Edward B. Whitney)和詹姆斯·卡特(James C. Carter)。关于联邦政府征税的历史性权力,有大量的辩论演讲以及伪造历史中的一些可疑文章。在 1895 年的"波洛克诉农夫贷款和信托公司案"(Pollock v. Farmers' Loan and Trust Co.)[89]中,法院判决指出,只有在适用于房地产收入时,该税收才属于违宪。在一个重大问题上,即整个法律是否因为"直接税"而违宪,法院中的意见打了个平手:4:4。[90]此时,9 个大法官中的豪厄尔·杰克逊(Howell Jackson)因病缺席。后来,在杰克逊法官出席的情况下,该案被重新辩论——而这一次,最高法院以 5 比 4 的微弱多数否决了整个法律。[91]

历史对"波洛克诉农夫贷款和信托公司案"并不友好。爱德华·科温教授(Edward S. Corwin)称这个案件为"糟糕的历史和错误的逻辑"[92]。的确如此。他可能会加上糟糕的法律、糟糕的政治和糟糕的形式。这起案件有一个罕见的区别:20 世纪通过的宪法修正案,特别用以废除这个判例。当然,在当时这是无法预见的。辩护者和反对者都同意这一决定的其中要点:这是为了让格思里、菲尔德法官所信仰的民主以及其他"健全"和富有的人民的世界变得安全。也许"波洛克诉农夫贷款和信托公司案"应该得到比从历史学家那里得到的更好的东西。它的逻辑和历史都很薄弱;但它的本能相当精明。所得税是美国社会转型的开端。千里之行,始于足下。而一旦税率上升到每 10 美元中就交税 7 美元,其起点可能就始于当初的 2%。

州和地方税

在 19 世纪,地方政府主要依靠一般的财产税。1890 年,这项税收产生了 72%的州收入、92%的地方收入。它仍然是地方收入的主要来源,但州政府后来倾向于放弃这一税收,转向其他来源。[93]

一般财产税,顾名思义,是对所有类型的财产征税。实质上,这是旧的不动产税,加上对无形资产和个人动产的征税。大多数州在 19

世纪的某一时期都有某种宪法规定,规定这些税收的公平性和统一性。1873年《宾夕法尼亚州宪法》规定:"所有的税种,在征税当局的领土范围内,应统一征收,并应根据一般法律征收。"(第9条第1款)同样,1889年《北达科他州宪法》规定:"法律应通过统一规则并根据其真正的货币价值对所有财产征税。"(第11条第176款)

财产税并不容易管理。公平地评估土地和房屋是相当困难的;至少房地产是可见的,而且有产权记录。动产很容易被隐藏起来,无形的东西在所有的人中是最隐秘的。富有的纳税人可以轻易地对无形资产逃税。一般的财产税本质上只对土地和建筑物征税。与此同时,许多较不富裕的人的财产都被免税。希望均分负担的土地所有者,往往要求通过更多的一般性税收。但最终,他们不得不自己承担大部分税收。

物业税的评估和征收一直是一个问题。评估是局部的、混乱的,经常是不公平的。评审员很想低估他们自己郡的财产价值:为什么不把这个负担转嫁到州的其他地方去呢?因此,在各级地方官员之上,各州又开始实行了一个"平衡委员会"(boards of equalization),首先在全郡范围内实行,然后在全州范围内实行。最早设立这类州委员会的是艾奥瓦州:根据1851年艾奥瓦州法典,该委员会"被授权并被要求审查各种财产评估事宜"并以统一的名义对不同郡市房地产的分摊率进行了均等化。委员会可以通过"改变任何评估结果或改变任何郡的税率"来实现均等化。[94]

但一般来说,委员会并没有足够的权力去控制本地的评估人员。印第安纳州在1891年迈出了下一步:成立了一个州税务专员委员会。这个委员会对税务系统有普遍的监督,但它的权力"主要是咨询性的",并没有成功地遏制在旧制度下形成的所有滥用职权行为。然而,印第安纳州的法律是"新行政管理政策的开始",最终导致了评估和征收这一税收的更有效方法。[95]

即使在纸面上,一般的财产税也从未完全是一般性的。其中有许多例外和豁免。豁免清单与债权人无法触及的财产清单相似,但范围不太广泛。在 1851 年的艾奥瓦州法典中,免税财产包括家禽、羊毛、一年的收成、价值高达 100 美元的私人图书馆、家庭照片、厨房家具、食物、每个家庭成员一张床和床上用品以及"实际用来穿的"衣服。[96] 在 1897 年的艾奥瓦州法典中,出现了几乎相同的例外情况,但增加了如下内容:"任何靠耕作谋生的人的农具,靠使用车队、马车和马具为生的车队、马车和马具,以及任何技师的工具,无论在任何情况下,实际价值不得超过 300 美元。"[97] 慈善机构、学校和教堂的财产是可以免税的。

铁路公司和其他受优惠的公司在最初发起时段,经常获得免税待遇。当这些公司不再享受优惠时,它们必须按自己的方式(至少理论上如此)来支付税负。在 1870 年至 1900 年间的立法机构中,关于税收的争论时有发生。小股东和有组织的劳工想要报复大公司;它们想要控制住大亨的力量。但财政税收的需求也是足够真实的。为了给更积极的政府奠定基础,各州需要一个基础广泛的有产出能力的税收制度。钱从哪来的呢? 州宪法常常妨碍立法机构寻找金钱的方式。州政府不被允许随心所欲地发行债券。政府的下层机构也在财政上捉襟见肘。有些政府服务可以通过收费来支持;但这种方法是落后的,容易被滥用。另外,企业很富有,而且越来越富有,而且很长一段时间以来,它一直逃避支付看上去合理的份额。一些州竞相以低税率吸引公司前来登记,但一旦铺设好了铁轨,想逃跑已经来不及了;该州也很容易从这些被俘虏的巨人那里得到所有可能的东西。

对企业征税被证明是极其困难的。第一,是来自政治上的困难。财富激发了税收人员的欲望,但财富也是权力,权力在立法机关的殿堂里的影响力极大。关于铁路税收问题的斗争,就可以单独写下若干卷帙。在这个问题上,各州政府的尝试并不成功。第二,联邦制度具有特殊复杂性。1850年以前,铁路被征税时,缴纳了当地的财产税。之后,越来越多的州增加了基于资本化或总收入的税收。因此,州际企业——例如铁路和电报公司——在所有的线路上都冒着征税的风险,就好像被众多莱茵河领主们征税一样。

跨越州界线的"商业"税到底有多少是有效的?一个巨大的公司的财产怎么可能像小人国中的格列佛一样遍布各州,被切成理性的部分分别予以征税?这在全国并没有统一的计划。1899年,国内部分地区的铁路支付了净收入17%的税;在其他地区,只支付了8.4%的税。[98]宪法和法律冲突等基本问题经常引起争议。但是,真正的问题还是在政治层面。解决方案就是来制定非常复杂的法律。当所有的相关机构——立法机构、州法院和联邦法院——都有发言权的时候,仍然没有明确的答案,仍然没有一个明确的限制,比如,当一只州际老虎的爪子伸进一个征收税收地域时,一个州该如何征税呢?各种复杂或简单的公式决定了老虎的哪一部分"属于"罗得岛州、得克萨斯州或华盛顿州(为了税收目的)。例如,马萨诸塞州对铁路和电报公司的征税,以州内线路和国内总线路的比例,来确定其总资本中应当被征税的额度。最高法院在1888年的一个检验性案例中,认为这种方法是公平的。[99]但是,对州际商业征税仍然是高等法院最顽固和最烦人的问题之一。

遗 产 税

遗产税的想法产生于对巨富家族及其巨大的金钱力量的恐惧。甚至在南北战争之前,就有一些州和联邦试图对遗产和继承人征税。

第三部分　19世纪末的美国法律

遗产税是南北战争一揽子财政计划的一部分。但是，真正的需求还是在1885年之后。类似理查德·伊利（Richard T. Ely）和埃德温·塞利格曼（Edwin R. Seligman）等经济学家，以及安德鲁·卡内基（Andrew Carnegie）等同床异梦的人都认为，当财团创始人去世时，巨额财富应该被课以重税。到1900年，大约有一半的州采用了某种形式的遗产税。一般来说，这些税收并不特别带有进步主义的色彩。这种制度几乎总是不利于那些旁系血亲和无血缘关系的人们，而对死者的配偶和子女给予了更优惠的待遇。在1893年的密歇根州法律中，例如，对于"有遗嘱和无遗嘱，或财产让与人死亡或意思表示为死亡时生效的"财产让渡，征收被让与财产市场价值5%的税。但对"父亲、母亲、丈夫、妻子、子女、兄弟、姐妹、儿子的妻子或寡妇、女婿、领养子女和任何直系后代"的税率仅为1%；这些继承人还享有第一笔5000美元的免税额度。[100]

1898年，联邦政府重新进入该领域，以修改后的形式实施遗产税。[101]它的最高税率为15%，这一税率仅适用于100万美元以上的遗产，而且是在由死者传给远亲、非亲属或"政治或法人团体"的场合适用。该法案是美西战争税收方案的一部分，1902年被废除了。总而言之，它带来了2250万美元的收入。这笔微不足道的数目还不足以使美国人的巨额财富受到损害。然而，就像内战税一样，遗产税也通过了宪法的考验；州遗产税法也同样如此；这让格思里和华尔街的悲观预言家们感到恐惧和厌恶。再一次，这些富有和保守的人并没有完全错。在未来，他们的一些最糟糕的噩梦将成为现实。从一些高额遗产中抽取一大部分的税法将被实施。但是，只有在未来的一个世纪里，渐进的高税率才会出现。

注 释

[1] This discussion is based on Lawrence M. Friedman, *Contract Law in America* (1965). Wisconsin was an agricultural state, first settled in the 1830s. Some of the trends discussed no doubt appeared earlier in New England, later in the prairie states, and in the West.

[2] 20 N.Y. 268 (1859).

[3] The old rule was, moreover, a rule of procedure. It seemed particularly out of date in the period of the Field Code, which allowed lawsuits to be freely brought by those who had a real interest in the outcome.

[4] 9 Ex. 341 (1854). For the background and meaning of the case, see Richard Danzig, "*Hadley v. Baxendale*: A Study in the Industrialization of the Law," 4 J. Legal Studies 249 (1975).

[5] Another rule of damages allowed the plaintiff in a contract case to recover only the difference between the contract and market prices. "It follows from this rule, that, if, at the lime fixed for the delivery, the article has not risen in value, the vendee having lost nothing can recover nothing." Theodore Sedgwick, *A Treatise on the Measure of Damages* (2nd ed., 1852), p. 260. Only economic damages—never punitive damages—were recoverable. Breach of contract was not a wrong, not a tort.

[6] 3 Wis. 456 (1854).

[7] *Merchants' National Bank of Boston v. State National Bank of Boston*, 77 U.S. 604, 647-48 (1871).

[8] Grier, J. in *Mercer County v. Hacket*, 68 U.S. 83, 95-96 (1864).

[9] See Robert S. Hunt, *Law and Locomotives: the Impact of the Railroad on Wisconsin Law in the Nineteenth Century* (1958), pp. 48-50; and see also p. 344, supra.

[10] See, in general, Frederick Beutel, "The Development of State Statutes on Negotiable Paper Prior to the Negotiable Instruments Law," 40 Columbia L. Rev. 836 (1940).

[11] John Daniel, *A Treatise on the Law of Negotiable Instruments*, vol. I (5th ed., 1903), pp. 223-25, sec. 197.

[12] Rev. Stats. Ohio 1880, sec. 3178.

[13] See "State Interference with Patent Rights," 16 Albany L.J. 360 (1877). These statutes were passed in the 1870s, for example, Laws N.Y. 1877, ch. 65.

[14] " Report of the Committee on Uniform State Laws," *Report*, 14th Ann. Meeting ABA (1891), pp. 365, 371.

[15] John J. Crawford, *Negotiable Instruments Law* (1897), pref.

[16] Beutel, *op. cit.*, p. 851.

[17] Edmund H. Bennett, American edition of Judah P. Benjamin's *A Treatise on the Law of Sale of Personal Property* (1888), p. 623.

[18] See *Gammell v. Gunby & Co.*, 52 Ga. 504 (1874).

[19] The actual history of warranty law was quite complex. For example, breach of warranty, whether express or implied, is a kind of absolute liability. Fault or negligence has nothing to do with the matter. But one line of cases—*Hoe v. Sanborn*, 21 N.Y. 552 (1860) was an example—seemed to veer off in another direction. The goods in that case were circular saws; the "alleged defect" was due in part to the fact that the saws were made out of unsuitable material. The judge, Samuel L. Selden, in the course of a thoughtful opinion, seemed to make the manufacturer's *negligence* an issue. Some cases followed this hint. This might have been a way out for those who thought *caveat emptor* was too harsh, and *caveat venditor* unwise. Tort and warranty law might have merged. But the courts never went this far.

[20] *Cole v. Berry*, 42 N.J.L. 308 (1880).

[21] See "Bailments and Conditional Sales," 44 Am. Law Reg. 335, 336 (1896); *Goss Printing Press Co. v. Jordan* 171 Pa. St. 474, 32 Atl. 1031 (1895).

[22] Jeremy Bentham, *Defence of Usury* (3rd ed., 1816), p. 2.

[23] See, in general, Lawrence M. Friedman, "The Usury Laws of Wisconsin: A Study in Legal and Social History," 1963 Wis. L. Rev. 515.

[24] Morton Keller, *The Life Instrument Enterprise, 1885–1910* (1963), pp. 187ff., is the source of this statement and much of the following paragraph.

[25] Thomas I. Parkinson, law professor and insurance executive, quoted in Keller,

op. cit., p. 190.

²⁶ Quoted in Spencer Kimball, *Insurance and Public Policy* (1960), p. 211.

²⁷ 121 Ind. 570, 23 N.E. 498 (1890).

²⁸ Similar results were reached by statute, for example, in Missouri: "No misrepresentation made in [a life-insurance policy] ... shall be deemed material, or render the policy void, unless the matter misrepresented... actually contributed to the contingency or event on which the policy is to become due and payable, and whether it so contributed in any case, shall be a question for the jury." Rev. Stats. Mo. 1879, sec. 5976.

²⁹ Kimball, *op. cit.*, p. 150.

³⁰ 75 U.S. 168 (1869).

³¹ Laws Wis. 1895, ch. 387.

³² On the history of the standard policy, see Kimball, *op. cit.*, pp. 230-32.

³³ See Charles Warren, *Bankruptcy in United States History* (1935), pp. 104ff.

³⁴ Warren, *op. cit.*, pp. 113-14.

³⁵ 18 Stats., Part III, 178, 182 (act of June 22, 1874, sec. 17).

³⁶ David A. Skeel Jr., *Debt's Dominion: A History of Bankruptcy Law in America* (2001) p.38.

³⁷ Samuel Wagner, "The Advantages of a National Bankrupt Law," *Report*, 4th *Ann. Meeting ABA* (1881), pp. 223, 227-28.

³⁸ Warren, *op. cit.*, p. 134.

³⁹ Quoted in Warren, p. 136.

⁴⁰ 30 Stats. 544 (act of July 1, 1898).

⁴¹ Skeel, *op. cit.*, at 42-43.

⁴² 53 U.S. (12 How.) 443 (1851).

⁴³ See Robert M. Hughes, *Handbook of Admiralty Law* (1901), p. 212.

⁴⁴ 26 Stats. 320 (act of Aug. 19, 1890); 30 Stats. 96 (act of June 7, 1897).

⁴⁵ *The Roanoke*, 59 Fed. 161 (7th Cir., 1893).

⁴⁶ *The City of Alexandria*, 17 Fed. 390 (D.C.S.D. N.Y, 1883).

⁴⁷ 27 Stats. 445 (act of Feb. 13, 1893, sec. 3).

[48] On this situation, see Charles W. McCurdy, *The Anti-Rent Era in New York Law and Politics, 1839–1865* (2001).

[49] Foster R. Dulles, *Labor in America* (2nd rev. ed., 1960), p. 98.

[50] W. S. Woytinsky *et al.*, *Employment and Wages in the United States* (1953), p. 47.

[51] See Walter Licht, *Working for the Railroad* (1983), ch. 3.

[52] John R. Commons and John B. Andrews, *Principles of Labor Legislation* (rev. ed., 1927), p. 4.

[53] Philip Taft and Philip Ross, "American Labor Violence: Its Causes, Character, and Outcome," in Hugh D. Graham and Ted R. Gurr, eds., *Violence in America: Historical and Comparative Perspectives*, vol. I (1969), pp. 226–28, 230–32.

[54] *Commonwealth v. Hunt*, 4 Metc. (45 Mass.) 111 (1842); see Leonard W. Levy, *The Law of the Commonwealth and Chief Justice Shaw* (1957), pp. 183–206; Christopher L. Tomlins, *Law, Labor, and Ideology in the Early American Republic* (1993), pp. 199–216.

[55] See, in general, Gerald G. Eggert, *Railroad Labor Disputes: The Beginnings of Federal Strike Policy* (1967).

[56] Felix Frankfurter and Nathan Greene, *The Labor Injunction* (1930), p. 21.

[57] 158 U.S. 564 (1895).

[58] See Michael J. Brodhead, *David J. Brewer: The Life of a Supreme Court Justice, 1837–1910* (1994), pp. 108–9.

[59] Frederic J. Stimson, *Handbook to the Labor Law of the United States* (1896), p. 223.

[60] McPherson, J., in *Atcheson, Topeka and Santa Fe Rr. Co. v. Gee*, 139 Fed. 582, 584 (C.C.S.D, Iowa, 1905).

[61] For example, Laws Minn. 1895, ch. 174. The Utah constitution of 1895 outlawed the blacklist; art. 12, sec. 19.

[62] For the Maine situation, see E.S. Whitin, *Faculty Legislation in Maine* (1908), pp. 60–61; the figures on the outcomes of cases is in Julie Novkov, *Gender, Law, and Labor in the Progressive Era and New Deal Years* (2001), p. 31.

[63] The cases are respectively *Millett v. People*, 117 Ill. 294, 7 N.E. 631 (1886); *Frorer v. People*, 141 Ill. 171, 31 N.E. 395 (1892); *Ramsey v. People*, 142 Ill. 380, 32 N.E. 364 (1892); *Braceville Coal v. People*, 147 Ill. 66, 35 N.E. 62 (1893); *Richie v. People*, 155 Ill. 98, 40 N.E. 454 (1895).

[64] 113 Pa. St. 431, 6 Atl. 354 (1886); see above, Part III, ch. I, pp. 859–60.

[65] *In re Jacobs*, 98 N.Y. 98 (1885).

[66] *Johnson v. Goodyear Mining Co.*, 127 Cal. 4, 11–12, 59 Pac. 304 (1899).

[67] See Aviam Soifer, "The Paradox of Paternalism and Laissez-Faire Constitutionalism: The United States Supreme Court, 1888–1921," 5 Law and History Review 249 (1987).

[68] The story is told in Karin A. Shapiro, *A New South Rebellion: The Battle Against Convict Labor in the Tennessee Coalfields, 1871–1896* (1998).

[69] On this point, see Viviana A. Zelizer, *Pricing the Priceless Child: The Changing Social Value of Children*, (1985), ch. 1.

[70] Hugh Hindman, *Child Labor: an American History* (2002), pp. 49–50.

[71] Zelizer, op. cit., pp. 77–79.

[72] Lorenzo D'Agostino, *History of Public Welfare in Vermont* (1948), p. 181.

[73] Frederic J. Stimson, *Handbook to the Labor Law of the United States* (1896), pp. 74–75.

[74] This discussion of New Jersey is taken from Arthur S. Field, *The Child Labor Policy of New Jersey* (1910).

[75] Laws N.J. 1883, ch. 57.

[76] Laws N.J. 1892, ch. 92.

[77] 208 U.S. 412 (1908). See Nancy S. Erickson, "Historical Background of 'Protective' Labor Legislation: *Muller v. Oregon*," in D. Kelly Weisberg, ed., *Women and the Law*, vol. II (1982), p. 155; see also July Novkov, op. cit. supra, n. 62, pp. 149–164.

[78] *In the Matter of Mary Maguire*, 57 Cal. 604 (1881).

[79] *Commonwealth v. Hamilton Mfg. Co.*, 120 Mass. 383 (1876).

[80] 155 Ill. 98 N.E. 454 (1895).

[81] Marion C. Cahill, *Shorter Hours* (1932), pp. 69–73.

[82] 169 U.S. 366 (1898).

[83] William E. Forbath, *Law and the Shaping of the American Labor Movement* (1991).

[84] William E. Forbath, "Courts, Constitutions, and Labor Politics in England and the United States: A Study of the Constitutive Power of Law," 16 Law and Social Inquiry 1 (1991). Forbath also stresses the lack, in the United States, of a centralized government and a strong, centralized civil service.

[85] For the above, see Randolph E. Paul, *Taxation in the United States* (1954), pp. 7–22.

[86] Lillian Doris, ed., *The American Way in Taxation: Internal Revenue, 1862–1963* (1963), p. 34.

[87] 28 Stats. 553 (act of August 27, 1894, sec. 27).

[88] Randolph Paul, *Taxation in the United States*, pp. 30ff; Arnold M. Paul, *Conservative Crisis and the Rule of Law* (1960), chs. 8, 9. On Guthrie's role, see Robert T. Swaine, *The Cravath Firm and its Predecessors*, vol. I, *The Predecessor Fiarms* (1946), pp. 518–36; Henry James, *Richard Olney and His Public Service* (1923), pp. 70–76.

[89] 157 U.S. 429, 158 U.S. 601 (1895).

[90] The Constitution, art. 1, sec. 2, required "direct taxes" to be apportioned among the states by population. For a century or more, it had been understood that poll taxes and property taxes, and only these, were "direct."

[91] When the Court is evenly divided, by custom it does not reveal who voted on which side. When the case was reargued, Jackson, the missing judge, voted to uphold the act, This should have given the law a 5–4 majority; in fact it lost by 5–4. There is a minor historical mystery here, since one of the other four judges in the majority must have changed his mind between the time of the two votes. No one is quite sure which judge is the guilty one. See A. M. Paul, *op. cit.*, pp. 214–17. On the Pollock case, see Owen M. Fiss, *Troubled Beginnings of the Modern State, 1888–1910* (History of the United States Supreme Court, vol. VIII, 1993, ch. 4).

[92] Edward S. Corwin, *Court over Constitution* (1938), p. 188.

[93] George C. S. Benson et al., *The American Property Tax: Its History, Administration and Economic Impact* (1965), p. 83. On city use of the tax, see Jon C. Teaford, *The Unheralded Triumph: City Government in America, 1870-1900* (1984), pp. 293-304.

[94] Iowa Stats. 1851, secs. 481, 482. See, in general, Harley L. Lutz, *The State Tax Commission* (1918).

[95] Lutz, *op, cit.*, p. 152.

[96] Iowa Stats. 1851, sec. 455.

[97] Iowa Stats. 1897, sec. 1304, sec. 1304(5).

[98] Emory R. Johnson, *American Railway Transportation* (rev. ed., 1907), p. 416.

[99] *Western Union Telegraph Co. v. Mass.*, 125 U.S. 530 (1888); Mass. Stats. 1882, ch. 13, sec. 40.

[100] Laws Mich. 1893, ch. 205; see Edwin R. Seligman, *Essays in Taxation* (6th ed., 1909), pp. 133ff.

[101] Randolph Paul, *op. cit.*, pp. 65-70.

第十章

罪与罚

刑事法律的诸多方面

434 过去,大多数律师都是可以处理刑事案件和民事诉讼的通才。甚至亚历山大·汉密尔顿这样一位著名的商业律师,也接手处理过刑事案件。在美国西部和一般小城镇里,刑事案件是律师执业的主要内容。在 19 世纪后期,大城市的律师业变得更加专业化。当时有了职业性罪犯现象,同时也就有了专门的刑事案件律师。这部分律师从来没有享有过为大企业服务的律师拥有的声望。一些小律师们靠在下级刑事法院收集一些琐碎的案件来维持生计。一些大城市的律师过着更高尚的生活,但有时也不是那么体面。在纽约州,被人们称为"不择手段的大律师"威廉·豪(William E. Howe)在 1875 年至 1900 年间盛极一时。他是臭名昭著的豪和赫梅尔律师事务所的一员;他为数百名娼妓、扒手和造假者辩护,同时他也为那个时代最臭名昭著的杀人犯做过辩护。豪的专长是在法庭上能言善辩,狡黠利用虚假证据、贿赂和敲诈作为后盾。[1]

这些刑事案件律师的领导人以及赚得大钱的律师们总是有些炫耀浮夸,但并非总是不择手段。豪和赫梅尔对在广告上炫耀他们的生财之道毫无惧色。他们的"破旧而显眼的办公室上面,挂上的不是一家律师事务所的朴实无华的石板,而是一个在夜色中闪闪发光的三四十英尺长、三四英尺高的巨大招牌"[2]。由精英商业律师主导的律师组织,精心守护着律师职业的声望,取消了通过广告和照明标志公开招揽业务的做法。一个刑事律师往往没有长期雇佣的业务,同样的客户也很少重复。口碑是他可以继续执业的少数方法之一。与华尔街律师不同的是,一名刑事律师想要获得公众的注意,希望他的名字出现在报纸上。正是出于这个原因,这些刑事案件律师(直到今天)都喜欢引人注意。炫耀浮夸对他们的生意是有好处的。要么大肆宣传,要么就坐以待毙。华尔街那些优秀低调的律师们,如果去做刑事诉讼,恐怕会找不到饭吃。

豪和赫梅尔被脸谱化为丑陋的人物;但是,他们以自己的方式,说明了一个在刑事司法系统中尤为显著的特点:公开透亮的制度层面和肮脏猥琐的制度层面之间的巨大鸿沟。一般公众往往从审判、宣传、戏剧性、律师戏法和报纸报道等方面来看待刑事司法。但刑事司法也有关于腐败和例行公事的黑暗地下故事;也有关于仓促的、轻率的"审判"故事,以及在19世纪末辩诉交易(plea bargaining)稳步增长的故事。

正式刑法本身在19世纪后期发生了很大的变化。总的来说,这是一件成文法领域内的事。正如我们所看到的,普通法罪行的概念在联邦法中已经消失。普通法的刑法概念在州一级层面也在衰减。到1900年,大多数州仍然在技术上承认存在着普通法犯罪的可能性。但是其他一些州则通过法令明确废除了这一概念。这些法规直截了当地指出,只有刑法中所列的行为才是犯罪,而其他行为都不是。在有一些州,法院通过其对刑法解释(悄悄地)废除了普通法罪行。在这个概念得以存续的地方,它几乎没有被使用过;作为一个实际问题,刑法是完整的和排他性的——罪名的总目录。

实际中活生生的法律还要复杂得多。纽约州刑法典（1881年颁布）规定："除非本法典规定或授权，或是本州某未被废除的法律规定或授权，没有任何行为可以被视为犯罪或应受惩罚。"这是对普通法刑法的明确扬弃。然而，该刑法典有一项笼统的条款："任何人故意和错误地从事严重损害他人的人身或财产的行为，或严重扰乱或危害公共和平或健康的行为，或公开侮辱公共礼仪或损害公共道德的行为，则构成轻罪。"[3]可以想象，在这种语言下，检察官和法院的权力几乎与普通法刑法状况下的权力一样大。事实上，这部分并没有被经常使用。在理论上保留普通法犯罪概念的州，在实践中也没有充分利用普通法犯罪的概念。

也许，普通法刑罚消亡的意义比人们所看到的还要多。其中消亡的其实是那种法庭公开地、毫不掩饰地从社会生活方式中确定新的罪名的权力。它之所以被扬弃，是因为美国法律文化中那种普遍存在的特征，这就是对失控的权力所感到的恐惧。立法者认为，法院应该由人民代表制定的客观法律条款来指导；任何人都无权将某个行为定为犯罪。但法官有权"解释"刑法典。这个权力其实并不小。有一句古老的格言说，法院有义务狭义地解释刑事法规；法院也经常提到这一准则。毕竟，什么是狭义的解释，什么是广义的解释，是由法官们决定的。

刑事司法中充满了相互对抗的力量。警察、检察官、审判法官、上诉法官、陪审团、立法机构和监狱官员都有权挫败所有其他人的工作。充其量，他们驾驭着某种令人不稳定的平衡关系。宪法、权利法案和宪法第十四修正案试图在联邦和州权力之间取得某种平衡。至少在法律理论上，刑事审判必须严格公正。被告的权利得到了认真的保障。严厉的证据法使陪审团诚实；陪审团使法官和政府受到制约；对程序的细致关注保护了公民的生命和自由不受不公正待遇。事实上，许多人——法律学者和普通人——认为对罪犯的保障措施太离谱了；人们担心对罪犯的溺爱，而一些学者(比如罗斯科·庞德)认为，他们看到了程序的"过于膨胀"——对于技术细节的重视已经从一丝不苟发展到了荒谬的地步。

刑事诉讼司法出现的画面是精细、僵化和小心翼翼的。没有什么是犯罪，除非它清楚地刻在成文法规卷册里并且被贴上了标签。法院有责任尽可能狭义地解释刑事法规。审判必须没有法律上的错误。然而，可能没有一个法律领域像刑事司法这样表里不一。真正的刑法，至少在某种程度上，是直截了当的、无情的和迅速的；在其他方面，它是草率的、低效的和随意的。在上诉方面，高一级的法院经常推翻下级法院的判决，这是事实；但原审案件中只有一小部分刑事案件被上诉——1870年至1910年间，威斯康星州的齐佩瓦郡全部起诉的刑事案件中，后来上诉的案件只有0.5%；1870年至1910年间，加利福尼亚州阿拉梅达郡重罪起诉的案件中，上诉的案件也只有1%。在此期间，威斯康星州最高法院受理的案件中只有5%是刑事上诉案件。[4]

在现行法律中，保障措施没有保护到所有的人，比如"流浪汉"、穷人、南方的黑人；真正的刑事司法系统是由许多重叠的层次组成的，没有一个层次与刑事司法的理想景象非常相似。这些案件至少有三个层次：最底层法院以相当粗略和非正式的方式处理数以万计的轻微案件；中间层法院处理严重但普通的案件——数千起攻击伤害、盗窃、抢劫和侵占的案件；最顶层，由几起引人注目的案件组成——这些案件都是特别骇人听闻的，或者被告是一个显赫或不寻常的人，或者两者兼而有之。1850年，哈佛医学院的约翰·韦伯斯特(John W. Webster)教授因杀害另一名教授乔治·帕克曼(George Parkman)并将他的尸体肢解而受审，当时引起了轰动。[5]19世纪90年代的莉齐·博登案更是轰动一时。马萨诸塞州福尔里弗一个显赫家族的女儿莉齐·博登（Lizzie Borden）是否在 8 月的一个闷热的早晨用斧头砍死了她的父亲和继母？陪审团认为不是博登所为；今天的大多数评论者认为是她干的。在某种程度上，博登案是耸人听闻的，因为它使布尔乔亚们令人尊敬的一面受到审判；陪审团宣告它无罪。像莉齐·博登这样的女人竟然犯了如此可怕的罪行，这简直是不可想象的。[6] 无论案件的最终意义是什么，它吸引了蜂拥而至的报纸记者，这个案件的信息占据了头条，让公众分享了每一个细节。从本质上讲，这类案件属于热门大戏。

每个人都喜欢神秘；每个人都喜欢庭审剧情。那些重大的案件也是这样的：陪审团被仔细地、费力地挑选出来；审判过程冗长，包含大量细节；双方都收集了证据，聘请了专家，并在交叉辩论中争论不休；正当程序得到了仔细的遵循。这些审判充满了耸人听闻的事件：哭泣或晕倒的目击者，可怕的证据呈现以及大量口若悬河的演讲。这些过程也许起到了重要的作用。它们像是"宣传剧、道德剧、警示类的故事"。它们亦是教导市民有关法律的工具。但社会公众却听到了一个奇怪的双重信息。他们了解到，美国对被指控犯罪的人的权利十分谨慎。他们看到正义是真实的，但他们也看到这其中有些荒谬。他们看到了谨慎细致的正义，但他们也看到了正义"像夸张的表演者，像江湖骗子，也像是个弱智者"[7]。

上述图景也具有深刻的误导性，在第二个司法运作层面，一种不同的系统在运作。在这里，普通的攻击伤害、盗窃、入室盗窃和类似的犯罪案件都被起诉。据我们所知，审判法庭绝不是私设的公堂，但这里并没有漫长而冗长的审判。正当程序的"膨胀"在这些法院中没有任何作用。对许多被告来说，根本没有经历过开庭类的审判。辩诉交易的起源可以清楚地追溯到这一时期。越来越多的被告认罪；在一些案件中，存在着明显的"交易"；在另一些案件中，被告只是为了得到更好的待遇而认罪。事实上,辩诉交易可以追溯到 19 世纪早期:例如,执着的研究人员在马萨诸塞州发现了辩诉交易的证据。[8]在世纪之交,只有不到一半的重罪被告在一些社区接受法庭审判;在另一些社区,他们虽然也经历了"庭审",但以草率和常规的方式了事,审判持续几个小时或几分钟。大多数被告都被定罪了。19 世纪 70 年代,在佐治亚州的格林郡,每 10 个黑人中就有 8 个被判有罪;每 10 个白人中有 6 个被判有罪。[9]

辩诉交易的兴盛并不代表着审判的黄金时代(从来没有这样的时代)有所衰落;相反,这是刑事司法日益专业化的一个迹象。在 19 世纪,这个制度从几乎完全依赖业余人士和兼职人士加以转变。这个制度正由越来越多的全职刑事司法人员所主导:警察、侦探、检察官、几乎完全从事辩护工作的辩护律师、主要审理刑事案件的法官以及各种类型的法医专家。稍后将会出现社会工作者、缓刑官员和更多专业人员。这一制度变得更加行政化,减少了司法审判权的环节。在这样一个系统中,业余人士的陪审团占有较少的地位。例行公事并不是什么新东西;但是,操作这个制度的人员以及这个制度的运行方式,都发生了巨大的变化。

也许新制度的关键是扩大了警察的作用。南北战争前,纽约和其他几个大城市都设立了警察部门;但直到战后,警察才成为城市刑事司法的普遍特征。1880 年,纽约市有 202 名警察和 2336 名巡警;但即使是人口为 12117 人的艾奥瓦州基奥瓦克也有一支警察队伍:2 名警察和 4 名巡警(他们一共逮捕了 1276 人次)。[10]警察按照军队方式确立衔位(上尉、中士);越来越多的警察穿着制服并佩戴徽章。与以前的警员和守夜人相比,警察确实是专业的——他们有全职的警察工作;但在更现代的意义上,他们当时也并不专业,至少在大多数城市是这样的。[11]大多数人都可以成为一名警察——没有培训或教育的要求;

这些工作都是任人唯亲的工作,政治总是露出其丑陋的一面。在辛辛那提,1880年选举后,295名警官中有219人被解雇。¹²但警察局长也发布了规则指南和手册,至少在纪律和礼仪方面有一些尝试:1861年,芝加哥的警察局长发布命令,"禁止续胡须",并"要求所有巡警用叉子吃饭"。¹³

到19世纪末,警察已经成为城市生活中令人熟悉和普遍存在的特征;没有警察,刑事司法是不可想象的。他们逮捕了成千上万的嫌犯,不仅是因为重大犯罪,还有那些让地方法院、治安法院和警务法院拥挤不堪的轻微罪行——这是刑事司法系统的第三层。在这里,正义是迅速而不够正式的。没完没了的酒鬼、妓女和流浪汉在无聊的法官面前晃来晃去;还有无数次的酒吧斗殴、家庭争吵和扰乱治安的事件。警察巡逻在城市的公共空间,代表并且维持秩序和规律,这是一个现代工业社会所需要的(或被认为是需要的)。在这个时期,各州对乞丐和"流浪者"通过了严厉的法律;在南方,这些法律主要针对黑人,但北方各州也将乞讨或无家可归和失业定为犯罪。¹⁴在这些方面,警察扮演了一支国民军队的角色,他们出于某种体面和安逸的利益需求,对"危险阶层"进行控制。这包括那些对既定秩序真的有危害的人,以及那些主要是有象征性的威胁的人(如流浪汉和无业游民们)。在劳工动乱时期,许多城市的警察都被征召到工厂管理层的一边,他们经常很有活力地去保护"拒不参加罢工的工人(scabs)",打破罢工工人的纠察线并干涉工会活动。他们实际上扮演着都市罢工破坏者的角色。1892年,在水牛城的一次针对电车线路的罢工中,警察甚至自己扮演了不参加罢工的劳工角色。工会声称,警察充当了轨道扳道员并动手帮助移动了车辆。¹⁵

警察的暴力和违规行为实际上是刑事司法制度的第四个非正式的层级。严格来说,这种警力行为和暴力行为是非法的。在大城市的贫民窟和罪案多发地段,街头黑帮、妓女和小偷管理着他们的美利坚地下社会,执行着他们自己的规则,统治着他们自己的社会。警察暴力是唯一穿过这个丛林的法律。在 19 世纪 70 年代,纽约警队的亚历山大·威廉斯(Alexander S. Williams)因为"引用了夜勤警棍的福音"并组织了"一支强大的武装队伍"而闻名于世。他们在煤气屋区(Gas House District)巡逻时,威廉斯会殴打"暴徒","不管对方有没有挑衅他"。对威廉斯的指控至少有 18 次;但是警察委员会"总是宣布他无罪"。他用"警察的夜勤警棍比最高法院的判决能体现出更多的法律"这句话来证明,他的"愤怒"是正确的。[16]作为一个活生生的法律,他有自己的道理。

无论如何,警察的工作通常是一项肮脏的工作。腐败是其中的一种流行病。著名的莱克索委员会(Lexow Committee)在 1894 年调查了警察的腐败行为,发现了大量的腐败:从赌徒、妓女、台球室经营者甚至是手推车小贩那里得到的报酬。这是一系列长期调查中的第一次,但不知何故,情况一直没有改善。行贿受贿现象还在继续,因为警察们得到了回报。人们对非法性行为、赌博和边缘娱乐有着巨大的地下需求——神职人员和受人尊敬的资产阶级可以在书本上影响法律,但活生生的法律则由街头人物和警察们控制着。至于警察暴力,它也广受追捧。对公民自由的一丝不苟的关注,从来都不是大多数人的观点。如果警察打破了几个人的脑袋,结果只能是无可奈何。因为,"暴徒"本来就不应得到社会的善待。

然而,警察的历史并不完全是黑暗的历史。与政府其他机构不同,他们一天 24 小时在听候工作的召唤。因此,他们充当了一种完全的社会中介组织——制止斗殴、巡逻、回应痛苦的求助呼声。警察局也经常运行一种简陋的福利计划。在许多城市里,警察局收容了无家可归的人;在 19 世纪 90 年代城市建造了市政收容所之前,寒冷和饥饿的人们常常聚集在警察局的房子里。[17]

不合法的法律

正规的刑法确实有许多不正常的帮手。警察的暴行不是孤立的现象。三K党从1867年到19世纪70年代初控制了南方,焚烧和掠夺并惩罚违背了三K党关于正确社会秩序观念的黑人和白人。美国西部地区的民间治安组织,以他们自己的刑事司法的名义,在某种程度上遵循了一个古老的美国传统。出现于1767年的南卡罗来纳监管者,是第一个美国民间治安组织。[18]但到了1850年以后,这场运动才真正兴盛起来。正如我们所看到的,最著名的和具有模板意义的是那两个"旧金山警戒委员会"(分别诞生于1851年和1856年)。加利福尼亚州各地都出现了自发性的民间治安执法组织;科罗拉多、内华达、俄勒冈、得克萨斯和蒙大拿也出现了类似组织;一般而言,它们盛行于西部。1865年,蒙大拿民间治安组织的编年史专家托马斯·迪姆斯戴尔(Thomas J. Dimsdale)写道:"迅速和可怕的报复是犯罪的唯一预防措施,在偏远的西部,这样的社会正在构建之中。"[19]当时,总共有数百个民间治安组织的运动。其中141个组织至少夺去了一条人命。全部被处死的总人数为729人。几乎所有这些都发生在1900之前的美国西部。得克萨斯州是最血腥的民间治安组织所在地,鼎盛时期是19世纪60年代。[20]

当时,民间治安组织并不是唯一一个管理私人刑事司法系统的机构。在中西部的那些权利索求社团(Claims clubs),以及坐落在稀疏、荒凉的河段的采矿人法庭,建立了他们自己在遥远西部的财产法版本,并据此惩罚违背者。在19世纪末,"私刑法官"(Judge Lynch)主持了许许多多在南方和边境各州频繁举行的庭审。19世纪90年代,暴徒折磨、绞死，有时还活活烧死被控殴打、谋杀或强奸的黑人。他们有时把受害者从监狱里抢走，对任何拖延处置的迹象感到愤怒。私刑暴民和民间治安组织以为他们有自己的使命感。一些渴望合法性的民间治安组织模仿了正规的成文法；它们有自己的"法官"和"陪审团"，有它们自己快速和简易的审判。它们惩罚没有罪名或没有补救措施的那些犯罪，并强制执行它们心目中的公共政策。这一切，是对一些精英阶层认为西方部分地区缺乏法律和秩序的反应，或者是对普通政府的软弱或恶意的回应。三K党是在一个落败社会的混乱中产生的。它们的"大众正义"（popular justice）的形式和花费纳税人钱财的审判，跟长期监禁的刑期比起来要廉价得多了。1879年，一位报纸作者在科罗拉多州戈尔登市执行了某次私刑后报道说："这个大众裁决似乎表明，将被告绞死不仅是非常值得的，而且对该郡大有裨益，如此这般至少可节省五六千美元。"[21]

南方私刑暴民是所有民间治安组织中最野蛮、最不可原谅的团体。他们的法律和秩序除了赤裸裸的种族主义，没有其他什么东西。他们对法律的真正抱怨是，法庭过于谨慎和缓慢；一些有罪的囚犯获得自由；法庭没有对黑人罪犯做到足够的杀一儆百、以儆效尤。私刑暴民们实施了的法律，这是任何法院都无法期待去执行的，甚至连南方农村地区的白人至上主义法庭也无从执行。

曾经发生过骇人听闻的野蛮事件——我们已经提及的1899年对萨姆·豪斯的私刑——折磨、残害，然后烧死他。[22]今天没有人为私刑暴徒进行辩护。而西部的民间治安组织则有更多的不同评论。他们仍然被赋予某种同情，或被视为必要的邪恶，甚至被视为一种大众民主的形式。历史学家休伯特·班克罗夫特对民间治安组织赞不绝口。事实上，他热爱一切形式的西部司法方式。他写道，民间治安组织是"在法律不存在或无力的情况下，人民使用权力的表现"。它是"完全同情现有法律形式的人民在非正式地行使其正当权力"。它是"一位熟练的外科医生手中的锐利刀,用尽可能少的身体伤害来清除脓疮"。例如,1856年的旧金山警戒委员会就是这样一位外科医生:"在人类进步的历史上,我们从来没有见过,在一种大众政府形式下,在全能的良知的召唤下,一座城市全面崛起,出现在病态法律的床边,实施着一个快速而不流血的手术。"[23]事实上,公共舆论根本没有谴责"受人喜爱的粗脖子暴民",恰恰相反,他们在支持着这一切。许多民间治安组织的人员是社区领袖,或后来成为社区领袖。记录蒙大拿州私刑组织编年史的英国人托马斯·迪姆斯戴尔对此持赞扬态度,此人后来当了州公共教育总监。新墨西哥州的两位州长在过去曾参与过私刑事件;过去的私刑参与显然并没有给他们带来什么耻辱,对他们后来的成功没有构成阻碍。[24]

在一定条件下,私力救济性的执法可以发挥作用。1846年,唐纳党(Donner party)被审判和定罪,并且一个名叫詹姆斯·里德(James Reed)的人被判处流放,此人在一次斗殴中杀死了约翰·斯奈德(John Snyder)。这些旅行者已从密苏里州出发,跋涉了几个月——实际上已置身于墨西哥境内——而且离任何法院、法官或任何州政府的分支都有几百英里之遥。[25]在19世纪,私力救济的思想也很强烈;而政府则无力伸出援手。威斯康星州1861年的一项法律授权成立"互助保护组织,防止家禽被偷盗"。这些社团有权选择"骑警",以便这些人可以"在逮捕和拘留罪犯时,行使警员的所有权力"。[26]1869年宾夕法尼亚州的一项类似法律成立了"克劳福德郡春谷警察公司"(Spring Valley Police Company of Crawford County),这是一家用以"追回被盗马和其他财产的公司"。其成员享有与费城警察相同的逮捕和拘留权。[27]反盗马贼的运动在美国独立革命战争后便"自发地"出现了。从19世纪50年代开始,这些社会团体就开始寻求并获得了立法授权。此事一直坚持到更好的公共警察和机动车辆的出现并将其取而代之为止。在它们的鼎盛时期有超过十万名成员。[28]

私人执法经常是一个吸引人的想法,直到今天依然如此,看看那些成千上万的保安人员就知道了。1865年宾夕法尼亚州的一项法令赋予铁路公司可以雇用自己的警察力量。1866年的一项法案将该法扩展到任何"煤矿、炉子或轧钢厂",从而产生了"煤矿和钢铁厂警察"(coal and iron police)。应"强大的利益集团"的要求,州在此授权成立了"真正的私人军队"(a veritable private army)。这些私人警察——他们也存在于其他州——是工会的致命敌人。对有组织的劳工而言,他们是"顽石"、罢工运动的破坏者和敌对势力。[29]这些公司提名了煤矿和钢铁厂警察力量的成员,然后由州长任命这些人。他们拥有与城市警察相同的权力。[30]直到20世纪30年代,宾夕法尼亚州才废除了这种私人警察力量。

犯罪的成文法

这些年来,刑事法律如同美元一样,明显地膨胀起来了。传统的犯罪——叛国、谋杀、入室盗窃、纵火和强奸——仍然存在;但是,新的犯罪在不断增加。罗斯科·庞德在罗得岛州1822年的刑法中统计出50种犯罪。到了1872年,这一数字已增加到128种。[31] 1881年,印第安纳州修订的法规在犯罪总标题下,包含了300多节。例如关于侵占财产这一节,并不是只有一节的内容,而是有很多节的规定:贪污政府公款,官员侵占财产(当"任何郡财政官员、郡审计官员、治安官、警官、法院书记员和收发员、镇管理人、治安法官、市长、任何城市或已注册的城镇的司法执行人员",或地方政府的任何其他官员和代理人未能在他们的经手过程中交回或申明其经管资金时所犯的罪行),雇员侵占财产,"律师和收债人侵占财产",铁路雇员侵占财产,"旅店和货物承运人侵占财产",受托保管人("仓储、转运或委托商人,承运人,保管人,代理人,拍卖人或其职员、受托人或雇员")侵占财产,农业租户侵占财产,(州或地方政府的)财务人员侵占财产,城市官员或信托人侵占财产(该法律第 1942—1952 节)。

罪行的清单很长,人们想知道为什么某些行为被单独挑出来进行单独惩治,例如,为什么需要有一个专门的章节来针对那些"恶意或有害地"损坏任何电线杆或电话杆的人(该法律第 1956 节)。有大量新出现的经济或监管性犯罪,种类相当复杂:在规定季节外射杀草原母鸡、出售含有加拿大蓟草种子的谷物种子、欺骗承销商、以虚假重量出售煤炭(该法律第 2107、2121、2138、2202 节)。任何人"在流入俄亥俄河的任何溪流中放置渔网,阻碍了鱼类的进出",属于犯罪行为,每天支付 5 美元至 20 美元的罚金(第 2118 节)。在印第安纳州以下行为属于犯罪行为:出售脱脂牛奶;堵塞一条河流并产生死水;出售"有病的、腐化的或有害的粮食"(第 2067、2069、2071 节)。

还有许多与公共道德有关的章节:赌博、欺诈、星期天卖酒、拉皮条、通奸以及公共猥亵。为了"卖淫目的""引诱"任何一个"以前贞洁的女性"属于犯罪行为(第 1993 节);从事淫秽文学活动也是犯罪行为。这些规定反映了对道德犯罪的新的、更高的兴趣,正如我们将看到的那样,这种兴趣是 19 世纪后期的特征。出售或宣传"任何据称是专供女性使用的秘密药物或骗人的疗法,或告诫妇女怀孕时不要使用的药物;或……任何用于预防受孕或促使流产的药物",亦属于犯罪行为(第 1998 节)。[32] 此外,该法律在关于犯罪的一节中提到了其他 90 多个其他法定条款,它们散落在订正规约的其他地方,这些条款规定对各种行为实行刑事制裁。这些都被附加到各种各样的法规之中,例如,关于恶意杀害或伤害一只"注册和标记的狗"的行为(第 2649

节);贩卖酒类给士兵之家(第 2834 节);违反了《牙科业者法》(Dentistry Act)(第 4254 节);出售未经"国家化学家的分析"标记的商业肥料……或……标记虚假或不准确(第 4897 节)以及违反《公共仓库法》(第 6549 节)。

其他州与印第安纳州的情况相似。犯罪名单稳步增加。很少有被废除的罪名;新的罪名则被不断地加入。1891 年,在印第安纳州,"故意佩戴共和国大陆军的徽章或纽扣"或其他退伍军人团体的徽章或纽扣者,属于一种轻罪(misdemeanor),除非根据该组织的规则和条例,"有权使用或佩戴同样的徽章或纽扣"。另一条法律要求公路管理者或"碎石路监督员"在公路上修剪沿路的树丛篱笆;否则视为违法,可以处以罚款。同一年中,公共机构的官员"将其所在机构的服装和其他物品购买、出售、交换或赠送给任何其他官员"的行为,构成重罪(felony)。铁路部门必须在铁路道口雇用旗工(flagmen);如果不遵守,则将处以罚款。[33]在 1891 年,大约有十几项不同的行为变成了犯罪,其他一些旧的犯罪法也被修改了。

在每个州,政府权力的每一次延伸,每一种新的管制形式,都带来了一批新的刑法。任何重要的法规,或许与铁路、银行和公司有关;或许与牛奶、奶酪、水果或煤炭的销售有关;或许与关于税收、选举和投票或颁发职业许可证有关。这些法规最后都包括对违法行为实行刑事制裁的若干项判决。毫无疑问,这些法律的犯罪部分根本没有得到执行。这些法规实际上是商业监管史的一部分,而不像是刑事司法史。

但是,这些监管性犯罪不应被完全取消。并不是说人们以一种道德上的愤怒来看待这些被禁止的商业行为。相反,这些法律是将执行法律某些方面责任的社会化的决定。这一过程早在内战之前就开始了(见本书第二部分第七章原文第 216—222 页)。刑法是一种低水平、低报酬的行政援助手段。1898年,纽约修订了刑法,凡是将物品作为"纯银"出售者,如果该物品成分不足92.5%的纯银,则构成一种轻罪。[34]在此,买方仍有一定的欺诈行为;但此处的刑事制裁属于额外添加事项。当然,刑事制裁不能取代持续、有效的官僚控制;相反,它们是朝着这一方向迈出的一小步。这些法规是19世纪各州管理史中晦涩而重要的一部分。[35]

无受害人的犯罪

正如我们所看到的,当时印第安纳州的法规包含了许多关于道德和丑恶行为的规定。关于这些法律是否执行和如何被执行的,通常并不太清楚。其中的有些法律几乎可能一直是僵尸条款。然而,在19世纪末,有关性、道德和所谓的无受害人犯罪(victimless crimes)的法律又有了很大的复苏。

正如我们所看到的,殖民法非常关注性行为,特别是未婚性行为。19世纪初像是一个死角,这是反邪恶战争中的一次平静时期。刑事司法的主要关切是财产犯罪,特别是盗窃行为。例如,通奸仍然是一种犯罪,但它的性质被微妙地重新定义了。在一些州,通奸只有在"公开和臭名昭著"的情况下,才是非法的。例如,加利福尼亚州就是如此。[36]当时,违法的不是罪本身——当然也不是秘而不宣之罪——而是违反公共道德的罪。这就是我们所称的维多利亚时代的妥协(Victorian compromise):对邪恶的某种容忍,或者至少是一种听天由命的接受,只要它仍然处于地下状态的话。[37]如果犯罪是未婚性行为,而不是通奸行为,那么如果这些违反者做了正确的事情并且结婚,刑法有时甚至愿意原谅他们。例如,在佛罗里达州,"合法郑重结婚"可能导致暂停起诉。1851年,一个名叫刘易斯·斯帕克曼(Lewis Sparkman)的人被释放,因为"法院发现他在接受庭审时,已经与被控告的女性结婚了"。[38]

卖淫的奇怪视角是维多利亚时期妥协的另一个例子。奇怪的是,卖淫本身并不总是被定为犯罪,尽管拥有或经营妓院几乎总是被定为犯罪行为。在许多城市,发生了所谓的妓院骚乱——这是私力救济的另一个例子——当体面的公民试图将法律掌握在自己手中并消灭这些罪恶的阴沟时。[39]然而,这些"社会邪恶"却是一个繁荣的行业;纽约当初的一位评论者声称,1866年这个城市有99个"幽会之家"(houses of assignation)和2690名妓女,还有数百个扮演"不良角色"的"酒店侍女",还有"令人厌恶"的女招待员。卫理公会的一位主教在库珀联盟(Cooper Union)的演讲中声称,城里的妓女和卫理公会教徒一样多。[40]警方通常不干预妓院,而是从中收取收益或"保护费"(protection fees)而已。早在1839年,潜在的顾客和外地的来客就有可能购买到印刷出版的纽约妓院指南。第一本指南虚伪地题为"揭露卖淫",自称是"道德改革目录,用以揭露最著名的妓女和女士们的生活、历史、住所和诱惑";此指南的作者给自己取了一个绝妙的别称:"屁眼虫"(A Butt Ender)。[41]在这方面,纽约并不是独一无二的。事实上,在美国大多数城市,卖淫被默许接受,至少卖淫在其特定地点继续存在的情况下如此。它的位置是所谓的红灯区。有些城市,例如新奥尔良,甚至曾经通过了一些法令,规定了这些地区的界线,非法的行为即便不合法,至少可以免于警方破坏性的袭击。[42]得克萨斯州圣安东尼奥市甚至试图向"下流妓院"(bawdy-houses)收取执照费,尽管该法令被法院废除。给非法生意发许可证是法官们难以接受的事情。[43]但"保护费"是支付给警察的,在许多城市,保护费起着一种执照许可费的作用。或者有的"执照"包括每月的罚款:这是19世纪90年代在艾奥瓦州苏城(Sioux City)的情况——老鸨、妓女、赌场经营者和酒馆老板每月都会支付这些"罚款",以换取当局不关闭妓院的承诺。[44]19世纪70年代,纽约讨论了44项管制卖淫,特别是控制性病传播的法案,但没有什么结果。圣路易斯市尝试了一种许可和监管制度,但这只是一个简短的实验。当时,骇然的抗议呼声传遍了全州,立法机构也终止了这项实验。[45]

没有人计划或打算进行我们所说的维多利亚时期的妥协。它就这样发生了。这是因为许多男人(和一些"女人")每时每刻都不能或不愿意过体面的资产阶级社会的生活。赌博、喝酒、冒险戏剧和各种形式的非婚性行为,存在着巨大的地下市场需求。然而,完全合法化是不可能的。因为遭到很多高尚的人们的反对。甚至很多下层民众也喜欢一种别问也别说的制度。正式放弃传统道德是不可想象的。19世纪的邪恶行为有点像今天在高速公路上超速行驶:"大多数人不时地违反规则,但即使是违者本人,也是处罚超速行为之法律的坚定信仰者。"因为没有这些法律,高速公路上就会变得混乱。

到了19世纪末,维多利亚时代的妥协开始瓦解。对无被害人犯罪的新的、强烈的关注发展起来了。在19世纪70年代,社会"抑制邪恶"的社团组织遍布各地、无处不在。后来被称为"监视和保障协会"的波士顿社团,是其中特别活跃的一个。[46]1873年,国会通过了所谓《科姆斯托克法》(Comstock Law)。该法律将邮寄任何"淫秽、淫荡或色情"书籍或"任何旨在防止受孕或堕胎的物品"定为犯罪行为。[47]这个法律的名字来自一个名叫安东尼·科姆斯托克(Anthony Comstock)的人,这是一个对色情书刊和邪恶行为展开无休止斗争的普通公民。许多州通过了自己版本的科姆斯托克法。[48]另外,赌博成为其他道德改革者的目标。大多数情况下,这些赌博战争都是地方性的斗争;在国家舞台上,人们对彩票的论战非常激烈。曾几何时,州政府自由地利用彩票为新的法院、内部改善等筹集资金。但道德领袖们却不断地抨击彩票制度。南北战争时期,合法彩票只存在于特拉华州和肯塔基州。但是,1868年路易斯安那州给予一家彩票公司全州垄断性特许经营权。肯塔基州的彩票在全国范围内取得了成功;中奖号码是由蒙着眼睛的孤儿们在修女的陪同下挑选的。但是这样做也还不足以保证其受人尊重。肯塔基州也在1890年取消了彩票[49]。19世纪90年代,肯塔基州国会也禁止跨州销售彩票,这是对彩票的决定性打击。[50]

1870年以后,道德净化运动引发了对更多对性行为加以控制的需求。成功的一个标志是彼此合意性行为的法定年龄的改变。合意性行为的法定年龄决定了是否发生了一种称为"法定强奸"(statutory rape)的罪行。在小于此法定年龄的情形下,所有性交行为都被视为法律上的强奸行为,不管女孩是否愿意。在普通法中,合意的年龄是10岁——我们认为这是荒谬的低年龄。另外,在19世纪末,各州开始提高这个合意年龄。例如,在加利福尼亚州,合意的年龄在1889年是14岁,在1897年是16岁;最终,这个年龄固定在18岁,这让我们觉得稍微偏高了一点儿。因此,对十几岁的男性来说,青少年性行为是一种严重的犯罪,至少在书面上的法律是这样规定的。即使这个男孩子自己也是16岁,而且性行为完全是自愿的,女孩子也会被正式列为受害者,而男孩子被视为犯下了严重的罪行。[51]这个做法成为全美国的一项发展趋势。1885年,没有一个州的合意年龄超过12岁——在绝大多数州,这一年龄仍然是10岁(特拉华州竟然为7岁)。到了1920年,有20个州规定为18岁,其余各州规定为16岁(佐治亚州规定为14岁是个例外)。[52]

然而,有一种恶习引发了公众的焦虑:这就是被诅咒的酗酒行径。酒类销售一直受到管制。每个州都有关于什么人喝酒、如何喝酒、什么时候喝酒以及经营酒馆和卖酒生意的法律。周期性节制饮酒的运动不时爆发。在1887年,6个州在法律上是禁酒的:艾奥瓦州、堪萨斯州、缅因州、新罕布什尔州、罗得岛州和佛蒙特州。[53]禁酒运动从未放弃与酗酒的罪恶作斗争。该运动经历了许多失败,取得了许多胜利,并最终在1920年赢得了一场惊人的胜利,即全国禁酒令。[54]约瑟夫·古斯菲尔德(Joseph Gusfield)认为,针对饮酒而发动的这场神圣运动是"象征性的神圣运动"。重点不在于人们是否喝酒,而在于制定禁酒的官方政策以及官方的道德标准。问题是:究竟谁的道德规范占主导地位?谁的规范应该被贴上正确而真实的标签?守旧的路线、中产阶级、新教美国的规范,或天主教徒、移民、工人阶级和城市居民的规范,所有这些人都在毫无羞耻地喝酒。[55]

约瑟夫·古斯菲尔德的这篇论文的很多地方是有吸引力的:它把这场斗争变成了一种宗教文化冲突式的斗争*;而此时的美国正处于一个社会迅速变化的时代,新移民正在改变美国的人口面貌。这也是一个城市化时期——对美国旧价值观的威胁不仅来自移民,而且来自富裕自由农民的子女,这些人搬到城市,但拒绝接受美国中产阶级哥特式的规范。道德净化运动的情形也和其他领域内有关法律的斗争相类似。例如,离婚问题当时就浮现在人们的脑海之中。

可以肯定的是,在许多斗争中,道德方面也有着明确的工具价值,例如,沉闷的旧星期日法律获得了新的活力,部分原因是工会希望它们得到执行;工会希望缩短每周劳工的工作时间,星期日法律是实现这一目标的有用工具。牧师和传教士是自愿的支持者;劳工和宗教形成了一个奇怪但可以理解的联盟。例如,在费城,理发师工会成立了一个星期日公休委员会。该委员会对不愿合作的理发师发起了一场运动;其中239人在自1898年12月起的两年时间内被捕。[56]在19世纪90年代的纽约市,西奥多·罗斯福担任警察委员会主席时,大力执行法律,让酒吧在星期日关门;面包师和理发师也要求强制执行该商业

---

* Kulturkampf,在德语中指的是1873—1887年罗马天主教和德国政府之间围绕教育和教职任命权进行的文化斗争。——译者注

领域的法律,尽管后来结果有些平庸。⁵⁷1897年,康涅狄格州通过了一项更严格的星期日法律;该法令增加了可能对违规者处以的罚款,并延长了禁令的实施时间:从星期六晚上12点到星期日晚上12点,所有的商店、仓库和工厂都必须关门。

即使是关于性和邪恶的法律也有很强的实践基础;相比19世纪初,人们对性病有了更多的了解。卖淫是一个公共健康问题,同时也是一个道德问题。但是,无视这些法律的象征性、意识形态因素也是错误的。如果说,关于星期日的法律,牧师们成了工会的工具,那么工会其实也是牧师们的工具。法律从来就不是纯粹的工具。例如,康涅狄格州星期日的法律也禁止在星期日进行体育活动,这几乎并不是一个经济问题。⁵⁸古斯菲尔德所看到的文化冲突似乎是真实存在的。也许还有更多其他的因素。多年来,刑事司法在某种程度上变得更加民主。权力的社会基础已经扩大。权力流向了一个庞大的、紧凑的、中产阶级的群体;到19世纪末,这个阶级拥有了道德和经济实力。那些上层社会的人们相信有一个社会、一个社区、一个普遍的道德准则——一个适用于每个人,甚至穷人乃至无产阶级的准则。精英阶层或贵族倾向于以一种无聊的宽容来回应下层社会的行为。但踌躇满志的中产阶级期待并要求得更多。

不过,有关道德的法律是一回事;强制执行这些法律则是另一回事。21世纪的读者想必知悉,反对邪恶的圣战从来没有成功过;所有的禁酒法令,都必须品尝失败和恶名的苦果。1873年,刚刚获得立法上的胜利的科姆斯托克,安排逮捕了乔治·布林克霍夫(George Brinckerhoff),因为他通过邮件出售了避孕药具(名为"女士橡胶制品")。乔治·布林克霍夫不承认有罪(尽管他显然有罪);令科姆斯托克厌恶的是,检察官后来撤销了指控。⁵⁹避孕药具后来继续被出售——而且或多或少地被公开出售。总的来说,被禁止的行为得以幸存,事后还常常兴盛起来。尽管如此,即使是"不可执行的"法律也并不是从来没有被正式执行过。当一个符号仅仅是一个符号而不是别的什么的时候,它就失去了力量。有证据表明,星期日禁止营业法律和禁酒法令在特定的时间和地点也有一定的意义。甚至在纽约、波士顿和费城,在19世纪中叶,偶尔也会有人因通奸而被逮捕和起诉。[60]弗朗西斯·劳伦特(Francis Laurent)收集了威斯康星州齐佩瓦郡下级法院的法庭流程数据。他发现,1855年到1894年间,有关性行为法律方面的起诉非常罕见,但从未降至零。其间有5起乱伦案件、9起通奸案件、4起婚前性行为案件、1起色情淫秽案件。在10年内15项卖淫指控被提起。有61人因违反控制酒类的法律而被起诉;其中50起发生在1871这一年内。[61]也许那些有关道德的法律是"抓到"某人的有用方法,或者是用来对付一些不寻常的惯犯或有些不幸的罪犯。人们可能会感到奇怪,在40年的时间里,唯一的那个人是如何被认定为淫荡好色之徒的?这个人到底都做了什么?他是怎么被抓到的?法律在偶尔打击赌博、酗酒或卖淫中会有影响力。而这些打击行动最有可能发生在一些丑闻发生之后,或者是在一个有着坚实政治基础的强大组织(如妇女基督教戒酒联盟)施加了压力之后。19世纪,因醉酒被捕的人数很多,而且在1860年到1900年间这个数字急剧上升,至少在马萨诸塞州的一个司法管辖区是如此,马萨诸塞州对此问题进行过详细的研究。[62]

犯罪、犯罪率、精神错乱、犯罪心理

每个社会都为自己定义何种行为属于犯罪行为。显然,从某种意义上说,社会选择了它想要的犯罪行为的多寡。如果它的法规宣布某些行为犯罪,那么这些行为者本身就是罪犯。1900年,书本上的刑法比1850年或1800年要多得多,因此狭义上的犯罪行为就更多。但那些担心犯罪率的人并不在考虑经济犯罪乃至道德犯罪,却是在考虑典型的暴力和社会破坏类犯罪行为,诸如谋杀、强奸、抢劫、入室盗窃、攻击伤害等典型犯罪。对付这些犯罪行为的法律比其他种类的犯罪刑法规范更为系统化,也更能利用公共资源。在19世纪内,这些罪行的定义或多或少保持不变,或者以至于保持不变到便于进行有意义的比较,如果有这类数字在手里的话。

在19世纪的现实世界中,有些事实是众所周知的。有证据表明,至少在1860年以后,严重犯罪的犯罪率在逐渐下降。[63]暴力、谋杀和攻击性伤害在19世纪末没有那么过分糟糕。直到20世纪,罗杰·莱恩(Roger Lane)针对马萨诸塞州进行的研究发现,1860年到1900年间,被判决入监狱服刑的人数明显减少,从每10万人中有333人减少到163人。虽然数据中有陷阱和误区,但其他地方的研究也倾向于证实莱恩的结论。[64]埃里克·蒙科宁(Erik Monkkonen)为纽约市提供的数据显示,19世纪50年代谋杀率上升至最高峰。然后是快速的下降。在19世纪的其他时间里,谋杀率都相对比较低。[65]打击犯罪的社会投资增加,对犯罪的担忧和不安也随之增加了。在一个相互依存的工业社会中,暴力犯罪,特别是在城市,是不能容忍的,至少是在它超过一定的最低限度的时候。城市是现代社会的心脏;社会由城市统治;经济依赖于城市生活。这个城市是人们经常面对陌生人的地方,他们的生命、财产和健康在这里面临着最大的危险。一个高度城市化和工业化的社会,由于极端的分工,必须投资于控制暴力犯罪。犯罪对企业不利,对社会秩序不利。城市在某种程度上随着文明的进步而被驯服;因此,暴力在19世纪明显减少。但是,对某些人来说,犯罪率下降的速度还不够快;公众对法律和秩序的需求,也许不仅仅只是与其他供给保持同步的节奏。[66]

暴力犯罪具有神秘性和戏剧性;这些犯罪为小说、诗歌和戏剧提供了素材;在公众的犯罪观念中,暴力犯罪极为引人关注。描述案件的小册子、审判记录、死刑犯的遗言,都是美国流行文化的一部分。有数以百计的亡命天涯之徒的文字作品:给了他妻子一个掺着砒霜的三明治的约翰·厄本斯坦(John Erpenstein)这样写道:"约翰·厄本斯坦的生命、审判、处决和垂死的供词,他被判毒死妻子,1852年3月30日在新泽西州纽瓦克被执行死刑。此文由他自己撰写并由德文翻译而成。"重大的哈佛谋杀案谜团——哈佛教授帕克曼谋杀另一名教授韦伯斯特的案件,在当时臭名昭著(也颇具商业意义);出版商争先恐后地印刷庭审记录文字和其他材料,以满足公众对热点案件的好奇渴望。1892年,福尔里弗市发生的悲剧——莉齐·博登的父母被谋杀一案,一直给美国文学带来灵感。[67]廉价报纸、大众发行量级的报纸也为此满足了公众的胃口。[68]

正是这种类型的犯罪,引发了原始的仇恨,可以塑造一群暴徒,导致一个人被私刑处死。这是一种经常由陪审团审判的犯罪,陪审团可以自由适用其"不成文法律",在这种法律中,司法正义在理论上是针对个别案件的。这些也是引发精神错乱辩护的案例。刑法假定犯罪意识(mens rea)——拥有一个有罪的主观意识。如果精神错乱了,或者心智消失了,就不会有刑事责任。这是正式的法律规则。可以肯定的是,陪审团基本上是按照自己的方式行事的;他们根据他们自己的道德准则和常识,而不是按照他们那个时代的科学来判断是否原谅那些精神错乱的人。但是,这些科学观念至少产生了边际和间接的影响。在19世纪,几乎是第一次,律师和医生就刑事责任的含义和精神错乱辩护的范围展开了一场盛大而持续的辩论。

法律对精神错乱的主要定义是所谓的姆纳顿(M'Naghten)规则,它以一个精神异常的英国人名字命名;该规则于1843年在姆纳顿的案例中首次被宣布。[69] 简单地说，如果被告"在缺乏理智下的所作所为"，他可以不负刑事责任。因为他不知道他所作的行为的性质，也不知道自己的所作所为是错误的。这种刑事责任能力标准是一种令人愉快的陈词滥调，但无论如何，它在美国得到了迅速的接受。在少数几个州，这种刑事责任能力标准是由另一个"不可抗拒的冲动"或"野兽冲动"（Wild Beast）准则来补充的。1868年，来自艾奥瓦州的首席大法官约翰·狄龙（John F. Dillon）说，如果一个人知道他的行为是错误的，但"是由一种无法控制的、不可抗拒的冲动驱使的，不是出于天生的热情，而是出于一种精神上的疯狂状态"，他就不应对此负责。[70] "不可抗拒的冲动"这一概念在现代人看来有点浪漫，在医学上可以说也是荒谬的；但野兽冲动准则允许对精神错乱的定义比单一刑事责任能力标准更为广泛；一些"最好的精神病学家当时也相信有不可抗拒的冲动这码事儿"。[71] 还有一个第三种规则只是在新罕布什尔州被采用。这是首席大法官查尔斯·多伊在1869年的"州诉派克案"（State v. Pike）中阐明的规则。这里根本就谈不上什么标准：每个问题都是犯罪行为是不是"精神疾病的结果或产物"。多伊认为，无论是妄想，还是对是非的认识，作为一个法律问题，都不应成为精神疾病的检验标准。相反，所有的症状和"所有精神疾病的测验标准"都是"纯粹的事实问题"，都在陪审团的权力范围内加以决定。[72]

关于这些"测验标准"的争论实际上是：关于法官向陪审团宣读或告诉陪审团的规定型指令的形式问题的争论。这些测验标准似乎改变了他们赋予陪审团的权力的程度，以及他们对精神病学的"科学"的尊重程度，毕竟这种科学在当时还处于起步阶段。陪审团是否听从、或关心、或理解措辞上的细微差异，则是另一个问题。在一些重要的案例中，这些标准就像一个黑暗而血腥的战场，在精神病学的各个流派之间展开斗争。最引人注目的是吉托（Charles Guiteau）的怪异审判，他在1881年谋杀了詹姆斯·加菲尔德(James Garfield)总统。至少可以说,在审判前后和审判期间,吉托的行为都很奇怪;但无论用何种措辞,都不可能说服陪审团不把谋杀总统的人送上绞刑架。[73]

这些辩论在某种程度上反映出刑法系统专业人员在道德敏感性方面有所提高的迹象。至少他们暗示精神上不健全的人不会被关进监狱或被处死。但当时,精神病学几乎不算是真正的科学。它的一些时髦概念似乎威胁着刑法的基础。其中一个概念是"道德精神错乱"——它并没有影响被告的理性,而是影响了被告的情感和道德生活。如果这一概念符合其终极逻辑,可能已经摧毁了流行的刑事责任观念所依据的基础。[74]当时和现在一样,人们发现很难接受那些教义——似乎可以为那些恶劣、可恨或十恶不赦的行为提供一个借口的教义。

另外,陪审团倾向于宽容那些罪行看似情有可原的人——即使法律条文在规定上似乎没有例外的规定。在一些臭名昭著的案件中,陪审团适用"不成文法"为杀害妻子情人的男子开脱。他们有时会用"一时的精神错乱"(temporary insanity)来掩盖这一点。其中最早也是最具戏剧性的事件之一,是1859年对国会议员丹尼尔·西克尔斯(Daniel Sickles)的谋杀案件的审判。西克尔斯有一个年轻的妻子,她有个情人,此人名叫菲利普·巴顿·基(Philip Barton Key)——其父亲是美国国歌《星条旗永不落》(Star-Spangled Banner)的词作者。西克尔斯在华盛顿的大街上开枪打死了基。然而陪审团却近乎不适当地仓促宣告西克尔斯无罪。[75]

我们之前已经讨论过在违反监管规范中适用刑法的问题。这些犯罪并不像普通刑法案件那样引人注目。对于一般罪行,控方必须显示出非法行为的具体主观犯罪动机。必须有"仇恨、报复或残忍的明确动机,以及造成伤害的意图"。但是,犯罪意图的这一要求,对于一些管制性规范方面的犯罪行为并不合适。必须控制的是行为本身;行为人的心理状态与此不大相关或完全无关。举个例子,一个公司是否可以犯罪?一家公司是否会有犯罪的"意图"?有一段时间,一家公司根本无法被起诉;直到19世纪50年代,零星的案件还认为,公司只对不需要犯罪"意图"的作为或不作为负有刑事责任。[76]公司当然没有办法去实施强奸罪或叛国罪;但公司(和其他企业)可以根据经济犯罪或监管性质的犯罪行为的法律来进行审判和定罪——妨害他人、收取过多利息、破坏安息日停业规定,或者像在一个案件中所叙述的"允许在其游乐场上从事赌博活动"[77]。

对于普通罪行,(至少在理论上)有无罪推定(presumption of innocence)的规则。政府必须证明被告有罪,而且必须排除合理的怀疑(beyond a reasonable doubt)。但对于某些罪行,无罪推定或有罪推定(presumption of regularity)受到成文法的规定的困扰。其目的是强化刑法的规制之刃。在纽约州刑法典中,除非"经调查后,发现其事务似乎得到公正、合法、谨慎和勤勉的管理",否则"一家有钱公司的宣布破产",将会被"视为欺诈"(该法典第604条)。在印第安纳州,根据1891年的一项法律,当一家银行在接受存款后30天内破产或停业时,就可以推定其在表面上"意图欺骗"存款人。[78]在管制酒类的法律中,也有一些并非无稽之谈的强硬措施。实施禁酒令的州禁止出售烈性酒,但事实上很难抓住那些违反者。因此,在新罕布什尔州,以下事实可以作为推定被告违反禁酒令的证据:如果被告"在其营业地点的橱窗或货架上","暴露"任何带有酒类标签的瓶子,或其商店里有"标志、标语牌或其他广告",或者他持有证明他已作为经销商或批发商支付联邦税的收据,则这是违反酒法的"表面证据";或者如果一个人将酒类"送往任何店铺、商店、仓库、汽船中……或任何简陋房屋、帐篷或住宅,而且这些地方如果有任何部分被用作公共饮食场所、杂货店或其他普通公共处所的话"。在艾奥瓦州,除了在私人住宅里,酒类的持有也会导致有罪的推定。[79]这些法律是试图对付在实践中很难证明的罪行。出于这个原因,国家可以并且确实禁止民众拥有实施盗窃的工具,或者万能钥匙(skeleton keys),或者在现代法律之下的"吸毒用具"(drug paraphernalia)。

惩罚和矫正

一场使惩罚人性化并不那么野蛮的运动,出现在警棍横行和民间私刑泛滥的时代,似乎颇具讽刺的意味。但社会行为很少是均匀或一致的。警察、监狱看守和种族主义暴民可以对痛苦和折磨冷酷无情、漠不关心;而另一批法学家、刑事专家和受人尊敬的公民,则在罪犯进入监狱前后的时刻,正致力于对罪犯的善待。

19世纪下半叶,官方使用死刑的情况有所减少。威斯康星州就没有任何死刑。除叛国罪外,密歇根州于1882年废除了死刑;缅因州在1887年完全废除了死刑,实际上,罗得岛州也没有死刑。[80]体罚(如鞭打)在几个州幸存下来——以特拉华州为例,它像是一种可憎的遗物。在其他地方,甚至在南方,体罚的合法性也慢慢地被削弱了。虽然在南卡罗来纳州直到内战前鞭打仍然是合法的,但是"反对的阴云"使得公开鞭打白人成为一件罕见的事情(而黑人奴隶则经常被鞭打)。[81]到了1900年,除罪犯外,鞭打至少作为一种合法的惩罚在南方几乎绝迹;事实上,囚犯,特别是被铁链串起来的囚犯们,通常遭到虐待和鞭打。

1888年,当所谓的"电椅"出现在纽约并取代刽子手的绞索时,死刑本身就有所更新了。在某种程度上,这是19世纪早期不认同公开处决的一个反应进程的终点。持体面的观点的人们不再认为在公共广场上吊死一个罪犯具有道德振奋和纯粹教育的意味;在19世纪喧嚣的城市里,由于害怕"暴民"不断膨胀,这些做法被谴责为残忍、过时以及仅仅是迎合下层人民的野蛮作为。行刑处决被转移到监狱院子里,并用围墙与公众隔绝。但这些围墙还不够多。每个郡都有自己的因犯;有时,成群的游客爬上树和高楼大厦,在当地监狱的院子里观看行刑过程。电椅使真正的隐私成为可能。例如,1891年,加利福尼亚州禁止各郡自行处决罪犯;所有处决都是在圣昆廷(San Quentin)监狱的阴暗围墙内进行的,在场的只能有监狱长、一名医生、州司法部长、12名"可敬的公民"、罪犯的几个亲戚朋友、治安官——没有其他人。[82] 许多州是在夜间执行死刑的。明尼苏达州1889年的一项法律不仅坚持夜间处决;它也禁止记者到场;报纸只允许刊登处决的事实,但没有任何细节。[83]在这件事情上,新闻自由的边界就到此为止。

死刑是一种罕见而可怕的惩罚。大多数被定罪的罪犯要么支付罚款,要么进监狱。大体上说,罚金适用于轻微犯罪和经济犯罪。在治安法院和市政法院,许许多多的男女为醉酒、扰乱秩序或违反某些市政条例的规章制度支付了罚金。如果他们付不起罚金的话,他们就以在当地监狱里服刑几天、几个星期或几个月的时间来冲抵罚金。对于更严重的罪行——过失杀人、用致命武器攻击他人、盗窃、强奸——最基本的惩罚就是判刑入狱。监狱系统一直都是如此存在着。对特定罪行的量刑判决,比如,入室盗窃,则因州而异;也许也因法官而异;但基本思想是相同的——将罪犯监禁在监狱阴暗的围墙内。

新的刑罚学[84]

单独监禁、强迫苦役、严格的纪律和完全的寂静无声:这些都是刑罚理论的核心,因为它是在19世纪上半叶发展起来的。所有这些一起施加于罪犯,应该对罪犯的精神和性格产生巨大的影响。然而,结果却明显地令人感到失望。无论如何,各州都很难遵守刑罚学专家们规定的严格配方。早在19世纪40年代,马萨诸塞州就放弃了"禁言制"(silent system)[85]。监狱建造和维护费用相当高昂;各州从未提供足够的牢房;一旦有一名以上的囚犯被关进牢房的时候,禁言制就注定要灭亡。原来的计划正在失去控制。因此,一个新的理论方案迫在眉睫。

旧的刑罚对待所有的囚犯都是一样的。新理论则试图为个案量身定做某种惩罚和矫正。其目的是使刑事司法也许更为人道化,但当然也更精确和有效。有些男女已经是无可救药的了,这些人已经病入膏肓。其他人还可能被挽救。新的技术和制度试图区分这两个关键的类别。

新刑罚的一个关键设计方案是缓刑制度。1841年,一位名叫约翰·奥古斯塔斯(John Augustus)的鞋匠开始在波士顿刑事法庭上频繁出庭。在1841年8月,他的内心被一个"衣衫褴褛,看起来可怜"的醉鬼所感动。奥古斯塔斯认为,这个人"还有希望悔过自新、重新做人"。此人也发誓说,如果他能"被从矫正院里救出来",他以后就会滴酒不沾。奥古斯塔斯站了出来,保释了那个人,三个星期后把他带回法庭,此人已经成为一个清醒的忌酒者。法官总是会被这类悔改所感动,而后免除了对此人的监禁。从这一点开始,奥古斯塔斯开始充当一个私人天使和被判有罪的人的监护人。他保释了将近2000名犯人,直到1859年他去世。还有一些波士顿人帮助他或资助他资金,其中一些人在他死后继续他生前的工作。1878年,马萨诸塞州的一项法规规定为波士顿刑事法院任命一名带薪缓刑官——1891年的另一项法律批准了全州范围的制度。1897年至1900年间,密苏里州、佛蒙特州、罗得岛州和新泽西州也颁布了缓刑法;伊利诺伊州和明尼苏达州也规定了青少年缓刑制度。缓刑只在20世纪才出现,但种子在1900年就已经播下了。[86]

缓刑是监狱服刑的替代办法。关键的概念是仔细筛选事实,审查被判有罪的男女的生活,并决定他是否具备足够的人性素质,值不值得再获得一次悔改的机会。简而言之,它的重点是罪犯,而不是单纯的犯罪。惩罚的是罪犯,而不仅仅是犯罪行为。同样的精神支撑着其他一些改革:缓刑、不确定刑期和假释。这些也起到了更专业化的作用,取代了较传统的州长赦免式的恩典方法(当然,赦免的方式并没有消失)。如果法官认为审判流产了,他就有权暂缓判刑。但是,法官在经过严格公正的审判后,是否可以仅仅为了给被告第二次机会而暂缓判刑呢? 1894年,这个问题在纽约州的一个案件中被提起诉讼。[87]被告约翰·阿特里奇(John Attridge)是一个"商业公司的职员",他自己就拿了雇主的钱。他在审判中认了罪。阿特里奇年轻而受人喜爱,他还有许多"可以获得缓刑的条件"。门罗郡的"可敬的公民"向法院请求判处他缓刑。三分之二的法官同意判处缓刑;纽约州最高法院确认了他们的判决。此法院称,缓刑的权力是刑事法院"固有"的权力。[88]

不确定的判决和假释是更重要、更制度化的改革。美国监狱协会(American Prison Association)是在南北战争后成立的;所谓的《辛辛那提宣言》("Cincinnati Declaration")是在这个组织的第一次会议上产生的,它呼吁进行量刑改革。在19世纪70年代,最早的实际应用出现在纽约州的埃尔迈拉管教所。根据法律,埃尔迈拉管教所在纽约州或其他地方只接收年龄在16岁至30岁之间的"以前未被判入州一级监狱"的年轻罪犯。[89]在埃尔迈拉管教所的囚犯被判处不确定的刑期,即可改变(和不可预测)的刑期。在埃尔迈拉管教所,囚犯应该学习生活技能;监狱还提供了宗教和道德提升的课程方案。囚犯们被分成几个"阶层";那些表现良好并显示有所进步的人可以进入更高的阶级;表现糟糕的囚犯则被转移到更低的阶层。最好的囚犯,即最高级别的囚犯有资格获得假释。有几个州复制了这一想法;1901年,纽约州规定对初犯实行这个制度。与此同时,一些州试验了假释制度;例如,1893年,加利福尼亚州开始实施了假释制度。[90]

不确定的量刑基于一个简单的理论之上。法官没有能力,也不可能有足够的智慧来判断一个囚犯何时、是否被"矫正",或者他是否可以被矫正。另外,监狱官员每天都把囚犯放在他们的视线之内。只要罪犯"不适合获得自由",他就应该被监禁。在不确定的量刑制度中,罪犯是"自己命运的裁决者",他把"监狱的钥匙放在自己的口袋里"。他的背景和性格,以及他在监狱里的表现,将决定他的命运。1899年通过的伊利诺伊州成文法律指示监狱长注意囚犯们的"早期社会影响",这些影响与囚犯们"本质上的和后天的缺陷和倾向"等有关。假释和不确定刑期都是走向刑事司法专业化的进一步行动。它们把权力从业余人员转移到刑事司法领域的全职工作人员手中。[91]

埃尔迈拉管教所试验绝不是毫无保留地成功的。最初,这是一座戒备森严的监狱,四周围着高墙。尽管有改建和良好的意愿,埃尔迈拉管教所基本上是"建立在对罪犯的拘留和安全戒备上,而不是矫正罪犯的基础上"。十年之内,"它就成了另一个监狱"。其他基于埃尔迈拉管教所计划的制度往往也有同样的缺陷。它们遭到忽视和"立法方面的不足";等级制度理论只赢得"敷衍的服从"。资金是一个关键性的问题。监狱本来应该通过监狱行业来支付自己的费用,但这很难与监狱改革和矫正罪犯的目标相协调。普通民众对监狱实验没有多大热情,他们将监狱的功能抱怨为"乡村俱乐部""军事院校"或"私立学校"。[92]对此,我们在本书后面的内容中谈及。

人们认为,埃尔迈拉管教所的想法特别适合年轻罪犯。许多人认为像对待成年人一样对待青少年,把他们关在同一所罪恶的学校里,这是件令人震惊的事情。立法机关也同意这一观点。早在 1825 年，纽约州就为青少年设立了"庇护所"。有几个州尝试了针对不良少年们修改缓刑形式。1884 年的一项纽约州法律规定，当 16 岁以下的人被判有罪时，法官可酌情将他交给适当的人或机构，而不是将男孩或女孩送进监狱。马萨诸塞州的法律以及后来在罗得岛州的法律（1898 年）授权对儿童案件进行单独审判。印第安纳州在 1889 年开始的一系列法规中为人口稠密的城镇设立了儿童监护委员会。该委员会有权向巡回法院提出申请，要求对 15 岁以下的儿童进行监护和控制。监护权可以持续到孩子成年。委员会有权在"可能有理由相信"以下事实出现时，可以采取行动：如果儿童在家中被"遗弃、忽视或残酷对待"，或被送上街头乞讨，或逃学，或"无所事事、身陷流氓团伙"；如果孩子的父母"经常酗酒和亵渎，或低贱而粗俗放荡"；或如果孩子"从其语言和生活习惯上可知属于恶劣或不可救药的类型"。[93]

尽管这些行动迟缓，但在 19 世纪，孩子们可能会被逮捕、拘留、审判，并被送进监狱或管教所。1870 年，马萨诸塞州监狱里有 2029 名未成年人，其中 231 名不满 15 岁。[94] 第一个真正的少年法庭于 1899 年在伊利诺伊州库克郡（芝加哥）成立。根据法规的规定，库克郡巡回法院法官将指定一名法官审理所有少年案件。他将坐在一个单独的法庭上，并保存着单独的记录；他的法庭将被称为"少年法庭"（juvenile court）[95]。法院对"受抚养和被忽视"的子女以及犯罪人有管辖权——例如，因"忽视、残忍对待或堕落"而"不合格"家庭的儿童，或"生活在任何声名狼藉的家庭环境里"的儿童。这个理论是为了拯救那些需要拯救的孩子，不管他们是否犯过法。这样做的原始冲动是出于人道主义的意愿。但是，通过这一发展，这项法律也将其权力扩大到年轻人身上，他们大多是底层社会的儿童，他们已经超出了以前法律的范围，而且没有犯下任何实际的罪行。

然而,少年法庭的想法有着巨大的吸引力;从伊利诺伊州库克郡开始,它的传播速度如此之快,如此之远,以至于在20多年内,几乎每个州都有某种版本的少年法庭。少年法庭是新的职业精神的一个例子:没有陪审团,但(最终)有一群社会工作者和其他专家。权利和规则的全部包袱都被消除了;重点放在了罪犯——孩子个人身上,而不是犯罪方面。(事实上,有些人根本没有犯过罪。)少年司法对未成年人来说,就像缓刑对成年人一样,只是更进了一步而已。

少年法庭是19世纪"儿童拯救者们"酝酿的一项改革。它的家长式作风、中产阶级偏见和正当程序的缺乏,使得它在一个世纪左右的时间里,似乎比它那个时代的善良人民所认为的进步要慢得多。[96]从一开始就存在着真正的虐待行为;随着时间的推移,虐待行为也越来越多。双重标准已全面实施;因为性经验活跃的数百名少女被判定为"罪犯"。但是压迫者并不仅仅是警察,或者上层阶级的改革家,或者那些好心人,压迫者们中也有下层社会孩子们的父母。至少,这是加利福尼亚州早期记录(1903—1910年)中的证据。在一个又一个的案例中,母亲和父亲——通常是移民的父亲——放弃了他们任性或不可救药的孩子,把这些孩子交给了国家。这些父母想要的是传统、中产阶级的道德、顺从和古老的乡村生活方式。但是美国却给他们提供了一个巨大的代沟。少年司法使他们有机会获得国家权力以遏制不守规矩的儿童,或在必要时,让孩子们远离父母。[97]

监禁之罪

这一时期有着丰富的制度性实验。当时有了新的理论,也有了新的应用。但是,像埃尔迈拉这样的地标性地方,并不是日常世界里矫正罪犯的典型。埃尔迈拉虽然失败了,但至少代表了很高的理想抱负。无论是州还是地方,普通的监狱都急需资金,那里肮脏下流,有时甚至十分堕落。许多监狱工作都是由拉票捧场的人来完成的,这些人被指定偿还政治上的负债。委员会以令人沮丧的经常性报道披露了有关各个监狱里的坏消息———一片黑暗的抱怨声。在各地的监狱里,囚犯们被鞭打、挨饿、拷打,尽管并非所有监狱时时刻刻都是如此。总的来说,地方监狱可能比大型州立监狱更糟糕。[98]新泽西州郡监狱在1867年被描述为处于一种耻辱的状态(disgrace)。年轻的和年老的男人和女人被堆在一起,监狱里充满了"肮脏、害虫、浑浊的空气和暗无天日的氛围"。而在州立监狱,由于监狱观念的扭曲,囚犯生活在一个7英尺宽12英尺长的牢房里——和1至4个狱友住在一起;或者单独住在一个只有4英尺宽和7英尺长的新牢房里。在这种情况下,他"在一个小浴室大小的房间里生活和吃东西,厕所里有一个散发着恶臭的水桶,还有一个比浴缸还窄的小床"。"偶尔可以洗个澡",院子里有一个澡堂,它在恶劣的天气时不开门。[99]伊利诺伊州库克郡的监狱在1869年接受检查,发现也是一样的"肮脏并充满了鼠虱害虫"。郡监狱成了"道德瘟疫站",他们把"小罪犯"变成了"大罪犯"。[100]

在许多方面,监狱变得比监狱系统在最初创设阶段要宽松得多;19世纪70年代,在星星监狱(Sing Sing),调查人员发现了难以置信的腐败现象:狱警向囚犯出售违禁品;囚犯被允许懒散地闲逛,或玩游戏;监狱院子"有一种村落的氛围"。然而,在一些监狱里也有令人难以置信的暴行:囚犯被鞭打和殴打;或者他们被滑轮、铁帽或"笼子"折磨着,或者被鞭子、划桨毒打,或者(在堪萨斯监狱里)被用一种残忍的水刑折磨。[101]在星星监狱,1882年的一项调查发现了令人遗憾的状况:监狱里的臭味来自装满排泄物的夜间浴缸;男人们在装满水的浴盆里清洗自己——在几个人使用浴盆后,水比那些试图清洗自己的人更脏。夏天,成群的臭虫通过通风口,侵扰每一个牢房;疾病和性虐待在里面司空见惯。[102]

这些故事都如出一辙:对残暴和腐败的指控,接下来就是调查和提出建议。但不知何故,改革从未站稳脚跟,或在实践中被扭曲。事实上,罪犯就像穷人一样,处于美国社会的最底层;他们无能为力,其期待和需求在美国不存在什么优先的位置。如果罪犯是黑人,他们就是双重贱民。中产阶级公众对犯罪充满恐惧和憎恶。人们想要罪犯受到惩罚,而且受到严惩;更甚的是,他们希望坏人远离视线,远离可以四处走动的领域。立法机关所做的、已经完成的和未完成的事情的证据表明,对整个社会来说,监禁的主要目的是集中、隔离和监控"犯罪阶层",而矫正他们的犯罪习惯则是一个较小的目标。此外,人们倾向于怀疑改造罪犯的可能性。罪犯是天生的吗?犯罪人类学家和其他人探讨了这样一种想法:一个男人或一个女人犯罪是否与生俱来?换言之,罪犯是一种明确特定的身心类型。在1895年,弗雷德里克·霍华德·瓦恩斯(Frederick Howard Wines)写道:"在智力和道德上,罪犯大多十分虚弱。"

这表现在"注意力不集中,缺乏想象力或表象的力量,记忆有缺陷,缺乏远见,以及对心智能力的普遍厌恶"。有一部丰富的文献——主要人物是意大利刑罚学家切萨雷·龙勃罗梭(Cesare Lombroso)——坚持认为罪犯有犯罪人格的身体特征;弗雷德里克·瓦恩斯写道:"罪犯的耳朵十分引人注目;脸上有皱纹;男性囚犯经常留着稀疏的胡须;长着许多毛发的女性在监狱里容易被发现;红头发的男人和女人似乎不喜欢犯罪。犯人有长长的手臂,鸡胸和弯曲的肩膀。"人们普遍认为,罪犯并不害羞脸红。[103]理查德·达格代尔(Richard Dugdale)在他关于"胡克家族"(Juke family)一家的著名著作中,追溯了一群不合时宜的人、罪犯和妓女,这些人都是一个私生子的后代;世界上的"胡克们"(Jukes),"像老鼠在它们的小巷里繁衍后代",威胁要"压倒教养良好的阶级"。[104]

一般人不知道这些"事实",但毫无疑问人们会依据自己的常识来作出判断。他们可能经常觉得罪犯其实就是与众不同的另一类人。为了公众安全,这些人应该被赶出社会。在19世纪末,优生学的问题也引起了广泛的争论。对道德纯洁的关注与对血液纯洁的关注在携手并进。对"天生的罪犯"的态度肯定加强了惩戒矫正的核心倾向,即把坏人隔离开来并使他们离开街头。监狱墙里面发生的事情并不太重要,只要这些墙别让罪犯们跑出来就行了。如果大多数罪犯从出生之日起就是朽木不可雕,那就没有必要给他们自由了。最好就让他们在监狱的围墙后面待着吧![105]

公众的态度无疑使情况更为糟糕。立法机关倾向于不给监狱足够的资金。监狱里挤满了囚犯,远远超出了最初的设计容量。[106]监狱生活的苦难可能导致一些人改过自新,但这却使另一些人感到痛苦,使他们恢复正常生活的所有希望都破灭了。最后,监狱的痛苦很可能导致更多的犯罪,或者至少导致更多的社会动乱。

人们在以下这一点上具有普遍的共识:囚犯应该做有用的工作。改革者们希望囚犯改善自己,他们当然是这么认为的;但吝啬的官员们也是这样认为的,他们想要削减成本,提高监狱自身的收入。罪犯们辛苦地生产各种各样的产品,包括刷子、扫帚、椅子、靴子和其他鞋子。曾几何时,纽约州试图把星星监狱改造成一家丝绸工厂;虽然没有成功,但对利润的追求仍在继续。星星监狱与来自奥尔巴尼的商人约翰·佩里(John S. Perry)签订了一份合同,佩里几乎把整个监狱用来制造炉灶。[107]有工会组织的劳工是囚犯劳工的致命之敌。工会把监狱视为巨大的反罢工工作场所。在这种情况下,工会使得一些雇主站在它们一边,因为那些比囚犯支付更高工资的人制造的商品与监狱制造的商品在相互竞争。劳工与管理层联合起来打击囚犯工业。威胁是现实存在的。19世纪70年代末,在西弗吉尼亚,芒兹维尔监狱每月生产280000支雪茄,价格是其他雪茄的一半,这当然激起了雪茄生产商及其工会的巨大愤怒。[108]

工会和它们的盟友确实取得了一定的成功。纽约州的压力迫使立法机关终止了与约翰·佩里的合同。1886年,《伊利诺伊州宪法》修改并规定"通过契约方式使任何囚犯提供劳务是非法的"。密歇根州规定:"今后不得向州监狱中的罪犯传授机械技能……但是制造那些主要从其他国家进口的家庭重要消费物品除外。"一些州规定,罪犯制造的货物必须有特别的标记。1883年通过的一项宾夕法尼亚州法规要求这些货物以"普通英文字母"披露它们是"罪犯制造的",而且必须通过"铸造、烧制、压印或其他类似的工艺加以标识,这样标识品牌才不可能被污损"。在各种情况下,这个标识都必须"放在这件物品上或包装盒上最显眼的地方"[109]。由于政治原因,一些州试图将监狱劳工转移到没有冒犯主要利益集团的渠道中。在明尼苏达州,从1892年开始,法令规定州监狱必须获得设备和机器"用于制造被称为硬纤维麻绳的麻绳"。"监狱制作的捆绑绳将出售给农民",并为它们自己的用户提供必要的数量。以这种方式,监狱权力将帮助农民与国家缆绳公司(National Cordage Company)斗争,农民们觉得这家公司是一个邪恶和专横的托拉斯。[110]

南方的监狱尤其丢脸,反对监狱劳工的运动在那里进展不大。在南方,罪犯仍然以契约的方式被雇佣使用。佛罗里达州法规特别授权农业专员(经州机构委员会批准)"以囚徒的劳力、付出和监护为标的来订立契约"。星期日或"任何一天日出前或日落后都不得劳动"。合同可以规定"将囚犯的控制和拘留移交给取得其劳务的合同一方当事人"[111]。在佐治亚州,根据1895年的法典,一个犯有轻罪的人可能被判处"用锁链串起来和其他囚犯一起工作"的刑罚。[112]这些声名狼藉的囚犯会被安排去为郡和市镇工作,经常从事公共道路的施工工作。法律授权"任何郡或市级公司的主管部门,可以为这些锁链串起来的囚犯指定一名有权鞭打他们的工头";"在有合理必要执行纪律或强迫罪犯工作或劳动的情况下",该工头可以使用他的鞭子。[113]

美国北方的制度不理想,但南方的情况更糟糕。[114]大部分犯人在南方被出租出去,而且几乎所有用锁链串起来的囚徒都是黑人;事实上,正如爱德华·艾尔斯(Edward L. Ayers)所说的那样,租赁囚徒制度仅仅是"新南方强制劳动的一部分",是从"垄断公司"开始的连续体,通过佃农制度和劳务抵债制度,一直到"完全征服囚犯的劳务"。[115]在南北战争之前,几乎所有的南方囚犯都是白人,而黑人奴隶则受到了其他方式的惩罚。内战后,情况发生了逆转:现在,几乎所有的囚犯都是黑人。[116]一般来说,南方的白人会嘲笑把监狱作为改革和塑造品格场所的想法。在许多方面,在19世纪上半叶,南方的监狱制度只不过是一群黑人奴隶劳动的集中营而已。

把罪犯租出去可以给州政府带来收入。在一些地方,大承租人可以把囚犯或多或少地转租给小承租人。南方的监狱是"在建筑营地和铁路建筑之后的巨大的滚动笼子,或是在森林或沼泽或矿田中仓促建造的拘留营地,或是木头房屋中没有窗户的格子屋"[117]。这个制度获利颇丰。19世纪80年代末,阿拉巴马州和田纳西州通过他们的囚犯租赁系统,年收入超过10万美元;佐治亚州、密西西比州、阿肯色州、北卡罗来纳州和肯塔基州也有可观的利润。对罪犯本身来说,情况就大不相同了。仅仅是统计证据表明,这是一种几乎令人难以置信的野蛮行为。囚犯们在被出租出去时绝大多数是年轻的、健康的男人;然而,在1888年,当弗吉尼亚监狱的死亡率是1.5%的时候,在里士满和阿勒格尼铁路的承包商营地,死亡率竟然是惊人的11%。[118]但与其他南部州相比,这一情况确实算是温和的。1870年,阿拉巴马州180名罪犯中有41%的人在一年内死亡;前两年,死亡率分别为18%和17%;19世纪80年代密西西比州的罪犯死亡率是北方各州监狱的9倍。[119]阿拉巴马州的囚犯后来在煤矿工作,那里的条件甚至更不人道。一个囚犯说:每一天"我们都在眼睁睁地注视着死亡,但不敢说话"。一个逃跑的黑人囚犯被赤身裸体地痛殴,直到被活活打死。在一个私人经营的监狱里,150名黑人囚犯住在一个没有窗户的小木屋里;他们睡在铺满稻草的铺位上,床上用品"肮脏得令人厌恶";所有的犯人,不管是黑人还是白人,都戴着镣铐。[120]

南方囚犯租赁制度充满了种族主义歧视和残暴,在某种程度上只是这个国家监狱制度的一种夸张形式。尽管有改革者,但监狱制度在本质上是冷酷无情的。最重要的是,人们预计,要么赚取利润,要么至少摆脱税负。尽管有无数的改革计划、无数的丑闻和曝光,但囚犯租赁制度依然存在。唯一似乎有点好处的抗议活动来自有组织的劳工组织。1883年,田纳西州的煤炭、钢铁和铁路公司雇佣了田纳西监狱的1300名犯人。他们将罪犯部分地用作迫使自由工人同意严格雇佣条件的杠杆。1891年,自由矿工在田纳西煤矿公司放走了犯人,烧毁了栅栏。第二年,安德森郡的矿工在罪犯劳动问题上与民兵部队展开了作战。在田纳西州,经过这段时间的充满激情和鲜血的游说之后,囚犯租赁制度终于被废除了。[121]在19世纪90年代,其他南方州放弃或修改了囚犯租赁制度。新的计划是使用集中的州立监狱农场;到1898年,尽管9个州仍然使用囚犯租赁制度,监狱农场系统还是取得了巨大的进展。然而,用铁链将囚犯串起来的方式还是被保存了下来,暴行和虐待也一如既往。[122]

注 释

[1] The story of Howe and Hummel has been entertainingly recounted by Richard Rov-

ere, in *The Magnificent Shysters* (1947).

² Rovere, *op. cit.*, p. 34.

³ N.Y. Penal Code 1881, secs. 2, 675.

⁴ For the Wisconsin figures: Edward L. Kimball, "Criminal Cases in a State Appellate Court: Wisconsin, 1839-1959," 9 Am. J. Legal Hist. 95, 99-100 (1965). For Alameda County: Lawrence M. Friedman and Robert V. Percival, *The Roots of Justice: Crime and Punishment in Alameda County, California, 1870-1910* (1981), p. 262. After 1880, about 5 percent of the felony convictions were appealed, and roughly one out of seven cases in which there was a jury verdict of guilty.

⁵ Webster was convicted and executed, after a long trial conducted by Lemuel Shaw, Chief Justice of Massachusetts.

⁶ See Cars Robertson, "Representing 'Miss Lizzie': Cultural Conviction in the Trial of Lizzie Borden," 8 Yale J. of Law and the Humanities 351 (1996).

⁷ Lawrence M. Friedman and Robert V. Percival, *The Roots of Justice* (1981), p. 259-60.

⁸ See, for example, Theodore Ferdinand, *Boston's Lower Criminal Courts, 1814-1850* (1992), pp. 89-97; George Fisher, *Plea Bargaining's Triumph: A History of Plea Bargaining in America* (2003).

⁹ Edward L. Ayers, *Vengeance and Justice: Crime and Punishment in the 19th-Century American South* (1984), p. 176; Friedman and Percival, *op. cit.*, p. 173. Forty percent of the felony defendants in Alameda County pleaded guilty, in the period 1889-1910; about a fifth of the cases were dismissed or continued indefinitely; in 23 percent the jury convicted the defendant; in 16 percent the jury acquitted. On the origins of plea bargaining, see Friedman and Percival, *op. cit.*, pp. 175-81; George Fisher, *op. cit.*, n. 8; Lawrence M. Friedman, "Plea Bargaining in Historical Perspective," 13 Law & Society Rev. 247 (1979); on implicit bargaining, Milton Heumann, "A Note on Plea Bargaining and Case Pressure," 9 Law & Society Rev. 515 (1975).

¹⁰ Lawrence M. Friedman, *Crime and Punishment in American History* (1993) p. 149.

¹¹ The San Francisco police were, apparently, somewhat more elite and professional

than most departments, see Philip J. Ethington, "Vigilantes and the Police: the Creation of a Professional Police Bureaucracy in San Francisco, 1847–1900," 21 J. Social History 197 (1987).

[12] Samuel Walker, *Popular Justice: A History of American Criminal Justice* (1980), p. 61.

[13] David R. Johnson, *Policing the Urban Underworld: The Impact of Crime on the Development of American Police, 1800–1887* (1979), p. 94.

[14] See Amy Dru Stanley, "Beggars Can't be Choosers: Compulsion and Contract in Post-bellum America," 78 J. American History 1265 (1992).

[15] Sidney L. Hatting, *Policing a Class Society: The Experience of American Cities, 1865–1915* (1983), pp. 117–18. On the work of the police in the "basement" courts, see Friedman and Percival, ch. 4; there is also material on the criminal work of justices in John R. Wunder, *Inferior Courts, Superior Justice: A History of the Justices of the Peace on the Northwest Frontier, 1853–1889* (1979).

[16] Herbert Asbury, *The Gangs of New York* (1928), pp. 235–37; in general, see Marilynn S. Johnson, *Street Justice: A History of Police Violence in New York City* (2003).

[17] Friedman, *Crime and Punishment*, p. 152.

[18] See Joe B. Frantz, "The Frontier Tradition: An Invitation to Violence," and Richard Maxwell Brown, "The American Vigilante Tradition," in Hugh D. Graham and Ted. R. Gurr, eds., *Violence in America: Historical and Comparative Perspectives* (1969), pp. 101ff, 121ff.; Richard Maxwell Brown, *Strain of Violence: Historical Studies of American Violence and Vigilantism* (1975).

[19] Thomas J. Dimsdale, *The Vigilantes of Montana* (new edition, 1953), p. 13.

[20] Richard Maxwell Brown, "The American Vigilante Tradition," pp. 128, 130.

[21] Quoted in Richard M. Brown, *op. cit.*, p. 143.

[22] Leon F. Litwack, *Trouble in Mind: Black Southerners in the Age of Jim Crow* (1998), pp. 280–81.

[23] Hubert H. Bancroft, *Popular Tribunals*, vol. 1 (1887), pp. 10, 11, 16.

[24] Richard M. Brown, *op. cit.*, p. 150.

[25] John W. Caughey, *Their Majesties the Mob* (1960), p. 6.

[26] Laws Wis. 1861, ch. 222.

[27] Laws Pa. 1869, ch. 991.

[28] Richard M. Brown, "The American Vigilante Tradition," p. 148.

[29] J. R Shalloo, *Private Police, with Special Reference to Pennsylvania* (1933), pp. 60, 62, 88.

[30] Harold W. Aurand, "Early Mine Workers' Organizations in the Anthracite Region," 58 Pennsylvania History 298, 301 (1991).

[31] Roscoe Pound, *Criminal Justice in America* (1930), p. 16.

[32] On the development in this period of laws against abortion, see James C. Mohr, *Abortion in America: The Origins and Evolution of National Policy, 1800-1900* (1978).

[33] Laws Ind. 1891, ch. 33, 39, 146, 150.

[34] Laws N.Y. 1898, ch. 330.

[35] See, in general, William J. Novak, *The People's Welfare: Law and Regulation in Nineteenth-Century America* (1996).

[36] Cal. Penal Code, 1872, sec. 266a; Ill. Crim. Code 1874, ch. 38, sec. 11 used the phrase "open state of adultery or fornication." On the history of victimless crime, see Lawrence M. Friedman, *Crime and Punishment in American History* (1993), ch. 6.

[37] Mark M. Carroll, writing about Texas in the middle of the nineteenth century, expresses a rather different notion. Open and notorious adultery inevitably meant desertion. Thus, the statute worked to discourage desertion. Mark M. Carroll, *Homesteads Ungovernable: Families, Sex, Race, and the Law in Frontier Texas, 1827-1860* (2001), p. 151.

[38] James M. Denham, *"A Rogue's Paradise": Crime and Punishment in Antebellum Florida, 1821-1861* (1997), p. 105.

[39] On brothel riots, see John C. Schneider, *Detroit and the Problem of Order; 1830-1880* (1980).

[40] Matthew Hate Smith, *Sunshine and Shadow in New York* (1880), pp. 371-72.

⁴¹ Timothy J. Gilfoyle, *City of Eros: New York City, Prostitution, and the Commercialization of Sex, 1790-1920* (1992), p. 131.

⁴² The New Orleans ordinance even reached the attention of the U.S. Supreme Court, *L'Hote v. New Orleans*, 177 U.S. 587 (1900).

⁴³ See *Ex parte* Garza, 28 Tex. App. 381, 13 S.W 779 (1890).

⁴⁴ William L. Hewitt, "Wicked Traffic in Girls: Prostitution and Reform in Sioux City, 1885-1910," 51 Annals of Iowa 123, 131 (1991).

⁴⁵ Marilynn Wood Hilt, *Their Sisters' Keepers: Prostitution in New York City, 1830-1870* (1993), p. 138; on the short-lived attempt, in St. Louis, to institute medical inspection, see Mark T. Connelly, *The Response to Prostitution in the Progressive Era* (1980), p. 5.

⁴⁶ See David J. Pivar, *Purity Crusade: Sexual Morality and Social Control, 1868-1900* (1973).

⁴⁷ 17 Stats. 598 (act of March 3, 1873).

⁴⁸ Andrea Tone, *Devices and Desires: A History of Contraceptives in America* (2001), pp. 23-24.

⁴⁹ James C. Klotter, "Two Centuries of the Lottery in Kentucky," 87 Register of the Kentucky Historical Society 405 (1989).

⁵⁰ John S. Ezell, *Fortune's Merry Wheel: The Lottery in America* (1960).

⁵¹ Laws Cal. 1889, ch. 191, p. 223; Laws Cal. 1897, ch. 139, p. 201.

⁵² Mary E. Odem, *Delinquent Daughters, Protecting and Policing Adolescent Female Sexuality in the United States, 1885-1920* (1995), pp. 14-15.

⁵³ Livingston Hall, "The Substantive Law of Crimes, 1887-1936," 50 Harv. L. Rev. 616, 633 (1937).

⁵⁴ On the background, see Richard F. Hamm, *Shaping the 18th Amendment: Temperance Reform, Legal Culture, and the Polity, 1880-1920* (1995).

⁵⁵ See Joseph Gusfield, *Symbolic Crusade: States Politics and the American Temperance Movement* (1963).

⁵⁶ 12 Barbers' Journal 28 (1902).

[57] Howard L. Hurwitz, *Theodore Roosevelt and Labor in New York State, 1880–1900* (1943), pp. 149–54.

[58] Laws Conn. 1897, ch. 188. The statute excepted, as was usual, "works of necessity or mercy."

[59] Andrea Tone, *Devices and Desires*, p. 25.

[60] For the figures, see William Francis Kuntz II, *Criminal Sentencing in Three Nineteenth-Century Cities* (1988).

[61] Francis Laurent, *The Business of a Trial Court*, pp. 37, 122, 125.

[62] Roger Lane, "Urbanization and Criminal Violence in the 19th Century: Massachusetts as a Test Case," in Hugh D. Graham and Ted R. Gurr, eds., *Violence in America: Historical and Comparative Perspectives* (1969), pp. 361–62; see also Eric H. Monkkonen, "A Disorderly People? Urban Order in the Nineteenth and Twentieth Centuries," 68 J. Am. Hist. 539 (1981).

[63] Roger Lane, "Urbanization and Criminal Violence in the 19th Century," p. 361.

[64] This is, to be sure, a vexed and difficult subject. It is discussed in Eric H. Monkkonen, *Police in Urban America, 1860–1920* (1981), ch. 2; see also Lawrence M. Friedman and Robert V. Percival, *The Roots of Justice*, pp. 27–35; Elwin H. Powell, "Crime as a Function of Anomie," 57 J. Crim. Law, Criminology, & Police Sci. 161 (1966) (Buffalo, 1854–1956); Eric H. Monkkonen, "A Disorderly People? Urban Order in the Nineteenth and Twentieth Centuries," 68 J. Ax. Hist. 539 (1981); and, for cities outside the United States, Ted R. Curr and Peter N. Grabosky, *Rogues, Rebels and Reformers: A Political History of Urban Crime and Conflict* (1976).

[65] Eric H. Monkkonen, *Murder in New York City* (2001), p. 19.

[66] Interestingly, the same study by Lane which suggests a decline in arrests for major offenses in Massachusetts suggests an equally striking increase in arrests for minor offenses, mainly drunkenness. This suggests a certain diminished tolerance for what is defined as antisocial behavior; Eric Monkkonen, on the other hand, in "A Disorderly People?" *supra*, found a decline in drunkenness and disorderly conduct arrests after 1860.

[67] The examples above are drawn from Thomas M. McDade, *The Annals of Murder*,

A Bibliography of Books and Pamphlets on American Murders from Colonial Times to 1900 (1961), pp. 35-37, 87, 311-16.

[68] See Andie Tucher, *Froth and Scum: Truth, Beauty, Goodness, and the Ax Murder in America's First Mass Medium* (1994); Karen Halttunen, *Murder Most Foul: The Killer and the American Gothic Imagination* (1998).

[69] *M'Naghten's Case*, 10 Cl. & F. 200 (1843).

[70] *State v. Feller*, 25 Iowa, 67, 82 (1868).

[71] On contemporary tests of insanity see, in general, Joel P Bishop, *Commentaries on the Criminal Law*, vol. I (6th ed., 1877), pp. 213-29.

[72] John P. Reid, *Chief Justice: The Judicial World of Charles Doe* (1967), pp. 114-21; *State v. Pike*, 49 N.H. 399, 442 (1869).

[73] The story of this trial has been beautifully recreated in Charles Rosenberg's *Trail of the Assassin Guiteau* (1968).

[74] See Janet A. Tighe, "Francis Wharton and the Nineteenth-Century Insanity Defense: The Origins of a Reform Tradition," 27 Am. J. Legal Hist. 223 (1983).

[75] See Nat Brandt, *The Congressman Who Got Away With Murder* (1991).

[76] Livingston Hall, *op. cit.*, p. 647.

[77] *Commonwealth v. Pulaski County Agricultural & Mechanical Assn.*, 92 Ky. 197, 17 S.W. 442 (1891).

[78] See *State v. Beach*, 147 Ind. 74, 46 N.E. 145 (1897).

[79] William C. Osborn, "Liquor Statutes in the United States," 2 Harv. L. Rev. 125, 126 (1888). Stats. N.H. 1878, ch. 109, secs. 24, 25; Iowa Code 1873, sec. 1542.

[80] On capital punishment in this period, and in general, see Stuart Banner, *The Death Penalty: An American History* (2002).

[81] Jack K. Williams, *Vogues in Villainy: Crime and Retribution in Ante-Bellum South Carolina* (1959), p. 110.

[82] Friedman and Percival, *The Roots of Justice*, pp. 304-6.

[83] Laws Minn. 1889, ch. 20; John D. Bessler, *Death in the Dark: Midnight Executions in America* (1997), pp. 98-99.

[84] See Lawrence M. Friedman, *Crime and Punishment*, pp. 159-166.

[85] Michael S. Hindus, *Prison and Plantation: Crime, Justice, and Authority in Massachusetts and South Carolina, 1767-1878* (1980), p. 169.

[86] David Dressier, *Practice and Theory of Probation and Parole* (1959), pp. 13-21.

[87] *People ex rel. Forsyth v. Court of Sessions of Monroe County*, 141 N.Y. 288, 36 N.E. 386(1894).

[88] Legal doubts about the power of courts to suspend sentence continued in the early twentieth century and were only laid to rest in some states by statute.

[89] Laws N.Y. 1870, ch, 427, sec. 9.

[90] On the California experience, see Sheldon Messinger et al., "The Foundations of parole in California," 19 Law and Society Review 69 (1985).

[91] Laws Ill. 1899, p. 142; Lawrence M. Friedman, "History, Social Policy, and Criminal Justice." in David J. Rothman and Stanton Wheeler, eds., *Social History and Social Policy* (1981), pp. 203, 207-9.

[92] Miriam Allen deFord, *Stone Walls* (1962), p. 85.

[93] See Laws Ind. 1891, ch. 151.

[94] Anthony Platt, *The Child Savers: The Invention of Delinquency* (1969), p. 120, On the development of separate prisons for women, see Estelle B. Freedman, *Their Sisters' Keepers: Women's Prison Reform in America, 1830-1930* (1981).

[95] Herbert H. Lou, *Juvenile Courts in the United States* (1927), pp. 19-20; Laws 111, 1899, p. 131; see also Michael Willrich, *City of Courts: Socializing Justice in Progressive Era Chicago* (2003).

[96] On the background of the juvenile court: movement, see Platt, *op. cit.*, *supra*; David J. Rothman, *Conscience and Convenience: The Asylum and Its Alternatives in Progressive America* (1980), ch. 5; Peter D. Garlock, "'Wayward' Children and the Law, 1820-1900: The Genesis of the Status Offense Jurisdiction of the Juvenile Court," 13 Ga. L. Rev. 341 (1979); Robert M. Mennel, *Thorns and Thistles: Juvenile Delinquents in the United States, 1825-1940* (1973).

[97] Friedman and Percival, *Roots of Justice*, pp. 223-24.

[98] Lawrence M. Friedman, *Crime and Punishment*, pp. 166–68.

[99] James Leiby, *Charity and Correction in New Jersey* (1967), pp. 126–28.

[100] Platt, *op. cit.*, pp. 118–19.

[101] David J. Rothman, *Conscience and Convenience*, pp. 17–21.

[102] Roger Panetta, *Up the River: A History of Sing Sing in the Nineteenth Century* (Ph.D. diss., City University of New York, 1999), pp. 298–99, 326.

[103] Frederick. H. Wines, *Punishment and Reformation: A Study of the Penitentiary System* (2nd ed., 1910), pp. 234–35.

[104] The book was R. L. Dugdale, *"The Jukes": A Study in Crime, Pauperism, Disease, and Heredity* (1877); see Ysabel Rennie, *The Search for Criminal Man: A Conceptual History of the Dangerous Offender* (1978).

[105] See Mark H. Haller, *Eugenics: Hereditarian Attitudes in American Thought* (1963); Ysabel Rennie, *op. cit.*, n. 104.

[106] Sometimes, too, prisons were so crowded that the state felt obliged to make wholesale use of pardon and parole. This happened in New Jersey in the late nineteenth century; the ordinary outflow of prisoners "did not clear the prison fast enough." Leiby, *op. cit.*, p. 133.

[107] Panetta, *op. cit.*, p. 292.

[108] Glen A. Gildemeister, *Prison Labor and Convict Competition with Free Workers in Industrializing America, 1840–1890* (1987), p. 148.

[109] Laws Pa. 1883, ch. 110, sec. 2. Interestingly, "goods... shipped to points outside of the State shall not be so branded."

[110] See, in general, *20th Ann. Rpt. U.S. Commr. Labor, Convict Labor* (1905).

[111] Fla. Rev. Stats. 1892, sec. 3065.

[112] Georgia Code 1895, vol.111, sec. 1039. The statute did go on to recite that the gangs were not to be employed "in such mechanical pursuits as will bring the products of their labor into competition with the products of free labor."

[113] *Ibid.* secs. 1146, 1147.

[114] See, in general, Mark Colvin, *Penitentiaries, Reformatories, and Chain Gangs:*

Social Theory and the History of Punishment in Nineteenth-Century America (1997), chs. 9-11.

[115] Edward L. Ayers, *Vengeance and Justice: Crime and Punishment in the Nineteenth Century American South* (1984), p. 191.

[116] Colvin, *Penitentiaries*, p. 220.

[117] C. Vann Woodward, *Origins of the New South, 1877-1913* (1951), p. 213.

[118] Paul W. Keve, *The History of Corrections in Virginia* (1986), p. 74.

[119] Ayers, *op. cit.*, pp. 196-201. The regular branch prisons in Tennessee were described as "hell holes of rage, cruelty, despair, and vice." Young boys thrown into the cells were common victims of sexual assault. Ibid., at 200.

[120] Mary Ellen Curtin, *Black Prisoners and Their World, Alabama, 1865-1900* (2000), pp. 63-64, 69-70.

[121] Woodward, *op. cit.*, pp. 232ff.

[122] Ayers, *op. cit.*, pp. 221-22.

第十一章

法律职业：
法律培训与法律文献

法学院的兴起

1848年在美国执业的律师中，绝大多数在私人的律师事务所受过培训，或通过阅读课程自学。在美国西部尤其如此。1858年，亚伯拉罕·林肯在一封信中写道："最廉价、最快、最好的"进入法律界的方式是"阅读布莱克斯通的《英国法释义》、奇蒂的《诉讼法论》、格林利夫的《证据法》、斯托里的《衡平法》和斯托里的《衡平诉讼程序》。然后去获得执照，并且一边执业一边继续阅读"。[1] 在1900年执业的律师中，有1000人仍然来自这个粗糙的经验学派。但慢慢地，在法学院接受教育和在事务所接受培训这两者之间的差距逐渐缩小。越来越少的打算成为律师的人是通过在律师事务所学习或工作（获得实践经验）的方式进入律师队伍的。有些人只是把一半心思放在事务所的工作上，而同时会短期地参加法学院的课程。越来越多的人只是去法学院读书。

在19世纪，没有一个州把法律学位或大学学位作为担任律师的先决条件。然而,即使在19世纪50年代,就有许多律师曾经接受过高等教育[2],还有更多的有负担能力的学生选择进入法学院。事实上,到了1900年,法律学校显然主导了法律教育。同时很明显的是,这样的法学院是附属于一所大学的法学院,无论这所大学是公立还是私立。1860年以后,只有少数几所新设立的私立法学院,其中一个是1867年成立的北卡罗来纳州布恩的福克斯学校(Col. G. N. Folk's school),该校持续了大约20年。[3]类似利奇菲尔德这样的学校在1900年几乎灭绝。另外,南北战争后,越来越多的法学院与一所学院或大学形成某种联系。在19世纪90年代,超过四分之三的这类学校开办和运营。

特别是在东部,法学院给予学生一种声誉,这是律师办公室的培训无法匹敌的。在较好的学校里,学生可能比作为法律事务所职员的人学到的更多,也许在较短的时间内就能学到更多的东西。无论事实如何,法学院缓慢但确定地把自己推销给了学生大众:法学院是更好的和更有效率的场所,读法学院或者是一条更容易通向成功的道路。也有一些证据表明,律师队伍的人口分布变化,也影响了法学院的兴起。19世纪30年代,费城的老律师曾经阻止过宾夕法尼亚大学法律系的设立。显然,他们希望保留培训律师的私人特权。但是,反对的力量来自法律系学生自己,他们"在律师事务所办公室的禁锢下感到焦躁不安",渴望"较少内部近亲繁殖的法律研究项目",以及"较少受旧精英控制"。1850年,乔治·沙斯伍德(George Sharswood)响应学生的要求,重新开设了宾夕法尼亚大学法律系。[4]

这里还有其他的因素。法律事务所职员的光环渐渐褪去了。打字机和其他办公设备没有给他们带来什么好的运气。1900年的律师事务所不再需要抄抄写写的文案人员以及那些无所事事的人。它需要秘书、速记员和打字员。典型的是,年轻女性接受了这些技能的训练。她们从事的是那些没有多少前途的工作。与律师事务所的职员不同的是,她们永久地被封闭在通往职业进一步成功的阶梯上。但无论如何,这种旧式的律师事务所职员已经过时了。

这些数字清楚地表明了法学院的胜利。1850年,有15所法学院开办;1860年,有21所;1870年,有31所;1880年,有51所;1890年,有61所。在19世纪的最后十年里,学校的数量增长得更快。到1900年,已有102所法学院招生办学。在1850年,12个州有一所或多所法学院;有19个州根本就没有法学院。1900年,33个州有法学院;只有13个州必须从外部引进受过学校培训的律师。[5]没有法学院的州是诸如新罕布什尔州和内华达州这样的小州或人口稀少的州,或者像新泽西这样的卫星州。[6]在1849—1850学年,美国最大的法学院——哈佛大学法学院,一共只有94名学生。十年后,哈佛大学法学院的招生人数增加到166人;当时,有180名学生就读于田纳西州的坎伯兰大学法学院(Cumberland University Law School)。1869—1870学年,美国最大的法学院密歇根州有308名学生;在19世纪末,密歇根州法学院再次领先所有其他法学院,有883名学生。[7]这个数字可能比1850年全国法学院的总入学人数都要多。1870年,法学院的学生总数为1611人;1894年,这一数字增至7600人。[8]

许多主要的大学,无论是公立还是私立,都在1850年到1900年间开办了一所法学院。密歇根大学是一所公立大学,1859年成立了一个"法律系"(law department)。校董们从一开始就投票决定花100美元(为上限)在底特律、芝加哥、纽约、辛辛那提、圣路易斯和华盛顿特区的报纸上刊登该"法律系"的广告。[9]圣路易斯大学是第一个建立法学院的罗马天主教大学。不过,这是一次短命的尝试;但其他天主教大学也纷纷效仿;圣母大学法学院成立于1869年;1890年,乔治敦大学法学院是美国四大法学院之一。位于华盛顿特区的霍华德大学的法律系是十多所黑人法学院中第一个,也是最成功、最持久的一个。它是于1869年1月在约翰·默瑟·兰斯顿(John Mercer Langston)的领导下成立的。[10]佐治亚大学法学院始于1859年开设的伦普金法学院。每天都有讲座式的授课,周日则有模拟法庭训练。课程是在一座小木屋里进行的——这个建筑是两位创始人约瑟夫·伦普金(Joseph Lumpkin)和托马斯·科布(Thomas Cobb)的律师事务所。在南北战争期间,这所法学院关闭。战后,这所学校恢复了招生;不过,现在它被称为佐治亚大学法律系。[11]

一般来说,当时的法学院与其大学之间的关系,与20世纪的情况大不相同。通常的法律学士学位(L.L.B.),当然不是研究生阶段的学位。通常,法学院并不要求必须要有一个大学本科学位才能进入法学院。或多或少有些自命不凡的法学院在19世纪末收紧了入学要求;不过,还是没有一所学校要求进入法学院前必须接受完整的大学教育。许多"大学"法学院与它们隶属的大学机构之间的关系相当松散。它们绝不是高等教育世界的有机组成部分。19世纪70年代的耶鲁法学院从自己收取的学费中得到了最大限度的支持;它没有从耶鲁大学那里得到任何经费;至少,与大多数法学院不同,耶鲁法学院确实试图与耶鲁大学的学术部门建立关系,而这种做法"与当时的潮流明显是背道而驰的"[12]。从1858年开始,到1891年退休,西奥多·德怀特(Theodore W. Dwight)一直是哥伦比亚大学法学院的主导人物。他自己主持运营着这所法学院。在1864年,以一种庄严安排,德怀特以市政法法学教授(Professor of Municipal Law)的身份,收取了学生的学费("新生"的学费定为每年100美元)。在这些费用中,德怀特支付了学院的费用,每年给自己6000美元的薪水。任何盈余都将由德怀特和哥伦比亚大学各分一半。[13]当密歇根州决定用普通大学的资金支付法学院教职员工的薪水(每年1000美元)的时候,这在当时绝对是一个新奇之举。[14]其他"大学"法学院是一些被某所大学兼并或联合起来的私立法律学校;在处理与这些学校的相互关系方面,它们取得了不同程度的成功。甚至还有一些法学院从一所大学转移到另一所大学的案例。现在的西北大学法学院最初是旧芝加哥大学的法律系;1873年,它成为联合法学院(Union College of Law),并与芝加哥大学和西北大学都有隶属关系;1886年,旧芝加哥大学不再招生;但直到1891年,该法学院才正式并入西北大学。[15]

今天,法学院的训练几乎都需要3年的时间。1850年,许多法学院的标准课程只开设了1年。在19世纪末,一个为期两年的项目变得更为普遍。3年的法律学士课程是克里斯托弗·哥伦布·兰德尔担任哈佛大学法学院院长期间开始的一项创新;波士顿大学后来也采用了这个课程设计。当时,大多数法学院的教师都是杰出的法官和律师。在19世纪80年代以前,全职教师是很罕见的。全职教师也是兰德尔的创新之一。法官和律师未必就不是好的教师。在哈佛大学法学院,斯托里和格林利夫给一个以大学毕业生为主的学生群体授课,他们把自己的讲座编辑成对美国大学有真正贡献的书籍。其他法学院在南北战争前也提供了相当严格的培训。[16]但这并不是像20世纪法学院的那种严格要求。例如,田纳西州的坎伯兰法学院基本上没有入学要求;没有课程考试,也没有成绩评定;只是对学生们每天都会进行小型的测验。[17]

甚至连作为标杆的哈佛大学法学院,似乎也向中庸方向退却了。1845年后,哈佛大学法学院的学生中,已经读过大学(或学院)的人数比以前下降了。这所学校进入了一段似乎停滞不前的时期:

> 学校的一切都像是一成不变的。20年来,手册中关于入学、课程和学位的介绍语言连一个字母都没有变过。在整个期间,就连教师会议的记录也没有留下。在理论上说,图书馆规则是由学校董事会制定的,在实践中则是由管理人员自己制定的。[18]

在持续到1870年的哈佛黑暗时代,盛行的教学模式不是讲课,而是"教科书式的授课法"(text-book method):

> 从背诵一段到背诵另一段,学生们被分配到一本规定教科书的特定部分学习,并且大部分要背诵,然后由老师解释,再然后在下一节课上再背诵。

一部分课程时间被"小型测验"所占用。这是"对学生所学知识或多或少的机械性测验"[19]。

无论是教科书式还是演讲式的教学方法,并非一无可取;这在很大程度上取决于站在讲台上的那个人是谁。人们都说,哥伦比亚大学的西奥多·德怀特是一位才华横溢的老师;布赖斯(Bryce)勋爵和阿尔伯特·戴西(Albert Dicey)等观察评论者认为,西奥多·德怀特的学校是人们能想到的最好的学校。北卡罗来纳的里士满·皮尔森(Richmond M. Pearson)是该州的一名法官,后来成为北卡罗来纳州高等法院的首席大法官;他曾经经营了一所私人法律学校,一直延续到19世纪70年代。皮尔森"采用了苏格拉底、柏拉图和亚里士多德的方法"讲授课程;学生们需要事前阅读,然后每周来他的办公室两次,在那里他"通过问问题的方式来考查他们究竟读了什么"。皮尔森也会"绕山坡散步",嘴里嚼着"一根他从一棵他最喜欢的树上摘下来的嫩树枝",随后开始上课。至少有一个学生认为,他是"至今为止世界上最伟大的教师"[20]。

律师经常以浪漫和怀旧的方式回忆起他们在法学院的日子。当时,除了从法律的内在逻辑的角度来看,法学院的教学是教条式的、没有批判思考意义的;或者从任何视角看都属于教条式的。法学院从来没有表达过法律和生活之间的联系,甚至连普通法的演变都没有讲授。即使是最精彩的讲座也基本上是空洞沉闷的。这些学校的基本目标是让年轻的律师以死记硬背的方式学习,尽可能快速和有效地让学生们获得那些或多或少实用的东西。

有一段时间，布莱克斯通模式在法律教育方面影响力非常大，这一模式在法律教育中加入了一些政府、政治和伦理的概念。这一传统从未完全消失。在德怀特主持的哥伦比亚法学院中，弗朗西斯·利伯（Francis Lieber）讲授了"关于国家的课程，还包括政治社会的起源、发展、对象和历史、战争的法律和惯例、政治文献史、政治伦理、刑罚以及统计学等"。作为课程的一部分，查尔斯·奈恩（Charles Nairne）教授开设了"法学伦理学课程"。尽管利伯的课程只吸引了几个学生，但德怀特还是有些醋意并怀有敌意。在去世前不久，利伯于1872年递交了辞呈。他的继任者是约翰·伯吉斯（John W. Burgess）。但是，伯吉斯最终也离开了法学院；随后，他在哥伦比亚大学创办了一所"专门设计使年轻人为公共生活的职责做准备"的学校，名为政治科学学院。[21]这门新社会科学最终产生了关于现存法律的丰富学术知识。但它的第一个影响是使法律教育变得贫困，而当时的法律教育本来就贫病交加。

法学院改革或革命的时机已经成熟。第一场改革爆发于1870年。查尔斯·埃利奥特（Charles W. Eliot）在此之前的一年成为哈佛大学校长。他任命克里斯托弗·哥伦布·兰德尔为法学院教授；1870年9月，兰德尔被任命为院长（dean），这是该校的一个新职位。这个院长的职责在纸面上并不显得很重要，他要"保存教职员工的记录"，准备学院的具体事务，并"在校长缺席的情况下主持会议"。[22]但兰德尔在埃利奥特的支持下，对哈佛法学院进行了大刀阔斧的改革。首先，他使学生入学变得更为艰难。没有大学学位的申请人必须通过入学考试。考生必须展示自己从弗吉尔、西塞罗或恺撒的文献中翻译过来的拉丁文知识；也要测试有关布莱克斯通《英国法释义》方面的知识。考生可以用法语技能来作为拉丁文的替代品。

接下来,兰德尔让学生更难毕业。法学学士课程在 1871 年被增加到两年的课程,到 1876 年被增加到三年的课程(虽然第三年不必全部时间住校)。到 1899 年,哈佛法学院已经采用了三年制的课程要求。旧的课程根据时间安排分为若干个科目;但是很少注意课程之间的关系;学生们是按照自己的节奏选择上课的时间和毕业的时间。在兰德尔的指导下,全部课程细分为"单位课程",每门课程都规定了课时和学分。课程是按一定的顺序安排的;有些是基础课程,有些是高级课程。1872 年,兰德尔设立了学年期末考试。这个学生必须通过第一年的考试,才能进入二年级的课程。

兰德尔还引进了案例教学法。这是他最深远的改革,也是最值得被纪念的改革。兰德尔抛弃了法学院原有的教科书,改为用案例选作为教材。这些都是关于实际案件的报告,经过精心挑选和安排,以说明法律原则、它们的含义以及它们是如何发展的。在兰德尔的哈佛大学,课堂气氛发生了深刻的变化。不再有一个教师站在前面,照本宣科地讲授教科书里面的"法律"。现在,老师成了苏格拉底式的向导,牵着学生的手,带领他去理解隐藏在案例中的概念和原则。[23]教师通过对一系列"正确"案例的长期研究,展示了这些概念是如何形成的,它们是如何生长和展开的——就像一朵玫瑰从它的萌芽中绽放出来。

兰德尔的方法背后有这样一个理论:法律是一门"科学";它必须以科学的方式加以研究,也就是说,必须通过主要来源进行归纳性研究。[24]这些资料来源是印刷出版的法院案件;它们以多种形式表达了不断演变和具有成果的少数原则,这些原则是普通法的基础和精华。兰德尔写道:

> 法律被认为是一门科学,它由某些原则或理论组成。掌握这些知识,真正的法律人能够不断地灵活和确定地应用于不断复杂化的人类事务中;因此,掌握这些知识应该是每一个认真学习法

律的学生的职责。这些学说中的每一种都是逐渐发展为目前的状态的;换句话说,伴随着许许多多的案例,它的演进持续了几个世纪之久。这一增长主要是通过一系列的案例来追溯的;即便不是唯一有效的方式,最简短和最好地掌握这一法律学说的方法,就是来学习和研究这些案例。但在今天,和那些已经刊行的法律案例相比较,那些有用的和必要的案例并不是很多。对于系统学习的任何目的而言,绝大多数案例都是无用的,甚至比无用的还要糟糕。此外,基本法律学说的数量比一般认为的少得多;同一学说不断出现的许多不同的伪装,以及法律论文在很大程度上是相互重复的,是造成许多误解的原因。如果这些学说能够如此分类和安排,使每一种学说都能在适当的地方(而不是在其他什么地方)找到,那么它们的数量就不再是可怕的事情了。因此,在我看来,以契约法作为一个法律部门为例,在不超过相对适度的限制的情况下,选择、分类和安排对其任何基本理论的成长、发展或建立有任何重要意义的案件;对于所有希望系统地并以原始资料研究契约法的人们而言,这样的工作不可能不提供实质性的服务。

这些话出现在1871年出版的兰德尔第一本案例选编《契约法》(*Contracts*)的序言中。不像20世纪的案例书籍,它完全没有任何帮助学生的东西——它没有,没有评述,也没有解释。它只包括兰德尔从诸多案件文献中挑选出来的那些案例。这些案件大多是英国的,少数案例来自美国,其中主要来自马萨诸塞州和纽约州。西部和南部似乎没有为法律增添什么东西。这些案例材料是按主题排列的;在主题中,案件是按时间顺序排列的,显示了法理原则从黑暗到光明的演变过程。实际上,不允许任何成文法规进入普通法的后宫,甚至连如此古老的欺诈规约也不允许进入,而且其相关的法理原则几乎连成文法律都算不上。

兰德尔声称他对法律的发展或演变很感兴趣；但是当新的改革不属于法官的工作时，他便置若罔闻。在1877年的《衡平诉讼摘要》(*Summary of Equity Pleading*)一书中，他要求读者"记住，这些章节的目的是帮助学生获得关于衡平制度本身的知识；本着这一观点，作者将自己叙述的范围局限于从早期衡平法体系开始，一直到埃尔登勋爵的衡平法官任期结束的英国"。至少有一位评论者想知道为什么"1877年哈佛大学对衡平法诉讼的研究应必须局限于1827年以前存在的制度"[25]。但从严格的兰德尔的观点来看，最近的这些变化——其中许多是来自成文法——它们并不是法律科学的一部分。甚至宪法也不是这门科学的一部分——它太过表面的文字化，因此显得多此一举。1876年至1877年开始的三年制课程根本不包括宪法，甚至连选修课也没有把宪法包括在内。[26]哈佛大学很快就从这一极端的立场中退了回来，并将宪法重新纳入课程之中。但即便是这段简短的插曲，也表明兰德尔愿意在多大程度上贯彻他的逻辑。另外，他在课程上需要占据所有时间。兰德尔课堂上的对话进行得很慢，与讲课方法相比，能够涵盖的内容非常少。

兰德尔计划就像引爆了法律教育界的重磅炸弹。"对大多数学生和兰德尔的同事来说，这是令人憎恶的计划。"[27]学生们很困惑，他们成群结队地逃课，只剩下几个人来听兰德尔的课程。在第一届任期结束之前，据说上他的课程的学生已经减少到只有"7个忠诚的人"。这些人被称为"一年级新生"或"兰德尔的新生"。[28]哈佛大学的入学率徒然下跌。兰德尔的同事们，包括著名的埃默里·沃什伯恩（Emory Washburn），仍然继续用旧的方式上课。波士顿大学法学院成立于1872年，是为了替代当时走火入魔的哈佛法学院。但兰德尔坚持下来，因为埃利奥特支持他。少数留下来听课的学生觉得这个方法令人兴奋。在

第三部分　19世纪末的美国法律

"一年级新生"的忠实信徒中,有一个名叫詹姆斯·巴特·埃姆斯(James Bart Ames)的年轻人。毕业后不久,埃姆斯成了哈佛大学的教师。这是对法学教育传统的另一种侮辱。年轻的埃姆斯学识渊博并富有聪明才智,但他并没有实际经验。他既没有当过法官,也没有当过律师。不过,去讲授一门科学,需要的是科学家,而不是法律的实践者。因此,从现代意义上说,今日全职的法学教授是兰德尔的另一项创新。

这种与过去的彻底决裂引起了强烈的反对。哈佛学院院长伊弗雷姆·格尼(Ephraim Gurney)对此感到沮丧。他在1883年写信给埃利奥特校长说,兰德尔让他睡不着觉,他发现自己晚上辗转反侧,脑子里一直"萦绕着法学院的问题"。造成他失眠的原因是兰德尔提议任命威廉·基纳(William A. Keener)担任教职的事情。威廉·基纳很年轻,刚从哈佛毕业不久并有明显的学术倾向。格尼认为,这一任命意味着"学校致力于在自己的教师队伍中培育自己的理论,从而脱离通过法院和律师队伍的法律生活大潮流"。兰德尔的想法似乎是"培养法学教授而不是实践者";兰德尔的法学院将法律研究与"实际操作"相脱节。格尼认为,兰德尔和埃姆斯"轻视"法官,因为他们认为法官并没有把每个问题像哲学教授那样,建立一个理所当然的连贯的体系。兰德尔"非常不愿意让学校提供任何其他课程内容,除纯粹的法律科学外"。格尼认为,3年之后,学生们进入律师事务所时会感到"无助",至少在实务领域方面是如此。[29]

埃利奥特从来没有回复过这封信;基纳得到了聘用;兰德尔和他的追随者继续在主持着哈佛法学院。兰德尔一定是个有魅力的教师。无论如何,他的计划获得了成功。学生们慢慢地回到了哈佛,回到了课堂;这种方法传播到了其他学校。起初,是兰德尔的学生们把这个讯息带给了拒绝接受这个计划的人们。哈佛法学院内的詹姆斯·布拉德利·塞耶（James Bradley Thayer）和约翰·奇普曼·格雷（John Chipman Gray）也转而支持兰德尔的教学计划。约翰·威格莫尔（John H. Wigmore）将案例教学法应用到了西北大学；尤金·瓦姆博（Eugene Wambaugh）把它介绍到了艾奥瓦州立大学。威廉·基纳将它引进了哥伦比亚大学法学院的堡垒，并从1891年辞职的老德怀特那里取得了位置。事实上，哥伦比亚大学的校长赛思·洛（Seth Low）也感受到了变革的需要，于是聘用了威廉·基纳。哥伦比亚大学保守的护卫退休了，这种案例教学法获得了成功。[30]1892年，西储法学院成立，它计划按照哈佛法学院的路线办学。1896年，辛辛那提大学法学院院长威廉·霍华德·塔夫脱（William Howard Taft，他的法官身份在更多的场合被人们所熟知）报告称，他的"学院教师们决定，最明智的做法是遵循哈佛法学院盛行的课程和研究方法"，特别是"案例系统"。辛辛那提法学院将使用哈佛大学用于合同、财产和侵权的"特定案例的相同书籍"[31]。新的芝加哥大学法学院派人到哈佛大学寻找院长人选，以便适当地开始工作；1902年，约瑟夫·比尔（Joseph Beale）来到芝加哥大学所在地米德韦，受命使用哈佛的"理想和方法"[32]。到了20世纪初，这种方法已经走上了其最终成功的道路。1902年，康奈尔大学的欧内斯特·赫夫克特（Ernest Huffcutt）教授向美国律师协会报告说，12所法学院完完全全地采用了哈佛法学院的方法；另有34所"明确"地坚持"教科书体系或教科书加讲授制度"；还有48所法学院声称采用了某种混合体形式的教学制度。[33]最终，每一所主要和多数小的法学院都改采用案例法和苏格拉底式的教学法。

和大多数革命一样，兰德尔的革命也是良莠参半，如同苹果里有虫子一样。格尼的观点并不是一个人孤立的看法。许多律师和教师认为这种方法过于理论化——对于培养优秀律师而言，并不是一个好办法。在实际操作中，在好的教师的帮助下，这种方法效果是相当好的。它确实向学生灌输了一种像工匠般处理案例法材料的技巧。但这种方法的缺陷也很明显。在最激进的意义上,新的方法切断了把法律学习与美国的学术以及美国人的生活联系在一起的绳索,而这绳索本来就岌岌可危。或许这是一种趋势的一部分:霍华德·施韦伯(Howard Schweber)认为,兰德尔的"法律科学"帮助推动了一项已经在进行中的发展计划,律师"越来越少地被认定为公共知识分子,越来越多地被认定为专业专家"。[34]无论如何,兰德尔从课程中清除了任何直接涉及经济和政治问题的内容,不管是什么争论、投票或抨击。他在课堂上对普通法以及普通法官中最优秀和最聪明的法官表示了崇拜。他忽视成文立法;他鄙视任何在他看来不合逻辑或违反基本普通法原则的决定。他用科学的外衣掩盖自己的观点。他把法律与法官法完全等同起来,而法官法对兰德尔而言,是正式的、狭义的和抽象的。之前教科书的方法已经够糟糕的了。教科书也脱离了现行法律,对社会政策问题漠不关心。兰德尔没有纠正这些缺陷。相反,他净化并延续了它们。虽然许多老教师可能对"教科书加授课"的新方法感到困难,但其他人可能只是简单地使旧材料适应新的方法而已。兰德尔之后,教师们用潜藏在课文脚注中的案例作为课程内容,并且干脆忽略了教科书中的文本。

兰德尔最引以为傲的是,法律是一门科学,而他的方法是高度科学的。但他的科学模型不是属于实验性的,也不是来自经验的;他的模型属于欧几里得的几何学类型,而不是物理或生物学的类型。兰德尔认为法律是一门纯粹的、独立的科学;他承认,这是一门实证性的科学;但他所允许的唯一数据是刊发出来的判决案例。如果说法律完全是社会的产物,那么兰德尔的法学就是一门没有岩石的地质学,一门没有星星的天文学。律师和法官们提出了这种方法,如果他们认真对待他们的训练的话,他们大多从脱离社会和生活的一种枯燥的逻辑角度来谈论法律。要理解兰德尔的方法,更重要的是,要理解它为什么会成功,我们必须在更长的脉络背景中发现它。在法律教育史上,两套原则在竞争中不断地此消彼长。一个是职业训练原则与科学训练原则之间的竞争。另一个是一般大学通识教育整合原则与分离原则之间的竞争。大学法学院是略微倾向于整合主义的,同时也勉勉强强地略微倾向于职业化训练的原则。兰德尔的新方法是反职业训练原则的,但主张在法学院内部和学术背景下的严格分离主义。

为什么从长远来看兰德尔的方法如此有吸引力?在某种程度上,它符合法律职业的需要。它提高了法学和法律学习的声誉。同时,它肯定了法学拥有自己独立的地位。它是一个独立存在的科学;它的理念有别于政治、立法以及非专业人士的意见。这是一个利益集团和职业团体为他们在太阳下的位置而斗争的时期。兰德尔编制了这样一种理论,可以加强法律界的主张。他坚持认为,法律是高级类教育的一个分支,它需要严格的正规培训。因此,只有受过训练的律师才能从事法律工作,这是有充分理由的。律师们理应垄断法律执业领域。律师协会运动也开始于这个大致相同的时间点。兰德尔的新方法与律师协会运动,形成了一种意识形态和政治上的联盟关系。

兰德尔的方法还承诺解决在联邦国家中教授法律的问题。他完全无视各地法律的多样性。他认为只有一条普通法,兰德尔就像是它的先知。他的第一本案例中有一半以上是英国的案例。大洋也未能割断普通法的统一性,它和高等数学一样是一个不可分割的统一。

在这方面,兰德尔的方法绝不是新颖的。"全国性"的法学院曾经一直是个理想。有大量的课程教学跨越着各州的边界,甚至职业性的利奇菲尔德学校也吸引了来自全国各地的学生。哈佛大学以其全国性的生源而自豪;它甚至在遥远的地方刊登广告。例如,1848 年在《圣路易斯共和报》(*St. Louis Republican*)上有一则邀请法学院学生到哈佛大学的启事；该广告中提到了学费（每学期 50 美元，包括书籍费用），并补充说"从社会的方便性和实用性而言，都不会从自己的腰包里掏大量的钱"[35]。密歇根州也开设了它的学校，正如我们所看到的，它在许多城市做了广告。

对一所学校而言，一个多样化的学生群体可能是一个真实的优势。而且，即使是学校当地的男孩们，也不总是留在原地。一些律师和其他人一样，到处流动。一位波士顿人可能会去哈佛大学，最后定居在俄亥俄州或加利福尼亚州。但无视当地法律的训练方式，充其量只是喜忧参半的做法。普通法某些部分的统一性的确是事实。然而，兰德尔的抽象概念忽视了法律作为一种生活体系的本质，它植根于时间、地点和环境。可以肯定的是，教授当地法律的极少数的学校，充其量也只是讲授这一行业的诀窍、具体细节、实用信息的精华。从某种意义上说，兰德尔的方法——简约、抽象——帮助避免了法律教育的堕落。法律教育受到两种对立的力量的影响。一方面，人们不断要求提高律师的资格标准。但另一个方面，也有一个相反的方向的坚持——放松控制，向越来越多的人开放律师执业。第一个压力来自律师业的领导人物，他们担心自己的收入和威望。第二个压力则来自开放的市场。

精英律师对宽松的标准和市场的压力感到警惕。一所法学院几乎不需要多少资金就可以开办起来。随着需求的增加，供应也随之增加。当所谓的艾奥瓦州法学院（1866 年）授予了 12 个法律学士的时候，对法学院持纯粹主义立场的人们可能会感到震惊。这仅仅是一所夜校，是由艾奥瓦州最高法院的两名法官于一年前在得梅因开办的。[36]建立一所夜间法律学校的想法令许多律师感到震惊，但却吸引了它的客户。许多潜在的学生生源白天以工作为生，他们还在律师事务所、工厂、办公室或商店当着职员。华盛顿特区的哥伦比亚学院于 19 世纪60年代末开始运作。这所学院是刻意为"下午3点下班的政府部门的雇员们"设立的。[37]这类夜校运动也蔓延到其他城市。1888年,明尼苏达大学提供了白天和晚上的平行课程。1889—1890年,有9所纯粹的夜校,而白天学校有51所。19世纪90年代,夜校的数量翻了一番。1900年,有20所夜校法学院,有77所法学院只在白天开办,还有5所学校,像明尼苏达大学一样,白天和晚上均开办。[38]

夜校大体上是非常"实用"的。它们既没有耐心也不愿意提供丰富的知识盛宴。它们比日间学校更强调当地特色。它们的主要缺点是,它们纯粹就是专门的职业学校。他们的主要优点是为穷人、移民或工人阶级学生打开了法律培训的大门。他们是不同族裔的律师的产生地。夜校培养了波兰裔、意大利裔、犹太裔和爱尔兰裔的律师。其中许多人回到自己的社区,为自己的社区工作。下级法院的法官和地方政客中,有不少人来自这些学校的毕业生。很少有人找到了华尔街或拉萨尔街的工作出路。当然,这些学校在华尔街和拉萨尔街都引起了反感。就他们而言,当时这些学校勇敢地为被学生、金钱、合法性和律师的认可而奋斗。

一个备受追捧的奖项是所谓的文凭特权(diploma privilege)。如果一所学校有文凭特权,它的毕业生就会自动拥有律师资格,而无需任何进一步的考试。1855年至1870年间,路易斯安那州、密西西比州、佐治亚州、纽约州、田纳西州、密歇根州和威斯康星州的法学院毕业生都获得了这项特权。1870年,俄勒冈州没有自己的法学院,甚至想把这个特权给予那些在本州有这种特权的任何一所学校的毕业生。[39]在政治上,一个州很难在其法学院之间进行歧视,尽管可以说,一些州立法学院确实值得如此,但有些法学院则不配享有这种特权。

律师考试是阻止大量律师进入这个行业的一种方法。随着学徒制的衰落,法学院变得更加重要,理论上也可以通过控制学校来控制供给。律师协会开始对法律教育感兴趣。在世纪之交,这些学校自己成立了一个专业组织——美国法学院协会(Association of American Law School, AALS)。美国法学院协会和美国律师协会都从事了认证法学院的业务。一所学校如果得不到任何一个或两个协会的批准,就会在竞争学生方面处于不利地位。但所设定的标准是一种最低的标准。低于标准的法律教育并没有消亡;就像陈腐的面包或二手车一样,人们对它也有需求,尽管有人试图把它赶出市场,但它还是风头不减。

法律文献

从各个方面来看,最多产的法律基本文献是刊行出版的案例汇编。数以百计的案例汇编正在印刷中。年复一年、月复一月、日复一日,更多的报道源源不断出现。到了1900年,这部惊人的法律藏书如此庞大,以至于巴比伦时期的塔木德(Babylonian Talmud)或中世纪的年鉴书籍与之相比,都显得微不足道。可以肯定的是,人们不可能从这些汇编的页面中获得关于美国生活的完整或平衡的画面;但是他们触及了令人惊奇的各种各样的话题。每个州至少为其最高法院公布了案例汇编;许多州,如纽约州和伊利诺伊州,公布了中级法院的案例汇编;宾夕法尼亚州甚至公布了一些郡法院的汇编。1850年以后成立的每一个新州,由于法律上的独立意识,或者仅仅是出于习惯,在建州后都会迅速发布案例汇编。在大多数情况下,成为州之前的殖民地、领地也曾经出版过案例汇编。

根据加利福尼亚州宪法,州最高法院有义务"以书面形式"作出裁决,并陈述"判决的理由"。[40]实际上,各州几乎不需要这样的强制性规定。当然,每个州的高等法院都出版了判决和意见。律师们经常抱怨说,判例法无法消化处理,案例汇编多得已经失控。"如何处理这些报告?"这是1882年出版的一篇哀怨文章的标题。作者海伊(J. L. High)对"大量案例汇编的积累"所产生的"有害"影响深感不安。他认为这些汇编削弱了法律;律师在这个"迷宫"中摸索着,他们在寻找一个恰到好处的先例时,必然会忽视"法律中隐含的原则"。[41]遗憾的是,对此没有进行任何改革。事实上,现在看起来,这些抱怨就像抱怨20英里的时速超越了人体极限一样天真幼稚。每一代人都给年长的人上了一课,那就是什么叫浩如烟海、汗牛充栋。1810年,全美国出版的案例汇编只有18卷;在1848年,大约有800卷;到1885年,大约有3798卷;到1910年,超过了8000卷。[42]最终的结局是"一眼望不到边"的文献资料。开始于1879年的全国案例汇编系统(National Reporter System)和西方出版公司的法律摘要,帮助律师们解决了一些问题。即便如此,律师们也很难跟上自己的司法管辖区域内的判决,更不用说处理其他案件了。典型的律师只是放弃了任何试图掌握整个法律或及时跟上法律发展的努力。他们集中精力解决手头的问题,日复一日地处理法律的各个小小角落;他们曾经抱怨案例汇编的费用和混乱。然而,从根本上说,正是律师们对判例法的渴望,才使这个体系得以原来的模样保持着和行进着。

州和联邦案例报告是重要的历史文件。然而,在某些方面,它们和象形文字一样难读。其中的语言是生硬的和刻板的。所谓"事实"是下级法院"发现的",不一定是真的发生了什么。只有与法律有关的问题才会被系统地报告出来。即使作为法律,案例汇编也是一个奇怪和不可靠的指南。大多数案例并不重要或只是临时的事情而已。但案例从未被整齐地贴上良莠的标签。普通法的问题不仅在于案件的数量,而且在于书本上的东西永远无法安全地抛弃。

似乎是在1850年以后,法官们的判决写得更差,尽管这些都是很难严格处理的问题。卡尔·卢埃林将吉布森、马歇尔和肖的风格称为"宏伟风格"——寻找"智慧的结果"的风格。它是以广泛的原则为基础的;它是广泛的、权威性的和创造性的。到 1900 年,这种风格几乎已经过时了。取而代之的是卢埃林所谓的"形式风格",强调法律中的秩序和逻辑。[43]判决书中倾向于夸夸其谈和反反复复。一串串无用的注释填满了案件判决的页面。其中不乏糟糕的逻辑和糟糕的英语。至少这是卢埃林的印象,他可能是对的。当马歇尔们、肖们和吉布森们过世或者是退休的时候,可比的人们并没有取代他们的位置。很少有高等法院或联邦法官写出有力度和有说服力的判决意见书。当时的情况从来不是完全暗无天日,工作也从来没有完全枯燥乏味过。从 1882 年开始,具有大师风格的小奥利弗·温德尔·霍姆斯开始担任马萨诸塞州最高法院的法官。但是,普通法官在 1870 年或 1900 年的判决,似乎明显比 1830 年普通法官的判决差一些。

天才和风格不是历史上偶然出现的。判决意见书的衰落是有其社会原因的。法官们忙忙碌碌,案卷堆积如山,没有那么多时间来润色和重新整理意见。从容不迫的口头辩论风格导致了一种从容不迫的意见写作风格。所有这些都结束了。与首席大法官富勒的法庭相比较,马歇尔法院也许有更多的时间来思考、撰写、讨论和完善其判决意见书。匆匆忙忙的法官们倾向于用剪刀和糨糊把大量胜诉律师的诉讼文书作为法院的意见书。司法生活的条件或许已经阻塞了早年那种令人兴奋的创造力,阻塞了那些能够以宽泛、全面的原则展开工作的能力。

也许法官们不再是以前那样的人了。法官们可以说是代表(或者过度代表了)旧的、保守的美国价值观。然而,总的来说,1900 年的法官比 1800 年的法官更不可能是具有高度普遍文化的人,不太可能掌握英语的审美能力。当地的政治家不太可能在法官的座位上塑造出伟大的风格。此外,当时的司法决策理论也发生了微妙的变化。形式不仅仅是形式,它也是一个概念。法官现在不是法律的建设者;他们是现行法律的保护者。至少那是他们的面具或伪装。法官像以前一样行使权力,有时甚至是巨大的权力;但他们把法官的权力隐藏在法律主义的外衣后面;他们用术语行话掩盖自己的思想过程。这样做对法官们有两个明确的好处。第一,它提供了一个合法性的屏幕,以抵抗来自左右的攻击。法官不对不受欢迎的决定负责——因为他们可以主张是由于法律,也只有法律才能作出这样的决定结果。[44]在法官的书面意见中,用一连串列举的案例——"判决先例"——将这一立场推向了所谓的正轨。第二,形式主义强化了法官的主要主张之一:他们拥有阐明法律的唯一和专属权利。正如法官所认为的那样,法律似乎是难以置信地具有某种技术性和深奥性。并不是所有人都能来当律师或法官的,那些凡夫俗子对法学几乎一无所知。兰德尔的理论也提出了同样的观点,因此最受法官们的欢迎。

兰德尔把教科书和论文赶出了法律教育的殿堂。这些书籍失去了脸面,但也无关紧要。随着案件数量的激增,人们比以往任何时候都更加迫切地需要论著。没有一个作者敢再重述美国的全部法律了。但是,各种类型的文本和论著,在特定的主题上,源源不断地从印刷机上涌出,以赚取利润,帮助律师们开展工作。据估计(也许是保守的估计),大约有1000篇论文是在19世纪下半叶出版的。此时,这些都是谈论美国法律的专著,而不是英国法书籍的美国版本了。布莱克斯通现在已经无可置疑地过时了。现在有了新的最受欢迎的人——例如,西蒙·格林利夫的《证据学》和西奥菲勒斯·帕森斯的《契约法》。帕森斯(1797—1882年)第一次出版他的论著是在1853年;据推测,它的销量比任何其他美国著作都多,一位崇拜者谈到帕森斯的"赏心悦目"的风格,他的"法律知识糖衣丸"很容易被"吞食和吸收"。[45]当一部作品像帕森斯的作品那样受欢迎时,甚至此人去世或退出舞台之后,它也会被反复修订。出版商会雇佣其他人在这个有价值的名字的基础上继续进行。塞缪尔·威利斯顿于1893年编辑了第八版帕森斯《契约法》;小奥利弗·温德尔·霍姆斯于1873年编辑了第12版肯特的《美国法律评论》。[46]

大多数19世纪的专著在第一次出现的时候就没有足够的可读性,这对今天的读者来说简直就是一种折磨。查尔斯·沃伦(Charles Warren)列举了他认为写于1870年至1900年间的37部最重要的专著。[47]当时的确有一个律师们可以使用的法律书籍市场。这些书是按照实用主题撰写的法律实务书籍。忙忙碌碌的律师对有用的书籍有着贪婪的欲望,这些信息将权威信息编织成整洁的索引包。一些论著严格地论述了美国在新兴法律领域的发展:铁路、商业公司和侵权行为的法律。约翰·狄龙于1872年首次出版的《市政公司法》(*Law of Municipal Corporations*),是一本开创性的论著;历时9年的时间,这位法官在繁忙生活的"间隙"中完成了这本书。这本书在当时是有需求的,它的出版立即取得了成功。维克多·莫拉韦茨(Victor Morawetz)也致力于写一本关于公司的论著。这本书出版于1882年,并使他声名鹊起,后来他在律师业赚了一大笔财富。另外,约翰·奇普曼·格雷(1839—1915年)是波士顿一位杰出的律师,是"罗普斯和格雷律师事务所"的创始人之一,他还是哈佛大学的法学教授,他潜心研究普通法的深层问题,在一本阴暗沉闷的书(出版于1886年)中竭力探究"反永久性规则"(The Rule Against Perpetuities),这本书(按照当时的传统)从来没有人真正读过,尽管无数的律师和学生浏览了这本书的几页来寻找几丝光明。格雷还写了一本小书《对财产让渡的限制》(*Restraints on the Alienation of Property*),于1883年出版。

不足为奇的是,法学教授是论文中最多产、最成功的专著作者。

哈佛大学的埃默里·沃什伯恩（Emory Washburn）写了一篇关于不动产的论文（两卷，1860—1862年）；这篇论文取得了巨大的成功。正如我们注意到的，帕森斯的《契约法》是一本巨量的畅销书；帕森斯还写了另外7本专著。据报道，其中一本书给他带来了4万美元的财富，这在当时是一笔巨大的数额。密苏里州大学教授克里斯托弗·蒂德曼（Christopher Tiedeman）写了另一本关于不动产的热门专著（1884年）。兰德尔大胆地雇用年轻的全职教师和学者，而不是年迈的法官和律师，这创造了一种新的职业，即法学学者；至少在理论上，这些人可以把他们的大部分时间都花在法律文献的写作之中。他们的一些创造力投入到了案例编辑之中，而不是教科书或论文之中。兰德尔自己写的很少，除他的案例选编外。但总的来说，学者们确实产生了大量的法律文献。

最著名的专著是那些针对比较大的和基本的法律问题，诸如侵权法或财产法领域的议题。但是有许多高度专业化的书籍，比如1892年出版的爱德华·凯斯比（Edward Keasbey）的《街道和公路上之电线的法律》（*Law of Electric Wires in Streets and Highways*）。试图作出概括性的结论是危险的，但1870年以后的专著似乎比上一代最好的专著更加枯燥和缺乏想象力。19世纪后期的专著倾向于没有幽默感，没有人情味，与其说是赞美和指责，不如说是对法律的不加掩饰的阐述。詹姆斯·斯库勒（James Schouler）本人是一位专著作家[他的《动产法论》（*Personal Property*）第一卷出版于1873年]，他主张在综合归纳案件和其他法律材料方面有更多的技巧；在他看来，即使是这种才能当时也经常欠缺。当时的标准版本正变得像"蜂巢"般地布满各种注释，使正文似乎附属于脚注，而不是脚注的正文。[48]在这类书中，没有可以容纳评论和文化学术的空间。

从严格意义上为律师市场写的书中，我们不可能期望太多。但事实上,一般而言,当时从法律文献中可以得到的期望都不会太多。普通法思想,无论在大学内外,都是孤立和自成一体的。法律学术的主流文化被兰德尔的法学思想所感染,或因类似的原因趋于同一状态。很少有法律文献作者沉溺于社会评论或作出任何评论。高智商的约翰·狄龙在他关于地方政府的专著第四版的序言中解释道:"我们法理学上的任何作者都没有被授权以预言的方式发表自己的观点,或者去设计一个制度,或者对作者的观点赋予任何权威的认可。按照这一规则,最杰出的作者也不例外。"狄龙注意到了作者的"反思、批评和结论"的作用,但这是一个有限的角色,他的大多数同事从未有过这些"反思、批评和结论"。[49]1870 年以后,约翰·奇普曼·格雷的语气更能代表更好的法律专著——逻辑性的、伪科学性的、相当空洞无物的专著。这些作者往往倾向于将个人对社会价值和社会影响的看法局限于序言之中(如果有的话)。不过,也会有例外。乔尔·毕晓普,他写了许多主题——最著名的是家庭法专著、刑法专著——在他的文字中给出了生动、深刻的评论。甚至他也自豪地断言,在自己的书中,没有任何东西仅仅是理论上被认可的。他确信,"学生、法律实务工作者和法官"都需要"同样的学习内容",因此也需要同样的书。[50]托马斯·科格利(Thomas Cogley)1894 年写了一本古怪而又散漫喧嚣的书——《罢工法、工厂关闭和劳工组织》(*Law of Strikes*, *Lock-outs and Labor Organizations*),与其说是一本专著,不如说是一本宣传小册子。但是在 1900 年之前没有任何内容可以与约翰·威格莫尔有关证据学的专著(1904—1905 年)相提并论,他的专著既具有学术性,又具有批判性,是智慧发光的产物。格雷的风格直接影响了塞缪尔·威利斯顿在 20 世纪 20 年代关于合同的专著,从法律或社会思想的角度来看,它是一卷又一卷的诸多空泛文字。

从根本上说,法律文献是务实的;著名的论著和严格的地方手册

(甚至是一些潜意识的东西,比如写给法律职业以外民众的指南,类似"每个人可以当自己的律师"这类法律书籍)之间的区别,并不是有什么不一样,而只是程度上不同而已。当时的法律文献,除了一些例外,大多缺乏哲学或社会科学的内涵。欧洲法理学偶尔被研究;德国历史学派影响了詹姆斯·卡特(James Carter)的写作,而卡特是菲尔德的重要写作劲敌。约翰·奇普曼·格雷1909年的《法律的性质与渊源》(*The Nature and Sources of the Law*)一书写得相当好,至今仍值得一读。19世纪下半叶确实有一个法律史学派发展起来。它不关心法律制度是如何发展的;它的主题是普通法理论的历史,定义相当狭窄。因此,它主要是英国的法律史,也是相当古老的历史。詹姆斯·巴尔·埃姆斯的论文是这些作品中的佼佼者。

小奥利弗·温德尔·霍姆斯1881年探索法律起源类型的《普通法》(*The Common Law*)一书,是一部真实的经典著作,无可争议地成为美国人在1850年至1900年出版的最著名的法律书籍。[51]"法律的生命,"霍姆斯在这本书开头的著名段落中写道,"不在于逻辑,而在于经验。"这句话曾被无止境地被引用着,几乎成了19世纪20年代和30年代法律现实主义者的口号或座右铭。它一直是法学和法学研究的一条重要的,甚至是革命性的格言。对兰德尔和他的弟子埃姆斯来说,概念清晰和逻辑是法律的核心,或者至少是法律科学的核心。霍姆斯了解他们思想的这一方面,他称兰德尔为"最伟大的活着的法律神学家"。但是霍姆斯把逻辑看作是"新来的人为使自己体面而穿的晚礼服";"重要的现象是它下面的人,而不是外衣"。[52]然而,尽管他们的观点不同,霍姆斯在历史技巧上与兰德尔的弟子埃姆斯并没有相距过于遥远。霍姆斯最着迷的经验是一种普通法经验。他和埃姆斯一样渴望阅读年鉴;他在诺曼人和日耳曼人的材料中摸索着对普通法根源的理解。有时,他似乎更关心这些起源,而不是法律如何在他自己的那个时代中完善自身。

在学院之外,几乎没有任何关于法律历史的文献配得上这个名字。大多数有关"法官和律师的历史"的法律文献,其中有很多都是琐碎的和夸夸其谈的,其中重复的内容令人发狂。最糟糕的作品之一是约翰·贝尔顿·奥尼尔(John Belton O'Neall)关于南卡罗来纳州法官和律师的简约传记,这是一部两卷本的作品,发表于1859年。它的文字简直糟糕透了:

> 如果我们感激自由,威廉·亨利·德雷顿(William Henry Drayton)是一个不能被遗忘的名字。我看到它,如同一个从沉睡中刚刚醒来的人带着喜悦之情见证了白天的阳光一般。[53]

后来的许多历史都是由老律师的回忆拼凑而成的大杂烩。当"富裕时代"的新贵们变得年迈且有身份时,他们乐于讲述他们年轻时的业绩。他们的记忆并不可靠。不过,这些书偶尔保留了一些具有历史价值的传统和来源。法庭的历史只是稍微好一点;它们往往是一连串的逸事,不时地点缀着法官们的点点滴滴的描述。在这片荒野中,任何仔细和平衡的研究都引人注目。查尔斯·戴利(Charles P. Daly)法官撰写的《普通上诉法院的历史》(History of the Court of Common appeals)就是这样一本书,于1855年出版,篇幅虽小,但很有价值。

更持久和重要的专著是由宪法理论家撰写的。如果说霍姆斯的《普通法》是19世纪最重要的一本书,那么从20世纪的观点来看,写于1868年的托马斯·库利的《宪法限制》(Constitutional Limitations),是当时那个时代最重要的一本书。此书的完整书名是《论美国联邦各州立法权的宪法限制》(A Treatise on the Constitutional Limitations Which Rest Upon the Legislative Power of the States of the American Union)。本杰明·特威斯(Benjamin Twiss)声称,库利的书提供了"资本主义的……法律意识形态,它与一年前卡尔·马克思(Karl Marx)的《资本论》的出现几乎势均力敌"[54]。这当然是个非常夸张的说法。但这种看法是可以理解的。这本书的问世有些超前了;它出现在正当程序条款尚未充分生长之前。这本书预见到了某些事态的发展。最终,库利的书有了几个版本,法院的实践及时实现了这本书第一版中的一些预言,在后来的版本中,库利的论述成为既定的法律。库利的论文很有实用性;它为那些想要有限政府的人、那些害怕冲动和激进的立法的人、那些不想再对商业进行敌对的监管的人、那些不希望再有法律来帮助有组织的劳工和暴民的人提供了一个美丽的宪法理论。这种放任主义或社会达尔文主义的观点,在库利的专著的一些段落中得到了体现。库利自己并不像想象中的那么保守。[55]这本书写得很扎实,深思熟虑,是创造性思维的产物。它的实际影响是一个有争议的问题。正如我们所看到的,在19世纪末,有一些重要的案例,它们采取了保守的观点,就像库利的观点一样。这些案件中的法官经常引用库利的语言。因此,他似乎是许多宪法教义的真正来源。他确实为那些需要这些东西的人提供了权威解释和文本。但是最高法院并没有被库利催眠。其实,库利和法官们都深受类似思想观念的影响。其中一方写了一本书,另一方则作出了判决,双方都是出于类似的冲动而已。库利是一位社会秩序理论的设计师、预言家和宣传者,当时,"社会主义"的幽灵在上层社会掀起了恐慌的浪潮。有财产基础的公民看到大批移民涌入美国,对传统的美国价值观感到担忧,对他们来说,最高法院是一个强大的盾牌,保护国家免遭道德和政治崩溃。在下一个世代里,克里斯托弗·蒂德曼的著作《关于美国警察权力限制》(*A Treatise on the Polic Power of the United States*)一书比库利的观点更偏向右翼。克里斯托弗·蒂德曼关于有限政府的观点给了法院另一条可供参考的文本;然后,像蒂德曼这样的宪法理论家可以在他们的新版书中引用法院的判决,而法院则在这些判决中引用过他的专著的早期版本。[56]

法律期刊和案例汇编

在当西方出版公司开始出版《全国案例汇编》(National Reporter System)的时候,削弱了许多法律杂志存在的理由。这些期刊上充斥着一些关于法律的文章和评论;它们还带来了有关最近有趣案件的专业新闻。《奥尔巴尼法律杂志》(Albany Law Journal)、《中部法律期刊》(Central Law Journal)和圣路易斯的《美国法律评论》(American Law Review)、费城的《美国法律纪事》(American Law Register)和里士满的《弗吉尼亚法律期刊》(Virginia Law Journal),在19世纪80年代仍然存在着。[57]但它们继续存在的日子快要结束了。有一些专门研究保险、专利或公司法的期刊,1889年,托马斯·佩顿(Thomas B. Paton)在纽约创办了《银行法杂志》(Banking Law Journal)。《绿色书包期刊》创刊于1889年,是一种不受拘束的关于法律的有趣文章和评论的刊物。

一个更重要的事件是大学法律评论的诞生。《哈佛法律评论》(Harvard Law Review)第一期于1887年4月15日出版。它是由法学院的学生编辑的;每一期都包含了他们的一些作品,以及教授、律师和法官的作品。第一期刊物中,还包括了法学院的新闻,以及"学生从作为学校常规教学课程一部分的讲座中所作的笔记"[58]。这份刊物计划"每学年"每月出版一期,订阅价格为每年2.5美元,或每期刊物的单价是0.35美元。(到了2004年,个人订阅的价格是每年55美元,法人机构的定价是每年200美元。)这份刊物表示,它并不打算"与知名的法律期刊展开竞争",而是"告诉大家在哈佛的教学体系下都做了些什么"。然而,刊物编辑部的工作人员确实希望这份刊物能够"为整个法律行业服务"[59]。大多数文章都是在理论上讨论法律问题,或多或少是在兰德尔的思维模式下讨论问题的。但也有其他种类的文章。在第一卷中,威廉·邓巴(William H. Dunbar)写了一篇《无政府主义者在美国最高法院的案件》("The Anarchist's Case before the Supreme Court of the United States")的文章;塞缪尔·克拉克(Samuel B. Clarke)写了一篇《从正义的角度审视——对亨利·乔治的批评》("Criticisms upon Henry George, Reviewed from the Stand-point of Justice")的文章。[60]

《耶鲁法律杂志》在4年后于1891年10月出版发行,其第一篇文章是西蒙·鲍德温(Simeon Baldwin)的《投票权—信托》("Voting-Trusts")。随后还有其他法律评论期刊——比如1900年哥伦比亚大学的法律评论。事实证明,大学法律评论是对法律进行思辨性写作的适当工具。这是教学学者中的新一代短篇作品的完美出路。法律评论可以证明它是学生的培训工具,同时也是学术期刊;它不需要满足市场的直接需求。早期评论的写作并不是整齐划一的,但评论确实发表了一些杰出的文章。一个鲜明的例子是塞缪尔·沃伦(Samuel D. Warren)和路易斯·布兰代斯(Louis D. Brandeis)于1890年在《哈佛法律评论》中发表的《隐私权》("The Right to Privacy")的文章。[61]在几个零散的先例中,文章提出了一种全新的侵权行为——侵犯隐私权。由于普通律师奇怪的谦逊态度,这两位作者从未声称这种新的侵权行为是他们个人发现的。他们宁愿把它当作弃儿般的法律原则。他们引用这个或那个原则或案例,声称这个原则已经存在;只有法院和公众根本不知道表面之下存在着什么而已。他们提出的问题是:"现行法律是否提供了一项可适当援引的保护个人隐私的原则?"他们的回答是肯定的。法院对这一建议的反应并不强烈;但当更同情这一建议的时刻到来时,沃伦和布兰代斯留下的作品,就像库利之前在该领域里的理论一样,可以获得采用和支持。

还应提到法律文献的最后一种形式:案例汇编。这是兰德尔改革的副产品;1871年,兰德尔本人出版了第一本关于契约法的教学案例汇编。他的弟子和追随者后来都出版了自己的案例汇编书籍。[62]詹姆斯·巴尔·埃姆斯在1881年编辑了关于票据法的案例汇编。约翰·奇普曼·格雷出版了一本关于财产法的六卷本案例汇编(1888—1892年)。[63]早期的案例汇编既纯正又朴实,里面除了案例什么也没有。其中完全没有任何评论。在一起寻找、粘贴和编织案例并不像看上去那么简单。最好的案例书需要大量创造性的想象力。但是,这些直观的、备用性的书,极大地显示了教学风格中最突出的特征。这就是苏格拉底式的假面舞会:一种什么都说,又似乎一言不发的艺术。

注 释

[1] Quoted in Jack Nortrup, "The Education of a Western Lawyer," 12 Am. J. Legal Hist. 294 (1968).

[2] Even Western lawyer. See Nortrup, *op. cit.*, n. 1. Nortrup's article describes the education of Richard Yates, who combined law-office training with a course in the law department of Transylvania (1836).

[3] Alfred Z. Reed, *Training for the Public Profession of the Law* (1921), p. 433.

[4] Gary B. Nash, "The Philadelphia Bench and Bar, 1800-1861," in *Comparative Studies in Society and History*, vol. VII, No. 2 (1965), pp. 203, 207-8.

[5] Reed, *op. cit.*, pp. 444, 446.

[6] In 1970, seven states—New Hampshire, Nevada, Delaware, Vermont, Rhode Island, Alaska, and Hawaii—had no law school. By 1984 the list was down to three: New Hampshire, Rhode Island and Alaska; in 2004, Alaska was the sole survivor.

[7] Reed, *op. cit.*, pp. 451-52. On the University of Michigan Law School, see Elizabeth G. Brown, *Legal Education at Michigan*, *1859-1959* (1959).

[8] Albert J. Harno, *Legal Education in the United States* (1953), p. 82.

[9] E. G. Brown, *Legal Education at Michigan* (1959), p. 14.

[10] Maxwell Bloomfield, *American Lawyer in a Changing Society*, *1776-1876* (1976), p. 328.

[11] Gwen Y. Wood, *A Unique and Fortuitous Combination: An Administrative History of the University of Georgia School of Law* (1998), pp, 12-13.

[12] See Mark Bartholomew, "Legal Separation: The Relationship between the Law School and the Central University in the Late Nineteenth Century," 53 Journal of Legal Education 368 (2003); John H. Langbein, "Law School in a University: Yale's Distinctive Path in the Later Nineteenth Century," in Anthony T. Kronman, ed., *History of she Yale Law School: The Tercentennial Lectures* (2004), p. 52.

[13] Julius Goebel Jr., ed., *A History of the School of Law, Columbia University* (1955), pp. 57-58.

[14] On Michigan, see Elizabeth G. Brown, "The Law School of the University of Michigan; 1859-1959," 38 Mich. St. Bar J., No. 8, p.16 (1959).

[15] James A. Rahl and Kurt Schwerin, "Northwestern University School of Law; A Short History," 55 Northwestern U.L. Rev. 131 (1960); Reed, *op. cit.*, p. 185.

[16] In the late 1840s, the University of North Carolina established a professorship of law, under the direction of a high court judge, William Horn Battle. According to the university catalogue, the "department for the study of municipal law" was divided into two "classes." One, "the Independent Class," consisted of "such Students of Law as have no connection with any of the College Classes"; the "College Class" consisted of "such irregular members of College as, with the permission of the Faculty, may be desirous of joining it." The Independent Class was a two-year program, with "recitations three times a week"; the "College Class" recited once a week, and its recitations were "so arranged as not to interfere with the ordinary studies of College." The College Class took two and a half years to earn its L.L.B. "The Professor of Law and the members of the Independent Class" were not "subject to any of the ordinary College regulations." This system lasted until 1868, when the whole university closed its doors during Reconstruction. Albert Coates, "The Story of the Law School at the University of North Carolina," N. Car. L. Rev., Special Issue, Oct. 1968, pp. 1, 13, 14.

[17] David J. Langum and Howard P. Walthall, *From Maverick to Mainstream: Cumberland School of Law, 1847-1997* (1997), pp. 75-76.

[18] *Centennial History of the Harvard Law School, 1817-1917* (1918), pp. 22-23.

[19] Josef Redlich, *The Common Law and the Case Method in American University Law Schools* (1914), pp. 7-8.

[20] Quoted in Coates, *op. cit.*, n. 16, pp. 9-10.

[21] Goebel, *op. cit.*, n. 15, pp. 60, 89.

[22] Quoted in Arthur E. Sutherland, *The Law at Harvard: A History of Ideas and Men, 1817-1967* (1967), p. 166. There is a large literature on the Langdell revolution. In addition to Sutherland, see especially Robert Stevens, *Law School: Legal Education in America from the 1830s to the 1980s* (1984); and Thomas C. Grey, "Langdell's Orthodoxy," 45 U. Pitt L. Rev. 1 (1983).

[23] Langdell was not the first to teach through cases. John Norton Pomeroy used a case method at New York University Law School, in the 1860s. But Pomeroy did not "shape the whole program of a leading school" with this technique. J. Willard Hurst, *The Growth of American Law* (1950), p. 261.

[24] On the intellectual background, see Howard Schweber, "The 'Science' of Legal Science: The Model of the Natural Sciences in Nineteenth-Century American Legal Education," 17 Law and History Review 421 (1999).

[25] 3 So. Law Rev. (N.S.), 316, 317 (1877).

[26] Charles Warren, *History of the Harvard Law School*, vol. II (1908), pp. 405-6.

[27] *Centennial History of the Harvard Law School*, p. 35.

[28] Charles Warren, *op. cit.*, vol. II, p. 373.

[29] Quoted in Sutherland, *op. cit.*, pp. 187-90.

[30] On the spread of the Harvard method, see Stevens, *op. cit.*, pp, 60-64; on the revolution at Columbia, see William P. LaPiana, *Logic and Experience: The Origin of Modern American Legal Education* (1994), pp. 92-99.

[31] Quoted in Warren, *op. cit.*, vol. II, p. 509.

[32] Frank L. Ellsworth, *Law on the Midway: The Founding of the University of Chicago Law School* (1977), pp. 61ff; this represented a defeat for those forces led by Ernst Freund, who had been interested in infusing law training at Chicago with study of

administrative law as well as traditional subjects. See also William C. Chase, *The American Law School and the Rise of Administrative Government* (1982), pp. 46–59. On the struggle over the introduction of the case method at Wisconsin, see William R. Johnson, *Schooled Lawyers:A Study in the Clash of Professional Cultures* (1978), ch. V.

33 Ernest W. Huffcutt, "A Decade of Progress in Legal Education," *Report*, 25th Ann. Meeting ABA (1902), pp. 529, 541.

34 Schweber, *op. cit.*, at 463.

35 *St. Louis Republican*, Oct. 7, 1848, p. 3.

36 Reed, *op. cit.*, pp. 396–97.

37 Reed, *op. cit.*, p. 396; Stevens, *op. cit.*, p. 74.

38 There was also the opportunity to study law by mail. The Sprague Correspondence School of Law, in Detroit, claimed 1,472 students in 1893, 1 Law Student's Helper 143 (1893).

39 On the diploma privilege, see Reed, *op. cit.*, pp. 248–53.

40 Cal. Const. 1879, art. VI, sec. 4.

41 J. H. High, "What Shall Be Done with the Reports?" 16 Am. L. Rev. 429, 439 (1822).

42 Charles Warren, *A History of the American Bar* (1911), p. 557.

43 Karl N. Llewellyn, "Remarks on the Theory of Appellate Decision and the Rules or Canons about How Statutes are to be Construed," 3 Vanderbilt L. Rev. 395, 396 (1950); *The Common Law Tradition:Deciding Appeals* (1950), pp. 35–39. For Llewellyn, period-style was "a way of thought and work, not....a way of writing." But his analysis fits matters of style rather better than it fits the actual work of the courts; and of course what judges actually thought remains a mystery.

44 See, further, on this point, Morton J. Horwitz, "The Rise of Legal Formalism," 19 Am. J. Legal Hist. 251 (1975); Duncan Kennedy, "Form and Substance in Private Law Adjudication," 89 Harv. L. Rev. 1685 (1976). "Formalism" is hard to measure; and there is always a nagging doubt whether or not this is a useful way to characterize the work of the judges. Harry N. Scheiber has argued forcefully that "instrumentalism" sur-

vived and flourished in the late nineteenth century, despite the supposed triumph of "formalism." "Instrumentalism and Property Rights: A Reconsideration of American 'Styles of Judicial Reasoning' in the 19th Century," 1975 Wis. L. Rev. 1; see also Walter E Pratt, "Rhetorical Styles on the Fuller Court," 24 Am. J. Legal Hist. 189 (1980). On legal thought generally in this period, see Morton J. Horwitz, *The Transformation of American Law, 1870–1960: The Crisis of Legal Orthodoxy* (1992).

[45] Charles Warren, *History of the Harvard Law School*, vol. II, p. 312.

[46] Mark DeWolfe Howe, *Justice Oliver Wendell Holmes: The Proving Years*, 1870–1882 (1963), pp. 10–17; see G. Edward White, *Justice Oliver Wendell Holmes: Law and the Inner Self* (1993), pp. 124–27. There is an enormous literature on Holmes. See, for example, Robert W. Gordon, ed., *The Legacy of Oliver Wendell Holmes Jr.* (1992); Thomas C. Grey, "Holmes and Legal Pragmatism," 41 Stanford Law Review 787 (1989).

[47] Charles Warren, *A History of the American Bar* (1912) pp. 551–62.

[48] James Schouler, "Text and Citations," 22 Am. L. Rev. 66, 73 (1888).

[49] John F. Dillon, *Commentaries on the Law of Municipal Corporations* (4th ed., 1890), preface, pp. vii–viii.

[50] Joel P. Bishop, *Commentaries on the Criminal Law* (7th ed., 1882), xiv; on Bishop's intellectual world, see Stephen A. Siegel, "Joel Bishop's Orthodoxy," 13 Law and History Review 215 (1995).

[51] On the nature and contents of this book, see G. Edward White, *op. cit.*, ch. 5.

[52] Quoted in Howe, *op. cit.*, pp. 155–57.

[53] Vol. I, p. 13.

[54] Benjamin R. Twiss, *Lawyers and the Constitution* (1942), p. 18.

[55] See Alan Jones, "Thomas M. Cooley and the Michigan Supreme Court: 1865–1885," 10 Am. J. Legal Hist. 97 (1966).

[56] John Fattest Dillon, in his treatise on local government (1872), was also responsible for a few notions which became important in conservative decision making. See Clyde Jacobs, *Law Writers and the Courts* (1954), for a good assessment of the work and

importance of Cooley, Tiedeman, and Dillon.

[57] For a list of periodicals, see 21 Am. L. Rev. 150 (1887). Some of the reviews did not print cases, and were more strictly scholarly, like the later university reviews. One of these was the Southern Law Review, New Series, which Seymour D. Thompson began to edit at St. Louis in 1875. Thompson discontinued case digests, and promised to present instead "the *best legal thought* in America and Europe."

[58] See, for example, 1 Harv. L. Rev. 103 (1887).

[59] 1 Harv. L. Rev. 35 (1887).

[60] 1 Harv. L. Rev. 265, 307 (1888).

[61] 4 Harv. L. Rev. 193 (1890).

[62] Collections of cases were not entirely new. For example, Edmund Bennet and Franklin Heard published *A Selection of Leading Cases in Criminal Law* in two volumes, in 1856. In the preface they noted that the "selection of important Cases on different branches of the Law, and the elucidation and development of the principles involved in them, in the form of Notes," had become an "acceptable mode of presenting legal subjects to the Profession." Langdell's was the first collection, however, arranged systematically, in accordance with his theory of legal education.

[63] Interestingly, Gray arranged his materials to follow the organization of Emory Washburn's textbook on property, which had been published in 1860. See Sutherland, *op. cit.*, p. 152.

第十二章

法律职业：
工作

机敏的职业

根据一项估计，1850年，美国一共有21979名律师。[1]独立革命后，律师的人数增长很快。在19世纪的最后半个世纪里，这一数字甚至有了更大的增长。南北战争后美国经济的转型，深刻地影响了律师的需求，进而影响了律师的供给。到1880年，大概有6万名律师；到1900年，大约有11.4万名律师（在20世纪，增长将更大——2000年，大约有100万名律师）。

该行业的职能随着其数量的增加而变化。1848年的《纽约州民事诉讼法典》(The New York Code of Civil Procedure)标志着一种变革。该法典并没有终结律师对法庭工作的垄断地位。它并没有废除律师业中佶屈聱牙的行话和花哨技巧，这是律师们配备的一部分，就像医生们黑色袋子里的听诊器和工具一样。但该法典在某种程度上象征着法庭霸权的终结。程序法典之所以变得必要，首先是因为律师在诉状才艺方面的技能比较欠缺。他们在程序问题上不太确定。律师的工作不再以诉讼和法庭工作为中心。这是一个关于19世纪下半叶法律执业领域内的突出事实。大多数律师仍上法庭诉讼;但华尔街律师除了社交,可能从未与法官交谈过,他赚的钱比任何法庭律师所期望的都要多,声望也比任何法庭律师都要高。

法律本身正在改变。生活和经济更加复杂,特别是在商业世界,还有更多的事情要做,律师们的工作证明他们可以胜任。在这个过程中,没有什么是不可避免的。例如,在日本,这种情况并没有发生。法律职业可能变得越来越小和狭窄;律师可能变得高度专业化,比如英国的出庭律师(English barrister),或者像脑外科医生一样,把自己限制在一些罕见的、复杂的、有利可图的工作上。自动化和技术变革对律师来说是挑战,就像对其他职业的挑战一样。社会上的发明不断在取代律师的某些职能,并对律师职业构成威胁。律师职业要么适应,要么死亡。19世纪上半叶,律师们在调查核实不动产所有权领域中有所获利。南北战争后,产权调查公司和信托公司成为律师界有效的竞争对手。到了1900年,组织良好的公司也开始蚕食律师业的其他主餐:例如,收债和遗产事务。

尽管如此,当时的律师业还是兴旺发达的。这个职业在寻找新的工作和新的工作方法方面非常机敏。这个职业的机敏性无疑是由于律师业的特点:开放、不受限制和拘束,对敏锐而有野心的人而言,充满了吸引力。在如此不稳定的职业中,律师们不断地涌进涌出;许多人从事了商业或政治,因为他们无法在律师行业中谋生。还有其他的一些人则寻求了新的实践。无论如何,这个职业并没有缩小到(或上升到)一个狭小的、排他性的精英状况。甚至在1860年,这一职业比过去几年更大、更广、更多样化。1800年,费城的律师"主要来自一些有权有势的家庭"。1860年,来自中产阶级的比例要高得多——很多是店主、店员和小商人的儿子。[2]在马萨诸塞州,在1870年至1900年

间,与战前时期相比,从商业和白领背景(而不是专业或精英背景)招聘的律师比例有所增加。³

律师的对外关系始终是至关重要的。1870年以后,还有另一条抵抗竞争的防线:律师联合会(尽管从未叫过这个名字)这个组织积极地为保护这一行业领域的界限而斗争。从而,有组织的职业提高了(或试图提高)其行业"标准";并试图限制这个职业领域的准入标准,(最重要的是)试图抵制将该职业转变为"纯粹"的商业或行业。事实上,在此期间,律师并没有公司化经营,也没有完全官僚化。律师协会能够阻止公司化方式的法律实践。大型私人律师事务所能够与大公司的法律部门和家庭法律顾问进行竞争。至少就目前而言,私人律师保持了自己作为中产阶级工匠和企业家的独立地位。律师在美国生活中的作用从来没有得到明确的界定,律师的实际行为构成了法律实践的定义。这像是一个累赘的说辞,但它也表达了一个事实。这一行业的高层从未成功地关闭大门,以对抗新来者和外来者。他们梦想着一个组织紧密并像行会一样的律师协会。美国律师们羡慕英国大律师们的那种荣誉和安全感。但他们不可能有什么梦想,因为进出这个行业并不困难。

在华尔街和其他城市的同类街道上,公司律师在律师业中属于引人注目的新角色。但公司律师并没有让其他类型的律师停业。公司律师增补了律师业的内容。他们在一个已经由许多阶层组成的律师职业里又叠加了新的一层。在南北战争之前,最著名的律师是律师—政治家,他们在伟大的法庭上辩论着重大的案件,他们涉入政治领域;最重要的是,他们擅长于辩护艺术。丹尼尔·韦伯斯特(Daniel Webster)就是典型。镀金时代就再没有了丹尼尔·韦伯斯特这样的人。但擅长演说的政治家并没有完全灭绝。杰里迈亚·沙利文·布莱克是19世纪最多姿多彩的律师之一,他是其中一位著名的幸运儿。⁴

布莱克出生于1810年。他在律师福沃德（Chauncey Forward）的办公室里研习法律，通过对莎士比亚、弥尔顿和《圣经》的仔细研究，形成了他独特的演讲和写作风格。他在19世纪50年代在宾夕法尼亚州最高法院任职，在那里，他的辛辣的文笔为这些法律报告中原本干燥而脆弱的页面增光添彩。后来，布莱克在布坎南的内阁中担任司法部长（1857年）。后来，布莱克从加利福尼亚州的土地诉讼案中发财致富，他有时会在美国最高法院为这些案件进行辩论。南北战争后，他在米利根案（*Ex parte Milligan*）和麦卡德尔（*Ex parte McCardle*）这两个重大的案件中赢得了出色的胜利。[5]在蒂尔登—海斯（Tilden-Hayes）竞选总统发生争议时，他选择站在了民主党一边。他于1883年去世。布莱克是一名热情的律师和出色的演说家。他的口头辩论是完美无缺的；他可以连续几个小时发言，不需要参考他的笔记，也不会错误地引用一个案例。他独来独往，从来没有一间真正的办公室，长时间以来也从未有过任何合作伙伴。布莱克也没有任何固定的客户，他总是受雇于一个特定的案件。据说，他的收入是非常丰厚的。但是他没有保存任何记录，而且实际上，他很少按照固定标准收取费用。然而，仅在1879年的一个案件中，他就获得了28000美元的巨额收入。

像布莱克这样的律师很少，其中一个直接的传承者是克拉伦斯·丹诺（Clarence Darrow），他也是一个独往独来的人，也是一个戏剧性的法庭斗士，他惊人的职业生涯始于19世纪末。[6]其他现代例子有伟大的民权律师和著名的侵权和刑事律师；这些律师们并没有固定客户，其职业生涯取决于宣传和口碑。豪和赫梅尔这样的律所，也并不完全属于另类。一名税务律师可能有些害羞和书呆子气，但仍旧可以发财致富。但要成为像梅尔文·贝利（Melvin Belli）这样的侵权诉讼王牌律师，或者像塞缪尔·莱博维茨（Samuel Leibowitz）或虚构的佩里·梅森（Perry Mason）这样伟大的刑事律师，律师就必须要有更多的绝妙出色的要素。这些律师和检察官创造了伟大的职业生涯。例如,威廉·特拉弗斯·杰尔姆(William Travers Jerome, 1859—1934)在纽约的职业生涯,他是坦马尼·霍尔(Tammany Hall)的对手;正如托马斯·杜威(Thomas E. Dewey)后来所证明的那样,检察官可能在政界大展身手。[7]但想挣大钱主要来自其他地方——华尔街。19世纪末的华尔街律师是很低调的。华尔街律师对知名度既不渴望,也不需要。华尔街律师想要的是一群能支付丰厚律师费的稳定而永久的客户。

华尔街律师的崛起是这一时期法律职业生涯中最重要的事件。关于律师上层的第一手记录,并不常见。研究纽约凯威律师事务所的历史学家罗伯特·斯韦恩(Robert T. Swaine)详细介绍了这家华尔街律师事务所的兴起。[8]在19世纪的大部分时间里,这家事务所规模极小,是只有两名合伙人的事务所。苏厄德(Seward)家族和布拉奇福德(Blatchford)家族的成员是这个事务所早期历史上的主要人物。这个事务所最初设立在纽约州的奥本。1849年,当威廉·苏厄德(William H. Seward)成为联邦参议员时,他松懈了与事务所的联系。但他从未放弃法律事务的执业,尽管他的职业生涯使他进入林肯的内阁并担任了国务卿。19世纪50年代,该事务所从事了大量的债务收集、房地产和产权业务;律师们起草了很多遗嘱和信托契约。发明家赛勒斯·麦考密克(Cyrus McCormick)在1850年聘用这家事务所律师以申请专利。1854年,这家事务所搬到了纽约市。到那时为止,它在专利诉讼中已经很活跃了。北美银行(Bank of North America)和吉拉德信托公司(Girard Trust Company)也成了它的客户。

内战后,蓬勃、快速发展的公司成为该事务所最大的客户。事务所业务扩大,专利诉讼逐渐减少。事务所增加了新成员。1869年,查尔斯·达科斯塔(Charles M. Da Costa)加入了该事务所。他是海事法律的专家,但很快就被公司重组的工作吸引了。1880年,该事务所与库恩—洛布公司（Kuhn, Loeb & Co.）展开了合作，因此涉入了公司证券和金融方面的业务。威廉·格思里（William D. Guthrie）于1883年成为合伙人；维克多·莫拉韦茨（Victor Morawetz）这位专门研究企业事务的作者，也于1887年加入该事务所。从1880年到1900年，事务所的职业生涯与华尔街金融紧密相连；它起草公司合并业务的文件，为铁路公司的法律事务提供咨询，处理股东诉讼以及发行债券。1896年，莫拉韦茨退出事务所，成为圣菲铁路公司（Santa Fe Railroad）的总法律顾问；查尔斯·斯蒂尔（Charles Steele），这位19世纪90年代的合伙人，离开事务所去了摩根公司（Morgan）任职。事务所的初级合伙人们和小职员们仍在为大客户处理一些小诉讼；该事务所仍在最高法院参与案件的审理（之前提及格思里在所得税案中的作用），但合伙制事务所已成为华尔街公司的典范。它是大企业的受雇者和顾问，是金融结构的设计师；它不以诉讼为主要业务，而是避免了这些诉讼。

  凯威律师事务所的故事是一个持续成功的故事。它幸存到了今天。没有什么人去记录那些已经逝去的律师事务所。许多事务所成立、改革、分拆，并从历史上彻底消失了。[9]然而，还有一些在这一时期建立起来的事务所，其历史与凯威一样久远。这些事务所的主要发展历史与凯威大致并行——例如托马斯·希尔曼和约翰·斯特林事务所（Thomas G. Shearman and John W. Sterling）处理杰伊·古尔德大量纠缠不清的事务，后来又处理了威廉·洛克菲勒的事务。[10]还有高特兄弟律师事务所（Coudert Brothers），由3个兄弟在19世纪50年代创立。第四位合伙人于1877年加入该事务所。这人就是保罗·富勒（Paul Fuller）。他的故事真是一个"鸡窝里飞出来一只金凤凰"的故事。富勒是一名孤儿，由加利福尼亚州一个墨西哥家庭照顾，9岁时他不知何故回到东海岸，成了一个无家可归的街头儿童；高特兄弟的父亲注意到了他，因为他会说流利的西班牙语。高特把这个男孩带到了他的家里。后来他成了一个办公室小男孩,然后娶了一个高特家的女儿,最后成了事务所的合伙人。到1883年,高特兄弟律师事务所至少有8名律师——3名合伙人(其中一名创始兄弟去世)和5名合作律师,外加办事员、抄写员和其他人。高特兄弟律师事务所也是在国外开设分支机构的先驱——兄弟俩都会说两种语言,1879年他们在巴黎设立了一个办事处。[11]

当时,纽约并没有垄断律师执业。在其他城市,也有几条小小的华尔街似的街道。每个大城市都有一个律师协会,尽管规模比较小。在威斯康星州密尔沃基,芬奇、林德和米勒(Finches, Lynde & Miller)是领先的律师事务所,所里一共有4名律师。1879年,他们还有4名受雇职员,每人1100美元的工资。这个事务所一直活跃在房地产、遗产和信托事务,它是许多城市的主要商家的法律代理人。就像华尔街上的大型公司企业一样,这家事务所也在稳步发展,而且与这些公司一样,以某种类似的方式在发展。[12]洛杉矶一家大型律师事务所美迈斯(O'Melveny and Meyers)的发展纪事,讲述了当所有权业务面临枯竭时,这家公司的创始人如何将他的才能转移到市政债券业务上去。[13] 1902年,芒福德、亨顿、威廉斯和安德森律师事务所(Munford, Hunton, Williams & Anderson)成立时,它是弗吉尼亚州里士满最大的一家公司,有4名律师和1名兼职速记员。[14]在费城,摩根、刘易斯和博金尤斯律师事务所(Morgan, Lewis, and Bockius)的前身可以追溯到1873年。兰德尔·摩根(Randal Morgan)是一位创始合伙人的弟弟,他在这家事务所"研读法律",然后在1885年成为合伙人。他离开事务所后,成为联合煤气改善公司(UGI)的总法律顾问;毫不奇怪,联合煤气改善公司保留了该律所作为外部顾问(这种关系持续了一个多世纪)。[15]这种共生互利的现象并不少见。这对成长中的律师事务所来说是一个巨大的力量源泉。

总的来说,华尔街的那些大型律师事务所的领袖级律师们,以及其他城市的同类律师们,都是坚定的共和党人,他们持保守的观点,在信仰上属于标准新教徒,在传统上属于传统英国人的后裔。这些人也是律师协会的领导人。他们是在谈论"职业道德"的那些人。[16]但这些事务所里的律师们从来都不是铁板一块的。莫拉韦茨是南方民主党人。格思里是苏厄德律师事务所里最激进、最反动的合伙人,他是罗马天主教徒,他的职业生涯是从办公室小伙计开始的。另一位合伙人达·科斯塔是来自西印度群岛的犹太人后裔。查尔斯·奥康纳(Charles O'Connor,1804—1884年)是纽约审判律师界的主要人物,他出生于纽约,父母是爱尔兰人。还有很多律师有着爱尔兰的血统,比如查尔斯·戴利(1816—1899年),他是一位论著作者、律师和纽约普通诉讼法院首席法官。[17]当然,拥有良好的背景和文化兼容性将有助于一位正在向上崛起的律师。老牌律师对"凯尔特人"(Celts)、犹太人和其他不受欢迎的人涌入律师界从来都不太高兴。乔治·斯特朗(George T. Strong)在1874年的日记中称赞了哥伦比亚法学院应该设置入学考试的想法:"要么是大学文凭,要么是包括拉丁文的考试。这将把学校现在从杂货店里提拔出来的不入流的家伙们(大部分是德国犹太人)拒之门外,这些人目前竟然成了律师协会的绅士。"[18]优秀的外乡人也能偶尔达到华尔街或类似地区的天顶——路易斯·布兰代斯来自肯塔基州路易斯维尔的一个犹太家庭,在19世纪90年代,他是波士顿一位非常杰出的律师。但是,像布兰代斯和奥康纳这样的人,在某种程度上或多或少地采纳了主流文化的保护色彩,从而获得了成功。

妇女和黑人是真正的外来者。在19世纪70年代以前,没有一个女人会执业当律师。迈拉·布拉德韦尔(Myra Bradwell)夫人生于1831年,1852年与一位律师结婚,然后她学习了法律并通过考试。

1869年,她试图进入伊利诺伊州的律师业,但被拒绝了。她上诉,但遭遇了败诉。几年后,立法机关的态度有了缓和。另一个立法机构来拯救的州是马萨诸塞州。1881年,马萨诸塞州最高法院驳回了莉娅·鲁滨逊(Lelia J. Robinson)的申请。但6个月后,立法机关赋予妇女从事法律工作的权利;莉娅·鲁滨逊正式获准进入律师界。[19]早些时候,阿拉贝拉·曼斯菲尔德(Arabella Mansfield)夫人被允许进入艾奥瓦州的律师界,大约是在迈拉·布拉德韦尔夫人输掉官司的时候。[20]克拉拉·福尔茨(Clara Foltz)是加利福尼亚州第一位女律师。加利福尼亚州的一项法规将法律执业限制为"任何白人男性公民"。除了克服阻止她前进的所有其他障碍,克拉拉·福尔茨还必须努力使法律得到改变;但她的大力游说在1878年收效了,当时加利福尼亚州通过了一项法律,允许女性进入律师行列。[21]在当今这个时代,很难理解这几个勇敢、固执的女人所引起的恐惧和厌恶。作为能够对抗这样一种对她们有偏见并极为压迫的体制的女性,这在当时是非常罕见的。在19世纪和20世纪之交,大约有50名妇女在马萨诸塞州执业。1905年,费城只有3名女律师执业。[22]黑人律师在华尔街也不为人所知,而且都很少见。1870年的人口普查只列出了马萨诸塞州的3个黑人律师在执业;1890年北卡罗来纳州有14个黑人律师在执业;1900年得克萨斯州略微超过24个黑人律师在执业。[23]

对华尔街律师事务所一向有两项指控:一是它服务于其富有且或许冷酷无情的客户,而不是服务于公众;二是它扭曲了法律界,将自由、独立的技能人士变成了法律工厂的工人。这两项指控在19世纪末就已经显露端倪,而且从未完全平息。第一次指控很难被评估。大多数律师总是首先服务于自己的利益,其次是他们的客户的利益,最后才是服务于那种在概念上模糊不清的公共利益。毫无疑问,华尔街律师真诚地认为,他们是通过为财神和摩根这样的大客户服务来服务上帝的。[24]毕竟,律师们必须谋生。他们走向有金钱和业务的地方。至于第二项指控,大律师事务所的兴起和大企业的崛起必然会改变法律职业的神话和前景。一位大律师事务所的律师,很少踏进法庭,为大企业客户做预防性法律工作,他的工作和对职业的看法可能与单独工作的法庭诉讼专家并不相同。为了帮助发行价值数百万美元的债券,或者重组一条铁路,律师需要员工和专家,以及对所谓法律工厂的一定数额的投资。

事实上,以当时的标准衡量,律师事务所的发展(虽然以20世纪的标准来衡量属于小型事务所)是19世纪后期最引人注目的发展之一。南北战争前,拥有3个以上合伙人的律师事务所非常罕见。到了1900年,这样的事务所在华尔街和其他一些大城市变得更加普遍。1872年最大的事务所有6名成员,只有一家事务所规模如此之大。在世纪之交,最大的律师事务所大约有10名成员,大约有70家律师事务所有5名或5名以上的律师。半数以上的大律师事务所在纽约,而芝加哥则位居第二,但与纽约相比较相距甚远。总的来说,这种规模的事务所在整个律师行业中所占的比例很小,但它们的重要性和影响力远远超出了它们的成员的数量。[25]

大律师事务所比律师在单独执业中能够获得或需要更多的组织性。华尔街的事务所雇用了职员和助理。19世纪70年代,以克拉伦斯·苏厄德为首的事务所里,平均总是聘用3到4名法律实习生。除了办事员和速记员,这家事务所还有大约6名律师助理。律师实习生来了,他们担任办事员,学习法律并提供服务,一部分是为了他们自己的利益,一部分是为了事务所的利益。但早在1879年,克拉伦斯·苏厄德就写道:"我的办公室和我所熟悉的任何其他地方都没有向学生提供任何酬劳的习惯。"在19世纪末,这一制度开始发生变化。在"凯威事务所的制度"下,所有在办公室工作的律师都得到了报酬。实习生可以每月收到 30 美元。他们刚从法学院毕业就可以被录用。"律师助理"在一个"不向上晋升便离开"的制度中工作。几年后,他们要么"成为合伙人",要么不得不到别处去。后来,几乎所有的大事务所都用这个方式来运作。[26]法律办公室也开始使用电话和打字机。这些事务所开始雇用熟练使用机器设备的办公室职员。1899 年,克拉沃斯事务所开始建立档案系统,并雇用了一名档案办事员。1885 年,年轻的伊迪莎·菲尔普斯(Editha Phelps),一位牧师的女儿,向芝加哥威廉斯和汤普森公司提出申请。她自称"是一名一流的速记员和打字员并有两年的经验。期望得到 50 美元的月薪"。她后来被雇用了并在这个事务所工作了 10 年。[27]像埃迪莎·菲尔普斯一样,第一批出现在律师事务所的妇女没有从事法律执业工作,她们开始从事打字和速记的工作。

受薪律师在 19 世纪后期变得更加普遍。正如我们所提到的,大的律师事务所聘请的律师不是立即成为合伙人的,有些从来就没有达到这一级别。公司律师(即为一家公司全职工作的律师)在 1800 年是闻所未闻的,在 1850 年也非常罕见;到了 1900 年,这已经是一种老套的做法了。这些公司巨头雇用了它们自己的律师事务所,它们的工作人员中有律师作为服务者或合作者。其他大公司需要一大批律师来做他们的大大小小的法律事务。1885 年,保诚保险公司(Prudential Insurance Company)"开始要求其律师的专心致志;互助银行(the Mutual)和纽约人寿(New York Life)于 1893 年成立了它们的第一家全职律师事务所;到 1897 年,大都会人寿保险公司(the Metropolitan)有了一个索赔和法律部门"。[28]南北战争后,如果能担任主要铁路公司的总法律顾问,就是担任了一个声望很高、薪水很高的职位。威廉·约瑟夫·罗伯逊(William Joseph Robertson)离开弗吉尼亚最高法院,成为两家铁路公司的总法律顾问。19 世纪 80 年代,法官麦克拉里(G. W.

McCrary）离开联邦法院,在圣菲铁路公司担任了这样一个职位;堪萨斯首席大法官阿尔伯特·霍顿（Albert H. Horton）于1895年辞职,成为密苏里太平洋铁路公司（Missouri Pacific）的律师。[29]当时和现在一样,商业律师有时会晋升到最高管理层。托马斯·科克伦(Thomas C. Cochran)在1845年至1890年间研究了铁路领导人;他发现许多铁路总裁都是以律师身份开始的,比如北太平洋的弗雷德里克·比林斯（Frederick Billings,1823—1890年）便是如此。昌西·迪普（Chauncey Depew,1834—1928年）以律师的身份开始了他的职业生涯,先是担任铁路律师,然后是纽约中央车站的行政主管,并在1899年成为美国参议员。[30]大多数铁路律师没有达到这样的高度。当铁路的触角延伸到全国各地时,他们需要并雇用了数十名当地律师——购买土地、处理人身伤害诉讼,以及在社区中代表铁路公司的利益。[31]

在这一时期,小城镇的律师执业的变化要比大城市小。华尔街的律师和城镇中主要街道上的普通律师之间的差距相当大。在伊利诺伊州的一个小城市里,1874年的一家"顶尖律师事务所"的办公室里有143件案子。这些诉讼包括三个共有物的分割程序案件、一次离婚案件、一次申请令状案件、三项具体履行案件、三项附加程序、一项仲裁裁决和一项出售房地产以偿还债务的请求案件。其余的都是追讨债务事项,需要在治安法官、郡法官或巡回法院法官面前进行谈判或采取法律行动;其中22个是丧失土地抵押贷款抵押品的回赎权方面的案件。在整个一年中,这个事务所经常出现在法庭上,但仅仅限于前面提到的三个下级法院。[32]印第安纳州的律师后来回忆起了19世纪50年代印第安纳州第五司法巡回区的生活。弗莱彻、巴特勒和扬德斯律师事务所(Fletcher, Butler, and Yandes)是该司法巡回区中执业规模最大的事务所。但它的工作主要是"为东部的商人催收债务"。[33]

一个有职业启发意义的例子与詹姆斯·卡尔（James Carr）有关。

1850年左右,詹姆斯·卡尔从宾夕法尼亚州来到密苏里州。他先是在门罗郡一所乡村学校任教了几年,在那里他学会了弗吉尼亚口音(当地人对北方佬不太友好)。卡尔研读法律并在密苏里州派里市有一个面积不大(14英尺×14英尺)的办公室。因为他买不起一张桌子,"他把一块木板放在一张平底摇椅的扶手上,在上面学习和写作了一段时间"。在同龄人看来,卡尔相当博学,但作为法庭律师,他大致乏善可陈。他不是"一个对人性有很好判断力的人",并且他"发现与普通的乡村律师竞争是一项困难的任务"。到目前为止,卡尔的故事与许多其他乡村律师并没有太多不同,他们靠法律勉强维持生计。但是卡尔"继续用书本充实着自己的头脑",特别是关于公司法的书,1865年,他得到了汉尼拔—圣乔铁路公司(Hannibal & St. Joe Railroad)的律师工作,并搬到了密苏里州的汉尼拔。后来,他转到圣路易斯并在那里从事公司法方面的执业。当他在19世纪末去世时,他"给自己的家人留下了一份可观的遗产"[34]。"其他小城镇的律师和卡尔一样成功,有些人甚至更成功。"有些人没有在大城市生活也能发财。他们成为富裕的乡镇律师,就像富裕的乡村医生一样,他们的成功仅仅部分归功于法律的执业。法律是一个杠杆或开场的楔子:房地产、地方商业或政治成就是他们成功的车轮上的关键链条。

到了1900年,骑马巡回执业已经成为一种记忆,它成了以往黄金时期的一部分。甚至亚伯拉罕·林肯进入白宫之前,也可以用铁路来完成他所需要的一切旅行,从一个郡到另一个郡。然而,在这个国家比较偏远的地区,这种律师执业方式的一些浪漫色彩仍然很活跃:平原各州、遥远的西部、山区和沙漠州的一些地方。19世纪的西北地区穿着鹿皮的律师们和远西地区养牛小牛镇上、采矿营地上的律师们之间,一直存在着差异。但无论时间和地点如何,两者也有惊人的相似之处——即边境法律文化的共性。这些遥远的地方仍然吸引着充满冒险精神的年轻人：野心勃勃、接受过各种教育；他们在法律、商业或政治领域寻找财富，或者只是想要招惹些麻烦。戴维·达德利·菲尔德在东部为推动成文法而不断努力，并为那些生财无道的富贾们担任律师而赚到了钱；他的弟弟斯蒂芬（Stephen）在淘金热期间去了加利福尼亚。斯蒂芬后来成了加利福尼亚州马里斯维尔的镇长；在这里，他建造了一座框架式的房子，"为社区伸张正义——在一个干货箱后面开庭审案，把羊脂蜡烛用来照明"。他还通过土地投机赚了钱，曾经与他人决斗或险些与他人决斗；后来他成为加利福尼亚州最高法院的大法官，并从那里被任命为美国最高法院大法官。[35]在那个艰苦的时期，斯蒂芬执业于一个粗陋的社区。如果我们能相信堪萨斯州的一位律师（在新英格兰受过训练）所说的话，那么他在堪萨斯律师业中的同事们就是一群"无知和令人厌恶的蠢货"[36]。但说这些话的人本身也不是这样的人，斯蒂芬·菲尔德也是一个具有教育、文化和法律才能的人。他不是加利福尼亚州唯一的这类人。约瑟夫·鲍德温（Joseph G. Baldwin）刚从旧西南的"繁荣时代"来到加利福尼亚；1854年，他也在州最高法院任职。殖民属地的许多律师都曾经在东部受过教育。卢瑟·狄克逊（Luther Dixon）出生于佛蒙特州，在弗吉尼亚法官手下学习法律，并在威斯康星州工作了一段时间，然后在科罗拉多州定居；另一个科罗拉多州的律师约瑟夫·N. 巴克斯特（Joseph N. Baxter）于1892年宣称自己为"前波士顿执业律师"；同年，得克萨斯州的一位律师自豪地宣称自己是"1884年纽约市哥伦比亚大学法学院毕业生"。[37]

　　边疆律师的执业与早期的边疆执业如出一辙。杰姆斯·马瑟斯（James M. Mathers）在印第安领土上说："我们的执业必然是一种刑事法律方面的执业行为，并且大部分案件都是谋杀案。"[38]这种描述可能是个例外。土地法、债权法、房地产经纪和投机、货币经纪、托收工作、抵押工作——这些都是殖民人数比较少的地区的主要执业内容。19

世纪60年代,考德威尔(E. P. Caldwell)是达科他领地休伦的一名律师,在他的信笺头上表述自己的业务如下:"为东部的资本家申请贷款、为非本地居民提供缴税服务、为东部资本家进行的审慎投资;一般性法律,土地和债务催收业务、买卖房地产、美国国有土地业务及时处理,且有行业竞争力。"[39]得克萨斯州韦科市的一位律师曾在1892年做广告:"拥有一流的房地产抵押贷款能力。"在犹他州,同一年(1892年),由律师们组成的"美国债务催收机构"(American Collecting Agency)的报告说:

> 一个生意兴隆的商业年使我们能够扩大办公室,我们可以极大地保证客户的利益。我们已经增加了我们的人员,在犹他州的所有地区都有侦探调查员,并聘请了一流的通讯人员……除非我们追讨到了债务,否则我们不收费。我们的收费是合理的。我们会迅速汇款。对诚实的债权人来说,我们是上天的恩赐——对违法者来说,我们是一种天降的噩梦。[40]

并不是每个律师都有一个充满荣耀的追讨债务时光。但是,华尔街这类律师的执业方式在那些遥远的不毛之地是不可能的。不过,铁路方面的业务倒是个新奇之处。随着铁路向西推进,铁路部门经常需要当地的律师来处理沿途的事务。1889年,在达科他州,密尔沃基路的"助理律师"聆听到了年轻的托马斯·沃尔什(Thomas J. Walsh)在属地高等法院所代理案件的庭审。他对这名男子印象非常深刻;后来托马斯·沃尔什(这位未来的蒙大拿州参议员)被任命为达科他州雷德菲尔德铁路公司(railroad in Redfield)的"本地律师"。这使他有权在铁路上作为"自己人"而获得一个免费通行证。[41]矿业公司也需要熟练的律师,大地主、商人和农场主也需要律师。

一些西部律师几乎和探矿者一样四处奔走,他们从一个采矿营地走到另一个采矿营地,寻找着黄金。喜欢居家者留在了东部,而大多数东部的律师似乎都是喜欢固守居家者。[42]西部是浪迹天涯者的天地。托马斯·菲奇(Thomas Fitch)曾是密尔沃基市的编辑,也是内华达州制宪会议的成员。他在内华达州(1869年)、盐湖城(1871年)、旧金山(1875年)、亚利桑那的普雷斯科特(1877年)、明尼阿波利斯(1880年)以及亚利桑那的图森(1881年)从事法律执业。[43]詹姆斯·克拉格特(James Clagett)生于马里兰州,1850年随父母移居艾奥瓦州。1858年,他被允许进入艾奥瓦州的律师界;1861年,他搬到内华达的卡森市;1862年,作为领地的一员,金矿的发现吸引他于1867年来到了蒙大拿;在这里,他成为该属地国会的代表。1873年,他出现在科罗拉多的丹佛。后来,他把业务基地转移到达科他领地的戴克伍德(Deadwood),在那里,他"依靠大型矿业公司之间的阴谋和法律诉讼而发达起来"。1882年,他搬到蒙大拿的布特(Butte, Montana)从事采矿生意,接着,詹姆斯·克拉格特成为爱达荷州制宪会议的主席;1889年因为在爱达荷州政坛并不成功,他又搬到了华盛顿的斯波坎(Spokane, Washington)。他于1901年去世,克拉格特是"美国西部政治生活重要特征——流动性的一个极好例证。……当时,正是克拉格特这样的人在撰写成文法编写守则……并当选为诸如契据登记册、郡专员或地区代表等职务。他们是那些在荒无法纪的——坐落在山坳河溪之间的城镇中组织政党的人,而一大笔财富正藏在潮湿的沙土地里"。[44]

在遥远的西部各州,法律制度不得不仓促地从其他各州借鉴,或匆促地被创新;律师是唯一能够做这件事的人群。科罗拉多州的华纳·米尔斯(J. Warner Mills)在注释科罗拉多成文法的过程中留下了自己的名字。马修·戴迪(Matthew Deady, 1824—1893年)在俄勒冈州也做过同样的事。但他也是一个法律制定者。他起草了许多俄勒冈州的法规,1859年至1872年间,他在修订俄勒冈州法规方面发挥了关键作用,并自己亲自起草了许多立法。⁴⁵许多西部律师成为知名人士,当然,这些事情不仅仅发生在西部。他们中很少有人出生在美国西部。詹姆斯·米尔斯·伍尔沃思(James Mills Woolworth)生于纽约;1856年,他到了两年前才从土著部落手中夺回来的奥马哈定居。1896年,他当选为美国律师协会主席。查尔斯·曼德森(Charles E. Manderson)1899年担任美国律师协会的主席;他出生于宾夕法尼亚州,曾经在俄亥俄州执业;在内战期间升为准将军衔,并于1869年移居内布拉斯加州奥马哈,担任过美国参议员,后来在1895年成为伯灵顿铁路(Burlington Railroad)西线的总法律顾问(律师)。⁴⁶这些职业生涯并不典型,但也不独特。律师们很早就来到了边境繁荣的城镇,渴望快速发财致富。负责处理金钱和票据债务的律师们经常会在银行业和商业效力,以谋取更好的生活。一些律师需要其他收入来源来维持收支平衡。加利福尼亚州普莱瑟郡的一名叫摩根的律师从酒店房间里开始执业,并且除了法律,他还提供"簿记、书写和德语方面的课程"⁴⁷。对许多律师来说,政治是爬上杆头的最好办法。在这些小社区中,最大的企业之一是政府。政治是赖以生存的工作。对律师来说,郡、州、地区和联邦的工作是收入的来源;另外,也是表现他们自己资质的广告。政治、立法和法律管理,与征集工作和土地诉讼一样,也是律师执业的一部分。边远地区的律师"一直是个政客。在那里,法律和政治并驾齐驱。律师填补了所有受人尊敬的政府职位"。⁴⁸

律师同时兼具政治家身份的现象,并不仅仅是一种美国西部独有的现象。政治活动的中心地带,到处都有律师的参与。他们在国家立法机构中一直是一个有影响力的集团,有时是绝对多数。1850年以后的许多总统都是律师:布坎南、林肯、切斯特·阿瑟(Chester A. Arthur)、詹姆斯·加菲尔德、格罗弗·克利夫兰。从1790年到1930年,三分之二的参议员和大约一半的众议院议员都是律师;这一比例似乎保持了相当的稳定。各州州长中有一半到三分之二也都是律师。在南方的立法机构中,律师人数尤其多。北方的律师倾向于在州立法机构中代表大都会区的利益。[49]律师在各州的制宪大会上也表现非常突出。1872年宾夕法尼亚制宪会议的133名代表中,有103名是律师。[50]这也许是一个不寻常的比例;但在其他会议上,律师也蜂拥而至。在俄亥俄州,出席1850—1851年制宪会议的108名代表中有43名是律师;在1872—1874年的代表大会中,105名代表中有62名是律师。[51]

这并不是说公职需要法律技能,而是律师更善于获得和担任这些职位。他们本能地属于被法律执业所吸引的政治动物。公职事业有助于律师的私人执业,但这对于医生、银行家或农民来说,就另当别论了。1850年以后,公职律师也变得更加普遍。律师们总是会活跃在华盛顿、州首府、市政厅和郡的公职部门中。随着政府的发展,政府律师的数量也在增加。1853年,美国司法部长顾圣(Caleb Cushing)在两名办事员和一名信使的帮助下就完成了他所有的职责。1897年,司法部长约瑟夫·麦肯纳(Joseph McKenna)领导了一群值得尊敬的公务人员,其中包括1名司法部副部长、4名助理司法部长、7名"助理检察官"和1名"负责赦免的律师",更不用说还有3名法律办事员、44名普通职员和"其他雇员"(其中包括8名女职员)。"财政部律师办公室"(Office of Solicitor of the Treasury)有16名职员。[52]律师也分散在其他政府部门。律师在州和市一级也同样出现了数量上的增长。在19世纪最后三分之一的时间里,大城市的政府市政律师工作显得尤为重要。到了1895年,纽约市法律部"是全国最大的律师事务所";28名律师在那里工作,并有64名文书助理人员。[53]

律师行业的组织

在19世纪的大部分时间里,甚至没有一个组织尝试去代表整个律师行业或这个行业中的任何实质性的内容,或去尝试管理律师的行为。律师不时成立协会,主要是为了社会交往;但直到19世纪最后三分之一时期之前,并没有一个一般性的律师协会。1870年2月15日,一群律师响应1869年12月发出的有85个签名的请求,成立了纽约市律师协会,并将西27街20号的一所房子作为这个组织的总部。在第一年,约有450名律师加入了该组织,代表了该行业"混得挺不错的那部分人",即主要是富裕的商业律师,并由那些有老式英国派头的美国人来主持。[54]

最直接的背景是特威德的纽约*的臭名昭著的时期;腐败甚至似乎已经包围了纽约市的法院。正义似乎是在被明目张胆地出售着。获得不义之财的富贾们在用法院的禁制令和令状互相争斗;一些法官——例如巴纳德(Barnard)和卡多佐(Cardozo)——被认为显然是腐败的。1870年2月13日,多尔曼·伊顿(Dorman B. Eaton)——一位曾参与伊利诉讼案件的律师遭到毒打。律师界中"那些混得挺不错的人们"深感震惊;这起事件加快了他们对采取行动的愿望,新律师协会和其他任何组织一样,旨在"培养会员之间的社会关系"。但它还承诺促进"适当的司法管理";协会章程规定,该协会的宗旨之一是"维护法律职业的荣誉和尊严"。

这一行业的危机不仅仅是一场律师职业体面不体面的危机。还有一种真正的商业危机感。律师业感受到了竞争的热度。在19世纪末,任何贸易集团对商业威胁的反应都是组织起来反击。在为成立律师协会而召开的纽约律师会议上,詹姆斯·埃莫特(James Emott)抱怨说,这个行业已经失去了独立性。他说:"我们已成为众多从事同一行业的人士。而从事这一业务的人的目标和方法在很大程度上是由

---

* Tweed's New York,纽约的黑帮团体代称。——译者注

雇用他们的人决定的。律师们只是在做雇主想做的事而已。"[55]律师在联合起来时,会成为反对外部世界的力量。律师协会运动是在农民和工人也在组织起来的时候开始启动并传播开来的,而且就发生在职业许可证法大批出台之前不久。

这场运动很快就传遍了纽约以外的地方。1873年新罕布什尔州的律师协会成立。艾奥瓦州律师协会成立于1874年。艾奥瓦州律师协会在其短暂的生命中,讨论了如何提高获得律师执业资格的标准,以及是否需要制定法律来惩罚和取缔"不择手段的讼棍和行为不专业的律师"。协会还讨论了司法机构的问题,以及是否适宜制定一项法定的"收费法案"或费用制度。该协会也是一个俱乐部和社会组织。奥塔姆瓦的爱德华·斯泰尔斯法官(Edward H. Stiles)于1876年论述了关于"法律及其管理对一般文献的关系";法官詹姆斯·洛夫(James M. Love)在"歌剧院中聚集的非常优秀的观众面前",做了一次演说,这是"得梅因有史以来最具学术性的活动之一,有着丰富的历史知识、优美文风和哲学风格"。1881年,有人在一张"食品丰盛的桌子"前的祝词说,让人们为"好好地消化食品:它与律师的良心同在"而干杯。[56]城市里也有了律师协会,首先在辛辛那提市(1872年),然后在克利夫兰市(1873年)。[57]芝加哥律师也于1874年成立了律师协会,这个协会的发起其实是被"一群声名狼藉的无证从业者的活动"所激发的。1870年至1878年间,在12个不同的州成立了8个城市和8个州律师协会。他们中的大多数人,就像芝加哥和纽约的团体一样,都具有改革的意识,以及渴望改善律师业的形象和表现。[58]但他们的成功可能主要是社交方面的。纽约市律师协会对特威德和其他犯罪分子采取了非常缓慢和谨慎的行动;它在其他方面行动非常灵活,购买了一栋漂亮的楼宇,并在其中设立了一名图书管理员购买了不少古籍和一些律师的半身石膏塑像,以及一个装满酒的大容器,这些酒都是"按照附近的世纪俱乐部提供的特殊配方制作的"⁵⁹。

除了少数例外,州和市的律师协会没有向每个人开放;他们没有邀请整个律师界参加,诱饵只是向一个特定的团体,即律师界"那些混得挺不错那些人"发出要约。始建于1878年的美国律师协会也是如此。"来自21个司法管辖区的75名绅士"(全国大约有6万名律师)在纽约萨拉托加聚集一堂。⁶⁰康涅狄格州的鲍德温是主要发起人。该协会的宗旨是"推进法律科学,促进司法执行力和立法的一致性,维护这个律师职业的荣誉,并鼓励美国律师协会成员之间的友好交流"。在萨拉托加时期,美国律师协会对任务中的"律师之间的友好交往"部分给予了极大的关注;西蒙·鲍德温是一个很好的组织者,一个有信念的人;在美国律师协会的早期历史上,他留下了不可磨灭的印记。美国律师协会的进展十分缓慢。在1902年,协会共有1718名成员。但作为一个推动改革的集团,它并非无动于衷。⁶¹

从一开始,律师协会就通过各个委员会开展了大量工作。很早就任命了若干常设委员会——关于判例和法律改革、司法行政和补救程序、法律教育和律师资格、商法和国际法的委员会。1881年成立的讣告委员会报告了死亡成员的姓名和成就,将在年度报告中正式公布。然而,一群专门委员会致力于法律改革问题(例如,1888年就联邦法官的低工资问题成立的委员会),或律师法律行业感兴趣的问题(就商标问题在1898年成立的委员会)。在萨拉托加时期,美国律师协会从未真正澄清其与当地律师协会的关系。1887年,一群律师组成了一个相互竞争的组织——全国律师协会(National Bar Association),明确地打算作为地方和州律师协会金字塔的顶端。但后来的事实证明,这个协会的寿命是短暂的。美国律师协会还鼓励州和地方律师团体派代表参加其萨拉托加会议。起初,很少有人来参加;1880年的第三次年会——只有来自南卡罗来纳州的两名孤独的代表前来参加。到19

世纪末,美国律师协会获得了更多的尊重;来自29个州的80名代表认可参加1902年的年度会议;而实际上有41名代表出席了会议。

然而,1900年前的美国律师协会,尽管作出了种种努力,但事实证明,它只不过是一群体面、富裕的律师的聚会并享受着萨拉托加的舒适和优雅。它的主要意义也许是它以具体的形式表达了律师协会的"最优秀的人"对地位和组织的野心。在会议上的演讲和报告表达了关于法律改革的传统情绪,即保持该行业的体面、受欢迎和高薪的方式。律师界里的低级律师——救护车追逐者们(ambulance chasers),那些在刑事法庭后面闲逛的粗俗律师(sleazy lawyers),以及那些小规模的收债人(small-time debt collectors)——没有得到代表,也不受欢迎。会议的演讲者还表达了一种担忧,即大企业过于热情的拥抱可能会对律师界的独立性构成威胁。美国律师协会希望扮演一个平稳的、中庸的、温和的、有益的改革角色。

人们经常讨论法律的一致性。各州法律的混乱可能会扼杀州际业务。在一些州,宽松的法律可能会腐蚀其他州健全、更严格的法律。这一切都是可悲的事情。1889年,美国律师协会通过决议指示其主席任命一个由每个州一名成员组成的委员会,"比较和审议"关于婚姻和离婚、继承和"承认契约"的法律,并报告促进法律统一的措施。此后不久,纽约州设立了一个由3名"促进美国统一立法专员"组成的委员会。美国律师协会抓住了这一机会,向其成员兜售并向其他州推荐这一方式。1892年在萨拉托加组织了一次全国统一州法律专员会议,并开始与美国律师协会密切联系举行年度会议。会议的工作最终提出了一系列统一法律的建议,这些建议也得到了美国律师协会的认可,并向各州提出。

律师执业资格的获得

　　最不满意的是那些"混得挺不错的律师们",因为他们觉得成为律师实在太容易了。他们觉得全国的律师已经过于泛滥,这些律师中有许多是平庸的或还要糟糕。很少有州通过单一的机构或法院来控制律师资格。1860年,在39个司法管辖区中,有10个司法管辖区通过单一的机构或法院来控制律师资格;1890年,49个司法管辖区中有16个通过单一的机构或法院来控制律师资格。在威斯康星州,在1885年以前,未来想成为律师的人必须年满21岁,并具有良好的道德品质(不管这意味着什么);但根本没有教育背景的要求。律师资格考试包括由任何巡回法官在公开法庭上提出的几个问题,或由法官指定的一名律师审查员提出的问题。威斯康星大学法律系的毕业生和其他州获得律师资格的人,不需要进行考试。[62]换言之,"控制"是轻微的,即使在理论上实行控制的州也是如此;而且接纳标准是空泛的。地方法院每一次都通过了它们的律师资格考试,它们通常进行口头考试——考试太草率了,简直是个笑话。知名律师的推荐倒是比问题的实际答案更重要。在1890年之前,只有4个州设立了律师考试委员会;只有少数州要求进行笔试。像小奥利弗·温德尔·霍姆斯那样进入马萨诸塞州的律师行列也丝毫没有激发人们的信心:即该州可以选出一个霍姆斯,同时也拒绝那些不合格的人。上级法院的奥蒂斯·洛德(Otis P. Lord)法官任命了两名主考官;他们分别问霍姆斯几个问题;霍姆斯回答了这些问题,支付了5美元,并被录取成为律师。[63]查尔斯·弗朗西斯·亚当斯在律师事务所"大约20个月杂乱无章的研读"之后,去见了他的朋友和邻居——马萨诸塞州的乔治·比奇洛法官(George T. Bigelow)——并要求进行一次考试。比奇洛邀请他"进入州最高法院,当时他正在那里开庭"。"一个办事员递给他"一串考试问题,不过是一张信纸那么多。亚当斯说:"我尽可能地给他们写了答案……有几个……题目……我几乎一无所知。几天后,我在昆西车站的站台上见到了比奇洛法官,他告诉我,我可以到法庭前宣誓就职担任律师了……我其实可并不比一个稚童被授予律师资格好到哪里去。"[64]当时这事发生在19世纪50年代末。

在美国的其他地区,律师资格的取得更是敷衍了事。19世纪50年代,奇滕登(L.E. Chittenden)在佛蒙特州担任律师资格候选人审核委员会主席。两个年轻人来到他面前:"对任何具体法律问题,他们都像许多南非以打猎为生的霍滕托人(Hottentots)一样无知。我坦率地告诉他们,对他们来说,试图从事法律是麻烦的和危险的一件事,并会因他们的不当行为而被起诉。但他们乞求,祈祷,哭泣。"不管怎么说,他们想往西部走:"我非常自责地同意签署他们的证书,条件是每人买一本布莱克斯通的《英国法释义》、肯特的《美国法释义》和奇蒂的《程序法专论》,然后立即移居到一个西部城镇。"[65]詹姆斯·马瑟斯出生于1877年,他在坎伯兰修了两年的课程;这使他自动成为田纳西州律师界的一员,他立即搬到了印第安领地,此地现在属于俄克拉何马州的一部分:

> 我们走到法院,与基尔戈(Kilgore)法官握手。他检查了我在坎伯兰的一码见方的毕业证书,它需要卷起来才方便携带;然后他看着我的田纳西州的许可证;这些就足够了。接下来,我需要得到他的许可就能在他的法庭上执业了。

第二天,基尔戈要求马瑟斯和其他两位律师一起担任法律主考员,并对印第安领地律师资格申请人进行筛选。马瑟斯没有使用书面考试或设置问题。在他看来,花两到三个小时在餐桌上,或者轻轻松松地喝咖啡或酒就足够了,这足以让他得到所需要知道的一切。他并

第三部分 19世纪末的美国法律

不指望申请人"对判例法有很好的了解,因为我们中没有一个人有这个水平;但是,良好和合理的常识是还需要的"[66]。

曾经有一段时间,至少在书面的规定方面,的确有相当严格的入学教育要求。在南北战争之前,这些要求已经被大大削弱了。有4个州实际上完全取消了教育或培训要求:缅因州(1843—1859年)、新罕布什尔州(1842—1872年)、威斯康星州(1849—1859年)和印第安纳州(始于1851年)。[67]南北战争后,松弛的趋势发生了逆转,特别是在美国东部。1860年,39个州和地区中只有9个州和地区要求律师执业前需要最低限度的训练准备。1890年,23个法律管辖区要求律师执业前有一段正式的学习期或学徒期。1878年,新罕布什尔州成立了一个常设委员会来负责律师资格的考试。笔试越来越成为常态。[68]在这一发展过程中,律师协会在大力游说更严格的方式。其动机通常是多种多样和参差不齐的。许多律师真诚地想要提升这个行业的品质。这与一种更自私的欲望交织在一起,那就是控制律师的供应,不让降低律师服务价格的人和不受欢迎的人进入这个行业。可以说,控制是符合公众利益的事情。排除不良律师,与摆脱庸医,或是如同维持助产士或药剂师的培训政策一样,是对社会有益的;如同对理发师、水管工和死者防腐处理师(embalmers)的执照资格方面的法律那样,对律师行业同样可行。

注　释

[1] [John] *Livingston's Law Resister* (1851), preface, p. iv.

[2] Gary B. Nash, "The Philadelphia Beach and Bar, 1800-1861," in *Comparative Studies in Society and History*, vol. VII, No. 2 (1965), p. 203.

[3] Gerard W. Gawalt, "The Impact of Industrialization on the Legal Profession in Mass achusetts, 1870-1900," in Gerard W. Gawalt, ed., *The New High Priests:Lawyers in Post-Civil War America* (1984), pp. 97, 102.

[4] His biography has been written by William N. Brigance, *Jeremiah Sullivan Black* (1934).

[5] 71 U.S. 2 (1866); 74 U.S. 506 (1869).

[6] Darrow's career is described in Kevin Tierney, *Darrow: A Biography* (1979).

[7] On Dewey's career, see Mary M. Stolberg, *Fighting Organized Crime: Politics, Justice, and the Legacy of Thomas E. Dewey* (1995).

[8] *The Cravath Firm and Its Predecessors*, vol. I (1946).

[9] Wayne K. Hobson, "Symbol of the New Profession: Emergence of the Large Law Firm, 1870–1915," in Gawalt, ed., *The New High Priests*, pp. 3, 5.

[10] The firm has been chronicled by Walter K. Earle, *Mr. Shearman and Mr. Sterling and How They Grew* (1963).

[11] Virginia Kays Veenswijk, *Coudert Brothers: A Legacy in Law* (1994), pp. 1–58.

[12] This firm was the predecessor of the modern firm of Foley & Lardner, Ellen D. Langill, *Foley & Lardner, Attorneys at Law, 1842–1992* (1992), p. 80; see also Emily P. Dodge, "Evolution of a City Law Office, Part II," 1956 Wis. L. Rev. 35, 41.

[13] William W. Clary, *History of the Law Firm of O'Melveny and Myers, 1885–1965*, vol.1 (1966), p. 102.

[14] Anne Hobson Freeman, *The Style of a Law Firm: Eight Gentlemen from Virginia* (1989), p. 1.

[15] Park B. Dilks Jr., *Morgan, Lewis & Bockius: A Law Firm and its Times, 1873–1933* (1994), pp. 14–15.

[16] E. g., the leadership of the New York City Bar Association, see Michael J. Powell, *From Patrician to Professional Elite: The Transformation of the New York City Bar Association* (1988).

[17] Harold E. Hammond, *A Commoner's Judge: The Life and Times of Charles Patrick Daly* (1954).

[18] Quoted in Henry W. Taft, *A Century and a Half at the New York Bar* (1938), p. 146.

[19] Douglas Lamar Jones, "*Lelia J. Robinson's Case* and the Entry of Women into the

Legal Profession in Massachusetts," in Russell K. Osgood, ed., *The History of the Law in Massachusetts: The Supreme Judicial Court 1692-1992* (1992), p. 241.

[20] On Myra Bradwell, see 49 Albany L.J. 136 (1894); Nancy T. Gilliam, "A Professional Pioneer: Myra Bradwell's Fight to Practice Law," 5 Law & Hist. Rev. 105 (1987); on Arabella Mansfield, 4 Am. L. Rev. 397 (1870). Myra Bradwell's case was *Bradwell v. Illinois*, 16 Wall. (83 U.S.) 130 (1873). She based her claim on the Fourteenth Amendment. The Court, 8 to 1, denied her claim. In this notorious decision, Justice Joseph P. Bradley pontificated against the very idea of a woman lawyer: a woman's "paramount destiny and mission" was to "fulfill the noble and benign offices of wife and mother." This was God's will, apparently.

The resistance to women lawyers diminished only gradually. Even at the beginning of the twenty-first century, we hear about the "glass ceiling" in law firms; how hard it is for women to move up the ladder in the firms; and about the conflict between family life and professional life.

[21] On the career of Clara Foltz, see Barbara Allen Babcock, "Clara Shortridge Foltz, 'First Woman,'" 28 Valparaiso U.L. Rev. 1231 (1994).

[22] Gerard W. Gawalt, "The Impact of Industrialization on the Legal Profession in Massachusetts, 1870-1900," in Gawalt, ed., *The New High Priests* (1984), pp. 97, 104-105. Robert R. Bell, *The Philadelphia Lawyer: A History, 1735-1945* (1992), p. 206.

[23] Gawalt, *op. cit.*, p. 104; Frenise A. Logan, *The Negro in North Carolina, 1876-1894* (1964), p. 108; Maxwell Bloomfield, "From Deference to Confrontation: The Early Black Lawyers of Galveston, Texas, 1895-1920," in Gawalt, *op. cit.*, pp. 151, 152-53.

[24] Though not without a great deal of role strain, and even self-doubt. On the way in which lawyers in the period tried to reconcile their activities with their idealized conception of the legal order, see Robert W. Gordon, "'The Ideal and the Actual in the Law': Fantasies and Practices of New York City Lawyers, 1870-1910," in Gawalt, *op, cit.*, p. 51.

[25] The figures in this paragraph are from Wayne K. Hobson, "Symbol of the New Profession:Emergence of the Large Law Firm, 1870-1915," in Gawalt, *op. cit.*, p. 3.

[26] Robert T. Swaine, *op. cit.*, vol. 2 (1948), pp. 1-13.

[27] Herman Kogan, *Traditions and Challenges: The Story of Sidley & Austin* (1983), p. 48. Williams and Thompson was a predecessor firm to Sidley & Austin. Theron Strong, looking back over a long career, praised the work of the women office workers; he felt that "the presence of a right-thinking and dignified young woman in an office tends to elevate its tone"; such women had a "restraining influence...upon the clerks and students, preventing the use of language which might otherwise escape, and actions which might be open to criticism." Theron G. Strong, *Landmarks of a Lawyer's Lifetime* (1914), pp. 395-96. In Milwaukee, the first female employee of Finches, Lynde & Miller was one Daisy F. Wright, hired in 1899. Ellen Langill, *Foley & Lardner*, p. 104.

[28] Morton Keller, *The Life Insurance Enterprise, 1885-1910* (1963), p. 187.

[29] J. Willard Hurst, *The Growth of American Law* (1950), pp. 297-98.

[30] Thomas C. Cochran, *Railroad Leaders, 1845-1890* (1953), pp. 249, 309.

[31] William G. Thomas, *Lawyering for the Railroad: Business, Law, and Power in the New South* (1999).

[32] R. Allan Stephens, "The 'Experienced Lawyer Service' in Illinois," 20 Amer. Bar Ass'n J. 716 (1934).

[33] W.W. Woollen, "Reminiscences of the Early Marion County Bar," *Publications, Indiana Hist. Soc.* vol. VII (1923), pp. 185, 192.

[34] W. O. L. Jewett, "Early Bar of Northeast Missouri," in A. J. D. Stewart, ed., *History of the Bench and Bar of Missouri* (1898), pp. 54, 59.

[35] The most recent biography is Paul Kens, *Justice Stephen Field:Shaping Liberty from the Gold Rush to the Gilded Age* (1997).

[36] Quoted in Everett Dick, *The Sod House Frontier, 1854-1890* (1954), p. 450.

[37] *Hubbell's Legal Directory* (1892), Appendix, pp. 14, 197.

[38] Quoted in Marshall Houts, *From Gun to Gavel* (1954), p. 33.

[39] Howard R. Lamar, *Dahota Territory, 1861-1889: A Study of Frontier Politics*

(1956), p. 127.

[40] Hubbell, *op. cit.*, Appendix, pp. 206, 208.

[41] Walsh to Elinor C. McClements, Feb. 13, 1889, in J. Leonard Bates, ed., *Tom Walsh in Dakota Territory* (1966), p. 218.

[42] On this point, Gawalt's figures for Massachusetts are enlightening, Nearly 90 percent of the lawyers admitted to the bar in the state between 1870 and 1890 practiced in one town or city for their entire career; less than 5 percent moved out of state. Lawyers admitted before 1840 were much more mobile, geographically; only 70 percent practiced in a single town; nearly 18 percent left the state. Gawalt, "The Impact of Industrialization on the Legal Profession in Massachusetts, 1870–1900," in Gawalt, ed., *The New High Priests*, pp. 97, 102.

[43] Gordon Morris Bakken, *Practicing Law in Frontier California* (1991), pp. 13–14.

[44] Howard R. Lamar, *Dakota Territory, 1861–1889: A Study of Frontier Politics* (1955), pp. 68–69.

[45] Harrison Gray Platt, "Matthew P. Deady," in *Great American Lawyers*, vol. VII (1909), p. 357.

[46] James G. Rogers, *American Bar Leaders* (1932), pp. 90, 104.

[47] Gordon Bakken, *Practicing Law in Frontier California*, p. 12.

[48] Raymond T. Zillmer, "The Lawyer on the Frontier," 50 Am. L. Rev. 27, 35 (1916); for a similar point about California lawyers of the nineteenth century, see Gordon Bakken, *Practicing Law in Frontier California*, pp. 9–12.

[49] Willard Hurst, *The Growth of American Law* (1950), p. 352.

[50] Rosalind L. Branning, *Pennsylvania Constitutional Development* (1960), p. 61.

[51] See Isaac F. Patterson, *The Constitutions of Ohio* (1912), pp. 109, 176.

[52] *Official Register of the united States*, 1853, p. 154; 1897, vol. I, pp. 827–29.

[53] On these city lawyers, see Jon C. Teaford, *The Unheralded Triumph: City Government in America, 1870–1900* (1984), p. 61–64, Corporation counsel jobs were good stepping stones to success; talented young men held positions in these offices—men like Francis L. Stetson, in New York, who later became J. R Morgan's attorney; Clar-

ence Darrow was acting corporation counsel in Chicago in the early 1890s.

⁵⁴ On the formation of the Association, see George Martin, *Causes and Conflicts: The Centennial History of the Association of the Bar of the City of New York, 1870–1970* (1970); Michael Powell, *From Patricia to Professional Elite: The Transformation of the New York City Bar Association* (1988); see also John A. Matzko, "'The Best Men of the Bar': The Founding of the American Bar Association," in Gawalt, *op. cit.* p. 75; see also the remarks of George T. Strong, quoted in Henry W. Taft, *A Century and a Half at the New York Bar* (1938), p. 148; other details are in Theron G. Strong, *Landmarks of a Lawyer's Lifetime* (1914), ch. 6.

⁵⁵ Quoted in 1 Albany L. J. 219 (1870). Somewhat naively, Emott blamed the degeneracy of the profession on the New York Constitution of 1846, which brought in an elective judiciary and "broke down the bar."

⁵⁶ A. J. Small, comp., *Proceedings of the Early Iowa State Bar Association, 1874–1881* (1912), pp. 36, 37, 42, 83, 84, 141.

⁵⁷ An even older organization, of sorts, existed in Milwaukee, first organized in 1858 as the Milwaukee Law Institute. J. Gordon Hylton, "The Bar Association Movement in Nineteenth Century Wisconsin," 81 Marquette L. Rev. 1029(1998).

⁵⁸ J. Willard Hurst, *The Growth of American Law* (1950), p. 286.

⁵⁹ John A. Matzko, "'The Best Men of the Bar': The Founding of the American Bar Association," in Gawalt, *op. cit.*, pp. 75, 79.

⁶⁰ Alfred Z. Reed, *Training for the Public Profession of the Law* (1921), p. 208. Material on the early history of the ABA comes from Reed, Matzko, *op. cit.*, *supra*, n. 45; for the number of lawyers in 1880, see John M. Shirley, *The Future of Our Profession*, 17 Am. L. Rev. 645, 650 (1883).

⁶¹ On Baldwin's work, and the early history of the ABA, see Matzko, *op. cit.*, *supra*, n. 45.

⁶² J. Gordon Hylton, "The Bar Association Movement in Nineteenth Century Wisconsin," 81 Marquette L. Rev. 1029, 1039–1040 (1998).

⁶³ Mark deWolfe Howe, *Justice Oliver Wendell Holmes: The Shaping Years*, 1841–

1870 (1957), pp. 263-64.

[64] *Charles Francis Adams (1835-1915), An Autobiography* (1916), pp. 41-42; for a similar account, from 1861, see George A. Torrey, *A Lawyer's Recollections* (1910), p. 81.

[65] L. E. Chittenden, "Legal Reminiscenses," 5 Green Bag 307, 309 (1893).

[66] Marshall Hours, *From Gun to Gavel* (1954), pp. 28, 31.

[67] Reed, *op. cit.*, pp. 87-88.

[68] Robert Stevens, *Law School* (1983), p. 2.

第四部分

20世纪

第一章

成熟之年的利维坦

这本书的大部分内容与美国法律在独立革命和19世纪末之间的成长和发展有关。从那以后，100多年的时间过去了。19世纪，社会发生了革命性的变化，法律也发生了革命性的变化。一个300万左右人口的国家，人口主要集中在东海岸，此时已经变成了一个拥有7600万人口的强大国家。美国也已成为一个帝国：到1900年，它不仅横扫了整个美洲大陆，还吞并了夏威夷，并至少获得了少量海外领土——主要是波多黎各和菲律宾。曾经是一个农业的国家，现在是一个工业强国。革命时期最大的城市在1900年会被归类为小城镇：1900年纽约是一个大都市，而第二大城市芝加哥在乔治·华盛顿时代甚至还没有出现。1776年，每个州都还有奴隶制。在人口结构上，这个国家正在发生巨大的变化。科技也对美国人的生活产生了巨大的影响。铁路、电报和电话：在美国独立战争的邦克山战役和萨拉托加战役时代，这些都是做梦也想不到的。

在某些方面，20世纪的变化不那么引人注目，而在其他方面，则变化多端。这个国家在20世纪末的面积仍然差不多；事实上，当菲律宾在第二次世界大战后获得独立时，美国的版图就缩小了一些。人口大量增长了，可以肯定地说——超过2.5亿人；正如我们将看到的，人口结构发生了决定性的变化。社会与科技，是革命的主要动力。技术革命也许是社会革命的主要原因之一。这是一个汽车和飞机的世纪;广播、电影和电视的世纪;计算机和互联网的世纪;抗生素和避孕药的世纪。科技的每一项重大进步最终都对社会产生了深刻的影响,对法律也产生了深刻的影响。

人们对这个世纪的主要政治事件已经足够熟悉了。在20世纪,美国毫无疑问地成为一个世界大国。它在20世纪两次世界大战中都发挥了决定性作用;第二次世界大战结束后,美国无疑是世界上最富有、最强大的国家。它一度是唯一拥有原子弹的国家。欧洲被夷为平地;苏联是一个强大的巨兽,尽管受了伤却十分危险;日本是一个被占领的强国,其帝国已经化为碎片。然后是反对共产主义的冷战;在朝鲜和越南,冷战变成了一场热战。美国失去了对原子能的垄断;苏联拥有了原子弹和氢弹并将人送入了太空;在大多数有人居住的世界中,苏联成为美国的一个竞争对手。苏联占领并统治了东欧的大部分地区。毛泽东领导的中国曾是苏联的一个强大盟友,尽管这种关系最终变为冷淡。与此同时,西方的大帝国垮台了:英国、法国、荷兰和葡萄牙的殖民地变成了一群主权国家,两个超级大国争先恐后地争夺它们的好感——让它们倾向于自己的一边。

但在20世纪末,苏联突然崩溃了。它在东欧的卫星国挣脱了把它们绑在一起的绳索。苏联本身也解体了。15个独立国家从其废墟中诞生崛起。俄罗斯联邦是其中最大的国家,但它似乎正陷入贫困和腐败之中,受到犯罪的蹂躏和伏特加烈酒的困扰。到了1990年,美国已经成为唯一的超级大国,独一无二的、无可争辩的全球霸主。在军事和经济实力方面,没有其他国家能和它比肩。在人均收入方面,有一些较小的国家更富有;但美国则是既庞大又富有,其经济实力让任何其他单一国家都相形见绌。没人知道这个局面会持续多久。当然这不会是永远不变的。但就目前而言,这意味着美国的实力、美国的影响力、美国的文化和美国的经济在世界上有着特殊的主导地位;这也意味着美国的法律在这个世界上的特殊作用。

中心和外围

20世纪是一个中央与国家力量不断增长的世纪。从理论上讲,美国仍然是一个联邦共和国。在20世纪,最后的属地——俄克拉何马、亚利桑那、新墨西哥、夏威夷和阿拉斯加——成了州,并与其他州不相上下。(波多黎各的地位仍然不太明确。)半个世纪以来,美国一直是由50个州组成的联邦。事实上,各州并非不重要,即使在这个联邦政府拥有巨大权力的时代。从理论上讲,每个州都拥有主权。每个州都有自己的法律制度。这一点不可忽视。在20世纪末,如同20世纪初一样,大多数诉讼是州内诉讼,大多数法律是州法律。如果你要离婚,你要去州法院;你要去州法院请求在车祸中颈部扭伤的赔偿金,或者去州法院要求都市土地分区制的变动;强奸犯、醉酒司机、杀人犯和贪污者都在州法院受审。一般性的商法是州法。基本财产法也是如此。州和城市制定并执行了数千条影响普通人日常生活的规则。它们限制车速,并决定你的停车地点;为城镇起草建筑规范、管道规范和电气规范;管理干洗店、护士执照,并规定猎捕野鸡、牡蛎和白鹿的开放季节;控制着结婚、养狗、露天摊位卖蔬菜或经营一家酒馆的权利;州征收财产税并管理学校。有些钱来自联邦政府,但大部分学校的钱是州和地方的钱。地方学校董事会和学校系统在任何级别上都可能是政府最大、最重要的职能。各州也进入了高等教育领域。有加州大学和爱达荷州大学,但是并没有联邦大学。各州还为律师、医生、建筑师和殡仪员颁发执照。一个人可以是新罕布什尔州律师协会的会员,也可以是亚利桑那州律师协会的会员,但是并没有一个全国性的律师协会。事实上,没有所谓的"美国"律师这码事儿,只有加利福尼亚州的律师和佛蒙特州的律师等说法。同理,其实也没有全美国的驾驶执照。各州对司机进行考试,每个州都颁发自己的驾驶执照。各州和各城市还在管理福利系统方面承担重任并任劳任怨地工作;它们监督寄养事务,(当然是用联邦资金)为精神病患者和残疾人提供服务。因此,在 2000 年,各州仍然发挥了很大的作用。事实上,在规模上与 1900 年相比,它们征税更多,花费更多,监管更多,控制更多。地方政府也享有自己的权力和管辖权。如同各州和全国性政府一样,法律和政府的增加影响了城市、乡村、下水道行政区(sewer districts)和其他小型权力。从纽约市到密西西比州的威奇托和杰克逊(Wichita and Jackson),比 1900 年有更多的活动、更多的员工、更多的税收和支出。各州相对于联邦政府已经失去了权力,但从绝对意义上说,它们已经获得了好处。它们本身比以往任何时候都要庞大;而州法律仍然是有力和必要的。

所有这些都是真实的;但更引人注目的是联邦政府的成长故事。1900 年的联邦预算是 5.67 亿美元,2000 年是近 2 万亿美元。即便美元的价值比 1900 年低得多,但这仍然代表着一个惊人的增长。1900 年联邦雇员人数约为 20 万人;2000 年约有 280 万名联邦雇员。在富兰克林·罗斯福总统之前,每年 800 亿美元的联邦预算简直是不可思议的天文数字,属于科幻小说里发生的事情。现在,联邦政府每年都要花费的钱,是让罗斯福、肯尼迪或者尼克松都绝对感到吃惊的数字。到了 2000 年,用于战争和国防的支出,以及主要福利项目的支出,总计超过 1 万亿美元。社会剧变、两次世界大战和冷战、一场大萧条以及最重要的一场科技革命,成为联邦恺撒赖以为生的基础。用恺撒这个词并不过分。中央权力的主要受益者是总统和政府行政部门,而不是国会,甚至不是最高法院,尽管最高法院在 20 世纪也取得了巨大的进步,我们将看到这一点。担任总统职务的人已成为世界上最重要、最有权势的人,正如总统们所认为的那样。西奥多·罗斯福和伍德罗·威尔逊已经感受到了这个角色。富兰克林·罗斯福对此大加赞赏,并把它加以放大。哈定和柯立芝这几位对他们的工作带有点念头的小人物,属于不入流和例外的情形。软弱的总统——狭隘的人和狭隘的想法——仍然有可能出现(如果不是很可能的话),但总统位置则不可能软弱。

这个世纪的每一件事似乎都在密谋着使中央政府更加强大。禁酒令这个所谓"高贵的实验"(noble experiment,1919—1933年)——国家规模的禁酒令——喂养了联邦这个巨人。在某些方面,这是一项垂死秩序的最后立场,但无论如何,除非是在联邦基础上,否则禁酒令没有成功的机会。各州无力消灭对酗酒祸害的诅咒。在这种情况下,联邦政府被证明几乎一样无能为力;但它是唯一一个强大到足以尝试的实体。货物、人和观念自由地通过州界。铁路,然后是汽车和飞机,使得这些州际边界变得更加无关紧要——即便不是法律意义上的话,在文化和经济意义上的确如此。如果你从北达科他州穿越到南达科他州,景观和文化都不会改变。你已经从一个"管辖区"转到另一个"管辖区",但大多数人几乎没有注意到。

这些州过于软弱,无法消灭酒馆;它们也太软弱,无法控制电波、铁路或停止托拉斯,也无法提高在一个州生产并在其他所有州销售的食品的质量。此外,由于这个国家是一个巨大的自由贸易区,因为在州际边境线上没有边防军,也没有海关官员和检查;又因为一个工厂可以随意地从一个地方迁移到另一个地方,所以各州在真正意义上是相互竞争的。如果北方各州想要废除童工,他们需要联邦政府的帮助;否则,纺织厂可能会搬往南方,那里的法律对工厂里的孩子们不那么在意。从北方的角度来看,解决这一问题的唯一办法是制定一项国家法律,使南方各州统一起来。事实上,这项立法获得通过——关闭州际贸易以禁止用儿童的血汗生产的产品;但最高法院于1918年在"哈默诉达根哈特案"(*Hammer v. Dagenhart*)中宣布该法律无效。[1]国会再次尝试:1919年通过了一项法律,对雇用儿童的任何工厂或矿山的净利润征收10%的"消费税"。但最高法院再次否决了这项法律。法院认为,这并不是真正的"税收",而是另一个通过国家法律废除童工的误导性尝试。[2]

在社会进步人士眼中,"哈默诉达根哈特案"是美国最高法院臭名昭著的案件之一。在该案中,最高法院阻碍了通过关于社会问题的国家立法;在一些臭名昭著的案件中,最高法院阻碍了被认为是代表先进的社会政策的州法律。其中最著名的一个案例是我们前面已经提到过的"洛克纳诉纽约州案"(1905年)。[3]在这个案件里,最高法院否决了一项限制面包店工人工作时间的法律。法院认为,这项法律违反了联邦宪法。因为它"干涉"了工人和雇主达成协议的自由;这是对他们"自由"的损害。在这种情况下,最高法院实际上推广了自己的中央控制版本:它对各州实施了国家标准,不管这个标准是消极的还是倒退的。

并不是所有的最高法院判决都在前两个案子的框架之中。在"穆勒诉俄勒冈州案"(俄勒冈州,1908年)[4]中,如我们所见,最高法院支持俄勒冈州的一项法律,该法律规定工厂和洗衣房中的妇女每天最多工作十个小时。在俄勒冈州波特兰的大洗衣房工作的乔·哈塞尔博克(Joe Haselbock)要求格琪(Gotcher)女士工作更长的时间,他因此触犯了法律,洗衣房也被罚款。著名的"布兰代斯意见书"(Brandeis brief,由路易斯·布兰代斯指导下完成)收集了大量有关长时间工作对女性健康影响的证据。还有其他一些案例,但并没有像"洛克纳诉纽约州案"那么极端的案例。事实上,最高法院和州法院之间没有一致性。

然而,狭隘的、自由放任的决定至少代表了美国舆论的一股力量。

无论如何,在20世纪30年代里,"洛克纳诉纽约州案"那一类的判决被一扫而光。经济大萧条给富兰克林·罗斯福和他的新政带来了更多的力量。两次世界大战、冷战、越南战争,所有这些灾难性的事件把权力输送到首都华盛顿,而远离了各州和地方。原子时代只会加强这一趋势。毕竟,按在命系一线的按钮上的是美国总统的手指,而不是爱达荷州州长的手指。总统是"自由世界的领袖"(leader of the free world),而不是坦帕的市长(mayor of Tampa)。阿肯色州没有隐形轰炸机,俄亥俄州也没有核潜艇。

但是,权力向中央方向集中,不仅仅是一个军事方面的问题。联邦政府在今天的每一个领域都有一席之地,甚至在19世纪它根本没有发挥作用的领域,也是如此。福利法就是一个例子:20世纪以前联邦政府的作用显然是有限的,只是局限于救灾和退伍军人的养老金方面。各州负责福利和福利机构。在20世纪10年代和20年代,许多州通过了母亲福利补贴法,以帮助那些有孩子抚养的贫穷但值得过得体面一些的妇女们。1921年的《谢泼德—唐纳法案》是一项温和的联邦法案,旨在促进"产妇和婴儿的福利和卫生";它拨款给各州,帮助它们资助自己的项目。当时,妇女刚刚获得选举权;妇女组织支持《谢泼德—唐纳法案》,但遭遇到了巨大的反对力量。有人谴责这个法案是社会主义的,甚至还要糟糕;一位代表警告说,这只是往下走的第一步;不久将出现"政府对母亲的监督",甚至更严重的恐怖,例如"失业保险"。[5]不知为什么,这个法案被通过了。但即使是这种温和的努力也没有持续很长时间。《谢泼德—唐纳法案》在1929年被停止实施。[6]

但1929年也是股市大崩盘的一年,紧随其后的是美国经济最严重的萧条。大萧条给富兰克林·罗斯福和民主党带来了潮水般的选票;政治形势发生了根本的变化。各州政府一蹶不振,资金枯竭。失业像是一种流行病在蔓延。联邦政府进入了这些真空地带,一个又一个项目从华盛顿涌了出来。在1921年似乎无法想象的事情——失业保险——变成了现实。"新政"的重点之一是1935年《社会保障法》(Social Security Act)。[7]它承诺向老年人提供养老金。这也给老年人一个提早退休的动机。创造就业是"新政"的伟大目标之一。失业大军必须投入工作。新政的首批成果之一是大规模的公共工程项目。因此,《社会保障法》服务于各种不同的目的。其中最重要的是降低了国家对更激进的计划的热情,比如像弗朗西斯·汤森(Francis E. Townsend)博士构想的汤森计划,它承诺对每个60岁以上的老人提供每月200美元的养老金。《社会保障法》是一项复杂的立法。这不仅仅是一项针对老年人的养老金计划;它还包括许多其他形式的福利——向各州提供帮助"有需要的盲人"的补助;以及对受抚养儿童的援助。该法案广受欢迎,而且一如既往地受到欢迎。它是现代美国福利国家的基石。

　　从这个联邦计划开始,就没有回头路可选择了。接下来主要是增加这个计划的内容。20世纪60年代,在林登·约翰逊(Lyndon Johnson)的总统任期内,福利能量出现了新的爆发。约翰逊开始了一场"反贫困战争",其中包括"儿童教育领先"(Head Start)等项目。但他最显著的成就是医疗保险,一项面向65岁以上男女的医疗保健计划(Medicare);以及一项针对医疗贫困人口的医疗补助计划(Medicaid)。医疗保健计划加入了社会保障体系,这是一个非常受欢迎的几乎有些神圣的项目。联邦医疗保险有很多选民的支持:随着人们寿命的延长,老年人游说团体变得越来越重要;在大家庭变得越来越脆弱的时候,老年公民的子女不再需要支付母亲的医疗费用和父亲的髋关节置换。

　　联邦政府也开始对刑事司法有更大的发言权。禁酒令将注意力集中在了首都华盛顿。在埃德加·胡佛（Edgar Hoover）的领导下，联邦调查局（Federal Bureau）作为一个联邦机构，负责打击跨越州界线的犯罪活动。胡佛是一位宣传大师，也是一位集权天才。赫伯特·胡佛（Herbert Hoover）总统任命了一个联邦委员会负责审查犯罪问题，该委员会的主席是前总检察长乔治·威克沙姆（George W. Wickersham）。威克沙姆委员会在1931年出版了十四卷报告。第二次世界大战后，暴力犯罪大量增加，使这一问题再次被引上中心舞台。这个中心舞台指的就是首都华盛顿。但联邦政府的作用主要是向各州输送资金。1965年通过的《执法援助法》（Law Enforcement Assistance Act）的目的就在于此。它向地方政府和警察部队提供援助。联邦政府的努力与州打击犯罪的努力相形见绌，联邦政府的努力相当薄弱；但人们至少要向华盛顿寻求指导；而联邦政府官员的候选人则会吹嘘自己在犯罪问题上有多强硬，或者今后将会多么强硬。

　　教育也曾经完全是一件地方性的事务。重心仍然在各州甚至州之下的地方性学区。在有关财政、课程、教师和学生方面，有着非常密集、详细的州法律。但联邦政府也已经进入了这一领域。在1946年，一项联邦法律向各州提供资金，以支持贫困儿童的学校午餐。数以百万计的退伍军人按照1944年《退伍军人权利法案》（GI Bill of Rights）的条款进入了大学。当苏联把一颗人造卫星"斯普特尼克号"送入太空时，出现了一种全国性的恐慌——美国必须在一切方面都领先；联邦政府开始向科学教育投入资金。其他项目则将资金用于地方性教育。教育部于1979年成为内阁的一个成员。总统候选人开始谈论教育和控制犯罪的议题。国会最近提出的《2001年不让一个儿童掉队法案》（No Child Left Behind Act of 2001，这个标题反映了一种日益增长的趋势——在命名法规时使用双关语言和宣传的趋势）有长达数百页的详细规定。换句话说，或多或少、或主动或被动，联邦政府都已经成为社会控制各个方面的合作伙伴。

战争和萧条可能是反常的,但即使没有这些,中央政府也会继续其一往无前的增长历程。怎么会不是如此这般呢?甚至在19世纪末或者更早的时候,受过教育的人就清楚地看到,工业发展正在改变着世界。工业革命释放了巨大的社会和经济力量,就像从瓶子里冒出来的精灵一样。它创造了财富,也带来了问题。无论是罗得岛、阿拉巴马,还是俄勒冈,没有一个单个的州有足够的力量来处理这些问题。一个由小农组成的联邦制国家的原始概念,不再符合现实,甚至也与现实之间过于遥远。人口继续膨胀,但它越来越多地成为都市人口。居住在自己土地上或小城镇上的人越来越少了。大多数人在工厂、办公室和商店工作。他们除了自己的小房子之外,没有任何土地;他们靠雇主维持日常生活。后来,特别是在第二次世界大战之后,数以百万计的人搬到郊区,房屋、城镇和发展开发环绕着中心城市,它们有时甚至抑制了中心城市的发展项目。当然,联邦政府也参与了这一发展。首先,它借钱给退伍军人在郊区买房子。在20世纪,政府项目改变了美国的面貌,就像19世纪的土地测量和土地出让一样。

城市生活是相互依存的生活。但这不是小型的、面对面的群体的相互依存,也不是殖民时代的塞勒姆或威廉斯堡的相互依存。更确切地说,这是陌生人之间的相互依赖——从来没有见过卖家的买家,不认识买家的卖家;被交给"专家"手中的病人,而不是交给了老式的家庭医生;乘客依赖于他们从未见过的,也不知道他们姓名的司机或飞行员。所有生活在美国的千百万人组成一个单一的单位。他们是一个大国的一部分,也许更重要的是,一个庞大的经济和一个巨大的文化的一部分。技术创造了旅行和交流的新方式。在1800年,一个人或一条信息从国家的一端传到另一端要花几个月的时间。在1900年,由于有了电话和电报,信息在全国范围内迅速传播几乎不需要什么时间。实际的人体移动需要更长的时间,但快速的大陆列车把东西、南北联系在一起。在 1900 年,汽车是一种稀罕物,像是一种玩具,它们在街上是一种新奇的东西。用了不到 20 年的时间,这个国家就变成了一个汽车社会。汽车使旅行成为个人、私人的事情,成为一个有选择性的事情。火车有时刻表,汽车可以没有。1903 年,莱特兄弟在基蒂霍克驾驶着他们的小型飞机。在之后的几十年内,人们就以极快的速度进行着商业飞行。然后喷气式飞机来了。除了一些拥挤的城市走廊,空中交通使客运铁路几乎绝迹。2000 年的时候,对于坐在宽体喷气式飞机上的乘客来说,从纽约到洛杉矶的时间,比杰斐逊时代坐在白宫时从巴尔的摩到华盛顿的时间更短了。打个呵欠,喝一杯饮料,吃一顿糟糕的飞机餐饮,看一部电影,然后你就穿越了整个大陆——支付的是折扣的票价,仅此而已。电视和互联网意味着图像和信息可以在任何时候从国家的一端传送到另一端——事实上,可以在全世界传播。电视和互联网完成了广播和电影所开拓的一项工作,即一种同质化的大众文化:摇滚乐、牛仔裤和汉堡包的文化;动作片、电视情景剧和大联盟棒球的转播。

此外,美国人总是在不停地迁徙。他们从一个房子搬到另一个房子,从一个城市搬到另一个城市,从一个州搬到另一个州。然而,流动性是当地习俗、食物、言语习惯和生活方式的致命敌人。在政治上,美国似乎分裂成利益集团和身份团体。但在文化上,它处处都或多或少地被同质化了。所有的飞机场看上去都一模一样。所有的高速公路看上去也都一模一样。还有,所有的购物中心看上去都一模一样。现在,美国市场的范围确实是全国性的。20 世纪始于大规模生产商品的时代。20 世纪末涌现出大量的商店:连锁商店模式使安克雷奇和基韦斯特(Anchorage and Key West)的购物中心看起来如出一辙。小商人与连锁商店展开斗争——1927 年至 1941 年间,大多数州为了小商人的利益通过了一些法律,试图对连锁商店进行限制、征税和打击。最后,所有这些都是令人沮丧的失败。现在,没有什么比麦当劳、假日酒店、The Gap、维多利亚的秘密、星巴克、沃尔玛和其他类似的商店更富有美国味道了。从地理上看,美国的多样性是惊人的。外面的天气可能是暴风雪或热带暴雨;地形可能是沙漠、高山、森林或沼泽;但在消费和娱乐领域,所有这些都被夷为平地。当威奇托的人观看着与朱诺和劳德代尔堡的人一样的电视节目时,当你可以在丹佛买寿司,在缅因州的班戈市买百吉饼时,佛蒙特州的小城镇挤满了纽约的郊区居民,还有摩门教会在阿拉巴马州寻求皈依者——州除了作为一种方便的政治分支,还能有什么用处呢?作为"主权国家",作为某种独特的历史或文化的承载者,州从来没有太多的意义;不管它曾经是什么,现在它已经失去这些意义。关于州权方面的讨论很多,但州权的原意却永远消失了。试图复活它如同试图让一具尸体重获生命。有时候,必须承认,它是一具相当活泛的行尸。

在复杂的情形下,全国性文化和国民经济对政府的要求越来越高。当我们书写历史的时候,使用非主观的短语和令人恐惧的被动语态是很容易的,也是很有诱惑力的。我们很容易写到,政府变得越来越大,联邦权力越来越多,就好像人们在谈论一个自然的过程,比如化学反应,或者某种经过生物编程的进程,比如鸡蛋变成了鸡,或者花蕾变成了玫瑰。政客们也喜欢谈论臃肿的政府,就好像政府是一个贪吃的胖子一样——是个自己会生长发展起来的东西。所有这一切中有那么一点真理,但只有一点而已。帕金森定律(Parkinson's law)和官僚们的贪婪,确实解释了政府成长的原因。管理机构的人(不仅仅是政府)往往野心勃勃和贪婪;他们希望自己的机构、公司、医院、大学或任何其他机构都能变得越来越强大。政府内部当然有帝国建设者这样的人物。但是,即使许多在官僚系统中胆小怕事的人,也会为政府的规模作出贡献。这些谨慎的公务员们喜欢用规则、表格和繁文缛节来掩饰自己。然而,现代政府庞大的规模,从总体上来说,并不是来自公务员体系中的病态。所有现代政府都是庞大而官僚主义的。它们也都是建立在具体需求的基础上的,这些需求来自于具体的团体,这些团体对公共事务有着强烈要求,也就是要求政府的回应。

而大政府的成长也有一种雪球效应。政府做得越多,就需要越多的钱来资助自己;管理事务的人力也就越多。那么,大政府就成了一个主要的雇主,这给了它又一个控制经济的杠杆。它还产生了巨大的税收需求,以及满足这种需求的工具。19世纪末,正如我们所看到的那样,最高法院推翻了一项联邦所得税法,该法案是1894年国会通过的。[8]但国会并没有接受这一事实。1909年,参众两院都通过了一项宪法修正案——在参议院以一致表决通过并将修正案送交各州表决。1913年,有足够多的州批准了该法案。1913年,国会通过了一项所得税法。税率很适中,最高的是6%,只适用于真正高收入的人群,即年收入超过50万美元的人群(当时几乎没有人有这么高的收入)。事实上,根据这项早期的法律,只有2%的家庭不得不提交任何形式的收入申报。[9]之后,税率逐渐上升,但并没有令人震惊:1916年的最高税率为13%,仅适用于200万美元以上的收入群体。然而,在战争期间,税收一度增加:1917年第一次世界大战期间通过了战争财税法;所得税成为联邦资金最重要的来源。

第二次世界大战是一个更大的转折点。战争就像海绵一样吸收着金钱。战争给普通民众带来了所得税。在现收现付制度(pay-as-you-go system)下,直接从工人的工资中扣缴了税款。此时,税率急剧上升,战时最高税率是净收入的80%以上。税收筹划、避税(以及彻底的税务欺诈)已成为全国性的消遣。《国内税收法典》(Internal Revenue Code)发展成了一种怪物——这是这块土地上最累赘、最复杂的法律。自20世纪60年代以来,所得税税率大幅下降,共和党希望税率下降得更多。乔治·W.布什的政府推行了一项相当大的减税法案。但政府需要数万亿美元的经费,而且它们必须来自其他的某个地方。

尽管权力向中央政府转移,但美国政治中的诸侯制度仍未消亡。该系统继续拒绝绝对权力的任何暗示(除了总统对外交政策的控制;也许,在21世纪初,行政部门的"反恐战争"的某些方面也是如此)。一般说来,美国政府是一个杂乱无章的政府,像一块由破布制成的地毯。这种碎裂如同苹果派一样,很具有美国特色。其中有各种各样的制衡。每个人都制衡和否决其他人。审查者和制衡者包括选民、陪审团成员、警察和检察官、行使司法审查职权的法官、监察员(ombudsmen)、政党、官僚机构成员和许多其他行为者,其中一些行为者有正式的制衡;有些则没有,但在实践中,制衡恰恰是他们的所作所为。正式的结构本身是非常支离破碎的。有州一级和联邦一级。这些郡有一些(有限的)权力。无论是否有"地方自治",城市和城镇都与更大的管辖范围重叠。在某些情况下,它们直接与联邦政府打交道,像是其特别客户。除此之外,有一些很小的权力区域,它们在数量上几乎是无限的:下水道区、学区、减蚊区、空气污染区;以及像纽约港口管理局等强大的机构。这些地区和当局中的一些机构似乎对任何人都没有特别的责任;有些地区和当局拥有巨大的嘴,像是靠着驾驶者投掷的硬币和美元类的浮游生物而存活着;有些地区和当局则扩大到了惊人的规模。

自1900年以来,至少在一个重要的意义上,地方政府变得越来越不理性了。在19世纪,一个城市通常会随着人口的增长而吞噬更多的土地;当它成为一个城市中心的时候,它的边界会膨胀和延伸。这个过程在1900年左右停止了。自1930年以来,旧的大城市总体上被困在旧边界内,就像小囚室里的囚犯一样。在某些情况下,许多城市实际上已经失去了相当多的人口。1950年,圣路易斯的人口为856000人,1999年人口为334000人。南方和西部较新的城市更有"兼并土地"的能力。像得克萨斯州的休斯敦和加利福尼亚州的圣何塞这样的地方,能够吞没大片的边远土地。另外,对于大多数老城市来说,城市界限已经被固定和冻结。这些界限与城市生活的现实没有任何关系——与犯罪、垃圾收集、交通、教育或税基等问题没有任何合理的联系。当路易斯和底特律开始萎缩的时候,这并不意味着人们会回到他们的农场。恰恰相反:整个世纪,美国农村地区都在不断地失去地盘。来自小城镇和农村地区的人们逃往城市,仿佛一群野狗在追赶他们。或者更确切地说,他们跑到了大都会地区。现在这些都是巨大的建筑群,它们在无止境地扩张着;其中比如洛杉矶,几乎是无核心区域的奇观,它们没有任何中央核心,似乎群龙无首。大都会地区由多个辖区组成:中心城市、旧郊区、新郊区、城镇、村庄、城外地区。这些地方政府的碎片组织只不过是合并的社区而已,但在理论上,它们和波士顿或纽约市一样,拥有自治权力。这些小政府组织坚决抵制那些可能要吞没它们的巨大政府组织。他们希望统治自己的栖息地。特别是,他们希望抵制黑人和低收入人群的涌入。有数以万计的村庄,只不过是有限的契约组合形式,或是以公司法人形式的土地分区制;它们取个崇高的城市名称并显示出不相称的权力。对犯罪的恐惧,增加了人们躲在这些小飞地无形的围墙和壁垒后面的欲望。而且,越来越多的有钱人躲在看得见的围墙和大门后面:进入由房产主协会(homeowner associations)统治(甚至是独断专行)的"私人领地"(privatopias)之中。[10]

　　中央集权与地方主义的斗争就这样继续下去。它永远不会结束。也许没有理由让它结束。首都华盛顿和地方社区之间的平衡不是一个需要一劳永逸解决的"问题"。把统一性或缺乏统一性作为一个问题的想法,或者认为权力集中或权力下放要么是一个问题要么是一个解决办法的想法,都是可笑愚蠢的。在现实生活中,问题是具体的:贫穷、空气污染、恐怖主义、犯罪、经济增长缓慢、贸易平衡、少年犯罪或任何社会定义为不良之状况。结构特征是工具或效果。每一种情况都可能需要一种不同的法律架构。让堪萨斯州的威奇托决定是否应该与智利签订自由贸易条约将是荒谬的;但让首都华盛顿来决定是否应该在威奇托的居民区设立减速块(speed bumps)也同样荒谬。

然而,工具或效果并不是不重要的。最基本的问题是权力:权力位于何处?权力由谁来行使?法律制度的结构特征反映了权力的分配,同时也影响或延续了权力。对于一个目的而言,这是一种好的分配方式,但对于另一个目的而言,则是一种坏的分配方式。机构以不同的方式在运作。陪审团通常都出色地(有时是很出色地)在阻止一个过度干预的政府。如果陪审团拒绝定罪,政府就不能惩罚逃避兵役者。另外,在有偏见的南方,对黑人犯下罪行的白人或被错误地指控对白人犯罪的黑人,白人陪审团拒绝适用法律。侵权案件中的陪审团是疯狂的,从富人的深口袋里抢钱;或者是充当平民的代言人,以惩罚流氓公司并约束市场——这都取决于人们对这类事情的看法。总统的权力对某些事情是有利的,对另一些事情则是有害的。立法权、司法审查以及官僚层级体系也都是善恶兼备。没有任何一种可以包治百病和一劳永逸的良方。

正如我们所说,权力下放仍然是法律文化的一部分。人们似乎很珍惜他们的地方主义;当地的学校董事会,当地的下水道区划以及能够遏制中心城市衰败的小型郊区。地方分治在政治上是有用的,在政治上也是有吸引力的。当人民或团体要求中央控制时,他们不想要这样的大政府。很少有人会在意(他们为什么要在意呢?)政府在哪个层级上该大该小这码事儿。他们在意的只是结果。他们关心的是:他们是否感到自由或窒息。关于中央集权或分权主义的争论,是其他东西的代名词。在民权革命之前(和之后)鼓吹各州权利的南方人,并没有真正地宣扬政治理论。他们有一个购物清单,他们想要的东西,他们知道哪些商店在卖这些东西。白人至上的地位在清单上占了很高的位置。保守派仍在谈论各州的权利;但当涉及同性婚姻、医疗事故或原告能从商业被告那里榨取多少钱的问题时,他们疯狂地请求华盛顿将他们从地方性的精神错乱中解救出来。

此外,当地方人民和地方政府要求联邦干预时,他们对联邦控制并不真正感兴趣。他们想要的是钱,而首都华盛顿是可以从那里得到钱的地方。许多所谓的联邦项目并不是真正的中央控制项目,它们只是以立法的方式将钱分配给地方利益集团和权力团体而已。有时,这些项目会形成一种厚实的联邦监管结构;但从本质上讲,它们不过是一种输送资金的装置。高效的联邦税务机器收集资金并将其分发给各州、城市和地方当局。通常,根据法律,地方可以或多或少地使用这些钱,但受到相当宽松的一般性限制和控制。

因此,中央集权和分裂都是 20 世纪生活的事实。但是,如果一个人必须选择,更戏剧性的变化是中央政府强势的引擎,特别是在新政期间和之后。在理论上,似乎没有什么超越了国会和行政部门的权力,尽管在实践中,许多事情留给了各州和城市。在 20 世纪末,一个非常保守的最高法院都觉得中央集权已经走得太远了点儿。自 20 世纪 30 年代末以来,最高法院或多或少地放弃了对国会在经济领域的行动的控制。国会可以监管州际商业。它还可以监管任何影响州际商业的事情。这基本上意味着,几乎任何对人、商品或其他任何有潜在影响的东西,都是跨越州界或可能跨越州界的。甚至在新政时代之前,最高法院虽然在童工等问题上态度强硬,但愿意扩大商业条款的适用范围,因为这是为了最高法院所喜欢的东西。因此,《曼恩法案》

规定,为了卖淫或其他"不道德目的"将妇女运送过州边界是一种犯罪行为,这是最高法院完全可以接受的。[11] 1942 年的"威卡德诉菲尔伯恩案"(Wickard v. Filburn)是根据一项法律提出的,该法律是新政农业计划的一部分。[12] 该法旨在通过控制生产来提高农产品价格。俄亥俄州的一位农民罗斯科·菲尔伯恩(Roscoe Filburn)生产了比他被允许的更多蒲式耳的小麦。他为此受到了处罚。但菲尔伯恩在州际贸易中没有卖小麦,事实上,他根本没有出售任何小麦。这些小麦都是在他自己的农场里被吃完的。根据商业条款,国会怎么能告诉菲尔伯恩,他可以在当地农场上种多少小麦来供当地消费?但是,最高法院当时站在了政府一边。菲尔伯恩自己并不重要,但是如果有众多的伯恩这样的人,就会对州际商业产生影响——至少可以说是这样。

20 世纪 60 年代,国会通过了伟大的《民权法案》(Civil Rights Act)。例如,酒店和餐馆不能歧视非裔美国人。然而,对纯粹的私人企业,比如伯明翰的奥利烧烤店(Ollie's Barbecue),国会可以下命令告诉他们该怎么办吗?法院说可以,因为酒店和餐馆可能为州际旅客提供服务,或者使用跨越州际界限的产品。[13] 在"州际商业"的标题下,现在似乎没有什么事情是国会无法控制的。

但是,这显然是有限度的。1990 年,国会通过了《学区禁枪法案》(Gun-Free School Zones Act)。现在把枪带进学校是一种违反联邦法律的行为。毕竟,成千上万的枪支跨越了州界,那么为什么不制定一项联邦法律呢?得克萨斯州圣安东尼奥市一所高中的四年级学生阿方索·洛佩兹(Alfonso Lopez)带着一把 0.38 口径的手枪来到学校;他被起诉并定罪。1995 年,最高法院以 5 比 4 的微弱优势判决推翻了这项法律。[14] 州际商业的联系的确太薄弱。州际商业条款不是一张"空白支票"。如果政府打赢了这个官司,就不会有"对联邦权力的限制",甚至在"历史上拥有主权的领域"也是如此。

这个案件在学术界敲响了警钟：这是一场新战争的开场白，还是一时的幻想？最高法院保守的多数人对踩刹车相当认真，随后有少数案件表明了这一点。但是，即使是美国最高法院，也不能让死者复活。18 世纪的联邦制已经不复存在。不是罗斯福杀死了它，也不是新政，也不是自由派的最高法院。它被强大的社会、经济和政治力量扼杀了。它被铁路、电报、电影、汽车、电视、互联网所扼杀——这个名单可以扩展下去。它已经走上了一条不归之路。大海会退潮，但从不退缩，从不干涸。

然而，法院的这一举动不应被认为是一种怪癖——这是一个由四名年老的男人和一名年老的妇女在法院里组成的占了多数的信条学说。这些州际商业条款可能不会走得太远，但至少在象征意义上是有趣的。它们表达了美国人层次分明地反抗权力的坚定信念。这种信念以各种方式表现出来，其中一些我们已经讨论过了。从这个过程中得到的是一个微妙的平衡系统，这难以置信的复杂，但具有巨大的抗拉强度。它的缺陷也是巨大的。解体或改革是非常困难的。有时，由于它的复杂性，由于存在如此多的否决权集团，由于它对制衡的痴迷，它可能效率极低。[15]

奇怪的是，地方主义并不意味着普通美国人对其社区所发生的事情给予了极大的关注。普通美国人很难让自己投票给总统，但至少他们知道总统是谁。他们每天都在电视上看到他。如果问同一个人，在斯普林菲尔德市或奥尔巴尼市代表当地的众议员是谁，你会看到此人两眼空洞。是地方议员还是市议员？他就一点儿都不知道。由于受益于媒体的缘故，政治已经成为全国性的购物中心和连锁店。

注 释

[1] 247 U.S. 251（1918）.

² *Bailey v. Drexel Furniture Co.*, 259 U.S. 20 (1922).

³ 198 U.S. 45 (1905). On the *Lochner* case, see above, Part III, ch. 9. See Howard Gillman, *The Constitution Besieged: The Rise and Demose of Lochner Era Police Powers Jurisprudence* (1993).

⁴ 208 U.S. 412 (1908); see above, Part III, ch. 9.

⁵ Quoted in Theda Skocpol, *Protecting Soldiers and Mothers: The Political Origins of Social Policy in the United States* (1992), pp. 500–501.

⁶ On Sheppard–Towner, see Molly Ladd–Taylor, *Mother–Work: Women, Child Welfare, and the State, 1890–1930* (1994); Skocpol, n. 5 *supra*, ch. 9.

⁷ 49 Stat, 620 (act of Aug. 14, 1935).

⁸ *Pollock v. Farmers' Loan and Trust Co.*, 157 U.S. 429 (1895); 158 U.S. 601 (1985).

⁹ The law was 38 Stat. 166 (act of Oct. 3, 1913); on the scope of the act, see John E. Witte, *The Politics and Development of the Federal Income Tax* (1985).

¹⁰ See Evan McKenzie, *Privatopia: Homeowner Associations and the Rise of Residential Private Government* (1994).

¹¹ *Hoke v. United States*, 227 U.S. 308 (1913).

¹² 317 U.S. 111 (1942).

¹³ *Katzenbach v. McClung*, 279 U.S. 294 (1964); this was the case coming out of Ollle's Barbecue. On hotels, see *Heart of Atlanta Motel v. United State*, 279 U.S. 241 (1964).

¹⁴ *United States v. Lopez*, 514 U.S. 549 (1995).

¹⁵ For a brilliant critique and explication, see Robert A. Kagan, *Adversarial Legalism: The American Way of Law* (2001).

第二章

法律的发展

民事责任案件激增：劳工赔偿

20世纪最引人注目的发展之一是所谓的民事责任案件的激增：侵权责任案件的大幅度增加，主要是人身伤害案件。19世纪——特别是早期——建立了侵权法，正如我们所看到的，这个领域几乎是从零开始的；法院（主要是法院）创造了一个庞大而复杂的结构，一个拥有许多房间、会议厅、走廊和有限责任精神的系统。20世纪则正忙着把整个系统拆卸掉。正如我们所指出的，这一进程开始得早得多。最早消失的教条之一是同伴雇员规则。到了1900年，这个规则已经不太好用了。它仍然是无情的，它仍然切断了大多数的法律诉讼和工人的要求，但它不再有简单或高效的优点。律师费、保险费、诉讼费：这个系统既昂贵又缓慢，中间商拿走了部分或大部分的钱；这个系统就像一个被绦虫侵扰的身体。在20世纪头十年，国会在《联邦雇主责任法》（Federal Employers' Liability Act）中废除了针对铁路工人的这个规则。[1]许多州也废除或严格限制了这一规则。1900年至1910年间，人们对替代方案进行了激烈的辩论和讨论——特别是某种形式的赔偿方案。整个工业界都反对这一想法，但商业界的阻力逐渐减弱。也许即使对雇主来说,补偿计划也是有意义的。它可能会购买到某种程度的产业界的平和。英国和德国已经有补偿计划,这似乎是可行的。1910 年,纽约州通过了一项赔偿法规。但这部法律后来被宣布违宪。[2]接下来是威斯康星州(1911 年),这次是完全成功的。其他州现在通过了自己的版本,试图避免纽约州法律的陷阱。最高法院后来裁定——这是最常见的合宪方案。到了 1920 年,几乎所有的州都通过了这样或那样的劳工赔偿法。坚守到最后的是密西西比州,该州在 1948 年也加入了这一行列。

劳工赔偿不是凭空而来的。[3]除国外模式外,还有国内模式:保险计划,包括职工合作性保险计划。[4]无论如何,当时的劳工赔偿在出现时是一种折中的制度。每一方都做了一点儿妥协,也各自得到了一点儿好处。工人得到了赔偿。如果你在工作中受伤了,你就会得到赔偿;你不必再证明别人的过错了。混合过错也不再是一个问题:即使是一个愚蠢、粗心大意的工人也有权要求赔偿。1943 年发生在威斯康星州的"凯瑞赛斯特诉工业委员会案"(*Karlsyst v. Industrial Commission*)[5]中,一名卡车司机的助手在一辆行进中的卡车上向外小便,结果摔下来受了伤。至少可以说,这是愚蠢的行为。在 19 世纪,他的案子将是双重无望的:同伴雇员规则加上混合过错,会剥夺他提出索赔的机会。但这是在现在,而不是在那个时候,这个工人还是得到了赔偿:他在工作中受伤了,他自己的粗心大意完全无关紧要。

赔偿法去除了同伴雇员规则,也消除了风险承担的原则。除非工人酗酒,或者故意想伤害自己,工人都有权得到赔偿。另外,法令规定了确定雇主必须支付费用的计算公式:医疗费用和工人损失工资的固定百分比;但这里有一个明确的上限。例如,在威斯康星州,根据 1911 年的法律,一个完全残疾的工人可以在其残疾持续时间内得到他平均周工资的 65%,最多不超过其平均年收入的 4 倍。但这是一个劳工所能达到的最高额度。⁶法规还通常为"永久性部分残疾"规定了明确的价格;还对身体部分受损或缺失——手臂、腿、手指、脚、眼睛或耳朵,都一一规定了价格。这名雇员不仅不能得到更少的赔偿,而且也不能得到更多的赔偿。不再进行陪审团审判。不再有像中彩票一般的诉讼机会了。但并没有高额的赔偿金。没有金钱来赔偿精神上的痛苦。尽管如此,雇主们还是很感激的。换句话说,双方都各有输赢。

  理论上说,只有中间人才是输家。工人赔偿可以消除事故的困扰。它将消除对律师、理赔员、保险经纪人等的需求。总的来说,它做了它应该做的事情。大多数工作事故——事实上是绝大多数的事故——从一开始就由董事会和委员会处理得很顺利,而且也毫不费事。但新法规确实产生了足够多的判例法,让一些支持该体系的人感到惊讶和失望。判例法以及后来的法规也开始推动这一体系进入新的领域,这是一个在20世纪初期会让改革者感到惊讶的方向。推动工人赔偿运动的是典型的工业事故:数以千计的工人在矿场、工厂、铁路场惨遭残障和死亡,他们都是工业革命的死伤受害者。事实上,俄克拉何马州的一项早期法规特别限于"危险职业",甚至列出了这些行业的名称:工厂、高炉等。"文职工作者"(clerical workers)并没有这种保障。⁷早期的法规也没有涵盖职业病(occupational diseases)——如果这份工作损害了工人,或者只是慢慢地使他精疲力竭,工人就无法获得补偿。这些伤害不属于"受伤"(injuries),也不是"意外"(accidents)造成的。在20世纪20年代,那些在黑暗中发光的手表上涂了刻度盘的"镭女郎"(radium girls),即便是死于癌症,也几乎一无所获。⁸

  但随着时间的推移,该体系逐渐向越来越多的责任——判例法和成文法都是这样在发展。成文法原来的措词涵盖了"因被雇佣"和"在被雇佣期间"所造成的伤害。这些词,或它们的同义词,出现在大多数法规中。法院逐渐扩大了这些词的含义,好像它们是由橡胶制成的。

如果一位女秘书在办公室转头和她的女朋友谈话,扭伤了自己的脖子,她就会得到赔偿。数十起案件涉及公司聚会或野餐时发生的事故。这些往往被认为是"在受雇佣过程中的伤害"。疯狂的杀手冲进一家餐馆,胡乱射击;子弹击中了一个餐厅侍者。这个侍者可以得到劳工赔偿。[9]一些州开始涵盖职业病;这些年来,这一范围扩大了;事实上,在新泽西,"镭女郎"的困境促进了这类改革。法院甚至开始对工人在工作中心脏病发作的案件维持或强制裁决。有时他们需要一种异常紧张的证据,但随着时间的推移,这种规则变得越来越易行,越来越多在工作中心脏病发作的工人能够得到赔偿。[10]

一个星期天在家看电视转播橄榄球比赛的人心脏病发作,什么赔偿也得不到;而周一坐在办公桌前阅读报告的人心脏病发作,却可以得到劳工赔偿;这样的制度合理吗?在一个没有从摇篮到坟墓的社会安全体系的国家,特别是没有国家健康保险的国家,一个完整的福利体系的建立,需要用零敲碎打的方式——开始像毛刺一样黏附在现有的机构上。无论如何,赔偿责任案件激增一直持续到20世纪的最后半个世纪。法院开始维持对心理伤害的裁决——那些说工作压力过大的人,或者是被解雇,或者失去晋升的心理创伤,让他们陷入了深深的抑郁,或者引发了精神疾病,诸如此类。[11]在20世纪80年代及以后,这类付出推高了该系统的成本。这些增加的成本震惊并激怒了商界。商界在这个问题上发挥了游说力量。一些州大幅削减开支。例如,在加利福尼亚州,从1989年起,任何劳工都无法就"合法、非歧视、真诚的人事行动"所造成的"精神伤害"获得赔偿。[12]劳工再也不能说因为裁员把自己给逼疯了。

更多的案件激增:侵权行为法

这些工人赔偿规则是与一般侵权法制度的变化平行发展的,同样也让前者相形见绌。这些变化确实不是在一夜之间发生的。在20世纪初,侵权制度仍然是吝啬和有所保留的;程序和法律上的障碍使大多数事故受害者无法走上法庭。1911年,当一辆海滨火车失事时,火车上载有912名黑人乘客,其中10名黑人乘客遇难,86名黑人乘客受伤。责任是显而易见的,但该公司派出了代理人,并以极小的金额达成和解——从1美元到1000美元不等。[13]这些都是南方的黑人,他们在庭外被安顿下来。但北方白人的情况也没有好到哪儿去。同年,著名的三角衬衫厂火灾,导致数十名年轻妇女的不必要地死亡,此事件引发了一场骚动,影响了立法进程,但几乎没有给受害者带来任何赔偿。不当死亡的索赔每项赔偿约75美元。[14]在这里,同伴雇员规则是渊薮之一。总的来说,整体正义的文化不是一朝一夕发展起来的。它的产生是多种因素的结合——保险业的发展;这是一个真正的福利国家谨慎而真实的开端;它导致人们想要和期待某种赔偿制度——而这些灾难并不是由于他们个体的过错引发的。[15]

汽车是20世纪最伟大的发明之一。在20世纪初,汽车在本质上是稀奇古怪的和昂贵的小玩意。就像我们说的,到了20世纪20年代,这个社会正在快速发展成为一个拥有汽车的社会。到1950年登记的汽车有4000万辆,到1990年有1.23亿辆。汽车改造了美国。它的社会(和法律)蕴意难以估量。汽车帮助创造了郊区。它彻底改变了旅游业。它导致了对越来越多的道路以及高速公路的需求;1916年通过了一项《联邦道路援助法案》(Road Aid Act),1921年又通过了一项法案;第二次世界大战后建立了州际公路系统(interstate highway system)。汽车改变了城市。首先,它帮助城市摆脱了马车。马匹曾经日复一日地在纽约市抛出250万磅的粪肥和6万加仑的尿液。城市每年都要处理成千上万匹死马——更不用说臭气、苍蝇、肮脏的草料和成千上万的马厩了。[16]到20世纪末,形势发生了变化:现在汽车正在窒息整个城市,并造成了汽车自己的污染形式。

汽车也创造了一个全新的交通法律领域。在汽车之前也有道路规则,但它们在法律上的重要性微不足道。到20世纪中叶,交通法触及了每个人的生活:驾驶执照、红绿灯、停车规定、车速限制、汽车保险——法律中没有哪个分支让人们更耳熟能详（或更普遍地被规避和违反）。20世纪早期出现了速度限制和驾驶执照。交通违章行为每年高达数百万;他们是刑事司法中的浮游生物和磷虾。这些违规行为大多是轻微的违法行为。但是醉酒驾驶则被严肃对待——事实上,从20世纪70年代开始被更严肃地对待。这个领域得到了一些组织[比如反对酒后驾车母亲协会(Mothers Against Drunk Driving, MADD)]的帮助。而汽车事故取代了火车事故作为人身伤害法的主要内容,也成为侵权律师赖以生存的手段。由成吨的金属和橡胶制造的这类机器,它们以百万台的数量在街道和道路上疾驰。可以肯定的是,绝大多数的事故案件,如前后保险杠的撞坏、脖颈甩动伤害,都是在庭外和解、调解妥协解决的,或者只是用一部电话和一张支票就结案了。[17]真正的利益相关方是保险公司。但仍有一些严重和有争议的案件留待人身伤害律师去法庭处理。这些律师,以及一般的侵权律师,都是以胜诉抽成方式(contingent fee)为基础工作的——如果他们输了官司,他们什么也赚不到;但如果他们赢了,他们就会赚到一大笔（四分之一、三分之一,甚至一半的抽成）。那些精英律师们讨厌胜诉抽成方式,他们看不起那些人身损害赔偿律师("p.i." lawyers)。不过,这种业务倒是在蓬勃发展。

在1900年以前几乎不存在的侵权法的领域里,发生的变化更大。其中之一是产品责任。1916年,纽约州上诉法院的本杰明·卡多佐法官在一项为子孙后代明确写成的判决中抓住了一个机会,帮助改变了责任法的方向。该案是"麦克弗森诉别克汽车公司案"(*MacPherson v.*

Buick Motor Co.）。[18]麦克弗森从一个经销商那里买了一辆别克汽车。这辆汽车的方向盘是用有缺陷的木头做的。出事时方向盘"碎裂成碎片",致使麦克弗森受了重伤。麦克弗森把汽车公司告上了法庭。麦克弗森的主张一直有一个长期的技术障碍。这就是原告和被告之间并没有直接的"密切联系"。麦克弗森从来没有直接与别克汽车公司打过交道,他只与汽车经销商打过交道。在过去,如果不是不可能的话,也会让他的诉讼变得可疑。但卡多佐突破了这一技术性问题。当制造商制造的产品是危险的或可能是危险的,并且知道该产品最终抵达点并不是经销商或中间商,而是消费者,那么,制造商必须为此承担后果。受害方就可以直接起诉制造商。

　　这是判决的核心部分,它被巧妙地伪装成谨慎和工匠般的语言。在一代人左右的时间里,其他州也追随了（followed）卡多佐的做法;而产品责任法已经向前迈出了一大步（或者是向后倒退了一大步,如果你这样以为的话）。"追随"可能是个错误的用词。其他法院确实引用了卡多佐,并提到了他的著名判决。他的书面意见很有诱惑力,很有说服力。但这一规则的传播并不是因为卡多佐的声誉和技巧,而是因为它在直觉上的正确性让法官们恍然大悟。这是一个大规模生产的时代、一个广告的时代、一个品牌的时代。人们把产品和它们的制造商联系在一起——与别克汽车公司联系起来,而不是汽车经销商。如果一罐受污染的汤毒害了某人,那就让杂货店老板负责,而只追究杂货店老板的责任,这样做有意义吗？为什么不起诉制造、包装和封装罐头的制造商呢？20世纪的人们——包括法官——很容易接受产品责任的基本理念,如果产品伤害了最终的消费者,制造产品的公司必须承担责任。后来,法院把产品责任带入了卡多佐做梦也想不到的地步。最初的标准是通常的标准:疏忽。但法院越来越接近于一种绝对责任。有一种倾向是让公司为有缺陷的产品支付费用,无论原告是否可以证明其制造过程中存在过失。在一些戏剧性的案例中,赔偿金已飙升至数百万美元。大量生产商品的公司显然不能保证绝对安全。它们不能保证制造的数百万小部件中的一个不会有缺陷并造成损害。法院这样说,在一个涉及玻璃花生罐粉碎的案件中,"一个卖家"对它的产品中的缺陷负责,即使它对这些缺陷没有丝毫过错。[19]

侵权责任案件的暴增不仅限于制成品。特别是在20世纪下半叶,越来越多的人开始起诉他们的医生、律师和会计师;他们起诉城市、医院、企业和工会;有时,他们甚至起诉牧师和神父。挡道的旧教条被无情地抛在一边。曾几何时,起诉一家(非营利)医院是不可能的事情:慈善机构可以不承担侵权责任。但在20世纪下半叶,一个又一个州放弃了慈善机构的侵权责任豁免权。到1964年,只有9个州仍然坚持侵权责任豁免权原则。[20]以后,这9个州也放弃了这个原则。现在没有什么能阻挡法律诉讼——对医院、大学或其他非营利组织提起诉讼。

医疗事故——起诉你的医生的治疗疏忽——从理论上讲,在某种程度上并不是什么新鲜事。一个疏忽的医生,就像任何一个疏忽的人一样,不得不承担后果。但是,如果把一个友善的家庭医生也拖到法庭上去了,这样的事情并不常见,也有欠厚道;此外,医生们(至少有人这么说)也并不愿意相互去指证对方。他们的本能是团结一致,以对抗社会大众。在20世纪上半叶,医疗事故很少发生。但在20世纪末,医学变得更加客观化(更高科技)。在一项对纽约市案例的研究(1910年)中,只有略多于1.1%的侵权案件是医疗过失案件;在旧金山,从1959年到1980年,民事陪审团审判的案件中,7%的案件属于医疗过失案件。[21]在某一方面,标准也发生了变化:如果一名医生没有向他的病人报告药品或程序中的风险和危险,那也是一种不当行为。医生必须得到患者一方所谓的"知情同意"(informed consent)。否则,医生可能要承担责任,万一出了什么问题——不管医生是否有过错。这种规则出现在20世纪50年代,后来传播开来,变得更加普遍。"知情同意"原则反映了20世纪末占主导地位的两种社会规范:一种是强调选择权的自由的个人主义;另一种是对专家和精英的怀疑。与大多数人所认为的相反,医疗过失案中的陪审团不是推波助澜者:大多数原告都输了诉讼。一些原告只获得了少量的赔偿。一小部分人获得了大量的赔偿。但是,这显然足以将保险费高出了预期,并足以吓唬和激怒了成千上万名医生。

赔偿责任案件的激增是真实而有力的。但它并非没有受到挑战。付给原告和他们的律师的钱并不是从树上生长出来的。这些钱来自保险公司和公司的金库。20世纪80年代出现了反弹和反变革的情形。医生威胁说不再接生婴儿。公司声称原告迫使他们破产。城市中的各种传说像野火一样蔓延开来:一个受伤的窃贼控告一个房东,因为房东的房子有瑕疵;还有那个愚蠢的老妇人,因为她洒了热咖啡受伤而赢得了数百万美元。共和党人谴责穷凶极恶的、寄生虫般的律师大军。所有这些都有了一些结果。一些州削减了精神痛苦损害赔偿金和惩罚性赔偿金。但这个制度的核心依然稳固地存在着。

一种特殊类型的侵权案件,在统计上无关紧要,但在社会和经济上却很重要,那就是所谓的大规模有毒公害侵权案件。典型的例子是石棉。20世纪60年代患肺癌而生命垂危的克拉伦斯·博雷尔(Clarence Borel)曾是一名"工业绝缘材料工人"。他起诉了石棉公司,他指责公司使他患此绝症。到他赢得官司时(1973年),他已经离开人世。[22]但有许多幸存的人们跟在他的身后。到20世纪80年代中期,共有3万起针对石棉公司的索赔。这一数字上升到10万多起,这些案件迫使每一家石棉公司破产。还有其他大型案件,有数百或数千名原告的巨大事件:一种名叫达康盾(Dalkon Shield)的避孕设备;橙剂(落叶剂)——一种在越南使用的杀虫剂;还有己烯雌酚(DES),这是一种用来防止流产的药物。这些案件多年来一直在法院审理。在20世纪末,癌症患者和各州都在起诉烟草公司,补偿的金额会使大多数小国的国民生产总值相形见绌。即将到来的是针对枪支公司的大规模诉讼,甚至是针对出售垃圾食品和让人发胖的公司的诉讼。

大量公害侵权案件突出了美国侵权制度的特殊性。没有任何其他普通法国家——或许根本没有其他国家——如此大量地使用侵权制度,如此大量地使用私人诉讼。这些巨额赔偿——虽然很罕见——但在其他国家都属于闻所未闻。部分原因在于美国政府的多元分权性,以及对政府根深蒂固的顽固抵抗性。在其他国家,福利制度承担了更多的负担。我们关于劳动者赔偿的观点,也适用于整个侵权制度。在一个拥有全国性医疗保险体系的国家,人们起诉医生的可能性要小得多。美国对商业的监管有时相当有效;但美国仍然依赖侵权案件来开展工作;在其他国家,则采用更集中、更全面的解决方案。侵权制度举步维艰地承受着沉重的负担,这是一种代价高昂、效率低下的负重。

正如我们所看到的,侵权制度的缺陷已经导致了严重的反弹。诉讼的病理是一个政治博弈问题;在某些圈子里,审判律师是方便的替罪羊。没有人会真正认为侵权行为制度是完美的,或者甚至是比较完美的。但也许,这总比什么都没有要好。

20世纪的宪法、权利和公民自由

中央权力的激增不仅意味着总统和行政当局获得了权力,联邦法院也获得了权力。最高法院一直以来都举足轻重,而且一直处于风口浪尖。但在20世纪更是如此。20世纪从头到尾都是宪法的黄金时代。

尽管相对于联邦权力,州政府失去了控制权,但州政府也获得一种绝对权力,州法院也是如此。州宪法也属于这类状况。可以肯定,这是一个相当模糊的话题。州高级法院对自己宪法的含义有最终决定权;它们决定了许多重要的,甚至至关重要的案件。但是,公众对此基本上视而不见。在1991年的一项调查中,只有大约一半的人口知道自己的州有宪法。[23]与过去一样,州宪法比联邦宪法更加脆弱。他们经常被人摆弄来摆弄去。事实上,在20世纪,宪法的制定——采用整个一部宪法——已经缓慢到了踯躅而行的地步。在20世纪,只有12个州通过了新宪法(5个新州——俄克拉何马州、亚利桑那州、新墨西哥州、夏威夷州和阿拉斯加州通过了他们的第一部宪法)。然而,修改的过程是肆无忌惮的。联邦宪法很难修改,而且很少被修改(2004年,一项禁止同性婚姻的拟议修正案失败只是最新的例子)。但这种静态根本不适用于地方各州的情形。在纽约州,1895年至1937年间,对宪法进行了76次修正,1938年至1967年间,这个数字是106次,1968年至1995年间,这个数字是46次。[24]在一些州(例如佐治亚州),实际上有数百项修正案——据一项统计,到20世纪60年代末,有654项修正案。结果是一个令人难以置信的宪法膨胀。路易斯安那州宪法包含25.4万个单词——与小说《战争与和平》(*War and Peace*)不相上下,但读起来却差强人意。简而言之,州宪法没有稳固性与神圣之处。尽管如此,这些都是重要的文件——在大多数问题上,它们是州的最高法律。

在许多方面,20世纪的前半段是美国种族关系的一个低洼点。这是一个种族意识极端化的时期——而不仅仅限于我们现在所认为的种族少数群体。生活在农场或小镇上的白人新教徒有一种旧式美国人的危机感。自由女神像上的那首诗谈到了欢迎疲惫的、贫穷的、挤成一团的众人们;但大多数旧式美国人不想与这些众生有任何关系。正如我们所看到的,移民管制已经开始,法律针对的是中国人。现在,有关谁可以来美国以及多少人可以来美国的限制,导致了一系列限制性法律的产生。乞丐、合同工人、一夫多妻者,还有那些主张"用武力推翻政府的人""患有任何令人讨厌疾病的人",都被排除在外。1924年移民法达到了某种高潮。这项法令限制了移民的数量,并强烈支持来自不列颠群岛和北欧的人。它通过配额制度做到了这一点。结果是戏剧性的。每年约有17000名希腊人和150000多名意大利人涌入了这个国家;根据1924年的法律,希腊获准移民307人,意大利移民不到6000人。[25]

在大多数非洲裔美国人居住的南方,20世纪的早期是白人至上的鼎盛时期。黑人没有政治权力。他们没有投票权。诚然,宪法理应保障选举权。第十三修正案已经废除了奴隶制;第十五修正案规定,选举权不得因种族或肤色而被剥夺。但就黑人投票而言,宪法只不过是在博物馆里展出的一张纸而已。南方白人不想让黑人投票;他们利用文字中的每一个技巧来阻止黑人参加投票。我们已经提及这是如何做到的。任何想要在密西西比州或南卡罗来纳州投票的人都必须表明,他们能够阅读和解释州宪法。似乎没有黑人能通过这个测试。正如我们所看到的,一些州宪法体现了著名的"祖父条款"。例如,在新的俄克拉何马州,可能的选民应该展示他们对州宪法的了解;但如果他是1866年有权投票的人的"直系后裔",或者是某个外国人的"直系后裔",选民就可以免去这一尴尬的考验。这涵盖了几乎所有碰巧是白人的人,也刚好不包括那些不是白人的人。最高法院在1915年否决了"祖父条款"[26],但这几乎并没有改变什么。还有其他阻止黑人投票的方法;南方国家利用这些方法取得了很好的效果。1906年,阿拉巴马州有85%的成年白人男性登记投票,只有2%的成年黑人男性参加投票。到1910年,黑人实际上被完全排除在投票过程之外。²⁷南方民主党人"发动了一系列攻势",目的是"消除黑人投票和削弱他们的政治对手"。在未来几十年里,从政治上讲,南方是一个一党一族的地区。²⁸

南方没有黑人担任公职。任何当权者都不必对黑人的需求表示同情或理解。既然没有黑人法官,陪审团中也没有黑人,整个刑事司法系统——国家权力的全部力量——可能会对无助的黑人人口造成冲击。刑事司法制度对黑人非常不公平。当黑人男性或女性被指控,而原告是白人时,黑人在白人法庭上获得公正的机会微乎其微。

然而,对大多数白人来说,刑事司法还不够不公平:它太慢,太不确定了。民间私刑暴徒确保了白人至高无上的信号响亮而清晰。一个敢于违反南方规则的黑人——或者被指控冒犯了规则——就会冒着死亡的危险。这种野蛮行为在19世纪就开始了恐怖统治,而且在20世纪有增无减。1904年,卢瑟·霍尔伯特(Luther Holbert)在密西西比州的多兹维尔被抓,被控杀害了他的雇主,当时有1000人观看,霍尔伯特和他的妻子被绑在树上;他们的手指一次被砍下来;他们的耳朵被割掉;他们的肉体被木锥子折磨,并遭到殴打,然后被烧死。这位妻子至少对这件事或任何罪行都是完全无辜的。²⁹

当然,有些南方人对私刑感到震惊;黑人组织抗议并游说以争取联邦立法。南方的国会议员阻止了朝这个方向的任何运动。当时的联邦政府对公民权利很少或根本不感兴趣,事实上,出生在南方的伍德罗·威尔逊非常渴望在华盛顿特区推行种族隔离。几乎在绝望中,美国黑人求助于联邦法院。全国有色人种协进会(National Association for the Advancement of Colored People,NAACP)成立于1909年。几乎从一开始,全国有色人种协进会就将诉讼作为其选择的武器之一。毕竟,其别无他途。这一战略很快就在1915年显现出一些成果,正如我们所指出的,最高法院认为"祖父条款"是违宪的。1917年,在"布坎南诉沃利案"(*Buchanan v. Warley*)[30]中,最高法院推翻了路易斯维尔市的种族隔离法令。路易斯维尔市颁布了一项法令,表面上是"防止白人和有色人种之间的冲突和不满",使种族隔离成为常态。如果一个街区有多数白人,就没有黑人家庭可以搬到街上;也没有白人可以搬进大多数家庭都是黑人的住宅区。但这起案件,就像"祖父条款"中的情况一样,是一场胜利,主要是在象征层面上。城市仍然处于严格的种族隔离状态。社区被分为黑人社区和白人社区,很少有种族混居的地区。

然而,这些案例确实表明,诉讼至少有一些潜在的希望。最高法院,也许是联邦法院,至少愿意听取黑人公民的要求。似乎没有其他机构,也没有其他政府部门也是如此。反对种族主义的宪法战争仍在继续。但是,这个结果是缓慢和渐进的。在第二次世界大战后的一系列案件中,最高法院宣布若干种做法(例如法学院中的种族隔离)属于违宪行为。尽管如此,法院仍然避开了更广泛的问题:在"分离但平等"(separate but equal)的遮羞布下,种族隔离是否在法律和道德方面都有任何保证。全国有色人种协进会在推动和拉动最高法院。而最高法院却是个不情愿的新郎。黑人原告赢了他们的大部分案子,但理由很狭隘。早在1938年,最高法院就命令密苏里州大学录取非裔美国人劳埃德・盖恩斯(Lloyd Gaines)进入其法学院。[31]盖恩斯从来没有去过这个法学院——事实上他神秘地失踪了;密苏里州匆忙为黑人建立了一所法学院。[32]这种把戏可以迅速为黑人学生提供某种学校——这能让最高法院满意吗?答案出现在1950年的"斯韦特诉佩因特案"(*Sweatt v. Painter*)中。[33]希曼・斯韦特(Heman Sweatt)是得克萨斯州休斯敦的一名邮递员,但他有志成为一名律师。得克萨斯大学法学院只对白人开放。为了避免融合,得克萨斯州为黑人设立了一所新的法学院。但最高法院不会同意所有这些做法。得克萨斯大学是一所强大、独特的学院,享有盛名并有着丰富的传统;一所薄弱的新学校在任何意义上都不可能与得克萨斯大学享有"平等"地位。在俄克拉何马州,乔治·麦克劳林(George W. McLaurin)是一个非裔美国人,他想在俄克拉何马州诺曼的俄克拉何马大学获得教育博士学位。他被大学拒绝了,但联邦法院命令该大学接受他入学。一进入这所大学,他就被当作一个被抛弃的人:他在自助餐厅的另一张与白人隔离的桌子上吃饭,在图书馆的一张隔离桌子上学习。最高法院命令学校给予他"与其他种族学生同样的待遇"[34]。

这些决定是由法官们一致同意的——尽管如此,他们还是相当谨慎。某种程度上,谨慎是可以理解的。法院无权强迫各州贯彻执行这个决定。这条路的每一步都充满着激烈的博弈。一般说来,白人至高无上的地位坚不可摧。美国与种族主义的德国作战的时候,也是用严格的种族隔离方式进行的。它也以同样的方式与日本作战;在西海岸爆发了一场歇斯底里的战争之后,在贪婪和偏执狂的刺激下,西部各州的日本人被运送到位于东加利福尼亚炎热干燥的沙漠里那些令人沮丧的拘留营中。最高法院在"是松诉美国政府案"(*Korematsu v. U.S.*)中支持了政府的这一行动。[35]政府极力为自己的行动辩护:我们与日本交战,"适当的军事当局"提出了日本入侵西海岸的恐惧情形;这些措施虽然强硬,但在战时是必要的。最高法院的多数法官同意了这个观点。在四十多年后的1988年,国会正式道歉,甚至对幸存在难民营中的男女给予了一些赔偿。

"是松诉美国政府案"是一个低谷。不过,时代在发生变化。在战后时期,美国的种族隔离成了一种尴尬。在冷战期间,它为苏联提供了一种无价的宣传武器。[36]非洲的殖民帝国正在解体;黑人主权国家在该大陆各地出现。第二次世界大战结束后,哈里·杜鲁门(Harry S.

Truman）总统作为总司令发布命令，废除了武装部队的种族隔离制度。黑人大量移民到北部各州。在北方，他们可以投票，直接或间接地对国家政治施加了比南方更大的影响。而法庭上的战斗还在继续着。最高法院在1948年的"谢利诉克雷默案"（Shelley v. Kraemer）中更接近种族隔离的核心。[37]这一问题是一项限制性契约——房地产契约中的一项条款，该条款使土地所有者承诺绝不将财产出售或出租给黑人。这些合约非常普遍，特别是在城市郊区的发展过程中。他们"和土地一起转移"，也就是说，他们约束所有后来的业主以及最初的买家，在"谢利诉克雷默案"中，最高法院拒绝执行该契约。根据第十四修正案，各州不能拒绝给予公民"法律的平等保护"。法院是州政府的重要组成部分。种族歧视是一种违反平等保护的行为；如果法院执行这样一项公约，这就是国家行动，因此是非法的。"谢利诉克雷默案"当然没有结束居住隔离——没有什么改变——但它确实让黑人更容易脱离一些非常狭窄的城市贫民区。1954年，在争取平等的长期斗争中，一个真正的、关键的高潮出现了，当时最高法院在"布朗诉教育委员会案"（Brown v. Board of Education）中作出了裁决。[38]

这无疑是最高法院所有裁决中最重要的裁决之一。要找到一个重要程度相仿且名声相当的案例，你必须追溯到所得税案，甚至是德雷德·斯科特案；或许可以追溯到"罗伊诉韦德案"。新任首席大法官厄尔·沃伦撰写了"布朗诉教育委员会案"的最高法院意见书；它简短且获得最高法院的一致共识。在布朗案中，最高法院面临着一个它以前回避过的问题：即使假设设施——例如学校的设施——是平等的，但种族仍继续被隔离分开，这种情况是否为宪法所允许？法院说，这是不可以的。种族隔离本质上是不平等的，而且本身就是非法的。种族隔离违反了联邦宪法。所以，必须结束这种双重学校制度。

法院没有下令立即终止这一制度，也没有要求学校立即向所有种族不加歧视地开放大门。法院对如何解决的议题并没有定论。它要求所有各方就如何执行其决定提出意见。在布朗的第二项判决[39]中，法院将这一问题提交给当地地区法院来审理。他们要确保学校"以一切审慎的速度"废除种族隔离。在这种情况下，几乎没有速度的迹象可言，特别是在美国南部诸州。事实上，南方白人对布朗案的反应是愤怒和沮丧的。在最好的情况下，南方各州试图拖延策略；在最坏的情况下，他们诉诸暴力。至少十年来，美国南部诸州几乎什么都没有改变；有人认为，同法院在20世纪就种族问题作出的许多其他裁决一样，布朗案最终也一无所获。[40]一些联邦法官——付出了巨大的个人代价——诚实地试图执行现在国家的官方法律。[41]其他联邦法官自身也是种族隔离主义者，他们尽其所能来干扰和拖延这些法律的执行。无论如何，每一次整合的尝试，即使是在大学一级，都会引发骚乱和暴行，以及产生大量的联邦令状和命令。1956年，奥瑟琳·露西（Autherine Lucy），一位年轻的黑人女性，试图在阿拉巴马大学入学。一群暴徒"在塔斯卡卢萨市游荡了几天，他们焚烧十字架，挥舞着邦联旗帜并攻击黑人驾驶的汽车"。结果露西被大学驱逐了出去。[42]

尽管如此，大多数学者还没有准备好把布朗案说成是个失败的案件。布朗案结束了边境各州的种族隔离（必须记得，被点名的被告是堪萨斯州托皮卡的学校系统，而不是密西西比州杰克逊的学校系统）。这起案件，以及随后发生的事件和诉讼，无疑推动了民权运动。布朗案并没有明确否决"普莱西诉弗格森案"。但事实上，"分离但平等"规则已经死亡。尽管布朗案只涉及教育问题，但最高法院很快就明确表示，布朗确立的原则远远超出了学校的范畴。第十四修正案意味着，在公共生活的任何方面、任何地方都不能存在种族隔离。美国的种族隔离是对基本权利的侵犯。来自南方的诽谤和"大规模抵抗"并没有撼动最高法院。首席大法官沃伦和他的同事们拒绝让步。种族隔离案件以及随后发生的案件也迫使联邦政府采取行动。德怀特·艾森豪威尔并不赞成布朗的判决。但当各州公然藐视联邦法院和联邦权力机构时,他被迫采取了行动。艾森豪威尔派伞兵进入阿肯色州的小石城,执行针对中央高级中学(Central High School)有关种族隔离的联邦法令。[43]

在布朗案发生之后的十年里,尽管付出了巨大的努力和代价,还有巨大的个人耻辱和痛苦,少数黑人学生确实设法强行进入隔离学校和大学——这些学校有时由几营联邦部队把守。民权运动及其领导人[包括马丁·路德·金(Martin Luther King Jr.)在内]在努力打破白人对南方霸权的束缚。那是一个电视时代,全国人民都在看着南方警官们在驱散一群和平的黑人公民,对那些以一种尊严的方式要求权利的人们进行追捕和骚扰,向他们喷水柱,并放狗来对付那些孩子们。1963年,伯明翰的一枚炸弹致使主日学校的四个黑人女孩死亡。这件事,以及其他恐怖事件,帮助扭转了美国北方的公众舆论。在林登·约翰逊总统的领导下,国会通过了两项历史性的民权法。南方顽固分子强烈反对,他们高举各州权利的旗帜,但每个人都知道他们真正想要的是什么。1964年伟大的《民权法案》禁止在教育、住房、公共住宿和工作方面的歧视。[44]这是一项强有力的法律;它设立了一个联邦机构,有权制定规则和规章,并将原则变为现实。1965年的《选举权法》(Voting Rights Law)甚至更有意义。这是一项旨在结束白人对选举和政治权力垄断的法律。这也是一项强有力的法律,有着真正的钢牙铁齿。它消除了那些阻止黑人投票的法律手段:人头税、识字测试等。它还包含了一种独特而强大的"触发功能":任何郡(或州)如果登记或投票的潜在选民不到一半,就必须自己进行改革;投票规则和条例的任何修改都必须提交联邦当局批准。[45]

这些法案比以往任何一项法案都更为彻底。它们带来了不同的结果。在酒店、公共设施和餐馆里,种族隔离几乎完全消失了。在高等教育中它几乎已经不存在了。但在住房和就业方面,种族隔离还有存在的空间,但并没有以前那么严重。黑人在整个南方可以自由投票而且人数众多。黑人投票有重要的影响力。黑人担任了市长和市议员;他们在州立法机构中任职;他们在国会中代表着黑人选区。州和联邦法庭上都有黑人法官。弗吉尼亚州曾经是南方邦联的首府,那里甚至选举了一名黑人担任州长。即使是最保守的南方参议员也觉得他们需要一些黑人职员。他们可能还在玩种族牌——有些人还会这样去做——但他们必须更加谨慎地玩。

北方有自己的种族隔离形式,比南方的形式更加微妙,但在这里也相当真实——20世纪的最后几十年也有了巨大的变化。《民权法案》为黑人打开了许多大门。他们能够找到过去排斥他们的工作和职位。黑人销售人员出现在百货公司;黑人秘书出现在办公室。黑人警察出现在街上。黑人增加了他们在政治生活中的作用。民权运动和民权法导致了美国文化的深刻变革。明显的歧视则转入地下。黑人中产阶级突然发现自己的需求。黑人现在可以在大都会歌剧院唱歌,打棒球,管理学区,在一度本质上是纯粹白人的行业里工作。少数黑人已成为大企业高级管理人员或律师事务所的合伙人。黑人出现在电视广告和电影中;种族间的爱情和跨种族婚姻不再是大屏幕和小屏幕上的禁忌话题。在国家一级,总统开始感受到要求法官和联邦高级职位的"多样性"的压力。1967年,林登·约翰逊总统任命民权运动老兵瑟古德·马歇尔(Thurgood Marshall)为美国第一位黑人法官。[46] 1991年马歇尔退休时,乔治·布什(George Bush)总统任命了一名保守派黑人克拉伦斯·托马斯(Clarence Thomas)担任最高法院大法官。到20世纪末,黑人内阁成员已不再是新鲜事。2000年当选的乔治·W. 布什总统任命了第一位黑人国务卿科林·鲍威尔(Colin Powell)。

州一级出现了类似的情况。到 2000 年,大城市的黑人市长已经不是什么新鲜事了。纽约、芝加哥、洛杉矶、旧金山、底特律、亚特兰大和其他许多城市的市长都是黑人。在某种程度上,这是因为白人逃往郊区给城市留下了黑人占多数的状况;但在一些城市——旧金山就是一个很好的例子——需要大量的白人选票才能让一位黑人市长上台。

因此,在许多方面,种族关系都取得了巨大进展。但种族主义仍然是一股强大的力量。这是白人的对抗情绪的根源。不应低估这种对抗情绪的力量。此外,仍有大量贫困黑人生活在肮脏的贫民区。无论出于什么原因,黑人男性和女性在监狱中的人数与他们在人口中所占的比例大相径庭。白人对黑人暴力的恐惧和黑人聚居区的社会混乱导致了白人的逃亡。黑人贫困和苦难反过来又助长了黑人的愤怒和疏离。

在法律界,没有任何一个涉及种族的问题像平权行动(affirmative action)或反向歧视问题(reverse discrimination)那样具有分裂性和争议性。在 1978 年著名的"巴基案"(*Bakke* case)[47]中,加州大学戴维斯分校拒绝了申请医学院入学的白人学生艾伦·巴基(Alan Bakke)。巴基走上了法庭,声称学校歧视了他。在进入班级的 100 个名额中,学校为少数族裔学生留出了 16 个名额。而这 16 个学生的分数,平均成绩和分数都比白人低——而且也比巴基低。他赢了他的案子;但法官们的意见严重分裂,根本不清楚案件的裁决究竟是什么。它的意思是:显而易见的配额(戴维斯分校具有的)是不能接受的,但一所州立大学显然为了促进多样性,可以在某种程度上考虑种族的因素。[48] 1980 年,法院还维持了国会的一项法律,该法律为少数族裔拥有或控制的企业保留了一定比例的政府合同。[49]但一个更为保守的法院开始倒退。1995 年的"阿达兰德建筑公司诉佩娜案"(*Adarand Constructors, Inc. v. Pena*)[50]是消除平权行动理论的一系列案例之一。1996 年,得克萨斯州的一个联邦法院驳回了州立大学和研究生院有种族因素的入学申请案;令人惊讶的是,最高法院拒绝复审这一案件。[51]只要平权行动有如1996年在加利福尼亚("第209号提案")那样的投票或公投,它就会失败,通常情况很糟糕。然而,2003年,在密歇根大学的一起案件[52]中,美国最高法院没有抓住机会(正如一些人所预料的那样)一劳永逸地终结平权行动。相反,它或多或少坚持了巴基案的观点:配额是糟糕的、错误的、非法的;但考虑到种族因素,或许也是可以的。大学和其他机构对这一案例的解读是,只要平权行动是微妙和有尺度的,就意味着得到法院的认可。至少目前是这样的。

平权行动有起有落,但从本质上说,民权革命是不可逆转的。总的来说,也许除了躲藏在爱达荷州或其他地方的那些疯狂的人们,白人们已经接受了大量的种族平权行动,并且放弃了任何种族隔离的想法。但是,很多白人却从来没有接受过多元文化社会的其他方面。他们投票赞成第209号提案;通过"白人出走"的方式,他们用脚来投了票。种族情感是法律与秩序运动某些方面的根源,也是福利项目严重不受欢迎的原因。无论在经济上,还是在社会和文化上,美国黑人和白人之间的鸿沟并没有通过任何方式被消除。偏见比兄弟会周(Brotherhood Week)或黑人历史月(Black History Month)更根深蒂固。

原 住 民

民权运动是关于黑人解放的,但它最终取得了更多的成就。它帮助影响了女权运动,影响了美洲原住民、亚洲人、西班牙裔、所谓的少数性取向群体、老年人和残疾人的解放运动——其中几乎每个人都对他们所认为的社会主流力量感到不满。也许"影响"并不是正确的措辞。相反,创建民权运动并导致"布朗诉教育委员会案"的社会力量也在其他身份群体中发挥了作用。

20世纪美洲原住民的法律故事极其复杂。对他们来说,20世纪上半叶也是一种低谷阶段。土著部落在军事上被打败,被剥夺了大部分土地,并在印第安事务局的领导下沦为"保留地"(reservations)。《道斯法案》(1887年)启动了将土著土地转为个人分配的进程。据推测,其根本动机是同化——把"野蛮人"(savages)变成真正的善良的美国人(real honest-to-goodness Americans)。然而,结果却是更多的土地流失。在20世纪初,美洲原住民是穷人中最贫穷的人之一;而大萧条使情况更加糟糕。1930年,纳瓦霍人(Navajo)的人均年收入是150美元;1935年,在苏族保留地,年收入只有可怜的67美元。这将是一种携带复仇的痛楚。[53]

但在"新政"期间,印第安人事务局在约翰·科利尔(John Collier)的领导下,几乎第一次采取了不同的态度。被罗斯福选择担任这一职位的约翰·科利尔,在印第安人事务官员中是不寻常的。他欣赏印第安人文化,认为它值得保留,包括它的语言、习俗、宗教等。他拒绝同化的想法。他不赞成土著人注定要融入伟大的美国大熔炉的想法。1934年的《印第安重组法》(Indian Reorganization Act)[54]允许原住民起草宪法。其中许多部落这样做了,起草了它们的宪法以及部落法。这是迈向自治的重要一步。然而,在20世纪50年代,又出现了另一个转机,国会采取措施"终结"了许多部落——又一次试图把原住民变成普通的美国人。各种福利也随着部落地位而"终止"。对许多原住民来说,其结果是灾难性的。

但后来情势又转了回来。原住民部落领袖们并没有遗漏民权运动这一课。1968年,美国印第安人运动组织成立;1969年,该运动占领了旧金山湾的阿尔卡特拉斯岛(Alcatraz Island),成为头条新闻。20世纪70年代,国会停止了"终结部落的协议"。在运动积极分子们的压力下,越来越多的公共政策从同化措施中消失了。这是被称为"根"(roots)的时期,在这一时期,一些少数群体开始庆祝他们所保留的一切独特之处。因此,社会越来越多地接受原住民对自己的语言、文化和生活方式的权利——甚至从博物馆取回遗骨的权利。1975 年的《印第安人自决和教育援助法》(Indian Self-Determination and Education Assistance Act)宣布,联邦统治阻碍而不是促进了印第安人的进步。[55] 1978 年的《印第安人儿童福利法》(Indian Child Welfare Act)赋予部落对儿童监护案件的管辖权。[56] 总的来说,印第安人口现在也在增长,而不是在减少。除了黑人,"平权行动"也延伸到原住民。一些部落的矿产资源丰富,有些部落经营利润丰厚的赌场,或向英国的后裔们出售烟花。有很多这样的故事。然而,总的来说,贫困仍然困扰着许多印第安保留地——在某些情况下是极端的和极度贫困的,再加上贫穷带来的所有问题:酗酒、犯罪、社会混乱。

此外,多元平等已经实现得太晚,无法挽救许多原住民的文化遗产。很大一部分原住民语言已经完全灭绝了。另一些语言只在少数老年人的口中存在;20 年后,这些语言中的大多数都将消失殆尽。纳瓦霍语和其他几种语言目前看来是安全的——孩子们在学校里接受教育,还有一些孩子在操场上和家里讲这些语言。同化不再是官方政策。尽管如此,它还是继续向前推进。现在的罪魁祸首不是印第安人事务局,而是美国电视和大众文化的绝对主导地位。

亚裔美国人

亚裔美国人的历史与其他少数族裔的历史有许多相似之处。在 19 世纪,尤其是在加利福尼亚,中国人被憎恨和诋毁。排华法使中国人几乎不可能进入美国,并剥夺了他们成为入籍公民的权利。[57] 在西海岸,通过法律来阻止亚洲人——尤其是日本人——拥有土地。在第二次世界大战期间,正如我们所看到的,在一段可耻的插曲中,西海岸的日本人被围捕起来,被送往荒凉和偏远沙漠地区的营地。[58]但是种族主义移民法在20世纪60年代灭亡,对亚洲人的限制也随之消失。在20世纪80年代和90年代,作为移民进入这个国家的亚洲人远远多于欧洲人。总的来说,中国人一直是一个经济方面成功的故事。日本人、越南人和来自印度次大陆的人也是如此——汽车旅馆老板、工程师,以及整体上向上移动的人群。韩国的杂货店和以前的中国洗衣店一样到处可见。美国——尤其是加利福尼亚州——越来越多地成为一道种族色彩的彩虹。

拉丁美洲族裔

533 墨西哥战争后,美国吸收了大量的拉丁裔人口(Hispanic population),特别是在加利福尼亚和新墨西哥州。成千上万的拉丁美洲族裔,大部分是墨西哥人,他们自己跨过边境或被运过边境,他们做了大多数美国人不想做的艰苦、肮脏的工作——收庄稼、洗碗、擦地板等。在20世纪下半叶,讲西班牙语的人数更多——数百万出生时就是美国人的波多黎各人移居到美国大陆,还有那些离开的古巴人、中美洲人和加勒比海人,再有就是大批为了逃离家乡贫困和人口过剩的墨西哥人。数百万非法移民中的大多数都是拉丁美洲族裔。墨西哥人在美国许多地方遇到了敌视和种族歧视。在加利福尼亚的某些城镇,实行过不加掩饰的种族隔离,圣贝纳迪诺市拒绝让"墨西哥或拉丁裔"的人使用该市珍贵的游泳池和公园。1944年,一家联邦法院宣布这些做法违宪,这比"布朗诉教育委员会案"早了10年。[59]也有过种族隔离的学校:在奥兰治郡和埃尔摩德纳,贫穷的墨西哥人上的是一所高中,英语系的白人上的是另一所高中。20世纪40年代,这两所学校基本上处于同一位置,被一块运动场和一堵无形的社会墙隔开,联邦法院宣布这一安排违反了宪法。[60]

在这些案件中,公开的歧视失去了任何合法性;接着是布朗案和各种民权法。但拉丁美洲族裔问题确实并没有消失。到了2000年,移民政治被合法和非法移民问题所主导,其中大部分是涉及拉丁美洲族裔问题。双语教育等问题也主要是拉丁美洲族裔问题。公众尽职尽责地投票反对加利福尼亚州的双语教育。显然,塞万提斯(Cervantes)和加西亚·马尔克斯(Garcia Marquez)的语言对政治或英语的生存构成了某种可怕的威胁。1986年,加利福尼亚州还投票决定将英语作为官方语言。这意味着什么还不清楚。加利福尼亚州选民须知以英语和西班牙语发送;在加利福尼亚州,司机可以用西班牙语参加书面驾驶考试(如果他们愿意的话),而且很多人也都这样做。到2000年,拉丁美洲族裔是美国最大的少数族裔,他们的人数在继续增长。总的来说,他们在政治上不如黑人活跃,但他们的声音和投票在未来一定会被感受到。

另类的反抗

我们提到了民权运动的连锁反应,或者,正如我们谨慎地补充的那样,社会力量的影响产生了民权运动。至少在每一个认为自己是"另类"的群体中,都有一些成员以他们自己的方式站起来要求权利,并在谈判桌上占有一席之地。有些人赢得了重大的宪法胜利;有些人在国会大厅里赢得了胜利;有些人赢得了这两项胜利。几乎没有人得到他们想要的一切,但多多少少都得到了一些。其中有学生的权利运动,还有囚犯的权利运动。同性恋和其他所谓的性少数,在遇到狂热的反对后,赢得了实质性的胜利。大多数州从书中删除了"不良名誉的违反自然罪";最高法院于 2003 年完成了这项工作。在一些地方,"同居伙伴"有享受福利的权利。一些城市和州制定了禁止歧视的法律或法令。在 21 世纪初,同性婚姻成为马萨诸塞州的一个事实。

老年银发族的游说团体也取得了相当大的成功——这既是意识形态的问题,也是人口结构的问题:人们的寿命更长,投票的时间也更长。随着人口统计事实的变化,社会规范也发生了变化。人们谈论一种"青年文化",但这不仅意味着崇拜青年,而且意味着无论年龄多大,都有权表现出年轻。无论如何,在 20 世纪 60 年代制定了一项法律,禁止在雇用和解雇方面歧视 40 岁以上的人。后来,国会禁止强制退休。[61]1990 年,国会还通过了一项保护残疾人的强有力法律。《美国残疾人法案》(Americans with Disabilities Act)禁止在公共住所、(或更重要的是)在就业市场歧视盲人、聋人或病人或坐在轮椅上行动不便的人(该法谨慎地排除了患有"性别认同障碍"、强迫性赌徒、恋童癖者、纵火狂和盗窃癖的人。[62]显然,这些团体将不得不等待,也许将永远等待下去)。

到目前为止,最重要的"少数派"实际上是大多数:美国妇女。在这方面,结果在法律上和社会上都是革命性的。1964 年的《民权法案》禁止对妇女以及对种族和宗教少数群体的歧视。1971 年,最高法院发现:第十四修正案最终成为禁止基于性别的歧视的条款。对于起草修正案的人来说,这可能是一个很大的惊喜;但是,不管法官们说什么,他们的行动都表明他们相信一部进化的宪法,一部活的、有呼吸的、不断变化的宪法。无论法院是在引导社会,还是法院在这一领域追随着社会,都是一个难以回答的问题。一般而言,法院广泛地阅读了民权法;平等就业机会委员会也是如此。妇女赢得了为男人们保留的工作机会;男子获得了为妇女保留的工作(例如空乘人员)。不再有就业隔离区了。像黑人一样,妇女开始出现在法官席位、工业高级管理人员职位、教授职位和总统内阁中。在20世纪末,这还有很长的路要走;但是,性别关系发生的巨大变化,并不亚于种族关系发生的显然变化。[63]

言论自由

直到第一次世界大战前后,在美国最高法院的层面上,关于言论自由的严肃法律体系几乎并不存在。战争掀起了沸腾的爱国沙文主义。国会通过了关于间谍和煽动叛乱的范围宽泛的法律。一场大规模的政治迫害开始了,对不忠者、布尔什维克等人的迫害持续到20世纪20年代。[64]法院在捍卫言论自由方面没有现代公民自由主义者所希望的那样英勇。在"申克诉美国案"(*Schneck v. United States*, 1919)[65]中,法院一致支持《反间谍法》,以及对社会主义者查尔斯·申克(Charles Schenck)的定罪。查尔斯·申克散发了谴责欧洲战争的传单。小奥利弗·温德尔·霍姆斯在为最高法院撰文时表示,国会可能会禁止"在这种情况下使用……这样的字眼,其性质是制造一种明显的、即刻存在的危险(a clear and present danger),这种危险将导致国会有权防止的实质性罪恶"。这段漂亮的文字,后来成了一段名言。对申克来说,它们一点安慰都没有。在"艾布拉姆斯诉美国案"(*Abrams v. United States*, 1919)[66]中,犹太人激进派在不久后用意第绪语和英语写了小册子,谴责威尔逊总统派遣士兵去苏联作战。美国并没有与苏联发生战争;然而,这些小册子被法院视为显然是一种即刻的危险(它们是在与德国的战争还在进行的时候编写和分发的)。这次霍姆斯发表了不同意见。

总的来说,在第一次世界大战后的镇压和驱逐浪潮中,例如著名的"红色恐慌"(Red scare)期间,法院并没有提供多少帮助。正如我们看到的,在第二次世界大战期间,最高法院允许拘留日裔美国人。第二次世界大战之后,出现了冷战。各州和联邦委员会到处都在追捕"非美国人"(un-American)的活动。在20世纪50年代麦卡锡狂热、多疑的日子里,最高法院起初非常胆小;例如,最高法院在"丹尼斯诉美国案"(Dennis v. United States,1951)中支持了《史密斯法案》(Smith Act)。[67]根据《史密斯法案》,"明知或故意地鼓吹、教唆、建议或教导……用武力或暴力推翻……美国政府的欲望能力",属于一种刑事犯罪。在"丹尼斯诉美国案"中,11名美国共产党领导人遭到起诉并被定罪。在法院看来,共产党对国家是一个危险。最高法院还坚持效忠誓言,并在一般情况下,跟着风向来回摇摆。在美国,反对"赤色""被愚弄者"和"同路人"的运动比英国更"刻毒一些"。在某种程度上,这是对"新政"的反应,也是对整个自由主义者的反抗;反对共产主义是反对社会化医疗、公民权利和其他任何冒犯右翼政治光谱的方便武器。可以肯定的是,苏联是危险的;在这个国家有苏联间谍;也许有些人已经渗透到政府本身。最戏剧性的间谍审判以1951年对朱利叶斯·罗森伯格(Julius Rosenberg)和埃塞尔·罗森伯格(Ethel Rosenberg)的死刑判决而收场。他们于1953年被处决。另一个轰动事件是对国务院的一名前高级官员阿尔杰·希斯(Alger Hiss)的审判。1950年,希斯最终被判作伪证罪,并被关进了监狱。[68]在后来的几年里,随着麦卡锡时代的结束,最高法院扮演了一个更为矛盾的角色。它接受了一些冷战时期的暴虐,但也对另一些采取了置之不理的态度。例如,1957年,最高法院推翻了对另一群共产党员的定罪,他们被控阴谋逃避《史密斯法案》。[69]

总的来说,言论自由的概念正在扩大;法院最终接受并反映了言论自由的社会意义上的变化。越南战争愈演愈烈,并没有得益于新的煽动叛乱和间谍法规。法院还以自己笨拙的方式处理了淫秽和色情问题——这是法院在20世纪下半叶从未遇到过的言论自由问题。它也没有真正形成一个连贯的宪法理论。最高法院从来没有明确地认为，国家没有权力禁止色情或审查淫秽。在这里，整个社会发生的事情也真正改写了法律。性革命（所谓的革命）席卷了全国大部分地区。法院开始接受那些会让维多利亚时代的人，甚至是20世纪早期的美国人感到恐惧和震惊的书籍、电影和戏剧。理论上，当地社区可以监管甚至禁止硬核色情；但至少在大多数大城市，任何东西都能被出版发行。

宗教和法律

最高法院还在努力解决另一个几乎难以解决的问题：教会和国家。在美国，教会和国家在宪法上是分开的：但这到底意味着什么呢？在19世纪和20世纪初，公共教育有着鲜明的宗派和新教色彩；在许多州的许多学校里，读圣经和祈祷都很普遍。20世纪60年代，最高法院行使了其最引人注目的否决之一。法院认为，公立学校的祈祷违反了宪法第一修正案设立的政教分离的条款。读圣经也遭受同样的命运。[70]这些决定非常不受欢迎，而且这个决定一如既往地被继续执行；最高法院始终坚持己见。在其他问题上——对教区学校、教会补助金券、市政厅草坪上的教会托儿所的援助——法院的判决参差不齐，国家参与宗教的问题仍然存在，而且极具争议性。这也许是不可避免的。在所有发达国家中，美国在宗教方面显得十分狂热和虔诚。然而，在所有发达国家中，美国也是宗教最多样化的国家。在美国，没有任何一种宗教能支配超过四分之一的人口。这里有所有你可以想象的每一个基督教教派，再加上数百万犹太教徒、穆斯林教徒、印度教徒和佛教徒，在此仅仅是举几个少数宗教为例。这里有摩门教派、基督教科学派、耶和华见证人派和几十个小的分裂宗教。在这种情况下,在承认宗教情感和宗教信仰在美国的巨大作用的同时,很不容易使政府与宗教完全脱离开来。

注 释

[1] 34 Stats. 232 (act of June 11, 1906), The Supreme Court, in the Employers' Liability Cases, 207 U.S. 463 (1908), struck down the law by a narrow 5 to 4 margin, But Congress passed a new law, 35 Stats. 65 (act of April 22, 1908), which successfully met the Court's objections.

[2] *Ives v. South Buffalo Railway Co.*, 201 N.Y. 271, 94 N. E. 431 (1911).

[3] On the rise of workers' compensation, see Price V. Fishback and Shawn Everett Kantor, *A Prelude to the Welfare State: The Origins of Workers' Compensation* (2000).

[4] See John Fabian Witt, "Toward a New History of American Accident Law: Classical Tort Law and the Cooperative First-Party Insurance Movement," 114 Harv. L. Rev. 692 (2001).

[5] 243 Wis. 612, 11 N.W. 2d 179 (1943).

[6] Laws Wis. 1911, ch. 50, pp. 46-47.

[7] Okla Comp. Stats. 1926, sections 7283-4, pp. 662-63.

[8] On this incident, see Claudia Clark, *Radium Girls: Women and Industrial Health Reform*, 1910-1935 (1997).

[9] *Louie v. Bamboo Gardens*, 67 Ida. 469, 185 P. 2d 712 (1947).

[10] See *Workmen's Compensation Appeal Board v. Bernard S. Pincus Co.*, 479 Pa, 286, 388 A. 2d 659 (1978).

[11] For an example, see *Helen J. Kelly's Case*, 394 Mass. 684, 477 N. E. 2d 582 (1985).

[12] Cal. Labor Code, sec. 3208.3; Laws Cal. 1989, ch. 892, sec. 25.

[13] Edward A. Purcell Jr., "The Action Was Outside the Courts: Consumer Injuries and the Uses of Contract in the United States, 1875-1945," in Willibald Steinmetz,

ed., *Private Law and Social Inequality in the Industrial Age* (2000), pp. 505, 524.

[14] See Arthur F. McEvoy, "The Triangle Shirtwaist Factory Fire of 1911: Social Change, Industrial Accidents, and the Evolution of Common-Sense Causality," 20 Law and Social Inquiry 621 (1995).

[15] Lawrence M. Friedman, *Total Justice* (1985).

[16] Ruth Schwartz Cowan, *A Social History of Technology* (1997), pp. 233-34.

[17] See the classic study by H. Laurence Ross, *Settled Out of Court: The Social Process of Insurance Claims Adjustment* (rev. 2d ed., 1980).

[18] 217 N.Y. 382, 111 N.E. 1050 (1916).

[19] *Welge v. Planters Lifesavers Co.*, 17 F. 3d 209 (7th Cir. 1994).

[20] William Prosser, *The Law of Torts* (3rd ed., 1964), pp. 1023-24.

[21] Randolph Bergstrom, *Courting Danger: Injury and Law in New York City, 1870-1910*, (1992), p. 20; Michael G. Shanley and Mark A. Peterson, *Comparative Justice: Civil Jury Verdicts in San Francisco and Cook Counties, 1959-1980* (1983).

[22] *Borel v. Fibreboard Paper Products Corp.*, 493 Fed. 2d 1076 (C.A. 45, 1973).

[23] G. Alan Tarr, *Understanding State Constitutions* (1998), p. 21.

[24] Peter J. Galie, *Ordered Liberty: A Constitutional History of New York* (1996), pp. 228, 306, 357.

[25] The law was 43 Stat. 153 (act of May 26, 1924); see Elliott Robert Barkan, *And Still They Come: Immigrants and American Society, 1920 to the 1990s* (1996), pp. 11, 14.

[26] *Guinn v. United States*, 238 U.S. 347 (1915).

[27] Leon F. Litwack, *Trouble in Mind: Black Southerners in the Age of Jim Crow* (1998), pp. 225-26.

[28] Michael Perman, *Struggle for Mastery: Disfranchisement in the South, 1888-1908* (2001), p. 328.

[29] Litwack, *Trouble in Mind*, p. 289.

[30] 245 U.S. 60 (1917).

[31] *Missouri ex rel. Gaines v. Canada*, 305 U.S. 337 (1938).

[32] On this, and the integration of Missouri's law schools in general, see Robert C. Downs et al, "A Partial History of UMKC School of Law: The 'Minority Report,'" 68 UMKC Law Review 508 (2000).

[33] 339 U.S. 629 (1950).

[34] *McLaurin v. Oklahoma State Regents for Higher Education*, 336 U.S. 637 (1950).

[35] 323 U.S. 214 (1944). For an exhaustive—and depressing—treatment of this case, see Peter Irons, *Justice at War: The Story of the Japanese-American Internment Cases* (1983).

[36] See Mary L. Dudziak, *Cold War Civil Rights: Race and the Image of American Democracy* (2000).

[37] 334 U.S. 1 (1948). On this case, see Clement E. Vose, *Caucasians Only: The Supreme Court, the NAACP, and the Restrictive Covenant Cases* (1959).

[38] 347 U.S. 483 (1954).

[39] 349 U.S. 294 (1955).

[40] This view was advanced, very notably, by Gerald Rosenberg in *The Hollow Hope: Can Courts Bring about Social Change?* (1991).

[41] One clear example was Alabama federal judge Frank M. Johnson Jr., See Tony Freyer and Timothy Dixon, *Democracy and Judicial Independence: A History of the Federal Courts' of Alabama, 1820-1994* (1995), pp. 215-55.

[42] Michal R. Belknap, *Federal Law and Southern Order: Racial Violence and Constitutional Conflict in the Post-Brown South* (1987), p. 29.

[43] Belknap, *Federal Law and Southern Order* (1987), pp. 44-52. The Supreme Court weighed in on the Little Rock issue in *Cooper v. Aaron*, 358 U.S. 1 (1958). In *Loving v. Virginia*, 388 U.S. 1 (1967), the Supreme Court struck down one of the last remnants of the old order: the miscegenation laws. The decision was unanimous. Any law that prevented blacks and whites from intermarrying was a violation of the Fourteenth Amendment.

[44] 78 Stat. 241 (act of July 2, 1964).

[45] 79 Stat. 437 (act of Aug. 6, 1965).

⁴⁶ On Marshall's life and career see Howard Ball, *A Defiant Life: Thurgood Marshall and the Persistence of Racism in America* (1998).

⁴⁷ *Regents of the University of California v. Bakke*, 438 U.S. 265 (1978).

⁴⁸ In fact, there was no "majority" opinion. There were six separate opinions. This was a 5 to 4 decision. Justice Powell provided the crucial fifth vote to let Bakke into the school. But he agreed with the four dissenters that the state could, under some circumstances, and in some ways, take race into account.

⁴⁹ 448 U.S. 448 (1980).

⁵⁰ 515 U.S. 200 (1995).

⁵¹ *Hopwood v. Texas*, 84 Fed. 3d 96 (C.A. 5, 1996); the Supreme Court denied certiorari, *Texas v. Hopwood*, 518 U.S. 1033 (1996).

⁵² In *Grutter v. Bollinger*, 539 U.S. 306 (2003) the Court approved of the law school's program of affirmative action, though in *Gratz v. Bollinger*, 539 U.S. 244 (2093), they disapproved of the undergraduate plan, which was more rigid.

⁵³ John R. Wunder, *Retained by the People: A History of American Indians and the Bill of Rights* (1994), pp. 62-63.

⁵⁴ 48 Stat. 984 (act of June 18, 1934).

⁵⁵ 88 Stat. 2203 (act of Jan. 4, 1975).

⁵⁶ 92 Stat. 469 (act of Aug. 11, 1978).

⁵⁷ See Lucy E. Salyer, *Laws Harsh as Tigers: Chinese Immigrants and the Shaping of Modern immigration Law* (1995); Bill Ong Hing, *Making and Remaking Asian America Through Immigration Policy, 1830-1900* (1993).

⁵⁸ *Korematsu v. United States*, 323 U.S. 214 (1944); Peter Irons, *Justice at War* (1983).

⁵⁹ *Lopez v. Seccombe*, 71 F. Supp. 769 (D.C.S.D., Cal., 1944).

⁶⁰ *Westminister School District of Orange County v. Mendez*, 161 Fed. 2d. 774 (C.A. 9, 1947).

⁶¹ The Age Discrimination in Employment Act was passed in 1967, 81 Stat. 602 (act of Dec. 15, 1967); on the background, see Lawrence M. Friedman, *Your Time Will*

Come: *The Law of Age Discrimination and Mandatory Retirement* (1984); on the subsequent history of this law, see Lawrence M. Friedman, "Age Discrimination Law: Some Remarks on the American Experience," in Sandra Fredman and Sarah Spencer, eds, *Age as an Equality Issue* (2003), p. 175.

[62] 104 Stat. 327 (act of July 26, 1990).

[63] The breakthrough case was *Reed v. Reed*, 404 U.S. 72 (1971). See, in general, Deborah L. Rhode, *Justice and Gender: Sex Discrimination and the Law* (1989).

[64] See Harry N. Scheiber, *The Wilson Administration and Civil Liberties, 1917–1921* (1960); Richard Polenberg, *Fighting Faiths: The Abrams Case, the Supreme Court and Free Speech* (1987).

[65] 249 U.S. 47 (1919).

[66] 250 U.S. 616 (1919).

[67] 341 U.S. 494 (1951).

[68] See Sam Tanenhaus, *Whittaker Chambers: A Biography* (1997); Chambers was the former Soviet agent who accused Hiss.

[69] *Yates v. United States*, 354 U.S. 298 (1957); Arthur L. Sabin, *In Calmer Times: The Supreme Court and Red Monday* (1999).

[70] The cases were *Engel v. Vitale*, 370 U.S. 421 (1962), and *Abington School District v. Schempp*, 374 U.S. 203 (1963); religion had long been an issue, for example, in the famous Scopes trial, in the 1920s, where the issue was whether the state could prohibit the teaching of evolution in the schools. See Edward J. Larson, *Summer for the Gods: The Scopes Trial and America's Continuing Debate over Science and Religion* (1997); Lawrence M. Friedman, *American Law in the Twentieth Century* (2002), pp. 506–16.

第三章

20世纪的内部法律文化：
律师、法官和法律书籍

如果20世纪的主题是增长，那么法律界本身的增长最为明显。在20世纪初，这个国家大约有10万名律师。在20世纪末，大约有100万名律师——国家的人口增加了1倍，但律师人数却增加了10倍。这一增长过程在20世纪末已经加速；在20世纪80年代初期，大约有60万名律师——在下一世代中又加入了40万名律师。

这个职业也在其他方面发生了变化。在20世纪初，律师业基本上是白人男性的领地。有女律师和少数族裔律师，但少得出奇。例如，我们注意到，1905年的费城，在大约1900名律师中，只有3名是女性。[1]事实上，直到20世纪60年代，女性一直是律师业里罕见的生灵物种。然后，潮流急转直下。到20世纪末，大约四分之一的律师是由女性组成，其中大多数人还相当年轻；而且有如此多的女性将成为律师——许多法学院里有一半或更多的女生——在21世纪，女律师的比例肯定会上升，或许会上升到多数。在20世纪上半叶，黑人律师的人数非常少；黑人女性律师更少——她们"被双重边缘化"了。[2]但黑人律师站在争取公民权利的前列，少数族裔律师（男律师和女律师）的骨干在20世纪最后三分之一的时间里有所增加。在这一时期，黑人、西班牙裔和亚裔的面孔开始出现在律师事务所的办公室里、法官席

538

上,以及全国各地法学院的教职群体中。

这百万之众的律师在做什么呢?并不是所有的人都在做法律执业。就像往常一样,有些人偏离了惯例——他们从事商业或从政,甚至停止做任何与法律执业完全相似的事情。然而,大多数人确实利用了他们的所学。他们越来越多地与其他律师一起执业:同在一家律师事务所或合伙公司(或专业公司)工作。这些事务所的规模一直在稳步增长。[3]1900 年,一家有 20 名律师的律师事务所是一家巨大的公司。1935 年,芝加哥最大的律师事务所温斯顿、斯特朗和肖(Winston, Strawn & Shaw)有 43 名律师。1950 年,芝加哥最大的律师事务所柯克兰、弗莱明、格林、马丁和埃利斯(Kirkland, Fleming, Green, Martin, & Ellis)有 54 名律师。在那个时候,一家由 100 名律师组成的律师事务所将是一个超级巨人,这种庞然大物只在纽约市才被发现。但到了 20 世纪 80 年代,情况发生了巨大的变化。贝克·麦坚时律师事务所(Baker and McKenzie)在 1984 年有 697 名律师。[4]最好的(或最坏的)事情还在后面。这些大律师事务所像野草一样在生长。2001 年,据报道,贝克·麦坚时已经发展到一个真正庞大的规模:3117 名律师。没有其他律师事务所拥有 2000 名律师,但排名第二的世达律师事务所(Skadden Arps)则有 1000 多名律师。这也不仅仅是华尔街的现象。每个大城市都有大律师事务所,甚至在小城市里也有。21 世纪初,弗吉尼亚州里士满最大的律师事务所有 584 名律师,密苏里州堪萨斯城最大的律师事务所有 568 名律师。在美国排名第 250 名的大律师事务所也拥有不少于 158 名律师。[5]

在过去,一家纽约律师事务所就是一家纽约律师事务所,一家休斯敦律师事务所就是一家休斯敦律师事务所,仅此而已。渐渐地,一些律师事务所开始扩展分支业务。在 20 世纪末,最大的律师事务所都有分支机构。有时,一家律师事务所通过吞并一家当地律所而获得一家分律所;有时一家律师事务所开拓到很遥远的城市。律师事务所不太可能达到 Motel 6 连锁汽车旅馆或肯德基的记录,更不用说麦当劳了;但到了 2000 年,大型律师事务所在各种国内外各地都站稳了脚跟,无论是在遥远的地方,还是在附近的光鲜的城市郊区。高特兄弟律师事务所由 3 个兄弟于 19 世纪创立,在 30 个办事处和 18 个国家拥有 650 名律师。何威律师事务所(Hunton and Williams)是亚特兰大的一家大律师事务所(有 700 多名律师),在迈阿密、华盛顿特区、纽约、北卡罗来纳州的罗利和夏洛特、弗吉尼亚州的诺福克和里士满都设有办事处。它还在布鲁塞尔、香港、曼谷、华沙和伦敦设有分所。世达律师事务所除了在美国的许多分支机构外,还在巴黎、布鲁塞尔、香港、北京、法兰克福、多伦多、莫斯科和悉尼设有办事处。[6]高特兄弟律师事务所在哈萨克斯坦的阿拉木图设有办事处,这是它的 8 个亚洲分支机构之一(其他分支机构在一些不那么偏远的地方,例如新加坡)。

并非所有的律师都为律师事务所工作。也有个人执业律师、"公司内部"律师("in-house" counsel)和政府律师。在 1952 年,约 10% 的律师为政府工作,约 9% 的律师为私营公司工作。这一比例并没有明显上升;但到 20 世纪末,绝对数字令人印象深刻:1995 年有 80000 名公司内部律师,65000 名政府律师。[7]

到 20 世纪末,律师似乎在政府和社会中无处不在。他们忙于各种可以想象得到的工作:大公司合并、起诉政府、处理儿童监护权案件、起草遗嘱或处理房地产交易。他们向那些想开比萨店或成立私人基金会的人提供建议。有一些律师甚至是传统的法庭战士。约翰·海因茨(John Heinz)和爱德华·劳曼(Edward Laumann)在 20 世纪 70 年代对芝加哥律师的研究——对律师的实际行为进行的最详尽的研究中,将律师分为两大类(作者称之为"两个半球")。比较大的那个"半球"由商业律师组成。这就是"企业客户部门的律师"。第二个稍微小一点的"半球"里,其一半的工作是针对小企业而不是大企业的商业法律工作;这个"半球"还将其全部法律工作的五分之一用于非商业事务——离婚、人身伤害和刑事辩护。[8]很少有律师从一个"半球"转到另一个"半球",或同时在两个"半球"工作。

法律职业伦理

1908年,美国律师协会通过了一项职业道德规范。大多数州接受了这一规范或类似的法规,作为对律师行为的官方规则。州律师协会或州法官,有名义上或真正的权力来执行这些准则,并在这一职业中严惩害群之马。许多规范都是普通常识的规则,或者说是普通的道德准则。例如,律师不能偷窃其当事人的钱财。但其他规则反映了律师协会精英成员的规范和抱负。例如,不允许律师使用"传单或广告"(规则第27条)。华尔街的律师从来不做广告;大型律师事务所没有必要这样做。华尔街的律师们有固定的老客户;他们通过非正式网络获得了新的业务。而代理被电车撞倒或想离婚者的店面律师(store-front lawyers)需要源源不断的新业务;他们有"一次性"的客户,没有固定客户。其他的"道德准则"仅仅是为了反竞争。这些规定基本上有关禁止降价的规则。律师协会规定最低收费,并与"未经授权的律师执业"作斗争,即他们与其他专业人士为自己的地盘辩护。他们想让别人远离他们的地盘。他们希望垄断一切可以合理界定为法律执业的活动。

美国律师协会从未放弃与"未经授权的律师执业"的斗争;但在某些方面,道德准则已经民主化。最高法院在1977年取消广告禁令时大力推动了这一趋势。有一起案件涉及两名亚利桑那州的律师,他们在报纸上登了一则广告,声称提供"收费非常合理的法律服务"。[9]最高法院认为这是言论自由问题;公众有权听取做广告的律师想说的话。在这个行业的最高层,这个判决几乎并没有什么影响力。华尔街的律师们仍然不做广告,他们为什么要做广告呢?但是现在电视上的律师很常见,像比萨饼店和二手车经销商那样推销自己,争抢低收入的客户,面对酒后驾车的指控或者受到鞭伤的人,或者与移民当局有麻烦的外国人。昔日的律师,即华尔街旧式的律师界,都会在坟墓里不得安宁。

有组织的律师界

律师协会是由精英和高调律师组成的组织,正如我们所看到的,他们是对城市政治丑闻的反击。律师协会在更多方面是排他性的。例如,美国律师协会(ABA)只为白人律师服务。1912年,美国律师协会由于疏忽承认了3名黑人的律师资格。当执行委员会发现这个可怕的错误时,它试图撤销他们对这3个黑人的资格承认。这3名律师最终仍然是成员,但未来的申请人则需要经过种族筛选。[10] 作为回应,黑人律师感到必须建立自己的组织,因此在1925年成立了全国律师协会。直到1918年才有妇女进入美国律师协会。美国律师协会只是逐渐地修复了它的方式,并且变得更加包容。到20世纪末,情况发生了根本的变化,律师协会对任何种族或性别的律师都持开放态度。罗伯塔·库珀·拉莫(Roberta Cooper Ramo)在1995—1996年成为美国律师协会第一位女性会长。

从20世纪中叶开始,许多州的律师协会就变得"一体化"了。这与种族无关;这仅仅意味着该州的所有律师都必须属于一个(州)律师协会,该协会收取会费,并声称有权(至少在理论上)监督偏离这条正道上的律师会员。到1960年,超过一半的州已经整合了它们的律师协会。伊利诺伊州在 20 世纪 70 年代整合了律师协会。尽管如此，与美国医学会对医生的控制（主要是通过对医院的控制）相比，法律职业一直相当宽松和自由。尽管有激烈的会员资格的博弈，在 20 世纪末，只有略多于三分之一的律师加入了全国性律师协会。尽管律师协会试图用一个声音说话，但它从未完全说服外界前来倾听。

这未必是一件坏事。有组织的律师协会的行为，与它的大肆宣传相比，一直是软弱和倒退的。律师协会并没有太大的勇气来猛烈抨击讼棍律师和救护车追逐律师。但当正义或公民自由真正陷入危机时，有组织的律师协会并不总是站在天使的一边。在麦卡锡时期，美国律师协会渴望忠诚宣誓和清洗；建议对共产党员律师或主张马克思列宁主义的律师采取行动，甚至采取驱逐行动。[11]但随着律师队伍的扩大和律师队伍的多样化，律师协会开始改变其总方向。事实上，在 20 世纪末，美国律师协会支持暂停死刑，这无疑令许多右翼人士感到震惊。自 20 世纪 50 年代以来，律师协会还在审查提名为联邦法院法官的律师方面发挥了作用。法官仍然是出于政治原因被任命的。但美国律师协会确实筛选了被提名者的基本能力。它使得一些极不合格的律师远离法官的职位。

法律教育

1900 年的法律教育，学徒制正在退化；到了 2000 年，它几乎已经消亡了。实际上，法学院现在几乎垄断了进入律师业的机会。学校和学生的数量大幅增长，这并不令人惊讶，因为律师（以及想成为律师的人）的数量也在迅速增长。1910 年大约有 100 所法学院（其中一些是夜校）。在 1980 年，大约有 200 所法学院。大多数州都有一所或多所法学院，而那些没有律师的州现在已经有了改变。夏威夷和佛蒙特州也有了法学院。内华达州在20世纪末就加入了这个行列。2000年,阿拉斯加是其境内唯一没有法学院的州。大多数大州都有许多法学院,而不止一所法学院。加利福尼亚州是人口最多的州,拥有最多的法学院——超过35所——包括一群未经认证的法学院。

正如我们所看到的,兰德尔教学法甚至在它早期的发源地(马萨诸塞州的剑桥)挣扎求生。到了1900年,它显然在运行之中并征服了新的领域。[12]兰德尔的大军最终横扫了战场,在全国各地传播了案例手册和苏格拉底对话的福音。在1903年,耶鲁大学成为一个皈依者。其他的顽固派则放弃了抵抗并在稍晚的时候进入这个行列。转而采用哈佛方法的学校也倾向于聘用哈佛人作为教师:20世纪上半叶,哈佛大学几乎提供了全国四分之一的法学院教师。在全国范围内,在20世纪30年代或50年代,那些资金不足的小型学校,其中有些有日间和夜校学生,它们卑微地试图模仿哈佛模式,购买哈佛的方法和案例手册,而不是寻找它们自己的使命和灵魂,或者不是去问问它们如何更好地为自己的社区服务。一所好的法学院应该是"全国性的",也就是说,不管它处于哪个州,都要去教授更多的普遍真理和更多的全国性技能。

与此同时,进入法学院的难度越来越大。在20世纪初,哈佛大学已经要求获得学士学位的人才能进入法学院。其他学校也逐渐走向此行列,比如1924年的斯坦福大学,1935年的乔治·华盛顿大学。在20世纪60年代,美国律师协会和美国法学院协会对每个人都要求四年的大学学历。简而言之,这项要求在第二次世界大战后变得普遍适用,《退伍军人权利法案》允许数千名聪明的年轻退伍军人进入任何一所接收他们的学校。政府将为这一切买单——学费、书籍和生活费——精英学校不再只面向精英阶层。任何有头脑的退伍军人都可以去哈佛或耶鲁。1947年,退伍军人占了哈佛班级的90%以上。

现在的入学申请淹没了法学院。社会背景和金钱已经不足以用来过滤学生了。取而代之的是法学院入学考试（LSAT）。法学院入学考试和其他要求旨在消除不合格的学生。法学院入学考试始于1948年;63个城市的3500名申请人参加了这一考试。在1952年,45所法学院要求法学院入学考试;其余的法学院最终也加入了这个行列。佐治亚大学在1962年采用了这项测试。[13]法学院入学考试导致不及格率大幅度下降。直到20世纪50年代,法学院招收了大量的学生,并且在第一学年的考试之后,有多达三分之一的学生被淘汰了。根据一个著名的故事,哈佛大学的爱德华·沃伦教授（臭名昭著的"公牛"·沃伦）曾对入学的学生说:"看着你的右边,看着你的左边。你们三个中的一个将在一年内离开。"[14]类似的严峻警告和预测,在其他法学院也是一样。在法学院入学考试时代,学校变得非常有选择性;要进入顶级法学院难上加难。但是牺牲无辜者的行为已经结束了。在2000年,或在之前的许多年里,除非完全作弊、剽窃或者更常见的是神经衰弱,几乎是不可能被从哈佛或其他大多数法学院退学的。

法律文献

在20世纪的大部分时间里,兰德尔和他的思维方式在法律文献乃至法律教育中占据了上风。这是一个法律论著浩如烟海的时代。塞缪尔·威利斯顿根据合同法建立了一个里程碑式的结构（1920—1922）,一卷接一卷,编织紧密,脚注丰富,并且完全防备任何伦理、经济或社会思想的侵入。[15]在威利斯顿的模型上,是奥斯汀·韦克曼·斯科特（Austin Wakeman Scott）关于信托方面的厚重论文;事实上,每个部门或法律领域至少都有这类枯燥详尽的论著。耶鲁大学的阿瑟·科宾（Arthur Corbin）发表了他自己的关于合同的论著。他的论著反映了法律现实主义运动的影响。科宾相对于哈佛的老人们起到了一种平衡的作用。威格莫尔(Wigmore)关于证据法的不朽论著也与威利斯顿模式有很大的偏离。

不断变化的时代——法律现实主义运动——对法学院的课程产生了一定的影响。有一些尝试改变旧课程的内容;新的课程(如行政法和税收)进入了课程的行列。因此,如果一位1900年的教授复活后,会发现法学院的课程在某些方面是熟悉的,而在其他方面则很陌生。课堂文化也同样有所不同。在电影《力争上游》(*The Paper Chase*)里的那些典型的教授们,通过恐吓学生,使教室充满恐怖氛围,这些教授们已经获得了上天永恒的回报;20世纪末,许多教授仍然采用苏格拉底式的方法,但采用了一种改良的方式——要温和得多,也更人性化一些。20世纪60年代以后,嘲笑和羞辱学生已经不时尚了。但对于1900年的教授来说,核心课程的许多方面都是相当熟悉的。2000年的第一年课程列表,倒也不会让兰德尔感到惊讶。无论是好是坏,课程的核心部分是被维持住了。另外,许多高级课程会让兰德尔觉得有些奇怪,或者说让塞缪尔·威利斯顿觉得奇怪。许多学校增加了"丰富"课程;有些学校修改了法律诊所课程和培训;有几所学校更进了一步,把法律诊所培训作为法律教育的一个关键方面。虽然大多数学生坚持"基本课程"(如公司、税收和类似课程),但那些想要偏离常规的学生现在可以这样做,至少在某种程度上如此。例如,康奈尔大学法学院1995—1996年的目录中提供了比较诉讼和跨国诉讼、律师经济学、女权主义法理学、法律和医学、有组织犯罪控制等课程,以及一系列研讨会、实务课程和校外活动。

在某种程度上,这反映了使法律更靠近大学——即更广泛的理论和学术世界的反复尝试。20世纪20年代和50年代,在哥伦比亚大学和耶鲁大学进行了整合法律和社会科学的实验。[16]设在巴尔的摩的约翰·霍普金斯法学研究所(Johns Hopkins Institute of Law)是一个专门从事法律制度实证研究的研究机构。在发表了一些研究成果之后,该研究所在大萧条期间结束于财政匮乏。第二次世界大战后,人们更加认真努力地将法律和社会科学结合起来。政府和基金会的资金开始源源不断地流入法学院。一个值得注意的结果,是芝加哥大学法学院的小哈里·卡尔文(Harry Kalven Jr.)和哈茨·蔡塞尔(Harts Zeisel)1964年的著作《美国陪审团》(The American Jury),这是一个对一重要制度的里程碑式研究。卡尔文和蔡塞尔的研究表明,法律学者和社会科学同事之间的合作具有一种真正的可能性。[17]但大多数情况下,法律和社会科学仍然只是一个承诺。在大多数学校,这甚至还谈不上是一个承诺。只有少数几所学校——尤其是威斯康星、丹佛和伯克利——除了口头上支持跨学科的理想,还做了更多的事情。[18]在20世纪60年代,法律研究确实扩大到包括更多的社会问题——例如福利法课程,反映了林登·约翰逊总统的"反贫困战争";有几所学校提出了更丰富、更多样化的外国法律。社会科学基本上没有对法学造成什么影响。唯一的例外是经济学。芝加哥大学是这一领域的领导者;后来担任联邦法官的理查德·波斯纳(Richard Posner)是该领域的关键贡献者。他的《法律的经济分析》(Economic Analysis of Law)经历了多个版本,在法学教育领域引起了很大的轰动。许多法学教授,尤其是那些政治自由主义的教授,反对并憎恨"法律与经济学"学派,他们认为这是右翼观点,而且过于狭隘。他们还以某种公正的态度指责"法律与经济学"学派以硬科学的装神弄鬼来伪装意识形态。尽管如此,到了20世纪80年代,法律和经济运动在法律教学、思想和研究中,不仅在更明显的领域(反垄断法),而且在其他课程中——侵权、财产、合同——都赢得了重要的地位。在20世纪余下的时间里,它一直保持着强大的地位。

法律图书的制作,暂且不谈质量,确实是源源不断。19 世纪时还为数不多的大学法律评论,如今像兔子一样,多年来在成倍增长。到了 1950 年,大约有 70 份刊物;到 20 世纪 90 年代末,有 400 多份刊物。事实上,每一所法学院,无论多小,都出版了一份法律评论,作为一种本院的荣耀。一流的法学院有不止一份刊物,或许有十几份之多。其中有些是旗舰性的期刊(flagship journal)——《耶鲁法律杂志》《哈佛法律评论》《芝加哥大学法律评论》。这些是最具普遍意义的(也是最有声望的)刊物。一流法学院出版的其他刊物则更为专业。几乎可以肯定,其中有某种国际性或全球性倾向的期刊。法律期刊也变得极其臃肿;随着时间的推移而且越来越臃肿。《耶鲁法律杂志》第 15 卷(1905—1906 年度)一共有 446 页;到第 40 卷(1930—1931 年度),该杂志增加到 1346 页;第 109 卷(1999—2000 年度)至少有 2024 页。许多法学院的刊物可能打破这一可疑的纪录。《杜兰法律评论》(*Tulane Law Review*,1999—2000 年度)第 74 卷长达 2268 页(1940 年至 1941 年度的第 15 卷仅为 652 页)。

根据法学院的传统,管理这些期刊的是学生,而不是教授。他们对文章加以选择、编辑和删节,他们检查脚注,并确保每一个拼写和标题是正确的。传统上,这些法律评论的学生编辑是他们法学院的学生精英。他们拥有最好的成绩,(或仅仅是)与教员之间的最好的融洽关系;当他们毕业时,他们得到的奖励是最好的法官助理工作和最佳律师事务所的最好工作。在 20 世纪 60 年代的民主热潮中,一些学校向所有希望参加法律评论编辑的学生实行开放竞争,而不管他们的成绩如何。法律评论期刊也开始注意"种族的多样性"问题。其中许多期刊积极设法招募更多的妇女和少数族裔学生。到 20 世纪末,法律评论期刊已经失去了一些魅力——它们不再是一个被选中的俱乐部,或者是乳酪中的精华(the crème de la crème);它们不再完全垄断高层职位和高级法官助理职位了。

在学术出版领域,它们仍然很强大,但在此领域里它们不再保持控制力度。20世纪30年代初,杜克大学开始出版了一本名为《法律与当代问题》(Law and Contemporary Problems)的期刊,此举是一项大胆的举措。每一期的内容都有关一些专题的讨论会;这份刊物没有为学生的投稿留出任何栏目。后来,更专业的学术期刊开始出现——例如《法律和历史评论》(Law and History Review),以及专门研究法律和经济学的期刊。第一期《法律和社会评论》(Law And Society Review)于1966年出版——这是法律的社会性科学研究的一个渠道。美国律师基金会出版了一份研究期刊,后来更名为《法律与社会研究》(Law and Social Inquiry)。这些期刊采用的是同行评审方式(peer-review);在这些期刊中起主导作用的不是学生们,而是教授们。

概念主义长期保留着其有害而持久的影响,而且这种影响从未消失过。尽管如此,20世纪还是产生了丰富的法律文献。最著名的学者之一是罗斯科·庞德(1870—1964年),一个家乡在内布拉斯加州的人,他最初的学术生涯是研究真菌,然后转向了法律。庞德后来成为哈佛法学院院长,并将大量精力投入到法律哲学的研究上。他创立了一个"社会学法学"的学派,尽管它几乎没有什么真正的社会学价值。卡尔·卢埃林(1893—1962年)是20世纪20年代和30年代现实主义运动中的关键人物。他很聪明且反传统,尽管他有着浓厚的日耳曼式的写作风格(Teutonic writing style)。该运动的其他成员包括杰罗姆·弗兰克(Jerome Frank)和瑟曼·阿诺德(Thurman Arnold)。事实上,现实主义与其说是一种哲学,不如说是一种态度。它拒绝了19世纪后期法官和学者的思想,他们强调法律逻辑和概念的纯洁性。换句话说,它拒绝了兰德尔的哲学。现实主义者对这样的法律传统并不十分尊敬。他们对规则持怀疑态度——怀疑它们是否在实践中发挥作用。他们怀疑法官是否能够或应该根据法律逻辑的要求来裁决案件。他们对诡计、虚构、真实和明显的不合理几乎没有什么容忍度。法律是一种有用的工具,是一种社会政策的工具;必须从这个角度来看待它。杰罗姆·弗兰克的著作《法律与现代精神》(*Law and the Modern Mind*,1930)是现实主义运动的重要文献之一。弗兰克谴责法律形式主义,认为它是法律"确定性"的"幻觉"。他认为,规则只是"冠冕堂皇的衣服"(formal clothes),法官们在这些衣服中穿插着他们的真实想法。寻找确定性(弗兰克说)只不过是徒劳地寻找一个父亲的形象,这是一种在朦胧中被相信的东西。另一位主要的现实主义者是瑟曼·阿诺德。他的著作《政府的象征》(*The Symbols of Government*, 1935)和《资本主义的民间传说》(*The Folklore of Capitalism*, 1937)以诙谐和讽刺的风格写成,敲击了法律思想的"神话"和"传说"。

这些态度并不是全新的,从来没有引起所有法官和律师的注意。但它们确实影响了一个重要的精英阶层。现实主义改变了一小群但重要的法官的写作方式,也许(尽管在这里我们要小心谨慎地表述)改变了他们的思维方式和他们决定案件的方式。法律作为一种工具,作为一种政策工具,而不是传统法律思想——是像兰德尔这样的人的思想的骨架;这种说法自然地与那些在20世纪30年代初涌向华盛顿的律师们相适应,他们投入了富兰克林·罗斯福的"新政",他们渴望通过法律来改革世界(至少是美国这个国家)。他们是起草新政立法的律师,他们设计了罗斯福政府提出的大胆的新方案,然后在新政时期的法院长期博弈中为这些项目进行了辩论和斗争。[19]

卢埃林也是起草《统一商法典》(Uniform Commercial Code)的主要幕后人物。他和人类学家亚当森·霍贝尔(E. Adamson Hoebel) 1941年合著了一本有关夏延族印第安人的书。在两次世界大战之间,查尔斯·沃伦对美国法律的历史进行了一些开创性的研究。第二次世界大战后,法律史再次从阴影中浮现。最杰出的实践者是威拉德·赫斯特,他的整个职业生涯几乎都是在威斯康星大学度过的。赫斯特和他的追随者——也就是所谓的威斯康星学派——从以个案为中心的、形式主义的、教条主义的法律史中,迅速地脱离出来。赫斯特把注意力集中在法律与社会的关系上,特别是法律与经济的关系上。[20] 20世纪70年代,一群年轻的有些激进的历史学家开始质疑赫斯特和他的学派工作的某些方面;但在某种程度上,这也标志着赫斯特学派的持久影响力。[21] 法律和社会运动聚集了来自心理学、社会学、政治学等不同学科的学者,他们以新鲜的、有时具有启发性的眼光看待法律,(重要的是)以经验主义的眼光看待法律。这些学者中的许多人——实际上占大多数——根本不是律师或法学院的教师。

20世纪60年代末,火山爆发的轰隆声开始扰乱法学院的平静。学生走在前面:他们在民权和公民自由的旗帜下游行示威;他们升起了反贫困战争的旗帜;后来他们接受了一种更普遍的激进主义,一种更普遍的对既定秩序的厌恶。最富有和最著名的学校受影响最大;总的来说,在学校里最激进狂热的是那些思想上最活跃的学生。当经济就业机会办公室(Office of Economic Opportunity)将资金投入到社区律师事务所时,年轻的律师们急切地来到贫民区工作。为了防止人才枯竭,华尔街不得不提高它的酬金。事情(看起来)永远不会一样了。经典的法律教育就像一个摇摇欲坠地站在墙头的小胖墩儿(Humpty Dumpty),它会反弹起来? 还是会跌落?

结果,它反弹了。但这在当时并不明显。法律似乎陷入了危机。在一些右翼人士看来,福利国家似乎存在过度扩张的危险;大多数政府项目看起来愚蠢、适得其反,而且违反了基本的经济规律。左翼人士谴责这一体系腐朽、种族主义和不公正。越南战争是另一个巨大的刺激因素。许多人,包括左派、右派和中间派,都抱怨诉讼案件激增

(也许很大程度上是虚构的)。[22]社会似乎被自己的分泌物窒息而死。

然而,当越南战争结束时,学生运动似乎在减弱,就像泄了气时的气球一样。在20世纪80年代,这个国家似乎非常安静;人们渴望旧式的真理;一位几十年来最保守的总统(罗纳德·里根)在白宫和电视屏幕上现出了温和的微笑。在许多法学院,教授们开始抱怨他们的学生无聊、自满并且过于职业化。新的激进运动在教授中兴起——批判法律研究,以及它的黑人和拉丁裔分支。但是学生团体(和律师界)则对此不屑一顾。左派、右派、中间倾向的教授们在继续生产大量的印刷品,并且填满了法律评论刊物。总的来说,学生们似乎都在全神贯注地寻找和保住一份工作。

20世纪的法官

在20世纪初,美国最高法院的声誉在劳工领袖(以及那些通常认为自己是进步人士)中很低。最高法院的一些判决似乎是令人难以置信的倒退,例如1905年的"洛克纳诉纽约州案",以及我们先前讨论过的童工案件——"哈默诉达根哈特案"。在新政初期,在20世纪30年代,最高法院的"9个老人"猛烈抨击了新政计划。《国家工业复兴法案》是早期新政的基石之一;但是最高法院在1935年所谓的"病鸡案"(*Schechter Poultry Corp. v. United States*)中对其进行了抨击。[23]1936年,在"美国诉巴特勒案"[24]中,最高法院把《农业调整法案》(Agricultural Adjustment Act)扔进了垃圾堆。

可以肯定的是,即使是最高法院的自由派也不喜欢早期新政的某些方面,他们认为新政过于偏向社团主义。此外,最高法院确实维持了许多著名的来自州和联邦法律的劳动法和社会法律。1934年的"房屋建筑公司和贷款委员会诉布莱斯德尔案"(*Home Building and Loan*

Association v. Blaisdell)[25]就是其中一个案例。法院以微弱优势维持了明尼苏达州的一项法律,该法律试图拖延和避免房屋和农场丧失抵押品回赎权。这似乎违反了宪法的合同条款,但最高法院非常清楚国家的经济危机。[26]人们对最高法院阻挠新政计划的大部分内容表示了真正的愤怒。当时,富兰克林·罗斯福总统非常受欢迎,在1936年他以压倒性优势进入第二任期。然后,他笨拙地试图对最高法院进行改革和报复。这就是名声不佳的最高法院填塞计划(court-packing plan):一项赋予他任命额外法官的权利的计划,只要有一位年龄超过七十岁半的法官,他就可以再增加一个提名。该计划将允许他任命多达6名新法官。但是,一场抗议的风暴出现了,这个计划从一开始就胎死腹中。[27]他在某种程度上冒犯了某些神圣的事物,甚至连他的政治盟友也抛弃了他。国会否决了这项计划,这是罗斯福最严重的失败之一。

但事实证明,即使在短期内,这一计划也是不必要的。1937年,最高法院以5票对4票支持了《国家劳资关系法》(National Labor Relations Act)。[28]在这个案件中,以及其他一些案件中,欧文·罗伯茨大法官显然改变了立场。这就是著名的"拯救了9位大法官的及时转换"(switch in time that saved the nine)。真的有这种"转换"吗?罗伯茨大法官真的改变主意了吗?他的动机是政治事件吗?或者这个决定,以及随后的决定,与法院填塞计划和罗斯福的连任无关吗?对这个问题众说纷纭,而且争议甚多。[29]爱德华·怀特的立场是,法院填塞危机并没有产生"新政的宪法革命",相反,这场危机本身就是"宪法革命的产物"。这场危机的起因是人们日益认识到,法院一直是,而且必须具有深刻的政治性——一种关于宪法法律和宪法解释的"法律权威的性质"的"现代主义"理论。[30]的确,毫无疑问,法院是(而且一直是)一个政治机构,尽管是一个相当特殊的机构。可以肯定的是,法院并不是自治的机构;也就是说,它并不是脱离了在社会中发挥作用的、充满活力的力量而仅仅去适用"法律"的途径。社会规范和社会联系是法院工作的核心。但法院是独立的，即政府不能控制它；而且，与立法机关不同，法院不需要依靠那些愤怒的选民的选票。没有人可以解雇法官。没人能把他赶出办公室。法官是个终身职位。他们往往很长寿。

不过，无论是否有所谓转换，罗斯福最后还是赢了。他4次当选为总统。简而言之，他的任期超过了"9个老人"；最终，他能够让对新政更友好的和对政府监管的总体看法少有偏见的人进入最高法院。最高法院实际上放弃了它作为经济监督机构的角色；它基本上接受了各州和联邦政府想做的任何事情，只要该计划背后有任何合理的动机。但法庭并没有躲避舞台而躲在幕后。正如我们所看到的那样，它承担了同样强大和有争议的作用：弱者的拥护者、无声者的声音、人权的保护者、新人权的发明者。这是沃伦法院的角色，也是紧随其后的法院——伯格法院和伦奎斯特法院也扮演了这个角色，虽然它们更为保守，但从未真正放弃过这一角色。

20世纪末，最高法院的威望仍然很大。法院在种族隔离、死刑、刑事被告的权利、投票权、避孕、堕胎和同性恋权利等问题上都引起了激烈的争论。最高法院是一个非常隐秘的机构，它对记者招待会和公关顾问极为敏感——尽管如此，它还是经常成为头版头条的新闻。[31]有时，法院确实显得胆怯和恭敬（例如，在麦卡锡时期）；有时，却又大胆得几乎令人惊叹（如在学校种族隔离、投票权、堕胎、鸡奸法问题上）。学者们有时担心法院的"正当性"。如果法院似乎过于政治化，这会不会扼杀它在公众头脑和心灵中的形象？人们是否会停止支持和尊重法院？但证据表明，即使是最具争议的裁决也不会对法院造成损害。[32]"合法性"依附于制度，而不是依附于法官个人或个案决定。这并不令人感到奇怪。即使是那些觉得自己城里的警察残暴腐败的人，也想找到一些更好、更诚实的警察,而不会放弃对警察的支持。

法院的权力是显而易见的,多年来更是如此。最高法院法官的任命至少一直有争议。争议并没有在 20 世纪结束;相反,它可能有增无减。1916 年任命路易斯·布兰代斯为第一位犹太法官时,引发了一场大骚动。最近的骚动则发生在 1987 年任命罗伯特·博克(Robert Bork)的时候(博克的提名后来失败了)。另一项有争议的任命是克拉伦斯·托马斯,他是一名保守的黑人律师。[33](托马斯经过艰苦的奋斗后得到了这一职位)。公众似乎敏锐地认识到,大法官的任命很重要——例如在堕胎等问题上。一票之差可能会有截然不同的后果。例如,在 2000 年的总统竞选活动中,乔治·W. 布什还是戈尔,谁将获得任命法官的权力,成为一个重要的话题。具有讽刺意味的是,选举期间和选举后发生的事件表明,这个话题绝不是空穴来风。最高法院在"布什诉戈尔案"(*Bush v. Gore*)中,在决定这次有争议的选举结果方面迈出了决定性的一步。[34]布什在最高法院以一票获胜——这也保证了他在选举团中的胜利。

最高法院是一个很特别的法院。总的来说,联邦司法机构在 20 世纪获得了权力——这是权力流向中央的必然结果。但是,最高法院很少需要与下级联邦法院共享聚光灯。在最高法院之下,很少有联邦法官获得过很大的声誉。然而,它们对司法政策和一般社会政策至关重要。美国南方地区法院的法官们首当其冲地经历了对废除种族隔离引发的愤怒。勒尼德·汉德(Learned Hand,1872—1961 年)是一位上诉法院法官,虽然他从未到过最高法院,但他可能是当时最受尊敬的联邦法官。[35]与 19 世纪相比,州法院和州法院法官的权力和重要性相对更低一些。但他们几乎肯定地获得了绝对的权力。就像联邦法官一样,很少有州法院法官能指望出名。他们很少成为名人。然而,法律学者和法律系学生至少熟悉少数人,纽约的本杰明·卡多佐

(1870—1938年)从1932年开始在美国最高法院服务,但最出名的是他在纽约上诉法院的工作。[36]在20世纪50年代和60年代,加利福尼亚州的罗杰·特雷纳(Roger Traynor)也许是所有州法院法官中声名最高的;但法律界以外的人们可能就很少听说过他。偶尔有一位州法院法官因某种原因而出名或声名狼藉。加利福尼亚州第一位女首席大法官罗丝·伯德(Rose Bird),曾经是持续争议的风暴中心;她在1987年被选民所抛弃。但总的来说,州法院的法官仍然是默默无闻的。

在某些方面,卡多佐和特雷纳之间的差异是非常有启发性的。这两个人之间隔了一代人。这两位法官都被认为是大胆创新的法官。然而,卡多佐微妙而取巧;他喜欢用老式的普通法外衣来掩饰变化;他喜欢在变革中表现出连续性,认为普通法的天才或精神要求他如此行事。他是一个传统黏土的定型工匠。至少他喜欢这样定位自己。特雷纳更有可能与过去决裂。他有时愿意公开地说,时代已经改变了,法律也必须随之改变。他说的是一种不同于卡多佐的坦率的语言。

两位法官可能都受到了法律现实主义学派的影响,或者更准确地说,受到了最初创立现实主义学派的社会力量和思潮的影响。从表面上看,1970年、1990年或2000年的裁决与19世纪后期法官的判决相比,更有可能包含对"公共政策"的明确或隐含的诉求。法官们似乎也更愿意驳回他们认为过时的案件。在美国,推翻前例的权力一直是可能的,但总的来说,这种权力很少被使用。随着时间的推移,这种情况很可能变得更加频繁。最高法院很少使用它,但它是一种强有力的武器,即使一年只有一次或两次被使用的机会。[37]更多的情况是,法院"区分"(distinguish)或干脆无视以前他们不关心的案件。相较于他们的前辈,现代高等法院的法官也倾向于写更多的异议意见(dissenting opinions),以及更多的带有独立见解的协同意见(concurring but separate opinions）。在 19 世纪 70 年代的密歇根州，大约 95% 的高等法院案件是一致的；在 20 世纪 60 年代，44% 的公开发表的意见中包括有异议意见或协同意见。[38]

在美国最高法院，反对和赞同的声音越来越多。小奥利弗·温德尔·霍姆斯和路易斯·布兰代斯是 20 世纪前三分之一时期里的"伟大的异见者"（great dissenters）。然而，在他们的时代，法院的大多数裁决都是一致的。在 20 世纪下半叶，一致的决定变得不寻常了，至少在一些最为重要的案件中是如此。学校种族隔离案——"布朗诉教育委员会案"是一致同意的。然而，这是幕后大量操纵的结果。在 1973 年的开庭期内，共有 157 份完整的意见；其中 33 份（21%）是一致同意的；124 份（79%）有异议意见。最高法院在 20 世纪末似乎没有太多的冲突，但可能只是因为它审理的案件不是很多。在 1999 年的开庭期内，共有 77 份完整判决意见，其中 58% 的案件中有一个或多个不同的意见。[39]

最高法院也常常出现矛盾和分裂，例如在新政十年期间，甚至在 19 世纪也是如此。在 20 世纪 90 年代，最高法院频频在中间地带出现分裂。1999 年任期内有 18 起案件被以 5 比 4 的票数作出判决。法官们似乎没有特别的必要相互同意——即使是那些站在有些问题的同一边的法官。在某些情况下，法官们写了 3、4、5 甚至 9 份独立的意见。在 1972 年"弗曼诉佐治亚州案"（*Furman v. Georgia*）这一有关死刑的案件中，每一位大法官都写下了自己的意见。政治学家（和记者）以分析大法官派系来自娱自乐，试图找出法官们玩弄的把戏。倒并不总是能够将特定的大法官加以归类。但是，由于最高法院的案件往往具有深刻的政治性，评论者们能够把大法官贴上自由派或保守派或介于两者之间的标签，并能够预测他们将在某一特定案件中如何投票。通常情况下，他们的判断完全准确。

法官们"写"意见书的说法，并不太准确。约翰·马歇尔当然是自己动手写的，霍姆斯也是如此。但是在 20 世纪 20 年代以后，法官们开始更多地依赖他们的法律助理——那些刚刚从法学院毕业的聪明年轻的男性（后来也有聪明年轻的女性）。这些法律助理们通常服务一年，然后奔向更广阔的前程。后来成为首席大法官的威廉·伦奎斯特（William Rehnquist），曾经在 1952—1953 年担任过罗伯特·杰克逊法官的法官助理。[40] 在 20 世纪 50 年代，每名大法官大多有 2 名助理；首席大法官有 3 名助理。在 20 世纪 40 年代，大多数大法官仍在撰写自己的意见；助理们从事法律研究。但到了 2000 年，法律助理们至少写出第一稿的意见。[41] 很难说他们的实际影响有多大；毫无疑问，每个大法官的情况各不相同。当然，法官和他们的助理们也可以使用最新的、最先进的在线服务。这一切的结果之一是司法膨胀。意见书变得更为冗长啰唆。其中一些似乎喋喋不休、没完没了。对于一个被决定的案件来说，用 100 页来表述多数意见、协同意见和异议意见，一点都不稀奇。

大法官们似乎也对主张一个团结战线这码事并不那么感兴趣。协同工作的方式并没有消失，但它并不是 19 世纪的那种方式。协同意见的激增就是一个迹象：法官们同意结果，但不同意其中的推理过程，或者同意多数意见中的这个或那个部分，并不同意这个或那个部分；接受（比如说）第 IIB 部分和多数意见总的第 IIIC 部分，但拒绝接受其他部分。如果法官们都坚持自己的部分具体意见，就很难决定法院究竟作出了什么决定。它使决策支离破碎，难以处理。最高法院越来越像由 9 个小的法律办公室组成的机构，每个办公室在一定程度上独立于所有其他机构。

在 20 世纪，法官已经完全专业化。在大多数州，非法律专业的法官——甚至是治安官，已经走了黑琴鸡和卡罗来纳长尾小鹦鹉的消失之路。可以肯定的是,在大多数州,法官仍然是被选举出来的;从这个意义上说,他们更像是政客,而不是公务员。但在大多数州,大多数情况下,法官的选举往往是一件乏味的、例行公事的事情——像是一种选举的橡皮图章。最常见的情况是,当一位老法官去世或辞职时,一位新法官可以通过任命获得法官席位。在担任法官多年后,这位新法官将竞选连任,但通常不会有什么严重的反对意见。

1940年的密苏里计划(Missouri plan)使"选举"变得更加虚假。根据这项计划,提名法官的委员会包括几位由当地律师协会选出的律师、一名现任法官和州长任命的非法律职业人士。委员会将提出三个名字;州长将从三个名字中挑选一个。这位法官将在法官席位上工作一整年。届时,他将竞选连任,但并没有竞争者。在20世纪60年代,一些州通过了密苏里计划或类似的东西。由于很难去打败一个没有竞争对手的候选人;所以没有对手的法官理应获胜,而且几乎总是如此。然而,也有几个明显的例外:正如我们前面提到的,1987年,加利福尼亚州最高法院首席法官罗丝·伯德这样一个极具争议的人物,被排山倒海般的"反对"投票中掩埋;另外两名自由派法官也与她一同落败。

在没有密苏里计划或类似计划的州,法官和其他候选人一样参加选举。但和其他候选人的选举并不完全一样。这些选举中的大多数都是平静而平淡无奇的。公众对这种选举完全不感兴趣。其中很少有真正的竞选。在一些州,各党派占据各自的席位。法官通常长期任职。大多数情况下,他们并没有什么竞争对手。即使有人反对,法官们也很难像国会候选人这样激烈的竞选,甚至连地方学校董事会的候选人也比不上。他们很难作出承诺,也很难宣布他们打算如何裁决案件,除非是以最含糊和最笼统的方式。这增加了司法选举的无冲突性质。偶尔也会发生恶战;但它们是例外,而不是1998年的规则,这一年里没有一位现任法官落选;1964 年至 1999 年间,大约 4588 名法官中只有 52 名落选。[42]

注 释

[1] Robert B. Bell, *The Philadelphia Lawyer: A History, 1735–1945* (1992), p. 206.

[2] The phrase is from Kenneth W. Mack, "A Social History of Everyday Practice: Sadie T. M. Alexander and the Incorporation of Black Women into the American Legal Profession, 1925–1960," 87 Cornell L. Rev. 1405, 1409 (2002). This is a study of the career of Ms Alexander, who, in 1939, was the "first and only black woman lawyer" in Pennsylvania.

[3] On the large law firms, see Robert L. Nelson, *Partners with Power: The Social Transformation of the Large Law Firm* (1988); Marc Galanter and Thomas Palay, *Tournament of Lawyers: The Transformation of the Big Law Firm* (1991).

[4] This figure, and those on Chicago firms, are from Nelson, *Partners with Power*, p. 41.

[5] Source: National Law Journal, Annual Survey of the Nation's Largest Law Firms, Nov. 19–26, 2001.

[6] Source, National Law Journal, *supra*.

[7] Survey of the Legal Profession, *The Second Statistical Report on the Lawyers of the United States* (1952), p. 2; Clara N. Carson, *The Lawyer Statistical Report: The U.S. Legal Profession in 1995* (1999), p, 10.

[8] John P. Heinz and Edward O. Laumarm, *Chicago Lawyers: The Social Structure of the Bar* (1982).

[9] *Bates v. State Bar of Arizona*, 433 U.S. 350 (1977).

[10] Jerold S. Auerbach, *Unequal Justice: Lawyers and Social Change in Modern America* (1976), p. 66.

[11] Jerold S. Auerbach, *Unequal Justice* (1976), p. 238.

[12] On the rise and spread of the Langdell system, see William P. LaPiana, *Logic*

and Experience: The Origin of Modern American Legal Education (1994).

[13] Gwen Y. Wood, A Unique and Fortuitous Combination: an Administrative History of the University of Georgia School of Law (1998), p. 86.

[14] Arthur E. Sutherland, The Law at Harvard: A History of Men and Ideas, 1816–1967 (1967), p. 322.

[15] Williston was born in 1861, and died in 1963 at the age of 101.

[16] See John Henry Schlegel, American Legal Realism and Empirical Social Science (1995); Laura Kalman, Legal Realism at Yale, 1927–1960 (1986).

[17] In 1941, in the preface, Kalven and Zeisel stated that the study meant to "bring together into a working partnership the lawyer and the social scientist …To marry the research skills and fresh perspectives of the one to the socially significant problems of the other." Harry Kalven Jr., and Hans Zeisel, The American Jury (1966), p. v.

[18] However, the social study of law outside the law schools continued, and grew, throughout the last decades of the twentieth century.

[19] Peter H. Irons, The New Deal Lawyers (1982); Ronen Shamir, Managing Legal Uncertainty: Elite Lawyers in the New Deal (1995). On the legal realists and their movement, see the sources cited in n. 16, supra; see also Robert W. Gordon, "Professors and Policymakers: Yale Law School Faculty in the New Deal and After," in Anthony Kronman, ed., History of the Yale Law School: The Tercentennial Essays (2004), p. 75.

[20] Among Hurst's many important works were The Growth of American Law: the Law Makers (1950); Law and the Conditions of Freedom in the Nineteenth Century United States (1956); and Law and Economic Growth: The Legal History of the Lumber History in Wisconsin, 1836–1915 (1964).

[21] See the discussion of various schools of thought in the world of legal history, in Robert W. Gordon, "Critical Legal Histories," 36 Stanford Law Review 57 (1984).

[22] For a discussion, see Marc Galanter, "Reading the Landscape of Disputes: What We Know and Don't Know (and Think We Know) about our Allegedly Contentious and Litigious Society," 31 UCLA Law Review 4 (1983); Lawrence M, Friedman, "Are We a Litigious People?" in Lawrence M. Friedman and Harry N. Scheiber, eds. Legal

Culture and the Legal Profession (1996), p. 53.

²³ 295 U.S. 495 (1935).

²⁴ 297 U.S. 1 (1936).

²⁵ 290 U.S. 398 (1934).

²⁶ The decision was 5 to 4. Chief Justice Charles Evans Hughes, who wrote the majority opinion, realized quite well the highly charged nature of the issue. An "emergency," he said, "does not create power"; but he argued that the Contracts clause was not absolute; and that the law in this case was a "reasonable mean to safeguard the economic structure" of the country.

²⁷ See William E. Leuchtenberg, T*he Supreme Court Reborn*: *The Constitutional Revolution in the Age of Roosevelt* (1995).

²⁸ *National Labor Relations Board v. Jones & Laughlin Steel Corp.*, 301 U.S. 1 (1937).

²⁹ One view—which Leuchtenberg, n. 27 *supra* represents—makes the court-packing plan extremely significant in explaining the "switch." On the other side, see Barry Cushman, *Rethinking the New Deal Court* (1998).

³⁰ G. Edward White, *The Constitution and the New Deal* (2000), pp. 235-36.

³¹ Bob Woodward and Scott Armstrong, *The Brethren*: *Inside the Supreme Court* (1979) became a best-seller, by promising to tell inside secrets of the Court, and to rip aside its curtain of secrecy.

³² See, for example, James L. Gibson, Gregory A. Caldeira, Lester Kenyatta Spence, "The Supreme Court and the US Presidential Election of 2000: Wounds, Self-Inflicted or Otherwise?" 33 British Journal of Political Science 535 (2003).

³³ See George L. Watson and John A. Stookey, *Shaping America*: *The Politics of Supreme Court Appointments* (1995).

³⁴ 531 U.S. 98 (2000).

³⁵ See Gerald Gunther, *Learned Hand*:*The Man and the Judge* (1994).

³⁶ On Cardozo, see Richard Polenberg, *The World of Benjamin Cardozo*:*Personal Values and the Judicial Process* (1997).

[37] See Christopher P. Banks, "Reversals of Precedent and Judicial Policy-Making: How Judicial Conceptions of Stare Decisis in the U.S. Supreme Court Influence Social Change," 32 Akron L. Rev. 233(1999).

[38] Lawrence M. Friedman et al., "State Supreme Courts: A Century of Style and Citation," 33 Stan. L. Rev. 773, 790 (1981). Michigan was one of 16 state supreme courts studied; there was tremendous variation among states. Dissent rates actually *fell* in West Virginia between 1870 and 1970; in the decade of the 1960s, more than 98 percent of the West Virginia high court cases were unanimous. But the number of nonunanimous decisions, in general, doubled in the 16 states during the century between 1870 and 1970.

[39] For these figures, see 88 Harvard Law Review 376 (1974); 114 Harvard Law Review, 394–595 (2000).

[40] A few years later, Rehnquist wrote an article in which he accused the clerks as a whole of "liberal" bias. He warned that they could bias the Court by presenting material in a slanted way. William R. Rehnquist. "Who Writes Decisions of the Supreme Court?" *U.S. News and World Report*, Dec. 13, 1957, p. 74.

[41] This was also true of the whole federal system. District judges have had clerks since 1936, appeals court judges even earlier. Only a handful of federal judges—Richard Posner of the Seventh Circuit is perhaps the most prominent—actually write their own opinions from start to finish.

[42] Lurry Aspin, "Trends in Judicial Retention Elections, 1964–1998," 83 Judicature 79 (1999).

第四章

管制、福利和环境法的兴起

土地使用

20世纪是土地使用管制的世纪。19世纪有许多保护财产权和监测法律使用的手段,其中包括限制性公约和普通法上的排除妨害法。但在20世纪,许多人认为这些老把戏太弱,特别是在大城市里,它们无法遏制和控制变革的力量。土地分区制(Zoning)是20世纪的法律发明之一。[1]分区的中心思想是,在城市或城镇的特定的区域,规定允许何种土地被使用。一些区域将被限制在一个单个家庭的房屋,一些区域将开放给公寓楼,一些区域将对商店和办公室开放,一些区域甚至会对工厂开放。纽约市是土地分区运动的先驱。纽约州通过授权法案后,纽约市通过了第一个综合土地分区法令(1916年)。第五大道有权势的商人是该法令的热心支持者之一。他们想防止服装业的血汗工厂和污垢向北蔓延,从而污染他们优雅的区域。分区很快在一个又一个城市受到真诚的欢迎。到了1930年,无论是大城市还是小城市乃至城市郊区,土地分区制都成了基本规则。有一千多个城市制定了土地分区规则。这些城市依靠分区来保护社区的特性,阻止土地价值的任何下降,并平衡市场的铁律。分区服务于中产阶级房主的利益,以及(在某种程度上)商人的利益。最高法院在1926年的"欧几里得诉安布勒案"(*Euclid v. Ambler*)[2]中热情支持了土地分区原则。而反对土地分区的理由是,它剥夺了土地所有人的权利。它破坏了他们土地的一些潜在价值;土地所有人没有得到任何报酬,(有人认为)它违背了"宪法"。但最高法院不同意这个看法。对大法官来说,土地分区是有用的、良性的和重要的。保持土地价值、保持住宅区稳固——这对他们来说绝对是符合公众利益的。分区是有序规划的一个工具。它让事物各就其位。商业建筑、公寓楼和工厂——所有这些都各得其所。但是,如果它们侵占中产阶级的家园,则成为一个妨害,是"把一个正确的东西放错了地方——就像一头猪进了客厅,而不是进了猪圈"。

美国人对收入阶层隔离的热情,使得土地使用控制广受欢迎。土地分区法令是规范性的;得克萨斯州的休斯敦可能是唯一一个没有土地分区法规的(无论任何规模的)城市。这些条例由土地分区委员会管理,而且往往相当复杂。土地分区之后还有许多其他土地使用措施,包括建筑许可证、对"开发"的控制,以及在某些地方对地段大小和建筑控制的限制。这一切都是为了中产阶级大众的利益,包括房主、郊区和外围郊区的人们,以及他们的小房子、院子和围墙。

问题往往出现在土地使用地区的边界或飞地区域(enclaves)。收入阶层的隔离往往与种族的隔离相重叠。第二次世界大战后,郊区的开发通常只为白人保留,至少在一开始是这样的。但是从第一次世界大战开始,黑人农村人口开始向北方迁移,进入城市寻找工作。这场运动在第二次世界大战后变成了一股洪流。白人的恐惧是支持土地使用控制的主要支柱之一。从1949年开始的城市更新和重建的联邦计划,以及20世纪60年代后期的现代城市联邦方案——几乎没有对城市隔离产生影响;事实上,这些项目并不是真正想要处理种族隔离问题。这些项目大体上采取了向地方土地大亨提供补贴的形式,它们取决于当地居民以及城市和社区制定的政策;大多数白人从来不赞成任何带有大规模一体化或任何带有整合意味的计划。正如我们所看到的,1948年"谢利诉克雷默案"宣布种族限制契约为非法[3];1949年,城市重建从立法框架中脱颖而出。这两个事件之间并没有什么直接联系。但是,一种行动释放的能量流入另一种行动。城市更新获得了"黑人搬迁"(Negro Removal)的讽刺绰号。那些想让黑人和穷人远离社区的人不能明目张胆地这样做。但现在他们发现,这项工作可以通过某种对抗"城市衰败"的土地分区运动间接地予以完成。

在城市更新以及它的各种版本的背景下,是一个城市美丽的梦想:在一个美丽而令人愉悦的地方有着理性、干净、文明的生活。这些方案产生的实际影响并不相同。城市更新有时会破坏和摧毁旧的和已建立的社区,而且这种城市更新并没有找到这些老社区的替代品。罗斯福新政开始了一项公共住房计划,它从一开始就很受欢迎。但房地产游说团成了公共住房计划不可抗拒的敌人。永远都不会有足够的公共住房来满足穷人的需要。随着贫民窟被拆除,穷人被简单地分流到城市的其他地方,形成了新的贫民窟。不出所料,反对城市更新的声音应运而生。黑人、激进分子(有时也是白人小农场主)一起参与了这场反抗:他们都是那些怀疑推土机要撞到自家后院的人们。起初,法院并不十分同情那些抗议城市更新、其他形式重建和土地使用规划的人。用通俗的话说,这些案件表明:第一,权威人士最明白此事;第二,法官不能干涉受尊敬的权威当局的有秩序的决定。

在20世纪60年代,几位法官开始重新思考;一些家庭主妇把自己绑在树上来吸引公众的注意力;还有许多来自华盛顿方面的愤懑和宣传小册子。现在,规划者不得不与日益增长的旧城保留运动作斗争。没有多少人仍然把"衰败"视为城市的社会问题。要想穿越一座城市的中心地带来修建一条新的高速公路,或者简单地消除"衰败",就变得更加困难了。许多曾经可能被拆除的老建筑,现在发现自己由于美丽或历史价值而幸免于难。早在1931年,南卡罗来纳州的查尔斯顿就建立了一个"历史街区"(historic district)。几年后,新奥尔良在过去的拉丁街区也效仿了这种做法。这样的区域也是在其他城市建立的,还有地标性的委员会(landmark commissions),负责寻找、标识和保护美丽的历史建筑。国会于1949年设立了国家历史保护信托基金(National Trust for Historic Preservation);1966年的《国家历史保护法案》(National Historic Preservation Act)制定了向各州提供相应补助的方案。[4]到20世纪末,也许有数以千计的地标委员会或类似的委员会致力于保护建筑之美和历史遗产。土地价格和经济因素曾经把伟大的建筑物托付给了拆除者的铁锤,比如芝加哥的路易斯·沙利文证券交易大楼(Louis Sullivan's Stock Exchange Building)。到2000年,这几乎是不可能的事情。相对来说,美国的建筑遗产已经是安全的了。

环境法与环境保护运动

与此同时,一个较新的社会问题转移到了中心,即自然环境问题。从20世纪40年代末开始,空气和水污染问题以及其他危难症状引起了公众的注意,并引起了极大的关注。洛杉矶因雾霾而闻名或声名狼藉。一场"多诺拉死亡烟雾"(Donora death fog)的悲剧,引起了全国的关注。1948年10月底,来自工厂的致命烟雾笼罩了宾夕法尼亚州的多诺拉。这些烟雾造成了中午的天空黑暗;人们感到窒息,呼吸出现障碍。在多诺拉死亡烟雾消散之前,它使数百名男子、妇女和儿童生病,造成20人死于窒息。[5]政府介入了这一场景,但进展十分缓慢。在20世纪50年代,州和地方政府获得了资助,用于研究空气污染问题。

国会于1963年通过了《清洁空气法》(Clean Air Act);1965年通过了《机动车空气污染控制法》(Motor Vehicle Air Pollution Control Act);1967年通过了《空气质量法》(Air Quality Act);1990年通过了新的《清洁空气法》。这些法律逐渐严苛,它们开始建立实际的空气质量标准,并在控制污染方面发挥了一定的作用。根据尼克松总统的行政命令,在20世纪70年代建立了一个环境保护局(Environmental Protection Agency),环境保护局很快就成为对抗污染斗争中的重要参与者。

水质控制走过了一条有点类似于空气质量控制的道路:1965年的《水质法案》(Water Quality Act)、1972年的《清洁水法》(Clean Water Act)和1974年的《安全饮用水法》(Safe Drinking Water Act)。上一项法律赋予环境保护局制定标准的任务,以确保当美国人打开水龙头时,干净和可饮用的水就会流出来。1962年,蕾切尔·卡森(Rachel Carson)出版了她的书《寂静的春天》(Silent Spring)。她警告说,农药和其他毒药的危险开始引起国会（和公众）的注意。1976年,一项《有毒物质管制法》(Toxic Substances Control Act)成为法律。这项法律赋予环境保护局强有力的崭新权力来控制农药和其他化学品。环境保护局可能要求警示标签,甚至可以从市场上驱除那些危险物质产品。[6]公众已经获悉了这一信息。到20世纪末,许多美国人回收纸张和玻璃;许多人还在合乎自己口味的市场上购买有机生菜和自由散养鸡。

环境主义一直并不仅仅是美轮美奂的学问而已。它有很强的自我利益因素的混合。毕竟,没人想因为环境污染而中毒。19世纪末,弗雷德里克·杰克逊·特纳(Frederick Jackson Turner)为地理边疆区域的逝去而哀叹;现在,到20世纪末,环境运动哀悼另一种边疆区域的消逝:无限可能性时代的结束。人们开始意识到大群美洲野牛已经不复存在。他们感觉到荒野正在消失。在20世纪后期,世界似乎很小,而且非常危险。似乎有一种宇宙毁灭的感觉。原子弹和氢弹以大规模毁灭性威胁着地球。还有其他类型的末日威胁:臭氧空洞、全球变暖、失控的人口增长。资源似乎非常有限。大企业正在毒害河流,使空气变糟;木材公司正在砍伐美丽的、不可替代的树木;城市向湖泊和海洋倾倒了大量的排泄物;工程公司在每条自然河流上修建了水坝;城市的心脏正在死亡;购物中心正在吞噬空地。没有什么能证明这种鲁莽的政策是正当的——也许,除对市场无形之手的盲目信仰或对"进步"的盲目信心之外。但这种信仰本身就变得稀少了。越来越多的人开始觉得,恶棍并不是亚当·斯密的市场,而是利益关联的资本主义方式的贪婪和滥用。如果他们更深入地思考,他们可能会得出这样的结论:他们本身就是问题的一部分;我们就是浪费、挥霍的人民;对我们这些数百万人来说,消费是最终的利好。

另外,这是一个富裕的国家,而且它一直在变得更加富有。经济增长不再满足每个人,特别是那些有时间和有存款但仍然没有淡定内心的人们。数以百万计的人希望有机会逃离单调乏味的生活,在国家森林中露营,或者在一个巨大的国家公园里徒步旅行。荒野在19世纪是个肮脏的词,但在20世纪已经不再是了。正如我们所看到的,健康是《国家环境保护法》(National Environmental Protection Act)和环境保护局背后的一个动机;但是美学和保护的因素的确起到了作用。地球母亲及其创造物必须得到保护。为了防止原生植物和动物走上美洲野牛之路,1972年通过了法律,海洋哺乳动物获得了它们的权利法案;1973年通过了一部一般性的《濒危物种法》(Endangered Species Act)。公众对此表示赞成。没有人想看到荒野被夷为平地,没有人想让呼啸的鹤或加利福尼亚的秃鹰飞进灭绝的黑暗之夜。[7]

但这一切还是有限度的。《濒危物种法》的基本理念很受欢迎。但是特定的项目,特别的保护或荒野计划,总是有赢家和输家。失败者不会轻易屈服。在环境和公共土地的使用问题上,曾经发生了重大的博弈。如果一条小鱼威胁到一个巨大的水坝,如果伐木工人因为一只罕见的猫头鹰生活在他们的树上而失去工作,结果可能是一场大面积的法律冲突。这些案件最终会在法庭上或者在国会里见分晓。通常情况下,双方都不能将对方击倒。许多人相信环保运动"走得太远了"(gone too far)。在21世纪初,乔治·W. 布什总统行政当局的能源政策急剧偏离了环保运动的目标。如果政府有机会的话,它将在阿拉斯加开采更多的石油,并向能源和木材公司开放大片公共领域。这使政府与热情的环保主义者发生了直接冲突。在北美驯鹿爱好者和巨型石油公司之间,或者动力雪橇汽车公司和原始森林爱好者之间的战争中,谁胜谁负还悬而未决。

知识产权

20世纪,有关土地、财产和财产权的法律发生了许多其他变化。法律的一个分支变得越来越重要,那就是知识产权——专利和版权法。美国已经成为一个巨大的工业强国。它的力量基于基础和应用科学技术。特别是在20世纪末,保持和扩大专利和版权所提供的垄断保护,似乎是至关重要的。随着就业和工厂涌入廉价的劳动力市场,只有美国在科技方面的优势才能维持经济的运转,至少看起来是这样的。过去和现在都不容易制定出合理的方案来保护知识产权,要做到恰到好处,不要过头——例如,版权应该持续多长时间?计算机软件能被版权保护吗?

对于专利法的范围也存在疑问:例如,你能为一种新的杂交植物申请专利吗?根据1930年的《植物专利法》(Plant Patent Act),答案是肯定的;1980年,最高法院允许一名微生物学家和他的雇主通用电气公司为一种转基因细菌申请专利。[8]1952年对专利法进行了全面修订;

1982 年,一项新法律将专利案件从联邦普通法院移交给了一个新的法院,即联邦巡回上诉法院(Court of Appeals for the Federal Circuit)。在 20 世纪的早些时候,法院在侵权诉讼中不愿强制执行专利。新的法院更倾向于保护专利。也许这是因为专利不再是一种有害的垄断,而是美国繁荣的关键。

在对消费者的金钱展开激烈竞争的时代,商标也比以前具有更大的重要性。1964 年的《兰哈姆法》(Lanham Act)编纂并加强了商标法。许多产品的主要价值在于它们的品牌,甚至比产品本身更重要。这是一个全国性市场、连锁店和麦当劳这样的庞大特许经营商的时代。全国各地的购物中心似乎都有相同的商店——它们都有熟悉的品牌。在一个流动性强且躁动不安的社会里,商标或品牌的力量是任何成功商业的一个重要方面。

商业监管

全国性的经济创造了国家品牌以及名称,也产生了对国家管制的需求。这一点在 19 世纪就已经很明显了,《州际商业委员会法案》(Interstate Commerce Commission Act)和《谢尔曼法案》都清楚地证明了这一点。这一趋势持续到 20 世纪。最早的表现之一是 1906 年通过的联邦食品和药品法。在此之前发生了一段奇特的斗争。一代人以来,一直有一场真正的纯食品运动。在联邦层面上,它几乎没有什么可供展示的成果。州法律对全国销售的食品和对国家铁路网一样无能为力。接着是厄普顿·辛克莱(Upton Sinclair's)的令人震惊的小说《屠场》(The Jungle)。它讲述了一个移民家庭的故事,他们从立陶宛来到芝加哥,渴望开始新的生活。对他们来说,美国梦是一场噩梦。他们在可怕的条件下生活和工作;原始的赤裸裸的资本主义(正如辛克莱所描述的那样）粉碎他们的身体和灵魂。书中对年轻的主角尤吉斯·鲁吉斯（Jurgis Rudkis）工作过的芝加哥肉类加工厂有着生动而骇人听闻的描述。一想到发霉和令人恶心的物质构成了他们所吃的肉制品，读者们就几乎感到恶心；老鼠碎片最后被放进他们的香肠里；最糟糕的是，书中有一段描述了一个工人是如何掉进缸里并被加工成猪油的。这位无助的消费者现在认为自己成了一个不知情的食人一族。辛克莱写这本书是为了推进社会主义理想；他想揭露"牛肉托拉斯企业的工资奴隶"的困境。[9]他曾说过一句著名的句子，"我瞄准了公众的心"，但是"我打到了他们的胃"。的确，他是这样做了。丑闻使肉制品的销售几乎减少了一半。食品业界则对此心知肚明。公众要求采取行动。纯净食品法和肉类检验法在国会获得通过。如果这样的法律能恢复公众的信心，人们就会重新开始花钱买肉和食品。如果是这样的话，那么监管是值得付出的代价。

有关丑闻和媒体在法律制定中所扮演的角色，食品和药品法案是一个戏剧性的例子；在20世纪——广播、电视然后是互联网的世纪里，这个角色变得更加强大和有力。近100年后的2003年，"疯牛病"恐慌导致牛肉销量大幅下降——政府不得不再次作出回应。丑闻也继续在食品和药品法的演变中发挥作用。20世纪30年代，第一批抗生素磺胺类药物（sulfa drugs）上市。1937年，一家制药公司有了一种快乐的想法：以液体的形式销售这种新型神奇药物，而不是以药片的形式销售。有一个小问题：溶剂是二甘醇，实际上是一种致命的毒药。超过100人，其中三分之一是儿童，在吞下一种名为磺胺酏剂（Elixir Sulfanilimide）后死亡。[10]食品和药物管理局（Food and Drug Administration, FDA）将磺胺酏剂从市场上撤出，但这显然似乎作用甚小且为时已晚。公众的愤怒导致国会通过了新的法律来强化食品和药品管理局的功能，给了它新的、更强大的武器。在此之前，食品和药品管理局有权将一种药物从市场上撤出;但现在,任何药物都不可能上市,除非得到食品和药品管理局的批准——而这一批准有赖于详尽而仔细的测试。

20世纪是一个以健康和安全之名通过越来越多的法律的世纪。由于市场是全国性的,联邦政府开始在健康和安全立法中发挥重要作用。我们已提及空气和水污染法,亦有消费者安全法;以及职业安全与健康管理局(Occupational Safety and Health Administration, OSHA)制定了保障在职工人的规则。

联邦政府也越来越积极地参与商业的一般管制。富兰克林·罗斯福当选总统后,出现了一股经济管制活动的热潮。罗斯福从1933年开始实施的新政,或许不像人们有时想象的那样与过去决裂得那么彻底。但已经够激烈的了。这个国家因上千处伤口而流血。银行倒闭、企业破产、股市崩盘、数百万人失业,人们失去了家园和农场,很多家庭开始忍饥挨饿。新政首先希望创造就业机会——为此,它赞助了大规模的公共工程项目。它还想管制:控制银行、公司、大企业和证券交易所。特别是股票市场被视为问题的一部分。一些新政人士的观点完全是反商业的。在1929年的大崩盘之后,企业本身惊慌失措,士气不振。在政治上,企业从来没有像20世纪30年代初大萧条时期那样衰弱。当企业畏缩或逃亡时,就像一个被废黜的君主,工会、工人和街上的男男女女蜂拥到被烧毁废弃的宫殿里。政治和经济形势为新政提供了机会,由于在国会中占了巨大的多数席位,使新政有机会通过了以前几乎无法想象的法律。

新政如果不是过度活跃的话,也就失去了意义。新政带来了存款保险和证券交易委员会(Securities and Exchange Commission)。它颁布了大量新的监管法律;其中许多法律,如《美国证交会法案》(SEC Act),创建了新的行政机构。新政给田纳西河谷带来了电力,它开始了(正如我们所说的)建造廉价公共住房的计划。《国家劳资关系法》[11]保障了工会的权利,并对工会选举作出规制。根据这项法律,雇主干涉有工人组织工会的做法,属于"不公平的劳动行为"(unfair labor practice)。该法设立了一个机构——全国劳动关系委员会(National Labor Relations Board),以执行该法。新政还启动了第一批有意义的失业保险、养老金和公共住房计划。和许多法律一样,这些体现在《社会保障法》(Social Security Act)中的福利津贴具有双重目的。该法案为老年人提供了资金——但为了获得这笔钱,他们在65岁的时候不得不离开他们的工作。这些工作职位可能会流向渴望就业的那些年轻工人。

在新政之前很久就有行政机构和行政法,但尽管有州际商业委员会、联邦贸易委员会和邮政部门等较老的联邦官僚机构,但在国家层面上,行政国家在新政出台之前一直不发达,甚至可能在新政之后,与西欧的民主国家相比还很不发达。当时的美国在行政方面几乎是一片狼藉。[12]在新政之前,行政法领域几乎是一个没有被承认的领域。起初,法院对行政机构相当敌视,对他们的权力不屑一顾。对行政机关的司法审查一起一伏,在敌对、严格审查到格外顺服这两极之间摇摆不定。[13]1935年,国会创建了一个《联邦公报》(Federal Register),这是一本大厚书(在正常年份,它长达数万页),每一项行政命令、每一项规则和每个行政机构的拟议规则都会在其中出版。[14]1946年,经过多年的斗争和争论,国会通过了《行政程序法》(Administrative Procedure Act);罗斯福总统曾经否决过一个较早的版本。《行政程序法》试图建立每个机构都必须遵守的有序和公平的程序。如果一个机构提出了新的规则,它就必须向公众发出通知;"利害关系方"必须有权就这一问题发表意见。[15]

《社会保障法》将福利法全国化。它取代了各州的吝啬精神和混乱程序。其目的是让济贫院关门破产。在政治上,《社会保障法》既有力又成功。其成功的部分原因在于该法规定的养老金不是"福利"。它们是社会保险。工人支付一部分,雇主支付一部分。无论富人还是穷人——每个人都在退休时领取这份津贴,其年龄固定在 65 岁。每个月领取退休金的人,都不认为自己是领取救济金的人,也没有人会把自己与领取福利金的未婚母亲相提并论。养老金领取者感到并正在感觉到他们挣到了钱。因此,这个退休计划很受欢迎,因为这是所谓"福利"从来都没有,而且今后也永远不可能达到的状态。

第二次世界大战终于结束了大萧条,带回了一种繁荣。数以百万计的男子和一些妇女在武装部队中服役。在蓬勃发展的军事工业中有数百万的就业机会。失业者的长队一夜之间消失了。从长远来看,对普通美国人来说,繁荣可能比新政的所有改革和计划更重要。但事实上,人们希望两者兼而有之:繁荣、自由的经济,以及他们在社会保障体系中的份额。20 世纪 50 年代的繁荣也恢复了商业的力量。随着人们对大萧条的记忆逐渐淡忘,保守派们争先恐后地恢复他们在 20 世纪 30 年代惨淡时期失去的影响力。富兰克林·罗斯福,这位 4 次当选总统的富有魅力的人,已经去世了。毫无疑问,新政并没有被推翻。但人们不再谈论"经济保皇党"(economic royalists)或"罪恶的大富豪"(malefactors of great wealth)。劳工和商业共同分享着经济产品。水位的涨潮使所有的船只都随之上浮;它还使乘客高兴,船主富有,船员也温顺和满足。

然而,积极的政府并没有随着战争的结束而结束。甚至在 1945 年之前,政府就开始以前所未有的规模帮助广大退伍军人。这似乎是一种单纯的正义;在军队服役的人曾暂时搁置了他们的个体生涯,许多人曾经冒着生命危险出生入死。但这也是一种有意识的努力,以使从战争到和平经济的过渡顺利进行。根据《民权法案》,数以百万计的士兵、水手和飞行员上了大学（而不是去挤占劳动力市场）。政府向想创业的退伍军人提供贷款。退伍军人和他们的家人也有钱买房子。一个在郊区的小房子，一个院子，一个玫瑰灌木丛，一个草坪，一个车库，一个充满了闪闪发光的新设备的厨房——这个梦想变成了现实。这些项目还为砖瓦匠和水管工创造了工作机会；他们把钱放在承包商和抵押贷款银行家的口袋里，更不用说石膏、玻璃、管道、冰箱和抽水马桶的制造商了。

在20世纪50年代，共和党人在一位受欢迎的军事领导人德怀特·艾森豪威尔的带领下重新入主白宫。但艾森豪威尔政府并未试图废除《社会保障法》，也没有试图废除证券交易委员会。它们并没有提高新政的地位，但它的结构仍然屹立不倒，几乎完好无损。因此，它一直存在到了今天。事实上，在林登·约翰逊20世纪60年代的总统任期内，福利国家迅速向前推进，出现了大量的新立法。最重要的创新是联邦医疗保险（Medicare）和联邦医疗补助（Medicaid）。医疗保险为65岁以上的每个人支付了医院费用。与社会保障一样，它的资金来自工资税。医疗补助为盲人和残疾人的国家医疗项目提供了相应的资金；各州也可以拿出用于老年穷人（他们现在正在享受医疗保险）的资金，并将其用于其他贫困人口。和社会安全保障金一样，联邦医疗保险是一项社会保险计划。它在过去和现在都非常受欢迎——不仅仅是在老年人中间。毕竟，它承担了祖母的髋关节置换和祖父的白内障手术的负担，而不需要连累他们的家人。现在，医疗保险几乎和社会安全保障金一样无懈可击。在21世纪初期，空气中充满了关于改革的讨论、有关部分私有化的讨论以及困扰这些计划的财政问题的讨论；但是没有人敢提及，甚至没有人想过去直接废除或任何会严重损害该计划或其利益的事情。

商事法和商业的法律

虽然有离婚律师和人身伤害律师、民权律师和专门从事各种事务的律师,但律师的主要业务是商业。经济被锁在一个充满法律、规则、形式和手续的世界里。这是一个自由市场社会;但自由市场并不意味着一个没有法律、法规和律师的市场。自由市场——正如许多国家痛心发现——可能通过一只看不见的手起作用;但看不见的手需要非常明显的帮助。它需要一个坚实的基础,一个制度、习俗、习惯、规范的基石,尤其是法律的基础。市场取决于契约、财产和商业协会的规则;它依赖于一系列的商法,它也越来越需要有关专利、商标和版权的法律;以及关于公平和不公平竞争的规则。

这个市场曾经(而且已经有一段时间)是一个全国性的市场。国家市场需要国家控制和国家机构。正如我们指出的那样,这是20世纪法律和生活的核心事实之一。显然,就反垄断法、铁路法规等而言,这一点甚至在19世纪就得到了承认。但基本合同法和商法也可能是如此。在我们的联邦制度中,这些领域过去和现在仍然是顽固的地方性规范。许多法律学者和一些商界人士都呼吁统一或协调。有多少州就有多少商法的状况似乎是错误的,也是低效的。一种可能的补救办法是说服各州通过"统一"法律——伴随着同样的法律鼓点行进。19世纪末成立了统一州法委员会(Commissioners on Uniform State Laws)。法律改革,顺便说一句,乃至法律界的利益和良好声誉,在很大程度上都是议员们的心事。美国法律学会(American Law Institute)在有组织的律师协会的鼓励下,开始起草"统一法"——那些预先准备好的示范法,希望各州能够自行选用通过。正如我们所看到的,《票据法》(Negotiable Instruments Law)在19世纪末得到广泛采用。另一项被广泛采用的重要法律是 1906 年的《统一销售法》(Uniform Sales Act)。还有关于提单、仓库收据和其他商业主体的统一格式方面的法律。并不是每个州都采用这些法律,但大多数州都采用了一些统一的法律。[16]

　　这一切都是零碎的,有些学者认为应该有一个庞大的全国性的商法体系,其思想是以单一的、全面的、最新的商法法典取代混乱的州法,以及各种"统一"的法律。该法典的主要起草者是卡尔·卢埃林教授;但在此过程中,另一些人——律师协会成员、银行家和其他法律学者也发挥了作用。第一稿草案出现在 20 世纪 40 年代。在 1950 年最后版本问世之前,该法经历了许多让步和妥协,以及大约十年的争论和重新起草。[17]这个版本总结了所有商业法,并对其进行了改进(至少在理论上),并取代了关于销售、票据、大宗销售、仓单收据、提单和担保交易的已经统一过的或尚未统一的旧法律。

　　但这一切只是刚刚开始。法典的起草者们现在的工作是把他们钟爱的法典推销给各州。这可不是一件容易的事。宾夕法尼亚州(1953 年)是第一个上钩的,然后是马萨诸塞州(1957 年)。它们都算是先驱者。其他州似乎不愿效仿。但是,经过多年的犹豫摇摆后,一股潮流效应运而生;到 1962 年,14 个州制定了"法典";到了 1967 年,除路易斯安那州有其大陆法传统外,其他州都采用了这个法典。即使是路易斯安那州也进入了这个行列,它在 1974 年消化了该法典的大部分内容。至少在形式上,美国现在有一部单一的、统一的商业交易法。在规模上,这部法典与过去相比是一个明显的突破。不再是零碎碎片和修修补补。这是一个革命性的变化。但是在内容方面革命性的东西甚少。在某些方面,却是奇怪的老套路。它所针对的许多问题都是严格意义上的"合法性"问题,也就是说,它们是规则混乱、判例法冲突、成文法规在安排上不恰当并缺乏同情心等问题。卢埃林还认为,法院和立法机构不了解世界和商人的思想。他认为,商业世界的规范和惯例应该是商法所依据的。最初,他想成立一个"商人陪审团"(merchant jury),即一个由商业人士组成的小组,他们将拥有重要的决策权。但是在长期的协商争论过程中,在最终的文本中,商人陪审团退出了视野。

这部法典也许是两种意识形态的混合体。一种是法典本身的意识形态,强调系统、秩序、逻辑和统一性。另一种是古典法律商人的意识形态。该法典挥舞着为商界服务的旗帜。但总的来说,这部法典对商业实践的投入只不过是装饰的橱窗而已。法典起草者没有资助或进行实证研究。他们无法知道商业人士到底想要什么,也无法知道企业的实际表现。华尔街的一些律师和一些商人曾经被咨询过有关的意见。但是,在此法典之前,对系统的工作方式(如果有的话)并没有进行真正的探索。在这方面从来也没有过系统的研究。此外,法典对区域差异采取了无情的态度。任何偏离都是被禁止的,或者至少是极度的不予鼓励。如果建议某些州可能有自己的政策,即要求对法典中的广泛概括作出例外的规定,这就属于异端;任何异端都不被容忍。起草者也没有注意到商界以外的人——工人或消费者。强调这一点可能多少有点不公平。学术界对穷人或消费者问题的兴趣,直到20世纪60年代才开始流行。任何朝着消费者利益的倾斜,在法典文本起草过程中都被一路大幅否决。这个法典是法律学者和华尔街的一些声音的产物。持不同意见的人来自右派,而不是左派:在律师协会里反对任何改变的老派人物。

但即使在法典席卷全国之际,消费者运动仍在路上。国会于1968年颁布了《诚信贷款法》(Truth-in-Lending Act)。1975年,国会颁布了《马格努森—莫斯保修促进法》(Magnuson-Moss Warranty Improvement Act)。根据这项法律,联邦贸易委员会(FTC)可以为消费者产品的书面保证制定标准。[18]各州也采用这一法律。1970年,加利福尼亚州通过了一项所谓的"柠檬"法("lemon" law)*。[19]有问题的"柠檬"主要是汽车:如果一个经销商卖了一个"柠檬",他将不得不收回它;它将永远在其所有权证书上贴上"柠檬法回购"的标签。一部《消费品安全法》(Consumer Product Safety Act)在1972年也成为法律。

现代公司发展于19世纪;在20世纪,公司完全控制了经济。公司已成为一种灵活的、可拓展的工具。公司章程通常如此宽泛,以至于允许一家公司做它想做的任何事情,进入任何企业,追求任何机会——而"商业判断"(business judgment)规则赋予经理人极大的自由裁量权。当然,有些州的法律比其他州更严格。但在联邦体制下,公司可以在任何地方发起成立。正如我们所见,数百家公司选择在小小的特拉华州注册——一个有意使其法律尽可能宽松和具有吸引力的州;这是对现代公司法的一种讽刺,因为其中很大一部分是特拉华州衡平法院的判例法。涉及数十亿资产的规则是在一个面积最小、人口最少的州的熔炉中形成的,也是在一个几乎在其他地方都被废除了的古老法庭上锻造出来的。

公司法本质上是开放和宽容的,但这并不意味着公司完全自由。公司被所有的联邦法规所包围。它们受制于证券法(新政之后)、劳动法、反歧视法(20世纪60年代以后)以及几十个其他法律。它们仍然受制于反托拉斯法。1890年的《谢尔曼法案》仍然有效,并辅之以后来的法律;而且还不时出现"打击托拉斯"的浪潮。[20]20世纪初,政府采取了拆分标准石油公司的行动,并成功地做到了这一点。[21]随后是

---

* 柠檬法(Lemon Laws)是一种特别的美国消费者保护法,旨在保障汽车买主的权益。柠檬法的名称起源于美国经济学家乔治·阿克罗夫(George Akerlof)所发表的一篇经济学论文;在美国,人们对于出厂的有瑕疵的汽车,通常会称其为柠檬车(Lemon Car)或直接称之为柠檬。——译者注

对 IBM 的拆分(并未成功)和对 AT&T 的拆分(成功);最引人注目的战役是针对微软的诉讼,而在本书撰写之时,这场诉讼仍在继续。反垄断法是一部复杂的法律,在不同的行政部门之间存在着很大的差异。然而,这是企业生活中的一个事实。大公司渴望兼并其他大公司,但却不能简单地按计划进行,它们必须与司法部的反托拉斯部门打交道。[22]公司资本主义是一种强大的经济、政治和社会力量;但强弱摇摆不定的法律至少在试图教会它如何好自为之。

注 释

[1] See John Delafons, *Land-Use Controls in the United States* (1962); on the background and the ideology of the movement for zoning, see Martha A. Lees, "Preserving Property Values? Preserving Proper Homes? Preserving Privilege? The Pre – *Euclid* Debate over Zoning for Exclusively Private Residential Areas, 1916-1926," 56 U. Pitt. L. Rev. 367 (1994).

[2] 272 U.S. 365 (1926).

[3] See Part IV, ch. 3; *Shelly v. Kramer* was 334 U.S. 1 (1948).

[4] These laws were 63 Stat. 927 (act of Oct. 29, 1949); and 80 Stat. 915 (act of Oct. 15, 1966).

[5] Lynn Page Snyder, "'The Death-Dealing Smog over Donora, Pennsylvania:' Industrial Air Pollution, Public Health Policy, and the Politics of Expertise, 1948 – 1949," 18 Environmental History Review 117 (1994).

[6] Lawrence M. Friedman, *American Law in the Twentieth Century* (2002), pp. 196-99.

[7] See Shannon Peterson, "Congress and Charismatic Megafauna: A Legislative History of the Endangered Species Act," 29 Environmental Law 463 (1999).

[8] The act is 46 Stat. 1376 (act of May 23, 1930); the case, *Diamond v. Chakrabarty*, 447 U.S. 303 (1980). On copyright in general, see Paul Goldstein, *Copyright's Highway: The Law and Lore of Copyright from Gutenberg to the Celestial Jukebox* (rev. ed., 2003).

⁹ Upton Sinclair, *American Outpost, A Book of Reminiscences* (1932), p. 154.

¹⁰ Charles O. Jackson, *Food and Drug Legislation in the New Deal* (1970), ch.8.

¹¹ 49 stats. 449 (act of July 5, 1935); the Norris-LaGuardia Act, passed in 1932, when Herbert Hoover was still the president, did away with the labor injunction. 47 Stats. 70 (act of March 23, 1932).

¹² See Stephen Skowronek, *Building a New American State: The Expansion of National Administrative Capacities, 1877-1920* (1982).

¹³ For a discussion of some of the ins and outs of administrative law, see Reuel E. Schiller, "Enlarging the Administrative Polity: Administrative Law and the Changing Definition of Pluralism, 1945-1970," 53 Vanderbilt L. Rev. 1389 (2000).

¹⁴ 49 Stat. 500 (act of July 26, 1935).

¹⁵ 60 Stat. 237 (act of July 11, 1946); on the background, see George B. Shepherd, "Fierce Compromise: The Administrative Procedure Act Emerges from New Deal Politics," 90 Northwestern University L. Rev. 1557 (1996).

¹⁶ The uniform laws movement went beyond drafting commercial laws. A Uniform Flag Act of 1917 dealt with the weighty problem of defacing, defiling, or trampling on old glory; and the Uniform Simultaneous Death Act of 1940 was an attempt to clean up the tangled inheritance mess that sometimes happened when a husband and wife, say, died together in an accident.

¹⁷ On the background, drafting, and early history of the Code, see Allen R. Kamp, "Uptown Act: A History of the Uniform Commercial Code, 1940-1949," 51 Southern Methodist Law Review 275(1998); "Downtown Act: A History of the Uniform Commercial Code, 1949-1954," 49 Buffalo Law Review 359 (2001).

¹⁸ Truth-in-Lending is title one of the Consumer Credit Protection Act, 82 Stat. 146 (act of May 29, 1968); the second act cited is 88 Stat. 2183 (act of Jan. 4, 1975).

¹⁹ Laws Cal. 1970, ch. 1833, p. 2481. More and more, general contract law itself was irrelevant; it was special laws of this sort that actually governed market transactions. Business, too, tended to follow its own normative path. Stewart Macaulay's famous study (1963) of business behavior in Wisconsin demonstrated this in a significant way; and a

follow-up study of corporate counsel, in 1992, confirmed Macaulay's insights. Stewart Macaulay, "Non-Contractual Relations in Business: A Preliminary Study," 28 Am. Sociological Review 55 (1963); Russell J. Weintraub, "A Survey of Contract Practice and Policy," 1992 Wisconsin L. Rev. 1 (1992).

[20] On anti-trust law and policy; see Tony Freyer, *Regulating Big Business: Antitrust in Great Britain and America, 1880-1990* (1992); Rudolph J. R. Peritz, *Competition Policy in America, 1888-1992: History, Rhetoric, Law* (1996).

[21] *Standard Oil v. United States*, 221 U.S. 1 (1911). This was a somewhat mixed victory for the government. The Court held that the Sherman Act prohibited only "unreasonable" restraints of trade. This "rule of reason" came back to haunt the government in later cases.

[22] On merger policy, see Herbert Hovenkamp, *Enterprise and American Law, 1836-1937* (1991), chs. 20 and 21.

第五章

20 世纪的犯罪与惩罚

在 19 世纪,刑事司法可以说是本土化的。这主要是城市和城镇的事,其次是各州的事,几乎和联邦政府没有什么关系。存在有联邦性质的犯罪——比如军营里的谋杀、走私、制造私酒,但基本上还是各州和地方政府抓捕并起诉了触犯法律的人——实施纵火、抢劫、伪造支票或用致命武器袭击他人的行为人。直到 19 世纪 90 年代,联邦政府甚至没有一个自己的监狱;它将为数不多的联邦囚犯关押在州监狱里,并支付他们的食宿费。

20 世纪的情况发生了变化。随着联邦政府规模的扩大,随着联邦法规的不断增长,一系列新的联邦犯罪也随之出现——逃税或欺诈就是其中之一;在所得税法通过之前,这种犯罪显然是不存在的。每一项监管法律都创造了一种新的联邦犯罪:违反食品和药品法,或违反证券交易法律的股票欺诈的行为,或违反《濒危物种法》杀死一只黑脚雪貂。20 世纪初,宪法中的禁酒令修正案和 1919 年的《沃尔斯特德法案》(Volstead Act),使得监狱里塞满了非法贩酒者和其他违反者。人们常常嘲笑禁酒令,称它为形同虚设;"但在许多方面,这个形同虚设的法令似乎又极为积极主动"。1924 年,联邦法院审理了 22000 起禁酒令案件。[1] 1919 年的《戴尔法案》(Dyer Act) 规定,将偷来的汽车运过州界线是一种犯罪行为。这也导致了大批量的联邦逮捕行动。这一切,都强调了犯罪本身已变得不那么本土化的观点,即犯罪本身也具有更大的流动性。

在广播和电视时代,人们的注意力越来越多地集中在华盛顿和国家政府上。特别是在新政时代(20世纪30年代)之后,人们期望华盛顿而不是期望各州来解决重大问题。犯罪控制仍然是地方性的,但在政治上,它变得更加联邦化了。这方面的一个早期迹象是所谓的《林白法案》(Lindbergh Act)。1932年3月,一个可怕的罪行震惊了这个国家:最伟大的国家英雄之一查尔斯·林白(Charles Lindbergh)的孩子被绑架和谋杀。布鲁诺·豪普特曼(Bruno Hauptmann)为此被处以死刑。国会通过了一项法律,将跨州"非法扣押……诱骗、绑架、诱拐或带走……并索取赎金"的行为视为联邦犯罪。[2] 我们曾提及过一个威克沙姆委员会。从20世纪50年代开始,犯罪和犯罪政策就越来越成为全国性问题。首先,全国对青少年犯罪(juvenile delinquency)有了很大的警觉。然后,街头的犯罪引起了恐慌。1965年,国会通过了《执法援助法》(Law Enforcement Assistance Act),并发动了一场打击犯罪的联邦战争。在理查德·尼克松总统的领导下,制定了《综合犯罪控制和安全街道法案》(Omnibus Crime Control and Safe Streets Act)。从本质上讲,这些法律为当地警察部队提供了支持,并以其他方式简单地支持了州和城市一级的犯罪控制。事实上,这些联邦计划并没有将控制犯罪联邦化。但它们确实把注意力集中在中央政府身上。总统候选人,就像得克萨斯州或宾夕法尼亚州一些郡的治安官办公室的候选人一样,在过去30年左右的时间里一直在争辩,他们在打击犯罪蔓延方面可以比竞争对手做得更好。

毒品法是惩治联邦罪犯的主干;与20世纪30年代初死亡的禁酒令不同,毒品法仍然在积极地填满着联邦监狱。1956年《麻醉药品管制法》(Narcotic Control Act)是一项非常严格的法律。国会于1973年成立了缉毒局（Drug Enforcement Administration），其预算在20世纪90年代后期超过10亿美元。到20世纪末，有数以万计的男女因这种性质的罪行被关进了联邦监狱——确切地说，在2000年底是63 898人（占所有联邦囚犯的56.9%）。[3]各州同样渴望惩罚使用者和推销员。在州法院，1996年，有将近35万人因毒品犯罪被判重罪。[4]联邦政府还花费数十亿美元在其他国家打击毒品——说服玻利维亚人停止种植古柯叶；与墨西哥禁毒当局合作，在海上巡逻以阻止毒品走私者。

使性和不道德行为合法化

毒品法是刑事司法系统的一个主要因素。但从某种意义上说，它们是20世纪末一种大规模社会趋势的极大例外，即把"无受害者"犯罪从书面法律上抹去的趋势。这是20世纪上半叶趋势的惊人逆转。在此之前的运动方向正好相反。正如我们所看到的，这场运动始于19世纪末，它打破维多利亚时代的妥协，严厉地对待不道德行为和其他形式的无受害者犯罪行为。也许这场圣战式运动影响的突出例子就是国家禁酒令（Prohibition），即1919年生效的"高尚试验"（noble experiment）。1910年的《曼恩法案》规定，为了卖淫、放荡或其他"不道德"的目的，将妇女带过州界是一种犯罪行为。[5]打击未婚性行为和通奸的法律仍然是各州刑法的一部分。毫无疑问，数以百万计的人在没有遭受法律制裁的情况下私通了。尽管如此，这些法律远非惰性。1913年，芝加哥成立了一个专门的"道德法庭"来处理道德犯罪。1914年，这个道德法庭处理了500起未婚性行为和通奸案件。[6]不知道为什么，27岁的立陶宛劳工斯坦利·布塔斯（Stanley Butkas）因未婚性交罪落入道德法庭之手，而其他许多人无疑因这一罪行而逍遥法外。[7]

许多州还大幅收紧了其性关系方面的法律。许多州提高了"同意发生性行为的年龄"(age of consent)——一些州提高到了 18 岁。这意味着与女孩或年轻女子发生性关系是一种严重的犯罪——强奸罪。如果两个 17 岁的孩子发生了性行为,那么根据定义,男性是强奸犯,而女性则是受害者,即使女孩子同意,即使她已经准备好并愿意和渴望这一性行为。[8]第一次世界大战前后,一座又一座城市对不道德行为、堕落区域、卖淫和性病的问题感到警觉。许多城市委托编写了关于"社会邪恶问题"的报告。这些委员会的报告一般都要求对这些邪恶问题采取严肃的行动。他们呼吁努力消灭红灯区,并尽最大努力结束严重堕落的区域。正如康涅狄格州的哈特福德报告(Hartford report)所言,"性冲动在男性中特别强烈"并且"不能被消除",但它并不是"完全无法控制的力量"。它可以通过"社会反对"而"不予鼓励",也可以通过"阻碍其满足的方式"或是"消除来自罪恶的诱惑"以及"自我控制教育"来加以"阻止"。[9]大多数报告(大约有 43 份)都同意这些邪恶必须消失,并且有可能消除它们,至少对最坏和最明显的邪恶形式是如此。事实上,各州和各城市都注意到了这些委员会的报告。许多州通过了严厉的新法律,禁止卖淫场所和卖淫区域;他们发起了严肃的运动,以消除妓院和妓女。到 1917 年,已有 31 个州通过了严格的"消除"法("abatement" laws)。例如,1915 年,密歇根州赋予任何公民采取行动"减少"卖淫场所的权利。一群正直的市民向警察施加压力,要求警方跟进执法;在这个国家一些最著名的色情区,比如新奥尔良的斯托伊维尔也不得不关闭卖淫场所。当然,邪恶总还能找到卷土重来的方式。[10]

这场运动有很强的道德和宗教成分,但也有世俗根源。一种是对性病的恐惧,以及它对无辜妇女和儿童(甚至不是那么无辜的男人)的生命和身体造成的影响。也有一种强烈的信念认为,随着人类走向文明，他们需要控制和压制动物方面的天性。但是在20世纪20年代以后，潮流开始转向。支撑着反不道德行为的战争的意识形态缓慢而稳定地衰败，禁酒令是第一个牺牲品。在20世纪的最后几十年里，法律和社会的面貌几乎完全发生了变化。放任，而不是压制，成了主流的口号。人的动物性的一面赢得了战斗。特别是在大城市，色情基本上被非犯罪化了。许多州，比如伊利诺伊州和加利福尼亚州，都对它们的刑法进行了改革；成年人自愿彼此之间做什么，大致都是可以接受的。禁止未婚性行为和通奸的法律在大多数州消失了。《曼恩法案》被修正到毫无效力和不相干的地步。大多数州也终止了反对同性恋行为的法律，即那个"臭名昭著的危害自然罪"（infamous crime against nature）。在20世纪五六十年代，警察仍在一些城市逮捕同性恋行为的人，但在民权和同性恋权利运动的时代，这种警察行动已经无法持续下去。大多数鸡奸法也被废除了。在一些州，一些鸡奸法被宣布违宪。在20世纪末，只有十几个州仍然有鸡奸法；最高法院（2003年）终于废除了这些法律。[11]同意年龄法成为无论男女一视同仁的法律，经修改后使青少年的性行为完全合法。与此同时，禁止赌博的禁忌几乎消失了。曾经有一段时间，赌场只在内华达州开业——这个荒芜的沙漠州专门从事犯罪合法化（甚至卖淫在内华达州的大多数郡都是合法的）。然后赌博开始蔓延到全国各地。现在印第安保留地有赌场，大西洋城有赌场，到处都是合法的州彩票（legal state lotteries）。

最高法院在著名的"罗伊诉韦德案"中也非常戏剧性地将堕胎合法化。[12]在政治上，这一事件过去是，而且现在仍然是一个令人震惊的事件。从法律上讲，本案的依据是宪法规定的隐私权——这一概念（必须承认）与"宪法"的实际文本只有最薄弱的联系。1965年，在"格里斯沃尔德诉康涅狄格州案"（Griswold v. Connecticut）中，宪法规定的隐私权首次亮相。[13]当时，康涅狄格州仍然将避孕规定为非法。使用任何药物或装置预防怀孕,或帮助或教唆任何人实施这一罪行,都是犯罪行为。最高法院推翻了这个法律。撰写多数意见(或其中一人)的威廉·道格拉斯(William O. Douglas)大法官认为宪法暗示某些"隐私权地带"。他认为,在《权利法案》中,有对此若隐若现的暗示,像是神秘释放的烟雾。就"格里斯沃尔德诉康涅狄格州案"而言,尽管其法律基础不稳固,却导致一系列案件,扩大了宪法隐私权的概念。道格拉斯大法官的这种说法被证明是相当强大的。这个案例本身的重要性十分牢固。毕竟,在21世纪,很少有人仍然觉得国家应该或者可以禁止避孕套或避孕药的使用。另外,"罗伊诉韦德案"从一开始就一直是争论的焦点。

然而,它幸存了下来。尽管猥亵的放任以及大多数打击"无受害者犯罪"的法律被推翻,打击毒品的战争则存活了下来。如果说有什么区别的话,那就是打击毒品的战争变得更加激烈。其中一个因素可能是父母害怕毒贩会捕食他们的孩子。人们认为上瘾是一次单程旅行的不归之路,一次进入但丁的地狱之旅,在那里所有的希望都必须放弃,而且永远也没有一个好的出路。只要他们愿意,成年人获得了做任何性行为的权利;但如果有任何更严重的事情发生的话,对孩子的恐慌就会加剧。猥亵儿童、儿童色情制品和乱伦:这些仍然是犯罪,而且是被严厉惩罚的罪行;到20世纪末,这方面的法律可能变得更加严格。[14]

被告的权利

19世纪,最高法院对刑事被告的宪法权利很少作出裁决,但这些权利在20世纪成为一个主要关切问题,尤其是在厄尔·沃伦担任首席大法官时期(1953—1969年)。在一个又一个案件中,最高法院大胆地扩大了法律原则;它坚持严格遵守公平搜查、逮捕、审讯和审判的原则。这些都是最高法院在"宪法"中解读的原则,其中一个法律工具就是所谓的"合并原则",即内战后通过的第十四修正案"合入"(吞下)了大部分《权利法案》的内容,并要求各州遵行。合并原则起步是缓慢的。最高法院指出,并不是所有这些权利都被纳入其中,只包括那些真正"基本"的权利。哪些是真正的"基本权利"?最高法院在20世纪下半叶开始更广泛地定义这个词。例如,在1949年"沃尔夫诉科罗拉多州案"(*Wolf v. Colorado*)[15]中,问题在于:利用在没有搜查令的情况下没收的证据,州法院能否判沃尔夫(Wolf)有罪?最高法院允许了这一定罪。但仅仅12年后,法院就推翻了自己的决定。在1961年的"马普诉俄亥俄州案"(*Mapp v. Ohio*)[16]中,警察突袭了多莉·马普(Dolly Mapp)的家;他们从来也没有出示过搜查令。他们确实没有找到他们要找的东西,但他们找到了淫秽书籍。多莉·马普因拥有淫秽文学而被判有罪。诚然,这次搜查是非法的;但是俄亥俄州法院还是接受这些证据。最高法院推翻了这个案件。最高法院指出:根据宪法第十四修正案,有瑕疵的证据(tainted evidence)必须排除在外。

这只是沃伦时代一系列戏剧性案件中的一例,这些案件扩大了刑事被告的权利。在这些案件中,基于宪法的理由,州权力戏剧性地对抗了一个个体的人:有时是被拖进法庭的某一个不好的男人或女人,一个醉汉,一个赌徒,一个瘾君子,一个妓女,一个四次失败者,一个小贼——无论如何,都是些最底层的人。然而,最高法院一次又一次地站在弱势群体这一边。在一件可能是最著名的案件中,最高法院站在一位名叫克拉伦斯·吉迪恩(Clarence Gideon)的流浪汉的一边,此人被指控闯入一间游泳池。此人执拗固执。他没有钱,但他要求提供律师帮助;他说,州(佛罗里达州)必须为他提供免费的律师。根据佛罗里达州的法律,他没有这样的权利,吉迪恩一直试图向最高法院上诉。

572 最高法院任命了阿贝·福塔斯（Abe Fortas,他后来成为最高法院的大法官）为吉迪恩辩护。最高法院于1963年撤销了对他的有罪判决。最高法院指出,对于一个被控犯有重罪的穷人而言,除非他有一名律师,否则,《人权法案》规定的获得律师的权利毫无意义;如果被告没有钱,州必须为他提供律师。吉迪恩得到了新的审判并赢得了他的案子。[17]几乎同样引人注目的是1966年判决的米兰达案。[18]在亚利桑那州因强奸罪名被捕的米兰达（Ernesto Miranda）被带到"审讯室"接受审讯。经过几个小时的盘问,他签了认罪书。在米兰达的审判中,供词被接受为呈堂证供;他被判有罪。后来最高法院撤销了对他的定罪;在这样做的同时,最高法院制定了一套警察应遵守的规则。最高法院坚持说,每当警察逮捕某人时,他们不能对该人提出审问,除非他们告知他的权利——保持沉默的权利、与律师交谈的权利以及在被讯问时有律师在场的权利。这就是著名的"米兰达警告"（Miranda warning）,每个看电视里警匪节目的人都对它很熟悉。

这类案件引起了法律和秩序庙堂的痛苦和惊慌的叫喊。抗议的咆哮声指责:沃伦法院站在罪犯和暴徒的一边,它削弱了警察,而且违背了公众的利益。但沃伦和他的法官们坚持自己的立场。后来,厄尔·沃伦被沃伦·伯格取代为首席大法官（1969—1986年）,后者是一位更为保守的法官。法院后退了一点,只是在若干方面稍稍后退了一点而已——让那些要求某种法律和秩序的人们有些宽慰;但是尽管有右翼的名声,伯格法院保留了它继承的大部分法律。然而,它并没有像沃伦法院那样,开辟出一个大胆和新的方向。[19]下一任首席大法官威廉·伦奎斯特更为保守。在两位保守派总统里根和布什对最高法院的支持下,他的立场更为坚定。伦奎斯特法院甚至更不愿意增加被告的权利。但是保守派名单上最热门的项目——推翻"米兰达警告"就是其中之———从未成为现实。[20]

关于"米兰达警告"的抱怨会使警察们感到碍手碍脚、步履蹒跚。而且对马普案中的"证据排除规则"(exclusionary rule)也提出了同样的抱怨。危险的罪犯会因为技术问题而逍遥法外。确凿的经验证据表明,这些担忧被夸大了。或许这些好处也被夸大了。所有这些判决对警察行为、程序公平或犯罪率有什么影响?对这一问题的回答很少或根本没有一致意见。一些学者认为,这些判决收效甚微。例如,"米兰达警告"简单地退化成了"空洞的形式主义"(empty formalism)。另外,排他性规则可能对警察业务产生了"长期的积极影响"(positive long-term effects on policing)。新规则一般都会提高公众的意识。它们可能把注意力集中在警察的行为上。它们可能已经"刺激了在警察教育、培训和监督方面的广泛改革"[21]。无论如何,很难解开其中因果关系的复杂之结。警察的暴行和肮脏的伎俩最严重地落在穷人、少数民族和被剥夺权利的人身上;但恰恰在这一时期,这些群体发出了要求被倾听的声音,要求在权力和制衡的谈判桌上占有一席之地。民权运动及其精神是对警察和整个刑事司法施加压力的有力来源。"米兰达警告"的批评者可能过分强调了最高法院对警察行为的干预。沃伦法院作出判决几十年后,有关警察行为的丑闻仍在不断爆发:洛杉矶对罗德尼·金(Rodney King)的殴打和纽约市对阿布纳·路易玛(Abner Louima)的折磨,只是其中两个最令人震惊的例子。

死 刑

最富有戏剧性的,是最高法院在死刑方面的所作所为。在 20 世纪初,死刑处决率已进入长期和相当大幅度的下降。然后这个数字再次上升,直到 1935 年有 199 人被处决。之后,死刑处决又开始减少。1961年,共有 42 人被处决;1963 年为 21 人;1968 年则为零。[22] 有 9 个州在 1907

年至 1917 年间废除了死刑(尽管其中 7 个州对此有不同的想法又恢复了死刑)。公民自由组织和全国有色人种协进会(NAACP)为废除死刑作出了努力、辩论和游说。在 1972 年,在"弗曼诉佐治亚州案"[23]中,最高法院作出了一项非同寻常的决定。最高法院以微弱多数裁定,每个州的各种方式的死刑版本都是违宪的——死刑事实上是宪法第八修正案所禁止的"残忍和不寻常的惩罚"(cruel and unusual punishment)。最高法院主张,关于死刑问题的每一项成文法规都应该从书本上删除。如此,死囚牢房里每一个男人和女人的生命都将幸免于难。

弗曼案的判决维持了整整 4 年。从一开始,它就是一个充满高度分歧的判决。9 位大法官中有 4 位持不同意见;所谓多数的 5 位法官写了各自的意见。一些大法官认为死刑是违反宪法的,应该寿终正寝。他们认为任何形式的死刑都属于违宪。但持这种观点的大法官还是少数。其他加入他们行列的大法官并没有绝对谴责死刑——他们只有反对当时存在的死刑而已。大多数州开始对弗曼案的判决文本进行梳理并寻找线索,试图寻找挽救死刑的方法。这些州通过了新的法令,希望能有更好的运气。最高法院曾说过,死刑太随意,太武断了,如同被闪电击中一般。北卡罗来纳州认为,那好,我们将消除猜测和随机性:把所有一级杀人犯和严重强奸犯都判处死刑。其他州采取了不同的策略:它们建立了一个两阶段的程序。第一阶段是"有罪"阶段。一旦被告被判有罪,就会发生第二次"审判"——生死审判。要判处死刑,陪审团(或在某些情况下是法官)必须找到一种或多种"加重处罚情节"。这两种类型的立法都提交给了最高法院。1976 年,法院推翻了北卡罗来纳州的法令。但它认可了另一种类型,那就是佐治亚版本。死刑又开始执行了。[24]

到 20 世纪末,局势仍然相当复杂。大约有十几个州根本没有死刑。在其他一些州,死刑很少或从未被使用过。例如,自 1976 年恢复死刑以来，新泽西州从未处死过任何人。大多数北方和西部各州很少使用死刑。加利福尼亚州拥有超过 3000 万的人口（在死囚牢房中有 500 多名男女），在 2000 年之前处决的人还只有十几人。大多数处决发生在南方，发生在佛罗里达州、弗吉尼亚州和阿拉巴马州（但令人惊讶的是，田纳西州和密西西比州几乎没有执行死刑）。得克萨斯州则是独树一帜。光是得克萨斯州就占了这个国家处决人数的三分之一左右。死亡天使像是穿上了牛仔靴并戴上了得克萨斯州的帽子。

在大多数州，死刑不仅很少，而且缓慢得令人痛苦。到处都是错综复杂的程序。1933 年 2 月 15 日，朱塞佩·赞加拉（Giuseppe Zangara）试图刺杀当选总统富兰克林·罗斯福。他没有打中罗斯福总统，但是他的子弹击中了芝加哥市长安东·瑟马克（Anton Cermak）。瑟马克于 3 月 6 日去世。不到三周后，朱塞佩·赞加拉就被处决了。在 20 世纪末，迅速执行死刑变得完全不可能。联邦和州有太多的程序——上诉、听证和令状。死囚在牢房里都变老了。10 年等候期对死刑犯来说，根本算不上什么。有些罪犯是在等待了 15 年甚至 20 年之后，经过漫长而痛苦的程序后才被处死的。

所有这一切似乎表明了对被告权利的细心谨慎和极端关心。事实上，也有一些熟练而敬业的律师，他们在上诉、人身保护令状、请愿书和整个上一级法律救济办法等方面努力工作。然而，在审判法庭一级，情况要糟糕得多：仓促、处理不当的审判，带有轻率的辩护，以及未经训练的、不合格的律师。在 20 世纪末，人们对死刑有了第二次思考——也许不是在得克萨斯州，而是在其他地方。DNA 检验技术的出现，拯救了一些死囚的生命。人们开始自问：究竟有多少无辜的人死了？伊利诺伊州长呼吁暂停执行死刑。美国律师协会也有同样的呼吁。但是死亡的机器，虽然缓慢而吱吱作响，却仍在继续前行。

犯罪浪潮和国家反应

575 最高法院的重大判决是一种改革刑事程序并使其人性化的尝试。同时，还作出了显著的努力来控制警察的暴行，包括雇用更多的妇女和少数族裔，并使警察对其社区作出回应。然而，在许多方面，20 世纪下半叶的中心事实正好相反：刑事司法制度越来越严厉。在此期间结束时，大约有 200 万男女被关在监狱里。美国刑事体制的野蛮与"文明"的大多数其他国家，至少是与发达国家形成了鲜明的对比。[25]

为什么这个民主、多元的国家有如此残酷的制度？答案还远不清楚。当然，一个因素是犯罪率本身。与任何西欧国家相比，美国是一个暴力的地区。它一向有更多的暴力行为；但在 20 世纪 50 年代和 60 年代，凶杀率上升了——原因仍然有些神秘。1987 年的凶杀率是加拿大的 7 倍，德国的 20 多倍，日本的 40 多倍。[26]公众的反应是要求采取越来越严厉的措施。他们得到了这些措施；假释在一些州被废除了。"量刑准则"（Sentencing guidelines）剥夺了法官的自由裁量权，并规定（或试图强制执行）了严格、长期的判决。加利福尼亚州臭名昭著的"三振出局法"（three-strikes law）旨在长期，甚至终生地将累犯关进监狱。各州进行了一场监狱建设的狂欢，他们建造监狱的速度和把它们填满的速度同样快。囚犯不成比例地是黑人和西班牙裔。在 20 世纪 90 年代，犯罪率，包括谋杀率，开始下降——同样是因为神秘的原因，但在打击犯罪的战争中几乎没有什么缓和的迹象。但从许多方面来说，这是一场游击战争，不可能通过严酷和传统的手段取胜。

注　释

[1] Lawrence M. Friedman, *Crime and Punishment in American History*（1993），

p. 266.

² 47 Stats. 326 (act of June 22, 1932).

³ *Sourcebook of Criminal Justice Statistics* 2001, p. 512.

⁴ Bureau of Justice Statistics Bulletin, *Felony Sentences in the United States*, 1996, pp. 2, 5.

⁵ On the Mann Act, see David J. Langum, *Crossing Over the Line: Legislating Morality and the Mann Act* (1994).

⁶ Michael Willrich, *City of Courts: Socializing Justice in Progressive Era Chicago* (2003), p. 189.

⁷ *Ibid.*, p. 191.

⁸ On the age of consent laws, see Mary Odem, *Delinquent Daughters: Protecting and Policing Adolescent Female Sexuality in the United States, 1885-1920* (1995).

⁹ *Report of the Hartford Vice Commission* (July, 1913), p. 67.

¹⁰ Lawrence M. Friedman, *Crime and Punishment in American History* (1993), pp. 328-32.

¹¹ *Lawrence v. Texas*, 539 U.S. (2003). The defendant had been caught in the act, having sex with another man. The Supreme Court reversed the conviction, 6 to 3. There was no state interest, said the Court, that justified the "intrusion" into the defendant's private life.

¹² 410 U.S. 113 (1973). On the background of this case, and its predecessors, see David J. Garrow, *Liberty and Sexuality: The Right to Privacy and the Making of Roe v. Wade* (1994).

¹³ 381 U.S. 479 (1965).

¹⁴ See Philip Jenkins, *Moral Panic: Changing Concepts of the Child Molester in Modern America* (1998).

¹⁵ 338 U.S. 25 (1949).

¹⁶ 367 U.S. 643 (1961).

¹⁷ *Gideon v. Wainwright*, 372 U.S. 335 (1963); for an account of this case, see Anthony Lewis, *Gideon's Trumpet* (1964).

[18] *Miranda v. Arizona*, 384 U.S. 436 (1966).

[19] See Earl M. Maltz, *The Chief Justiceship of Warren Burger, 1969-1986* (2000), pp. 151-65.

[20] The Supreme Court reaffirmed *Miranda* in *United States v. Dickerson*, 530 U.S. 428 (2000).

[21] Samuel Walker, *Taming the System: The Control of Discretion in Criminal Justice, 1950-1990* (1993), pp. 46-53.

[22] Stuart Banner, *The Death Penalty: An American History* (2002), pp. 208, 221-23, The Banner book is the source of much of the information in the following paragraphs.

[23] 408 U.S. 328 (1972).

[24] Stuart Banner, *The Death Penalty*, pp. 267-75. The North Carolina case was *Woodson v. North Carolina*, 428 U.S. 280 (1976); the two-stage process was approved in *Gregg v. Georgia*, 428 U.S. 153 (1976).

[25] See James Q. Whitman, *Harsh Justice: Criminal Punishment and the Widening Divide between America and Europe* (2003).

[26] *New York Times*, June 27, 1990, p. A12.

第六章

20 世纪的家庭法

　　法律是生活的一面镜子,虽然它有时是一面破碎扭曲的镜子;家庭法也是家庭生活的一面镜子。在 20 世纪,家庭生活在许多方面发生了变化,有些变化相当富有戏剧性。越来越多的妇女进入职场。第一次世界大战刚结束时,妇女赢得了投票权。妇女进入了陪审团名册中。有些妇女还当了律师和法官。这也是避孕药的世纪,也是所谓的性革命的世纪。人们活得更久,也拥有更多的金钱。数以百万计的人从城市搬到了郊区。收音机,然后是电视,接下来是互联网入侵了家庭。20 世纪的所有事件、危机和事态发展都对家庭生活和家庭法产生了深刻影响。

　　19 世纪末,普通法婚姻已经衰落;这一变化在 20 世纪加快了速度。到 20 世纪末,只有少数几个州还允许沿用普通法婚姻制度。在这些州,很可能大多数人对此一无所知,很少有人使用这一制度规则。仪式上的婚姻证书、证人以及通常的婚礼,这都属于常态。在官僚化的时代,普通法婚姻已成为一种反常现象。在 20 世纪初,还有另外一个反对普通法婚姻的理由。这是优生学的"科学"非常受欢迎的时期。政府急于控制婚姻——确保只有合适的人才能结婚。毕竟,婚姻为生育打开了大门。人们认为,采取措施防止弱势群体结婚和生育是一项明智的政策。低智商,甚至犯罪行为,它们会代代相传。

普通法婚姻很难控制这些问题——事实上也不可能加以控制。

许多州不仅废除了普通法婚姻,而且遵循并采取了合乎逻辑的下一步:关于谁可以结婚,谁不能结婚的规则。1909 年,华盛顿州通过了一项法律,禁止任何"醉汉、惯犯、癫痫患者、智障者、精神病患者",或"患有遗传性精神错乱症"或"晚期肺结核"或任何传染性性病的人的婚姻。1913 年的威斯康星州法令规定,所有想要获得结婚证书的"男性"都必须接受体格检查;并从医生那里取得一份文件,证明他们没有"性病"。[1]但是,这些约束规则并没有持续很长时间。到 1930 年左右,只有少数几个州需要医疗证明,尽管大约一半的州仍然有旨在阻止不健康的人结婚的法律。在许多州,也有禁止种族通婚的法律(至少在南方,这些法律一直持续到 20 世纪 60 年代)。到 20 世纪末,对婚姻的控制已所剩无几。几乎每个达到法定年龄的人都能拿到结婚证。普通法婚姻实际上已经消失了,一定程度上被同居(cohabitation)取而代之;对此我们后面还有更多的阐述。

离婚法

家庭法的变迁中,没有什么比离婚法的变化更为引人注目。[2]在 20 世纪初,除了南卡罗来纳州这个婚姻避风天堂,每个州都可以办理离婚手续。(南卡罗来纳州在 1949 年生效的一项法律中承认了离婚这一不可避免的事实。)每个州都有自己的离婚法,有自己的特点;但在所有这些法律中,一个人理论上只能通过法院诉讼和某一特定类型的诉讼才能离婚。基于对一个犯有严重恶行而破坏婚姻的配偶的起诉,离婚是给予一个无辜配偶的奖励。这些恶行是离婚的法定"理由"。这些理由因州而异,在纽约州,通奸基本上是离婚的唯一理由。大多数其他州增加了遗弃和虐待,这是最多见的两个理由。在 1950 年,虐待是所有离婚案件中一半以上的理由。在许多州,还有其他理由,通常不太重要。在夏威夷,麻风病是离婚的理由。如果一个弗吉尼亚男人发现妻子曾经是个妓女,他就可以提出和她离婚。[3]

所有州都同意离婚不应是"合意"的产物。也就是说,任何法院都不可以仅仅因为双方都想离婚就同意离婚。从理论上讲,如果双方都没有犯通奸罪、遗弃罪、虐待罪或拥有其他法定理由,那么他们就必须终身厮守。即使他们两人都非常希望以友好的方式结束这种关系,但这一事实完全没有法律效力或完全不被关注。婚姻已经完全破裂的事实本身无关紧要。

以上都是理论之谈。而在实践中则另当别论。事实上,大多数离婚都是彼此合意串通的。妻子提起诉讼,讲述了她遭受虐待、忽视、遗弃或猥亵的悲惨故事;丈夫什么也没说,什么也没做,既没有提交文件,也没有为自己辩护。在此种情况下,法官然后就批准了离婚。在大多数州,妻子一方的悲惨故事是关于虐待或遗弃的。在纽约州,悲伤的故事必须是关于通奸的故事。这里出现了一个仿冒通奸的个体经营户。有些女人假扮成"第三者女人",以此作为谋生职业。一个男人住进了一家旅馆,进了他的房间。然后那个女人出现了。他们两人脱光了部分或全部的衣服。突然,奇迹般地,一位摄影师出现了,并拍下了他们的照片。男子随即把现金交给女子,女子道谢后便离开酒店。这张该死的照片以某种方式进入法庭,成了通奸的"证据"。当然,法官们并不是傻瓜。他们知道发生了什么。他们很少费心思去问摄影师是如何偶然闯入爱巢来拍照的。通常,他们什么也不说,什么也不做。1934 年一篇杂志文章的标题简单地讲述了这类故事:"我是纽约 100 次离婚案中默默无闻的那个金发女郎。"[4]

还有其他的方式可以规避严格的离婚法。其中之一是前往一个"离婚工坊",即一个拥有宽松而容易的离婚法律的州。正如我们所见,19世纪就有离婚工坊了。这些离婚工坊往往不会持久——遭受到那些高尚体面的人们的抱怨,立法机关终止了它们。在 20 世纪,正如我们所看到的,内华达州成了离婚工坊的佼佼者。这片荒芜的西部沙漠使加利福尼亚州的违法行为合法化。主要的生意是赌博。只要有一个短暂的"居住"期,内华达州也可以提供便捷的结婚以及容易的离婚。富有的纽约女性会前往里诺,在那里度过最短的时间,结局就是一个实际的离婚(bona fide divorce)——或者说,她们希望的是真正的离婚。[5]换句话说,整个离婚制度是腐败的,是一种欺诈和欺骗。然而,在 20 世纪的大部分时间里,在没有进行根本改革的情况下,这种状况仍然存在。

为什么会这样?也许是因为法律陷入了一个陷阱:因为它陷入了僵局。一方面,现代生活给家庭带来了巨大的压力。婚姻的性质正在改变。特别是妇女的作用正在发生变化。试婚(companionate marriage)的兴起,意味着人们对婚姻有很大的期望。通常,他们期望的比他们得到的要多。更多的男人,更多的女人,想要逃离他们的婚姻。离婚率在稳步上升。好莱坞明星们是离婚法庭声名狼藉的客户,但普通人也在喊着要离婚。这意味着一种巨大的、潜在的变革压力;这是一种巨大的、潜在的要求廉价、便捷离婚的压力。然而,仅仅是这种压力还不够。强大的教会团体及其盟友坚决反对轻易离婚。他们认为,离婚是错误的。对天主教徒来说,这是绝对错误的;对新教徒来说,这不是被禁止的,但也是不被鼓励的。离婚对美国家庭是个威胁。这些反对离婚的力量足以阻止真正的变化——即在正式法律中的真正变化。即使如此,其阻止的程度也十分有限。

20 世纪 50 年代以后,表面上开始出现裂缝。在一些州,如果男女分居的时间足够长,就有可能在没有"理由"的情况下离婚;在这段时间里,大约有 19 个或 20 个州有这样的规定。分居期从 2 年(北卡罗来纳州)到 10 年(罗得岛州)不等。[6]大多数夫妇不愿等那么久;毕竟,一个小小的善意的谎言可以使他们更快地离婚。但这些法规确实传达了一个信息。这些法律承认,并不是所有的婚姻都会成功,有些已经死亡,只是"没有感觉和意义的"空壳关系。毫无疑问,越来越多的人认为,坦率地承认这一事实并给这些婚姻一个体面的葬礼,其实并无害处。由此,可以给这些伴侣们一个重新开始的机会。

没有人会喜欢现有的体制,因为它的谎言、伪装和腐败。甚至离婚律师也不喜欢它。维持制度存续的力量——传统价值观和古老的宗教越来越虚弱,特别是在大城市地区。性革命结束了对离婚的把戏,这也许是件好事。纽约州在 1966 年终于改革了它的法律;现在,除了通奸,配偶也可以因遗弃或"残忍和不人道的待遇"而获准离婚。旧制度已濒临崩溃。它的终结点开始发生在 1970 年,当时加利福尼亚州通过了第一部"无过错"离婚法("no-fault" divorce law)。根据这项法规,离婚的"理由"已不再需要。"离婚"这个词被取缔了:法令提到了"解除婚姻关系"(dissolution of marriage)。只要有"不可调和的分歧"(irreconcilable differences)和"无法补救的破裂"(irremediable breakdown),法官就有权终止婚姻,并准予"解除婚姻"(dissolution)。[7]根据法令,如果你真的从字面上解读,"婚姻解除"是一个事实问题。婚姻真的不可挽回地破裂了吗?他和她之间的分歧真的"不可调和"吗?想必法官会来决定这个问题。但事实上,无过错规则几乎立刻呈现出完全不同的意义。这意味着没有听证、没有事实调查,也根本没有法官的审判程序。意思是自动离婚。法官就是个橡皮图章而已。

离婚无过错规则就像野火一样蔓延——几年内,大多数州都有了自己的法律版本。离婚无过错规则远远超出了改革者的旧梦想,这仅仅是使双方合意的离婚合法化的梦想。无过错离婚是单方面主张就可以离婚。这意味着,任何一方,无论另一方感觉如何,都可以从婚姻中脱身。人们谈论婚姻是一种合伙关系。合伙关系意味着合作、相互关联和分享,这就是良好的婚姻的内容。但在无过错离婚的制度下,婚姻结束时已经没有合伙关系可言。每一个合伙伴侣,以一种非常个人化的方式,选择留在婚姻或离开。另一个伴侣没有否决权,甚至连拖延的权力都没有。

无过错离婚是个好主意吗?许多人都对此有所怀疑。有些妇女认为这使妇女的境况比以前更糟。很明显,离婚使许多妇女处于不利地位。她们肩负着抚育孩子们的重任。她们在经济上挣扎着谋生。丈夫往往支付太少,或根本不支付子女抚养费。赡养费实际上消失了。但是旧式的离婚并没有好到哪里去。它也让大多数女性陷入困境。无过错离婚并没有解决监护权或财产分割的问题;这些问题悬而未决,而且可能还会变得更糟。无过错离婚并没有使离婚律师无事可做。在儿童、房屋、股票和债券等问题上,他们还有很多事情要去做。然后是政策的问题。许多人认为无过错离婚会使婚姻变得太脆弱。离婚应该永远是最后的手段。廉价而容易的离婚本身就是这个家庭崩溃的原因之一。

1997年,路易斯安那州修订了家庭法,建立了一种新的婚姻:"契约型婚姻"(covenant marriage)。"契约型婚姻"被认为是一种"终身安排"(lifelong arrangement)。夫妻可以选择普通的婚姻;或者,在接受了一些咨询并听取了法律规定之后,他们可以选择这种"终身安排"。亚利桑那州和阿肯色州也有契约型婚姻的版本。[8]契约型婚姻的配偶,如果婚姻不顺利,并不是不可以离婚。但他们不能得到无过错离婚;他们必须有一定的理由——在路易斯安那州,这些理由包括通常的情况:通奸、遗弃、身体虐待或性虐待。在路易斯安那州的早期,似乎很少有夫妇选择走契约型婚姻的道路;但现在判断这项法律从长远来看会产生什么影响,可能还为时过早。

"契约型婚姻"吸引了有传统思想的人。对这些人来说,作为社会的基石的整个婚姻制度,似乎已经岌岌可危。(21世纪初,同性婚姻在马萨诸塞州成为现实,这令社会保守派感到震惊,他们认为这对婚姻构成了更致命的威胁。)可以肯定的是,婚姻似乎已经失去了一些魅力,其受欢迎度也下降了很多。整个世纪都在攀升的离婚率,似乎在最后的时候达到了一个稳定的水平,但它仍然是居高不下。至少离过婚的人经历了真正结婚的烦恼。在20世纪最后三分之一的时间里,数百万人在"同居";也就是说,他们生活在一起,没有为结婚典礼而烦恼过。他们中的一些人甚至在一起生育了孩子。

同居曾经被认为是"生活在罪恶中";它使体面的社会蒙羞。不仅如此,它还构成犯罪——通奸罪(甚至公开和臭名昭著的通奸)。在20世纪末,同居几乎完全无可非议。在1976年著名的"马文诉马文案"(*Marvin v. Marvin*)中[9],被告是著名的电影明星李·马文(Lee Marvin)。原告米歇尔·特里奥拉·马文(Michelle Triola Marvin)与他同居多年。她声称他们有一个"口头协议";根据这个协议,他们二人将分享他的收入,她将是他的"伴侣"和"家庭主妇",并放弃她的职业生涯。显然,他们也有性关系方面的安排。当他们分手时,她起诉了他,要求分得她的那份财产。法院过去一直拒绝执行基于"不道德"的约定因素而形成的"提供不正当性服务"的合同。因此,下级法院驳回了此案。米歇尔提出了上诉。加利福尼亚州最高法院下令审理此案。他们将本案和早期的案例做了比较:即使该协议有性的要素,但只要性要素并不是该协议的唯一对象,这个协议就不违反法律。法院也坦率地说:"社会习俗"已经改变,没有婚姻的性行为不再是禁忌。法院不想把"已经被广泛抛弃"的标准强加给人们。此案当时成了头条新闻。在其他州,数十起案件接踵而至;有些案件以马文案为主导,另一些州则不然。这仍然是一个复杂的问题——在何种条件下"同居者"

(cohabiters)可以享有什么权利？但是，法院不得不面对这样一个事实，即"生活在罪恶中"现在已成为公认的法律范畴。

有些人认为，马文案并不是旧有的普通法婚姻学说的复兴。普通法婚姻毕竟是一种完全有效的婚姻，具有婚姻的所有法律后果。然而，这个案件代表了另一个迹象，即性革命对社会和法律制度产生了巨大影响。在性革命时代以及同居时代，关于私生子的旧禁忌也无法生存。一个又一个州消除了非婚生子女的法律身份障碍。[10]私生子曾被称为"来历不明的孩子"（filius nullius），即不知道他是谁家的孩子。这样的孩子没有继承权——最初甚至从母亲那里也得不到继承权。到2000年，由父亲认领的未婚生子女，几乎和那些婚生子女——他们的父母可是曾经在教堂里的一群客人面前正式结了婚的——一样多。"杂种"（bastard）这个词实际上已经过时了。私生子的污名已经大大减弱。

在20世纪上半叶，同居也对收养的法律和实践产生了影响，怀孕的十几岁未婚女孩是收养婴儿的关键来源。而这已经不再那么丢脸和成为丑闻了，越来越多的未婚母亲保留了她们的孩子，而这些收养婴儿的供应也在减少。在20世纪末，许多被收养的孩子开始要求有权利找到他们的"根"，找到他们的"亲生母亲"和"真正的父亲"。

在20世纪末，这些家庭在许多方面似乎处于危机之中。越来越多的孩子是由未婚父母所生。这在黑人家庭和西班牙裔的家庭中的比例最令人震惊。但在白人家庭中这样的事情也很常见。对于那些父母未婚但生活在稳定的家庭中的孩子来说，父母是否有一张结婚证书，对他们的生活没有什么真正的影响。但是，由贫穷的未婚单身母亲抚养的孩子，在开始生活的时候就遭到了双重打击。

对于婚姻和父母身份方面的新的奇怪的变化，保守人士们同样感到失望；代孕父母，或是一个孩子分别来自提供卵子和子宫的母亲们、或是通过体外受精出生的子女(children born through in vitro fertilization)、或是收养子女的同性恋夫妇以及家庭伴侣关系(domestic partnerships)。2002年,乔治·布什政府请求国会拨款,以支持婚姻并减少私生子。西弗吉尼亚州开始向福利家庭支付奖金,因为孩子是由已婚父母抚养长大的;而"犹他州正在向申请结婚证书的夫妇免费播放视频,强调三个C的承诺、沟通和解决冲突的技能(commitment, communication, and conflict-resolving skills)"[11]。在路易斯安那州,正如我们所看到的,有新的契约型婚姻制度。没有多少人认为这些制度设计会产生很大的影响。这是一种消费文化,一种富有表现力的个人主义文化。这是一种将压抑(对性欲等)视为邪恶的文化。"传统价值观"面临着一场艰难的博弈。

在某些方面,他们打的是一场错误的战役。婚姻和家庭已经发生了巨大的变化,但婚姻和家庭还都活了下来,并将继续活下去。婚姻和家庭只是在改变它们的定义而已。婚姻的某些基本核心仍被维持着,而且这个基本核心仍然是至关重要的。这一基本核心就是承诺。即使是让传统的人们感到恐惧的同性恋婚姻,其理念也有对承诺、稳定、一夫一妻制以及一种老式核心家庭的一种敬意。传统婚姻已经失去了对合法性的垄断。但传统婚姻的一个关键想法:长久而无私的爱,则仍然绵延流长。

注　释

[1] On these statutes, see Lawrence M. Friedman, *Private Lives: Families, Individuals, and the Law* (2004), pp. 51-54; Laws Wisc. 1913, ch. 738; Laws Wash. 1909, ch. 174, p. 633.

[2] See Lawrence M. Friedman, "A Dead Language: Divorce Law and Practice Before No-Fault," 85 Virginia Law Review 1497 (2000).

[3] Chester G. Vernier, *American Family Laws* (Vol. 2, 1932), pp. 67-69; Paul H.

Jacobson, *American Marriage and Divorce* (1959), p. 122.

⁴ This is cited in Note, "Collusive and Consensual Divorce and the New York Anomaly," 36 Columbia L. Rev. 1121, 1131n (1936).

⁵ See Frank W. Ingram and G. A. Ballard, "The Business of Migratory Divorce in Nevada," 2 Law and Contemporary Problems 302 (1935); see above, pp. 402-03. Another way around divorce, in New York state, was to get an annulment. An annulment is a declaration that a marriage was void from the very beginning—because, for example, it was based on fraud. Annulments were uncommon in most states. They were exceedingly common in New York, where the courts stretched traditional annulment doctrine like taffy. On annulment in California, see Joanna Grossman and Chris Guthrie, "The Road Less Taken: Annulment at the Turn of the Century," 40 Am. J. Legal History 307 (1996).

Most divorces were uncontested, and this applied to Nevada divorces as well. If, however, there was a contest, the validity of the Nevada divorce was by no means assured. In the 1940s, the Supreme Court considered this issue in two cases involving one O. B. Williams of North Carolina, his new wife, Mrs. Hendrix, and the divorces they got in Nevada before marrying each other—and before they were charged with bigamy in North Carolina. *Williams v. North Carolina*, 317 U.S., 287 (1942); *Williams v. North Carolina*, 325 U.S., 226 (1944).

⁶ On these statutes, see Lawrence M. Friedman, "A Dead Language," n. 2 *supra*; J. Herbie DiFonzo, *Beneath the Fault Line: The Popular and Legal Culture of Divorce in Twentieth-Century America* (1997), pp. 69-70, 75-80.

⁷ On the history and background of no-fault, see Herbert Jacob, *Silent Revolution: The Transformation of Divorce Law in the United States* (1988); on divorce and popular culture, see J. Herbie DiFonzo, *Beneath the Fault Line*, n. 6 *supra*.

⁸ La. Rev. Stat. Ann. sec. 272, 273 (West 2000); Ariz. Rev. Stats. sec. 25-901; Ark. Code sec. 9-11-801, to 9-11-811. See Laura Sanchez et al., "The Implementation of Covenant Marriage in Louisiana," 9 Virginia J. of Social Policy and the Law 192 (2001).

[9] 18 Cal. 2d 660, 557 P. 2d 106;134 Cal. R. 815 (1976).

[10] The Supreme Court gave this idea constitutional recognition in *Levy v. Louisiana*, 391 U.S. 68 (1968). Louise Levy was the unmarried mother of five children. When she died, her children tried to bring an action for wrongful death. Louisiana gave the right to sue only to legitimate children. This, said the Court, was a violation of the equal protection clause of the Fourteenth Amendment.

[11] Amy Goldstein, "Tying Marriage Vows to Welfare Reform; White House Push for State Strategies to Promote Family Ignites Dispute," Washington Post, April 1, 2002, p. Al.

结　语

20世纪已经结束,21世纪已经开始。在撰写此篇文字时,保守派总统乔治·W.布什再次入主白宫。从某种意义上说,他之所以能当选,是由法律制度,或者更确切地说是由法院制度所决定的。2000年的选举是激烈的竞争,而且其结果实际上是有疑问的。佛罗里达州的少数选票将决定这一问题,最高法院采取了决定性的行动来结束这场争论;以微弱的5比4的多数票结束了重新计票和争吵——并将总统职位授予乔治·W.布什。[1]2004年年初,共和党控制了参众两院、总统和最高法院。保守派谈论回归旧的传统:强调州的权利,一个更小而微弱的福利国家,对侵权赔偿的限制,"司法能动主义"(judicial activism)的终结。无论是保守派还是自由派,无论是共和党还是民主党,无论是南方人还是北方人,都不能让时光倒流。许多东西可以改变或将会改变;变化可以向多个方向发展,但它们都不可预测。绝对可以肯定的是,过去的已经过去了。

人们抱怨说律师太多;税收太高;政府不是解决问题的办法;美国人太爱打官司;为了自己的利益,这个社会过于痴迷于权利、法律。必须要做些什么来加以改变。但不太可能发生戏剧性的变化,至少不会很快发生——不会使法律体系萎缩。在可预见的未来,一个庞大、强大、活跃的法律体系将继续存在。其原因与文化、经济和政治制度密切相关。它们深深地存在于美国人民和所有现代人民的心中,也深深地根植于美国的制度中。从 2004 年起,最高法院是一个保守的最高法院,而且在某些方面非常保守。然而,同样的法院在 2003 年驳回了"鲍尔斯诉哈德威克案"(*Bowers v. Hardwick*)——1986 年维持鸡奸法的一个案件,并打击了仍存活下来的所有州法鸡奸法。法院对平权行动也给予了肯定(当然,有点小心翼翼)。[2] 没有发现法院回溯到立法者"原意"洞穴的迹象,没有停止司法审查机器的运作,也没有采取一种谦逊、被动的姿态。各州的最高法院也是如此。

　　法律制度是一种有组织的社会控制制度。它类似骨骼、骨架结构、肌肉一样把现代社会凝聚在一起。复杂的社会离不开最广泛意义上的法律。如果没有结构和程序,高等组织形式就无法生存。只要这个国家在这个复杂的、技术的、多元化的世界中持续下去,它的法律制度将是其身体、大脑和肌体心脏的重要组成部分。法律制度与社会是共通的,反映了社会的需要、愿望和要求,以及它们所有的非理性、模棱两可和不一致。法律制度伴随着社会发展的每一个转折。2001 年 9 月 11 日对美国的灾难性袭击摧毁了世贸中心,这个事件对政治和法律制度产生了深刻的影响。"反恐战争"很大程度上是一场法律战争:《爱国者法案》(Patriot Act)、更严格的移民管制、空中交通管制联邦化等。美国历史上每一次危机和事件都会留下印记,并将继续在法律体系和社会上留下印记。安然公司的丑闻和其他商业丑闻导致人们呼吁制定更多新法律及变更旧法律。丑闻、悲剧和事件在法律体系中引起反响。更重要的是,长远来看,那些缓慢、隐蔽、潜在的运动在塑造着整个社会。

　　法律也将反映人们对正义和公平的渴望,即辨别是与非的意识。法律还将反映其他不那么值得称赞的动机:偏见、复仇欲望以及对权力的渴望。法律反映了对社会和政治平等的强烈推动——民权运动、女权主义和其他许多运动;它曾经反映了并将继续反映社会结构中根深蒂固的不平等。毕竟,法律是反映生活的一面镜子。它是民众和团体设计、谋划、奋斗、希望和梦想的结果,尽管这些民众和团体中还存在着支持、反对或是互相掣肘的种种形态。一部完整的美国法律史不外乎是一部完整的美国生活史。它们彼此的未来相互重叠。这场大戏在未来究竟会如何发展,我们不得而知。但是它将如期而至,而且风雨无阻。

注 释

[1] *Bush v. Gore*, 531 U.S. 98 (2000).

[2] *Lawrence v. Texas*, 539 U.S. (2003) was the sodomy case; the case that upheld the affirmative action program of the University of Michigan Law School was *Grutter v. Bollinger*; 129 S. Ct, 2325 (2003). *Bowers v. Hardwick* was 478 U.S. 186 (1986).

参考文献

关于美国法律史的文献甚多,而且与日俱增。在本书第一版出版后大约 30 年的时间里,已有数十种书籍和文章出版发行。在这篇参考文献中,我试图编制一个简短的、精选的清单,其中主要是书籍。这些都是非常有说服力的、全面的和写作优秀的作品,或者是在某种程度上值得特别注意的作品。

除此之外,关于美国法律史的一般性著作存在严重的缺憾。另一本试图探讨整个美国法律史(或大部分历史)的书,是 Kermit Hall 撰写的 *The Magic Mirror: Law in American History* (1989);我还出版了一本简要的读本:*Law in America: A Brief History* (2002)。我还要提到我的另一本书:*American Law in the Twentieth Century* (2002)。Kermit Hall 撰写了一个 5 卷的美国法律和宪法历史书目,出版于 1984 年年末,书名为 *A Comprehensive Bibliography of American Constitutional and Legal History, 1896—1979*。此外,Borzoi Books/Knopf 出版社还推出了一系列简装书籍,共同涵盖了美国法律史上的主要时期。每个系列中有 5 本书,都包含一篇介绍性的文章(通常大约 50 或 60 页长),然后是一些有代表性的文献。这些著作有:Stephen Botein 撰写的 *Early American Law and Society* (1983);George Dargo 撰写的 *Law in the New Republic: Private Law and the Public Estate* (1983);Jamil Zainaldin 撰写的 *Law in*

Antebellum Society: Legal Change and Economic Expansion(1983); Jonathan Lurie 撰写的 Law and the Nation, 1865-1912(1983); Gerald L. Fetner 撰写的 Ordered Liberty: Legal Reform in the Twentieth Century(1982)。一部内容非常宽泛的宪法历史——有时几乎接近整个法律体系的通史的著作,是 Melvin I. Urofsky 和 Paul Finkelman 合著的作品: A March of Liberty: A Constitutional History of the United States(2 volumes, and 2 volumes of documents, 2002)。还有许多文献材料供学生使用,特别是: Stephen B. Presser 和 Jamil S. Zainaldin 的 Law and Jurisprudence in American History: Cases and Materials, 5th ed.(2003)。令人惊讶的是,很少有普通书籍试图讲述特定国家的法律历史。一个罕见的例外是 Joseph A. Ranney 的著作: Trusting Nothing to Providence: A History of Wisconsin's Legal System(1999); 在特定州的更广泛的法律研究之一是 William E. Nelson 的著作: The Legalist Reformation: Law, Politics and Ideology in New York, 1920-1980(2001)。

任何一个美国法律史的学生都不能忽视 J. Willard Hurst 的开创性工作。在他的许多著作中, The Growth of American Law: The Law Makers(1950)是最有代表性的,也是最容易理解的;它在 1790 年至 1940 年间以非常清晰和洞察力的方式审视了某些"主要法律机构"(律师、法官、立法机关、宪法制定者)的工作。Law and the Conditions of Freedom in the Nineteenth Century United States(1956)是一篇深入美国 19 世纪法律文化表层的短文,但却是一篇精彩的文章。也许 Hurst 最咄咄逼人的著作是 Law and Economic Growth: The Legal History of the Lumber Industry in Wisconsin 1836-1915(1964)。这是一个与具体的时间、地点和行业联系在一起的案例研究,但它的深思熟虑、细心和细节值得密切关注。Hurst 的其他作品有 Law and Social Order in the United States(1977) 和 Law and Markets in United States History: Different Modes of Bargaining among Interests(1982)。

没有多少其他的书籍对我们的法律史提出了一个一般性的理论或宽泛的方法,甚至对其中的相当大的一部分而言,也是如此。有两本关于殖民地时期和共和国时期之间的过渡——或者更确切地说是在法律史的现代过渡阶段的书籍,引起了相当多的讨论。一本是 Morton J. Horwitz 的 The Transformation of American Law, 1780-1860 (1977);另一本是 William Nelson 的 Americanization of the Common Law: The Impact of Legal Change on Massachusetts Society, 1760-1830 (1975)。

对殖民时期感兴趣的读者可以从 George L. Haskins 的 Law and Authority in Early Massachusetts(1960)开始,这是一本开创性的著作。Peter C. Hoffer 所著的 Law and People in Colonial America(rev. ed., 1998)对这一时期做了一个简短但精湛的概述。有许多文集,如著名的 David H. Flaherty 主编的 Essays in the History of Early American Law (1969); Richard B. Morris 的 Studies in the History of American Law, with Special Reference to the Seventeenth and Eighteenth Centuries(2nd ed., 1959),这本书仍然很有价值,尽管在许多方面已被最近的著作所取代; Christopher L. Tomlins 和 Bruce H. Mann 合编的 the Many Legalities of Early America.(2001)。还有一些关于特定殖民地法律历史的文集,例如 Herbert A. Johnson 的 Essays on New York Colonial Legal History (1981)。最近有一些关于特定地点和主题的精雕细琢的专著。首先是 William E. Nelson 的研究成果: Dispute and Conflict Resolution in Plymouth County, Massachusetts, 1725-1825(1981),顾名思义,它已经进入共和国建立时期。David L. Konig 的 Law and Society in Puritan Massachusetts, Essex County, 1629-1692(1979),是对殖民地图谱最有洞察力的尝试之一。对此,在 David G. Allen 的著作 In English Ways

(1981)中得到了解释。另一本重要的书是 Marylynn Salmon 的 *Women and the Law of Property in Early America*(1986)。在刑事司法方面有相当多的著作,例如,Julius Goebel Jr. 和 T. Raymond Naughton 的 *Law Enforcement in Colonial New York: A Study in Criminal Procedure*(1944); Douglas Greenberg 的 *Crime and Law Enforcement in the Colony of New York, 1691-1776*(1974); Edgar J. McManus 的 *Law and Liberty in Early New England: Criminal Justice and Due Process, 1620-1692*(1993); N. E. H. Hull 的 *Female Felons: Women and Serious Crime in Colonial Massachusetts*(1987); Donna J. Spindel 的 *Crime and Society in North Carolina, 1663-1776*(1989)。对于郡一级法院工作有丰富讨论的著作,有 Hendrik Hartog 的 "The Public Law of a County Court: Judicial Government in Eighteenth-Century Massachusetts," 20 Am. J. Legal Hist. 282(1976)。这些文献大多是关于马萨诸塞的,有些来自弗吉尼亚和纽约;如果在其他殖民地上有更多的研究,这将是有用处的。

对殖民时期感兴趣的读者还有另一个优势:殖民地法庭记录的现代版本相当不错。Joseph H. Smith 的 *Colonial Justice in Western Massachusetts*(*1639-1702*)和 *The Pynchon Court Record*(1961),因为它的诸多导读信息,所以是一部特别值得注意的著作。至少,对殖民法的某些方面的研究并不过分;但是 Richard B. Morris 的 *Government and Labor in Early America*(1946)对这一重要问题进行了详尽的论述。Joseph H. Smith 在 *Appeal to the Privy Council from the American Plantations*(1950)一书中对这一主题进行了明确的研究。

在法律史上,独立革命本身以及之后的时期多少被忽略了。Hendrik Hartog 编辑了一系列评论文章:*Law in the American Revolution and the Revolution in the Law*(1981)。John Phillip Reid 就革命前的法律事件撰写了大量著作,例如,*In Defiance of the Law: The Standing-Army*

Controversy, the Two Constitutions, and the Coming of the American Revolution(1981),并就革命的法律和宪法意识形态方面撰写了大量著作,例如,Constitutional History of the American Revolution: the Authority of Rights(1986)。另外,宪法学史以及宪法学史的各个方面,产生了庞大的文献。我们可以从前面提到的 Urofsky and Finkelman 读起。

还有大量关于宪法起草和"原始理解"的文献。特别值得注意的是 Jack Rakove 的著作: Original Meanings: Politics and Ideas in the Making of the Constitution(1996),以及 Larry D. Kramer 的著作: The People Themselves: Popular Constitutionalism and Judicial Review(2004)。关于制度历史,也有相当多的文献。让人惊讶的是,法律史家对法庭特别感兴趣。与殖民地时期不同的是,19 世纪的某些资料来源在一定程度上是现成的;所报告的上诉案件以及州和联邦法规,都可以在任何体面的法律图书馆中找到。可惜的是,审判法庭比殖民地时期更加晦涩难懂。在法庭历史上,美国最高法院自然获得了最多的关注。Charles Warren 的 The Supreme Court in United States History(3 vols., 1922)是一部真正的经典之作——引人入胜,细节丰富,易于阅读。Charles Warren 有自己的观点——或者说偏见,如果你愿意这么说的话——但他并没有隐瞒;但是,在这之前或之后,没有任何著作能如此慷慨地看待法院的工作,也没有任何方式能如此认真地注意法院所从事工作的政治背景。尽管如此,自 Charles Warren 的著作问世以来,80 年的研究和思考已经过去了。有关法院的新历史的研究,卷帙浩繁,事实上已经超出 30 年的时间段,似乎永无止境;到目前为止,大部分文献实际上已经出版。其中包括 Julius Goehel Jr.的 Antecedents and Beginnings to 1801(1971); George L. Haskins 和 Herbert A. Johnson 的 Foundations of Power: John Marshall, 1801–1815(1981); Carl B. Swisher 的 The Taney Period, 1836–1864(1974); Charles Fairman 的 Reconstruction and

Reunion, 1864-1888 (1971); G. Edward White 的 *The Marshall Court and Cultural Change, 1815-1835* (1988)。这些书甚好,从体量意义上讲这些都是大部头的书,而且内容非常详细。William M. Wiecek 的 *Liberty Under Law: The Supreme Court in American Life* (1988) 就是一个范例。对于特定的时期,读者可以从许多其他书籍中进行选择:例如,Scott Douglas Gerber 编辑的 *Seriatim: The Supreme Court before John Marshall* (1998); Stanley I. Kutler 的 *Judicial Power and Reconstruction Politics* (1968); Harold M. Hyman 和 William M. Wiecek 的 *Equal Justice under Law: Constitutional Development, 1835-1875* (1982); William F. Swindler 的 *Court and Constitution in the Twentieth Century: The Old Legality, 1889-1932* (1969); Arnold M. Paul 的 *Conservative Crisis and the Rule of Law: Attitudes of Bar and Bench, 1887-1895* (1960)。也有许多关于特定学说或权利的书籍——例如,James W. Ely Jr. 的著作: *The Guardian of Every Other Right: A Constitutional History of Property Rights* (2d ed., 1998)。也有一些关于特定决定的有趣研究——例如,C. Peter Magrath 的 *Yazoo: Law and Politics in the New Republic: The Case of Fletcher v. Peck* (1966); Stanley I. Kutler 所著的 *Privilege and Creative Destruction: The Charles River Bridge Case* (1971); Charles A. Lofgren 所著的 *The Plessy Case: A Legal-Historical Interpretation* (1987)。Don E. Fehrenbacher 所著的 *The Dred Scott Case: Its Significance in American Law and Politics* (1978) 是一项大规模的权威性研究,不仅涉及案件本身,还涉及法律和宪法背景下的许多显著特征。*Slavery, Law, and Politics: The Dred Scott Case in Historical Perspective* 的简写版本出现在 1981 年。Tony Freyer 的著作 *Harmony and Dissonance: The Swift and Erie Cases in American Federalism* (1981) 讲述了一个重要案例的发展历程。Ronald M. Labbé 和 Jonathan Lurie 合著的 *The Slaughterhouse Ca-*

ses: *Regulation, Reconstruction and the Fourteenth Amendment* (2003) 对这些关键案例的背景进行了异常出色而丰富的研究。有关最高法院管辖权的技术性增长方面的研究,Felix Frankfurter 和 James M. Landis 合著的 *The Business of the Supreme Court: A Study in the Federal Judicial System* (1928),至今仍有价值。

关于最高法院的一些最好的著作潜藏在司法传记中。三个较老但优秀的例子是 Charles Fairman 所著的 *Mr. Justice Miller and the Supreme Court, 1862-1890* (1939),以及 Cart B. Swisher 所著的 *Stephen J. Field: Craftsman of the Law* (1930) 和 *Roger B. Taney* (1935) 这两项研究。Albert Beveridge 所著的 John Marshall 传记篇幅冗长,带有偏见,但文笔直率活泼。最近出版的一本传记是 Jean Edward Smith 的 *John Marshall: Definer of a Nation* (1996)。Gerald T. Dunne 出版了 Joseph Story 的传记 *Joseph Story and the Rise of the Supreme Court* (1970);另一本传记是 R. Kent Newmyer 的 *Supreme Court Justice Joseph Story: Statesman of the Old Republic* (1985)。与此同时,还有 Donald G. Morgan 的 *Justice William Johnson: The First Dissenter* (1945)。关于19世纪晚期,参见 Linda Przybyszewski 的 *The Republic According to John Marshall Harlan* (1999)。Paul Kens 为 Stephen Field 写了一本新传记:*Justice Stephen Field: Shaping Liberty from the Gold Rush to the Gilded Age* (1997)。Mark Dewolfe Howe 对 Oliver Wendell Holmes 生平的研究因 Mark Dewolfe Howe 的去世而中断。一共出版了两卷:*Justice Oliver Wendell Holmes: The Shaping Years, 1841-1870* (1957) 和 *Justice Oliver Wendell Holmes: The Proving Years, 1870-1882* (1963)。对其整个人生进行了详尽的描写的著作是 G. Edward White 的著作 *Justice Oliver Wendell Holmes: Law and the Inner Self* (1993)。Leon Friedman 和 Fred L. Israel 编辑了四卷本的 *The Justice of The United States Supreme Court,*

1789-1969(1969)。一本非常有用的参考书是 Kermit L. Hall 编辑的 *The Oxford Guide to United States Supreme Court Decisions*(1999)。

较低级别的联邦法院和州法院在法律研究方面的表现要逊色得多。Richard E. Ellis 的 *The Jeffersonian Crisis: Courts and Politics in the Young Republic*(1971)是一部与众不同的著作,因为它审视了特定的州和联邦一级的法院。Mary K. Bonsteel Tachau 的 *Federal Courts in the Early Republic: Kentucky, 1789-1816*(1978)对下级联邦法院进行了罕见的研究。其他包括 Christian G. Fritz 的 *Federal Justice in California: The Court of Ogden Hoffman, 1851-1891*(1991),Tony Freyer 和 Timothy Dixon 的 *Democracy and Judicial Independence: A History of the Federal Courts of Alabama, 1820-1994*(1995)。还可参见 Kermit L. Hall 的 *The Politics of Justice: Lower Federal Judicial Selection and the Second Party System, 1829-1861*(1979)。对州法院的研究——一个较老的例子是 Carroll T. Bond 的 *Court of Appeals of Maryland: A History*(1928)。此书罕见但还有很多不足之处。Russell K. Osgood 编辑了 *The History of the Law in Massachusetts: The Supreme Judicial Court, 1692-1992*(1992);James W. Ely Jr. 编辑了 *A History of the Tennessee Supreme Court, 1692-1992*(2002)。也有一些州法官的传记是有价值的,例如,首席大法官 John Philip Reid 的 *Chief Justice, the Judicial World of Charles Doe*(1967),以及 Leonard Levy 的 *The Law of the Commonwealth and Chief Justice Shaw*(1957)。在 20 世纪,有 Gerald Gunther 的 *Learned Hand: the Man and the Judge*(1994),这是对一位从未进入美国最高法院的联邦法官的重要研究。

对美国法院实际工作的历史研究——通过它们进行的商业活动、他们处理的争端——也不常见。在很长一段时间里,这里唯一可以引用的书是 Francis W. Laurent 的 *The Business of a Trial Court: 100 Years* of Cases（1959），这本书对威斯康星州齐佩瓦郡具有普遍管辖权的初审法院的工作进行了有趣但有些不甚令人满意的研究。文献在增长中；现在包括 Lawrence M. Friedman 和 Robert V. Percival 的"A Tale of Two Courts: Litigation in Alameda and San Benito Counties"，10 Law & Society Review 267（1976）；Robert Silverman 的 Law and Urban Growth: Civil Litigation in the Boston Trial Courts, 1880-1900(1981)；Wayne V. McIntosh 的 The Appeal of Civil Law: A Political-Economic Analysis of Litigation（1990），这是圣路易斯诉讼的量化史。对下级法院的研究上从未有太多突破，但治安法院是 John R. Wunder 的 Inferior Courts, Superior Justice: A History of the Justices of the Peace on the Northwest Frontier, 1853-1889(1979) 一书的主题。

对于那些对法律职业历史感兴趣的人，可以看看 Gerard W. Gawalt 的著作 The Promise of Power: The Emergence of the Legal Profession in Massachusetts, 1760-1840(1979)；Maxwell Bloomfield 关于这个职业的文章收录在 American Lawyers in a Changing Society（1976）一书中；Gerard W. Gawalt 在 The New High Priests: Lawyers in The Post-Civil War America（1984）一书中编辑了一组（水平参差不齐的）文章。Richard L. Abel 的 American Lawyers（1989）对律师进行了全面的研究，其中包含了大量的历史资料。William F. English 的专著 The Pioneer Lawyer and Jurist in Missouri（1947）。还有一些更专业的研究，例如 William G. Thomas 的 Lawyering for the Railroad: Business, Law, and Power in the New South（1999）。

另一本好书是 William F. Keller 的 The Nation's Advocate, Henry Marie Brackenridge and Young America（1956）。这本书也代表了一个繁多和庞杂的法律文献：律师传记。如果"律师"在另一个领域也有了自己的成就，材料就会膨胀——例如，描写 Abraham Lincoln 的著作，有

John E. Frank 的 *Lincoln as a Lawyer*（1961）一书,还有 John J. Duff 的 *A. Lincoln, Prairie Lawyer*（1960）。有许多 Daniel Webster 的传记,最全面的是 Robert V. Remini 的 *Daniel Webster: The Man and His Time*（1997）。但是,可以说,能够打开律师办公室大门的书确实是非常罕见的。

具有里程碑意义的 *The Law Practice of Alexander Hamilton: Documents and Commentary*,共分 5 卷（1964 年第一卷和 1969 年第二卷,由 Julius Goebel Jr.编辑；1980 年的第三卷、1980 年的第四卷和 1981 年的第五卷,由 Goebel 和 Joseph Smith 编辑）,这些文献将 1800 年左右时期的法律史编辑得甚好；Webster 的法律文件也在编辑之中；Alfred S. Konefsky 和 Andrew J. King 编辑的若干卷迄今已出版。人们倒是希望 19 世纪末的华尔街律师也能做些类似的工作；但是,在法律事务所的历史中,至少出现了一些原始资料,值得注意的是 Robert T. Swaine 的 *The Cravath Firm and Its Predecessors, 1819-1947*, Vol. I, *The Predecessor Firms, 1819-1906*（1946）。Henry W. Taft 的书 *A Century and a Half at the New York Bar*（1938）读起来很有趣。Harold Hyman 的 *Craftsmanship and Character: A History of the Vinson and Elkins Law Firm of Houston, 1917-1997*（1998）是一个由一流历史学家撰写的律师事务所历史的罕见例子。

关于法律教育,Alfred Z. Reed 的 *Training for the Public Profession of the Law*（1921）是一本古老而有用的书。Robert B. Stevens 的 *Law School Legal Education in America from the 1850s to the 1980s*（1983）是对这一主题最全面的论述；另外也有 William P. LaPiana 的 *Logic and Experience: The Origin of Modern American Legal Education*（1994）。此外,一些法学院（最著名的是哈佛大学）也有自己的编年史编纂者；Arthur E. Sutherland 的 *The Law at Harvard: A History of Ideas and Men,*

1817-1967（1967）非常值得一读；亦可参见 David J. Langum 和 Howard P. Walthall 的 *From Maverick to Mainstream: Cumberland School of Law, 1847-1997*（1997）；Frank L. Ellsworth 的 *Law on the Midway: The Founding of the University of Chicago Law School*（1977 年）一书，特别有趣地涉及了哈佛大学影响力的传播。Elizabeth G. Brown 的 *Legal Education in Michigan, 1859-1959*（1959），涵盖了这所重要学校的第一个世纪。

关于法律文献以及法律思想的资料并不完全令人满意。Perry Miller 收集了一些片段，并将其编辑成 *The Legal Mind in America: From Independence to the Civil War*（1962）一书。Perry Miller 自己对 *The Life of the Mind in America: From the Revolution to the Civil War*（1965）这一主题的处理，至少对我来说不是很有启发性。关于律师和一般文化，可以参见 Robert A. Ferguson 的 *Law and Literature in American Culture*（1987），以及 Charles M. Cook 的 *The American Codification Movement: A Study of Antebellum Legal Reform*（1981）。有关 19 世纪末的研究，我们可以引用 Clyde Jacobs 的 *Law Writers and the Courts: The Influence of Thomas M. Cooley, Christopher G. Tiedeman, and John F. Dillon upon American Constitutional Law*（1954）。Morton Horwitz 的 *The Transformation of American Law, 1870-1960: The Crisis of Legal Orthodoxy*（1992）也涵盖了法律思想的研究。关于民事诉讼，Robert W. Millar 的著作 *Civil Procedure of the Trial Court in Historical Perspective*（1952）篇幅较长，但撰写得很仔细；联邦司法管辖权似乎是一个枯燥无味的话题，但在 Edward A. Purcell Jr. 的 *Litigation and Inequality: Federal Diversity Jurisdiction in Industrial America, 1870-1958*（1992）一书中，作者巧妙地阐明了这一点，并阐释了它的社会重要性。

有关州宪法制定问题的专著已经出版；特别值得关注的是 Willi

P. Adams 的 *The First American Constitutions*: *Republican Ideology and the Making of the State Constitutions in the Revolutionary Era*（1980）；Fletcher M. Green 的 *Constitutional Development in the South Atlantic States, 1776–1860*（1966）；以及 Carl B. Swisher 的 *Motivation and Political Technique in the California Constitutional Convention, 1878–1879*（1930）。美国法律史上一个有趣的侧面在 William M. Robinson Jr. 的 *Justice in Grey*: *A History of the Judicial System of the Confederate States of America*（1941）中得到了体现；另一个是 Carol Weisbrod 的 *The Boundaries of Utopia*（1980），它讨论的是美国"自给自足的社区"（self-contained communities）的内部事务，例如奥奈达社区（Oneida community）。边疆地区的法律带来的热情和浪漫远远超过研究的深度。William Baskerville Hamilton 的 *Anglo-American Law on the Frontier*: *Thomas Rodney and His Territorial Cases*（1953）是对早期历史的一个仔细审视；有关后来的时期的研究，人们很难抗拒像 Glenn Shirley 的 *Law West of Fort Smith*: *a History of Frontier Justice in the Indian Territory, 1834–1896*（1957）这样生动的书。由 John Philip Reid 撰写的两本书是有关西方法律文化的重要研究：*Law for the Elephant*: *Property and Social Behavior on the Overland Trail*（1980），以及 *Policing the Elephant*: *Crime, Punishment, and Social Behavior on the Overland Trail*（1997），这两本书针对 19 世纪中叶沿着小径来到俄勒冈州和加利福尼亚的拓荒者的活生生的法律做了研讨。

实体法方面的研究文献水平参差不齐。许多领域从未得到应有的重视。真正对美国法律史感兴趣的人，不应该忽略产生于威斯康星大学法学院的研讨会的这些系列书籍，它们是在威拉德·赫斯特的直接或间接的影响下产生的，针对的主要是 19 世纪威斯康星州法律的方方面面。从整体上看，这些书提供了一个州现行法律的最完整的图景。其中一些比其他的更好或更易于阅读。Robert S. Hunt 的 *Law and Locomotives: The Impact of the Railroad on Wisconsin Law in the Nineteenth Century* (1958 年) 一书尤其引人入胜。该系列还包括 Lawrence M. Friedman 的 *Contract Law in America: A Social and Economic Case Study* (1965); Spencer Kimball 的 *Insurance and Public Policy: A Study in the Legal Implementation of Social and Economic Public Policy* (1960); 以及 George J. Kuehnl 的 *The Wisconsin Business Corporation* (1959)。

威斯康星法律史学派对法律与经济体系、法律与商业之间的关系有着特殊的兴趣。在 19 世纪,法律的这一方面比法律的某些其他方面得到了更好的研究,尽管没有人会说已经做了足够的工作。关于政府在经济中的作用的文献也对这一领域进行了大量的阐述——如 Oscar and Mary Handlin 的 *Commonwealth: A Study of the Role of Government in the American Economy: Massachusetts, 1774–1861*) (rev. ed., 1969); Louis Hartz 的 *Economic Policy and Democratic Thought: Pennsylvania, 1776–1860*(1948); Harry N. Scheiber 的 *Ohio Canal Era: A Case Study of Government and the Economy, 1820–1861*(1969); William J. Novak 的 *The People's Welfare: Law and Regulation in Nineteenth-Century America* (1996)。Harry N. Scheiber 编辑了 *The State and Freedom of Contract* (1998)。有关银行和法律方面的研究是 Bray Hammond 的 *Banks and Politics in America from the Revolution to the Civil War* (1957); 他还出版了 *Sovereignty and an Empty Purse, Banks and Politics in the Civil War* (1970)。关于铁路管理,有前面提到过的 Hunt,他为威斯康星州作出了研究; Edward C. Kirkland 的 *Men, Cities and Transportation: A Study in New England History, 1820–1900*(2 vols., 1948); George H. Miller 的 *Railroads and the Granger Laws* (1971); Gabriel Kolko 打破传统的研究成果: *Railroads and Regulation, 1877–1916*(1965)。James W.

Ely Jr. 的 *Railroads and American Law* (2001) 是近年来的一项重要研究; Barbara Young Welke 的 *Recasting American Liberty: Gender, Race, Law, and the Railroad Revolution, 1865-1920* (2001) 一书也是如此。关于《州际商业委员会法》(ICC Act) 和一般行政发展, 参见 Stephen Skowronek 的 *Building a New American State: The Expansion of National Administrative Capacities, 1877-1920* (1982)。反托拉斯法的背景和早期历史, 参见 William R. Letwin 的 *Law and Economic Policy in America: The Evolution of the Sherman Antitrust Act* (1965); 关于反托拉斯和其他方面的商业和公司法, 参见 Herbert Hovenkamp 的 *Enterprise and American Law, 1836-1937* (1991); 另见 Morton Keller 的 *Regulating a New Economy: Public Policy and Economic Change in America, 1900-1933,* (1990)。有一些关于破产的优秀著作: Peter Coleman 的 *Debtors and Creditors in America: Insolvency, Imprisonment for Debt, and Bankruptcy, 1607-1900* (1974); David A. Skeel Jr. 的 *Debt's Dominion: A History of Bankruptcy Law in America* (2002); Edward Balleisen 的 *Navigating Failure: Bankruptcy and Commercial Society in Antebellum America* (2001); Bruce Mann 的 *Republic of Debtors: Bankruptcy in the Age of American Independence* (2002)。有关侵权行为法方面, 参见 Randolph E. Bergstrom 的 *Courting Danger: Injury and Law in New York City, 1870-1910* (1992); John Fabian Witt 的 *The Accidental Republic: Crippled Workmen, Destitute Widows, and the Remaking of American Law* (2004)。在公司法上, 有 John William Cadman 的 *The Corporation in New Jersey: Business and Politics* (1949); Ronald E. Seavoy 的 *The Origins of the American Business Corporation, 1784-1855* (1982); Herbert Hovenkamp 的书也曾被引用。在税法方面, 有 Randolph E. Paul 的 *Taxation in the United States* (1954); 有关市政公司法的发展方面的研究, 参见

Hendrik Hartog 的 *Public Property and Private Power: The Corporation of the City of New York in American Law, 1730-1870*,(1983),以及 Jon C. Teaford 的 *The Unheralded Triumph: City Government in America, 1870-1900*(1984)。有关劳动法的文献相当丰富。我想提一下 Christopher L. Tomlins 的两本书:*Law, Labor, and Ideology in the Early American Republic*(1993); *The State and the Unions: Labor Relations, Law, and the Organized Labor Movement in America, 1880-1960*(1985)。另一项重要的研究是 William E. Forbath 的 *Law and the Shaping of the American Labor Movement*(1991)。

总的来说,财产法还在等待它的王子来把它从长期的黑暗中唤醒。公共土地法比这一领域的其他法律做得好一些。Benjamin H. Hibbard 的 *A History of the Public Land Policies*(1924)是一部全面的早期著作;另一本书是 Paul Gates 的 *History of Public Land Law Development*(1968)。Vernon Carstensen 收集了一些重要的论文,并以 *The Public Land: Studies in the History of the Public Domain*(1963)为题进行了编辑。关于国家征用权法的一篇关键论文是 Harry N. Scheiber 的"The Road to Munn: Eminent Domain and the Concept of Public Purpose in the State Courts,"被 Donald Fleming and Bernard Bailyn 编辑的 *Law in American History*(1971)收集。Carole Shammas, Marylynn Salmon 和 Michel Dahlin 的 *Inheritance in America: From Colonial Times to the Present*(1987)填补了历史记录中一个非常明显的空白; Paul Goldstein 的 *Copyright's Highway: From Gutenberg to the Celestial Jukebox*(rev. ed., 2003)也是如此。关于财产的概念和意识形态,参见 Gregory S. Alexander 的 *Commodity and Propriety: Competing Visions of Property in American Legal Thought, 1776-1970*(1997);关于土地和水法,参见 Donald J. Pisani 的 *Water, Land, and Law in the West: The Lim-*

its of Public Policy, 1850-1920(1996)。

长期以来,刑法和刑事司法竟被忽视。但情况已大为改善。Lawrence M. Friedman 的 Crime and Punishment in American History (1993) 是对这一问题的一般论述。针对特定的州或话题,参见 Jack K. Williams 的 Vogues in Villainy: Crime and Retribution in Ante-bellum South Carolina (1959);Michael S. Hindus 的 Prison and Plantation: Crime, Justice, and Authority in Massachusetts and South Carolina, 1767-1878 (1980);Lawrence M. Friedman 和 Robert V. Percival 的 The Roots of Justice: Crime and Punishment in Alameda County, California, 1870-1910 (1981);Edward L. Ayers 的 Vengeance and Justice, Crime and Punishment in the 19th-Century American South (1984);James M. Denham 的 A Rogue's Paradise: Crime and Punishment in Antebellum Florida (1997)。Samuel Walker 的 Popular Justice: A History of American Criminal Justice (1980) 是一本通俗易懂的概论。关于警察,参见 Roger Lane 的 Policing the City: Boston, 1822-1885(1967);以及 Wilbur R. Miller 的 Cops and Bobbies: Police Authority in New York and London, 1830-1870 (1977)。Hugh D. Graham 和 Ted R. Gurr 编辑了 Violence in America: Historical and Comparative Perspectives (1969) 一书,这是一份提交给国家暴力原因和预防委员会 (National Commission on The Causes and Prevention of Violence) 的报告。其他相关研究包括 Richard Maxwell Brown 的 Strain of Violence: Historical Studies of American Violence and Vigilantism (1975);Roger Lane 的 Violent Death in the City: Suicide, Accident and Murder in 19th Century Philadelphia (1979);Murder in America: A History (1997);Eric H. Monkkonen 的 Murder in New York City (2001)。有关死刑,参见 Stuart Banner 的 The Death Penalty: An American History (2002);George Fisher 的 Plea Bargaining's Triumph: A

History of Plea Bargaining in America（2003）。

David J. Rothman 颇具轰动性的著作 *The Discovery of the Asylum, Social Order and Disorder in The New Republic*（1971）对法律和社会史的许多领域有所阐述。这本书的主题是 19 世纪对离经叛道者的制度治疗的转变——监狱、济贫院、疯人院和少年收容所的兴起。David J. Rothman 在 *Conscience and Convenience: The Asylum and Its Alternatives in Progressive America*（1980）一书中继续讲述了这个故事。Adam J. Hirsch 的 *The Rise of the Penitentiary: Prisons and Punishment in Early America*（1992）是对监狱兴起的一个较晚的论述。David J. Rothman 的著作横跨福利史和刑事司法史；Eric H. Monkkonen 的 *The Dangerous Class: Crime and Poverty in Columbus, Ohio, 1860-1885*（1975）一书中也发现了这种双重对待。这里或许最适合提及 Joseph Gusfield 对饮酒法的十分生动的研究著作：*Symbolic Crusade: Status Politics and the American Temperance Movement*（1963）。

福利法本身是另一个正在发展的重要文献领域。20 世纪 30 年代，在社会服务管理学院的赞助下，芝加哥大学对济贫法进行了一系列研究。一个典型的例子是 Alice Shaffer, Mary W. Keefer 和 Sophonisba P. Breckinridge 合著的 *The Indiana Poor Law*（1936）。这些出版物的整体质量有待改进。Henry Farnam 的 *Chapters in the History of Social Legislation in the United States to 1860*（1938）至今仍具有重要价值；另一本专著是 James Leiby 的 *Charity and Correction in New Jersey*（1967）。Joel Handler 主编过 *Family Law and the Poor: Essays by Jacobus ten Broek*（1971），著有多本关于福利政策的书，包括 *The Poverty of Welfare Reform*（1995）。Michael Katz 的 *In the Shadow of the Poorhouse: A Social History of Welfare In America*（rev. ed. 1996）是一个很好的整体研究。关于住房法的早期历史，参见 Lawrence M. Friedman

的 *Government and Slum Housing*: *A Century of Frustration* (1968); 有关环境法方面,参见 Earl F. Murphy 的 *Water Purity*: *A Study in Legal Control of Natural Resources* (1961)。

家庭法曾经是研究领域的另类,但现在也有了快速的进步。Micheal Grossberg 的 *Governing the Hearth*: *Law and the Family in Nineteenth-Century America* (1985),是对婚姻、离婚和一般家庭法研究热潮的开始。Nancy F. Cott 的 *Public Vows*: *A History of Marriage and the Nation* (2000) 是一本著名的著作。关于离婚,Nelson M. Blake 的 *The Road to Reno*: *A History of Divorce in the United States* (1962) 是一本好书。还可参见 Richard H. Chused 的 *Private Acts in Public Places*: *A Social History of Divorce in the Formative Era of American Family Law* (1994); Norma Basch 的 *Framing American Divorce*: *From the Revolutionary Generation to the Victorians* (1999); Lawrence M. Friedman 的 *Private Lives*: *Families, Individuals, and the Law* (2004)。William L. O'Neill 的著作 *Divorce in the Progressive Era* (1967) 颇具煽动性,同时也是一部很重要的著作。同期的另一项研究是 Elaine Tyler May 的 *Great Expectations*: *Marriage and Divorce in Post-Victorian America* (1980)。关于已婚妇女的财产法,参见 Norma Basch 的 *In the Eyes of the Law*: *Women, Marriage, and Property in Nineteenth-Century New York* (1982)。D. Kelly Weisberg 编辑了两卷 *Women and the Law*: *The Social Historical Perspective* (1982);这里收集的文章质量和主题各不相同,但都对妇女的法律历史作了很好的概述。

关于奴隶制和种族关系的法律经常在有关这些问题的一般书籍中得到讨论,例如,在该领域的一些经典著作中有:Kenneth Stampp 的 *The Peculiar Institution*: *Slavery in the Ante-Bellum South* (1956); C. Vann Woodward 的 *The Strange Career of Jim Crow*(rev. ed., 1966); John

Hope Franklin 和 Alfred A. Moss Jr. 的 *From Slavery to Freedom*: *A History of African Americans*（8th ed., 2002）是标准文本。也有很多关于这一主题中强调法律方面的不断发展的文献。非常值得关注的是，Thomas D. Morris 的 *Southern Slavery and the Law, 1619-1860*（1996）。刑事司法在 Hindus 和 Ayers 的书中得到了阐述，本书之前引用过；还有 Robert M. Cover 的 *Justice Accused*: *Anti slavery and the Judicial Process*（1975）；Philip J. Schwarz 的 *Twice Condemned*: *Slaves and the Criminal Laws of Virginia, 1705-1865*（1988）。关于奴隶制和联邦制，参见 Paul Finkelman 的 *An Imperfect Union*: *Slavery, Federalism, and Comity*（1981）。亦可参见 Paul Finkelman 编辑的 *Slavery and the Law*（1996）；以及 A. E. Keir Nash 在 Vanderbilt Law Review 1979 年第 7 期中发表的长篇论文 Reason of Slavery: Understanding the Judicial Role in the Peculiar Institution。关于这之后的一段时间，参见 Leon F. Litwack 的 *Trouble in Mind*: *Black Southerners in the Age of Jim Crow*（1998）。关于印第安人和法律的文献也在不断增加，例如，参见 Edward Lazarus 的 *Black Hills, White Justice*: *The Sioux Nation versus the United States, 1775 to the Present*（1991）。关于中国人的研究方面，参见 Lucy Salyer 的 *Laws Harsh as Tigers*: *Chinese Immigrants and the Shaping of Modern Immigration Law*（1995）；关于对待摩门教徒的问题，参见 Sarah Barringer Gordon 的 *The Mormon Question*: *Polygamy and Constitutional Conflict in Nineteenth Century America*（2002）；以及 Edwin B. Firmage 和 Richard C. Mangrum 的 *Zion in the Courts*: *A Legal History of the Church of Jesus Christ of Later-Day Saints*（1988）。

关于 20 世纪的文献也变得非常庞大，我将满足于最简单的极小限度化。包括 20 世纪在内的一般书籍已经提到。像往常一样，最高法院的文献特别丰富，例如，参见 Melvin Urofsky 的 *Division and*

Discord: The Supreme Court under Stone and Vinson, 1941–1953 (1997)。关于沃伦法院的研究, Morton J. Horwitz 的 The Warren Court and the Pursuit of Justice (1998); Lucas A. Powe Jr. 的 The Warren Court and American Politics (2000); Bernard Schwartz 编辑的 The Warren Court: A Retrospective (1996)。关于公民自由权利, Samuel Walker 的 The Rights Revolution: Rights and Community in Modern America (1998) 是一个有用的总结。关于"布朗诉教育委员会案"和人权革命的文献特别丰富, 尤其是 Richard Kluger 的 Simple Justice (1976); Austin Sarat 编辑的 Race, Law, and Culture: Reflections on Brown v. Board of Education (1997); Mary L. Dudziak 的 Cold War Civil Rights: Race and the image of American Democracy (2000)。我希望我自己的书 American Law in The Twentieth Century 中的参考书目能对一些文献介绍提供帮助, 并能对此有所补充。

索 引[*]

abolitionists
　　fear of, 156
　　target in South, 214
abortion, 443, 446
　　Supreme Court case on, 549–550, 570
Abrams v. U.S., 535
Adams, Charles Francis, 334, 391, 399, 499
Adams, Charles Francis, Jr., 334, 394
Adams, John, 3, 58, 59, 67, 75, 82, 226
Adams, John Quincy, opposes "gag rule," 159
Addison, Alexander, 83, 244
Addison, Charles G., 350
Addyston Pipe and Steel Co. v. U.S., 348
administrative agencies
　　New Deal and, 560–561
　　rise of, 329, 330
administrative law
　　business regulation, 361
　　New Deal and, 561
　　railroad, 333
　　study of, 471, 544
admiralty and admiralty law
　　code of navigation rules, 71, 190
　　colonial courts of, 12, 14, 19–20
　　commerce and, 189
　　courts of, in England, 190
　　and federal constitution, 417
　　and federal courts, 20, 91, 94, 190
　　and jury trials, 190
　　as merchant's law, 417–419
　　sailors' rights, 417–418
　　tidewater concept, 190
admission to the bar, 228, 236–237, 500
adoption, law of, 149, 581
adultery
　　as grounds for divorce, 142–145, 377–381, 577–578, 579
　　laws against, 568, 580
　　punishment for, 33–34, 142, 217, 218, 266, 375, 443–444, 448, 548
adverse possession, 103, 310, 324
African-Americans, *see* blacks, race relations, slaves and slavery
age of consent, 375, 446, 569, 570
Alabama
　　appeals in, 299
　　black schools, 383, 527
　　blacks and voting, 524

constitution of 1819, 74–75
convict leasing system, 222, 461–462
corporate law, 391
death penalty and, 574
free trade, 412
industrial revolution, effect of, 509
judges from, 285
judicial review, 89, 94, 229. 266
law practice, early, 110
law on slave marriages, 375
Ordinance of 1798, 105
political system and, 119
prisons in, 222
property law, 147, 311
railroad holding companies, 338, 396
restricts manumission, 159
slave laws, 156, 159, 163, 165
usury laws, 412
vigilantes in, 214
Alameda County (California)
　　criminal cases, 298, 357, 436, 437, 591
Alaska, oil drilling, 558
Albany, New York
　　corruption in, 402
　　death penalty, 208
　　elective principle discussion in, 280
Albany Law Journal, 481
Alien and Sedition Laws, 174, 217
aliens, rights in land, 174
Allen, Charles H., 92
American Bar Association, 497
　　commercial law and, 409, 416
　　death penalty and, 574
　　ethics and, 540
　　history of, 305, 541
　　and law school reform, 471, 474
　　officers of, 229, 343, 494
　　report on public health and safety and, 343
　　report on uniformity of commercial law, 409, 416
American Collecting Agency, 492
American Jurist and Law Magazine, 246
American Law Institute, 289, 304, 563
American Law Journal and Miscellaneous Repository, 246
American Law Register, 481
American Law Review, 481
American Prison Association, 455

---

[*] 索引中所标示的页码为原书页码，即本书边码。

American Statute Law, 306
Ames, James Barr, 470, 479, 482
Ames, Samuel, 137, 245
Anabaptists, 32
Ancient Law, 404
Angell, Joseph K., 265, 267
annulments, in New York, 380, 578
antirent disorders, 48
antitrust laws, 256, 326, 346–348, 399, 565–566, 590
appellate jurisdiction (*see* courts)
  in England, 16
  in the United States, 94, 290
appellate procedure, 99–101, 299
apprenticeship, 56, 57, 238, 239, 241, 474, 500, 542
arbitration, 491
  in colonial period, 13–14, 22
  in commerce, 405
Arizona
  constitution, 523
  Field's Code, 295
  land titles, 323
  lawyers is, 493
  legal ethics, 540
  marriage laws, 580
  Miranda case, 572
  property laws, 273, 316
  statehood, 504–505
Arkansas
  child labor laws, 425
  constitution, 127, 260
  convicts in, 462
  corporate law, 343, 394
  Field's Code, 395
  frontier law, 94, 106, 112
  judges in, 283
  legal culture of, 119
  manumission, 159
  marriage laws, 580
  segregation, 384, 528
Arnold, Thurman, 546
Arthur, Chester A., 494
Articles of Confederation, 65, 71, 189
Ashhurst v. *Given*, 184
Asians, discrimination against, 387–388, 389, 425, 532
assize of bread, 401
Association of American Law Schools, 474
Association of the Bar of the City of New York, 495
assumption of risk, 352, 354, 356, 517
Attorney-General's office, 495
Auburn Prison (New York), 220
Augustus, John, 454–455
automobile
  mass production and, 411
  social revolution and, 503, 506, 509, 514–515
  and tort law, 519
  traffic law, 519–520
automobile accidents, no-fault system, 519–520
Ayers, Edward L., 483

Bacon v. *Minor*, 243
Bailey, William F., 364
bailment lease, 139, 411
Baldwin, Joseph G., 110, 229, 492
Baldwin, Simeon, 481, 497
  and founding of ABA, 497
Baltimore
  free blacks in, 160
  law enforcement in, 213
  law schools in, 544
  and the railroad, 124–133, 336, 509
  representatives in Maryland House of Delegates, 401
  riots and strikes, 215, 420–421
  tort law, 356
Baltimore, Lord, 24, 40
Baltimore and Ohio Railroad, 124–133
Bancroft, George, 246
Bancroft, Hubert H., 277, 441
banking commissions, state,
banking and currency, 494, 590
  history of, 135, 184, 196–197
  laws and, 120, 122–123, 132, 262, 481
  national banking system, 331
  regulation of, 329
  tax on state bank notes, 197
Banking Law Journal, 494, 503
Bank of North America, 486
Bankruptcy Act of 1898, 306, 417
bankruptcy and bankruptcy laws, 417
  act of 1898, 306, 417
bar associations, 487, 496, 497, 540, 541
bar examinations, 500
barbers, licensing, 256, 272, 341, 342, 500
Barnard, George G., 281, 392
Bassett, Richard, 103
Baxter, Joseph N., 492
Bayonne, New Jersey, 403
Beale, Joseph, 471
Beaumont, Gustave, on prisons, 221
Beccaria, Cesare, 207
Bell Telephone Company, 327
Bellingham, Richard, 55
Benedict, Kirby, 282
benefit of clergy, 34
Bennett, Edmund, on *caveat emptor*, 410
Bentham, Jeremy, 97, 103, 294, 302
  on usury laws, 411–412
Benton, Thomas Hart, 113
Beveridge, Albert, 84
Bible, and colonial criminal law, 4, 29, 33, 34
bigamy, 142, 376, 377, 381, 578
Bigelow, George T., 499
billboards, regulation of, 315
Billings, Frederick, 490
Billings, Warren, 6, 23, 73, 116
Bill of Rights, 6, 72, 73, 74, 99, 100, 101, 207, 215, 265, 330, 531, 570–572
  and criminal procedure, 435, 571, 572
bills of exchange, *see* negotiable instruments
Bills of Exchange Act (England), 305, 409
bills of lading, xxi, 563, 564

960   美国法律史

Binney, Horace, 234, 235, 244
Bird, Rose 553
Bishop, Joel, 141, 350, 375, 378, 451, 478
Black, Jeremiah Sullivan, 395, 484, 485
Black Codes of 1865, 382
blacks
  cemeteries, and, 161
  and civil rights movement, 512, 519, 524, 528, 555
  criminal law and, 161, 165, 436–440, 525
  and the death penalty, 209–210, 283
  economic issues, 367, 382, 384, 528–532
  emancipation of, 76, 155–156-166
  employment of, 534
  entry into legal profession, 488, 525–526
  gang violence, against, 158
  as lawyers, 538
  manumission, 159
  migration of, 157–160
  property laws and, 318, 526–527
  segregation laws, 383–389
  as Southern laborers, 43, 46–49, 382
  and Supreme Court, 258, 386
  voting rights in South, 76, 264–265, 381–385, 524, 528
  see also race and race relations; slaves and slavery
Blackstone, William, xv-xvi, xix, 203, 238–240, 244
  Commentaries on the Law of England, xv-xvi, xix
  contract law, 203, 390, 400
  on tort law, 222
  use of *Commentaries* in America, 59–60, 69, 70, 111, 114, 248, 463, 467–468, 477, 499
Blaine, James G., 376
Blatchford, R. M., 232–233
Blatchford, Samuel, 258, 485
Bleak House, 21, 97
Bloomfield, Maxwell, 226, 227
Blume, William W., 106, 110, 111–112
Board of Children's Guardians, 456
Board of Gas Commissioners (Massachusetts), 339
boards of health, 329, 343, 345
Body of Liberties, 33, 51, 53, 55
Boilvin, Nicholas, 108
Boorstin, Daniel, 53, 59, 103, 242
Borden, Lizzie, 436, 450
Bork, Robert, 550
Boston
  anti-vice movement, 446, 448
  civil procedure, 95, 246
  colonial courts, 8–9, 35, 67
  dynastic trusts, 184–185
  homeowner associations, 512
  imprisonment for debt, 200
  law schools, 466, 470, 473, 477
  lawyers from, 488, 492
  plea bargaining, 437
  police force, 213, 215
  private trustees, 317–318
  probation in, 45455

property law, 148, 245, 315
railroads, 396
riots, 210
slaves in, 49, 158
work of trial courts, 224, 288, 292, 354
Boston University Law School, founding, 470
Bowers v. *Hardwick*, 583
boycotts, legality of, 420–421
Boyle, John, 85, 90
Brace, Charles Loring, 372
Brackenridge, Henry Marie, 108, 109
Bradley, Joseph P., 258, 259, 284, 286, 295, 488
Bradwell, Myra, 488
Brandeis, Louis D., 482, 488, 506, 550, 551
Brayton v. *Chase*, 406
Brig Short Staple and Cargo v. *U.S.*, 190, 191
Broadway Bank v. *Adams*, 317
Bronson v. *Kinzie*, 181
Brougham, Lord Henry, 97, 294
Brown, Elizabeth, 112
Brown v. *Board of Education*, 527, 531, 533, 551, 593
Bryan, William Jennings, 429
Bryce, Lord, 467
Buchanan, James, 312, 485, 494
budget, federal, 505
Buffalo, New York
  aid to enterprise, 133
  crime, 449
  police as strike-breakers, 439
  railroad, 133, 516
Burger, Warren, 87, 286, 572
Burgess, John W., 467
Bush, George H. W., 529
Bush, George W., 529, 581, 583
  energy policy, 558
Bush v. *Gore*, 583
burglary, punishment for, 207
Burnet, William, 21
Byrne v. *Boadle*, 359

Caciques, 25
Caines, George, 243
Caldwell, E. P., 492
California
  adopts common law, 13
  adultery, 444
  affirmative action in, 530
  age of consent, 446
  Chinese labor, 387–389, 425, 532
  civil law in, 116, 194, 273–274, 303, 410
  codification in, 304
  commercial law, 408
  constitution, 79, 274, 279
  consumer protection laws, 565
  convention of 1878–1879, 261
  courts in, 290, 474
  criminal codes, 436, 570, 575
  death penalty, 453, 574
  divorce in, 374, 579–580
  election of judges, 551
  family law, 372

California (*cont.*)
  Field's Code, 295, 303, 409
  frontier lawyers, 229, 492, 494
  gold rush, 272-276
  Hispanic population in, 533
  influence on Nevada, 578
  Japanese internment camps, 526
  juvenile justice, 457
  labor legislation, 424, 426
  land cases, 485
  land title problems, 324
  law schools in, 473, 505, 542
  lawyers in, 486
  lemon law, 565
  liability law, 518
  miscegenation statute, 375
  municipal reform, 402
  negotiable instruments law, 305, 409
  parole systems, 456
  penal code, 303
  political code, 303
  property law, 317, 374
  public executions, 276
  racial issues, 387-389, 532
  railroad regulation, 263, 334-337
  title law, 177, 323, 325
  usury laws, 412
  vigilantes in, 276, 440
  women lawyers, 488, 551
Calvert, Caecilius, 8
Campbell, John A., 285
capital punishment, 209-210 (*see* death penalty)
Cardozo, Albert, 281, 392, 496
Cardozo, Benjamin, 550-551
  and product liability, 520-521
Carey v. *Berkshire Rr.*, 355
Carleton, Henry, 118
Carnegie, Andrew, 432
Carnegie Steel Company, 420
Carr, James, career of, 491
Carter, James C., 429, 479
  opposes codification, 302-303
casebooks, 468, 469, 470, 478, 481-482, 542
case law, colonial, 50-51
case method, 306, 467-468, 470-471
case reports, 69, 215
Cass, Lewis, 229
Caton, John Dean
  admission to the bar, 237
  on Illinois lawyers, 230, 231
caveat emptor, 194, 195, 204, 410, 411
Central Law Journal, 481
Central Mining Company of Colorado, 393
Central Park (New York), 315
Century Digest, 321, 413
Cermak, Anton, assassination of, 574
certified checks, 407
chain gangs, 384, 461
chancery
  courts of, in colonial period, 12, 14, 19-21, 186, 421
  and fiduciary duties, xx-xxi, 393
  see also equity
charitable immunity, 521
charitable trusts, 185, 186, 317-318
  doctrine of *cy pres*, 318
charitable uses, statute of, 185
Charles River Bridge case, 137-138
Chase, Salmon P., 238, 284, 285, 428
  admission to the bar, 237
Chase, Samuel, impeachment of, 84, 85
chattel mortgages, 139, 411
chattel notes, 41, 196
checks, xxi, 196, 197, 407, 567
checks and balances, 77, 91, 104, 133, 214, 215, 301, 402, 511, 515
  and attitudes toward corporations, 134-136
  and codification, 214, 215
  in criminal justice, 81-82, 101-102
Cherokees, 386-387
Cherry Hill Prison (Philadelphia), 220
Chew, Benjamin, 55
Chicago
  and Anti-Trust Act, 346
  bar association, formation of, 496-497
  Civil Rights, 529
  commercial law, 266
  fire destroys land records, 324, 393
  growth of, 503
  historic preservation, 556
  juvenile court, 457
  labor unrest, 420
  land law, 325
  law schools, 464-466, 471, 544-545
  lawyers and law firms, 230, 489, 539, 540
  meat packing scandal, 559
  morals court, 569
  police, 438
  railroads, 311
  women in law, 490
Chicago Board of Trade, 330, 335
Chicago, Milwaukee and St. Paul Railway Company v. *Minnesota*, 258
Chicago Title & Trust Company, 324
Chicago University, 466
child labor laws, 425-426
Child Remonstrance, 14-15
Children
  and adoption, 148-150
  Board of Guardians, 456
  and civil rights, 528
  divorce laws, impact on, 143, 145, 378-379, 579-580
  and education, 228
  environmental laws, impact of, 556, 560
  illegitimate, 581
  inheritance laws, 24, 29, 30, 77, 141-142, 174-175, 316, 432-433, 581
  institutions for, 372
  labor laws, 264-265, 343, 419, 424-426, 506
  land law, 30, 174-175, 184

962　　　　　　　　　　　　　　　　　　　　　　　　　　　美国法律史

law relating to, 18, 35, 44, 345, 456–458, 569, 571, 581
and poverty, 44, 152, 355, 365, 368, 369, 507–508
and slavery, 46, 155, 157, 161–162, 375
and tort law, 223
Children's Aid Society (New York), 394
Chinese
 in California, 387–389, 425, 532
 exclusion, 255
 immigration, 263, 523–524, 532
 as laborers, 263
 power, lack of, 367
Chipman, Nathaniel, 81, 242
Chippewa County, Wisconsin, 292, 380, 436, 448, 588
 criminal cases, 436
Chittenden, L. E., 499
Chitty, Joseph, 95–96, 244
Choate, Joseph H., 429
church and state, cases on, 536
Cincinnati
 city bar association, 496
 law school, 471
 police, 438, 465
 restrictions on free blacks, 157, 158
Cincinnati Declaration, 455
citator system, 306
cities, and crime rates, 449–450. See also municipal corporations
Civil Code of 1825 (Louisiana), 118, 163
civil law
 in California, 194, 273, 274, 410
 in Florida, 113, 273
 French, 66, 113
 and law of sales, 194–195
 in Louisiana, 98, 113, 116–118, 163, 294, 564
 Missouri Territory, 114
 Spanish, 113
 in Texas, 113, 115–116, 118, 273
 in West, 273, 304
civil liberties, 523, 541, 547, 573, 593
civil procedure, 22, 23, 95, 99, 205, 300, 308
 Code of, 293, 303 (see also Field Code)
 in colonial period, 44–45
 in Georgia, 97
 New York Code of, 296, 483
 reform of, 23, 96
civil rights, 525, 535, 538, 570
 laws, 385, 528, 529, 533, 534, 547
 lawyers, 485, 563
 movement, 271, 382, 385, 528, 529, 531, 533, 573, 584
 revolution, 513, 530
Civil Rights Act (1866), 382
Civil Rights Act (1875), 385
Civil Rights Act (1964), 514, 528, 529, 534
Civil Rights cases, 284, 386
civil service, 127, 264, 345, 425, 510
Civil War, 82, 131, 166, 295, 371
 antitrust act, 346
 and banking, 123, 198

as constitutional crisis, 73, 74, 257
death taxes, 432–433
financing, 428
impact on homestead bill, 312
and insurance, 332
and the Legal-Tender Act, 331
paper-money laws, 285
and railroads, 121, 337, 360
and slavery, 154–155, 159
Clagett, James, career of, 493
Claiborne, William Charles, 117
claim clubs, 275, 278
Clarke, Samuel B., 481
Clay, Henry, 68, 113, 230, 238
Cleveland, Grover, 314, 421, 429, 494
coal and iron police, 442
Cochran, Thomas C., 490
codification
 colonial period, 50
 in criminal law, 215
 movement, 14, 302
 in Western states, 304
Cogley, Thomas, 478
cohabitation, 580–581
Coke, Sir Edward, 15, 238, 247
 on English court system, xix, xxi, 7
Colden, Cadwallader, 54
Coleman, Peter, 76, 199, 200, 201, 591
colonial law (see specific states and colonies), 3–61
 civil procedure, 22–23
 commerce, 41–46
 common law, 50–53
 courts, 7–16
 criminal law, 31–38
 Dale's code, 10–11
 government, 38–41
 judicial system, 16–22
 labor laws, 41–46
 land law, 24–29
 legal profession, 53–59
 literature of, 59–61
 poverty laws, 49–50
 slavery, 46–49
 succession laws, 29–31
Colorado
 adoption of the Field Code, 295
 anti-cigarette laws, 344
 constitution of 1876, 261
 lawyers in, 492–494
 Mexican land grants, 323
 mining laws, 264
 ratifies miners' codes, 275
 statutes, 360, 494
 vigilantes, 276, 440
Columbia Law Review, 481, 578
Columbia Law School, 465, 467
 admission test, 487
Commentaries on the Law of England, see Blackstone, William
commerce clause, 328, 514
 and corporations, 397
commercial law in colonial period, 41–46

963

commercial paper, 41, 42, 189, 197, 408, 409
  see also negotiable instruments
common law, 11, 13, 20, 22, 41, 66, 67, 86, 112, 205, 215, 241
  in colonial times, 4, 8, 50
  copyrights, 188
  as law of landed gentry in England, 24
  in Louisiana, 113
  in Michigan, 106
  rivals of, 16
  role of judges, 79, 81
  rules about marital property, 116, 146, 274, 374
  scope of, in England, 23, 42
  succession at death, 29
common-law crimes, 215, 217, 435
common-law marriage, 140-142, 145, 323, 374, 576-577
Common Law, The (Holmes), 479
Commons, John R., 388, 420
Commonwealth v. Hunt, 421
communism, 535
community property system, 116, 146, 274, 374
community punishment, 32-33
Comstock Law, 446
conciliation, 22
  see also arbitration
conditional sales contract, 139, 411
Confederate States of America
  constitution, 253, 257
Conference of Commissioners on Uniform State Law, 305-306, 409, 498, 563
Congress, powers of, under Articles of Confederation, 71, 189
Connecticut
  admission to the bar, 236, 497
  charities, board of, 369
  child labor laws, 425
  colonial law, 10, 17-18, 38, 40, 52
  constitution, 72, 76, 261
  contraceptive law, 570
  copyright law, 187
  corporation laws, 307, 398
  court system, 10, 14, 17, 91, 99
  debtor relief, 42, 201
  divorce and divorce law, 144-145, 377-378, 380
  Field Code and, 297
  fellow-servant rule, 362
  grand jury, 17
  intestacy laws, 17, 30
  judges, appointment of, 279, 288
  judicial review, 17, 301
  land actions, 28, 30, 178
  lawyers, 53, 58, 236, 239
  morals, laws about, 374-375, 377-378, 380, 569
  poor law cases, 152
  procedural reform, 242-243, 245
  railroad commission, 334
  regulation of business, 125, 131, 334

  regulation of tobacco industry, 40
  rule on testimony of parties,
  social welfare, 425
  Sunday laws, 447-448
  treason, 215
  veterans' benefits, 371
conservation
  early laws on, 126, 264, 265, 314
  in New York, 315
conservation movement, 556
conspiracy trials, in labor cases, 421
Constitution (federal)
  admiralty law and, 20, 189-191, 417, 420
  on bankruptcy power, 198-199, 202
  child labor laws, 426
  contracts clause, 136, 181, 203-204, 404
  Constitutional Convention, 59, 65, 71-7
  corporate powers, 137, 398
  and criminal procedure, 435
  due process clause, 200, 396-397
  economic theory of, 270
  and federal courts, 85-86, 91-94
  Fourteenth Amendment, 257-269, 286, 534
  fugitive slave law, 157-158
  functions of, 74
  income tax and, 511
  instrumental power of, 330
  judicial power, 286
  judicial review, 271
  jury system, 300
  just compensation, 124
  labor law and, 506
  and lawyers, 67
  on money and credit, 122
  and natural rights, 71
  on patents, 186-187
  post-Civil War, 253-278
  on slavery, 75, 155-160, 384-385
  stability of, 73-74
  and tenure of judges, 80, 81
  trade laws, 399
  trademark laws, 327-328
  on voting, 76, 384-385, 524
Constitutional Limitations (Cooley), 268, 480
constitutions, state, 71-79, 81
  amount of detail, 74-77
  commerce and, 134-135, 137
  common law and, 67-68
  courts and, 279-292
  curb legislative power, 78, 83
  curb right of blacks to vote, 76
  debt, imprisonment for, 200
  divorce, 377
  judges and, 279-289
  penal law, 207-222
  post-Civil War, 260
  separation of powers, 77
  rotation of office, 128
consumer law, 565
contingent fee system, 362, 363
contraception, 448, 570

964　　　　　　　　　　　　　　　　　　　　　　　　　　　　　　　　　　　美国法律史

contract and contract law, 404–413, 460–482, 519
Contracts (Langdell), 404
contributory negligence, 225, 352–353, 356, 358, 359, 418, 517
conveyancing, changes in modes of, 172, 175
convict leasing system, 461–462
Cook, William W., 398
Cook County, Illinois
　juvenile court, 457
　title registration, 325
Cooke, Jay, 428
Cooley, Thomas, 280, 287, 338, 350, 362
　Constitutional Limitations, 480
Coolidge, Calvin, 505
copyright law, 187, 188, 327, 328, 558, 591
Corbin, Arthur, treatise on contracts, 543
corporate bonds, 197, 407–408
corporation law, 136–137, 390–403, 565
　cases on, 137
　decline of special charter, 390–391
　development of, 131–132
　doctrine of *ultra vires*, 395–396
　rules about watered stock, 263
　trust fund doctrine, 393–394
　wording of charters, 134–135
corporations, 120–139, 390–403, 554–567
　anti-trust issues, 346–348
　charters for, 130
　in colonial period, 92, 129–130, 391
　and constitutional law, 392
　control issues, 136–138
　as criminal defendants, 398
　definition of, 129
　government participation in, 132–134
　holding companies and, 396
　and personal injury, 356
　price fixing and, 263
　railroad, 391–392
Corwin, Edward S., 259, 430
Cotton, John, 15, 52
Cotton Oil Trust, 346
counties, powers of, 511
county courts, 9, 11, 17, 61, 93, 586
　in colonial Maryland, 14
　in Virginia, 11, 34
Court of Appeals in Cases of Capture, 189
courts
　appellate cases, 3, 88–89, 152, 163, 189, 243–244, 353–403, 413, 436
　appellate function, 9, 298–301
　appellate jurisdiction, 16, 94, 288
　appellate power, 14
　attitudes in labor cases, California, 290, 474
　colonial, 16, 29–38, 92–101
　Connecticut, 10, 14, 17, 91, 99
　of equity, xxii, 98
　judicial organization, 289–292
　juvenile, 457–458
　organization of, 289–292
"covenant marriage," 580

Cowen, Esek, 246
Cranch, William, Supreme Court reporter, 242
Cravath firm, 232, 429, 485–486, 489, 490
　rise of, 485–486
　use of clerks, 486, 490
Crawford, John J., 409
Crèvecoeur, St. John, on lawyers, 226
crime, definition of, 217–218
crime rates, 449–453
crimes, victimless, 444–449, 568, 570
criminal anthropology, 459
criminal codes, 442–444
criminal justice
　blacks and, 524–525
　colonial, 32–38, 53–60, 211
　courtroom dramas, 436–437
　death penalty, 209–210, 453–454, 573–574
　definition of crime, 217–218
　economic function, 218
　and federalism, 508, 567–568
　gaming laws, 210
　growth of professionalism, 213–216, 438–439
　parole, 455–456
　penal reform, 207–212
　plea bargaining, 212, 437
　probation, 454–455
　punishment, 453–462
　role of police, 213–216
　traffic violation and, 520
　use of guilty plea,
　vigilantes, 214, 277–278, 440–441
criminal procedure, 32, 74, 99, 100, 207, 295, 300
criminals, beliefs about, 211, 459
Croker, Richard, 402
Cummings v. *Missouri*, 286
"curtesy," 146, 323
Cushing, Caleb, 495
cy près, doctrine of, 318

Da Costa, Charles M., 486, 487
Dakota Territory,
　enacts Civil Code, 303
　legal practice in, 275, 493
Dale's laws, 10–11, 31–32
Dallas, Alexander, case reporter, 242
Daly, Charles P., 480, 487
damages, law of,
Dana, Richard Henry, 246
Dane, Nathan, 245
　and Harvard Law School, 240
　on negligence, 222
"dangerous classes," 255, 372, 438
Daniel, Peter V., 286
Darrow, Clarence, 485
Dartmouth College v. *Woodward*, 86, 136, 203, 233
Davies v. *Mann*, 350, 358
Davis, David, 229, 284
Davis, Joseph S., 130

索　　引　　　　　　　　　　　　　　　　　　　　　　　　　　　　　　　　　965

Dawes Act, 387
de Beaumont, Gustave, on prison system, 221
de Tocqueville, Alexis, 254
　on prison system, 221
　on race war, 156
Deady, Matthew, 494
Deadwood, Dakota Territory, 493
death penalty, 33, 34, 209, 454, 542, 549, 573–574
　debate over, 207
　movement against, 208, 210
　restricted, 208, 453, 573
　and slavery, 35, 48, 156, 165
decentralization, 512, 513
Debs, In re, 421
deeds, colonial, 18, 26–27, 172–173
Delaware
　constitution of 1776, 67
　constitution of 1792, 74
　corporation law, 399, 565
　courts of equity, 20, 98
　indentured servitude, 20–24
　legislative divorce, 377–381
　manuscript case reports, 242
　whipping as punishment, 36, 453
De Lovio v. Boit, 191
Dennis v. U.S., 535
dentists, licensing of, 340
Denver, Colorado, 493, 544
　vigilantes, 276
Depew, Chauncy, 490
Desaussure, Henry W., 143
"Deseret," state of, 72
de Tocqueville, Alexis, on prisons, 221
Dewey, Thomas E., 485
Dicey, Albert, 467
Dickens, Charles, on prison system, 220, 221
Dickinson, John, 56
Dillon, John F., 343, 403, 451, 477, 478
Dimsdale, Thomas J., 276–277, 440, 441
disaster relief, 150–151
distress for rent, 320
district attorney, Dutch origin of office, xv
District of Columbia, 242, 371, 427
divorce, 140–145
　collusive, 145, 577–578
　in colonial period, 142
　demand for, 144, 378, 380
　in England, 140, 142
　law of, 143, 377, 577–582
　legislative, 78, 79, 143, 377
　migratory, 305, 380
　movement to reform, 380
　no-fault, 579–580
　rate of, 144, 378, 578
Dix, Dorothea, 150, 372
Dixon, Luther, 492
doctors, licensing of, 127, 272, 340–341
Dodge, Emily, 487
Dodge v. Woolsey, 393
Doe, Charles, 287, 365, 451
Dongan, Thomas, 26

"Donner party," 441
Dorr, Thomas, 75
dower, 77, 162, 249, 322–323
　English law and, 31
　reform of, 374
Dred Scott case, 82, 86, 158, 259, 284
drug laws, 568
drunkenness, 10, 35, 277, 368, 380, 448, 450, 457
dueling, in South, 109
due process clause, 258, 267, 269, 270, 397, 423, 480
　see also constitution
Duke University, 545
Duke's laws, 20, 21, 29, 52
Dulany, Daniel, 55
Dunbar, William H., 481
DuPonceau, Peter S., 231
Dutch colonies
　influence on American law, 90
　influence on New York, 13
　patroonship system, 26
Dwight, Theodore W., 465, 467
Dwight, Timothy, 144, 145

Earle v. Sawyer, 187
easement, 173, 310
East New Jersey
　court, 12
　criminal code, 52
　land conflict, 15
Eaton, Dorman B., attack on, 496
ecclesiastical courts, 21–22
economic crimes, 37–38
economic growth, as goal of American law, 3, 70, 121, 138, 177, 249, 365, 585
Edmunds law (1882), 376
Edmunds-Tucker law (1887), 377
education
　compulsory, and child labor, 426
　law of, 160, 240
ejectment,
　action of, xvii, 23, 28–29, 173, 275
Eliot, Charles W., 467
Eliot, Samuel, 213
Elmira (New York) reformatory, 455, 456, 458
Ely, Richard T., 432
Emancipation Proclamation, 381
embezzlement, 436, 442
eminent domain, 124, 125, 172, 223, 261, 291, 315, 591
Emott, James, 496
Endangered Species Act, 558
England
　civil procedure, 23, 95–101
　control of colonial statutes, 17
　control over colonial courts, 16
　court system in, 19
　divorce law, 142
　influence on civil procedure, 23, 95–101
　influence of local law on colonies, 4–5

land law and social structure, 24, 27–29, 179
law of, in post-Revolutionary America, 67–68
legal education in, 53–54
passes workmen's compensation law, 516
procedural reform, 97, 294
scope of common law, xvi, 4
as source of American law, xv, xvi, 3
environmental law, 556–558
Environmental Protection Agency, 557
equitable covenants, 315, 316
equity, xix–xxi, 80, 98, 179, 294–298
Erie Canal, 124
Erie Railroad, 353, 391, 394
Erpenstein, John, 450
estate tax, 433
eugenics, 375, 381, 459, 576
Eugenics, 460
Every Man His Own Lawyer, 173, 246, 479
evidence, law of, 68, 101–103, 214, 300, 301, 435, 543
executions, public, 453
executive branch, weakness in early Republic, 77
exemption laws, 179, 416

Faber, Eli, 37
Fairmount Park (Philadelphia), 315
family law, in England, xxii, 70, 140, 144
family property, 145, 146, 148
Farwell v. *Boston & Worcester Railroad Corporation*, 224, 354
Federal Bureau of Investigation, 508
federal courts, *see* courts
Federal Employers Liability Act (FELA), 364
federalism, in 20th-century America, 509, 514
Federalist Papers, 86
fee tail, 30, 174–175
fellow-servant rule, 223, 354, 362
and compensation law, 517
safe tool rule, 364
vice-principal doctrine, 363
fiduciary duty, in corporation law, 393
Field, David Dudley, 149, 293, 297, 302, 409, 492
and codification, 295–296, 304
Field, Stephen, 285, 286, 296, 358
Field Code, 293–299, 301, 406
fines, 36, 44, 127, 165, 447, 454
Fink, Albert, 336
fish and game laws, 262, 314
Fisk, Jim, 391
fixture, concept of, 309
Fletcher, Butler, and Yandes, 491
Florida
civil law in, 113, 273
prison labor, 461
punishment for fornication, 444
railroad holding companies, 395
Folk, Col. G. N., 463

Foltz, Clara, 488
Food and Drug Administration, 560
food and drug laws, 344–345, 559, 560, 567
Fool's Errand, A, 281
Ford, Thomas, 108
formalism, 546, 572
in judicial decisions, 9, 288, 299
fornication, 36, 37, 142, 144, 217, 218, 219, 375, 444, 568, 569, 570
punishment for, in colonial period, 35, 36
Forward, Chauncey, 485
Foster, William P., 108
franchise, concept of, 121
Frank, Jerome, 546
Franklin, Benjamin, 182
Franklin, John Hope, 154, 156
"Franklin," lost state of, 72
free blacks
colonial period, 49
rights and disabilities of, 159, 160, 397
Freedmen's Bureaus, 382
"freedom dues," 44
freedom of contract, 342, 426
freedom of religion, 73, 76
freedom of speech, 217, 535
in the courts, 535
"free-willers," 66
French
in Illinois, 114
influence in Louisiana, 107
settle New Orleans, 113
French Civil Code, 117
frontier and frontier law
judges, 105–111, 282
lawyers, 111, 230, 492
passing of frontier, 108
fugitive-slave laws, 158
Fuller, Melville W., 259, 348
Fundamental Constitutions of the Carolinas, 53
Furman v. *Georgia*, 552, 573
future interests, law of, 316

gambling, 564, 570
Garfield, James, 494
assassination, 451
Garland, ex Parte, 286
Gates, Paul Wallace, 313
gavelkind tenure, 29, 30
Gawalt, Gerard, 228
General Abridgement and Digest of American Law (Nathan Dane), 240
General Court (Massachusetts), 11
General Land Office, 329
Genesee Chief, 417
Georgetown Law School, 465
Georgia
capital crimes of slaves, 165
chain gang, 384, 461
codification in, 304
constitution of 1777, 77
constitution of 1798, 93

967

Georgia (*cont.*)
　courts, 21
　courts-merchant, 93
　free blacks, 160
　headright system, 176
　inspection laws, 41, 125
　legal education, 465
　legislative divorce, 78, 143
　procedural reform, 97
　segregation laws, 384
　slave patrols, 166
　statute on negotiable instruments, 195
　trial by jury in equity cases, 98
germ theory, influence on law, 343
Gibbons v. *Ogden*, 191
GI Bill of Rights, 508, 562
Gibson, John B., 88, 89, 142, 185, 286, 310
Gideon v. *Wainwright*, 571–572
"The Gilded Age," 254, 255, 281, 343, 352, 356, 393, 394, 484, 492, 588
Girard, Stephen, 186, 244
Girard Trust Company, 486
Godcharles v. *Wigeman*, 269, 423
Goodell, William, 161
Gould, James, 95, 239
Gould, Jay, 391
governor, powers of, 11, 19, 20, 21, 105–106, 107, 142, 214, 261, 262, 426
grandfather clause, 385
Granger movement, 335–336, 412–413
Grant, Ulysses S., 283, 428
Gray, John Chipman, 470, 478
　attacks spendthrift thrusts, 317
　casebook on *Property*, 482
　as treatise writer, 317, 477, 479
Great Western Insurance Company (Illinois), 393
Greeley, Horace, 378
Green, John P., 338
Green Bag, 481
Green Bay, Wisconsin, 107
Greenberg, Douglas, 37, 477
Greenleaf, Simon, 241, 245, 300
Gregory Diggings (Colorado), 275
Grier, Robert C., 285, 408
Grimke, John F., 89, 246
Grisham v. *State*, 142
Griswald v. *Connecticut*, 570
Grow, Galusha, 312
Guice, John, 282
Guinn v. *United States*, 524
Guiteau, Charles, 451
Gun-Free School Zones Act, 514
Gurney, Ephraim, attack on Langdell, 470
Gusfield, Joseph, 447, 448
Guthrie, William D., 429, 486

Hadley v. *Baxendale*, 406, 407
Hall, Jerome, 211
Hall, Kermit, 90
Hamilton, Alexander, 39, 101, 154, 226, 434
　law practice, 97, 232–233
　practice manual, 96

Hammer v. *Dagenhart*, 548
hanging, public, 209, 453
Hannibal & St. Joe Railroad, 362, 491
Harding, George, 326
Harding, Warren G., 505
Haring v. *New York and Erie Rr. Co.*, 353
Harlan, John Marshall, 285, 286, 338, 348, 386
Harrison, Benjamin, 314
Harrison, Robert Hanson, 87
Harter Act (1893), 418
Harvard College v. *Amory*, 184, 316
Harvard Law Review, 552
Harvard Law School, 240, 241, 247, 467–468, 469, 471, 473, 477, 481, 542, 543, 546, 589
　advertises, 468
　enrollment, 464, 466, 470
　founding, 229
　period of stagnation, 466
　reform of legal education, 303
Haskins, George L., 51
Hawaii
　annexed, 503
　law school, 464, 542
Hayes, Rutherford B., 284
Heacock, Russell E., 230
hearsay rule, 102, 301
Henderson, Leonard, as law teacher, 238
Henning, William W., 246
Hepburn Committee (New York), 336
Heriot's Hospital v. *Ross*, 355
High, J. L., 475
Hill, Nicholas Jr., 293
Hilliard, Francis, 350
Hindus, Michael, 212
　on plantation justice, 166
Hispanics, 533
Hiss, Alger, 536
historical school of jurisprudence, 302
History of Land Titles in Massachusetts, 245
Hitchcock, Peter, 88
Hoar, E. R., 284
Hoebel, E. Adamson, 547
Hoffman, David Murray, 240
Holden v. *Hardy*, 427
holding companies, 346, 396
Holmes, Oliver Wendell, Jr., 87, 248, 270, 287, 327, 476, 552
　admission to the bar, 499
　edits Kent's *Commentaries*, 477
　on *Rylands* v. *Fletcher*, 365
　writes *The Common Law*, 479
holographic wills, 116, 182, 318
Home Building and Loan Association v. *Blaisdell*, 548
homeowners' associations, 512
home rule, 402, 511
Homestead Act of 1862, 311–312, 313, 314
homestead exemption, 113, 178–179, 320
　and purchase-money mortgage, 179
homestead laws, 174, 178, 320
Honestus, 66

Hoover, J. Edgar, 508
Hoover, Herbert, 508
Hopkinson, Francis, 59
horseshoers, licensing of, 256, 341, 342
Horton, Albert H., 490
Horwitz, Morton, 223
Howard University Law School, 465
Howe, William F., 434
Howe and Hummel, 434, 485
Howison, Robert Reid, 239–240
How the Other Half Lives, 346
Hubbell, Levi, 281
Huffcutt, Ernest, 471
Hunt, Ward, 393
Hurst, Willard, 81, 120, 259, 276, 547
Hutchison, Thomas, 57

Idaho
   age of consent, 375
   child labor provision, 264
   constitution of 1889, 493
   enacts Civil Code, 274, 303
   labor unrest, 420
Illinois
   admission to the bar, 237, 488
   age of consent, 375
   appellate jurisdiction, 290
   attitudes toward charity, 370
   comparative negligence, 358
   conditions in jails, 458
   constitutional convention, 260
   constitution and corporations, 262
   constitution of 1870, 392
   convict labor, 460
   enacts Torrens system, 325
   ferry law, 290
   Granger laws, 335, 336
   juvenile probation, 455,
   licensing of horseshoers, 341, 342
   mechanic's lien law, 178
   occupational licensing laws, 340
   poor laws, 592
   prison conditions, 458
   Railroad and Warehouse Commission, 258, 335
   railroad charters, 132
   redemption statute, 180
   restrictions on free blacks, 157
   state control of charities, 369
   statute on indeterminate sentence, 456
   statute on parks, 315
   statute on union labels, 328
   Supreme Court, and labor legislation, 423
   work load of Supreme Court, 289
Illinois Central Railroad, 311, 359
immigration, 44, 160, 178, 255, 263, 388, 425, 447, 503, 523, 524, 532, 533, 584, 593
impeachment of judges, 80, 83–84, 85, 91, 280, 281
imprisonment for debt, 77, 179, 199, 201, 219
   and state constitutions, 200

income tax, 511
   passage of law, 428
Income Tax case, 284, 527
indentured servitude, 44–46
indeterminate sentence, 455, 456
Indiana
   abolishes dower, 323
   board of children's guardians, 456
   board of state tax commissioners, 431
   constitution of 1816, 79, 81
   constitution of 1851, 261
   crimes against morality, 37
   as divorce mill, 381
   judicial review, 267, 272
   penal code, 442
   small-town practice, 490
   statute on telegram delivery, 397
   usury laws, 412
Indiana Territory, 283, 387
   lawyers in, 492, 499
   poor laws, 592
Indians, *see* native Americans
"Indian Stream Republic," 72
Indian Territory, law practice in, 492, 499
indoor relief, 153
"informed consent," 521
Ingersoll, Henry, 296
injunction (labor), 256, 287, 421–422, 428, 561
Inns of Court, xviii
insanity
   as defense in criminal trials, 450
   tests for, 451
insolvency laws, 198, 199, 200, 201, 202, 416
installment sales, 411
instructions, jury, 100, 103, 109, 298, 451
instrumental theory of law, 71
insurance commissions, 128, 332, 333, 337
insurance companies
   regulation of, 128, 332, 414–415
   use of salaried lawyers, 520
insurance law and regulation
   case law, 413
   legislation, 332
Internal Revenue Code, 511
interstate commerce, 191, 192, 345, 385, 397, 506, 514
Interstate Commerce Act, 306, 559
Interstate Commerce Commission, 329, 337, 338, 360, 561
Iowa
   claim clubs, 275, 278
   coal-mine inspection law, 343
   convention of 1857, 262
   Granger laws, 335
   labor injunction, 421
   liquor laws, 447, 453
   modifies fellow-servant rule, 364
   outlaws special municipal laws, 403
   railroad regulation, 335, 336
   tax equalization, 431
   tax-exempt property, 431

Iowa Law School, 473
Iowa State Bar Association, 496

Jackson, Andrew, 114, 122
Jackson, Howell E., 429
Jackson v. Phillips, 318
Jacobs, In re, 269, 423
jails, 221, 384, 458, 460, 567
  in colonial period, 219
  convict labor, 265, 424, 460, 461, 462
  see also prisons and penitentiaries
Japanese
  in California, 526
  internment during World War II, 526, 532, 535
Jay, John, 59, 90, 154
Jefferson, Thomas, 56, 58, 59, 67, 82, 155, 184, 208, 226, 240, 245
  attitude toward judges, 82
Jehovah's Witnesses, 537
Jerome, William Travers, 485
Jim Crow Laws, 383-384
Johns Hopkins University, law and social science, 544
Johnson, Andrew, 285
Johnson, Lyndon, 508, 528, 529, 544, 562
Johnson, William (justice), 87, 89, 190
Johnson, William (New York reporter), 243
Johnston Harvester Company, 421
joint-stock companies, 79, 139
joint tenancy, 171
judges
  admiralty law and, 22, 190, 419
  American Bar Association and, 497-498
  appointment process, 283-284
  bankruptcy law and, 202, 205
  blacks as, 524, 529
  careers of, 83, 89-91, 540
  carpetbag, 281-282
  circuit, 92
  codification and, 304
  colonial, xvi-xviii, xx, 4, 18, 22, 88, 105-106
  commercial law and, 193, 202
  and common law system, 79, 113-117, 215, 241
  contract law and, 205, 404-407
  corruption of, 82, 100, 103, 281-283, 392, 496, 578
  court histories, 480
  criminal justice and, 211-216
  diversity in, 524, 529, 551, 553, 576
  divorce and annulment, 380-381
  education of, 466, 470-472, 546
  elective system, 553
  and English statutes, 68
  ethics and, 540-542
  federal tenure, 83, 91, 550
  Federalist, 100
  fellow-servant rule, 362
  Field Code and, 295-296
  frontier, 105-111
  golden age of, 286

impeachment of, 281
instructions to jury, 235
issue labor injunctions, 421-424
jury interaction, 103-104
in late 19th century, 54, 104, 279-295
as lawmakers, 71, 105, 287
lay, 18, 22
literature and, 50
midnight judges, 82
payment of, 128
penal codes, 435
plea bargaining, 437
and politics, 83-85, 90
power to suspend sentences, 271, 298, 455-456
powers of, 71, 78, 86, 211, 256, 272-272, 284-287
professionalization, 246-248, 287, 299, 553
property law and, 277
recruitment in England, 24
social background, 228, 303
style of opinion-writing, 887-89, 299, 414, 475
Supreme Court, 93
tort law and, 223, 350-353
training of, 95
women as, 551, 553, 576
see judicial review
Judicature Act of 1873 (England), 297
judicial review
  administrative agencies and, 561
  checks and balances, 511, 583
  in colonial period, 17
  definition of, 78
  effects of, 271-271, 427-429
  excesses in, 256, 583
  expansion of, 403
  and judges, 286
  over acts of municipalities, 403
  pros and cons, 513
  state statutes and, 266-269
  see also Supreme Court
judicial system, colonial, 16-22
Judiciary Act of 1789, 94, 98, 192
Judiciary Act of 1799, 97
Judiciary Act of 1801, 82, 85, 94
Jungle, The, 559
juries
  behavior in tort cases, 353, 357, 362
  colonial, 12-19, 20, 22
  compensation law and, 517
  in criminal justice, 165, 211-214, 301, 436, 450-452
  death penalty and, 210, 273, 544
  and judges' instructions, 84, 298
  juvenile courts and, 457
  in medieval times, 102
  power of, 101-102, 301
  record worship and, 299
  roles of, 104
  rules of evidence, 301
  slavery and, 165

trial by as constitutional right, 67, 74, 98, 100, 114,119, 297–298
and unions, 410
use of, in Texas, 115
and vigilantes, 277
women on, 576
jurisprudence, 97, 99, 113, 115, 117, 177, 241, 242, 244, 248, 302, 303, 304, 467, 478, 479, 497, 544, 546
justices of the peace, 10, 11, 17, 21, 22, 55, 75, 80, 81, 89, 92, 93, 107, 108, 230, 246, 279, 283, 299, 439, 442, 491, 553, 588
juvenile courts, 457–458
juvenile offenders, 456

Kanavan's case, 215
Kansas
  antitrust laws, 346
  comparative negligence, 358
  creates court of visitation, 330
  dower rights, 323
  institutions for the insane, 372
  legal practice in, 539
  liability for prairie fires, 359
  modifies fellow-servant rules, 364
  organization of courts, 290
  public land law, 313
  relief for farmers, 371
  wrongful death law, 362
Karlslyst v. *Industrial Commission*, 517
Kaskaskia, 113
Kearney, Dennis, 263
Keasbey, Edward, 478
Keener, William A., 470, 471
Keller, Morton, 333
Kelley, Florence, 369
Kentucky
  attitude toward British law, 68
  Bill of Rights, 74
  classifies municipalities, 400
  court controversy, 85, 158
  land law, 176
  leasing of prisons, 567
  public asylum, 151
  restricts death penalty, 208
  slaves as real estate, 162
  wrongful death law, 361
Kentucky Deaf and Dumb Asylum, 150
King, Martin Luther, Jr., 528
Kirby, Ephraim, edits Connecticut reports, 242
Koerner, Gustave, admission to bar, 237
Konig, David, 8, 10
Korematsu v. *U.S.*, 526
Kuhn, Loeb & Co., 486
Ku Klux Klan, 281, 382, 439
  criminal procedure and, 300

Labor law, 565, 591
  child labor law, 425–426
  colonial period, 10, 41–46
  and corporations, 565

hostility to, 271, 423–424
legislation, 270, 427
literature of, 591
and New Deal, 423, 562
political power, 524, 528
progressive, 307
as substitute for road tax, 39, 128
in Utah constitution, 267
laissez faire,
  and the Constitution, 257, 269, 330, 340, 424, 480
  in 19th-century law, 120–121, 129, 329, 342
land grants
  in California and New Mexico, 274, 323
  colonial, 15–16, 26, 169
landgraves, 25
land law, 167, 171
  and civil law, 113–114
  colonial, 24–35, 148, 296
  marital property, 50
  reform, 171
  see also public land law
landlord and tenant, 26, 320, 321
land registration, 324–325
land scrip, 176, 324
land use controls, 30, 126, 315, 554–556
land use planning, 554–556
Lane, Roger, 208, 210, 213, 449, 591, 592
Langdell, Christopher C.
  and casebooks, 404, 482, 542
  as dean of Harvard Law School, 466, 467–468
  opposition to, 470, 481, 546
  reform of legal education, 303, 306, 466, 468–471, 478, 543
  theories of law, 303, 469, 472, 476, 479
Langston, John Mercer, 465
last clear chance doctrine, 350, 358–359
Laurent, Francis W., 292, 380, 448, 588
Law and Contemporary Problems, 545, 578
law firms, growing, 232–233, 489–490, 539
law merchant
  ideology of, xix, xxi, 41, 193
  in United States, 41, 195, 407, 564
law reform and American Bar Association, 51, 305, 343, 357, 381, 409, 416
law reports, 241–244
law reviews, 481, 545, 548
Law & Society Review, 19, 437, 588
Law Enforcement Assistance Act, 508
Lawrence, Charles B., 280
Lawrence v. *Fox*, 405
Laws and Liberties of Massachusetts, 3, 9, 10, 29, 32, 33, 41, 43, 51
lawyers
  advertising by, 230
  black, 488
  circuit-riding, 231
  and code pleading, 297
  as collection agents, 230, 231
  colonial period, 3, 236
  in constitutional conventions, 494

lawyers (cont.)
　contingent fee system, 363
　corporation, 484
　courtroom function, 233
　as courtroom orators, 233, 234, 244, 434
　courtroom tactics, 231
　criminal, 434–435
　Eastern practice, 230
　education of, see legal education
　firms and partnerships, 228, 232, 325, 397, 539
　frontier, 172, 230, 282, 492, 494
　geographical mobility, 237
　growth in numbers, 70, 483
　house counsel, 490, 539
　and law reform, 305
　and New Deal, 546
　organization of, 495, 497, 541
　in patent cases, 325
　personal-injury, 363
　as politicians, 128
　in post-Revolutionary period, 182
　professional ethics, 540
　professionalization, 81
　public attitudes toward, 434
　public interest, 489, 500
　resentment against, 54
　role of, in English legal system, 294
　small-town practice, 490, 491
　social background, 228
　social function and impact, 116
　upward mobility, 227
　Wall Street, 228, 429, 434, 483, 485, 487, 488, 489, 540, 541, 564
　Western, 113, 176, 228, 230, 463, 493, 494
　women, 485, 488, 538, 576
leases, xvii, 25, 26, 203, 261, 310, 320, 405
Lechford, Thomas, 53
legal change, attitudes toward, 274
legal culture
　and big government, 513
　reduction of pluralism, 148
legal education
　apprenticeship system, 238, 542
　case method, 306, 468
　decline of clerkship, 239
　diploma privilege, 474
　night law schools, 542
　in the 1960s, 542
　relationship to universities, 240
　triumph of case method, 464
　in 20th century, 542
legal ethics, 540–541
legal fictions, xvii, 28–29
legal history, xiv, 4, 105, 139, 186, 258, 275, 301, 302, 479, 547, 585–586, 580, 592
legal literature, see literature, legal
legal periodicals, 246, 481
legal pluralism, see pluralism
legal profession, in colonial times, 53–59
legal realism, 544, 546

Legal Tender Act, 331
Legal Tender cases, 259, 285
Legrand, John C., 280
Lewis, Ellis, 133
Lewis, William, as orator, 234
Lexow Committee, on police corruption, 439
liberty of contract, 259, 404, 423
licensing laws, 57, 120, 127, 191, 256, 272, 340–342, 402, 443, 496
Lieber, Francis, 467
lien laws, in South, 383
limited liability, see corporations
Lincoln, Abraham, 113, 231, 494
Lindberg, Charles, kidnapping of baby, 567
Lindberg law, 567–568
Linseed Oil Trust, 346
liquor, laws against, 269, 447, 452–453, 505, 567
Lislet, Louis Moreau, 118
Litchfield Law School, 239, 240, 463
literature, legal, 59–61, 546
Livermore, Shaw, 139, 244
"livery of seisin," 27, 172
Livingston, Edward, 116, 118, 294, 302
　on death penalty, 209
Livingstone, William, 56
Llewellyn, Karl, 288, 475, 546–547, 564
　on period style, 88
　on Uniform Commercial Code, 546
Lochner v. New York, 270, 506, 548
Locke, John, 25
Lockwood, Samuel D., 237
Lomax, John T., 239
Lombroso, Cesare, 459
London, police force, 213
Lord, Otis P., 499
Lord Campbell's Act (England), 361
lotteries, laws against, 79, 261, 446
Louisiana
　Black Code of 1806, 162, 163
　civil law in, 113, 116, 119
　civil rights law, 116
　codes, 117, 118
　constitution of 1812, 118
　constitution of 1845, 79, 135, 391
　constitution of 1898, 264
　constitutional restraints, 264
　constitutions, 79
　French influence, 107
　lacks equity courts, 98
　and Livingston's penal code, 118
　restricts black voting rights, 384
　rights of slaves, 47
　segregation laws, 383, 386
　slaughter-house law, 345
Louisiana Purchase, 105
Louisiana Territory, slaves as real estate, 162
Love, James M., 496
Lowell, Josephine Shaw, on charity, 370
Ludlow, Robert, 52
Lampkin, Joseph Henry, 88, 465

lynching, 101, 214, 264, 384, 422, 440, 441, 525

M'Naghten rule, 450
MacPherson v. *Buick Motor Co.*, 520
Madison, James, 155
magistrates, powers of, in colonial period, 9, 10, 31, 51
Maine
 admission to bar, 236
 common-law crimes, 215
 corporation laws, 399
 death penalty, 209, 453
 divorce law, 377, 378
 labor legislation, 423
Maine, Sir Henry, 404
Malone, Wex S., 353
malpractice, medical, 513, 521–522
Manderson, Charles E., 494
manorial courts, in colonial Maryland, 14
Mansfield, Arabella, 488
Mansfield, Lord (William Murray), 66, 87, 118
Mapp v. *Ohio*, 571
Marbury v. *Madison*, 78, 86, 259
marine insurance, 191, 232, 413, 414
marital property, 116, 117
market overt, 193
marriage, law of, xxii, 140–142, 576–577
 see also common-law marriage
married women, *see* women
married women's property laws, 28, 113, 147
Marshall, John, 59, 82, 83, 84, 90, 127, 234, 247, 286, 289, 386, 552
 and commerce power, 191
 and judicial review, 86
 and Supreme Court, 78
Martin, Francis Xavier, 88, 89
Marvin v. *Marvin*, 580–581
Maryland
 benefit of clergy, 34
 and charitable trusts, 186
 charter, 8, 131
 colonial law, 12, 14
 constitution of, 77
 corporate charters, 124
 corporation laws, 391
 curb on legislative power, 261
 free blacks, 160
 indentured servitude, 66–68
 judicial elections, 280
 laws on cities and towns, 401
 lawyers in, 12
 manorial courts, 14
 manumission law, 155
 mechanic's lien law, 178
 modes of land transfer, 172
 oral wills, 30
 regulation of tobacco industry, 40
 restricts manumission, 160
 slavery, 68
 transport companies, 124

Mason, W. Waldo, 380
Massachusetts
 admiralty courts, 20
 admission to the bar, 227
 adoption law, 149
 arrests for drunkenness, 448
 black lawyers, 488
 charitable immunity in tort, 521
 civil procedure (colonial), 23
 corporation laws, 398
 crime rates, 449
 criminal justice, 54
 divorce, 9
 doctrine of *cy pres*, 318
 dynastic trusts, 184, 185, 317, 318
 early conservation laws, 126
 easements, 173
 equity in, 20
 food law, 345
 gaslight companies, 339
 graded bar in, 235
 insurance commission, 332
 juvenile justice, 457
 laws on public health, 343
 lawyers, 53, 55, 57, 58, 95, 226, 227, 228
 no-fault system, 579
 power of jury, 101, 104
 prison system, 220, 221
 probation, 454
 procedural reform, 296
 prudent investor rule, 184, 317
 railroad commission, 307
 report on poor laws, 153
 rights of blacks, 385
 spendthrift trusts, 317
 State Board of Charities, 369
 state lunatic hospital, 372
 state reform school, 151
 statute on deserted wives, 146
 taxation of railroads and telegraph companies, 432
 Uniform Commercial Code, 139
 use of imprisonment, 219, 459
 trusts, 184, 185, 317
 women, as lawyers in, 488
 wrongful death law, 361, 362
Massachusetts Bay
 arbitration, 13
 charter, 8–9
 civil procedure, 23
 colonial government, 40–41
 courts, 9–10
 crimes against morality, 37
 evolution of court system, 50
 lawyers, 53
 leather statute, 41
 negotiable instruments, 41
 regulation of tanning trade, 41
 strangers' courts, 10
Massachusetts trust, 139
Mathers, James M., admission to the bar, 492, 499
McAllister, Ward, 429

McCardle, Ex parte, 485
McCarthy, Joseph, 535, 536, 541, 550
McCormick, Cyrus, 486
McCurdy, Charles, 339
McFarland v. *Newman,* 194
McKenna, Joseph, 495
McKinley, Justice, 94
meat inspection laws, 344, 559
mechanic's lien, 177, 178, 179
Medicaid, 562
Medicare, 508, 562
Memphis, Tennessee, 93
Mexican law, xv, 114, 273–274
Mexican War, 272, 533
Mexico, land grants, 323
Michigan
  abolishes death penalty, 209
  antitrust laws, 346
  death taxes, 432
  evidence rules, 101–104
  food laws, 345
  free banking law, 123
  laws on convict labor, 265
  married women's property act, 147
  mortgage law, 321
  nuisance laws, 223
  poor laws, 49–50
  property laws, 318
  rule against perpetuities, 184
Michigan Territory, 89, 106, 109, 110, 112
Miller, Perry, 248
Miller, Samuel F., 286
Milligan, Ex parte, 286, 485
Mills, J. Warner, 493
Milwaukee, 265, 335, 400, 490, 493, 496
  law firm history, 486–487
Milwaukee Road, 493
Minnesota
  background of judges, 288
  food laws, 345
  Granger laws, 335
  high court, 290, 306
  juvenile probation, 455
  property laws, 318
  railroad and warehouse commission, 258
  statute on union labels, 328
  upholds barbers' statute, 342
Miranda v. *Arizona,* 572
miscegenation statutes, 376, 577
Mississippi
  Black Codes, 382
  constitution of 1890, 264
  control of slaves, 166
  election of judges, 81
  homestead exemption, 113, 178
  married women's property act, 113, 147
  mortality of convicts, 462
  road tax, 43, 311
  selection of judges, 81
  suffrage, 75, 179
  workmen's compensation, 354, 516
Mississippi Territory, 89, 94, 105, 110, 112

Missouri, 84, 92, 108, 112, 113, 114, 150, 177, 222, 229, 287, 296, 299, 308, 441, 491, 525, 539
  adopts Field Code, 295
  comments on evidence, 102
  courts, 289
  fellow-servant rule, 362
  home rule law, 402
  judicial organization, 289
  probation, 455
  statute on manslaughter, 208
Missouri Compromise, 159
Missouri plan, 553
Missouri Territory, civil law heritage, 114
monopoly, fear of, 346
  laws against, 346–349
  in New Jersey, 399
Montana, 106, 261, 295, 440, 493
  enacts Civil Code, 303
  vigilantes, 276, 277, 440, 441
"moral insanity," 451
Morawetz, Victor, 486
Morgan v. *Skiddy,* 393
Mormons, 72, 272, 510, 537
  persecution of, 376, 377
  and plural marriage, 376, 377
  and Utah constitution, 265
Morrill Act (1862), 311, 376
Morrill Act (polygamy), 376
Morris, Richard B., 13
mortgages
  equity of redemption, 180
  law of, 171, 179–184, 321–322
mortmain statues, 185, 318
Morton, Thomas, 53
Mothers Against Drunk Driving (MADD), 520
Mott v. *Pennsylvania Railroad,* 133
Muller v. *Oregon,* 426, 506
Mumford v. *M'Pherson,* 204
municipal bonds, 197, 407
municipal corporations, 400, 401, 402, 403, 461, 591
  doctrine of *ultra vires,* 403
  home rule provisions, 402
Munn v. *Illinois,* 336
murder, statutes on degrees of, 207–208

Nairne, Charles, 467
National Association for the Advancement of Colored People (NAACP), 525, 526, 573
National Bar Association, 497, 541
National Conference of Commissioners on Uniform State Laws, 305, 409, 498, 563
National Cordage Company, 461
National Divorce Reform League, 378
National Labor Relations Act, 549, 561
National Reporter System, 475, 481
Native Americans, policy toward, xiv, xv, 283, 367, 386, 389, 531, 593

Nebraska
  antitrust laws, 346
  insurance laws, 414
  rate-making by legislature, 262
negligence
  comparative, 358
  contributory, 225, 352, 353, 354, 356, 358, 359, 418, 517
  imputed, 358
  in tort law, 222, 351
negotiable instruments, 407–409
  accommodation endorsers, 192
  case law, 192
  payable in chattels, 41
  statutes on, 195
  use of promissory notes, 195, 197
Negotiable Instruments Law, 42, 192, 195, 203, 407, 408, 409
Nelson, Samuel, 326
Nevada
  adverse possession in, 310
  convention of 1864, 261
  divorce law, 307, 380, 578
  Field Code and, 299
  vigilantes in, 276, 440
New Deal
  and labor, 423, 549, 562
  and lawyers, 178, 546
  and social insurance, 561
  and Supreme Court, 259, 513–514, 548–549, 552
  and welfare, 507
New England Divorce Reform League, 378
New Hampshire
  admission to the bar, 496
  civil procedure, 23
  Code of 1680 (Cutt Code), 52
  colonial courts, 10
  conservation laws, 314
  constitution of 1784, 207, 210
  court system, 236
  debtor relief law, 200
  equity, 298
  insanity defense, 450
  law of divorce, 142, 143
  liquor laws, 447, 452
  railroad commission, 334
  railroad liability law, 360
  restrictions on imprisonment for debt, 200
  settlement of paupers, 152
New Haven, colonial code, xv, 18, 36, 52, 58
New Jersey
  admission to the bar, 57
  arbitration, 14
  attitude toward British law, 68
  child labor laws, 425, 426
  colonial courts, 12
  conditions in jails, 458
  conservation laws, 126
  constitution of 1776, 80, 91
  corporation law, 131, 399
  Essex County (wills), 319

food laws, 345
graded bar, 235
holding companies, 346, 396
insane asylum, 372
land actions, 173
law of divorce, 142, 143
prisons, 458, 460
prerogative court, 93
probation, 455
railroad investment, 133
social background of judges, 228
use of English law, 69
wills, 93, 183, 319
New Jersey Society for Establishing Useful Manufactures, 130
New Madrid (Missouri), 113, 150–151
New Mexico
  civil law in, 273, 274, 295, 523
  land grant problems, 274
  land title problems, 323
  territorial judges, 282
New Orleans
  free blacks, 157, 160, 161
  vice districts, 569
New York
  abolishes fee tail, 175
  abolition movement, 85
  admission to the bar, 58
  antirent agitation, 419
  board of commissioners on uniform laws, 305
  charitable trusts, 186
  child welfare, 153
  civil procedure, 296, 483
  colonial law, 13
  conservation laws, 315
  constitution of 1777, 80, 85
  constitution of 1846, 79, 132, 135, 137
  constitution of 1894, 264
  constitutional provisions on corporations, 79
  corporation law, 134, 137, 391, 392
  corruption on the bench, 135, 402
  Court of Appeals, 269, 281, 287, 551
  criminal justice, 438
  death penalty debate, 208, 453
  divorce law, 143, 145, 307, 577, 579
  electric chair, 453
  Erie Canal, 124
  Field Code, 293, 294, 295, 297, 301
  food laws, 345
  free banking law, 123
  Hepburn Committee, 336
  hours of public employees, 427
  hours of street-railway workers, 427
  indeterminate sentence, 455, 456
  influence on Wisconsin constitution, 261
  insolvency law, 198, 202
  insurance regulation, 191, 332, 333
  judges' fees, 90
  judicial review, 269
  juvenile justice, 456
  labor legislation,

975

New York (cont.)
  law firms, 487, 489
  lawyers, 58, 236, 281, 380, 489
  liability of shareholders, 131
  licenses ticket agents, 341
  limit on corporate capitalization, 398
  married women's property act, 174
  mayor's court, 13, 58, 9
  patroonships, 26
  penal code, 127, 302, 435, 444, 452
  police force, 213, 439
  poorhouses, 153, 368, 369
  poor laws, 150
  prison reform, 222
  probate, colonial period, 21
  property law reform, 174
  quarantine laws, 126
  railroad charters, 132
  railroad commission, 336
  railroad pooling arrangements, 336
  railroad safety laws, 334, 359
  reception of common law, 68
  regulation of business, 333
  regulation of morality, 127
  regulatory crimes, 444
  restrictions on state aid, 132
  riots, 215
  rule against perpetuities, 184
  rules of negotiability, 195
  rules about watered stock, 392
  safety-fund law, 123
  safety laws, 264
  slavery, 68–71
  statutes on cities, 269, 328, 346, 423
  succession law, 183
  support for enterprise, 138
  tenement-house law, 269, 328, 346, 423
  treason law, 216
  use of seal in contract law, 204
  watered stock, 263, 392
  work of Court of Appeals, 269, 281, 287, 551
  workers' compensation law, 516
  wrongful death, 361, 362, 519
New York City
  bar association, 281, 487, 495
  charity, 370
  as chartered corporation, 58, 129
  corporation counsel, 495
  corruption, 496
  courts (colonial period), 13
  lawyers, 232, 281, 489, 492, 495
  park system, 315
  police, 438
  prostitution and vice, 445
  Sunday laws, 447
  wills, 21, 31, 183
New York City Bar Association, 281, 487, 495
New York Code of Civil Procedure, 296, 483
Newton, Thomas Jr., 198
Nicolls, Mathias, 57

Nixon, Richard, 87, 556, 568
Northwest Reporter, 306
Norris v. Clymer, 185
North Carolina
  black lawyers, 488
  charges to the jury, 235
  constitution of 1790, 83
  control of slaves, 48
  criminal procedure, 100
  divorce law, 579
  equity, 98, 99
  Field Code, 295
  prisons in, 77
  sharecropping, 320
  slavery, 48
  slaves and criminal justice, 34, 48
North Dakota, 506
  divorce law, 380
  property tax, 430
  restrictions on legislature, 262
Northwest Ordinance, 67, 71, 72, 105, 107, 113
Northwest Territory
  graded bar, 235
  judges in, 109
  legislation, 112
  slavery in, 155
  statutes, 106
Northwestern University, 465, 466, 561
Notre Dame Law School, 465
nuisance, 126, 223

obscenity, 536
occupational licensing, 256, 340, 341, 496
O'Connor, Charles, 487, 488
Office of Economic Opportunity, 547
Ohio
  alien land-holding rights, 365
  attack on Standard Oil, 347
  classification of cities, 401
  constitution of 1802, 81
  election of judges, 81
  health and safety laws, 343
  labor injunction, 421
  lawyers, in constitutional conventions, 494
  Loan Law, 124
  militia laws, 76
  municipal corporations, 401
  office of chief justice, 291
  railroad charters, 132
  statute on patent notes, 409
  title law, 325
Oklahoma
  Cherokees expelled to, 387
  grandfather clause, 385, 525
  segregation, 526
  workers' compensation law, 517–518
oleomargarine, campaign against, 272, 342
Olney, Richard, 429
O'Melveny and Meyers, 487
O'Neall, John Belton, 479

O'Neill, William, 144, 380, 592
Ordinance of 1785, 169
Ordinance of 1787, 105, 107, 182
　on slavery, 155
　see also Northwest Ordinance
Ordinance of 1798, 105
Oregon
　constitution of 1859, 261
　diploma privilege, 474
　statutes and codes, 494
Osborne v. *McMasters*, 361
osteopaths, licensing, 340
"outdoor relief," 153, 367
Owen, Robert Dale, 19, 378

Paine, Thomas, 66
Palen, Joseph G., 282
pardons, 495
Parker v. *Nightingale*, 315
Parker, Amasa J., and antirent rioters, 86
Parker, Isaac, 240, 241, 283
Parkman, George, 436
Parks, Samuel Chipman, 282
parol-evidence rule, 203, 204
parole, 455, 456, 460, 575
Parsons, Samuel Holden, 109
Parsons, Theophilus (1750–1813), 89, 204, 234
　as law teacher, 238
Parsons, Theophilus (1792–1882), 477
partible descent, in colonial period, 30
partnerships, 130, 139, 232, 581
patent medicines, 344
Patent Office, 187, 325
patents and patent laws, 186, 187, 325–327, 558–559
Paton, Thomas B., 481
patroonships, Dutch, 26
Paul v. *Virginia*, 415
paupers, *see* poor laws, 50, 76, 149–154
Pearson, Richmond M., runs private law school, 467
Peckham, Rufus W., 270, 348
peddlers, licensing of, 120, 340, 372
Pendleton, Edmund, 81
penitentiary, *see* prisons and penitentiaries
Penn, William, 7, 13, 26, 52
Pennsylvania
　abolition movement, 154
　anti-horsethief groups, 441
　appeals, 299
　bailment lease, 139, 411
　banking, 122
　case reports, 246
　coal and iron police, 442
　colonial law, 13
　constitution of 1776, 76, 77, 78, 200, 207, 219
　constitution of 1873, 262, 289, 317, 430
　constitutional conventions, 494
　constitutional development, 262, 494
　corporation laws, 130, 131, 317, 398

divorce, 142, 143
dueling, 76
equity, 20, 98, 179
flour inspection, 41
food law, 344
home for children, 372
imprisonment for debt, 200
law reports, 242
lawyers, 231, 464
meat inspection law, 344, 559
mechanic's lien law, 178
outlaws margarine, 272, 342
penal reform, 208
property tax, 430
railroad holding companies, 396
regulation of bakers, 447
Revolution in, 65
rules on trust investments, 316
special charters, 130
statutes, 35, 39, 41, 155, 344
support for enterprise, 132
Uniform Commercial Code, 139, 306
use of imprisonment, 200
Pennsylvania Blackstone, 244
Pennsylvania Railroad, 121, 124, 133, 263, 338
Pension Office, 329
pension laws, 371–372
perpetuities, rule against, 184, 317, 477
personal injury, *see* tort law
Peyroux v. *Howard*, 190
pharmacists, licensing of, 256, 342
Phelps, Editha, 490
Philadelphia
　homicide trials, 210
　legal education, 464
　park system, 315
　private prosecutions, 213
　in Revolutionary War, 65
　riots, 215
　Sunday laws, 447
Phillips, Willard, 246
Pickering, John, 83, 84
picketing, legality of, 422
Pierce, Franklin, 150
Pierce, James F., 333
Pingree, Hazen, 370
Pinkney, William, 233
plea bargaining, 212, 435, 437, 592
Plessy v. *Ferguson*, 282, 385, 398
pluralism, legal, 148
Plymouth
　land tenure, 25
　"warning out," 50
police
　coal and iron, 442
　corruption, 439
　private, 442
　patronage and police, 438
　rise of police forces, 213
　use of violence, 101, 438–439
police powers, as justification for licensing laws, 341

political power
  of blacks, 384, 524, 528
  of Mormons, 377
  relocation of 75
Pollock v. *Farmers' Loan & Trust Co.*, 429, 511
Pollock, Baron, 359
polygamy, 265, 376
  Mormon church renounces, 377
poor laws, 150–154
  attitudes toward, 150–151
  auction system, 153, 367
  colonial period, 49
  concept of settlement, 49
  indoor and outdoor relief, 153, 367
  "warning out," 50
poorhouses, 153–154, 367–369
Posner, Richard, 357, 545, 552
Post Office, 329, 427
Pothier, Robert, 66
Pound, Roscoe, 20, 23, 91, 99, 100, 287, 289, 298, 299, 436, 442, 546
Powell, Sumner, 25
Practice Act of 1879 (Connecticut), 297
Prairie du Chien (Wisconsin), 108
precedent, doctrine of, 71, 317
pre-emption rights, 170
president
  power of, 78, 94, 285, 314, 505, 513
  veto power, 78
Priestley v. *Fowler*, 224, 354
primogeniture, 30, 171, 174
  in England, 29
  in South, 30
prisons and penitentiaries, 462, 567, 568, 592
  Auburn, 220
  brutality, 458
  chain gang, 453
  Cherry Hill, 220
  children in prisons, 457
  Civil War and, 361
  colonial, 36, 77, 93, 219
  and death penalty, 209–210, 454
  Elmira experiment, 455–456
  food in, 220, 458
  imprisonment for debt, 179, 199–201
  indeterminate sentence and, 456
  mentally incompetent prisoners and, 451
  modern, 219, 454
  pardoning power, 42
  physical traits of prisoners, 459
  power of prisoners, 256
  power of prison officials, 435, 458
  prison labor, 220, 460–462
  and probation, 455
  public attitudes about, 460
  reform, 153, 222
  religion in, 221
  slaves and, 165, 375, 384
  southern, 77, 461
  Walnut Street, 222
privacy as Constitutional issue, 570

Privy Council
  and colonial decisions, 17
  and colonial divorce law, 142
prize law, 19, 20, 190
probate and probate law, 90, 93, 107, 181–182, 435
  abolition of, in Utah, 265
  in colonial period, 9, 11, 12, 31, 298, 319
  influence of English statutes, 21, 29
  judges of, 81
  of wills, 290, 319
probation, 454, 455, 456, 457
products liability, 344, 520, 521
professionalization, 81
Prohibition, 230, 262, 266, 269, 314, 447, 448, 505, 508, 567, 568, 569
promissory notes, 58, 112, 195, 196, 197, 230, 241, 245, 407
property, concept of, 193, 327
property tax, 24, 127, 429, 430, 431, 432, 504
prostitution, 144, 272, 444, 445, 447, 448, 568, 569
proximate cause, doctrine of, 352
Prudential Insurance Company, 490
psychiatry, 451
public health
  cigars and, 269, 423
  laws on, 126, 340–343, 557
  prostitution and, 447
  regulation of, 127, 269
  social-cost argument and, 369
public housing, 373, 555, 583
public land law, 70 (*see* land law)
  grants to railroads, 311
  history of, 24–29, 167–168, 170, 412
  Homestead Act, 312–313
  land scrip and, 176, 324
  pre-emption rights, 412
  title difficulties, 168
  water rights and, 275
public utilities, 275, 339, 428
Pullman strike (1894), 421
Pure Food Act (1906), 345
Puritanism, 7

Quakers, attitudes toward lawyers, 54
Quarter Court, 11
Quincy, Josiah, poor law report, 153, 241
quitclaim deeds, 173
quitrent system, 25

race relations, *see also* Chinese, Native-Americans, slaves and slavery
Rachel Cutlip v. *Sheriff of Calhoun County*, 268
railroads
  accident rate, 223
  bills of lading as railroad documents, 197
  charters for, 124, 132–134, 139
  commission, 258
  economics of, 124–125, 132
  fellow-servant rule, 223, 364

financing, in Wisconsin, 322
land grants, 169, 311
lawyers for, 490
as lobbyists, 334
pooling arrangements, 336
public opinion on, 121, 225, 333, 334, 339
regulation, 261, 255-256, 262, 307, 331, 334, 339, 361, 392
safety issues, 223
slaves as builders of, 156
state commissions, 121
statutory liability laws (livestock), 360
statutory safety laws, 359
subsidy for, 225
tort law and, 223-224, 351, 355
Randolph, John, 182
Randolph, Thomas M., 184
rationalism, 330
Reagan, Ronald, 373, 547, 572
real actions, 28
Real Estate Title Insurance Company (Philadelphia), 324
Reaume, Charles, 108, 109
Reconstruction
  constitution-making during, 260
  and African-Americans, 381-383
"record worship," 99, 101, 300
Reed, John, 244
Reeve, Tapping, as law teacher, 239
Regents of University of California v. Bakke, 530
Regulating Horn (vigilante group), 214
regulation of business, 38, 43, 329-349, 443, 559-563
  colonial period, 12, 39
"Regulators," 54, 440
Reid, John Philip, 273, 287
Rehnquist, William, 552
religion, and law, 536-537
Removal Act of 1875, 290
res ipsa loquitur, 358, 359
Restatements of the Law, 304
Restraints on the Alienation of Property, 317, 477
Reynolds, Robert, 108
Reynolds v. United States, 376
Rhode Island
  colonial law, 16
  court organization, 10
  death penalty abolished, 453
  divorce law, 143, 377, 579
  juvenile justice, 455
  lawyers, 58, 236
  penal code, 442
  poor laws, 49
  primogeniture, 51-52
  probation, 455
  railroad commission, 334
  railroad safety laws, 334, 360
  slavery, 68-71
Richmond, Virginia, 155, 156, 238, 487, 539
  labor, 420
  riots, urban, 214-215
  riparian rights, 274

Riis, Jacob, 346
Ritchie v. People, 270, 427
road building, 38, 124, 132
Roane, Spencer, 82
Roberts, Owen, 549
Robertson, William Joseph, 490
Rockefeller, John D., 349, 400
Rockefeller, William, 486
Rodney, Thomas, 111, 113
Roe v. Wade, 527, 570
Rogers v. Phoenix Ins. Co., 414
Roosevelt, Franklin D., 83, 505, 507, 546, 548, 560, 562, 594
  court-packing plan, 548-549
Roosevelt, Theodore, 87, 337, 447, 505
Root, Jesse, 68, 171, 242, 243
Ropes and Gray, 477
Rothman, David, 219, 456, 457, 458, 592
Royall, Isaac, 240
Ruffin, Thomas, 88
Russell, Earl, 380
Ryan, Edward, 281, 287
Ryan v. New York Central Rr. Co., 351
Rylands v. Fletcher, 350, 364, 365

safety laws, 264, 334, 343, 359-361, 425, 560, 565
sage-brush districting, 282
St. Charles, village of, 113
St. Clair, Arthur, 106
St. Louis, 113
  legalizes prostitution, 445
St. Louis Land Court, 93
St. Louis University Law School, 465
sale of goods, law of, 189, 193-197
Salem, witchcraft trials, 34
Samson, Hudson, 341
San Francisco
  Asian Americans and, 387
  bar, and Spanish-American law, 194, 274
  black mayor in, 529
  charity, 370
  civil rights in, 531-532
  laundry ordinance, 388
  lawyers and, 493
  ordinance on women bartenders, 426
  tort cases in, 521
  Vigilance Committees, 275-277, 440-441
San Quentin, 453
Schechter Poultry Corp. v. U.S., 548
Scheiber, Harry, 121, 172
Schenck v. U.S., 535
schools, law relating to, 431
Schouler, James, 319, 478
Schweber, Howard, 471
science, impact on law, 303, 450, 469, 479
Scott, Austin W., 23, 543
Scott Act (1888), 388
Scully, William, 320
seal, as importing consideration, 205-206
Securities and Exchange Commission, 560, 562
Sedgwick, Theodore, 245, 406

索 引 979

Sedition Law of 1798, 217
segregation, race, Supreme Court and, 525, 549
  see also race relations
Selden, Samuel, 295, 411
self-help law, 441
Seligman, Edwin R., 432
servants, indentured, 36, 43, 44, 45, 46, 50, 155
  see also labor and labor relations
Sewall, Stephen, 80
Seward, Clarence A., 489
Seward, William H., 485
sexual behavior, laws on, 32, 378
  see also victimless crime
sexual minorities, 534
Shambaugh, Benjamin, 278
shaming behavior, 54
sharecropping, 320
Sharswood, George, 464
Shaw, Lemuel, 88, 90, 224, 244, 286, 352, 354, 362, 363, 421, 436
  income as lawyer, 228
  as law teacher, 238
Shay's Rebellion, 66, 122, 226
Shearman, Thomas G., 486
Shelley v. *Kraemer*, 526, 527, 555
Sherman, Roger, 45
Sherman Antitrust Act, 256, 346, 347, 390, 590
Sickles, Daniel, 452
sin, laws to control, 36
  see also victimless crime
Sinclair, Upton, 559
Sing Sing, conditions in, 458–459
Sioux City, Iowa, 445
Slaughterhouse cases, 258, 284, 587
slaves and slavery
  abolition movement, 120, 154, 157–159, 214, 524
  and African Americans, 154–166
  Black Code of Louisiana of 1806, 163
  children as, 426
  civil cases involving, 164
  compared to Latin American slaves, 162
  constitutional provisions, 155, 381–383, 524
  criminal codes, 165, 208
  and due process, 258
  economics of, 7, 30, 31, 162, 228
  in England, 42
  family life, 158
  Freedman's Bureau, 383
  Fugitive Slave Law of 1850, 158
  governance of, 11
  and the Homestead Act, 312
  laws involving, 36–38, 47, 147, 155–156, 162–163, 166, 593–594
  manumission, 154, 156
  marriages of, 161–162, 375
  offenses of, 22, 35
  origins, 46, 68–71
  punishment of, 453, 461
  rebellion, 156
  rights of, 45, 46–49, 69, 163, 318
  slave patrols, 213
  social control of, 60, 76, 165–166
  special courts for, 164
  taxes on, 127
  trade, 75, 154–158
  treatment in court, 101, 107
  voluntary enslavement, 157
  wage-slaves, 559
  women as, 426
Smith, William, 59
Social Security Act, 374, 507, 508, 562, 563
Social Security Administration, 561–562
South Carolina
  abolition movement in, 214
  admission to the bar, 236
  alien land-holding rights, 174
  arbitration, 14
  banking, 122–123
  caveat emptor, 194
  colonial law, 12–13, 17, 52–53
  constitutions, 83, 264, 384
  court system (colonial), 12–13, 90, 94
  courts of chancery, 39, 60
  courts of equity, 172
  criminal justice, 165, 210, 209
  death penalty, 209–210
  debtor relief, 201
  divorce, 143, 377, 597
  Field Code in, 295
  free blacks, 159
  homicide trials, 47
  impeachment provisions, 281
  installment act of 1787,
  juries in, 211–212
  lawyers in, 53, 56
  manumission laws, 156, 159
  patent law, 186
  public markets, 61–62
  Railroad Commission, 336
  religion in, 141
  slavery, 47, 68–71, 156, 160–161, 163, 165
South Dakota, divorce law, 380
Southern Railway and Steamship Association, 336
Southwest Territory, law in, 105
Spanish, settled in Florida, 114
Spanish law, in Louisiana, 107, 113, 116, 117, 118
Spanish-American War, 344, 429, 433
Spry, William, 19
Stamp Act, 19, 38, 40
Standard Fire Insurance Policy (Wisconsin), 415
Standard Oil Company, 346, 347, 390, 566
Stanford Law School, 542
star chamber, court of, xxi
State v. *Bennet*, 221
State Board of Examiners of Architects (Illinois), 340
State Board of Registration in Dentistry (Massachusetts), 343

State v. *Pike*, 451
states' rights, 513
State University of Iowa, 471
State v. *Young*, 268
Statute of Charitable Uses, 185
statutory rape, 446
steamboats, accidents on, 361
Steele, Charles, 486
Sterling, John W., 486
Stiles, Edward H., 496
Stimson, Frederic J., 271, 306, 422, 425
stock market, 136, 174, 391, 507, 560
Stokes, Anthony, 59
Story, Joseph, 66, 82, 87, 88, 90, 95, 158, 191, 192, 233, 246, 248, 277, 283, 287, 387
   admiralty law, 190
   Commentaries, 89, 197, 241, 247
   as Dane Professor, 240, 247
   Dartmouth College case, 137
   on equity jurisprudence, 247
   on Kentucky land law, 176
   on land actions, 173
   on patents, 187
   on trademarks, 188
   trust fund doctrine, 138
strangers' courts, 10
strikes
   against courts, 258
   legality of, 421, 478
   railroad, 420-421
   union activity and, 361
   weapons against, 256
Strong, George Templeton, 233, 281, 487, 495
Strong, George Washington, 232
Strong, William, 283
Sturges v. *Crowninshield*, 202
succession, law of,
   in colonial period, 29, 114, 181-183
   see also probate and probate law, wills
Sudbury, Massachusetts, land tenure, 25
suffrage, and state constitutions, 75, 260, 262
Sugar Trust, 346, 347
Sullivan, James, 134, 245, 246
Sultane, sinking of, 361
Summary of Equity Pleading (Langdell), 469
Sunday laws, 447
Supreme Court
   on abortion, 550, 570
   admiralty cases, 190-191
   appointment of Clarence Thomas, 550
   appointments to, 283-284
   arguments before, 231, 233
   bankruptcy cases, 202, 421
   on charitable trusts, 186
   and the colonies, 57, 78
   commerce power decisions, 136-137, 191-192, 258, 397, 407-409
   on common law crimes, 215-216
   confederate states and, 257
   on constitutional law, 523
   contracts clause cases, 181, 203, 404
   on copyright, 188, 327-328
   on criminal process, 575
   on death penalty, 573-574
   on defendants' rights, 571-573
   on economic regulation, 416, 514
   on elections, 550
   on ethics, 540-541
   and the Fourteenth Amendment, 259
   on freedom of speech, 535-536, 541
   Gun-Free School Zones Act, 514
   history of, 86-87, 93-106
   and income tax law, 511
   on insolvency, 421
   on insurance contracts, 415
   on intellectual property, 558-559
   judicial review, 78, 259
   on labor laws, 426
   on land use, 554
   on legal tender laws, 331
   on liability, 516-517
   on monopolies, 348
   number of justices, 285
   organization of, 289-290
   on patent law, 188, 558-559
   personal injury and, 363
   power and prestige, 131-133, 283, 285, 505, 550-551
   on quitting work, 383
   on race relations, 385-389
   railroads, 258-259, 337-339, 395, 408, 421
   relations to New Deal, 259
   on religion, 536-537
   reports of cases, 242
   requirements to appear before, 236
   on rights of minorities, 525-527, 530, 534, 570
   role of John Marshall, 86-87
   on segregation, 526-529
   on slavery, 158, 163, 375
   size of, 553
   source of judges, 283
   on strikes, 421
   on taxation of interstate business, 432, 506
   test oath cases and, 286
   and the tidewater rule, 190
   on trust fund doctrine, 393
   twentieth century court, 548-553
   on voting rights, 524-525, 528
   on women, 534, 570
   work hours, 426
   and zoning, 557-558
Supreme Courts, state
   reports, 241-247
   see also states
suspended sentences, 455
Swaine, Robert T., 232, 429, 485, 489, 589
Swayne, Noah H., 326, 407
Sweatt v. *Painter*, 526
Swift v. *Tyson*, 192, 305
Swift, Zephaniah, 145, 146, 245, 246
   on divorce, 145
Symmes, John C., 114

Tachau, Mary K. B., 91
Taft, William Howard, 259, 471, 487, 589
tail male, 25
Taney, Roger Brooke, 82, 137, 158, 159, 190, 280, 285, 286
tariff, 120, 168, 262, 326, 336, 347, 428
Tarling v. *Baxter,* 193
taxation, 75, 261, 262, 333, 431
   death taxes, 432–433
   federal taxes, 428–430
   general property tax, 431
   of interstate business, 432
   state and local, 430–432
"tax-titles," 324
temperance movement, 447, 592
tenement-house laws, 269, 328, 346
Tennessee
   constitution of 1796, 75, 77
   constitution of 1870, 264
   divorce law, 143, 377, 381
Tennessee Coal, Iron, and Railroad Company, 462
tenure, principles of, 24
   see also land and land law
Terry, David, 276
Texas
   admission to the Union, 178
   affirmative action case in, 526, 530
   black lawyers, 488, 526
   bond marriage, 141
   civil law in, 113–116, 273
   civil procedure, 118
   community property, 374
   constitution of, 115, 178, 261
   court of criminal appeals, 289, 298–299
   court system of, 279
   death penalty in, 574
   Gun-Free School Zones Act in, 514
   economic interests, 275, 432
   homestead exemption, 113, 178
   penal code in, 162–163, 222
   rights of slaves, 161
   slave law in, 161, 165
   Spanish-Mexican law and, 114
   Standard Oil and, 347
   trial by jury in, 115
   vice taxation, 445
   vigilantes, 440
   zoning, 555
Texas Court of Appeals, 298
Thayer, James Bradley, 300, 470
"Three-strikes" law (California), 575
Tiedeman, Christopher, 310, 324, 477, 480, 481, 589
Tilden, Samuel, 284, 318
Tilden trust, 318
Tillman, Ben, 385
title, means of testing, 28
   see also land and land law
   title companies, 324, 483
   Title Guaranty & Trust Company (New York), 324

tobacco, regulation of, 40, 345
Torrens system, 325
Torrey, Jay L., 417
tort law, 102, 350–366, 418–419, 519–523, 540
   admiralty law and, 190
   definition and development of, 222–225
   lawyers in, 485
   patents and, 326
   railroads and, 333, 351
Toulmin, Harry, 89, 90
Tourgée, Albion W., 281, 282
Townsend, Francis E., 508
trademark law, 188, 328, 559
tramps, 256, 370, 436, 438
Traynor, Roger, 551
treason, law of, 216, 217
treatises, 88, 89, 95, 117, 242, 244, 245, 350, 352, 404, 407, 469, 476, 477, 478, 479, 543
Trimble, Robert, 283
Trott, Nicholas, 52, 53, 56
trust companies, 185, 483
"trusts" (monopolies), *see* anti-trust law
trusts
   caretaker, 183
   charitable, 186, 318
   colonial examples, 27–28
   developments in the law of, 317
   dynastic, 183–185, 318
   family property and, 146–147
   investment, 395
   land, 175
   lawyers as tools of, 227
   living, 183
   marital property and, 319
   property law and, 316
   prudent investor rule, 317
   spendthrift trust doctrine, 317
   succession and, 181–183
   under New York property laws, 184
Truth-in-Lending Act, 565
Tuck, William B., 280
Tucker, St. George, 155, 240
   American edition of Blackstone, 244
Turner, Frederick Jackson, 254, 272, 277, 557
Twain, Mark, 352
Tweed, William M., 370, 402
Twiss, Benjamin, 480

ultra vires
   in corporation law, 395, 396
   in law of municipal corporations, 403
undertakers, licensing of, 341
Uniform Commercial Code, 139, 306, 546, 563–565
Uniform Flag Act, 563
uniform law movement, 305
Uniform Sales Act, 563
Uniform Simultaneous Death Act, 563
Union College of Law, 466

unions
  and Asian labor, 426
  history of, 255, 427
  labels on goods, 328
  lawyers and, 484
  legality of tactics, 272, 342
  and the New Deal, 560
  occupations with, 341
  opposition to child labor, 425
  and police, 442
  and prison labor, 460
  and protective labor legislation, 447
  and Sunday laws, 447–448
  and usury laws, 412–413
  violence against, 412
  and women, 425
  see also labor and labor law
United States v. *Butler,* 548
United States v. *E. C. Knight Co.,* 348
United States v. *Hudson and Goodwin,* 215
United States v. *Trans-Missouri Freight Association,* 348
University of California (Berkeley), law and social science at, 505, 530
University of Chicago Law School, 466, 545, 589
  adopts Harvard method, 471
University of Cincinnati Law School, 471
University of Georgia Law School, 465
University of Maryland, 240
University of Michigan Law School, 464, 465, 583
University of Minnesota Law School, 473
University of Pennsylvania, 464
University of Virginia, 240
University of Wisconsin Law School, 547
  law and social science at, 590
urban redevelopment, 555
urban renewal, 555
Ursuline Convent, 213
usury and usury laws, 411, 412
Utah, 267, 272, 273, 295, 323, 373, 376, 427, 492, 581
  constitution of, 265, 422

vagrancy laws, 382, 383
Valentine, Thomas, 324
Vanderbilt, Arthur, 391
Varnum, James Mitchell, 109
Veiller, Laurence, 346, 369
Vermont
  child labor laws, 425
  divorce, 143
  probation, 455
veterans' benefits, 168
vice-admiralty courts, *see* admiralty
Vicksburg, Mississippi, 159
victimless crimes, 444, 568–570
  see also criminal justice
"Victorian compromise," 444, 446, 468
Vidal v. *Girard's Executors,* 186
vigilante movement, 275, 276, 440

Virginia
  abolishes fee tail, 175
  admission to the bar, 57, 236
  charitable trusts, 186
  colonial courts, 10–11
  colonial wills, 30
  court system (colonial), 11, 18
  criminal law, colonial period, 9–16
  death penalty, 10–11, 208, 574
  Declaration of Rights, 172
  early laws, 10–11
  economic crimes, 18 , 37
  judicial review, 226
  lawyers, 53, 231
  licenses embalmers, 341
  Railroad Commission, 336
  reception of common law, 8
  slavery in, 48
  statutes, 67, 106
  tobacco regulation, 40
Virginia Law Journal, 481
Volstead Act, 567
Voting Rights Law, 528–529
voting trusts, 481

Wabash Railway v. *Illinois,* 337
Wagner, Samuel, 416, 417
Walker, Moses, 281
Walker, Timothy, 245
Walnut Street Prison (Philadelphia), 219
Walsh, Thomas J., 493
Wambaugh, Eugene, 471
war on poverty, 508, 544
"war on terror," 584
Ward, Nathaniel, 51, 55
Warner, Amos G., 368, 369, 372
"warning out," in poor laws, 50
warranties, 195, 410, 565
  in insurance contracts, 413
warranty deed, 173
Warren, Charles, 198, 199, 547
Warren, Charles Dudley, 352
Warren, Earl, 87, 527, 528, 571, 572
Warren, Samuel D., 482
Washburn, Emory, 245, 470
  as treatise writer, 477
Washington, D.C., 168, 178, 465, 473, 539
Washington (state)
  anti-Chinese riot, 389
  marriage law, 576
Watch and Ward Society (Boston), 446
water rights, in West, 261, 274–275
Watrous, John C., 280
Wealth of Nations, The, 38
Webster, Daniel, 228, 231, 233, 234, 244, 484, 589
  speech in *Dartmouth College* case, 233
Webster, John W., 436
Wedgwood v. *Chicago & Northwestern Rr. Co.,* 363
welfare
  blacks and, 318, 382
  child labor laws, 426

索　引　　　　　　　　　　　　　　　　　　　　983

welfare (cont.)
    families and, 581
    federal role, 149-154, 331, 371-373
    inadequacy of system, 522
    laws, 507, 544
    police, as welfare providers, 439
    and poor laws, 50, 149-154
    reform of, 44
    social programs, 425, 505, 518, 531
    social security and, 508, 561-562
    war on poverty, 508, 544
welfare queens, 373
Wells, David, 296
Wells, John, 232
West New Jersey, 53, 60
    criminal law, 33
West Publishing Company, 306, 475
West Virginia, 290
Westchester County Trust Company, 316
Western Reserve Law School, 471
Western Union Telegraph Company v.
    Pendleton, 397
Wheaton, Henry, 188, 242, 245
Wheaton v. *Peters*, 188
white supremacy, 387, 528
White, G. Edward, 88, 549
Whitney, Edward B., 429
Wickersham Commission, 508
Wigmore, John H., 102, 300, 301, 470, 479, 543
Wiley, Harvey W., 345
William and Mary College, 240
Williams, Alexander S., 439
Williams, Jack K., 209, 211, 214, 453, 591
Williams and Thompson, 490
Williamson, Joel, 383
Williston, Samuel, 479, 543, 544
    treatise on contracts, 479
wills, 181-183, 318-319
    colonial, 30-31
    holographic, 116
    oral (nuncupative), 30
    under Ordinance of 1787, 182
    provision of, 183
Wills Act, 181, 318
Wilson, James, 56, 59, 240, 245
Wilson, Woodrow, 505, 525, 535
Wines, Frederick Howard, 459
Winslow, John Bradley, 295
Winthrop, John, 43, 55
Winthrop v. *Lechmere*, 17
Wisconsin
    admission to the bar, 498
    constitution of 1848, 261
    contract cases, 405
    insurance commission, 128, 332, 415
    insurance laws, 292, 332
    marriage law, 576
    Potter Law, 336
    rule against perpetuities, 184

special charter system, 391
Standard Fire Insurance Policy, 415
statutes on peddlers, 340
workers' compensation law, 516
witchcraft, 33
Wolf v. *Colorado*, 571
women
    clerical staff in law firms, debtors, 200, 292
    divorce and, 144, 377-379
    hours of labor, 265, 426-427
    labor laws and, 343, 425-426
    law schools and, 227
    legal status of, 28, 373
    marital property, 113, 146-148, 374
    marriage age, 375
    and the poor, 369
    prisons and, 219-220
    property laws and, 174
    rape of, 45
    rights movement, 148
    rights of succession, 31, 183
    sexual offenses, 32, 36, 277
    status of, 373-377
    suffrage movement, 262
    tort laws and, 223, 225
    and the Victorian compromise, 445
    voting rights, 72
    wills and, 319
Women's Christian Temperance Union, 448
Wood v. *Drummer*, 138
Woodruff, Wilford, 377
Woodward, Augustus B., 89, 109, 110
Woodward, C. Vann, 383, 461, 592
Woolsey, Theodore D., on divorce law, 378
Woolworth, James Mills, 494
workers' compensation, 364, 418, 516-519
Workingmen's Party (California), 388, 425
World War I, 511, 535, 569, 576
World War II, 503, 507, 508, 509, 511, 519, 525, 526, 532, 535, 543, 544, 547, 555, 562
Wright, George Grover, 229
Wright, Jonathan Jasper, 281
Wynehamer v. *People*, 269
Wyoming
    anti-Chinese riot, 589
    divorce laws, 381
    vigilantes, 276, 278
Wythe, George, 59, 89
    death of, 165
    as law teacher, 56, 238, 240

Yale Law Journal, 296, 481, 545
Yale Law School, 465, 546
Yellowstone National Park, 314
Yick Wo v. *Hopkins*, 388

Zeimer, Henry, 380
zoning laws, 316, 554-555